8113

©

DICTIONNAIRE UNIVERSEL

DES CONNAISSANCES HUMAINES

PARIS. — TYPOGRAPHIE MORRIS ET COMPAGNIE

64, rue Amelot.

DICTIONNAIRE

UNIVERSEL

DES CONNAISSANCES HUMAINES

avec la collaboration ou d'après les ouvrages de

MM. Adde-Margras, de Nancy, Azémard, Barbot (C.), Bécherand, Becquerel, Biot, Blanc, Boitard, Bossu, Bouillet, Bourgain (E.), Bourdonnay, Brierre de Boismont, Brongniart, Castaing, Cazeaux, Champollion, Charma, Chasles (Ph.), Chomel, Conte, Cruveilher, Delecour, Delahaye, Descoings (A.), Dubocage, Desparquets, Dupasquier, Edwards (Milne), Elwart, Esquirol, Étienne (A.), Favre, Flourens, Gaillard (X.), Garnier (Ch.), Geoffroy-Saint-Hilaire, Gossart, Heinriech, Jemonville, Joisel, Jomard, Kramer, Larivière, Lagarrigue, Le Roi, Lesson, Lévy Alvarez, Louyet, Lunel mère (Mme), Menorval, Mercé, Montémont (A.), Nodier (Ch.), Rédarez, Saint-Remy, Orbigny (D^r), Pariset, Payen, Pelouze, Pétron, Piorry, Prodhomme, Richard (du Cantal), Rambosson, Thénot, Valenciennes, Vallin, Yvon, etc.

SOUS LA DIRECTION DE

B. LUNEL

MEMBRE DE L'ACADÉMIE IMPÉRIALE DES SCIENCES DE CAEN,

Ancien Médecin commissionné par le Gouvernement pour l'épidémie cholérique de 1854; ex-vice-Président de la classe des Sciences
à l'Académie des Arts et Métiers, Industrie, Sciences et Belles-Lettres de Paris, ancien Secrétaire général de l'Athénée des Arts;
Membre honoraire et Secrétaire perpétuel de la Société des Sciences industrielles, de la Société des Sciences
et des Arts, etc.; Membre de la Société des Archivistes de France; de la Société universelle des Sciences, des Lettres,
des Beaux-Arts de Paris; Membre correspondant de l'Académie royale de Chambéry;
de la Société universelle de Londres pour l'encouragement des Arts
et de l'Industrie; de la Société d'Emulation littéraire de Joigny; de la Société de l'Union des Arts de Nancy, etc.

LAURÉAT DE PLUSIEURS ACADÉMIES ET SOCIÉTÉS SAVANTES.

Ouvrage honoré de 2 Médailles d'Or.

TOME PREMIER

ANCIEN COMPTOIR
DES IMPRIMEURS UNIS

ANCIENNE MAISON
L. MATHIAS (Augustin)

PARIS

LIBRAIRIE SCIENTIFIQUE-INDUSTRIELLE ET AGRICOLE

De LACROIX-COMON

15, QUAI MALAQUAIS

1857

DICTIONNAIRE

UNIVERSEL

DES CONNAISSANCES HUMAINES

A première lettre de l'alphabet et première voyelle chez tous les peuples, à l'exception des Éthiopiens. Chez les Grecs et chez les Romains, A était une lettre numérique. L'A des Grecs (*alpha*) avec l'accent dessus valait *un*; il valait *mille* avec l'accent dessous. Chez les Romains, l'A valait *cinq cents*, et *cinq mille* s'il était surmonté d'un trait horizontal. Enfin la lettre A était une figure symbolique consacrée à la religion des Égyptiens, qui pensaient que la forme triangulaire de l'A imitait la marche triangulaire de l'*ibis*, auquel ils rendaient les honneurs divins. — Voy. *Alphabet, Lettres.*
KRAMER.

AAL (botanique). — Nom donné par les Indiens à deux arbres que les botanistes supposent appartenir à la famille des térébinthacées, et dont l'écorce sert principalement à donner une odeur aromatique au vin de sagou.

AAM, mesure pour les liquides, employée surtout dans les provinces rhénanes, et qui équivaut environ à 148 litres. L'*aam* d'Amsterdam contient à peu près 155 litres; celui d'Anvers, 142 litres.

AB, onzième mois de l'année civile des Hébreux, et le cinquième de leur année ecclésiastique. Ce mois, qui est de trente jours, correspond à la fin de notre mois de juillet et se termine dans le mois d'août.

ABACO ou **ABAQUE**. — Les anciens donnaient ce nom à une petite table couverte de poussière, sur laquelle les mathématiciens opéraient leurs calculs ou traçaient des figures. C'est de lui qu'est venu le nom d'*Abaque*, donné à la table de multiplication de Pythagore, inventée par ce célèbre philosophe grec 540 avant Jésus-Christ.

ABAISSEURS, muscles dont la fonction est d'abaisser les parties auxquelles ils sont attachés. — Voy. *Muscles.*

ABAJOUES [de *bas* et de *joue*]. — Poches qu'un assez grand nombre d'animaux mammifères portent sur les côtés de la bouche, et qui leur servent à mettre en réserve les aliments qu'ils ne peuvent ou ne veulent consommer sur-le-champ; presque tous les singes de l'ancien continent et quelques rongeurs en sont pourvus. Les abajoues sont formées par la distension des muscles de la joue.

ABANDON (droit) [étymologie celtique, *a* privatif et *band, bien*]. — Action d'abandonner une chose, de s'en dessaisir, ou de renoncer à la réclamer. Ce mot peut servir à qualifier toutes les conventions qui emportent transmission expresse ou tacite, ou même renonciation, soit au profit de quelqu'un, soit sans désignation de personne. Ces conventions prennent en général la dénomination de la transmission qui en résulte. Dans le notariat, les actes qualifiés *abandon* s'entendent surtout des transmissions à titre gratuit, comme de l'usufruit d'une chose, d'un droit déterminé. Ainsi, on dit : un abandon d'usufruit, un abandon d'un droit de servitude.

ABANDONNEMENT, CONTRAT D'ABANDONNEMENT. — On nomme ainsi la cession de biens qu'un débiteur fait volontairement à ses créanciers. En général, cette cession est l'acte par lequel un débiteur, pour éviter les poursuites de ses créanciers, ou pour avoir la liberté de sa personne, leur abandonne ses biens, afin qu'ils puissent se payer par leurs mains, d'accord entre eux, soit sur les fruits seulement, soit même sur le prix des biens abandonnés. (Toullier, t. VII, n° 236.)

L'abandonnement, ou la cession de biens, est un moyen de parvenir à l'extinction des obligations : elle a pour but de procurer au créancier son payement : c'est pour cela que le Code. civ., au titre des *Obligations*, en a rangé les dispositions dans la section du *Paiement*. (*Ibid.*)

Le débiteur non commerçant tombé en déconfiture a le droit, comme le débiteur commerçant tombé en faillite, de faire la cession de biens. La loi ne fait aucune distinction, Code civ., 1265. Cette cession doit être réitérée par le débiteur en personne, et non par procureur, ses créanciers appelés, soit à l'audience du tribunal de commerce, soit à la maison commune. Code proc., 901 et 902.

Il y a deux espèces d'abandonnements ou de cessions : la cession volontaire et la cession judiciaire ou forcée. Code civ., 1266 et Code com. 566.

J. É.

ABATARDISSEMENT, dégénération, altération du naturel d'une race, d'un peuple. « Par quel mystère » funeste s'abâtardissent les races? Nul élément de » l'univers, abandonné à sa propre impulsion, ne » tombe dans l'*abâtardissement*; mais entre les mains » de l'homme, à chaque instant se brise et disparaît » un rouage de la machine de l'univers. Lorsque les » races sont arrivées au point où nous les désirons, » lorsqu'elles sont bien établies, lorsque l'*abâtardis-* » *sement* est tel que le type de la nature est complé- » tement effacé, nous prétendons avoir atteint le » comble de l'amélioration; et c'est lorsque les êtres » factices sortis de nos mains tendent à retourner à » leur nature, que ce que nous regardons comme » tel, que nous les considérons comme en état de dé- » génération. Étrange aberration! »

ABATTEMENT, état de faiblesse et de découragement de l'âme, causé par les peines qu'elle éprouve. Le sage ne doit point se laisser abattre par les malheurs; il doit s'efforcer de les surmonter, attendu qu'il est peu de maux auxquels il n'y ait de remède.

En médecine, on donne le nom d'abattement à cette diminution considérable des forces, qui s'observe presque toujours au début des maladies. Il prend différents noms, suivant son degré d'intensité : lorsqu'il est le résultat de pertes sanguines considérables, de sueurs excessives, d'une abondante diarrhée, il prend le nom d'*épuisement.* — L'*affaissement* est un degré plus avancé : on l'observe surtout après la période d'excitation des maladies aiguës. — L'*accablement* est caractérisé par un sentiment de pesanteur qui se joint à l'abattement qu'éprouve le malade : il s'observe surtout au début des maladies graves. L'*abattement* moral est aussi un symptôme dont le médecin doit tenir compte dans les maladies; il accompagne ordinairement l'extrême abattement physique; il le provoque même lorsqu'il n'en est pas le résultat. Indépendamment des affections morales qui peuvent produire cet état, on le voit souvent se manifester dans les maladies chroniques; c'est alors qu'il conduit quelquefois au désespoir.

ABATTOIRS, établissements dans lesquels on abat, on dépouille et l'on dépèce les animaux destinés à l'alimentation des villes.

« Avant la création des abattoirs (1), les bestiaux étaient tués dans l'intérieur des villes où les bouchers possédaient des *tueries* ou *écorcheries* particulières, et l'on comprend les inconvénients graves que devaient offrir de tels usages, surtout dans une ville comme Paris. Outre le danger de voir les animaux s'échapper, ce qui arrivait fréquemment, des troupeaux de bœufs encombraient la voie publique, des ruisseaux de sang traversaient les rues, et les environs de ces tueries, placées pour la plupart dans des quartiers populeux, étaient rendus inhabitables par l'odeur infecte qui s'en exhalait. En vain et depuis des siècles on avait cherché à détruire ces établissements et à les reléguer hors de la ville; l'habitude et les préjugés opposaient à la sagesse des règlements des obstacles insurmontables, et ce ne fut qu'après l'examen de nombreux projets, où l'on avait discuté avec soin les intérêts du commerce et ceux de l'administration, où l'on s'était occupé de la facilité de l'exploitation et de l'approvisionnement de la ville, que le décret du 10 novembre 1807 ordonna la construction des abattoirs généraux pour le service de la ville de Paris. Mais on ne commença les constructions des abattoirs que longtemps après la promulgation de ce décret, et les abattoirs ne furent ouverts qu'en 1818. Ces établissements, les premiers qui furent construits en France, servirent de modèle à la plupart des abattoirs qui s'élevèrent dans les autres villes. »

On trouve réunis dans les abattoirs de Paris, outre les cases destinées à l'abattage, un abreuvoir, une cour dallée, dite *voirie*, où l'on jette les matières tirées de l'estomac et des intestins des animaux tués, des fonderies de suif, des échaudoirs, où sont lavées à l'eau chaude les parties des bestiaux destinées aux tripiers. La ville de Paris possède cinq abattoirs; ce sont ceux du Roule, de Montmartre, de Ménilmontant, d'Ivry et de Grenelle.

Les abattoirs, dit M. Trébuchet, offrent des avantages immenses pour la sûreté et la salubrité des villes et pour la bonne qualité des viandes mises en vente, car la surveillance continuelle qu'y exerce l'administration ne permet pas d'y abattre et de livrer à la consommation des bestiaux morts ou atteints de maladies. A Paris, ces bestiaux servent tous à la nourriture des animaux du Jardin des Plantes. Malheureusement les abattoirs n'existent encore que dans un petit nombre de localités. C'est cependant un des objets de haute administration qui ne saurait trop fixer l'attention des magistrats chargés de maintenir la salubrité des villes et de veiller à la sûreté

---

(1) A. TRÉBUCHET, ancien chef du bureau de la salubrité publique.

des citoyens. — Depuis peu d'années, on a établi à Aubervilliers, dans la plaine des Vertus, un *abattoir de chevaux* qui remplace avantageusement les *équarrissages* infects et utilise des débris précieux, qui, jusque-là, étaient perdus pour l'industrie.

ABBAYE, monastère d'un ordre particulier, dirigé par un abbé ou une abbesse. Ces maisons religieuses étaient distinguées en *abbayes en règle* et en *abbayes en commende*. Les premières étaient électives comme Cluny, Cîteaux, Prémontré, etc., et ne relevaient que du pape. Les secondes étaient à la nomination du roi, et placées plus directement sous l'autorité civile. Fondées, dans l'origine, pour servir de retraite à des hommes pieux qui fuyaient le monde et cherchaient la paix dans la solitude et les travaux du cloître, les abbayes devinrent, au quatrième siècle, des séminaires d'où sortirent d'illustres docteurs. Aux cinquième et sixième siècles, elles envoyèrent au loin de hardis missionnaires qui prêchèrent la foi chrétienne aux païens. Mais, du huitième au dixième, la grossièreté des mœurs, les ravages des Sarrasins et des Normands en diminuèrent considérablement le nombre, jusqu'à ce que la foi renaissante, aux dixième et onzième siècles, les multiplia plus que jamais. La plupart des grandes abbayes étaient de fondation royale; telles étaient celles de Saint-Denis, de Saint-Germain-des-Prés, de Corbies, de Chelles. Un assez grand nombre furent sécularisées et devinrent des chapitres ou des collégiales; parmi celles-ci, se firent remarquer les abbayes de Vézelay, d'Aurillac, de Saint-Victor, de Saint-Sernin de Toulouse. D'autres furent érigées en évêchés, comme celles de la Rochelle, de Luçon, d'Aleth, de Vabres, de Castries, de Tulle, de Condom et de Pamiers. Les abbayes de filles étaient toutes électives, et, quoique dans le siècle dernier les abbesses fussent presque toutes nommées par le roi, néanmoins les bulles qu'elles obtenaient de Rome portaient toujours qu'elles avaient été élues par leur communauté. Cette différence entre les abbayes d'hommes et celles de filles, venait de ce que ces dernières n'avaient point été comprises dans le concordat entre le pape Léon X et François Ier. La plus ancienne abbaye de femmes fut celle de Sainte-Radegonde, à Poitiers; elle avait été fondée en 567. Avant la révolution de 1789, la France possédait 225 abbayes d'hommes en commende, et abbayes chefs d'ordre ou de congrégation, dont une de filles, celle de Fontevrault; 115 abbayes régulières d'hommes et 253 abbayes régulières de filles, sans y comprendre les abbayes et chapitres nobles de filles, ainsi que les abbayes réunies à des colléges, à des hôpitaux et à d'autres pieux établissements. Les abbayes avaient souvent une étendue considérable. Possédant des écuries, des fermes, des moulins, des églises, etc., elles offraient l'aspect d'une petite ville. Elles comptaient ordinairement plus de cent moines, sans leurs nombreux serviteurs. Aujourd'hui les 1,000 abbayes de la France ont disparu ou à peu près.

De Jémonville.

ABCÈS (chirurgie) [du latin *abscessus*, séparation]. — Collection de pus dans une cavité naturelle ou accidentelle, résultant toujours de l'inflammation des tissus. On distingue les abcès 1° en *abcès chauds* ou *aigus*, résultant d'une inflammation qui parcourt rapidement ses périodes; 2° en *abcès froids* ou *chroniques*, si la marche de l'inflammation a été lente et peu apparente; 3° en *abcès par congestion* ou *symptomatiques*, si la collection de pus, dans une partie, résulte d'une inflammation qui a son siège dans une région éloignée.

Le diagnostic d'un abcès, dit le docteur Caffe, n'est pas toujours facile à établir; voici quelques-uns des signes qui peuvent aider à cette connaissance : quand une inflammation affecte des parties très-celluleuses, qu'elle est très-intense, que ses progrès sont rapides, qu'elle s'accompagne de douleurs pulsatives, il est à craindre qu'une suppuration abondante ne se forme. Cette terminaison est rendue probable par la diminution de la douleur locale, qui est remplacée par un sentiment de pesanteur, de tension incommode; par l'augmentation de volume de la partie affectée, qui donne des pulsations isochrones aux battements du pouls; par des frissons qui parcourent le dos, les lombes, les membres inférieurs; enfin, en palpant méthodiquement la région affectée, on imprime au liquide un mouvement remarquable connu sous le nom de *fluctuation*, véritables ondulations qui vont frapper et soulever la main ou les doigts restés immobiles. Ce dernier signe est le plus concluant, mais pour l'obtenir, il faut une main bien exercée; c'est même un des points de diagnostic chirurgical des plus difficiles. Il existe en effet un très-grand nombre de causes d'obscurité, lorsque la poche purulente est très-distendue : sa dureté, sa résistance, ne permettent aucun ballottement. Il en est de même lorsque le foyer de pus est profondément situé au-dessous de parties nombreuses. Le pus disséminé entre les mailles celluleuses, non réuni en foyer, se déplace, fuit sous les doigts, et donne la sensation d'un œdème, d'un empâtement.

Quoi qu'il en soit, et dans un grand nombre de cas, une sorte de *fluctuation* se manifeste à la pression, quand l'abcès est mûr, et c'est alors que s'il ne s'ouvre pas naturellement, l'art doit intervenir. — Le pronostic des abcès est d'autant plus grave qu'ils sont moins superficiels, ou qu'ils siégent dans des organes importants à la vie, tels que dans les poumons, les plèvres, le foie, etc. Toutes choses égales d'ailleurs, le danger sera d'autant moins grand, qu'on aura pu donner issue plus tôt à l'amas de pus. — Voici le traitement des abcès en général. Lorsque *l'abcès chaud* est bien formé, il faut l'ouvrir à l'aide du bistouri et le couvrir ensuite de cataplasmes émollients, jusqu'à sa détersion complète. — *L'abcès froid*, tel que celui qui vient au cou des personnes scrofuleuses, réclame l'emploi des cataplasmes émollients ou maturatifs. Un fragment de potasse caustique ou le bistouri doit donner issue au pus de bonne heure, afin d'éviter le décollement de la peau ou de larges et hideuses cicatrices; — *l'abcès par congestion* doit être ouvert, au contraire, le plus tard possible, à cause du danger de l'introduction de l'air dans la tumeur. Cette ouverture doit se faire en plusieurs fois, au moyen d'une ponction étroite et oblique. Enfin, on vide encore cet abcès au moyen du trocart, par la canule duquel on injecte dans le foyer purulent un mélange de sept parties d'eau et d'une de teinture d'iode. — Quant aux abcès profonds et indolents, qu'on ne doit pas ouvrir, on favorise la résorption du pus par les astringents, les fondants et les purgatifs. Dr HEINRIECH.

ABDICATION (politique) [de *ab*, de, et *dicatio*, renonciation]. — Acte par lequel un empereur, un roi, un prince ou un dictateur renonce à la dignité souveraine dont il est revêtu. Les plus célèbres abdications que l'histoire nous présente sont celles de *Sylla*, consul et dictateur romain ; de *Dioclétien*, empereur romain ; de *Charles-Quint*, empereur d'Allemagne ; de *Christine*, reine de Suède ; de *Philippe V*, roi d'Espagne ; de *Frédéric-Auguste*, de *Stanislas Ier*, rois de Pologne ; de *Pierre III*, empereur de Russie ; de *Napoléon*, de *Charles X* ; enfin, de *Louis-Philippe*.

Le droit d'abdication, de la part d'un souverain, ne peut être mis en question ; mais si celui en faveur duquel cette abdication a été faite vient à mourir ou n'accepte pas le pouvoir, les droits de l'abdiquant restent entiers. L'histoire offre peu d'exemples de véritables abdications ; elles sont presque toutes dues à la faiblesse ou à la nécessité.

Les anciens appelaient *abdication* l'action d'un citoyen qui renonçait à ses droits de bourgeoisie et de cité, ou d'un homme libre qui se faisait volontairement esclave ; ce qui fit conclure à quelques publicistes que si un particulier aliénait ou pouvait aliéner sa liberté, tout un peuple pouvait aussi abdiquer la sienne et se rendre sujet d'un roi. C'est un bizarre raisonnement dont J. J. Rousseau a fait justice dès le dernier siècle. TESSON DE LA ROCHELLE.

ABDOMEN (anatomie) [du latin *abdo*, cacher, envelopper]. — Dénomination donnée au bas-ventre, appelé par les anciens *ventre inférieur*. C'est une vaste cavité, limitée supérieurement par la poitrine, en bas par le bassin, postérieurement par la colonne vertébrale, latéralement et antérieurement par un grand nombre de muscles superposés. Cette cavité, plus large en bas qu'en haut, chez l'adulte et surtout chez la femme, présente une disposition inverse dans l'enfance.

Afin de mieux préciser la situation et les rapports des organes qu'elle renferme, les anatomistes la partagent en trois régions principales : 1° l'*épigastrique* ou *supérieure*, qui s'étend depuis l'extrémité inférieure du sternum jusqu'à 5 centimètres au-dessus de l'ombilic ; 2° l'*ombilicale* ou *moyenne*, qui commence à l'endroit où finit la région épigastrique, et se termine à 5 centimètres au-dessous de l'ombilic ; 3° l'*hypogastrique* ou *inférieure*, qui comprend le reste du bas-ventre. Enfin, chacune de ces régions est subdivisée en trois autres : le milieu de la première s'appelle *épigastre*, ou *creux de l'estomac* (fig. 1), E, et les côtes, les *hypocondres*, H H ; le milieu de la deuxième s'appelle *ombilic* O, et les parties latérales, les côtes, les flancs F F ; et plus en arrière sont les lombes ; enfin le milieu de la troisième se nomme *hypogastre*,

H G, et les côtes, régions iliaques, I I. Les lettres A A indiquent les *aines*.

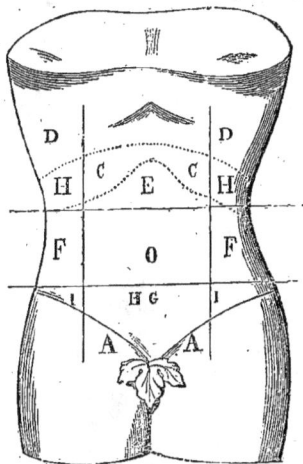

Fig. 1. — Régions de l'abdomen.

Dans cette figure, la ligne ponctuée D D, marque la limite entre la poitrine et l'abdomen, dans le point correspondant au diaphragme, et les lignes C C le point de rencontre des cartilages de prolongement des côtes inférieures.

L'abdomen renferme : 1° les organes qui servent à la nutrition ; 2° ceux qui président à la sécrétion et à l'excrétion de l'urine ; 3° les organes internes de la génération, tant chez l'homme que chez la femme.
LOUYET, *docteur-médecin*.

ABDOMEN (anatomie comparée). — Chez les mammifères, l'abdomen présente la plus grande analogie avec celui de l'homme : c'est également une cavité d'étendue très-variable destinée à loger une portion du canal intestinal, et le plus souvent d'autres organes importants. « Chez les oiseaux, la séparation entre l'abdomen et la poitrine n'est pas aussi complète que chez les mammifères. Chez les reptiles, qui n'ont point de diaphragme, elle n'existe pas et se confond avec le thorax. Les poissons, n'ayant pas de poumons, n'ont pas non plus de cavité pectorale proprement dite ; néanmoins le cœur est séparé de l'abdomen par une forte membrane à laquelle on pourrait donner le nom de diaphragme. Dans les insectes, le corps est divisé ordinairement en trois parties par des étranglements ; c'est la partie postérieure qui constitue l'abdomen ; sa forme varie singulièrement suivant les espèces. Dans les crustacés, la même cavité contient le cerveau, le cœur, les organes de la digestion et de la respiration ; la queue, qui vient après, a été aussi désignée sous le nom d'abdomen, parce qu'elle contient une partie du canal intestinal. Chez les arachnides, l'abdomen est la partie du corps qui fait suite au thorax ; il est, dans les aranéides, suspendu au thorax par un pédoncule très-court. Dans les mollusques, on peut nommer abdomen la cavité qui renferme les principaux organes digestifs; mais sa position n'est pas plus constante. Les annélides et la plupart des larves d'insectes à métamorphose complète, comme les chenilles, ne sauraient être divisés en cavités analogues à la poitrine et à l'abdomen, attendu que leurs organes sont les différents segments qui constituent l'animal. Enfin, les rayonnés n'ont pas d'abdomen proprement dit : les organes digestifs occupent, le plus souvent, la partie centrale du corps. »

ABDOMINAUX (zoologie).—Ordre de poissons *malacoptérygiens*, qui ont les nageoires ventrales suspendues sous l'abdomen, en arrière des pectorales. Cuvier divise en cinq familles tous les poissons de cet ordre ; ce sont les *cyprinoïdes*, les *ésoces*, les *séluroïdes*, les *salmones* et les *clupes*. — Voy. ces mots.

ABDUCTEURS (anatomie) [de *ab*, particule disjonctive, et de *ducere*, conduire.] — Muscles qui ont pour fonction d'écarter un membre ou un organe de l'axe du corps. — Voy. *Muscles*.

ABDUCTION (physiologie).—Mouvement qui écarte un organe de l'axe du corps, ou une partie d'un membre de l'axe propre de ce membre lui-même.

ABEILLE (zoologie) [*apis*]. — Genre d'insectes hyménoptères, de la famille des mellifères, section des apiaires. Presque tous ces insectes sont armés d'un aiguillon caché, mobile, très-acéré, terminé par de petites dents en forme de scie, visibles au microscope; cet aiguillon est creusé d'une rainure qui facilite l'écoulement d'une substance âcre, acide, renfermée dans une poche située à la base de l'aiguillon et à la partie inférieure de l'abdomen de l'insecte. Lorsque l'abeille pique, la poche est pressée par les muscles qui servent d'attache au dard; alors le venin s'écoule par le canal de l'aiguillon jusque dans la plaie produite par cette arme.

On distingue dans les abeilles trois sortes d'individus : des *mâles*, des *femelles*, et des *neutres*, ou *ouvrières*; ces dernières ne sont, du reste, que des femelles dont les organes reproducteurs sont demeurés à l'état rudimentaire; elles sont donc impropres à la reproduction,

Fig. 2.—Abeille mâle.

et ont pour mission spéciale de donner des soins à la postérité des reines ou femelles fécondes. Les abeilles *mâles* (fig. 2), que l'on nomme aussi *bourdons*, ou improprement *frelons*, sont plus grosses et un peu plus velues que les travailleu-

Fig. 3. — Abeille reine.

ses; leurs yeux, très-gros, qui font presque le tour de la tête, les font remarquer et reconnaître au pre-

mier aspect. Les *femelles* ou *reines* (fig. 3), sont plus grosses que les mâles; leur abdomen est beaucoup plus allongé, surtout lorsqu'elles commencent à pondre. Les *travailleuses*, *neutres* ou *mulets* (fig. 4), qui ne sont réellement ni mâles ni femelles, sont les plus petites.

Fig. 4. —Abeille neutre.

Les abeilles vivent en société dans des *ruches*, sous un gouvernement qui présente l'image d'une monarchie : ces réunions, dites *essaims*, se composent des trois sortes d'individus dont nous avons parlé. Les abeilles ouvrières récoltent dans le calice des fleurs les matériaux dont elles forment la cire avec le miel, construisent avec la cire les cellules (*alvéoles*) destinées à recevoir le miel et à loger les œufs, tandis que d'autres ouvrières nourrissent le *couvain* ou larves issues de ces œufs (fig. 5). Les mâles, au nombre d'un millier par essaim, sont destinés à féconder la *reine*, et meurent ensuite ou sont tués par les abeilles travailleuses.

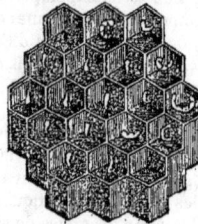

Fig. 5. — Cellules contenant le couvain.

« Après les époques d'éclosions, le nombre des individus devient tellement considérable qu'ils ne peuvent plus habiter tous la même ruche; et cela est facile à concevoir puisqu'une seule reine peut pondre 30,000 œufs et davantage. C'est alors qu'ont lieu les émigrations; mais elles ne peuvent s'effectuer que lorsqu'une nouvelle reine remplacera celle qui va partir en tête de la colonie, et le départ est toujours retardé jusqu'à ce moment. A peine la nouvelle reine a-t-elle vu le jour, qu'un grand nombre d'abeilles quittent la ruche ayant à leur tête la vieille reine. On donne le nom d'*essaims* à ces colonies errantes. Bientôt les abeilles s'arrêtent dans un endroit quelconque, le plus souvent sur une branche d'arbre, et forment une espèce de grappe en s'accrochant les unes aux autres. C'est le moment que doit choisir le cultivateur pour s'emparer de l'essaim et le placer dans la ruche. Le nombre de femelles n'est pas toujours proportionné à celui des colonies, il se trouve quelquefois deux et même trois reines dans le même essaim; mais alors il y a entre ces rivales un combat à outrance dont les ouvrières demeurent toujours simples spectatrices, et qui finit par la mort de l'une des combattantes; celle qui parvient à se placer au-dessus de l'autre lui perce l'abdomen avec son aiguillon ! »

Parmi les nombreuses espèces d'abeilles que l'on connaît, les unes vivent en société, les autres sont solitaires. Parmi les abeilles qui vivent réunies, on appelle *villageoises* celles qui ne sont pas sous la dépendance de l'homme, et *domestiques* celles qu'on élève pour en recueillir le miel et la cire.

Si l'on en croit les Grecs, ce serait *Aristée*, roi d'Ar-

cadie, qui aurait inventé l'art d'élever les abeilles et d'utiliser leur miel. Selon d'autres auteurs, il faudrait rapporter à *Gorgoris*, roi d'un peuple d'Espagne (les Cynètes), l'usage du miel comme aliment et comme médicament (1520 ans avant J. C.) — Voy. *Cire*.   B. LUNEL.

ABEILLES (piqûre d'). — Voy. *Piqûre*.

ABEILLES (droit). — Les abeilles qui habitent les bois ou s'attachent aux arbres, haies ou buissons, dans les champs, sans avoir été recueillies par personne, sont au nombre des choses publiques ou communes qui appartiennent au premier occupant. Étant recueillies et placées dans des ruches, elles sont la propriété légitime de celui qui les a en son pouvoir. Le propriétaire d'un essaim a le droit de le réclamer et de s'en ressaisir, tant qu'il n'a pas cessé de le suivre; autrement l'essaim appartient au propriétaire du fonds sur lequel il s'est fixé (L. 6. oct. 1791, S. 3. T. I, art. 3), et celui qui s'en serait emparé devrait être condamné à le lui rendre. (Toullier, t. IV, n° 50.)

L'autorité administrative permet ou défend le placement des ruches, notamment dans les villes.

ABERRATION DES ÉTOILES FIXES (astronomie). — On appelle *aberration* le mouvement apparent des corps célestes, produit par la combinaison du mouvement de la lumière avec celui de la terre autour du soleil. C'est au savant Bradley, astronome anglais, qu'on doit la connaissance de l'aberration des étoiles. Après trois années d'observations (1725-1728), il rendit compte de sa découverte dans les *Transactions politiques* (décembre 1728).

Avant Braldley, l'aberration des étoiles avait été remarquée par Picard dans l'étoile polaire, en 1672, et Horrebow, astronome danois, l'avait constatée dans les autres étoiles fixes, au commencement du dix-huitième siècle; mais ni l'un ni l'autre de ces savants n'avait pu assigner la véritable cause de ce phénomène.

ABERRATION (optique). — Dispersion des rayons lumineux qui traversent des corps diaphanes, comme le verre, l'eau. On l'appelle *aberration de sphéricité* si, étant due à la sphéricité même de la lentille, l'image est confuse, et *aberration de réfrangibilité* si la réfrangibilité inégale des rayons lumineux donne lieu aux teintes irisées que l'on observe sur les bords de l'image. On obvie à l'aberration de sphéricité en interceptant par un diaphragme les rayons venant des bords, et à celle de réfrangibilité en se servant de verres achromatiques, qui ont la propriété de dévier les rayons, tout en chassant à leur foyer des images incolores. — Voy. *Achromatisme*.   Dr HEINRIECH.

ABIÉTINÉES (botanique) [du latin *abies*, sapin]. — Tribut de la famille des conifères établie par le botaniste L. Richard, comprenant les *pins*, *sapins*, *cèdres*, *mélèzes*, etc. — Voy. ces mots.

ABIME [d'*abyssus*, même signification]. — Gouffre d'une profondeur immense. Dans les saintes Écritures ce mot signifie : 1° le chaos ou la confusion primitive, avant que Dieu eût créé le monde; 2° les cavernes immenses de la terre où l'Éternel rassembla les eaux le troisième jour, et que Moïse appelle le *grand*

abime; 3° l'enfer ou puits éternel dans lequel les mauvais anges furent précipités par Dieu.

ABIME (géologie). — Caverne généralement verticale, dont l'ouverture est à la surface du sol, et dont le fond n'est pas connu. Un lac tranquille, un gouffre profond où vont se perdre les eaux qui coulent à la surface du sol, une bouche de laquelle sortent parfois des torrents d'eau froide ou bouillante, chargées ou non de substances métalliques, constituent un abime pour les naturalistes et les géologues. Les savants n'ont point encore établi de distinction rigoureuse entre ce qu'ils appellent *abime* et les autres anfractuosités du globe.   Dr HEINRIECH.

AB INTESTAT (droit) [de *ab*, de, et *intesto*, qui n'a pas testé]. — L'héritier *ab intestat* est celui qui recueille la succession d'un individu décédé sans avoir testé, et qui, en conséquence, vient à cette succession en vertu de la loi, à la différence de l'héritier testamentaire ou institué, qui ne succède qu'en vertu de la disposition écrite. On entend de même par succession *ab intestat* celle qui est ouverte sans que le défunt ait laissé d'héritier contractuel ou testamentaire.

AB IRATO (jurisprudence). — Expression latine qui répond à celle-ci: *homme en colère*. On l'applique aux testaments qui sont faits par haine ou par colère, et l'on dit *testament ab irato*.

ABJURATION [du latin *ab*, loin, hors, contre, et de *jurare*, jurer]. — Acte public et solennel par lequel on renonce à une religion, à des croyances. Ce mot se dit, du reste, de toute espèce de renonciation. Les exemples les plus célèbres qu'en offre l'histoire sont celles d'Henri IV, en 1593, en montant sur le trône; de la reine Christine de Suède, en 1655; de Turenne, en 1668; d'Auguste II, électeur de Saxe, et ensuite du roi de Pologne, en 1706; de Bernadotte, en 1810; de Zacharie Werner, du comte de Stolberg, de Frédéric Schlegel, de Louis Haller, tous quatre littérateurs allemands célèbres; enfin, du duc et de la duchesse d'Anhalt-Cœten.

ABJURATION (religion). — Acte de renonciation à une religion fausse, à une hérésie, pour entrer dans le sein de l'Église. « Il ne peut donc y avoir d'abjuration que dans le christianisme. Quitter celui-ci pour embrasser l'islamisme ou l'idolâtrie, c'est commettre une *apostasie*; passer de l'incrédulité païenne au culte du vrai Dieu, c'est opérer sa conversion. On fait abjuration du manichéisme, de l'arianisme, du nestorianisme, du pélagianisme, du protestantisme, du socianisme; on fait abjuration des dogmes de l'Église orientale, en faveur du dogme universel de l'Église latine. »

ABLE (zoologie) [d'*albus*, blanc]. — Nom donné par Cuvier à un genre de poissons de la famille des cyprins, comprenant des poissons blancs d'eau douce dont l'organisation se rapproche du genre carpe. L'able, nommé aussi *ablette* ou *ablet*, ne dépasse guère 22 centimètres de longueur. Ce poisson est très-commun dans la Seine, où on le pêche pour en retirer l'essence d'Orient, ingrédient indispensable dans la fabrication des fausses perles, et qui provient de la matière nacrée qui entoure la base des écailles.

Parmi les espèces de ce genre, nous citerons, outre l'ablette commune, celles que les pêcheurs appellent *meunier, gardon, vaudoise,* etc. La chair de l'able est molle, peu savoureuse. La pêche de ce poisson se fait toute l'année, mais principalement au printemps, lorsqu'il fraye.   B. L.

ABLETTE (zoologie). — Voy. *Able.*

ABLÉGAT [du latin *legatus,* envoyé, et de *ab,* hors de].—Commissaire spécial chargé par la cour de Rome de porter à un cardinal la barrette et le petit bonnet rouge carré. A peine un cardinal a-t-il reçu les insignes de sa dignité, que les fonctions de l'ablégat sont terminées.

ABLÉGATION (droit romain).—Bannissement que le père de famille pouvait prononcer contre celui de ses enfants dont il était mécontent.

ABLUTION [de *ab,* hors, et *luere,* purifier].—Cérémonies religieuses, fort sages, qui consistent à nettoyer ou laver une partie du corps, ou le corps entier, dans certaines circonstances et avec certaines formalités, et dont les législateurs des pays situés dans les climats chauds ont fait une loi aux peuples qui leur étaient soumis. Cette loi, par une suite nécessaire de l'ignorance, de la paresse ou de la négligence, eût été bientôt abandonnée, si la religion n'en avait fait un devoir.

Chez les juifs, les Arabes, les mahométans, l'excrétion de la sueur étant très-abondante et se portant plus aisément à l'altération, les maladies typhoïdes et contagieuses s'y renouvellent souvent : on sent qu'il était essentiel d'entretenir chez eux une excessive propreté, surtout lorsqu'on avait touché les cadavres des malades, et après l'exercice de toutes les fonctions corporelles. Dans nos climats, les ablutions fréquentes sont moins nécessaires que dans l'Orient; mais on comprend combien les bains qui les remplacent sont précieux pour la conservation de la santé.

ABLUTION (religion catholique).—On entend par ce mot : 1° le vin qu'on verse immédiatement dans le calice pour le purifier ; 2° le vin et l'eau qui servent à laver les doigts du prêtre après la communion ; 3° l'action même de se laver ainsi les doigts.

ABLUTION (pharmacie).—Opération qui consiste à séparer, au moyen de lavages réitérés, les matières étrangères d'un médicament. Par exemple, lorsqu'on veut débarrasser le mercure doux (calomel) du sublimé corrosif qu'il peut contenir, on le lave à plusieurs reprises avec de l'eau ; c'est ainsi qu'on en fait l'ablution.

ABNÉGATION [de *ab,* hors, et *negare,* refuser].— On rencontre quelquefois autour de soi des hommes qui, dans certaines circonstances de la vie, font le sacrifice de leur volonté ou renoncent à caresser un sentiment, une idée, un projet qui les eussent peut-être rendus heureux, et on les appelle des hommes d'abnégation. — On s'est sans doute trouvé soi-même dans une de ces situations où le cœur aimerait à s'épancher et où il est forcé de se taire pour protéger le devoir, l'avenir et l'honneur d'un autre lui-même, et l'on a fait aussi de l'abnégation.—Partout où l'on

a trouvé le doute aux prises avec l'espérance, le bonheur en lutte avec les exigences de la société, le rêve, en un mot, abîmé sous la réalité, on a songé encore à ce quelque chose qu'on n'a su appeler d'un autre nom que de celui d'abnégation. — Cette abnégation serait-elle donc un long et douloureux défi jeté au désespoir et aux vanités de ce bas monde, ou une sorte de creuset moral où il faudrait que l'homme passât pour épurer ses faiblesses et purifier en quelque sorte sa noble et immortelle destinée? L'abnégation voudrait-elle être encore une immolation perpétuelle de tous ses sentiments les plus aimés et les plus intimes, et conduirait-elle insensiblement à l'oubli de soi-même et à l'abandon sincère de toutes ses pensées, afin de revivre dans une autre pensée qui nous captive et nous domine, en nous donnant en échange de ce que nous lui laissons, ce dévouement inaltérable que l'amour et la vertu n'abandonnent jamais? On a bien des fois parlé de la perfection humaine ; le chemin le plus court pour y arriver commence toujours par l'abnégation.—Il est beau, sans doute, lorsqu'un danger menace un être qui nous est cher, d'oublier que notre vie n'est pas à nous, et que pour le sauver nous irons, s'il le faut, jusqu'à l'héroïsme ! il est touchant, en présence d'une affection profonde que l'on a devinée dans un cœur, que l'on aimait et dont l'amour ne vous appartient pas, il est touchant de renoncer à cette idée qui faisait éclore en votre âme les fleurs jolies de l'espoir et de la félicité ! il est sublime peut-être, alors que de grandes haines ont passé sur vous, et que, loin du monde, vous avez voulu chercher, avec un être chéri, le baume à vos blessures, il est sublime, disons-nous, d'éteindre ces haines et de les remplacer par l'amitié, ou par l'oubli, et pourtant tout cela n'est encore que de l'abnégation! Vertu rare de nos jours, parce que chacun vit trop pour soi, au lieu de vivre pour tous; vertu que les natures d'élite seules ont peut-être le privilége d'acquérir par de longues et cruelles épreuves, mais vertu qui résume admirablement toute la religion catholique et commande à elle seule l'enseignement du Christ et les prédications de ses disciples, qui de tout temps ont dit avec leur éloquence : Ce qui ennoblit et élève l'homme, ce n'est point seulement la pratique de ses devoirs, mais bien plutôt le sacrifice, et surtout la lutte douloureuse qu'il doit soutenir entre ce qu'il redoute ou ce qu'il déteste et ce qu'il aurait toujours le plus aimé. Quand on veut croire à l'abnégation, on n'a besoin que d'entrer dans un hôpital, de suivre, auprès du lit de tous ces pauvres malades, ces êtres bénis qui prennent le nom de *sœurs de charité!* Dans le monde, quelques-unes auraient eu pour elles fortune, talents, joies, bonheur et succès! d'autres, idoles de leur famille, n'auraient jamais connu les préoccupations de l'existence, que la sollicitude maternelle ou conjugale leur aurait sans cesse écartée! et pourtant elles ont renoncé à cette existence qui continuait si bien leurs rêves! elles ont dit adieu à tous leurs plaisirs de jeune fille! elles se sont faites volontairement pauvres au milieu même de leurs richesses, en se vouant pour toujours au soutien du malheur et à la consolation de la souffrance! elles ne se sont pas demandé si leur organisation, plus frêle et plus impressionnable que celle des hommes, surmonterait les obstacles de leur vocation! elles ont généreusement accepté leur sacrifice, et, le sourire dans le cœur et sur les lèvres, elles se sont agenouillées au pied de l'autel en prononçant, avec la conviction de l'enthousiasme, leurs éternels vœux! Tournons encore les yeux du côté de ces peuplades sauvages de la Chine ou de l'Océanie : suivons tous ces bons missionnaires abandonnant leur patrie, leur foyer, leur mère qu'ils aiment tant, pour aller convertir à notre religion de nouveaux fidèles! ils avaient près de nous les consolations de leurs parents et de leurs amis, au sein de leurs fatigues et de leurs déchirements intimes! un regard bien-aimé se levait toujours sur eux, et leur apportait la résignation et le courage, et ils ont fui ces consolations et ce regard qui était tout leur appui, et ils se sont élancés vers ces régions lointaines sans se demander non plus si pour eux jamais aurait lieu le retour! Arrivés au but de leur mission, ils n'ont reculé devant aucune peine, devant aucune privation, devant aucun sacrifice, et, lorsqu'en échange d'une âme rendue à Dieu, les Barbares ont fait d'eux des martyrs, ils se sont éteints en murmurant encore le pardon pour leur bourreau!!! On le voit donc, l'abnégation ne saurait être une vertu ordinaire; pour bien la pratiquer il faut d'abord avoir l'amour, non pas cet amour matériel qui ne demande que des satisfactions terrestres, mais cet amour pur et infini qui nous fait grands, et nous apporte avec lui la passion du sacrifice et comme un pressentiment d'espérance en une douce et heureuse éternité! D'ailleurs, l'abnégation est pour l'homme une des nécessités de son existence; tôt ou tard il lui faudra se souvenir qu'il n'est pas seul ici-bas, et que s'il a doublé son affection pour la rendre plus profonde, ce n'est en quelque sorte qu'à titre de privilége, pour faire, comme tous ceux qui l'entourent, et qui, le plus souvent n'ont que la solitude pour leur répondre, le dur apprentissage de cet inflexible métier que l'on appelle abnégation!   ÉDOUARD BLANC.

ABOIEMENT [d'aboi, mot imitatif, cri du chien].
—C'est l'expression de sa joie, de sa méfiance ou de sa colère. C'est moins un cri naturel qu'une sorte de langage particulier au chien, et plus ou moins parfait, selon l'intelligence des races. La preuve de cette assertion, c'est que les chiens des nations sauvages n'aboient point : leurs cris ne sont que des hurlements.
—Il existe une différence notable entre les mots aboi et aboiement : l'aboi est la voix de l'animal; c'est en ce sens qu'on dit : Il a l'aboi rude, aigu, perçant; — l'aboiement est le cri même; c'est en ce sens que Buffon a dit : « Le chien sent de loin les étrangers, et pour peu qu'ils s'arrêtent et tentent de franchir les barrières, il s'élance, s'oppose, et par des aboiements réitérés, des efforts et des cris de colère, il donne l'alarme, avertit et combat. »   B. L.

ABOLITION (lettres d'). — Lettres par lesquelles un souverain absolvait un coupable d'un crime irré-

missible, selon les règles de la législation ordinaire. Ces lettres, qui laissaient toujours quelques notes infamantes, et différaient en cela des lettres de grâce, accordaient le pardon au coupable, mais sans préjudicier jamais à l'intérêt civil des parties offensées.

ABOLITION GÉNÉRALE (lettres d'). — Lettres que le souverain accordait quelquefois à une ville, à une province, pour crime contre l'autorité royale. C'est ainsi que des lettres d'abolition générale furent accordées à la ville d'Aix (1649) pour tout ce qui s'y était passé depuis le lundi gras de l'année 1648 jusqu'au 20 janvier suivant; au prince de Condé, Louis de Bourbon (1660), et à ceux qui avaient suivi son parti, etc.

Avant 1789, on a désigné sous le nom d'abolition l'acte par lequel le roi annulait une procédure et même une condamnation. C'est en vertu de ce droit qu'en 1814 Louis XVIII déclara sans effet les jugements rendus contre des Français qui s'étaient mis au service de l'Autriche et de la Russie, et abolit les listes d'émigrés.

ABOLITION (droit romain). — Annulation d'une procédure déjà commencée. Elle différait de l'amnistie en ce sens que, malgré une précédente abolition, une accusation légale pouvait toujours être reprise, tandis qu'une amnistie détruisait à jamais le corps même de l'accusation, et par suite rendait toute procédure impossible.

ABOLITIONISTE, partisan de l'abolition de l'esclavage. Ce mot n'a plus guère d'application qu'aux États-Unis, où l'esclavage se lie d'une manière infime et fatale à l'organisation sociale et politique de l'Union. Née en Angleterre dans le dix-septième siècle, la doctrine de l'abolitionisme a triomphé presque partout, grâce aux efforts de W. Penn et de Wilberforce. En Amérique seule, au sein de l'Union, se trouvent les anti-abolitionistes, qui s'appuient, pour maintenir l'esclavage, sur ce qu'il y a de plus odieux au fond de l'intérêt individuel.

ABORDAGE (marine). — Action de deux vaisseaux qui, après avoir combattu vaillamment à distance par l'auxiliaire de l'artillerie, manœuvrent pour s'accoster, s'accrocher, s'emporter d'assaut. A l'abordage! voilà le cri de manœuvre impatiemment attendu par les marins français, et auquel chacun s'élance, dans une affreuse mêlée, sur le pont ennemi, jusqu'à ce qu'on parvienne à l'arrière du bâtiment abordé, où flotte le pavillon dont la chute est le signal de la victoire. C'est, du reste, ce genre de combat que les anciens Romains durent leurs victoires sur les Carthaginois, et la marine française une grande partie de ses succès. Les abordages deviennent rares de nos jours, et l'on s'en tient le plus ordinairement au genre de combat qu'indique la science navale.

ABORIGÈNES [du latin ab, de, et d'origo, origine].
—Habitants originaires et primitifs d'une région, par opposition aux colonies qui s'y sont établies plus tard. Les Indiens de l'Amérique sont pour nous des aborigènes parce qu'ils habitaient le nouveau continent à l'époque de sa découverte, et que nous ignorons com-

plétement leur véritable origine. — On donne encore le nom d'aborigènes aux hommes, aux animaux, et quelquefois aussi aux végétaux qu'on suppose originaires du pays même qu'ils habitent, soit qu'ils y aient réellement existé de toute antiquité, soit que l'époque de leur transplantation se perde dans la nuit des temps.

ABORTIFS (matière médicale) [de *ab*, avant, et *ortus*, levé]. — Médicaments employés dans le but de faire avorter une inflammation, une maladie spécifique; ce sont le plus ordinairement des caustiques. — On donne aussi ce nom : 1° au fœtus qui naît avant d'avoir acquis le développement nécessaire pour vivre; 2° à certaines substances auxquelles on attribue la propriété de provoquer l'avortement.   B. L.

ABOYEUR (zoologie). — Oiseau de l'ordre des échassiers, dont le cri a quelque rapport avec l'aboiement du chien. Il est à peu près de la grosseur du pigeon, et habite les lieux marécageux des côtes de l'Europe; cette espèce est le *chevalier aux pieds verts* de plusieurs naturalistes. — Voy. *Chevalier* (zoologie).

ABRACADABRA (sciences occultes). — Mot magique auquel la superstition attribue le pouvoir de guérir la fièvre, surtout les fièvres quarte et hémitritée (demi-tierce). — D'après *Seranus Sammonicus*, ce mot, pour avoir le pouvoir précité, devait être écrit ainsi, en triangle :

```
A B R A C A D A B R A
  A B R A C A D A B R
    A B R A C A D A B
      A B R A C A D A
        A B R A C A D
          A B R A C A
            A B R A C
              A B R A
                A B R
                  A B
                    A
```

De quelque manière qu'on lût ce mystérieux triangle, on trouvait le mot *abracadabra*, pourvu que l'on commençât toujours par la lettre A, et qu'on lût ensuite la dernière lettre de chacune des lignes qui précèdent. Il fallait, de plus, que ce mot fût écrit sur un papier carré, plié de manière à cacher l'écriture et attaché à un ruban qui devait suspendre cette amulette du cou au creux de la poitrine. On la portait ainsi pendant neuf jours, puis l'on se rendait, avant le lever du soleil, sur le bord d'un fleuve coulant vers l'orient, après quoi l'on détachait du cou le mot *abracadabra*, qu'on jetait derrière soi, sans oser le lire. Ce préjugé est sans contredit la formule de ce genre qui eut le plus de réputation, quoique, bien entendu, elle ne guérissait nullement les espèces dangereuses de fièvres intermittentes dont nous avons parlé.   B. L.

ABRAXAS (pierres d') [des mots égyptiens *abrak* et *sax*, c'est-à-dire, selon Bellermann, le *mot béni, saintement vénéré*]. — Classe très-nombreuse de pierres gravées, qui contenaient le symbole du culte de certaines sectes gnostiques. Elles sont ainsi nommées du mot *abraxas* ou *abrasax*, écrit en lettres grecques sur la plupart d'entre elles. Bellermann ne reconnaît comme véritables que celles qui ont cette inscription. Beaucoup de ces pierres portent un tronc humain et des bras d'homme, avec une tête de coq et des pieds de reptiles; il y existe aussi un mélange de maximes chrétiennes ou juives, soit pures, soit entées sur le paganisme. Ces pierres n'étaient que de simples amulettes ou talismans, et leur dénomination de *pierres basilidiennes* est tout à fait impropre, puisqu'elles sont bien loin d'appartenir toutes à la secte de Basilide.   DE JÉMONVILLE.

ABRÉVIATION [de *brevis*, court]. — Retranchement de quelques lettres ou syllabes d'un mot, dans l'écriture, ou même d'un ou de plusieurs mots dans une phrase. Les Égyptiens furent les premiers qui se servirent des signes abréviatifs; les Grecs les adoptèrent, et plus tard les Latins en composèrent tout un système d'écriture. Ces derniers, avant l'invention des lettres minuscules, n'employaient que des onciales de 27 millim. 5 de hauteur. Aussi les *abréviations* étaient-elles devenues nécessaires chez eux et d'un usage habituel. Tantôt ils ne laissaient subsister que la première lettre des mots, tantôt ils supprimaient seulement les dernières lettres ou celles du milieu. On se servait d'abréviations dans les inscriptions, les manuscrits, les lettres et même dans les lois et les décrets; mais comme les signes abréviatifs pouvaient être interprétés de différentes manières, leur emploi donna lieu à tant d'abus, que Justinien se vit obligé de les proscrire et de punir comme faussaires ceux qui oseraient les employer. Assez rares dans les diplômes des rois des deux premières races, les abréviations se multiplièrent tellement sous les Capétiens, que Philippe le Bel essaya d'y remédier dans une ordonnance relative aux tabellions et aux notaires, en 1304; mais l'abus n'en persista pas moins dans les deux siècles suivants. Des manuscrits, cet abus passa même dans l'imprimerie, et les premiers livres imprimés offrent un très-grand nombre d'*abréviations* fort difficiles à déchiffrer. Notre législation actuelle réprouve généralement les *abréviations*. (Maurice La Châtre, *Dict. Univ.*)

Par extension, le mot *abréviations* se dit de certains signes destinés à représenter des mots entiers. — Voy. *Algèbre*, *Astronomie*, *Botanique*, *Chimie*, *Cosmographie*, *Musique*, etc. L'étude des abréviations employées dans les anciens manuscrits est devenue une partie importante de la *Paléographie.* — Voyez ce mot.

ABRANCHES (zoologie). — C'est la troisième division établie par Cuvier dans la classe des *annélides*. Ce mot, qui semble indiquer que les animaux de cet ordre n'ont pas de *branchies* (organes respiratoires), serait mieux remplacé par celui d'*endobranches*, donné par M. Duméril, puisqu'il signifie *branchies intérieures*. Deux familles composent cet ordre peu nombreux : la première (les *lombricinés*) a pour genre principal le *lombric* ou vers de terre; la seconde (les *hirudinés*) renferme la *sangsue*. — Voyez ces mots.

ABREUVOIR [du vieux langage celtique, *abeuvraig*]. — Lieu où l'on mène boire et se baigner les animaux, particulièrement les chevaux. Depuis le seizième siècle diverses ordonnances ont été rendues sur les abreuvoirs, mais aucune d'elles n'a eu pour but, comme une loi de Valentinien II, l'hygiène des animaux. Cependant les règles à suivre pour la pureté de l'eau des abreuvoirs sont de la plus haute importance. Voici comment le professeur Chevallier les a résumées. Elles consistent pour les eaux courantes à défendre : 1° de salir les eaux en amenant sur les bords des matières végétales ou animales en putréfaction ; 2° d'y laisser couler des eaux provenant des manufactures, des fabriques de gaz, des teintureries, des buanderies, etc.; 3° d'y conduire les eaux sales, provenant des ruisseaux des fermes ou des communes.

Pour les eaux dormantes :

1° De ne laisser entrer dans les abreuvoirs aucun animal, et particulièrement les canards, les oies et les cochons ; ces animaux y laissent leurs excréments et salissent l'eau, qui lors des chaleurs devient putride ;

2° De ne pas planter les abords des abreuvoirs de frênes ; ces arbres étant recherchés par les cantharides, quelques-uns de ces insectes tombent dans l'eau, et sont avalés par les bestiaux, auxquels ils causent des inflammations graves des organes digestifs et urinaires ;

3° De ne pas y laisser couler les immondices liquides des maisons environnantes, les eaux de fumier, etc. ;

4° De détourner les ruisseaux qui pourraient y conduire les eaux sales ;

5° De ne pas permettre aux animaux de remuer les eaux en se promenant ou en se débattant dans les abreuvoirs ; leurs pieds mettent alors en mouvements les substances terreuses qui, prises par les bestiaux avec leur breuvage, deviennent la cause, dit-on, de maladies calculeuses ;

6° De ne pas, sous quelque prétexte que ce soit, laisser rouir ou tremper dans les eaux des abreuvoirs le chanvre, le lin, etc.; de n'y pas laisser savonner ;

7° De nettoyer les abreuvoirs toutes les fois qu'il en est besoin.

La meilleure eau pour les abreuvoirs est celle fournie par les ruisseaux et les rivières qui reposent sur un fond de sable.

ABRICOTIER (botanique) [*prunus armeniaca* de Linné]. — Espèce d'arbre fruitier du genre prunier, famille des rosacées, tribu des amygdalées, paraissant originaire de l'Arménie, d'où il a tiré son nom botanique. Cet arbre fut apporté d'Arménie en Grèce, où il s'acclimata parfaitement ; de là il passa en Italie, puis en France. Il réussit dans les terres qui ne sont ni trop fortes ni trop légères, et vient en espalier en plein vent. Sa fleur, d'un blanc d'albâtre, s'ouvre au commencement du printemps ; son fruit, qui est des plus parfumés et des plus agréables, se sert sur les tables, s'emploie en confitures, compotes, pâtes, etc.

On a accusé à tort l'abricot de donner la fièvre, ce qui ne pourrait d'ailleurs avoir lieu que si l'on en mangeait en trop grande quantité, et surtout avant sa parfaite maturité. L'amande du noyau de ce fruit est amère et contient un peu d'acide cyanhydrique. On multiplie l'abricotier en semant les noyaux ou en le greffant sur prunier et amandier. Son bois laisse exsuder une gomme analogue à la gomme du Sénégal.

Les variétés les plus connues du genre abricotier sont l'*abricot-pêche*, ou *de Nancy*; l'*abricot aveline*, ou *de Hollande*; l'*abricot Angoumois*, et l'*abricot Alberge*.

B. L.

ABROGATION, ABROGER (droit) [de *ab*, contre, *rogatio*, demande]. — L'abrogation d'une loi est l'acte par lequel elle est détruite et anéantie. On peut abroger une loi ou seulement y déroger. On l'abroge lorsqu'elle est anéantie en totalité ; on y déroge quand une partie seulement est détruite ou changée. L'abrogation est *expresse* ou tacite : elle est expresse lorsque la loi nouvelle porte que l'ancienne est abolie, ou se sert d'expressions équivalentes. L'abrogation tacite est de deux sortes : la première, lorsque la loi nouvelle, sans porter ouvertement atteinte aux anciennes, contient néanmoins des dispositions incompatibles avec celles de ces dernières ; mais, dans ce cas, il faut qu'il y ait contrariété formelle entre les deux lois pour que la nouvelle soit censée abroger implicitement l'ancienne, car l'abrogation des lois, des coutumes et des usages ne se présume pas. La deuxième espèce d'abrogation tacite résulte de la désuétude ou non-usage dans lequel la loi est tombée, et, dans ce cas, le non-usage doit être général, cette espèce d'abrogation étant fondée sur un consentement tacite et universel (l. 28 et 32, *D. de Lég.*).

JEAN ÉTIENNE.

ABROME (botanique) [de *a* privatif, et *broma*, nourriture]. — Arbrisseau élégant de la famille des malvacées, originaire de l'Inde et réussissant bien dans nos jardins, surtout à l'abri du vent. Les feuilles de cette plante sont larges et anguleuses ; les fleurs pourpres, réunies en bouquets ; le fruit sec, insipide, impropre à l'alimentation, d'où son nom botanique d'abrome. Ce genre renferme plusieurs espèces dont l'écorce filandreuse sert à faire des cordages dans l'Inde.

ABRUS (botanique) [du grec *abros*, élégant]. — Plante légumineuse de la famille des papillonnacées, originaire de l'Inde, d'où on l'a transportée en Amérique, puis en Afrique. Tout est utile dans cette plante, dont on connaît cinq espèces ; les racines ont les mêmes propriétés que les racines de la réglisse (*voy.* ce mot) ; les feuilles donnent par infusion une liqueur très-sucrée, et son fruit renferme des graines d'un rouge de corail, avec une tache noire, qui servent aux Américains à faire des colliers et des chapelets : ces graines sont mangées comme des haricots en Égypte et dans l'Inde.

ABSENCE, ABSENT (droit). — On entend par absent l'individu qui a disparu de son domicile ou de sa résidence, si elle est distincte du domicile, et dont on n'a pas de nouvelles, de telle sorte qu'il règne la plus grande incertitude sur son existence : mais il ne faut pas confondre avec l'absent 1° celui qui n'est pas là où sa présence est nécessaire ou désirée, et dont on connaît la résidence, quelque éloignée qu'elle soit; 2° celui qui n'a aucune résidence connue, mais dont on a des nouvelles même indirectes. Ces individus sont qualifiés par la loi de non présents. (C. civ. 840; C. pr. 911 et 942.)

On nomme aussi *défaillant*, et non absent, celui qui a été condamné par un jugement rendu en son absence. (C. pr. 152.)

Comme l'incertitude sur la vie et la mort s'augmente en raison du temps qui s'est écoulé depuis la disparition ou les dernières nouvelles de l'individu, le Code a divisé l'absence en trois périodes :

La première est celle qui s'écoule depuis la disparition ou les dernières nouvelles de l'absent jusqu'à l'époque où son absence est déclarée; et elle ne peut l'être qu'au bout de cinq ans s'il n'a pas laissé de procuration, et au bout de onze ans s'il en a laissé une : pendant cette première période, il ne peut y avoir que *présomption d'absence*.

La seconde commence à la déclaration de l'absence et dure trente années, à moins que l'absent n'ait atteint plus tôt sa centième année.

La troisième a son point de départ à l'expiration des trente ou cent années dont il est parlé ci-dessus : elle dure indéfiniment si l'absent ne reparaît pas; mais dans cette troisième période, les héritiers peuvent obtenir l'envoi légal en possession définitive et sans caution.

Une législation particulière avait réglé le sort des militaires absents : ce sont les lois des 11 ventôse et 16 fructidor an II, et 6 brumaire an V. Toutefois, cette dernière loi a cessé d'être appliquée par l'effet d'une ordonnance du roi, du 21 décembre 1814, qui n'a prorogé son exécution que jusqu'au 1er avril 1815, attendu que son exécution avait été limitée à la paix générale. Quant aux deux autres lois, il n'est point encore établi par la jurisprudence qu'elles aient été abrogées, même implicitement, par le C. civ. (art. 135 et 136), et c'est surtout aux juges de paix qu'il appartient d'en faire l'application, suivant les circonstances.

JEAN ÉTIENNE.

ABSENTÉISME, anglicisme qui signifie *manie de voyager*, et qui désigne spécialement l'habitude que prennent de plus en plus les Anglais opulents de quitter leur pays pour voyager en Italie, en France, et même pour s'y fixer. « L'*absentéisme* est une plaie qui s'étend de peuple à peuple, et que l'on cache parfois sous le nom de *tourisme*. Norton attribue toutes les souffrances de l'Irlande à l'absentéisme. Selon lui, l'absentéisme est l'unique source des mille lèpres qui l'assiégent. On conçoit, il est vrai, que l'absence des riches propriétaires, qui dépensent sur une terre étrangère les revenus que la pénible industrie du cultivateur indigène a recueillis, doit nécessairement exercer une influence funeste sur le bien-être du pays. » Lady Morgan regarde le citoyen qui va vivre, de gaieté de cœur, à mille ou deux mille kilomètres du sol natal comme un homme qui n'a guère de charité ni d'esprit national. En effet, tandis que les manufactures regorgent de produits et que le peuple des campagnes est malheureux, les riches

propriétaires vont s'établir à Rome, à Naples, à Paris, à Londres, laissant les prolétaires, instruments de leur fortune, réduits à la misère !

ABSIDE (architecture) [du grec *apsis*, cercle, voûte, arche, courbure].—Demi-voûte en hémicycle, appelée vulgairement *cul de four*, qui termine les anciennes basiliques chrétiennes, et où se trouvent l'autel et le chœur. La forme de l'*abside* est tantôt semi-circulaire, tantôt polygonale. Au milieu de l'hémicyle se trouve le trône de l'évêque, et l'autel s'élève au centre du diamètre, vis-à-vis la nef, dont il est séparé par une balustrade ouverte ou par une grille. Le trône de l'évêque étant lui-même appelé *absis*, quelques auteurs prétendent que c'est de là que cette partie des anciennes basiliques a tiré son nom. Du neuvième au dixième siècle, l'allongement du chœur étant devenu une règle constante, l'*abside*, qui jusqu'alors avait renfermé le maître-autel, se transforma en chapelle et prit le nom de *chevet*. La basilique de Saint-Pierre, à Rome, contient deux absides, placées sur des axes parallèles. Les cathédrales de Pise et de Bonn présentent des absides secondaires, situées aux extrémités du transept. La cathédrale de Nevers est, en France, la seule église qui présente cette disposition.

ABSINTHE (botanique) [du grec *apsinthion*, espèce d'herbe amère, dans Dioscoride].—Nom donné à deux espèces du genre *armoise* (voy. ce mot), de la famille des composées, tribu des corymbifères : 1° la *grande absinthe* (artemisia absinthium), plante vivace de près d'un mètre de hauteur, qui se plaît dans les lieux arides et montagneux de nos climats, et dont les usages sont nombreux. On en fait le *vin d'absinthe*, connu des anciens, la teinture alcoolique ou *absinthe suisse* des tables; le *wermouth* (voy. ce mot). Toutes les propriétés des genres *artemisia* semblent se concentrer dans cette espèce, qui est indigène. Elle contient deux principes amers et une huile éthérée fort aromatique, d'où découlent ses propriétés toniques et stimulantes; aussi favorise-t-elle singulièrement la digestion, soit qu'on la prenne sous forme d'infusion, de vin ou de liqueur; cette dernière préparation est la plus agréable et la plus usitée; mais c'est uniquement après le repas qu'on doit en faire usage, c'est-à-dire lorsque l'estomac, chargé d'aliments, éprouve quelque peine à les digérer. L'absinthe a été employée aussi contre les fièvres intermittentes, à cause de ses propriétés amères, et contre les vers intestinaux, à cause de son huile éthérée; et l'on comprend très-bien qu'elle ait pu avoir quelque efficacité dans ces maladies; mais la médecine possède dans le quinquina un amer préférable à l'absinthe, et dans d'autres espèces d'armoises des vermifuges plus sûrs qui la font abandonner dans le traitement de ces affections. 2° La *petite absinthe* (artemisia pontica), particulière au midi de l'Europe, et qui a les propriétés de la grande absinthe, mais à un degré moins puissant. Comme elle se plaît sur le bord de la mer, quelques auteurs l'ont désignée sous le nom d'*absinthe marine*. Les anciens attribuaient des propriétés merveilleuses aux différentes espèces d'absinthe. Selon Pline, les brebis qui mangeaient de l'*artemisia santonica* n'avaient point de fiel; c'est une erreur. Aux courses de char, les vainqueurs buvaient de la liqueur d'absinthe, sans doute pour se rappeler que la gloire a ses amertumes.   B. L.

ABSOLUTION (droit) [d'*absolvere*, délier].— Renvoi d'un accusé, à raison de ce que le fait dont il est déclaré coupable n'est pas défendu par une loi pénale. Il y a cette différence entre l'*absolution* et l'*acquittement*, qu'un accusé ne peut être *acquitté* que lorsqu'il a été déclaré non coupable, tandis qu'au contraire, l'accusé est *absous* lorsque le fait dont il a été déclaré convaincu n'a pas été qualifié délit par la loi. Cette distinction résulte des articles 354, 364 et 366 du Code d'instruction criminelle.

Absolution (théologie). — Rémission des péchés après confession publique ou particulière. C'est au nom de J. C. que dans le sacrement de pénitence le prêtre remet les péchés; il est donc seulement l'intermédiaire entre Dieu et le coupable. Dans les siècles où la barbarie luttait contre le christianisme, il y avait à Rome un tarif où chaque péché était porté à telle somme, et ce prix une fois fixé, il était impossible d'en obtenir la moindre diminution. De là, dit un auteur, il résulte bien clairement que l'homme opulent, à ces époques néfastes, croyait pouvoir commettre impunément tous les crimes lorsqu'il était assez riche pour payer l'*absolution*, et que le pauvre, sans argent et sans ressources, n'espérant aucun pardon, cherchait à s'étourdir par de nouvelles fautes et tenait son cœur fermé aux remords, au repentir. Au moyen âge, l'absolution fut souvent une arme politique entre les mains des papes.

ABSOLUTISME (politique).— Système gouvernemental au moyen duquel un monarque peut exprimer sa volonté sans rencontrer le moindre obstacle constitutionnel. Un monarque *absolu* peut faire ou défaire, à son gré, les lois du peuple qu'il gouverne. Il ne rend nul compte à ses sujets des causes qui ont motivé ses décisions : il se borne à faire figurer au bas de ses ordonnances cette gracieuse formule : *car tel est notre bon plaisir.*

Croit-on que cette formule soit en effet la véritable expression de l'intime pensée? Nullement, car si un monarque *absolu* n'est arrêté dans ses orgueilleux caprices par aucun lien légal, il voit souvent se dresser devant ses pas, des barrières qu'il n'ose franchir. Il existe un pouvoir au-dessus du sien : c'est celui des coutumes, des mœurs, des intérêts rivaux et de l'opinion, de l'*opinion* que l'on a souvent appelée la *Reine du monde*. Ainsi le tzar de Russie jouit, dans son empire, d'une puissance à laquelle aucune loi ne vient mettre de bornes; cependant il est tel *ukase* qu'il n'oserait mettre au jour, dans la crainte d'exciter le mécontentement des *boyards*. —L'absolutisme, ce pouvoir illimité et sans contrôle dont s'empare un souverain, existe encore en beaucoup de lieux : c'est le gouvernement de la plupart des monarchies asiatiques, et celui de quelques contrées de l'Europe. Du reste, il n'y a jamais eu, quoi qu'on en dise, de pouvoir sans limites, et s'il y a pou-

voir absolu quelque part, ce n'est que dans un certain cercle tracé par les lois fondamentales et les croyances du pays.   Paillet, de Plombières.

ABSORBANTS (vaisseaux) (anatomie) [de *ab*, de, et *sorbens*, buvant]. — Les anatomistes ont donné ce nom à cette foule de petits pores de la peau, qui passent pour être les vaisseaux lymphatiques, chylifères et les veines, et qui ont la faculté de se charger de l'humidité extérieure et de la porter dans le torrent de la circulation. C'est par les vaisseaux absorbants de la peau que les bains produisent leurs bons effets. C'est aussi par eux que l'humidité qui nous environne pénètre en nous, et produit la plus grande partie des maux auxquels les hommes sont sujets, surtout dans les pays et dans les saisons où règne l'humidité. L'ensemble des vaisseaux lymphatiques et chylifères n'a qu'un même but, l'absorption des liquides blancs. Ajoutons que les veines sanguines partagent avec les vaisseaux lymphatiques la faculté absorbante : les nombreuses expériences de M. Magendie ont mis hors de doute ce fait, nié par les anatomistes de la fin du dernier siècle. — Voy. *Absorption*.   Dr Heinrich.

Absorbants (matière médicale). — Nom donné aux médicaments que l'on croit propres à absorber les acides développés dans les voies digestives; c'est dans ce but qu'on administre la magnésie, le charbon végétal, etc., contre les aigreurs d'estomac, les gastralgies, etc. On donne encore le nom d'absorbants à des substances qui absorbent, par imbibition, des liquides épanchés, et qu'on emploie en topiques pour arrêter l'écoulement de sang des plaies, des piqûres d'insectes, l'humeur des excoriations, etc.; tels sont l'amadou, les poudres d'amidon, de charbon, de lycopode, etc.   B. L.

ABSORPTION (physiologie) [d'*absorbere*, s'imbiber].— Fonction au moyen de laquelle le chyle, tous les fluides et tous les solides très-divisés, étant soumis à l'influence aspirante de certains vaisseaux, sont saisis par eux et importés dans le torrent de la circulation. Cette action physiologique, essentiellement nutritive, s'exerce dans tous les êtres vivants. Elle se rapproche sans doute beaucoup de la simple imbibition dans les végétaux les plus simples et les animaux inférieurs, mais elle devient plus compliquée à mesure qu'on s'élève dans la série des organismes. Chez l'homme, en particulier, elle s'exerce à l'aide d'un système de vaisseaux qui puisent les éléments réparateur, soit dans les intestins, où ils sont fournis par le chyle et les boissons, soit dans tous les organes où la graisse en fait les frais. Car nous ne nous nourrissons pas seulement des aliments, mais bien encore de notre propre substance, ce que prouve, au reste, d'une manière incontestable la perte de l'embonpoint dans l'abstinence et dans les maladies. L'absorption s'exerce en outre sur toutes les molécules étrangères à l'économie, mises en contact accidentellement avec les bouches absorbantes à la surface des muqueuses ou de la peau dénudée.—Voici le mécanisme de l'absorption considéré en général : Avant que les radicules lymphatiques ne s'emparent des matériaux que ces vaisseaux doivent charrier et importer dans le torrent circulatoire; il est probable qu'elles leur font subir une élaboration particulière destinée à les ramener tous, gaz, liquides et solides, à un état de fluidité ou de division convenable. La manière dont ces bouches absorbantes s'en emparent n'est pas bien connue. Suivant les uns, c'est par une sorte d'imbibition; selon d'autres, par une attraction capillaire; et ici s'est reproduite avec éclat la théorie de M. Dutrochet, basée sur ce principe : que, quand deux liquides hétérogènes et miscibles sont séparés par une cloison membraneuse, il s'établit, à travers les conduits capillaires de cette cloison, deux courants dirigés en sens inverse et inégaux en intensité; que celui des deux liquides qui reçoit de son antagoniste plus qu'il ne lui donne, accroît graduellement son volume; que la différence de densité des fluides et l'électricité sont les deux mobiles principaux de ce double mouvement, qui a reçu le nom d'*endosmose* lorsque le courant est dirigé de dehors en dedans, et d'*exosmose* lorsqu'il est dirigé au contraire de dedans en dehors. Suivant cette théorie, en effet, l'*absorption* serait due à l'endosmose, et l'*exhalation* à l'exosmose.

Mais, sans attacher à ces explications ni plus ni moins d'importance qu'elles n'en méritent, disons tout simplement que l'absorption est un phénomène vital dont le mécanisme intime sera peut-être toujours un mystère, comme la plupart des actions organiques. Que l'on admette ou non la spongiosité des tissus, l'existence de vésicules érectiles ou des bouches absorbantes agissant à la manière de ventouses, toujours est-il que le chyle, la lymphe et les boissons passent dans les vaisseaux chargés de les conduire; ce fait principal est démontré. Les matériaux ainsi absorbés traversent les ganglions lymphatiques, où ils subissent sans doute une certaine élaboration; ils arrivent par les mille et mille voies tortueuses des deux plans lymphatiques au canal thoracique, qui les verse dans la veine sous-clavière, où ils se mêlent au sang veineux. Leur marche est favorisée par les valvules que présentent de distance en distance leurs canaux; par les battements artériels, les mouvements respiratoires, et par les contractions musculaires qui impriment des secousses favorables à leur progression.

Absorption des matériaux extérieurs de la nutrition. — Les matériaux nutritifs sur lesquels s'exerce l'absorption sont le chyle et les boissons.

1° *Absorption du chyle.* — Le chyle est absorbé dans l'intestin grêle par les vaisseaux chylifères. Appliqué sur la surface muqueuse où il est retenu longtemps par les nombreuses circonvolutions, et surtout par les valvules conniventes agglomérées dans la cavité intestinale; il peut être aisément saisi; pompé par les bouches absorbantes qui s'ouvrent dans l'intérieur du canal. Dans le gros intestin cette absorption est à peu près nulle, car les chylifères y sont rares. Nous devons faire remarquer l'action élective qu'exercent ceux-ci sur les agents de leur fonction. En effet, au milieu d'éléments très-divers, ils discer-

nent les parties chyleuses de toutes les autres, et n'admettent qu'elles dans leur intérieur. Le chyle parcourt donc ses vaisseaux, traverse les ganglions mésentériques, où il subit une modification favorable à son assimilation ultérieure, et, arrivant à un canal commun, le canal thoracique, il est versé par lui dans la veine sous-clavière.

2° *Absorption des boissons.* — Les boissons, et nous entendons par là les liquides qui ne fournissent point d'éléments chymeux, les boissons sont absorbées en grande partie dans l'estomac, avant leur passage dans les intestins; là comme ici, elles sont pompées par les veines, car, ce qui le prouve, c'est que si l'on introduit dans l'intestin grêle d'un animal des substances odorantes ou sapides susceptibles d'être absorbées, on reconnaît leur présence par leurs propriétés dans la veine-porte dès le commencement de l'action absorbante, tandis que ce n'est que longtemps après que ces mêmes propriétés deviennent saisissables dans les vaisseaux lymphatiques. Le liquide des boissons arrive donc nécessairement au foie par la veine-porte, qui résume toutes les veines mésaraïques ou intestinales. Dans cette grosse glande il concourt à former la bile, subit une sorte de dépuration, et puis, repris par les veines hépatiques qui aboutissent à la veine-cave inférieure, il est versé dans cette dernière et mêlé au sang qui se rend au cœur. D'après ce mécanisme, il est facile de se rendre compte de la rapidité de l'ivresse après l'ingestion des boissons alcooliques dans l'estomac. En effet, passant directement dans le torrent circulatoire, ces boissons vont exercer presque aussitôt leur influence sur le centre de l'innervation, en suivant le cours du sang, d'abord dans le poumon d'où une partie est éliminée par l'expiration ou l'exhalation pulmonaire (haleine envinée), et puis au ventricule gauche et dans les carotides. — Voy. *Circulation.* On conçoit aussi que les vapeurs alcooliques, par leur aspiration seule, enivrent rapidement, puisqu'elles se mêlent immédiatement au sang hématosé dans les cellules pulmonaires. Les prompts effets des inhalations d'éther et de chloroforme trouvent là encore leur explication.

Absorption des liquides et des solides propres à l'économie. — Il s'agit ici des absorptions de la lymphe, de la sérosité, de la graisse et autres éléments.

1° *Absorption de la lymphe.* — D'abord qu'est-ce que la *lymphe*? C'est un liquide opalin, incolore ou légèrement rosé, d'une odeur particulière, qui provient, selon quelques physiologistes, des produits de toutes les absorptions internes opérées à la surface des membranes et dans les tissus cellulaires et parenchymateux; suivant M. Magendie, du sang luimême, dont une partie aqueuse reviendrait au cœur par les vaisseaux lymphatiques, au lieu de suivre la route ordinaire, c'est-à-dire les veines. Cette dernière opinion est fondée sur ce que la lymphe présente une grande analogie avec le sang, sauf la couleur, et qu'elle augmente dans les fausses pléthores sanguines, etc. Quoi qu'il en soit, la lymphe est absorbée par les vaisseaux lymphatiques à la périphérie comme dans l'intérieur de tous les organes. De ces divers points, elle coule par mille petits ruisseaux qui se jettent les uns dans les autres et aboutissent au canal thoracique et à la grande veine lymphatique, lesquels s'ouvrent enfin dans les veines sous-clavières. Dans le canal thoracique, la lymphe, amenée par les lymphatiques proprement dits, rencontre le chyle, qui est apporté par les chylifères, et se mêle à lui. Son cours est lent, mais favorisé par des valvules et par les mouvements musculaires.

2° *Absorption de la sérosité.* — La sérosité est la partie la plus aqueuse des humeurs animales, celle qui est habituellement exhalée par les membranes séreuses. Elle diffère peu de la lymphe; elle la constitue même dès qu'elle circule dans les vaisseaux lymphatiques. Elle offre une grande analogie de composition et d'aspect avec le sérum du sang, seulement elle contient moins d'albumine, etc. — Voy. *Exhalation séreuse.* La sérosité est absorbée au fur et à mesure qu'elle est exhalée; si bien que, dans l'état normal, il s'établit entre ces deux opérations, l'absorption et l'exhalation, un équilibre favorable aux fonctions auxquelles sert la sérosité, dont le but est de favoriser les mouvements des organes les uns sur les autres. Le cours de cette humeur est le même que celui de la lymphe.

3° *Absorption de la graisse.* — Soit que les matériaux nutritifs manquent, soit que leur élaboration ne puisse se faire, soit enfin que le chyle ne trouve pas dans l'hématose altérée les conditions de sa conversion en sang, le corps étant forcé de se nourrir de sa propre substance, l'absorption s'empare de la graisse : de là l'amaigrissement dans l'abstinence et les maladies. — Voy. *Abstinence.*

4° *Absorption des solides propres au corps.* — Le phénomène fondamental de la nutrition étant la composition et la décomposition, cette décomposition ne peut s'effectuer sans l'absorption, qui s'empare de toutes les parties vieillies après que les bouches absorbantes leur ont fait subir une liquéfaction identique pour les soumettre ensuite à l'action des appareils éliminateurs, nous voulons dire des organes excréteurs. — Voy. *Sécrétions* et *Exhalations.*

Résorption. — L'absorption qui s'exerce sur les fluides et sur les solides de l'économie, autres que le chyle et les boissons, se nomme plus particulièrement *résorption.* Celle-ci désigne donc l'action des absorbants sur les liquides exhalés et les molécules usées dans le mouvement de nutrition. C'est par la résorption que les épanchements d'eau, de sang, de pus, etc., disparaissent des organes où ils s'étaient produits; c'est par elle aussi que les engorgements, les tumeurs osseuses, etc., peuvent diminuer, *fondre* comme on dit vulgairement, surtout lorsqu'on emploie des médicaments capables d'activer l'action des absorbants. La résorption est d'autant plus active que les sujets sont plus jeunes : la diète seule chez ceux-ci suffit pour augmenter singulièrement son action.

Absorption des corps étrangers mis accidentellement en rapport avec les absorbants. — Les bouches absorbantes s'emparent généralement de toutes les molécules assez fluides ou divisées qui se trouvent en rapport avec elles. Comme les vaisseaux lymphatiques ont leurs racines dans tous les points du corps pour ainsi dire, cette absorption peut s'effectuer aussi dans toutes les parties, à l'intérieur des organes, où on l'appelle *interstitielle,* aussi bien qu'à la surface des membranes. Elle a le grave inconvénient d'introduire dans le torrent circulatoire des particules nuisibles, des principes morbifiques, des miasmes contagieux. Mais c'est à elle aussi qu'on doit l'avantage de faire pénétrer des substances médicamenteuses dans l'économie, et de modifier les humeurs par les agents thérapeutiques que nous fournit la matière médicale.

Absorption par les muqueuses. — Les membranes muqueuses sont douées à un haut degré de la faculté d'absorber. Une goutte d'acide prussique appliquée sur la conjonctive d'un chien de forte taille le tue presque instantanément. La surface interne du tube intestinal absorbe les substances alimentaires et les boissons de la matière indiquée plus haut. S'il s'agit de médicaments ou de poisons, c'est de même, à moins que ces substances ne provoquent leur propre expulsion en produisant le vomissement ou la diarrhée. La muqueuse des voies respiratoires offre un canal toujours ouvert à l'absorption des particules hétérogènes, des gaz, miasmes, poussières, etc., que l'air atmosphérique tient en suspension : aussi est-ce là malheureusement la porte la plus grande ouverte à une foule de causes morbifiques.

Absorption par la peau. — La surface cutanée jouit aussi de la faculté d'absorber, car on guérit tous les jours des maladies, telles que la gale, la syphilis, par des applications médicamenteuses externes. Toutefois, cette absorption est lente, et a besoin d'être excitée par des frictions. Lorsqu'on prend la précaution d'enlever l'épiderme au moyen du vésicatoire, par exemple, c'est différent : les corps susceptibles d'être pompés par les bouches absorbantes ainsi mises à nu, passent rapidement dans le torrent circulatoire. C'est ainsi que l'acétate de morphine, l'arsenic, mis à dose suffisante sur une partie dénudée, dans une plaie ou le trou d'un cautère, par exemple, peuvent causer la mort. La vaccination est basée sur la propriété absorbante du tissu sous-cutané. On connaît les effets de certains venins introduits par des morsures ou des piqûres; ceux épouvantables des plaies faites avec les instruments de dissection chargés de miasmes cadavériques.

L'absorption, considérée dans toute sa généralité, est d'autant plus active, nous le répétons, que le sujet est plus jeune et mieux portant; qu'il a éprouvé plus de pertes par les saignées, la diarrhée, etc.; qu'il a plus besoin de prendre des aliments, et qu'il est soumis à des causes qui concentrent davantage les forces vitales à l'intérieur, comme le sommeil, la peur, les passions tristes, le froid, etc. Les vaisseaux absorbants, comme nous l'avons vu, ne s'emparent pas avec la même facilité de tout ce qui se présente à leurs orifices. Ils semblent d'abord repousser tout ce qui peut avoir des propriétés nuisibles; mais, s'ils ne peuvent éviter la longue et profonde application de ces substances hétérogènes, ils s'accoutument à elles et les absorbent. C'est ainsi que nous résistons un certain temps à l'influence des miasmes dans les hôpitaux, les prisons, ou au voisinage des marais; c'est ainsi que les parties âcres et salines de l'urine et des excréments dont l'élimination naturelle trouve un obstacle invincible, finissent par pénétrer dans le système absorbant, après avoir excité son antipathie. L'absorption ne cesse pas immédiatement après la mort; toutes les fonctions animales sont éteintes qu'elle s'exécute encore, parce qu'elle est essentiellement végétative, et peut-être parce que les forces physiques et mécaniques y jouent le principal rôle. Quoi qu'il en soit, ce fait est très-important à connaître, car il explique plusieurs phénomènes cadavériques capables de tromper le médecin légiste qui l'ignorerait, tels que la disparition des ecchymoses légères, de certains épanchements, la diminution de volume de certaines parties.   Dr Bossu (1).

ABSOUTE (théologie) [d'*absoudre*]. — Cérémonie qui se pratique le jeudi saint dans l'Église catholique, pour représenter l'absolution qu'on donnait vers le même temps aux pénitents de la primitive Église : elle consiste à réciter les sept psaumes de la pénitence, suivis d'oraisons relatives au repentir qu'on doit avoir de ses péchés.

ABSTÈME [de *abstemius*, dérive de *abs*, sans, et *temetum*, vin]. — Qui s'abstient de vin et en général de toute substance spiritueuse. Dans les âges primitifs de la religion catholique, les personnes auxquelles une répugnance naturelle ne permettait pas de boire du vin, ne recevaient la communion que sous l'espèce du pain; ce qui prouve que la communion sous les deux espèces n'était pas absolument nécessaire. Les théologiens protestants sont même encore partagés sur la question de savoir si l'on doit laisser communier les abstèmes.

ABSTINENCE (médecine) [de *abstinere*, s'abstenir, se priver]. — C'est la privation complète ou incomplète d'aliments solides ou liquides. Ce mot, détourné de son acception primitive, est souvent employé comme synonyme de *diète*.

L'abstinence peut être observée par un individu bien portant ou par un individu malade. Voy., pour l'abstinence dans l'état de maladie, les mots *aliments, convalescence, diète, régime.*

Les effets généraux de l'abstinence complète chez un individu sain sont les suivants : faiblesse de toutes les fonctions (l'absorption exceptée); cette faiblesse porte principalement sur la locomotion et les facultés intellectuelles; les impressions éprouvées par les sens sont moins vives; la circulation et la respiration se ralentissent; la calorification diminue de plus en plus; les sécrétions sont réduites, puisque chaque jour diminue le poids du corps; l'haleine devient tellement fétide, que des mineurs, enfermés dans une houillère, étaient contraints de se

(1) Extrait de notre *Anthropologie*, t. I, p. 264 et suiv.

tourner le dos. La privation des aliments persistant, l'absorption exerce alors son empire destructeur sur tous les tissus, en y puisant avec énergie des matériaux réparateurs du sang. Il n'y a plus de pus sur les ulcères, dit Haller, plus de lait dans les mamelles, plus de venin dans la bouche de la vipère exténuée. Une fièvre ardente se déclare, la faiblesse augmente de plus en plus, enfin il y a perversion des fonctions intellectuelles (délire), et mort d'autant plus prompte, que l'individu est plus jeune. Haller, dans sa grande physiologie, a cité un grand nombre d'exemples d'une longue abstinence; mais, en vérité, il faudrait être doué d'une foi bien robuste pour croire à une abstinence de dix-huit mois et plus. Burdack, suivant nous, se rapproche beaucoup plus de la vérité lorsqu'il dit « que, dans l'état ordinaire des choses, un homme ne peut vivre plus d'une semaine sans manger, et qu'il faut des circonstances spéciales pour dépasser ce terme. » Parmi ces circonstances, nous mentionnerons l'âge, l'embonpoint, l'habitude, l'état de maladie, le froid, une ferme volonté, etc.

           Dr Louyet.

ABSTRACTION (philosophie) [du latin *trahere abs*, tirer hors, séparer]. — Opération par laquelle l'esprit considère isolément des choses intimement unies. « Par rapport aux objets matériels que nous percevons sous une triple étendue, avec telle ou telle forme, couleur et saveur, et dans telle ou telle condition de mouvement ou de repos, l'intelligence s'arrête à la longueur de l'objet, par exemple, ou à sa couleur, et néglige tout l'ensemble des qualités. C'est un acte ou plutôt un mode d'abstraction. Par rapport aux objets immatériels, c'est-à-dire aux objets pris à l'état de vérité ou de choses connues, et qui, par la comparaison, nous paraissent semblables ou opposés, subordonnés l'un à l'autre ou produits l'un par l'autre, nous concevons isolément la ressemblance ou l'opposition, l'égalité ou la dépendance, etc., et cette conception isolée de l'esprit est encore un acte ou un mode de l'abstraction; l'idée qui en résulte est appelée *idée abstraite*, et les mots qui l'expriment sont des *mots abstraits*. D'où l'on voit que le but propre de l'abstraction est d'isoler par la pensée ce qui se lié et s'unit dans la matière, d'individualiser les qualités, les rapports, les idées élémentaires de l'ensemble qui les renferment, de leur prêter une existence purement idéale, et de les présenter distinctement à l'intelligence qui domine sur eux, au moyen de la réflexion et du raisonnement. » L'homme est naturellement porté à réaliser des abstractions, c'est ce que prouvent les noms de *Vénus, Minerve, Thémis*, etc., chez les païens, pour personnifier et diviniser la beauté, la sagesse, la justice; d'*archétypes*, de Platon et de ses disciples; d'*universaux* chez les scolastiques du moyen âge, etc.   De Jémonville.

ABUS [de *ab*, marquant excès, et *usus*, usage]. — Voltaire a défini l'abus : « Vice attaché à tous les usages, à toutes les lois, à toutes les institutions des hommes; le détail n'en pourrait être contenu dans aucune bibliothèque. » D'autres ont défini ce mot : « Nom générique que l'on donne à l'usage excessif d'une faculté, à la jouissance déréglée d'une possession, à l'exercice immodéré d'un droit, à l'emploi arbitraire d'une autorité, à l'action despotique d'un pouvoir, à la conséquence exagérée d'un principe, à tout acte, enfin, qui franchit les limites de la loi, de la justice et de la raison. » En politique, dit Courtin, on appelle *abus* ceux que commet le souverain ou le peuple ; de la part du souverain, les abus viennent de la force qu'il a entre les mains pour conserver les institutions sociales et les lois, et qu'il tourne quelquefois contre les institutions et contre les lois elles-mêmes ; de la part du peuple, les abus viennent de droits politiques dont l'excès peut mener à l'anarchie et au malheur. Les peuples ont souvent dû leur bonheur à la religion, à la royauté, à la liberté, à la noblesse même ; souvent aussi les abus de ces choses ont produit le fanatisme, la tyrannie, la licence populaire et l'oppression féodale.

ABUS D'AUTORITÉ ou **DE POUVOIR** (jurisprudence). — Lorsqu'un fonctionnaire viole un domicile, refuse de rendre la justice, exerce, sans motif légitime, des violences contre les personnes ; lorsqu'il requiert l'action de la force publique contre l'exécution d'une loi, d'une ordonnance, etc., il commet un abus de pouvoir et se rend passible des peines fixées par les art. 184 et 191 (livre III, titre Ier) du Code pénal.

ABUS DE CONFIANCE (droit). — Délit qui consiste à profiter de la confiance de quelqu'un pour lui nuire dans sa personne, dans son honneur ou dans ses biens. Telle est l'infidélité, tant du dépositaire qui s'approprie le dépôt qui lui a été remis, ou qui s'en sert comme de sa chose, que du mandataire qui profite des connaissances qui lui sont procurées par la mission dont il s'est chargé, pour trahir les intérêts de son commettant.

Les cas dans lesquels il y a abus de confiance sont déterminées au Code pénal (406 à 409).

A l'égard de l'abus de confiance d'un *blanc seing*, il est des cas où il y a lieu de le poursuivre correctionnellement. — Voir ce mot.

ABYSSINIE (géographie). — Vaste contrée qui forme la partie orientale de l'Afrique, et qui s'étend entre le 8e et le 16e degré de latitude boréale, et les 32e et 41e de longitude, ce qui lui donne une étendue de 480,000 kilomètres carrés, la même à peu près que celle de la France. Les limites de cette contrée sont encore incertaines ; elle est bornée à l'est par la mer Rouge, au nord par de vastes et épaisses forêts, au delà desquelles est la Nubie, à l'ouest et au sud par des peuples et des contrées presque entièrement inconnus. L'Abyssinie est un pays élevé, coupé de montagnes, jalonné de cimes rocheuses, dont la plus haute (l'Amba Detjein) a 4,600 mètres, toujours couvertes de neiges et jetées les unes sur les autres, coupées de vallées et de nombreux cours d'eau ; le territoire de cette contrée a été nommé la *Suisse africaine*. La plupart des rivières d'Abyssinie sont de fougueux torrents, et les cataractes y sont fréquentes. Aux influences climatériques résultant de sa configuration montagneuse, il faut joindre en Abyssinie

tous les dégsaréments qu'entraîne sa position sous les tropiques. En effet, l'année y est partagée en deux saisons ; la saison sèche et la saison des pluies. Celle-ci verse sur le sol, pendant cinq mois (de mai à septembre), une telle quantité d'eau, qu'elle fait cesser toute espèce de travaux, et que les habitants sont obligés, pour se mettre à l'abri de ses ravages, de placer leur demeure sur des hauteurs. Du reste, la climatologie y est assez douce, excepté sur la lisière qui borde la mer Rouge, et qui présente ce phénomène étrange, que les pluies y commencent quand elles finissent dans l'intérieur. — Il y a peu de contrées en Afrique qui présentent une aussi brillante végétation que l'Abyssinie, une flore très-variée. Des jasmins embaument l'air de la plus délicieuse odeur ; le bambou et le papyrus à la tête panachée y sont très-répandus ; à côté de nos céréales, le blé, le maïs, l'orge, l'avoine, etc., croissent des graminées qui nous sont tout à fait inconnues, telles que le *thef* aux fleurs empourprées, qui donne une farine savonneuse dont on fait un pain blanc et léger, nourriture ordinaire des hautes classes ; le peuple se nourrit de *torano*, espèce de blé qui croît où nulle autre plante ne peut prospérer ; et, quand la moisson vient à manquer, on mange une sorte de bananier dont la tige seule est exquise lorsqu'elle n'a pas toute sa maturité. Une foule de beaux arbres embellissent les paysages : les sycomores toujours verts, les *kouaras* aux fleurs de corail, les *mimosas*, qui donnent la gomme, le gigantesque *baobba*, etc. Parmi les plantes qui croissent à l'ombre de ces grands végétaux, nous citerons l'*aunginous*, qui guérit les dyssenteries, le *cousso*, vermifuge puissant ; et, sur le plateau de Kaffa, croît le caféier. — La faune de ce pays n'est pas moins riche que sa flore : on y trouve l'éléphant et le rhinocéros, le crocodile, l'hippopotame, le lion, la panthère, le léopard, la girafe, le zèbre, le chameau, les bœufs, les chevaux, des oiseaux de toute espèce, des poissons, etc., etc.

Malgré les nombreuses montagnes de l'Abyssinie, on ne trouve guère que des mines d'or et de fer. L'une des plus curieuses productions naturelles est un sel fossile qui occupe une immense plaine entre Mumonah et Amphilah. On le coupe par morceaux, non-seulement pour l'usage ordinaire, mais encore pour servir de monnaie courante. — Deux types distincts existent en Abyssinie : le type le plus commun semble européen (fig. 6) : les hommes qui y appartiennent ont de belles formes, le teint bronzé ; les traits et l'expression de la physionomie ressemblent à ceux des Bédouins de l'Arabie. C'est à cette classe qu'appartiennent la plupart des habitants des montagnes. Le second type se distingue par son teint noir, son nez moins effilé, ses lèvres épaisses et ses cheveux crépus ; il se rapproche de la race éthiopienne ou nègre, et comprend une partie des habitants de la côte d'Abyssinie et des régions voisines de la frontière nord.

L'Abyssinie était comprise par les anciens dans cet immense territoire auquel ils donnaient le nom général d'Éthiopie, et qui renfermait toute la partie de l'Afrique au sud de l'Égypte et de la chaîne de l'Atlas; toutefois, elle ne faisait pas partie de la fameuse Éthiopie qui avait Méroë pour capitale. Du reste, l'histoire de cette contrée est enveloppée d'un profond mystère.

Fig. 6. — Abyssin.

« Les premiers rois qui ont régné en Abyssinie sont : *Aroué, Za-Bizi, Za-Gdu, Za-Zébas, Za-Kaouasia.* A ce dernier succéda la célèbre *Makéda*, reine de Saba, qui visita Salomon et en eut un fils qu'elle mit au jour après son retour en Abyssinie. Païenne à l'époque de son voyage, Makéda se convertit au judaïsme, et envoya son fils, nommé Ménilek, à Salomon, qui le fit élever. Ménilek revint dans son pays accompagné de douze docteurs juifs qui répandirent leur religion. Les listes des rois qui ont régné depuis Ménilek sont incomplètes et diffèrent les unes des autres. Le judaïsme continua à se propager sous les successeurs du fils de Makéda. Le christianisme s'est introduit en Abyssinie en l'an 330; le premier évêque, nommé Frumentius, fut envoyé par Athanase, patriarche d'Alexandrie. Une fois convertis à l'Évangile, deux siècles s'écoulent pendant lesquels l'histoire ne fait aucune mention des Abyssins. Au septième siècle, lorsque Mahomet allait prêcher sa religion dans l'Orient, les Abyssins soutinrent contre les Arabes une guerre dont la Mecque fut le théâtre, et qu'une tradition arabe a nommée *la guerre de l'Éléphant.* Les Abyssins vaincus se réfugièrent dans leurs montagnes, mais la partie orientale de leur pays fut occupée par les Arabes, qui y fondèrent le royaume de Zeïla. »

La population, qui est de 5 à 6 millions d'habitants, se compose d'Abyssins, d'Arabes, de Maures, de Juifs, d'Agous, de Changallas et de Gallas. La langue vulgaire et la langue d'Amhara; mais, dans les cérémonies du culte et dans les ouvrages, on emploie le dialecte de Tigre ou de Geez, ancienne langue des Éthiopiens. Le christianisme copte, mêlé d'erreurs et de pratiques judaïques, est la religion la plus répandue. Le gouvernement de l'Abyssinie est une monarchie absolue. Autrefois, un roi ou un empereur gouvernait despotiquement et portait le titre de *grand Negus.* Les mœurs des Abyssins sont très-dissolues, et la polygamie y est presque sans bornes; les sciences y sont dans l'enfance, mais le commerce et l'industrie fournissent aux besoins ordinaires.

De Jémonville.

ACACIA (botanique) [du grec *aké*, pointe, aiguillon]. — Genre de plantes de la famille des légumineuses, tribu des mimosées, comprenant des végétaux exotiques.

Les végétaux qui composent ce genre sont tous des arbres des pays chauds, souvent épineux, à feuilles simples ou composées, dont les fleurs, presque toujours jaunes, sont disposées en tête ou en épis serrés. Plusieurs d'entre eux donnent des produits importants à la médecine.

Disons d'abord que l'arbre si commun de nos promenades, et auquel on donne vulgairement le nom d'acacia, est le *robinia* des botanistes. — Voy. *Robinier.*

Voici les principales espèces d'acacias :

1° ACACIA VRAI (*acacia vera*), vulgairement *gommier rouge* : arbre qui vient en Égypte et au Sénégal, et qui donne une espèce de gomme qu'on ne trouve pas dans le commerce à cause de l'infériorité de sa qualité.

2° ACACIA DU NIL (*acacia nilotica*). — Autrefois, lorsqu'on tirait toute la gomme arabique de l'Égypte, elle était fournie principalement par cet arbre. Maintenant qu'elle vient en grande partie du Sénégal, on la récolte sur une autre espèce d'acacia.

3° ACACIA D'ARABIE (*acacia arabica*, Roxb.). — Cette espèce croît en Égypte, au Sénégal et dans l'Inde; elle fournit une gomme rougeâtre, un peu amère, qu'on réserve pour les usages industriels.

4° ACACIA D'ADANSON (*acacia Adansonii*). — Cet arbre porte des gousses propres au tannage des cuirs lorsqu'elles sont encore vertes, mais qui, à leur maturité, perdent complètement cette propriété.

5° ACACIA VERECK. — De tous les acacias, c'est le plus important; car il fournit la véritable gomme arabique. Le nom spécifique *vereck* lui est donné dans le pays. C'est un petit arbre de cinq à six mètres de haut, hérissé d'épines, et qui forme des forêts dans le pays de Cayor, et le long de la rive droite du Sénégal, près du désert de Sahara. Dans ce pays, où il tombe des pluies de juillet en octobre, ces eaux ramollissent l'écorce des acacias. Dans cet état, cette écorce est rapidement desséchée par des vents chauds qui soufflent de l'est; elle se fend alors, et la gomme s'écoule par ces fentes. En décembre, les Maures viennent en faire la récolte, qui dure vingt jours, pendant lesquels ces nègres se nourrissent exclusivement de gomme. La récolte terminée, ils apportent la gomme à des marchés appelés Escales, où elle est vendue aux Européens. Lorsque les rosées amenées par les vents d'ouest sont très-fortes, alors il se fait quelquefois en mars une seconde récolte, toujours moins abondante que celle de décembre.

6° ACACIA AU CACHOU (*acacia catechu*, Wild.). — Cet arbre est originaire des pays montueux du Bengale et de la côte de Coromandel. C'est lui qui, suivant la plupart des auteurs, fournit la substance connue sous le nom de cachou, ou *terra japonica*. On l'obtient par l'expression des gousses de l'arbre, ou la décoction du cœur du bois; et en faisant évaporer le liquide au soleil, il reste la substance d'un brun rougeâtre qu'on nomme cachou. — Voy. ce mot.

7° ACACIA DE SAINTE-HÉLÈNE, dont les rameaux pendent comme celui des saules pleureurs.

8° ACACIA PUDIQUE, qui, au moindre attouchement, replie ses feuilles. Ce phénomène, qui appartient d'ailleurs à d'autres légumineuses (à la sensitive), prouve réellement que l'irritabilité n'est pas l'apanage exclusif du règne animal.

ACACIÉES (botanique). — Tribu de la famille des légumineuses, dont l'acacia est le genre type. — Voy. *Acacia.*

ACADÉMIE (littérature). — Platon est le premier qui ait donné le nom d'Académie à une école de philosophie qu'il ouvrit à Athènes dans un jardin célèbre. Aujourd'hui le nom d'Académie est donné aux associations de savants et de littérateurs qui s'assemblent dans le but de concourir aux progrès des arts, des sciences et des lettres. — Voy. *Sociétés savantes.*

ACADÉMIE FRANÇAISE. — Lorsque le cardinal de Richelieu apprit que les savants Godeau, Chappelain, Malleville, Gombault, Guyet, Hubert de Serraisy, se réunissaient à jours fixes chez le protestant Conrard, à l'effet de contribuer au progrès de la langue, alors en voie d'éclore, il demanda à faire partie de cette réunion qui lui paraissait suspecte. Mais, tout puissant qu'il était, il fut refusé. C'est alors que l'habile cardinal constitua officiellement cette société, par lettres-patentes de 1636, et s'en déclara le chef sous le titre de Protecteur. Ainsi fut assurée l'existence de l'*Académie française.* Son premier soin fut de s'occuper du dictionnaire de la langue nationale. Cinquante années furent employées à la composition de ce grand ouvrage, qui ne contenait aucun des termes employés dans les arts et dans les sciences.

Doit-on blâmer ce corps savant d'avoir procédé lentement à l'accomplissement de cette grande œuvre? Non sans doute, puisque la langue, sous la plume des sublimes génies du dix-septième siècle, se développait chaque jour, s'épurait et revêtait des formes plus douces, plus riches et plus durables; mais on a le droit de lui demander pourquoi il ne nous a présenté qu'un répertoire incomplet des mots de la langue usuelle et littéraire. La langue n'a-t-elle donc été créée que pour marcher sur les traces des Bossuet, des Fénelon et des Massillon? N'a-t-elle donc été faite que pour dépeindre les opérations de l'esprit, et nous montrer, dans l'homme, le chef-d'œuvre de la création? Pourquoi alors rejeter le vocabulaire des arts et métiers? Pourquoi ne pas donner la définition de tous ces mots qui ont contribué puissamment à élever la France à son apogée de grandeur et de force? Pourquoi, enfin, ne travailler que pour les *beaux esprits?* Oubliez-vous, aujourd'hui, que nous sommes tous *peuple?* Rayez donc de votre dictionnaire le mot *populaire,* dont on a tant abusé pour propager des idées fausses, et ne concourez pas à étendre encore cet abus.

Le cardinal de Richelieu, en fondant l'Académie, la chargea du soin de composer une Grammaire et un Dictionnaire, de défendre les principes du bon et du beau, de répandre ses doctrines conservatrices, enfin de remplir le rôle important d'un haut tribunal littéraire, en prononçant en arbitre souveraine sur les difficultés du langage. Mais comment a-t-elle répondu aux vœux du célèbre cardinal? Elle a élevé un édifice sans avoir posé de fondements, c'est-à-dire composé un dictionnaire sans avoir fait une grammaire, sans avoir reconnu de principes! Et de quelle manière fut rédigé ce dictionnaire? Il y avait deux manières de présenter la phrase d'exemple; c'était de copier un écrivain estimé qui l'avait employée, ou d'en composer une. Furetière, membre de l'illustre assemblée, qui composa seul un dictionnaire, prit la première toutes les fois qu'il le put, et ce fut malheureusement une raison pour que l'Académie prît l'autre. Alors, ne voyant pas derrière elle l'admirable littérature des Corneille, des Racine, des Pascal, des Bossuet, etc., et comme si l'on composait d'avance un tableau pour un portrait, la société savante composa une phrase pour un mot, ignorant sans doute que l'objet de tout bon dictionnaire est de justifier, par des citations bien choisies, la phrase d'exemple. Antoine Furetière, qui connaissait le génie de la langue, fit mieux que l'Académie, qui l'expulsa de son sein, en l'accusant d'avoir profité du travail de la docte assemblée pour composer son dictionnaire. Tout le monde connaît le plaisant *factum* que Furetière adressa à ses anciens confrères pour se défendre de l'accusation portée contre lui.

Mais, disons-le franchement, de quelle utilité pouvaient être aux gens de lettres des substantifs froidement accolés à des adjectifs, sans occasion, sans but? Quel profit pouvaient-ils retirer d'un ouvrage qui leur présentait des adverbes joints à des verbes ou à des adjectifs, sans rapport à d'autres membres de phrases? Que signifiaient des verbes et des prépositions formant avec d'autres mots des compléments, sans application à des idées déterminées précédemment? Ceux qui s'efforçaient de suivre les traces des grands écrivains ne pouvaient trouver aucune lumière dans ce recueil de locutions sèches et morcelées, et la langue des Racine, des Fénelon, des Bossuet, n'avait rien de commun avec les lambeaux de phrase de l'Académie!

Qu'y a-t-il de changé à ce dictionnaire depuis la première édition? Absolument rien que deux à trois cents mots d'ajoutés. La société savante a jamais rempli le rôle dont elle s'était chargée; elle a abdiqué son pouvoir suprême, pour se borner à couronner annuellement quelques lambeaux de vers ou de prose, honneur insigne que bien des auteurs ont souvent dû plutôt à la faveur qu'au mérite. Oh! si Richelieu pouvait sortir du tombeau, comme il dirait aux immortels : « Était-ce bien là ce que j'étais en droit d'attendre de vous? Quoi! la moitié des mots de la langue figure à peine dans un livre qui emploie un demi-siècle pour sa rédaction! on n'y trouve pas une seule étymologie! on n'y cite pas la moindre phrase des grands écrivains du siècle de Louis XIV! les acceptions y sont bornées; enfin j'y cherche vainement la trace de ce grand mouvement intellectuel qui a emporté si loin le monde moderne! Je n'y vois qu'une œuvre morte, peu digne d'une grande nation! Ah! messieurs les académiciens, vous vous êtes compromis aux yeux du public, qui avait droit d'attendre beaucoup de vous; vous vous êtes endormis dans votre fauteuil plutôt que de veiller à la conservation et à la pureté de la langue! Mais détrompez-vous sur le prestige qui paraît s'attacher à votre ouvrage. Les bons esprits ont vu depuis longtemps que vous avez laissé à d'autres le soin d'accomplir la tâche qui vous était dévolue; et le livre que vous avez signé a perdu à jamais cette autorité que semblaient lui donner vos titres littéraires. *La croyance n'y est plus, et le ridicule attend quiconque voudrait tenter de la faire renaître.* »

Heureusement que de savants lexicographes et d'habiles critiques sont venus compléter l'œuvre de l'Académie, et exécuter presque seuls ces travaux que n'avait pas voulu tenter un grand concours de lumières.   B. LUNEL.

ACADÉMIE DES INSCRIPTIONS ET BELLES-LETTRES (40 membres titulaires). — Établie par Colbert, en 1663, fut nommée successivement *petite Académie, Académie des Inscriptions et Médailles*; enfin, *Académie des Inscriptions et Belles-Lettres.*

Dans l'origine, cette société borna ses travaux aux dessins des tapisseries du roi, aux devises des jetons du trésor royal, etc. Ce ne fut qu'en 1701 qu'elle reçut une constitution par les soins de l'abbé Bignon, et qu'elle fut spécialement chargée de cultiver les langues savantes, les antiquités et les monuments, l'histoire et toutes les sciences morales et politiques dans leur rapport avec l'histoire.

TESSON DE LA ROCHELLE.

ACADÉMIE DES SCIENCES (65 membres titulaires). — Fondée également par Colbert, en 1666, cette académie a pour but de travailler au perfectionnement des sciences mathématiques, physiques et naturelles. Onze sections partagent ses travaux, ce sont : 1° géométrie; 2° mécanique; 3° astronomie; 4° géographie et navigation; 5° physique générale; 6° chimie et minéralogie; 8° botanique; 9° économie rurale; 10° anatomie et zoologie; 11° médecine et chirurgie.

Idem.

ACADÉMIE DES BEAUX-ARTS (40 membres titulaires).— Fondée par Louis XIV, en 1648, sous le nom d'*Académie de Peinture* et de *Sculpture*, à la quelle fut réunie plus tard l'*Académie d'Architecture* (créée en 1671), cette société se compose de peintres, de sculpteurs, de graveurs, d'architectes et de musiciens-compositeurs. Elle est divisée en cinq sections : 1° peinture; 2° sculpture; 3° architecture; 4° gravure; 5° composition musicale. C'est parmi les peintres de cette académie qu'est choisi le directeur de l'École de France, à Rome.   *Idem.*

ACADÉMIE DES SCIENCES MORALES ET POLITIQUES (30 membres). — Cette académie fut créée pendant la Révolution, à la renaissance de l'ordre, quand l'Institut lui-même fut établi. Supprimée par Bonaparte, premier consul, elle a été rétablie par Louis-Philippe, le 27 octobre 1832, sur le rapport de M. Guizot, alors ministre de l'instruction publique. Elle se divise en cinq sections : 1° philosophie; 2° morale; 3° législation, droit public et jurisprudence; 4° économie politique et statistique; 5° histoire générale et philosophie.   TESSON DE LA ROCHELLE.

ACADÉMIE DE MÉDECINE.—Créée par ordonnance royale du 20 décembre 1820, organisée en 1829, cette société a pour but principal de répondre aux demandes du gouvernement sur tout ce qui intéresse la santé publique : hygiène publique, épidémies, épizooties, valeur des remèdes nouveaux ou secrets, propriétés des eaux minérales ou factices, etc. Cette académie se divise en onze sections : 1° anatomie et physiologie; 2° pathologie médicale; 3° pathologie chirurgicale; 4° thérapeutique et histoire naturelle médicale; 5° médecine opératoire; 6° anatomie pathologique; 7° accouchements; 8° hygiène publique, médecine légale et police médicale; 9° médecine vétérinaire; 10° physique et chimie médicales; 11° pharmacie.

Dr HEINRIECH.

ACADÉMIE DES JEUX FLORAUX. — Il n'est peut-être pas d'institution dans le midi de la France qui ait jeté autant d'éclat et acquis autant de réputation que l'antique Académie des Jeux floraux de Toulouse! Créée en octobre 1323, sous le nom de *Collège de la gaie science*, dans le but de décerner une *violette d'or* au poëte dont l'ouvrage paraîtrait le meilleur aux sept juges ou mainteneurs établis à cet effet, elle donna à la ville de Toulouse une réputation de savoir et de politesse, et contribua puissamment à faire renaître l'amour des bonnes études et le goût des beaux-arts. Les prix distribués chaque année aux gens de lettres les plus illustres excitèrent la plus vive émulation, et le nom seul de la fondatrice de ces jeux, *Clémence Isaure*, est un titre de gloire pour toute la France littéraire.

C'est en 1694 que Louis XIV érigea cette société en *Académie des Jeux floraux* et lui donna des règlements particuliers. Le nombre des mainteneurs fut porté à trente-cinq, et peu après à quarante, nombre qui n'a plus varié depuis. La *fête des fleurs*, c'est-à-dire la distribution des prix, a lieu chaque année le 3 mai. Dans cette séance, un des mainteneurs prononce l'éloge de l'illustre *fondatrice*, et les récompenses suivantes sont décernées :

1° L'*amarante d'or*, de 400 fr. : il n'y a que les odes qui concourent pour cette fleur;

2° La *violette d'argent*, de 250 fr., destinée à un poëme qui n'excède pas 300 vers, à une épître, à un discours en vers;

3° Le *souci d'argent*, de 200 fr., pour l'églogue ou l'idylle, l'élégie et la ballade;

4° Le *lis d'argent*, de 60 fr., destiné à un sonnet ou à une hymne en l'honneur de la Vierge;

5° L'*églantine d'or*, de 450 fr., pour le meilleur

discours en prose, dont l'Académie donne elle-même le sujet. Mme LUNEL, mère.

ACAJOU (botanique). — Nom donné à trois arbres d'Amérique de genres différents : 1° L'*Acajou mahogon* ou *l'acajou à meuble*, qui forme le genre *swietenia mahogoni*, de la famille des cédrelacées, est un grand arbre de l'Amérique méridionale, dont le bois, très-dur et très-compacte, est excellent pour les ouvrages de charpente, de menuiserie, de tabletterie et surtout d'ébénisterie ; 2° L'*Acajou à planches* ou *Cedrela* des botanistes, est aussi un bel arbre qui fournit des planches pour la construction des navires ; 3° L'*Acajou à pommes*, improprement appelé *acajou*, est l'espèce d'anacardier appelé *cassuvium pomiferum* par les botanistes. C'est un arbre de moyenne grandeur, qui joint à la beauté les qualités les plus utiles ; son bois blanc est employé pour la menuiserie et la charpente ; son écorce, quand on la fend, laisse exsuder une espèce de gomme roussâtre qui, mêlée à un peu d'eau, forme un vernis excellent pour enduire les meubles, leur donner un plus beau lustre, et les garantir en même temps de la piqûre des insectes et des inconvénients de l'humidité ; sa noix produit une huile très-caustique, qui sert soit à marquer le linge, soit à détruire les excroissances verruqueuses de la peau, un suc qui, dissous dans l'eau, lui communique un petit goût piquant et agréable, enfin une amande très-bonne à manger.
J. W.

ACALÈPHES (zoologie) [mot grec qui veut dire *ortie*]. — Zoophytes marins et phosphorescents qui ont la propriété de produire sur la main qui les touche une sensation brûlante, ce qui leur a valu le nom vulgaire d'*orties de mer*. La forme de ces animaux, à corps molasse, gélatineux, transparent, est rayonnante et circulaire. Les *Méduses*, les *Velettes*, les *Physalies*, les *Diphyes* appartiennent à cette classe. B. L.

ACALÉPHOLOGIE (zoologie), histoire naturelle des *Acaléphes*.

ACALYPHE (botanique) [du grec *acalypha*, pour *acalèphe*]. — Ortie de mer, genre d'euphorbiacées, type de la tribu des acalyphées, originaire d'Amérique et ressemblant beaucoup à l'ortie commune ou aux amarantes. Ce sont des végétaux herbacés ou frutescents, qui ne possèdent nullement les propriétés nuisibles de l'ortie. Les Arabes donnent à ce genre de plantes le nom de *hortum*, et beaucoup de personnes celui de *ricinelle*.

ACALYPHÉES. — Tribu de la famille des euphorbiacées, dont l'acalyphe est le genre type.

ACANTHACÉES (botanique) [d'*Acanthe*, genre type]. — Famille de plantes dicotylédones dont les caractères sont : végétaux herbacés ou frutescents, feuilles opposées, fleurs hermaphrodites, calice polysépale, corolle monopétale, deux ou quatre étamines, un style, un ou deux stigmates, capsules biloculaires, deux valves longitunales, cloison opposée, se partageant en deux parties adhérentes aux valves et pourvues de crochets dans les aisselles desquels les graines sont placées. Cette famille, qui

compte plus de cent genres et sept cent cinquante espèces, se compose de végétaux propres pour la plupart aux régions tropicales ou subtropicales. Elle formes les trois tribus des *Thunbergiées*, des *Nelsoniées* et de *Ecmatacanthées*. — Voy. ces mots.

ACANTHE (botanique) [du grec *akantha*, épine]. — Genre type de la famille des acanthacées, renfermant deux espèces principales, l'acanthe molle (*acanthus mollis*), et l'acanthe épineuse (*acanthus spinosus*), qui croissent dans le midi de la France, et surtout le littoral de la Méditerranée. Les Grecs et les Romains cultivaient l'acanthe comme plante d'ornement, et la touffe de feuilles élégantes qui s'élève de son pied pour se recourber gracieusement en dehors, aurait inspiré, selon Vitruve, aux architectes grecs, l'idée du chapiteau corinthien. Ces deux espèces d'acanthes renferment un suc mucilagineux et visqueux employé autrefois comme adoucissant et légèrement astringent. Dans le midi de la France, elles remplissent les usages auxquels nous employons chez nous la grande consoude. Les Orientaux en font même une espèce de panacée universelle, comme M. d'Urville a pu s'en convaincre à Trébizonde. En Arabie, on mange comme légume les feuilles de l'*acanthus edulis*.

ACANTHOPTÉRYGIENS (zoologie) [du grec *akantha*, épine, et *pterygion*, nageoires].—Premier ordre des poissons, comprenant les individus dont les membranes des nageoires sont supportées par des rayons osseux ou épineux. Le nombre et la diversité des espèces a fait diviser cet ordre en un grand nombre de familles, dont les principales sont les *percoïdes* (où se trouve la perche), les *squammipennes* (chélodon) et les *scomberoïdes* (espadon).

ACARIDES (zoologie) [du grec *akarés*, insécable]. — Tribu de la famille des *holêtres*, ordre des arachnides, composée d'animaux le plus souvent microscopiques, connus vulgairement sous les noms de *mites*, *cirons*, *teignes*. Quoique d'une petitesse excessive, les acarides, à cause de leur prodigieuse multiplication, compromettent souvent la santé ou la vie des plantes et des animaux sur lesquels ils vivent en parasites ; il en est d'autres qui se nourrissent de tout ce qu'ils rencontrent : substances végétales ou animales en putréfaction, farine, fromage, etc. En considérant ces animaux, dit le professeur Salacroux, « on ne peut s'empêcher de faire une réflexion sur la puissance infinie du Créateur. Ces êtres, si petits que notre œil ne peut les apercevoir, sont cependant composés d'une multitude d'organes, dont l'ensemble concourt à l'entretien de leur frêle existence. Tous, tout imperceptibles qu'ils sont, ont une tête ; leur tête a une bouche et des yeux ; cette bouche est composée de plusieurs pièces ; ces pièces sont mises en mouvement par des muscles, et ces muscles doivent recevoir des nerfs et des vaisseaux. Et leurs yeux ne doivent-ils pas avoir une cornée pour laisser passer la lumière et un nerf pour en recevoir l'impression ! Quelle doit donc être la ténuité incompréhensible de tant d'organes qui, par leur réunion, forment un tout imperceptible à notre vue ! Et cependant l'homme est parvenu à étudier toutes ses parties, à en déterminer la forme, à s'en servir pour distinguer entre elles des espèces dont on n'avait, il y a peu de temps encore, aucune idée positive. Armé d'un microscope, il a vu, dans la bouche de ces arachnides, tantôt des mandibules terminées en pince ou en crochet, tantôt un suçoir contenant une espèce de lancette pour percer la peau des animaux sur lesquels ils vivent, tantôt enfin un simple orifice sans aucun appendice apparent. Leur corps, qui, lors même qu'il est visible à l'œil nu, ne ressemble qu'à un point mouvant, sans organes locomoteurs visibles, lui a offert non-seulement des membres articulés, mais encore une peau velue et couverte de poils, comme celle des araignées. » Quelle que soit la difficulté que présente l'étude des acarides, les différences qu'offrent l'organisation de leur bouche, le

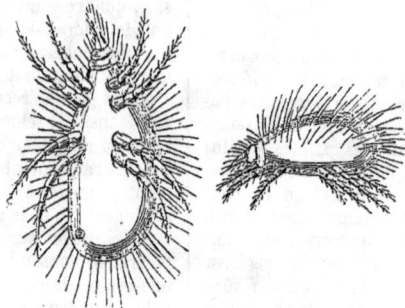

Fig. 7. — Acarus de la farine et du fromage, d'après Raspail.

nombre de leurs membres, etc., ont permis aux naturalistes d'en distinguer plus de vingt genres; ainsi, les uns ont huit pattes uniquement propres à la marche, d'autres des tarses ciliés pour la natation, enfin d'autres n'ont que six pattes. Tous, du reste, sont parasites et ovipares. Un des principaux genres de cette famille est l'acarus. — Voy. ce mot.

ACARUS (zoologie) [du grec akarès, indivisible]. —Genre d'animalcules de la tribu des acarides, qui ont pour caractères principaux une bouche conformée en suçoir et des trachées pour la respiration.

Les principales espèces de ce genre sont :

1° L'ACARUS DE LA FARINE ET DU FROMAGE (fig. 7), qui fut pris pendant dix-huit ans pour l'acarus de la gale de l'homme. Voici la description qu'en donne M. Raspail :

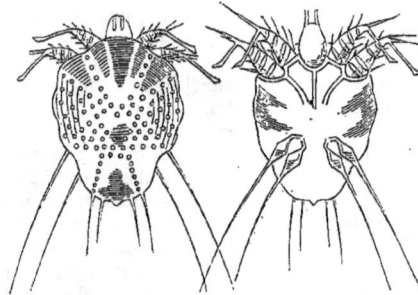

Fig. 8. — Acarus de la gale vu par sa surface dorsale.— Acarus de la gale vu par sa surface abdominale.

« Le corps est dodu, blanc comme la neige, hérissé de longs poils blancs et diaphanes, toujours couvert d'une espèce de suint luisant; on n'y distingue ni le plastron, ni la carapace d'avec l'abdomen. Le rostrum (voyez ce mot) et les huit pattes sont lavés de pourpre et d'une assez grande transparence; les ambulacres (voyez ce mot) sont peu apparents, non plus que les palpes, que l'animal tient constamment appliqués contre son rostrum; les deux paires postérieures des pattes s'insèrent à une assez grande distance des deux antérieures; chaque articulation est hérissée de petits poils ou piquants. Cet animal pond ses œufs jusque sur le porte-objet du microscope; il reste longtemps accouplé; les petits naissent en général avec la quatrième paire de pattes rudimentaire et peu apercevable. Enfin l'acare, qui au premier aspect paraît mou et facile à écraser, n'oppose pas moins une grande résistance à la pression. — On le trouve enfariné dans le fromage qui dessèche et vieillit, dans la farine échauffée de toute espèce de céréales, dans les vieux morceaux de cire, dans les appareils amidonnés des fractures, dans les plaies baveuses, c'est-à-dire dans la sanie qui séjourne trop longtemps et se dessèche autour d'elles, dans les collections mal entretenues de plantes, d'insectes et même de coquilles, dans les fissures de nos vieux meubles et de nos lits..... Partout enfin où il peut se développer un ferment caséique, l'acarus prend domicile et s'y propage indéfiniment; seulement, à l'ombre des collections, il s'étiole et n'offre pas sur ses pattes et son museau la couleur purpurine qu'il prend dans la farine et le fromage; ainsi étiolé, il prend le nom d'acarus domesticus, de Geer et Lamk. »

2° L'ACARUS SCABIEI, dont la présence sous l'épiderme occasionne l'incommode affection appelée gale.

La forme de cet acarus (fig. 8) est presque circulaire; ses pattes, au nombre de huit, ont une couleur rouge foncée, et sont garnies de poils; les quatre pattes antérieures sont rangées de chaque côté de la tête; les quatre postérieures sont beaucoup plus courtes et cachées sous le ventre; elles sont toutes formées de quatre pièces articulées et mues par plusieurs muscles. Les pattes antérieures présentent, en outre, à leur extrémité, un appareil particulier, que Raspail a appelé ambulacrum; c'est une petite tige mince et fragile que surmonte une espèce de ventouse en forme de cône, et sur lequel l'insecte s'appuie en marchant. Sa tête est également rouge; à sa partie supérieure elle présente quatre tubercules terminés par des poils assez longs.

Elle est formée essentiellement de deux corps bombés, appelés *mâchoires*; celles-ci, comme des espèces d'*élytres*, ou d'étui, embrassent entre elles deux mandibules qui servent à diviser la nourriture de l'insecte. L'existence de cet acarus, généralement connu au seizième siècle, d'après les observations de Scalliger et d'Ingrassius, décrit plus tard par Morgagni, faillit être compromise par Galès, qui, dans un travail publié en 1812, l'avait confondu avec la mite du fromage. Raspail démontra pleinement la fausseté de cette opinion, et ce fut un élève en médecine, M. Renucci, qui fit voir le véritable acarus scabeii pour la première fois (août 1834), à la Clinique d'Alibert, à Saint-Louis. L'existence de cet animalcule est aujourd'hui hors de doute, et c'est à sa morsure que sont dues les vésicules de la gale (voy. ce mot).

Nous terminons cet article acare en donnant

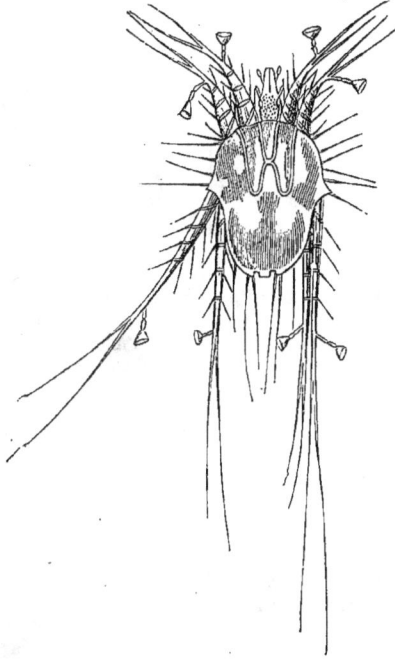

Fig. 9. — Acarus de la gale du cheval.

la figure de l'*acarus du cheval* (fig. 9), qui présente, comme on le voit, des différences bien caractérisées avec l'acarus de la gale humaine.

Une nouvelle espèce d'acarus du cheval, pouvant transmettre la gale à l'homme, a été découverte tout récemment par MM. Bourguignon et Delafond; voici l'extrait de la communication que ces médecins en ont faite à l'Académie de Médecine en février 1856 :

« Jusqu'à ce jour, il était permis de révoquer en doute les cas de la transmission de la gale du cheval à l'homme, attendu que le parasite *connu* de la gale du cheval ne pouvait vivre sur l'espèce humaine, et que les auteurs qui se sont prononcés pour l'affirmative n'ont jamais démontré

Fig. 10. — Primevère, plante acaule.

scientifiquement que la maladie transmise fût réellement due à la présence d'un acare provenant du

cheval. En partant des données fournies par l'entomologie, on était fondé à refuser aux parasites connus propres aux herbivores, et au cheval en particulier, la faculté de transmettre la gale.

L'observation vient de nous permettre de remonter des effets aux causes et de tout expliquer. Le cheval peut avoir deux espèces de gale : une première, due à la présence du parasite acarien propre aux herbivores et connu depuis longtemps, qui ne sauraient tracer des sillons, vivre sur la peau de l'homme et lui transmettre la contagion; une seconde, due à la contagion d'un acare identique à celui des carnivores, pouvant tracer des sillons, transmettre la psore, *et dont personne n'a soupçonné l'existence jusqu'à ce jour*. Cette maladie transmissible est aussi différente dans l'ensemble de ses symptômes de celle qui ne peut se communiquer que les parasites qui en sont la cause première diffèrent entre eux. »

B. LUNEL.

ACAULE (botanique) [du grec *à*, privatif, et *caulos*, tige]. — Qualification des plantes dont les feuilles et les fleurs semblent être privées de tiges, telles que le pissenlit, la primevère, etc. La tige existe cependant dans ces végétaux, mais elle est si petite qu'elle ne constitue qu'une souche. (Fig. 10.)

ACCAPAREMENT [de l'italien *capparra*, arrhes]. — Spéculation qui consiste à retirer de la circulation une forte quantité de denrées ou de marchandises de la même espèce, dans le but de réaliser des bénéfices exorbitants. « De tout temps, on a vu des hommes asssz coupables pour spéculer sur la faim du peuple. Dans l'ancienne Grèce, à Rome, sous la monarchie, il y a eu des accapareurs de denrées alimentaires. Ces honteux trafics ont produit de grands maux aux époques où les moyens de transport étaient difficiles et le commerce moins étendu, et où la pomme de terre, ce pain providentiel, était encore inconnue à la plus grande partie de l'Europe. C'est à ce système exécrable que fut dû le *Pacte de famine*. Mais les spéculations de cette nature ont été presque partout sévèrement défendues, et aujourd'hui encore la conscience publique flétrit de son improbation les accapareurs. Dans les premières années de la révolution, les manœuvres secrètes des accapareurs amenèrent des désordres tels, que la Convention fut obligée de rendre un décret qui prononçait contre eux la peine de mort.» Aujourd'hui, les spéculations qui ont pour but de faire hausser ou baisser le prix des denrées ou des marchandises sont atteintes indirectement par les articles 419 et 420 du Code pénal.

ACCÉLÉRATION DE LA CHUTE DES CORPS (physique).— Accroissement de vitesse acquis par un corps tombant librement et par sa propre pesanteur. *Le mouvement d'un corps qui tombe est uniformément accéléré, et les espaces parcourus par un mobile croissent comme les carrés des temps.*

Un corps qui tombe librement parcourt dans la 1re seconde 4 mètres 904 mill.; 3 fois 4 mètres 904 mill. dans la 2e; 5 fois 4 mètres 904 mill. dans la 3e; 7 fois 4 mètres 904 mill. dans la 4e; 9 fois 4 mètres 904 mill. dans la 5e, etc. Or, la différence des carrés des temps (1, 4, 9, 16, 25, etc.) est 3, 5, 7, 9. etc. Donc *les espaces parcourus par un mobile croissent comme les carrés des temps employés à les parcourir.* On peut, d'après cette loi, obtenir approximativement une hauteur, celle d'une colonne, par exemple. Supposons qu'une pierre ait mis 3 secondes à tomber de la colonne Vendôme, à Paris; on trouvera la hauteur de cette colonne par la proportion suivante : 1 (carré de 1) : 9 (carré de 3 secondes) :: 4 mètres 904 mill. (espace parcouru dans la 1re seconde) : X (espace parcouru dans 3 secondes) ou 44 mètres 136 mill. Telle est à peu près la hauteur de la colonne Vendôme.   B. L.

ACCENT (grammaire).— Voyez *orthographiques* (*signes*.)

ACCENT (grammaire).[*d'accentus*, chant, intonation].—Signes qui, dans les langues anciennes, marquaient véritablement l'intonation, mais qui ne sont plus dans notre langue que de purs *signes orthographiques* (voy. ce mot). Les accents ou *esprits* furent introduits dans la langue grecque, 220 ans environ avant Jésus-Christ, par Aristophane de Bysance, qui inventa aussi la ponctuation. C'est vers le temps d'Auguste qu'on commença à en faire usage dans la langue latine. On y employait même l'accent aigu, comme l'accent grave. Ces accents servaient à indiquer les syllabes longues et brèves, ou à différencier deux cas dans plusieurs déclinaisons. Ainsi, par exemple, *musá*, nominatif, prenait l'accent aigu qui faisait élever la voix. Sur l'ablatif on élevait d'abord la voix et on la baissait ensuite, comme si l'on eût écrit *musáá*. La réunion de ces deux accents a produit dans la suite l'accent circonflexe. — Les accents fu-

rent d'un usage général au VIIe siècle. C'est vers le XIe que s'établit en France l'usage de mettre des accents sur deux *ii*, placés l'un près de l'autre, afin qu'on ne les confondît pas avec l'*u*; plus tard on en mit sur les deux jambages de ce même *û* pour le distinguer de l'*n*. Enfin, au XIIIe siècle, l'*i* isolé prit également l'accent, et ce ne fut qu'au XIVe que l'on y substitua des points.

L'accent grammatical établit une différence dans la prononciation des syllabes ou des mots considérés en eux-mêmes. « Il serait mieux appelé *accent syllabique*, car l'expérience et la raison protestent contre le système des grammairiens, qui voudraient soumettre cet accent à des règles invariables. Qu'il soit nécessaire de prononcer les mots d'une langue selon les règles d'une certaine prosodie, cela est hors de discussion; mais le principe exagéré devient d'un fausseté évidente. Y a-t-il un seul mot chez nous qui soit articulé avec la même accentuation, non-seulement d'une partie de la France à l'autre, mais dans la capitale même, où se trouve le type de la bonne prononciation? La précision à cet égard est une chimère que personne heureusement ne sera tenté de vouloir réaliser. Jusqu'à un certain point, la quantité peut être soumise à des règles, mais non l'accent. L'accent se modifie selon le tempérament, le caractère ou la vivacité des individus. »

ACCENT LOGIQUE OU RATIONNEL.— C'est celui qui indique le rapport, la connexion plus ou moins grande que les propositions et les idées ont entre elles; il se marque en partie par la prononciation.

ACCENT (musique). — De même que la voix articulée, le chant et la musique renferment trois espèces d'accents. « Ainsi, les mêmes sons peuvent durer plus ou moins longtemps, devenir successivement plus ou moins pleins, et se détacher enfin ou se lier à d'autres, suivant l'habileté qu'on emploie et l'effet qu'on veut produire; et de toutes ces variations résultent des accents qui donnent à la phrase musicale des expressions différentes. Quelques-unes de ces modifications sont marquées par des signes particuliers, ou du moins soumises à des règles fixes qui font une partie essentielle de l'art. Mais il en est d'autres qui dépendent de la nature et du goût, qui varient à l'infini, et dont les nuances se sentent mieux qu'elles ne peuvent s'exprimer. C'est le choix d'un accent musical propre à chaque pièce qui caractérise ou indique le véritable talent. »

Pour les signes qui doivent indiquer au chanteur ou à l'instrumentiste l'expression particulière de force ou de douceur à donner à une note isolée ou à un passage, voyez *Musique*.

ACCENT NATIONAL. — Inflexion de voix particulière à une nation. On a dit : *L'esprit se peint dans les yeux*: cet axiome est vrai, mais celui-ci ne le serait pas moins : *Le cœur se réfléchit dans la voix*. C'est lui qui en règle le ton et les inflexions. Il existe un rapport incontestable entre notre constitution physique et nos passions, entre nos goûts et l'état de nos organes. Ainsi le son de la voix, considéré comme résultat d'une organisation du larynx, est en même temps un indice de nos passions, de nos instincts. Il y a là comme une seconde physionomie, une manifestation spontanée de la vie intérieure. Mûrissez bien cette idée, et vous trouverez dans le langage de chaque nation, jusque dans sa prononciation, le cachet bien distinct de son individualité. La vivacité ou la lenteur de l'articulation, la dureté ou la douceur des inflexions, le retour obligé de certaines cadences, sont toujours en rapport avec les mœurs, avec le génie des différents peuples. Le Syrien voluptueux a-t-il jamais parlé comme le Thrace grossier? le Sybarite amolli, comme le dur Spartiate? Ainsi dans chaque pays le climat, l'organisation physique, les habitudes de vie exercent une influence sensible sur le caractère du langage.... S'il est un accent particulier au climat, révoquera-t-on en doute qu'il en existe un autre qui naît des mouvements de l'âme? Chaque passion s'exprime par une nuance particulière de la voix. Un caractère violent et grossier s'annonce ordinairement par un ton haut et brusque. La parole brève, dure, véhémente, s'associe à une volonté inflexible, à un esprit contrariant. On a observé que les hommes d'un tempérament bilieux parlent peu et avec mesure, comme s'ils craignaient de dissiper leur pensée : c'est le caractère des Anglais et des Hollandais. Les Français, au contraire, sont parleurs et communicatifs : partout on les reconnaît à ces qualités qui contrastent singulièrement avec les habitudes silencieuses de leurs voisins.... Un timbre ingrat, aigu, glapissant, dénote assez communément un caractère faux, une tête vide, un esprit de travers. La dissimulation et la perfidie se cachent sous un langage simple, artificiel. Une voix flûtée, mielleuse, traînante, sent le flatteur et l'hypocrite : c'est le ton de celui qui vise à tromper. Pour le penseur, il y a une sorte d'évidence auditive qui lui permet de préjuger du caractère des hommes d'après l'organe vocal. *Parle, que je te voie*, disait un sage de l'antiquité, persuadé que non-seulement la substance du discours, mais encore son expression matérielle, sont le miroir mystérieux de l'âme. (BESCHERELLE, *Dict. Nat.*)

ACCENT ORATOIRE AU PATHÉTIQUE. — C'est celui qui révèle à l'âme le sentiment ou la passion que l'on veut exprimer. C'est par diverses inflexions de voix, par un ton plus ou moins élevé, que l'orateur exprime les sentiments dont il est pénétré et les communique à ceux qui l'écoutent. Chaque passion, dit un auteur, chaque affection a son expression naturelle, sa physionomie, son accent; les sons de la voix répondent, comme les cordes d'un instrument, à la passion qui les touche et les met en mouvement.

ACCEPTATION (droit) [en latin *acceptatio*, d'*accipere*, radical, *capere*, prendre]. — Ce mot exprime en général l'action de recevoir ou d'agréer ce qui est offert, souscrit ou proposé.

En droit, l'acceptation s'entend du concours de la volonté de la personne envers laquelle on s'oblige, concours qui est souvent nécessaire pour donner à l'obligation un caractère parfait; et alors il faut que l'acceptation ait lieu avant la révocation des offres ou

pollicitation. En matière de donation, l'acceptation faite, même à l'insu du donateur, rend la disposition valable et irrévocable. (C. civ., 932.)

L'acceptation résulte aussi de l'intervention d'une partie dans un contrat où elle stipule.

Quand l'obligation résulte d'un prêt antérieur, d'un titre nouvel, etc., l'intervention du créancier n'est pas nécessaire, puisque l'acte ne fait que constater un fait précédent.

Lorsque l'une des parties accorde ce que l'autre lui demande ou ce qui a été convenu, avec preuve exacte, une acceptation particulière n'est pas nécessaire. (TOULLIER, t. VI, n° 26.)

Pour l'acception de communauté, voyez *Communauté de biens entre époux*.

Et quant à l'acception de délégation, de transport ou d'indication de payement, voyez *Délégation, Transport, Cession*.

ACCEPTATION DE DONATION (droit). — C'est l'adhésion qu'exprime le donataire à la donation qui lui est faite. Cette acceptation est de toute nécessité, attendu que la donation entre vifs n'engage le donateur et ne produit d'effet que du jour qu'elle est acceptée en termes exprès; elle peut être faite du vivant du donateur, par un acte postérieur et authentique, dont il restera minute; mais alors la donation n'aura d'effet, à l'égard du donateur, que du jour où l'acte constatant cette acceptation lui aura été notifié. (C. civ., 932.) Néanmoins, certaines donations ne sont pas soumises à la nécessité d'une acceptation formelle; comme les donations par contrat de mariage. (C. civ., 1087); celles dites substitutions autorisées, si le premier donataire a accepté. (*Ibid.* 1048 et 1049, et loi 17 mai 1826. Voy. *Substitution*.) Pour les donations indirectes résultant d'une convention ou d'une donation faite à un tiers (C. civ., 1121), la remise d'une dette, voyez les mots *Dettes* et *Don Manuel*.

Une femme mariée ne peut pas accepter une donation sans le consentement de son mari, ou, à son défaut, sans l'autorisation de la justice. (C. civ., art. 217, 219 et 934). Voy. *Autorisation maritale*.

La donation faite à un mineur qui n'a point été émancipé, ou à un interdit, doit être acceptée par son tuteur, et avec l'autorisation régulière du conseil de famille; le mineur émancipé pourra accepter avec l'assistance de son tuteur, et même, non émancipé, ses père et mère ou autres ascendants peuvent accepter pour lui. (C. civ., 463 et 935.)

ACCEPTATION DE LETTRE DE CHANGE. — Voy. *Lettre de change*.

ACCEPTATION DE REMPLOI. — Voy. *Remploi*.

ACCEPTATION DE SUCCESSION. — Voy. *Acte d'héritier, Bénéfice d'inventaire, Succession*.

ACCEPTILATION (droit). — Acte par lequel un créancier décharge un débiteur et le tient quitte, quoiqu'il n'ait reçu aucun payement. — Voy. *Remise de dette*.

ACCÈS (médecine) [d'*accedere*, s'approcher]. — Ensemble de symptômes qui cessent et reviennent à des intervalles plus ou moins éloignés, surtout dans les

fièvres intermittentes. (Voy. ce mot.) Les accès présentent toujours, au milieu de symptômes variables, un frisson suivi de chaleur et de sueur. Ces trois phénomènes, qui se succèdent dans chaque accès, ont été appelés *stades*. L'accès complet est celui qui présente ces trois stades; il est incomplet si un ou deux stades viennent à manquer; enfin on nomme *apyrexie* ou *intermission* l'intervalle qui sépare les accès.

Dr HEINRIECH.

ACCESSION (droit).—Manière d'acquérir la propriété des choses qui s'unissent ou s'incorporent à celle dont on était déjà propriétaire. La propriété d'une chose, soit mobilière, soit immobilière, donne droit sur tout ce qu'elle produit, et sur tout ce qui s'y unit accessoirement, soit naturellement, soit artificiellement : ce droit s'appelle *droit d'accession.* (C. civ. 546.)

ACCIPITRES (zoologie) [du latin *accipiter*, épervier].—Nom donné par Linné au premier ordre de la classification des oiseaux : cet ordre répond à celui des *oiseaux de proie* de Cuvier, et des *rapaces* de Duméril. Les accipitres sont, dans la classe des oiseaux, ce que sont les carnassiers dans la classe des mammifères. — Voy. *Rapaces.*

ACCLIMATATION (histoire naturelle appliquée). —Action d'acclimater. Le Créateur, en distribuant les êtres animés sur la surface du globe, a donné à chaque région des espèces qui lui sont propres; mais ce serait une erreur de croire qu'elles y sont renfermées dans des limites infranchissables. L'homme possède, au contraire, le pouvoir de modifier jusqu'à un certain point, mais néanmoins d'une manière sensible, la population animale et végétale d'un pays. Déjà, dans ce dernier règne, que de grandes choses ont été faites! Nos champs, nos bois, nos jardins, se sont enrichis de productions étrangères. C'est aux sociétés d'horticulture et à leurs brillantes expositions que l'on doit l'impulsion puissante donnée dans ces derniers temps à l'acclimatation des végétaux exotiques, s'il est vrai que cette acclimatation soit possible.

Le doute que nous venons d'émettre demande quelques mots d'explication; faisons voir ici la différence qu'il y a entre *acclimater, naturaliser* et *domestiquer*, termes que l'on confond trop souvent.

Acclimater, c'est accoutumer, par des transitions insensibles, un être animé à supporter un climat différent de son climat natal. *Naturaliser*, c'est transporter cet être dans un pays nouveau, mais offrant le même climat. *Domestiquer*, c'est, en quelque sorte, acclimater et naturaliser tout à la fois, avec cette différence que les êtres restent toujours sous l'empire des soins donnés par l'homme.

C'est pour n'avoir pas tenu compte de ces différences que l'on est tombé de part et d'autre dans des exagérations. Ainsi, on croit trop généralement qu'il est facile d'acclimater dans le nord les végétaux des régions chaudes; d'un autre côté, un de nos plus savants horticulteurs a nié la possibilité, non-seulement de les acclimater, mais même de les naturaliser. La vérité est entre ces deux extrêmes.

Il faudrait, ce nous semble, fermer les yeux à l'évidence pour nier d'une manière absolue la naturalisation des végétaux, lorsque nous en voyons autour de nous des exemples frappants. Souvent des plantes exotiques, cultivées d'abord dans les jardins, répandent leurs graines dans le voisinage et s'y perpétuent sans le moindre soin de culture. D'autres fois, ce sont des graines transportées par les vents, entraînées par les eaux, ou amenées accidentellement par le commerce; ainsi le lavage des laines étrangères a naturalisé dans les prairies de Port-Juvénal, où on les étend pour les faire sécher, une foule de plantes étrangères, dont les graines s'étaient attachées aux toisons des animaux. Quand ces plantes sont en assez grande abondance pour échapper aux *razzias* de certains botanistes collecteurs, elles s'emparent du terrain, qu'elles partagent avec les plantes indigènes, et acquièrent le droit de cité dans leur nouvelle patrie.

D'autres fois, l'envahissement se fait d'une manière si énergique, qu'il devient difficile d'extirper ces plantes, malgré tout le soin qu'on y met; elles pullulent alors dans les cultures et sont considérées comme mauvaises herbes. C'est ce que nous voyons, aux environs de Paris, pour l'érigeron du Canada, l'herbe à la ouate, le redoul à feuilles de myrte, etc. C'est ce qui a dû arriver sans doute pour le coquelicot, la nielle, le bluet, le chrysanthème et d'autres plantes adventices dans les moissons, qui ont dû, dans des temps fort reculés, être introduites avec les graines des céréales, puisque nous ne les trouvons jamais que dans les terres cultivées ou dans leur voisinage immédiat. Du reste, le phénomène inverse se produit, et le nouveau monde s'enrichit des productions de l'ancien : le marrube blanc et quelques autres plantes d'Europe croissent aujourd'hui au Brésil en telle abondance, qu'on pourrait les en croire originaires.

Ces faits n'ont rien qui doive nous surprendre. Comment en serait-il autrement, si ces plantes trouvent chez nous un sol, un climat, en un mot, des conditions d'existence analogues à celles qu'elles avaient dans leur pays natal? Concluons donc que dans beaucoup de cas, et par les seules forces de la nature, des végétaux peuvent se naturaliser dans une région qui ne leur avait pas été primitivement assignée.

Mais il est à peu près démontré aujourd'hui que l'acclimatation des plantes, dans le sens précis que nous avons donné à ce mot, est chose impossible. En voyant certains végétaux, tels que l'aucuba du Japon ou le paulownia impérial, cultivés d'abord en serre chaude, puis en serre tempérée, puis en orangerie, passer enfin à l'air libre, on a pu croire qu'ils s'étaient acclimatés. Mais ces mêmes végétaux, cultivés immédiatement en plein air, auraient tout aussi bien réussi; si on les a fait passer d'abord par l'intermédiaire des serres, c'est que, ne connaissant pas bien leurs exigences, on a dû prendre plus de soins. Quand leur tempérament a été mieux connu, on a pu négliger ces précautions, comme cela se pratique aujourd'hui.

On peut bien, il est vrai, dans certaines circonstances, par l'emploi de variétés plus rustiques ou plus hâtives, faire dépasser à certaines espèces les limites fixées par la nature ; c'est ce qui s'est produit pour certaines variétés de blé, d'olivier, de noyer, etc. Mais remarquons qu'il s'agit ici de plantes cultivées, et par conséquent ce serait plutôt un fait de domestication.

Si maintenant nous tenons compte des ressources puissantes dont dispose la culture, et en particulier celle des jardins, notre conclusion pourra être modifiée ; il devient évident, en effet, qu'on peut, avec plus ou moins de soins, faire vivre et prospérer la plupart des plantes dans des régions très-différentes ; en d'autres termes, qu'elles sont susceptibles d'être plus ou moins *acclimatées*. Si, pour ne pas introduire de nouveaux termes, on conserve celui d'*acclimatation*, c'est dans ce sens qu'on devra l'employer.

Les résultats obtenus jusqu'à ce jour dans l'acclimatation des plantes, faibles si on les considère relativement à l'ensemble du règne végétal, sont immenses par rapport à ce qui a été fait pour les animaux. A quoi tient cette faiblesse de résultat pour ce dernier règne, bien plus nombreux cependant que l'autre ? D'où vient que, sur 150,000 espèces animales aujourd'hui connues, 43 seulement sont passées à l'état domestique ? D'où vient qu'à l'exception de quelques espèces accessoires acquises dans ces derniers siècles, nous ne sommes guère plus avancés sur ce point que les anciens ?

Il faut bien le dire, dût cet aveu nous coûter un peu de honte : nous avons cru jusqu'à présent nos richesses suffisantes sur ce point. C'est à peine si, dans les ouvrages publiés depuis un siècle, nous trouvons quelques lignes relatives à cette grave question. Avant Buffon, personne peut-être n'avait songé à ces espèces *de réserve* (selon son expression heureuse), qui sont appelées à augmenter nos ressources, et peut-être même à les suppléer. « Non, dit ce grand naturaliste, l'homme ne sait pas encore assez ce que la nature peut, ni ce qu'il peut sur elle... Nous n'usons pas, à beaucoup près, de toutes les richesses qu'elle nous offre ; le fonds en est bien plus immense que nous ne l'imaginons. »

Et, en effet, avant qu'on eût dompté un cheval, attaché des bœufs à la charrue, élevé des oiseaux dans les basses-cours, recueilli la laine des brebis, le miel de l'abeille, la coque du ver à soie, l'insecte du nopal ou la pierre rouge sécrétée par quelques polypes microscopiques, qui se serait douté des richesses et des jouissances de tout genre que ces animaux nous procureraient un jour ? Qui donc pourrait dire si, parmi ceux que nous n'avons pas encore utilisés, plusieurs ne sont pas destinés à nous en procurer de semblables et même de plus grandes ? Depuis que les découvertes de l'Amérique et de l'Australie ont augmenté considérablement le nombre des espèces connues, c'est à peine si nous avons opéré en tout sept conquêtes plus ou moins utiles. Serait-ce que tout est fait ? Non, sans doute. Comment donc expliquer notre indifférence ?

Il est vrai que, si la naturalisation d'un animal dans un climat analogue au sien présente déjà certaines difficultés, il y en a de bien plus grandes quand il s'agit de l'habituer à vivre dans un climat différent. Les animaux, bien que plus heureusement doués sous ce rapport que les plantes, ne possèdent néanmoins que dans certaines limites la faculté de pouvoir s'accommoder à des conditions d'existence différentes de celles que la nature leur avait assignées dans le principe. Aussi les efforts des particuliers, quels que soient d'ailleurs le zèle et l'intelligence qu'on y déploie, sont-ils nécessairement insuffisants.

Mais on peut espérer d'excellents résultats de la Société zoologique d'acclimatation, qui, fondée il y a deux ans à peine, compte aujourd'hui plus de mille membres ; elle a déjà montré comment elle comprenait son mandat, soit par l'introduction de nouvelles espèces, soit par la publication des deux premiers volumes de son *Bulletin*, qui renferment des mémoires pleins d'intérêt. « Il ne s'agit de rien moins, dit son honorable président, que de peupler nos champs, nos forêts, nos rivières, d'hôtes nouveaux ; d'augmenter le nombre de nos animaux domestiques, cette richesse première du cultivateur ; d'accroître et de varier les ressources alimentaires, si insuffisantes, dont nous disposons aujourd'hui ; de créer d'autres produits économiques ou industriels, et, par là même, de doter notre industrie, notre commerce et la société tout entière de biens jusqu'à présent inconnus ou négligés. » Nous voudrions que ces belles paroles de M. Geoffroy Saint-Hilaire fussent entendues non-seulement de tous les naturalistes, mais encore de tous les hommes de cœur et d'intelligence, de tous ceux qui savent admirer de nobles pensées élégamment exprimées.

Nous voudrions qu'une voix plus éloquente que la nôtre pût répondre aux objections qui ne manquent pas d'être faites, lever des obstacles qui surgissent contre tous les grandes entreprises, détruire des préjugés qui retardent l'humanité dans la route du progrès, où une voix d'en haut lui dit de marcher, au contraire, d'une manière incessante. Dans nos sociétés modernes, en effet, les progrès de la civilisation créent sans cesse de nouveaux besoins, et ceux-ci enfantent de nouvelles industries. Que des moralistes trop rigoureux condamnent ce fait d'une manière absolue, permis à eux ; nous pensons, nous, que ce superflu, que cette soif du nouveau, que ces aspirations de l'humanité vers l'accroissement du bien-être, peuvent et doivent, s'ils sont bien dirigés, conduire à des résultats remarquables.

Mais, dira-t-on, au lieu de chercher à acquérir du nouveau, ne vaut-il pas mieux perfectionner ce que nous avons ? — Sans doute ; mais l'un n'empêche pas l'autre ; au contraire, ces deux buts ont des principes scientifiques communs, et, loin de se nuire, ils doivent s'aider réciproquement.

Pour proscrire l'introduction de nouvelles races, il faudrait démontrer que les nôtres sont arrivées à leur dernier degré de perfection, ou du moins qu'il est facile de les y amener en peu de temps. Personne, assurément, ne voudra soutenir cette thèse. Personne, par conséquent, ne songera à nier l'avantage qu'il y aurait à prendre au dehors de chez nous des races mieux appropriées à notre climat ou aux exigences de notre culture, et dont l'introduction serait un véritable bienfait. Ajoutons que des croisements intelligents permettraient dans beaucoup de cas d'améliorer nos animaux, en leur donnant les qualités qui leur manquent.

Dans l'acclimatation d'espèces nouvelles, animales ou végétales, on peut se proposer trois buts différents : 1° acclimater et domestiquer des espèces jusqu'alors restées sauvages; 2° acclimater, dans notre pays, des espèces domestiques ailleurs; 3° acclimater, mais non domestiquer, des espèces sauvages. Ce dernier étant déjà suffisamment expliqué, nous nous contenterons d'ajouter quelques mots sur les deux autres, et notamment sur le premier.

La domestication augmente la fécondité des espèces; avec le climat et la nourriture, elle constitue les trois causes principales qui modifient les caractères extérieurs des animaux: Or cette modification, qui peut être une dégénérescence pour le zoologiste, est à coup sûr une amélioration pour l'agriculteur. Quand les animaux sauvages deviennent domestiques, la taille, la couleur, la forme, le poil, la graisse, etc., subissent des changements notables; l'homme s'approprie de plus en plus ces espèces et les dispose à son usage. Mais comment espérer qu'un de ces animaux pourra être appelé un jour à nous rendre des services, si l'on ne connaît pas son organisation, ses fonctions, ses mœurs, son régime, sa nourriture, ses affinités, etc.? L'ignorance de l'un de ces éléments pourrait devenir une source d'erreurs et de mécomptes. C'est ici que la science dévoile toute l'utilité de ses enseignements.

L'acclimatation, dans notre pays, d'espèces domestiques ailleurs, offrant moins de difficultés, devrait être plus encouragée. En Angleterre, les personnages les plus élevés ne dédaignent pas de s'en occuper. Espérons que cet exemple aura des imitateurs en France. Sans doute des essais de ce genre ne sont pas à la portée de tous les agriculteurs; mais il est du moins une chose que l'on pourrait attendre d'eux; c'est que, renonçant à des préventions injustes, ils soient mieux disposés à recevoir les améliorations et les découvertes faites par les hommes de science.

Ce qui importe surtout, dans l'acclimatation comme dans toutes les entreprises humaines, c'est de ne pas se laisser décourager par les premiers insuccès. L'acclimatement d'une espèce, avons-nous dit, présente toujours des difficultés. On n'arrache pas ainsi un être à ses conditions d'existence sans qu'il en souffre un peu. Or ce n'est pas dans quelques années, ce n'est même pas dans une génération que l'on peut espérer lui faire acquérir de nouvelles habitudes, une nouvelle manière de vivre; c'est une conquête qui demande surtout de la patience, des soins constants et minutieux. C'est souvent à ces conditions, et à ces conditions seulement, qu'il peut conserver ses qua-

lités, en même temps qu'il en acquiert de nouvelles.

D'un côté, les ennemis du progrès ne manqueront pas de faire sonner bien haut les insuccès presque inévitables dans les entreprises de ce genre. De l'autre, ceux qui sont impatients de jouir accuseront la lenteur des premiers essais. Sachons être plus raisonnables, et éviter ces deux excès fâcheux. Rappelons-nous que, lorsqu'il s'agit de modifier profondément à notre profit le plan de la création, la lenteur n'est le plus souvent que de la sagesse. Les efforts généreux des hommes qui consacrent leurs soins à l'acclimatation, quelque faibles qu'ils puissent paraître d'abord, doivent, pourvu qu'ils aient une bonne direction et qu'ils soient conduits avec persévérance, produire des résultats heureux; résultats dont ceux qui viendront après nous ne pourront que leur savoir gré, et que notre génération même pourra souvent apprécier. A ce titre, toutes nos sympathies sont acquises à la Société d'acclimatation.

A. DUPUIS, *professeur à l'École impériale d'Agriculture de Grignon.*

ACCLIMATEMENT [du grec *climax*, climat].— Modification que peuvent éprouver les êtres organisés sous l'influence de climats notablement différents de ceux auxquels on est accoutumé. S'il est en physiologie un fait avéré et incontestable, dit Royer-Collard, c'est que la vie, dans ses formes innombrables, n'est jamais qu'un résultat de l'action combinée des puissances extérieures sur les êtres organisés. Cette loi se manifeste clairement dans les deux règnes de la nature auxquels ils appartiennent. Voyez ces graines végétales que les vents emportent, que les courants entraînent, que les oiseaux dévorent, ou qui séjournent dans nos herbiers? elles restent stériles jusqu'à ce qu'elles trouvent enfin le sol fécond qui peut seul les faire éclore. Lorsque la plante est parvenue à son entier développement, il lui faut, pour continuer à vivre, certains aliments d'une substance spéciale, certaine quantité de température, de lumière, d'électricité. Est-elle privée d'eau ou d'acide carbonique, elle meurt et se dessèche; manque-t-elle d'une chaleur suffisante, elle languit et s'étiole. Les orages et toutes les variations qui surviennent dans l'électricité atmosphérique exercent sur les végétaux une influence marquée; il est des fleurs qui replient leurs corolles à l'approche de la nuit, d'autres qui dégagent des lueurs électriques à des heures déterminées. Qui ne sait enfin que le développement de toutes les espèces végétales, sans exception, est toujours subordonné au climat qu'elles habitent, et que chacune d'elles a sa patrie naturelle dans telle ou telle région particulière?

Si l'on examine les rapports des animaux avec les agents extérieurs, la corrélation est exactement la même. Partout l'animal est sous la dépendance immédiate des influences physiques qui l'entourent.

L'homme seul néanmoins, doué d'une organisation supérieure à celle de tous les animaux, d'une force intime qui n'appartient qu'à lui, enfin, d'une volonté dirigée par l'intelligence, peut s'accommoder et vivre sous tous les climats, et il est même des organisations assez heureuse pour voir l'acclimatement s'opé-rer quelquefois sans secousse et sans maladie.

En général, cependant, l'homme ne peut s'éloigner d'un climat pour aller vivre dans un autre, sans qu'il s'opère dans son économie des changements notables. En changeant de climat, il se trouve soumis à une influence complexe résultant de l'action du calorique, de la lumière, des diverses qualités de l'air, du sol, de la nature des eaux, des productions, etc. Les ha-bitants des régions tempérées possèdent au plus haut degré la faculté de s'acclimater. Le froid qu'ils éprou-vent l'hiver, la chaleur qui s'y fait sentir l'été, les rendent plus aptes à vivre dans d'autres climats. Il n'en est pas de même des habitants des régions équa-toriales. Toutes fois qu'ils se trouvent dans une con-trée froide, les fonctions des poumons acquièrent un surcroît d'activité qui désorganise cet organe, de là ces inflammations aiguës qui enlèvent un si grand nombre de créoles pendant les premières années de leur séjour en France. Si au contraire le changement se fait d'un pays froid à un pays chaud, la respiration diminue d'activité, l'individu acquiert de l'embon-point, des congestions inflammatoires tendent à se manifester sur tous les points de l'économie. Toutes choses égales d'ailleurs, le passage d'un pays froid à un pays chaud est plus dangereux que la condition opposée.

L'effet de l'acclimatement est de rendre le sujet qui l'a subi semblable, sous beaucoup de rapports, aux naturels du pays qu'il est venu habiter. Le Fran-çais, dit le docteur Rochoux, qui débarque pour la première fois, dans une des îles de l'archipel améri-cain, change peu à peu; il perd cette vivacité qui nous est si familière, déjà ses traits ne sont plus ce qu'ils étaient : on dit alors qu'il est acclimaté.

Dr HEINRIECH.

ACCOMPAGNEMENT (musique).—Mélodies ou parties accessoires ou secondaires qui soutiennent et font ressortir davantage la mélodie principale ou su-jet d'une composition de musique, exécutée par la voix ou par les instruments. On appelle *accompa-gnement de quatuor*, celui qui est exécuté par quatre instruments à cordes; *accompagnement à grand or-chestre*, celui auquel concourent tous les instruments; *accompagnement d'harmonie*, celui qui est exécuté par les seuls instruments à vent; *accompagnement plaqué*, celui qui consiste à exécuter avec la main gauche la basse d'un morceau de musique, et à jouer de la main droite les accords indiqués par des chif-fres placés au-dessus des notes de cette basse; *accom-pagnement figuré*, celui qui se propose, outre l'exé-cution de l'harmonie par la main droite, celle des formes mélodiques des différentes voix que doit in-diquer l'accompagnateur. C'est l'un des modes d'ac-compagnement les plus difficiles.

ACCORD (musique).—Émission de plusieurs sons entendus simultanément. On forme les accords en réunissant les tons de divers intervalles. Les inter-valles consonnants de la tonique, de la tierce et de la quinte réunis, forment l'accord qui satisfait le plus l'oreille, et qui sert de base et de conclusion à

toute idée musicale : on le nomme *accord parfait*. Si l'on substitue un seul intervalle dissonant à un intervalle consonnant, on rend l'accord dissonant. Aussi l'emploi de ces accords exige-t-il des précau-tions; ils doivent être *préparés* et *résolus*. Lorsqu'on renverse les intervalles, on renverse aussi les accords. C'est à ces renversements que sont dues les ressour-ces de l'harmonie sans en compliquer les éléments. L'*accord parfait* peut être *mineur* ou *majeur*; il de-vient *mineur*, lorsque la tierce mineure entre dans sa composition. Chaque accord, et chaque renversement d'accord, porte un nom qui tire son origine de l'in-tervalle qui le caractérise le plus; d'après cela, le premier renversement de l'*accord parfait* constitue l'*accord de sixte*, parce que la *basse* forme une sixte avec l'octave; le second renversement s'appelle ac-*cord de quarte et de sixte*. L'*accord de seconde* est celui qui est formé d'une seconde, d'une quarte et d'une sixte; c'est le premier intervalle qui le rend dissonant.

Le célèbre musicien Rameau fut un des premiers qui, en 1722, fonda un système d'accord; avant lui, d'ailleurs, on ne connaissait pas la *Basse fondamen-tale*. Rameau comptait une infinité d'accords que le professeur Catel ramena à sept. Reicha reconnaît les treize suivants : l'*accord parfait majeur*; l'*accord parfait mineur*; l'*accord de quinte diminuée, de quinte augmentée, de septième dominante; de sep-tième, de deuxième, troisième et quatrième espèces; de neuvième majeure, de neuvième mineure, de sixte augmentée, de sixte et quarte augmentée, de quinte augmentée et septième mineure*. — Voy. *Musique*.

ACCORDÉON (d'*accord*, harmonie).—Instrument de musique inventé en Allemagne vers 1832, d'après un harmonica de bouche imaginé par un aubergiste de Vienne en Autriche. « Cet instrument a la forme d'un carré long; à sa partie inférieure est adapté un soufflet qui se replie sur lui-même, et dont la gros-seur est relative à la grandeur de l'accordéon. Sous ce soufflet est placée une soupape. Le côté opposé à ce soufflet est garni d'un petit clavier qui avance en saillie et au bas duquel est fixée une petite rampe en cuivre servant d'appui à la main droite; de l'autre, la main gauche, il tient l'extrémité du soufflet et le tire avec plus ou moins de force. » Tout imparfait qu'était cet instrument dans les premiers temps de son invention, il plut généralement et obtint un grand succès. Cependant, ne présentant pas de demi-tons, il était impossible d'exécuter des morceaux ren-fermant quelques modulations; grâce aux perfec-tionnements successifs dont il a été l'objet, on peut aujourd'hui, avec un accordéon de trois à quatre oc-taves, exécuter toute espèce de musique.

ACCOUCHEMENT (physiologie) [dérivé de *cou-che*, selon Nicot]. — Fonction qui a pour but d'ex-pulser par les parties naturelles de la génération le produit de la conception à terme. A neuf mois le fœ-tus est à terme : lorsqu'il vient au monde avant cette époque, l'accouchement est appelé *précoce*; l'accou-chement est *tardif* dans le cas contraire. Lorsque le fœtus est expulsé avant sept mois révolus, il y a *avor-*

tement : nous en dirons quelque chose après l'histoire de l'accouchement naturel, le seul dont nous parlions ici.

Accouchement naturel à terme (1). — L'accouchement comprend une série de phénomènes que nous diviserons en suivant l'ordre de succession, en : 1° signes précurseurs ; 2° dilatation du col de la matrice ; 3° expulsion du fœtus ; 4° délivrance ; 5° effets consécutifs.

Phénomènes précurseurs de l'accouchement. — Lorsque, pendant et par l'effet de la grossesse, le corps de la matrice s'est prêté à tout le développement qu'il peut fournir, il fait participer à sa dilatation le col lui-même, qui finit par disparaître et s'effacer complétement. Le corps et le col, c'est-à-dire l'utérus étant arrivé au degré de sa plus grande distension, vers la fin du neuvième mois, ses fibres, tiraillées et irritées de plus en plus, réagissent contre la cause irritante, contre le corps étranger, qui est le fœtus, et se contractent pour s'en débarrasser. Alors commencent à se faire sentir des douleurs, de petites coliques qui sont l'effet de ces tiraillements et contractions de la matrice. Quelquefois cependant, du malaise, une grande fatigue, des douleurs parfois très-fortes se manifestent longtemps avant le terme de la grossesse, et font croire à un travail prochain, sinon déjà commencé. Ces phénomènes, qui inquiètent et font appeler l'accoucheur quelquefois très-longtemps avant l'époque fixée par la nature, s'expliquent : 1° par la compression des parties voisines, encore inaccoutumées à la présence d'un corps aussi volumineux que la matrice gravide ; 2° par la distension forcée des fibres de cet organe, lui-même peu habitué à cet état passager ; 3° par le ramollissement des cartilages et ligaments qui unissent les os du bassin, et font que les articulations manquent de solidité et que les mouvements sont difficiles, incertains. Il arrive souvent qu'après avoir souffert jusque-là, la femme, quelques jours avant l'accouchement, éprouve un soulagement qui n'est pas ordinaire ; elle éprouvait de l'oppression, des palpitations, ne pouvait rien digérer à cause de la pression exercée de bas en haut par la matrice, mais cet organe s'abaissant tout à coup, le ventre tombant, comme on dit vulgairement, et faisant cesser ces incommodités, l'attention est distraite du terme, qui est arrivé alors qu'on le croit encore très-éloigné. Mais par contre, si les organes supérieurs sont dégagés, les inférieurs sont plus incommodés encore. En effet la constipation, la dysurie, l'œdème des membres inférieurs, les varices, les crampes, etc., deviennent plus prononcés. Nous l'avons déjà dit, il est des femmes assez heureuses pour ne rien éprouver de toutes ces indispositions, et même pour se porter mieux pendant qu'avant leur grossesse : heureuses, parce que c'est autant de souffrance d'évité, mais non parce qu'elles doivent moins souffrir pendant l'accouchement, dont la longueur et la difficulté n'ont aucun rapport avec l'état qu'a présenté la grossesse.

Dilatation du col. — Lorsque le moment fixé par

(1) Extrait de notre *Anthropologie.*

la nature pour l'expulsion du fœtus est arrivé, les parois de la matrice se contractent sur le produit de la conception, comme il a été dit. Ces contractions sont accompagnées de *douleurs* qui sont celles de l'enfantement. Nous venons de voir que des douleurs plus ou moins sourdes ou aiguës, continues ou intermittentes, peuvent se faire sentir longtemps avant le commencement du travail : ces *fausses douleurs* sont irrégulières, mal définies et dépendent de plusieurs sortes de causes, telles que le tiraillement des fibres de la matrice, la compression des nerfs, la disjonction des articulations du bassin, etc. Mais les véritables douleurs, celles qui appartiennent essentiellement à l'accouchement, ont quelque chose de régulier dans leur marche ; elles disparaissent et reviennent à des intervalles à peu près égaux, si bien que les femmes qui ont eu déjà des enfants ne les confondent pas avec les autres. Elles se font sentir principalement dans le bas-ventre, souvent aussi dans les lombes. Dans ce dernier cas, elles constituent les *douleurs de reins*, lesquelles sont très-fatigantes et peu favorables aux progrès du travail.

A. Quoi qu'il en soit, les douleurs, d'abord très-légères et rares (mouches), deviennent de plus en

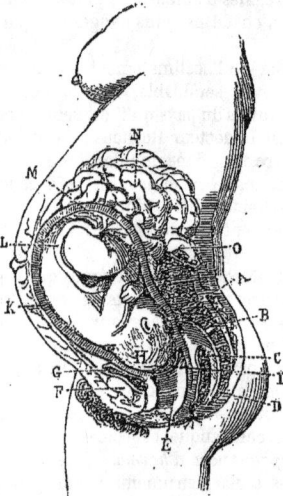

Fig. 10. — État des organes au moment où le col est à peu près entièrement dilaté, la poche des eaux fait saillie dans le vagin et la tête s'engage.

A et B, vertèbres lombaires et sacrum. C, rectum dont une portion de paroi est enlevée, ce qui en laisse voir l'intérieur. D, coccyx. E, intérieur du vagin. F, symphise du pubis. G, vessie. H, tête du fœtus en première position. I, poche des eaux. K, paroi de la matrice. L, cordon ombilical. M, placenta. N, intestin grêle. O, gros intestin.

plus fortes et fréquentes. Chez quelques femmes, elles s'accompagnent de frissonnements et quelquefois de nausées et de vomissements ; mais ces phénomènes n'ont d'autre inconvénient que de ralentir un peu la marche de l'accouchement. Pressant de toutes parts sur le produit de la conception, les contractions utérines obligent le col, comme partie qui résiste le moins puisqu'elle offre une ouverture, à se dilater. Cette dilatation est en général lente à se faire, et l'on comprend qu'il en soit ainsi quand il s'agit d'amener une légère fente aux proportions d'une tête d'enfant. Elle est favorisée d'ailleurs par les membranes de l'œuf (chorion et amnios), qui, remplies de liquide, s'engagent en cône ou en forme de coin dans l'ouverture, et proéminent dans le vagin. C'est à cette saillie des membranes qu'on donne le nom de *poche des eaux* (voy. fig. 10), poche qui ne se forme pas constamment, qui même manque nécessairement lorsque les membranes se rompent dès le début du travail, ce qui produit l'écoulement prématuré du bain et fait dire que l'*accouchement se fait à sec.*

B. On peut suivre très-exactement les progrès de la dilatation du col en portant le doigt dans le vagin. Le toucher a encore cet avantage, qu'il fait reconnaître la partie du fœtus qui se présente. Celle-ci est, 98 fois sur 100, au moins, la tête ; la forme sphérique de cette partie, sa dureté, la résistance de ses parois, enfin ses sutures et fontanelles ne permettent pas de la méconnaître, à moins que le manque de dilatation suffisante du col ou que le volume et la résistance de la poche des eaux ne gênent l'exploration.

C. Tant que la tête n'a pas franchi le col de la matrice et n'est pas descendue dans le petit bassin, les douleurs ne font que disposer les parties pour le passage de l'enfant, et sont, à cause de cela, appelées douleurs *préparantes*. Mais, une fois le col franchi, le travail prend une activité nouvelle ; les contractions deviennent excessives et toutes-puissantes pour expulser le fœtus : aussi nomme-t-on *expultrices*, *conquassantes*, les douleurs qui les accompagnent. Quoique bien plus fortes, ces dernières sont moins pénibles, causent moins d'anxiété que les premières, parce qu'elles sont plus franches, plus nettement dessinées, et qu'elles convertissent en besoin les efforts que fait involontairement la femme.

Expulsion du fœtus. — Pendant les douleurs, c'est-à-dire pendant les contractions de la matrice et par leur effet, la tête du fœtus s'applique sur le pourtour du col dilaté ; elle le franchit lorsque la dilatation est assez considérable. Mais auparavant, la poche des eaux se rompt d'ordinaire sous les efforts d'expulsion, et le liquide amniotique coule en plus ou moins grande abondance. Lorsque cette rupture s'opère avant ou dès le commencement du travail, l'accouchement *se fait à sec*, comme l'on dit, et, dans ce cas, il présente plus de difficulté pour la mère, et plus de danger pour l'enfant, qui se trouve effectivement pressé d'une manière directe par l'utérus, au lieu de l'être au milieu des eaux. Cependant cette sorte d'accouchement se termine généralement bien. En désemplissant la cavité utérine, l'écoulement des eaux fait cesser la douleur pendant un certain temps, jusqu'à ce que l'utérus ait opéré son mouvement de retrait, ce qui demande 10, 20 ou 30 minutes. Mais bientôt, s'appliquant immédiatement sur le fœtus, les parois de l'utérus redoublent d'énergie, et dès lors commencent les grandes douleurs ou douleurs expultrices, qui, après un temps très-variable, font franchir à la tête le détroit inférieur.

A. Les puissances expultrices sont dues, d'abord à la matrice dont les contractions involontaires sont soumises à l'innervation ganglionnaire ; puis au diaphragme et aux muscles de l'abdomen, qui, obéissant à la volonté au commencement du travail, finissent aussi par agir instinctivement lors des grandes douleurs. L'enfant ne s'aide pas dans l'accouchement, comme le croit le vulgaire ; il reste passif, et ce qui le prouve, c'est que lorsqu'il meurt dans le sein de sa mère, son expulsion n'en est ni plus ni moins difficile. D'ailleurs, quand on considère les efforts prodigieux des fibres réunies de la matrice et des muscles abdominaux, efforts tels, que ceux de l'accoucheur exerçant des tractions sur les forceps, dans le cas où l'application de cet instrument est nécessaire, ne peuvent leur être comparés, on se demande s'il est raisonnable de compter pour quelque chose les faibles mouvements d'un enfant qui n'a pas encore respiré et qui, pelotonné, replié sur lui-même, peut à peine se mouvoir.

B. Le fœtus doit donc être considéré comme un corps inerte dans le mécanisme de l'accouchement. Pour arriver au dehors, il est soumis à un mouvement assez compliqué ; c'est-à-dire qu'il suit la résultante courbée de deux forces, dont l'une représente l'action des fibres de la matrice et des muscles du ventre, l'autre la résistance des parois du bassin et de son canal brisé. Ces mouvements, dont l'étude difficile ne peut être exposée ici, varient suivant la partie du fœtus (tête, pieds, genoux ou siége) qui se présente la première, et la direction (à droite, à gauche, en avant ou en arrière) qu'elle affecte. — Tel est l'accouchement naturel.

Fig. 11. — La tête est engagée dans le détroit inférieur et prête à le franchir. Pressée de toutes parts, elle s'allonge un peu en cône pour faciliter son passage ; et lorsqu'elle est au dehors, elle remonte vers le pubis, comme l'indiquent les traits expliquant les positions successives.
A, ligne mesurant le diamètre du détroit supérieur ou sacro-pubien. B, détroit inférieur. D D, ligne courbe indiquant la direction de la résultante des forces qui agissent sur le fœtus.

C. La durée du travail est extrêmement variable suivant l'activité des douleurs, la résistance des parties, les diamètres du bassin, les dimensions de la tête, et certaines forces vitales difficiles à apprécier.

D. Plusieurs accidents peuvent se déclarer pendant

l'accouchement : ce sont d'abord l'hémorrhagie et les convulsions, qui compromettent la vie du fœtus et de la mère; ensuite, la compression du cordon, la longueur du travail, l'étranglement de l'enfant par une anse du cordon, etc., qui mettent spécialement ce dernier en danger de mort.

E. Plusieurs indications à remplir peuvent se présenter ; les principales sont : 1° l'administration du seigle ergoté, lorsqu'il s'agit d'activer les douleurs qui se ralentissent au moment où la dilatation du col est complète ; 2° la perforation de la poche des eaux, pour désemplir la matrice et lui donner plus de vigueur en facilitant son retrait ; 3° l'emploi du bain, qui est un merveilleux moyen, soit pour calmer les fausses douleurs, soit pour activer et rendre plus efficaces celles du travail commencé ; 4° la saignée qui, chez la femme pléthorique et dont la fibre est sèche et contractée, assouplit, détend les forces organiques et les rend plus aptes à remplir le but de la nature ; 5° l'application du forceps, lorsque le périnée offre une grande résistance ou que les forces de la femme s'épuisent, pourvu que la tête ait franchi le col ; 6° la version de l'enfant, lorsque sa position est telle, qu'il est impossible qu'il soit expulsé si l'on ne va chercher les pieds pour les amener au dehors les premiers. Mais si nous voulions examiner ces divers points, nous dépasserions de beaucoup les limites de cet article ; nous avons voulu seulement exposer les conditions physiologiques qui président au mécanisme du travail naturel, renvoyant aux ouvrages spéciaux les personnes qui désirent acquérir des connaissances plus approfondies sur un art que nous ne faisons qu'effleurer.

Délivrance. — Le fœtus expulsé, tout n'est pas fini : il reste dans l'utérus, qui doit le chasser, le placenta ou *délivre* et les membranes rompues y attenantes, c'est-à-dire les débris de l'œuf. Dix, quinze ou vingt minutes au plus après la naissance de l'enfant, dans les cas ordinaires (et n'oublions pas que nous ne nous occupons que de ceux-là), de nouvelles contractions utérines se manifestent, mais bien faibles en comparaison des précédentes. Elles sont provoquées par la présence du délivre, qui fait l'effet actuellement d'un corps étranger.

A. Après la sortie de l'enfant, la matrice revient peu à peu sur elle même, et, par ce mouvement de retrait, arrête le sang en fermant les bouches béantes des vaisseaux. S'appliquant bientôt sur le délivre, qui lui résiste d'abord, elle s'irrite de sa présence, redouble d'énergie dans ses contractions et achève son décollement. Alors cette masse charnue roule sur elle-même, se pelotonne et tombe sur le col ;

celui-ci s'entr'ouvre de nouveau et la laisse échapper avec une quantité plus ou moins considérable de sang liquide ou coagulé provenant des vaisseaux utéro-placentaires rompus avant, pendant et après le travail de l'accouchement.

B. La *délivrance* peut s'opérer par les seuls efforts de la nature, mais il convient de l'aider en exerçant doucement, à l'aide du cordon ombilical qui pend au dehors, des tractions auxquelles on imprime des mouvements en avant, en arrière et sur les côtés. (Fig. 12.)

Phénomènes consécutifs de l'accouchement. — A l'agitation produite par le travail douloureux de l'enfantement succède une espèce d'accablement, semblable à celui qu'on éprouve à la suite d'un violent exercice. Assez souvent un frisson s'empare de la femme qu'on vient de délivrer, mais il n'a rien d'inquiétant ; il se dissipe bientôt pour faire place au calme et au sommeil. Ce sommeil toutefois peut être perfide ; il peut favoriser une hémorrhagie interne, ou être provoqué par cette hémorrhagie déjà commencée ; par conséquent, sans en priver l'accouchée, il est bon de la surveiller et de s'assurer, pendant qu'elle dort, de l'état de son pouls et de sa matrice. Si le pouls est régulier, modérément fréquent et assez développé, c'est bien ; si la matrice se présente sous forme d'une tumeur sphérique, dure, sensible au palper, au-dessus du pubis, et si elle tend à diminuer de volume, il n'y a rien à craindre, car les vaisseaux ne peuvent rester béants lorsque les tissus

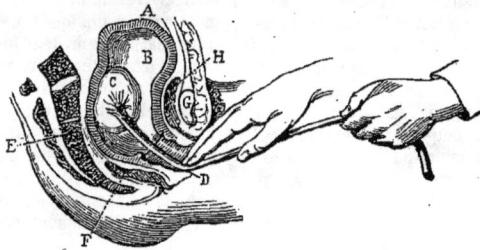

DÉLIVRANCE.

Fig. 12.—A, matrice. B, intérieur de la matrice. C, délivre ou placenta. D, cordon : point où les doigts de la main droite de l'accoucheur forment une sorte de poulie de renvoi tandis que la main gauche exerce des tractions. E, sacrum. F, rectum. G, pubis. H, vessie.

qui les renferment se rétractent, se rapetissent. Cependant l'utérus ne peut revenir à son état ordinaire qu'en exhalant des liquides rouges ou blancs, en se dégorgeant. Aussi pendant les deux ou trois premiers jours qui suivent la délivrance, un écoulement sanguin se manifeste par la vulve. Il constitue les *lochies* ou *vidanges*, qui s'accompagnent souvent de *coliques* ou *tranchées*, lesquelles sont en général d'autant plus fortes et constantes que la femme a fait plus d'enfants. Au sang lochial se mêle bientôt un liquide blanc ; et, au bout de quelques jours, l'écoulement est constitué par un fluide séro-purulent, appelé *suites de couches*, qui diminue peu à peu de quantité et cesse complétement après trois semaines. Alors la matrice a repris à peu près son volume et sa consistance ordinaires.

Soins que réclame la femme pendant l'accouchement. — Pendant l'accouchement, la femme exige des soins et une surveillance qu'elle ne peut attendre que du médecin ou de la sage-femme. Il est bon cependant que nous en donnions un aperçu. — Le travail de l'enfantement étant commencé, on doit éloigner toutes les personnes dont la présence pourrait contrarier la patiente ou lui imposer quelque crainte. On prépare ensuite le lit sur lequel l'accouchement doit se faire, vulgairement nommé *lit de misère*. C'est ordinairement un simple lit de sangle couvert d'un matelas et d'alèzes, et fait de telle manière que le siége de la femme soit soutenu au moyen d'oreillers durs ou d'une planchette passée sous le matelas. On prépare aussi d'avance tout ce qui sera nécessaire à l'enfant, tels que ciseaux, fil, pour couper et lier le cordon; eau tiède, cuvette, savon, éponge, pour nettoyer le nouveau-né; serviettes sèches pour l'essuyer; trousseau pour l'habiller, etc. La femme a soin de prendre un ou deux lavements, afin de débarrasser le rectum des matières qu'il contient et de fournir un passage plus libre à la tête du fœtus : cette précaution est encore importante, en ce que, par son oubli, la sortie des fèces se faisant souvent involontairement dans les efforts d'expulsion, la patiente en est vivement contrariée.

A. Au début du travail, la femme doit, autant qu'elle le peut, se promener dans la chambre : cela active les douleurs. Lorsque la tête du fœtus est prête à franchir le col ou est descendue dans le petit bassin, ce dont elle est avertie et par l'anxiété, la souffrance, les douleurs qui deviennent plus fortes, et par l'accoucheur ou la sage-femme qui la *touche*, elle doit se mettre sur le *lit de misère*; car à ce moment vont commencer les douleurs expultrices. Se couchant donc sur le dos, le tronc étant un peu élevé, le siége soutenu sur un coussin un peu ferme, les cuisses écartées, les jambes fléchies, et les pieds appuyés contre un corps résistant, elle pousse en faisant coïncider ses efforts volontaires avec les contractions involontaires de la matrice. Si elle est tourmentée par des douleurs de reins, on essaye de la soulager en passant sous les lombes une serviette pliée en double, dont les deux extrémités sont soulevées, pendant la douleur, par deux personnes placées aux côtés du lit; si elle a des crampes, on frictionne les parties qui en sont le siége, etc., et enfin on lui adresse de temps en temps des paroles d'encouragement.

B. La femme ne commence résolument ses efforts et ne pousse activement qu'à partir du moment où le col de la matrice dilaté s'est effacé, où la poche des eaux s'est rompue, et où la tête est arrivée dans le petit bassin. Il faut bien le dire, à ce moment aussi elle est entraînée, comme malgré elle, à contracter ses muscles abdominaux, à faire des efforts d'expulsion, et les douleurs quoique extrêmement fortes, lui semblent moins redoutables, soit parce qu'elles sont véritablement moins anxieuses, moins cruelles, soit parce que la malade a le sentiment intime qu'elles sont les dernières. Il est des femmes qui poussent des cris aigus, d'autres qui se plaignent à peine; celles qui crient ne sont pas celles qui poussent le plus; mais, encore une fois, cela est indépendant de leur volonté. La personne qui assiste, accoucheur, sage-femme ou matrone, doit dans les derniers moments soutenir le périnée en appuyant, d'une manière égale, la face palmaire de la main droite, de façon à comprimer

davantage du côté de l'anus pour diriger en avant la tête du fœtus. Cette précaution est très-importante pour prévenir la déchirure de la fourchette et même de la cloison périnéale tout entière, qui s'opère souvent dans les premiers accouchements, surtout dans ceux qui se font très-rapidement.

C. Enfin la tête ayant franchi le détroit inférieur, ou passage externe, on achève de la dégager en la relevant vers le pubis, mouvement qu'elle exécute aussi d'elle-même. Il faut s'assurer de suite si le cordon ombical ne fait pas des circulaires autour du cou du fœtus; quand cela a lieu, on exerce quelques tractions sur son extrémité placentaire afin d'éviter les accidents de strangulation qu'il cause, et si l'on ne réussit pas, on le coupe avec des ciseaux. Cette section faisant cesser toute communication entre la mère et l'enfant; celui-ci doit être extrait ensuite le plus tôt possible, ce à quoi l'on parvient en combinant quelques tractions exercées à l'aide de l'indicateur, passé en manière de crochet sous l'aisselle, avec les efforts d'expulsion de la mère, qui continuent ou ne tardent pas à recommencer.

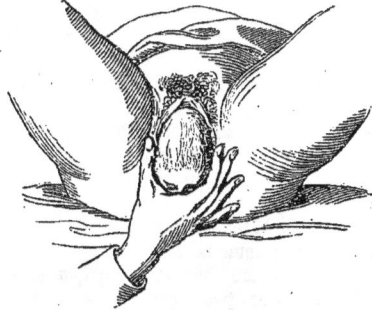

DERNIER TEMPS DE L'ACCOUCHEMENT.

Fig. 13.—La tête franchit le détroit inférieur ou passage externe pendant que l'accoucheur soutient le périnée et écarte en même temps les grandes lèvres avec sa main droite.

Soins à donner à la femme après l'accouchement. — L'accouchement et la délivrance étant terminés, on nettoie les parties génitales de la femme avec de l'eau tiède, quelque décoction émolliente ou avec du lait mêlé à une décoction de cerfeuil. Le vin tiède est inutile et souvent contraire. Après qu'on l'a débarrassée de ses vêtements tout souillés de sang, on la porte dans son lit, situé, autant que possible, dans une chambre vaste, bien aérée, propre et exempte d'odeur bonne ou mauvaise. On lui attache une serviette autour du ventre et du bassin pour contenir ces parties et favoriser le retrait des parois de l'abdomen. Le silence et le repos complets sont observés. On prescrit l'usage d'une tisane délayante (infusion de mauve, de violette, eau de gomme ou de chiendent); le tilleul est souvent conseillé, surtout dans les cas où se manifestent des coliques utérines. Ces coliques ou *tranchées* sont quelquefois assez intenses pour exiger des soins particuliers, qui consistent en applications de serviettes chaudes, ou de cataplasmes, en frictions laudanisées, demi-lavements avec 8, 10 ou 15 gouttes de laudanum. Quant au régime, il sera doux et léger : deux ou trois potages suffisent pendant les premiers jours. Au moment de la fièvre de lait, diète complète; mais après, l'alimentation peut être augmentée progressivement, en commençant par les œufs, le poisson, le poulet, etc. L'accouchée restera dans le même linge et le même lit jusqu'après la fièvre de lait. A partir de ce moment, elle pourra en changer tous les jours. Il est important qu'elle ne se lève pas avant dix à quinze jours, et encore, la première fois, ne sera-ce que pour rester une ou deux heures assise dans un fauteuil.

A. Les femmes qui ne nourrissent pas leur enfant désirent qu'on leur donne une tisane propre à faire passer leur lait. Cette précaution est le plus souvent inutile; mais le préjugé est tellement enraciné et puissant à cet égard, que le médecin cède pour se mettre à l'abri de reproches injustes qui pourraient lui être adressés s'il arrivait quelque accident plus tard. Il accorde donc d'autant plus volontiers l'infusion de canne de Provence, dont la réputation est immense dans le peuple, qu'elle est à peu près inerte. Il est aussi des femmes qui veulent absolument être purgées, afin de se mettre à l'abri des prétendues maladies laiteuses. Leur terreur est vaine : les pargatifs, en pareils cas, sont loin d'être toujours indiqués; nous les conjurons de s'en rapporter toujours au conseil de leur médecin. Elles sont exposées, pendant l'état de couches, à une constipation opiniâtre : des lavements, un doux laxatif, sont alors très-avantageux.

B. Il faut que la femme qui n'allaite pas évite tout ce qui peut augmenter la sécrétion du lait : ainsi, au lieu d'une nourriture abondante, diète ou alimentation légère, boissons peu copieuses. Les seins doivent être tenus chaudement; quand ils se gonflent trop et deviennent douloureux, on doit essayer de faire couler le lait par les mamelons à l'aide d'applications émollientes chaudes, ou de la succion. Mais si, ce qui est le plus ordinaire, le lait abandonne peu à peu les mamelles, il faut tout confier à la nature.

Soins à donner au nouveau-né. — Aussitôt que l'enfant est né, l'accoucheur le place sur le côté de manière qu'il puisse respirer et n'être pas suffoqué par les liquides qui s'échappent des organes de la mère. Il faut prendre garde de ne pas tirailler le cordon. Ce cordon doit être coupé avec des ciseaux à six ou huit centimètres de l'ombilic. Si l'enfant respire amplement, s'il est bien portant, on en fait la ligature immédiatement; dans le cas contraire, surtout s'il y a congestion au cerveau, on laisse couler auparavant une petite quantité de sang qui produit l'effet d'une saignée. La ligature se fait avec quelques brins de fil; elle doit être assez forte pour oblitérer les deux veines et l'artère ombilicales. Elle serait pour ainsi dire inutile dès que l'enfant vigoureux et bien portant crie fort, parce qu'alors la respiration, s'établissant régulièrement, fait cesser la circulation dans ces vaisseaux; cependant il ne faut jamais la négliger.

A. En naissant, l'enfant est couvert d'une sub-stance blanche, visqueuse dont il faut le débarrasser. Ce qu'il y a de mieux à faire pour cela, c'est de détremper cette substance avec un corps gras, de l'huile ou du beurre, par exemple, puis de l'enlever à l'eau légèrement savonneuse. On essuie avec des linges secs, et l'on procède à l'emmaillotement. Nous avons dit que ce genre d'habillement ne doit être aucunement serré. Il est une précaution à prendre auparavant : elle consiste à envelopper le cordon d'une petite compresse carrée, de le placer sur le côté gauche de l'abdomen (car du côté droit il pourrait comprimer le foie), et de l'y maintenir au moyen d'un petit bandage de corps. Au bout de cinq ou six jours, il se flétrit et tombe, se détachant non pas à l'endroit de la ligature, mais là où il se continue avec la peau du fœtus. Presque toujours tout pansement devient inutile alors. Cependant il est des enfants dont l'ombilic s'enflamme, s'ulcère, ou devient le siège d'une petite excroissance fongueuse; dans le premier cas, des topiques émollients, des bains; d'autres fois au contraire des lotions toniques au vin tiède sont indiquées. Ces mêmes précautions conviennent aussi en cas d'ulcération. Quant à la végétation fongueuse, on la réprime au moyen du nitrate d'argent et de la compression. Ces accidents n'ont rien de grave. L'ombilic peut encore être le siége d'une hémorrhagie abondante après la chute du cordon : elle réclame la compression.

B. Il importerait de faire prendre de bonne heure à l'enfant des habitudes réglées pour l'exercice, l'allaitement et le coucher, sans le câliner ni le bercer. Il faudrait surtout que la mère l'accoutumât à ne recevoir le sein qu'aux mêmes heures, surtout la nuit, afin de ne pas être privée du sommeil nécessaire à sa santé, et, par conséquent, à la bonne qualité de son lait.

C. Les enfants nouveaux-nés doivent être tenus proprement : on nettoie chaque jour le visage et les mains à l'eau froide, le corps à l'eau tiède. Après les avoir bien essuyés, on saupoudrera les parties sexuelles avec du lycopode. Dᵣ Bossu.

ACCOUCHEMENT (médecine légale). — *La recherche de la maternité est admise. L'enfant qui réclame sa mère sera tenu de prouver qu'il est identiquement le même que l'enfant dont elle est accouchée* (Code civil, article 341). Dans les cas d'*exposition*, de *suppression*, de *supposition*, de *substitution d'enfant* ou d'*infanticide* (voy. ces mots), le médecin légiste est appelé à rechercher les preuves d'un accouchement récent ou ancien. Il n'est guère possible, après le dixième jour en général, de trouver la preuve d'un *accouchement récent*, vu la rapidité des phénomènes consécutifs. Toutefois, jusqu'à cette époque, le médecin pourra constater ces phénomènes avec assez d'exactitude pour qu'il puisse se prononcer affirmativement. Dans le cas où ils existeraient, l'*époque de l'accouchement* ne peut guère être fixée qu'approximativement. Néanmoins, M. le docteur Donné a pu, à l'aide du microscope, remarquer les changements suivants survenus dans la sécrétion du lait :

Premier jour. — Colostrum jaunâtre, visqueux,

demi-transparent, alcalin, composé de globules, la plupart agglomérés, très-disproportionnés entre eux pour leur volume, mêlés de corps granuleux d'une forme variée, ainsi que de gouttelettes oléagineuses. Ce liquide, traité par l'ammoniaque, se prend tout entier en une masse visqueuse et filante.

Troisième jour. — Les corps granuleux sont moins nombreux.

Sixième jour. — Le lait est très-jaune et bleuit fortement le papier de tournesol rougi. Les globules laiteux sont généralement gros, mais mieux proportionnés entre eux. Il existe encore un certain nombre de gouttes oléagineuses, mais on voit moins de corps granuleux.

Dixième jour. — Le lait, étant abondant, est formé de globules très-nombreux, très-serrés; l'ammoniaque le rend encore visqueux.

Au vingt-quatrième jour. — Le lait est tout à fait blanc, riche en globules; il ne contient plus de corps étrangers. Si les traces de l'accouchement étaient en grande partie effacées aux parties génitales, on voit que l'état des seins et l'examen du lait pourraient fournir quelque résultat utile.

Si l'on était chargé de reconnaître *si une femme porte des signes d'un accouchement ancien*, il n'y aurait guère que les *rides du ventre*, l'état de flaccidité de la peau, qui pourraient engager à conclure affirmativement, en supposant toutefois que la femme n'ait jamais été atteinte d'hydropisie ou de tumeur abdominale. Tout médecin appelé pour constater si une femme est accouchée, doit inviter celle-ci à se laisser visiter, et, dans le cas de refus formel, il ne doit point insister, mais consigner ce refus dans son rapport médico-légal.—Deux questions se présentent encore ici :

1° *Une femme peut-elle être accouchée sans le savoir?* Il est possible que la femme ignore qu'elle accouche, lorsque cet événement a lieu pendant une maladie grave, le délire, la syncope, l'asphyxie. Hippocrate rapporte l'avortement de la femme d'Olympias, qui était plongée dans l'assoupissement à la suite d'une fièvre aiguë. Hunter, Runfer, Rigaudeaux, Hoger, Hartmann, ont vu des femmes accoucher dans un état de mort apparente. Enfin, dit Eusèbe de Salles, la femme peut bien savoir qu'elle est en travail, mais ne pas s'attendre à accoucher à tel instant précis. On mécompte peut causer la mort de son enfant, si par exemple elle accouche sur la lunette d'une fosse d'aisances, comme une des femmes citées dans la statistique de Klein, et comme beaucoup d'autres, citées par presque tous les auteurs. Ces femmes ont cru qu'elles auraient le temps de satisfaire le besoin réel ou trompeur d'aller à la garde-robe : l'expulsion du fœtus s'est faite d'un seul coup; il a été lancé comme par le flot des eaux amniotiques. Un bassin large peu garni de graisse, un enfant peu volumineux, des parties génitales amples, telles sont les conditions dans lesquelles se rencontrent assez souvent ces accouchements si rapides. Ce sont de ces faits, dit Duvergie, dont il faut bien se pénétrer, mais contre lesquels aussi il faut bien se prémunir

dans l'intérêt de la vérité. Si la question était posée devant un tribunal et en thèse générale, elle devrait être résolue positivement.

2° *Lorsque pendant l'accouchement la mère et l'enfant ont succombé, lequel des deux a survécu?* Cette question est des plus importantes, puisqu'elle découle de la loi des successions.

Voici les articles 720 et 721 du Code civil à cet égard :

Si plusieurs personnes respectivement appelées à la succession l'une de l'autre succombent dans un même événement, sans qu'on puisse reconnaître laquelle est décédée la première, la présomption de survie est déterminée par les circonstances du fait, et à leur défaut, par la force de l'âge ou du sexe.

Si ceux qui ont péri avaient moins de quinze ans, le plus âgé sera présumé avoir survécu; s'ils étaient tous au-dessus de soixante, le moins âgé sera présumé avoir survécu; si les uns avaient moins de quinze ans, et les autres plus de soixante, les premiers seront présumés avoir survécu.

Il résulte de là que, dans un accouchement, si l'enfant a survécu, il hérite et transmet la fortune au père; si, au contraire, il est mort le premier, la succession de la mère doit retourner à la famille, à moins que des dispositions particulières n'en aient autrement décidé. Si le médecin est appelé à se prononcer sur la question de survie, il devra s'informer de ce qui a eu lieu pendant l'accouchement. A-t-il été long, pénible, compliqué de syncope, d'hémorrhagie utérine, de convulsions, d'issue prématurée du cordon ombilical? L'enfant était-il bien ou mal situé? quelle partie présentait-il? est-il sorti naturellement ou à l'aide de la main ou des instruments de l'accoucheur. Les signes de la mort de l'enfant dans le sein de la mère sont plus positifs et plus directs que ceux de la vie. Après avoir exécuté de grands mouvements, des soubresauts, des convulsions véritables, l'enfant est tout à coup resté immobile, et la mère ne l'a plus senti remuer. La matrice a semblé ne plus contenir qu'une masse inerte qui se portait à droite, à gauche, en avant, en arrière, selon les mouvements de la mère, à peu près comme nous l'avons déjà décrit pour les môles. La femme a éprouvé des lassitudes, des bâillements, des nausées, des maux de tête : peu de temps après, le ventre s'est affaissé, le nombril est rentré; le visage a pris une couleur terreuse, les paupières se sont plombées; puis est venu la fièvre lente, l'inappétence, la tristesse. L'haleine était fétide, les mamelles affaissées (1).

Fodéré a résumé de la manière suivante les cas les plus fréquents de mort de la mère et de l'enfant.

Pertes et convulsions. — L'enfant et la mère peuvent échapper, si la perte n'est occasionnée que par un décollement partiel du placenta. Si le décollement est total, la mort arrive, mais c'est l'enfant qui périt le premier. Le cœur de la mère pourra être plus longtemps excité par le reste du sang qui y re-

(1) Ouvrage cité.

vient des extrémités, lesquelles, comme il est évident, sont plus éloignées de ce viscère dans les adultes que dans les enfants. Dans le cas de convulsions, les mouvements du fœtus cessent entièrement longtemps avant la mort de la mère : cette circonstance, jointe à la frêle nature de l'enfant, doit faire présumer qu'il est mort le premier.

Accouchement prématuré. — Cet accouchement est plus dangereux que l'accouchement à terme. Plus il s'éloignera du terme naturel, plus le danger sera grand pour l'enfant; il a moins de force pour résister au travail.

Enfant très-volumineux ou monstrueux. — L'enfant périt le premier.

Femme primipare âgée; femme accouchant de jumeaux. — Dans tous ces cas, la mère succombe la première, à cause des douleurs vives ou prolongées de l'enfantement.

Maladie aiguë de la mère. — La mère succombe la première; elle a subi les dangers de la maladie et de l'accouchement; l'enfant échappe très-souvent à la maladie.

On a voulu réfuter le travail de Fodéré en ce qui touche ce sujet et en contester toutes les conclusions; mais, malgré l'expérience personnelle de ses critiques, de Capuron entre autres, on ne peut disconvenir que Fodéré a établi des propositions générales, résultat d'un nombre immense de faits, et non l'expression de quelques cas exceptionnels.   B. LUNEL.

ACCOUCHEUR, celui qui pratique l'art des accouchements. Le féminin de ce mot est *accoucheuse*, mais on se sert généralement du mot *sage-femme*, pour désigner celle qui exerce l'art des accouchements. Jusqu'au règne de Louis XIV, les sages-femmes furent en France généralement en possession de la pratique des accouchements; un chirurgien était rarement appelé, même dans les cas les plus désespérés. Mais, sous le règne du monarque absolu, l'habile chirurgien Julien Clément fut appelé pour les couches de mademoiselle de La Vallière (1663) qui devaient être secrètes. Toutes les femmes de la cour imitèrent bientôt l'exemple du grand roi, et le préjugé qui avait fait réserver exclusivement aux femmes la pratique de l'art obstétrical, tomba presque en désuétude, et l'on inventa pour les chirurgiens qui firent des accouchements le mot *accoucheur*. — Voy. *Sage-femme.*

ACCOUCHEUR (zoologie). — *Buffo obstetricans*, espèce de crapaud assez répandu dans les environs de Paris, et ainsi nommé parce qu'il se charge des œufs que la femelle pond et les porte sur lui jusqu'à ce qu'ils soient près d'éclore : alors il s'approche de l'eau et les y dépose avec précaution, pour qu'ils puissent se développer plus facilement.

ACCOUPLEMENT (physiologie). — Rapprochement du mâle et de la femelle des animaux pour l'acte de la génération. Ce mot, appliqué à l'union de l'homme et de la femme, ne s'emploie que dans le style soutenu, surtout en poésie, encore est-il accompagné d'une épithète servant de correctif à l'idée trop physique qu'il représente. C'est ainsi qu'on

dit un *accouplement heureux*, un *accouplement funeste*, etc.—Les naturalistes ont établi trois divisions dans les différents modes d'accouplement : 1° l'*accouplement simple*, qui a lieu entre deux animaux de sexes distincts; 2° l'*accouplement réciproque*, qui se passe entre deux animaux hermaphrodites se fécondant mutuellement (limaces); 3° l'*accouplement composé*, qui est celui d'un animal hermaphrodite se fécondant sans le secours d'un autre individu. On voit que le mode d'accouplement varie selon les espèces d'animaux, et que même dans quelques-unes il n'a pas lieu. La durée de cette fonction dépend aussi de la conformation du corps et des organes générateurs, et varie à l'infini dans les différentes classes d'animaux : c'est ainsi que, presque instantané dans un grand nombre d'oiseaux, il peut durer fort longtemps chez beaucoup d'insectes.

ACCOUPLEMENT (*économie rurale*).—Réunion de deux animaux destinés à travailler ensemble, et que l'on choisit ordinairement de même sexe, de même âge, de même taille et de même race. Dans certains cantons, on attache les bœufs au joug par les cornes; dans d'autres, on leur met au cou un collier.

ACCOUPLEMENT (art vétérinaire). — Lorsqu'il est question des espèces du cheval et du bœuf, l'accouplement reçoit le nom de *monte* ou *saillie*; lorsqu'il désigne l'accouplement des bêtes à laine, on le nomme *lutte.*

ACCOUPLEMENT (botanique). — Chez les végétaux hermaphrodites, c'est-à-dire chez les fleurs renfermant les organes des deux sexes, les *étamines*, ou organes mâles, sont disposés le plus ordinairement autour des organes femelles ou *pistils*, et lorsque le moment de la fécondation est arrivé, le *pollen*, ou poussière fécondante, s'échappe des *anthères* et va se répandre à la surface du *stigmate*, d'où il est porté, par le canal du *style*, jusqu'aux graines que renferme l'ovaire. — Chez les végétaux à sexes séparés, comme le chanvre, le palmier, etc., l'accouplement ne peut avoir lieu que par le ministère des vents : quelquefois même on facilite ce mode d'accouplement; c'est ainsi, par exemple, que, pour féconder les dattiers femelles qui sont dans d'immenses forêts de l'Arabie, on suspend sur la cime du plus grand arbre de la forêt un bouquet de fleurs mâles, dont le vent disperse le pollen sur tous les autres individus.

ACCROISSEMENT (histoire naturelle, physiologie) [radical celtique *crech*, hauteur; *cresquanez*, accroissement.]— Série des phénomènes par lesquels passent les corps, soit bruts, soit organisés, pour augmenter en masse et en étendue, et pour arriver au degré de développement qui leur est assigné. — L'accroissement a lieu de plusieurs manières, suivant la nature des corps. Dans les corps bruts, il se fait par *juxtaposition*, c'est-à-dire par l'application de nouvelles couches sur les anciennes; dans les corps vivants, il a lieu par la *nutrition*, ou par l'élaboration dans le sein même de l'individu, des matériaux susceptibles de lui être assimilés; c'est ainsi que vivent et s'accroissent les animaux et les plantes.

Dans la classe des insectes, l'accroissement se lie

à leurs métamorphoses; il offre de nombreuses particularités dans les mollusques.

Dans les premiers temps de la vie, chez l'homme et chez les animaux d'un ordre élevé, l'accroissement a lieu par un mode particulier qui n'existe que peu de temps : ce mode est celui de l'*intussusception* ou de pénétration. «Dans les premiers jours de l'existence de l'embryon, dit le docteur Beaude, il ne s'accroît que par l'agrégation des liquides qui entrent dans son intérieur, à travers les intervalles que laissent les molécules qui le composent; cet état dure jusqu'à ce que le système circulatoire soit organisé; une fois que les vaisseaux exercent leurs fonctions, la nutrition du fœtus se fait comme elle doit avoir lieu pendant le reste de la vie. L'accroissement varie suivant les âges; il n'est pas toujours progressif, mais a lieu souvent d'une manière brusque. Ainsi, c'est du troisième au quatrième mois que le fœtus acquiert son plus grand développement. A la naissance, les nouvelles conditions dans lesquelles on trouve l'enfant influent aussi d'une manière notable sur son développement. L'accroissement est plus rapide dans les premières années, mais il est moins considérable ensuite; enfin, c'est vers l'époque de la puberté qu'il a lieu avec le plus de vigueur. L'accroissement en longueur ne dure ordinairement que jusqu'à l'âge de vingt à vingt-cinq ans; le terme varie suivant les individus, suivant les climats et même suivant les races humaines; passé cette époque, le corps acquiert encore du volume, mais c'est en force et en épaisseur. Les organes varient aussi dans leur mode d'accroissement; il en est qui prennent dès le commencement de la vie un volume considérable, ainsi le foie chez les fœtus; il est d'autres organes qui disparaissent à certaine époque de la vie, ainsi le thymus qui est assez gros avant la naissance et qui disparaît progressivement chez l'enfant; d'autres organes semblent ne révéler leur existence que plus tard et lorsque seulement les individus paraissent aptes à remplir les fonctions auxquelles ils sont destinés; ainsi les mamelles ne se développent chez la jeune fille que lorsqu'elle commence à devenir pubère et qu'elle peut être appelée à remplir les fonctions de la maternité; il en est de même des organes génitaux chez les garçons. »

Accroissement (pathologie). → Première période des maladies pendant laquelle les symptômes augmentent d'intensité : on donne aussi à cette période le nom d'*augment*. C'est lorsque les phénomènes morbides cessent d'augmenter que la *période d'état* commence; elle existe tant que les phénomènes restent stationnaires ; lorsque leur diminution commence, elle fait place à la *période de déclin*.

Accroissement (algèbre). — Augmentation que reçoit une quantité variable. Si l'*accroissement* est fini, il prend le nom de *différence* et se désigne par Δ ; s'il est infiniment petit, on l'appelle *différentielle* et on le caractérise par *d*. Les *accroissements* des fonctions ont des lois particulières qui sont l'objet d'une branche de la science des nombres, nommée calcul des différences. (*Dict. des Sc. mathém.*)

Accroissement (droit).—C'est le droit qu'acquièrent un ou plusieurs héritiers, un ou plusieurs légataires, sur les portions d'un ou de plusieurs cohéritiers ou colégataires qui n'ont pu en jouir ou qui ont renoncé. Ce droit s'appelle *accroissement*, parce que la portion de celui qui ne succède pas accroît à ceux qui succèdent.

Accroissement (Droit d'). — C'est le droit qu'acquiert un héritier ou légataire à la portion de son cohéritier ou colégataire, qui n'a pu en profiter ou y a renoncé. (C. civ. 786, 1044 et 1045.)

ACCRUE (droit). — Augmentation que reçoit une forêt ou un bois par suite de l'extension sur le terrain voisin des racines de ses arbres, ou de la chute des semences qui produisent de jeunes plants. Les *accrues* de bois appartiennent au propriétaire de l'héritage sur lequel le bois se trouve, et non au propriétaire du bois qui s'était agrandi et étendu. — Lorsque l'atterrissement ou la retraite insensible des eaux augmente un terrain, les accrues deviennent l'objet d'une concession du gouvernement.

ACCUSATEUR PUBLIC, emploi créé sous la République, en 1793, et qui donnait à l'officier judiciaire qui en était chargé le droit de poursuivre devant les tribunaux les personnes accusées de crimes ou de délits : ce magistrat était nommé par l'assemblée électorale. On l'appelle aujourd'hui *ministère public*, et non *procureur* comme le disent tant d'ouvrages, parce que c'est au nom de la société qu'il accuse.

ACCUSATION (droit).—Action de déférer la connaissance d'un crime à une haute juridiction, et de provoquer la vindicte publique contre celui qui l'a commis. Dans les sociétés primitives, dit H. Corne, empreintes encore des mœurs de la famille ou tribu, et fortement dominées par la pensée religieuse, l'accusation était comme un rigoureux devoir de conscience pour celui qui avait vu une main coupable ravir la propriété ou verser le sang.

« Le mot *accusation* dans le langage du droit criminel, n'est applicable qu'au cas où il y a poursuite d'un crime. La loi désigne sous le nom de *prévention*, la mise en jugement des personnes poursuivies pour faits de police, c'est-à-dire pour contraventions et pour faits correctionnels (simples délits). Toute procédure criminelle comprend quatre périodes, que la loi a eu le soin de caractériser avec précision; savoir: l'inculpation, la prévention, l'accusation et le jugement. L'*inculpation* commence au premier acte décerné contre l'auteur du crime, et comprend toute l'instruction qui se fait en première instance. La *prévention* ne comprend que l'ordonnance de la chambre du conseil, qui, suivant les circonstances, déclare qu'il n'y a pas lieu à poursuivre, ou qui renvoie au Tribunal de police, ou au Tribunal correctionnel, ou bien à la Cour impériale, chambre des mises en accusation ; et lorsque cette chambre rend un arrêt qui renvoie devant la Cour d'assises, la poursuite prend la qualification d'*accusation*, et le prévenu devient alors accusé. » — Voy. Jugement.

Chez les Grecs, la personne lésée avait seule le droit d'accuser ; mais pour les délits qui intéressaient la sûreté de l'État, chacun pouvait se porter accusateur : dans tous les cas, il fallait s'engager par serment à soutenir l'accusation ; car si l'on se désistait, on était condamné à une amende de 1,000 drachmes (9,293 francs). A Rome, tout citoyen pouvait remettre au préteur un acte d'accusation contre une autre personne. Le trentième jour après le dépôt de cet acte, le jugement avait lieu, et quelquefois plus tôt, dans des cas particuliers. — Voy. *Jugement.*   J. E.

ACCUSATION (acte d'). — Exposé clair et précis de toutes les circonstances du fait incriminé, de toutes charges qui s'élèvent contre l'accusé. Il est dressé par le ministère public, et se termine par la formule même de l'accusation telle qu'elle est déterminée par l'arrêt ; l'un et l'autre sont signifiés à l'accusé. Le jour du jugement est venu, l'accusé est devant ses juges. Ce dernier acte d'un drame lugubre s'ouvre par la lecture que fait le greffier de *l'acte d'accusation.* (H. Corne.)

ACÈNE [mot grec qui signifie *pointe, perche*]. — Mesure de longueur dont se servaient les arpenteurs grecs, et qui valait 10 pieds grecs (3m08). Cette mesure, qui était aussi en usage dans l'Asie, avait également le nom de *décapode* (du grec *déca*, dix, et *pous, podos*, pied).

ACÉPHALE (zoologie) [du grec *acéphaloi*, sans tête]. — Quatrième classe de l'embranchement des

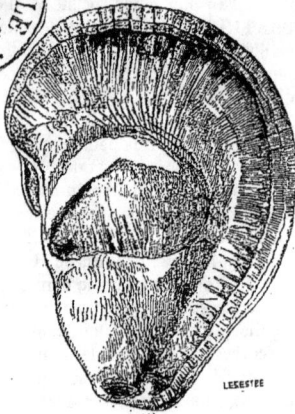

Fig. 14. — Huître, mollusque de la classe des acéphales.

mollusques dans la classification de Cuvier, renfermant cette immense quantité de coquilles vivantes (huîtres, moules, etc.) et fossiles, répandues avec profusion, et quelquefois en bancs énormes dans les couches qui forment la croûte solide du globe (fig. 14). Ces mollusques n'ont pas de tête apparente.

Le corps des acéphales est renfermé dans un manteau qui, étant ployé en deux, l'enveloppe comme un livre est enveloppé par sa couverture (1) ; seulement il

(1) Salacroux, *Hist. Nat.*

arrive fréquemment que les deux lames de cette enveloppe se réunissent par devant, de manière à former une espèce de tube, ou même un sac dans lequel l'animal se trouve entièrement caché. C'est entre la paroi intérieure de ce sac et le corps qu'elle recouvre que sont placées les branchies qui reçoivent l'eau au moyen d'un siphon formé par un repli du manteau. La bouche de ces mollusques est toujours placée au fond du sac, et ne présente ni trompe, ni mâchoires, ni dents, ni enfin aucun organe particulier pour la mastication. C'est une simple ouverture qui ne sert qu'à admettre les molécules nutritives que l'eau lui apporte continuellement : par conséquent tous les *acéphales* doivent toujours habiter l'eau ; car s'ils ne vivaient pas dans cet élément, dont le mouvement leur amène les aliments sans la participation de l'animal, il faudrait qu'ils pussent aller les chercher au loin ; ce qui serait impossible aux nombreuses espèces qui restent pendant toute leur vie fixées à la même place, et difficile à toutes, attendu que leurs mouvements sont toujours pénibles, lorsqu'ils ne leur sont pas impossibles. La plupart d'entre eux, en effet, n'ont pour tout organe locomoteur qu'une petite masse charnue (le *pied*), dont les mouvements s'opèrent par un mécanisme analogue à celui de la langue des mammifères, et qui a ses muscles attachés dans le fond des valves de la coquille. Quelques espèces seulement font servir les valves de leur coquille à leur déplacement, en leur imprimant un mouvement rapide, qui fait faire à l'animal des bonds et des élancements quelquefois considérables : c'est ainsi que le pétoncle laissé à sec par le reflux regagne l'eau, son séjour ordinaire. La difficulté qu'éprouvent ces animaux pour se déplacer exigeait que chaque individu eût en lui-même les organes générateurs des deux sexes, et que la fécondation s'opérât sans accouplement ; aussi tous les *acéphales* sont-ils hermaphrodites et peuvent se féconder eux-mêmes.

Les acéphales, dépourvus d'armes offensives et peu favorisés de la nature pour la locomotion, ont heureusement une enveloppe solide ou *coquille bivalve*, que des muscles peuvent fermer au moindre danger.

Parmi les acéphales, il en est un petit nombre qui n'ont pas de coquille : c'est d'après la présence ou l'absence de cette enveloppe qu'on a divisé cette classe de mollusques en trois ordres : les *brachiopodes*, les *lamellibranches* et les *tuniciers.*—Voy. ces mots.

ACÉPHALE (tératologie). — Animaux ou fœtus qui viennent au monde privés d'une portion de la tête, de la tête entière ou même de la plus grande partie du tronc. Ces monstruosités sont dues à un développement incomplet de l'embryon dans le sein de la mère. — Voy. *Monstres.*

ACÉPHALE (botanique). — Nom donné à l'ovaire, partie de la plante renfermant les rudiments de la graine, qui ne porte point immédiatement le *style*, comme dans les labiées (romarin, lavande, etc.).

ACÉPHALE (histoire ecclésiastique). — On a donné le nom d'acéphale : 1° à ceux qui, au concile d'Éphèse, ne donnèrent leur adhésion ni à saint Cyrille ni à saint Jean d'Antioche ; 2° aux hérétiques, qui rejetaient le concile de Chalcédoine et qui suivaient la fausse doctrine d'Eutychès contre la distinction des deux natures divines et humaines en J. C.; 3° aux clercs qui n'étaient pas soumis à la discipline d'un évêque ; 4° enfin aux pauvres qui étaient en quelque sorte sans chefs, ne tenant de biens en fief de personne.

ACÉPHALOCYSTE (zoologie, pathologie) [du grec *a*, privatif, et de *cystis*, vessie. — Genre d'hydatides qui se développent dans certaines parties du corps de l'homme et des animaux supérieurs, et qui se composent de ce qu'on appelle *vers vésiculaires*. Si ces êtres sont réellement plus animaux que végétaux, il faut convenir qu'ils doivent être considérés comme le premier échelon du règne organique.

Dans la nature, dit Martins, tout se touche, tout s'enchaîne ; les êtres passent les uns aux autres par des transitions insensibles ; depuis le dernier des animaux jusqu'à l'homme, on trouve tous les intermédiaires, et nulle part la chaîne n'est interrompue. Il y a plus : non-seulement les êtres d'une même classe forment ainsi des séries continues ; mais il existe des passages d'un règne à l'autre. Les eaux de nos rivières et de nos étangs nourrissent des productions ambiguës, problématiques, que l'on ne peut rapporter ni au règne animal ni au règne végétal ; et le naturaliste embarrassé, placé sur la limite de ces deux règnes, les fait passer alternativement de l'un à l'autre, ou même en fait un règne intermédiaire. — Il en est de même de la pathologie et de la zoologie ; il existe un point où le médecin et le naturaliste se rencontrent ; le premier croit avoir sous les yeux l'effet d'une maladie, une dégénérescence de nos tissus, une altération pathologique ; le naturaliste, au contraire, croit trouver un être, un animal d'une structure infiniment simple et qui s'est développé dans le sein d'un autre animal plus parfait. Ces considérations étaient nécessaires pour faire comprendre la difficulté de donner une définition du mot acéphalocyste. Suivant les uns, ce sont des vers vésiculaires : suivant d'autres, des kystes, c'est-à-dire des poches développées accidentellement et remplies de liquide. Quoi qu'il en soit de la nature de ces productions, il faut laisser presque indécise et sans solution la grande question de leur animalité. Qui sait ? peut-être n'y a-t-il pas de limites bien tranchées entre un travail morbide et la création d'un être nouveau ; peut-être (et ces idées ont été soutenues en Allemagne) toutes les modifications de nos tissus ne sont-elles que des tendances organisatrices, des efforts de la nature, pour former des êtres ou des organes nouveaux. Qui peut dire que l'art ne reconnaîtra pas plus tard que des altérations morbides ne sont que le résultat du travail des tissus pour s'élever à un état d'organisation plus parfait ?

Les acéphalocystes consistent en une simple vessie plus ou moins transparente, sans fibre, sans corps ni tête, et sans aucun orifice naturel, sans mouvements spontanés, ni rien qui ressemble à des fonctions diges-

tives. C'est cette simplicité d'organisation qui a fait douter que ces êtres fussent de véritables animaux : on les a regardés comme des kystes, c'est-à-dire des membranes renfermant un liquide qu'elles ont sécrété par leur face interne ; mais bien que les mouvements des acéphalocystes n'aient été observés qu'une fois par Percy, leur analogie avec les *cysticerques*, autres hydatides dont l'existence n'est pas douteuse, les a fait ranger parmi les entozoaires vésiculaires.

On trouve des acéphalocystes dans le poumon, les reins, l'utérus, le cerveau, et principalement dans le foie. Ils troublent les fonctions en agissant à la manière d'un corps étranger, et peuvent causer la mort par la rupture du kyste, par son inflammation, etc. Quelquefois ces entozoaires périssent spontanément, et alors les parois du kyste se soudent et une cicatrice a lieu. La science ne possède aucun moyen de s'opposer au développement des acéphalocystes, ni de les détruire sûrement lorsqu'ils n'existent pas dans un endroit accessible à l'instrument tranchant : le médecin qui découvrirait un agent thérapeutique capable d'amener la mort de ces entozoaires rendrait le plus grand service à l'humanité ; mais il faudrait autre chose que les moyens proposés jusqu'à ce jour, car l'expérience n'a encore pu sanctionner l'utilité du chlorure de sodium, de l'huile empyreumatique, du proto-chlorure de mercure, etc.   B. LUNEL.

ACÉRACÉES (botanique) [d'*acer*, érable]. — Famille de plantes dycotylédones polypétales, qui formait autrefois deux sections, ayant les genres *érable* et *marronnier* pour types, mais qui ne se compose plus que d'un seul genre, l'*érable*. Les caractères de cette famille sont : Corolle de 5 à 9 pétales, 7 à 12 étamines, ovaire à 2 ou 3 loges ; le fruit est une capsule. — Voy. *Érable*.

ACERDÈSE (minéralogie) [du grec *akerdés*, sans valeur]. — Substance voisine de la pyrolusite, gris de fer, cristalline et fibreuse, d'une pesanteur spécifique de 4,328, et composée de sesquioxyde de manganèse hydraté. On rencontre l'acerdèse à Laveline (Vosges), à la Voulte (Ardèche), à Saint-Jean de Gardomenque (Cévennes), etc. Elle existe tantôt sous forme de prismes rhomboïdaux, tantôt en masses mamelonnées à la surface des stalactites de limonites ; d'autres fois, elle se présente sous forme d'herborisations noires recouvrant certains calcaires. On en trouve des gîtes considérables dans tous les terrains. — Cette substance est aussi appelée *oxyde de manganèse prismatique, manganite, manganèse argentée, manganèse oxyde terreux, manganèse oxyde hydraté.*

ACÈRES (zoologie) [du grec *akeros*, sans corne]. — Ce nom a été donné 1° par M. Dejean, à un genre de coléoptères pentamères, lamellicornes, du Brésil ; 2° par Muller, à un genre de mollusques sans tentacules ; 3° par Walckenaër, à la première classe des insectes privés d'ailes et ayant le corselet réuni en entier ou en partie à la tête, tels qu'araignées, scorpions, etc.

Quelques naturalistes ont adopté le mot *acères*

pour désigner certains mollusques ou arachnides dépourvus de tentacules.

ACÉRINÉES (botanique). — Voy. *Acéracées*.

ACÉTABULE (zoologie) [d'*acetum*, vinaigre]. — Genre de zoophytes qui se distinguent par leur forme élégante, imitant celle d'une petite ombelle striée, radiée, plane, soutenue par une tige simple, grêle et fistuleuse (fig. 15). Plusieurs naturalistes nient l'existence des animaux de ces zoophytes, qu'ils regardent comme des plantes; toutefois on s'accorde généralement aujourd'hui à les considérer comme des polypiers dont les animalcules sont logés dans les tubes rayonnants de l'ombelle, et vivent d'une vie commune par le moyen de la tige à laquelle chacun d'eux adhère par son extrémité inférieure. M. Rafeneau, de Lille, veut que ces zoophytes soient rapportés au règne végétal, et les expériences auxquelles il s'est livré sont de nature à ébranler le septicisme des naturalistes. Quoi qu'il en soit, l'acétabule, observée vivante, se développe et s'encroûte de

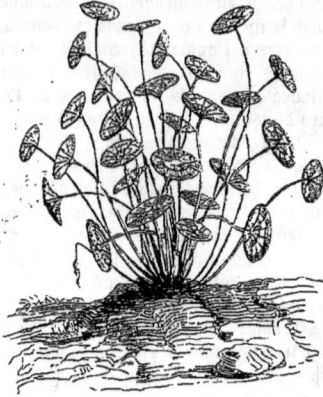

Fig. 15. — Acétabule de la Méditerranée.

sels calcaires, comme les coralines. Elle ressemble à un petit agaric vert, demi-transparent, ayant un disque en ombelle un peu concave.

On connaît trois espèces de ce genre : l'*acétabule de la Méditerranée*, qui se trouve particulièrement à Alger; l'*acétabule des Antilles*, et l'*acétabule petit godet*, découverte dans le premier voyage autour du monde sous les ordres du capitaine Freycinet. — Les acétabules croissent sur les rochers et sur les corps solides; elles se couvrent de touffes épaisses, d'un vert éclatant, qui se fanent très-vite par l'action de l'air.

ACÉTABULE.—Ce mot exprime encore : 1° l'excavation d'une coquille ou d'un polypier, qui reçoit le corps de l'animal; 2° les suçoirs dont sont garnis les bras des mollusques céphalopodes; 3° l'espèce de ventouse produite chez certains poissons par la réunion des nageoires pectorales; 4° enfin la cavité de l'arrière-poitrine des insectes, dans laquelle la patte de derrière vient s'implanter.

ACÉTABULE, mesure dont les Romains se servaient pour quelques liquides et pour certaines matières sèches. Elle équivalait à 6 centilitres 74.

ACÉTATES (chimie) [radical *acetum*, vinaigre]. — Sels formés par l'union de l'acide acétique avec les bases salifiables. Les *acétates* sont en général très-solubles, à l'exception toutefois de l'argent et du mercure. Traités par un acide puissant, ils répandent une odeur caractéristique de vinaigre. Si on les soumet à l'action du calorique, ils donnent des produits très-différents en raison de l'énergie et de la stabilité de leurs bases. Ceux dont les bases sont très-puissantes, comme les acétates de potasse, de soude, etc., laissent dégager un liquide particulier qu'on nomme *esprit pyro-acétique*, sans trace d'acide acétique, et il se produit des carbonates qu'on trouve dans le vase servant à distiller. Si la base est peu stable, au contraire, comme l'oxyde d'argent, on obtient de l'acide acétique sans trace d'esprit pyro-acétique, et il ne reste plus au fond du vase que de l'argent métallique. Enfin, la plupart des acétates métalliques donnent un mélange des deux produits avec un résidu d'oxyde. On peut former autant d'*acétates* qu'il y a de corps capables de s'unir chimiquement avec l'acide acétique.

Les principaux acétates sont :

1° L'ACÉTATE D'ALUMINE, qu'on obtient par double décomposition au moyen de l'alun et de l'acétate de plomb, préalablement dissous dans l'eau. L'industrie l'emploie comme mordant dans l'impression des toiles.

2° L'ACÉTATE DE CUIVRE, qui s'obtient en dissolvant dans du vinaigre distillé l'*acétate basique* ou sous-acétate, plus connu sous le nom de *verdet* ou *vert-de-gris*. On emploie le vert-de-gris comme couleur; il entre dans la composition de l'onguent ægyptiaque, de la cire verte, de baumes employés à l'extérieur contre les ulcères scorbutiques, syphilitiques, les ulcères de mauvaise nature, pour détruire les chairs fongueuses, les cors, les verrues, etc. Il est très-vénéneux.

3° L'ACÉTATE DE FER, qu'on obtient en mettant en digestion du vinaigre de vin ou de l'acide pyroligneux distillé avec des rognures de tôle ou de vieux fer. Il a à peu près les mêmes usages que l'acétate d'alumine.

4° L'ACÉTATE DE PLOMB, qu'on obtient en faisant dissoudre de la litharge dans de l'acide acétique, et faisant cristalliser la solution par la concentration. On l'emploie dans l'industrie pour la fabrication de la céruse et de l'acétate d'alumine, et en médecine, comme astringent pour combattre les diarrhées et les sueurs colliquatives chez les phthisiques. — Le *sous-acétate de plomb* s'obtient en dissolvant de la litharge dans l'*acétate neutre*, et sous le nom d'*extrait de Gaulard* ou de *Saturne*, il est très-employé en médecine comme astringent, résolutif et siccatif, pour lotions, collyres et injections.   DUBOCAGE.

ACÉTIFICATION (chimie) [d'*acetum*, vinaigre, et *facere*, faire]. — Réaction chimique qui transforme l'esprit-de-vin en vinaigre. Beaucoup d'auteurs ont confondu jusqu'ici l'*acétification* avec les diverses espèces de fermentation, et lui ont donné le nom de *fermentation acétique*. C'est à tort, dit l'auteur du *Traité élémentaire de Pharmacologie*, car cette opération est tout à fait distincte de la fermentation. En effet, tandis que dans cette dernière il y a constamment dégagement de gaz, dans l'acétification, au contraire, loin de dégager un gaz quelconque, il y a absorption de l'oxygène de l'air pendant qu'elle s'exécute, et tout prouve qu'elle consiste dans une véritable oxygénation de l'alcool; aussi se produit-elle d'autant plus promptement que l'air qui est à la surface de la liqueur est plus fréquemment renouvelé : condition essentielle et dont l'application dans ces derniers temps a fait faire des progrès d'amélioration remarquables dans l'art du vinaigrier. L'*acétification* a lieu par l'oxydation de l'alcool sous l'influence d'un ferment.

ACÉTIQUE (acide) (chimie) [du latin *acetum*, vinaigre]. — Lavoisier et Guyton Morveau ont les premiers donné le nom d'*acide acétique* au vinaigre distillé. C'est un liquide incolore, d'une saveur caustique, d'une odeur pénétrante, soluble dans l'eau et dans l'alcool, et cristallisant en lames confuses par un froid de 16°. Sa densité est de 1,063, et sa formule, lorsqu'il est sensiblement pur, est $C^4 H^3 O^3 +$ aq. Il bout à 120° Cet acide est un des plus répandus dans la nature; on le rencontre, libre ou combiné, dans la sève de plusieurs végétaux, et dans tous les produits de la fermentation acide des liquides spiritueux (vin, bière, cidre, etc.). A l'état concentré, il a une odeur forte et pénétrante qui le fait rechercher pour exciter vivement et combattre les syncopes: c'est alors le *vinaigre radical*. Mélangé avec le sulfate de potasse concassé, il prend le nom impropre de *sel de vinaigre* ou *sel anglais*. Lorsqu'on veut obtenir l'acide acétique très-pur, on décompose l'acétate de plomb ou de soude par l'acide sulfurique. Cet acide se produit en grande quantité dans la carbonisation des bois en vase clos: c'est ainsi qu'on obtient le *vinaigre de bois* ou *acide pyroligneux*, employé dans les laboratoires de chimie, et pour la préparation des acétates.

Action de l'acide acétique sur l'économie animale. — L'acide acétique concentré, dit Bouchardat, est un poison énergique qui peut occasionner une mort prompte chez l'homme et chez les animaux, lorsqu'il est introduit dans l'estomac. Le vinaigre ordinaire, à la dose de 360 grammes, détermine les mêmes accidents et la mort chez les chiens de moyenne taille dans l'espace de douze à quinze heures; il agit probablement de même chez l'homme à une dose plus forte. On cite des individus qui ont pris un verre de vinaigre sans éprouver d'accidents; cela dépend ou de la faiblesse du vinaigre, ou de la présence d'aliments dans l'estomac. Appliqué sur la peau, l'acide acétique en détermine la rubéfaction, et produit même le soulèvement de l'épiderme; on profite quelquefois de cette propriété pour l'employer à la formation de vésicatoires. Cet acide, étendu d'eau, tel qu'il se trouve dans le vinaigre, sert à confectionner un sirop rafraîchissant, très-agréable,

qu'on aromatise avec des framboises, connu sous le nom de sirop de vinaigre framboisé; il forme, avec le miel, des sirops particuliers, connus sous le nom d'*oximels*. — Voy. *Vinaigre.*   Dr HANSELIN.

ACÉTOL (pharmacologie). — Nouvelle dénomination donnée par quelques auteurs aux préparations pharmaceutiques dont le vinaigre sert d'excipient, c'est-à-dire de lieu aux divers ingrédients qui entrent dans la préparation.

ACÉTOLAT (pharmacologie). — On donne ce nom, dans les nomenclatures pharmaceutiques modernes, aux vinaigres médicinaux préparés par distillation. Ainsi les *acétolats de lavande, de roses, de sureau*, etc., sont des médicaments obtenus en distillant du vinaigre sur des fleurs de lavande, de roses, de sureau, etc.

ACÉTOMÉTRIE (physique) [du latin *acetum*, vinaigre, et du grec *métron*, mesure]. — Ce mot signifie littéralement *mesure du vinaigre*; mais les progrès de la science ont étendu sa signification, et on le définit aujourd'hui *l'appréciation du degré de concentration d'un acide.* « Beaucoup d'acides sont à l'état liquide; plusieurs d'entre eux peuvent être obtenus sous forme de cristaux; et comme les uns et les autres, les liquides surtout, peuvent être plus ou moins purs et présenter par conséquent de grandes différences sous le rapport de leur valeur commerciale, il importe de pouvoir connaître exactement leur degré de concentration. Pour y parvenir, on se sert le plus souvent d'un *aréomètre*; mais, outre que cet instrument n'est applicable qu'aux acides liquides, il a encore l'inconvénient grave de n'indiquer qu'approximativement la densité du liquide essayé. La pharmacopée de Londres conseille, pour arriver à un meilleur résultat, d'employer la chaux; mais cette base a le défaut de former avec quelques acides, l'acide sulfurique par exemple, des composés insolubles. Aujourd'hui, la forme absolue d'un acide se détermine généralement en mesurant la proportion de carbonate de soude cristallisé nécessaire pour saturer un poids donné de cet acide, ou la quantité de ce dernier nécessaire pour saturer une certaine dose du même carbonate. »

ACÉTONE (chimie). — Liquide incolore, d'une odeur éthérée et pénétrante, très-volatil et inflammable, qui se produit dans la distillation sèche des acétates alcalins ou terreux, tels que ceux de soude, de chaux, etc. On l'obtient aussi du sucre, des acides tartrique, citrique, etc. Découvert par l'Irlandais Chenevix, au commencement de ce siècle, l'acétone a été bien étudié: il est plus léger que l'eau, et contient du carbone, de l'hydrogène et de l'oxygène dans les rapports de $C^3 H^3 O$. L'eau, l'alcool et l'éther le dissolvent; sous l'influence de l'air, les alcalis le décomposent, le chlore le transforme en une substance huileuse, et le chlorure de chaux en chloroforme. L'industrie emploie l'*acétone rectifié* pour dissoudre les résines-gommes qui doivent donner de la consistance aux chapeaux. Cette substance était connue autrefois sous le nom d'*esprit pyroacétique.*

HAMELIN.

ACHE (botanique) (*Apium*).—Genre de plante herbacée de la famille des ombellifères, tribu des *amminées*, dont les espèces les plus connues sont le *persil*, le
céleri (voy. ces mots) et l'*ache* proprement dite (fig. 16).
Cette espèce, qui croît dans les marais et sur le bord
des ruisseaux, sous tous les climats, est bisannuelle :
elle est d'un beau vert; ses feuilles ressemblent à
celles du persil, quoique plus amples et plus épaisses.
Cultivée dans nos jardins, elle perd sa saveur âcre
et amère. L'ache fut connue dès la plus haute anti-

Fig. 16. — Ache. Cette figure présente aussi la feuille du persil.

quité : Anacréon et Horace l'ont célébrée comme
l'âme des festins; néanmoins, les anciens la mettaient au nombre des plantes funèbres, depuis
qu'Archémore, un des fils de Lycurgue, piqué par
un serpent caché sous le feuillage, mourut des suites
de sa blessure. Dès ce moment, on couronna d'ache
les vainqueurs dans les jeux néméens et isthmiques,
et cette plante fut spécialement, avec le cyprès, l'ornement des tombeaux : d'où le proverbe : *il ne lui
faut plus que de l'ache (apio eget)*, en parlant d'un
malade désespéré.   B. L.

ACHIAS (zoologie). — Genre d'insectes de l'ordre
des diptères et de la famille des athé-
ricères, paraissant se distinguer principalement des diopsis en ce que les
antennes s'insèrent sur le front et
non sur les pédoncules qui portent
les yeux; l'espèce la plus connue de
ce genre, et qui lui sert de type, est
l'*achias oculé*, originaire de Java
(fig. 17).

Fig. 17.
Achias oculé.

Plusieurs autres espèces ont été découvertes récemment dans l'Amérique méridionale, particulièrement au Brésil.

ACHILLE (tendon d') (anatomie, chirurgie) [ainsi
nommé parce qu'il s'implante au talon, seul endroit
où, selon la fable, Achille était vulnérable, et où il
fut mortellement blessé par Pâris]. — Tendon aplati,

situé à la partie postérieure et inférieure de la jambe,
et formé par la réunion des tendons des muscles jumeaux et soléaire : il s'attache au bas de la face postérieure du calcaneum. Dans ces derniers temps, dit
A. Duponchel, le tendon d'Achille a acquis une grande
importance chirurgicale. L'attention de quelques médecins s'étant particulièrement fixée sur les déviations
et les difformités du corps et des membres, ils recon-
nurent que, dans le plus grand nombre de cas, ces dispositions vicieuses tenaient à la rétraction musculaire,
ou mieux à un défaut d'équilibre entre les forces des
muscles antagonistes. La section des tendons, ou *té-
notomie* des muscles rétractés, fut, en conséquence
de cette étiologie, indiquée comme moyen curatif de
ces différentes déviations. L'une des plus fréquentes
et des plus incommodes, le *pied-bot* (voy. ce mot),
ayant été considérée comme le résultat de la rétraction vicieuse des muscles postérieurs de la jambe, la
section du tendon d'Achille fut pratiquée, et de nombreux succès vinrent couronner cette opération, qui
est aujourd'hui acquise à l'art chirurgical. — Néanmoins, l'idée de couper le tendon d'Achille n'est pas
nouvelle; elle existe même de temps immémorial
dans la médecine vétérinaire; mais c'est à un chirurgien allemand nommé Thillenius qu'on en attribue la première application chez l'homme atteint de
pied-bot. Lorentz, autre opérateur de la même nation, réclame la priorité sur Thillenius; il aurait
opéré la section du tendon d'Achille en 1782, tandis
que le premier n'aurait pratiqué cette opération qu'en
1784. En 1809 et 1810, le professeur Michaëlis de
Marbourg publia un travail sur les avantages de cette
méthode curative, qui, dès lors, prit place dans la
science. On ne la connut cependant en France que
vers l'année 1816, époque à laquelle Delpech, de
Montpellier, opéra un enfant de six ans. L'opération
n'ayant point répondu au résultat qu'on en attendait,
la section du tendon d'Achille était presque complétement oubliée, lorsque, en 1831 et 1834, le docteur
Stromeyer, de Hanovre, la fit revivre avec succès.
Les faits qu'il publia à ces deux époques, dans les
Archives générales de Médecine, devinrent le point
de départ d'un progrès immense dans la thérapeutique du pied-bot et de quelques autres difformités.
M. Duval, le premier, puis MM. Bouvier, J. Guérin,
Roux, Laugier, etc., opérèrent avec bonheur un grand
nombre de malades; et cette pratique fut suivie du
même succès en Allemagne, en Angleterre, en Belgique. A croire quelques chirurgiens, il semblerait que
la section du tendon d'Achille n'est indiquée que dans
le cas de *pied-équin* (pied-bot caractérisé par la station et la marche sur l'extrémité des orteils, le talon
étant élevé en conséquence): il est cependant d'observation qu'elle est également utile dans les autres
espèces de *pied-bot*; seulement, dans quelques cas
elle est insuffisante. Ainsi, pour redresser un *varus*
bien prononcé (déviation du pied en dedans, le bord
externe et une partie de la face dorsale appuyant sur
le sol), il faut souvent couper, avec le tendon d'A-
chille, le tendon du muscle *jambier antérieur*, dont le
raccourcissement empêche l'avant-pied de se porter

en dehors. Dans le *valgus* (déviation opposée au *va-rus*), c'est à la section du tendon du muscle *long-pé-ronier-latéral* qu'il faut avoir recours, pour empê-cher le pied de se porter en dehors et de tomber sur son bord externe.

Une foule de procédés chirurgicaux ont été em-ployés par Delpech, Stromeyer, Duval, Rouvier, Scoutetten, Malgaigne, Nelaton, etc., pour la section du tendon d'Achille : dans tous les cas, cette sec-tion est sous-cutané, et les plaies extérieures sont faites de manière à éviter l'introduction de l'air et ses suites, c'est-à-dire l'inflammation, la suppuration et l'exfoliation du tendon : lorsque le malade est bien opéré, il est en état de marcher au bout de trente à soixante jours.　　　　Dᵣ HEINRIECH.

ACHILLÉE (botanique) [d'Achille, héros de la my-thologie, auquel quelques auteurs en attribuent la découverte]. — Plante de la famille des synanthé-rées; c'est une herbe vivace, commune aux deux continents, à fleurs blanches disposées en corymbe, à odeur aromatique, à feuilles découpées et un peu velues (fig. 18).

Fig. 18. — Achillée.

Les principales espèces sont l'achillée à *mille feuilles* (voy. ce mot), dont les fleurs sont pourpres; l'*achillée dorée*, dont les fleurs sont jaune doré; l'*a-chillée sternutatoire*, dite aussi bouton d'argent, fort commune dans les prés humides de toute l'Eu-rope; l'*achillée naine*, employée dans les Alpes de la Suisse et de la Savoie en infusion théiforme. On a re-gardé longtemps les espèces du genre *achillée* comme fébrifuges et vulnéraires : l'expérience des médecins n'a nullement justifié les propriétés de ces végétaux.

ACHROMATISME (optique) [du grec à, privatif, et *chroma*, couleur]. — Ensemble des procédés em-ployés pour détruire les couleurs étrangères qu'on aperçoit dans l'image d'un objet, lorsqu'on le re-garde à travers un prisme ou un verre lenticulaire.

Newton, dit M. Lainé, croyait avoir démontré par

des faits que, dans des prismes de substances diffé-rentes, le coefficient de dispersion (voy. *Dispersion*) était proportionnel à la déviation ; s'il en était ainsi, il serait impossible d'achromatiser une lentille sans faire disparaître la propriété dont elle jouit de for-mer des images. Mais Dollond, célèbre opticien an-glais, prouva par l'expérience que cette proportion-nalité n'existait pas, et parvint à achromatiser une lentille bi-convexe de crownglass (verre à vitre) avec une lentille plane concave de flintglass (verre à cris-tal), sans faire disparaître la convergence imprimée aux rayons lumineux. A la rigueur, une lentille, composée de deux substances seulement, ne peut produire qu'un achromatisme imparfait ; car lors-qu'un faisceau de lumière blanche, divergeant d'un même point, tombe sur sa surface, elle peut bien faire coïncider les foyers des rayons rouges et violets, ou des couleurs extrêmes du spectre, mais les foyers des autres couleurs sont encore séparés, quoique beaucoup moins cependant qu'avec une lentille ho-mogène. Dans le plus grand nombre des instruments d'optique, cet achromatisme imparfait suffit; mais dans les microscopes très-grossissants, destinés à des observations exactes, il devient nécessaire de com-pliquer davantage les lentilles objectives. M. Amici de Modène, a construit des lentilles de sept substan-ces différentes, qui lui ont permis de ramener au même point les foyers des sept couleurs principales du spectre. Dans toutes les lunettes, la lentille objec-tive est ordinairement double et achromatique. Mais pour la lunette de Galilée, qui se compose d'un ob-jectif biconvexe ou convergent, et d'un occulaire biconcave ou divergent, on peut obtenir l'achroma-tisme en formant ces deux verres de substances dif-férentes; l'objectif est alors simple, ce qui diminue la perte de lumière aux surfaces de séparation des milieux. Les lorgnettes construites sur ce principe ne peuvent servir qu'à une seule vue, car l'achroma-tisme n'existe que pour une distance déterminée en-tre les deux verres (voy. *Lunettes*). Il y a encore moyen de faire disparaître les bandes colorées sur les bords des images observées par l'œil dans un instrument d'optique composé de plusieurs verres len-ticulaires, sans que ces verres soient formés de sub-stances différentes. Il faut pour cela que les lentilles soient à des distances telles les unes des autres, que l'œil de l'observateur puisse se placer au sommet d'un cône enveloppant toutes les images colorées du même corps. Alors ces images simples ne sont pas réelle-ment au même lieu; mais étant vues sous le même angle, elles se projettent les unes sur les autres, et l'œil n'aperçoit que la teinte composée qu'il impor-tait de reproduire (voy. *Microscope*).

Ajoutons que les substances liquides peuvent, comme les solides, entrer dans la composition des objectifs achromatiques : c'est ce qu'a prouvé le doc-teur Blair, en employant d'une part le crown glass, et de l'autre une solution de bichlorure de mercure (sublimé corrosif) dans le chlorure d'amonium (sel ammoniac), ou bien une solution de chlorure d'an-timoine dissous dans l'acide hydrochlorique. C'est entre deux lentilles de crown, l'une plane convexe et l'autre concave convexe, que le liquide est introduit. La question de l'achromatisme est une des plus importantes pour la perfection dans la construction des lunettes; quoiqu'elle ne soit point encore résolue d'une manière complète, on peut dire qu'elle approche chaque jour de sa solution.   DUBOCAGE.

ACIDE (chimie) [du grec *acis*, pointe, piquant].
— Dans l'acception ordinaire de ce mot, *acide* désigne simplement un *corps doué d'une saveur aigre*; mais en chimie, cette dénomination s'applique à tous les *composés capables de former des sels en se combinant avec les bases salifiables*.

Propriétés.—Le véritable caractère des acides est tout chimique; mais ils ont d'autres qualités qui suffisent à en faire reconnaître le plus grand nombre. Voici les plus essentielles, classées dans l'ordre de leur importance relative :

1° Si, en goûtant un corps quelconque, l'on éprouve la saveur aigre, mordante ou agréablement piquante, avec afflux de salive et sensation d'aiguisement des dents tels que les font naître le vinaigre, l'oseille, le raisin, les pommes et toutes boissons rafraîchissantes faites avec l'orange, le citron, les groseilles, les cerises, l'épine-vinette, etc., etc., on peut être assuré de la présence d'un acide.

2° Il y a des substances qui ne peuvent être goûtées, soit à cause de leur putridité ou parce qu'elles sont mélangées de poisons, etc. : on apprécie leur acidité en les mettant en contact *humide* avec du papier de tournesol ou toute autre couleur *bleue* végétale, qui *rougit* à l'instant même.

Une goutte de semblable liquide, tombant sur une étoffe ainsi teinte, y fait une tache rouge. C'est sur cette propriété que repose l'art de teindre en écarlate.

3° Le lait, le sang, l'albumine dissoute, sont aisément *coagulés* par les acides les plus faibles.

Les pharmaciens et les ménagères s'en servent en guise de présure pour faire cailler promptement le lait, lorsqu'ils veulent du fromage ou du petit lait en grande quantité.

4° Si l'acide est insoluble ou gazeux, c'est-à-dire que ses vertus ne puissent se manifester dans les conditions susénoncées, on a recours à la *neutralisation*. On le sature par une base appropriée; et de ce rapprochement résulte un nouveau corps, portant le nom générique de *sel*, dans la production duquel on peut considérer l'*acide* comme jouant le rôle de *père* et la base celui de *mère*.

5° Lorsque l'acide est combiné, au lieu de libre que nous l'avons supposé jusqu'ici, et qu'on soumet la combinaison (sel) à l'action d'une pile voltaïque, celui des composants qui remplissait les fonctions d'acide se porte au *pôle positif*. C'est-à-dire, d'après la loi d'attrait des pôles de noms opposés, qu'il fait office de *corps négatif*.

Ces deux dernières propriétés sont moins faciles à déterminer que les précédentes. Il faut être habitué aux manipulations chimiques et posséder des réactifs pour bien réussir; tandis que les autres moyens sont usuels et à la portée des intelligences les plus vulgaires.

Composition.—L'oxygène, dont le nom signifie *générateur d'acides*, concourt à la formation du plus grand nombre d'entre eux. En se combinant avec les métaux et autres corps simples, il produit la plupart des acides *minéraux*. Ainsi :
. Avec le soufre, il fait l'acide sulfurique.

— le charbon,	—	carbonique.
— l'azote,	—	azotique (nitrique).
— le phosphore,	—	phosphorique.
— le chlore,	—	chlorique.
— le bore,	—	borique.

Ces quelques exemples indiquent suffisamment la nature de ces corps : on les appelle quelquefois *oxacides*, pour les distinguer de ceux dont l'hydrogène est le principe, et qu'on nomme pour cette raison *hydracides*. Par exemple : l'hydrogène
Uni au soufre, produit l'acide hydrosulfurique.

— chlore,	—	hydrochlorique.
— brome,	—	hydrobromique.
— l'iode,	—	hydriodique.

Outre ces composés, toujours *binaires*, il y a les acides *organiques*, dont la composition est plus compliquée. Ceux-ci sont généralement formés par la combinaison, à différents degrés, des quatre éléments suivants : oxygène, hydrogène, carbone et azote. Ils empruntent le nom des substances qui les fournissent ordinairement. Ainsi on dit acide :
Oxalique, parce qu'il est extrait de l'oseille.

Citrique,	—	du citron.
Malique,	—	des pommes.
Tartrique,	—	du tartre.
Lactique,	—	du lait.

Provenance.—Presque tous les acides minéraux sont des produits de l'art; quand ils existent tout formés dans la nature, c'est en trop petite quantité pour les besoins de la science, de l'industrie et des arts. La nature, au contraire, se charge de préparer presque tous les autres par un mode de combinaison inconnu. Le rôle du chimiste se borne à leur extraction des végétaux et des animaux qui les renferment.

Nomenclature des acides.—Lorsqu'on veut désigner une combinaison binaire de l'oxygène qui est acide, on emploie d'abord le nom générique d'*oxacide*, ou simplement d'*acide*. Ce nom spécifique est formé par le nom du corps simple qui est uni à l'oxygène. En terminant ce mot par les désinences *ique* ou *eux*, ou le faisant précéder par la préposition *hypo*, on indique les diverses proportions suivant lesquelles ce corps simple est uni à l'oxygène. On est convenu que la terminaison *ique* indique plus d'oxygène que la terminaison *eux*, et enfin que la préposition *hypo* exprime toujours une proportion d'oxygène plus faible que le mot spécifique terminé par les particules *ique* ou *eux*. Ainsi l'acide sulfurique est plus oxygéné que l'acide sulfureux, et l'acide hyposulfureux est un acide composé de soufre et de proportions d'oxygène plus faibles que dans l'acide sulfureux. On emploie encore les particules *hyper* (audessus) et *per* (au plus haut degré) pour indiquer des acides renfermant plus d'oxygène que ceux terminés par *ique*. C'est ainsi que l'acide perchlorique renferme une plus grande quantité d'oxygène que l'acide chlorique, etc.

Les sels dont le nom finit en *ite* sont formés des acides dont le nom est terminé en *eux*; les sels dont le nom finit en *ate* proviennent des acides dont le nom est terminé en *ique*. Ainsi, l'acide *sulfureux* donne des *sulfites*, et l'acide *sulfurique* des *sulfates*. Il en est de même de l'acide *hypophosphoreux*, qui produit les *hypophosphites*, etc., etc. Quant aux acides organiques, ils n'ont aucune nomenclature régulière.

Usages.—Sans les acides, la chimie serait impuissante à décomposer et à produire une multitude de corps qui font son orgueil. C'est à leur secours qu'elle doit ses conquêtes les plus brillantes et les plus utiles produits par lesquels l'industrie satisfait à nos besoins journaliers. Leur emploi comme condiment est on ne peut plus général, et la médecine en retire des avantages inappréciables. — Voy. ci-dessous.

                    Dr HÉBERT DE GARNAY.

ACIDES (hygiène). — La nature, dit Hallé, toujours attentive à placer l'instinct à côté du besoin, le remède à côté du mal, a multiplié les fruits acides dans les pays et dans les saisons où ils sont le plus utiles; et lorsque les causes qui en nécessitent l'usage viennent à se développer, elle ne manque pas d'en faire naître en nous le goût et le désir. Les acides, en effet, pris à doses modérées, sont d'excellents moyens de tempérer l'action des substances stimulantes, de prévenir certaines enflammations et de rendre plus libres les digestions et les fonctions cérébrales chez les personnes prédisposées aux congestions sanguines. En titillant légèrement l'appareil gastro-intestinal, dit Bouchardat, l'usage des boissons acidulées réveille l'appétit et détermine souvent des évacuations plus fréquentes en agissant à la manière des laxatifs doux. Trop longuement continué, cet usage affaiblit la sensibilité de l'estomac et des intestins, s'oppose à la nutrition et peut occasionner l'amaigrissement. Les boissons acidules ne conviennent pas à tous les tempéraments; chez certaines personnes qui ont l'estomac irritable, elles déterminent souvent une douleur épigastrique légère, avec un sentiment d'astriction qui se communique souvent au système nerveux et cause une sorte d'agacement général. Lorsque les organes de la respiration sont ou irritables ou déjà malades, les acidules augmentent le plus souvent l'enrouement et les douleurs de poitrine, et causent quelquefois une extinction de voix. Cet effet a souvent lieu très-promptement et au moment où ils sont à peine introduits dans l'estomac. On ne connaît pas encore bien le mode d'élimination des boissons acides, tout ce que l'on sait de positif, c'est qu'on ne retrouve pas dans les urines les acides que l'on a pris. Si l'on a affaire à un acide organique, il est probable qu'il a subi une assimilation particulière, car lorsqu'on mange une certaine quantité de fruits, contenant un acide végétal saturé en partie par un alcali, on retrouve dans les urines l'alcali combiné non plus avec

l'acide organique, mais avec l'acide carbonique.

ACIDES (thérapeutique). — Un assez grand nombre d'acides sont employés en médecine; les principaux sont :

1° L'*acide acétique*, mitigé, avec lequel on prépare les vinaigres rafraîchissants, antiscorbutique, dentifrice, scillitique, etc.;

2° L'*acide azotique* ou *nitrique*, dont on se sert pour détruire les verrues et d'autres excroissances de la peau, pour cautériser les plaies envenimées, les ulcères, etc.;

3° L'*acide arsénieux*, qu'on administre à très-petites doses dans les maladies cutanées rebelles, où il joue le rôle d'altérant; dans les fièvres intermittentes qui résistent au sulfate de quinine. A l'extérieur, on l'applique en poudre humectée ou en pâte sur les ulcérations cancéreuses et sur celles du lupus, pour les détruire; 2 à 4 grammes pour 1,000 d'eau constituent une limonade qu'on administre dans les fièvres typhoïdes, le scorbut, etc.;

4° L'*acide carbonique*, qu'on incorpore à des liquides pour en faire des boissons diurétiques, antivomitives, etc.;

5° L'*acide hydrochlorique* ou *chlorydrique*, très-employé à l'état pur ou mélangé avec du miel, pour cautériser les surfaces couenneuse dans les angines, la gangrène, le muguet, etc.; et très-étendu d'eau (2 grammes pour 1,000 d'eau), pour faire des boissons acidules excitantes et des gargarismes contre l'angine couenneuse, etc.;

6° L'*acide cyanhydrique* (prussique, hydrocianique) médicinal (1 partie d'acide dans 6 d'eau) que de hardis praticiens ont administré à l'intérieur comme sédatif dans l'asthme, les toux nerveuses, etc., mais que l'on emploie plus sûrement à l'extérieur (4 à 8 grammes dans 500 d'eau), pour calmer les irritations et les démangeaisons de la peau;

7° L'*acide nitrique* ou *azotique* (voy. *Acide azotique*);

8° L'*acide sulfurique*, astringent employé contre les hémorragies, le scorbut, et dont on fait une limonade (15 gouttes pour 1,000 d'eau) très-usitée dans certaines affections chroniques de la peau;

9° L'*acide tartrique*, dont on fait des boissons rafraîchissantes, tempérantes et très-agréables au goût.

Considérés sous le point de vue thérapeutique, les acides sont des médicaments antiphlogistiques précieux, qui conviennent dans la plupart des maladies inflammatoires, dans les affections bilieuses, et même dans les maladies dites putrides, scorbutiques, etc. Le vinaigre, le suc de citron, par exemple, sont souvent employés avec succès pour combattre les vomissements des femmes enceintes, le hoquet spasmodique, etc. On a remarqué que les acides provoquent aisément la toux; aussi les médecins ne les conseillent-ils jamais chez les personnes atteintes de bronchite ou chez celles dont les bronches sont irritables. On attribue cet effet des acides à leur action légèrement irritante dans leur passage vers l'arrière-bouche et sur l'épiglotte, ou par suite de leur exhalaison gazeuse de l'estomac à la partie supérieure du pharynx.

Disons cependant qu'à l'aide de moyens enveloppants, tels que gomme, mucilages, sirops, on peut modérer jusqu'à un certain point cette action mécanique.   B. LUNEL.

ACIDES (toxicologie). — L'action des acides concentrés a tellement frappé les observateurs, que quelques auteurs qui se sont spécialement occupés de l'étude des poisons ont prétendu qu'ils n'amenaient la mort qu'en enflammant, en brûlant les tissus. Orfila, exagérant encore cette doctrine, a été jusqu'à nier l'absorption de ces substances. « Les acides corrosifs, dit cet auteur, introduits dans l'estomac à petites doses, agissent avec la plus grande énergie quand ils sont concentrés ; la mort que ces substances déterminent est le résultat de l'inflammation qu'elles développent dans les tissus de ce canal, et de l'irritation sympathique du cerveau et de tout le système nerveux. Ils ne sont pas absorbés. » Sur quelles données peut se fonder une telle opinion ? Une substance qui ne serait point absorbée n'exercerait aucune action toxique sur les organes ; elle ne serait point un poison, en un mot, elle ne pourrait tuer. Les expériences faites sur les animaux prouvent, au contraire, que *les acides corrosifs tuent d'autant plus vite qu'ils sont plus délayés et que leur action locale est moindre.* Est-ce que ces acides, appliqués sur la peau, ne tuent pas comme la plupart des autres poisons ? Nul doute alors de l'intoxication, c'est-à-dire de passage de la substance dans le sang. D'ailleurs, les expériences de Christison et de Coindet sur l'acide oxalique, la découverte de l'arsenic dans les viscères de personnes empoisonnées avec ces acides, les travaux de Krinser sur l'acide hydrocyanique dans le sang des chiens morts de ce poison, et une foule d'autres expériences, combattent les opinions qu'on professa longtemps dans nos écoles. Sans aucun doute, les acides, sous le rapport toxicologique, doivent être considérés comme des poisons *froids* ou *hyposthénisants.* Les substances stimulantes (vin, eau-de-vie, eau de cannelle, etc.) doivent être leurs véritables contrepoisons dynamiques, et les alcalis (magnésie calcinée, savons, etc.) leurs contre-poisons chimiques. Nous ne pouvons donc suivre la pratique d'Orfila, qui voulait qu'on ouvrît la veine dès le début et qu'on employât les antiphlogistiques les plus énergiques. Dans ce cas, « la saignée, dit le docteur Fabre, empoisonne une seconde fois le malade par l'absorption qu'elle favorise, et le traitement antiphlogistique le précipite rapidement au tombeau, car les symptômes sont ceux de l'asthénie la plus profonde. » Enfin, employer les boissons aqueuses dans l'empoisonnement par les acides, c'est oublier que l'eau délaye l'acide et le rend plus absorbable. — Voy. *Empoisonnement par les acides.*   Dr HEINRIECH.

ACIDES (commerce). — Le commerce des acides est devenu considérable depuis que la fabrication forme une branche très-étendue de l'industrie nationale et qu'elle s'est perfectionnée ; leurs produits servent à un grand nombre d'arts et de manufactures. Paris, ainsi que Londres, qui sont les centres des sciences chimiques, sont aussi les plus grands entrepôts de toutes sortes d'acides, et les lieux où l'on en fabrique une plus grande quantité et aux prix les plus modérés. Voici les noms des principaux acides employés dans les arts et manufactures : ce sont les acides acétique, benzoïque, boracique, bromique, carbonique, citrique, chlorique, cyanique, fluorique, ferroprussique, gallique, hydrobromique, hydriodique, iodique, lactique, maltique, margarique, méconique, muriatique ou hydrochlorique, nitrique, oléique, oxalique, phosphorique, prussique ou hydrocyanique, purpurique, saccholactique, subérique, sulfurique, tartarique, urique, etc. Ces acides, extraits des végétaux ou des minéraux, se préparent dans des usines d'une grande importance, connues sous le nom de produits chimiques, qui forment l'objet d'un commerce considérable. Plusieurs villes du Midi, notamment Marseille, Montpellier, Avignon, conjointement avec Paris et Rouen, sont les villes où cette fabrication est la plus importante ; Javelle, près de Paris, est surtout renommée pour l'acide muriatique qui s'y fabrique, et qui porte son nom, et dont on se sert pour le blanchiment du linge et des toiles. On voit, par les états dressés en 1793, qu'à cette époque la France tirait annuellement de l'étranger pour une valeur de 1,500,000 fr. de divers produits chimiques ; maintenant on fabrique en France pour une somme d'environ 4 millions seulement d'acides sulfurique et nitrique, et l'on exporte à l'étranger pour plusieurs millions de différents produits chimiques, ce qu'il faut attribuer aux perfectionnements, et surtout à l'économie, que la chimie a introduits dans cette fabrication, en la mettant à même de livrer les produits à plus bas prix et d'une qualité supérieure.   (DE MONTBRION.)

ACIER [radical celtique *ao*, pointe, tranchant ; d'où en latin *acies*, même signification]. — Fer combiné avec du carbone et du silicium, et qui acquiert par cela même des propriétés nouvelles ; c'est alors un métal blanc grisâtre, d'une texture compacte, à grain fin, égal et serré, susceptible de prendre un beau poli. Sa cassure jouit de l'éclat métallique, mais à un moindre degré que celle du fer. Sa densité varie de 7,74 à 7,92. Il se distingue éminemment du fer proprement dit par les qualités qu'il acquiert lorsqu'on le chauffe jusqu'au rouge et qu'on le plonge dans un liquide froid. Cette opération, appelée *trempe*, rend l'acier plus dur, plus élastique, plus cassant, moins malléable et moins dense. « Les effets de la trempe varient suivant plusieurs circonstances : plus la température est élevée, plus l'acier devient dur ; sa dureté est aussi d'autant plus grande que le refroidissement est plus rapide. — Le mercure donne la trempe la plus dure ; viennent ensuite l'eau salée et acidulée ; en dernier lieu les huiles et les corps gras. Si l'on fait chauffer au rouge de l'acier trempé, et qu'on le laisse refroidir lentement, il reprend son état primitif. Cette opération inverse de la trempe se nomme *recuit*. Les effets du recuit, comme ceux de la trempe, varient avec la température à laquelle on porte l'acier lorsqu'on le réchauffe. Si on le porte au rouge, il est complètement détrempé ; à un degré inférieur, le recuit détruit d'autant moins les effets de la trempe que la température est moins élevée. Dans les arts, on tire parti de cette propriété pour donner à l'acier les qualités qu'exige l'usage auquel on destine les objets fabriqués. Ainsi, après avoir trempé aussi dur que possible un instrument d'acier, on le ramène par le recuit à la dureté que l'on désire. On juge de la température à laquelle on porte l'acier pour le recuit d'après la couleur qui se développe à sa surface. Chauffé sur des charbons ardents, l'acier passe successivement au jaune paille, au jaune foncé, au rouge, au violet, au bleu et au gris. Le jaune paille indiquera, par conséquent, le degré le plus dur, celui qui convient aux burins et aux ciseaux destinés à travailler le fer. »

On distingue quatre espèces principales d'acier :

1° L'ACIER NATUREL, qui s'obtient en affinant certaines fontes blanches dans des creusets, sous le vent d'un soufflet qui brûle une partie de leur carbone ; c'est un procédé analogue à celui que l'on emploie dans l'*affinage* du fer (voyez ce mot). Par cette opération, la répartition du carbone est rendue plus égale, et sa proportion moins grande. Cet acier est ensuite forgé et mis en barres. Il se soude très-bien avec le fer et avec lui-même ; mais il présente des taches et des inégalités d'aciération qui nuisent à son poli.

2° L'ACIER DE CÉMENTATION, au contraire, se fabrique en entourant des lames de fer, de 12 à 15 millimètres d'épaisseur d'un mélange de suie, de charbon et de cendre appelé *cément* ; on place les barres et le mélange, par lits alternatifs, dans de grandes caisses de briques que l'on entasse dans un fourneau, et l'on maintient le tout à la chaleur rouge blanc pendant plusieurs jours. L'acier ainsi obtenu est ensuite *corroyé*, c'est-à-dire forgé par faisceaux de barres entremêlées, pour lui donner plus d'homogénéité, avant de le livrer au commerce. Pour le poli et pour la facilité à se forger et se souder, il tient le milieu entre l'acier naturel et l'acier fondu.

3° L'ACIER FONDU, qui s'obtient en liquéfiant l'acier naturel ou celui de cémentation dans des creusets réfractaires, sous une couche de matière vitrifiable ; au bout de quelques heures on brasse bien le métal en fusion, puis on le coule en lingots. Cet acier est le plus homogène de tous, ce qui le rend susceptible d'acquérir un beau poli noir. Après la trempe, c'est aussi l'acier le plus dur ; mais il est difficile à forger et à souder.

4° L'ACIER INDIEN, dit acier *vootz*, qui sert en Orient depuis un temps immémorial à la fabrication de ces excellentes lames de sabres appelés *damas*, du nom de la ville où elles se préparent. En 1822, Stodart et Faraday découvrirent qu'en alliant à l'acier de petites quantités de certains métaux (platine, argent, palladium) on lui donnait tous les caractères de l'acier indien, et même la propriété de se damasser. Cette découverte a eu pour résultat l'imitation si parfaite de l'acier wootz, que les manufactures du Rhône envoient en Orient une grande partie de damas dont le grain et la dureté ne le cèdent nullement aux aciers de la Syrie.

L'acier était connu dès la plus haute antiquité, puisqu'il en est fait mention dans le livre de Job, dans Homère, et qu'Aristote et Pline ont décrit les procédés de sa fabrication. L'art de convertir le fer en acier fut banni de la France par la révocation de l'édit de Nantes, en 1685, et les protestants qui le possédaient en enrichirent l'étranger.

MICHAUD, *ingénieur.*

ACIER (fabrication, commerce, industrie). — Longtemps tributaire de l'Allemagne et de l'Angleterre, la France, dit M. de Montbrion, ne comptait, il y a vingt ans, que quelques établissements épars sur plusieurs points de son territoire, et où l'on fabriquait seulement des aciers communs. Les arts qui demandent des produits de première qualité étaient obligés d'employer ceux qui venaient de l'étranger, et le prix en était très-élevé. Il appartenait à Saint-Étienne, dont les manufactures d'armes et de quincaillerie emploient journellement une quantité considérable d'aciers fins, de s'affranchir de ce tribut. Ses mines de houille présentaient déjà de grands avantages pour la création des aciéries. En 1615, le premier établissement de ce genre fut formé au lieu de Trablaine, près Saint-Étienne ; peu de temps après, deux autres s'élevèrent à la Berardière et au Soleil. Ce dernier a été transféré depuis à la Grande-Croix, près de Rive-de-Gier. Ces trois manufactures, qui fournissaient des aciers fondus et raffinés, ont vu longtemps leurs produits recherchés par le commerce, dont il fallait d'abord vaincre les préjugés. Les qualités laissaient ensuite à désirer, et cette imperfection tenait autant au peu d'expérience des entrepreneurs qu'à la négligence des ouvriers qu'on faisait venir à grands frais d'Angleterre. Mais depuis cette époque, la fabrication des aciers corroyés, raffinés et fondus, s'est beaucoup perfectionnée, et les produits des aciéries de Saint-Étienne laissent maintenant peu à désirer. L'accroissement de cette fabrication est tel, que la France peut actuellement se passer des aciers d'Allemagne et d'Angleterre, et fournir à son tour à l'exportation. Depuis quelques années, il s'est formé de nouveaux établissements qui donnent déjà des résultats satisfaisants ; leurs produits sont utilisés pour limes, outils et toutes sortes d'ouvrages de taillanderie.

Ouvrages en acier. — Les aciers polis et taillés à facettes en forme de brillants, dont les Anglais nous ont offert les modèles, composent actuellement un genre d'ornement qu'on range parmi la bijouterie et qui, en Angleterre aussi bien qu'en France, est l'objet d'un commerce considérable. On peut citer les ouvrages remarquables que M. Frichot, l'un des plus habiles tailleurs d'acier de Paris, a envoyés à la dernière exposition des produits de l'industrie. Son plus bel ouvrage est, sans contredit, la belle décoration du boudoir de M. le marquis de Las-Marismas (M. le banquier Aguado), ou plutôt le boudoir tout entier de ce seigneur de la finance : une cheminée d'acier taillée en facettes, soutenue par des chambranles aussi en acier, et portant des candélabres ; une pendule, des anneaux de sonnettes, le tout du même métal, composent ce riche ameublement. Rien de plus joli que les chaînes de montre, les anneaux et boucles, ainsi que mille autres objets semblables. On importait autrefois une grande quantité de ces articles de l'Angleterre, pour des sommes assez considérables; mais l'industrie française est parvenue à les imiter si parfaitement, qu'elle peut le remplacer avantageusement, en sorte que le commerce d'importation est beaucoup diminué. La France sera bientôt à même de faire des exportations de ces mêmes articles, lorsqu'elle pourra réunir le bas prix de la main-d'œuvre à la beauté des ouvrages, pour soutenir la concurrence de l'Angleterre dans les marchés de l'étranger. Les villes de France où se trouvent des fabriques d'acier sont Nevers, la Charité, Dijon, Besançon, Vesoul, Chambon, Amboise, Saint-Dizier, etc.

ACIÉRATION (technologie). — Opération par laquelle se produit l'acier. *Aciérer*, c'est donc faire subir au fer une opération qui lui donne les propriétés de l'acier, soit en le combinant directement avec le carbone, comme dans la fabrication de l'acier, soit en le brassant directement avec ce dernier métal.

ACKER, mesure agraire en usage dans diverses contrées de l'Allemagne. L'acker de Cassel vaut 23 ares 86523. L'acker de Gotha vaut 22 ares 7. L'acker des forêts de Gotha vaut 33 ares 884. L'acker de Saxe-Weimar vaut 28 ares 4971.

ACMELLE (botanique). — Genre de plantes de la famille des radiées, qui croît dans l'Inde et dans quelques parties méridionales du nouveau continent. « Cette plante, dont les tiges et les feuilles sont les seules parties encore en usage, est presque insipide après sa dessiccation, tandis qu'à l'état frais elle possède une saveur amère, âcre et poivrée, et donne lieu, par la mastication, à une abondante sécrétion de salive. C'est probablement sur son action irritante qu'est basé l'emploi qu'en font les habitants de Ternate pour délier la langue des enfants, c'est-à-dire qu'on fait mâcher cette plante à ceux qui ne parlent que difficilement ou même qui ne parlent pas. Elle a été importée en Europe par les Hollandais au commencement du dix-septième siècle, sous forme de fragments de feuilles de couleur verte, mêlés d'un grand nombre de tiges un peu épaisses et assez longues. Elle fut d'abord mise à un prix exorbitant, car on la vendit alors, chez les droguistes et dans les officines d'Amsterdam, jusqu'à 22 florins les 30 grammes (46 fr. 20). »

ACNÉ (pathologie) [dérivé d'*a*, augmentatif, et de *knao*, démanger]. — Inflammation des follicules sébacés, caractérisée par des pustules peu étendues, séparées les unes des autres, environnées d'une auréole rosée ou livide, plus ou moins dures à leur base, répandues sur le nez, les joues, le front, quelquefois sur les parties supérieures du cou et du tronc. Nous ne reconnaissons, avec les auteurs du *Compendium de Médecine pratique*, que trois variétés principales d'*acné* : la *simple*, l'*indurée* et la *rosacée*; nous rejetons, par conséquent, celles qui ne sont établies

que sur le siége spécial de la maladie, telles que la *mentagre* (voy. ce mot) et l'*acné ponctuée* (voy. *Tannes*).

L'*acné simple* constitue le type de cette maladie. Dans cette variété, les pustules paraissent principalement vers les régions temporales, au front, sur les épaules, à la partie supérieure du dos ou sur la poitrine.

« L'*acné indurée* est la forme qui affecte le plus ordinairement la *mentagre*. Les pustules sont volumineuses, irrégulières, saillantes, comme pyramidales; elles intéressent profondément la peau et présentent une base largement enflammée; la suppuration s'y établit lentement. Cette variété de l'*acné* est accompagnée de la formation de croûtes épaisses et d'indurations plus ou moins considérables, qui intéressent non-seulement le tissu de la peau, mais encore la couche celluleuse sous-jacente.

» L'*acné rosacée* (*couperose*) s'éloigne des deux variétés précédentes, qui ne sont, à vrai dire, que la même forme pathologique à des degrés différents. Elle consiste en une éruption de pustules discrètes, pointues, peu susceptibles de suppuration, peu élevées par leur base à la surface de la peau; elles sont entourées d'une turgescence, d'une rougeur, plus ou moins considérables, plus ou moins étendues, formant une sorte d'érythème qui les réunit en apparence et entraîne plus tard une vascularité morbide, une induration anormale des tissus affectés. Les pustules de cette variété paraissent successivement aux joues, au nez, au front, quelquefois sur les oreilles et à la partie supérieure du cou; c'est ordinairement sur des téguments déjà fortement colorés qu'elles se développent. Leur apparition se fait sans développement de chaleur locale; un léger prurit les annonce quelquefois. L'éruption peut rester stationnaire pendant un temps plus ou moins long; mais elle montre ordinairement une nouvelle acuité quand les organes de la digestion reçoivent une excitation un peu vive. A la longue, cette fluxion continuelle aux téguments de la face amène des altérations plus ou moins profondes; la peau reste injectée, les parties malades, surtout après le repas, deviennent le siége d'une démangeaison accompagnée de chaleur et de cuisson. La rougeur devient plus vive; les pustules, en se multipliant, déterminent l'hypertrophie du tissu cutané, celle du tissu cellulaire sous-jacent, et enfin une véritable induration tuberculeuse. Arrivée à cette période, la maladie présente peu d'espoir de guérison, surtout quand elle existe chez un sujet déjà avancé en âge. »

Les diverses formes de l'acné paraissent offrir une sorte de rapport avec les différentes époques de la vie. L'*acné simple*, l'*acné ponctuée*, se montrent presque toujours dans l'adolescence et dans la puberté; l'*acné indurée*, dans la jeunesse; l'*acné rosacée*, chez les hommes d'un âge mûr et chez les femmes à l'âge critique. Les vieillards en sont rarement atteints. Relativement au sexe, les femmes y paraîtraient plus sujettes que les hommes. Le tempérament bilieux est celui qui prédispose le plus à l'acné dans l'âge adulte : dans la jeunesse, c'est le tempérament sanguin.

Le traitement de l'acné varie selon l'espèce de cette affection. Voici d'abord ce qui convient aux différentes espèces d'acné : Régime doux, boissons rafraîchissantes, bains, laxatifs, topiques émollients ; éloignement des causes qui peuvent faire affluer le sang vers la tête.

Contre l'*acné simple* : lotions avec l'eau de son, la décoction de semence de coing, l'émulsion d'amandes amères. Wilson aurait obtenu de bons résultats de l'emploi du collodion étendu sur les surfaces malades.

L'*acné indurée* réclame un traitement plus actif. Selon M. Cazenave, on doit commencer par les bains simples, les applications émollientes, les boissons rafraîchissantes. On passe ensuite aux bains sulfureux, aux douches de vapeur ; enfin, lotions au bichlorure de mercure, à l'hydrochlorate d'ammoniaque, pommades au protochlorure ammoniacal de mercure, à l'iodure de soufre. Si le mal ne disparaît pas, on peut tenter l'application d'un vésicatoire, la cautérisation.

L'*acné rosacée* ou *couperose* est presque au-dessus des ressources de l'art. On essaye de la combattre, néanmoins, par un régime doux et des boissons rafraîchissantes, par les laxatifs, les diurétiques, la saignée même. Il faut éviter avec soin le passage subit du froid au chaud, et *vice versa*. La solution de sulfate de fer en topique a donné quelquefois de bons résultats.   Dᴿ ADRIEN.

ACOLYTAT (Histoire ecclésiastique). — Premier des quatre ordres mineurs de l'Église catholique, celui qui précède immédiatement le sous-diaconat. Dans les premiers siècles du christianisme, dit un auteur, l'exercice de l'acolytat était constamment réservé à des jeunes gens qui regardaient comme une faveur insigne de participer aux fonctions du sacerdoce. Mais l'acolytat n'a pu toujours être confié à des lévites exclusivement consacrés au service des autels. On fut obligé, faute de sujets spéciaux, de remettre à des laïques, les priviléges jusqu'alors uniquement attachés à l'ordre d'acolyte. De nos jours, ce n'est plus guère que dans les séminaires qu'il est possible de recruter des sujets pour remplir ces fonctions.

ACOLYTE (Histoire ecclésiastique) [du grec *acolouthos*, suivant]. — Dans l'Église catholique, on nomme acolytes les clercs qui ont reçu le plus élevé des quatre ordres mineurs, et dont l'office est de suivre et de servir les diacres et les sous-diacres dans le ministère des autels. Il y avait à Rome trois sortes d'acolytes : les acolytes *du palais*, qui servaient le pape ; les acolytes *stationnaires*, qui servaient dans les églises où il y avait station ; et enfin les acolytes *discrétionnaires*, qui servaient avec les diacres dans les différents quartiers de la ville. Autrefois, les acolytes suivaient partout les évêques, pour les servir et porter leurs messages. Aujourd'hui, dans la plupart des paroisses, ces fonctions sont remplies par les sacristains et les enfants de chœur.

ACOMYS (zoologie). — Genre de mammifères rongeurs de la famille des muriens ou rats, mais qui diffèrent des véritables rats par les piquants dont leur peau est hérissée, des hamsters par l'absence d'a-

bat-joues, et des échymis, par la disposition des dents. Les principales espèces sont : l'*acomys* du Caire, ou *rat*, souris du Caire, et l'*acomys perchal*, qu'on trouve en Savoie, jusque dans l'intérieur des habitations.

ACONIT (botanique) [selon les uns, du grec *aconitos*, dérivé d'*aconé*, pierre, parce que cette plante croît dans les terrains pierreux ; selon d'autres d'*Acone*, ville de la Bithynie]. — Genre de la famille des renonculacées, tribu des elléborées, qui renferme des plantes très-vénéneuses en général, mais remarquables par la beauté de leurs fleurs ressemblant à de petits casques et se groupant en épis. Les principales espèces sont :

1° L'ACONIT NAPEL, vulgairement *Tue-chiens*.— C'est une grande et belle plante à fleurs en épi, d'un beau bleu, s'élevant de 60 centimètres à 1 mètre de hau-

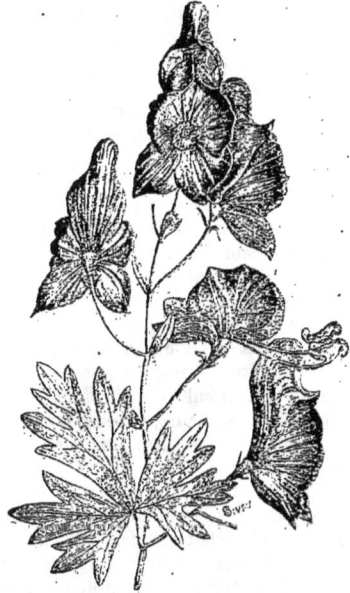

Fig. 19. — Aconit napel.

teur (fig. 19). Elle croît généralement dans les Alpes et dans les Pyrénées ; mais on la cultive dans les jardins, où sa présence est quelquefois dangereuse pour les enfants. Toutes les parties de cette plante sont vénéneuses, fait connu dès la plus haute antiquité. Médée en fabriquait ses poisons, selon Ovide ; on punissait de mort avec l'aconit comme avec la ciguë chez plusieurs nations anciennes, et les Gaulois imprégnaient du suc de ses racines les fers de leurs flèches, pour assurer la mort de ceux qui en étaient blessés. La racine de l'aconit napel ressemble beaucoup à un petit navet, et l'on doit bien prendre garde de la laisser déterrer par les enfants : c'est un poison violent, qui peut les tuer s'ils en mangent. Les jeunes pousses ont aussi été prises pour des tiges de céleri : elles sont moins dangereuses, mais elles peuvent causer de graves accidents. Le suc de la plante, appliqué sur la langue, cause une ardeur et une douleur qui s'étendent jusqu'au gosier.

Mais l'espèce la plus dangereuse est celle qui croît dans les montagnes du Népaule, en Asie (*aconitum ferox* de Wallich) : 5 centigrammes d'extrait alcoolique des feuilles de cette espèce, appliqués sur une plaie faite à un animal, peuvent le faire périr en quelques minutes. L'aconit a été introduit dans la thérapeutique depuis longtemps. Stoerk, célèbre médecin de Vienne, a publié en 1762, ses premières observations sur les effets de cette plante dans le rhumatisme articulaire, les névralgies, etc. Depuis, dit Martins, Murray, Royer-Collard, Chapp, Récamier et Fouquier, Colin, Rosenstein, etc., ont expérimenté l'aconit ; ils ont confirmé les essais de Stoerck, constaté de plus son action diurétique, et son utilité dans les cas de syphilis ancienne. — Cependant il existe encore des praticiens qui nient les propriétés de cette plante ; cela vient de ce qu'eux-mêmes, ou le pharmacien auquel ils ont recours, n'ont pas assez approfondi l'étude de l'histoire naturelle. Notre observation s'applique non-seulement à l'aconit, mais à toutes les autres plantes médicinales ; leurs propriétés, quelles qu'elles soient, varient suivant une foule de circonstances qui expliquent de la manière la plus satisfaisante les contradictions existant entre les thérapeutistes sur l'action et l'inertie d'un médicament ; ainsi, tandis que l'un proclame l'aconit un *calmant*, un *diurétique* et un *sudorifique* puissant, l'autre lui dénie toutes ces propriétés ; mais ici on peut élever une foule de questions qui ne sont pas résolues, s'enquérir d'une foule de précautions dont aucune n'a été prise. L'aconit employé était-il à l'état sauvage ou à l'état cultivé ? au sommet ou au pied d'une montagne ? en fleurs, en boutons ou en graine ? croissait-il dans un lieu sec ou humide, ombragé ou exposé au soleil ? Chacune de ces circonstances modifie les propriétés de la plante, et il est peu surprenant que les résultats aient varié, puisque l'agent employé n'était semblable qu'en apparence. Ainsi, l'aconit pris à l'état sauvage dans les Alpes est une plante des plus actives ; cultivée dans un jardin, provenant des graines qui elles-mêmes ont mûri entre quatre murs, c'est un végétal presque inerte. (Voy. *Aconitine.*) — Pour nous, qui avons expérimenté ce médicament, nous reconnaissons seulement qu'il augmente la sécrétion urinaire : les homœopathes, au contraire, lui reconnaissent des propriétés merveilleuses, puisqu'ils en font un grand usage pour combattre la suractivité de la circulation artérielle, les hémorrhagies actives, en un mot pour remplacer dans la plupart des cas les émissions sanguines. Dans un cas d'empoisonnement par cette plante, il faudrait recourir immédiatement aux vomitifs (10 à 20 centigrammes d'émétique), puis employer les adoucissants, tels que le lait, l'eau avec le sirop de gomme, les émulsions d'amande douce, etc.

Les chimistes ont extrait des feuilles du napel une substance alcaloïde à laquelle ils ont donné le nom d'*aconitine*. (Voy. ce mot.)　　　　B. LUNEL.

ACONITATES (chimie). — Nom donné aux sels produits par l'acide aconitique combiné avec une base salifiable.

ACONITINE (chimie). — Alcali végétal contenu dans les aconits. C'est une substance solide, blanche, pulvérulente, très-fusible en résine, fort amère, non volatile et très-vénéneuse. Elle contient du carbone, de l'hydrogène, de l'azote et de l'oxygène ; sa formule est $C^{60} H^{47} N O^{14}$. L'aconitine se combine avec les acides et donne des sels à peine cristallisables.

ACONITIQUE (acide) (chimie).— Acide organique découvert par Peschier dans le suc des aconits en combinaison avec de la chaux. Cet acide est incolore, très-soluble et cristallisé en croûtes mamelonnées. Berzelius et Crasso ont prouvé qu'on peut l'obtenir artificiellement par l'action de la chaleur sur l'acide citrique. La formule de l'acide aconitique, dit aussi *pyrocitrique* ou *citridique* est $C^4 H O^2 H O$. Avec les bases, il forme les aconitates. (Voy. ce mot.)

ACONTIA (zoologie). — Genre d'insectes de l'ordre des lépidoptères et de la famille des nocturnes, qu'on voit voler en plein air avec rapidité dans les lieux arides et exposés au soleil. Une espèce, l'*acontia solaire*, se trouve aux environs de Paris.

ACONTIAS (zoologie). — Nom grec d'une espèce de serpents de l'Afrique, de l'Asie, etc., qui n'ont ni bassin, ni sternum, ni épaules apparentes, mais des dents au palais, et l'un des poumons tout à fait rudimentaire.

Fig. 20. — Acontias pintade du Cap de Bonne-Espérance, ainsi nommé de la couleur de ses écailles.

Ce nom d'*acontias* (javelot), dit le professeur Salacroux, s'appliquait autrefois à un serpent venimeux qui, du haut des arbres où il se tenait habituellement, s'élançait sur sa proie avec la vitesse d'un trait, et versait dans les blessures qu'il faisait un venin subtil, qui déterminait une mort instantanée. Il est probable que ce serpent n'a jamais existé ; du moins, on n'a pu jusqu'ici en découvrir de semblable, à moins que ce ne fût l'*haje*, espèce de vipère. Cet ophidien est en effet très-venimeux, et, s'il ne s'élance pas sur sa proie comme un trait, les bateleurs d'Égypte ont l'habitude, en lui comprimant la moelle épinière, de le faire tomber dans une espèce de catalepsie qui le rend raide comme un bâton ou un javelot. Quoi qu'il en soit de cette conjecture, Cuvier a donné le nom d'*acontias* aux reptiles, dont nous parlons, à cause de la forme de leur corps, qui va en diminuant insensiblement de grosseur, depuis la tête jusqu'à l'extrémité de la queue, à peu près comme la tige d'une flèche. Du reste, ces reptiles sont peu intéressants, parce qu'ils sont encore peu connus; on sait seulement qu'ils vivent au cap de Bonne-Espérance, et qu'ils ont, avec les habitudes de notre orvet, le même régime et la même douceur que ce dernier.

L'espèce type du genre acontias est l'*acontie pintade* du cap de Bonne-Espérance, ainsi appelé à cause des couleurs de ses écailles. On connaît encore l'*acontie aveugle*, qui est entièrement privé d'yeux.

ACONTIAS (botanique). — Genre de plantes de la famille des aroïdées, tribu des caladiées, renfermant des végétaux à rhizomes tubéreux. Ce genre a pour type le *caladion helleborifolion* du Brésil. — Voy. *Caladion*. B. L.

ACORE (botanique) [mot dérivé du grec *coré*, prunelle, cette plante ayant, selon Dioscoride, la propriété de guérir les maux d'yeux]. — Genre de plante de la famille des aroïdées, qui croît dans les lieux humides et sur les bords des eaux stagnantes du nord de l'Europe, de l'Asie et de l'Amérique. Cette plante, dite aussi *jonc odorant, iris jaune, lis des marais*, est vivace, épaisse et parasite; ses tiges sont souterraines, ses fleurs odorantes, ses feuilles, lorsqu'on les froisse, exhalent une odeur agréable. Ses racines sont encore plus aromatiques; elles sont la principale nourriture de l'ondatran ou rat musqué du Canada, qui lui doit, dit-on, une partie de son odeur. Dans plusieurs contrées, en Lithuanie par exemple, on la prépare au sucre, après l'avoir blanchie, à la manière des tiges d'angéliques; ainsi confite, elle est d'un goût fort agréable et elle est servie, sur les tables comme objet de dessert. Dans le Nord on la distille pour en extraire une liqueur forte. Cette plante *fournit aussi les graines avec lesquelles on aromatise l'eau-de-vie de Dantzick.* Les principales sont : 1° L'*acore calamus*, originaire de l'Inde, mais commune en Europe; elle est employée dans la composition de la *thériaque* et du *mithridale* (voy. ces mots); 2° l'*acore gramineus*, originaire de la Chine, moins commune que l'espèce précédente.

ACORÉES (botanique) [du genre type *acore*]. — Tribu de la famille des aroïdées, comprenant les genres *acore* et *gymnostachyde* (voy. ces mots).

ACOTYLÉDONES (botanique) [du grec *a* privatif, et de *cotylédon*, coupe, écuelle]. — Dans la méthode naturelle de Jussieu, les plantes acotylédones forment la première division du règne végétal, division qui répond à la *Cryptogamie* de Linné. Ce sont des plantes sans *cotylédons*, et par conséquent sans *embryon*, puisque l'embryon ne peut exister sans cotylédons (voy. ce mot). Aussi quelques botanistes ont-ils proposé de substituer la dénomination d'*inembryonées* à celle d'acotylédones. M. de Candolle, remarquant qu'un seul élément anatomique, le *tissu cellulaire*, entre dans leur composition, a proposé de les

appeler végétaux *cellulaires*, par opposition aux végétaux *vasculaires* ou *phanérogames*.

Les végétaux de cette classe n'offrent aucune des parties constituantes de la fleur : elles n'ont ni calice, ni corolle, ni étamines, ni pistil; quelquefois même on ne trouve pas de feuilles. « Ce n'est pas, cependant, que les *acotylédones* ne puissent pas accomplir leurs fonctions nutritives et reproductives; elles vivent et se propagent comme les végétaux les plus parfaits; seulement, la manière dont elles remplissent ces deux fonctions est totalement différente de celle de ces derniers et ne peut s'expliquer. Toutefois, nous pouvons ordinairement reconnaître dans toutes les plantes *acotylédones* deux parties bien distinctes : une racine cachée, par laquelle elles adhèrent au corps sur lequel elles sont nées, et une tige, partie généralement extérieure qui les constitue véritablement. C'est sur cette dernière que nous trouvons, soit à sa surface, soit dans son intérieur, les organes reproducteurs du végétal, organes qui ne ressemblent en rien aux étamines ou au pistil, et qui se réduisent à une ou plusieurs boîtes appelées *sporauges* (voy. ce mot), et à un certain nombre de corpuscules nommés *spores* ou *séminules*, qui sont analogues aux grains, mais qui en diffèrent en ce qu'ils forment un tout homogène, dont chaque partie peut devenir indistinctement la racine ou la tige, tandis que dans les premiers on trouve une tigelle et une radicule, qui ne peuvent jamais remplir la fonction l'une de l'autre. D'ailleurs, on n'a pas pu s'assurer jusqu'ici qu'il fallût que les *spores*, pour être propres à reproduire la plante, reçussent l'influence d'un corps semblable au pollen; on n'a même jamais pu trouver dans les *acotylédones* aucun organe que l'on pût regarder avec certitude comme analogue à l'étamine. » Les acotylédones offrent peu de végétaux utiles à l'homme; elles semblent destinées à cacher l'aridité des rochers ou à peupler les eaux et les marais, qu'elles tendent à dessécher par l'accumulation de leurs débris. Néanmoins, l'homme fait usage, dans l'économie domestique, de quelques champignons et de quelques lichens, et quelques autres espèces sont employées dans les arts (voy. *champignons, mousses, lichens, algues,* etc.).

Les espèces d'acotylédones formaient autrefois, par leur nombre, la majeure partie de la végétation du monde antédiluvien ; c'est le contraire aujourd'hui. On les trouve surtout dans les schistes bitumineux qui accompagnent les couches de houille.

L'étude de ces végétaux est extrêmement difficile, surtout lorsqu'on veut pénétrer dans leur organisation intérieure ; mais on peut avoir une idée des principales familles en consultant les mots *cryptogames* et *amphigames*.

B. LUNEL.

ACOTYLÉDONÉES (botanique) [d'*acotylédone*, voy. ce mot]. — Dénomination donnée à la première classe des végétaux de L. de Jussieu; elle renferme les *algues*, les *champignons*, les *lichens*, les *mousses*, les *hépatiques*, les *fougères*, les *équisétacées* et les *marsiléacées*.

ACOUCRYPTOPHONE (musique) [du grec *acouó*, j'entends ; *kryptos*, caché, et *phôné*, voix, son]. — « En 1822, les journaux de Londres annoncèrent avec admiration l'apparition d'un instrument merveilleux. Cet instrument, suspendu au plafond par une corde de soie, resta exposé aux yeux du public pendant quelques mois. Sa forme rappelait celle de la lyre antique. Il ne portait pas de cordes effectives ; elles étaient simulées par des filets d'acier. Son inventeur se servait d'une clef pour le monter, et aussitôt on entendait des sons fort doux, qui, s'unissant peu à peu à différents timbres, tels que ceux du piano conique et du tympanon, finissaient par produire l'effet d'un grand orchestre. La construction de l'acoucryptophone doit avoir quelque analogie avec celle de la serinette, de l'orgue de Barbarie et de tout automate sonore. Néanmoins, la variété des timbres est encore une énigme en raison de son petit volume. »

ACOUSTIQUE (physique) [du grec *acouó*, j'écoute, j'entends]. — Science des sons, c'est-à-dire qui traite de tout ce qui se rapporte à la formation, à la transmission, à la réflexion, enfin à la propagation des sons. Certains phénomènes du monde extérieur, dit Lamé, se manifestant à nous par l'action qu'ils exercent sur l'organe de l'ouïe, la sensation qui en résulte est le *son*, et l'acoustique a pour objet d'analyser les causes extérieures de sa production. La cause primitive du son est toujours un mouvement vibratoire imprimé aux molécules d'un corps. Lorsqu'une force étrangère les a écartées de leur position d'équilibre et les abandonne ensuite à elles-mêmes, chacune de ces molécules est ramenée vers son ancienne position par l'élasticité du corps ou la résultante des forces qui la sollicitent constamment ; elle dépasse cette position en vertu de la vitesse qu'elle a acquise lorsqu'elle l'atteint ; mais l'élasticité diminue cette vitesse, l'annule, et, la faisant croître en sens contraire, ramène la molécule vers sa position d'équilibre ; et ainsi de suite. C'est à cette suite d'oscillations analogues à celles du pendule qu'on a donné le nom de mouvement vibratoire : ce mouvement, imprimé à quelques parties d'un corps, se communique de proche en proche à toutes les autres. L'air qui entoure le corps sonore partage bientôt ce mouvement. Lorsqu'en se propageant dans ce milieu le mouvement vibratoire vient à agiter la membrane du tympan d'une oreille voisine, les oscillations de cette membrane se communiquent à l'air renfermé au-dessous d'elle, et par suite au nerf acoustique, qui en transmet la sensation au cerveau. Telles sont toutes les circonstances de la production du son.

Les faits et les lois qui composent l'acoustique ne pouvant être développés que dans plusieurs articles distincts, nous renvoyons aux mots *son, vibration, onde, écho, ton, cornet acoustique*.

L'acoustique, restreinte longtemps à la connaissance musicale des sons, fut cultivée dans les temps les plus anciens. Pythagore paraît être le plus ancien auteur (sixième siècle avant J. C.) qui se soit occupé

d'acoustique ; mais sa théorie fut détruite par Vincent de Galilée, père du célèbre physicien, qui prouva que *les sons ne sont point entre eux comme les poids tendants*, mais en raison sous-double de ces mêmes poids (seizième siècle). Lasus d'Hermione et Hyppase (cinquième siècle avant J. C.) s'occupèrent aussi d'expériences sur l'acoustique. Plus tard, Gassendi trouva la cause qui fait rendre aux corps sonores des sons graves ou aigus (dix-septième siècle) ; Otto de Guerick démontra que l'air atmosphérique est important pour la propagation du son ; le père Kircher Huygens, Taylor, Daniel Bernouilli, Sauveur, Chaldni, Laplace, Biot, Savart, etc., firent faire à l'acoustique les progrès qui la rendent si remarquable aujourd'hui. KRAMER.

ACOUSTIQUE (musique). — C'est proprement la partie théorique de la musique ; c'est elle qui donne ou qui doit donner les raisons du plaisir que nous font goûter l'harmonie et le chant, et qui détermine les rapports des intervalles harmoniques, qui découvre les affections ou propriétés des cordes vibrantes.

ACOUSTIQUE (physique). — *Instruments acoustiques* ; ce sont des instruments propres à propager la voix ; tels sont les *cornets acoustiques*, les *porte-voix*, etc.

ACOUSTIQUE (architecture). — *Voûte acoustique* ; c'est une voûte construite de façon que la voix de celui qui parle, même fort bas, d'un certain point, est entendue à un autre point, aussi distinctement que si l'oreille était placée devant la bouche qui parle.

ACOUSTIQUE (anatomie). — *Acoustique* se dit aussi de tout ce qui appartient à l'organe de l'ouïe : ainsi l'on dit, *artère acoustique, veine acoustique, nerf acoustique*.

ACOUSTIQUE (médecine). — *Remède acoustique*; on appelait ainsi tous les médicaments qui ont pour objet de soulager les affections de l'organe de l'ouïe.

ACQUÊT (jurisprudence) [d'*acquérir*]. — Ce mot est synonyme de *conquêt de communauté*. Il désigne aussi les biens acquis par les époux mariés sous le régime dotal, lorsqu'ils ont stipulé une société d'acquêts.

ACQUIESCEMENT (droit). — C'est le consentement motivé ou la simple adhésion qu'une partie donne à un acte, à une demande judiciaire, ou à un jugement.

ACQUISITION (droit). — Action par laquelle on devient propriétaire d'une chose quelconque. On acquiert par succession, par donation, par testament, comme par achat ou échange. La propriété s'acquiert encore par accession ou incorporation, et par prescription. (C. civ. 711 et 712).

ACQUISIVITÉ (physiologie). — « Nom donné par les phrénologistes à la faculté par laquelle les animaux et l'homme sont instinctivement portés à désirer, à rechercher, à convoiter et à acquérir les objets nécessaires à leur nutrition, à leur bien-être, à leur conservation individuelle. Cette faculté est classée au nombre de celles nommées *industrielles*, c'est-à-dire de celles auxquelles la nature a plus spécialement départi les soins de conservation individuelle, et dont les manifestations constituent, dans l'humanité, l'ensemble des actes qui donnent naissance à l'industrie. »

ACQUIT-A-CAUTION (administration, finances). — Autorisation délivrée aux expéditeurs de marchandises par les agents du fisc, pour permettre le transport des marchandises, sans payement préalable des droits, entre le lieu de l'envoi et celui de la destination. C'est une des plus grandes facilités que le fisc ait jusqu'ici accordées au commerce. On conçoit, en effet, quelles entraves rencontrerait le négoce et dans quelles étroites limites il se trouverait resserré, si le commerçant, contraint de consigner des droits souvent considérables, était forcé d'ailleurs d'exhiber ses marchandises aux divers bureaux placés sur la route qu'il parcourt. Afin d'éviter ces graves inconvénients, la loi permet la délivrance de l'acquit-à-caution. On distingue deux sortes d'acquits : 1° L'acquit-à-caution ou de précaution, délivré à celui qui prend sous sa responsabilité de faire vérifier et d'acquitter les droits au bureau de la destination des marchandises ; 2° l'acquit de payement, qui spécifie minutieusement la quantité, la qualité, le poids du chargement, la somme des droits payés, le nom de l'expéditeur, etc. L'acquit-à-caution émane de l'administration des contributions indirectes ou de celle des douanes, selon que les objets expédiés rentrent dans les attributions de l'une ou de l'autre de ces administrations.

ACQUITTEMENT (jurisprudence). — Déclaration qui résulte d'un jugement, en vertu duquel un accusé est déclaré par le jury non coupable du crime qui faisait l'objet de l'accusation. L'ancienne jurisprudence établissait si peu de différence entre les mots absolution et acquittement, que la signification de ces deux mots a été viciée par la plupart des dictionnaires. On conçoit aisément que l'ancien droit, dit Golbéry, ne soit pas fort précis à cet égard. Les institutions anciennes différaient entièrement de celles qui nous régissent. Les condamnations étaient prononcées par l'autorité qui déclarait la culpabilité ; les juges du fait étaient ceux du droit : leur juridiction ayant une égale puissance pour les divers cas qui leur étaient soumis, les effets de leur décision étaient les mêmes dans tous ces cas. Mais aujourd'hui, après les réformes qui ont eu lieu, il n'est pas permis, sans blesser les idées reçues, de se servir du mot absolution pour désigner ce qu'on appelle acquittement. Ainsi, il y a lieu à acquittement quand l'accusé est déclaré non coupable par le jury. Il y a lieu, au contraire, à absolution quand le fait dont l'accusé est déclaré coupable n'est pas défendu et se punit par une loi pénale. Il faut aussi se prémunir contre l'influence d'un autre abus de langage, qui tend à faire descendre l'application de ces solennelles expressions jusque dans les siéges inférieurs. Un tribunal de simple police, un tribunal de police correctionnelle, une cour même, jugeant par appel de police correctionnelle, n'acquittent ni n'absolvent : ils renvoient de la plainte. C'est au président de la cour d'assises à prononcer l'acquittement de l'accusé ; mais l'absolution ne peut être prononcée que par la cour d'assises.

ACRAIPALES (matière médicale). — On a appelé ainsi autrefois une classe de médicaments auxquels on attribuait la propriété de prévenir ou de faire cesser l'ivresse, et parmi eux on plaçait au premier rang l'ingestion d'une certaine quantité d'amandes amères, ou encore l'usage de l'huile à l'intérieur. Aujourd'hui l'ammoniaque liquide, à la dose de 10 à 15 gouttes dans un verre d'eau, est à peu près le seul moyen employé dans les cas d'ivresse, bien qu'il soit loin de réussir constamment. —Voy. Ivresse.

ACRE (mesure) [mot celtique, qui signifie champ, d'où en latin ager et acra]. — Mesure de superficie, usitée autrefois en France et dont quelques pays étrangers se servent encore. « L'acre se divisait en 4 verges, et chaque verge en 40 perches, de sorte que l'acre contenait 160 perches ; mais la perche variait de contenance selon les localités. Celle de Normandie avait 22 pieds en tous sens, ou 484 pieds carrés ; 100 de ces mêmes perches faisaient l'arpent d'ordonnance ou des eaux et forêts. La perche de Paris n'avait que 18 pieds, ou 324 pieds carrés. L'acre de Normandie comprend donc 77,440 pieds carrés $= 484 \times 160$, et répond conséquemment à 81 ares 33 centiares. L'acre d'Angleterre est définie à 4,840 yards carrés. L'yard = o, m. 914 est une fraction ou 2 pieds 9 pouces 9 lignes 2/10. L'acre anglaise comprend donc 40 ares 46 centiares, ou la moitié à peu près de l'ancienne acre normande. L'acre irlandaise, qui a 7,840 yards carrés, ou à peu près 65 ares et demi, s'en rapproche davantage. L'acre écossaise a 6,150 yards carrés, ou à peu près 51 ares et demi. »

ACRIDIENS (zoologie) [du latin acris, sauterelle]. — Famille d'insectes de l'ordre des orthoptères, ca-

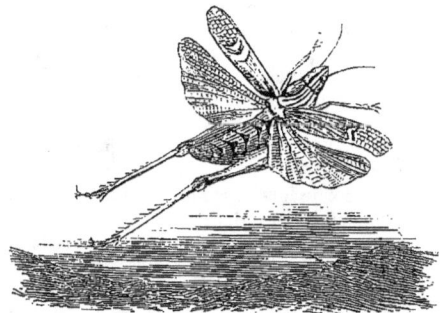

Fig. 21. — Criquet, insecte de l'ordre des orthoptères, famille des acridiens.

ractérisée par ses antennes filiformes ou prismatiques, par des tarses de trois articles et des cuisses renflées propres à sauter avec une agilité peu inférieure à celle des puces ; c'est à cette famille d'acridiens (les sauteurs de Cuvier) qu'appartiennent les grillons, les sauterelles et les criquets. (Voy. ces mots.)

Les acridiens se sont répandus dans presque toutes les parties du monde, et dans presque toutes en très-grand nombre. Plusieurs espèces se multiplient quelquefois si prodigieusement qu'elles ravagent des champs entiers, et réduisent ainsi des campagnes à la dernière misère, surtout dans les parties méridionales. Tous ont la faculté, au moins les mâles, de faire entendre un son aigu qui retentit au loin, et sert à prévenir les femelles de leur absence. Ce son bruyant et monotone se produit, tantôt en frottant l'un contre l'autre les bords de leurs élytres, tantôt en froissant le bord de ces organes contre les cuisses, qui font ainsi l'office d'un archet de violon.

ACRIDOPHAGES (géographie) [du grec *acris*, sauterelle, et *phagô*, manger]. — Nom par lequel les anciens historiens désignaient une peuplade d'Afrique qui se nourrissait de sauterelles. Elle faisait pendant le printemps une ample provision de ces insectes et les salait afin d'en avoir durant le reste de l'année. On dit que les Acridophages ne vivaient pas au delà de quarante ans, et qu'ils mouraient consumés par des insectes ailés qui s'engendraient dans leurs corps. Drack assure que les habitants de l'Éthiopie se nourrissaient de sauterelles, et Adanson rapporte que les habitants des côtes de Mosambique les mangeaient avec avidité. Niebuhr et Forskahl, témoins oculaires, ont vu les Arabes faire griller ces insectes sur des charbons et les manger en grande quantité.

ACRIMONIE (pathologie) [du latin *acrimonia*, d'*acer*, piquant; — selon d'autres, duc eltique *acar*, tête, et *monnyn*, d'humeur bizarre, chagrine]. — Les médecins humoristes se servaient de ce mot pour désigner ce qu'ils appelaient l'*âcreté des humeurs*, et ils attribuaient à cette cause un grand nombre de maladies; aujourd'hui, ce mot n'est presque plus en usage, et bien que les larmes, le lait, l'urine, le pus, et d'autres humeurs soient souvent assez âcres pour enflammer la peau, on ne désigne plus par ce mot cette qualité des humeurs qui jouait un rôle si important dans l'ancienne médecine. Quant à l'acrimonie acide, qui se développe quelquefois dans l'estomac de l'homme comme dans celui des animaux, elle est désignée sous le nom d'*aigreur*. — Voy. ce mot.

ACROBATE [du grec *acrobatès*, qui marche en haut, en l'air]. — Nom sous lequel les anciens désignaient les danseurs de corde, les sauteurs et les acteurs de pantomime qui, de tout temps, ont diverti la foule : ils sont mentionnés par *Manlius Nicetas* dans sa *Vie de Carinus*; par *Symposius*, dans ses *Antiquités grecques et romaines*; par *Dempster* dans ses *Paralypomènes*, etc. La supériorité que quelques individus ont montrée dans ces sortes d'exercices, leur a acquis une célébrité populaire : tels furent Tuccaro sous Charles IX, Forioso sous l'Empire, Mazurier, Debureau, madame Saqui, et *il signor Diavolo*.

ACROCHORDE (zoologie) [du grec *akros*, haut, et *chordé*, corde]. — Genre de reptile ophidiens, d'une taille considérable (allant jusqu'à 3 mètres), et dont le corps, aussi gros que le bras, se termine brusquement par une queue grêle (fig. 22).

L'acrochorde, dit Bibron, n'offre aucune de ces larges plaques écailleuses qui revêtent la partie inférieure du corps du plus grand nombre des animaux de l'ordre auquel il appartient. Sa peau est, au contraire, uniformément garnie, en dessus comme en dessous, de très-petites écailles qui y sont adhérentes par toute leur surface inférieure, bien distinctement

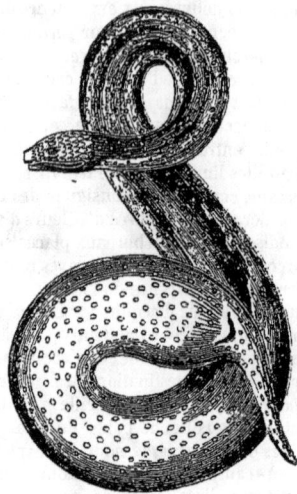

Fig. 22. — Acrochorde de Java.

séparées l'une de l'autre, et disposées en réseau. Ces écailles, que le gonflement, soit naturel, soit factice de la peau, fait ressembler à autant de petits tubercules qui la surmonteraient, sont granulées sur la tête, et sur le reste du corps de l'animal sont munies chacune de trois petites carènes, dont celle du milieu est la plus apparente. La langue de ces serpents est parfaitement analogue à celle des couleuvres : c'est-à-dire que, divisée en deux filets minces et allongés, elle est contenue dans un fourreau qui lui est propre, et d'où l'animal peut à volonté la lancer hors de sa bouche. — On est maintenant autorisé à dire de l'acrochorde qu'il n'est point venimeux; car le fait avancé par quelques naturalistes, qu'il existait dans la bouche de cet animal un os qui y remplaçait les crochets à venin, n'est rien moins que prouvé, et Cuvier a avoué lui-même n'avoir rien découvert qui y ressemblât. D'ailleurs, nous avons en faveur de notre opinion le témoignage d'un homme digne de foi, celui du naturaliste voyageur Leschenault, qui, ayant eu l'occasion d'observer ce reptile dans les lieux mêmes qu'il habite, assure qu'il est parfaitement innocent. Il ne possède point d'autres dents que celles qui sont propres à retenir sa proie, lesquelles sont petites, aiguës et disposées sur deux rangs à chaque mâchoire. La force déprimée de la tête, qui est un peu élargie en arrière et qui semble avoir été coupée à son extrémité antérieure, ainsi que le peu de largeur que présente le ventre comparativement à celle du dos, sont, avec l'habitude qu'on lui connaît d'aimer à s'enrouler autour des branches des arbres, autant de points de ressemblance que l'acrochorde présente avec les boas. Il est originaire de Java, où les habitants l'appellent *oular-caron*. Il fait, dit-on, ses petits vivants, et arrive à une très-grande taille. Sa couleur sur le dessus du dos est verdâtre et marquée d'un très-grand nombre de taches noires ; sous le ventre elle est d'un jaune sale. C'est au voyageur Hornstedt qu'on doit la découverte de ce serpent ; la première description en fut publiée par lui dans les Mémoires de l'académie de Stockholm pour 1787. — On ne connaît bien que deux espèces d'*acrochordes* ; celle de Java est la principale ; elle habite les eaux douces, et les Chinois se nourrissent de sa chair.

ACROCINE (zoologie). — Genre d'insectes coléoptères, ayant pour type l'espèce appelée vulgairement le *grand arlequin* de Cayenne, à cause des belles couleurs variées de ses élytres (fig. 23).

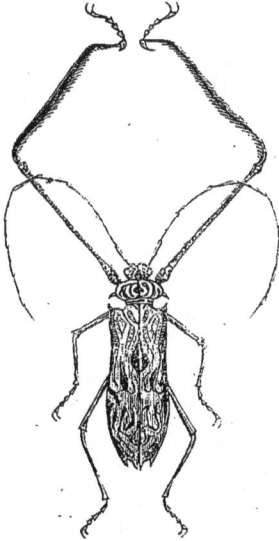

Fig. 23. Acrocine (tiers de la grandeur naturelle).

Cet insecte se trouve toujours sur le tronc des arbres ou auprès d'eux, rarement sous les écorces. Sa démarche est très-lourde, et il se traîne plutôt qu'il ne marche. Son vol, qu'il prend quelquefois à l'entrée de la nuit, est bruyant, peu rapide, et l'insecte ne paraît pas toujours maître de le diriger à son gré. Le bruit qu'il produit avec le corselet s'entend d'assez loin.

LACORDAIRE.

ACRODYNIE (pathologie) [du mot grec *acros*, extrémité, et *odyné*, douleur]. — Maladie épidémique, qui régna à Paris en 1828 et 1829, et dont le symptôme culminant était une sorte de fourmillement douloureux aux pieds et moins constamment aux mains. Ce fut le docteur Cayol qui signala le premier cette affection, et plus tard M. Chomel. Une foule de mémoires furent alors publiés sur ce sujet. Dans cette affection « des *engourdissements*, des *fourmillements*, se faisaient sentir aux mains et aux pieds ; mais c'était surtout dans ces dernières parties que se manifestaient les phénomènes qui attiraient l'attention par

les plaintes dont ils étaient l'objet de la part des malades. Ces douleurs, variables en intensité, mais ordinairement plus fortes la nuit que le jour, étaient constantes pour leur siége et dépassaient rarement les malléoles pour les membres inférieurs, et les poignets pour les membres supérieurs ; quelquefois, néanmoins, elles s'étendaient le long des jambes, des cuisses ou des bras jusqu'au tronc, et même au cuir chevelu. Elles s'accompagnaient toujours d'une perversion ou d'une diminution dans la sensibilité des parties qu'elles affectaient. C'était au début un sentiment de froid, et plus tard une chaleur brûlante, qui forçait les malades à tenir les pieds hors du lit pour se soulager. Parfois une exaltation telle de la sensibilité, que la moindre pression ou le moindre contact ne pouvait être supporté. Si ces malades essayaient de marcher, le sol leur semblait hérissé d'épines ou de petits cailloux ; à d'autres il paraissait plus mou, comme si les pieds eussent été garnis de coton et que la terre se fût enfoncée sous eux. Le tact et le toucher étaient également lésés, au point que certains malades discernaient à peine les objets qu'on plaçait entre leurs mains. (DANCE.) —Cet état allait quelquefois jusqu'à la paralysie et à l'amaigrissement des membres et s'augmentait assez souvent de perte d'appétit, de pesanteur d'estomac ; chez d'autres, de vomissements, parfois de coliques, de dévoiements qui se prolongeaient pendant plusieurs semaines ; de rougeur des conjonctives et du bord libre des paupières, d'un œdème partiel, d'une rougeur érythémateuse des pieds et des mains, d'éruptions diverses, etc. La maladie avait réellement le caractère épidémique ; ainsi, à l'hospice Marie-Thérèse, 46 individus sur 50 en furent atteints ; à la caserne de l'Ourcine, 560 hommes sur 700 furent affectés. Les centres populeux de Paris, les casernes de la Courtille, de l'Ave-Maria, plusieurs prisons et hôpitaux payèrent un large tribut à cette maladie, qui, bien qu'éteinte à la fin de 1829, s'observa encore quelquefois pendant les années suivantes.

La cause de l'acrodynie est restée inconnue, bien qu'on l'ait attribuée à la mauvaise qualité des aliments. Tous les âges, tous les sexes (les hommes surtout), toutes les conditions y ont été sujets. — La nature de cette affection est aussi restée un problème, malgré l'assertion des médecins qui l'ont considérée comme rhumatismale, inflammatoire, nerveuse, etc. Le plus grand nombre cependant y ont vu une lésion du système nerveux et surtout de la moelle épinière. Dans la plupart des cas, d'ailleurs, la guérison était la terminaison ordinaire de l'affection, malgré le nombre des rechutes. Les autopsies, peu nombreuses, n'ont révélé aucun caractère anatomique certain. La *Gazette des Hôpitaux* de 1839 cite une autopsie faite par le docteur Bosc sur une femme âgée de la Salpêtrière. Ce médecin trouva un ramollissement blanc, sans trace de vascularité de la moelle dans la partie antérieure seulement, et depuis la septième paire dorsale jusqu'au-dessous du milieu du renflement lombaire.

Le traitement de l'acrodynie, variable d'ailleurs, selon les idées préconçues de la nature de la maladie, a généralement donné des résultats plutôt négatifs que positifs. Les antiphlogistiques ont été employés sans succès réels; le moxa a paru inutile; l'opium, la belladone, l'extrait de noix vomique, l'assa fœtida, etc., n'ont nullement abrégé la durée des symptômes; il en est de même du tartre stibié à haute dose, du sulfate de quinine, du traitement de la Charité pour la colique de plomb, etc., etc. Les seuls agents thérapeutiques qui sembleraient avoir été avantageux sont les frictions à la térébenthine, ce qui semblerait rapprocher cette affection des névralgies, et les vésicatoires qui appliqués le long des membres et surtout dans la direction du rachis, calmaient les engourdissements et les fourmillements et amenaient parfois la cessation complète de tous accidents.   B. Lunel.

ACROGÈNES (botanique) [du grec *acros*, sommet, et *genos*, naissance]. — Nom que Lindsey donne à la grande division des acotylédones de Jussieu, par opposition avec les *endogènes* et les *exogènes*, qui remplacent pour lui les monocotylédones et les décotylédones. — « Mais ce mot, qui signifie croissant par le sommet, s'applique difficilement aux plantes purement celluleuses, telles que les algues et les champignons, qui croissent réellement dans tous les sens; elle est, au contraire, exacte lorsqu'on ne l'emploie que pour les mousses, les fougères, les lycopodes, etc., dont la tige, en effet, ne s'accroît que par l'allongement de son extrémité, sans éprouver aucun changement dans les parties déjà formées. »

ACROLÉINE (chimie) [du latin *acer*, acre, et *oleum*, huile]. — Corps qui est le produit de la distillation des graisses, et que M. Redtenbacher, de Prague, a isolé et étudié pour la première fois en 1843. C'est un liquide extrêmement volatil, qu'on obtient pur en distillant dans un courant d'acide carbonique sec un mélange de glycérine desséchée et d'acide phosphorique. Il renferme du carbone, de l'hydrogène, et de l'oxygène dans les rapports suivants : $C^6 H^4 O^2$. La vapeur de l'acroléine irrite à un haut degré les yeux et les voies respiratoires. Quelque gouttes répandues dans un appartement suffisent pour faire pleurer toute une société; prévenons toutefois qu'une telle expérience ne serait pas sans danger, car toutes les personnes qui éprouveraient les effets de l'acroléine pourraient être atteintes d'une vive inflammation des yeux.

ACROMION (anatomie) [du grec *acros*, extrème, et *omos*, épaule]. — Apophyse considérable de l'omoplate, produite par une éminence appelée *épine*. Elle est recouverte en dehors par la peau, répondant en dedans au muscle susépineux, donnant attache en haut au muscle trapèze, et s'articulant avec la clavicule par une petite facette, qui reçoit en bas l'insertion du muscle deltoïde. Dans l'enfance, l'acromion n'est encore qu'un cartilage; il s'ossifie peu à peu jusqu'à l'âge de vingt ans environ, et forme alors un tout continu avec l'*omoplat* (voy. ce mot).

ACROSTICHE (poésie) [du grec *acros*, extrémité, et *stichos*, vers]. — Petite pièce de vers disposés de manière que les premières lettres de chacun, réunies dans le même ordre que les vers mêmes, forment la devise, la sentence ou le nom que le poëte a choisi pour sujet de son poëme. Voici trois exemples d'acrostiches simples; le premier a été fait sous Louis XIV par un poëte qui sollicitait une pension; le second est sur la belle Laure, amante de Pétrarque, et le troisième sur le mot *franc-maçon* :

I

L ouis est un héros sans peur et sans reproche.
O n désire le voir. Aussitôt qu'on l'approche,
U n sentiment d'amour enflamme tous les cœurs ;
I l ne trouve chez nous que des adorateurs ;
S on image est partout, excepté dans ma poche.

II

L e ciel, qui la sauva de son propre penchant,
A la beauté du corps unit celle de l'âme ;
U n seul de ses regards, par un pouvoir touchant,
R endait à la vertu le cœur de son amant.
E lle embellit l'amour en épurant sa flamme.

III

F ormer sur la vertu son cœur et la raison,
R econnaître des lois la sagesse suprême,
A bhorrer l'imposteur ainsi que sa leçon,
N e pas nuire au prochain, l'aimer comme soi-même,
C e sont là les secrets que possède un Maçon.
M ortels qui jouissez d'un bien si désirable,
A pprenez aux humains à devenir heureux.
C onduisez-moi, de grâce, au temple respectable
O ù je puisse avec vous, par l'organe des dieux,
N e parler désormais que la langue adorable.

Voici maintenant deux exemples d'acrostiches doubles; le premier est d'un poëte latin des premiers siècles de Jésus-Christ; le second d'un ancien poëte français :

I

J ure pari regnat, communis conditor æv I,
E t cum patre pia regnat sublimis in arc E ;
S idereo sanctis insidit numine regni S,
U nde mare et terras solo videt omnia nut U,
S uggerit humanis, et donat munera rebu S.

II

A mour au cœur d'Anne imprim A
M on très-heureux d'une que j'aime bie N,
N i de nous deux cet amoureux lie N,
A utre que mort défaire ne pourr A

On a fait des pièces de ce genre où l'acrostiche se trouve répété jusqu'à cinq fois. « Les anciens, dit C. Ménétrier, nous ont laissé d'autres exemples de ce jeu d'esprit. On trouve dans l'Anthologie grecque deux épigrammes, l'une en l'honneur de Bacchus, et l'autre en l'honneur d'Apollon; chacune est composée de vingt-cinq vers, dont le premier annonce sommairement le sujet de la pièce; les lettres initiales des vingt-quatre autres sont les vingt-quatre lettres de l'alphabet rangées dans l'ordre alphabétique, et chaque vers renferme quatre épithètes qui commencent par la même lettre initiale que le vers.

L'acrostiche passa, avec l'usage de la langue latine, chez les écrivains des premiers siècles de l'ère chrétienne. Ausone et la plupart des poëtes ses contemporains ont composé dans ce genre diverses pièces. Alcuin et saint Aldhelm, abbé de Malmsbury et poëte saxon, qui vivait encore au commencement du huitième siècle, s'y exercèrent. Ermold-le-Noir (Ermoldus Nigellus), chroniqueur du neuvième siècle, dans l'invocation en vers latins qu'il mit à la tête de son histoire des faits et gestes de Louis le Pieux, se condamna à commencer et à finir chacun de ses vers par les mêmes lettres, qui, lues de haut en bas, formaient elles-mêmes ce vers :

Ermoldus cecinit Hludoici Cæsaris arma.

Un autre auteur alla plus loin, et composa à la louange d'un prince de la deuxième race, Charles le Chauve, un poëme dont tous les vers commençaient par un C. — C'étaient des moines, pour la plupart, qui, dans la vie calme et reposée du cloître, occupaient leur esprit à ces laborieuses niaiseries. On retrouve également ce goût chez nos premiers poëtes français. Ainsi, Adenès, poëte et romancier du treizième siècle, s'excusant, au début de son *Cléomadès*, de ne pouvoir dire le nom des dames qui lui donnèrent le sujet de ce poëme, commence chacun de ses vers par les lettres dont se compose leur nom, et de la sorte trahit son secret avec une naïveté qui n'est pas sans grâce. Les poëtes de la renaissance, en quête de bizarres inventions, ne manquèrent pas d'exploiter l'acrostiche simple, double et quintuple, comme une heureuse innovation ; et ce goût dura jusque bien avant dans le siècle de Louis XIV. » Cette espèce de poésie est peu goûtée de nos jours, et un poëte qui ne se livrerait qu'à ce genre ne serait peut-être plus considéré comme poëte. Outre l'acrostiche ordinaire, il y avait encore le *sonnet acrostiche*, dans lequel il fallait observer les règles de l'acrostiche et celles du sonnet.   DU ROSOY.

ACROTÈRE (architecture) [d'*acroteros*, comparatif d'*acros*, placé plus haut]. — Nom donné à des piédestaux ordinairement sans base et sans corniche, placés aux extrémités, au milieu d'un fronton, ou au-dessus d'autres parties élevées d'un édifice, et qui sont destinés à porter des statues, des vases ou autres ornements. Les acrotères forment des piédestaux divisés qu'il ne faut pas confondre avec les *dosserets*, sur lesquels se détachent les piédestaux des balustrades.

ACROTÈRE (numismatique). — C'est le nom d'un ornement de vaisseau recourbé, qui, sur les médailles, désigne une victoire navale ou une ville maritime.

ACTA ERUDITORUM (actes des érudits). — Titre du premier journal littéraire qui ait paru en Allemagne. Fondé en 1681, par Otto Mencke, professeur à Leipzig, ce journal présentait un compte fidèle et détaillé des ouvrages nouveaux. Parmi les rédacteurs de cette publication importante (117 vol. in-4°, imprimés de 1681 à 1782), on comptait Leibnitz, Carpzov, Thomassuis, de Buenau, etc.

ACTA SANCTORUM (actes des saints). — Nom générique de tous les recueils contenant les renseignements qui nous sont parvenus sur les saints et les martyrs de l'Église catholique et de l'Église grecque ; mais on donne particulièrement ce nom à une *Vie des Saints* entreprise par Bollandus, au dix-septième siècle, et continuée par les savants collaborateurs qu'il s'était associés. — Voy. *Actes des Saints* et *Bollandistes*.

ACTE (art dramatique). — Division des pièces de théâtre ; chaque acte se divise en scènes. Malgré l'assertion d'Hebelin, abbé d'Aubignac, dans son *Traité de la pratique du Théâtre*, il paraît que la division du drame en parties distinctes était inconnue des Grecs. On attribue aux Romains la division des pièces en cinq ou trois actes ; mais longtemps elle fut facultative. Horace la convertit en précepte. Les littérateurs modernes ont hérité de l'habitude des Romains, et l'abbé d'Aubignac ne regarde une tragédie comme parfaite que lorsqu'elle a cinq actes de trois cents vers chacun ; c'est penser à tort que l'acte doit se mesurer à la patience ou à l'attention des spectateurs. Il est, du reste, une partie du public qui considère les entr'actes comme un temps donné au machiniste pour changer la décoration ; c'est encore une erreur. — Il doit y avoir, dit M. H. Fortoul, dans une action dramatique, des divisions plus profondes et plus intimes que celles qui seraient nécessitées par le déplacement de la scène ou par les intervalles de la durée. Aujourd'hui que le drame va grandissant, éparpillant ses racines dans la réalité, s'élevant au monde des idées, prenant une attitude plus digne et plus imposante, il y a nécessité pour les poëtes de donner une valeur intellectuelle et idéale aux divisions du drame. Or, le drame, qui doit être l'image fidèle de la vie, peut, comme elle, se résumer par cette formule : *l'unité dans la diversité*. Chaque acte doit être une partie harmonique et nécessaire du tout, qui est le drame. Un acte doit avoir un dénoûment à lui propre ; mais ce dénoûment ne peut pas être tellement complet qu'il permette de supprimer les actes suivants. Il faut donc qu'à la fin de chaque acte il soit évident pour le spectateur que l'action dramatique a fait un pas de plus, et qu'il lui en reste encore à faire ; il faut que chaque acte accomplisse une partie déterminée de l'évolution totale, et fasse attendre les évolutions subséquentes. De pareilles règles méritent, ce semble, le respect ; elles ne sont pas faites pour gêner l'inspiration du poëte, mais pour en accroître la portée et la puissance.

ACTE (droit) [d'*agere*, faire, agir]. — Écrit qui constate ce qui a été dit, consenti ou convenu, et qui, par les signatures qui y sont apposées, est destiné à servir, au besoin, de titre ou de preuve complète. Tel est le sens dans lequel le mot acte le plus ordinairement employé, et qui exprime exactement ce que les Latins appelaient *instrumentum*. Le mot acte se dit encore d'une manière d'agir, de certains faits qui ont même lieu sans écrits ; ainsi, l'on dit faire *acte d'héritier*.

Tout contrat est nécessairement un acte ; mais,

dans la dénomination des actes notariés, le mot acte s'entend seulement de ceux d'ordre, d'administration, de justification de droits et de qualités, et particulièrement de ceux dont il ne résulte aucune obligation réciproque.

Les actes *sous seings privés*, *notariés* et autres, doivent être revêtus des formalités prescrites par les lois et les usages particuliers du lieu où ils sont passés : *Locus regit actum*. La raison seule, et des considérations tirées de l'utilité publique, ont jeté les fondements de cette règle, qui, se trouvant consacrée par le consentement unanime du peuple, forme une des maximes les plus importantes du droit des gens.

ACTE ADMINISTRATIF. — Acte émané d'un fonctionnaire de l'ordre administratif ou d'un agent qui exerce des fonctions administratives. Tels sont particulièrement les administrateurs des hospices, bureaux de bienfaisance, fabriques et autres établissements publics, directeurs et préposés des régies et directions.'

ACTE AUTHENTIQUE. — C'est l'acte qui fait légalement foi de ce qu'il énonce. L'autorité publique peut seule donner aux actes le caractère d'authenticité. (Loi du 25 vend. an XI, art. 1.) On distingue quatre espèces d'actes authentiques : 1° Les actes du pouvoir législatif, c'est-à-dire les lois, les traités; 2° les actes de l'autorité administrative (voy. *Acte administratif*); 3° les actes judiciaires, c'est-à-dire les jugements et tous les actes de procédure faits par le ministère d'huissier et autres officiers spécialement désignés par la loi; 4° les actes notariés. Trois sortes de conditions sont, du reste, requises pour l'authenticité des actes : celles de capacité, de compétence et de forme.

ACTE CONSERVATOIRE. — Cet acte a pour objet de conserver nos droits, d'empêcher qu'il y soit porté préjudice, soit comme propriétaire, soit comme créancier : comme propriétaire, et, suivant le cas, par une saisie-revendication, par une saisie-arrêt ou par une opposition ; comme créancier, par des inscriptions hypothécaires, saisies-arrêts, oppositions et autres actes conservatoires.

ACTE DE L'ÉTAT CIVIL. — On appelle ainsi les actes qui ont pour but de constater les naissances, les adoptions, mariages et décès. Les registres tenus à cet effet, cotés et paraphés par le président du tribunal civil, sont clos et arrêtés par l'officier de l'état civil à la fin de chaque année; l'un des doubles est déposé aux archives de la commune, l'autre au greffe du tribunal civil. (C. civ. 40, 41, 42 et 43.) Toute personne peut se faire délivrer par les dépositaires des registres de l'état civil des extraits de ces registres. (*Ibid.*, 45.)

ACTE D'HÉRITIER. — C'est ainsi qu'on nomme toute action, toute démarche que le successible ne peut faire qu'en sa qualité d'héritier ; ce qui, par une suite nécessaire, emporte acceptation de l'hérédité.

ACTE JUDICIAIRE, ACTE EXTRAJUDICIAIRE. — L'acte judiciaire est celui qui est fait en la présence ou sous la surveillance du juge: tels sont l'assignation, l'appel, une réquisition d'ordre, etc. L'acte extrajudiciaire a pour but de prévenir une contestation, de s'assurer ou de conserver un droit, comme les offres réelles, les consignations, une réquisition de surenchère, etc.

ACTE NOTARIÉ. — Acte reçu par un notaire et dans les formes et conditions voulues par la loi. On distingue trois divisions des différents actes que reçoivent les notaires : 1° Ceux dits de juridiction volontaire, et ceux qui ont un caractère judiciaire, auxquels on donne la dénomination d'actes de juridiction volontaire, tels que, dans le premier cas, les obligations, les ventes ordinaires, les baux, les procurations, etc.; et quant aux actes de juridiction contentieuse, les inventaires, les procès-verbaux de comparution, les notifications d'actes respectueux, les protêts, etc., qui ont un caractère extrajudiciaire et qui ne sont point volontaires; 2° les actes dits contrats, procès-verbaux et actes simples, comme la vente, le bail, puis le cautionnement, la notoriété, la quittance, la main-levée; 3° les actes parfaits et les actes imparfaits, savoir : les actes revêtus des signatures de toutes les parties et de toutes les formalités requises; puis les actes qui ne sont point encore signés de toutes les parties, ou auxquels les notaires n'ont point encore apposé leur signature. Les actes notariés jouissent essentiellement du caractère de l'authenticité, c'est-à-dire qu'ils font foi en justice et qu'ils sont exécutoires par eux-mêmes. (L. 25 vent. an XI, art. 1 et 19.)

ACTE RESPECTUEUX. — C'est l'acte par lequel l'enfant demande le conseil de ses ascendants pour se marier : savoir, les hommes à l'âge de vingt-cinq ans, et les filles de vingt et un ans, soit à leurs père et mère, soit à leurs aïeul et aïeule, lorsque leurs père et mère sont décédés ou dans l'impossibilité de manifester leur volonté. (C. civ., 148 et 151.)

ACTE SOUS SEING PRIVÉ. — On appelle ainsi l'acte qui est passé entre les parties, ou fait et signé par une seule partie et sans l'intervention d'aucun fonctionnaire public. Ces actes ne sont soumis à aucune formalité proprement dite ; il suffit qu'ils soient rédigés d'une manière claire et qu'ils soient signés des parties. (Cass., 30 août 1809.) Néanmoins, lorsqu'ils contiennent des conventions synallagmatiques, ils ne sont valables qu'autant qu'ils sont faits en autant d'originaux qu'il y a de parties ayant un intérêt distinct; il suffit d'un seul original pour toutes les personnes ayant le même intérêt. Chaque original doit contenir la mention du nombre des originaux qui en ont été faits (C. civ., 1325), ne fût-ce que comme précaution contre des allégations de surprise et de dol. Les parties qui n'ont pas écrit un acte sous seing privé doivent faire précéder leur signature de leur approbation de l'écriture. A l'égard des billets et promesses de payer, il ne suffit pas d'approuver l'écriture; il faut écrire : *Bon pour...* ou *approuvé pour la somme de...* (en toutes lettres) ou *la quantité de la chose* (C. civ., 1326). Toutefois, la règle de la nécessité de la signature est sujette à exception ; certaines écritures privées peuvent faire preuve, quoiqu'elles ne soient pas signées : telles sont les écritures mises à la suite d'un acte ou d'une quittance, les livres, registres ou journaux et tablettes (C. civ., 1329 et suiv.). Il est beaucoup d'actes qui ne peuvent plus être rédigés sous seings privés, tels que les contrats de mariage, les donations entre vifs, les acceptations de donation, les affectations d'hypothèque, les certificats de propriété, les certificats de vie (en grande partie), les mainlevées d'hypothèque, les licitations, ordres, partages et ventes judiciaires, auxquels on doit procéder devant les notaires désignés par les tribunaux ; les sociétés anonymes, les ventes de coupes de bois, récoltes, fonds de commerce, les baux des biens des hospices, des communes et autres établissements publics

JEAN ÉTIENNE.

ACTE PUBLIC. — Avant que l'écriture pût rendre la parole durable, tous les actes étaient verbaux ; et pour qu'ils pussent être authentiques, on les passait devant l'assemblée du peuple. C'est ainsi qu'agit Abraham lorsqu'il acheta d'Éphron une caverne pour enterrer Sara. Homère, dans la description du bouclier d'Achille, fait mention d'un plaidoyer pour homicide tenu devant tout le peuple assemblé. Les Babyloniens paraissent être les premiers qui aient introduit l'usage de passer les actes par écrit. En France, on les rédigea en latin jusqu'au règne de François Ier, qui, reconnaissant l'abus de les écrire dans une langue comprise seulement d'une partie de la nation, ordonna qu'ils seraient désormais rédigés en français. C'est seulement en 1270 que l'usage des actes notariés fut introduit en France pour les affaires civiles.

ACTES DES APOTRES (religion). — Livre du Nouveau Testament contenant l'histoire des progrès du christianisme depuis l'ascension de Jésus-Christ, l'an 33, jusqu'à l'arrivée de saint Paul à Rome, vers l'an 65. Ce livre, qui est attribué à saint Luc, est divisé en vingt-huit chapitres. Le concile de Laodicée a placé les Actes des Apôtres au nombre des livres canoniques. L'abbé FILOCAMO.

ACTES DES SAINTS, recueil de notices historiques sur les personnes qui se sont fait remarquer par la sainteté de leur vie ou par le courage qu'elles ont opposé aux persécuteurs de l'Église. Dès les premiers siècles de l'ère chrétienne, on commença à recueillir des renseignements sur les saints et les martyrs de notre religion ; mais la première collection de légendes originale date de 1474 et est due à Boninius Montbritius. L'ouvrage du jésuite Bolland, d'Anvers, commencé en 1643, sur l'ordre de ses supérieurs, et continué par les Bollandistes (voy. ce mot), est bien supérieur sous tous les rapports aux écrits de ce genre qui ont précédé. Une critique savante, dit un auteur, judicieuse et impartiale, a constamment présidé à sa rédaction. L'égoïsme irréligieux des temps modernes n'a pas compris ce genre de composition historique, entièrement basée sur l'esprit et les besoins du moyen âge. Les philosophes ont été choqués du ton respectueux dont on y fait l'éloge des hommes pieux qui ont édifié les siècles passés par leurs vertus à la fois modestes et courageuses. Le style des Bollandistes, les faits qu'ils rapportent, et qui, pour la plupart, sont constatés par des documents contemporains, ont été soumis à une critique sévère, haineuse, qui, appliquée aux écrivains et historiens de l'antiquité, conduirait nécessairement au scepticisme le plus absolu. — L'homme impartial qui apportera à l'étude de ces monuments vénérables de l'antiquité chrétienne une connaissance parfaite des mœurs, des usages et des opinions du temps, qui ne se croira pas fondé à rejeter un fait par cela seul qu'il ne s'accorde pas avec les idées et les opinions du jour, trouvera dans l'ouvrage des Bollandistes les documents les plus précieux pour l'histoire du moyen âge. Les Actes des Saints, continués jusqu'en 1794, forment cinquante-trois volumes, et ne sont pas encore terminés. Ces actes ont été recueillis par Colganus pour la Grande-Bretagne, par Et. Ghesquier pour la Belgique et la Flandre, et par Assemani pour les Églises d'Orient.

L'abbé DELMAS.

ACTÉE (botanique) [du mot grec actœa, sureau]. — Genre de la famille des renonculacées, tribu des elléborées. C'est une plante vivace, à rhizome traçant, s'élevant à 1 mètre 30. On en connaît trois espèces principales : 1° l'actée d'Europe, qu'on cultive dans quelques jardins à cause de sa grandeur, de l'élégance de ses feuilles et de la beauté de ses épis de fleurs blanches. Cette espèce croît naturellement dans les lieux ombragés des hautes montagnes. Elle est vénéneuse ; sa racine, dite ellébore noir, est employée en médecine et sert à faire des sétons aux bestiaux ; 2° l'actée d'Amérique, qui est beaucoup plus belle que celle d'Europe ; 3° l'actée cimifuge ou chasse-punaises.

ACTEUR (art théâtral) [du latin actor, d'agere, agir]. — Celui qui représente un personnage quelconque dans une pièce de théâtre. Cette profession, honorée chez les Grecs, était méprisée chez les Romains. De nos jours, il est encore des personnes qui ne considèrent pas un bon artiste dramatique, honnête, loyal, comme un personnage estimable, aussi agréable que nécessaire à la société : c'est un principe qui doit céder à la raison. Eh quoi ! peindre les passions avec talent, émouvoir, attendrir, étonner, corriger, instruire son siècle, ne seraient pas des titres à l'estime publique, même quand à tout cela on peut joindre une conduite sage et irréprochable ? Il était juste que dans les premiers temps on se soulevât contre les spectacles qui perpétuaient l'idolâtrie et nous présentaient des farces grossières et obscènes ; mais aujourd'hui que les bons théâtres sont devenus le fléau des ridicules et l'école de la vertu, il n'est pas juste de flétrir les hommes qui concourent à fustiger les uns et à honorer l'autre. « L'acteur, dit Samson (1), met au service de l'écrivain sa figure, sa voix, les facultés de son esprit et de son âme, en un mot, tout son être physique et moral par lui, la pensée devient une action, elle revêt un corps, s'anime d'une vie matérielle, et de cette trans-

---

(1) Discours prononcé à l'ouvert. du Cours d'hist. et de littérat. au Conservatoire (février 1856.)

formation magique naît un des plaisirs les plus charmants et le plus complet peut-être que les arts puissent donner à l'homme, puisqu'il saisit à la fois l'œil, l'oreille, l'intelligence et le cœur. Le devoir de l'acteur est d'étudier avec conscience, pour la rendre avec fidélité, cette pensée dont il est la représentation vivante; il faut qu'il se l'assimile, et qu'elle soit, pour ainsi dire, incarnée en lui. » Certes, cette définition de l'acteur ne pouvait être si bien sentie, si bien exprimée que par un grand et profond comédien.

Les premiers acteurs qui parurent à Athènes ou à Rome n'étaient que des bouffons qui cherchaient à amuser le peuple. Plus tard, Eschyle fit porter un masque aux acteurs, les haussa sur le cothurne, et les revêtit de longues robes traînantes, afin qu'ils parussent avec plus de majesté. Les Romains, qui firent venir les premiers acteurs de Toscane, imitèrent les Grecs : un homme qui représentait un dieu ou un héros paraissait un géant; il avait une tête, des jambes, des bras postiches, et tout le reste répondait à cette énorme grandeur. Les acteurs à Athènes étant obligés de parler extrêmement haut pour se faire entendre à un peuple innombrable qui remplissait les amphithéâtres, usaient de moyens artificiels pour augmenter le timbre de leur voix. Outre de grands vases d'airain disposés d'espace en espace sous les degrés des amphithéâtres et qui faisaient retentir les sons, l'immense ouverture de leurs masques figurée en porte-voix, servait encore à les grossir. A Rome, au lieu de vases d'airain pour soutenir l'acteur dans un jeu si difficile, un joueur de flûte l'accompagnait; et comme la voix va toujours en s'affaiblissant, le joueur de flûte servait à la relever ou à la rabaisser quand l'acteur s'emportait; de plus, il donnait le ton à celui qui entrait sur la scène, sans peut-être qu'il fût entendu lui-même des spectateurs.

Les anciens ne donnaient point de rôle de femmes à remplir à des femmes; elles ne paraissaient sur le théâtre que pour danser dans les intermèdes; ainsi les rôles de femmes étaient exécutés par des hommes. La raison pour laquelle les femmes qui dansaient sur le théâtre ne jouaient point de personnage dans la pièce, c'est qu'elles n'auraient pas eu la force de se faire entendre comme les hommes, quoiqu'elles eussent possédé aussi bien, et peut-être plus finement qu'eux, l'art de la déclamation et des gestes. — Chez les Grecs, les auteurs des pièces dramatiques en étaient souvent les principaux acteurs; la profession de comédien n'avait rien de déshonorant pour eux et ne les empêchait point de posséder les charges. Il n'en était pas de même chez les Romains, où les acteurs n'étaient pas, comme en Grèce, des hommes libres, mais des esclaves. Les lois défendaient à tout citoyen de monter sur le théâtre : c'était non-seulement un sujet d'exclusion des charges de la république, mais même une action répréhensible, et pour laquelle le censeur aurait dégradé de noblesse un sénateur ou un chevalier, et chassé de sa tribu un simple citoyen, qui dès lors était privé du droit de suffrage dans les assemblées publiques. Longtemps chez les modernes,

des anathèmes furent prononcés par la religion contre les théâtres : il était défendu d'enterrer les comédiens en terre sainte : ces préjugés disparaissent tous les jours, et non-seulement l'acteur est estimé en raison de sa conduite et de sa valeur personnelle, mais encore nos chanteurs et nos cantatrices célèbres sont appelés par le clergé pour augmenter l'éclat des grandes cérémonies religieuses.   S. Gross.

ACTIF (commerce) [du latin *agere*, agir, faire]. — Réunion des sommes dues à un négociant, de toutes les créances à recouvrer, tant en capital qu'en intérêt. Par opposition, on comprend sous la dénomination de *passif* le total des sommes dont le négociant est débiteur.

Actif (finances). — L'actif du budget se compose de la perception de tous les impôts, du recouvrement de toutes les créances, quelles que soient leur nature et leur source.

ACTINIE (zoologie) [du grec *actis*, rayon]. — Genre de polypes rayonnés et charnus, à tentacules nombreux, au centre desquels se trouve une ouverture servant à la fois de bouche et d'anus (fig. 24).

Fig. 24. — Actinie.

Les actinies habitent toutes les mers, et dans la belle saison on les rencontre en grand nombre le long des côtes. Le contact brûlant de quelques espèces leur a fait donner le nom d'*orties de mer*. « Ces zoophytes sont très-sensibles à l'impression de la lumière; ils le sont même au bruit. C'est surtout dans les lieux où la mer est basse qu'ils habitent; ils se fixent soit aux rochers, soit au sable, soit aux autres corps, et dès que le temps est beau et que la mer est calme, on les voit s'épanouir. Leurs couleurs sont si vives et si variées, et ils sont eux-mêmes en si grand nombre, qu'on croit voir les fleurs les plus belles à la surface des eaux; mais si la mer s'agite et que le temps se couvre, toutes ces belles fleurs disparaissent à l'instant : l'animal retire ses tentacules et se contracte au point de diminuer de plus de la moitié de son premier volume. Ce n'est que l'été qu'on peut admirer ces beaux animaux; car dès que l'hiver approche, ils vont chercher dans des eaux plus profondes une température plus douce. Pour cela, ils se laissent emporter par les eaux, et, se retournant complétement, ils se servent de leurs tentacules comme de pieds pour ramper sur le fond, et disparaissent ainsi pour ne plus revenir qu'au printemps. Les actinies pourraient, si l'on avait toujours la faculté de les observer, servir de baromètre ; car, selon qu'elles sont plus ou moins épanouies, on peut juger si le temps sera beau ou orageux ; l'expérience a prouvé qu'elles sont même, dans certains cas, plus sensibles que les baromètres et les devancent. Elles sont toutes douées d'une assez grande voracité ; elles se saisissent, au moyen de leurs tentacules, de mollusques, de crustacées, et même de petits poissons, qu'elles attirent à leur bouche ; et après les avoir avalés, elles rejettent quelquefois, seulement au bout de huit à dix heures, les parties qu'elles n'ont pu digérer. Quelques espèces, surtout l'actinie verte de Forskal, font éprouver, quand on les touche, une piqûre brûlante semblable à celle qu'on ressent en touchant des orties. » Plusieurs espèces sont employées comme aliment, mais elles constituent une nourriture peu abondante en principes assimilables. La saveur même de ces zoophytes mucilagineux est due tout entière aux substances avec lesquelles on les assaisonne. Les actinies se multiplient avec rapidité, tant par section mécanique que par génération gemnipare ; dans ce dernier cas, leurs petits sortent par la bouche. Les principales espèces de ce genre sont l'*actinie coriace*, l'*actinie pourpre*, l'*actinie blanche*, l'*actinie édulis*, qu'on mange sur les côtes de Provence ; on les fait ordinairement frire dans la pâte, après les avoir bien lavées.   J. W.

ACTION (philosophie).—Effet physique ou moral du principe actif qui se détermine et se développe dans l'homme, soit par les mouvements du corps, soit par les formes diverses de l'esprit, soit enfin par les impulsions ou les sentiments du cœur. En d'autres termes, une action est, en général, le produit de deux forces, dont l'une, intérieure, s'exerce sur une autre extérieure, et donne ainsi naissance à une œuvre bonne ou mauvaise, suivant la nature de l'individu. Ordinairement, l'action est toujours subordonnée à la direction morale que l'on imprime à ses sentiments ou à ses pensées ; d'autres fois, elle est naturelle et spontanée ; plus souvent, enfin, elle est le résultat pratique de théories et d'instincts particuliers. La volonté et les passions sont les mobiles de toutes les actions humaines, et elles les accompagnent dans les transformations qu'elles subissent en raison des circonstances au milieu desquelles on les accomplit. Tantôt soumises à l'intelligence, tantôt à la matière, elles revêtent un caractère opposé selon la cause dont elles dépendent, et même suivant le but qu'on veut leur faire atteindre. Ainsi, d'un côté ce sera la vertu, de l'autre le vice ; ici le dévouement, là l'intérêt, plus loin l'ambition : partout, en un mot, une passion quelconque qui amènera un acte essentiellement relatif et constituera pour l'être qui le fait une sorte de passivité physique, intellectuelle ou morale, d'après l'impulsion plus ou moins heureuse de son activité.—Une *bonne action* est celle qui s'appuie sur le bien et le désir d'être utile ou agréable à ses sem-

blables ; elle part d'un esprit droit, d'un cœur aimant et honnête, d'une nature généreuse, sincère et dévouée. Lorsqu'on se plaît à faire de bonnes actions et que l'on recherche avec avidité l'occasion de se laisser aller à ses instincts d'expansion et de charité, il est rare qu'on ne soit pas un homme véritablement supérieur par la modestie et l'oubli de soi-même ; car une bonne action apporte toujours avec elle je ne sais quel parfum de satisfaction et de tendresse que l'on est jaloux de respirer seul, et qui, mêlé de joie, d'affection et de reconnaissance, devient alors la récompense la plus douce de la conscience d'avoir bien fait. Une bonne action, franchement conçue et franchement exécutée, avec l'intention bien désintéressée de penser aux autres avant de penser à soi, est de nos jours tellement idéale, que nous n'osons y croire, et que nous ne savons s'il vaut mieux supposer dans l'humanité une tendance plus ardente vers la solidarité que vers l'égoïsme ; mais, enfin, çà et là se rencontrent des êtres privilégiés, placés ici-bas pour nous rappeler que là où il y a privation et souffrance, là aussi il y a dévouement et générosité, et nous avouons qu'aujourd'hui encore il se trouve des hommes qui, sans ostentation et sans arrière-pensée, font une bonne action. Une *mauvaise action* est celle qui prend sa source dans l'idée du mal, et qui, sous l'influence de certaines inclinations dépravées, s'accomplit soit pour satisfaire une passion matérielle, soit pour profiter de l'infériorité physique ou morale de celui sur lequel elle s'exerce, afin de s'élever aux dépens de son honneur et de sa dignité. — Une mauvaise action dégrade l'homme ; mais quelquefois il la conçoit, l'entreprend et l'achève avec tant de ruse et de finesse, il l'environne de tant de dehors honnêtes, il sait colorer avec tant d'art ses pensées et ses paroles, qu'on ne parvient que bien longtemps après à découvrir sa fourberie, persuadé que l'on était de sa franchise et de sa moralité. Entre deux hommes qui agissent, l'un pour assouvir uniquement ses appétits matériels, et l'autre pour jouir de ce raffinement qu'il demande à son instruction ou à son éducation, une mauvaise action est certainement plus coupable dans le dernier ; et pourtant le monde va de telle sorte que lorsqu'un pauvre malheureux, souvent poussé par la misère, commet une mauvaise action, la colère ou la justice des hommes s'appesantit de tout son poids sur lui ; tandis que l'homme soi-disant bien élevé, mais qui ne craint pas de frustrer son prochain avec art ou d'agir avec les personnes qu'il fréquente comme avec celles qu'il redoute ou qu'il méprise, sera parfaitement à l'abri de tout châtiment, et marchera, au contraire, la tête haute, sans que l'on ait même l'idée d'arrêter sur lui le plus inoffensif des soupçons ! D'ailleurs, entre hommes qui font des affaires ou qui se lient sous le prétendu patronage de l'amitié, une mauvaise action s'éloigne tellement de leurs habitudes ou de leur bon ton, qu'en en faisant de loin en loin quelques-unes, ils croient avoir concilié les avantages de leur position avec les exigences de celle de leurs amis, avoir rendu un service éminent à leur honneur ou à

leur fortune lorsqu'ils ont commencé par vouloir leur faire perdre l'une et l'autre, et l'on aurait beaucoup de peine à leur persuader que, malgré leur mérite, ils pourraient peut-être n'avoir pas très-bien agi. L'homme qui a commis ou veut commettre une mauvaise action vit ordinairement dans la contrainte et la fausseté; il est obligé de faire taire en lui tous les bons instincts, qui s'insurgent contre sa volonté, et il faut être bien vicié, ou depuis longtemps familiarisé avec la démoralisation ou le mal, pour ne pas soutenir longtemps cette lutte entre nos bons sentiments et nos mauvais désirs. Les bonnes et les mauvaises actions résument, comme le bien et le mal, qui sont leurs deux principes, toutes les opérations de la vie; elles se partagent nos peines et nos inspirations, nous plongent dans un univers de calme ou de trouble, de plaisir ou de tristesse, de contentement ou de remords, selon la direction que nous leur donnons; et c'est à nous de choisir entre l'impression, ineffaçablement douce, ou cruellement triste, que laisse dans l'âme la conscience d'une bonne ou d'une mauvaise action. Sommes-nous inquiets, affligés, malheureux? une bonne action nous soulage; il nous semble que nous appelons sur nous la miséricorde divine, et que nous la prions, par tout ce que nous avons de meilleur, d'éloigner de nous la souffrance; notre existence passe en quelque sorte dans celle dont nous relevons par nos sympathies l'espoir et le courage; nous nous persuadons que nous sommes deux pour apprécier tout ce qu'il y a autour de nous d'éléments de paix et de prospérité, et nous sommes heureux enfin du bonheur des autres, puisque ce bonheur nous a fait vivre de notre vie véritable en resserrant les liens les plus doux qui nous unissent à nos amis et à la société. Trouvons-nous la même chose après une action mauvaise? D'abord nous n'avons pour nous que la solitude, autour de nous que la méfiance, après nous que l'indifférence ou le mépris; et quand on nous dit qu'une grande douleur est arrivée au milieu d'une famille, que le deuil a pris la place de la joie, que la ruine a suivi de près la fortune, et tout cela parce qu'un homme trompeur ou méchant est venu, sous les auspices de l'amitié, donner de faux conseils, abuser de l'inexpérience ou de la confiance qu'on avait en lui, mettre le déshonneur et la misère à la place de l'aisance et de la vertu; malgré nous, nous éprouvons un sentiment de répulsion, qui ne tarde pas à se changer en haine si cette mauvaise action a fait des victimes parmi nos meilleurs amis.

L'action se trouve donc étroitement liée à ce que nous avons de plus intime dans la volonté, l'énergie et la puissance d'activité que nous a départie la Providence; et si la vie n'est, après tout, qu'une succession continuelle d'actions physiques, intellectuelles ou morales qui constituent pour nous un caractère de sympathie ou d'antipathie pour tout ce qui se rapproche plus ou moins des types du bien et de la vérité, s'il nous a été donné d'acquérir l'expérience d'une bonne et d'une mauvaise action, n'hésitons pas à faire toujours de la seconde un contre-poids à la première, pour essayer de connaître plus vite comment l'affection et la reconnaissance conduisent toujours à l'estime de soi-même et de la société.

ÉDOUARD BLANC.

ACTION (droit) [d'*agere*, agir, faire]. — Demande qu'on intente, ou du droit qu'on a de la former en justice. — Les actions se divisent en *personnelles*, *réelles* ou *mixtes*.

L'action est *personnelle* alors que nous soutenons que la personne contre laquelle nous agissons est obligée envers nous. L'action est *réelle* quand nous réclamons l'attribution d'un droit ou d'une chose, indépendamment de toute considération de la personne. Elle est *mixte* lorsqu'elle s'exerce tout à la fois contre la personne obligée et contre le possesseur, attendu qu'alors elle nous sert à réclamer et l'accomplissement d'une obligation et la restitution d'une chose.

Les actions se divisent encore en *mobilières* et *immobilière*. Est mobilière toute action qui tend à nous faire obtenir un objet mobilier; est immobilière toute action en pétition d'un immeuble ou d'un droit immobilier.

On distingue en outre les actions possessoires, pétitoires et les actions en complainte; elles ont des règles spéciales, mais elles se rattachent toutes aux divisions établies ci-dessus.

L'action est donc le droit de poursuivre devant les tribunaux pour ce que nous croyons nous être dû ou nous appartenir.

ACTION (anatomie). — Dans l'économie animale, c'est un mouvement ou un changement produit dans le corps ou dans quelque autre partie, et qui diffère de la fonction en ce que celle-ci n'est qu'une faculté réduite en acte.

ACTION (physique). — Ce mot se prend aussi pour vertu, force d'agir. L'aimant perd son *action* quand on le laisse longtemps sans être armé.

ACTION (mécanique). — Le mouvement qu'une puissance produit réellement, ou qu'elle tend à produire dans un corps, et qu'elle y produirait en effet, si rien ne l'en empêchait.

ACTION (poésie). — Principal événement qui fait le sujet d'une pièce de théâtre ou d'un poëme épique; de là ces manières de s'exprimer, *unité d'action*, *duplicité d'action*.

Action se dit encore par opposition à récit; on dit qu'il y a beaucoup d'*action* dans un poëme dramatique quand la plupart des choses s'y passent en *action*, et non en récit.

ACTION (art dramatique et oratoire). — Tout ce qui regarde la contenance, le mouvement du corps et les gestes de l'acteur ou de l'orateur: *cet orateur n'a point d'action*; *cet orateur a l'action belle*, *noble*, *libre et aisée*.

ACTION (peinture). — *Cette figure a de l'action*; se dit, en peinture et en sculpture, d'une figure qui paraît agir. L'*action* n'est pas la même chose que le mouvement: l'*action* peut n'exiger du mouvement que de quelques parties, sans que la figure se déplace; le mouvement donne une idée plus générale du déplacement; et l'expression, qui est encore autre chose que l'*action* et le mouvement, veut que toutes les parties du corps participent de l'affection qui occupe et détermine l'âme, soit que la figure agisse ou n'agisse pas. Dans un tableau composé de plusieurs figures qui ont de l'*action*, leur relation mutuelle ajoute à l'effet et à l'action générale, et c'est alors qu'on dit : Il y a beaucoup de mouvement dans cette composition.

ACTION, ACTIONNAIRE (droit). — L'action est une partie ou une égale portion d'intérêt, dont un certain nombre, jointes ensemble, forment le fonds social ou capital d'une compagnie ou d'une association commerciale. On peut stipuler que le capital d'une société ou d'une entreprise sera divisé ou établi en un certain nombre d'actions, dont la réunion forme le capital social. Ainsi, une société qui a 500 actions de 1,000 francs chacune a été établie avec un capital de 500,000 francs : il résulte donc de là que chaque action représente une quote part dans la propriété de ce qui forme le fonds social, qu'il soit composé d'une manufacture ou d'une usine avec son mobilier, ses ustensiles, ses outils, ses matières premières, ses articles et objets fabriqués, ses fonds encaissés, ses créances et ses obligations et titres sur particuliers; en un mot, son actif, comme son passif; puis de son emplacement, de ses édifices et constructions, avec leurs propres charges. Le nom même ou le titre d'une société, d'une entreprise, peut être une portion, une valeur partielle de l'actif social. La jurisprudence et les auteurs sont parfaitement d'accord à cet égard.

L'actionnaire est celui qui a un intérêt dans une compagnie formée pour l'établissement de quelque commerce ou d'une entreprise montée par actions. Ces actions sont meubles, nominales ou au porteur : dans ce dernier cas, on présume, jusqu'à preuve contraire, qu'elles appartiennent à ceux qui en sont porteurs. Aux termes de l'art. 529 du Code civil, toutes les actions de commerce sont essentiellement meubles, encore que des immeubles dépendants des entreprises appartiennent aux compagnies.

ACTIONS DE LA BANQUE. — La Banque de France (voy. ce mot), créée par les lois du 24 germinal an XI (14 avril 1803), eut d'abord un capital de 45,000,000 de francs, divisé en 45,000 actions de 1,000 fr. chacune. Le privilége était de quinze années, et devait expirer en 1818; il a été prorogé jusqu'en 1867. Au 1er janvier 1808, la Banque a été autorisée à émettre 45,000 nouvelles actions. Le capital primitif de chaque action a été porté à 1,200 fr. « La loi du 24 germinal a aussi déterminé les caractères des actions et les droits des actionnaires. Les actions de la Banque sont représentées par une inscription sur les registres; elles ne peuvent être mises au porteur. La transmission des actions se fait par un simple transfert sur les registres, qui sont tenus doubles. La répartition annuelle ne peut excéder 6 p. 0/0 du capital primitif de chaque action payable par semestre, et de deux tiers du bénéfice. L'autre tiers est mis au fonds de réserve. En cas d'insuffisance des bénéfices pour payer les dividendes de l'in-

térêt, il est pris sur le fonds de réserve. La répartition des réserves se fait quand elle est autorisée par une loi. La Banque n'admet à l'escompte que du papier à trois signatures. Le transfert pur et simple des actions, à la Banque, équivaut à la troisième signature, et ces actions transférées sont considérées comme garanties du payement des effets escomptés. Les actions de la Banque, ainsi que celles des compagnies anonymes autorisées par le gouvernement, sont cotées dans le cours des effets publics à la Bourse; leur valeur hausse ou baisse comme celle de tous les fonds publics. »

ACTION HYPOTHÉCAIRE (droit). — C'est l'action qu'a le créancier contre le tiers détenteur de l'immeuble hypothéqué, aux fins d'obtenir le payement de sa créance, soit du détenteur lui-même, soit par la vente de l'immeuble affecté à la créance, par privilége, par hypothèque légale, par hypothèque spéciale, ou par hypothèque judiciaire, dont l'inscription a été faite au bureau des hypothèques de l'arrondissement de la situation des immeubles. Le délaissement de l'immeuble ne libère pas le tiers détenteur, à moins qu'il ne soit pas personnellement obligé au payement de la dette. (C. civ., 2172.) (Voy. *Délaissement par hypothèque.*) L'action hypothécaire ne peut, du reste, être intentée par le créancier qu'autant que la dette est devenue exigible, le terme étant échu ou la condition imposée étant remplie. (C. civ., art. 2166 et suivants.) Sous l'empire de l'ancienne législation et avant le Code civil, cette action était soumise à des formes non moins lentes que dispendieuses; mais aujourd'hui la procédure est plus simple, plus prompte et plus économique. (*Ibid.*)

ACTIVITÉ (philosophie, morale) [en latin *activitus, d'agere,* agir, faire]. — Principe intérieur de détermination ou d'action, qualité dont les éléments sont la promptitude du jugement, l'énergie de la volonté, la facilité des mouvements organiques. « La vie, dans l'univers, se manifeste par une série éternellement variée de relations entre les êtres. Dans chacune de ces relations, chaque être est à la fois et à tout instant *actif* et *passif*; car toute chose dans l'univers est active en même temps que passive. Les hommes, en s'observant eux-mêmes, ont distingué une sorte d'activité à laquelle ils ont donné le nom d'activité morale, volontaire, et dont ils ont fait l'apanage de la nature humaine. Cette activité a deux éléments, et non pas un seul, comme on l'a prétendu, car elle est raison et sentiment à la fois. Ce qui est gouverné en nous, ce n'est pas seulement la passion, ce sont aussi les raisonnements qui s'y mêlent; et, de même, ce qui gouverne, ce n'est pas la raison seule, c'est la raison et le sentiment. Ce qui est vaincu est de même nature que ce qui triomphe. L'homme est un dans tous ses actes. Faire un acte de liberté morale, c'est avoir un sentiment supérieur à un autre sentiment; c'est s'élever à une passion supérieure, c'est agrandir et perfectionner les tendances de notre nature. » (P. LEROUX.)

ACUPUNCTURE (chirurgie) [d'*acus*, aiguille, et de

punctura, piqûre]. — Moyen thérapeutique consistant à faire pénétrer lentement une ou plusieurs aiguilles dans des tissus qui sont le siége de douleurs ou de maladies. Cette opération, inconnue aux Grecs, aux Latins et aux Arabes, est pratiquée, depuis la plus haute antiquité, en Chine et au Japon, où elle est désignée sous le nom de *zinking*; elle constitue même, dans ces contrées, dit Requin, l'une des principales ressources de la médecine contre un grand nombre de cas très-divers et très-vaguement déterminés, qui paraissent appartenir en général au cadre des affections nerveuses et rhumatismales. On s'y sert d'aiguilles très-fines, qu'on introduit à travers la peau et au delà, soit en les poussant directement, soit en les tournant entre les doigts, soit en les frappant avec le doigt ou avec un petit maillet; ces aiguilles sont quelquefois d'or ou d'argent, mais le plus souvent elles sont d'acier; et ce qu'il y a de curieux, c'est que le Japon tire de la Hollande ce genre d'instruments. Les médecins chinois et japonais, qui sont fort ignorants en anatomie, se règlent uniquement sur les principes d'une routine aveugle par rapport au choix des endroits où il faut enfoncer les aiguilles, au degré de profondeur jusqu'où elles peuvent pénétrer, et à la direction qu'elles doivent recevoir; ils reconnaissent, dit-on, sur la surface du corps humain trois cent soixante-sept points susceptibles d'acupuncture : sous ce rapport, ils semblent avoir été éclairés par l'expérience sur le danger d'introduire les aiguilles au-dessus des tendons, des principaux nerfs, des gros vaisseaux et des organes importants. Au reste, l'extrême ténuité des aiguilles semble garantir de toute conséquence funeste les piqûres les plus profondes, même celles qui intéressent les viscères, à en croire du moins les expériences de quelques médecins contemporains. — Le docteur Bretonneau, de Tours, fit pénétrer profondément une aiguille dans le cerveau de six jeunes chiens, traversa de part en part le poumon d'autres animaux, perça des artères de tout calibre, sans jamais voir survenir aucun accident consécutif. On a pu impunément piquer le cœur d'un chien avec une aiguille très-fine. Les Japonais, d'ailleurs, quand le fœtus fatigue la mère par la violence de ses mouvements, n'hésitent pas à pousser l'acupuncture jusqu'à lui à travers la matrice, afin de l'obliger à rester en repos. Il est bon néanmoins de remarquer que l'histoire de l'art nous offre beaucoup de cas où les accidents les plus graves et même la mort ont succédé aux piqûres des organes importants.

Le chirurgien hollandais Ten-Rhyne, qui publia à Londres, en 1683, un mémoire sur l'acupuncture, paraît avoir apporté en Europe la première idée de cette opération, qui y eut d'abord peu de crédit. Vicq d'Azyr rappela l'attention sur elle; mais il n'y a guère qu'une trentaine d'années qu'elle commença à être pratiquée par les médecins français et vantée par Béclard, Jules Cloquet, Bretonneau, Dance, etc. Elle excita d'abord un vif enthousiasme dans le monde médical, et fut même préconisée par quelques-uns comme une panacée universelle; mais l'expérience, en accumulant des faits pour et contre, fit succéder à l'enthousiasme l'indifférence et l'abandon, peut-être à tort; car des essais plus prolongés auraient appris sans doute à distinguer les cas dans lesquels l'acupuncture est efficace de ceux où elle est inutile, peut-être même dangereuse.

L'opération de l'acupuncture, en Chine, exige le concours de deux personnes : celle qui détermine le lieu d'introduction et celle qui enfonce les aiguilles. Ces aiguilles sont en or ou en argent, à pointe très-fine et très-acérée; la grosse extrémité présente une spirale qui facilite leur introduction par rotation; elles sont renfermées dans le manche d'un petit marteau de corne, garni de plomb, qui sert à frapper l'instrument dans les premiers temps de l'opération. Il est de règle de compter, par le nombre des inspirations, le temps que doit séjourner l'aiguille dans la partie; ce temps varie de deux à trente inspirations, et l'opération peut être répétée jusqu'à six fois de suite. Le succès de la cure exige que le malade soit à jeun. Il est aussi de principe d'introduire l'aiguille où le mal a pris naissance, quelle que soit, du reste, la partie; cependant, afin d'éviter la piqûre des gros vaisseaux, des nerfs, des tendons, des articulations, les chirurgiens chinois se dirigent d'après des lignes parsemées de points et tracées sur une poupée dans le sens de l'axe du corps.

En France, il n'y a pas de lieu d'élection; le siége seul de la douleur détermine l'endroit où sera enfoncée l'aiguille, d'après les trois procédés opératoires suivants : 1° On pousse l'aiguille et l'on en fait pénétrer rapidement la pointe dans les tissus; ce procédé est le plus simple, mais il est aussi le plus imparfait et le plus douloureux; 2° on applique la pointe de l'aiguille sur la peau, puis on lui imprime, avec le pouce et l'index, un mouvement de rotation, pendant que l'on exerce sur elle une pression légère et continue. Cette manière est bien préférable : la pointe de l'aiguille s'insinue entre les fibres, les écarte sans les diviser, et arrive à une grande profondeur sans causer de douleur; 3° enfin, suivant le mode chinois, on favorise la première introduction de l'instrument en le frappant avec un petit marteau d'ivoire.

Aux effets produits par l'acupuncture on a imaginé de joindre ceux de l'électricité; cette opération complexe a pris le nom d'*électro-puncture* (voy. ce mot).   B. LUNEL.

ACUTICAUDÉ (zoologie) [du latin *acutus*, aigu, et *cauda*, queue; queue pointue]. — Dénomination donnée à un oiseau dont les plumes caudales sont étagées de manière que la queue finisse en pointe. Tel est le *ganga* (fig. 25), oiseau de l'ordre des gallinacées, dont les ailes sont longues et pointues. — Les naturalistes ont encore donné le nom d'acuticaudé à un mammifère qui a la queue pointue; mais on doit remarquer ici que cette dénomination est bien plus vague que dans le cas précédent, attendu que chez la plupart des mammifères la queue se termine en pointe : ce caractère n'aurait donc, selon nous, qu'une faible valeur pour la description zoologique d'un mammifère.   J. W.

ACUTIFLORE (botanique) [du latin *acutus*, aigu, et de *flos*, fleur]. — Épithète donnée à une plante qui a les lobes de sa corolle aigus, ou les pétales terminés en pointe, ou les segments de la corolle terminés en pointe au sommet, ou les fleurs disposées en ellipsoïdes rudes au toucher.

ADA (zoologie). — Genre de gobe-mouches à bec bleu de ciel et à plumage noir (fig. 26).

Le caractère de cet oiseau, comme celui d'ailleurs de tous les *gobe-mouches*, est d'être méchant et querelleur. Sa nourriture se compose d'insectes à peau tendre et surtout de mouches. Il est répandu dans tous les pays où la chaleur du climat peut lui procurer une nourriture facile et abondante. Quelques racines mal arrangées et tapissées de laine et de duvet sont les seuls préparatifs nécessaires pour la construction de son nid, ce qui n'empêche pas la femelle d'avoir une grande tendresse pour ses petits, qu'elle défend jusqu'à la mort, même contre les oiseaux de proie.

ADA ou **ADDA** (zoologie) [*scincus officinalis*].—Espèce de sauriens de la famille des *scincoïdiens* (voy. ce mot), dont les formes trapues ressemblent plus ou moins à celles des salamandres (fig. 27).

Ce reptile a 15 à 20 centimètres de longueur; il est d'une teinte jaunâtre argentée, avec plusieurs bandes transversales noires. On le trouve dans la plupart des pays de l'Afrique, où il se tient au milieu des sables, dans lesquels,

Fig. 25. Ganga, oiseau acuticaudé.

Fig. 26. Ada, genre de gobe-mouches.

Fig. 27. Ada, espèce de scinque.

quand il est poursuivi, il se creuse un terrier avec une rapidité incroyable. Les naturalistes l'appellent *scincus officinalis* (scinque des pharmaciens). C'est que sa chair passait autrefois, et passe même encore chez les orientaux, pour un des médicaments les plus propres à réparer les forces des organes reproducteurs; mais ces propriétés sont tout aussi chimériques que celles qu'on attribuait autrefois en Europe à une autre espèce de *scincoïdiens* (voy. *Scinque*), vanté surtout contre l'épilepsie.

Les addas sont des reptiles inoffensifs pour l'homme; leur aspect néanmoins excite autant le dégoût par le défaut d'harmonie entre les diverses parties de leur corps que par l'humeur gluante qui enduit constamment leur peau. Pour le naturaliste, cet enduit annonce des habitudes un peu aquatiques; aussi les addas peuvent-ils vivre indistinctement sur la terre ou dans les eaux douces.

B. L.

ADAGE [en latin *adagio, adagium*, dérive d'*adagendum*, qui doit être fait]. — Proverbe, sentence familière dont on se sert dans le discours pour confirmer une opinion et le jugement communément adoptés. Parmi les adages vulgairement cités, beaucoup sont insignifiants et puérils; mais il en existe une grande quantité qui sont le résumé bref et pittoresque de vérités répandues parmi tous les hommes et généralement admises. Le plus souvent ces vérités sont de l'ordre moral, et s'appliquent à la conduite individuelle. — L'*adage* diffère de la *sentence* ou de la *maxime*, en ce sens que celles-ci s'expriment sous une forme plus abstraite, plus philosophique et plus universelle : l'*adage* est plus local, il est davantage l'expression des mœurs et des idées d'un pays particulier ; les sentences et les maximes s'adressent à l'homme en général ; l'*adage* prend sa source dans une nation, et circule exclusivement chez elle. Chaque nation a ses adages.

LEROUX.

ADAGE (droit).— Espèce de proverbe judiciaire, qui est, dans la langue du droit, une règle que l'usage a rendue commune et vulgaire, et qui s'exprime en très-peu de mots. C'est à tort, dit Prost de Royer, qu'on appelle quelquefois *adages* des formules auxquelles on accorde une incontestable autorité : le mot principe ou axiome conviendrait mieux : telles sont les formules qui traduisent en termes concis des dispositions expresses de la loi. Ainsi *le mort saisit le vif*, *n'est héritier qui ne veut*, *non bis in idem*, etc., ce sont des principes et non des adages. Les adages proprement dits ne tirent leur force que de l'usage, et l'usage accréditant souvent des erreurs, on comprend qu'il peut y avoir des adages faux. La plupart, vrais en théorie, sont sujets à des exceptions nombreuses dans la pratique. Aussi ne faut-il s'en servir qu'avec sobriété et discernement. Un adage placé à propos a sans doute son prix ; mais il est rare qu'il tranche une question difficile et termine à lui seul la controverse. La paresse chérit les adages, l'ignorance les res-

pecte, l'abus les consacre ; mais le magistrat s'en défie, et le vrai jurisconsulte ne les emploie qu'après les avoir bien médités.

ADAMIQUE (terre). — Sorte de limon salé, gluant, que l'on trouve au fond de la mer après le reflux. Il paraîtrait que l'énorme quantité de poissons qui meurent et de plantes qui pourrissent dans la mer contribueraient, avec l'influence atmosphérique, à composer ce limon, qui semble, du reste, formé de ce que les eaux ont de plus mucilagineux.

ADAMIQUE (anthropologie).— Épithète donnée à une race humaine primitive, qu'on suppose originaire de l'Abyssinie, où par une interprétation des livres de Moise, on place le berceau du premier homme.

ADANSONIÉES (botanique) [d'*adansonie*, genre principal].— Tribu de la famille des bombacées, dont l'*adansonie* est le genre type (fig. 28).

ADANSONIE (botanique) [d'Adanson, célèbre botaniste, mort en 1806].

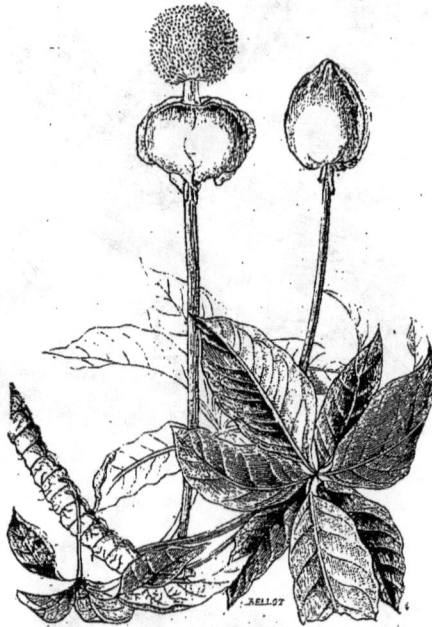

Fig. 28. Adansonie.

— Arbre du Sénégal, de la famille des bombacées, observé par Adanson, et retrouvé depuis au Soudan, au Dafour, et dans l'Abyssinie. Le tronc acquiert jusqu'à 8 mètres de diamètre, et cinq à six cents ans sont nécessaires pour que ce végétal parvienne à ce développement monstrueux. C'est le *baobab* des botanistes. Voy. *Baobab*.

ADDAX (zoologie). — Espèce de mammifères ruminants du genre des antilopes et de la famille des tubicornes (fig. 29).

Comme toutes les antilopes, l'addax se distingue par ses cornes creuses, entourant un noyau osseux ; par ses formes gracieuses, sa légèreté à la course, la finesse

Fig. 29. Addax.

de la vue, de l'ouïe et de l'odorat. Il habite les climats chauds de l'Asie et de l'Afrique, où il semble avoir été placé pour servir de pâture aux carnassiers de ces contrées.

ADDITION (arithmétique) [d'*addo*, ajouter]. —Opération par laquelle on réunit plusieurs nombres de même espèce en un seul, appelé *somme* ou *total*. — Les quantités de même espèce sont celles qui portent la même dénomination. On doit donc additionner des francs avec des francs, des litres avec des litres, des grammes avec des grammes, etc.

Pour faire l'addition, on écrit les nombres les uns sous les autres, de manière que les unités soient sous les unités, les dizaines sous les dizaines, les centaines sous les centaines, etc. On souligne le tout. Cela fait, on ajoute successivement, en commençant par la droite, les nombres de chaque colonne verticale. Si la somme ne surpasse pas neuf, on l'écrit en entier ; si elle renferme des dizaines et des unités, on écrit les unités au-dessous de la colonne des unités, et l'on retient les dizaines pour les joindre à la colonne suivante. Si la somme des unités donnait un nombre exact de dizaines, on placerait zéro au-dessous de la colonne des unités. On opère de même sur les colonnes suivantes jusqu'à la dernière, où, tout report devenant impossible, on écrit exactement le nombre trouvé.

EXEMPLE.

Soit à additionner les nombres 6,324, 549 et 27. Je dispose ainsi l'opération, et je dis :

$$6{,}324$$
$$549$$
$$27$$
$$\overline{6{,}900}$$

1re COLONNE. — 4 et neuf font 13, et 7 font 20 ; je pose 0 à la colonne des unités, et je retiens 2 dizaines.

2e COLONNE. — 2 de retenue et 2 font 4, et 4 font 8, et 2 font 10 ; je pose 0 à la colonne des dizaines, et je retiens 1 centaine.

3e COLONNE — 1 de retenue et 3 font 4, et 5 font 9 ; je pose 9 à la colonne des centaines.

4e COLONNE. — Enfin passant à la colonne des mille, je dis 6, je pose 6, ce qui me donne 6,900 pour total.

On appelle preuve d'une opération une autre opération faite pour s'assurer de l'exactitude de la première. La preuve la plus simple de l'addition se fait en recommençant le calcul de bas en haut.

Pour la preuve de l'addition par la soustraction, voy. *Soustraction*.

On commence l'addition par la droite, parce que les dizaines de chaque colonne doivent être réunies aux unités de la colonne suivante à gauche, ce qui ne pourrait avoir lieu si l'on commençait l'opération par la gauche.

ADDITION DES NOMBRES DÉCIMAUX. — Elle se fait comme celle des nombres entiers, seulement on sépare au total autant de décimales qu'il s'en trouve dans le nombre partiel qui en contient le plus.

La preuve de l'addition des nombres décimaux se fait comme celle des nombres entiers.

ADDITION ALGÉBRIQUE. — Voy. *Algèbre*.

ADDUCTEURS (anatomie) [d'*adducere*, amener, conduire vers]. — Nom donné aux muscles qui rapprochent une partie ou un membre de l'axe du corps (voy. *Muscles*). On a remarqué que les muscles adducteurs ont beaucoup plus de force que les abducteurs.

ADDUCTION (anatomie) [en latin *adductio*, d'*adducere*, conduire vers]. — Mouvement qui rapproche de l'axe du corps une partie ou un membre qui en avaient été écartés.

ADELPHES (botanique) [du grec *adelphos*, frère]. — Se dit des étamines réunies en un certain nombre sur un ou plusieurs *antophores* (support commun) ; de là les épithètes des *monadelphes* pour désigner des étamines réunies en un seul groupe, de *diadelphes* pour des étamines formant des groupes, etc.

ADELPHIE (botanique) [d'*adelphes*]. — Réunion de plusieurs étamines sur un support commun : c'est cette disposition des étamines qui a fourni à Linnée trois classes de son système sexuel : *monadelphie*, *diadelphie* et *polyadelphie*. — Voy. ces mots.

ADÉNITE (pathologie) [du grec *aden*, glande]. — Inflammation des ganglions lymphatiques, presque toujours symptomatique d'une inflammation dont le siége est plus ou moins éloigné : c'est ainsi que s'engorgent les ganglions des parties latérales du cou et les ganglions sous-maxillaires à la suite d'une fluxion, de l'érysipèle, d'une angine grave, d'une dentition difficile, etc. ; c'est de la même manière que les ganglions de l'aisselle, ceux de l'aine se tuméfient, s'enflamment, consécutivement à une piqûre faite aux mains ou aux pieds, à une plaie, au cancer du sein, à un ulcère de la jambe, etc. Cette affection est aiguë ou chronique ; à l'état aigu, elle présente tous les caractères de l'inflammation : la chaleur, la douleur, la tuméfaction, etc. Si la phlegmasie s'étend au tissu cellulaire environnant, la suppuration se manifeste rapidement ; si au contraire elle reste limitée aux ganglions, la résolution ou l'induration la termine ordinairement ; sous la forme chronique, l'adénite débute chez les sujets lymphatiques, scrofuleux, etc. Les ganglions, devenus durs, indolents, reçoivent alors du vulgaire le nom de *glandes*. Plusieurs de ces tumeurs réunies sont susceptibles de s'enflammer. L'adénite aiguë réclame impérieusement le traitement du *phlegmon* (voy. ce mot). L'abcès doit être ouvert promptement, et plus tard les pommades mercurielles et iodées doivent favoriser la résolution des ganglions engorgés. C'est à ces derniers moyens qu'il faut aussi recourir dans l'adénite chronique ; mais dans tous les cas il faut s'attacher à combattre la cause qui entretient cette maladie pour l'adénite syphilitique (voy. *Bubon*).

Docteur HEINRIECH.

ADEPTE (sciences occultes) [du latin *adeptus*, obtenu, parvenu]. — Nom que l'on donnait autrefois à certains alchimistes qui prétendaient avoir trouvé la *pierre philosophale*, ou, dans leur langage, qui croyaient être parvenus au *grand œuvre*. — Les alchimistes disaient qu'il y a constamment sur la terre douze *adeptes*, et que lorsqu'il plaît à l'un d'eux de mourir ou de se transporter quelque part où il puisse faire usage de son or, il initie un autre adepte qui doit le remplacer. Il est inutile d'ajouter que ce sont là des turpitudes des siècles d'ignorance.

ADEPTE (sciences et arts). — Ce mot se dit aujourd'hui de tous ceux qui sont initiés aux mystères d'une secte, ou qui sont profondément versés dans une science ou dans un art quelconque. J. B. Rousseau a dit, en parlant des auteurs dramatiques qui veulent se singulariser en s'écartant des règles de l'art :

> Mais je voudrais dans ces nouveaux adeptes
> Voir une humeur moins rétive aux préceptes.

ADHÉRENCE (physique) [du latin *adhœreo*, composé de *ad*, à, et d'*hœreo*, tenir, être attaché].— Propriété qu'ont certains corps de s'attacher à d'autres, ou qu'ont les parties d'un même corps de demeurer attachées les unes aux autres, jusqu'à ce qu'une force supérieure à cette *adhérence* les contraigne à se détacher. L'eau, par exemple, *adhère* à un grand nombre de corps; les particules d'une même goutte d'eau ont aussi entre elles une certaine *adhérence*; les particules d'huile en ont une encore plus grande. Il n'y a pas deux siècles qu'on est convaincu de l'*adhérence* des corps à d'autres corps, et des parties du même corps entre elles. Muschenbroëk a beaucoup éclairci cette matière dans son *Traité de Physique*; mais Carré et Petit, médecins, l'ont démontrée, le premier en 1705, pour les parties de l'air, et le second pour les parties de l'eau.

On attribue le phénomène de l'adhérence à l'attraction moléculaire, qui commence à se manifester lorsque deux corps se répondent par un grand nombre de points d'une surface unie : cependant ce phénomène ne paraît pas étranger à ce que l'on appelle *affinité chimique* ou attraction de combinaison. C'est sur cette propriété que sont fondées plusieurs opérations importantes et usuelles dans les arts; telles sont les diverses espèces de *collage*, de *soudure*, l'étamage des glaces, la *dorure* sur bois et sur métaux, etc., et même la fabrication des *pierres artificielles*.

ADHÉRENCE (pathologie). — Réunion de deux parties qui ne doivent être que contiguës; par exemple, lorsqu'à la suite d'une brûlure ou d'une plaie, plusieurs doigts se réunissent entre eux, on dit qu'il y a *adhérence*. Les viscères du ventre et de la poitrine, qui ne sont séparés que par des membranes séreuses et qui se réunissent souvent dans les inflammations, contractent aussi des adhérences. Il y a souvent adhérence des poumons aux parois de la poitrine, adhérence des intestins entre eux, et des organes du ventre avec d'autres organes voisins. Enfin, il y a des adhérences naturelles que l'on nomme *congéniales*, parce qu'elles ont lieu avant la naissance ; c'est ainsi que l'ouverture des paupières, de la bouche, de l'anus est souvent fermée par l'adhérence des parties qui les forment ; les doigts sont aussi souvent adhérents entre eux, etc. Les adhérences congéniales

sont ordinairement comprises dans l'ordre des monstruosités ou vices de conformation.   D^r. ADRIEN.

ADHÉSION (physique) [de *ad*, à, *hœrere*, s'attacher]. — Attraction exercée entre les surfaces des corps de nature différente : la *cohésion* (voy. ce mot) est la force qui tient uni des corps de même nature. « Un des effets physiques les plus remarquables de l'adhésion est sans contredit le phénomène de la *capillarité* (voy. ce mot). Un liquide remplissant un vase n'offre pas une surface exactement horizontale, mais s'élève un peu au-dessus du niveau des bords du vase; on peut en avoir un exemple en mettant de l'eau dans un verre. Si le vase n'est pas rempli, la masse du liquide est plus basse vers les parois, plus élevée au centre : le mercure, placé dans un verre, présente aussi une surface d'une con-

Fig. 20. Adiante.

vexité très-marquée. Ce phénomène d'abaissement et d'ascension des liquides sera d'autant plus notable que le diamètre intérieur du vase sera plus petit : de là l'idée de rendre ce fait bien évident au moyen des tubes capillaires. » Quelques physiciens regardent l'adhésion comme le premier degré de l'affinité chimique. Cette propriété se manifeste également dans les fluides élastiques.

ADHÉSION (jurisprudence). — C'est l'acquiescement à un arrangement, à un contrat auquel on n'a pas concouru personnellement, ni par fondé de pouvoirs. On appelait anciennement *demande en adhésion* la demande formée par le mari contre sa femme pour la faire condamner à réintégrer le domicile conjugal, et réciproquement l'action intentée par la femme pour faire condamner son mari à la recevoir.

ADIANTE (botanique) [*adianum*, mot grec qui signifie fougère]. — Genre de fougères, à feuilles minces et transparentes, remarquables par la finesse de leur pétiole et de ses divisions, ainsi que par la couleur ordinairement noire et par le brillant de ce pétiole. (Fig. 29, page 67). Le parfum léger qu'exhalent leurs feuilles, joint à leurs qualités mucilagineuses, les fait employer en médecine pour la préparation des sirops ou des tisanes émollientes. Plusieurs espèces sont actuellement cultivées dans les serres à cause de l'élégance de leurs frondes. Le genre adiante comprend une soixantaine d'espèces, parmi lesquelles nous citerons l'*adiante cunéaire* du Brésil, qui forme des touffes charmantes, et que l'on cultive avec le plus de facilité dans les serres chaudes. J. W.

ADIANTÉES (botanique) [du genre type *adiante*]. — Tribu de la famille des fougères, section des polypodiacées, dont l'adiante est le genre principal.

ADIPEUX [du latin *adeps*, graisse]. — Les anciens anatomistes avaient donné le nom de *tissu adipeux* au tissu cellulaire, parce qu'ils croyaient que la graisse était immédiatement continue dans ses aréoles : une étude plus approfondie a démontré que la graisse est renfermée dans de petites bourses ou vésicules particulières formées par le tissu cellulaire : ces vésicules réunis peuvent bien, si l'on veut, former un *tissu adipeux*, mais alors il est tout à fait distinct du tissu cellulaire ou lamineux. On a encore nommé :

1° CONDUITS ADIPEUX les prétendus vaisseaux destinés à l'exhalaison de la graisse;

2° LIGAMENT ADIPEUX, un repli de la membrane synoviale du genou, qui se porte du ligament rotulien vers la cavité qui sépare les condyles du fémur : c'est une dénomination impropre;

3° VÉSICULES ADIPEUSES, des vésicules microscopiques, arrondies, qui tiennent au tissu lamineux par un pédicule vasculaire. — Voy. les mots *Cellulaire*, *Lamineux* et *Tissu*.

ADIPIQUE (acide) (chimie) [du latin *adeps*, graisse]. — Acide organique, à cristaux bruns, demi-sphériques, très-solubles dans l'alcool et dans l'éther, obtenu par M. Laurent en faisant agir l'acide azotique sur les corps gras. Avec l'ammoniaque, cet acide forme un sel cristallisé en aiguilles.

ADIPOCIRE (chimie) [d'*adeps*, *adipis*, graisse, corps gras]. — Produit de la décomposition des substances animales dans la terre humide ou sous l'eau. Les chimistes du commencement de ce siècle avaient réuni sous cette dénomination trois substances qu'ils croyaient identiques, mais qui diffèrent essentiellement. Ces substances sont : le *blanc de baleine*, mélange de cétine ou d'une huile animale; le *gras des cadavres* ou *gras des cimetières*, composé, selon M. Chevreuil, d'ammoniaque, de potasse, de chaux, d'acide margarique et d'un peu d'acide oléique : enfin la *cholestérine*, ou matière grasse cristalline des calculs biliaires. C'est à la deuxième de ces substances, ou gras de cadavre, qu'est réservé aujourd'hui le nom d'adipocire. Cette substance provient seulement de la graisse préexistante dans le corps mort, et non

de l'altération de la chair humaine, des tendons ou des cartilages, comme on l'avait d'abord supposé. L'adipocire, observée pour la première fois en 1787 par Fourcroy, est employée en Angleterre dans la fabrication des chandelles économiques, dont la consistance, plus grande que celle du suif, les fait ressembler à nos bougies. — Voy. *Blanc de baleine* et *Cholestrine*. DUBOCAGE.

ADJECTIF (grammaire) [du latin *adjectivus*; formé de *ad*, auprès, et *jacere*, jeter]. — Partie du discours qui modifie l'idée du substantif auquel il est joint par l'expression de quelque qualité qu'il lui attribue. L'adjectif diffère du substantif, en ce que celui-ci présente toujours l'objet comme absolu, isolé, comme ayant une existence indépendante de celle des autres êtres, tandis que l'adjectif ne se présente qu'à titre de qualificatif, de modificatif d'un objet exprimé ou sous-entendu, et dont il éveille toujours l'idée. Pour résumer, en deux mots, cette définition, le *substantif* est le corps, l'*adjectif* n'est que l'ombre.

Classification. Certains adjectifs marquent l'état, la manière d'être de l'objet; on les appelle *qualificatifs*. D'autres en déterminent la signification d'une manière précise, ils en expriment la possession, l'indication, le nombre, l'ordre, la quotité vague et indéterminée; on les appelle *déterminatifs*, *possessifs*, *démonstratifs*, *numéraux cardinaux*, *numéraux ordinaux*, *indéfinis*.

Accord. L'adjectif s'identifiant dans notre esprit avec le substantif, et ne présentant avec lui qu'un seul objet, et, pour ainsi dire, qu'une seule idée, il doit en suivre toutes les variations et avoir tous les accidents.

L'adjectif prend donc le genre et le nombre du nom qualifié ou déterminé.

S'il qualifie plusieurs noms singuliers, il se met au pluriel; si les noms sont de différents genres, il prend le masculin, qui est le genre primitif.

Cette règle souffre quelques exceptions.

1° Quand les substantifs ont à peu près la même signification, l'adjectif s'accorde avec le dernier;

2° Quand les substantifs sont joints par la conjonction *ou*, l'adjectif s'accorde avec le dernier, si la conjonction donne exclusion à l'un des deux substantifs.

3° Les adjectifs *nu*, *demi*, *excepté*, *supposé*, *compris*, *passé*, ci-*joint*, ci-*inclus*, *franc-de-port*, placés devant les noms, sont invariables; mais s'ils les suivent, ils en prennent le genre et le nombre.

Remarque. Placé après le nom, *demi* ne s'accorde qu'en genre et reste toujours au singulier.

4° *Feu* subit les modifications du nom quand il le précède immédiatement, et reste invariable s'il n'est séparé par un déterminatif quelconque.

5° Quand une locution est formée de deux adjectifs dont l'un modifie l'autre, ils demeurent tous deux invariables : *bleu-foncé*, *châtain-clair*, *rose-tendre*.

Mais si chacun des adjectifs exprime une qualification distincte, les deux parties de la locution prendront l'accord : *Des hommes* MORTS-IVRES.

6° Tout adjectif modifiant un verbe change de nature ; il est adverbe, et par conséquent invariable.

Des services que l'on mendie coûtent trop CHER.

Je hais ces COURT-*vêtus* qui, malgré tout leur bien,
Sont un jour quelque chose et le lendemain rien.

Construction. — Cette partie du chapitre de l'adjectif est importante. Il n'y a peut-être pas une phrase, dans toute la langue, où il soit parfaitement indifférent de placer l'adjectif avant ou après le substantif ; il existe toujours des nuances, et si délicates qu'elles soient, elles n'en sont pas moins réelles. Dans une phrase, tel mot doit être avant tel autre, qui devrait venir après dans une autre circonstance. Quand il s'agit de la précision des mots, de l'élégance du style, il faut tout consulter : l'*oreille* pour l'harmonie et la variété des son, l'*esprit* pour la justesse et la liaison des idées.

Quant à formuler des règles sur ce sujet, nous nous en abstiendrons, et nous dirons, avec Vaugelas, « qu'il n'y a en cela de plus grand secret que de consulter l'oreille. »

En nous exprimant ainsi, nous n'entendons pas parler, bien entendu, de ces cas particuliers, comme *femme grosse, grosse femme; sage-femme, femme sage*, où les adjectifs modifient diversement le sens des substantifs, suivant qu'ils les précèdent ou qu'ils les suivent. Cette question est trop élémentaire pour qu'elle puisse trouver place ici.

ADJECTIFS NUMÉRAUX. Les adjectifs *numéraux ordinaux* sont tous variables, et les *cardinaux* tous invariables, excepté *vingt* et *cent*, qui varient s'ils sont précédés d'un nom de nombre qui les multiplie et suivis d'un substantif exprimé ou sous-entendu, à la condition, toutefois, que *vingt* et *cent* ne soient point, par abréviation, employés pour *vingtième, centième.*

1,000 s'écrit ainsi (*mille*) dans les supputations ordinaires. Pour l'énonciation des dates, on supprime généralement la dernière syllabe (*mil*).

ADJECTIFS POSSESSIFS. Dans les rapports de possession établis avec des noms de choses, au lieu de *son, sa, ses, leur, leurs*, on emploie le pronom *en*, accompagné des déterminatifs simples *le, la, les*, toutes les fois que le nom de l'être possesseur ne figure pas dans la même proposition que le nom de la chose possédée :

*Pourquoi craindre la mort, si l'on a assez bien vécu pour n'*EN *pas craindre* LES *suites?*

ADJECTIFS INDÉFINIS. *Tout, quelque, même*, sont adjectifs, et, comme tels, s'accordent quand ils modifient la signification du substantif. Ex. :

La santé est le plus précieux de TOUS *les biens.*

QUELQUES *erreurs que suive le monde, on s'y laisse toujours prendre.*

Les MÊMES *vertus qui servent à fonder un empire servent aussi à le conserver.*

Ils sont adverbes, et par conséquent invariables, quand la modification qu'ils expriment tombe sur l'adjectif ou sur le verbe. Ex. :

Dans le pays du Nord, on trouve des loups TOUT *blancs et* TOUT *noirs.*

QUELQUE *vertueuses que soient les femmes aimables, elles ne peuvent guère se défendre d'un tendre attachement.*

Le vainqueur immola les femmes, les vieillards et MÊME *les enfants.*

Cependant *tout*, quoique adverbe, prend, par raison d'euphonie, la livrée du nom, quand l'adjectif féminin qui le suit a pour initiale une consonne ou un *h* aspiré. Ex. :

Cette fleur est TOUTE *fanée.*

La syntaxe des déterminatifs *tout, quelque, même*, est tout entière dans ces quelques mots, seulement la difficulté consiste à savoir distinguer, dans certains cas particuliers, le modificatif-adjectif du modificatif-adverbe.

Remarque importante. — *Quelque* présente, sous ce rapport, un point qui est resté douteux. Placé devant un adjectif et un nom, il est, dit-on, *toujours* variable ; car alors le substantif fait la loi :

QUELQUES *grandes richesses que vous ayez......* — QUELQUES *vains lauriers que promette la guerre...*, etc.

Appliquée à ces exemples et à tous ceux qui leur ressemblent, cette règle nous paraît logique. Les adjectifs n'ont ici qu'une importance secondaire ; c'est sur le substantif que se porte principalement, presque exclusivement l'attention. On peut même dire, en omettant les qualificatifs :

QUELQUES... *richesses que vous ayez.* — QUELQUES... *lauriers que promette la guerre.*

Ou encore :

Malgré les richesses que vous ayez... Malgré les lauriers que promet la guerre...

Mais si l'on dit :

QUELQUE *bons traducteurs*, QUELQUE *habiles ouvriers qu'ils soient...*

Le cas a totalement changé. La modification va directement aux idées de *bonté, d'habileté* ; et il devient impossible de remplacer, comme dans les exemples précédents, l'expression *quelque* par *malgré*, suivi de l'*article.*

Aucun, pris dans le sens négatif, et *nul*, excluent toute idée de pluralité, à moins que le substantif n'ait pas de singulier, ou qu'il ait au pluriel une acception particulière.

Formation du féminin. — Dans les adjectifs, la lettre distinctive du féminin est la voyelle muette *e*. Mais les exceptions sont nombreuses :

1° Tout qualificatif terminé par une des consonnes *m, n, s, t*, redouble généralement la consonne devant l'*e* muet.

Dans quelques adjectifs terminés en *et*, l'accent grave dispense de la réduplication.

Cette remarque s'applique aussi à tous les adjectifs en *er*.

2° Les adjectifs en *s, x*, remplacent généralement ces consonnes par les syllabes finales *se, se.*

3° Les adjectifs en *eur* changent au féminin cette finale en *euse*, sauf les exceptions. L'oreille exercée par l'usage est ici d'un puissant secours.

Formation du pluriel. — On forme le pluriel des adjectifs par l'addition d'un s, à moins qu'ils ne soient déjà terminés au singulier par s ou par x.

Les adjectifs en *al* forment leur pluriel en *aux*. Un certain nombre cependant suivent la règle générale, d'autres enfin sont inusités au masculin pluriel.

LAROUSSE, professeur.

ADJOINT-AU-MAIRE (administration municipale) [du latin *adjungo*, formé de *ad*, à, et de *jungo*, unir]. — Officier public qui dans chaque commune remplace le maire en cas d'absence ou d'empêchement, et remplit les fonctions que celui-ci juge à propos de lui conférer : il est au maire ce que le suppléant est au juge de paix. « Le nombre des adjoints suit dans chaque commune la progression de la population ; il n'y en a qu'un seul dans les communes de 2,500 habitants et au-dessous ; il y en a deux dans celles de 2,500 à 10,000 habitants ; et un de plus par chaque excédant de 20,000 habitants dans les communes d'une population supérieure. Par une loi récente, les adjoints sont choisis en dehors ou parmi les membres du conseil municipal et sans cesser pour cela de faire partie de ce conseil. Ils peuvent être suspendus ou même révoqués par un simple arrêté du préfet. Les adjoints sont nommés pour trois ans ; ils doivent être âgés de vingt-cinq accomplis. En cas d'absence ou d'empêchement, l'adjoint est remplacé par un conseiller municipal. »

ADJUDANT (administration militaire) [du latin *adjuvo*, formé de *ad*, auprès, et de *juvo*, aider ; ou de l'italien, *ajutante*, aidant]. — Officier ou sous-officier chargé de seconder les chefs dans le commandement. Il y a deux adjudants par bataillon : l'un, l'*adjudant sous-officier*, qui transmet les ordres à tout le corps des sous-officiers ; l'autre, l'*adjudant-major*, qui transmet les ordres à tous les capitaines du bataillon. Il y a aussi des *adjudants de place*, chargés de tous les détails de service d'une place et quelquefois du commandement particulier d'un fort. C'est quelquefois un officier supérieur, mais le plus souvent un capitaine ou un lieutenant. Il y avait autrefois des *adjudants-généraux*, intermédiaires entre les colonels et les généraux de brigade, mais ils ont été remplacés par les *colonels d'état-major*.

Dans chaque régiment de cavalerie, il y a deux adjudants majors qui alternent pour le service de semaine, et dont les fonctions, dans les évolutions, ne consistent que dans le tracé des lignes.

ADJUDICATION (droit) [du latin *adjudicatio*, formé de *ad*, à, pour, et de *judico*, juger]. — Acte par lequel on opère la vente ou le bail aux enchères publiques d'un objet, d'une chose ou d'un immeuble, et, dans certains cas et circonstances, de marchés pour travaux, fournitures et entreprises, même par voie de soumission, au plus offrant enchérisseur ou au rabais, et notamment en matière d'administration. On distingue plusieurs espèces d'adjudications : 1° Les *adjudications volontaires*, qui ne sont soumises par la loi à aucune règle spéciale, et dont les conditions dépendent de la volonté des parties ; leur caractère légal est dans les attributions des notaires, ce

qui lui donne d'ailleurs la force et la solennité convenables ; 2° Les *adjudications judiciaires*, lesquelles ont lieu, par suite d'un jugement ou d'une décision judiciaire, soit devant le tribunal qui les a ordonnées, soit devant un notaire nommé à cet effet, et qui, dans ce cas, est investi du même caractère que le tribunal lui-même ; 3° Les *adjudications administratives*, qui sont celles que l'autorité administrative compétente fait elle-même, telle que les ventes d'immeubles appartenant à l'État, aux départements et aux communes, celles des coupes de bois de l'État ou des communes, celles d'objets appartenant au domaine public, les fournitures, travaux publics, et les travaux des communes et établissements publics, les ventes de fruits et produits, les baux de fermage et de location de propriétés départementales et communales.

En exécution de l'art. 12 de la loi du 31 janvier 1833, une ordonnance royale du 4 décembre 1836 a donné le règlement à suivre pour tous les marchés à passer au nom de l'État, avec ou sans concurrence et publicité.   J. E.

ADJURATION [du latin *adjuratio*, formé de *adjuro*, protester, conjurer]. — Action par laquelle on interpose le nom de Dieu ou une chose sainte, pour engager quelqu'un à accéder à une demande.

ADJURATION (théologie catholique). — Ancienne formule dont l'Église romaine se servait dans les exorcismes. « Pour être licite, suivant les écrivains ecclésiastiques, l'adjuration devait avoir trois conditions : le jugement, la justice, la vérité. Le jugement, c'est-à-dire qu'elle devait être accompagnée du respect pour Dieu et être de nécessité ; la justice, c'est-à-dire qu'elle n'avait lieu que pour demander une chose juste et permise ; la vérité, c'est-à-dire qu'on ne pouvait adjurer que le vrai Dieu ou les saints, et non pas les fausses divinités. A ces conditions, chaque catholique pouvait faire des adjurations secrètes ; mais pour ce qui était de l'adjuration solennelle et publique, ou bien des exorcismes de l'Église, ils n'appartenaient qu'aux seuls clercs qui avaient au moins l'ordre d'exorciste ; et même, selon l'usage de l'Église, cette fonction n'appartenait qu'aux prêtres commis à cet effet par l'ordinaire. » (Voy. *Exorcisme.*

ADMINISTRATION (politique) [du latin *administratio*, formé de *ad*, vers, suivant, et de *ministro*, gouverner, régler]. — Action d'administrer, de diriger, de conduire les affaires publiques ou particulières. On donne le nom d'*administration publique* à l'ensemble des pouvoirs qui sont chargés de l'exécution des lois d'intérêt général, qui statuent sur les rapports nécessaires de chaque administration avec la société. L'intérêt public, aussi bien que l'intérêt des familles, exige que l'on soit en rapport avec l'administration ; la naissance, le mariage, la mort, sont en effet pour elle l'occasion d'actes authentiques, dont l'utilité, dans mille circonstances de la vie, est de la plus haute importance. Atteignez-vous la majorité, dit M. Macarel, c'est sur l'appel de l'administration et sous ses auspices que vous devenez gardien de l'ordre ou défenseur de la patrie. Cultivateur, manufacturier, commerçant, c'est l'administration qui protége votre industrie. Vos champs sont menacés d'inondation? elle intervient et détourne le fléau. L'incendie va dévorer les habitations, les secours de l'administration sont prêts, elle se précipite avec eux au travers du danger. Cette petite rivière traverse ou avoisine de nombreuses propriétés arides, l'administration dirige vers elles et leur répartit des eaux fécondantes. La force des eaux servirait de puissant moteur à votre industrie? elle vous autorise à les appliquer à cet usage. Êtes-vous habitants des villes? l'ordre règne au sein de la cité; elle est ornée de voies de communications nombreuses et aérées; le passage y est sûr et commode; les approvisionnements sont assurés; des fontaines jaillissent, des promenades sont créées, des ombrages se sont élevés; l'utile et l'agréable sont ainsi réunis autour de vous... Qui vous a fait ces biens? l'administration. Formez-vous, au delà du sol natal, des relations de commerce? vous trouvez à l'étranger des agents de l'administration, des représentants de la patrie qui sauront vous donner aide, et faire respecter, au besoin, votre personne et vos biens. Et durant votre absence, n'est-ce pas sous son égide inaperçue que reposeront les êtres qui vous seront chers et les propriétés que vous aurez laissées? L'administration, c'est l'action vitale du gouvernement, et, sous ce rapport, elle en est le complément nécessaire; il est la tête, elle est le bras de la société. L'administration est donc le gouvernement du pays, moins la confection des lois et l'action de la justice. »

Dans les premiers siècles de la monarchie française, on ignorait les bienfaits d'une administration intelligente. Sous le régime de la féodalité, tous les pouvoirs étaient confondus entre les mains des seigneurs, uniquement occupés de guerre et se faisant gloire de leur ignorance. Alors d'épaisses ténèbres couvraient toute l'Europe; le gentilhomme aurait cru déroger s'il avait étudié quelque science; le peuple, attaché à la glèbe et réduit à la dernière misère, ne pouvait consacrer aucun instant à développer ses facultés intellectuelles. Ce temps, ce bon vieux temps, que les personnes ignorantes ou prévenues nous représentent comme le règne de l'âge d'or, était, au contraire, le règne de la force brutale; tout, même les procès, se décidait l'épée à la main. Des luttes continuelles de seigneur à seigneur, des campagnes désertes, des famines fréquentes décimant les populations, tel était l'état de la société au moyen âge. Les premiers rois de la troisième race établirent les baillis et les sénéchaux (voy. ces mots), surveillés par les maîtres des requêtes. Au xv° siècle s'organisa réellement l'administration des finances (voy. Finances.) Des commissaires pour l'exécution des ordres du roi, furent établis par Henri II, commissaires auxquels Louis XIII donna en 1635 le titre d'intendants militaires, de justice, de police, de finances, et plus tard le grand Colbert rédigeait pour ces officiers des instructions qui leur ouvraient une vaste carrière.

La loi du 22 décembre 1789 supprima ce vieil édifice administratif et divisa la France en départements, districts, cantons et municipalités. Toutes les communes eurent un maire, un procureur de la commune et des officiers municipaux. Plusieurs modifications furent successivement apportées à ce système d'administration, jusqu'à ce que la loi du 28 pluviôse an viii et le sénatus-consulte de l'an x réorganisèrent l'administration sur les bases qu'elle a conservées jusqu'à ce jour. Chaque département eut un préfet, chargé seul de l'administration active; auprès de lui furent placés un secrétaire général pour être son substitut, et un conseil de préfecture à la fois tribunal administratif et conseil. Les départements furent divisés en arrondissements, qui eurent chacun à leur tête un sous-préfet sous l'autorité du préfet. On institua plus tard près des préfets, des conseils généraux et des conseils d'arrondissements (voy. ces mots), et l'on donna aux maires un ou plusieurs adjoints : les conseils municipaux complétèrent l'administration des communes. Après la révolution de février 1848, le gouvernement provisoire créa une école d'administration, annexée au collége de France, et qui devait avoir pour professeurs Lamartine, Garnier-Pagès, Marrast et Ledru-Rollin; mais l'Assemblée législative ayant décrété en 1849 la suppression de cette école, aucun des professeurs ne monta en chaire; seulement, de nouveaux cours de droit administratif furent créés dans les Facultés.— On distingue l'administration civil, judiciaire, ecclésiastique, universitaire, financière, forestière; l'administration des ponts et chaussées, des hospices; l'administration centrale, départementale, municipale, etc. — Voyez, pour les questions que cet article général peut soulever, les mots : France, gouvernement, justice, culte, université, finances, forêts, ponts et chaussées, assistance publique, départements, commune, armée, impôts, etc.

DE JEMONVILLE.

ADOLESCENCE (physiologie, éducation)[du latin ad, signe d'augmentation, et de cresco, croître]. — Période de la vie humaine, qui s'étend, en général, de quatorze à vingt ans chez l'homme, et de onze à dix-huit chez la femme. C'est dans ce laps de temps, appelé par les poëtes la fleur de la vie, que se complète le développement de l'individu, et alors aussi que se forment l'esprit et le cœur. De là l'importance d'entourer de soins et d'intérêt cet âge qui succède à l'enfance, et de préparer et d'assurer, au moyen de l'éducation physique, morale et intellectuelle, l'avenir de ces jeunes sujets qui sont l'espoir de la génération nouvelle. L'adolescence, dit Requin, est une période très distincte de la vie humaine; car elle est circonscrite entre deux limites précises : savoir, d'une part, la puberté, ou époque du complet développement des organes génitaux, qui deviennent dès lors aptes à concourir à la reproduction de l'espèce, et, d'autre part, l'arrêt définitif de l'accroissement en hauteur, qui continue huit à dix ans encore après la première manifestation des facultés génératrices. C'est même du progrès de la stature que l'adolescence a tiré son nom, dont l'étymologie signifie croissance.-- Quelques auteurs n'établissent aucune distinction classique entre elle et la jeunesse. Pour nous, nous croyons qu'il est plus convenable et plus conforme au sentiment général des hommes de considérer l'adolescence comme la première phase de la jeunesse, que l'opinion instinctive de tout le monde ne fait point cesser avec l'accroissement de la taille, mais prolonge au moins de dix années au delà. Si l'adolescence est parfaitement limitée sous le rapport des phénomènes physiologiques qui en marquent le commencement et la fin, elle ne peut, pas plus que tout autre âge de la vie, être chronologiquement déterminée avec une rigueur mathématique. En effet, le sexe, le climat, le régime ont une grande influence sur la manifestation plus ou moins précoce de la puberté, et sur la durée plus ou moins prolongée de la crue verticale. La femme devient pubère un ou deux ans plus tôt que l'homme ; l'habitant des pays méridionaux le devient avant l'habitant du nord, l'individu qui use d'une nourriture succulente avant celui qui se nourrit mal. Pareillement, la taille atteint plus vite le terme de sa hauteur chez la femme que chez l'homme, et chez tel individu que chez tel autre.

Pendant l'adolescence, les forces vitales, concentrées à la tête dans l'enfance, vont se réunir sur la poitrine et le bassin, non pour y façonner, mais pour y faire prendre à des organes, déjà ébauchés, des développements qui les rendent complets, et les approprient de plus en plus aux fonctions qui leur sont réservées. « Jusque-là les deux sexes (1), distingués seulement par des caractères à la vérité essentiels, mais locaux et bornés, étaient confondus par tous les autres. Des deux parts la taille s'élève, les membres prennent plus de volume : la poitrine, les poumons, le cœur, les vaisseaux, plus de capacité ; le bassin plus d'ampleur, surtout chez la femme. Les formes extérieures achèvent de se dessiner. Mais du côté de l'homme, chez qui le tissu cellulaire est plus serré, et en apparence moins abondant, ces formes ont des reliefs, des saillies qui résultent du renflement des chairs contractées, et qui annoncent la vigueur de tout le système musculaire ; tandis que du côté de la femme les tissus conservent toujours une partie de leur mollesse et de leur humidité primitives, les formes sont plus douces, plus arrondies, et sont un témoignage permanent de faiblesse originelle. Ces caractères opposés de faiblesse et de force se retrouvent partout : regard, physionomie, attitude, mouvement, parole, geste, action ; ici, énergie, fermeté, audace, dureté, commandement ; là, timidité, pudeur, hésitation, tendresse, pitié, soumission. Mais ce qui achève de distinguer les sexes, ce sont les modifications que subissent des deux parts les organes génitaux ; puis, d'un côté, la formation complète des mamelles et l'éruption des règles ; et, de l'autre, l'éruption de la barbe… J'ajoute les mutations qui se font remarquer dans la voix. Le larynx lié à la trachée participe comme elle à l'ampleur que prennent les poumons et la cavité qui les renferme. Ces parties

marchent insensiblement vers le dernier terme de leur extension ; et, tant que dure cette espèce de progrès, la voix chancelle incertaine, rauque, inégale ; ce n'est qu'après que l'organe a pris toutes ses dimensions que la voix, devenue plus sonore et plus ferme, prend-elle-même le timbre presque invariable qu'elle gardera toute la vie. »

C'est surtout pendant cette période de la vie que l'accroissement du corps en hauteur est manifeste ; il est des sujets qui grandissent brusquement de 5 à 10 centimètres, quelquefois plus, et souvent sans dérangement pour la santé générale ; d'autres au contraire dont la croissance rapide offre des dangers (voy. *Difformité*) pour les formes externes. L'adolescence est sujette en plus aux hémorrhagies, à l'hypertrophie du cœur, aux inflammations de la gorge, des poumons, etc., enfin à cette foule d'affections qui résultent de la rupture d'équilibre entre les principaux systèmes d'organes par l'effet de l'accroissement (voy. *Croissance*). Du reste, cette révolution de l'économie fait souvent cesser toutes les maladies chroniques de l'enfance, mais elle développe assez souvent chez la femme le tempérament nerveux qui vient ajouter mille accidents aux orages de la menstruation.

« C'est pour combattre de telle prédisposition, dit Requin, que l'hygiène adresse, outre les préceptes généraux, quelques avis particuliers à l'adolescence, ou plutôt aux guides de cet âge inexpérimenté. Il fait prendre garde de fatiguer et d'irriter le poumon par l'exercice excessif du chant ou de la déclamation, ou par le jeu prolongé des instruments à vent. Que les jeunes filles reçoivent une éducation mieux entendue ; qu'elles mènent une vie moins sédentaire ; que leurs travaux d'aiguille ou leurs études d'art alternent avec des exercices musculaires en plein air ; que leur sensibilité ne soit pas surexcitée ni par les bals, par les spectacles, par les lectures romanesques : elles seront moins nerveuses et mieux portantes. Mais ce qu'il y a de plus important pour la santé de l'adolescence, c'est de ne pas s'abandonner trop tôt aux impulsions de l'instinct érotique, c'est de ne pas prodiguer en dépenses génitales les forces nécessaires à l'achèvement complet de l'accroissement. Malheur à qui abuse prématurément du commerce sexuel ou de pratiques plus pernicieuses encore : il abrutit son esprit et son âme, ruine son tempérament, et abrège sa vie. »

Dr. HEINRIECH.

ADONIDE (botanique) [d'*Adonis*, un des dieux de la Mythologie]. — Plante herbacée, de la famille des renonculacées, qui croît dans les champs et que l'on cultive dans les jardins, à cause de leur aspect élégant, de la délicatesse de leurs feuilles et de la beauté de leurs fleurs, ordinairement solitaires, rouges ou citrines, à 5 ou 6 pétales (fig. 30).

On cultive en France trois espèces d'adonides : 1° l'*adonide commune* ou *d'automne*, dont les fleurs sont rouges, mais petites ; 2° l'*adonide d'été* ou *goutte de sang*, remarquable par la belle couleur tranchante de ses fleurs et le vert charmant de ses tiges et de ses feuilles ; c'est l'espèce qui, selon la fable, reçut le sang d'Adonis blessé; 3° *l'adonide vernale ou printanière*, dont les fleurs sont jaunes.

Fig. 31. —. Adonide..

ADONIES (mythologie grecque) [même étymologie]. — La mort d'Adonis, un des dieux de la Syrie, est une des fictions mythologiques les plus célèbres de l'antiquité. Dans tout l'Orient et en Grèce, surtout à Byblos et à Alexandrie, on célébrait des fêtes brillantes en l'honneur de ce dieu. « Ces fêtes duraient deux jours, dont l'un était consacré au deuil, l'autre aux réjouissances, ou, pour mieux dire, l'un à l'agonie et à l'ensevelissement du dieu, l'autre à sa résurrection. Un catafalque colossal, une procession de femmes en pleurs, un sacrifice des morts, telles étaient à peu près partout les circonstances principales de cette solennité. A Byblos, les femmes coupaient leur chevelure, ou faisaient dans le temple, en l'honneur du dieu, l'offrande voluptueuse par laquelle les Babyloniens honoraient Mylitta. Le lendemain, on portait processionnellement la statue d'Adonis à la mer, et on l'y baignait, puis l'on récitait des hymnes de joie; le temple était orné d'emblèmes magnifiques, parmi lesquels se faisaient remarquer les *jardins d'Adonis*, vases d'argile ou corbeilles d'argent remplies d'un terreau qui s'était couvert en peu de jours d'une verdure délicieuse. »

ADOPTION (droit) [du latin *adoptio*, contraction d'*adoptatio*, formé de *ad*, pour, en faveur, et de *opto*, choisir]. — L'adoption est l'action, l'acte légal par lequel la loi permet de créer des rapports de paternité et de filiation entre deux personnes qui ne sont pas de la même famille, ou même entre le père ou la mère et leur enfant naturel reconnu.

L'adoption n'était point admise généralement en France sous l'ancienne jurisprudence. Elle a été introduite par un décret de l'assemblée législative du 18 janvier 1792; mais la loi n'en déterminant ni la forme ni les effets, cette lacune a été remplie par le Code civ., liv. I, c. 8, et pour le passé par la loi du 23 germinal an XI, qui a réglé tout ce qui est relatif aux adoptions faites entre la publication de la loi de 1792 et celle du Code.

D'après ses dispositions, l'adoption n'est permise qu'aux personnes de l'un ou de l'autre sexe âgées de plus de cinquante ans, qui n'ont, à l'époque de l'adoption, ni enfants ni descendants légitimes, et qui ont au moins quinze ans de plus que les individus qu'elles se proposent d'adopter. — Un époux ne peut adopter qu'avec le consentement de son conjoint. La faculté d'adopter ne peut être exercée qu'envers l'individu à qui l'on a, dans sa minorité et pendant six ans au moins, fourni des secours et donné des soins non interrompus, ou envers celui qui aurait sauvé la vie à l'adoptant, soit dans un combat, soit en le retirant des flammes ou des flots. Il suffit, dans ces derniers cas, que l'adoptant soit majeur, plus âgé que l'adopté, sans enfants ni descendants légitimes, et, s'il est marié, que son conjoint consente à l'adoption. Dans aucun cas, l'adoption ne peut avoir lieu avant la majorité de l'adopté; il est encore obligé, s'il a moins de vingt-cinq ans, d'obtenir le consentement de ses père et mère, et s'il a plus de vingt-cinq ans, de prendre leur conseil. Malgré l'adoption, l'adopté reste dans sa famille naturelle et y conserve tous ses droits; il demeure étranger à la famille de l'adoptant. L'adoption ne lui confère que le droit d'ajouter à son nom celui de l'adoptant, et de lui succéder comme s'il était enfant naturel et légitime. Toutefois, le mariage est interdit entre l'adoptant, l'adopté et ses descendants, entre les enfants adoptifs du même individu, entre l'adopté et les enfants qui peuvent survenir à l'adoptant; enfin, entre l'adopté et le conjoint de l'adoptant, et réciproquement. (Art. 343 du C. civ.)

Quant aux formes de l'adoption, « les parties doivent se présenter devant un juge de paix pour y faire la déclaration de leur volonté; cet acte est successivement transmis au tribunal, puis à la cour impérial du ressort, qui vérifient si les conditions prescrites par la loi sont remplies, et si la personne qui se propose d'adopter jouit d'une bonne réputation. Si l'adoption est admise, elle devient parfaite et irrévocable par l'inscription de l'arrêt d'admission sur les registres de l'état civil (art. 343 du C. civ.). Il est un cas aussi où l'adoption peut être conférée par testament: c'est quand elle est la suite d'une tutelle officieuse. » — Voyez ce mot.

Une des questions de jurisprudence les plus controversées, dit Ariste Boué, c'est celle de savoir si l'on peut adopter son enfant naturel légalement reconnu. Cette institution nouvelle pour nous de l'adoption, étrangère à nos usages et à nos mœurs, contraire à notre esprit de famille, entourée ainsi par le législateur de conditions restrictives et de véritables obstacles, dépouillée d'une partie des avantages qu'elle pouvait offrir, n'a eu que peu de succès, et nous n'en avons vu que des exemples assez rares.

L'origine de l'adoption remonte à la plus haute

antiquité ; on est fondé à croire qu'elle avait lieu sous les Égyptiens.

On lit dans la Bible que « Thermutis, fille de Pharaon, adopta le jeune Moïse ; et il paraît, à la manière dont le livre sacré s'exprime à cet égard, que cette adoption était autorisée par les lois. L'adoption de Moïse lui assurait à la cour de Pharaon des grandeurs et des trésors qu'il refusa. »

Mais, bien qu'on ait cité des exemples d'adoption chez les Hébreux, plusieurs savants prétendent qu'elle n'y a jamais été pratiquée légalement. Nous savons qu'on nous citera Éphraïm et Manassé, fils de Joseph, adoptés par Jacob ; Esther, adoptée par Mardochée ; mais on ne peut voir dans ces actes aucun lien légal : les fils de Joseph ne furent que substitués à leur père, et Esther ne reçut que des soins de Mardochée.

Chez les Grecs, l'adoption était un acte légitime par lequel un homme sans enfants était en droit d'adopter un autre homme qui pût lui succéder dans ses biens et prendre son nom. A Athènes, l'adoption n'était permise qu'aux citoyens qui avaient l'âge prescrit par les lois, et qui étaient inscrits sur les registres publics. Ils ne pouvaient adopter que des enfants légitimes qui n'eussent pas plus de vingt ans, et cela lorsqu'ils étaient en parfaite santé ; car l'adoption n'était pas permise à ceux qui étaient dangereusement malades ou sur le point de mourir. Celui qui était adopté quittait souvent son nom pour prendre celui de son père adoptif, et renonçait pour toujours à la famille dans laquelle il était né ; à moins qu'il ne laissât dans celle où il était entré par adoption un fils légitime pour le représenter. Les célibataires pouvaient adopter des enfants d'un citoyen : mais après cela ils ne pouvaient plus se marier sans une permission du magistrat. Les pères adoptifs n'avaient pas sur les enfants adoptés la même autorité que les véritables pères, car ceux-ci conservaient toute leur vie certains droits sur leurs enfants. Il se faisait aussi chez les Athéniens des adoptions par testament ; mais il fallait que les magistrats eussent été appelés au testament, et qu'ils en eussent approuvé les dispositions. L'adoption avait lieu à Lacédémone, mais rarement. Il fallait, comme à Athènes, qu'elle fût approuvée et ratifiée par les magistrats, qui étaient chargés d'examiner si ceux qui adoptaient et ceux qui étaient adoptés se trouvaient dans les termes de la loi.

A Rome, lorsqu'une personne n'avait point d'enfants, il lui était permis d'adopter celui d'un parent ou d'un ami, en observant les conditions prescrites par les lois. Il fallait d'abord que l'adoption ne pût déshonorer la famille de celui qui adoptait. Ainsi il n'était pas permis à un patricien d'adopter un plébéien, au lieu qu'un plébéien pouvait adopter un patricien. Il fallait encore que celui qui adoptait eût dix-huit ans de plus que celui qui était adopté. On s'adressait au préteur, et quelquefois au peuple assemblé par curies, pour juger de ces conditions. Si, après l'examen des conditions, l'adoption était accordée, alors le magistrat demandait au père de l'enfant qu'on adoptait s'il voulait abandonner son fils avec toute l'étendue de la puissance paternelle, et

donner droit de vie et de mort sur lui. Si le père répondait qu'il le voulait, le préteur ratifiait l'adoption. Aussitôt, l'enfant adopté passait dans la maison de son père adoptif, prenait son nom et son prénom, en y joignant celui de la famille dont il descendait. L'adoption par testament avait lieu chez les Romains. Celui qui était ainsi adopté jouissait du même privilége que les autres pour le prénom et les biens de son père adoptif. Cette espèce d'adoption ne pouvait avoir son effet sans l'autorisation du préteur et quelquefois celle du peuple assemblé.

Au moyen âge, les anciens Germains avaient une sorte d'*adoption*, dite *par les armes* : c'est ainsi que Childebert et le roi des Huns furent *adoptés*, le premier par Gontran, roi d'Orléans et de Bourgogne, le second par Théodore, roi des Ostrogoths. Enfin, en Orient, l'adoption est fort commune chez les Turcs, et encore plus parmi les Grecs et les Arméniens ; il ne leur est pas permis de déléguer leurs biens à un ami ou à un parent éloigné ; mais, pour empêcher qu'ils n'aillent grossir le trésor du Grand-Seigneur, ils choisissent, dans une famille du commun, quelque bel enfant de l'un ou de l'autre sexe, et l'adoptent pour leur enfant.

Parmi les musulmans, la cérémonie de l'*adoption* consiste à faire passer l'*adopté* dans la chemise de l'adoptant ; c'est pourquoi *adopter*, en langage turc, est faire passer quelqu'un par sa chemise.

JEAN ÉTIENNE.

ADORATION [de *adorare*, formé de *ad*, auprès, et *orare*, parler]. — Action par laquelle on rend un culte à Dieu. — L'adoration est pour l'homme le premier besoin comme le premier instinct ; il la reçoit avec la vie, il la garde toujours, alors même qu'il a perdu ce qu'il a de plus cher, et ne peut résister, dans ses moments de doute, d'ingratitude, ou de désespoir, à reconnaître qu'il existe encore pour lui ; son découragement se traduit en expressions folles ou tristes, mais le nom du Tout-Puissant vient errer sur ses lèvres, et en prononçant ce mot : *Mon Dieu !* il s'incline intérieurement et fait, sans s'en douter peut-être, un acte d'adoration. Il n'y a pas d'exemple dans l'histoire de tous les peuples d'une absence d'adoration. Tous, depuis les idolâtres jusqu'à nous, ont senti le besoin de recourir à une puissance plus grande que celle qu'ils trouvaient sur la terre ; tous ont eu comme un pressentiment vague de leur immortalité ; tous ont fait des idoles, et tous ont adoré. D'ailleurs le sentiment de l'adoration se lie si étroitement à ce que nos pensées ont de plus intime, il parle si bien au cœur le langage de l'espérance et de l'amour, il ouvre à l'âme des horizons tellement immenses il fait enfin de l'homme un si beau reflet de la Divinité, que, malgré nous, il nous élève et nous fait souvenir qu'il y a un Être là-haut qui s'occupe de faire dignes de lui notre existence et nos destinées. Le cœur et la pensée conduisent à l'adoration, le cœur par tout ce que notre être a de plus invinciblement doux ; la pensée par tout ce que notre intelligence a de plus profondément convaincu : le cœur nous dit que l'adoration n'est que le sublime de l'amour, et que, si nous élevons nos sentiments jusqu'à la hauteur de Celui qui nous les fit si consolants et si beaux, nous goûterons ici-bas ces joies paisibles qui valent à elles seules tous les bonheurs de la vie! La pensée nous ajoute que nous ne serons véritablement profonds et dignes de nous approcher par l'intelligence du foyer céleste qu'autant que nous inscrirons au frontispice de nos œuvres : *reconnaissance* et *adoration*.

Le cœur, avec l'adoration, surmonte les obstacles les plus difficiles, et se nourrit tour à tour de foi, d'espoir, d'abandon, de confiance et de charité; puis il s'épanche avec délices devant son Créateur, et le supplie de lui accorder, en retour de sa ferveur et de ses prières, cette félicité qu'il n'a pas encore connue et qui répand un ineffable charme sur tout ce qui est ici-bas créature ou création. La pensée, avec l'adoration, se plonge avec extase dans les profondeurs de la nature et de l'humanité; elle interroge les annales de toutes les nations; elle assiste à toutes les inspirations du genre humain; elle le voit tantôt incertain, indécis, malheureux, puis inondé d'une lumière divine, et remplaçant insensiblement tous ses désespoirs par la prière ou l'espérance; elle fait sortir de toutes ces voix, déjà glacées par le temps, comme une preuve éclatante de la toute-puissance, et elle entonne avec elles un hymne d'admiration et d'éternel amour! S'il serait difficile de comprendre une société sans droits et devoirs, il est impossible de la composer sans l'adoration. Otez à l'homme ce besoin de s'adresser au ciel pour lui demander ce bien-être qu'il ne trouve pas sur la terre, privez l'humanité de cette force qu'elle puise dans son culte et dans ses espérances, et vous détruirez l'humanité. Mais élevez-vous, au contraire, vers cet univers d'expansion, de foi, de tendresse et d'amour, voyez la grande famille humaine enfermée tout entière dans les liens de l'adoration et de l'immortalité, imaginez de réunir tous les cœurs qui aiment et tous les esprits qui pensent au seul mot d'adoration; voyez arriver à vous cette immense phalange d'intelligences supérieures qui, dans la succession des siècles, n'ont pas craint de ranimer toujours par l'adoration les productions immortelles de leur génie; repliez-vous sur l'existence de tous ces âges qui ne nous apparaissent, à nous, que dans les lointains de l'infini; découvrez-y tous ces philosophes, tous ces poètes, tous ces hommes illustres que la postérité n'oubliera jamais; ajoutez là, si vous le voulez, la longue liste de ces individualités glorieuses qui toutes se sont fait un nom impérissable par le progrès qu'elles ont imprimé chacune à la civilisation ou à la pensée, et vous verrez que tous ces hommes ont cru qu'il existait quelque chose encore au-dessus de leurs découvertes ou de leurs sciences; que cette création qu'ils voyaient si magnifique, et dont ils s'efforçaient de pénétrer les secrets, était aussi pour eux l'œuvre d'un puissant Ouvrier; que tous ces mystères de la nature qui les arrêtaient et marquaient une limite infranchissable à leurs recherches devaient pour un seul *être* n'être pas des mystères; que tout ce qui passait devant eux n'était qu'une partie harmonieuse de l'universelle harmo-

nie, et ces hommes, quels qu'ils aient été, se sont tus et ont adoré! L'adoration est donc quelque chose qui préexiste naturellement dans l'homme; et plus on est privilégié de cœur ou d'intelligence, plus on comprend quelle est sa puissance en face de notre inexorable réalité, plus on s'éprend d'elle avec enthousiasme, plus, en un mot, on adore, pour essayer de devenir meilleur en demandant au ciel, pour toutes les épreuves qu'il nous envoie sur la terre, la foi à sa toute-puissance, et pour nous la croyance à notre immortalité!   ÉDOUARD BLANC.

ADORATION DE LA CROIX (religion catholique). — Cérémonie de l'Église qui a lieu dans la semaine sainte, et qui consiste à fléchir trois fois le genou devant la croix, en commémoration de la mort de Jésus-Christ.

ADORATION PERPÉTUELLE (religion catholique). — Celle qui s'adresse au Saint-Sacrement ou Sacré-Cœur de Jésus.

ADORATION DES IMAGES ET DES RELIQUES DES SAINTS religion (catholique). — « Bien qu'une multitude de catholiques peu instruits, surtout ceux des campagnes, adorent véritablement les saints et même leurs images, et que dans bien des pays chrétiens l'ignorance et le peu de développement de l'esprit humain soient, comme dans la première antiquité, une cause inévitable d'idolâtrie, les théologiens catholiques ont toujours défendus et ont toujours défendu d'accorder l'adoration à d'autres êtres qu'à l'Être infini.

Le culte des saints n'est point une adoration, c'est un hommage rendu aux grands hommes; et assurément rien ne sied mieux à l'humanité que cette reconnaissance et ce souvenir personnel pour ceux qui lui ont fait quelque bien ou donné quelque glorieux exemple. »

ADRAGANT (botanique) [par corruption du mot *tragacantha*, nom grec de l'arbrisseau épineux qui donne cette gomme]. — Gomme qui découle spontanément en filets ou bandelettes tortillées, des tiges et des rameaux de certains arbrisseaux du genre *astragale* (voy. ce mot) qui se trouvent dans la Turquie d'Asie et dans la Perse. Cette substance est opaque, de couleur blanche, et le plus souvent en fragments rubanés. Les apprêteurs s'en servent pour donner du lustre et de la consistance à certaines étoffes, et les confiseurs et les marchands de couleurs l'emploient aussi dans diverses préparations. La propriété que cette gomme a de former des mucilages, propriété due à un principe immédiat appelé *adragantine*, l'a fait employer par les pharmaciens dans les loochs, les crèmes, les gelées, etc. Elle était regardée autrefois comme *analeptique* (voy. ce mot).

ADRESSE [*dexteritas* des Latins, *dexiotês* des Grecs]. — Habileté à faire les choses d'une manière conforme aux règles de l'art défini, *l'art de bien faire*. Il y a deux sortes d'adresses : l'*adresse physique* et l'*adresse intellectuelle*. L'adresse *physique* est la facilité d'exécution due à la mobilité et à la flexibilité des organes instrumentateurs du corps; l'adresse *intellectuelle* est l'aptitude de l'intelligence et de l'esprit à saisir avec rapidité les moyens inconnus, secrets ou détournés, qui doivent servir de base à la solution définitive d'une question proposée. Sont adroits, *physiquement parlant*, et à des degrés différents, le prestidigitateur qui excite et entretient la curiosité de ses spectateurs par la subtilité de ses tours, et le chasseur qui arrête et surprend dans son vol l'hirondelle atteinte du plomb meurtrier qu'il lui envoie. Sont adroits, *intellectuellement parlant*, l'orateur qui, surmontant à l'aide de réflexions et de pensées ingénieuses, les difficultés que lui présente le sujet qu'il traite, parvient à captiver l'attention distraite et même prévenue de ses auditeurs, et à porter la persuasion et la conviction dans leur âme ; le fonctionnaire public et politique qui, aux prises avec une opposition factieuse, trouve dans les ressources de son imagination, les moyens de la réprimer et d'en triompher. Sont adroits, *physiquement* et *moralement parlant*, l'ouvrier qui, dans son métier, imagine et exécute un ouvrage d'une forme nouvelle, à la fois utile et agréable ; le mécanicien qui joint à l'intelligence de son art l'exécution pratique des ressorts de sa machine ; l'opérateur, qui doit à ses études scientifiques et à une heureuse expérience les succès qu'il obtient dans l'exercice de sa difficile et honorable profession ; enfin l'honnête négociant dont les spéculations se renferment dans les limites d'une ambition sage et modérée. L'adresse, qui doit à l'intelligence qu'elle suppose sa parenté au premier degré avec la souplesse et la finesse, devient une qualité presque toujours indispensable aux personne chargées de la protection et de la défense d'intérêts graves et sérieux. La limite de sa définition s'arrête au début de celle de la *ruse* et de l'*artifice*.   J. BÉCHERAND.

ADRESSE (politique). — Discours adressé au souverain par un corps politique, administratif, judiciaire, ou par une réunion de citoyens. Sous la monarchie, ce mot était spécialement appliqué à la réponse faite par les chambres au discours du trône. Une des plus célèbres adresses est celle des 221, votée, en mars 1830, par 221 députés, en réponse au discours menaçant de Charles X. Mal accueillie par le roi, cette adresse fut la cause des événements de juillet 1830, et par suite de ceux qu'elle amena en Europe.

ADULATION (morale) [du latin *adulatio*, flatterie basse et intéressée]. — Ce mot n'est point synonyme de celui de *flatterie*, qui, chez tous les hommes, passe d'oreille en oreille, se reçoit et se rend suivant qu'on veut plaire ou tromper ; d'où il suit qu'elle n'exclut pas toujours la bonne foi, bien qu'elle exagère les vertus ou les qualités. L'*adulation*, au contraire, consiste à flatter avec bassesse, et le plus souvent dans un but d'intérêt personnel. Quel que soit en effet le parti de l'adulateur, il en change dès qu'à ses yeux se présente l'élément qui le fait mouvoir. On ne saurait donc trop s'éloigner, et surtout se défier de cette sorte d'hommes sans pudeur, où pullule tout ce qui est capable de corrompre le cœur et l'esprit. — Mais la classe des adulateurs la plus dangereuse est celle qui entoure les princes et les personnes revêtues de hautes dignités, car ici l'adulateur, caché sous le voile enivrant du patriotisme, encense outre

mesure ceux qu'il veut séduire, et les rend quelquefois inhabiles à découvrir la vérité. Disons, à l'honneur de l'humanité, que, grâce à la diffusion des lumières, les adulateurs sont beaucoup moins nombreux aujourd'hui qu'autrefois, et qu'il suffit, pour déchirer le voile dont ils se couvrent, d'ouvrir souvent le livre de son propre cœur, où luisent pour tous les étincelles de l'auguste vérité.

ADULTE (physiologie) [en latin *adultus*, de *adolescere*, croître, grandir, se former]. — On donne le nom d'adultes aux hommes et aux animaux dont le corps a acquis son développement complet. Pour l'homme, l'âge adulte s'étend de vingt à soixante ans. La réflexion, le jugement et les productions importantes de l'esprit caractérisent chez l'homme cette période de la vie.

ADULTES (éducation des) [pédagogie]. — C'est une bien grande erreur de croire qu'on ne peut s'instruire après les premières années de la vie. Si depuis un siècle le peuple français a montré dans diverses circonstances une noblesse et une générosité qu'on ne lui connaissait pas, c'est que son instruction, ses mœurs, s'étaient améliorées. Qui oserait dire cependant que les peuples ne sont pas de grands enfants, susceptibles, à la vérité, de recevoir comme les enfants, des impressions utiles et durables? Sont-ce des enfants qui, de nos jours, croient encore aux sorciers et aux revenants? Sont-ce des enfants qui tremblent à l'aspect d'un feu follet ou à l'approche d'une éclipse ; qui redoutent de se trouver treize à table ; qui n'entreprendraient point un voyage le vendredi? Sont-ce des enfants ceux que des habitudes routinières empêchent de suivre la voie progressive qui s'ouvre devant eux dans l'agriculture, dans l'enseignement, dans les sciences et dans les arts? A toutes ces questions, on est forcé de répondre : *Non*, ce sont des adultes qui se montrent si crédules et si arriérés en civilisation : ce sont des hommes qu'on n'a point pris le soin d'éclairer, à qui l'on a même négligé de donner les premiers éléments d'instruction, et qui forment encore aujourd'hui un nombre de plus de 15 millions de Français!!! Un pareil état de choses suffit pour établir la nécessité de féconder, de propager par tous les moyens possibles l'instruction des adultes : disons plus, sans celle-là, toute autre est peu de chose. A quoi bon cette éducation morale de l'enfance, recommandée avec tant de zèle si, au moment où elle cesse, le jeune homme qui l'a reçue entre dans un monde ne professant pas les mêmes opinions, les mêmes goûts, les mêmes tendances? Quel rôle jouera sa candide innocence au milieu des vices effrontés du jour? sa franchise, avec l'esprit de ruse qui semble inné chez tant de gens? sa probité, sa générosité, avec la fourberie et l'égoïsme froid et desséchant de notre époque? On voit combien il sera facile de charger le tableau; mais nous croyons que, si l'on veut que l'éducation de la jeunesse soit profitable, il faut mettre celle du peuple en harmonie avec elle, et regarder comme un principe incontestable que l'éducation de la jeunesse reçoit son esprit, ses principes et son utilité de l'éducation politique de la nation. Quelle éducation, dit le savant Matter, voulez-vous donner à l'enfance si vous ignorez encore ce que vous vous voulez faire de la nation à laquelle elle appartient, et dans le sein de laquelle elle doit apporter le tribut de ses lumières, de ses vues, de ses habitudes, tout son génie enfin? En effet, il appartient au pouvoir, aux mœurs, aux lois, aux interprètes et aux organes de celles-ci, de régler, de guider l'éducation morale et politique de la nation. Les gouvernements, par leur exemple et leur conduite, ont une grande influence sur l'éducation du peuple. Sous saint Louis, le peuple fut religieux; sous Charles IX, il fut cruel et fanatique; sous Louis XIV, il s'effaça et fut inaperçu; sous Napoléon, il fut guerrier et ne rêva que conquêtes. C'est donc pour la loi et ses organes un devoir sacré de s'occuper de l'éducation des adultes; car, s'ils sont sans mœurs et sans vertus, il n'est pas possible que ceux qui doivent gouverner négligent les moyens de former les mœurs et de conserver les vertus. Le peuple français a des droits qu'il tient à conserver, mais ce n'est point assez pour lui : il faut lui donner une éducation qui lui apprenne à s'en servir. L'instruction élémentaire commence à être comprise, mais l'éducation du peuple, l'éducation des adultes, l'est-elle? que fait-on pour cette éducation? des règlements, des brochures, des livres en un mot, et les mêmes livres pour le Basque et le Flamand, le Gascon et le Lorrain, le Breton et le Parisien. Il faut sortir de cette ornière, il faut de la généralité et surtout de la spécialité dans les connaissances du peuple; il faut que toutes les connaissances scientifiques et technologiques soient mises à sa portée? il faut que les sciences, les lettres et les arts viennent polir et adoucir son aspérité sociale. Que l'on continue de mettre les bibliothèques à la disposition du peuple; que des ouvrages moraux soient entrepris en sa faveur; que les travaux de l'esprit soient proportionnés à l'état politique et moral de la nation; que les savants rendent leur langage accessible à tous, alors l'éducation des adultes sera en bonne voie. Nous n'hésitons donc pas à conclure que cette éducation est une œuvre nouvelle à accomplir et qui portera bientôt les heureux fruits qu'on est en droit d'en attendre.

. Kramer.

ADULTÉRATION (pharmacie) [de *adulteror*, formé de *ad* et de *alter*, mot à mot, faire une chose autre que ce qu'elle est]. — Action de falsifier un médicament en y ajoutant quelque substance qui en diminue la valeur et les qualités. « La falsification des drogues simples et composées, dit le professeur Chevallier, a été mise en pratique de tout temps et dans toutes les contrées; mais elle a reçu en France une extension qui peut s'expliquer par les circonstances où s'est trouvé le pays pendant la guerre continentale; en effet, à cette époque, la difficulté qu'il y avait de se procurer des denrées exotiques, nos ports étant fermés aux navires étrangers, excita vivement l'activité d'hommes cupides, activité qui, en raison du besoin, fut bientôt tolérée; et bientôt on vit l'une de nos plus grandes villes de commerce (Marseille)

transformée en un véritable laboratoire de sophistiquerie; les *résines*, les *gommes résines*, les *baumes*, les *mannes*, le *castoreum*, l'*opium*, le *musc*, etc., etc., n'étaient plus que des mélanges plus ou moins habilement confectionnés, mélanges qui, s'ils n'avaient pas directement une action funeste sur l'économie animale, offraient, du moins, le danger de voir la maladie faire des progrès, puisque les médicaments que le médecin administrait n'avaient pas de propriétés. On devait penser que les événements politiques, en rendant au commerce toute sa liberté, en rétablissant toutes nos communications avec les diverses puissances, feraient cesser ces fraudes; mais les sophistiqueries ont survécu au système qui les avait favorisées; elles ont même pris une extension considérable, d'autant plus funeste que, parmi les falsificateurs, il en est un grand nombre qui ont profité des découvertes faites en chimie, et qu'ils s'en sont servis pour rendre la fraude plus difficile à reconnaître. L'adultération des drogues simples et celles des substances médicamenteuses, sur laquelle on n'a pas assez fixé l'attention de l'autorité devrait être réprimée avec la plus grande sévérité, car l'action de frauder les médicaments peut causer de grands désastres, et même déterminer la mort. En effet, le praticien qui ordonne un médicament compte sur son action; si le médicament est adultéré, non-seulement il n'en obtient pas le résultat qu'il devait en attendre, mais encore il peut produire un effet tout contraire et il peut même causer la mort du malade. »

M. Chevallier a eu la preuve que les mélanges introduits dans certains agents thérapeutiques peuvent être fatals à ceux qui les emploient et à ceux qui les préparent. C'est ce qui peut arriver, dit-il, à l'homme qui substitue à la farine de moutarde destinée à produire un effet révulsif, soit un mélange de farine de moutarde avec la poudre de tourteau, de colza ou de graine de navette. On peut consulter sur ce sujet le *Traité des Moyens de reconnaître la Falsification des drogues simples et composées*, de MM. Pedroni, Bussy et Boutron-Charlard; le *Dictionnaire des Falsifications et des Altérations des Substances alimentaires, médicinales et commerciales*, de M. Chevallier, 2 vol. in-8°. Paris, 1850-52.

ADULTÉRATION (monnayage). — Action de mettre dans les monnaies plus d'alliage que la loi ne le permet, ou d'en diminuer le poids au moyen de la lime, des caustiques, etc. — Voy. Altération des monnaies, expression dont on se sert plus communément pour caractériser ce crime capital.

ADULTÈRE (morale, législation) [de *adulterare*, changer, corrompre, formé d'*alter*, autre; sous-entendu s'approcher; action de s'approcher d'un autre]. — Violation de la foi conjugale. On applique ce mot par extension à celui où à celle qui commet cette violation. L'adultère est un crime, en ce qu'il attaque le principe social ou l'intégrité de la famille, et le droit de propriété, en introduisant dans la première, d'une façon subreptice, des individus étrangers, qui sont appelés par la loi à partager avec les enfants légitime les biens et l'héritage du chef. Ce crime a été de tout temps flétri par la morale, condamné par les diverses religions, et puni sévèrement, quoiqu'à degrés différents selon les sexes. « Chez les peuples sauvages, dit Reynaud, dès que la société commence à se former, l'adultère est aussitôt signalé comme ennemi, proscrit, mis à mort. On épuiserait presque la liste des supplices si l'on voulait faire connaître le détail des peines infligées aux coupables dans les pays barbares : tantôt ils sont mutilés, égorgés, dévorés; tantôt enterrés vivants, brûlés, noyés. Chez les Saxons, la femme était vouée au bûcher, et sur ses cendres on élevait le gibet de son complice. Chez les Juifs, la loi était formelle. « Si quelqu'un commet un adultère avec la femme de son prochain, que l'homme adultère et la femme adultère meurent tous deux. » (Lév., ch. 20.) On les traînait hors du camp, et ils étaient lapidés par le peuple. Dans l'Inde, le crime variait de grandeur suivant les castes où il était commis, et surtout suivant le mélange de castes qu'il tendait à produire. L'adultère d'un soûdra avec une femme d'un rang élevé était une abomination aussi infâme que la bestialité chez les Juifs. On lit ce texte terrible dans la loi de Manou : « Si une femme, fière de sa famille, est infidèle à son époux, que le roi la fasse dévorer par les chiens dans une place fréquentée; qu'il condamne l'adultère à être brûlé dans un lit de fer chauffé au rouge, et que les exécuteurs alimentent sans cesse le feu jusqu'à ce que le pervers soit brûlé. » (Manou, livre vii.) Des textes, sans doute postérieurs, réduisaient la peine; mais la loi la plus efficace, bien qu'elle fût la plus injuste, était celle qui poursuivait les coupables non pas sur leurs personnes mêmes, mais sur les fruits infortunés de leur amour. Ces enfants étaient jetés au-dessous de toute classe, soumis au mépris de l'esclave le plus abject, déclarés impurs au toucher, et considérés en quelque sorte comme des monstres nés d'un crime sans nom. Nous avons déjà dit quelle idée on avait de ce crime dans les temps antiques de la Grèce : c'était pour venger un adultère que ce pays s'était soulevé tout entier pour se jeter contre la ville de Troie; c'était un adultère qui, à la suite de tant de maux, avait encore rempli de sang le palais d'Agamemnon; c'était l'adultère qui formait le principe de ces fatalités chantées par les poëtes, et qui tenait sans cesse les Euménides en travail sur la terre. A Rome, l'adultère occupait dans la tradition une place non moins grande; on se rappelait que c'était lui qui avait précipité les rois de leur trône, et ouvert à la république son ère de liberté. Là, tant que les mœurs furent en vigueur, et qu'il y eut du respect pour les dieux du foyer domestique, on fit comme à Sparte et l'on s'abstint de porter publiquement une loi contre l'adultère. On l'enterrait dans le secret. On sait que la femme criminelle était jugée arbitrairement par un tribunal composé de son époux et de ses parents; et l'on trouve dans les anciens ce texte aussi inflexible que celui du Lévitique : *Adulterii convictam vir et cognati uti volent necanto.* Vers les derniers temps de la répu-

blique, l'immoralité devint si puissante que l'adultère cessa de se tenir dans l'ombre; et osa prendre lui-même d'une éclatante manière le droit de cité que le code, en refusant de le punir, avait prétendu lui ôter. Auguste fut obligé d'établir des dispositions légales contre lui : le crime était devenu public, l'accusation pouvait l'être; il fit la loi *Julia*, qui permettait à tout citoyen de dénoncer les coupables, et qui prononçait contre eux le bannissement et l'amende. Au débordement de la licence s'ajouta un débordement de trouble et de scandale. Sous les empereurs, on fut obligé de réserver à la famille seule la liberté d'accusation; et l'arbitraire venant au secours de la loi trop peu redoutée, on promena, lorsque cela fut nécessaire, sur les têtes les plus apparentes, la terreur des crimes de lèse-religion et de lèse-majesté. Sous Constantin, la peine de mort fut décrétée; et Socrate rapporte que sous le règne de Théodose une malheureuse convaincue d'adultère fut livrée, toute nue, à la brutalité du peuple. C'était la fin de l'empire. »

Le christianisme, tout en effaçant les peines sanglantes de l'Ancien Testament, fut sévère pour l'adultère. « Vous avez appris, déclarait le Christ à ses disciples dans l'Évangile (Matth., ch. V), qu'il a été dit aux anciens : Vous ne commettrez point d'adultère. Mais moi, je vous dis que quiconque a regardé une femme avec concupiscence a déjà commis l'adultère dans son cœur. Que si votre œil droit vous scandalise, arrachez-le et jetez-le loin de vous; car il vaut mieux qu'un de vos membres soit perdu que tout votre corps soit précipité dans l'enfer. » Cette sentence n'est que pour le for intérieur, mais pour le for extérieur, Jésus fut généreux, clément même : Qui ne se rappelle l'histoire de la femme adultère de l'Évangile? Les pharisiens, suivant l'ordre de la loi, voulaient la mettre à mort, Jésus leur dit : « Que celui d'entre vous, qui est sans péché lui jette la première pierre. » Et quand ils furent tous partis, se tournant vers la femme, il lui dit : « Allez maintenant, et ne péchez plus. »

Autrefois en France, le délit d'adultère était taxé arithmétiquement selon la gravité du cas. Si le crime était consommé, il fallait payer une amende de 40 sous, soit 200 fr. de notre monnaie. Avant la révolution, la femme adultère était le plus souvent enfermée pour la vie dans un couvent ou dans un hôpital. Sous la loi du divorce (20 septembre 1792 au 8 mai 1815), l'adultère pouvait donner lieu à la dissolution du mariage opérée sur la demande de l'un des époux ou sur celle de tous deux (consentement mutuel). (Voy. *Divorce.*) Aujourd'hui ce crime donne lieu à la séparation. (Code civil, art. 229, 230 et 306, commentés.)

L'adultère n'est plus considéré que comme un délit privé, de telle sorte que les poursuites ne peuvent avoir lieu que sur la dénonciation de l'un ou de l'autre des époux; et, lorsque la dénonciation vient du mari, il perd le droit de se plaindre s'il entretient une concubine dans la maison conjugale. La peine, imposée à la femme seulement, est de trois mois à deux ans de prison, et le mari peut faire cesser cet emprisonnement en consentant à reprendre sa femme. (C. civ., 298; C. pén., 336, 337 et 339.) Le complice est passible de la même peine et en outre d'une somme de 100 à 200 francs. (*Ibid.* 338.) Il peut même être condamné à des dommages vis-à-vis du mari. (C. cass., 22 sept. 1837.)

Le mari coupable d'adultère est puni, sur la plainte de la femme, d'une amende seulement, de 100 à 2,000 francs, encore faut-il que le délit ait été accompagné de cette circonstance, qu'il a entretenu la concubine dans la maison conjugale. (*Ibid.* 339.) La réconciliation des époux éteint l'action en adultère. Les seules preuves de complicité d'adultère sont, outre le flagrant délit, celles résultant de lettres et autres pièces écrites par le prévenu. (*Ibid.* 338.) Tous les genres de preuves sont admissibles contre la femme; les parents et domestiques, sauf les enfants et descendants, peuvent être entendus en témoignage contre elle. (C. civ. 251, Argum.) Le meurtre commis par l'époux sur son épouse, ainsi que sur le complice, à l'instant où il les surprend en flagrant délit, dans la maison conjugale, est excusable. (C. pén., 324.) Dans le cas de séparation, prononcée en justice pour cause d'adultère, l'épouse coupable ne pourra jamais se marier avec son complice. (Argum. de l'art. 298 du C. civ.)

L'enfant conçu pendant le mariage a pour père le mari, qui ne peut le désavouer qu'autant qu'il prouve que pendant le temps qui a couru depuis le trois centième jusqu'au cent quatre-vingtième jour avant la naissance de cet enfant, il était soit pour cause d'éloignement, soit par l'effet de quelque accident, dans l'impossibilité physique de cohabiter avec sa femme. (C. civ. 312.) Le mari ne pourra, en alléguant son impuissance naturelle, désavouer l'enfant, ni même pour cause d'adultère, à moins que la naissance ne lui ait été cachée; auquel cas, il sera admis à proposer tous les faits propres à justifier qu'il n'en est pas le père. (C. civ. 313.) L'enfant né avant le cent quatre-vingtième jour du mariage ne pourra être désavoué par le mari s'il a eu connaissance de la grossesse avant le mariage; s'il a assisté à l'acte de naissance, et si cet acte est signé de lui, ou contient sa déclaration qu'il ne sait signer; enfin, si l'enfant n'est pas déclaré viable. (*Ibid.* 314.) La légitimité de l'enfant né trois cents jours après la dissolution du mariage pourra être contestée. (*Ibid.* 315.) Voir, pour le délai le cas de mort du mari et le droit de ses héritiers, les art. 316, 317 et 318 du C. civ.

Les enfants déclarés adultérins, par l'effet du désaveu justifié et constaté en justice, n'ont droit qu'à des aliments, et les aliments sont réglés eu égard aux facultés du père et de la mère, au nombre et à la qualité des héritiers légitimes; mais lorsque le père ou la mère de l'enfant adultérin lui aura fait apprendre un art mécanique, ou lorsque l'un d'eux lui aura assuré des aliments de son vivant, l'enfant ne pourra élever aucune réclamation contre leurs successions. (*Ibid.* 762, 763 et 764.)

C'est ainsi que la loi punit la faute du père ou de la mère dans la personne de leur enfant adultérin, qui ne peut être ni reconnu ni légitimé. Nos lois actuelles, comme le droit romain, leur refusent même la qualité d'enfants naturels. (V. *Enfants naturels.*)

Au point de vue de la morale, l'adultère est la violation la plus flagrante de la foi conjugale. Sévèrement puni dans les temps anciens, et même sous l'empire de quelques coutumes qui ont précédé nos codes, l'adultère n'est plus aujourd'hui réprimé que par des peines en quelque sorte illusoires, surtout en ce qui regarde le mari; parce que le législateur moderne a plutôt apprécié les conséquences de la faute que la faute en elle-même. Il a considéré que le mari n'apportait de perturbation qu'au dehors, tandis que la femme introduisait dans l'intérieur conjugal le fruit de l'adultère, comme disent les campagnards économes, le *voleur de succession.* Telle est, du reste, la différence qu'il y a entre donner et recevoir; mais aussi, en présence des moyens de séduction de l'homme, de la facilité de ses démarches, de ses intrigues et de ses promesses mensongères, à l'égard de la femme chaste ou de la fille vertueuse, sa culpabilité est la plus grande, la plus punissable aux yeux du moraliste, et c'est le cas de dire, avec les femmes, que la loi n'a été faite que par les hommes et d'abord en leur propre faveur. De là, sans doute, la légèreté avec laquelle on s'est mis à railler, à tourner en ridicule, et les femmes coupables, et les maris outragés, mais non les hommes fort souvent plus coupables encore. C'est le comble d'un dérèglement d'autant plus grand, d'une immoralité d'autant plus notoire, que généralement il ne vient que de gens sujets à caution de critiquer, de vilipender aussi impunément.　　　　　　　　　　JEAN ÉTIENNE.

ADVENTICE (agriculture) [en latin *adventivus, advenire,* formé de *ad,* à, sur, et de *venire,* venir, survenir]. — On donne le nom d'*adventices* aux plantes qui croissent sans avoir été semées, et aux racines que les jardiniers forcent les arbres de produire à la place de celles qui leur ont été coupées; on dit alors *plantes adventices, bourgeons adventices.* Ce mot se dit encore : 1° en *physique,* de la nature qui est jointe accidentellement à un corps, c'est-à-dire qui ne lui appartient pas en propre; 2° en *philosophie,* des idées produites en notre intelligence par les sensations des objets extérieurs; 3° dans l'*ancienne jurisprudence,* des biens acquis par toute autre voie que par succession indirecte; 4° dans l'*ancienne médecine,* des maladies qui, ne tenant pas à la constitution, ne pouvaient être héréditaires.

ADVERBE (grammaire) [du latin *adverbium,* formé de *ad,* à, auprès, et de *verbum,* verbe, auprès du verbe]. — Partie du discours toujours invariable et dont la fonction la plus ordinaire est de modifier le verbe; c'est ce qui a fait donner à cette espèce de mot le nom d'*adverbe,* c'est-à-dire mot joint au verbe, et c'est ce qui a engagé Théodore de Gaza à l'appeler l'*épithète du verbe.* Mais il ne modifie pas seulement l'état du sujet, ou l'action exprimée par le verbe, il sert encore à modifier les adjectifs et les adverbes qui renferment une qualification, et cependant il n'en conserve toujours pas moins le nom d'adverbe; car les mots tirent leur dénomination de leur emploi le plus fréquent.

Origine. — L'adverbe n'est pas un élément essentiel du langage; en effet, ce n'est qu'une expression abrégée, équivalant à une préposition suivie de son complément. *Agir sagement*, c'est *agir avec sagesse.* Aussi les peuples ont-ils été longtemps avant d'en faire usage. A l'origine des langues, on se servait de périphrases qui embarrassaient le discours; on disait, par exemple, chanter d'un *ton haut*, écrire *en style élégant*, etc. Mais toutes les modifications ne pouvant s'exprimer ainsi, il fallut imaginer un moyen d'abréviation ; on réduisit donc ces formes à leur plus grande simplicité, soit en supprimant le nom, l'adjectif ou la préposition, soit en substituant un mot à un ou plusieurs autres.

Mais, de ce que l'adverbe peut se décomposer en une préposition et un substantif, il ne suit pas de là que toute préposition suivie d'un substantif soit un adverbe. Ainsi dans cette phrase : *Rome fut prise par les Gaulois*, les mots *par les Gaulois* ne constituent pas un adverbe, et ne pourraient même être remplacés par un adverbe. Il en est de même des articles contractés *au, aux, du, de, des*, et des pronoms *me, te, il, lui, leur*. Bien que ces mots aient réellement la valeur d'une préposition et de son complément, ils ne sont pas adverbes, car ils n'expriment pas un rapport entre un objet et une action ou une qualité, et ils ne servent pas à marquer les modifications de cette action et de cette qualité.

Fonctions. — Les grammairiens sont bien loin d'être d'accord sur les fonctions de ce mot : les uns prétendent que c'est le verbe qui est modifié; les autres soutiennent que c'est l'attribut. Pour décider la question, il faut entrer dans des développements que ne comporte pas le cadre de cet ouvrage, et qui, d'ailleurs, ne sont d'aucune utilité dans la pratique.

Invariabilité. — Par la nature même de ses fonctions, l'adverbe doit être invariable; car une qualité, un lieu, un temps, ne changent pas, suivant le nombre ou le sexe des êtres dont il est question.

Diverses espèces. — On en admet ordinairement de deux sortes : les *adverbes simples* et les *adverbes composés.*

Les *adverbes simples*, les seuls qui soient véritablement des adverbes, sont, ou des mots qui, dès l'origine et à cause de la simplicité de leurs formes, ont toujours présenté un tout indécomposable : tels sont les mots *y, là, quand*, etc.; ou de plusieurs mots réunis par l'usage, et qui, par cette juxtaposition, ont perdu généralement la signification que présentaient les mots isolés, pour en prendre une nouvelle, équivalant à une idée unique, comme *toujours, beaucoup, aujourd'hui*, etc.

Les *adverbes composés* sont ceux qui sont formés de plusieurs mots, qu'il est d'usage d'écrire séparément, comme *à présent, en haut, en bas*, etc., ou d'unir au moyen d'un trait d'union, comme *à contre-cœur, peut-être, sur-le-champ*, etc. Ces expressions sont plutôt des *locutions adverbiales* que des ad-

verbes. L'usage seul peut faire connaître celles de ces locutions qui admettent le trait d'union et celles qui le rejettent.

Classification. — Les grammairiens ont l'habitude d'établir parmi les adverbes un assez grand nombre de divisions, dont ils fixent la quantité arbitrairement. Mais toutes ces divisions et subdivisions n'étant d'aucune espèce d'utilité, et n'ayant d'autre résultat que de jeter la confusion dans l'esprit des élèves, ce qu'il y a de mieux à faire, c'est de ne pas s'en occuper. Nous dirons seulement que certains adverbes expriment le temps, d'autres le lieu, quelques-uns la quantité, la qualité ou la manière, ou l'affirmation, la négation, etc., parce que cela pourra contribuer à l'intelligence de quelques règles de syntaxe.

Régime ou *complément.* — Généralement les adverbes n'ont pas de régimes, parce qu'ils expriment par eux-mêmes un sens complet. Cependant quelques adverbes, formés d'adjectifs, admettent après eux le même complément que l'adjectif dont ils sont formés.

Modifications. — Si les adverbes ne sont susceptibles ni de genre ni de nombre, ils peuvent subir certaines modifications pour exprimer des idées accessoires de quantité. Dans certaines langues, en grec, en latin, en allemand, etc., ces idées s'expriment par des formes nouvelles que reçoit l'adverbe. Ex. : le mot latin *feliciter*, heureusement, fait *felicius*, plus heureusement, *felicissime*, très-heureusement, ou le plus heureusement, et dans d'autres langues, au contraire, comme en français, ces idées s'expriment par de nouveaux adverbes qui se surajoutent aux premiers. Ex. : *plus habilement, fort agréablement, très-bien*, etc.; et cependant, comme ces modifications ne sont pas assez nombreuses pour exprimer toutes les nuances de la pensée, il n'y a pas de langue qui ne soit obligée de recourir aux périphrases que nous avons adoptées. D'un autre côté, bien que nous n'ayons pas admis les terminaisons propres à exprimer les divers degrés de quantité, nous avons cependant admis un petit nombre de mots de cette nature, que nous avons généralement empruntés aux Latins, tels sont : *pis, mieux*, etc.; mais les mots analogues à ces deux derniers sont fort peu usités, et ne servent guère que dans le style familier.

Formation de quelques adverbes. — Parmi les adverbes, il n'y a que ceux qui expriment la manière dont une chose se fait qui se forment régulièrement des adjectifs dont la signification est analogue. Ils sont terminés en *ment*, désinence venant du mot latin *mens*, esprit, manière. Voici les règles qu'on suit à cet égard :

1° Quand l'adjectif masculin finit par une voyelle, la simple addition de *ment* forme l'adjectif; ainsi, de *juste, joli, vrai*, etc., on fait *justement, joliment, vraiment*, etc.

Cependant *impuni* fait *impunément*; *traître, traîtreusement.*

La prononciation oblige à changer l'*e* muet des adjectifs *aveugle, commode, conforme, énorme*, en *é* fermé, *aveuglément, commodément, conformément, énormément.* Cet usage semble vicieux à Boinvilliers, et il propose de soumettre ces mots à la règle générale ; mais son opinion n'a pas prévalu.

Les adverbes *follement, mollement, nouvellement, bellement,* se forment des féminins *folle, molle, nouvelle, belle,* et non des masculins *fou, mou, nouveau, beau.*

Quelques grammairiens prétendent que c'est sur le féminin de l'adjectif que doit se former l'adverbe, quelle que soit la terminaison du masculin. Cette règle serait certainement plus simple ; mais le principe contraire a prévalu, parce qu'on a pensé que l'*e* muet du féminin, se trouvant précédé d'une voyelle, ne pourrait avoir dans l'adverbe qu'un son pénible et difficile, et que, quand même on le négligerait complétement dans la prononciation, cette règle aurait pour effet de multiplier outre mesure les lettres muettes, déjà beaucoup trop nombreuses dans notre langue.

2° Quand l'adjectif finit par un *e* fermé, la simple addition de *ment* fait l'adverbe ; ainsi de *aisé, déterminé,* etc., se forment les adverbes *aisément, déterminément,* etc.

3° Quand l'adjectif est terminé au masculin par une consonne, l'adverbe se forme de la terminaison féminine, en y ajoutant *ment ;* ainsi : *fort, franc, doux, heureux,* etc., font *fortement, franchement, doucement, heureusement,* etc.

Cependant *gentil* fait *gentiment,* parce que l'*l* ne se prononce pas.

La prononciation oblige aussi à changer en *é* fermé l'*e* muet des adjectifs *commune, confuse, diffuse, expresse, importune, obscure, précise, profonde.* Boinvilliers fait pour ces adjectifs la même observation que pour ceux que nous avons cités ; mais il n'a pas été plus heureux.

4° On écrit par *mment* les adverbes formés des adjectifs en *ant* ou en *ent : abondamment, élégamment,* etc., viennent de *abondant, élégant,* etc.; et *ardemment, différemment,* etc., de *ardent, différent,* etc.

Mais *lent, prudent, véhément,* font *lentement, prudemment, véhémentement.*

Mots employés adverbialement. — La plupart des adjectifs s'emploient accidentellement comme adverbes, et sont par conséquent invariables ; mais ils ne perdent pas pour cela leur nature primitive, ce qu'il est facile de vérifier en rétablissant les mots ellipsés. *Parler haut,* c'est-à-dire parler d'un *ton haut. Aller à droite,* c'est-à-dire *à main droite.*

Emploi accidentel des adverbes. — Les adverbes de quantité s'emploient souvent comme substantifs, et sont alors suivis de la préposition *de :* Vous avez plus d'argent que moi.

Certaines prépositions sont quelquefois confondues avec les adverbes, parce qu'on les emploie sans complément ; mais on ne fait pas changer de nature à ces mots. En effet, si je dis : Si vous appuyez cette proposition, je parlerai *pour,* il est bien évident que *cette proposition* est sous-entendu, pour rendre la phrase plus concise.

Syntaxe de l'adverbe. — Les règles relatives à la construction de cette sorte de mots sont peu nombreuses, puisqu'elle n'est susceptible ni de genre ni de nombre. Mais on doit déterminer sa place dans la phrase, ce qui est quelquefois assez embarrassant et peu susceptible d'être formulé en règles ; car souvent c'est le goût ou l'usage qui servent de guides en ce cas. L'emploi de la négative est une des difficultés pour les personnes qui n'ont pas fait une étude spéciale de notre langue ; mais cette matière est trop compliquée pour être traitée ici.

J. B. PRODHOMME,
Correcteur à l'Imprimerie impériale.

ADVERSITÉ (philosophie, morale) [du latin *adversitas,* formé de *ad,* contre, et de *versus,* tourné]. — État passager ou continuel de maux et d'infortunes que peut éprouver l'homme par un ou plusieurs accidents malheureux. De même qu'en arrivant à la vie, nous naissons le plus ordinairement entre une larme et un sourire, de même, dans tout le cours de notre existence, notre destinée est d'aller continuellement entre ce rêve qu'on appelle *bonheur* et cette triste réalité qu'on nomme *adversité.* Inséparable de la condition humaine, l'adversité nous apparaît d'abord dans un lointain presque nuageux, puis elle s'avance avec nos années, peu à peu elle se hasarde à marcher, pour ainsi dire, côte à côte avec ce que nos illusions ont de plus doux ; parfois, nous la défions de se mettre entre nos espérances et nos projets, elle se montre sévère et menaçante, mais nous, sommes si jeunes, que nous croyons qu'elle veut nous faire peur, et nous continuons ; tout à coup, au moment où nous allions être heureux, quelque chose d'indéfinissable et d'imprévu renverse cette félicité que nous étions sûrs de ne quitter jamais, et ce quelque chose, c'est l'adversité ! D'autres fois, favorisés de la fortune, nous n'avions plus ici-bas assez de plaisirs et de jouissances : la vie ne nous apparaissait qu'à travers le prisme éclatant d'un beau nom et d'une position splendide, et, fous d'ambition et de vanité, nous nous sommes endormis en jouant négligemment avec notre or ; puis, quand nous nous sommes réveillés, un mauvais génie avait passé sur nos têtes ; nous étions ruinés : ce mauvais génie, c'était encore l'adversité ! Qui de nous n'a connu ces êtres sur lesquels semblait se réunir tout ce que l'esprit et le cœur ont de charmes, tout ce que les talents ont de grâce et de séduction, tout ce que les richesses ont d'enivrement et de délices ? Nous les avons suivis au milieu de leurs fêtes, partout où les accueillait avec transport et enthousiasme ; nous nous sommes retournés pour ne pas nous croire déshérités de leur sort si envié, qui jetait un si éclatant démenti à toutes nos misères ; leur prestige avait disparu, la mort avait éclairci leurs rangs, le malheur avait ridé leurs fronts, le deuil avait éteint leurs joies ; ils étaient, eux aussi, tombés dans l'adversité ! Nous nous sommes peut-être demandé bien des fois si l'adversité était une punition fatale ou une leçon nécessaire ; nous avons même cru un instant que le bonheur n'était pour elle qu'une dette dont elle se payait elle-même avec l'usure du désespoir; mais quand ces pensées nous sont venues, le monde nous a étourdis de ses cris joyeux, mille voix harmonieuses nous ont chanté des hymnes d'espoir, de plaisir et d'amour; nous avons bien vu çà et là quelques larmes amères sillonner en passant ces gais visages qui tout à l'heure nous souriaient si bien mais; insouciants, fragiles, capricieux ou désœuvrés, nous avons marché plus loin, sans avoir l'idée de regarder si jamais devant nous apparaissait l'abîme; et lorsque, saisis à notre tour d'une commotion violente, qui ne nous a étourdis que pour nous enlever d'abord tout ce que nous avions de plus cher, et nous apporter ensuite l'abattement et la tristesse, nous nous sommes aperçus que le malheur n'était point une chimère, nous nous sommes trouvés aussi face à face avec l'adversité! Pourtant, cette adversité, qui, de près ou de loin, ne nous quitte jamais, est plutôt une privation qu'un mal, elle nous enseigne à nous passer de ce qui tient au superflu de l'existence, et à concentrer nos désirs dans ces jouissances véritables que l'on trouve au sein de la modération et de la vertu. Elle relève l'âme, en la forçant à se replier sur elle-même, et à opposer à ce torrent qui l'entraîne tout ce qu'elle renferme d'énergie et de sentiments généreux. Elle fortifie l'esprit, en lui faisant voir le vide de toutes les agitations humaines; elle donne au cœur cet art difficile de savoir bien souffrir et surtout d'épurer nos affections et de les rendre désormais inébranlables; en un mot, elle régénère tout notre être en dépouillant ce que notre nature a d'imperfections et de faiblesses, et en nous rendant au monde avec cette dure et sublime expérience que nous donnent seules ces douleurs profondes qui ne passent jamais! L'adversité est bien souvent dans les natures privilégiées l'éveil de leurs talents et de leur génie. Que d'individualités célèbres à tant de titres dans l'histoire des peuples qui auraient certainement passé obscures et ignorées si l'adversité ne les eût fait vivre de leur existence véritable, et ne les eût marquées du double sceau de leur malheur et de leur immortalité! Avez-vous quelquefois essayé de pénétrer par la pensée dans la solitude de ces hommes que le monde appelait du nom d'heureux? la tristesse a blanchi leur tête, la séparation a déchiré leurs affections les plus saintes; et pourtant ils vivent encore dans la méditation et la poésie; si vous les interrogez, ils vous répondront que rien ne manque à leurs désirs, que tout pour eux se résume dans la contemplation de ce bien ineffable qui nous attend dans l'éternité! D'autres, après avoir dit adieu aux exigences mondaines, et avoir été brisés par un de ces coups terribles qui vous transforment lorsqu'ils ne vous tuent pas, ont consacré leurs veilles à la réflexion et à l'étude; pour eux les livres sont les meilleurs et les derniers amis. Quand vous leur parlerez de vos succès dans la société, ils suivront vos paroles d'un regard mélancolique et douloureux, et vous avertiront qu'il faut aussi vous mettre en garde contre les séductions qui vous arrivent; que, tôt ou tard, pour vous viendra ce quelque chose qu'ils ont

éprouvé, qui les a tant fait souffrir, qu'ils ne se sont pas, malgré le temps, défini complétement à eux-mêmes. Et pourtant tous ces hommes que vous écouterez avec confiance et respect, dont vous entourerez désormais le nom d'une double auréole de perfection et de progrès, et qui, par leurs travaux ou leurs austérités, auront mérité de vous paraître supérieurs par les sentiments et par l'intelligence, ne seront vraiment grands que parce qu'ils auront tous été les disciples de cette rude institutrice que l'on nomme l'adversité !

Nous concluons donc que l'adversité, loin d'apporter à l'homme le découragement, doit, au contraire, être pour lui la source de son perfectionnement intellectuel et moral; il ne doit pas oublier qu'il est ici-bas non pour jouir, mais pour espérer, et que c'est surtout à ce sage équilibre qu'il saura mettre entre ses passions et ses devoirs qu'il devra les consolations et la paix! Que deviendrait l'humanité si, pour subir la grande loi des contrastes, elle s'abîmait tout entière dans le désespoir, et ne savait lutter qu'à la condition d'avoir toujours avec elles les richesses et le bonheur? Quelle idée pourrions-nous former de la justice divine si nous pensions, avec tous ceux que l'adversité semble écraser et maudire, qu'il ne viendra pas pour nous un jour où l'expiation et la souffrance auront leur récompense, et où il nous sera donné de sécher nos larmes en ne nous séparant plus là-haut de tous ceux que sur la terre nous avons le plus aimés? Croyons, au contraire, que cette vie n'est qu'une longue épreuve où tout compte, pleurs et joies, plaisirs et tristesses! Si le malheur s'appesantit près de nous d'autant plus terrible qu'on ne s'est jamais préparé à le recevoir, soyons confiants en la bonté divine ou plutôt, ne voyons dans toute chose heureuse ou favorable qui nous arrive qu'un avertissement nouveau, et quand sonnera pour nous l'heure des déchirements et du sacrifice, nous serons tout prêts à nous défendre avec l'espoir, la résignation et la patience contre l'inexorable adversité !...

Édouard Blanc.

ADYNAMIE (pathologie générale) [du grec *a* privatif, et *dynamis*, force; privation de force]. — État morbide caractérisé par l'abattement profond de la physionomie, la flaccidité des chairs, la difficulté ou l'impossibilité des mouvements, l'obscurcissement des sensations, des affections morales et des fonctions intellectuelles, la faiblesse des pulsations du cœur et des artères, les hémorrhagies passives, etc. Ce mot, dans la véritable acception, étant synonyme de *faiblesse*, c'est-à-dire indiquant un état d'impuissance, le manque de forces de l'organisme, une affection ne peut être appelée *adynamique* qu'autant qu'elle s'accompagne d'un fond de faiblesse réelle, et qu'elle exige l'emploi des stimulants pour être combattue. La véritable adynamie s'accompagne: 1° de petitesse et de mollesse du pouls; 2° de décoloration et de pâleur de la peau; 3° de sueurs froides; 4° de défaillances (lypothymies) répétées; 5° d'apathie, d'abandon des muscles soumis à l'influence de la volonté; mais c'est une erreur d'appeler *maladies adynamiques* la faiblesse qui survient dans l'apoplexie, les convalescences de maladies inflammatoires, les fièvres même dites autrefois *fièvres adynamiques*, puisque toutes ces affections dépendent d'un excès de stimulus (voy. ce mot), et sont de nature à réclamer un traitement antiphlogistique. Sans aucun doute, dans ces maladies que nous venons de citer, une sorte d'oppression des fonctions semblent dénoter un défaut de stimulus ; mais un examen léger suffit pour reconnaître leur nature. Par exemple, si le pouls est petit quelquefois, on le trouve dur, résistant et fréquent ; si le système musculaire semble anéanti, les membres conserveront leur chaleur ; la peau est ordinairement sèche, etc.

« On combat l'état adynamique, dès son début, au moyen de boissons acidulées, de limonades vineuse et alcoolique, souvent des vésicatoires, quelquefois une saignée au début, si l'individu est jeune et vigoureux ; d'autres fois, de légers purgatifs, lorsqu'il y a embarras des intestins. Dans la deuxième période on emploie les toniques, l'acétate d'ammoniaque, le camphre, le musc, les préparations de quinquina, l'augusture, le simarouba ; enfin, l'on proportionne l'énergie de ces moyens au degré plus ou moins avancé de la maladie ; cette médication, qui était employée par les anciens médecins, est souvent remplacée par les boissons délayantes, les dérivatifs et quelquefois les évacuations sanguines, lorsque l'on croit que l'état adynamique est produit par une inflammation de l'un des organes intérieurs. »

ÆCHMALOTARQUE (histoire sacrée). — Nom par lequel les Grecs désignent le chef que les Juifs créèrent durant la captivité de Babylone: ce chef ne pouvait être choisi que dans la tribu de Juda.

ÆDÉLITE (minéralogie) [mot grec qui signifie obscur]. — Substance minérale qu'on trouve à Ædelfors, en Suède, dans les fentes du *trapp* (voy. ce mot), et qui se présente en petites masses tuberculeuses. La couleur de ce minéral varie du gris au jaune, du vert au rouge pâle. Cette substance est classée ordinairement parmi les mésotypes, qui appartiennent aux dépôts d'origine ignée.

AÉRIFORME (physique) [du latin *aer*, air, et *forma*, forme ; qui a la forme, la transparence de l'air]. — Épithète donnée aux fluides qui diffèrent de l'air atmosphérique par leur composition chimique, mais qui s'en rapprochent par leur transparence, leur élasticité, etc.; tels sont les gaz et les vapeurs.

ÆGAGRE (chèvre sauvage) (zoologie) [du grec *aix*, *aigos*, chèvre]. — Espèce principale du genre chèvre, que l'on considère comme la souche de notre chèvre domestique. — Voy. *Chèvre*.

ÆGAGROPILES (histoire naturelle) [du grec *aix*, chèvre, et *pilos*, balle de laine]. — Concrétions analogues aux bézoards, qu'on trouve dans l'estomac de quelques chèvres, et qui sont formées des poils que ces animaux avalent en se léchant. — Voy. *Bézoards*.

ÆGICÈRE (botanique) [du grec *aix*, chèvre, et *keras*, corne, ainsi nommée par allusion à la forme du fruit]. — Genre d'arbrisseau de la famille des myrsinacées, dont le type est l'*ægicéré corniculé*, qui

croît dans l'Asie tropicale jusqu'au 34ᵉ degré de latitude australe. Ces arbrisseaux portent des fleurs blanches réunis en grappes ou en ombelles à l'extrémité des rameaux. Selon Rumph, les feuilles d'une espèce d'ægicère seraient comestibles, tandis que celles d'une espèce voisine seraient très-dangereuses. On se servirait de cette dernière pour empoisonner les étangs et tuer ainsi le poisson.

ÆGICÉRÉES (botanique) [d'*ægicère*, genre unique]. — Tribu formée par de Candolle dans la famille des myrsinacées, et ne renfermant que le seul genre *ægicère*. — Voy. ce mot.

ÆGILOPS (pathologie) [du grec *aix*, chèvre, et *ops*, œil]. — Petit ulcère qui se forme à l'angle interne de l'œil et qui, lorsqu'il devient calleux et sinueux, se nomme *fistule lacrymale*. — Voy. ce mot. Ce petit ulcère tire son nom de ce que les chèvres en sont atteintes assez fréquemment.

ÆGILOPS (botanique). — Genre de graminées voisin du froment, dont on distingue quatre espèces dans le Midi de la France: l'égilaps *ovée*, la *triaristée*, la *trionciale*, la *squarreuse*. Ce sont des végétaux à épi simple, composés d'épillets fossiles, solitaires, de deux à trois fleurs. Des botanistes veulent que le froment ne soit qu'une modification de l'ægilops ovée. Le genre de ce mot n'est pas bien fixé: les auteurs le font tantôt masculin, tantôt féminin.

ÆGOCÉPHALE (zoologie) [du grec *aix*, chèvre, et *képhalé*, tête]. — C'est le nom d'une espèce d'oiseau confusément décrite dans Aristote et qui jette un cri ressemblant à celui de la chèvre.

ÆGOCÈRE (zoologie) [du grec *aix*, chèvre, et *keras*, corne]. — Genre de papillons dont les antennes pusiformes sont en cornes de bélier. Ce lépidoptère, qui ne sort de sa retraite qu'au crépuscule du soir, ne paraît exister qu'au Bengale.

ÆGOLETRON (botanique). — Herbe mentionnée par Pline, qui, selon ce naturaliste, croissait aux environs d'Héraclée, ville de l'Asie-Mineure, en Bithynie, et qui était dangereuse pour les chevaux, les chèvres et les moutons, qui donnait au miel des propriétés vénéneuses, etc. Les naturalistes ont cherché vainement que cette plante une renoncule, une azalée, une clandestine, etc.

ÆGOPITHÈQUE [du grec, *aix* chèvre, et *pithékos*, singe]. — Nom d'un animal fabuleux décrit par Nicéphore, et qui avait les cornes, la barbe et les pieds de derrière d'une chèvre, mais dont les mains étaient celles d'un singe.

A. E. I. O. U. — Ces cinq lettres constituent la légende symbolique de la maison d'Autriche, dont voici l'explication écrite de la main de l'empereur Frédéric IV : *Austriæ est imperare orbi universo;* c'est-à-dire, l'*Autriche doit commander à l'univers entier*. Il est à regretter que toutes les légendes symboliques ne puissent être interprétées d'une manière aussi claire et aussi habile.

ÆLIA (loi, histoire romaine). — L'an 568 de la république romaine, une loi ordonnait aux magistrats de consulter les augures, et de consulter les *auspices* ou présages tirés à la fois du vol, du chant, de l'appétit des oiseaux. On sait que *Claudius Pulcher*, mécontent de ces présages, fit jeter à l'eau les poulets sacrés, disant de les faire boire puisqu'ils ne voulaient pas manger. Ainsi commença à s'ébranler là foi dans les *augures*. — Voy. *Augures.*

ÆPIORNIS (zoologie) [du grec *aipys*, immense, et *ornis*, oiseau]. — Genre d'oiseau gigantesque dont on ne possède qu'un fragment de squelette. C'est une espèce tout à fait distincte et beaucoup plus grande que l'autruche et le casoar. Des œufs d'æpiornis, découverts à Madagascar en 1850, ont une capacité de 8 décimètres cubes ou 8 litres, et sont équivalents pour leur contenu à 136 œufs de poule.

AÉRIENNES (voies, anatomie). — Ensemble des conduits qui portent l'air dans les poumons, et qui se composent du larynx, de la trachée-artère, des bronches et de leurs nombreuses divisions.

AÉROCLAVICORDE (musique). — Espèce de clavecin à vent que l'air seul fait parler, inventé en 1790 par Schell et Tschirki. C'est l'air en effet qui fait vibrer les cordes de cet instrument sur le corps sonore. « C'est par cet agent si simple que l'artiste a su produire un son qu'on n'avait jamais entendu, et qui approche le plus de la voix humaine. Égal à cet organe pour la force d'intensité des sons, il lui est supérieur par la possibilité de les nuancer et de les graduer. Ce clavier l'emporte de beaucoup sur l'harmonica par la douceur des sons. »

AÉROLITHES (minéralogie, géologie, astronomie) [du grec *aer*, air, et *lithos*, pierre; pierre de l'air]. — Masses minérales plus ou moins volumineuses, différentes de consistance, de forme, de poids spécifique, mais se ressemblant toujours par leur nature intime, leur composition chimique, et qui semblent tomber des régions supérieures.

Depuis Josué, dans tous les temps, les auteurs ont parlé de grêles de pierres, de pluies de feu, de masses que l'on considérait comme volcaniques, et qui, par leur caractère, ne ressemblaient en rien aux minéraux des pays sur le sol desquels ils les rencontrait; ces récits, souvent révoqués en doute, ont été confirmés par des observations modernes d'une authenticité au-dessus de toute critique. Il est bien prouvé aujourd'hui qu'il tombe de l'atmosphère des masses d'une nature particulière; que leur chute est précédée de l'apparition d'un globe lumineux et rapide à une élévation plus ou moins grande, accompagnée d'une détonation épouvantable, d'un roulement prolongé, de sifflements aigus causés par des pierres lancées avec la vitesse des balles, qui viennent frapper la terre, s'y enfoncer et briser tous les obstacles qui s'opposent à leur chute.

Ces phénomènes, analogues peut-être à ceux du tonnerre, ne peuvent être confondus avec eux, car c'est souvent par le temps le plus calme, dans une soirée fraîche et limpide, que l'œil est surpris par une lumière plus vive; puis, de l'horizon, un brillant météore se détache et traverse en ligne droite l'atmosphère, laissant après lui une traînée lumineuse qui, lorsqu'il a disparu, s'évapore en nuage blanchâtre. Alors parfois on peut entendre un immense retentissement, semblable au roulement du canon, aux éclats de la foudre; puis sur les lieux au-dessus desquels il se trouve, est projetée une mitraille de pierres, de concrétions charbonneuses, de masses métalliques considérables.

Les aérolithes se présentent généralement sous la forme de masses pierreuses ou métalliques, polyédriques, à angles émoussés par un commencement de fusion, à surface noire, lisse, vitrifiée à une profondeur variable; suivant leur consistance, leur cassure est grenue, terne, grisâtre, leurs fragments mous et friables, ou rayant le verre et donnant des étincelles sous le choc du briquet, parsemées de paillettes de fer qu'on y trouve encore en petits lingots ou en grains si petits qu'ils ne se révèlent que par l'oxydation; ces masses peuvent encore présenter l'aspect du chiste ou du charbon de terre : on dit même en avoir observé de gélatiniformes.

L'analyse chimique démontre que toutes ces masses de propriétés physiques si différentes, présentent une composition analogue, des éléments sensiblement les mêmes. Dans toutes on rencontre le nickel, métal assez rare à la surface de la terre : le fer, le chrome, le charbon, y sont presque constamment unis aux alcalis terreux.

Tous les aérolithes semblent doués en outre, surtout au moment de leur chute, d'un pouvoir magnétique très-marqué.

Un grand nombre d'aérolithes ont été décrits et analysés avec soin par plusieurs savants distingués : telles sont les pierres tombées à l'Aigle, en Normandie (26 avril 1803), dans lesquelles Fourcroy et Vauquelin ont trouvé :

Silex	53
Fer oxydé	39
Magnésie	9
Nickel	3
Soufre	2
Chaux	1

M. Thénard a trouvé dans les deux masses noirâtres, feuilletées, friables, qui tombèrent ensemble dans les environs d'Alais (Gard) :

Silice	21
Manganèse	9
Fer oxydé	70
Nickel	2 50
Magnésie	2
Chrome	1
Soufre	3 50
Charbon	2 50

On doit considérer comme des aérolithes ces masses de fer pur natif que l'on rencontre surtout en Afrique, mêlées à une faible proportion de nickel, les blocs de fer aimantés de la Sibérie dont plusieurs ont donné à Klaporth :

Fer	18,50
Nickel	0,75
Silice	20,50
Magnésie	19,25

Le savant chimiste anglais Howard a dressé une liste chronologique des aérolithes depuis les temps anciens jusqu'en 1818, et Chaldini a continué cette liste jusqu'en 1824. Nous allons présenter ici le tableau chronologique de quelques pierres tombées du ciel, d'après les recherches de ces deux savants.

I. Avant l'ère chrétienne.

Ans.

1451. Pluie soudaine de pierres qui détruisit les ennemis du peuple juif à Beth-Horon. (Josué, chap. X, 2.)

1200. Pierres conservées à Orchomenos (Pausanias).

1168. Masse de fer sur le mont Ida (Crète).

654. Pierres tombées sur le mont Alban, sous Tullius Hostilius. (Tite-Live.)

644. Cinq pierres tombées dans la contrée de Song, en Chine.

465. Pierre de la largeur d'un chariot trouvée à Ægospotamos. Anaxagore la supposait tombée du soleil.

343. Pluie de pierres près de Rome.

211. Pierres tombées en Chine, accompagnées d'une étoile filante.

192. Chute de pierres en Chine.

176. Pierres précipitées dans le lac de Mars. (Tite-Live.)

89. Deux grosses pierres tombées à Yang (Chine); le bruit qu'elles produisirent dans leur chute fut entendu à plus de 40 lieues.

46. Pierres tombées à Acilla. (César.)

II. Après l'ère chrétienne.

452. Trois grandes pierres tombées en Thrace.

570. Chute de pierres près de Beder, en Arabie. (Alcoran.)

648. Pierre ignée tombée à Constantinople.

832. Pierre tombée dans le Tabristan.

856. Cinq pierres tombées en Égypte.

1009. Chute d'une masse de fer dans le Djordjan (Avicenne).

1164. Chute d'une masse de fer en Misnie. (G. Fabricius.)

1368. Masse de fer tombée dans le duché d'Oldanbourg.

1438. Pluie de pierres spongieuses à Roa, en Espagne.

1492. Pierre du poids de 130 kilog. tombée à Ensisheims, en Alsace. Cette pierre existe encore dans la bibliothèque de Colmar (Haut-Rhin.)

1511. Grande chute de pierres à Crema.

1540. Chute d'une masse de fer dans la forêt de Naunhof.

1559. Deux pierres tombées à Miskolz, en Hongrie.

1581. (26 juillet). Pierre du poids 18 kilog. tombée en Thuringe; elle conservait, lorsqu'on la découvrit, une telle chaleur, que personne ne put la toucher.

1618. (août). Pluie de pierres en Styrie.

1621. (17 avril). Masse de fer tombée près de Lahore.

1637. (9 novembre). Pierre du poids de 27 kilog., de la grosseur et de la forme d'une tête humaine, tombée en Provence, sur le mont Vaison.

1644. Pluie de pierres dans la mer. (Wurfhain.)

Entre 1647 et 1654. Masse solide tombée dans la mer. (Willmann.)

1654. (30 mars). Pluie de pierres dans l'île de Fune. La même année, une grosse pierre tomba à Varsovie.

1668. (juin). Chute de deux pierres près de Vérone. L'une pesait 150 kilog., l'autre 100 kilog.

1671. (27 février). Pluie de pierres en Souabe.

1723. Chute de trente-trois pierres noires et métalliques, en Bohême, près de Plescowitz.

1750. (12 octobre). Chute d'une grosse pierre près de Coutances.

1751. (26 mai). Deux masses de fer tombées à Hradschina (Croatie).

1785. Pluie de pierres à Eichstadt.

1790. (24 juillet). Grande pluie de pierres à Barbatan, près de Roquefort. Quelques-unes pesaient 12 à 15 kilog.; l'une d'elles tua un berger et un jeune taureau.

1803. (26 avril). Chute de trois cents pierres dans le voisinage de Laigle.

1812. Chute de pierres à Chantonnay.

1818. Grande pierre tombée près de Limoges.

1824. Grand nombre de pierres tombées près d'Arenazzo, dans le territoire de Bologne. L'observatoire de Bologne possède une de ces pierres, pesant 6 kilog.

Nous n'avons pas parlé d'une foule de masses de fer auxquelles on peut attribuer une origine météorique, ni de ces masses ne contenant pas de nickel, dont l'origine, d'ailleurs, est moins certaine; nous renvoyons pour cela aux intéressants ouvrages d'Howard et de Chaldini, ne pouvant donner ici, à beaucoup près, la liste chronologique des aérolithes.

M. Grey a communiqué, en 1856, à la Société philosophique de Liverpool, des détails intéressants sur la chute d'une masse de fer météorique observée par M. Symond à Corrientes dans l'Amérique du Sud, en 1844, et sur laquelle on ne possédait encore aucune relation.

C'était au moment de l'invasion de la province d'Entre-Rios par les troupes de la république Argentine, au milieu desquelles se trouvait M. Symond. Ces troupes, qui battaient en retraite, arrivèrent à Carritas-Paso, sur la rivière Mocarita, où elles crurent pouvoir se livrer au sommeil en toute sûreté. « Vers deux heures du matin, dit M. Symond, nous fûmes tous simultanément éveillés, comme si nous avions été frappés par l'électricité. Tous les hommes de la division, au nombre d'environ 400, se levèrent au même moment. Un aérolithe tombait, et la lumière qui accompagnait sa chute avait une intensité inexprimable. Il tombait dans une direction oblique, probablement sous un angle d'environ 60 degrés avec la terre et courait de l'est à l'ouest. Son aspect était

8

celui d'une sphère allongée de feu, et sa marche dans le ciel était marquée par une traînée de feu qui allait en s'affaiblissant à partir de la masse, mais aussi intense qu'elle dans son voisinage. Le bruit qui l'accompagnait, quoique différent du tonnerre ou de tout ce que j'avais entendu, était saccadé, excessivement fort et effrayant. Cette chute avait occasionné un mouvement terrible dans l'atmosphère, mouvement qui prit le caractère d'un tourbillon de peu de durée; au même instant chacun déclare avoir senti une commotion électrique. Le point ou tomba l'aérolithe était à environ 100 yards (91 mètres), de l'extrême droite de la division, et peut-être à 400 du lieu où je reposais. En compagnie de notre général, Joaquin Madanaga, je m'approchai de 10 à 12 yards de cette masse; c'était la distance à laquelle sa chaleur intense nous permettait seulement de nous tenir. La masse paraissait considérablement enfouie dans le sol, lequel était tellement chauffé qu'il bouillonnait tout autour d'elle. Sa dimension au-dessus du sol était à peu près d'un yard cube, et sa forme à peu près sphérique; elle était rouge de feu et rayonnait une lumière considérable; elle persista dans cet état jusqu'à l'aube du jour, où l'ennemi, ayant amené son artillerie à la passe, nous força d'abandonner ce lieu et de continuer notre marche. Au moment de sa chute, le ciel sur nos têtes était parfaitement clair; il y avait eu quelques nappes d'éclairs le soir précédent. »

M. Symond ajoute que son camp étant éloigné de 35 lieues de Mocarita, il n'a jamais eu l'occasion de voir de nouveau l'aérolithe. Quelques officiers, envoyés pour surveiller la frontière d'Entre-Rios, le dépeignaient comme une pierre de fer (piedra de fierro); un de ces officiers, qui avaient essayé d'en détacher un fragment avec un marteau, assurait que la masse était tellement dure que le marteau cédait et qu'il s'était brisé en morceaux dans les tentatives qu'il avait faites pour en obtenir un échantillon. Disons, du reste, que si l'on compte quelques aérolithes du poids de 2,000 à 10,000 kilogrammes, les masses de fer que l'on connaît sont très-rares et, relativement, d'un très-faible volume.

Il n'est peut-être aucune question qui ait été autant agitée, qui ait donné lieu à autant de théories plus ou moins absurdes que l'origine des aérolithes; après ceux qui, pour couper court à toute explication, en ont nié l'existence, sont venus ceux qui ont prétendu que l'hydrogène, emporté par sa légèreté spécifique dans les hautes régions de l'atmosphère, tient en dissolution ou en suspension des particules métalliques qui s'amalgament sous une influence électrique inexpliquée; d'autres ont admis que des particules beaucoup moins ténues étaient soulevées par les vents, puis amalgamées : une réflexion bien naturelle nous fait comprendre qu'il faudrait une quantité bien incalculable de particules invisibles pour former des masses pesant parfois plusieurs mille kilogrammes. La théorie qui vint ensuite et qui régna pendant longtemps, surtout parmi les mathématiciens, c'est que ces pierres nous viennent directement de la lune, lancées par les volcans de cette planète. Comment ne pas

trouver cette théorie admissible? Poisson ne démontrait-il pas géométriquement qu'une pierre lancée de la lune avec une vitesse double de celle imprimée au boulet par une pièce de 24, entrerait dans notre atmosphère?... Et comment ne pas supposer cette force aux volcans de la lune? Mais les astronomes, jaloux sans doute de cette théorie mathématique, sont venus déclarer que la lune ne possède pas le moindre volcan, et ruiner le système. M. Gay-Lussac professait que des corps lancés dans l'espace, peut-être des débris de cette planète, sont entraînés autour de la terre dans un cercle qui se rétrécit sans cesse et qui finit par les amener en contact avec le globe, sur lequel elles tombent avec une vitesse si grande qu'elle suffit pour les enflammer. Exagérant ces idées, l'Anglais Halley admet que les grandes révolutions du globe sont causées par les secousses imprimées à la terre par le choc d'énormes aérolithes : allant plus loin encore, Olbers a calculé la grosseur, la densité et la vitesse de celui dont la rencontre doit mettre la terre en pièces. Nous sommes forcés d'avouer que, malgré les travaux de Biot, d'Arago, de Gay-Lussac, de Chaldini, de Blumembach, nous ne possédons encore sur la formation des aérolithes aucune théorie satisfaisante. Disons toutefois que les idées des savants, éclairant le vulgaire, ont fait qu'il ne voit plus dans ces pierres météoriques les carreaux de Jupiter, les foudres du ciel, le présage de grands malheurs!

ADRIEN DU BOCAGE, naturaliste.

AÉROMÈTRE (physique) [du grec aer, air, et metron, mesure]. — Mot vague employé pour désigner tout instrument propre à mesurer la pesanteur, la pureté ou l'humidité de l'air, tel que le baromètre, l'eudiomètre, l'hygromètre, etc. — Voy. ces mots.

AÉROMÉTRIE (physique) [même étymologie que le mot précédent]. — Partie de la physique qui traite des quantités de l'air susceptibles d'être mesurées, telles que la pesanteur, l'élasticité, la raréfaction, la condensation, etc. Wolf est le premier qui ait formé des propriétés de l'air la science de l'aérométrie.

AÉRONAUTE (physique) [du grec aer, et nauta, navigateur]. — Nom donné à ceux qui parviennent à s'élever dans les airs au moyen d'un aérostat (voy. ce mot) et à y parcourir une étendue plus ou moins considérable. Les plus célèbres aéronautes, après les frères Montgolfier, sont Blanchard, Pilâtre du Rosier, Garnerin, Mme Blanchard, et de nos jours Robertson, Green, Margat, Godard, Poitevin et Pélin. — Nicolas Blanchard, auquel on doit l'invention du parachute, réussit à traverser la Manche (1785), de Douvres à Calais, avec le docteur Geffries; son épouse, aéronaute comme lui, périt en 1819, lors de sa 76e ascension; le ballon qui supportait sa nacelle ayant pris feu, cette infortunée fut précipitée et mourut dans sa chute. — Pilâtre des Rosier, physicien distingué, voulant renouveler l'expérience de Blanchard, se rendit à Boulogne avec Romain, son ami : tous deux s'élevèrent, mais le ballon ayant pris feu, ils tombèrent d'une hauteur immense et périrent près du village de Vinselle (1785). — Green a renouvelé le passage de la manche en 1851, et a obtenu un plein succès. Disons que si quelques aéronautes ont payé de leur vie leur audace, il en est de plus heureux qui ont perfectionné l'aérostatique, et l'ont fait servir à des expériences de physique de la plus haute importance; de ce nombre sont MM. Biot et Gay-Lussac (1804); Bixio et Barral, qui ont exécuté en 1850 deux ascensions dans un but scientifique.

DAMIRON, professeur de phys'que.

AÉRONAUTIQUE (physique). — Ce mot signifie proprement *navigation dans l'air*. En physique on le définit : science de l'équilibre de l'air, considéré tant en lui-même que dans ses rapports avec d'autres corps. Dans l'état actuel de la science, la direction des aérostats est reconnue impossible. En vain quelques personnes prétendent-elles, au moyen de rames et de voiles diversement construites, imprimer aux ballons une marche régulière, l'expérience démontre tous les jours le vide de ces projets, car les appareils présentent aux courants de l'atmosphère une immense surface, et ne trouvent aucun point d'appui propre à le diriger. DAMIRON.

AÉROPHOBIE (pathologie) [du grec *aer*, air, et *phobos*, crainte]. — Susceptibilité excessive due à une prodigieuse exaltation de la sensibilité en général. l'aérophobe redoute le contact de l'air : le plus léger mouvement imprimé à ce fluide par quelque cause que ce soit le fait tressaillir au point de déterminer chez lui des convulsions. Cette affection est particulière aux frénétiques, dont quelques uns redoutent le grand jour, et d'autres l'obscurité.

AÉROSTAT (physique) [dérivé du latin *aer*, air, et *stare*, se tenir]. — Appareil sphéroïde, rempli d'un fluide plus léger que l'air atmosphérique, au moyen duquel on peut élever et soutenir dans l'atmosphère des corps d'un assez grand volume. On lui donne aussi vulgairement le nom de *ballon*, parce que, dans l'origine, il avait la forme d'une balle, et bien que depuis on lui ait donné des formes diverses, ce nom lui est resté. Le ballon n'est, à proprement parler, que l'enveloppe du gaz hydrogène ou de l'air dilaté qui, par sa légèreté spécifique, suspend un aérostat. Mais, dans l'usage, on confond ordinairement ces deux choses. Il doit réunir à la solidité suffisante de l'enveloppe la plus grande capacité et la plus grande légèreté possibles.

Bien que les aérostats ne remontent évidemment qu'à la fin du siècle dernier, cependant on a une telle tendance à attribuer toutes les découvertes à l'antiquité, que les ballons n'ont pu échapper au sort commun. On a donc compulsé l'histoire, la mythologie, les légendes, les contes, les romans, pour trouver à cet art une origine merveilleuse. La mythologie fournit Pégase, cheval ailé, Dédale et Icare, qui s'échappent du labyrinthe de Crète avec des ailes, et le Scythe Abaris, qui parcourt les airs sur une flèche. Les légendes nous font aussi connaître plusieurs faits. Si l'on croit le Thalmud, les enfants de Tubalcain, les premiers qui travaillèrent les métaux, inventèrent un aérostat, dont M. de Lamartine a donné la description

dans son poëme, *la Chute d'un ange*. Cette invention serait donc antérieure au déluge. Les *Lettres édifiantes* racontent également que les sauvages de la Caroline admettaient qu'un de leurs compatriotes s'élevait dans l'air au milieu de la fumée. Quelques auteurs anciens nous ont transmis que les Capnobates de la Thrace recouraient également à ce moyen pour marcher dans les airs. Dans *les Mille et un Jours*, contes persans, on trouve la description d'une sorte de caisse volante, inventée par un musulman, et à l'aide de laquelle il lui était facile de parcourir la vaste étendue de l'air. Cyrano de Bergerac, dans son roman, indique comment on dispose autour d'un char des fusées d'artifice de telle façon qu'une fois lancé, l'inflammation successive des fusées maintient la personne et la fait avancer en l'air. Dans l'histoire on trouve Simon le Magicien s'élevant dans un char de feu. On pourrait aussi au besoin citer le prophète Élie enlevé dans les airs par un moyen analogue. Enfin le célèbre mathématicien Archytas inventa une colombe artificielle, qui imitait le vol des colombes naturelles. Mais tous ces faits, plus ou moins vrais, plus ou moins bien compris, n'ont évidemment aucun rapport avec les aérostats. D'ailleurs, on n'a songé à y recourir qu'après la découverte des ballons, afin d'enlever à leurs auteurs le mérite de leur invention. Cependant il est certain que plusieurs savants, avant les frères Montgolfier, avaient conçu la possibilité de s'élever dans les airs, et que plusieurs expérimentateurs avaient fait des tentatives dans ce but.

Les premiers ballons, nommés *montgolfières*, des frères Montgolfier leurs inventeurs, n'étaient autre chose qu'une enveloppe de papier remplie d'air dilaté. Ce fut en 1783, à Annonay, que le premier ballon fut lancé dans l'air. On avait suspendu un fourneau allumé au-dessous de son orifice ; l'air de l'intérieur du ballon étant échauffé par la chaleur du fourneau, et étant plus léger, à volume égal, que l'air extérieur, l'appareil s'éleva à la hauteur de 2,000 mètres. Les ballons actuels sont formés de taffetas ou de mousseline couverte d'un enduit imperméable et coupée en bandes, étroites aux deux bouts et plus larges au milieu. On réunit ces bandes par des coutures qu'on aplatit et qu'on recouvre d'une nouvelle couche d'enduit, afin de boucher exactement toutes les ouvertures. Un grand filet recouvre la partie supérieure du globe, et vient s'attacher à un cercle de bois, qui en forme comme l'équateur. C'est de là que partent les cordes destinées à soutenir la nacelle dans laquelle se placent les aéronautes. L'enveloppe d'un ballon de 13 mètres de diamètre ne pèse que 132 kilogrammes et peut enlever 1382 kilog. : sa force ascensionnelle est donc de 1248 kilog.

On remplit cette enveloppe de gaz hydrogène quatorze fois plus léger que l'air (voy. fig. 33, page 90), ce qui produit une force ascensionnelle que l'aéronaute modère au moyen de sacs remplis de sable ou lest. Veut-il s'élever, il en jette une partie; veut-il descendre, il ouvre, au moyen d'une corde qui pend dans la nacelle, une soupape placée au sommet du ballon ; l'hydrogène s'échappe en partie, et l'appareil devient spécifiquement plus léger que l'air. L'aérostat descend d'abord lentement ; mais bientôt sa chute s'accélère comme celle de tous les corps lourds. Dès que la vitesse est parvenue à un certain degré, la résistance de l'air suffit pour faire ouvrir le parachute, espèce de grand parapluie (inventé par Blanchard) placé sous la nacelle. La descente se ralentit alors, et l'aérostat finit par atteindre doucement le sol. La substitution de l'hydrogène à l'air est due au physicien Charles.

Pilâtre du Rozier et le marquis d'Arlande furent les premiers qui osèrent s'élever dans les airs au moyen d'une nacelle attachée au ballon ; ils ne tardèrent pas à trouver de nombreux imitateurs. Ces voyages aériens ont généralement réussi ; cependant l'on cite plusieurs victimes, parmi lesquelles le célèbre Pilâtre du Rosier et madame Blanchard. Les accidents assez nombreux qui ont eu lieu ont été dus en grande partie à l'imprévoyance des expérimentateurs.

Entre tous les voyages aérostatiques qui furent entrepris pour des recherches scientifiques, on distingue celui exécuté par MM. Gay-Lussac et Biot : dans une première ascension, ces deux célèbres physiciens, parvenus à une hauteur de 4,000 mètres, firent des expériences sur l'intensité magnétique de la terre, sur l'électricité de l'air et sur la température de ces hautes régions. Dans une seconde ascension, M. Gay-Lussac, seul, s'éleva à 7,000 mètres.

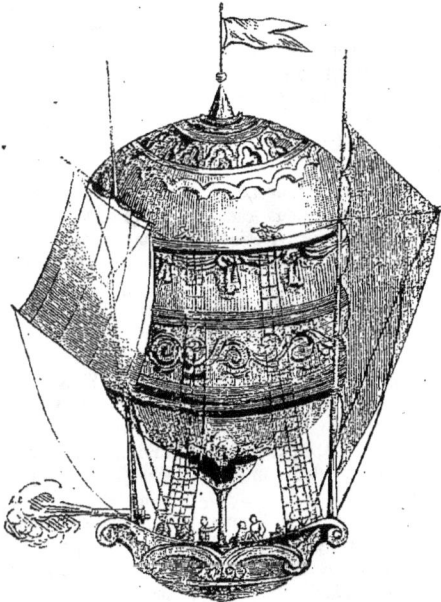

Fig. 32. Ballon à voiles, inventé par un médecin du dernier siècle.

Pendant les premiers moments de l'ascension, dit M. Dupuis-Delcourt, et jusqu'à 1,000 mètres environ, une jouissance délicate accompagne le voyageur aérien. Rien ne saurait mieux donner une idée de ce qu'il éprouve alors que ces rêves si agréables pendant lesquels on se sent voltiger çà et là comme des zéphyrs ; ici la réalité remplace l'illusion. A mesure que l'horizon se développe, les rivières présentent à la fois toutes leurs sinuosités, les villes et les habitations de toute espèce s'offrent en foule ; on compte les routes et les sentiers qui les lient entre elles. Les différentes productions de la terre se font remarquer d'une manière distincte par la variété de leurs teintes et la diversité de leurs nuances. Au-dessus de 500 mètres, les proportions de chaque objet diminuent d'une manière très-sensible ; les hommes ressemblent déjà à des insectes, l'atmosphère est considérablement refroidie !... Bientôt la force du ballon fait parvenir à 1,000 ou 1,200 mètres ; avec un froid plus vif, on éprouve des bourdonnements dans les oreilles. A 2,000 mètres, on est obligé à de plus grands efforts pour faire entendre sa voix, le véhicule du son, la densité de l'air ayant déjà beaucoup diminué. La dilatation du gaz hydrogène contenu dans le ballon, dilatation qui commence dès l'instant où l'on quitte la terre, est portée au point qu'il faut, dans certains cas, faire jouer la soupape pour lui donner une plus large issue. A 4,000 mètres, le froid devient ordinairement rigoureux ; la surface de la terre paraît confuse, les grandes routes ressemblent à de petits cordons, les rivières paraissent comme des ruisseaux ; le ciel est serein et d'un azur souvent très-foncé. A 6,000 mètres, on ne voit plus que les grandes masses ; si alors un bruit éloigné, celui du canon, par exemple, vient à se faire entendre, les voûtes du ciel s'ébranlent, le ballon vibre ; si, à cette distance, on lâche des oiseaux, ils tombent et volent péniblement, l'air étant trop raréfié pour que les ailes trouvent un point d'appui suffisant. A 10,000 mètres, distance qui semble être, pour la plupart des hommes, le dernier terme où il leur soit donné de parvenir, l'isolement est parfait, mais la place n'est plus tenable à cause de l'âpreté du froid et du malaise général qu'on éprouve dans toutes les parties du corps. La voix ne s'entend plus que difficilement ; les petits animaux meurent. Les observations doivent se faire là avec rapidité, car le ballon semble prêt à s'anéantir, tant le gaz hydrogène tend à s'échapper impétueusement. Les hauteurs de l'atmosphère se perdent enfin dans des ténèbres profondes. La déperdition du gaz et souvent sa condensation, font bientôt redescendre le ballon. On éprouve alors successivement les mêmes sensations que l'on avait éprouvées pour monter.

Quelque importante que soit la découverte des aérostats, elle n'a pas encore amené de bien grands résultats pour les sciences et la vie pratique. Jusqu'ici les savants n'en ont tiré parti que pour des expériences sur la composition de l'air des régions supérieures.

En 1793, Carnot avait établi à Meudon une école destinée à former des aéronautes. Les compagnies d'*aérostatiers*, créés en 1794, parurent pour la première fois à la bataille de Fleurus. — Voy. *Aérostatiers*.

Mais les essais tentés réussirent si rarement, attendu qu'il fallait toujours un vent favorable, que l'on renonça à employer les aérostats à cet usage. Depuis ce temps, les ballons n'ont servi qu'à élever dans l'air des observateurs ou des signaux; le plus souvent ils ont été l'accompagnement obligé des fêtes et des réjouissances publiques. Dans une fête publique, à Paris, on a lancé plusieurs ballons ayant la figure de chiens et de diverses bêtes sauvages, et l'on a donné ainsi le spectacle d'une chasse aérienne. Quelquefois, dans les fêtes, on fait détoner en l'air les ballons en les gonflant avec deux poches d'hydrogène et une d'oxygène. Une bombe d'artifice est disposée de manière à n'éclater qu'au bout d'un certain temps, et à enflammer ce mélange de gaz. Récemment des aéronautes se sont élevés en l'air sur des chevaux, sur des ânes, sur des taureaux, et même sur des autruches. Mais tout cela n'est d'aucun intérêt pour les sciences ou pour l'industrie. Occupons-nous de tentatives plus sérieuses.

Dès la fin du siècle dernier, Ménier ne se proposait rien moins que de faire servir les ballons à des voyages de long cours. Dans un mémoire, très-développé, il examine toutes les causes possibles d'accidents, et les moyens de les prévenir. Monge s'est aussi occupé de la même question, et de nos jours M. Petin; mais on n'a donné aucune suite à tous ces projets.

Depuis quelques années, beaucoup de tentatives ont été faites pour arriver à résoudre le plus important des problèmes de l'aéronautique : la direction des ballons. Les uns ont essayé un appareil de rames et de voiles diversement combinés; d'autres ont proposé d'atteler aux aérostats quelques-uns des grands oiseaux qu'on aurait dressés à cet effet; jusqu'à présent aucun projet n'a réussi, et peut-être ne faut-il espérer de succès que lorsqu'on possédera une bonne théorie des vents, et que la direction des grands courants atmosphériques aura été connue.

Les ballons n'ont pas été le seul moyen que l'on ait essayé d'utiliser pour s'élever dans les airs; on a tenté plusieurs fois d'imiter les oiseaux en s'adaptant des ailes; mais jamais les téméraires qui l'ont entrepris n'ont réussi qu'à se tuer, ou du moins à se blesser grièvement; les plus heureux sont ceux dont le mécanisme n'a pas pu fonctionner; ils n'ont eu que le désagrément de ne pas quitter la terre.

En attendant, il faut se montrer extrêmement réservé pour donner son approbation aux nouveaux expérimentateurs, quelque attrayante que soit leur théorie, quelque séduisante que paraissent leurs démonstrations; car on a vu de nombreux projets, fort beaux sur le papier, n'aboutir qu'à des déceptions. Sans doute l'impossibilité de la direction des ballons n'est pas mathématiquement démontrée; mais jusqu'à présent ce problème ne paraît nullement près d'être résolu. Cette industrie a donné quelquefois naissance aux promesses les plus pompeuses et les plus ridicules. Nous avons vu de nos jours M. Petin annoncer qu'avec son vaisseau aérien, il transporterait en une journée cinq cents personnes dans le pays qu'on voudrait.

Mais ceci n'est rien auprès de ce qu'annonçait le P. Galien, qui proposait de construire un vaisseau aérien pouvant porter quatre millions de voyageurs. Il est vrai qu'il termine son livre en disant que tout cela n'est qu'une simple théorie, et qu'il ne le cherche que par manière de récréation physique et géométrique.

J. B. PRODHOMME.

AÉROSTATIER (art militaire). — Corps d'ingénieurs formé en 1793, pour le service des aérostats, dans le but d'observer utilement les mouvements des armées ennemies et de donner des signaux. Il fut employé à la bataille de Fleurus par le maréchal Jourdan, et rendit quelque service. L'ennemi, qui s'aperçut des manœuvres des aérostatiers, dirigea une batterie contre l'aérostat; mais les ingénieurs, en s'élevant, furent bientôt hors de sa portée. L'expédition à la fois guerrière et savante de l'Égypte s'était attachée une division d'aérostatiers; depuis, cette institution fut dissoute. En 1812, les Russes tentèrent de se servir de ballons pour jeter sur l'armée française des projectiles incendiaires; mais cette tentative échoua. Enfin, en 1830, lors de l'expédition d'Alger, Margat, doyen des aéronautes européens, fut attaché à l'expédition d'Afrique, où son sang froid, son courage et son audace contribuèrent, selon le témoignage du général Tholozé, au succès de plusieurs faits d'armes importants.

AÉROSTATION (physique). — Art d'employer les aérostats. La théorie de cet art repose sur ce principe bien connu que tout corps plongé dans un fluide quelconque, dans l'air atmosphérique, par exemple, perd de son poids une partie égale à celui qu'il déplace. « Tout aéronaute doit donc étudier le mécanisme de la progression du poisson, et surtout le mouvement de flexuosité qu'il imprime à sa colonne vertébrale et le coup de queue vif qui termine l'ondulation. Mais la première condition pour se diriger, c'est de s'élever au-dessus de la région des courants. Toute tentative de direction, ou même de station au-dessous de 2,400 à 3,000 mètres, n'aura jamais de succès. Il est vrai que les saumons remontent des chutes d'eau de 8 et de 10 mètres; mais cet exemple ne pourra point être imité par des machines inertes. Une considération non moins importante est celle de la surface relative des ailes ou des rames. Il n'y a point de poisson qui ne présente, par ses nageoires, au moins un quart de la section transversale de son corps. Quelques-uns, tels que le poisson volant, ont trois fois cette surface. On a parlé récemment d'une vessie natatoire que l'on voulait introduire dans le ballon, et qui devait produire l'effet de celle des poissons. Quand un poisson veut s'élever, il gonfle sa vessie natatoire à l'aide de l'air qu'il extrait de l'eau, et il expulse cet air quand il veut plonger. Mais où prendrions-nous du gaz p lu léger que l'hydrogène pour gonfler notre vessie natatoire et nous élever? et de même, où prendrions-nous de l'air plus condensé que l'air ambiant pour nous faire descendre? Si nous essayons de comprimer l'air par une pompe dans la vessie natatoire, l'enveloppe éclatera, et nous aurons seulement rendu explosif le gaz de notre ballon. Tous les inconvénients d'explosion par distension du gaz diminueraient peut-être en partie si l'on parvenait à réaliser l'emploi de lames métalliques. On a calculé qu'un ballon de 20 mètres de diamètre, formé de lames de platine d'un demi-millimètre d'épaisseur, aurait une force ascensionnelle de plus de 1,500 kilogram. Tout extravagante que peut paraître cette idée, c'est cependant avec du métal, avec du cuivre par exemple, qu'il faudra construire les ballons, si jamais l'on parvient à les diriger. Mais malheureusement des expériences récentes ont prouvé que des ballons de cuivre à lames très-minces présentent des chances de rupture si nombreuses, à cause du défaut d'homogénéité du métal, qu'on a dû y renoncer. »

Dr Hoefer.

AÉROSTATION (avenir de cet art)(1) —C'est l'enfant qui vient de naître, a dit Franklin, à la vue du premier ballon, et dès l'année suivante, Euler mourant consacra ses derniers moments au calcul de la marche d'un ballon dans l'air. Guyton-Morveau, Meusnier et l'ancienne académie des sciences de Paris, celle de Lyon, et la plupart des académies étrangères, ont reconnu l'établissement et la possibilité d'une navigation aérienne. Kotzebue, à qui l'on ne saurait refuser quelque rectitude dans les idées et le titre de

Fig. 33. Gonflement d'un ballon.

grand écrivain, n'a pas dédaigné de consacrer dans plusieurs de ses écrits son opinion sur cet objet. De 1784 à 1786, on s'occupa beaucoup d'aérostation; mais les préoccupations politiques, les orages révolutionnaires survinrent, et dans la tourmente où périt le vaisseau de l'État, où se noyèrent à la fois tant d'idées généreuses et de préjugés gothiques, on vit aussi disparaître pour quelque temps l'esprit d'invention et de recherches scientifiques. Alors que Conté était directeur de l'école aérostatique de Meudon, on vit les ballons flotter au-dessus de nos armées, et se mêler les jours de bataille aux drapeaux glorieux. (Voy. Aérostatiers.) L'ingénieur planant au-dessus de l'armée ennemie dressait des plans, prenait des notes et les envoyait au général français en les faisant glisser dans une boîte de fer-blanc, le long de la corde qui le retenait captif dans les airs. En 1812, aux approches de Moscou, l'armée française faillit être foudroyée par un énorme aérostat chargé de plusieurs milliers de poudre et de mitraille, qui devait éclater en l'air à un moment convenu. Heureusement il ne put être prêt à temps, et nos soldats, en entrant au château de Woronzoff, foulèrent aux pieds les débris de cette machine. La science de l'aérostation peut aider le physicien à reconnaître et à apprécier les phénomènes de l'air. Fourcroy, crayonnant un savant tableau de nos connaissances sur l'atmosphère, a reconnu que c'était à l'aide des aérostats surtout qu'il serait possible d'étudier la météorologie. Delaplace, dans son immortel ouvrage sur le Systéme du monde, rend grâce au génie de Montgolfier de ce que l'homme peut pénétrer dans des régions qui lui étaient autrefois interdites, et il se glorifie que l'invention des ballons soit due à la France. La machine aérostatique, en effet, est un précieux instrument pour le physicien hardi et courageux qui veut étudier la nature dans le sein même de son plus vaste laboratoire. C'est un spectacle curieux sans doute,

---

(1) En acceptant cet article sur l'Avenir de l'aérostation, nous voulons prouver aux aéronautes distingués que si nous ne partageons pas leur opinion sur la possibilité de la navigation aérienne, nous nous faisons cependant un devoir de leur laisser exprimer ici librement leurs idées.

Note du rédacteur en chef.

et bien propre à frapper vivement la multitude, que celui d'un homme se confiant dans un frêle équipage au caprice des vents; mais l'art aérostatique ne doit pas se borner seulement à répéter à l'infini la vaine et fugitive ascension d'un ballon s'élevant dans l'air un jour de fête. La grande idée dont les frères Montgolfier ont posé la base il y a 73 ans, doit aujourd'hui profiter de l'état avancé des sciences et de l'industrie, et devenir par une application puissante, le point de départ, le principe assuré d'un transport régulier, par air des hommes et des marchandises.

La direction des ballons n'est peut-être pas aussi impossible qu'on le croit généralement; il est vrai que les essais faits jusqu'à présent ont tous échoué, mais toutes ces expériences étaient bien chétives auprès de celles qu'il faudrait tenter pour en espérer raisonnablement le succès? Selon nous, on devrait créer un vaisseau aérien gréé, maté comme un navire de guerre, dans la construction duquel on ne craindrait pas d'employer les bois et les métaux. Pour faire de grandes choses il faut de grands moyens. La navigation dans l'air offrirait des avantages bien plus grands que n'en présente la navigation maritime simple ou par la vapeur; et ce nouveau mode

Fig. 34. Ascension d'un ballon.

de transport des hommes et des marchandises laisserait bien loin derrière lui, sous le rapport économique, le système des canaux et des chemins de fer. L'aéronaute, au sein de son vaste laboratoire, est plus heureux que le marin, car il peut plonger à loisir, et suivant les besoins du service, dans les profondeurs de l'air. La mer et les vents rejettent quelquefois bien loin de sa route le navigateur; combien de relâches forcés, de périls, d'écueils! Pour l'aéronaute, les airs seront toujours tenables. Entre cinq et sept mille mètres de hauteur, en toutes saisons et sous toutes les latitudes, on trouve habituellement une température égale et le plus souvent le calme et l'équilibre. De

larges vents alizés y règnent; le navigateur aérien n'a rien à craindre ni des trombes ni des orages, car, malgré la faible capacité des ballons en usage aujourd'hui, nous avons souvent vu, et sans que cela pût nous inquiéter, les nuages se choquer les uns contre les autres. Nous comparions l'agitation des régions intérieures à ces tourbillons de poussière que le voyageur à cheval fait naître et mourir sur ses pas.

Terminons cette légère esquisse de l'aérostation par ce mot *point d'appui dans l'air*, sur lequel on s'entend si peu généralement. Le point d'appui dans l'air existe : je cite comme exemple l'oiseau; il n'en a certes point d'autre pour s'élever et se maintenir dans l'atmosphère, et le parachute ne ralentit la chute des corps pesants que parce qu'il trouve dans l'air une force de résistance, un véritable point d'appui. Le poisson nage comme l'aérostat dans un fluide et s'y meut avec la plus grande facilité ; comme l'aérostat dans l'air, il se soutient dans l'eau par sa légèreté spécifique, s'élève ou s'abaisse en changeant sa pesanteur par la dilatation ou la contraction d'une poche remplie d'un fluide aérien. Les rivières et les eaux de la mer n'ont-ils pas des courants? Du moment que le poisson, par sa forme et les agents que la nature lui a donnés, parvient à les vaincre, pourquoi serait-il impossible à l'aérostat de vaincre ceux des airs?

ALFRED ROUSIOT, aéronaute du gouvernement.

AÉROSTATIQUE (physique). — Théorie des aérostats. Ce mot est plus convenablement remplacé par celui d'*aéronautique*. (Voy. ce mot.)

AÉROTHERME (arts industriels) [du grec *aer*, air, et *thermos*, chaleur; chaleur par l'air]. — Espèce de four qu'on chauffe sans combustible. « De l'air enfermé autour d'un foyer qu'on chauffe monte dans le four, puis redescend dans le foyer pour s'y échauffer de nouveau. Par le jeu d'une circulation continuelle, on élève à volonté la température du four, soit pour dessécher, cuire et vaporiser des substances solides ou liquides. Ces effets sont obtenus avec une grande économie de combustibles, sans altération de produits. »

ÆSHNES (zoologie). — Genre d'insectes névroptères de la famille des libelluliens, vulgairement appelés *demoiselles*. Ils ont la tête des libellules, mais leur abdomen est allongé et étroit comme une baguette. Ces insectes sont les géants de la famille pour notre pays, puisque l'espèce appelée l'*æshne grande*, ou la *Julie*, a près de 7 centimètres de long. Elle est d'un brun fauve, avec une des lignes jaunes de chaque côté du corselet; ses ailes sont irisées et son abdomen est tacheté de vert ou de jaunâtre. Les æshnes sont douées d'une grande puissance de vol; quoiqu'elles vivent dans l'eau, elles se traînent vers le haut des arbres et quelquefois très-loin des régions aquatiques. Elles chassent les mouches et autres insectes comme les hirondelles, passant et repassant continuellement dans le lieu qu'elles ont adopté. On distingue encore l'*æshne très-tachetée*, l'*æshne mélangée*, l'*æshne à tenailles*, etc.

ÆTHUSE (botanique) [du grec *aithô*, j'enflamme]. — Genre de plante de la famille des ombellifères, ainsi nommée de l'âcreté du suc de ce végétal. On en distingue deux espèces :

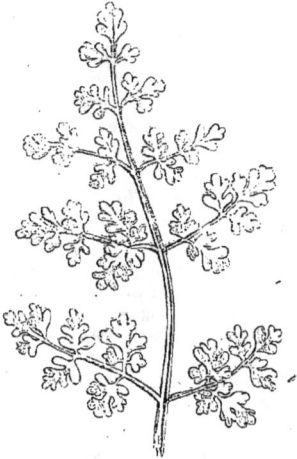

Fig. 35. Æthusa cynapium.

1° L'*æthusa cynapium*, ou *petite ciguë* (fig. 35), plante vénéneuse, ressemblant beaucoup au persil, près duquel elle croît très-souvent; on évitera de confondre ces deux plantes, en remarquant « 1° que les feuilles de la petite ciguë sont très-luisantes, découpées en lobes très-aigus, tandis que celles du persil ont les lobes plus larges et moins luisants; 2° que la tige de la petite ciguë est très-glauque, presque lisse, et que celle du persil est verte et cannelée; 3° que la petite ciguë a des fleurs blanches, et le persil des fleurs

jaunâtres; 4° enfin, que l'odeur, la saveur de la petite ciguë, sont désagréables, vireuses; le persil, au contraire, a une odeur agréable, et une saveur légèrement aromatique. »

2° L'*æthuse à feuilles capillaires*, dont les bestiaux font usage comme aliment, et dans laquelle on a reconnu des propriétés médicinales.

ÆTITE (minéralogie) [du grec *ætos*, aigle, et *lithos*, pierre, c'est-à-dire pierre d'aigle]. — Variété géodique de fer hydroxydé, se présentant ordinairement sous forme de petites masses sphéroïdes, ovoïdes ou aplaties. On a appelé ce minéral *pierre d'aigle*, d'après la croyance ridicule que les aigles en portaient dans leurs nids pour faciliter leur ponte. De là des empiriques ont vanté cette mine de fer comme un remède souverain dans les maladies des femmes, surtout pour faciliter les accouchements, prévenir les fausses couches, etc. On les a aussi vendues pour servir d'amulettes. Les géodes ferrugineuses forment en divers endroits des amas considérables, et il y en a qu'on exploite comme mine de fer : elles sont formées de couches concentriques pour l'ordinaire; alternativement brunes et jaunâtres; et comme, dans cet arrangement, les molécules similaires se sont plus rapprochées qu'elles n'étaient d'abord, il en est résulté un vide au centre de la géode, où se trouve quelquefois un noyau détaché. La seule propriété réelle dont jouisse l'ætite, c'est de produire du fer de bonne qualité.

AFFABILITÉ [en latin *affabilitas*, formé de *ad*, à, et *fari*, parler].— Qualité qui consiste dans un heureux mélange de douceur et de bienveillance, ou encore dans un caractère expansif et bon, qui fait accueillir favorablement auprès d'un homme ceux qui peuvent avoir affaire à lui. On trouve cette qualité, bien rare aujourd'hui, chez les hommes qui ont beaucoup souffert ou beaucoup réfléchi, et qui pensent avec raison que si leur position ou leurs lumières les mettent au-dessus de leurs semblables, c'est pour exercer sur eux, dans la mesure de leurs forces, leur influence et leur bonté. L'affabilité s'inspire d'abord de l'intérêt, s'augmente du désir d'être agréable, et se satisfait du bonheur qu'elle procure à ceux qui le méritent; c'est l'amitié, non plus d'ami à ami, mais d'homme à l'humanité. Ne nous semble-t-il pas avoir fait une bonne action lorsque nous avons écouté avec empressement une demande ou une plainte, que nous nous sommes offerts pour attirer sur elles protection et succès, et que nous avons ainsi ramené l'espoir et la confiance dans une âme qui avait foi dans tout ce que la nôtre avait de sentiment et de générosité? L'affabilité est pour l'homme la source de mille impressions douces et agréables; on la recherche surtout auprès des grands; quelquefois on la trouve, d'autres fois on n'en saisit à peine que l'ombre ou l'apparence, et pourtant il semble si facile de laisser croire qu'on est bon, et qu'on recherche les satisfactions les plus complètes dans le bonheur d'avoir obligé! Seulement, comme elle ne ressemble ni à l'amour, ni à l'amitié, ni à l'affection, et que cependant elle participe de ces trois sentiments par une sorte de relation insensible et mystérieuse, on aime peu, en général, à la pratiquer, parce qu'elle sert ordinairement trop peu à mettre en évidence toute la peine que l'on se donne pour en avoir le mérite, et qu'on préfère tout au plus promettre que de travailler pour l'ingratitude ou pour l'oubli. Quoi qu'il en soit, l'affabilité est le premier effet de la tendresse; quand on sait être affable, on ne tarde pas à créer autour de soi des sympathies profondes et durables, et à recevoir, en échange de sa bienveillance, cette reconnaissance du cœur qui, une fois donnée, n'abandonne jamais.   Édouard Blanc.

AFFAIBLISSEMENT (pathologie) [du latin *flebilis*]. — Diminution des forces qui précède ou accompagne le début d'une maladie, ou qui survient que pendant son cours. Nous avons présenté au mot *abattement* les différences qui existent entre l'*épuisement*, l'*affaissement* et l'*accablement*; disons ici qu'il ne faut pas confondre l'*affaiblissement* avec la *faiblesse*. La première de ces expressions indique un changement dans l'exercice des fonctions, tandis que la seconde n'exprime que le résultat de ce changement, et quelquefois même un état primitif et naturel de l'individu.   B. Lunel.

AFFAIRE [du latin *facere*, faire]. — Mot dont on se sert pour exprimer l'ensemble des négociations de toute sorte qui se traitent dans le commerce de la vie. — Relation d'intérêt ou d'argent que l'on a avec les hommes, ou, si on le veut encore, opération commerciale, industrielle, et toujours financière, qui commence d'ordinaire avec ou sur la bourse d'autrui, pour finir par agrandir ou par ruiner la sienne. Une affaire, aujourd'hui, ce n'est pas un détail de l'existence ou une chose que l'on regarde sans avoir trop l'air de s'en occuper; c'est, au contraire, une occupation qui absorbe et devient tout de suite d'une telle importance, qu'elle fait oublier toutes les autres. Traiter une affaire, c'est prendre la réalité par ce qu'elle a de plus sérieux, et engager corps à corps une lutte contre cet inflexible positivisme qui survit, de quelque manière qu'on s'y prenne, à toute poésie. Être en affaire, c'est entreprendre quelque chose qui doit toujours nous rendre plus heureux que nous ne le sommes, et entamer avec son prochain une question mille fois plus profonde que celles des philosophes anciens et modernes, sans en excepter, bien entendu, les nôtres. Conclure surtout une affaire, c'est prendre le bonheur ou quelquefois la sottise à deux mains et l'emporter chez soi avec ce contentement fébrile que donne toujours l'espoir ou le succès. Quel est, dans le monde, l'homme qui ne croit pas, lorsqu'il se met en rapport d'intérêt avec ses semblables, faire et conclure une affaire qui, ajoutée à plusieurs autres, lui apportera pour son salaire le plaisir, la joie et la félicité? Quel bonheur de faire une première affaire! quel dégoût lorsqu'il faut commencer la dernière! Il en est en ce monde de l'*affaire* comme de tout ce qui tient à l'imagination et aux désirs de notre âme; on croit à quelque chose, on s'imagine, parce qu'on est honnête et sincère, que tout le monde nous ressemble; on apporte dans

ses relations cette immense illusion de la justice et de la morale sur le chapitre de l'intérêt; on se sent riche, on veut le devenir encore davantage; on se mêle à ce flot des agitations humaines, peu à peu on se lance au milieu des spéculations... puis tout à coup on s'arrête... on craint d'avoir mal observé; pourtant on ne s'est pas trompé, on a marché la tête si haute dans le sentier de la moralité, on a été entouré d'hommes en apparence si respectables... pourtant le portefeuille est devenu de jour en jour plus léger... et insensiblement on découvre qu'avec toute sa probité et son honneur, on n'en a pas moins été dupé, et que toutes ces paroles plus ou moins mielleuses ne nous ont été adressées que pour mieux nous exploiter... Inutile d'ajouter comment le dégoût des affaires nous prend alors si nous voulons rester honnête, ou bien, si nous avons été plusieurs fois blessé dans nos plus chers intérêts, comment il arrive que, pour rendre au monde la monnaie de sa pièce, nous devenons à notre tour pour lui ce qu'il a trop longtemps été pour nous.

Le chapitre du mot *affaire* serait bien long si nous voulions lui donner tous les développements qu'il comporte. Nous parlerions bien de ce qu'on appelle *affaires particulières* ou *privées*; mais nous serions forcés d'imiter ici le Diable boiteux de Le Sage, et de parcourir bien des intérieurs de Paris et de la province pour faire assister à toutes les comédies ou à tous les drames qui se jouent en ces sortes d'*affaires*; et lorsque nous ajouterions que les affaires *particulières* ou *privées* renferment toutes les scènes plus ou moins intéressantes de ménage, d'intérieur, de dispositions testamentaires, de ventes forcées, d'expropriations judiciaires, de séparations de corps et de biens, de rentes personnelles et non pas au porteur, de billets souscrits et jamais payés, d'emprunts faits et toujours à faire, vous diriez de passer plus loin; nous parlerions alors des *affaires publiques*, ce qui, par exemple, ne serait pas bien long, attendu qu'en cette grave matière nous commencerions par avouer notre complète incompétence; nous essayerions de nous rattraper sur les *affaires temporelles*, en disant bien bas qu'à côté d'elles les *affaires spirituelles* n'ont jamais été qu'un mot; nous hasarderions enfin une dernière réflexion sur les *affaires commerciales*; mais nous retomberions ici de Charybde en Scylla, et vous avoueriez avec nous que mieux aurait valu ne pas entamer un tel chapitre plutôt que d'en si mal parler. Aussi, nous n'expliquerons pas non plus la portée des expressions suivantes: C'est *une affaire*; ce n'est pas *une affaire*; j'ai *fait affaire avec lui*; il *fait bien ou mal ses affaires*; nous nous garderions bien surtout d'expliquer ce qu'était pour le roi *la chaise d'affaires*; non plus que la composition peu littéraire du *brevet d'affaires*; et nous passerions, pour la même raison, à pieds joints sur cet homme que l'on a coutume d'appeler dans les grandes maisons pour qu'il les rende petites, dans les ventes pour qu'il ait l'air d'additionner bien mieux que de soustraire, dans les successions pour qu'il ait le talent de faire hériter sans frais en n'oubliant jamais les siens, dans des procès pour qu'il obtienne de perdre le premier afin d'en faire son profit et de gagner peut-être le second, en un mot, dans tout ce que l'on ne peut ou ne veut faire soi-même, lequel homme est pour toutes ces choses un bon ou mauvais homme d'affaires. Puis, s'il vous est arrivé de faire, soit à la Bourse, soit en tête-à-tête, une *bonne affaire*, nous vous conseillons de ne pas y jouer trop souvent, de peur de *mauvaises affaires*.— On nous répondra peut-être que sans affaires la vie des nations n'est plus possible; que c'est par le commerce, l'industrie, le passage de l'argent de la bourse de l'un dans la bourse de l'autre, que le monde se soutient; qu'il est beau de voir une société comme la nôtre s'entendre si bien aux affaires; on nous ajoutera, pour mieux nous convaincre, que c'est souvent une grande affaire de vivre, et que quelquefois on a fort à faire pour ne pas se laisser aller au découragement et au désespoir; on nous citera des noms illustres abrités aujourd'hui par des valeurs roulées en millions, et l'on conclura en nous disant que ce n'est pas d'ailleurs notre affaire de vouloir discuter ces opérations financières qui assurent à notre siècle une réputation éternelle en matière d'affaires; mais nous n'en persisterons pas moins à soutenir qu'en affaires comme en toutes choses, la probité, l'honneur et la morale devraient avant tout être de mise, et que vouloir toujours faire son affaire, c'est être dur et égoïste, et, par suite, peu digne de considération, d'estime et d'intérêt. Que ne nous est-il donné de demander si ce n'est pas en affaires que l'on apprécie le mieux la délicatesse et la moralité d'un homme! Mais nous nous taisons, car nous craindrions, en parlant davantage, de faire de notre mot une trop grosse affaire, et nous vous souhaitons les plus belles affaires, en vous recommandant l'indulgence lorsqu'il vous arrivera d'avoir affaire à nous.   ÉDOUARD BLANC.

AFFAIRES (agents d'). — Dénomination donnée à ceux qui se chargent, moyennant une rétribution, de diriger et de suivre les affaires d'intérêt des particuliers qui veulent bien les leur confier. « Si une classe d'agents a été plus spécialement frappée d'une défiance générale, dit Lachâtre, c'est à coup sûr la classe des agents d'affaires, intermédiaires inévitables de toutes les opérations qui peuvent offrir des pots-de-vin ou des dissimulations à exploiter. C'est là, sans contredit, une des plaies de notre époque, et chaque jour voit grossir et pulluler cette classe à demi légale, à demi reconnue, et si honteuse d'elle-même et de ses actes, qu'elle ose à peine avouer son existence ou du moins son nom. Les agents d'affaires se trouvent partout et se font payer fort cher. Leurs opérations sont si multiples, si souterraines, que la loi n'a pu les définir; aussi c'est une défiance instinctive, qui n'est que trop justifiée, que celle qu'on a généralement contre ces régulateurs obscurs des intérêts privés, contre ces auspices préposés par les hommes méchants à l'élucubration de difficultés qu'ils n'éclaircissent, soit en droit, soit en fait, que d'après les inspirations d'une conscience souvent fa-

cile. Dispersés en tirailleurs au milieu de toutes les difficultés, de toutes les entraves qui se rencontrent à chaque pas dans les opérations quelconques de la vie, ces pirates judiciaires ne savent quel nom prendre, et cherchent souvent, au milieu des campagnes surtout, dans les petites villes ou dans les villages, à masquer, sous le titre pompeux de *jurisconsultes*, d'*hommes de loi*, le vague de leurs attributions et le péril de leurs conseils ruineux. » Disons, pour être juste, qu'il peut se trouver dans la classe des agents d'affaires d'honorables exceptions à la définition donnée ci-dessus.

On confond quelquefois à tort l'*homme d'affaires* avec l'*agent d'affaires*; il y a cependant une différence: l'homme d'affaires fait office d'ami et gère sans mandat, tandis que l'agent d'affaires agit en vertu d'un pouvoir, d'une convention.

AFFECTATION [du latin *affectatio*, de *affectare*, rechercher avec soin]. — On entend ordinairement par ce mot l'exagération des qualités que l'on possède, ou la vaine parade de sentiments et d'idées que l'on emprunte et qui sont tout à fait opposés à la simplicité et au naturel. L'affectation naît le plus souvent de l'amour-propre et de la vanité; elle consiste à paraître ce que l'on n'est pas, et à se grandir toujours aux dépens de l'estime et de la considération de ceux qui nous approchent. On tombe aisément dans l'affectation lorsqu'on s'imagine que l'on réunit toutes les qualités qui constituent un homme aimable et recherché, et que, non content de vivre ainsi dans l'illusion de soi-même, on applique aux relations sociales cette fausse persuasion de sa supériorité. On voit quelquefois dans les réunions du monde des hommes qui, joignant une certaine éducation à quelques avantages extérieurs, parviennent à attirer autour d'eux les regards et les éloges; malheureusement, gâtés par ce semblant de flatterie qu'on leur donne, ils veulent aussitôt jouir en maîtres de leur position nouvelle, et, forçant insensiblement leur nature, ils prennent un air empesé, un geste faux, une voix mielleusement aigre; ils parlent tour à tour, et avec la même fatuité, de littérature, de science, de philosophie et de musique, dont ils ignorent peut-être les premiers éléments; toujours empressés auprès des femmes, ils s'efforcent de gagner un de leurs sourires par une conversation qui veut être séduisante et gracieuse, et qui n'est ni l'une ni l'autre; ils se font savants auprès des érudits, profonds et moralistes auprès des philosophes, galants et spirituels à côté des grandes dames et des jeunes gens, et ils finissent, grâce à leur système, par être tout au plus beaux parleurs, lorsqu'ils ne sont pas tout d'abord ridicules et méprisés. L'affectation est, en général, la compagne des petits esprits, qui veulent absolument, malgré ce qu'ils ont d'imparfait, s'élever au niveau des intelligences privilégiées, et mettre leurs passions ou leurs caprices à la place du jugement et du bongoût.—Dans le style, l'affectation est encore plus marquée que dans la parole, parce qu'on soigne davantage ce que l'on écrit, et que l'on fait tourner à son profit toutes les ressources de son imagination et de son esprit; les expressions sont alors contraintes et étudiées comme les pensées; rien ne parle plus le langage de l'expansion et de la simplicité, tout est froid ou boursouflé. Aussi, en littérature comme en conversation, l'affectation est un des défauts contre lesquels on doit le plus se mettre en garde, en disant naturellement ce que l'on pense, sans prendre la peine d'aller chercher de prétentieuses périphrases pour exprimer en termes plus longs ce qui aurait été bien mieux dit d'un seul trait. Nous ne parlons pas de l'affectation dans les rapports de supérieurs à inférieurs, et réciproquement; nous serions obligés de parler aussi de la flatterie et du mensonge, et nous irions sans doute beaucoup trop loin. Disons seulement que l'affectation, considérée en général, est une fausse manifestation de ses sentiments ou de ses pensées, et qu'elle s'oppose essentiellement au naturel et à la vérité. Étudions-la surtout dans les beaux esprits qui veulent absolument dire sur des riens les plus belles choses, et, pour l'éviter, observons le résultat ridicule qu'ils atteignent alors que, croyant toucher au but si désiré, ils s'aperçoivent qu'ils se sont pris eux-mêmes pour dupes, et que, malgré tout leur talent d'orateur ou d'écrivain, ils n'ont jamais fait accepter ce qui était en dehors de la justice et du vrai. L'affectation finit toujours par se punir elle-même, et quelquefois elle s'enracine si fort, que, même après ses échecs et ses chutes, on est encore disposé à jouer un nouveau rôle, pourvu qu'il soit contraire à la sincérité et qu'il nous fasse passer pour ce que nous n'avons jamais été, en attendant que le mépris ou le malheur se charge de nous apprendre que ce n'est pas avec l'affectation, mais avec la franchise, que nous serons en droit d'attendre les sympathies des hommes et de la société.   — ÉDOUARD BLANC.

AFFECTATION HYPOTHÉCAIRE (droit). — C'est la stipulation ou l'acte par lequel un ou plusieurs immeubles sont hypothéqués pour la garantie d'une créance ou d'une obligation. Les hypothèques conventionnelles ne peuvent être consenties que par ceux qui ont la capacité d'aliéner les immeubles qu'ils y soumettent, et seulement par acte passé en forme authentique devant notaire. (C. civ., 2124 et 2127.) Les biens des mineurs, des interdits, et ceux des absents, tant que la possession n'en est déférée que provisoirement, ne peuvent être hypothéqués que pour les causes et dans les formes établies par la loi, ou en vertu de jugements. (Ibid., 2126.) Les biens à venir ne peuvent pas être hypothéqués; néanmoins, si les biens présents et libres du débiteur sont insuffisants pour la sûreté de la créance, il peut, en exprimant cette insuffisance, consentir que chacun des biens qu'il acquerra par la suite y demeurent affectés à mesure des acquisitions. (Ibid., 2129 et 2130.) L'hypothèque acquise s'étend à toutes les améliorations survenues à l'immeuble hypothéqué (Ibid., 2133.)

AFFECTION [en latin affectio, formé d'affectum, supin de afficere, exciter, émouvoir]. — Émotion tendre du cœur ou de l'esprit. — L'affection ressemble-t-elle plus à l'amitié ou à l'amour? est-elle ordinai-

rement calme et profonde comme la première ou brûlante et volage comme le second? Quand on aime, est-il mieux d'aimer d'amitié, d'amour ou d'affection? Question grave et assez difficile à résoudre. Pourtant, si nous osions parler du chapitre des affections humaines, nous dirions d'abord qu'en général ce qui les caractérise, c'est l'intérêt, l'égoïsme, l'amour-propre ou l'ambition, et l'on nous ferait observer que c'est fort mal commencer. Nous ajouterions alors que, pour trouver aujourd'hui une affection véritable, il faudrait, à la manière du bon Diogène, allumer sa lampe et chercher de tous côtés, en désespérant de rencontrer quelque chose qu'il fût possible d'appeler de ce nom; et l'on nous objecterait que c'est continuer beaucoup plus mal. Nous serions donc réduit, comme nous allons le faire, à tâcher d'expliquer simplement le mot affection, convaincu d'avance que la chose habite encore le pays des rêves, et que si elle fait quelquefois son apparition ici-bas, c'est plutôt pour nous faire parler le langage de l'illusion ou de la tendresse, en nous laissant croire que sans elle, nous et la société n'existerions jamais.

L'affection ne naîtrait-elle pas de cette longue et douce expérience que le cœur se plaît à faire sur celui qu'il voudrait toujours aimer parce qu'il l'aime déjà beaucoup? et une fois née, ne consisterait-elle pas tout entière dans l'expansion libre et franche de toutes nos facultés aimantes vers l'être chéri que nos prédilections auraient depuis longtemps choisi? Ou bien, plus heureuse de s'épanouir en restant toujours cachée, l'affection ne serait-elle pas comme une attraction mystérieuse et ineffable, qui s'exercerait avec d'autant plus de charme qu'elle serait pressentie et devinée par celui qui l'inspire, en l'entourant de souvenirs, de sympathie et de parfaite intimité? Vous est-il jamais arrivé de rencontrer dans la vie une âme sœur de la vôtre par ses joies, ses plaisirs, ses craintes, ses espérances et ses larmes, et avez-vous essayé de vous rendre compte du sentiment qui vous ramenait sans cesse à elle lorsque vous aviez besoin de tendresse et d'amitié? Pourtant ce sentiment, ce n'était peut-être qu'un commencement de véritable et profonde affection. Aussi, si votre cœur s'est quelquefois ouvert à des impressions douces et aimantes, si vous l'avez senti se dilater lorsqu'on lui a parlé avec effusion et sincérité, croyez qu'il a eu ou qu'il a une affection; car peut-être vous ne vous êtes d'abord attaché que par instinct ou par habitude, attendant pour faire une affection que l'être qui vous aime partageât au même degré vos sentiments et vos idées. L'affection est rare aujourd'hui, parce qu'on se lasse de sympathie comme de toutes choses, et qu'on préfère mille fois nouer un lien plus commode en volant de conquête en conquête, ou d'illusions en déceptions, que de s'attacher sérieusement en se demandant si mieux vaudrait ne pas entamer une fois en sa vie le chapitre de l'affection. D'ailleurs, il faut le dire, l'affection entraîne avec elle tant de peines et de tristesse, elle résume si bien tous ces contrastes et toutes ces compensations attachés au sort de notre pauvre humanité, que les uns redoutent de l'entreprendre de peur d'être malheureux, que les autres la dédaignent de crainte de viser au platonique et au sentimental, et qu'en général les plus sages prétendent qu'une affection sérieuse, tant dans la jeunesse que dans l'âge mûr, est tout simplement la moins pardonnable des absurdités. Puis, il en est de l'affection comme de tous ces sentiments dont le cœur est jaloux de garder le secret : chacun la commence et la continue selon ses instincts, ses désirs, ses aspirations et ses espérances. Le bonheur ne ressemble-t-il pas au Prothée de la fable, et quand on croit l'atteindre, sous n'importe quelle forme, ne se persuade-t-on pas qu'on le possède et qu'il ne vous quittera plus? L'histoire nous offre quelques exemples d'amitié profonde, elle se tait sur les affections; et pourtant, dans la suite des siècles, parmi toutes ces individualités glorieuses, quelques-unes ont sans doute aimé! Demandez à saint Augustin de vous définir l'affection; il vous racontera sa vie, et, revenu de son enthousiasme de jeunesse, il réchauffera de son éloquence tous ses bons souvenirs si tendrement aimés, mais il ne vous dira jamais comment il se fait que, mieux que personne, il a senti tout ce qu'il y avait de douceurs et de tortures dans une véritable affection! Allez au fond des monastères, interrogez ces hommes blanchis par le jeûne, les veilles, l'étude et les austérités, demandez-leur s'ils ont eu une affection; ils vous parleront de leurs premières illusions, ils vous mettront en garde contre les déceptions qui vous attendent, mais de leur affection, ils ne vous en entretiendront jamais! Trouvez-vous, si vous le voulez, dans une réunion d'hommes choisis, remarquez ceux qui se distinguent le plus par leurs talents, leur esprit ou leur génie, et demandez-leur ce que c'est que l'affection; ils vous répondront que la science des vérités éternelles, la connaissance des merveilles de la création, l'étude approfondie des lois qui régissent l'univers matériel et moral, sont pour l'homme comme autant de consolations véritables qui le dédommagent de toutes ses peines de cœur et de corps; que certainement il n'est pas tout à fait hors de propos de cultiver ce que dans le monde on est convenu d'appeler l'amour ou l'amitié; mais pour l'affection, ils se contenteront de sourire ou de vous plaindre, en vous ajoutant qu'avec elle il est impossible d'être jamais heureux! Vous parcourrez ainsi toutes les positions sociales : dans quelques-unes, lorsque vous parlerez d'affection, on pourra peut-être vous comprendre; dans d'autres, on daignera se moquer de vous! et en général, si l'on a toutefois le bon esprit d'être charitable, on vous avertira que vous faites fausse route en voulant ainsi vous éloigner des sentiers battus; qu'il faut avoir de bonnes connaissances, hasarder quelques visites, se permettre même quelques petites malices sur les liaisons de son prochain, mais d'affections, jamais!.. Il en résulte que la société devient alors pour celui qui cherche l'affection comme un immense vide dans lequel il ne rencontre que découragement et fausseté, et que, par force ou par nécessité, il lui faudra faire comme les autres, s'il ne veut longtemps souffrir. Il apprendra qu'aujourd'hui on tolère ou l'on subit l'amitié, qu'on relègue l'amour dans les fantaisies ou dans les romances, et qu'on se garde bien surtout d'avoir pour un ami quelconque la moindre pensée de sérieuse affection. Pourtant, il est donné à certaines femmes de faire apprécier tout ce qu'une bonne affection renferme de suave; et quelques-unes, surtout parmi les jeunes filles qui arrivent à la vie et dont le cœur a toujours été le seul maître, parviennent souvent à perpétuer l'illusion d'une affection profonde dans l'esprit de l'homme qu'elles aiment, et à changer insensiblement par les inspirations de leur tendresse toute naïve et toute innocente cette illusion en réalité. Cela ne prouve-t-il pas une fois de plus que si l'affection est presque une chimère, tellement le siècle s'en déshabitue tous les jours, elle n'en existe pas moins çà et là autour de nous, pour soutenir notre espoir et nos défaillances et nous dire que la solitude de l'âme cessera peut-être un jour pour nous? On peut certainement, dans le monde, ne pas comprendre qu'à côté de l'égoïsme il existe un autre sentiment qui est la source de jouissances bien plus durables; on est très-excusable de n'ajouter qu'une confiance très-médiocre à toutes les théories et pratiques que le cœur met en usage pour qu'on ne croie pas qu'il en veut à votre bourse avant d'en vouloir à votre amitié; mais on ne peut nier qu'il y a dans la vie des instants où l'on se sent triste parce qu'un autre souffre, où l'on se prend à rêver parce qu'un autre rêve, où l'on se plaît à penser parce qu'un autre pense, où l'on est heureux d'aimer parce qu'en un mot un autre vous aime, et qu'il s'établit alors comme un mystérieux et continuel échange de sympathies qui doublent en quelque sorte votre existence en l'associant à ce que celle qui vous inspire a de plus invinciblement doux! L'affection devient alors une union constante, et plus vive et aussi durable que l'amitié, moins ardente et tout aussi passionnée que l'amour; on ne sait mieux la définir qu'en l'appelant, toujours, bien entendu loin, des hommes et bien près des illusions et des rêves, un *amour d'amitié!...*

ÉDOUARD BLANC.

AFFECTION (psychologie, morale). — Classe de principes d'actions tirées des sentiments qui se rapportent à nos semblables, et qui est opposée aux mobiles personnels. Les affections sont *bienveillantes* ou *malveillantes* : l'amitié, l'amour, l'amour paternel, filial, fraternel, le patriotisme, la philanthropie, etc., constituent les affections bienveillantes; la jalousie, la haine, la vengeance, etc., appartiennent aux affections malveillantes.

AFFECTION (physiologie). — Mouvement de l'âme, synonyme de *passion*. Les physiologistes divisent les affections en *actives* et en *passives*. Par affection passives, on entend les sentiments de plaisir ou de peine produits en nous par la présence ou l'absence des objets matériels et des images intellectuelles : la volonté qui résulte de ces sentiments divers produit les affections actives. — Voy. *Passions*.

AFFECTION (pathologie). — Terme générique par lequel on désigne les maladies, les infirmités, les diffor-

mités et les monstruosités. Ce mot est devenu synonyme de maladies. L'étude des affections constitue
une partie d'autant plus importante de l'histoire naturelle et philosophique de l'homme, qu'elles se partagent en quelque sorte l'existence de la famille humaine. Elles envahissent même souvent la vie entière
d'une foule d'individus qu'une éducation malheureuse, des professions sédentaires, des institutions
encore empreintes de leur origine grossière et sauvage, condamnent à ne jamais quitter les doux et
inappréciables bienfaits de la santé. (CHAMBERT.)

Voici comment Raspail (1) décrit l'invasion et la
marche d'une affection. « Tout à coup, un je ne sais
quoi, un atome, un rien, se glisse entre les admirables rouages d'une aussi belle machine et en dérange
la régularité. C'est peu de chose, on le néglige; ce
rien s'aggrave, on y pense; il se complique, on s'en
inquiète. L'homme fort se surprend faible dès ce
jour; son trait manque le but, son dard s'arrête à
demi-portée; son œil distingue moins cet aigle que,
du pied du Liban, il voyait auparavant prendre son
vol sur le haut de l'Atlas, ou aux portes d'Hercule. Un ruisseau de feu ou de glace circule dans ses
veines, et lui remonte au front. La pensée, jadis
calme et limpide, bouillonne et se trouble, se heurte
et se perd. Il repousse de la main ce qu'il attirait
dans ses bras; il recherche ce qu'il ignore; il a besoin de ce qu'il méprisait; sa nourriture lui pèse
comme un caillou; il lui semble qu'il en dévorerait
pour suppléer à l'impuissance de sa nourriture et
retrouver l'appétit. Ses pieds se refusent à marcher, ses mains à le défendre; son corps n'obéit
plus à son âme; il souffre comme l'animal qu'il avait
blessé; il devient immobile comme le roc qui trem-
blait sous ses pas; il ne conçoit plus rien de grand,
il ne procrée plus rien de fort; tout ce qui émane
de lui porte l'empreinte de la souffrance, de la faiblesse et de la douleur. Il n'est plus le même homme;
et, dès ce moment, son langage se meuble de deux
nouveaux mots, qui arrivent à la nomenclature, entourés chacun d'un long cortége de nouvelles idées
et de nouveaux mots : il jouissait de la *santé*, il est
en proie à la *maladie*; il dévorait les aliments qui
étaient sa conquête, il recherche les remèdes qui
ajoutent à son tourment; et, tôt ou tard, à la suite de
tant de maux, la *mort* survient, non comme ce point
imperceptible où devait finir naturellement le cadre
d'une assez longue *vie*, mais comme un vainqueur
barbare qui jugule un ennemi terrassé. Dès ce moment, voilà encore dans le vocabulaire deux autres
mots nouveaux qui ne signifieraient rien l'un sans
l'autre : la *vie* et la *mort*. »

AFFECTIONNITIVITÉ (phrénologie). —Nom que
les phrénologistes donnent à la faculté qui nous
porte à nous attacher non-seulement aux hommes et
aux animaux, mais encore aux objets qui nous entourent ou qui viennent de personnes que nous ai-
mons. L'organe qui préside à cette faculté, que
George Combe a proposé d'appeler *adhésivité*, est

situé entre la philogéniture en bas, l'approbativité en
haut, l'habitativité et la circonspection de chaque
côté. Le besoin d'attachement qui précède et accompagne le besoin de reproduction, contribuera, s'il est
convenablement développé, à conserver la fidélité
conjugale. Sa prédominance pourra aussi déterminer
la nostalgie, qui ne dépend pas seulement de l'a-
mour des lieux témoins de notre enfance, mais encore du regret de nous voir séparés des êtres qui
nous sont chers. Son absence complète est l'indice
d'un caractère insociable et incapable de croire au
dévouement de l'amitié. »

AFFICHE [formé du celtique *fichim*, d'où en latin
figere; affixio, en basse latinité; *affiche*, en français;
aff, exprimant destination; *fiche à*, *affiche*]. — Placard imprimé ou manuscrit, qu'on appose dans les
lieux publics. Elle doit être écrite sur papier de couleur, et porter un timbre spécial, dont le prix est
indiqué ci-après. Néanmoins, il y a exemption du
timbre si les affiches, manuscrites ou non, sont apposées sur la maison qu'elles concernent, pour annoncer qu'elle est à louer ou à vendre, en totalité ou
en partie, ou bien que tel commerce y est exercé,
qu'on y a besoin d'un apprenti, qu'on y vend tel ou
tel objet, etc. Dans tous les cas et à peine d'amende,
le papier ne pourra être de couleur blanche, n'importe que les affiches soient imprimées, lithogra-
phiées, faites à la brosse ou même écrites. (L. 25
mars 1817, art. 77 et 16 juin 1824, art. 10.) Ce serait
donc par tolérance que, dans certaines conditions,
comme pour indiquer qu'une maison est à vendre
ou à louer, qu'une chose quelconque est offerte, des
affiches sur papier blanc y demeureraient apposées
sans que l'administration de l'enregistrement eût
verbalisé. L'amende est de 20 francs en principal.
D'après les même lois, ceux qui font apposer ou distribuer des affiches non timbrées sont passibles d'une
pareille amende, et, en outre, les afficheurs et dis-
tributeurs de ces affiches peuvent être condamnés à
des peines de simple police. (C. pén., art. 474.) —
Voy. *Timbre.*

Quant aux affiches et placards qui regardent particulièrement les officiers publics et ministériels, les
formalités à remplir leur sont toutes spéciales, sous
leur responsabilité personnelle; et nous n'avons point
à nous en occuper ici. Au cas de contravention, ils
sont également passibles d'amendes, et dans plusieurs
circonstances les affiches, placards, ou extrait à pla-
carder doivent être écrits ou imprimés, soit sur papier
au timbre de 35 et de 70 c., soit sur papier d'expédition au timbre de 1 fr. 25 c. Ils sont également assu-
jettis, dans les cas ordinaires, à l'emploi du papier de
couleur, autre que le papier blanc, et pour toutes les
affiches qui ne sont frappées que du timbre spécial,
d'un prix inférieur à 35 c. Ce timbre spécial a été fixé
à 10 c. la feuille de 25 centimètres carrés de superficie, et à 5 c. la demi-feuille, plus 1 c. pour chaque
décimètre carré ou fraction en sus de 25 centimètres.
(L. 28 avril 1816, art. 65 et 67, et décis. min. fin. 11
août 1818.) La loi du 10 décembre 1830 prohibait
toute publication politique au moyen d'affiches ou

9

de placards; celle du 16 juillet 1850 a renouvelé et aggravé ces prescriptions.

L'affiche est aujourd'hui un des plus grands moyens de publicité, et l'usage du placard tend à s'augmenter, surtout dans le commerce de détail, pour les opérations manuelles, les établissements nouveaux, les remèdes et les choses à la mode, et pour les industries et perfectionnements particuliers. Ce ne sont pas seulement des affiches imprimées avec luxe, portraits et gravures, ce sont encore des dessins, des lettres et des chiffres, qui, par différents procédés, sont tracés sur les murailles des villes et dans de larges proportions. Les sociétés et entreprises financières elles-mêmes ont recours à l'affiche, dont la publicité est d'autant plus efficace et certaine pour tous, qu'elle dure plus longtemps et qu'elle se représente chaque jour, pendant plusieurs mois, aux yeux d'une nombreuse population.

L'habileté est devenue grande en France, tant comme rédaction et style saisissant que comme luxe et ampleur de l'affiche. C'est à qui se distinguera pour fixer l'attention et séduire les promeneurs et les curieux en même temps; nous placerons en première ligne, et par droit d'ancienneté, les entrepreneurs de théâtres, les guérisseurs perpétuels et les charlatans, les dentistes, les pharmaciens, les faiseurs de cosmétique, certaines maisons de commerce qui peuvent avoir besoin de ce moyen de concurrence, les maisons de confection d'habillements, les inventeurs modernes ou qui ont apporté des perfectionnements dans l'industrie, le mécanisme et les arts; les sociétés et entreprises nouvelles de combinaisons financières, d'assurances diverses, de garanties, d'exploitations quelconques plus ou moins lointaines, et nous finirons par le type du genre, pour la vente des objets mobiliers et des choses immobilières, les placards officiels et autres des notaires, et surtout des commissaires-priseurs: à eux la palme de l'affiche, appropriée à son objet, mais sans illustration ni formes démesurées.

Toutefois, il faut reconnaître au profit de nos voisins et concurrents les Anglais, une grande supériorité dans l'affiche multicolore, avec illustrations, portraits, gravures, pompeux détails, saillants aperçus et formes gigantesques. Nous ne sommes encore que des nains en présence de leurs placards. Ils ont jusqu'au bel-homme-affiche; marchant, parlant, et portant sur trois côtés, dans les cent quartiers de Londres, le volume de douze mètres carrés d'affiches-monstres, en beaux caractères, sous les yeux de la foule insulaire et des nombreux étrangers qui circulent à pied comme en voiture; tandis que dans la capitale du monde civilisé, nous ne possédons guère dans ce genre d'annonces, et seulement dans la belle saison, sur un petit parcours, qu'un couple de petits écuyers, muets par profession, montés sur deux très-petits chevaux conjoints, et indiquant, par leur costume, autant que par quelques petits mots, placés au milieu de leur dos, qu'il va y avoir spectacle à l'hippodrome. Ce n'est qu'une mince parade de deux petites heures par jour de représentation.

Tous les peuples paraissent avoir connu l'usage et l'utilité de l'affiche. « Chez les Grecs, on se servait de la voie des affiches pour publier les lois; on les écrivait sur des rouleaux de bois plus longs que larges, qu'on exposait ensuite dans les places publiques. Ces rouleaux, selon Aristote, se nommaient cyrbes: cependant des commentateurs ont prétendu qu'on n'appelait cyrbes que les tables qui contenaient les lois des sacrifices, et que les autres portaient le nom d'oxones. Les Romains gravaient les publications qu'ils voulaient afficher sur l'airain, l'ivoire ou le bois, selon la nature de leur objet et la durée qu'elles devaient avoir. Plus tard, elles furent également écrites sur parchemin. Chez eux les projets de lois, avant d'être convertis en lois par l'approbation du peuple, devaient demeurer affichés pendant trois jours de marché (per trinundinum: les marchés se tenaient tous les neuf jours). Le préteur affichait également en entrant en fonctions les règles de jurisprudence qu'il devait suivre, et la plupart des autorités faisaient connaître leurs décrets de la même manière. Mais ces objets n'étaient pas les seuls pour lesquels on employât les affiches: on s'en servait pour annoncer les ventes aux enchères, les livres nouveaux, et probablement les spectacles. Les libraires en plaçaient au devant de leurs magasins; enfin, on peut juger, d'après différents passages d'Horace et de Cicéron, que de leur temps les affiches étaient devenues assez multipliées. Depuis les fouilles exécutées à Pompéi, les murs des maisons déblayées nous ont offert des exemples de diverses annonces admirablement conservées. Dans ses satires, Horace parle aussi d'épigrammes affichées sur des colonnes, et livrées ainsi à la malignité publique. » Les affiches chez les Romains prenaient le nom de tabulæ promulgationis, libelli, etc. C'est de ce dernier mot qu'est venu notre mot français libelle. — Voy. ce mot.

En 1638, le médecin Renaudot fit paraître sous le titre de Bureau des Adresses, les Petites-Affiches de Paris. Ce recueil périodique cessa en 1633, à la mort de son fondateur, mais repris en 1715, il a continué jusque aujourd'hui, offrant ainsi une collection unique des avis que les particuliers font insérer.

                                        JEAN ÉTIENNE.

AFFILOIR [radical celtique, fil, pierre]. — Pierre destinée à enlever le morfil des instruments tranchants lorsqu'ils viennent d'être repassés à la meule, ou à leur rendre le fil qu'ils ont perdu par l'usage. Ce sont le plus ordinairement des pierres schisteuses fournies par plusieurs carrières de France et par quelques îles de l'Archipel.

1° Des pierres à affiler.—Il y a en général trois sortes de pierres à affiler: une grosse pierre unie schisteuse, qui n'est qu'un morceau d'ardoise sur laquelle on ôte le morfil aux couteaux quand ils sont neufs, et sur laquelle on répare leur tranchant quand ils ne coupent plus. Cette pierre ne sert guère qu'à affiler les instruments dont il n'est pas nécessaire que le tranchant soit extrêmement fin. Pour les rasoirs, dont le tranchant ne saurait être trop fin, on a un schiste jaune, composé de silice, d'alumine et d'oxyde de fer, qui se trouve en Lorraine et dans des carrières près de Liége. Il faut le choisir d'un grain qui ne soit ni trop serré ni trop ouvert, sur lequel une épingle de cuivre puisse mordre sans aucune résistance. L'huile qu'on y met pour repasser nuit par son séjour ; ainsi on doit l'essuyer après s'en être servi, et même en renouveler la surface de temps en temps, en la frottant avec une pierre ponce humectée d'eau. Cette pierre sert à deux usages : le premier, c'est d'enlever le *morfil*; le second, c'est, en usant peu à peu les grains de l'acier, de rendre le tranchant plus fin qu'il n'a pu l'être au sortir du polissoir. Cette pierre s'appelle particulièrement *pierre à rasoir*. Aussi, après que l'ouvrier a emporté le morfil du rasoir, on le voit encore faire aller et venir doucement, et pendant longtemps, son rasoir sur cette pierre. Il y a une troisième pierre, qu'on appelle *pierre du Levant,* dont la couleur est ordinairement d'un vert très-obscur, très-sale, et tirant en quelques endroits sur le blanchâtre : son grain est fin, et il est ordinairement très-dur ; mais pour qu'elle soit bonne, il faut qu'elle soit tendre. Aussi est-il très-difficile d'avoir une *pierre du Levant* de bonne qualité. Cette pierre sert aux graveurs pour leurs burins, et aux couteliers pour les lancettes.

2° *De la manière d'affiler.* — Pour affiler un *couteau,* on tient la pierre de la main gauche, et l'on appuie avec la lame du couteau, qui fait avec la pierre un angle assez considérable : de cette manière, la lame prend sur la pierre, et perd son morfil. On fait aller et venir quatre ou cinq fois le tranchant sur la pierre, depuis le talon jusqu'à la pointe, sur un des plats en allant, et sur l'autre plat en revenant. La pierre est à sec.

Le *rasoir* s'affile entièrement à plat, et la *pierre à rasoir* est arrosée d'huile d'olive. Mais comme le *morfil* du rasoir est fin, que le grain de la pierre est également fin, et que la lame du rasoir va et vient à plat sur la pierre, il pourrait arriver que le morfil fût longtemps à se détacher. Pour prévenir cet inconvénient, l'ouvrier passe légèrement le tranchant du rasoir perpendiculairement sur l'ongle du pouce ; de cette manière le *morfil* est renversé d'un côté ou de l'autre, et la pierre l'enlève plus facilement.

La *lancette* ne s'affile pas tout à fait tant à plat que le rasoir. La *pierre du Levant,* qui sert à cet usage, est aussi arrosée d'huile d'olive, et la lancette n'est censée bien affilée par l'ouvrier que quand elle entre, par son propre poids et celui de sa chasse, et sans faire le moindre bruit, sur un morceau de canepin très-fin, que l'ouvrier tient tendu entre les doigts de la main gauche.

Il y a des instruments qu'on ne passe point sur la pierre à affiler, mais sur lesquels, au contraire, on appuie la pierre. C'est la longueur de l'instrument et la forme qu'on veut donner au tranchant qui déterminent cette manière d'*affiler.*

Les bouchers nomment *fusil* une quille de fer légèrement cannelée, pendue à leur ceinture, et dont ils se servent pour aiguiser leurs couteaux et couperets. Les inégalités de cette quille donnent le fil au

tranchant qu'ils passent dessus. — Les couteliers vendent, pour le service de la table, de petits fusils destinés au même usage. Un affiloir d'un nouveau genre a été récemment inventé ; il consiste en un petit appareil composé de deux cylindres d'acier, placés parallèlement sur un plan horizontal et garnis de cercles qui s'emboîtent légèrement les uns dans les autres, et qui sont striés de manière à former de véritables limes. C'est un excellent instrument pour affiler les couteaux.   DU JARDINET,
fabricant d'instruments de coutellerie.

AFFINAGE (chimie, métallurgie) [radical celtique *fin, pur,* exquis ; plusieurs le font venir du latin *affingo,* formé de *ad* et de *fingo,* façonner]. — Opération par laquelle on dépouille certains corps des substances qui en altèrent la pureté. L'affinage a surtout lieu pour l'or, l'argent, le cuivre et la fonte.

1° *Affinage de l'or.* — Cette opération s'effectuait autrefois en traitant l'alliage par l'eau régale; par ce procédé, l'or était dissous, et un chlorure d'argent restait sous forme de résidu blanc insoluble. Aujourd'hui, on a abandonné tous les moyens qui laissaient entraîner de l'or dans la dissolution, et voici comme on procède. En métallurgie, on appelle *départ* la séparation de l'argent de l'or. Le meilleur moyen d'opérer le départ, dit le docteur Hoefer (1), consiste à attaquer l'alliage par l'acide sulfurique concentré et bouillant, dans des cornues de platine. L'argent et le cuivre sont dissous, et l'or reste parfaitement intact. Quant à l'argent dissous avec le cuivre, on le précipite par des lames de cuivre ; après l'avoir lavé et pressé pour en séparer la plus grande partie du liquide dont le précipité s'imprègne, on le fond avec un peu de nitre, pour séparer les dernières traces de cuivre qu'il renferme. Le sulfate de cuivre provenant de ces opérations est cristallisé par l'évaporation; comme il faut employer un grand excès d'acide pour la dissolution des métaux, il reste des eaux-mères qui en renferment une proportion considérable ; on les concentre par de nouvelles opérations. Pendant la dissolution des métaux, quand on opère sur de très-grandes quantités, il se dégage beaucoup de vapeurs d'acide sulfurique et des quantités beaucoup plus considérables encore de gaz sulfureux, qu'il est indispensable de condenser; on y parvient en faisant passer ces produits par des chambres de plomb : on condense l'acide sulfurique par de la vapeur d'eau, et l'on absorbe le gaz sulfureux au moyen de chaux éteinte. — Le procédé d'affinage, au moyen de l'acide sulfurique, comporte une très-grande exactitude. Tout l'or est par là séparé. L'emploi de ce procédé a même permis de réaliser des bénéfices considérables, par la refonte des anciennes monnaies d'argent, qui toutes renferment une certaine quantité d'or, inséparable par la méthode ancienne.

2° *Affinage de l'argent.* — On prend une coupelle sur laquelle on place l'argent renfermé dans une lame de plomb pesant le double du poids de l'argent. Le feu fond l'argent et le plomb ; ce dernier s'oxyde

(1) *Dictionnaire de Chimie.*

et se vitrifie peu à peu; on voit l'alliage s'agiter, tourner à la surface, présenter des taches d'une autre nuance de rouge, qui diminue à mesure que les métaux oxydables se subliment ou pénètrent dans les pores de la coupelle. Quand l'opération approche de sa fin, l'argent pur qui commence à se montrer brille de plus en plus d'un éclat plus vif que l'alliage, et, lorsque la dernière molécule de plomb s'en dégage, on voit une espèce d'éclair, que l'on nomme *coruscation*. Alors l'argent est affiné; mais il peut contenir encore de l'or, que l'on retire par l'opération du départ.

Un autre procédé consiste, lorsque le métal est fondu, à jeter dans le creuset du salpêtre, qui se combine avec le cuivre sans toucher l'argent; ce mélange surnage à la surface du bain, et l'on trouve au fond du creuset un culot d'argent fin.

3° *Affinage du cuivre.* — Quand la mine a été bocardée et grillée, on la fond à travers les charbons, et l'on appelle cette fonte *matte*. On grille six ou sept fois cette mine, afin d'en dégager le plus de soufre possible; on la fond de nouveau, et l'on obtient le *cuivre noir*; on allie ce cuivre avec trois fois son poids de plomb, ce qu'on appelle le *rafraîchir*. On donne à cet alliage la forme de pains aplatis, qu'on nomme *pains de liquation*; on fond ces pains, et lorsque l'on juge, par leur couleur, leur grain et leur ductilité, que le métal est pur, on le coule en plaques ou en tables, ou bien on le débite en lames arrondies, qu'on nomme *rosettes*. C'est de la forme de ces lames que le cuivre du commerce a pris le nom de *rosette* (voy. ce mot).

4° *Affinage de la fonte.* — Cette opération, qui se pratique dans des fourneaux appelés *puddlings* ou fours à *pudler*, consiste à chauffer fortement la fonte au contact de l'air, afin d'oxyder le carbone et les autres matières étrangères; la fonte est alors convertie en fer ductile et malléable.

VAUGONDY, *directeur d'usine.*

AFFINITÉ (chimie) [en latin *affinitas*, de *ad*, auprès; *finis*, limite, voisin]. — Tendance qu'ont les corps à se combiner ensemble, ou d'autres termes, force par laquelle les molécules des corps se recherchent, s'attirent et s'attachent entre elles d'une manière plus ou moins solide. On nomme plus communément l'affinité *attraction chimique* (voy. ce mot); elle diffère des autres attractions moléculaires en ce qu'elle ne se manifeste qu'entre des corps de nature différente, et qu'elle donne naissance à des composés dont les propriétés diffèrent de celles des corps composants. On n'a pu découvrir jusqu'ici la nature essentielle de l'affinité; cependant, on l'aurait rapportée dans ce siècle à un mode particulier d'électrisation. Ainsi, selon M. Ampère, « chaque particule matérielle contient une électricité propre, positive ou négative, dont elle ne peut se départir, et, par suite, elle l'entoure dans l'air d'une couche d'électricité contraire qui rend *positive* celle dont l'électricité propre est *négative*, et réciproquement. Cela posé, il y aura combinaison entre les molécules d'atmosphères d'électricité contraire, et répulsion entre celles

qui seront chargées d'une électricité de même nature; et, l'attraction ou la répulsion sera d'autant plus forte que la différence d'électrisation des particules sera plus grande. » Mais depuis que Berthollet découvrit les affinités chimiques des molécules des corps (1789), on a reconnu que l'affinité est sinon causée, du moins modifiée par une foule de circonstances, telles que la cohésion, la pesanteur spécifique, le calorique, l'électricité, la pression, etc.; de sorte que le mot *affinité* ne doit plus être, dans l'état actuel des sciences, qu'un terme employé pour désigner *la force qui tend à combiner et tenir réunies les molécules de nature différente*, et non regardé comme une force purement théorique. Dr HEINRIECH.

AFFINITÉ VITALE (physiologie). — Nom donné de nos jours à la *force des combinaisons* ou *forces composantes* (1), dont les effets opérés par la digestion sont de former des substances vivantes propres à remplacer celles qui sont continuellement dissipées par l'entretien de la vie. Certaines fonctions du corps humain présentent des affinités très-remarquables : telles sont celles qui lient différentes sécrétions entre elles ou avec les autres fonctions.

AFFINITÉ (jurisprudence). — Lien qui existe entre l'époux et les parents légitimes ou naturels de son conjoint. Il y a affinité entre le mari d'une femme et le frère, le père, la sœur, les cousins, etc. L'affinité est assimilée à la parenté naturelle dans toutes les dispositions législatives concernant les prohibitions de mariage : c'est ainsi qu'en France le mariage est interdit, sauf dispense, entre tous les ascendants et descendants à l'infini, et aux alliés dans la même ligne, entre les frères et sœurs et les alliés au même degré.

AFFINITÉ (droit canonique). — Liaison qui se contracte par le mariage consommé ou par un commerce illicite entre l'un des conjoints et les parents de l'autre. « L'empêchement de mariage qui en résulte a été restreint par le concile de Latran aux parents seuls des conjoints ou complices; de sorte qu'il n'existe ni affinité ni empêchement entre les alliés de l'un et de l'autre conjoint. Le mari, la femme ou l'un des complices ne peuvent épouser le frère, la sœur ou les autres parents de leur conjoint ou complice jusqu'à un certain degré; mais ils peuvent épouser les alliés de ceux-ci, et les alliés de l'un et de l'autre peuvent se marier entre eux. »

AFFIRMATION (logique) [radical celtique *form*, solide, stable, en latin *firmare*, rendre ferme, certain]. — Acte par lequel l'esprit humain conçoit et juge qu'une idée est renfermée dans une autre idée, ou bien qu'une substance possède une qualité. Dans le premier cas, l'affirmation est opposée à *doute*; dans le second, elle est opposée à *négation*.

AFFIRMATION (droit). — Déclaration d'un fait avec ou sans serment. Il y a cette différence entre l'affirmation et le serment, que la première est toujours un acte extrajudiciaire, tandis que le second est presque toujours un acte judiciaire. D'après l'ar-

(1) *Dictionnaire des Sciences médicales.*

ticle 784 du Code civil, l'affirmation des maîtres, quand il s'agit de gages ou d'appointements, prévalait sur celle des domestiques et des ouvriers; depuis 1848, ce privilége a disparu.

AFFLICTION [en latin *afflictio*, de *affligere*, *afflictare*, accabler, abattre]. — État de tristesse ou de douleur, dans lequel nous place la perte d'un être qui nous était cher, ou le souvenir d'un événement pénible et malheureux. Lorsque l'affliction s'empare de l'homme, et surtout qu'elle nourrit ses sentiments et ses pensées, elle le rend indifférent à toutes choses, et couvre en quelque sorte ses actions d'un voile funèbre qui ne lui fait voir dans l'existence que vide, déception et vanité! On s'était attaché, et il a fallu se séparer; on avait aimé, et la mort nous a pris nos amours; on était heureux de s'abriter avec ses bons parents au foyer domestique, les bons parents nous ont dit adieu, et alors le cœur s'est douloureusement serré, en s'affligeant profondément de ce qui n'était, après tout, que la loi des choses d'ici-bas, mais de ce qui lui a ravi son repos et sa félicité! Une affliction véritable se console par la sollicitude et par l'amitié; mais elle ne diminue et ne s'oublie jamais. Et encore, quand nous disons qu'elle se console, nous songeons trop peut-être à ces consolations humaines qui le plus souvent ne sont qu'un calcul lorsqu'elles ne deviennent pas de l'égoïsme; et nous oublions que le temps, ce grand maître qui nous transforme et nous élève, nous apporte seul un peu de cette résignation puisée dans la vue des misères de ceux qui nous entourent, pour ne pas croire que nous sommes voués à l'infortune et à la fatalité. Et pourtant! que sont aujourd'hui la plupart des afflictions humaines, si ce n'est à peine convention, une habitude, ou un reste de croyance aux convenances de l'ordre social?... Si quelquefois, au lieu d'être tristes et affligés, nous pouvions montrer ce que nous éprouvons, comme notre affliction serait vite un fardeau dont nous nous débarrasserions volontiers pour commencer, au contraire, à jouir d'une liberté que nous ne possédions pas et que pourtant nous avions tant rêvée, ou encore d'un héritage dont le retard nous affligeait déjà, et que nous convoitions avec ardeur! Il ne faut pas se faire illusion sur l'affliction non plus que sur aucun de tous ces sentiments dont le cœur seul a le secret; en général, elle a pour mobiles l'ambition ou l'intérêt. Cependant, à côté de cette réalité triste, il se trouve souvent des natures sensibles qui semblent n'avoir le privilége de la sincérité que pour souffrir davantage, et dont l'affliction tantôt expansive et tantôt concentrée se plait dans les idées tristes, sérieuses, positives ou sombres! aussi, lorsque vous rencontrerez ces êtres qui, pensifs et préoccupés, garderont au sein même de vos plaisirs et de vos fêtes cet air indifférent ou glacé que la douleur leur aura désormais imprimé; lorsque, souriants et gais dans vos paroles, vous n'aurez d'eux que ce demi-sourire qui sera presque toujours ou un doute ou une plainte, soyez persuadés que ces êtres seront véritablement affligés! Ils sont rares, si vous le voulez;

mais enfin, ils existent, et à ce titre, ils imposent non pas l'idée d'une consolation humaine, mais ils donnent à réfléchir si la souffrance est une dette que contracte envers eux la justice divine, ou bien une épreuve par laquelle l'humanité tout entière doit passer ici-bas, pour aller se purifier là-haut dans le bonheur et l'immortalité.   ÉDOUARD BLANC.

AFFOUAGE (droit) [radical celtique, *fo*, *foc*, feu; d'où en latin *focus*, foyer]. — On donne ce nom, dans l'administration des eaux et forêts, aux bois de chauffage qui se délivrent annuellement aux habitants des communes, pour leur usage, et dans les forêts où ce droit leur est acquis. Le droit d'affouage a lieu quelquefois dans les bois de l'État; dans ce cas, il doit être fondé en titre; car il constitue un véritable droit d'usage dont l'état peut s'affranchir au moyen du cautionnement. (C. for., art. 61 et 62.) Dans les communes, c'est un droit de jouissance attaché à l'habitation réelle; il est fondé sur d'anciens usages que le code forestier a respectés.

Tous les habitants d'une commune ont un droit indivis, incessible, et non transmissible, à la jouissance des biens communaux. Le droit d'affouage est de cette nature, et il ne faut pas le confondre avec l'usufruit ni avec l'usage ordinaire. Le droit d'affouage s'applique non-seulement aux bois taillis, dont les coupes sont déterminées à l'avance; mais il s'applique encore à de hautes futaies, dont la coupe a lieu en jardinant, suivant l'expression des anciennes ordonnances, c'est-à-dire arbre par arbre. Dans ce cas, qui arrive plus rarement, les arbres ne peuvent être abattus avant d'avoir atteint un certain âge fixé par les règlements d'aménagement. (Ordonn. du 1er août 1827.)   J. E.

AFFOUAGER ou **AFFOUAGISTE** (ancienne coutume). — Celui qui jouit du droit d'affouage. « Les anciennes ordonnances avaient prévu que les affouagers, souvent pauvres et poussés par le besoin, pourraient ne pas employer à leur chauffage tout le bois qui leur serait accordé; que, sans prévoyance de l'hiver qui le leur rendrait nécessaire, ils le vendraient pour satisfaire à des nécessités plus actuelles, sauf ensuite à se procurer par des voies illicites le bois indispensable à leur foyer; de là l'injonction faite de tout temps aux affouagers de n'employer le bois qui leur est délivré qu'à l'usage pour lequel il était accordé; de là aussi l'interdiction de le vendre ou de l'échanger; ce qu'ils devaient autrefois promettre par serment prêté sur l'Évangile. »

AFFOURRAGEMENT (Économie rurale) [radical celtique, *feur*, foin, herbe, d'où *fouraich*, et en français *fourrage*]. — Approvisionnement ou distribution de fourrage aux chevaux, aux brebis et à tous les bestiaux ruminants. Après la chicorée sauvage, dit Duchesne, la carotte est l'affourragement le plus sain des bestiaux et celui qu'on doit leur donner de préférence dans leurs maladies. Les affourragements se font aux mêmes heures et se composent de paille, foin, regain, trèfle, luzerne fraîche ou sèche, de vesce ou grenaille et fanes de diverses plantes. — C'est à l'expérience de la pratique qu'il appartient de bien diriger les affourragements, car de là dépendent encore des résultats avantageux, tant pour l'économie que pour la bonne tenue et la santé des bestiaux. La direction de l'affourragement, dans une exploitation rurale, est véritablement un art que l'intérêt bien entendu de tout métayer doit lui faire mettre au nombre de ses plus utiles connaissances. Pour affourrager, on établit des râteliers disposés différemment pour chaque espèce de bétail, et cette précaution est une des plus importantes dans l'économie rurale.   Larivière.

AFFRANCHI (histoire ancienne) [de *franc*, libre]. — Esclave qui recevait de son maître la liberté. Chez les Grecs, les affranchis n'étaient pas considérés comme citoyens, et par conséquent ils étaient privés de leurs droits politiques. De plus, en échange de l'aide et de la protection que leur devaient leurs anciens maîtres, ils étaient tenus de leur rendre encore des services. Chez les Romains, on nommait *libertus* l'affranchi qui avait été lui-même esclave, et *libertinus* celui qui était né de parents affranchis. « Il y avait à Rome, dit Lachâtre, deux classes d'hommes libres, les *ingénus* et les *affranchis*. On appelait ingénus les personnes qui s'étaient trouvées libres dès l'instant de leur naissance; affranchis, celles qui, après avoir été légalement esclaves, avaient obtenu leur liberté par un affranchissement régulier. Les affranchis, même décorés du droit de bourgeoisie romaine, ne jouissaient, dans les premiers temps de la république, d'aucun droit politique. La loi voulait qu'ils eussent la tête rasée, l'oreille percée et un bonnet pour marque de leur état. Ils ne pouvaient être inscrits que dans les quatre tribus de la ville composées des plus pauvres citoyens. Ils n'étaient pas admis à servir dans les légions romaines, si ce n'est en cas de nécessité absolue, comme cela arriva pour la première fois dans la guerre sociale. Ils ne pouvaient occuper aucune dignité, et quoique les enfants des affranchis fussent ingénus, ce n'était qu'à la troisième génération que la tache de la servitude était réputée assez effacée pour que le descendant d'un affranchi pût être admis dans le sénat. Mais une révolution ne pouvait tarder à éclater dans la condition des affranchis: les faveurs obtenues pendant la république leur avaient donné une soif ardente d'honneurs et de puissance, et les guerres civiles de l'empire vinrent leur fournir l'occasion de la satisfaire. Beaucoup de sénateurs, le plus grand nombre des chevaliers descendaient d'anciens affranchis. Répandus dans toutes les parties de l'empire, en possession de presque tous les emplois subalternes, de l'industrie et du négoce, admis enfin dans les légions romaines, les affranchis formaient, dès la fin de la république, un corps nombreux, puissant par ses richesses et son crédit. Cicéron briguant le consulat, son frère Quintus lui conseilla de s'attacher certains affranchis qui avaient beaucoup d'influence sur le peuple. A la même époque, Démétrius, affranchi de Pompée, possédait de si grandes richesses et un si grand nombre d'esclaves, qu'il était obligé d'avoir un nomenclateur pour lui en dire les noms. » Long-temps méprisés à Rome, les affranchis devinrent tout-puissants sous Claude et Néron. C'est ainsi que Pallas, affranchi de l'empereur Claude, eut la plus grande autorité sous le règne de ce prince. Ce fut lui qui le porta à épouser Agrippine et à adopter Néron; Narcisse, affranchi, puis secrétaire de Claude, arracha à la faiblesse de ce prince la condamnation de ceux dont il voulait s'approprier les dépouilles: on sait que Néron regretta beaucoup la mort de cet affranchi, qui favorisait singulièrement les vices encore cachés de ce fils d'Agrippine.

AFFRANCHISSEMENT, acte par lequel un esclave passe de l'état de servitude à celui de liberté. Chez les Hébreux, Moïse avait fixé le temps de servitude à six années; chez les Grecs, l'esclave pouvait racheter sa liberté au moyen d'une certaine somme d'argent: les *ilotes* seuls (voy. *ilotes*) étaient condamnés à une servitude perpétuelle, et lorsqu'ils devenaient trop nombreux, les Spartiates les massacraient en partie.

Le peuple de l'antiquité chez lequel l'affranchissement joua le plus grand rôle est le peuple romain. « Dans les premiers siècles de la République, alors que le titre de citoyen romain avait une si haute valeur, l'affranchissement, ayant pour but l'admission d'un nouveau membre dans la cité, était un acte public dans lequel comparaissaient avec solennité les trois parties intéressées à cet acte: l'esclave, le maître qui affranchissait, et la cité qui allait recevoir un nouveau citoyen, et qui approuvait la demande qui lui était faite par l'entremise des magistrats. A dater du règne de Servius, lorsqu'un maître voulait affranchir son esclave, il le faisait inscrire comme homme libre, au moment du recensement quinquennal des citoyens, et du jour des cérémonies lustrales, l'inscrit devenait citoyen. Plus tard, Rome s'agrandissant par les conquêtes et le nombre des esclaves augmentant, les affranchissements devinrent plus fréquents; il suffit de déclarer l'esclave libre devant les conseils. L'affranchissement se donna aussi et très-fréquemment par testament; ce fut même bientôt une habitude admise par la vanité des riches, de donner la liberté à un grand nombre d'esclaves au moment de leur décès, afin qu'une foule nombreuse d'hommes libres assistât à leurs funérailles. Sous le règne d'Auguste, on songea à imposer certaines règles, pour mettre un terme aux désordres qu'amenait la présence d'un grand nombre d'affranchis sans aveu, sans moyens d'existence. De nouvelles lois exigèrent: que l'esclave affranchi eût au moins trente ans, qu'il n'eût jamais commis une faute grave, et que son maître eût le domaine du droit civil; il fut de même ordonné qu'on ne pourrait jamais affranchir plus de la moitié de ses esclaves, et que ce nombre ne pourrait dépasser cent. Ces lois furent abrogées par Justinien, et tous les modes d'affranchissements procurèrent la liberté pleine et le titre de citoyen. Quoique le souvenir de leur esclavage assignât toujours aux affranchis un rang infime dans la société, beaucoup d'entre eux luttèrent avec succès contre leur mauvaise fortune. Quelques-uns amassèrent par le commerce de grandes fortunes; d'autres devinrent célèbres à divers titres. Térence était affranchi, et Horace fils d'affranchi. Des liens nombreux rattachaient les affranchis à leur patron, et beaucoup restaient, quoique libres, dans la famille; ils captaient souvent sa confiance et devenaient les complaisants de ses débauches ou les agents de son ambition. » L'affranchissement est contemporain de l'esclavage: il témoigne en faveur de la nature humaine en général. Au XII⁰ siècle, c'est la révolution des communes (voy. l'art. suivant); au XVI⁰, c'est l'abaissement du régime féodal; en 1789, c'est une royauté qui s'écroule, et avec elle tous les priviléges, droits et exemptions, reste de l'ancienne féodalité; enfin, en 1848, un décret daté des premiers jours de cette révolution, constitue définitivement la liberté des noirs. —Voy. *Esclaves* et *Serfs*.

AFFRANCHISSEMENT DES COMMUNES (histoire du moyen âge). — Exemption des droits seigneuriaux et autres charges qui entravaient le développement civil et politique des communes en France. L'abbé Suger, Louis VI et saint Louis préparèrent cet affranchissement, qui fut consommé sous Louis le Hutin. Anquetil apprécie ainsi cet affranchissement: « Dès le règne de Louis le Gros, on entrevoit le principe des communes; mais on en découvre aussi plus distinctement un autre, qui a insensiblement changé la forme du gouvernement. Les guerres avaient réuni les habitants dans les villes, comme dans des asiles où ils étaient à l'abri des irruptions soudaines de la soldatesque; mais ils y trouvaient souvent d'autres calamités. Chacune avait un seigneur. Il n'était pas rare de le voir exercer sur les réfugiés qui s'étaient mis sous sa protection, des droits tyranniques, mettre des impôts toujours croissants, exiger des corvées, gêner le commerce, faire acheter des priviléges, outrer les amendes, exercer ce qu'il appelait la justice, arbitrairement et sans règle fixe. A la vérité, ce seigneur avait un tribunal auquel les bourgeois pouvaient s'adresser dans les contestations entre eux; mais comme les juges étaient nommés par lui et en dépendaient, il était difficile que ces citadins obtinssent justice dans les affaires où les intérêts du seigneur étaient compromis. Ainsi vexés, ils recoururent au roi, comme au seigneur suzerain, pour faire réformer les jugements qui leur étaient contraires. Le roi reçut volontiers ces appels, et afin de les rendre plus faciles, il établit dans les villes des juges que les bourgeois invoquaient dans le besoin. Ce fut d'abord dans les villes dépendantes des grands vassaux ecclésiastiques, comme moins capables de s'opposer à cette innovation, que s'introduisirent ces tribunaux royaux; ensuite ils s'étendirent dans les fiefs laïques. Ainsi les habitants des cités s'accoutumèrent à entendre parler d'un roi, et à reconnaître un autre maître que leur seigneur. Dans les affaires qui regardaient la masse des bourgeois, comme répartitions d'impôts, service militaire et autres discussions élevées entre eux et le seigneur, ils s'assemblaient sous la protection de ces tribunaux, présentaient leurs requêtes et leurs plaintes en *commun*, d'où ces assem-

blées ont été appelées *communes*; elles ont insensiblement formé une puissance capable de balancer celle des seigneurs, et les rois s'en sont servis utilement. Sous Louis le Hutin (1315) les Flamands crurent le moment favorable pour se dispenser de payer les sommes auxquelles ils s'étaient engagés sous Philippe le Bel. Louis se détermina à les contraindre par les armes; mais il n'y avait pas d'argent dans le trésor: on employa, pour le remplir, une formule pour ainsi dire déprécatoire, un moyen d'insinuation au lieu du ton absolu des édits bursaux, usités jusqu'alors. Le roi convoqua la noblesse et le peuple, chacun dans le chef-lieu des sénéchaussées. Il les fit exhorter, par des commissaires qu'il y envoya, de lui fournir des subsides extraordinaires, avec promesse de les rembourser des revenus du domaine. Il rendit le droit de bourgeoisie aux marchands italiens, et en tira de l'argent pour la liberté de commercer. Le clergé, engagé à payer un décime, y consentit. Louis prit les deniers qui avaient été levés pour le passage à la Terre-Sainte, qui étaient en dépôt à Lyon, à condition de les rendre; ce que son successeur exécuta. Les juifs, dans ce mouvement de finance, ne furent pas oubliés. Louis les rappela, et leur fit bien payer leur retour. Il envoya dans les provinces des commissaires chargés d'examiner la conduite des juges, et tira des prévaricateurs des amendes proportionnées aux délits et à leurs facultés. Il vendit aussi des offices de judicature, et proposa des lettres d'affranchissement aux serfs des domaines royaux; mais, comme ceux qui étaient chargés de ces marchés mettaient le privilége à trop haut prix; peu de serfs se soucièrent de l'acquérir. Ce n'était d'abord qu'une offre: mais, quand les traitants virent que la marchandise ne tentait pas, ils obtinrent la permission de forcer à l'acheter; et une partie du mobilier des serfs, seule espèce de propriété qu'il leur fût permis de posséder jusqu'alors, devint le prix de leur liberté. »

L'affranchissement des communes était donc dès le XII⁰ siècle un fait accompli: des chartres avaient été concédées dans toute la France; elles étaient sans doute plus ou moins favorables, et les communes en jouissaient avec plus ou moins de sécurité; mais enfin leur droit était reconnu.

AFFRANCHISSEMENT EN DONNANT LES ARMES D'HOMME LIBRE (histoire du moyen âge). — Mode d'affranchissement décrit dans les lois de Guillaume le Conquérant et de Henri I⁰ʳ. « Si quelqu'un veut rendre son esclave libre, qu'il le mène devant le vicomte par la main droite en pleine assemblée; il devra le proclamer délivré du joug de la servitude par son affranchissement, lui montrer les chemins et les portes libres, et lui donner les armes des hommes libres, c'est-à-dire la lance et l'épée. Après quoi le serf devient homme libre. »

AFFRANCHISSEMENT (administration des postes). — Payement anticipé, fait par l'expéditeur, de droits qui pourraient n'être payés que par le destinataire. C'est ainsi qu'on expédie franc de port des lettres, des livres, des journaux. Tout imprimé expédié sous bande par la poste doit être nécessairement affranchi, sous peine d'être soumis, à l'arrivée, au même droit de transport qu'une lettre fermée. L'affranchissement pour les lettres à l'intérieur de la France peut se faire au moyen d'un timbre-poste qu'on colle sur l'adresse, et qui ne coûte que 20 centimes. Cette réduction dans le tarif postal pour les lettres existe depuis 1848. Pour les lettres adressées dans l'intérieur de la France, il est facultatif; mais il ne peut avoir lieu que dans les bureaux centraux. Pour les pays étrangers, l'affranchissement est tantôt forcé jusqu'à la frontière et inadmissible pour le reste du parcours; tantôt facultatif, selon les traités avec les administrations des postes étrangères. L'affranchissement des lettres tend chaque jour à se généraliser. Ainsi, en 1847, l'affranchissement était dans la proportion de 10 p. 0/0; il est aujourd'hui de 85 p. 0/0.

AFFRÉTEMENT (droit) [radical celtique *fret*, louage]. — Convention qui a pour objet et pour but le louage, pendant un temps convenu, d'un navire ou d'un autre bâtiment de mer, avec ou sans certains accessoires désignés. Le Code de commerce contient sur cette sorte d'engagement les dispositions suivantes :

« Toute convention pour louage d'un vaisseau, appelée *charte-partie, affrètement* ou *nolissement*, doit être rédigée par écrit.

» Elle contient : le nom et le tonnage du navire, le nom du capitaine, le nom du fréteur et de l'affréteur, le lieu et le temps convenus pour la charge et la décharge, le prix du fret ou le nolis, si l'affrètement est total ou partiel, l'indemnité convenue pour les cas de retard. (Art. 273.)

» Si le temps de la charge ou de la décharge du navire n'est point fixé par les conventions des parties, il est réglé suivant l'usage des lieux. (Art. 274.)

» Si le navire est frété au mois, et s'il n'y a convention contraire, le fret court du jour où le navire a fait voile. (Art. 275.)

» Si, ayant le départ du navire, il y a interdiction de commerce avec le pays pour lequel il est destiné, les conventions sont résolues sans dommages-intérêts de part et d'autre; le chargeur est tenu des frais de la charge et de la décharge de ses marchandises. (Art. 276.)

» S'il existe une force majeure qui n'empêche que pour un temps la sortie du navire, les conventions subsistent, et il n'y a pas lieu à dommages-intérêts à raison du retard. Elles subsistent également, et il n'y a lieu à aucune augmentation du fret, si la force majeure arrive pendant le voyage. (Art. 277.)

» Le chargeur peut, pendant l'arrêt du navire, faire décharger ses marchandises à ses frais, à condition de les recharger ou d'indemniser le capitaine. (Art. 278.)

» Dans le cas du blocus du port pour lequel le navire est destiné, le capitaine est tenu, s'il n'a pas des ordres contraires, de se rendre dans un des ports voisins de la même puissance où il lui est permis d'aborder. (Art. 279.)

» Le navire, les agrès et apparaux, le fret et les

marchandises chargées sont respectivement affectés à l'exécution des conventions des parties. (Art. 280.) »

« L'art. 273 du Code de commerce, qui veut que toute convention pour louage de navire, nommée *charte-partie*, affrètement ou nolissement, soit rédigée par écrit, laissant aux parties contractantes la faculté de traiter sous leur signature privée, presque tous ces actes se font de cette manière, plus convenable aux commerçants, et quelquefois aussi, mais rarement, par le ministère du courtier. » —*Voy. Bail maritime* et *Charte-Partie.*

AFGHANISTAN (géographie). — Grand pays d'Asie faisant partie du royaume de Caboul, borné au nord par le Turkestan, le petit Thibet, dont le sépare le mont Hindouskoush et le Paropamisus; à l'est, par l'Hindostan, dont le séparent l'Indus et la montagne

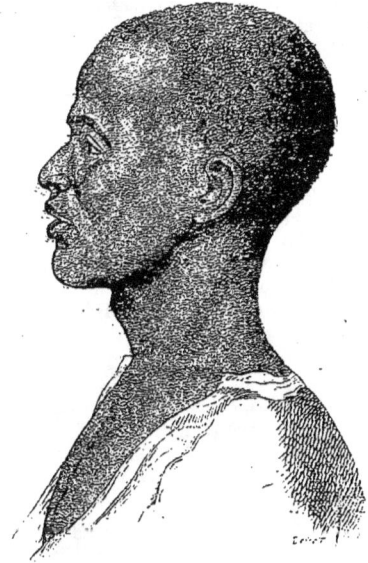

Fig. 36.— Afghan.

de Salomon; au sud, par la vallée de Balaln et les montagnes voisines de Sislan; enfin, à l'ouest, près de Sion, par le grand désert.

Empruntons au géographe Kasimirski le passage suivant de la description de l'Afghanistan. — «Le pays, dit-il, est habité par plusieurs peuples distincts par leurs mœurs, leurs croyances religieuses et leurs langues; il n'en résulte pas une société homogène, mais un certain groupement d'individus jetés par les événements sur un même territoire, et rapprochés par l'intérêt commercial ou politique. Sur 14,000,000 d'habitants, on compte 1,000,000 de Tartares de diverses tribus, 1,000,000 de Beloutches, 1,500,000 Persans, plus de 5,000,000 de Juifs, Indiens et tribus mêlées, et enfin 4,000,000 d'Afghans. Les villes sont occupées, en majeure partie, par les Persans, les Indiens et les Usbecks, qui y font du commerce; les villages, par les Afghans, qui sont adonnés plutôt à l'agriculture et au soin de leurs troupeaux. Les Afghans sont divisés en tribus, dont le nombre s'élève au delà de 350; elles sont distinguées par les noms d'*Oulouss*, de *Khaïls*; on en réunit souvent plusieurs sous une même dénomination plus générale. Dans les pays situés à l'est, on trouve les Berdouranis, tribus agricoles; ils habitent les vallées et les collines du Hindou-Kousch et la grande plaine de Pichaver; ils sont subdivisés en petites sociétés, et formaient autrefois des fédérations ayant pour but de se prêter un secours mutuel contre les agressions des tribus hostiles. Leurs voisins les Youssoufzaïs (fils de Youssouf), partagés aussi en plusieurs clans, n'ont jamais formé communauté; leur histoire est pleine de guerres civiles et de déchirements intérieurs, dont leur caractère, plus dur que celui des autres tribus, a conservé l'empreinte ineffaçable. La forme de leur gouvernement est démocratique; le pouvoir central réside dans les assemblées générales bien plus qu'entre les mains des chefs. Dans le sein de ces tribus, on rencontre une population particulière, esclave des Afghans, et cultivant la terre pour leur compte; on la nomme Fakirs. Les Otmankhaïls, les Turcolanis et les Kattaks habitent les mêmes contrées et se font une guerre continuelle. Les tribus principales des montagnes de Soliman sont les Chiranis et les Visiris; les premiers obéissent à un chef nommé *Nika* (grand-père), qui possède un pouvoir très-étendu; les derniers ont des khans dont le pouvoir est variable dans les diverses subdivisions. Ces deux peuples vivent des brigandages qu'ils commettent sur les voyageurs, et des tributs prélevés sur les caravanes qui traversent leur territoire. Le Déman, pays situé entre la chaîne de Soliman et l'Indus, et le bas Sind sont habités par les Babours, les Stourianis, les Miankhaïls, tribus marchandes ou pastorales. Divisés longtemps entre eux et déchirés par les discordes, comme les Youssoufzaïs, ils ont en partie remédié à ce mal par la création de chefs temporaires, souvent annuels, choisis par les *méliks* ou chefs de subdivisions, et investis d'un pouvoir assez fort pour faire respecter les lois. Les pays occidentaux de l'Afghanistan sont occupés par les Hazarèhs, les Ghildjis et les Douranis; ce sont des peuples pasteurs, voués à leurs troupeaux, et par conséquent dispersés sur une vaste étendue. Les Douranis occupent à eux seuls un pays de 400 milles de longueur sur 130 de largeur. Au commencement du dernier siècle, ils s'appelaient Abdallis, et leur nom actuel ne leur fut donné qu'après l'avénement d'Ahmed-Chah, issu de cette tribu, qui prit le titre de *chahi douri douran* (roi du monde des mondes). Les clans les plus remarquables de cette tribu sont Nourzaïs, Atchikzaïs et Seddzaïs. Au nord des Douranis habitent les Ghildjis, tribu fort nombreuse, célèbre par sa conquête de la Perse dans le dernier siècle. Le pouvoir de leurs chefs, autrefois très-étendu, se trouve aujourd'hui considérablement réduit, et ne leur permet pas même d'intervenir dans les affaires intérieures des clans. En général, les tribus occiden-

tales sont beaucoup plus avancées, sous tous les rapports, que celles de l'est; leur caractère est plus doux, leurs habitudes plus conciliantes, et leur civilisation, quoique au-dessous de celle des Persans, se ressent cependant des rapports fréquents qui unissent ces peuples: chez les tribus orientales, l'influence indienne se laisse apercevoir de la même manière. Par suite de leur contact avec les Persans, les Afghans se sont approprié leur langue et leur littérature. Le pechto ou l'afghan, parlé plutôt dans les villages que dans les villes, et altéré par une foule d'expressions empruntées au persan, n'a donné naissance qu'à un petit nombre de compositions poétiques portant l'empreinte du caractère national; des chants populaires en constituent la plus grande part. Le caractère de ces peuples, tel qu'il a été observé et dépeint par les voyageurs qui les ont visités, possède, malgré tous les défauts provenant du peu de lumières, un côté beau et digne d'attention. L'Afghan est hospitalier et simple dans sa vie, dans ses mœurs et dans ses discours; il est animé par l'orgueil bien plus que par l'avarice; il est franc et loyal, et plus porté à laisser éclater sa haine avec emportement qu'à la cacher. Leur histoire est remplie de ces traits mâles et guerriers qui leur donnent tant de ressemblance avec les anciens Arabes. Incapables de supporter l'outrage, souvent des familles, des clans, des tribus entières se font des guerres opiniâtres; ces guerres se prolongent, sans jamais s'éteindre, depuis le temps des ancêtres, nourries chez les descendants par des chants destinés à perpétuer le souvenir des défaites et des victoires. Toutes les tribus pourvoient à l'entretien des mollahs, ministres du culte, qui servent en même temps d'instituteurs pour le Coran, la philosophie, l'alchimie et l'astrologie. Attachés aux dogmes de l'islamisme, les Afghans sont beaucoup plus tolérants pour les croyances religieuses étrangères que les Persans et les Indiens. La prépondérance du Coran n'est pas assez exclusive pour ne pas s'accommoder de l'existence d'un code coutumier propre à la nation, nommé *Pechtenvalli*, en vertu duquel les cérémonies du mariage, le droit de propriété et l'administration de la justice paraissent différer un peu des règles pratiquées dans l'islamisme. Les femmes y sont beaucoup plus libres que chez les autres peuples musulmans, et regardées comme d'une nature non point inférieure, mais égale à celle des hommes. Bien qu'il existe une différence politique essentielle entre les Afghans et leurs esclaves, les premiers sont cependant très-doux envers ceux-ci, et affichent même une réprobation complète à l'égard des peuples qui en font trafic. La protection due à ceux qui cherchent un refuge près d'eux est le point d'honneur fondamental, et souvent des tribus se sont fait la guerre pour venger leurs hôtes respectifs. Ce qui caractérise le plus nettement les Afghans, et les fait contraster d'une manière frappante avec tous les autres peuples de l'Asie, c'est l'amour de l'indépendance, la haine profonde du despotisme, et surtout cette organisation fédérale et républicaine qui suffirait à elle seule pour démentir l'opinion, si généralement adoptée, que l'islamisme est incompatible avec les franchises de ses sectateurs. Chaque tribu se divise en plusieurs communautés, également subdivisées en famille, soumises à des chefs choisis ordinairement parmi les plus âgés. Les chefs de tribu se nomment *khans* ou *méliks*; ils sont élus par tous les membres de la tribu réunis; dans quelques tribus cependant ils sont nommés par le roi. Dans les diverses tribus leur pouvoir varie, et en général l'organisation se montre plus ou moins démocratique, suivant la position extraordinaire où se trouve la tribu, suivant l'état de guerre et l'imminence du danger qui la menace : il y en a où les chefs sont héréditaires sans être toutefois investis de grands pouvoirs ; d'autres où la négligence a laissé des individus privilégiés s'élever sur les débris de l'organisation populaire. Les tribus se réunissent dans des assemblées nommées *djirgas*, pour traiter, soit de leurs affaires particulières, soit des affaires communes de toute la nation; là où ces assemblées sont en pleine vigueur, il n'y a que les choses de très-peu d'importance qui appartiennent aux chefs. Chez les Youssoufzaïs, les habitants du Déman, les Otmankbaïls, les Ghildjis, la forme du gouvernement est presque entièrement démocratique ; elle est mixte chez les Chiranis; tantôt absolue et tantôt démocratique dans les subdivisions des Viziris. Les Douranis, dont le chef, depuis Ahmed-Chah, est roi de tous les Afghans, reconnaissent le pouvoir souverain tempéré par une sorte de surveillance de la part des chefs des principales familles. Les *djirgas* sont présidées de droit par le kan, et convoquées par lui ; cependant, dans des cas urgents, chaque membre de la tribu a le droit de provoquer cette réunion. Dans le sein de ces assemblées se forment des cours de justice pour les causes criminelles importantes; les *djirgas* de village jugent des simples délits, toutes les fois que la réparation judiciaire est préférée par les parties à la loi du talion ; c'est une sorte de jury municipal. La couronne est héréditaire dans la branche Seddzaï de la tribu Dourani, regardée comme la plus noble des Afghans ; ce sont les Douranis qui exercent le plus d'influence sur les affaires publiques, et qui ont contrôle sur les actes du roi. Le roi a le droit de faire frapper la monnaie à son coin, de faire la guerre, et de contracter les alliances, sans pouvoir jamais céder aucune partie du territoire. Il confère les charges et les dignités; mais l'usage établissant dans quelques tribus des fonctions héréditaires, il est interdit de les déplacer. Il tire ses revenus principaux des impositions foncières, dont le taux a été fixé d'une manière invariable lors de la constitution faite dans le milieu du dernier siècle, et, pour faire la guerre, il a recours aux contingents fournis par les tribus, et aux autres ressources du trésor, qui est alimenté d'ailleurs par les impôts frappés sur les étrangers trafiquant dans le pays. Dans toutes les affaires, c'est l'intérêt de la nation, ou, si l'on veut, d'un certain nombre de tribus, qui prévaut, mais jamais celui d'un seul individu. Avec une pareille organisation politique, un prince afghan, quelles que soient d'ailleurs ses qualités, ne peut guère aspirer à un empire absolu, pareil au despotisme usité chez les autres nations asiatiques. Obligés à ménager une multitude d'intérêts divers, ayant affaire à des peuples qui déclarent avec orgueil préférer la guerre et la discorde à un maître, soumis enfin à une opinion publique qui se manifeste quelquefois avec énergie, les rois afghans ne peuvent guère être cruels, et ils n'ont point à leur disposition des supplices que l'on rencontre à chaque page de l'histoire de Perse et de Turquie. »

Historique. — L'origine précise de l'Afghanistan se perd dans la nuit des temps. Si l'on croyait les écrivains orientaux, la généalogie des princes qui régnèrent sur ce pays remonterait aux temps les plus reculés, et l'usage est tel à cet égard chez les peuples de l'Asie, que chacun voit son père primitif dans le berceau du genre humain. Les chroniqueurs afghans, qui donnèrent à leur pays une origine juive, firent pour un moment adopter cette opinion par les naturalistes européens, depuis surtout que sir William Jones commença à s'en occuper. Les quatre arguments que ce savant prétendait exister en faveur de cette hypothèse sont : 1° « le *texte d'Esdras*, qui assigne pour établissement aux Israélites dispersés après la destruction du Temple le pays Arsaret, qui serait le même que celui que possèdent actuellement les *Hozarèhs, tribu afghane*; 2° les *traditions* reproduites dans une chronique afghane, composée sous Chir-Chah; 3° l'*emploi des noms propres juifs* chez les Afghans; et enfin 4° la *ressemblance de la langue afghane avec la langue chaldaïque*. » Quant au premier argument, dit Kasimirski, il suffit d'observer que les Hazarèhs ne sont en possession de leur territoire actuel que depuis une époque très-récente. Quant aux traditions, s'il en existe en effet chez les Afghans qui remontent sans interruption jusqu'à l'antiquité, il reste encore à savoir quel degré d'authenticité il faut leur accorder, et quelle est la fidélité avec laquelle elles nous sont reproduites. Quant aux noms juifs, les Afghans prennent en effet, plus souvent que les Arabes et les Persans, les noms de Jacob, de Joussoul, de Davoud, d'Ishah, d'Isa et d'Ésaü ; mais ces noms étaient à peu près aussi répandus chez les Arabes des premiers siècles de l'islamisme que chez eux aujourd'hui; et d'ailleurs leur forme démontre assez qu'ils ont été empruntés plutôt à ces derniers. Il est en outre assez difficile de croire que les descendants des Juifs eussent pris bien volontiers l'habitude de porter les noms d'Ésaü ou d'Isa (Jésus). Enfin l'argument le plus décisif, celui qui est tiré de la ressemblance des langues, tombe devant la comparaison des mots dans les deux idiomes et des formes grammaticales du langage.

Sans nous occuper davantage d'une origine impossible à déterminer purement, passons à des temps moins anciens et plus positifs. Les Afghans, disent MM. Houze et Barré, suivirent d'abord la religion de Zoroastre ; mais en 997 leur pays fut conquis par un chef tatar, et bientôt après ils embrassèrent l'islamisme, auquel ils sont restés fidèles. Djengis-Khan et Tamerlan soumirent ensuite leurs provinces, mais le habitants des montagnes conservèrent leur indépendance. Différentes dynasties se succédèrent jusqu'à Baber, l'un des descendants de Timour, qui établit sa capitale à Caboul. Au XVIIIe siècle, les Afghans reprirent un moment leur indépendance et fondèrent un puissant royaume ; Ahmed-Chah établit le siège de la monarchie à Candahar et s'agrandit aux dépens de l'Inde et de la Perse. Son fils, Timour-Chah, lui succéda en 1773, et repoussa les attaques que les Sykes commençaient d'entreprendre. Zéman lui succéda en 1793, mais il fut bientôt détrôné et mis à mort par son frère Mahmoud, aidé par les intrigues et les conseils de son ministre Jethah-Khan. Celui-ci, en 1819, parvint à renverser Mahmoud du trône et conserva le pouvoir jusqu'en 1826, époque à laquelle il perdit la vie dans un combat contre les Perses. Ses deux fils se partagèrent le royaume ; mais, affaiblis par les dissensions intestines, ils ne régnèrent que sous le bon plaisir de Runjet-Sing, roi de Lahore, auquel ils furent forcés de payer un tribut. L'influence anglaise, qui s'était étendue sur toute la contrée, cherchait cependant à empêcher, autant que possible, ces nations de s'affaiblir entre elles, dans le but de maintenir une ligue puissante contre les envahissements de la Russie. Mais en 1836, le roi de Perse, encouragé par cette puissance, renouvela d'anciennes prétentions sur la ville d'Hérat et tenta de s'en emparer. D'un autre côté, Dost Mohammed, roi de Caboul, demanda des secours à la Perse contre le roi de Lahore, allié de la Grande-Bretagne, et l'Angleterre, craignant pour son influence qui commençait à baisser devant la puissance russe, résolut de frapper un grand coup. Accusant le roi de Caboul et celui de Perse d'attaques contre un allié de l'Angleterre, et prétendant, d'ailleurs, que Dost Mohammed, fils de Jethah-Khan, n'était qu'un usurpateur, elle porta la guerre au cœur de l'Afghanistan. Après avoir soumis sur sa route le Sindy, l'armée entra à Candahar le 24 avril 1839 : trois mois après Ghizni était enlevé, et, le 7 août, Caboul tombait en son pouvoir. Dost Mohammed, ne pouvant défendre la place, chercha un refuge dans les montagnes du Nozarch, et Chah-Soudjah, frère de Mahmoud, fut replacé sur le trône de ses pères. Mais bientôt la lutte s'engagea de nouveau entre le roi détrôné et Chah-Soudjah. Le 21 novembre 1841, une révolte éclata, et les Anglais furent massacrés. Enfin un traité intervint entre le major Pottinguer et Akbar-Kan, un des fils de Dost Mohammed, pour assurer la retraite de l'armée anglaise ; mais, au mépris des conventions, celle-ci fut attaquée et un horrible massacre eut lieu, dans lequel périrent près de 5,000 hommes. Chah-Soudjah fut tué quelque temps après. Ces terribles événements consternèrent les Anglais, qui se préparèrent à en tirer une vengeance éclatante ; en effet, l'armée d'occupation fut augmentée, et les Afghans battus de toutes parts. Caboul, Istalif, Djellabad, furent livrés aux flammes et leurs habitants passés au fil de l'épée. Les Afghans sollicitèrent la paix, que les Anglais leur accordèrent ; mais cette guerre, qui avait commencé par la fraude et le mensonge, et qui finit par des actes de cruauté inouïe, sera à jamais une tache pour l'Angleterre.

AFRIQUE (géographie). — Grande presqu'île qui tient à l'Asie par l'isthme de Suez, et qui semble avoir été unie à l'Europe par le rocher de Gibraltar à une époque fort reculée. Coupée par l'équateur en deux parties égales, l'Afrique s'étend de 37° de latitude nord à 34° 50' de latitude sud, et de 19° 50' de longueur ouest à 49° de longueur est. Elle compte donc 7,280 kilomètres de long, sur 6,600 de large, et sa surface est de 7,000,000 de kilomètres carrés. Elle est bornée au nord par la Méditerranée ; à l'est par l'isthme de Suez, par la mer Rouge et la mer des Indes ; au sud par le Grand-Océan ; à l'ouest par l'océan Atlantique.

La population de l'Afrique est de 90,000,000 d'habitants.

La religion dominante est le mahométisme. Les gouvernements sont entièrement despotiques ; selon leurs caprices, les souverains disposent de la vie et des biens de leurs sujets.

Les principales montagnes de l'Afrique sont : le mont Atlas, qui s'étend depuis l'Océan atlantique, auquel il donne son nom jusqu'au désert de Barca ; dans l'intérieur, les monts de la Lune et de Kong ; au sud les monts Lupata et de Cuivre.

Les principaux caps sont : au nord, le cap Bonn, vis-à-vis de la Sicile ; à l'ouest, le cap Blanc, le cap Vert, le cap Bojador, le cap Lopez et le cap des Palmes ; au sud, le cap de Bonne-Espérance et le cap des Aiguilles ; à l'est, le cap Guardafui et le cap des Courants.

Les principales îles de l'Afrique sont : Dans l'Océan atlantique : les Açores, l'île de Madère, les îles Canaries, les îles du cap Vert, l'île Saint-Louis, l'île de Gorée, Fernando-Po, l'île Saint Thomas, l'île Sainte-Hélène et l'île de l'Ascension. — Dans l'Océan indien : l'île de Rodriguez, l'île de France ou Maurice, l'île Bourbon, l'île de Madagascar, l'île de Zanzibar, les Seychelles partagées en deux groupes, savoir : les Amirantes et les Mahé.

Les principaux fleuves de l'Afrique sont : le Nil, qui traverse l'Abyssinie, la Nubie et l'Égypte, et se jette dans la Méditerranée ; le Niger, qui traverse le Soudan et se perd dans le golfe de Guinée ; le Sénégal, la Gambie, le Zaïre, qui se jettent dans l'Océan atlantique, et le Zambèse ou Cuama, qui traverse le Monomotapa et se perd dans le canal de Mozambique.

L'Afrique se divise en dix-sept contrées, deux sur la côte de la Méditerranée : 1° l'Égypte, qui fut sous les Pharaons une puissante monarchie, villes principales le Caire, Alexandrie, Rosette, Damiette, etc. ; 2° la Barbarie, villes principales Alger, Tripoli, Tunis, Maroc (la régence d'Alger, depuis 1830 sous la domination de la France, se divise en trois gouvernements : Alger, Oran et Bone.) — Cinq sur la côte de l'Océan atlantique : 1° le Sahara ou Grand-Désert, la Sénégambie, villes principales Saint-Louis, Bathurst et Saint-James ; 2° la Guinée, villes principales Coumassie, Abomey et Benin ; 3° le Congo, villes principales San-Salvador, Saint-Paul de Loanda et Saint-Philippe de Benguela; 4° le pays des Hottentots. — Une sur la côte du Grand-Océan, c'est le gouvernement du Cap, capitale la ville du Cap. — Cinq sur la côte de l'Océan indien : 1° la Cafrerie propre; 2° le Monomotapa, villes principales Sofala et Zimbaoé; 3° la côte de Mozambique, capitale Mozambique; 4° la côte de Zanguebar, villes principales Quiloa, Mombaza, Mélinde, Brava et Magodaxo; 5° la côte d'Ajan. — Deux sur la côte de la mer Rouge : l'Abyssinie, capitale Gondar, et la Nubie, capitale Sennaar. — Deux au milieu, qui sont : la Nigritie ou Soudan, très-peu connue, villes principales Cobbé, Bournou, Ségo et Tombouctou; — une vaste contrée inconnue entre la Guinée et le Zanguebar.

Le voile qui couvre l'intérieur de cette partie de l'ancien continent n'est point encore soulevé, et la plupart des voyageurs qui ont essayé d'y pénétrer, par différentes voies, ont péri victimes de leur zèle. Nous allons donc jeter un coup d'œil rapide sur l'histoire de l'Afrique, comme sur ses mœurs, son commerce, son industrie et ses productions.

Sous les Romains, qui savaient utiliser, au profit de la mère patrie, la moindre de leurs conquêtes, ce pays, désigné sous le titre de *grenier d'abondance*, produisait assez de céréales, de fruits secs, de miel, etc., pour alimenter la métropole.

Les fertiles plaines du Sahel, de la Mitidja, du Sich; les belles forêts de Mostaganem, de Bône; les riches mines de la Mouzaïa; le productif territoire de Blidah; les ravissantes vallées des environs de Bône sont restés longtemps sans rapport.

Les anciens ne connaissaient guère de l'Afrique que l'Égypte, la Libye, la Mauritanie et la Numidie, mais si imparfaitement encore, que Baltus ne parvint à accomplir la prédiction de l'oracle, celle d'aller fonder une ville en Libye, qu'après une enquête relative à la position topographique de cette province.

Les Romains, depuis Jules César, ont constamment tenté d'explorer cette partie du globe, mais des difficultés insurmontables, nées autant de l'état de son sol que de la sauvagerie de ses habitants, ont rendu ces explorations si peu fructueuses, qu'ils connaissaient à peine la contrée nord jusqu'au désert, et imparfaitement encore cette partie de l'Éthiopie visitée par Septimius Flaccus et Julius Méternus. Il était réservé aux Portugais d'explorer les côtes occidentales de l'Afrique.

Ce fut au commencement du XVe siècle, en l'année 1419, que l'infant Henri, surnommé le Navigateur, ouvrit à l'Europe, si arriérée alors dans la science maritime, la route de ces côtes occidentales par la prise de Ceuta.

Bientôt après a lieu la découverte des Açores; le cap Boïador est doublé; Bénin, le Congo, Angola, Benguéla, découverts; et Albuquerque, Acunha, Alméida enrichissent la géographie du fruit de leurs immenses travaux; les connaissances topographiques s'étendent jusqu'au cap Guardafui, et dès le milieu du XVIe siècle, la côte occidentale d'Afrique n'est plus

un mystère pour la grande navigation européenne; elle y établit des comptoirs sur toute son étendue, pendant que d'intrépides voyageurs, appartenant à toutes les nations, tels que Thompson, Imbert, de Brué, etc., Wilford, Douville, et leurs continuateurs, bravant fatigues et dangers, ajoutant chaque jour une nouvelle page à celles si restreintes encore, nous initient dans son intérieur. — Voy. *Algérie*.

La langue la plus usitée est l'arabe dans ses différents dialectes.

L'Afrique est la partie du monde qui présente le plus de monuments d'une régularité parfaite, remontant à l'ancienneté la plus reculée, offrant de graves sujets de méditation et d'étude; c'est aussi celle qui possède le moins de régularité dans ses gouvernements, privés généralement de pacte social. Plus que celles d'aucune autre partie du globe ses productions, en tout genre, sont variées et offrent des espèces singulières.

Les lions, les léopards, les hyènes, les chacals, les buffles, les chameaux, les sangliers, les éléphants,

Fig. 37. — Nègre de l'Afrique.

les rhinocéros, les hippopotames, les crocodiles, les serpents les plus énormes, les singes, les vautours, les aigles, et une foule d'animaux qui n'ont point d'analogue dans les autres contrées, se trouvent en Afrique.

« Au sommet de l'échelle zoologique, dit M. d'Avezac (1), se trouve l'homme, et, sous ce rapport encore, l'Afrique présente des caractères qui lui sont exclusivement propres; la nature y a réuni, comme une nouvelle preuve de l'harmonie continue de tous les êtres, à côté du singe le plus voisin de l'homme (le chimpanzé), l'homme le plus voisin du singe (le Hottentot); et à côté du Hottentot une série de variétés humaines qui remontent graduellement jusqu'au type le plus parfait de l'espèce. — Nous ne donnons point à ce mot d'*espèce* toute la rigueur d'acception des méthodes scientifiques, car la question est encore pendante entre les adeptes, de savoir si l'homme constitue une espèce unique dans laquelle on ne puisse reconnaître que des variétés vulgairement ap-

(1) *Encyclopédie nouvelle.*

pelées races, ou s'il faut l'admettre comme un *ordre* subdivisé en plusieurs espèces différentes, parmi lesquelles il y aura lieu de distinguer encore successivement des races, des variétés, des sous-variétés. Si des caractères tranchés, constants, ineffaçables, sont les conditions véritables qui déterminent la diversité des espèces, on ne peut méconnaître que l'homme d'Afrique fournit les arguments les plus forts pour établir la pluralité de celles-ci ; les naturalistes les plus rebelles à cette base de classification n'ont pu se dissimuler l'énorme distance qui sépare leur race nègre, aborigène d'Afrique, de leur race blanche, qu'ils regardent comme advène sur ce continent ; ceux même qui ont été forcés d'admettre ces deux races comme des *espèces* distinctes, nous paraissent loin d'être arrivés au terme des concessions indispensables, puisque dans leur système restreint, il faut entendre, sans surprise, dire par exemple, que les Abyssins, qui sont noirs, appartiennent à l'espèce blanche ! Bory de Saint-Vincent, plus large que tous ses devanciers, puisqu'il admet dans le genre humain quinze espèces différentes, dont il attribue quatre à l'Afrique, l'une d'elles subdivisée en outre en deux races distinctes, nous semble encore être resté au-dessous des nécessités ethnographiques ; car le noir Abyssin, qu'il renferme avec les Arabes dans sa *race adamique*, est un être physique tout à fait distinct, quoiqu'il parle un même langage ; le Peul rouge, ou Fellatâh de l'Afrique centrale et de la Sénégambie, ne peut non plus rester confondu avec le nègre, type de l'*espèce éthiopienne* : et dans celle-ci des subdivisions sont commandées par des différences frappantes entre les belles races du nord et celles qui, vers le sud, se rapprochent du Hottentot par les formes corporelles. Il ne nous appartient pas d'essayer ici une classification nouvelle du genre humain ; nous nous contentons de signaler l'insuffisance des cadres jusqu'à présent adoptés, à contenir, sans embarras, tous les types différents que présente l'Afrique. Dans la grande division des espèces léiotriques (à cheveux lisses), on peut reconnaître, comme probablement autochtones, 1° le type Berber, au teint olivâtre, au nez droit, aux lèvres minces, au visage arrondi, qui occupe les régions montagneuses du nord et les parties centrales du Ssahhrâ, sous les dénominations diverses de Schelouhh, Berêber, Qobâyl, Touâryq, Sourqâ, etc. ; ces peuples se donnent en général eux-

mêmes les noms de Amazygh ou noble, et de Amâzerq ou libres. 2° Le type Qobthe, au teint jaune foncé, au nez court et droit, aux grosses lèvres, au visage bouffi, qui tend à s'effacer chaque jour davantage du sol de l'Égypte. Nous n'osons décider s'il faut compter aussi parmi les aborigènes le type Kouschyte, au teint noir, au nez presque aquilin, aux lèvres minces, au visage ovale, qui peuple l'Abyssinie et une partie du littoral de la mer Rouge, sous les noms de Hhabeschyn, Danâqyl, Schihou, Ababdeh, la plupart de ces divisions, sinon toutes, se dénommant elles-mêmes Agazyân ou les pasteurs : indigènes ou étrangers, toujours est-il que l'Afrique seule les possède aujourd'hui ; quelques rameaux détachés s'en retrouvent sur la côte de Zanguebar et parmi les populations berbères. Entre les advènes il faut ranger, 1° les races Arabes répandues sur les côtes orientales jusqu'à Sofalah et Madagascar, dans toute l'Égypte, sur la lisière boréale le long de la Méditerranée, sur le littoral atlantique jusqu'au Sénégal, et étendues à une assez grande profondeur dans le désert dont elles occupent encore les parties austro-orientales ; 2° la race turke, clair-semée dans les pays de la côte septentrionale ; 3° les races européennes qui ont formé des colonies disséminées sur toute la périphérie et dans les îles ; 4° enfin, sur la plage orientale de Madagascar seulement, des colonies de la race malaie. Dans la grande division des espèces oulo-

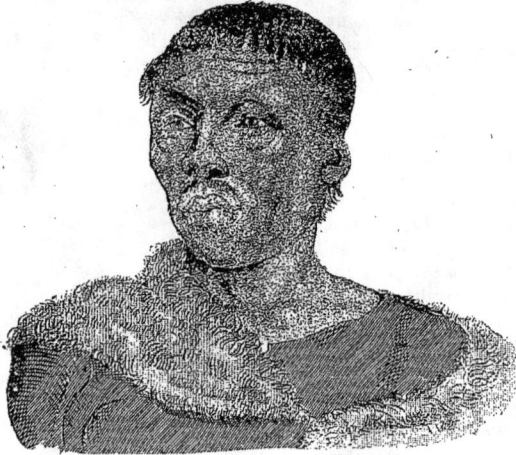

Fig. 38. — Boschimen, peuple africain qui habite le nord du cap de Bonne-Espérance.

triques (à cheveux crépus) dont aucune n'est advène sur le sol africain, il faut distinguer 1° la race hottentote à peau brunâtre comme la suie, au nez entièrement épaté, aux lèvres grosses et avancées, aux pommettes saillantes, au visage de singe, qui habite l'extrémité sud-ouest de l'Afrique. Chez la femme, un trait remarquable est le développement des nymphes qui couvre les parties génitales d'une sorte de tablier naturel, et celui des fesses, dont l'énorme saillie semble destinée à supporter l'enfant pendant l'allaitement ; 2° la race kafre, au teint gris noirâtre ou plombé, au nez arqué, aux grosses lèvres, aux pommettes saillantes, qui occupe, au nord-est des Hottentots, une portion de l'Afrique australe, ainsi que la pointe sud de Madagascar ; 3° les races nègres à peau noire plus ou moins foncée, au nez généralement épaté, aux lèvres grosses et saillantes, au visage court, aux cheveux laineux, qui sont répandues depuis les limites des Hottentots et des Kafres jusqu'à

celles des populations léiotriques; les caractères spécifiques sont diversement combinées chez les différentes races qui forment cette division ethnographique; ainsi le Ouolof, le plus noir de tous les nègres,
est celui dont le nez est le moins épaté, les lèvres les
moins grosses; le Moutchicongo, au contraire, dont
le teint est beaucoup moins foncé, a le nez presque
plat, des lèvres énormes; et la femme possède, dans
de moindres proportions, le tablier et les grosses
fesses de la Hottentote; 4° enfin, la race Felâne, à
couleur tannée ou cuivreuse, au nez saillant, aux
lèvres minces, au visage ovale, qui, sous les noms de
Fellâtahs, Foulahs, Fellânis, ou plutôt sous celui de
Peul que ces peuples se donnent eux-mêmes, occupe,
au milieu des races nègres, une zone large et ondu-
leuse, depuis les rives du Sénégal jusqu'aux montagnes du Mandara, et peut-être beaucoup plus loin.
Toutes ces races se sont plus ou moins fondues les
unes dans les autres sur les limites mutuelles de
leurs cantonnements géographiques respectifs. »

Le règne végétal se compose, en Afrique, d'espèces
aussi nombreuses que variées. Parmi les productions
les plus remarquables se trouve le baobab, ou *arbre
à pain des singes (adansonia digitata)*, dont le tronc
a plus de 25 mètres de circonférence; le *schih* ou
arbre à beurre, qui produit une substance très-ana-
logue à ce produit animal. Les régions fertiles renferment les palmiers, bananiers, orangers, ananas,
tamarins, cannes à sucre, figuiers, ignames, patates,
cassave, mangliers, etc., etc. Et tandis que les forêts
sont remplies des fruits les plus succulents et fournissent les bois les plus précieux, les montagnes re-
cèlent des métaux et des pierres de la plus grande
valeur, et la plupart des fleuves entraînent dans
leurs flots de l'or mêlé au sable de leur lit.

F. X. J. Conte.

AFRIQUE (culture des denrées coloniales. — Industries des habitants de l'). — Il ne faut pas croire que
les denrées coloniales soient entièrement étrangères
au sol africain; plusieurs de ces précieuses productions y viennent spontanément; telles que l'indigo, qui
croît dans un état sauvage près de Tombouctou, ainsi
que le café que Jackson reconnut, ayant la fève un
peu amère comme celui qui vient sans culture. Le
coton paraît être pareillement une plante indigène
de l'Afrique; on en tisse des étoffes dans cette ville;
ce sont les Arabes qui y ont introduit cette fabrication. Quant au sucre, on sait qu'il réussit très-bien
dans plusieurs cantons de l'Égypte, ainsi qu'à Mem-
phis, où le climat paraît même lui être favorable. On
cultive du poivre dans la Guinée, du sucre dans plusieurs contrées, et aussi des pavots dont on tire de
l'opium. Il y a aussi plusieurs espèces d'arbres qui
fournissent la gomme, qui sert en différents endroits
de nourriture; on trouve une espèce de beurre végétal que produit un arbre du centre de l'Afrique,
loin des côtes. Tous les fruits de l'Europe et des climats chauds y viennent spontanément; ils offrent
une nourriture agréable et succulente. La vigne
croît dans plusieurs contrées de l'Afrique septentrionale et méridionale, au cap de Bonne-Espérance

et dans quelques endroits de la côte occidentale.
L'olivier croît à l'état sauvage dans la régence d'Alger,
dans la province Fajoun, en Égypte, et dans la
Cyrénaïque; mais telle est l'indolence des habitants,
que dans beaucoup d'endroits où il pourrait très-
bien venir, on le néglige; on y supplée par des
plantes oléagineuses, telles que le sésam, les pavots
et le palmier oléagineux: on récolte de la soie dans
plusieurs districts, et l'on pourrait en cultiver des
parties considérables. Il y a des contrées qui sont entièrement dépourvues d'arbres, et d'autres qui sont
couvertes de belles forêts. On ne connaît pas encore
toutes les espèces d'arbres de l'Afrique; il y a différentes sortes de bois de teinture et d'ébénisterie. La
chasse occupe un grand nombre de peuples, soit
pour fournir à leur subsistance, soit pour en tirer
des articles de commerce, tels que des peaux de tigre,
de lion, de buffle, des dents d'éléphant, des plumes
d'autruche et autres. Aucun peuple africain n'exploite de mines suivant la méthode des Européens;
dans un grand nombre de pays, on recueille l'or avec
grand soin; mais c'est par le lavage du sable qu'on
en récolte la plus grande quantité. Il y a aussi du minerai de fer dans plusieurs contrées, dont on tire
quelque avantage. Le chameau est un des animaux
les plus utiles; il a été créé pour voyager dans le
désert, qu'il traverse avec courage; il est infatigable;
et aucune autre espèce d'animaux ne saurait le remplacer; il y a aussi de très-beaux chevaux, des bœufs,
des buffles, des moutons, des chèvres, des ânes, ainsi
que des mulets, des éléphants, etc. Pour ce qui concerne l'industrie manufacturière et les arts, les Africains sont de beaucoup inférieurs aux Européens,
quoiqu'ils décèlent une grande habileté dans la confection de plusieurs articles; mais il leur manque la
persévérance et l'activité, ou l'envie de vouloir porter
leur industrie à une certaine perfection; ils sont
restés plusieurs siècles en arrière des nations européennes: tout s'opère sans instruments, d'une manière assez grossière, mais qui satisfait les besoins
bornés de la population encore peu civilisée. La culture est aussi très-imparfaite chez les nègres comme
leur industrie; à côté des peuples sédentaires qui
sont les seuls cultivateurs, il y en a d'autres qui
sont nomades et errants avec leurs troupeaux, et
d'autres qui ne vivent que de chasse et de pillage.
Les nomades ensemencent leurs champs et reviennent pour en faire la récolte; mais aucun territoire
n'est suffisamment cultivé, à l'exception de quelques
districts à l'O. et au S. On cultive surtout du froment, du riz, du durrha, de l'orge: les fruits du
palmier, c'est-à-dire les dattes, forment en plusieurs endroits la principale subsistance: tandis que
quelques contrées sont peu favorisées de la nature,
d'autres jouissent de tous ses dons, et fournissent à
ses heureux et indolents habitants une grande variété de fruits et de plantes, qui croissent spontanément, et leur procurent une alimentation aussi agréable que saine. Montbrion.

AFFUSION (thérapeutique) [en latin *affusio*, de
affundere, verser sur]. — Mode d'application exté-

rieure de l'eau qui consiste à faire tomber ce liquide sur le corps, non en colonne d'un petit diamètre, comme dans la douche, mais en masse assez considérable pour atteindre à la fois une large surface cutanée. Un avantage immense des affusions, dit le docteur Martinet, c'est de ne *rien* introduire dans le corps, et de n'en *rien* retirer; ce qu'on ne peut dire de la plupart des autres traitements, qui consistent toujours soit à faire prendre des substances plus ou moins étrangères et préjudiciables à notre organisation, soit à nous priver des liquides qui sont le plus indispensables à l'entretien de la vie, comme le sang, la bile, etc. —Les affusions ne donnent lieu qu'à une soustraction momentanée de calorique. A une répartition vicieuse de la sensibilité et de la chaleur animales, elles en substituent une autre plus régulière et plus convenable; elles rétablissent l'harmonie dans la circulation locale ou générale, et rendant une nouvelle énergie aux fonctions vitales, elles favorisent le retour à la santé; enfin, comme le corps, dans ce genre de traitement, n'a été privé d'aucun de ses éléments matériels, les forces se rétablissent avec beaucoup de rapidité. — On peut aisément se faire une idée de la manière d'agir des affusions, en se rappelant ce qui a lieu lorsque, dans l'hiver, on se frotte le corps avec de la neige; la peau devient chaude, une énergie toute nouvelle se développe, et l'on résiste puissamment à l'action rigoureuse du froid. Mais, si d'une part, les affusions sont précieuses dans une foule de circonstances graves, d'un autre côté leur emploi n'est pas toujours sans danger, pour peu qu'elles ne soient pas administrées avec l'opportunité et les précautions convenables; c'est pourquoi l'on ne doit jamais en faire usage que d'après les conseils et sous la surveillance expresse du médecin.

C'est le plus souvent sur la tête, le reste du corps étant ou non dans un bain à 27 degrés, qu'on donne les affusions. L'eau dont on se sert est ordinairement froide, c'est-à-dire à 15 degrés environ. Ce mode d'application de l'eau est surtout utile pour calmer les troubles nerveux qui ne dépendent d'aucune lésion organique du cerveau ni de la moelle épinière, tels que spasmes, aliénation mentale, accidents hystériformes, etc. Un des effets remarquables des affusions est un ébranlement général dans tous le système nerveux, d'où peut résulter une révoluutile dans les maladies.   B. LUNEL.

AGALACTIE (pathologie) [du grec *a*, privatif, et *gala*, *galactos*, lait; absence de lait]. — Symptôme ou maladie que l'on observe quelquefois chez les nourrices et chez les nouvelles accouchées, consistant dans l'absence ou la suppression de la sécrétion du lait. Il est des femmes (1) dont la constitution, radicalement affaiblie, ne permet pas à la sécrétion laiteuse de se faire: il n'y a pas à penser à leur donner une nourriture plus alibile, car elles se trouvent presque toujours dans la classe la plus aisée; il est impossible qu'elles allaitent, ou, si elles veulent le

(1) Dʳ Bossu, anthropologie.

faire, elles ne donnent qu'un lait séreux, et altèrent leur santé et celle de leurs enfants. Le lait se supprime souvent, soit tout d'un coup, soit lentement. La suppression subite est tantôt *essentielle*, c'est-à-dire due à une frayeur, à une émotion vive, etc., tantôt *symptomatique* de quelque affection morbide aiguë de l'utérus, du péritoine, du poumon ou de tout autre organe important. Dans le premier cas, elle est passagère: ainsi l'on voit des nourrices perdre leur lait au moment où elles se séparent de leur propre enfant pour en allaiter un autre, et le recouvrer bientôt comme auparavant. Dans le second cas, l'agalactie est plus durable, radicale, à moins que la cause morbifique qui l'a produite ne soit de courte durée. La suppression lente du lait reconnaît les mêmes causes, mais agissant plus faiblement; elle est due surtout à une faible constitution, et à des succions peu énergiques opérées par un nourrisson faible.

AGALMATOLITHE (minéralogie) [du grec *agalma*, statue, et *lithos*, pierre]. — Espèce de talc translucide, d'un aspect mat, blanc, teinté légèrement de rose, de gris, de jaune ou de vert, se laissant couper et modeler facilement. Il contient beaucoup de silice et d'alumine, avec un peu de chaux et de potasse. Ce minéral nous est apporté de la Chine, sous la forme de petites statuettes et de magots, servant d'ornements pour nos cheminées.   LARIVIÈRE.

AGAME (zoologie) [du grec *a*, privatif, et de *gamos*, mariage]. — Groupe de sauriens qui se recon

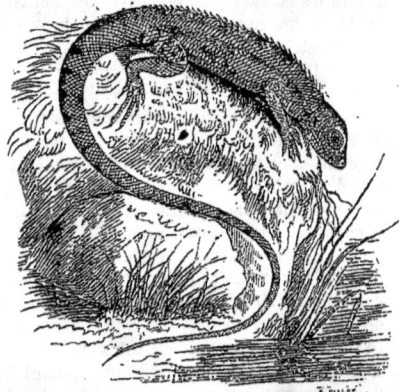

Fig. 39. — Agame des colons (*Lacerta agama* de Linnée).

naissent à leur tête renflée, à leur queue grêle et couverte d'écailles imbriquées. Ils manquent tous de pores fémoraux, et la peau de leur gorge est lâche et renflée.

Ce sont des reptiles généralement hideux et repoussants (1), dont les yeux sont recouverts de deux paupières garnies, sur leurs bords, de petites écailles, qui semblent remplacer les cils des mammifères.

(1) Salacroux.

Leur peau, sèche et rugueuse comme les terrains arides qu'ils fréquentent, a des couleurs sombre tout à fait en harmonie avec la teinte des objets qui les environnent. Aussi agiles que les lézards ordinaires, on les voit se mouvoir sans cesse dans tous les sens et poursuivre les insectes si abondants dans les pays chauds. Mais, malgré leur agilité, ces animaux ne grimpent pas aux arbres comme les dragons, les iguanes, etc.; ils ne quittent jamais la terre, se cachent parmi les pierres ou dans des trous profonds. — Plusieurs espèces de ce genre se font remarquer par des changements de couleurs autant ou plus prompts que ceux du caméléon. Quoique les *agames* soient de petite taille, ils ne laissent pas de mordre serré, quand on cherche à les prendre; leurs mâchoires, armées de dents fortes et courtes, et mues par de gros muscles qui produisent le renflement de leur tête, font des blessures sinon dangereuses, du moins assez douloureuses pour forcer celui qui les tient à leur rendre la liberté. On trouve de ces reptiles dans toutes les parties du monde, excepté en Europe; ils sont même assez communs, quoique les femelles ne veillent aucunement sur leur progéniture. Elles se contentent de déposer dans un endroit convenable une trentaine d'œufs, à coquille cassante et gros comme des pois, sans s'inquiéter de ce qu'ils deviendront.

Ce genre se compose d'une dizaine d'espèces, dont les plus anciennement connues sont: 1° l'*agame des colons* (*agama colonorum*, Daud. — *Lacerta agama*, Lin.) qui a pour patrie l'Afrique et non la Guyane, ainsi qu'on l'a cru pendant longtemps. C'est un saurien qui atteint 30 centimètres de long, et surpasse en grandeur toutes les espèces congénères. Sa couleur est d'un brun fauve uniforme; ce qui le distingue surtout, c'est sa longue queue et la rangée de petites épines qu'il porte sur la nuque (voy. fig. 39, page 111); 2° l'*agame changeant*, connu en Égypte, en Arabie et en Perse; son nom lui vient de ce qu'il passe facilement, sous l'influence des impressions qu'il éprouve, du bleu foncé au bleu clair, et par toutes les nuances intermédiaires. Les écailles sont sans épines et le plus souvent lisses. Il atteint à peine 15 centimètres de longueur. DUBOCAGE.

AGAMES (zoologie). — Nom donné par Latreille à une branche du règne animal, comprenant les mollusques privées d'organe copulateur mâle, chez lesquels chaque individu se féconde lui-même.

AGAMES (botanique). — C'est le nom donné aux plantes privées d'organes sexuels, et dont les corpuscules reproducteurs ne sont pas de véritables graines. Les champignons et les algues sont des plantes agames. Ce mot a été introduit dans la science par le professeur Richard. Il n'est pas synonyme de *cryptogames*, comme le disent la plupart des ouvrages; car les cryptogames ont des *organes générateurs*, mais dérobés à la vue par des téguments particuliers.

B. L.

AGAMI (zoologie). — Genre d'oiseau de l'ordre des échassiers, dont les caractères principaux sont un bec voûté, des ailes et des doigts médiocres, le pouce à peine assez long pour toucher le sol. Les deux seules espèces connues sont :

1° L'AGAMI TROMPETTE, ainsi appelé du bruit rauque qu'il fait entendre. Il habite les bois et les montagnes de la Guyane.

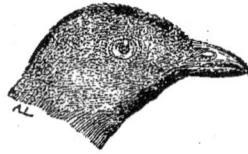

Fig. 40. — Tête de l'Agami trompette.

Si, dit Doyère, de ses forêts et de ses montagnes, l'agami passe dans les basses-cours, il se développe sous la main de l'homme, et se montre riche de tant d'intelligence et de facultés nouvelles, qu'un jour, sans nul doute, il sera l'un de nos plus précieux domestiques (fig. 40). Il sait reconnaître celui qui le soigne, et se prend pour lui d'une affection sincère; il obéit à sa voix, répond à ses caresses, et en sollicite de nouvelles jusqu'à l'importunité; il fête sa présence par des transports de joie, s'afflige de le voir partir, et bondit à son retour. Comme le chien, il sait reconnaître les amis de la maison, et accueillir leur arrivée. Est-il libre encore de son attachement? il le donne volontiers au premier qui lui témoigne de la bienveillance, et se fixe à lui pour ne le plus quitter. On lui accorde même l'intelligence de nos *chiens de berger*, et il exerce, dit-on, sur les volatiles de basses-cours le même empire, la même surveillance que ces derniers sur les moutons. — Si rien de ce qui précède n'a été inventé à plaisir, pourquoi cet intéressant animal n'est-il pas encore au nombre de ces conquêtes paisibles qui nous font bénir la mémoire du navigateur génois plus que tous les trésors de la riche Amérique? On ne le dit point d'ailleurs d'une constitution délicate, et nul doute que sa présence n'offrît de nouvelles ressources à l'agriculture dans nos départements méridionaux, qui deviendraient promptement pour lui une nouvelle patrie;

2° L'AGAMI D'AFRIQUE, que Jaquin, le seul voyageur qui en ait parlé, décrit « grand comme une oie, d'un plumage brun ondé de noir sur le dos, blanchâtre, nuancé de bleu sous le ventre, ainsi qu'à la poitrine, avec des taches noires. Des deux côtés du cou pendent, en forme de cravates, des plumes longues et noires; sur la tête une huppe courte et blanchâtre. » Cette espèce ne peut avoir, comme on le voit, que des rapports très-éloignés avec la précédente; ses habitudes sont inconnues.

AGAMIENS (zoologie). — Nom donné par Cuvier à une section de la famille des iguaniens, dont les principaux genres sont les agames (genre type), les stellions, les galeots, les istiures, les chlamydosaurés, les dragons et les ptérodactyles. (Voy. ces mots.) Les déserts de l'Afrique, les Indes orientales et l'Amérique du Sud sont les pays où ces reptiles sont le plus répandus.

AGAPANTHE (botanique) [du grec *agapé*, amour; et *anthos* fleur; c'est-à-dire fleur aimable). — Genre de plantes liliacées, à ovaire libre et non adhérent, dont le type est l'*agapanthe ombellé* (*crinum africa-*

num, de Linnée), du cap de Bonne-Espérance, cultivée sous le nom de *tubéreuse bleue*. Cette plante provient d'une espèce d'oignon qui pousse des feuilles plates, du milieu desquelles s'élève une tige de 1 mètre à 1 mètre 30 de hauteur, surmontée d'une belle aigrette de fleurs bleues sans odeur. Cette plante craignant les gelées, doit être rentrée à la fin d'automne, pour ne sortir que dans les mois de février ou mars.

AGAPE (histoire ecclésiastique) [du grec *agapé*, amour]. — Repas du soir que faisaient entre eux les chrétiens de la primitive église, avant l'institution de l'Eucharistie, en mémoire de la dernière cène de Jésus-Christ avec ses disciples. « Ces repas avaient pour but d'entretenir parmi les chrétiens l'union et la concorde. Tous mangeaient ensemble les mets que chacun apportait ; le riche et le pauvre s'asseyaient au même banquet, sans aucune distinction. C'est ainsi que se trouvait détruite ou au moins sagement limitée la grande inégalité des conditions... Les païens, qui épiaient toutes les occasions de persécuter les novateurs, accusèrent les chrétiens de manger la chair des jeunes enfants après les avoir égorgés, et de se livrer dans les ténèbres à d'horribles impudicités. Quoique ces accusations ne fussent pas fondées, il paraît cependant que des abus s'étaient glissés dans cette institution si belle et si fraternelle. Saint Paul lui-même se plaint que, déjà de son temps, la charité ne s'y observait plus ; que les riches, méprisant les pauvres, ne daignaient plus manger en commun avec eux, et se groupaient au haut bout des tables. Pour bannir toute ombre de licence, les évêques défendirent que le baiser de paix se donnât entre les personnes de sexes différents, et qu'on dressât des lits dans les églises pour y manger plus commodément. Le scandale subsista cependant ; et, dans la suite, il fallut supprimer tout à fait les agapes pour éviter de grands scandales. Le concile de Constance les condamna en 397. Saint Grégoire le Grand permit aux Anglais nouvellement convertis de faire, auprès des églises, mais non pas dans leur enceinte même, des festins sous les tentes, au jour de la dédicace de leurs temples ou aux fêtes des martyrs. Plusieurs églises ont conservé quelques traces des agapes dans la collation offerte le jeudi saint après le lavement des pieds et des autels, dans le chapitre, dans le vestiaire et même dans l'église. C'est aux Juifs que les chrétiens empruntèrent cette coutume. La Bible nous apprend en effet que, dans les grandes solennités, les Hébreux offraient des festins à leurs familles, à leurs parents et à leurs amis. »

AGAPÈTE (histoire ecclésiastique) [du grec *agapétos*, mot qui signifie *bien-aimée*]. — Nom donné dans la primitive Église à de pieuses vierges qui vivaient en communauté sans être liées par les vœux de religion : elles se consacraient au service des ecclésiastiques et leur tenaient lieu de compagnes. Ces édifiantes associations donnèrent lieu plus tard à des abus si scandaleux, qu'à la fin du quatrième siècle, saint Jérôme s'éleva contre elles avec indignation. En 1139, le concile de Latran supprima définitivement les agapètes.

AGARIC (botanique) [de *agaria*, nom ancien d'une contrée de la Sarmatie, où, selon Dioscoride, ce champignon croissait abondamment]. — Genre de champignon, dont la surface inférieure est chargée de lames rayonnantes, simples et rameuses, et dont le chapeau est distinct du pédicule.

Les agarics croissent dans presque tous les lieux, excepté dans les endroits secs et pierreux. La plupart d'entre eux parcourent toutes les périodes de leur existence dans l'espace de dix à douze jours ; quelques-uns vivent au delà d'un mois, d'autres ne durent qu'un jour.

Parmi les espèces d'agarics, dit Young, quelques-unes sont employées comme mets délicats ; les autres passent pour vénéneuses ; et comme elles ressemblent beaucoup aux espèces comestibles, comme elles ne s'en distinguent par aucun caractère de structure bien tranché, on ne saurait mettre trop de circonspection dans l'application des agarics, en général, à la nourriture de l'homme. Leurs propriétés semblent, au reste, varier avec les climats, le sol et d'autres circonstances. Ainsi, par exemple, pour ce qui concerne l'influence du climat, il est certain que l'on consomme un plus grand nombre d'espèces d'agarics dans le midi de la France et dans l'Italie qu'à Paris. On dit aussi que les paysans russes mangent indifféremment de toutes les espèces. Nous, qui sommes plus prudents, nous ne faisons guère usage, dans nos cuisines, que de l'agaric comestible, du mousseron et du faux mousseron. — Pour se reconnaître au milieu de l'immense quantité des espèces d'agarics, les botanistes ont dû former des groupes particuliers de celles qui se ressemblaient plus entre elles qu'elles ne ressemblaient à toutes les autres. Mais elles ont toutes une organisation si homogène, elles présentent des caractères si peu saillants, qu'on ne sait trop quelle règle suivre pour les classer ; aussi la plupart des mycologues ont-ils suivi une méthode différente pour en faire la distribution. Ainsi, pour nous borner aux classifications les plus récentes, Fries regarde comme caractères de première importance la nature des lamelles, la présence ou l'absence de la membrane qui recouvre les feuillets et la couleur des spórules ; c'est donc sur ces considérations qu'il établit ses coupes les plus générales ; il n'attribue qu'une importance secondaire à la forme du chapeau, et même à la présence du *volva* ; aussi laisse-t-il, parmi les agarics, les amanites de Persoon. Ce dernier, au contraire, fonde sa première division sur la présence, l'absence ou la position du pédicule ; puis, dans chacun des groupes ainsi formés, il envisage surtout la forme et la consistance du chapeau, et la manière dont les lamelles sont attachées au pédicule. Nous présenterons seulement ici les espèces comestibles.

1° L'*Agaric comestible* ou *champignons de couche* est le seul qu'il soit permis de vendre sur les marchés de Paris. On le reconnaît à sa forme arrondie en boule, à son pédicule plein, haut de trois à cinq centimètres ; à son chapeau couvert, garni à l'intérieur de feuillets d'un rose terne, devenant noirâtre en vieillissant. On le cultive sur des couches artificielles dans les carrières de Paris et dans les catacombes, et il s'en vend plus de trente mille maniveaux chaque jour à la halle de Paris. Pour obte-

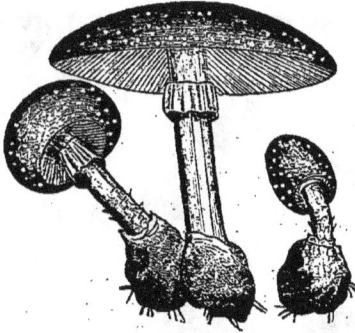

Fig. 41. — Agaric comestible.

nir cette culture, on fait des assises alternatives de fumier de cheval et de terre, et l'on y introduit çà et là, avec la main, le *blanc de champignon*, qui n'est autre chose que les seminules de ce végétal.

2° L'AGARIC MOUSSERON OU ODORANT, qui est de tous les champignons le plus agréablement parfumé. Cet agaric a la propriété de se dessécher facilement et de se conserver ainsi sans rien perdre de ses qualités;

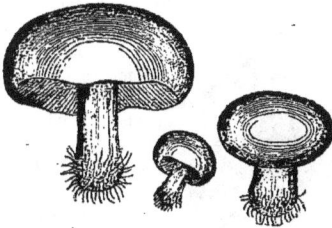

Fig. 42. — Agaric mousseron.

il suffit de l'exposer au soleil pour le sécher. On le réduit souvent en une poudre dont une pincée suffit pour communiquer un arome délicieux aux sauces auxquelles on l'ajoute.

3° L'AGARIC FAUX MOUSSERON, dont la chair est assez dure, mais savoureuse et d'une odeur agréable.

4° L'ORONGE, dont le chapeau, d'une belle couleur d'orange ou de jaune d'œuf, est régulier. Sa substance est molle et tend à se corrompre promptement. Cet agaric croît dans les parties tempérées et méridionales de l'Europe, et particulièrement en France, aux environs de Paris, à Fontainebleau, etc. L'oronge est fort estimée; mais on la redoute à cause de sa similitude avec la fausse oronge, qui est vénéneuse. Le chapeau de cette espèce dangereuse est tacheté de plaques jaunâtres irrégulières appelées verrues.

Quant aux espèces vénéneuses, nous citerons l'*agaric brûlant*, l'*agaric meurtrier*, etc. (Voy. *Champignons*).

«Parmi ces espèces vénéneuses, dit Young, il en est une qui mérite d'attirer notre attention, mais sous un autre rapport, c'est l'*agaric* ou l'*oreille de l'olivier*. Ce champignon est le plus grand des végétaux peu nombreux qui ont jusqu'à ce jour présenté le phénomène de la phosphorescence; en effet, sa surface lumineuse, quoique bornée à celle de ses feuillets, a l'étendue de la main, tandis que le champignon lumineux ou *tsjendawan* d'Amboine, décrit par Rumph, a tout au plus la largeur d'une pièce de cinq francs. Cette phosphorescence n'a lieu que dans la partie fructifiante, et paraît ainsi liée à l'activité des organes reproducteurs; elle ne se manifeste non plus que pendant la nuit, et n'apparaît pas au sein d'une obscurité produite artificiellement pendant le jour. On n'en connaît pas la cause; seulement, on sait qu'elle n'est inhérente ni aux sucs ni à la couleur du végétal. »

On connaissait autrefois sous le nom d'*agarics* certaines espèces de champignons parasites, employées en médecine ou dans les arts, telles que : 1° l'*agaric des pharmaciens*, qui forme sur le tronc

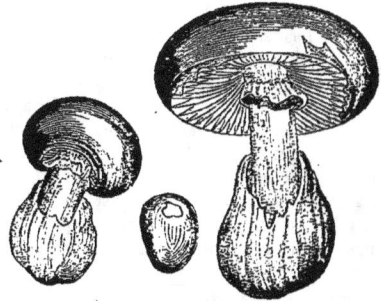

Fig. 43. — Oronge.

des mélèzes des masses charnues et irrégulières ou des espèces de coussins convexes et fixés latéralement; on l'employait comme vermifuge et comme purgatif; 2° l'*agaric des chirurgiens*, qui croît sur le chêne, les saules, les peupliers, les marronniers, les poiriers, les hêtres surtout, et que l'on regarde comme un bon *hémostatique*. Les naturalistes modernes rangent ces espèces dans le genre *bolet*. — Voy. ce mot et *Champignons*.

DE LÉPINE.

AGATE (minéralogie) [d'*Achates*, fleuve de Sicile sur les bords duquel on trouvait les premières agates. — Pline]. — Variété de quartz très-compacte, d'une texture très-fine, à cassure semblable à celle de la cire, et susceptible d'un beau poli. Les agates se distinguent encore par des couleurs agréables et souvent très-diverses dans le même échantillon. Les variétés à couleurs claires ont généralement une grande translucidité et un éclat laiteux; les variétés de couleurs foncées sont presque toujours opaques. Ce groupe de minéraux, dit M. le Play, est principalement caractérisé par une structure concrétionnée stratoïde qui se retrouve également dans beaucoup d'autres minéraux, mais dont l'agate est le type le plus parfait. Cette structure se manifeste, en général, par une série de couches parallèles, planes, ondulées, ou curvilignes et concentriques, qui se succèdent souvent avec la régularité la plus parfaite. Ces couches, quelquefois d'une finesse extrême, se distinguent néanmoins parfaitement par des différences extrêmement tranchées de couleur, de translucidité, etc. A l'état stratoïde, les agates forment souvent des géodes creuses dont l'intérieur est tapissé de cristaux de quartz améthyste, ou des nodules pleins dont le centre est formé de quartz hyalin.

Quand les bandes de couleur des agates sont nombreuses et que les couleurs, noir et blanc par exemple, sont tranchées, le minéral s'appelle *onyx*; les agates d'un blanc laiteux, teintées de bleu, se nomment *calcédoines*; les rouge-cerise, *cornalines*; les rouge orangé, *sardoines*; les bleu de ciel, *saphirines*; les vert-pomme, *chrysoprases*; les vert foncé, tachetées de rouge, *héliotropes*.

L'*agate œillée* est une espèce d'agate onyx dont les couleurs sont circulaires et en forme d'œil; il y a quelquefois plusieurs de ces yeux sur une même pierre; c'est un assemblage de plusieurs cailloux qui se sont formés les uns contre les autres et confondus ensemble. On monte en bague les agates œillées, et le plus souvent on les travaille pour les rendre plus ressemblantes à des yeux. On donne à l'agate le nom d'*herborisée* ou de *dendrite*, lorsqu'on voit des ramifications qui représentent des plantes telles que des mousses, et même des buissons et des arbres. Les traits sont si délicats, le dessein est quelquefois si bien conduit, qu'un peintre pourrait à peine copier une belle agate herborisée; mais elles ne sont pas toutes aussi parfaites les unes que les autres. En effet, il y a des dendrites dans lesquelles les extrémités des ramifications sont d'une belle couleur jaune ou d'un rouge vif, tandis que celles d'autres agates herborisées sont d'une couleur brune ou noir, sur un fond dont la couleur dépend de la qualité de la pierre; il est net et transparent si l'agate est orientale; si, au contraire, elle est occidentale, ce fond est sujet à toutes les imperfections de cette sorte de pierre. — Il est quelquefois difficile de distinguer l'agate des autres pierres demi-transparentes, et de la reconnaître parmi les pierres opaques, telles que le jaspe et le jade. On rencontre aussi assez souvent la matière demi-transparente mêlée dans un même morceau de pierre avec une matière opaque, telle que le jaspe, et dans ce cas on donne à la pierre le nom d'*agate jaspée* si la matière d'agate en fait la plus grande partie; et on l'appelle *jaspe agaté* si c'est le jaspe qui domine. On emploie l'agate en vases, bagues, cachets, manches de couteaux et fourchettes, poignées de couteaux de chasse, chapelets, cassolettes, boîtes, tabatières, salières, petits mortiers, petites statues et autres bijoux semblables. L'Italie est le pays qui fournit la plus grande quantité de ces ouvrages, qui entrent dans ce qu'on appelle la marbrerie. — Voy. *Marbrerie*.

MONTBRION.

AGATHINE (zoologie) [en latin, *agathina*]. — Genre de mollusques terrestres voisins des bulimes, comprenant les plus grosses espèces, qui habitent particulièrement les contrées équatoriales ou les îles de l'Afrique.

Fig. 44. — Agathine.

Les agathines ont la coquille beaucoup plus longue que large, et l'ouverture semblable à celle des bulimes; son bord est tranchant et sa columelle est tronquée à sa base. Elles vivent dans les endroits frais et ombragés, et l'hiver elles se réfugient sous les pierres ou dans les trous des rochers. A l'état fossile, on les trouve dans tous les terrains.

AGAVE (botanique) [du grec *agauos*, admirable]. — Genre de plantes de la famille des amaryllidées, détachées des liliacées par le botaniste Hebert. Elles sont originaires des pays chauds et croissent facilement sur les bords de la Méditerranée. Leur tronc est cylindrique et écailleux et s'élève jusqu'à dix mètres; leurs fleurs se disposent au haut de la tige comme un élégant candélabre. Cette floraison n'a lieu, dit-on, qu'une fois dans la vie : dans les contrées méridionales, elle arrive au bout de sept à huit ans; mais dans nos climats, elle peut être retardée jusqu'à la quarantième année. Comme ce n'est qu'au moment de fleurir que l'agave grandit tout à coup, c'est-à-dire dans l'espace d'un mois, on s'est plu à dire « que la floraison de cette plante n'avait lieu qu'au bout de cent ans, et qu'elle était accompagnée d'une forte explosion. »

Fig. 45. — Agave.

Plusieurs des huit à dix espèces d'agaves maintenant connues, dit Young, servent à l'ornement de nos serres tempérées, et pourraient contribuer à l'embellissement des jardins paysagers dans le midi de la France. L'*agave americana*, ou aloès pitte, en particulier, dont on possède une variété à feuilles panachées de blanc et de jaune, produirait un bel effet par ses grands bouquets de fleurs, dont la disposition le long de la hampe est celle d'un élégant candélabre. Les agaves mériteraient aussi d'être propagées en considération de leurs propriétés utiles; ainsi on pourrait, à l'exemple des Américains et des Espagnols, employer les filaments extraits de leurs feuilles à la confection de cordes, de toiles d'emballage et de divers ouvrages de sparterie très-solides. On obtiendrait des fils susceptibles d'être immédiatement mis en œuvre en écrasant simplement les feuilles de l'agave américaine entre deux rouleaux. Si l'on voulait fabriquer des tissus plus fins on préférerait l'*agave fœtida*, dont les fibres sont plus déliées; on ferait macérer ces fibres pendant trois ou quatre heures dans de la saumure, puis on les laverait et on les assouplirait avec de l'huile, comme cela se pratique pour le lin. Avec le fil ainsi préparé, on fait, dans les îles de la Méditerranée, des bas, des gants, et même des étoffes appelées *zapparas*. L'*agave americana* contient encore, suivant la plupart des auteurs, dans ses feuilles intérieures, une liqueur sucrée qui s'en échappe par les issues qu'on lui ménage, et qui, par la fermentation, fournit aux Mexicains une boisson enivrante qu'ils nomment *pulque*. Enfin l'*agave americana* est propre à former des haies, dont ses feuilles épaisses et armées de piquants acérés rendent redoutables, et qui cependant gênent peu la vue; elle se contente d'ailleurs des plus mauvais terrains, se multiplie facilement de semence ou par œilletons, et n'exige presque aucun soin de culture.

AGE (physiologie)[dérivé d'*œvum*, d'où successivement *aive*, *aige*, *aage* et *âge*].—Période de la vie. Les physiologistes distinguent quatre âges : l'*enfance*, l'*adolescence*, l'*âge adulte* et la *vieillesse*.

1° L'*enfance*, divisée en première enfance, jusqu'à 7 ans, et en seconde enfance, qui finit à 14 ou 15 ans pour les garçons, et à 11 ou 12 pour les filles. La première enfance est caractérisée par la prédominance des systèmes nerveux et lymphatiques (voy. *Enfance*); la seconde, par une nouvelle *dentition* (voy. ce mot).

2° L'*adolescence*, qui commence à l'époque où finit la seconde enfance et se termine à 25 ans. Cette période de la vie introduit dans l'économie des changements remarquables (voyez *Adolescence*). Cette époque, dit Cabanis, est la plus décisive pour la culture du jugement; c'est alors que les impressions commencent à se rasseoir, à se régler; que la mémoire, sans avoir perdu la facilité à les retenir, commence à mettre mieux en ordre la multitude de celles qu'elle a recueillies, et devient tout ensemble plus systématique et plus tenace; que l'attention, sans avoir encore tous les motifs qui, plus tard, la

rendent souvent passionnée, acquiert un caractère remarquable de force et de suite; c'est alors aussi qu'il s'établit entre l'enfant et les êtres sensibles qui l'environnent des rapports véritablement moraux, que son jeune cœur s'ouvre aux affections touchantes de l'humanité. Heureux lorsqu'une excitation précoce ne lui donne pas des idées au-dessus du point de son âge, et n'éveille pas en lui des passions qu'il ne peut encore diriger convenablement ni même sentir et goûter!

3° La *puberté*, qui peut durer de 25 à 35 ans, est l'époque où le corps humain acquiert son entier développement.

4° La *vieillesse*, ou période de dépérissement, qui commence vers 55 ou 60 ans et se termine par la décrépitude ou la mort. Dans la vieillesse, la propriété absorbante des organes est surpassée par leur faculté exhalante. De cette prédominence de l'exhalation, dit le docteur Salacroux, résulte nécessairement l'endurcissement des parties, qui ne perdant que les principes liquides ou gazeux, et ne retenant que les éléments fixes et solides, doivent finir par avoir une rigidité telle, qu'elles ne peuvent plus exécuter aucun mouvement; c'est à cette cause (la rigidité sénile) que beaucoup de physiologistes attribuent la cessation du mouvement vital; et cette explication est d'autant plus plausible, que les animaux dont les os conservent leur flexibilité le plus longtemps sont aussi ceux dont la vie est proportionnellement la plus longue (voy. *Vieillesse*).

Quelques physiologistes ont distingué seulement trois âges : 1° l'*âge d'accroissement*, de 1 an à 25; 2° l'*âge stationnaire*, de 25 à 55; 3° l'*âge de décroissement*, de 55 à la mort. M. Flourens, dans une théorie récente, a cherché à prouver que la durée de la vie était beaucoup trop restreinte par les physiologistes. Ses idées, remarquables d'ailleurs comme toutes celles émises par ce savant si distingué, n'ont point été admises relativement à sa division des âges, et surtout au terme qu'il leur assigne. — Voy. *Vie*.

Dr HÉNRIECE.

AGE (médecine légale). — Détermination approximative de l'époque de l'existence de l'être humain, fondée sur le développement successif des organes, dans le sein de la mère, et sur les mutations ou changements organiques jusqu'à un certain âge de la vie extra-utérine.

Que la société frappe ou récompense l'un de ses membres, il importe que celui qui subit la peine ou profite de la récompense soit bien réellement l'individu que la société a en vue dans cette circonstance. Parmi les questions d'identité, c'est-à-dire qui ont pour but de déterminer si un individu est celui qu'il prétend être, ou s'il est celui que la justice présume reconnaître, celles qui se rattachent à la détermination de l'âge sont des plus importantes; quoique spéciales pour la plupart à l'homme de l'art, les magistrats et une foule d'autres personnes ne doivent point y être étrangers.

I. *Détermination de l'âge pendant la vie utérine.* — Le produit de la conception, jusqu'à quatre mois environ, est désigné sous le nom d'*embryon*; ce n'est que lorsque ses organes ont acquis une forme bien déterminée qu'il prend le nom de *fœtus*.

M. Velpeau, dans sa *Description de l'œuf humain*, fruit de longues et minutieuses recherches, a tracé le progrès de développement de chacun des organes, sur des embryons de moins de trois mois; mais comme avant quatre mois et demi, l'œuf humain ne peut guère devenir le sujet de recherches médico-légales, attendu que les signes de la grossesse jusqu'à cette époque sont trop vagues pour que l'avortement puisse être l'objet d'investigations utiles, nous passerons rapidement sur les premiers mois de la conception.

Embryon de douze jours. Embryon indiqué par un cercle : absence de placenta, trace du cordon ombilical. L'amnios forme le quart de l'œuf.

Embryon de vingt à trente jours. 8 à 10 millimètres de long, tête indiquée par un renflement, yeux marqués par deux petits points; la bouche par une fente transversale.

Embryon de six semaines. Même caractère que le précédent, mais 25 à 30 millimètres de longueur.

Embryon de deux mois. La tête forme plus d'un tiers de la longueur, qui est de 40 millimètres. Poids : 12 à 15 grammes.

Embryon de trois mois. Le cordon ombilical s'insère très-près du pubis. Longueur : 65 millimètres environ. Poids : 60 à 80 grammes.

Fœtus de quatre mois. Longueur, 13 centimètres environ. Poids : 80 à 100 grammes. La peau est légèrement rosée, les yeux, les narines et la bouche sont fermés : le cordon ombilical s'insère un peu au-dessus du pubis; le sexe est distinct.

Fœtus de cinq mois. Longueur : 16 à 20 centimètres. Poids : 200 à 225 grammes. La peau est plus colorée, la tête n'est plus que le quart de la longueur du corps. L'insertion du cordon s'éloigne de plus en plus du pubis. Les reins, volumineux, sont formés de 15 à 18 lobes. Les ongles très-apparents; quelques cheveux argentés.

Fœtus de six mois. Longueur : 22 à 28 centimètres. Poids : 4 à 500 grammes. La peau est pourprée, les fontanelles larges. La moitié de la longueur du corps correspond à l'appendice sternal. Les testicules ou les ovaires sont un peu au-dessus des reins, sous le péritoine ; chez le fœtus femelle, les grandes lèvres sont écartées par le clitoris proéminent.

Fœtus de sept mois. Longueur : 28 à 32 centimètres. Poids : 1,500 à 2,000 grammes. Peau moins colorée, déjà fibreuse et assez épaisse. Os du crâne bombés à la partie moyenne. La longueur de l'intestin grêle égale six à sept fois la distance de la bouche à l'anus. Les testicules sont très-près de l'anneau inguinal.

Fœtus de huit mois. Longueur : 40 à 43 centimètres. Poids : 2,000 à 3,000 grammes. Le fœtus prend un plus grand développement.

Fœtus de neuf mois (à terme). Longueur : variable de 45 à 55 centimètres. Poids : environ 3 kilog. 1/2, ossification plus complète; tête fort grosse, formant

la dixième partie du volume total : elle présente les diamètres suivants :

Occipito-frontal.	11 centim.
Occipito-mentonnier. . . .	15 centim.
Bi-pariétal.	8 centim. 1/2.

Les cheveux sont assez épais, les os du crâne, quoique mobiles, se touchent par leurs bords membraneux : les fontanelles sont larges. Le thorax est court, l'abdomen ample, arrondi, saillant vers le nombril; le bassin étroit, peu développé. L'insertion du cordon ombilical a lieu à peu près à moitié de la longueur totale du corps. Si l'enfant n'a pas respiré, le tissu des poumons est rouge, compacte, semblable à celui du foie d'un adulte. (Voy. *Docimasie pulmonaire.*)

II. *Détermination de l'âge passé la vie utérine.* — Le développement du tissu osseux est ici le caractère principal pour la détermination de l'âge.

Ainsi, *depuis la naissance jusqu'au 7ᵉ mois*, les mâchoires sont dépourvues de dents à l'extérieur : le bord alvéolaire est recouvert par le *cartilage gengival*, qui s'amincit à mesure que l'éruption des dents s'opère.

Du 7ᵉ au 8ᵉ mois, apparaissent les incisives médianes inférieures, puis les supérieures.

Vers le 9ᵉ ou 10ᵉ mois, les incisives latérales se montrent assez souvent.

A 1 an, les quatre molaires antérieures apparaissent successivement, et quelquefois les canines. On trouve aussi des points osseux dans les cartilages de l'extrémité inférieure de l'humérus et du cubitus, dans les têtes du fémur et de l'humérus, dans le cartilage supérieure du tibia et au premier cunéiforme. Les deux points osseux de l'arc postérieur de chaque vertèbre s'unissent; les pièces du temporal se soudent.

Du 12ᵉ au 18ᵉ mois, les quatre molaires antérieures sont sorties.

A 2 ans, ossification des épiphyses du métacarpe et du métatarse, et de l'extrémité inférieure du péroné.

A 2 ans 1/2, ossification de la rotule et de la petite tubérosité de l'humérus.

A 3 ans, soudure du corps de l'axis avec l'apophyse odontoïde. Les canines et les quatre molaires postérieures sont sorties et complètent les vingt dents de la première dentition.

A 4 ans, le grand trochanter, l'os pyramidal, les deuxième et troisième cunéiformes s'ossifient, et l'apophyse styloïde du temporal se soude.

A 5 ans, commencement d'ossification du trapèze, de l'os lunaire et du scaphoïde.

A 6 ans, la branche descendante du pubis et la branche ascendante de l'ischion se touchent; le pisiforme s'ossifie.

A 7 ans, l'épitrochlée humérale s'ossifie, les dents de lait commencent à tomber de la 6ᵉ à la 7ᵉ année, et les grosses molaires, qui ne doivent pas être remplacées, sortent.

De 7 à 9 ans, sortie des huit incisives de la seconde

dentition (incisives médianes inférieures d'abord).

A 10 ans, sortie des bicuspides antérieures.

A 12 ans, bicuspides postérieures et grosses molaires.

A 14 ans, ossification du petit trochanter.

A 15 ans, soudure des vertèbres du sacrum et de l'apophyse coracoïde : point osseux de l'angle inférieur de l'omoplate.

De 18 à 25 ans, soudure des trois pièces du tibia et des points qui couronnent les apophyses transverses et épineuses des vertèbres. Union du corps du sphénoïde à l'occipital. Les grosses molaires postérieures (dents de sagesse) paraissent.

De 25 à 30 ans, la première vertèbre sacrée s'unit avec les autres vertèbres.

De 45 à 50 ans, l'appendix xyphoïde s'unit au corps du sternum : le coccyx se soude avec le sacrum.

Les autres caractères que pourrait encore fournir le système osseux pour la détermination de l'âge, ne peuvent plus être constatés qu'après la mort.

B. LUNEL.

AGE DU MONDE (chronologie). — Tous les chronologistes varient entre eux relativement à l'âge du monde. Quelques-uns, se fondant sur le calcul de l'âge des patriarches, des juges, des rois, etc., qui ont gouverné Israël, et de toutes les dates fournies par la Bible, ont divisé en sept âges la durée du monde depuis la création jusqu'à nos jours.

1er âge : de la création au déluge (espace de 2256 ans) ;

2e âge : du déluge à la vocation d'Abraham (1257 ans) ;

3e âge : de la vocation à la sortie d'Égypte (430 ans) ;

4e âge : se termine à la fondation du temple de Salomon (876 ans) ;

5e âge : jusqu'à la destruction de la monarchie juive par Nabuchodonosor (470 ans) ;

6e âge : se termine à la naissance de Jésus-Christ 586 ans) ;

7e âge : Depuis la naissance du Christ jusqu'à nos jours.

La plupart des savants n'admettent plus cette division de l'âge du monde, que la force de l'habitude a seule conservé dans les livres élémentaires.

Plus de deux cents chronologistes assignent un âge différent au monde :

Les Indiens lui donnent	15,002,146 ans.	
Les Égyptiens	2,014,818	»
Buffon	38,907	»
Alphonse X (roi de Castille)	8,222	»
Saint-Augustin	7,189	»
Bède (le Vénérable)	7,037	»
Képler	5,822	»
Newton	5,338	»

On est à peu près d'accord aujourd'hui que le monde a près de 6,000 ans.

CAZEAUX, de Brunoy.

AGES (LES QUATRE) (mythologie). — Périodes d'années dans lesquelles sont classés les événements. Les poètes anciens reconnaissaient quatre âges :

1° L'âge d'or, ou premières années du genre humain, était le règne de l'innocence et de la justice. Les hommes étaient sages et heureux. Alors la terre produisait sans culture, et des fleuves de lait et de miel coulaient de toutes parts ;

2° L'âge d'argent, où les hommes commencèrent à devenir injustes, et où ils durent apprendre à cultiver la terre, qui ne produisait plus d'elle-même ;

3° L'âge d'airain, pendant lequel la corruption augmenta et qui vit les premiers crimes et les premiers combats ;

4° L'âge de fer, où le libertinage et l'injustice furent portés au plus haut point. (Item.)

AGES (histoire). — Les historiens reconnaissent quatre âges, savoir :

1° L'âge ancien, commençant à la création et se terminant à l'an 476 de Jésus-Christ ;

2° Le moyen âge, qui commence à la chute de l'empire d'Occident (476), et se termine à la prise de Constantinople par les Turcs (1453) ;

3° L'âge moderne, de 1453 à 1789 ;

4° L'âge récent, depuis la révolution de 1789 jusqu'à nos jours. (Item.)

AGE CRITIQUE (physiologie, hygiène). — Époque de la disparition définitive des règles chez la femme : elle arrive vers quarante à quarante-cinq ans, en même temps que se perd pour elle la faculté procréatrice. Le temps critique s'annonce par une irrégularité dans le retour de la menstruation, une diminution progressive de l'écoulement, enfin la suppression complète de la fonction. La plupart des médecins ont beaucoup exagéré le danger de l'âge de retour : sans doute l'époque critique doit modifier la vitalité de la matrice, et faciliter le développement des maladies auxquelles la femme pouvait être prédisposée ; mais peut-on oublier que la cessation définitive des règles est un acte physiologique, une fonction normale ? Disons donc que l'âge de retour s'opère généralement sans accidents chez les personnes habituellement bien portantes, et dont la vie a été sage et régulière. Quant aux femmes qui seraient sujettes aux migraines, aux crampes d'estomac, aux spasmes, aux agacements nerveux, aux convulsions hystériques, etc., elles chercheront dans une hygiène bien entendue, la cessation de ces accidents : elles doivent être très-réservées sous le rapport des devoirs du mariage ; faire usage d'aliments rafraîchissants, éviter les émotions vives, les exercices pénibles, combattre la constipation par des lavements simples ou calmants, prendre quelques bains tièdes chaque mois. Nous ne parlerons pas des maladies que la cessation des règles fait surgir chez quelques femmes, telles que écoulements blancs, démangeaisons violentes, inflammation de la matrice, cancer, pléthore, rhumatisme, affections cutanés, etc., le médecin seul étant apte à les constater et à les traiter convenablement.

B. LUNEL.

AGES DE LA TERRE (géologie). — Époques que la géologie fixe à la formation des différentes couches de la terre. On peut en distinguer quatre :

1° L'âge primordial, celui où la terre devait être

en fusion perpétuelle ; nul être vivant ne pouvait donc subsister.

2° L'*âge secondaire*, dans lequel l'Océan se montre et la terre cesse d'être occupée par l'action minérale. Les couches bouleversées et les amas de pierres triturées et roulées attestent que le calme n'existait guère entre les éléments ; il devait y avoir alors des orages dépassant tout ce que nous pouvons imaginer aujourd'hui. Cependant, par les empreintes de corps organisés que nous trouvons dans les grès et par les calcaires déposés par la mer, nous voyons que des zoophytes, des astrées, des madrépores, des plantes simples (fucoïdes, fougères, etc.), existaient, ainsi que d'autres êtres mieux organisés.

3° L'*âge tertiaire*, dans lequel les terres s'élancent et divisent l'Océan. « Les pays ont leurs climats et les années leurs saisons. Les animaux et les plantes sont échelonnés géographiquement suivant chaque contrée. La grande classe des mammifères, qui avait déjà essayé de paraître, prend définitivement son rang dans la création et peuple les campagnes. Parmi ces êtres, les premiers qui se montrent appartiennent à des genres qui ne se sont point perpétués jusqu'à nous ; leurs squelettes, charriés jadis par les eaux, se retrouvent dans les sédiments de cet âge et les caractérisent. Les plus anciens sont des didelphis, des anoplothériums, des palæothériums, des lophiodons ; puis des anthracothériums, des mastodontes, des rhinocéros, des hippopotames, des castors ; enfin des éléphants, des ours, des lions, des hyènes, des cerfs, des bœufs, des chevaux, etc. Il y a des oiseaux dans les bois, des insectes nombreux voltigent sur les plantes, et des reptiles glissent dans l'herbe. Les mers ont reçu, de leur côté, des mollusques et des poissons nouveaux ; elles continuent à en niveler les débris sur leurs rivages et dans le fond de leurs bassins avec les argiles, les sables et les calcaires qu'elles y déposent en même temps. Du reste, l'action minérale n'était pas éteinte ; comme dans l'âge précédent, des roches cristallines venaient encore parfois s'épancher à la surface ; en quelques points, des bouches volcaniques avaient pris naissance et commençaient leurs éruptions aériennes. Enfin, l'enveloppe terrestre continuant à se contracter, le sphéroïde s'était sillonné de nouvelles vallées et de nouvelles rides de montagnes. » Enfin l'homme est créé, pour exercer sur tous les êtres un empire légitime, qu'aucune révolution ne peut détruire, *l'empire de l'esprit sur la matière.*

4° L'*âge quaternaire*, qui présente le complet développement de toutes choses. Voici comment J. Reynaud apprécie cette grande époque : Durant cet âge, le caractère principal du globe paraît consister en ce que la chaleur envoyée par lui à l'espace céleste faisant équilibre à celle qu'il en reçoit, la température superficielle cesse de décroître. Les générations, en se succédant sur le même terrain, y trouvent toujours le même régime ; les climats sont fixés. Les modifications que subit la surface de la terre ne dépendent plus uniquement des lois directes de la géométrie suprême. Une volonté particulière résidant

sur cette surface même y établit son empire. Elle détourne et dirige les fleuves, perce des canaux, dessèche des marécages, aplanit des routes, creuse dans les souterrains pour en tirer les métaux ou pour en faire surgir des fontaines nouvelles, commande à l'océan, et le retient par la force de son bras devant les rivages qu'il réclame. Elle chasse les animaux qui lui déplaisent, et les force peu à peu à disparaître ; elle met en troupeaux ceux qu'elle adopte, transforme leurs races et adoucit leur instinct. Elle relègue la végétation naturelle dans les régions dont elle ne se soucie point encore. Les lieux où elle habite se reconnaissent de loin ; le sol y est vêtu de la livrée qu'elle lui impose ; il n'a droit de porter que les plantes qu'elle lui confie, et ces plantes s'alignent, se développent, tombent et se succèdent suivant sa règle et sa mesure. A la voix de cette puissance nouvelle, la pierre se dresse de toutes parts avec des formes inconnues jusque-là : ce sont les villes qui germent, s'accroissent, pullulent ; les temples qui se relèvent sans cesse et se transfigurent sur la poussière de ceux qui croulent ; les statues, les symboles, les monuments de tout genre. Cette puissance elle-même varie dans ses allures, comme tout le reste ; tantôt elle se concentre en une région, et tantôt en une autre ; tantôt elle s'égare et se divise, et tantôt reprend son sens et son accord : toujours elle s'étend et se consolide, toujours elle grandit. Malgré la venue de ce créateur nouveau, les causes qui avaient présidé aux créations précédentes ne demeurent point pendant celle-ci complétement inactives. La force minérale continue à se faire sentir par les eaux thermales, les volcans, les tremblements de terre ; des plages se déplacent et changent de niveau, des terrains se disloquent ; il se fait des îles, et peut-être même des montagnes. Les lacs et les mers stratifient les débris arrachés aux continents et les résidus abandonnés par les morts ; les coraux et les madrépores bâtissent leurs récifs sur les fonds de l'océan ; les fleuves déposent dans les plaines ce qu'ils ont pris dans les hauteurs, et reculent sans cesse leurs embouchures, en poussant leurs deltas devant eux. Toutes choses se modifient et changent d'apparence. La succession des premiers âges existe donc toujours ; rien ne s'est montré dans le passé qui n'ait conservé son retentissement dans le présent ; nous habitons sous des influences semblables à celles qui, de tout temps, ont animé la terre. La terre n'est point morte ; elle est toujours vivante. Quels germes de mutations superficielles nous garde-t-elle encore dans ses prisons profondes ? Dieu seul le sait, lui qui maintient une perpétuelle harmonie entre la nature des êtres et celle des lieux où il les place ; Dieu seul en a préparé le principe, lui qui, du sommet de l'éternité, développe le mouvement en chaque point de l'univers. Si donc des révolutions planétaires, qui ne sont pas impossibles, venaient à se produire au travers de notre histoire, c'est que, de même que les révolutions sociales dont nous portons l'empreinte, elles seraient un acheminement vers la fin mystérieuse où tend l'humanité. D'ailleurs si l'homme, mortel sur ce champ sublunaire, est immortel dans le ciel infini, que peuvent contre lui les commotions et les déluges? Et que prouvent ces désastres au-dessus de ce que la mort nous enseigne elle-même à toute heure? Si ce quatrième âge, suivant toute raison, s'avance vers une fin, quel sera l'âge prochain? Qui pourrait le pressentir ou même le rêver? Que la terre, après avoir nourri l'humanité jusqu'au couronnement de son œuvre, soit envahie par une vitalité plus parfaite, ou bien qu'elle soit désignée pour servir de demeure à une population décroissante, ou bien encore qu'elle aille se retremper et se refondre vers des soleils nouveaux... elle obéira, comme dans le passé dont elle sort, à l'auguste loi de sa destinée éternelle. Issue de Dieu, et toujours sous sa main, elle ne se perdra pas dans l'abîme !

AGE DES ANIMAUX (histoire naturelle appliquée). — On connaît par les dents l'âge des animaux qui n'ont pas la corne du pied fendu. Il y a quelques animaux à pieds fourchus ou ongulogrades (cochons, cerfs, girafes, moutons, chevaux, etc.), dont l'âge se connaît de même.

Les jeunes chiens urinent accroupis comme les chiennes jusqu'à l'âge de six mois, au bout desquels ils lèvent la patte. Jusqu'à l'âge de deux ans, on aperçoit sur la gencive de la mâchoire supérieure une marque un peu enfoncée, qu'on appelle fleur-de-lis. Passé ce temps, les dents plus ou moins longues, jaunes et usées, et le son de voix rauque, sont les seuls caractères auxquels on puisse reconnaître leur âge.

Le bœuf, à dix mois, jette ses premières dents de devant; elles sont suivies d'autres, plus larges et moins blanches. A seize mois les dents de lait des côtés tombent à leur tour, et sont aussi remplacées par d'autres, moins blanches et plus fortes. A trois ans, toutes les dents ont mué; elles sont égales, blanchâtres et longues. A mesure que le bœuf vieillit, elles s'usent, se noircissent, et deviennent inégales et noires. Si l'on consulte les cornes pour connaître l'âge du bœuf, on apercevra à l'animal, jusqu'à trois ans, les annelets qui règnent depuis le bout des cornes jusqu'au premier nœud en descendant. Passé trois ans, le bœuf perd ce qui lui est venu de corne, et il lui en croit une nouvelle, nette, petite, unie, à laquelle il se forme chaque année un nœud semblable à un anneau relevé en bosse; et pour juger de son âge au delà de trois ans, on compte le nombre des nœuds.

Les chasseurs, qui étudient assez les animaux qu'ils chassent, sont parvenus à découvrir des marques certaines qui distinguent même, sur les traces, l'âge des animaux qui fuient, tels que des renards, des loups, des lièvres, des chèvres, des cerfs et des sangliers.

Une des choses les plus importantes à connaître, c'est l'âge du cheval. Les vieux chevaux ont ordinairement les salières creuses; mais cet indice est équivoque, puisque de jeunes chevaux, engendrés de vieux étalons, ont aussi les salières creuses. C'est par les dents qu'on peut, dit de Buffon, avoir une con-

naissance plus certaine de l'âge. Le cheval en a 40 : 24 mâchelières, 4 canines et 12 incisives. Les juments n'ont pas de dents canines, ou les ont fort courtes; les mâchelières ne servent point à la connaissance de l'âge. C'est par les dents de devant, et ensuite par les canines qu'on en juge. Les 12 dents de devant commencent à pousser 15 jours après la naissance du poulain. Ces premières dents sont rondes, courtes, peu solides, et tombent en différents temps pour être remplacées par d'autres. A deux ans et demi, les quatre de devant tombent les premières, deux en haut deux en bas. Un an après, il en tombe quatre autres, une de chaque côté des premières qui sont déjà remplacées. A quatre ans et demi environ, il en tombe quatre autres, toujours à côté de celles qui sont tombées et remplacées. Les quatre dernières dents de lait sont remplacées par quatre autres qui ne croissent pas, à beaucoup près, aussi vite que celles qui ont remplacé les huit premières, et ce sont ces quatre dernières dents qu'on appelle les coins, et qui remplacent les quatre dernières dents de lait qui marquent l'âge du cheval. Elles sont aisées à reconnaître, puisqu'elles sont les troisièmes, tant en haut qu'en bas, à les compter depuis le milieu de l'extrémité de la mâchoire; ces dents sont creuses, et ont une marque noire dans leur concavité. A quatre ans et demi ou cinq ans, elles ne dépassent presque pas le dessus de la gencive, et le creux est fort sensible. A six ans et demi, il commence à se remplir. La marque commence aussi à diminuer et à se rétrécir, et toujours de plus en plus jusqu'à sept ans et demi ou huit ans que le creux est tout à fait rempli et la marque noire effacée. Après huit ans, comme ces dents ne donnent plus connaissance de l'âge, on cherche à en juger par les dents canines ou crochets. Ces quatre dents sont à côté de celles dont nous venons de parler. Les dents canines, non plus que les mâchelières, ne sont pas précédées par d'autres dents qui tombent. Les deux de la mâchoire inférieure poussent ordinairement les premières à trois ans et demi, et les deux de la mâchoire supérieure à quatre ans; et jusqu'à l'âge de six ans, ces dents sont fort pointues. A dix ans, celles d'en haut paraissent déjà émoussées, usées et longues, parce qu'elles sont déchaussées, la gencive se retirant avec l'âge; et plus elles le sont, plus le cheval est âgé. De dix jusqu'à treize et quatorze ans, il y a peu d'indices de l'âge; mais alors quelques poils des sourcils commencent à devenir blancs. Cet indice est cependant aussi équivoque que celui qu'on tire des salières creuses, puisqu'on a remarqué que les chevaux engendrés de vieux étalons et de vieilles juments ont des poils blancs aux sourcils dès l'âge de neuf à dix ans. Il y a des chevaux, dont les dents sont si dures, qu'elles ne s'usent point, et sur lesquelles la marque noire subsiste et ne s'efface jamais. Les chevaux qu'on appelle *béguts* sont aisés à reconnaître, par le creux de la dent, qui est absolument rempli, et aussi par la longueur des dents canines. Au reste, on a remarqué qu'il y a plus de juments que de chevaux béguts. On peut aussi connaître, quoique moins précisément, l'âge d'un cheval par les sillons du palais, qui s'effacent à mesure que le cheval vieillit.

Il y a deux méthodes différentes pour déterminer l'âge des poissons; elles sont très-ingénieuses. L'une est de compter les cercles de leurs écailles ou les couches annuelles dont elles sont composées : la seconde, les sections transversales de l'épine du dos. Pour se servir de la première, il faut prendre une loupe, à l'aide de laquelle on peut distinguer les cercles qui ressemblent en quelque sorte à ceux d'un arbre scié horizontalement et qui en marquent l'âge. M. de Buffon, d'après cette méthode, a trouvé une carpe qui n'avait pas moins de cent ans. Cette découverte serait presque incroyable si l'on n'avait pas plusieurs récits des anciens qui la confirment. Gesner parle d'une carpe qui avait vécu autant de temps ; et Albert, d'une autre, qui en avait passé le double.

L'autre méthode peut servir à faire connaître l'âge des poissons qui n'ont point d'écailles. Elle consiste à séparer les jointures de l'épine du dos, et à exprimer le nombre des anneaux qu'offre la surface de ces jointures à l'endroit où elles s'emboîtent l'une dans l'autre. Ce moyen est, dit-on, aussi sûr que le premier. Mais nous n'avons que des probabilités, et point de certitude.

D'après cette seconde méthode, on a remarqué qu'un brochet du poids de 45 à 60 grammes est âgé d'un an ; qu'un brochet de 216 millimètres à 270, et du poids de 90 à 120 grammes, est âgé de deux ans ; qu'à trois ans, il est long de 42 centimètres et pèse 250 grammes ; à quatre ans, long de 76 centimètres, et pèse de 500 à 750 grammes ; à six ans, long de 80 centimètres, et pèse 1,500 grammes ; enfin qu'un brochet de 1 mètre 30 centimètres et pesant 8 à 10 kilogrammes a 12 à 15 ans.

Une anguille de 500 grammes a 6 ans ; une perche du même poids, 4 ans ; une merluche *idem*, 5 ans ; une brème de 750 grammes, 6 à 7 ans.

Astruc, *médecin vétérinaire.*

Age des plantes. — Voy. *Arbre.*

AGELÈNE (zoologie). — Genre d'insectes de l'ordre des aranéides, comprenant trois espèces dont la plus connue est l'*agelène labyrinthe*, qu'on trouve aux environs de Paris. (Fig. 46.)

Cet aranéide construit sa toile sur un plan horizontal, avec un trou rond, qui est l'orifice du canal conduisant à la retraite de l'insecte. Au printemps, lorsqu'elle est jeune, l'agelène établit sa toile sur des herbes, ensuite sur des chaumes plus élevés ; enfin, lorsqu'elle a atteint toute sa grandeur, sur des buissons et des haies. C'est alors qu'elle est assez forte pour faire sa proie de grosses fourmis ou même d'abeilles.

Une observation faite par M. Walckenaer, dit M. Lucas, semblerait prouver que les mâles, dans les agelènes, ne craignent pas d'approcher des femelles, comme ceux des araignées ; mais l'on trouve cependant, dans les remarques de Kummer, que l'agelène labyrinthe dévore le mâle après l'accouplement. Lister a remarqué qu'en Angleterre elle s'accouple

aussi en mai ; il dit qu'en hiver elle se cache dans les fentes des murs et sous l'écorce des vieux arbres, enveloppée dans des fils très-épais. Il remarque aussi qu'elle fait sa proie des plus grandes espèces d'abeilles et des plus grosses fourmis. Le même naturaliste en ayant enfermé une dans une boîte vitrée, elle y suspendit une toile artistement fabriquée, et y fit un cocon qui avait une forme étoilée ; elle remplit ensuite d'une multitude de fils la boîte qui semblait pleine d'une vapeur blanchâtre soufflée ; mais au milieu de cet amas de soies, en apparence désordonné, on voyait des vides, des issues, des sentiers,

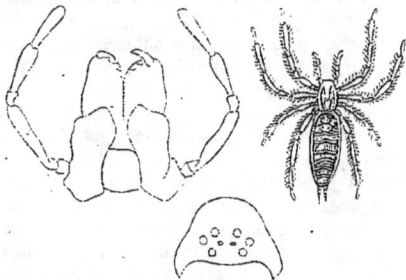

Fig. 46. Agelène, à droite ; mâchoires grossies, à gauche ; yeux grossis, au-dessus.

pareils à ceux d'un labyrinthe, qui tous cependant aboutissaient au cocon. Au bout de vingt jours, Lister ouvrit la boîte, défit le cocon : on était au milieu de septembre ; il trouva les œufs non éclos. Il a ouvert plusieurs cocons de cette espèce, dans les champs, à cette époque ; les œufs n'étaient point éclos. Enfin il renouvela ses expériences, mit un second individu en captivité, et obtint de même un cocon étoilé, dont les œufs n'ont éclos qu'au mois de février suivant. Dans une année qui fut très-chaude, en 1676, il trouva cependant, à la fin d'août, des cocons où il y avait des petits éclos, et des œufs qui ne l'étaient pas encore. Ces œufs étaient gros, et au nombre d'environ soixante. On ne peut douter que l'observation de Lister ne soit exacte. Cependant il m'a été remis par M. de Fhéis un cocon avec l'araignée mère, mais petite, et seulement aux deux tiers de sa grandeur spécifique : il était rond, aplati, un peu comprimé, de couleur beau jaune orangé. Ce cocon, ouvert par moi à la fin de juillet, ou dans les premiers jours d'août, ne contenait que des petits déjà éclos, que, par leurs yeux, je reconnus des agelènes. Ce cocon était enveloppé de détritus, formé de portions d'élytres, liés entre eux par de la soie : peut-être est-ce cette enveloppe, sorte de bourre lâche et peu serrée, qui a la forme étoilée dont parle Lister. Le véritable cocon qu'elle cache n'a pas cette forme ; son tissu est serré, et je fus obligé de le déchirer avec des pinces, pour que les jeunes pussent sortir, et ils étaient au nombre d'environ soixante.

11

AGENT DE CHANGE (droit). — Agents intermédiaires, reconnus par la loi, pour certains actes de commerce (C. com., 74). Les agents de change, nommés et assermentés, ont seuls le droit de faire les négociations des effets publics et autres susceptibles d'être cotés, notamment à la bourse ; de faire, pour le compte d'autrui, les négociations des lettres de change ou billets et de tous papiers commerçables, puis d'en constater le cours. Ils peuvent faire, concurremment avec les courtiers de marchandises, les négociations et le courtage des ventes ou achats de matières métalliques. Ils ont seuls le droit d'en constater le cours (C. com. 76). Leur ministère est forcé pour la négociation des ventes et autres effets publics. Il est facultatif pour les négociations des lettres de change, billets à ordre et au porteur, etc. (arrêté, 27 prair., an 10, art. 4). Ils sont justiciables des tribunaux de commerce, et ils sont tenus d'avoir un livre coté et paraphé, et d'y inscrire toutes les opérations de leur ministère (C. com. 84 et 632).—L'institution des agents de change remonte à l'année 1572, époque à laquelle Charles IX créa, par un édit, des *courtiers de change, deniers et marchandises*. Portés à 116 sous Louis XIV, supprimés en 1791 par un décret de l'Assemblée nationale, les agents de change furent rétablis par la loi du 28 ventose an IX.

AGENCE [en latin *agens*, de *agere*, agir]. — Établissement d'un agent qui se charge de la gestion des affaires qui lui sont confiées : c'est une espèce de mandat donné par un tiers pour toutes sortes d'opérations qui doivent être faites par son ordre et à son profit, soit pendant son absence, soit même pendant son séjour dans le même lieu. Lors de la révolution, et même sous l'empire, les agences s'étaient beaucoup multipliées par l'effet des circonstances : il y avait des agences pour toutes sortes d'affaires, comme il en existe encore quelques-unes, soit pour le recouvrement des rentes ou des créances sur l'État, des loyers, des billets, des revenus des biens-fonds, soit pour la vente des immeubles des fonds de commerce, pour le placement des capitaux, la poursuite des procès, et enfin pour le remplacement des militaires, des domestiques, et même pour des mariages. Ces agences, qui faisaient de pompeuses annonces, n'offraient pour la plupart aucune garantie pour mériter la confiance qu'elles voulaient inspirer au public ; elles en ont plus ou moins abusé, en sorte qu'elles sont tombées dans le discrédit. Maintenant il ne reste plus guère que les agences qui se sont formées pour les remplacements militaires, qui aient une certaine clientèle, encore ont-elles dû subir tout récemment de puissantes modifications. La loi a voulu protéger les intérêts confiés aux chefs de ces agences, qui pendant un temps s'étaient excessivement multipliées. L'art. 632 du Code de commerce considère toute entreprise d'agences ou de bureaux d'affaires comme acte de commerce et de la compétence de cette juridiction ; ce qui, joint à la juste méfiance du public, a beaucoup diminué le nombre des agences, surtout à Paris, qui en était devenu le principal siége.   MONTBRION.

AGGLUTINATIFS (matière médicale) [du latin *agglutinans*, de *agglutinare*, coller, dérivé de *gluten*, colle]. — Substances qui ont la propriété d'adhérer fortement à la peau, et qu'on emploie pour maintenir en contact les lèvres des plaies, afin d'obtenir leur cicatrisation ; telles sont le sparadrap, le taffetas d'Angleterre, etc.

AGGLUTINATION (médecine) [même étymologie]. — Première période de l'adhésion des plaies, recollement qui s'opère par l'exsudation d'une lymphe plastique coagulable qui se dépose entre les tissus, et qui s'organise, c'est-à-dire dans laquelle se forment de nouveaux vaisseaux.

AGIO (terme de banque). — Bénéfice qui résulte de l'échange d'une monnaie contre une autre, ou de l'échange de l'argent contre des effets de commerce. Suivant Mirabeau, l'agio est un mot italien corrompu, qui signifie *ajouté, plus-value en sus*. Il se disait dans l'origine de tout prix excédant la valeur naturelle et primitive des choses, et particulièrement d'une monnaie comparée à une autre de même dénomination, de l'argent de banque, par exemple, comparé à l'argent courant. *Agio* se dit aussi pour exprimer le *profit* qui revient d'une avance que l'on a faite pour quelqu'un : de sorte qu'en ce sens les mots d'*agio* et d'*avance* sont synonymes, et l'on s'en sert parmi les marchands et négociants pour faire entendre que ce n'est point un intérêt, mais un profit pour avance faite dans le commerce. Ce profit se compte ordinairement sur le pied de 1/2 p. 0/0 par mois, c'est-à-dire à raison de 6 p. 0/0 par an. Pour beaucoup d'économistes, l'agio est une *usure déguisée* que se fait payer le prêteur. Un auteur a dit : « L'agio est indépendant du taux de l'intérêt et de l'escompte en matière de négociation. Agio, agioter, agiotage, agioteur, voilà quatre mots dont l'origine est peu ou point connue, car on ne sait d'où ils viennent ; mais le mot et la chose ont fait fortune. »

AGIOTAGE. — Espèce de jeu qui se fait dans toutes les villes de commerce sur les fonds publics que des capitalistes achètent et revendent à la bourse par spéculation ; étant plus sujets à la hausse et à la baisse, et dans le cas de donner du profit ou de la perte d'un instant à l'autre, suivant les circonstances, que tous les autres effets de commerce. Néanmoins, ces mots *agiotage, agioteur*, ont été appliqués à un grand nombre d'objets de commerce sur lesquels les spéculateurs ont exercé une espèce de monopole par des accaparements pour faire renchérir les marchandises ou bien pour les livrer, en grande quantité, sur les marchés, afin d'en faire baisser les prix et les racheter ensuite ; telle est à peu près la tactique de ceux qui s'adonnent à cette espèce de commerce. Mais comme la liberté du commerce doit exister pour tout le monde, et que ceux qui emploient leurs capitaux dans les achats ou les ventes des marchandises, font des spéculations à leurs risques et périls, exposés qu'ils sont aux chances de la perte ou du gain, on est généralement revenu de l'erreur où l'on était autrefois à l'égard des capitalistes qui emploient leurs fonds dans des achats considérables que l'on qualifiait d'agiotage. La liberté de commerce a fait des progrès, et chacun est libre de faire les spéculations qu'il croit être les plus avantageuses à ses intérêts. C'est surtout sur les fonds publics que s'est porté ce qu'on appelle l'agiotage, qui y trouve un vaste champ où il peut exercer toute son activité. Cependant il en était résulté autrefois les mêmes abus que ceux qui existent de nos jours, ce qui avait nécessité quelques règlements d'administration publiés en 1785. On négociait alors à la Bourse de Paris et ailleurs des effets royaux ou actions de compagnies, pour un prix fixe à fournir à une certaine époque, tandis que celui qui les vendait ne les possédait pas plus que celui qui les achetait ne savait où prendre les fonds pour les payer. A l'échéance, si les effets étaient au pair de la convention, les deux joueurs étaient bientôt d'accord ; mais si le prix excédait celui convenu, celui qui avait acheté voulait être fourni; s'il était moindre, celui qui avait vendu offrait la livraison, et souvent ni l'un ni l'autre ne pouvaient remplir le déficit de leur jeu. Ces marchés furent annulés, et ceux qui avaient reçu de l'argent furent condamnés à le rendre, suivant l'arrêt du conseil de 1785. C'est à l'occasion de cet abus, enfanté par l'agiotage, que Mirabeau publia sa déclaration sous le titre de *Dénonciation de l'agiotage*, où il décrit avec la plus grande énergie tout le mal qui en résultait pour le véritable commerce de banque, et c'est aussi la législation qu'a adoptée la cour de Paris, qui n'admet aucune demande de cette nature.

MONTBRION.

AGIOTEUR. — Celui qui se livre à l'agiotage. C'est sous Louis XIV, après la réduction proportionnelle des rentes, que prirent naissance ces usuriers qui, spéculant sur la misère publique, ne font jamais mieux leurs affaires que lorsque l'État éprouve des revers. Les agioteurs qui s'enrichissent parfois subitement sans travail, se ruinent plus souvent encore. Les spéculations sur les fonds publics ont cependant donné lieu à des actes qui, accomplis dans un autre but, seraient considérés comme très-courageux. « Au moment de la bataille de Waterloo, un spéculateur célèbre se trouvait en Belgique; présumant que le succès, quel qu'il fût, de cette bataille, devait être décisif, il avait organisé jusqu'à Ostende d'excellents relais : dès que la défaite de Napoléon fut connue, il partit lui-même à franc étrier. Arrivé à Ostende, une tempête rend la traversée pour l'Angleterre impossible, les plus hardis marins refusent de se mettre en mer; à force d'or cependant il parvient à déterminer quelques hommes ; il débarque sain et sauf sur la côte anglaise, part lui-même pour Londres, fait des achats considérables, les fonds étaient à vil prix, car l'avenir de l'Angleterre était engagé dans cette lutte dernière. Vingt-quatre heures après, la défaite de l'armée française était connue à la Bourse de Londres : le spéculateur hardi avait gagné vingt millions. »

On connaît les désastreux résultats du système de Law, qui anéantit le commerce avec la trop grande émission de papier-monnaie (voy. ce mot) qui ne put

être remboursé. « De nos jours il y a des spéculateurs, des joueurs, ou des agioteurs, dans toutes les classes de la société, dans toutes les professions. La spéculation sur les fonds publics dit Pereire, se trouve, pour ainsi dire, en dehors des occupations industrielles et commerciales ordinaires ; elle résulte de ce désir qui pousse l'homme à chercher les moyens d'alimenter ses passions, ses goûts, ses besoins toujours croissants. Ces opérations sont toujours une source de désordres, une cause de ruine; la loi les flétrit, mais ne peut les empêcher... Là, comme dans tout, le mal est à côté du bien, l'abus à côté de l'usage. La spéculation sur les fonds publics permet, en quelque sorte, de tarifer, de résumer en un chiffre tous les événements politiques, toutes les catastrophes, ou tous les progrès industriels. Plus le développement politique et industriel des peuples s'effectuera d'une manière régulière, plus on verra disparaître les variations alternatives et fréquentes de hausse ou de baisse des fonds publics ; le mot *agioteur* perdra alors sa dernière acception fâcheuse ; il ne sera plus qu'un mot historique, car il est au fond aussi moral de spéculer sur des rentes que sur des immeubles, que sur des marchandises; ce qui est immoral, c'est le jeu, ce sont les pratiques coupables auxquelles cette passion conduit infailliblement. Tout le monde connaît l'aventure de lord Cochrane, qui fit déguiser un de ses domestiques en courrier, et le fit arriver à la Bourse de Londres sur un cheval couvert d'écume. Cet homme était porteur d'une fausse nouvelle qui causa un grand mouvement sur les fonds publics; lord Cochrane en profita pour réaliser une opération qui lui produisit de grands bénéfices. Le lendemain la ruse fut découverte, le célèbre amiral fut chassé de la Bourse, dégradé, et puni sévèrement. Des manœuvres semblables, mais moins ostensibles, ont journellement lieu aux Bourses de Londres et de Paris; la qualification d'agiotage est impropre pour les flétrir. »

AGITATO (terme de musique). — Mot emprunté de l'italien, pour indiquer dans l'exécution d'un morceau une expression vive et agitée.

AGLA (sciences occultes). — Mot révéré parmi les formules cabalistiques. « Ce mot puissant, prononcé en se tournant vers l'Orient, fait retrouver les choses perdues, découvre ce qui se passe aux pays lointains, et opère encore mille autres merveilles abracadabrantes; mais les savants qui ont sondé toutes les profondeurs de la kabbale n'ajoutent point foi à ces espèces de formules talasmaniques, qui nous sont peut-être parvenues sous une forme altérée, et dont l'origine religieuse est entourée de mystères. »

AGNAT (droit romain) [du latin *agnatus*, de *ad*, auprès, et de *natus*, né]. — Mot dont on se servait, pour désigner tous les parents mâles issus d'une même souche masculine, et d'un mariage légitime ou légitimé. Cette qualification, dit un auteur, était également donnée aux enfants adoptifs. La distinction entre les *agnats* et les parents du côté des femmes, désignés sous le nom de *cognats*, était d'une haute importance dans l'ancienne législation romaine,

Ainsi les agnats jouissaient, à l'exclusion des cognats, de certains droits qui leur étaient attribués par la loi des Douze-Tables. Ainsi, encore, les agnats succédaient seuls à leurs agnats qui mouraient sans laisser d'héritiers siens. Deux frères consanguins sont agnats, deux frères utérins sont cognats. Les agnats seuls composaient, dans le droit romain, la famille légale ; seuls ils pouvaient être chargés de la tutelle des enfants mineurs, quand le père n'y avait pas pourvu par testament. — En Allemagne, la distinction entre les agnats et les cognats est toujours en vigueur.

AGNEAU (zoologie) [du grec *agnos*, chaste, pur, parce que dans les sacrifices l'agneau était considéré comme une victime pure et agréable à Dieu]. — Nom donné au petit de la brebis, de quelque sexe qu'il soit, tant qu'il ne passe pas un an. Après ce temps, il prend le nom de bélier ou de mouton.

AGNEAU PASCAL (histoire sainte). — Nom que donnaient les Israélites à l'agneau qu'ils immolaient le jour de Pâques en mémoire de la délivrance de leurs pères et de la sortie d'Égypte. Voici les cérémonies que Moïse avait prescrites à ce sujet de la part de Dieu. « Le dixième jour du mois de nisan, qui commençait avec la lune, chaque famille devait mettre à part un agneau ou un chevreau, né dans l'année, mâle et sans défaut, et le garder jusqu'au 14 du même mois. Ce jour, vers le soir, on l'immolait ; et la nuit même on le mangeait avec du pain sans levain et des racines amères. Si le nombre de ceux qui étaient dans la maison ne suffisait pas pour manger l'agneau, on allait chercher d'autres convives dans la maison voisine. On n'en pouvait manger aucune partie ni crue ni bouillie dans l'eau, mais seulement rôtie au feu. On n'en devait point garder pour le lendemain ; et s'il en restait quelque chose, on le brûlait. Il fallait encore que ceux qui le mangeaient le fissent à la hâte, comme des gens qui sont pressés de partir ; qu'ils eussent aux pieds leur chaussure de voyage, et un bâton à la main. »

AGNEAU DE DIEU. — C'est le nom que saint Jean-Baptiste donna à Notre-Seigneur Jésus-Christ pour marquer l'innocence de ce Sauveur ou sa qualité de victime pour les péchés du monde ; c'était une allusion à l'agneau pascal qui, selon la loi de Moïse, devait être immolé.

AGNEL (numismatique). — Monnaie d'or qui eut cours en France sous plusieurs rois. Louis VII en fit frapper au titre de 23 carats et du poids de 4 gros. Sous saint Louis, il y en eut d'or pur : ils valaient 12 sous et 6 deniers tournois, soit environ 13 francs de notre monnaie. On frappa des agnels jusqu'au règne de Charles VII. Cette monnaie avait un agneau pour empreinte, avec cette devise : *Agnus Dei qui tollis peccata mundi, miserere nobis.* L'orthographe du mot agnel variait beaucoup. On écrivait *agneau, agnel, aignel, agnelin.*

AGNUS [du latin *agnus*, agneau]. — Espèce de petit pain en cire sur lequel se met une figure d'agneau, que le pape bénit le dimanche de la Quasimodo, après la consécration. Cette cérémonie se re-

nouvelle tous les sept ans. « Autrefois, le dimanche *in albis*, ce qui restait du cierge pascal était distribué par morceaux au peuple, qui les regardait sottement comme des préservatifs contre le démon, le tonnerre et toutes sortes d'accidents. Cet usage remonte à une coutume fort ancienne de la cour de Rome : au lieu du cierge pascal, l'archidiacre prenait d'autre cire, qu'il pétrissait avec de l'huile et qu'il divisait ensuite en petits morceaux, auxquels il donnait une forme d'agneau. Lorsqu'il les avait bénits, il les distribuait aux fidèles. Aujourd'hui, les *agnus* sont préparés par le sacristain longtemps avant la bénédiction ; le pape, revêtu de ses habits pontificaux, procède solennellement à cette cérémonie et les distribue au sacré collége au moment de l'*Agnus Dei*. Les clercs dans les ordres sacrés peuvent seuls les toucher. On appelle encore *agnus* de petits reliquaires en forme de losanges, ornés de petites figures de saints, de fils d'or et de franges de soie. Anciennement, on mettait dans les *agnus* des reliques des saints ; on se contente depuis longtemps d'y déposer un morceau du cierge pascal avec une devise ou une sentence pieuse.

AGNUS CASTUS (botanique). — Nom donné anciennement au gattilier commun, arbrisseau de la famille des verbénacées, renommé pour les prétendues vertus anaphrodisiaques de toutes les parties de cette plante et particulièrement de ses semences. C'est un arbrisseau aromatique, à feuilles digitées, à fleurs en épis, violettes ou d'un gris blanchâtre, d'un effet charmant dans les massifs.

AGNUS DEI (liturgie). — Partie de la messe où le prêtre frappe trois fois sa poitrine en prononçant la prière qui commence par ces mots. C'est au pape Sergius (septième siècle) qu'on doit le passage de la messe commençant par *Agnus Dei*. On appelle encore *Agnus Dei* une composition musicale qui se fait entendre à l'élévation de l'hostie.

AGONIE (pathologie) [du grec *agon*, lutte, combat, péril]. — Dernière lutte de la vie contre la mort, c'est-à-dire des agents qui animent l'organisme contre les puissances qui tendent à l'anéantir. Le cortége des symptômes qui annoncent presque sûrement la cessation de toutes les fonctions constituerait-il un état distinct, intermédiaire entre la vie et la mort, comme la convalescence entre la maladie qui a cessé et la santé qui n'existe pas encore ? Cette question embarrasserait peut-être plus d'un praticien, qui n'y verrait que le plus haut degré d'affections qui vont avoir une issue fatale. De quelque manière que la vie s'éteigne par suite de causes morbifiques, il faut reconnaître un groupe de symptômes sinistres qui, bien que variant selon la nature des maladies, ont une apparence commune constituant l'agonie.

Les variétés de l'agonie, dit le docteur Lagasquie, reposent sur l'état aigu ou chronique ou l'espèce de maladie qui touche funestement à sa fin. Les âges et les tempéraments apportent aussi quelques différences. Relatons d'abord les symptômes communs aux agonisants ; les variétés viendront ensuite. A l'affaiblissement ou au désordre des facultés mentales a succédé leur anéantissement. Plus de manifestation,

de conception et d'associations d'idées ; le balbutie-
ment qu'on observe quelquefois n'est qu'un acte au-
tomatique. Les sens ne paraissent plus percevoir
d'impressions. Interpellés, les agonisants ne répondent pas, leurs yeux, entr'ouverts et tournés en haut,
sont insensibles à la lumière et ne distinguent plus
les formes et les couleurs. Les qualités odorantes,
savoureuses et tactiles des corps ne sont pas mieux
ressenties. Cependant ces symptômes seuls ne déno-
tent pas l'agonie, car on les observe dans la syncope,
l'épilepsie, la catalepsie, l'hystérie et d'autres affections comateuses ou léthargiques, sans qu'ils soient
un indice de mort prochaine. Mais si à ceux-là viennent se joindre l'exiguité, l'extrême fréquence ou la
lenteur et les interruptions du pouls, une respiration
laborieuse, inégale, entrecoupée, râlante avec expiration d'air froid ; si la chaleur naturelle baisse graduellement ; si une sueur froide se déclare, tandis
que le visage a pâli et revêtu une expression sinistre,
la mort frappe à la porte, et l'agonie qui la précède
est arrivée ! Dans les maladies chroniques, d'autres
traits, tirés surtout du visage, dessinent l'agonisant
avec non moins d'exactitude. — On observe communément alors la *face hippocratique*, considérée comme
une sentence de mort à peu près sans appel, depuis
que le père de la médecine lui a donné cette déses-
pérante signification, après en avoir tracé le tableau,
qui fait vraiment image : le nez est effacé, les yeux
caves, les tempes serrées, les oreilles froides, retirées,
renversées ; la peau du front dure, tendue, desséchée ; le visage d'une pâleur terreuse, inclinant sur
le vert, ou bien livide plombée, noir... il est rare que
dans les maladies aiguës le visage des agonisants
offre une altération si affreuse ; cependant le choléra
asiatique nous a présenté de remarquables exceptions à cet égard : en quelques heures la face était
manifestement hippocratique ou cadavéreuse, et
pourtant tout espoir n'était pas perdu. Nous devons
rappeler à ce propos cet autre aphorisme d'Hippocrate, que dans les affections aiguës aucun pronostic
de vie ou de mort n'est certain. Conséquemment, les
signes mêmes de l'agonie ne doivent point dissiper
une dernière lueur d'espérance.

Si la mort est le dénoûment indispensable de la
vie (1), il n'en est pas de même de l'agonie ; celle-ci
manque souvent chez un grand nombre d'individus,
non-seulement quand la mort est subite, mais encore
lorsqu'elle est le résultat de la décrépitude. La mort
peut être subite lorsque des affections vives de l'âme
anéantissent brusquement l'influence nerveuse qui
préside aux mouvements du cœur ; c'est ainsi que le
philosophe Diagoras, le poëte tragique Sophocle et
Léon X moururent de joie. Une terreur excessive et
soudaine, ainsi qu'une violente colère, peuvent avoir
les mêmes conséquences. La rupture du cœur ou
d'un anévrisme de l'aorte, l'action de la foudre, certains poisons, tels que l'acide cyanhydrique, une
commotion cérébrale intense, quelquefois l'apoplexie,
déterminent subitement la mort. Il en est de même

(1) *Dict. des Dict. de Méd.*

de la décollation ; et sur ce point, Cabanis et Léveillé
ont réfuté Sœmmering, qui considérait ce supplice
comme un genre de mort aussi douloureux qu'horrible, et pensait qu'après la détroncation le sentiment
du *moi* persistait pendant quelque temps. — Quant à
la mort par décrépitude ou mort naturelle, elle n'im-
plique pas nécessairement l'état qu'on désigne sous
le nom d'*agonie*, et prélude à l'abolition de la vie
par une lente décomposition ; d'abord s'affaiblissent
et s'éteignent les facultés de la vie animale, les sensations qui établissent les rapports avec les objets
extérieurs, la pensée, qui double l'existence, la locomotion, qui suffirait à distinguer l'animal des corps
inertes ; on dirait que la nature, en brisant les liens
du monde moral, a voulu adoucir ou annihiler nos
regrets. Ensuite les fonctions de la vie nutritive deviennent languissantes ; puis le vieillard s'endort
pour toujours, et on dit avec raison de cette fin si
courte et si douce qu'elle est le dernier reflet de la
vie. Mais il n'en est pas toujours ainsi dans la mort
naturelle, et l'agonie apparaît quelquefois d'une manière plus tranchée. Déjà les facultés animales et
nutritives, et principalement les premières, ont subi
un affaiblissement notable, lorsque survient une
abolition rapide des fonctions cérébrales ; aussitôt la
circulation s'éteint d'abord dans les organes éloignés, puis de proche en proche, et enfin la respiration, graduellement ralentie, se suspend tout à fait
après une courte expiration. Selon Richerand, cette
puissante et dernière expiration, que le soupir accompagne souvent, tiendrait à la réaction des pièces
élastiques qui entrent dans la composition de la poitrine, et à la rétractation également élastique des
poumons, puissances passives qui cessent tout à coup
d'être contre-balancées par les muscles, dont la con-
tractilité est consommée. Lorsque cette expiration
suprême a eu lieu, les poumons cessent de donner
passage au sang, qui s'accumule alors dans les cavités droites du cœur et les dilate, tandis que les cavités gauches se vident d'une manière plus ou moins
complète. Quoique dans cette agonie le cœur soit
l'*ultimum moriens*, cependant chacun des éléments
du trépied de la vie concourt de la manière suivante
à l'accomplissement de cette mort naturelle : le cerveau, d'autant plus affaibli et usé qu'il est un rouage
des plus actifs de la machine humaine, n'exerce plus
sur les organes, une action convenable ; de là une
diminution dans les phénomènes de la vie animale,
et entre autres dans la respiration, à laquelle nuisent
encore l'ossification des cartilages costaux et le défaut d'élasticité des parois de la poitrine ; alors cette
gêne de la respiration exagère les troubles de la circulation, dont les agents offrent chez les sujets âgés
des conditions anatomiques morbides, et le cœur,
non-seulement cesse d'envoyer aux organes la quantité de sang nécessaire à leur action, mais encore se
contracte sur un sang peu propre à la vie. On voit que,
dans ce genre de mort, la vie, ébranlée de toutes parts,
s'éteint tout à la fois du centre à la circonférence et
de la circonférence au centre.

Quelle est la conduite à tenir auprès des agoni-

sants? — Tant qu'un souffle divin anime encore l'organisation défaillante, a dit le savant docteur Lagasquie, l'humanité commande de ne négliger aucun soin. On entretient une atmosphère pure et tempérée autour de l'agonisant; on réchauffe les parties qui se refroidissent, et en même temps on le débarrasse de tout vêtement superflu qui gênerait, par son poids, les mouvements respiratoires; on appuie bien ses épaules sur des coussins, en redressant sa tête et la renversant un peu en arrière, dans le but de diminuer les difficultés de la respiration. Si quelque humeur remplit la bouche ou obstrue les narines, on l'enlève lestement. On a soin de tenir un linge ou une alèze sous les ouvertures naturelles, qui sont souvent alors salies d'excréments. — Quelque douteux qu'il soit que l'agonisant puisse entendre, voir et comprendre, il convient néanmoins d'éloigner de lui les accents de douleur, les scènes de désespoir. On lui témoigne plus convenablement de l'intérêt en prenant et réchauffant ses mains, ses pieds, en pratiquant quelques frictions sur les régions du cœur et de l'estomac; lorsqu'il peut encore avaler, on lui donne assez communément quelques cuillerées d'une potion cordiale; on lui fait respirer de temps en temps des alcools aromatiques, de l'éther. . Mais pourquoi, diront peut-être quelques-uns, prolonger le supplice d'un agonisant ? Pareille exclamation n'échappera certainement pas à quiconque aura assisté dans ses derniers moments une personne qui lui fut chère. D'ailleurs, il ne s'agit pas ici seulement de ce que le cœur nous invite à faire; c'est l'expérience qui nous apprend que des agonisants ont été rappelés à la vie, et, quelque rares que soient ces heureuses exceptions, surtout dans les maladies chroniques, il convient de se conduire toujours comme si ce bonheur inespéré était possible dans la circonstance présente.   B. LUNEL.

AGONISANTS (Confrérie des). — Confrérie établie à Rome pour prier et faire prier Dieu en faveur des criminels condamnés à mort. « Ils portaient dans les cérémonies un sac blanc avec une mosette violette ornée d'un écusson représentant la nativité de Jésus-Christ. La veille d'une exécution, ils en donnaient avis à plusieurs maisons religieuses qui se joignaient à leurs prières. Il s'agissait de sauver une âme, le corps étant abandonné à la justice des hommes. Le jour de l'exécution, on célébrait dans l'église des agonisants un grand nombre de messes pour le criminel qui n'avait plus que quelques instants à vivre, et le saint-sacrement y restait exposé jusqu'à ce que le supplice fût terminé. Le dimanche suivant, la confrérie chantait l'office des morts et faisait dire plusieurs messes. La confrérie des Agonisants avait été instituée par les pères Augustins, sous l'invocation de saint Nicolas de Tolentin. » Elle cessa d'exister en 1790.

AGONISTIQUE (antiquités) [du grec *agonixo*, je combats]. — Science des exercices relatifs aux combats chez les anciens. On sait que dans les républiques romaine et grecque, cette partie de l'éducation était très-soignée, et qu'elle était très-propre à donner aux jeunes gens non-seulement le courage, mais encore la force et la vigueur, sans lesquelles le courage lui-même est insuffisant. L'agonistique était pratiquée indistinctement par tous les citoyens en état de porter les armes; lorsque le luxe eut introduit en Grèce les spectacles d'athlètes, ceux-ci réduisirent en art la théorie des combats de peuple à peuple et y ajoutèrent peu à peu les exercices qui constituèrent plus tard la gymnastique. On appelait *agonothètes* les maîtres des combats gymniques; ils distribuaient les couronnes aux vainqueurs. L'agonistique a été remplacée chez nous par la stratégie.   A. DUMONT.

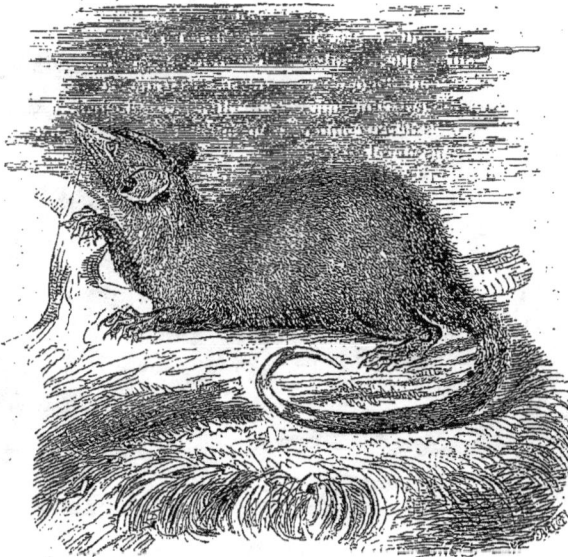

Fig. 47. Agouarra-Pope.

AGOUARRA-POPE (zoologie). — Nom que l'on donne dans le Paraguay (Amérique méridionale), suivant D. Fel. d'Azzarra, à plusieurs espèces de ratons. On l'appelle encore agouara-gouazou. (Fig. 47.) Cet animal s'élance de la lisière des bois sur le bétail de la plaine, et parvient à en faire sa proie avec tant d'habileté, qu'on l'a surnommé le *loup rouge*.

AGOUTI (zoologie). — Genre de mammifères de la famille des rongeurs acléidiens, originaire de l'Amérique et de l'Océanie. (Fig. 48.) Ces animaux ont, comme les *cobayes*, les doigts libres au nombre de quatre devant et de trois derrière; mais la présence d'une petite queue les en distinguerait suffisamment, malgré leurs formes plus sveltes et plus légères, leurs pattes plus longues et plus grêles. La vivacité de l'agouti est extrême et le rend incommode en domesticité : il dévore tout, même les cages les plus solides. Effrayé et poursuivi, il donne, comme le lapin, un coup de tarse, qui éveille l'alarme et indique la retraite parmi les siens. Sa chasse se fait avec les chiens en plaine, ou dans les champs plantés de canne à sucre. Sa chair, qui tient de celle du lièvre et du lapin, est estimée. — Ces animaux se creusent des terriers profonds, où ils déposent leurs petits et se réfugient dans le moment du danger. Ils sont communs dans les campagnes désertes au sud du *Rio Negro* en Patagonie (1) ; là ils se montrent par troupes assez nombreuses, et habitent les terriers par couples isolés. Jamais ils ne s'éloignent beaucoup de leur gîte, et, s'ils le font forcément, c'est pour y revenir. Ce sont des animaux très-doux et très-paisibles, et qui n'ont de ressources contre les tigres conguars, les chiens, et les renards, leurs plus grands ennemis, que dans la rapidité de leur course, ou dans leurs retraites souterraines. Leur manière de courir est comme celle du lièvre, entremêlée de bonds et de sauts ; mais comme ils font de rapides crochets, il faut être bon cavalier pour faire cette chasse à cheval ; les chevaux du pays dressés à leur poursuite imitent eux-mêmes ces brusques conversions ; et si le cavalier n'est pas averti,

Fig. 48. Agouti.

il court risque d'être désarçonné à chaque instant. Les Indiens Patagons, Puelches, et les Charruas, ne vivaient que de la chair de ces *maras*, avant que les troupeaux de bêtes à cornes, introduits par les Espagnols, se fussent prodigieusement multipliés ; ils les chassaient avec des chiens comme ils le font encore aujourd'hui, et ils les lançaient au forcé avec leurs excellents chevaux, les arrêtant dans leur course avec leur laço ou boule de caillou ou de fer, attachée à une longue courroie de cuir. Outre la venaison que le mara donnait aux Indiens, venaison qui n'est pas à dédaigner, car son goût est délicat, il fournissait encore à ces peuplades errantes les peaux qui, cousues ensemble, leur servaient de manteaux et de lits ; ces manteaux sont même un objet de commerce.

(1) Bourjot Saint-Hilaire.

La malheureuse famille Charruas, que nous avons vue dernièrement à Paris, triste reste d'une tribu éteinte, n'avait pour vêtement que des peaux de mara. Ces pelleteries ne sont pas à rechercher, car le poil, aussi dur que celui du daim, tombe aussi très-facilement, et laisse à nu une peau qui n'a ni moelleux ni solidité.

Parmi les quatre ou cinq espèces de ce genre, nous citerons l'*agouti* proprement dit, l'acouchy et le lièvre pampas.   DUBOCAGE.

AGRA (zoologie) [du grec *agra*, proie]. — Genre d'insectes coléoptères pentamères, de la famille des carabiques. Ces insectes se composent d'espèces propres aux contrées méridionales du nouveau continent. Ce genre a été créé par Degeer sous le nom de *colliure* ; tous ces insectes se distinguent par leurs formes allongées et par le tort qu'ils font aux végétaux par lesquels ils vivent.

AGRAIRES (lois) [du grec *agros*, champ]. Nom de toutes les lois qui statuent sur la propriété territoriale et particulièrement de celles qui ont pour objet le partage des terres entre les membres de la société. Ces lois sont de la plus haute importance pour le législateur qui fonde un État : Moïse et Lycurgue l'avaient compris. Le législateur des Hébreux partagea les terres sur le pied de l'égalité, exigeant que tous les cinquante ans chacun rentrerait en possession de son lot aliéné par une cause quelconque. Le législateur des Spartiates divisa les terres par portions égales, et en sauvegarda aussi l'équilibre par des lois spéciales. Mais c'est surtout à Rome que les lois agraires jouèrent un rôle important. Déjà sous les rois, dit C. Emmanuel, il existait une législation agraire, et particulièrement sous Servius Tullius ; mais ce fut en dépit de ces lois royales que les patriciens, vainqueurs de la royauté, commirent leurs empiétements. Un patricien, un personnage consulaire, Spurius Cassius Viscellinus, le premier, pour mettre un terme à ces abus scandaleux, proposa, l'an de Rome 268, que l'on fit la recherche des terres usurpées, pour les partager ensuite entre les plus pauvres citoyens ; mais ayant échoué, il paya son projet de sa vie. Un autre patricien bien connu pour son fanatisme à l'esprit de corps et son intégrité, Appius Claudius, fit rendre un sénatus-consulte dans le même genre, qui fixait à dix le nombre des commissaires devant faire les recherches, et ordonnait qu'une partie des terres usurpées serait vendue au profit du trésor, une autre distribuée aux citoyens pauvres, et une dernière portion affermée pour cinq ans à sa véritable valeur; car les patriciens se les faisaient affermer pour presque rien. Le produit de ces fermages était destiné à fournir le blé et la paye aux soldats; mais ce sénatus-consulte fut éludé par les consuls auxquels en fut confiée l'exécution, et devint un brandon de discorde pendant plus d'un siècle. L'an de Rome 377, Licinius Stolon fit passer une loi agraire, la plus importante de toutes : c'est la loi *Licinia*, en vertu de laquelle personne ne pouvait posséder plus de cinq cents arpents (*jugera*) de terres conquises; le surplus devait être distribué ou affermé aux pauvres à raison de sept arpents au moins par tête. Cette même loi Licinia fixait en outre un maximum pour le bétail qui pouvait paître sur les biens communaux. Licinius, possesseur lui-même de plus de mille arpents, paya le premier l'amende fixée par sa propre loi, qui fut quelque temps observée. Deux cent quarante-trois ans après la loi Licinia, l'avarice des patriciens avait presque anéanti la classe des hommes libres dans les campagnes, lorsque, l'an de Rome 620, le fils aîné de Cornélie, Tiberius Sempronius Gracchus, fit adopter une loi qui faisait revivre en partie la loi Licinia : cette loi, du deuxième nom de Gracchus, fut appelée *Sempronia*. Les patriciens lui gardèrent rancune, et, dans une sédition qu'ils soulevèrent eux-mêmes, Scipio Nasica le tua de sa propre main, et il ne fut plus question de la loi Sempronia. Il fallait du courage pour proposer une nouvelle loi agraire : jusqu'ici toutes avaient été funestes à leurs auteurs, Caïus Gracchus, second fils de Cornélie, osa remettre en vigueur la loi Sempronia, et fut également mis à mort par l'aristocratie patricienne. Alors victorieux, les patriciens se soucièrent peu des lois agraires. Le tribun Spurius Thorius fit convertir l'obligation de partager les terres usurpées en une redevance imposée aux usurpateurs, et qu'ils cessèrent bientôt de payer. Cinquante-sept ans après la mort de Caïus, l'an de Rome 690, Publius Servilius Rullus, tribun, proposa d'élire un décemvirat pour vendre les forêts d'Italie, et les biens-fonds incorporés au domaine public depuis le consulat de Sylla et de Pompée; avec le prix de la vente on devait acheter des biens qui seraient partagés entre les pauvres. Cicéron, alors consul, combattit victorieusement le projet de Rullus, dont il mit à nu l'ambition, et ne craignit pas, lui patricien, de faire un éloge des Gracques, du reste alors sans conséquence. Il faut aussi mettre au nombre des lois agraires, qui s'élève environ à vingt, les lois de Sylla, de César et d'Auguste, autorisant le partage des terres confisquées ou conquises. Les principales sont : la loi Cassia, 268 de Rome; la loi Licinia, 377; la loi Flaminia, 525; la loi Sempronia, 620; la loi Apuleia, 653; la loi Bobia, la loi Cornelia, 678; la loi Servilia, 690; la loi Flavia, la loi Julia, 694; la loi Alia Licinia; la loi Livia; la loi Marcia; la loi Floria; la loi Titia.

« Avant la révolution de 1789, il restait encore en France des traces d'une législation analogue : il y avait des terres franches et indivises formant un domaine public dont une partie appartenait aux pauvres, et l'autre à la communauté. Les biens communaux, qui existent encore aujourd'hui dans quelques-uns de nos départements, en sont pour ainsi dire une suite. En 1793, la Convention crut devoir rassurer les citoyens sur les atteintes qu'on l'accusait de vouloir porter aux propriétés. Elle rendit, le 18 mars 1793, un décret qui punissait de mort quiconque proposerait une *loi agraire* ou toute autre mesure subversive des propriétés quelconques. Ces menaces n'empêchèrent pas l'éclosion des théories égalitaires. »

C'est par un étrange abus de mots (1) que dans ce siècle on a appelé *partisan de la loi agraire*, les hommes qui demandaient le partage de toutes les propriétés publiques et particulières entre les membres de la communauté. La loi agraire, chez les Romains, n'avait d'autre but que de régler le partage des terres conquises sur l'ennemi. Jamais à Rome le peuple, dans les moments mêmes de sa plus grande irritation contre les patriciens, ne s'avisa de réclamer un nouveau partage des propriétés.

DE JÉMONVILLE.

AGRÉÉS (droit) [c'est-à-dire admis]. — Praticiens attachés aux tribunaux de commerce, afin d'y représenter les plaideurs qui veulent les charger de la défense de leurs intérêts. On les désigne encore dans plusieurs tribunaux par leur ancien nom de postulants. Le ministère des avoués est interdit devant les tribunaux de commerce (C. pr., art. 414), et nul ne peut y plaider pour autrui sans être muni d'un pouvoir spécial (C. com. 627, et ordonnance du 10 mars 1825). En conséquence, les agréés n'ont aucun caractère public. Ce sont des particuliers présentés par le choix du tribunal à la confiance des justiciables. Le tribunal, qui les nomme, conserve ainsi sur eux un droit de règlement et de police, utile pour la bonne administration de la justice. Il suit de là que leur ministère n'est pas forcé, et que les parties sont toujours libres de choisir leurs défenseurs hors des agréés, qui sont d'ailleurs soumis, comme tous les autres, à la nécessité d'être munis d'un pouvoir spécial pour chaque affaire. C'est dans ce sens que leur institution a été conservée, pour ainsi dire, tacitement, par les rédacteurs du Code de commerce (Favart, *Répert.*, n° 2; Locré, *Esprit du C. comm.*, p. 124). Par suite de ce principe, les agréés pour le payement de leurs frais, ne peuvent porter leur action que devant le tribunal du domicile de leur débiteur, et ils peuvent être désavoués si dans la procédure écrite ou orale, ils avaient fait des aveux ou des offres préjudiciables à la partie qu'ils représentent et dont ils sont les mandataires.   J. E.

(1) *Dict. de la Convers.*

AGRÉGATION (physique) [radical celtique *gre*, troupeau, amas, multitude; d'où en latin *grex*, *gregare*, *agregare*, *agregatio*]. — Propriété par laquelle les molécules des corps sont assez adhérentes entre elles pour opposer un certain obstacle à leur séparation. Ce mot, fréquemment employé dans la langue scientifique, n'a cependant point de signification bien déterminée. Ainsi, parmi les auteurs, « les uns veulent qu'il s'applique exclusivement aux corps composés de parties hétérogènes; d'autres s'en servent indifféremment pour désigner les corps formés de molécules homogènes ou hétérogènes. Quelques savants l'emploient en parlant du mode suivant lequel sont groupées entre elles les molécules constituantes des corps. Plusieurs ne l'appliquent qu'aux corps évidemment composés, par voie mécanique, de divers débris de masses minérales préexistantes, tandis que d'autres réservent le mot agrégation pour désigner les corps qui résultent de la réunion de parties formées simultanément. »

AGRÉGATION UNIVERSITAIRE, grade d'agrégé dans l'Université. Antérieurement à 1852, l'instruction secondaire comptait six ordres d'agrégation; 1° l'*agrégation de philosophie*, qui requérait des candidats dans les grades de licencié ès-lettres et de bachelier ès-sciences : 2° l'*agrégation des sciences mathématiques*, pour laquelle on devait produire le diplôme de licencié ès-sciences mathématiques et le diplôme de licencié ès-sciences physiques; 3° l'*agrégation des sciences physiques et naturelles*, pour laquelle on devait justifier du grade de licencié ès-sciences mathématiques et physiques, etc.; 4° l'*agrégation des classes supérieures des lettres*, qui requérait des candidats le grade de licencié ès-lettres; 5° l'*agrégation d'histoire et de géographie*, qui exigeait le même grade; 6° enfin, l'*agrégation des classes de grammaire*, pour laquelle on pouvait concourir avec le simple diplôme de bachelier ès-lettres. Pour chacun des six concours d'agrégation, il fallait passer par trois sortes d'épreuves : les compositions écrites, une argumentation orale, une leçon. Le décret du 10 avril 1852 a modifié cet état de choses. Aux termes l'art. 7 de ce décret, « il y a deux sortes d'agrégation, l'une pour les lettres, l'autre les sciences. Les candidats doivent être âgés de vingt-cinq ans, avoir fait la classe pendant cinq années et être pourvus du diplôme de licencié ès-lettres ou de licencié ès-sciences. Trois années d'école normale comptent, ainsi que le diplôme de docteur ès-lettres ou de docteur ès-sciences. » Enfin un règlement du 21 janvier 1853, a déterminé la forme et la nature des épreuves pour l'agrégation.

AGRICULTURE [d'*ager*, champ, et *cultura*, culture]. — *Art de cultiver la terre*. Cette définition, basée sur l'étymologie du mot, doit aujourd'hui recevoir plus d'extension, puisque la multiplication et la conservation des bestiaux, et en général tous les objets utiles aux habitants des campagnes, sont du domaine de l'agriculture. Prise dans son acception la plus étendue, cette science comprend une foule de subdivisions, telles que l'*agriculture* proprement dite, l'*agrologie*, l'*agronomie*, l'*horticulture*, la *silviculture*, l'*arboriculture*, la *viticulture* et l'*économie rurale* (Voy. ces mots.) — D'où vient donc que l'agriculture, qui donne à l'homme le moyen de se nourrir, de se vêtir, de se loger, d'alimenter son industrie et son commerce, soit un art si négligé? Ah! n'en doutons pas, du *défaut de protection et d'honneur accordé au cultivateur*. Que les nations anciennes appréciaient mieux le mérite de ceux qui les nourrissaient! Elles savaient que l'agriculture était le plus ferme appui de l'État, et de grandes récompenses venaient toujours couronner le mérite des patients et laborieux cultivateurs. Voyez en Grèce, Cérès présider aux moissons, Pomone veiller sur les vergers, Flore obtenir l'empire des fleurs. Ce sont des fictions sans doute, mais ne trouvons-nous pas là un témoignage puissant de l'intérêt qu'inspirait l'agriculture? Athènes et Rome ne durent-elles pas leur prospérité à l'art du laboureur? Oh! alors, les citoyens de l'Attique se disputaient à l'envi la gloire de contribuer aux progrès de l'agriculture, et d'enrichir leur patrie de nouveaux fruits qui, sans eux, seraient peut-être restés inconnus. Aristée, le premier, cultive l'olivier, ce noble symbole de la gloire et des triomphes, et trouve moyen d'extraire l'huile de son fruit. C'est encore aux Athéniens que nous devons les figuiers dont ils se ceignaient le front dans les fêtes publiques; ils firent venir des coignassiers de l'île de Crète, des châtaigniers de Sardes, des pêchers et des noyers de Perse, des citronniers de la Médie; mais lorsqu'ils négligèrent l'art précieux de l'agriculture pour s'attacher aux subtilités de l'esprit et aux arts d'agrément, leur décadence commença et entraîna bientôt la ruine de la Grèce qui passa aux Romains. Ceux-ci protégèrent singulièrement l'agriculture, et la décadence de Rome date aussi de l'époque où les Romains, avides de plaisirs et d'honneurs, se retirèrent à la ville, laissant à des esclaves le soin de cultiver les terres. Peu aimée des Gaulois, qui ne respiraient que la guerre, l'agriculture fut languissante sous la première race de nos rois. Elle fit quelques progrès sous Charlemagne, ensuite entre les mains des esclaves, mais fut régénérée en quelque sorte par François Ier, Henri III, Charles IX, Henri IV et ses successeurs.

Pourrais-je passer sous silence ce vaste empire qui donne à son histoire une antiquité merveilleuse? Si les Chinois méritent à peine notre attention dans tous les grands mouvements qui emportent si loin le monde moderne, on peut dire que leur richesse et la prospérité de leur empire sont dues à l'agriculture. C'est que nulle part cet art n'est plus encouragé. Si quelque laboureur se distingue et s'élève au-dessus des autres par son application et son intelligence, il est appelé à la cour pour éclairer l'empereur; il est revêtu de la dignité de Mandarin, et l'État le fait voyager dans toutes les provinces pour former les habitants à sa nouvelle méthode. Ainsi donc, si cet empire mérite à peine notre attention sous le rapport politique, il mérite bien notre admiration sous le rapport du sujet qui nous occupe. Le chef suprême du céleste empire n'est plus, comme dans les fables de la Grèce, un dieu qui garde les troupeaux d'un roi; c'est un père qui, la main appesantie sur le manchon de la charrue, montre à ses enfants les véritables trésors de l'État. Eh! n'avons-nous pas vu de nos jours le célèbre Mian-ning, surnommé Tao-Kouang (splendeur de la raison), déclarer la guerre aux Anglais qui, malgré sa défense, avaient importé de l'opium dans ses États? c'était la première fois qu'une guerre avait lieu entre la Chine et une puissance européenne; et bien qu'elle se soit terminée par un traité de paix qui assure de grands avantages à l'Angleterre, elle n'en est pas moins un acte important qui prouve la protection accordée à l'agriculture dans ce pays, et qui fera, quoi qu'en disent les habitants de l'Albion, respecter l'empire chinois.

On ne peut nier les progrès de l'agriculture en France, depuis le milieu du siècle dernier, et surtout depuis le commencement de celui-ci.

Notre nation, quoique moins riche que l'Angleterre, récolte sur son territoire non-seulement de quoi fournir aux premiers besoins de ses habitants, mais encore un grand nombre de produits inconnus dans les Iles Britanniques.

« Cette différence, dit Young, provient et de la diversité des climats des deux pays et de l'excès de développement industriel et commercial que la situation insulaire de la Grande-Bretagne lui a fait prendre; cette dernière circonstance, en particulier, a permis à la population manufacturière de croître plus rapidement que la population rurale, puisque le commerce maritime la chargeait de lui amener des pays étrangers les vivres qu'elle n'aurait pu se procurer sur le sol natal. Aussi le tiers seulement des Anglais est adonné à l'agriculture, tandis que nous comptons les deux tiers de nos compatriotes dans la classe des cultivateurs. C'est là ce qui fait dire que la France est un pays essentiellement agricole, et que sa richesse sociale, moins éclatante, mais plus solide que celle de ses voisins d'outre-mer, est intimement liée à la prospérité du premier des arts. Cette idée a été celle des administrateurs qui, depuis le XVIe siècle, ont le mieux entendu les intérêts de la France: ainsi le pensait Sully, qui voyait dans l'agriculture les mamelles de l'État; ainsi raisonnaient les auteurs des ordonnances qui ont, à différentes fois, écarté quelques-unes des entraves dont le commerce des grains était embarrassé; ainsi le croyaient les créateurs des haras, de l'école vétérinaire de Lyon et d'Alfort, des sociétés d'agriculture, de l'établissement de Rambouillet pour l'éducation des mérinos; telle était la considération qui porta le gouvernement à encourager les dessèchements des marais en 1641; à exempter des impositions, en 1756, les terres nouvellement défrichées, et à supprimer les corvées en 1776; telle était enfin la pensée qui présidait aux travaux des Duhamel, des Rozier, des écrivains qu'on a appelés *économistes*. Il est vrai que Colbert, qui de tous les ministres a le plus fait pour l'industrie, réserva les faveurs du pouvoir aux manufactures et au commerce; mais, sans le vouloir, il servit également l'agriculture en sillonnant la France de routes et de canaux. Du reste, cet ensemble d'actes et d'efforts ne porta pas autant de fruits qu'on pourrait se l'imaginer, parce que les guerres de Louis XIV, le désordre des finances pendant la minorité de Louis XV, l'esprit d'agiotage introduit par le système de Law, les habitudes de cour contractées par l'ancienne noblesse, l'accaparement des terres par un petit nombre de privilégiés, et quantité d'autres abus, arrachèrent bien des bras à la culture. Pour qu'elle reçût une impulsion puissante, il fallait une rénovation politique qui changeât les conditions mêmes de la propriété territoriale, la rendît moins onéreuse, plus libre, plus accessible à tous. C'est donc à la destruction des derniers restes de la loi féodale, à la suppression des dîmes, à l'aliénation des immenses propriétés du clergé et de la noblesse, à l'égal partage des patrimoines entre les enfants, et au morcellement qui en résulta, que nous devons les progrès dont nos campagnes offrent partout la trace, depuis que la cessation des guerres a permis au nouvel état de choses de porter ses fruits. »

Parlons maintenant des obstacles qui ont empêché notre agriculture d'arriver au degré de perfectionnement où elle est en Belgique, en Angleterre et aux États-Unis? Ces obstacles sont: 1° *le défaut d'instruction chez le cultivateur*. Rarement vous verrez un livre à la main du fermier; ce qu'il sait, il le tient de son père ou de ses voisins dont il suit la routine, et se montre inaccessible à toute innovation; 2° *le manque de protection et d'honneurs accordé à l'agriculture*. En effet, que sert au vigneron d'avoir, par des dépenses considérables et par des soins assidus, obtenu une récolte double de celle de son voisin, s'il ne trouve pas de débouchés pour ses produits? Quel parti nos éleveurs peuvent-ils tirer de leurs bestiaux, si, moyennant une taxe légère, ceux des pays voisins sont admis dans nos foires et marchés? Cependant, *point d'agriculture si l'intérêt, qui en est le premier mobile, n'y trouve son compte*. Point d'agriculture non plus si le fils du bourgeois croit déroger à sa naissance en se livrant à ses travaux. Depuis cinquante ans des encouragements de tous genres ont été accordés à toutes les branches de l'administration; mais pour l'agriculture, on n'a rien fait, ou presque rien. Ce n'est pas que l'on manque de personnes qui vantent les douceurs de la vie champêtre, qui vont partout répétant que rien n'est plus honorable que cette existence; mais s'y livrer elles-mêmes ou y livrer leurs enfants, elles s'en gardent bien. Et s'il est vrai, *que pâturage et labourage soient les deux mamelles de l'État*, l'État lui-même, dit un critique, est une vache à lait que chacun veut traire d'une manière moins pénible et surtout moins obscure.

Ajoutons aux obstacles que nous venons d'énumérer la *pauvreté du cultivateur* qui peut à peine, par un travail pénible, subsister lui et sa famille; la *vaine pâture* dont la suppression est un des plus pressants besoins; *la brièveté des baux*, et enfin la *routine* qui ne cède qu'au temps et à la raison.

Je fais comme faisaient nos pères, dit le routinier; sans doute, votre grand principe est encore la *jachère* ou le repos de la terre. Vous ne comprenez pas l'avantage de la prairie artificielle. Voyez pourtant la Belgique, elle doit sa richesse agricole à la suppression de la jachère. C'est ce que j'entendais dire en 1849, dans une séance publique de l'Académie de Bruxelles. Par cette expression, « *le champ est en* « *jachère*, les Français, disait l'orateur belge, cher- » chent à désigner le prétendu repos qu'ils supposent » si gratuitement nécessaire pour réparer ce qu'ils » appellent très-improprement *l'épuisement des forces* » *de la terre*; mais ils ne désignent réellement par » là que l'état d'improduction résultant du non en- » semencement dans lequel ils le laissent très-long- » temps, sous différents prétextes : de l'engrais à la » terre, de la variété dans les semences, et point de » repos. »

Quel moyen de faire disparaître les obstacles qui nuisent depuis si longtemps aux progrès de notre agriculture : nous n'en connaissons qu'un réelle- ment utile : celui d'un *enseignement agricole donné à l'enfant pendant la première éducation* (1). « Que de vœux n'a-t-on pas faits pour l'agriculture de- puis des siècles, dit M. Richard (du Cantal). Que de misères, que de famines, que de maux cette science pratique de la nature n'aurait-elle pas pré- venus, si elle avait été appliquée suivant de bonnes lois, suivant de judicieuses méthodes propres à cha- que condition de lieu ! Depuis l'initiative prise par le gouvernement après le 24 février, une nouvelle ère semble s'ouvrir pour l'exploitation des ressources que la nature met partout à notre disposition. La presse politique qui, avant 1840, s'occupait que par rare incident d'agriculture, s'est aujourd'hui em- parée de la question et la poursuit avec zèle..... Les administrations centrales, les administrations dépar- tementales, les administrations communales, le pays lui-même tout entier nous semble entraîné par les idées nouvelles sur l'agriculture. Après la circulaire du ministre de l'instruction publique adressée aux recteurs des académies le 26 février 1848, sur l'en-

(1) Disons que d'autres avant nous avaient déjà exprimé le vœu que nous émettons ici. Dès 1846, M. B. Lunel, ré- dacteur en chef de cette Encyclopédie, écrivait dans les *Annales de l'Académie de l'enseignement*, au sujet de l'en- seignement de l'agriculture :

« Que reste-il à faire pour changer un tel état de choses ? » Une éducation agricole qui commence presque avec la » vie. C'est l'instituteur primaire qui doit, avec l'aide des » premiers agriculteurs du pays, prendre soin désormais » de cette éducation. *La connaissance des faits agricoles* » *les principaux phénomènes physiques, les effets de la pe-* » *santeur, de la lumière ; la végétation, la transformation* » *des substances*, causes de tant d'accidents : voilà ce qui » devrait être expliqué clairement. Nous savons bien l'es- » pèce d'épouvante qui s'attache aux grands mots de *phy-* » *sique*, de *chimie*, de *physiologie* ; mais on peut enseigner » tout cela et beaucoup plus sans employer les termes dont » les savants ont hérissé toutes les parties de la science. »

Puis suivait un programme d'agriculture qui peut être consulté avec fruit par les instituteurs.

seignement de l'agriculture par les instituteurs pri- maires, après le décret du 3 octobre qui organise l'enseignement professionnel de l'agriculture en France, vient la décision du ministre de l'instruction publique actuel (1856) qui organise un cours d'agri- culture théorique et pratique dans chaque école nor- male d'instituteurs primaires. Cet acte est caractéristi- que, bien qu'il se soit fait un peu attendre ; il attire l'attention des préfets, des conseils généraux, de sem- ployés de l'instruction publique ; celle de tout l'en- seignement universitaire. Cet enseignement lui-même obéira à la loi de l'opinion publique qui commence à se manifester partout dans toutes les classes de la société française. Partout on comprend la nécessité indispensable de l'instruction agricole pour nos po- pulations rurales qui composent la grande majorité de la nation. »

Avant peu d'années, en effet, l'enseignement de l'a- griculture doit porter d'heureux fruits. C'est alors qu'on ne verra plus des enfants de famille, rougissant à la seule idée de tenir les manchons de la charrue, abandonner leurs campagnes pour venir encombrer les villes, où ils veulent, à quelque prix que ce soit, se faire une occupation qui les relève aux yeux de leurs parents ; ils retourneront avec plaisir aux tra- vaux des champs, parce qu'ils y trouveront des ca- marades instruits, capables de les comprendre, et qui n'auront pas cette terrible maxime à la bouche : *Nous faisons comme nos pères faisaient*. Ils cherche- ront, au contraire, à imiter l'exemple des grands capitalistes, et, persuadés de l'utilité des fermes ex- périmentales, des comices agricoles, ils accepteront avec empressement toutes les heureuses innovations confirmées par l'expérience.

Nous allons terminer cet article par quelques con- sidérations empruntées à M. Young, sur l'objet de l'agriculture considérée comme science et comme art.

C'est par le travail seulement, dit-il, que l'homme peut forcer la terre à lui livrer les produits dont il a besoin pour sa subsistance ; or, il lui importe d'un côté d'obtenir le plus possible, de l'autre de prendre le moins de peine : il doit donc tirer parti de tout ce qui peut l'aider à atteindre ce double but. Les res- sources dont il peut disposer dérivent de ses facultés naturelles et de ses connaissances acquises. Les fa- cultés ou dispositions qui lui sont indispensables pour le but qu'il se propose, sont : un jugement sain et libre de préjugés, l'activité, la fermeté, la persé- vérance, l'esprit d'ordre et d'ensemble, l'esprit des affaires, et l'économie. Quant aux connaissances, il peut les acquérir de différentes manières. Il peut imiter servilement les procédés usités par d'autres, ou accepter et appliquer sans discernement les faits et les opinions qui lui sont transmis : dans ce cas il reste dans la routine, et les règles étroites dans les- quelles il se renferme méritent tout au plus le nom de connaissances. Ou bien il peut avoir observé lui- même, et au lieu de souscrire sans réserve aux idées qui lui arrivent du dehors, il peut les avoir compa- rées et jugées de manière à en assigner la raison, à discerner ce qu'elles ont d'essentiel de ce qui n'est qu'accessoire, et à les modifier en conséquence suivant les circonstances. Il se guide alors d'après des principes raisonnés; sa pratique n'est plus une routine, c'est un art. La théorie, la science naissent de lorsque de tous ces principes épars on forme un système général, dont les parties se lient les unes aux autres, et s'éclairent mutuellement. Dans un état de civilisation peu avancé la routine peut suffire au cultivateur; mais à mesure que les rangs de la population se pressent et resserrent l'espace propre à l'entretien de chaque individu, il devient nécessaire de recourir aux principes exacts de la théorie. Malheureusement les théories agricoles sont encore très-imparfaites, et la cause doit sans doute en être attribuée à l'infinie diversité des circonstances où l'entrepreneur d'industrie peut se trouver placé, à la multiplicité des agents qu'il emploie, à la complication des phénomènes auxquels il a affaire, etc. A cet égard il est bien plus défavorablement placé que le manufacturier; il doit étendre son influence sur un espace immense-comparativement à l'atelier du fabricant; au lieu de l'unique espèce de matériaux sur lesquels ce dernier opère, il a souvent des centaines d'objets divers à produire; il faut donc qu'il passe sans cesse d'une occupation et d'une place à d'autres; il ne peut facilement ni diviser ses travaux, ni concentrer ses moyens dans de puissantes machines; et c'est là une des principales raisons pour lesquelles l'agriculture fait de si lents progrès. — On peut se faire une idée de la multitude de connaissances qu'exigerait à la rigueur l'agriculture rationnelle, en suivant les diverses opérations nécessaires à un cultivateur qui viendrait s'établir sur une terre à défricher. D'abord il faut choisir le domaine pour être fait scientifiquement, suppose des notions de géométrie élémentaire, de géologie, de physique, de chimie, d'économie politique et de statistique. L'endroit étant décidé, il faut défricher, et, pour opérer sans trop de dépense de forces, il faut que l'agriculture connaisse les principes de la construction des machines agricoles, ainsi que la manière de s'en servir; il doit donc avoir au moins une teinture de la mécanique. Ces sciences lui suffiront pour les défoncements par lesquels il augmentera l'épaisseur de la couche arable, et pour les labours par lesquels il la maintiendra meuble, c'est-à-dire perméable aux racines des plantes, et aux fluides aériformes qui contribuent à leur nutrition; mais pour les dessèchements, pour l'établissement des saignées, il devra n'être pas étranger à l'hydraulique, et enfin il est aisé de concevoir combien il lui sera utile de posséder la botanique. Cette dernière science et la physiologie végétale l'éclaireront beaucoup sur le choix des plantes qu'il doit semer ou planter, sur les terrains qui leur conviennent le mieux, et sur l'ordre suivant lequel leurs différentes espèces doivent se succéder dans un même terrain, pour qu'elles épuisent le moins possible sa fertilité, et l'augmentent même en servant indirectement, sous le titre de fourrages, à la production des engrais. Pour la conversion des fourrages en engrais, il lui faudra des animaux qui l'aideront aussi dans

ses opérations, et de la chair desquels il pourra nourrir sa maison; or, il ne les choisira pas avec discernement, et ne les entretiendra pas dans le meilleur état possible, s'il est complètement étranger à la zoologie, à la physiologie animale, et à la médecine vétérinaire. Il sera en outre bien aise d'avoir en tête quelques idées d'architecture et d'hygiène, quand il s'agira d'élever des bâtiments pour y loger ses récoltes et ses bestiaux. Enfin il regardera, comme une chose utile et nécessaire, d'être versé dans la comptabilité, lorsqu'il voudra se rendre compte de la situation de son établissement; et il ne négligera pas de s'informer des affaires politiques et commerciales, connaissances qui pourront l'éclairer dans ses ventes et ses achats. Voilà quelles sont à peu près les sciences que l'agriculteur doit posséder. Quand on les compare avec l'aveuglement de la routine, on reste convaincu que l'art de cultiver les terres peut-être dans un pays le plus grossier et le plus simple, dans une autre le plus complexe et le plus savant de tous; or, comme le progrès des sociétés tend à l'approcher toujours davantage de ce dernier état, il importe de répandre de plus en plus les lumières parmi la classe agricole. La nouvelle loi sur l'instruction primaire est un acheminement à cette diffusion dans la France; les fermes modèles, les instituts, les sociétés, les comices et les journaux agricoles, feront le reste. — Voy. *Sol, instruments aratoires, ensemencement, transplantation, multiplication des végétaux, culture, moyens d'abri, drainage, récolte, animaux domestiques*, etc. FRANÇOIS DE BELLEGARDE, *ancien professeur d'agriculture.*

AGRICULTURE (statistique). — L'on se fait souvent des idées très-erronées en jugeant sur les apparences, par la raison toute simple que certaines choses concentrées sur un petit espace sont très-apparentes tandis que d'autres, disséminées sur une vaste étendue de terrain, passent pour ainsi dire inaperçues. C'est ainsi que la population des villes, celle des manufactures et en général toutes les populations agglomérées font présumer, lorsqu'on n'approfondit pas la matière, que l'agriculture n'est pratiquée que par une faible portion de la nation, c'est tout le contraire qui a lieu. Ainsi, en France les quatre cinquièmes de la population tout entière sont livrés aux travaux des champs, tandis qu'un cinquième seulement se partage la série si nombreuse des autres travaux; voici, en effet, ce qui résulte d'un travail qui a été présenté à la société impériale et centrale d'agriculture de France.

La population totale de la France se trouve ainsi répartie.

Agriculteurs	20,351,628
Manufacturiers	2,094,371
Artisans	7,810,144
Professions libérales	3,991,026
Domestiques	753,505
Divers	784,466
Total	35,783,170

De plus, il est établi que la population des 20,351,628 agriculteurs se répartit ainsi :

Cultivateurs propriétaires		7,159,284
—	fermiers	2,588,511
—	métayers	1,412,037
—	journaliers	6,122,747
—	domestiques	2,748,263
—	bûcherons	320,986
	Total	20,351,828

Ainsi donc plus de la moitié des habitants de la France s'adonnent à l'agriculture. Cette grande proportion d'agriculteurs se retrouve dans d'autres pays; par exemple, en Belgique, si l'on compulse le nombre d'électeurs, on trouvera que, sur un nombre total de 78,000, il y a 23,000 cultivateurs électeurs, et si l'on fait attention au grand nombre de journaliers non électeurs qui se livrent à la culture, on verra que la proportion des agriculteurs en Belgique s'écarte fort peu de ce qu'elle est en France.

DELAVELAYE.

AGRICULTURE (droit). — Indépendamment des règlements qui ont l'agriculture pour objet, les lois contiennent des dispositions qu'il importe de connaître. Ainsi, d'après la loi du 28 septembre-6 octobre 1791, les propriétaires sont libres de varier à leur gré la culture et l'exploitation de leurs terres, de conserver leurs récoltes et d'en disposer comme il leur convient. — Aux termes de cette même loi, art. 1er, nul agent de l'agriculture, employé avec des bestiaux au labourage ou à quelque travail que ce soit, occupé à la garde des bestiaux, ne peut être arrêté, sinon pour crime, avant qu'il ait été pourvu à la sûreté de ces animaux; et en cas de poursuite criminelle, il y sera également pourvu immédiatement après l'arrestation, et sous la responsabilité de ceux qui l'auront exercée. — D'après ce principe, il est évident que ceux qui n'auraient pas rempli les conditions imposées par la loi seraient passibles de dommages-intérêts si les animaux venaient à périr, à se perdre, ou tombaient malades par défaut de précaution.

L'art. 2 de la même loi ajoute que les engrais, ustensiles ou autres meubles utiles à l'exploitation des terres, et aucuns bestiaux servant au labourage, ne pourront être saisis ni vendus pour contributions publiques; et l'art. 594 du Code de procédure civile déclare que les animaux attachés à la culture ne peuvent être, en cas de saisie, séparés du sol qu'ils font valoir, et qu'il peut seulement, dans ce cas, être établi un gérant à l'exploitation.

Dispositions relatives 1° AUX RUCHES D'ABEILLES (1). — La loi sur la police rurale, t. 1, sect. 3, art. 3, porte que pour aucune raison il n'est permis de troubler les abeilles dans leurs courses et leurs travaux, qu'en conséquence, même en cas de saisie légitime, une ruche ne peut être déplacée que dans les mois de décembre, janvier et février. L'art. 4 ajoute que

le propriétaire d'un essaim a le droit de le réclamer et de s'en ressaisir tant qu'il n'a point cessé de le suivre, autrement l'essaim appartient au propriétaire du terrain sur lequel il s'est fixé. L'arrêté du gouvernement du 16 thermidor an VIII porte, art. 52, que les abeilles ne sont saisissables, pour le payement des contributions directes, que dans les temps déterminés par les lois sur les biens et usages ruraux.

La disposition de la loi du 26 septembre 1791, qui défend de saisir et vendre les abeilles, excepté dans les mois de décembre, janvier et février, est-elle abrogée par l'art. 1041 du Code de procédure civile? Le soin qu'ont mis les rédacteurs du Code à examiner les objets insaisissables et à étendre sur ce point les dispositions de l'ordonnance de 1667 annonce qu'ils ont eu l'intention de rendre les dispositions du Code limitatives en principe général. Cependant, comme l'intérêt bien entendu du créancier et celui du débiteur s'accordent pour empêcher la saisie et la vente intempestive des ruches d'abeilles pendant leur travail, nous pensons que, sur ce point, l'art. 4 de la loi du 28 septembre 1791 doit continuer d'être observé.

2° AUX ABREUVOIRS. — Le droit de mener boire des chevaux et bestiaux à une fontaine appartenant à autrui, constitue une servitude appelée *servitude d'abreuvage*. Lorsque cette servitude est limitée à un certain nombre de têtes de bétail, le propriétaire de ces bestiaux n'a pas le droit de mener à l'abreuvoir un plus grand nombre d'animaux; et si celui-ci enfreint les limites qui lui ont été imposées, le propriétaire de l'abreuvoir a le droit de refuser d'admettre la portion de bestiaux qui excède le nombre stipulé. Il pourrait même y avoir lieu à des dommages-intérêts en faveur du propriétaire de l'abreuvoir. Le droit de puiser de l'eau ne renferme pas celui d'abreuver les bestiaux.

La servitude d'abreuvage entraîne nécessairement le droit de passage pour arriver à l'abreuvoir; il y a, dans ce cas, une servitude accessoire, qui, si on laisse éteindre la servitude principale, la servitude accessoire sera aussi éteinte avec elle. (C. civ., art. 696.)

Les habitants d'une commune ou d'un hameau auxquels un abreuvoir particulier serait nécessaire, peuvent en acquérir l'usage en payant une indemnité au propriétaire. Dans ce cas, le propriétaire de la source qui alimente l'abreuvoir ne peut en changer, même en renonçant à l'indemnité qui lui est payée par la commune, car ici l'utilité publique fait fléchir l'intérêt privé. La commune peut prescrire l'indemnité, mais la prescription n'est pas nécessaire pour acquérir le droit qui préexiste toujours. A l'autorité municipale appartient la police des abreuvoirs servant à l'usage du public. (C. civ., art. 643.)

3° AUX ASSOLEMENTS. — Dans certains pays les terres sont divisées par *soles*, c'est-à-dire par zones de culture. Les unes sont cultivées et ensemencées, tandis que les autres restent en jachères pour être remises ensuite à la culture lorsqu'elles sont reposées. Cette division s'appelle *assolement*. Le bail sous écrit de terres labourables, lorsqu'elles se divisent

---

(1) F.-H. Barotz.

par soles, est censé fait pour autant d'années qu'il y a de soles, parce que ce temps est nécessaire pour que le preneur ait pu recueillir les fruits d'une culture. (C. civ., art. 1774.)

4° Aux colombiers. — Le décret du 4 août 1789, qui abolit les droits féodaux, a donné à chacun le droit d'avoir un colombier. Toutefois ce droit n'existe qu'à la condition d'enfermer les pigeons au temps des semences ou moissons, à peine de les voir tuer par le propriétaire dont ils dévorent les fruits. (C. cass., 27 juillet 1820. S., 20, 1, 404.) Le fait de laisser sortir du colombier des pigeons en temps de semailles ne peut être puni d'une peine de police, quand même il y aurait en cela violation d'un règlement municipal. (C. cass., 6 août 1813. S., 16, 1, 24.)

5° Aux épizooties (maladies contagieuses). — Des mesures d'ordre public sont prescrites lorsqu'une épizootie se déclare, soit pour arrêter la communication du mal, soit pour désinfecter les étables. (Arrêts du conseil des 10 déc. 1774, 30 janvier 1775, 16 août 1784; arrêté du Directoire du 27 messidor an v; ordonnance du 17 janvier 1815.) D'ailleurs, l'administration municipale ou supérieure est en droit de prendre toutes les mesures que nécessiterait en pareil cas la sécurité publique.

Le Code pénal inflige certaines peines aux propriétaires dont les bestiaux sont soupçonnés d'être infectés et qui n'en avertissent pas sur le champ le maire de la commune, ou qui, contrairement aux défenses de l'administration, laissent ces bestiaux communiquer avec d'autres.

Art. 459. Tout détenteur ou gardien d'animaux ou de bestiaux soupçonnés d'être infectés de maladie contagieuse, qui n'aura pas averti sur-le-champ le maire de la commune où ils se trouvent, et qui, même avant que le maire ait répondu à l'avertissement, ne les aura pas tenus renfermés, sera puni d'un emprisonnement de six jours à deux mois et d'une amende de 18 fr. à 200 fr.

Art. 460. Seront également punis d'un emprisonnement de deux mois à six mois et d'une amende de 100 fr. à 500 fr., ceux qui, au mépris des défenses de l'administration, auront laissé leurs animaux ou bestiaux infectés communiquer avec d'autres.

Art. 461. Si de la communication mentionnée au précédent article, il est résulté une contagion parmi les autres animaux, ceux qui auront contrevenu aux défenses de l'autorité administrative seront punis d'un emprisonnement de deux à cinq ans et d'une amende de 400 fr. à 1,000 fr.; le tout sans préjudice de l'exécution des lois et règlements relatifs aux maladies épizootiques et de l'application des peines y portées.

6° Aux haies. — On distingue deux sortes de haies: les haies vives et les haies mortes. Les haies vives sont des haies d'épines, ou d'autres plantes de même espèce, qui ont pris racine. Les haies mortes sont formées de branches sèches entrelacées. Il est libre au propriétaire de clore de haie son héritage, pourvu qu'il ne gêne pas ses voisins.

La haie morte peut se planter sur la ligne sépara-

tive de deux propriétés, sans observer aucune distance. C'est un principe reconnu par tous les auteurs. Mais il n'en est pas de même de la haie vive, dont les racines et les branches peuvent nuire à l'héritage voisin. Il n'est permis de planter de haies vive plus près de l'héritage voisin que d'un demi-mètre, lorsqu'il n'existe pas de règlements particuliers ou des usages constants et reconnus (C. civ., art. 671).

La haie plantée sur un fossé appartient au propriétaire du fossé: le fossé appartient à celui sur le terrain duquel se trouve le rejet; il est commun si le rejet se trouve des deux côtés. Si la haie et le fossé sont dans un tel état qu'on ne puisse distinguer à qui ils appartiennent, ils doivent être adjugés au propriétaire du fonds qui a le plus besoin de clôture; ainsi, la haie qui est entre une terre labourable et un jardin, une vigne et un pré, appartiendra au propriétaire du jardin, de la vigne ou du pré, parce que ces héritages ont plus besoin de clôture qu'une terre labourable. (Merlin, *Répertoire*.)

En principe, toute haie vive ou sèche qui sépare deux héritages est réputée mitoyenne. (C. civ., art. 670.)

Excepté: 1° Lorsqu'il y a titre, *ibid.*; 2° lorsqu'il y a possession suffisante, au contraire, en faveur de celui qui prétend que la haie lui appartient en propre. (*Ibid.*)

Il y a quelque difficulté sur la question de savoir quelle doit être la durée de cette possession; les uns pensent qu'elle doit être trentenaire, les autres qu'elle doit être annale. — M. Duranton, qui adopte ce dernier avis, n° 370, se fonde sur ce que l'art. 3 du Code de procédure, en plaçant dans les attributions des juges de paix les entreprises ou usurpations sur les *haies commises dans l'année,* reconnaît par là que la possession est acquise après l'année.

3° Lorsqu'un *seul* des héritages est en état de clôture. (*Ibid.*)

Les haies mitoyennes doivent être entretenues et replantées à frais communs par les deux propriétaires des héritages, et l'un des deux peut obliger l'autre à contribuer à cet entretien. Tel est le droit commun.

L'art. 456 du Code pénal prononce un emprisonnement d'un mois à un an, et une amende de 50 fr. au moins, contre toute personne qui aura arraché ou coupé des haies en tout ou en partie. — Voy. *Mitoyenneté.*

En matière d'usurpation de haies, la citation doit être donnée devant le juge de paix de la situation de l'objet litigieux. (C. proc., art. 3.) Ce magistrat connaît sans appel jusqu'à la valeur de 100 fr., et à la charge d'appel, à quelque valeur que la demande puisse monter, des actions relatives à l'élagage des haies. (C. proc., art. 5; loi du 5 mai 1838.) Il connaît aussi à charge d'appel des actions relatives à la distance prescrite par la loi, les règlements particuliers ou l'usage des lieux pour les plantations de haies, lorsque la propriété ou les titres qui l'établissent ne sont pas contestés. (*Ibid.*, art. 6.)

7° A la mitoyenneté. — On entend par mitoyenneté la propriété commune à deux voisins d'un fossé, d'un mur ou d'une haie qui les séparent. Les clôtures sont de diverses sortes; elles sont formées au moyen de murs, de fossés, de haies, et la loi a dû établir des règles différentes suivant qu'il s'agit de l'une ou de l'autre de ces clôtures. Il est essentiel de rédiger par écrit les conventions qui ont pour but la mitoyenneté des murs, fossés, haies; car l'objet de ces conventions étant d'une valeur indéterminée, la preuve testimoniale ne serait pas admise. — Voyez *Mur*.

AGRION (zoologie). — Genre d'insectes névroptères, famille des subilicornes, assez semblable aux *libellules* ou *demoiselles*. (Fig. 49.)

Ces insectes ont les ailes redressées perpendiculairement et la tête plus large que longue; leurs formes sont beaucoup plus légères que celles des *li-*

Fig. 49. — Agrion.

bellules et les *œsnhes*. Les principales espèces sont l'agrion *vierge* et l'agrion *jouvencelle* : la première est d'un vert doré ou d'un bleu vert avec les ailes colorées en bleu ou en brun jaunâtre ; la seconde varie beaucoup pour les couleurs, mais a les ailes incolores.

AGRIPAUME (botanique) [ou *léonure*]. — Espèce principale du genre léonure de la famille des labiées. Plante qui habite les lieux incultes de l'Europe et de l'Asie centrale. (Fig. 50.)

La tige de l'agripaume, carrée, ferme, cannelée et rameuse, atteint un mètre de hauteur; ses feuilles,

d'un vert foncé en dessus, diminuent de grandeur du bas au sommet de la tige. Les fleurs, de couleur rouge clair, ont la lèvre supérieure recouverte d'un duvet blanchâtre. Cette plante, dont l'odeur est forte

Fig. 50. — Agripaume.

et la saveur un peu amère, se cultive quelquefois dans les jardins; on l'employait autrefois en médecine contre les douleurs d'estomac : elle est aujourd'hui inusitée, du moins en France.

AGROLOGIE [du grec *agros*, champ, et *logos*, discours]. — Théorie des principes généraux, explication des règles de culture et des faits qui se rapportent aux végétaux cultivés sous toutes les latitudes. « Ces principes, dit A. Lagrue, embrassent par conséquent l'étude du sol; les améliorations dont il est susceptible par des travaux, des amendements ou des engrais; les labours, les instruments aratoires, les semailles, les plantations et les soins qu'il faut donner aux plantes pendant leur végétation ou au moment de la récolte, en consultant les convenances ou les inconvénients de la succession des cultures en raison de l'état dans lequel elles laissent le sol, de l'époque de leur maturité et de la consommation qu'elles ont faite des engrais. Les plantes qui sont l'objet de l'agrologie se divisent naturellement en trois groupes principaux : les plantes alimentaires à l'usage de l'homme et des bestiaux, celles qui sont cultivées exclusivement pour la nourriture du bétail, et enfin les plantes industrielles. Le premier groupe renferme les céréales, telles que froment, seigle, orge, avoine, millet, maïs, sarrasin; les légumineuses à grains farineux, telles que fèves, pois, haricots, lentilles; les plantes à racines charnues, à tubercules ou à feuilles comestibles, telles que carottes, pommes de terre, choux. Le deuxième groupe comprend les graminées, les légumineuses qui entrent dans la composition des pâturages et des prairies naturelles ou artificielles. Enfin le troisième groupe réunit les plantes oléagineuses, textiles, tinctoriales, aromatiques; la vigne, le houblon, et par extension toutes celles qui font l'objet de l'horticulture, de l'arboriculture et de la silviculture. » L'agrologie, née de l'observation et des faits, est une science naturelle par rapport à l'agriculture, science qui doit beaucoup aux travaux et aux ouvrages de MM. Tessier, Bosc, de Dombasle, Thouin, Boussingault, Liébig, Moll, Payen, Richard (du Cantal), etc.; et parmi les auteurs étrangers, Young, N. Hunter, Marshall, Thaër, etc.

AGRONOMIE du grec *agros*, champ, et *nomos*, règle]. — Science des lois agricoles, c'est-à-dire théorie de l'agriculture. — Voy. *Agrologie*.

AGROSTEMME (botanique) [mot grec qui signifie couronne des champs]. — Genre de plantes de la famille des caryophyllées dont l'espèce la plus répandue est l'*agrostemme githago*, dite vulgairement *nielle des blés*, et l'*agrostemme couronné*, originaire d'Italie, qui se cultive dans les jardins. Ces végétaux, qui croissent ordinairement dans les blés, ont un aspect agréable. Leurs fleurs pourpres, à cinq pétales, sont en forme d'étoile. Le fruit, qui renferme des graines nombreuses, est une capsule ovoïde, à une seule loge.

AÏ (zoologie) [ou *bradype*]. — Genre de mammifères de l'ordre des édentés et de la famille des tardigrades. Les sauvages de l'Amérique lui ont donné le nom d'*aï*, que la science lui a aussi conservé, à cause de son cri, exactement rendu par ces deux voyelles; enfin on les nomme encore *paresseux*, à cause de leur démarche lente. (Fig. 51.) Ces animaux, dit Salacroux, sont des êtres singuliers qui, par leur conformation véritablement grotesque, par leurs doigts entièrement soudés ensemble, et reconnaissables seulement aux ongles énormes qui les terminent, par la longueur de leurs membres antérieurs, et par la position de leurs mamelles, sembleraient devoir apparte-

nir à l'ordre des quadrumanes; mais leur organisation est si bizarre, leurs pattes si disproportionnées et si peu propres aux mouvements, qu'ils forment, sous ces rapports, le contraste le plus complet avec les mammifères de cet ordre. Leur canal digestif a cela de singulier, qu'il offre quatre compartiments analogues à ceux des ruminants, particularité qui détermine leur régime végétal, tandis que leurs intestins sont courts et sans cœcum, ce qui semblerait indiquer un animal carnassier. Leurs poils sont si grossiers et si cassants, qu'on les prendrait au premier abord pour de l'herbe fanée, dont leur corps serait enveloppé de toutes parts. Leurs membres de devant sont d'une longueur si excessive, comparativement à ceux de derrière, que l'animal ne peut marcher qu'en se traînant péniblement sur ses coudes, où, s'il appuie l'extrémité du membre sur le sol, ses ongles aigus et recourbés contre la paume de la main s'enfoncent dans cette partie, et rendent la progression extrêmement douloureuse, et par là même à peu près impossible. Ceux de derrière ont les jambes obliquement articulées avec la cuisse, de manière que leur pied, comme celui des quadrumanes, ne touche le sol que par son bord externe, et que leurs plantes, tournées l'une contre l'autre ne peuvent se prêter facilement qu'à l'action de grimper. — Cette structure des membres prouve évidemment que les *paresseux* ne sont pas faits pour marcher sur un terrain horizontal; la seule espèce de mouvement qu'elle puisse permettre, c'est l'action de grimper sur les arbres. Dans ce mode de locomotion, en effet, la longueur des bras permet à l'animal d'atteindre les branches éloignées, et la pointe des ongles, se trouvant séparée de la paume de la main par un corps intermédiaire, loin de rendre les mouvements douloureux, les assure et les facilite, en s'enfonçant dans les gerçures de l'écorce. Aussi les *paresseux* passent-ils toute leur vie sur les arbres, dont les feuilles servent à les nourrir. Assis sur une branche et cramponnés à une autre avec leurs pattes de devant, ils portent leur tête de tous côtés, pour saisir les feuilles qui se trouvent à leur proximité. Ces animaux sentent si bien la difficulté qu'ils ont à se mouvoir à terre, qu'ils ne quittent jamais un arbre sans l'avoir entièrement dépouillé de toute sa verdure. Ils n'en descendent pas même pour dormir; quand ils veulent se livrer au

Fig. 51. — Aï.

sommeil, ils saisissent fortement une branche entre leurs quatre pattes et s'endorment le ventre en haut et le dos en bas. Mais il est ridicule de dire, comme on l'a fait, qu'ils se laissent tomber de l'arbre pour s'éviter la peine d'en descendre ; quoique leurs mouvements soient très-lents, même lorsqu'ils grimpent, on a vu souvent de ces animaux monter sur un arbre et en descendre plusieurs fois le jour sans y être forcés : ce qu'ils n'auraient certainement pas fait, si ces mouvements leur eussent été aussi pénibles que le ferait penser le fait plus que douteux dont nous parlons. Quoi qu'il en soit à cet égard, il est certain que les *ai* sont des animaux d'une lenteur extrême dans tous leurs mouvements, surtout quand ils se trouvent sur un sol uni. Mais cette lenteur n'exclut pas l'énergie; quand ils se voient attaqués, ils se défendent de toutes leurs forces avec leurs dents et avec leurs griffes; et leur opiniâtreté est telle dans ces cas, que rien ne peut leur faire lâcher ce qu'ils ont une fois saisi entre leurs bras. On en a vu prendre un bâton avec lequel on les frappait, et le retenir avec tant de constance et de force, qu'ils se laissaient emporter plutôt que de l'abandonner. — Les principales espèces de ce genre sont l'*ai* proprement dit, ou *bradype à trois doigts*, qui est de la taille d'un chat, et remarquable surtout en ce qu'il a neuf vertèbres au cou au lieu de sept ; l'*unau* ou *paresseux à deux doigts*, qui est moins grand et moins disgracieux que le précédent. Ces animaux habitent les forêts de l'Amérique du sud.   J. W.

AIDE (jurisprudence féodale). — Impôt qu'on levait sur le vin et les autres boissons pour *aider* le roi à subvenir aux charges de l'État. Il se disait aussi de certains subsides que les vassaux étaient tenus de payer à leurs seigneurs dans certains cas déterminés. « Ces subsides, qui, dans l'origine, étaient libres et volontaires, ne tardèrent pas à devenir obligatoires, tout en conservant les noms d'*aides libres* et *gracieuses*, de *loyaux aides*, de *droits de complaisance*. Ils n'étaient exigibles qu'autant qu'ils étaient établis par la coutume et pour des occasions qu'elle spécifiait. Au reste, les circonstances où les vassaux avaient à payer des aides variaient selon les provinces et les localités. Pendant longtemps, les rois de France n'eurent point d'autres revenus que ceux de leurs domaines, et point d'autres aides que celles qui leur étaient dues à titre de seigneurs féodaux. Les aides proprement dites, ou impositions sur la vente et le transport des marchandises datent, selon les uns, du règne de Philippe le Bel ou de Jean Ier ; selon d'autres, seulement du règne de Charles V, vers 1270. Abolies sous Charles VI, par suite d'un soulèvement populaire, ce prince les rétablit peu de temps après. Depuis cette époque jusqu'à Louis XIV, le terme d'aides servit à désigner tous les impôts, de quelque nature qu'ils fussent, qui frappaient les habitants du royaume. Ce fut seulement sous le règne de ce prince qu'on appliqua exclusivement le nom d'*aides* aux impôts indirects. La perception des aides était concédée à forfait à des entreprises particulières qui, quoique astreintes à se conformer aux tarifs légaux, trouvaient

le moyen de faire d'énormes bénéfices. Ce systèm aussi onéreux pour le trésor public que pour les co tribuables, a été supprimé par l'assemblée national Le nom d'*aides* a disparu pour faire place à celui c contributions indirectes. »

AIDES (cour des). — Ancienne cour souverain chargée de rendre la justice et de juger en dernic ressort les procès en matière d'aides ou d'impôts Elle fut créée en 1355, par le roi Jean, et constitué par Charles V, en 1364. Dans le principe, une seul cour des aides existait : c'était celle de Paris, qu embrassait tout le royaume dans sa juridiction. Ell se composait d'un premier président, de neuf prési dents titulaires, de cinquante-deux conseillers, d'u procureur général, de quatre substituts, de deu greffiers en chef secondés par plusieurs commis greffiers, de cinq secrétaires du roi, d'un trésorier d'un receveur et de plusieurs huissiers. Plus tard il y eut treize cours des aides, siégeant à Paris Rouen, Nantes, Bordeaux, Pau, Montpellier, Mon tauban, Grenoble, Aix, Dijon, Châlons, Nancy e Metz. Peu à peu ces cours furent réunies au Parle ment, et en 1789, peu avant qu'elles fussent aboli par la Convention, il ne restait plus que celles d Paris, Bordeaux, Clermont et Montauban. La cou des aides de Paris était puissante; le roi était oblig d'entendre ses remontrances, et ses membres ne pouvaient êtres jugés que par leurs pairs.
                                            DE JÉMONVILLE.

AIGLE (zoologie) [en latin *aquila*]. — Genre d'oi seau de proie de l'ordre des rapaces, de la famille des diurnes, ayant pour caractères la tête et le cou emplumés, les yeux enfoncés sous les orbites, le be droit à sa base, crochu et sans échancrures à son ex trémité, les tarses courts, robustes et fortement em plumés, les ailes très-longues, mais obtuses et tron quées obliquement, ce qui dépend de la longueur de leur quatrième rémige, qui dépasse les trois pre mières. — Sombres et farouches, comme le sont e général les oiseaux de cet ordre, bien que les faucon dressés pour la chasse semblent faire exception à l loi d'association, à laquelle obéissent ordinairement les animaux susceptibles d'être apprivoisés, les ai gles ne vivent que par paires et dans une sorte de monogamie qui explique la raison ou plutôt qui es une suite de leur répugnance à vivre en société ave leurs semblables, en présence-desquels ils prennen toujours une attitude menaçante, et qu'ils repoussen avec acharnement de la portion de rocher ou de montagne qu'ils ont adoptée pour leur résidence. C'es dans ce domaine de leur choix qu'ils construisent dit-on, pour toute leur vie (faisant ainsi preuve de la plus louable prévoyance), un nid appelé *aire*, e dont l'élégance et la solidité de construction, si l'o en croit le récit de certains *aiglomanes*, sont toujou dignes de la royale demeure du noble couple. La fi délité dans l'union conjugale, chez cet oiseau, serai scellée par des liens qui ne sont rompus, assurent-il que par la mort. En dépit du langage doré et de l belle passion dont se montrent épris ces admirateur enthousiastes, nous ne croyons pas devoir nous faire l moindre scrupule d'en rabattre beaucoup en disant que, malgré sa fastueuse dénomination, l'aire de l'aigle ne diffère du nid des autres oiseaux qu'en ce qu'au lieu d'être creux, il est entièrement plat et forme une espèce de plancher abrité par un pan de rocher, ou formé sur le bord d'un précipice par l'entrecroisement de branches appuyées sur les deux bouts, et que recouvrent plusieurs couches d'herbes, de joncs et de mousse. C'est dans cet obscur et triste séjour, qui n'offre aucun des attraits dont la poésie seule s'est plu à l'embellir, que se retirent l'aigle et sa femelle.

tion d'un habile naturaliste, M. Doyère, va nous permettre de la réfuter de la manière la plus heureuse : « Mais, dit avec raison cet auteur distingué, les faits mieux observés repoussent cette assertion, et il suffit de l'habitude où sont certains montagnards de s'approvisionner de gibier pendant six mois de l'année, aux dépens des jeunes aiglons qu'ils enchaînent dans leur nid, pour prouver que l'instinct même de la voracité et de la gloutonnerie est subordonné à un instinct plus fort, celui de la conservation de l'espèce.»

Les aigles, comme nous l'avons vu, se nourrissent

Fig. 52. — Aigle impérial.

nelle, et qu'ils élèvent, chaque année, leur intéressante progéniture composée de deux ou trois aiglons au plus, pour lesquels, par un excès contraire à celui de leurs apologistes exagérés, leurs antagonistes outrés vont jusqu'à leur refuser la tendresse maternelle, inséparable de l'instinct naturel de la conservation de l'espèce. Comme il nous semble pour le moins téméraire d'accuser aussi légèrement la nature de se trouver, pour ainsi dire, en défaut, nous laisserons d'autant moins passer inaperçue la fausseté de cette assertion, que l'emprunt suivant, fait à la judicieuse observa-

de chair; ils poursuivent les oiseaux; ceux mêmes de l'espèce appelée *aigle impérial* ont le courage de faire la chasse à certains quadrupèdes. Leur regard est perçant et étincelant, leur attitude fière et hardie. Ils doivent à la puissance musculaire de leurs membres, plus encore qu'à leurs ailes, en général plus courtes et moins proportionnées que celles des faucons, celle de leur vol, qui leur permet de s'élever à des hauteurs prodigieuses, desquelles ils se précipitent sur leur proie; celle-ci, à l'exception des petits oiseaux qui se réfugient dans les buissons, et qu'ils semblent d'ailleurs dédaigner, échappe rarement à l'inconcevable rapidité de leur vol et à la justesse de leur coup d'œil. La femelle, plus grosse que le mâle, couve seule, et le mâle la nourrit pendant l'incubation; ils se débarrassent le plus tôt qu'ils peuvent de leurs aiglons, qu'ils abandonnent à eux-mêmes, et qu'ils chassent même dès qu'ils commencent à pouvoir voler. — On distingue plusieurs espèces d'aigles dont les principales sont: 1° L'*aigle proprement dit* (aquila, Cuvier), dont le bec, très-fort, est garni d'une peau nue nommée cire, et dont les tarses sont recouverts de plumes jusqu'à la racine des doigts; il vit, dit-on, plus d'un siècle; 2° l'*aigle royal*, appelé par Buffon, *aigle commun*, d'un brun plus ou moins foncé; 3° l'*aigle impérial* (Cuvier), c'est l'espèce la plus forte et l'*aigle doré* des anciens; il enlève des moutons; 4° l'*aigle criard* (petit aigle, Buffon), ainsi appelé à cause de son cri perçant et presque continuel; 5° le *pygargue*, auquel la couleur de son plumage a fait donner le nom d'*orfraie*; 6° le *mangeur de poules* ou le *Jean-le-blanc*, très-commun en Europe; 7° enfin les *aigles d'Amérique*, ou l'espèce *harpya* de Cuvier, qui comprend l'*aigle destructeur*, d'une force extraordinaire. Les deux espèces de mammifères, l'*aï* et l'*unau*, de la famille des tardigrades et du genre des paresseux, sont la nourriture ordinaire de cette dernière espèce d'aigles.   J. BÉCHERAND.

AIGLE (astronomie). — Nom d'une des constellations boréales de première grandeur de la sphère céleste, située entre le Serpentaire et le Dauphin; il ne faut pas la confondre avec l'étoile elle-même, nommée *cœur*, *altaïr* de l'étoile, qui est une étoile fixe de première grandeur, située au midi de la Lyre et du Cygne. On réunit souvent à cette constellation celle d'*Antinoüs*, qui en est voisine.   J. B.

AIGLE (numismatique) [ainsi nommée de ce qu'elle porte l'effigie d'un aigle]. — Monnaie d'or en usage aux États-Unis (Amérique.) L'*aigle* de 5 dollars vaut 27 fr. 60 centimes environ de notre monnaie; le *double aigle* vaut 55 fr. 21 cent., et le *demi-aigle*, 13 fr. 80 cent. environ.

AIGREFIN (zoologie). — Poisson de l'Océan septentrional, ressemblant à la morue: c'est le gade (voy. ce mot) des naturalistes.

AIGREMOINE (botanique). — Genre de plante vivace de la famille des rosacées, à feuilles longues, ailées, à fleurs jaunes à cinq pétales, disposées en épis terminaux. Des six espèces composant ce genre, la plus remarquable est l'*aigremoine officinale*, qui se distingue à ses feuilles embrassant la tige, et à son fruit hérissé de pointes (fig 53). Elle est commune sur les chemins et au bord des bois, où elle fleurit en été. On l'emploie en gargarisme contre les maux de gorge, en cataplasme détersifs, etc. On l'a essayée sans trop de succès à la dose de quatre à huit grammes donnés en lavement dans les diarrhées chroniques. Enfin, on la regarde comme vulnéraire et comme vermifuge.

AIGRETTE (zoologie). — Espèce de héron du nouveau monde, qui porte une belle aigrette sur le dos.

On distingue la *grande aigrette*, dont les mâles

adultes ont les plumes du bas du dos longues et effilées, et la *petite aigrette*, qui a ces plumes moins longues que le précédent. A quelques modifications

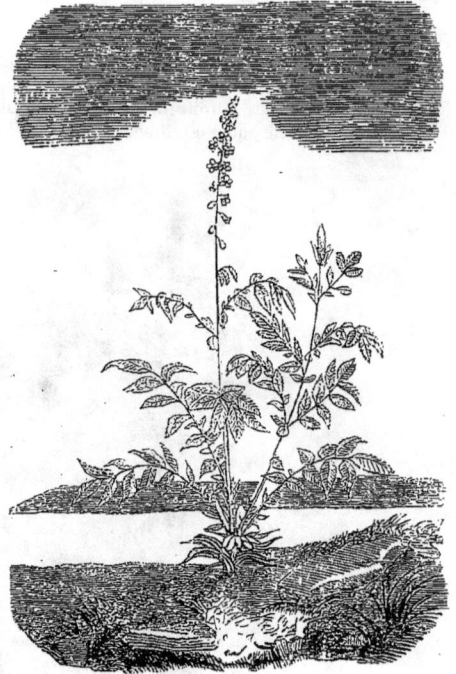

Fig. 53. — Aigremoine.

près, cet oiseau est exactement le même que le héron garzette d'Europe. — Voy. *Héron*.

AIGRETTE (histoire naturelle). — On donne encore ce nom 1° au faisceau de plumes qui orne la tête de certains oiseaux, comme les paons, les ducs, quelques hiboux, etc.; 2° à un petit bouquet de poils disposé en plumet sur une partie quelconque d'un insecte, telle qu'à l'extrémité du corps de certains papillons, ou à la queue de quelques larves; 3° à une réunion de poils ou d'appendices de forme très-variées qui couronnent le fruit dans la plupart des plantes synanthérées.

AIGREURS D'ESTOMAC (médecine). — Sensations désagréables causées par la mauvaise digestion des aliments. Si les personnes qui ont l'estomac délicat ou paresseux sont sujettes à avoir des aigreurs; si cette incommodité se manifeste aussi chez les femmes enceintes ou hystériques, chez les hypocondriaques, les convalescents, les ouvriers mal nourris, ou encore chez ceux qui travaillent au milieu de matières acescentes ou acides (amidonniers, distillateurs d'eau forte, etc.), bien souvent elle ne constitue qu'un des symptômes de la gastralgie (voy. ce mot), et l'on comprend que c'est cette dernière maladie qu'il faut chercher à traiter pour remédier aux aigreurs d'estomac. **B. L.**

AIGUE MARINE (minéralogie) [*d'aqua marina*, eau de mer]. — Variété d'émeraude, rangée par Beudant dans la famille des silicates alumineux doubles. Elles se composent de quadrisilicate de glucine, 1 atome ; bisilicate d'alumine, 2 atomes, colorés par oxyde de fer, 2 à 3 centièmes. On trouve l'aiguemarine particulièrement en Sibérie. La montagne *Schoert*, faisant partie du mont *Odontcholo*, située sur la frontière chinoise dans le cercle de Nertchinsk, et les montagnes granitiques près du village de Chaïtanskaïa et du bourg de Mourzinskaïa, dans le mont Oural, cercle de Zekaterinenbourg, sont celles qui produisent les plus belles aigues-marines et en plus grande quantité. C'est dans le bourg de Mourzinskaïa que fut trouvé, en 1827, le morceau le plus rare qui existe de cette pierre précieuse ; c'est un seul cristal de la plus grande beauté, pesant 35 grammes, et dont la valeur est estimée à 150,000 roubles. Les bijoutiers font avec l'aigue marine des colliers, des bagues, des épingles, des pendants d'oreilles, etc. Ces pierres font un assez bel effet lorsqu'elles sont bien taillées et sans défaut. Celle qui orne la couronne d'Angleterre a près de 6 centimètres de diamètre : c'est l'une des plus remarquables du globe.

Procédé pour obtenir artificiellement l'aigue marine. — L'aigue marine est plus facile à obtenir avec le verre de plomb qu'avec le cristal, ou toute autre espèce de verre. Il ne s'agit que de prendre 8 kilogrammes de fritte de cristal, et 5 kilogrammes d'oxyde de plomb. Après les avoir mêlés, tamisés, on place le mélange dans un creuset un peu chaud ; au bout de douze heures, la matière sera fondue : il faudra la jeter alors dans l'eau avec le creuset ; l'on en séparera le plomb, pour la remettre au fourneau pendant huit heures. Ensuite on prendra 120 grammes d'oripeau calciné, et 8 grammes de safre ; au bout de deux heures, on remue bien le verre, on en fait l'épreuve, pour voir si la couleur est telle qu'on la demande ; on la laisse encore au feu pendant dix heures sans y toucher ; ensuite on peut la travailler.

La couleur d'aigue marine est une des principales qui entrent dans la teinture du verre. Si l'on veut l'avoir d'une grande beauté, il faudra se servir du bollito ou cristal artificiel ; car si l'on employait le verre commun, la couleur n'en serait point si belle. On peut faire usage du cristallin ou verre blanc ; mais c'est le bollito qui donne la plus belle couleur. Il faut observer de ne point employer la magnésie lorsqu'on veut donner la couleur d'aigue marine au verre ; quoique le feu consume cette matière, elle ne laisse pas de donner à cette couleur une nuance noirâtre, et de la rendre moins éclatante et moins belle. **LARIVIÈRE.**

AIGUËS (MALADIES) (pathologie). — Affections dont le début est prompt, la marche rapide ; ce sont ordinairement des fièvres et des inflammations. Presque toutes les maladies qui affectent l'espèce humaine peuvent être observées à l'état aigu, même celles dont la marche est ordinairement la plus lente, telles que la phthisie pulmonaire, certaines affections cancéreuses. Lorsqu'une maladie aiguë se prolonge au delà d'un certain temps, qui varie suivant la nature des affections, on dit alors que la maladie passe à l'état chronique. Il ne peut rien être établi, dit le docteur Beaude, sur l'époque à laquelle une maladie aiguë prend le caractère chronique ; dans certaines inflammations, cette époque varie du trentième au quarantième jour. Il arrive aussi qu'une affection chronique passe à l'état aigu ; cette transmutation est ordinairement déterminée par de nouvelles causes d'irritation qui ont lieu chez le sujet malade. Ce nouvel état de la maladie est, pour quelques affections, une cause de guérison ; mais le plus souvent il est une circonstance fâcheuse, surtout pour les maladies organiques des viscères importants, attendu que la constitution du malade, épuisée par une affection longue, ne peut résister avec toute l'énergie convenable aux nouvelles causes de perturbation amenées par l'état aigu.

AIGUILLAT (zoologie). — Nom vulgaire d'une espèce de chien de mer appelé *squale acanthias* par les naturalistes, à cause de la longue et forte épine dont la partie antérieure de ses nageoires dorsales est munie. — Voy. *Squale*.

AIGUILLE (arts industriels) [formé de *aigu*, radical celtique *ag* ou *ac*, pointu, d'où en latin *acus*, aiguille]. — Petit instrument d'acier trempé, délié et poli, pointu par un bout et percé d'une ouverture longitudinale par l'autre bout ; il sert à coudre, à broder, à faire du point, de la tapisserie et d'autres ouvrages.

Quand on considère la simplicité d'une *aiguille*, sa petitesse et son prix modique, on est naturellement porté à croire que la fabrication des *aiguilles* n'exige ni un long travail ni une main-d'œuvre compliquée et difficile, et l'on ne peut se défendre d'un mouvement de surprise quand on apprend que chacun de ces instruments si simples, si petits, si communs, passe successivement par les mains de quatre-vingts ouvriers différents. — Voici les principales opérations qui constituent la fabrication des aiguilles. Lorsque d'excellent fil d'acier est suffisamment *tréfilé* ou dégrossi, on le coupe en brins d'égale longueur ; un second ouvrier prend ces brins et les *palme*, c'est-à-dire aplatit sur l'enclume la partie qui doit former la tête de l'aiguille ; on passe ensuite les aiguilles au feu pour *recuire* l'acier, et un autre ouvrier, muni d'un poinçon, fait le *chas*, c'est-à-dire perce sur l'enclume une des faces aplaties ; l'un *évide* le trou, un autre *empointe* l'aiguille, c'est-à-dire fait tourner sa pointe sur une pierre d'émeri qu'une roue à main fait mouvoir ; enfin on procède à la *trempe*, au *polissage*, au *dégraissage*..... enfin au *triage* et à l'*affinage*. L'opération de l'*empointage* des aiguilles était autrefois de nature à compromettre la santé des ouvriers, à cause de la poussière métallique qu'elle développait. Un habile ouvrier anglais, G. Prior, imagine en 1809 un appareil à l'aide duquel cette poussière est enlevée : ce perfectionnement à la fabrication d'un instrument de première nécessité pour les pays civilisés a été généralement adopté.—Ce qui constitue une bonne aiguille, ce n'est pas seulement la finesse et la trempe de l'acier, il faut encore que la pointe soit exactement dans l'axe et que l'œil ou *chas* soit bien évidé et par conséquent ne coupe pas le fil.

Les aiguilles ne sont pas une invention moderne; elles étaient connues et mises en usage depuis la haute antiquité en Égypte, dans l'Inde et en Orient. En Europe, les premières aiguilles furent fabriquées en Angleterre, en 1545, par un Indien : le procédé de ce travail, perdu après sa mort, n'y fut retrouvé qu'en 1560 par Christophe Greening. Maintenant on fabrique en Angleterre des aiguilles d'une qualité supérieure à celle des autres pays du continent, et l'on en expédie des quantités considérables dans toutes les parties du monde. LARIVIÈRE.

AIGUILLES (commerce). — Les aiguilles forment une partie importante du commerce de la mercerie, qui en fait un débit considérable à cause de leur utilité. On en fabrique en France, en Allemagne, en Suisse et en Angleterre. Les aiguilles anglaises sont renommées et passent pour les meilleures par la perfection du travail et la bonté de l'acier. Celles que l'on fabrique en Allemagne et dans les Pays Bas, entre autres à Aix-la-Chapelle, qui en est le principal dépôt, à Vaels, près Maëstricht, sont beaucoup moins estimées que les aiguilles d'Angleterre ; celles qu'on fabrique à Genève et ailleurs en Suisse sont encore inférieures à celles d'Allemagne. Il y a des fabriques d'aiguilles dans un grand nombre de villes de France, à l'Aigle, Paris, Rouen, Évreux, Orléans, Limoges, Bordeaux, etc. Les aiguilles anglaises sont en général plus courtes, mieux polies et d'un acier moins cassant que les aiguilles des autres pays; il y en a dont le trou est doré. Les aiguilles de France ont la tête plus allongée, la cannelle bien faite et la pointe plus évidée; celles d'Allemagne ont la tête plus courte et la pointe plus grosse ou moins effilée.

Le commerce des aiguilles est très-considérable tant en Angleterre, qui en expédie dans toutes les parties du monde, qu'en France et en Allemagne, où l'on commence à se passer des aiguilles d'Angleterre, et même à entrer en concurrence avec elle, dans les pays étrangers, par le perfectionnement qu'elles ont donné à leurs fabriques. Les aiguilles se vendent par paquets carrés et longs : chaque paquet doit contenir 50 milliers d'aiguilles de diverses qualités et grandeurs ou grosseurs, depuis le numéro 1, qui sont les plus grosses, jusqu'au numéro 22, qui sont les plus petites et aussi les plus fines; leurs degrés de finesse augmentant par chaque numéro depuis le premier jusqu'au dernier, chaque paquet de 50 milliers se compose de 13 plus petits paquets, savoir : 12 paquets de 4 milliers et 1 de 2 milliers. Le paquet de 4 milliers contient 4 paquets de 1 millier, et le paquet de 1 millier 4 paquets de 250 aiguilles. Sur chacun de ces paquets sont imprimés le nom et la marque du fabricant avec le numéro des aiguilles et le nombre qu'il contient; tous sont en papier blanc, à l'exception des paquets de 250 dont le papier est

d'un gros bleu. On prend les plus grandes précautions à bien empaqueter les aiguilles pour conserver leur poli et les préserver de la rouille qui les mettrait hors d'état de vente. — Indépendamment des numéros qui distinguent les différentes qualités d'aiguilles, on leur donne encore des noms particuliers qui ont rapport aux artisans qui en font usage; ainsi l'on appelle *aiguille à tailleur* non-seulement celles qui servent aux tailleurs, aux couturières; mais sous ce nom sont comprises les aiguilles à boutons ou à galons, les aiguilles à boutonnières, celles à rabattre et à rentraire. Les *aiguilles à brodeur* comprennent celles à passer l'or et l'argent; celles à soie, à lisière ou à enlever; les aiguilles à frisure, à faire du point, à tapisserie, à perruques, etc. On appelle certaines grandes aiguilles *passe-grosse* ou *passe très-grosse*, ou d'emballeur, qui ne sont rangées sous aucun numéro. Il ne s'en consomme qu'une très-petite quantité de cette dernière espèce. DE MONTBRION.

AIGUILLE AIMANTÉE.—Lame d'acier trempée, longue et mince, immobile sur son pivot, par son centre de gravité, qui a été frottée contre un bon aimant, soit naturel, soit artificiel, et qui a par là reçu la propriété de diriger ses deux bouts vers les pôles magnétiques du monde.

L'extrémité *sud* ou *australe* de l'aiguille est tournée vers le nord, l'extrémité *nord* ou *boréale* est tournée vers le midi. Sur toute la surface de la terre, depuis les plus hautes montagnes jusque dans les mines les plus profondes, cette propriété de l'aimant existe: partout l'aiguille aimantée prend une direction fixe à laquelle elle revient dès qu'on l'en écarte. En outre, l'aiguille aimantée décline plus ou moins vers le centre de la terre. — Voy. *Boussole, Déclinaisons* et *Inclinaisons magnétiques*.

Les tremblements de terre, les éruptions de volcan, et surtout les aurores boréales (voy. ces mots), dérangent la position de l'aiguille aimantée, ou peuvent troubler la régularité de ces variations diurnes. Quant au tonnerre, s'il frappe des corps aimantés, ou s'il tombe seulement à quelque distance, il change, détruit ou renverse le magnétisme de l'aiguille. C'est ainsi que des navigateurs ont été exposés, par des temps d'orages, à des erreurs funestes.

On donne le nom d'*aiguille aimantée astatique*, c'est-à-dire non fixe, à « une aiguille aimantée, disposée de telle sorte qu'elle n'obéit plus au magnétisme de la terre; elle sert à étudier les propriétés du magnétisme dans les aimants. On détruit l'effet de la terre en plaçant en présence de l'aiguille aimantée un barreau aimanté, disposé de manière que son pôle le plus voisin soit pareil à celui de même nom que l'aiguille tourne de son côté par l'influence de la terre : en éloignant ou en rapprochant ce barreau, on arrive à un point où son effet contre-balance exactement l'action de la terre. Un autre moyen consiste à apposer à une aiguille une autre aiguille de même force dont les pôles soient tournés en sens contraires. »

AIGUILLES (chirurgie).—Instruments destinés à pénétrer dans les parties molles, à les traverser, à les réunir au besoin ; telles sont les aiguilles à suture, à ligature, soit qu'elles aient un chas (trou), ou que leur extrémité non piquante en soit privée. Elles peuvent être en argent, en or, ou en acier ; quelques-unes, celles surtout qui sont destinées à demeurer longtemps dans les tissus, doivent être en métal non oxydable.

Aiguilles (chemins de fer). — Portions de rail mobiles sur le sol, autour d'un point fixe, servant à faire passer les wagons d'une voie sur une autre. C'est aussi une pièce de fer placée sur un cadran pour indiquer avec précision le degré de force de la vapeur d'une locomotive. On donne le nom d'aiguilleur à l'ouvrier chargé de faire manœuvrer ces aiguilles. Sa responsabilité est immense, et le glaive de la loi a plus d'une fois atteint sa négligence.

Aiguille (architecture). — Nom qu'on donne aux obélisques, aux flèches et clochetons, principalement dans le style gothique ; enfin, à toute pyramide de charpente élevée sur un clocher ou sur la plate-forme d'une tour, pour leur servir d'amortissement.

AIGUILLON (histoire naturelle) [du latin *aculeus*, dérive d'*acus*, aiguille]. — Ce mot a plusieurs acceptions. Dans le règne animal, il s'applique : 1° à l'organe qui, chez certains insectes, est une arme défensive ou même quelquefois offensive, ayant la propriété d'opérer une piqûre et de donner passage à un liquide vénéneux qui, s'épanchant dans la plaie, occasionne une douleur des plus vives. Les principaux insectes pourvus d'un aiguillon sont les guêpes, les frelons, les abeilles, les bourdons, les scorpions, etc. ; 2° aux osselets formés d'une seule pièce et terminés par une pointe aiguë qui, chez certains poissons, tels que la vive, remplacent les rayons des nageoires. — Dans le règne végétal, on appelle ainsi les piquants qui existent sur certaines parties des végétaux, quand ils naissent simplement de l'écorce, et qu'ils semblent n'être que des espèces de poils endurcis, comme, par exemple, dans les rosiers. Il ne faut pas, dit d'Orbigny, confondre les aiguillons avec les épines, qui sont ordinairement des parties avortées, terminées en pointe raide et piquante à leur sommet, et qui se continuent intérieurement avec le corps ligneux de la tige. — Enfin on donne le nom d'*aiguillon* à une « maladie dont le blé, dans l'Angoumois et surtout autour de Barbezieux, est atteint quand il approche de sa maturité. Un sixième, un cinquième et même quelquefois un quart des épis tombent au moindre vent, et les tiges restent droites et apparentes parmi les épis mûrs et courbés par leur poids. Ces tiges sont des *aiguillons*, et ces blés sont dits *aiguillonnés*. »

AIL (botanique) [du celtique *all*, chaud, piquant, d'où en latin *allium*]. — Plante bulbeuse, de la famille des asphodélées, vivace ou bisannuelle, dont l'oignon, d'une odeur et d'un goût piquant et fort, se compose de petites gousses réunies sous une enveloppe commune. Les principales variétés sont le *poireau*, la *ciboule*, la *civette*, l'oignon *proprement dit*, l'*échalotte*, la *rocambole*, etc.

L'*ail proprement dit* est originaire des contrées méridionales de l'Europe. Quand on en sème la graine, elle ne produit la première année qu'un seul bulbe qui, replanté au printemps suivant, devient alors une tête d'ail à plusieurs bulbes ou gousses. Ces gousses d'ail, dit Requin, qui sont la partie utile de la plante, ont une saveur âcre et une odeur piquante, *sui generis*, dite *odeur alliacée*, qu'on retrouve néanmoins dans l'arsenic qui brûle, dans le phosphore, dans cette plante nommée alliaire, si commune au milieu des haies, etc. Quand on a mangé de l'ail, il s'exhale de toute la surface du corps, et surtout de la bouche, quelque chose de fétide et de repoussant pour qui n'y est pas habitué. Aussi, dans l'ancienne Rome, il était défendu à ceux qui avaient mangé de l'ail d'entrer dans le temple de Cybèle. Alphonse, roi de Castille, institua, en 1368, un ordre de chevalerie, qu'il appela l'*ordre de la Bande*, et, entre autres statuts, il prescrivit aux membres de cet ordre de ne manger ni aulx ni oignons, sous peine d'être exclus de la cour et de la société des autres chevaliers pendant un mois. Cependant l'ail n'en a pas moins continué d'être en grand honneur dans la cuisine des peuples méridionaux, et surtout des Espagnols, des Provençaux, des Languedociens et des Gascons, qui en assaisonnent presque tous leurs aliments. — Pour avoir une idée de la grande consommation qui s'en fait dans les pays du Midi, il suffit de savoir qu'il y a soixante ans, la dîme de l'ail rendait plus de 3,000 francs à l'archevêque d'Alby. Aussi est-ce un poëte de la France méridionale, M. de Marcellus, qui, dans son *Épître à l'Ail*, a voulu venger cette plante des imprécations que le poëte latin Horace a lancées contre elle dans l'une de ses épodes. Au reste, l'ail est éminemment stimulant ; si l'on en frotte la peau, il la rubéfie, et y fait naître de petites cloches comme dans la brûlure : mêlé en petite quantité aux aliments, il peut convenir aux vieillards et aux individus atoniques pour aider leur digestion ; mais il est contraire aux personnes nerveuses et irritables. Par l'excitation générale qu'il produit, il est propre à résister aux miasmes délétères dans les temps des épidémies ; aussi a-t-il reçu le nom de *thériaque des pauvres* ou *des paysans*, et il est un des ingrédients principaux du *vinaigre des quatre voleurs*. Au dire de quelques auteurs, on corrige l'odeur de l'ail en mâchant immédiatement après de la racine d'ache ou de persil ; mais nous ne voulons pas garantir la vérité de cette assertion.

AILE (histoire naturelle) [du celtique *al* ou *el*, élève ; en latin *ala*]. — Partie du corps de certains animaux, dont la forme plane et large et les mouvements plus ou moins brusques et répétés servent à les élever et les soutenir en l'air. « Chez les oiseaux, dit Requin, la peau qui recouvre les parties osseuses et charnues de l'aile forme, dans l'angle compris entre l'humérus et le tronc, et dans celui qui est entre l'humérus et l'avant-bras, une expansion membraneuse, tendue par des muscles particuliers, et qui concourt déjà à étendre la surface de l'organe. Mais ce sont surtout les plumes, tiges cornées tout à la fois solides et légères, qui contribuent essentiellement au vol par la grande étendue qu'elles donnent aux ailes. Celles qui naissent du bord supérieur de l'aile, soit en dessous, soit en dessus, se nomment *tectrices*, ou *couvertures supérieures* et *inférieures*. Les couvertures supérieures se divisent en *petites*, *moyennes* et *grandes*. Ces dernières, qui sont situées le plus loin du corps, recouvrent les *pennes* ou *rames*, qui seules servent réellement au vol, et qui se divisent en *grandes* ou *primaires* et *moyennes* ou *secondaires*. Les pennes primaires, plus fortes et plus aiguës, sont situées à l'extrémité de l'aile, et supportées par le long doigt et le métacarpe : les pennes secondaires, plus molles, plus larges et plus obtuses, sont portées par les os de l'avant-bras. Ces différentes plumes composent l'aile proprement dite : trois à cinq plumes raides, fort petites, et portées par le pouce, forment l'*aile bâtarde*, *aileron* ou *fouet de l'aile*. Willughby distingue une seconde aile bâtarde, qu'il appelle *intérieure* : c'est une rangée de plumes qu'on trouve près de l'articulation de l'aile avec l'épaule, surtout chez les oiseaux qui volent très-haut et très-longtemps : ces plumes sont couchées quand l'aile est pliée, et s'écartent quand l'aile s'étend. »

Chez un petit nombre d'insectes, les ailes manquent (aptères), mais la plupart en ont deux ou quatre; dans ce dernier cas, les deux paires sont membraneuses comme une gaze et d'égale consistance, ou bien l'une est membraneuse et l'autre est dure et coriace; quand il en est ainsi, ces ailes dures, appelées *élytres*, sont comme des étuis destinés à protéger les ailes véritables, et ne servent point au vol. Quelquefois l'aile, sans être aussi fine qu'une gaze, n'a pourtant pas la consistance de la corne; elle prend alors le nom de *pseudélytre*, comme chez les *sauterelles*; d'autres fois sa consistance est coriace à la base et membraneuse à l'extrémité (punaise des bois); l'aile porte dans ce dernier cas le nom d'*hémélytre*. Quelle que soit la consistance de l'aile, elle a pour base un certain nombre de tubes, appelés *nervures* ou *veines*, dont la cavité communique avec l'intérieur du thorax.

Le plus ou moins de puissance du vol, selon T. Lacordaire, dépend nécessairement de certaines conditions qui, toutes, se rattachent aux organes par lesquels il s'exerce. Les principales sont la *texture* plus ou moins solide des ailes, leur *grandeur* relativement au corps de l'insecte, la *vigueur* des muscles qui les font mouvoir, enfin leur *position* plus ou moins rapprochée du centre de gravité de l'animal. Ces quatre considérations suffisent pour expliquer comment le vol est ou ferme, rapide, soutenu, ou mou, lourd, sautillant et de courte durée. Chez les lépidoptères, par exemple, on conçoit facilement qu'un sphynx qui possède des ailes courtes, de consistance solide, attachées à un corselet énorme avec lequel elles s'articulent au moyen des muscles vigoureux, doit avoir le vol aussi énergique qu'il l'est peu chez un morpho pourvu d'ailes immenses, de texture légère, et articulées avec un corselet étroit, qui ne peut contenir que des muscles sans vigueur. A plus

forte raison encore le vol sera-t-il lourd et traînant chez la majeure partie des coléoptères, où des élytres inflexibles, qui ne font que s'entr'ouvrir pour mettre les ailes inférieures en liberté d'agir, sans aider ces dernières dans leur action, gênent tous les mouvements de l'animal. Aussi est-ce parmi eux que se trouve la locomotion aérienne parvenue à son moindre degré d'énergie. Il n'en est aucun qui puisse voler contre le vent contraire le plus faible, et ils sont obligés de céder à l'impulsion de la brise la plus légère. Chez beaucoup d'entre eux également, les ailes sont attachées en avant du centre de gravité, dans les cerfs-volants entre autres, de sorte que la partie postérieure du corps tend sans cesse à entraîner l'antérieure, et que le corps de l'animal coupe obliquement le plan de position sur lequel il s'avance dans l'air, ce qui ne contribue pas peu à le faire tomber lourdement à terre au moindre choc qu'il éprouve. La disposition contraire est beaucoup moins fréquente, et presque toujours produite par le développement démesuré qu'acquièrent certaines parties dépendantes de la tête, telles que les mandibules de certains lucanes, la dilatation vésiculaire de sfulgores, etc. Entre les deux extrêmes que nous avons cités plus haut, on trouve toutes les nuances intermédiaires dans le vol. Nous en tiendrons compte dans les divers genres que nous avons choisis comme types pour en traiter dans cet ouvrage. Nous ajouterons seulement que, dans les dernières années de sa vie, Latreille, appliquant les principes de l'unité de composition aux ailes, a cru reconnaître des pattes dans ces organes. Cette erreur du premier entomologiste de notre époque a été savamment réfutée par M. Audoin, dans un mémoire dont on trouvera une brève analyse à l'article *Aile* du dictionnaire classique d'histoire naturelle.

V. JOURDAN.

AIMANT (physique) [*magnès* des Grecs (1), d'où l'on a fait dériver l'expression *magnétisme*, donnée à la partie de la physique qui traite de l'ensemble des phénomènes d'attraction produit par l'aimant]. — *L'aimant*, appelé vulgairement *pierre d'aimant*, est une combinaison de protoxyde et de péroxyde de fer, nommé *fer oxydulé magnétique*. Sa formule est Fe O + Fe² O³. La Sibérie, la Suède, la Norvége, l'île d'Elbe et les États-Unis d'Amérique renferment les mines d'aimant les plus connues. Ce minéral a la propriété d'attirer le fer, l'acier, le cobalt et le nickel, et l'on a remarqué, depuis quelques années, que des combinaisons de protoxyde avec le péroxyde de nickel, du protoxyde de cobalt avec son péroxyde, de protosulfure de fer avec son persulfure, etc., jouissaient des propriétés de l'aimant.

Un morceau d'aimant, plongé et roulé dans de la limaille de fer, ne se recouvre pas également des parcelles de cette limaille : quelle en est la cause ? C'est à l'observation de ce qui s'est passé qu'il faut la demander. Or, celle-ci ne tarde pas à nous décou-

(1) Cette pierre se trouvait dans Héraclée, ville de la Magnésie (en Lydie), d'où elle a été appelée *heraclius lapis*, *magnes* et *lydius*.

vrir l'inégalité de la distribution qui s'est faite, sur la surface de l'aimant, des parties de la limaille; les deux extrémités du minéral en sont sensiblement plus couvertes. Ces deux extrémités opposées l'une à l'autre, et où la limaille s'est principalement accumulée, s'appellent les deux *pôles* de l'aimant; une particularité en quelque sorte encore plus remarquable, et que nous devons signaler tout d'abord, c'est que d'un seul aimant, si l'on vient à le rompre, on en fait deux ayant chacun leurs deux pôles. La puissance attractive de l'aimant s'exerce indifféremment à travers toutes les substances, qu'elles soient ou non conductrices de l'électricité; elle s'exerce à distance et ne diminue qu'insensiblement d'intensité en suivant, comme l'a prouvé Coulomb, la loi générale des attractions électriques et magnétiques, c'est-à-dire la raison inverse du carré des distances. Non-seulement la limaille mise en contact avec le fer est attirée par celui-ci; mais les parcelles de limaille, composant les rayons des aigrettes que forme leur poussière adhérente aux pôles des aimants, sont elles-mêmes adhérentes bout à bout les uns aux autres. On doit à l'observation de ce phénomène remarquable, la découverte de la propriété qu'a le fer, mis en contact avec l'aimant, de devenir lui-même magnétique. Placé de manière à pouvoir librement se mouvoir en direction horizontale, un aimant prend toujours une direction telle qu'un de ses pôles est tourné vers le nord, et l'autre vers le sud; on donne le nom de *pôle boréal* au *pôle nord*, et celui de *pôle austral* au *pôle sud*.

C'est à cette propriété, qui prend le nom de *polarité de l'aimant*, qu'est due l'invention de la *Boussole* (V. ce mot). Si à chacune des extrémités d'une aiguille aimantée, libre et abandonnée à elle-même, on présente alternativement les deux pôles d'un autre aimant, par exemple le pôle nord de celui-ci au même pôle de l'aiguille, leurs deux pôles se repousseront; la même chose aura lieu par rapport aux pôles sud. On a dû en conclure, comme on l'a fait, cette formule d'un des phénomènes que présente la loi à laquelle obéissent les aimants: les *pôles de même nom se repoussent, les pôles de nom contraire s'attirent*. L'action de chacun des deux pôles de l'aimant opposés aux mêmes pôles de l'aiguille aimantée, n'étant par là même que celle des mêmes pôles de cette aiguille, il en résulte que chaque aimant contient deux *fluides*, dont chacun domine à l'une de ses extrémités. L'observation du merveilleux phénomène de la direction des pôles de la boussole, a fait considérer la terre elle-même comme un gros aimant, ayant ses pôles vers ses extrémités comme les autres aimants, et suivant les mêmes lois d'après lesquelles les aimants agissent les uns sur les autres. La terre aussi a donc ses deux pôles magnétiques: l'un, le *pôle magnétique boréal*, qui règne dans l'hémisphère de ce nom, et l'autre, le *pôle magnétique austral*, qui règne dans ce dernier hémisphère. L'action magnétique de la terre a l'effet très-remarquable de convertir en aimant les pièces de fer placées dans une position verticale, effet qui disparaît plus ou moins

promptement, suivant les circonstances, si l'on vient à les replacer dans la position horizontale. On donne le nom d'*aimant naturel* aux substances qui ont la propriété d'attirer le fer; — les aiguilles ou les barreaux d'acier auxquels on a communiqué cette propriété, prennent au contraire le nom d'*aimant artificiel*. — Voy. *Aimantation*.

Les anciens connaissaient la propriété attractive de l'aimant, mais la principale de ces propriétés, celle de sa direction, fut complètement ignorée de l'antiquité. Thalès est le plus ancien des écrivains qui parlent de la propriété attractive de l'aimant pour le fer; Quant à sa propriété directrice (Voy. *Boussole*), Gilbert fut le premier qui, vers la fin du 16e siècle, reconnut deux pôles dans l'aiguille aimantée: il découvrit que les pôles de même nom se repoussent, et qu'au contraire les pôles opposés s'attirent; que par conséquent le pôle austral d'un aimant se dirige vers le pôle nord de la terre, et *vice versa*. Toutefois il ne soupçonna pas l'identité des fluides électrique et magnétique. Plus tard, Desaguilliers inventa l'armure dont on entoure les pierres d'aimant, après avoir reconnu que le fer doux leur donnait une plus grande force attractive: il réussit moins en cherchant à déterminer la loi de décroissement des forces magnétiques. Les aimants artificiels furent inventés dans le cours du xviie siècle, par Savery; l'Anglais Knight est le premier qui ait aimanté une barre d'acier, en la plaçant parallèlement à la déclinaison de la boussole (1772). Son compatriote Mitchell a beaucoup perfectionné les aimants artificiels, dont la force est aujourd'hui bien supérieure à celle des aimants naturels. Coulomb est le premier qui remarqua, à la fin du dernier siècle, une parfaite identité dans le mode d'action des fluides électrique et magnétique, et qui créa ainsi la théorie des deux fluides magnétiques; il découvrit plusieurs corps susceptibles d'aimantation, et soupçonna que tous y étaient plus ou moins aptes; ses travaux perfectionnèrent singulièrement la boussole. Enfin, en 1819, M. OErsted, de Copenhague, prouva non-seulement l'identité d'action entre l'électricité et le magnétisme, mais encore il démontra qu'avec le galvanisme, il ne formait qu'un seul et même fluide (Voy. *Électro-magnétisme*). Les travaux postérieurs de MM. Ampère, Arago, Fresnel, Faraday, Schweigger, Kupffer, Plucker, ont entièrement confirmé cette découverte, et l'ont complétée par un grand nombre de travaux importants.   J. Becherand.

Aimant (thérapeutique). — Les Égyptiens attribuaient à l'aimant une action merveilleuse, soit à l'intérieur, soit à l'extérieur; les observations modernes n'avaient pas justifié cette propriété thérapeutique, lorsqu'au dernier siècle Mesmer voulut la remettre en vogue; depuis cette époque, les médecins n'ont reconnu à l'aimant qu'une vertu sédative et antispasmodique vantée outre mesure par beaucoup de charlatans. N'est-il pas ridicule, en effet, de voir des personnes porter aux doigts des bagues aimantées, dans le but de prévenir la migraine? Disons que ce moyen prophylactique ne peut avoir d'action que sur l'imagination. Il n'en est pas de même des plaques aimantées qui, par les courants électriques qu'elles déterminent au travers des organes, apportent un soulagement réel dans une foule de névralgies; mais alors deux conditions sont indispensables pour obtenir des résultats heureux : 1° disposer les plaques de manière que leurs pôles soient exactement opposés; 2° posséder des notions d'anatomie qui permettent de les placer sur l'endroit où elles doivent agir.

B. LUNEL.

AIMANTATION (physique appliquée). — Opération par laquelle on communique à l'acier ou au fer les propriétés magnétiques.

L'expérience démontre tous les jours combien les aimants artificiels sont préférables aux aimants naturels : d'abord, à grosseur égale, ils sont beaucoup plus forts, c'est-à-dire qu'ils attirent un poids plus élevé. Mais l'avantage le plus précieux, c'est qu'ils communiquent aux aiguilles des boussoles, en les passant seulement dessus, dans la direction des pôles, une vertu directrice, d'une durée beaucoup plus longue que celle que peuvent procurer les pierres d'aimants naturelles.

L'abbé Lenoble a fait des aimants artificiels qui portaient jusqu'à 300 kilog.; mais ils perdent aisément les deux tiers de leur force. C'est même, en général, un des défauts des aimants artificiels, que de diminuer de force lorsqu'ils ne sont pas chargés.

La méthode commune pour faire l'aimant artificiel consiste à choisir des lames de fleuret bien trempées, polies et égales en longueur, largeur et épaisseur; à les aimanter séparément sur le pôle d'une pierre d'aimant naturel, bien armée, ou sur celui d'un aimant artificiel; à appliquer toutes ces lames les unes sur les autres, de manière que les pôles de même nom soient tous rangés du même côté; on assujettit ensuite toutes ces pièces avec des bandes de cuivre que l'on serre avec des vis. Ce faisceau de lames d'acier est l'aimant artificiel. On se contente quelquefois d'unir ensemble plusieurs lames de fleuret aimantées, chacune séparément, et auxquelles on conserve toute leur longueur. On les tient assujetties par des cercles de cuivre, en ayant soin que toutes leurs extrémités soient bien dans le même plan. C'est sur cette extrémité qu'on passe les lames d'acier et les aiguilles que l'on veut aimanter, et ces sortes d'aimants sont préférables à beaucoup d'aimants naturels. Ces aimants artificiels seront d'autant meilleurs, qu'ils seront construits d'acier mieux trempé et bien poli; qu'ils auront été passés sur le pôle d'un aimant naturel ou artificiel vigoureux; qu'ils auront plus de longueur; enfin qu'ils seront rassemblés en plus grand nombre. Comme il arrive parfois qu'avec ces précautions les lames d'acier ne reçoivent pas toute la vertu magnétique dont elles sont susceptibles, Mitchell, physicien anglais, a imaginé le procédé de la double touche, qu'on pratique de la manière suivante :

On prend douze lames d'acier aplati, de la longueur de 16 centimètres sur une largeur de 14 millimètres, et d'une épaisseur telle qu'elles ne pèsent qu'environ 50 grammes. On les lime, on les polit,

on les fait rougir à un feu modéré et on les trempe; on fait ensuite une marque à l'une des extrémités avec un poinçon. Cette extrémité marquée sera destinée à devenir le pôle austral, et celle qui n'est pas marquée le pôle boréal. On observera qu'on est convenu, en fait de magnétisme, d'appeler *pôle austral* de l'aimant celui qui est plus près du sud, et *pôle boréal* celui qui est plus près du nord. Le méridien magnétique est le plan perpendiculaire à l'aimant, suivant la longueur de l'axe, qui passe en conséquence par les pôles.

Après cette préparation, on met six de ces barres sur une table, à la suite l'une de l'autre, de sorte qu'elles représentent une seule ligne droite, suivant la direction du méridien magnétique, et on les assujettit de manière que toutes les extrémités marquées avec le poinçon soient tournées vers le nord, et touchent l'extrémité de la barre qui n'est pas marquée. On prend une pierre d'aimant armée, que l'on couche sur une des barres, de manière que le pôle du nord soit tourné du côté de la barre qui est marquée, et qui doit devenir pôle austral; et que le pôle austral de la pierre soit tourné, au contraire, du côté de la barre non marquée, qui doit devenir pôle boréal. On passe ensuite et l'on repasse cet aimant tout le long de la ligne formée par les six bandes de fer, jusqu'à trois ou quatre fois. Il faut avoir grand soin de bien toucher toutes ces barres. Cela fait, on amène la pierre sur une des bandes qui sont au milieu, et après avoir ôté les deux barres qui sont aux extrémités, et transporté celles du milieu à un bout, on met les premières à la place de celles-ci; puis on recommence à faire glisser la pierre, trois ou quatre fois, le long de la ligne, sans néanmoins aller jusqu'au bout, c'est-à-dire en laissant intactes les deux barres de l'extrémité qui se trouvaient auparavant au milieu, parce que non-seulement elles ont reçu, lorsqu'elles étaient au centre, toute la vertu magnétique dont elles sont susceptibles, mais même qu'une seconde touche, que l'on ferait dans le temps qu'elles sont à l'extrémité, leur ferait perdre une partie de la vertu acquise. C'est par la même raison que les barres des extrémités reçoivent moins de vertu, et qu'on les déplace pour les mettre à leur tour dans le milieu.

Ces opérations achevées, on retourne les barres sens dessus dessous; on retouche ce côté comme on avait touché l'autre, en épargnant les deux barres des extrémités, barres qui doivent être ensuite ramenées au milieu, pour être touchées en cette position; c'est la raison pour laquelle Mitchell a nommé cette méthode la *double touche*.

Il s'agit maintenant d'aimanter les six autres barres. On les range sur une seule ligne comme les six premières. Celles-ci serviront d'aimant pour les autres : on les assemble de manière que trois d'entre elles soient adossées aux trois autres, et se touchent du côté non marqué par les extrémités qui doivent devenir des pôles de différents noms. Dans cette situation, les extrémités des barres déjà aimantées, qui doivent devenir des pôles du même nom, se trouvent de l'autre côté, c'est-à-dire du côté extérieur; elles ne doivent pas se toucher de ce côté, mais être éloignées par le bas de 2 à 3 millim. Pour les empêcher de se toucher et les fixer à la distance que l'on vient de prescrire, on met entre elles un petit morceau de bois, ou toute autre matière, excepté du fer. Les six barres aimantées ayant été disposées comme il a été dit, on les coule trois ou quatre fois d'un bout à l'autre de la ligne formée par les six autres barres non aimantées, en allant et revenant sur cette ligne ; on ramène ensuite les barres des extrémités dans le milieu, de la manière ci-dessus indiquée, et on les retourne pour leur donner la seconde touche.

Lorsque les six premières barres ont été passées sur un aimant vigoureux, elles communiquent aux six dernières une vertu magnétique plus forte que celle dont elles jouissent elles-mêmes. Ce phénomène dépend apparemment de ce que l'attouchement du fer au fer est plus exact que celui de l'aimant au fer. Ainsi, pour rétablir dans les six premières barres une vertu égale, on doit les repasser sur les six dernières, selon la méthode indiquée. Ces deux demi-douzaines de barres peuvent ensuite servir à en aimanter d'autres demi-douzaines, en répétant les opérations décrites, jusqu'à ce qu'on voie que les dernières ont acquis toute la vertu dont elles sont susceptibles, c'est-à-dire jusqu'à ce qu'elles n'acquièrent point de nouvelles forces par de nouveaux attouchements.

Les barres ainsi aimantées peuvent lever, par un de leurs pôles, 500 grammes de fer chacune, pourvu que ce fer soit d'une forme convenable. On est obligé, dans le cours de ces opérations, tantôt de désunir, tantôt de rassembler les barres de fer qui servent d'aimant, et celles qu'on veut aimanter; mais comme les pôles de même nom qui sont de même côté, et qui se touchent, s'affaiblissent réciproquement, on aura soin de n'en jamais placer deux à la fois du même côté; et par la même raison, on les mettra une à une de chaque côté, en les faisant toujours toucher dans toute leur longueur, ou en mettant leurs extrémités inférieures sur la ligne des barres qu'il est question d'aimanter, tandis qu'elles se toucheront par les extrémités supérieures. La même chose doit être observée en retirant les barres, c'est-à-dire qu'il faut les retirer une à une de chaque côté. On peut encore assembler les six barres en un faisceau, les prenant une à une à chaque fois, de chaque côté; puis, en les transportant sur la ligne des barres, on les partagera en deux faisceaux, comme il a été dit, prenant garde de les disjoindre par le bas, avant qu'ils soient posés sur la ligne, car alors ils s'affaibliraient.

Il faut observer que les barres magnétiques et les aiguilles doivent être trempées de toute dureté; la trempe en paquet y paraît très-propre; et comme il arrive souvent que les barres se tournent et perdent leur rectitude à la trempe, on doit, pour éviter autant qu'il est possible cet inconvénient, recommander à ceux qui les forgent de ne point les redresser à froid, mais de les faire chauffer chaque fois : celles qui ont été redressées à froid ne manquent pas de reprendre leur première courbure lorsqu'on les trempe.

Il est des moyens de donner au fer une vertu magnétique très-considérable, et même d'augmenter celle des aimants faibles, au point de les rendre très-vigoureux. Knight, du collège de la Magdeleine à Oxford, a aimanté à un tel degré un aimant faible, qu'il a fait évanouir la vertu de ses pôles, et leur en a substitué ensuite d'autres, plus vigoureux et directement contraires; en sorte qu'il met le pôle boréal où était naturellement le pôle austral, *et vice versâ.* De plus, il plaça les pôles d'un aimant où était auparavant l'équateur, et l'équateur où étaient les pôles. Dans un aimant cylindrique, il mit un pôle boréal tout autour de la circonférence du cercle, qui fait une des bases, et le pôle austral au centre de ce même cercle, tandis que toute la circonférence de l'autre base était un pôle austral et le centre un pôle boréal. Il fit ces expériences en présence de la Société royale de Londres. On le vit placer à sa volonté les pôles d'un aimant ; par exemple, rendre pôle boréal le milieu d'une pierre, et pôle austral les deux extrémités. Enfin, dans un aimant parallélipipède, il plaça les pôles aux deux extrémités, de telle sorte que la moitié supérieure de la surface était pôle austral, et la moitié inférieure pôle boréal : la moitié supérieure de l'autre extrémité était pôle boréal, et l'inférieur pôle austral. Il est vraisemblable que Knight réussissait à produire tous ces effets par quelques moyens analogues à celui de Mitchell, c'est-à-dire par le secours des aimants artificiels, faits avec des barreaux d'acier trempés et polis, aimantés par la manière *double touche.*

Suivant Dubamel, pour faire acquérir à un morceau d'acier une force de beaucoup supérieure à celle qu'il acquerrait en l'aimantant à l'ordinaire, il suffit de le joindre à un autre beaucoup plus long, en le laissant déborder d'environ 3 centimètres, et, si l'on coupait inégalement en deux un aimant artificiel, qui est, comme on le sait, un faisceau de lames d'acier aimantées, le petit bout devrait soutenir un bien plus grand poids que l'autre.

L'action de la terre, le choc, la torsion, les décharges électriques, les courants voltaïques, peuvent aussi communiquer au fer les propriétés magnétiques : c'est ainsi que les croix de fer des clochers des églises, que les outils des forgerons, etc., sont dans un état magnétique. Des fils de fer soumis à l'action d'un courant continu ont produit les aimants les plus puissants (voy. *Électro-magnétisme*). La télégraphie électrique en a fait récemment des applications importantes.   Le chevalier JOSSERAND.

AINE (anatomie) [du latin *inguen*, autrefois *aisne*, et plus anciennement *aingne*; *pudendum* des Latins]. — Jonction de la cuisse et du bas-ventre; enfoncement plus ou moins profond qui sépare la cuisse de l'abdomen, et les parties immédiatement contiguës à ce pli. Ce n'est, à proprement parler, qu'une ligne qui s'étend depuis l'épine antérieure et supérieure de l'os iliaque jusqu'à la partie moyenne de la branche horizontale du pubis. Dans sa plus large acception, le mot *aine* désigne tout l'espace triangulaire compris entre le bord inférieur de l'aponévrose abdominale et les muscles couturier et premier adducteur.

AINESSE (droit d'). — Priorité d'âge qui donnait au plus âgé des enfants mâles le droit de prendre dans la succession de ses père et mère une portion plus considérable que celle de chacun de ses frères et sœurs en particulier. Cette prérogative accordée à l'aîné remonte à la plus haute antiquité. Chez les Égyptiens, selon Diodore, chez les Grecs, selon Valère-Maxime, chez les Spartiates, selon Plutarque, il paraît que les aînés jouissaient également de privilégés particuliers; mais nous ne savons rien de bien positif à cet égard. On ne retrouve point le droit d'aînesse dans la législation des Romains; cependant, dit Ariste Boué, on voit que le lien de famille qui unissait le père aux enfants était bien plus fort à l'égard des fils que des filles et de tous les autres descendants. Le père qui vendait sa fille, soit un de ses enfants du second degré, quel que fût son sexe, épuisait entièrement sa puissance; mais un fils vendu par son père, et affranchi par l'acquéreur, rentrait à l'instant dans la famille du vendeur; une seconde aliénation, suivie d'un second affranchissement, avait le même effet; le père n'épuisait son autorité, ne brisait le lien de famille entre lui et son fils que par une troisième vente. Or, ce double retour du fils dans la famille n'était pas seulement dans l'intérêt de la puissance paternelle; les avantages les plus réels en étaient pour le fils, puisque le lien de famille dépendaient presque toutes les successions. De même, quant aux filles et aux petits-fils, le père de famille, pour les exclure de son hérédité, n'avait qu'à laisser un testament et ne pas les y nommer : pour le fils une exhérédation expresse et formelle était indispensable; s'il n'y avait à son égard qu'une simple omission, le testament était frappé de nullité. Ces différences ne constituaient-elles pas, sinon en faveur du fils aîné, du moins en faveur des fils, un véritable privilége légal? Il faut encore remarquer que le père de famille, étant investi du pouvoir le plus illimité de disposer de ses biens par testament, il devait arriver fréquemment qu'il transportât, par quelque préférence, sur la tête de l'un de ses enfants, les plus notables parties de l'hérédité. En France, sous les rois de la première race, le droit d'aînesse était inconnu. La couronne se partageait entre les frères; les alleux se divisaient de même, et les fiefs, amovibles ou à vie, n'étant pas un legs de succession, ne pouvaient être un objet de partage. Mais, sous les Carlovingiens, les fiefs étant devenus héréditaires, le droit d'aînesse s'introduisit dans la succession de ces biens, et par la même raison dans celle de la couronne, qui était le fief principal. Ce droit d'aînesse constituait au profit de l'aîné des enfants une prérogative inique, celle de prendre dans la succession de ses père et mère la portion la plus considérable, et même dans certains cas la totalité à l'exclusion de ses frères et sœurs. Cet état de choses a été aboli par le décret du 4 août

1789, et par les lois du 15 mars 1790 et du 8 avril 1791.

En 1826, le roi Charles X tenta de rétablir le droit d'aînesse; mais la chambre des pairs eut la sagesse de rejeter cette proposition. Le droit d'aînesse ne fut maintenu que pour l'hérédité du trône et pour cet immeuble inaliénable affecté au soutien d'un titre de noblesse, le *majorat* (voy. ce mot). En Russie, en Espagne, en Italie et en Angleterre surtout, le droit d'aînesse subsiste encore et assure la puissance de l'aristocratie en même temps qu'il déshérite injustement une foule d'enfants de famille. L'époque n'est sans doute pas éloignée où les saines idées de justice et de morale feront comprendre à tous les peuples l'iniquité d'un droit qui crée une odieuse inégalité entre les enfants d'un même père.

TESSON DE LA ROCHELLE.

AIR (physique et chimie) [du grec *aer*, air; racine *ao*, je souffle; *aos*, souffle; *aésinos*, léger, mince].— L'air dans lequel nous sommes entièrement plongés, qui nous pénètre et nous environne de toute part, est un corps qui jouit, comme tous les autres corps, des propriétés générales de la matière. Envisagé sous le point de vue de ses propriétés physiques, il est : 1° *fluide*, comme le prouve la dissolution de ses principes constituants dans le calorique, dont il est tellement imprégné, que c'est au feu qu'il renferme et dégage, par suite d'une compression subite, que sont dus les effets du briquet à air, et le phénomène des inflammations subites des forêts dont parle Lucrèce (lib. 1 et 5 de son traité *De Natura rerum*); 2° *incolore*, et par conséquent *invisible*, si ce n'est en grande masse, car alors il réfléchit un plus grand nombre de ces rayons lumineux qui donnent au ciel la belle couleur d'azur si agréable à l'œil; 3° *inodore*, et par conséquent insipide, mais d'une insipidité peut-être apparente dans l'insensibilité de nos organes habitués à l'effet des impressions qu'ils en reçoivent; 4° *transparent*, propriété qui n'a pas besoin d'être démontrée; 5° *pesant*. Les anciens, qui, tout matérialistes qu'ils étaient pour la plupart, tombaient dans les plus grandes contradictions, niaient la pesanteur de l'air regardé par eux comme le principe de la vie, la source de la pensée suivant Démocrite, ou l'*âme* elle-même suivant Aristote. Ce philosophe; en dépit de la confusion de ses idées sur la nature et l'origine de l'âme, fut un des premiers qui observèrent qu'une vessie pleine d'air est plus pesante que lorsqu'elle est vide; il était réservé à Galilée, qui vint longtemps après, de démontrer d'une manière directe la pesanteur de l'air. On a dit de ce grand homme qu'il mourut sans avoir fait connaître son secret; que cela soit vrai ou faux, toujours est-il que c'est à son inspiration qu'est dû le premier essai de l'expérience si simple du ballon de verre. Si, après avoir pesé un ballon de verre privé d'air, on y fait rentrer ce fluide qu'on en avait retiré, on trouve, en le pesant de nouveau, une différence de poids qui fournit la preuve évidente de la pesanteur de l'air. Le baromètre (voy. ce mot), dû au génie de Toricelli, disciple de Galilée, sert à prouver tout à la fois la pesanteur et les variations hygro-métriques de l'air à l'approche de la pluie ou du beau temps; mais les indications qu'il donne sous ce dernier rapport ne peuvent être, on le conçoit, que fort incertaines, attendu que différentes causes concourent à la pluie et au beau temps. On fait d'ailleurs, avec un cheveu ou une corde à boyau, pour l'indication des variations hygrométriques de l'air, des instruments d'une plus grande précision nommés hygromètres ou hygroscopes, qui, sensibles au moindre changement de sécheresse ou d'humidité faisant à l'aide d'un ressort tourner une aiguille sur un cadran, indiquent la pluie ou le beau temps.—Un litre d'air pèse 1 gr. 2986; il est 811 fois plus léger que l'eau, elle-même 13 fois plus légère que le mercure. Or, suivant l'indication par le baromètre de la pression de l'air sur le mercure, la hauteur de la colonne de mercure à laquelle il fait équilibre étant de 28 pouces environ (0 m. 76), il soutiendra une colonne d'eau 13 fois plus grande, c'est-à-dire de 32 pieds environ, ou à peu près 9 m. 88, représentant le poids de l'atmosphère qui environne la surface de la terre et la presse sur chacun de ses points. Suivant l'évaluation qu'on en a faite, le poids de l'atmosphère sur un homme de moyenne taille surpasse trente-trois milliers de livres, environ seize mille kilogrammes. Voilà pourtant, dit Aimé Martin, le poids dont, suivant la plaisante remarque du savant et spirituel Hauy, étaient chargés les philosophes anciens qui niaient sérieusement la pesanteur de l'air. Quoi qu'il en soit du mérite de l'à-propos du savant minéralogiste au sujet des anciens, on ne saurait sans injustice lui exagérer l'opportunité et la portée lorsqu'on sait que du temps même de Pascal, ce célèbre physicien fut obligé, pour convaincre les savants de son temps qui niaient la pesanteur de l'air, d'engager son ami Perrier à monter sur le Puy-de-Dôme avec un baromètre : Si l'air est pesant, dit-il, le mercure descendra. Sa juste prévision se réalisa au flambeau de l'évidence, qui se fit jour en brillant de l'éclat de la vérité à travers les épreuves de l'expérimentation. L'air est compressible, c'est-à-dire qu'il peut être réduit à un volume d'autant moindre que le poids dont il est chargé est plus considérable ; c'est ce qui résulte de l'expérience faite à l'aide de l'instrument dû à Mariotte, fig. 54 et dont on fait usage ainsi qu'il suit :

Dans le tube de verre cylindrique recourbé *abc* ouvert en *a* et hermétiquement fermé en *c*, si l'on verse un peu de mercure qui remplisse la courbure et se mette horizontalement au niveau en dé-

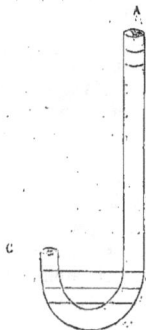

Fig. 54.

passant les branches du tube, de telle sorte qu'il y ait égalité de pression dans les deux branches, il est évident que cette égalité de pression n'aura lieu que si le ressort de l'air contenu dans la petite branche *bc* fait équilibre au poids de la colonne d'air de l'atmosphère de la grande branche *ab*. En poussant plus loin l'expérience, on verrait qu'à chaque nouveau versement d'une colonne de mercure de 28 pouces de hauteur, par exemple, le volume de l'air de la petite branche serait en raison inverse de la pression du nouveau poids qu'il aurait à supporter.

L'air partage avec tous les gaz la propriété d'être parfaitement élastique. Tout le monde sait que si l'on presse une vessie pleine d'air, elle reprend sa forme primitive dès qu'on aura cessé de la comprimer. Il jouit encore, ainsi que les gaz, d'une force expansive à laquelle il doit de tendre sans cesse à occuper une place de plus en plus considérable. Si l'on parvenait à retirer l'air d'un appartement, et que l'on y introduisît la quantité de ce fluide contenue dans une bouteille, cet air emplirait d'une manière égale et uniforme tout l'appartement.—La densité de l'air ou sa pesanteur diminue à mesure que l'on s'élève dans l'atmosphère. La raison pour laquelle nous ne sommes pas écrasés par le poids de l'atmosphère qui pèse sur nous, c'est que la pression de l'air, s'exerçant dans tous les sens, celle de l'air extérieur qui nous presse est contre-balancée par les gaz et par celui que renferment nos corps. L'épaisseur de la couche atmosphérique est de 60,000 mètres, environ un centième du rayon terrestre.

L'air qui constitue l'atmosphère, pénètre dans les lieux les plus sombres, dans les cavernes les plus profondes, et dans les fissures de plusieurs minéraux.

Composition chimique.—Il résulte des récentes observations de MM. Dumas et Boussingault que l'air est composé de 23,01 d'oxygène en poids pour 76,99 d'azote, ou bien de 20,81 d'oxygène en volume pour 79,19 d'azote ; il contient aussi une petite quantité d'acide carbonique variable entre 0,04 et 0,08. Ch. Saussure, Humboldt, Dalton et Boussingault y ont découvert un peu d'hydrogène, et Delsen et Barruel un peu d'acide chlorhydrique.

Ce n'est que fort tard, c'est-à-dire vers la fin du dernier siècle, que l'idée de la composition de l'air, qui était regardé par les anciens et par Aristote comme un des quatre principes élémentaires des corps de la nature, vint à l'esprit des investigateurs de la science. En suivant l'ordre historique et chronologique des temps dans la recherche des premiers faits sur la composition de ce corps, on ne sait, en quelque sorte, ce qui doit surprendre le plus ou de la lenteur des progrès qui en ont amené la découverte, ou de la sagacité des premières observations, dont elle devait être l'inévitable conséquence. Quoi qu'il en soit, c'est à dater du commencement du dernier siècle qu'une première expérience faite par Brun et vérifiée depuis par le médecin Guillaume Rey, fit entrevoir la composition de l'air en établissant le principe encore inconnu de sa pesanteur. Ce ne fut pourtant que sur la fin du dix-huitième siècle que le docteur anglais Joseph Priestley, naturalisé Français, fit de nouvelles expériences encore plus concluantes, auxquelles vinrent enfin imprimer d'une manière décisive le cachet de leur évidence celles que fit de son côté et dans le même temps le célèbre pharmacien lyonnais Bayen, chargé par le gouvernement de faire des expériences sur l'étain. Enfin arrive l'illustre et trop infortuné Lavoisier, qui, en s'emparant des idées de Priestley et de Bayen, prouve que l'air déphlogistiqué du premier, ou l'air vital de Lamétherie, est composé de deux gaz nommés par Guyton de Morveau et les chimistes moderne oxygène et azote.

Si, comme le prétend M. Dumas, qui a été chargé de faire l'analyse de l'air de plusieurs salles d'hospices, les quantités d'oxygène et d'azote de l'air sont dans un rapport constant à toutes les hauteurs, il en résulte que la conséquence à déduire de l'invariabilité de l'état normal de l'air, ou, ce qui est la même chose, de l'uniformité de la constitution atmosphérique, serait la permanence de l'état physique des êtres organisés, et, par suite, l'inutilité des précautions hygiéniques de salubrité, et le renversement d'une des bases principales sur lesquelles doivent s'appuyer les prescriptions de l'hygiène, et reposer les principes de la physiologie expérimentale, végétale et animale [1].

J. BÉCHERAND.

AIR (hygiène). — Pour le médecin, l'air est ce fluide élastique, invisible, qui nous environne et qui entretient la respiration et la vie des animaux [2]. Nous allons le considérer sous le rapport de ses effets sur l'économie animale, effets variant selon sa composition chimique, ses propriétés et ses qualités physiques, etc.

1° *Effets de l'air dépendant de sa composition chimique et des changements que lui fait éprouver l'économie animale.* — Dans l'étude des effets de l'air sur nos corps, il y a toujours deux choses à considérer : les changements que l'air éprouve de notre part, et ceux qu'il nous fait éprouver. Cette double considération a lieu dans trois cas très-importants, soit qu'on examine l'air qui nous presse, celui que nous respirons, ou celui que nous avalons.

On a vu que l'air atmosphérique est composé d'oxygène et d'azote, dans la proportion de 21 à 79, et d'une petite partie d'acide carbonique. Lorsque l'air a pénétré dans les poumons, d'après les expériences de Jurine de Genève, on l'expire chargé d'une bien plus grande quantité d'azote et d'acide carbonique. On a prouvé que dans la combustion les mêmes phénomènes avaient lieu : ainsi, il n'y a qu'une portion de l'air atmosphérique qui peut entretenir la respiration et la combustion, c'est l'oxygène. Dans

ces deux actions, les résidus de l'air épuisé par la respiration et par la combustion sont l'azote et l'acide carbonique, en observant que la combustion donne plus d'acide carbonique que la respiration.

On a constaté que l'oxygène pur, respiré, donnait aux animaux beaucoup d'activité et de force, et que le charbon brûlé dans le même air donnait plus de chaleur et une lumière plus vive. D'après cela, on a pu croire que l'introduction de l'air dans les poumons communique de la couleur et de la chaleur au sang, et anime la circulation, et que celui qui en sort perd la faculté d'entretenir la vie des animaux. On peut aussi admettre, avec Lavoisier, que dans la respiration, ainsi que dans la combustion, l'acide carbonique est produit par la décomposition de l'oxygène de l'atmosphère, dont la base, se mêlant aux principes du carbone contenu dans le sang, forme avec lui l'acide carbonique, tandis que le principe de la chaleur, séparé de la base de l'oxygène, devient libre. On comprend donc que si l'air atmosphérique qu'on respire est impur et n'a pas les proportions indiquées plus haut, l'animal doit souffrir beaucoup. C'est précisément ce qui arrive lorsque des gaz émanés de différentes substances animales, végétales et minérales, viennent enlever à l'air ambiant l'oxygène qu'il contenait ; alors il n'est plus respirable et ne peut servir à la combustion.

Les anciens avaient bien observé que l'air atmosphérique n'est respirable que jusqu'à un certain point, puisqu'ils avaient reconnu que l'insalubrité des lieux où l'on rassemble beaucoup de personnes est très-grande ; que le voisinage des caves en fermentation, des égouts, des lieux d'aisances, des mares, était dangereux ; que l'air renouvelé était de la plus grande utilité. Mais on voit, par ce que nous venons de dire, combien les modernes ont ajouté à ces connaissances par l'analyse qu'ils ont faite de l'air atmosphérique. Ils en ont déduit le moyen de mesurer à volonté la pureté de l'air, ou l'*eudiométrie*, perfectionnée par Seguin. Ces connaissances ont amené à corriger l'atmosphère altérée par la respiration et la combustion, et à la rétablir entièrement dans sa pureté, soit en augmentant la quantité d'oxygène, soit en faisant disparaître l'acide carbonique répandu dans l'air, soit en diminuant la quantité absolue d'azote qu'il contient. De ces trois moyens, les deux premiers sont praticables, et surtout le second. On obtient à volonté de l'oxygène avec l'oxyde de manganèse que le feu dégage du nitre. A l'égard de l'acide carbonique, l'eau fraîche seule l'absorbe très-rapidement, et l'eau de chaux encore mieux. Il suffit d'en exposer des terrines dans des lieux où l'air est vicié par la respiration et la combustion. Ce qu'on a observé de plus curieux relativement au contact de l'air sur la peau des hommes, c'est que la peau altère sensiblement l'air, et de manière à former de l'acide carbonique. A l'égard des effets de l'air dans le canal alimentaire, Fourcroy a démontré que l'air contenu dans la vessie des carpes, et qui paraît venir de leur estomac, est entièrement de l'azote, qui paraît exister abondamment dans les substances ani-

---

[1] Dans son *Histoire de la Santé et de la Maladie*, Raspail a vivement combattu les idées des savants relativement au rapport constant de la composition chimique de l'air à toutes les hauteurs.

[2] Voir l'article précédent pour l'acception du mot *air* en physique et en chimie.

males. Il n'est donc pas étonnant que l'estomac de l'homme puisse fournir cette sorte de gaz et même plusieurs autres. A l'égard de celui qui vient du rectum, on sait que c'est un véritable hydrogène sulfuré, fétide et inflammable.

2° *Effets que l'air produit sur le corps, par ses propriétés et ses qualités physiques.* — Nous considérons ici l'air comme un fluide immense qui agit sur nous, en contre-balançant la résistance de nos organes par ses propriétés physiques. Mais cette pesanteur éprouve des variations causées par la chaleur et la compression. La chaleur raréfie, dilate l'air, et augmente son volume en diminuant sa pesanteur spécifique: la compression, au contraire, le condense, ou diminue son volume, en augmentant sa pesanteur; ainsi la chaleur et la compression produisent dans le volume et dans la pesanteur de l'air, des effets absolument contraires.

La pesanteur de l'air dépend plus souvent de ses mélanges, relativement aux différents gaz qu'il contient, et surtout à la quantité d'eau réduite en vapeurs qui s'y trouve unie; mais le mélange des vapeurs atmosphériques, quand l'air est surchargé, diminuant sa pesanteur spécifique dans un grand espace, diminue aussi sa pesanteur totale; c'est ce que prouve le baromètre, relativement aux météores aqueux, à l'humidité, à la sécheresse. On sait que le poids de l'atmosphère varie suivant ses différentes élévations; que plus on s'élève, moins l'atmosphère pèse; qu'on s'est servi de ce principe pour calculer l'une par l'autre la pesanteur de l'atmosphère et l'élévation des lieux au moyen du baromètre. A l'égard de l'élasticité de l'air, elle est démontrée par sa compressibilité, et elle éprouve des variations relatives à sa température et aux mélanges des différents gaz qu'il contient.

Le changement des densités de l'air qui nous environne ne doit pas occasionner en nous un effet considérable lorsqu'il se fait d'une manière lente et insensible. Mais quand le contraire a lieu, on ressent plus ou moins les effets particuliers qu'éprouva Saussure dans son voyage au mont Blanc, lorsqu'il fut à une élévation de 4,960 mètres au-dessus du niveau de la mer; alors il éprouva une grande prostration de forces, une respiration haletante, une fréquence dans le pouls qui s'éleva de 72 pulsations à 100; parce que la diminution dans la densité de l'air fait que sous un même volume il y en a une moindre quantité, et qu'il ne suffit plus pour la respiration et les autres combinaisons qui doivent s'opérer dans les poumons; de là respiration courte, fièvre, faiblesse, etc.

Les principales propriétés accidentelles de l'air sont la *chaleur*, le *froid*, l'*humidité* et la *sécheresse*. En général, plus les corps sont denses, moins la chaleur les pénètre aisément; l'air étant le plus léger des corps qui nous environnent, se chauffe le plus promptement et se refroidit aussi le plus vite; il est le meilleur conducteur de ces propriétés. Les causes considérables de la chaleur de l'air sont le frottement, la percussion, la décomposition des corps,

comme la fermentation, la combustion, la concentration des parties de la chaleur isolée, chaleur qui cherche toujours à se mettre en équilibre avec le corps environnant.

Les observations modernes ont appris que le principe de la *chaleur* entre réellement, comme principe constitutif, dans la composition de tous les corps; que lorsqu'il s'en dégage et devient libre, il produit beaucoup de chaleur et devient sensible, au lieu qu'en s'y mêlant ou en s'y combinant en certaine quantité, il produit du froid; enfin que la décomposition des gaz, et surtout celle de l'oxygène par la combustion, produisent beaucoup de chaleur. De ces causes de la chaleur on peut aisément déduire celle du froid.

On entend par *humidité* de l'air la présence sensible d'une certaine quantité d'eau qui s'y trouve unie. La sécheresse ne donne aucun signe sensible d'eau. La chaleur peut mettre l'eau en état de vapeur ou de fluide élastique. La vapeur de l'eau est plus légère que l'air atmosphérique; dans l'état de gaz elle est encore plus légère et se combine intimement avec l'air; ce qu'on nomme évaporation insensible de l'eau n'est qu'une dissolution de l'eau par l'air. Comme l'a démontré le Roy, ancien médecin de Montpellier, il faut distinguer dans l'air la *quantité* d'eau qu'il contient de son *humidité*.

Il résulte de la méthode d'observation de le Roy, 1° que l'air contient d'autant plus d'eau, toutes choses égales, que son degré de saturation s'est plus élevé; 2° que, quelque quantité d'eau qu'il contienne, il est d'autant plus sec, qu'il y a plus de distance entre son degré de saturation et son degré de température, et qu'il est d'autant plus humide que ces deux degrés sont moins éloignés l'un de l'autre. Ainsi, ce n'est point la quantité d'eau qu'un air contient, mais seulement la proportion de cette quantité avec la faculté dissolvante de cet air qui le constitue *humide* ou *sec*, en observant que la chaleur augmente la force de dissolubilité de l'air. Cela n'empêche pas que dans les temps froids, quand l'air est serein, il ne se fasse une évaporation considérable de la neige et de la glace elle-même. Le meilleur hygromètre pour s'assurer de l'humidité de l'air est celui qu'a imaginé Saussure. (Voy. *Hygromètre.*) L'air contient l'eau dans plusieurs états, selon sa force de combinaison et sa faculté dissolvante. Combinée, elle augmente la pesanteur de l'atmosphère, et lui communique peu d'humidité; sensible, dissoute, elle rend l'air plus humide et plus léger, échappe à notre vue, et non à l'hygromètre; suspendue, elle ne rend réellement l'air ni plus humide ni plus léger que quand elle est dissoute, parce que, dans cet état, elle n'y est pas mêlée, elle n'affecte point l'hygromètre, mais elle est sensible à nos yeux sous la forme de vapeurs.

Les combinaisons de la chaleur et de l'humidité donnent l'air *froid* et *sec*, qui contient le moins d'eau; il est le plus dense, et pèse le plus sur le baromètre: cet air est très-sain, et conserve bien les corps putrescibles.

L'air *froid* et *humide* contient peu d'eau combinée, beaucoup d'eau dissoute, et pèse peu sur le baromètre ; il est très-malsain. L'air chaud et sec contient beaucoup d'eau combinée, peu d'eau dissoute, et peu sensible à l'hygromètre ; il est très-pesant.

L'air chaud et humide est celui qui contient le plus d'eau, tant combinée que dissoute. Cet air est dangereux, et hâte la putréfaction des corps.

3° Effet des propriétés physiques ou accidentelles de l'air sur nos corps. — Ces effets sont subordonnés à beaucoup de variations dans l'air, et à la sensibilité individuelle.

En général, la chaleur du sang ou du corps humain est de 37° du thermomètre centigrade. Comme le thermomètre ne monte guère dans nos climats, pendant les plus fortes chaleurs, qu'à 38°, il en résulte que notre corps est presque toujours plongé dans une atmosphère moins chaude que la sienne.

Les limites des températures naturelles auxquelles les hommes sont exposés sur le globe habité, sont de 38 à 40° centigrades au-dessus zéro jusqu'à 92° au-dessous, ce qui fait environ cent trente degrés de différence.

On ne parle pas ici des essais qu'on a faits momentanément, et qui ont prouvé qu'on pouvait supporter 40° au-dessus de l'eau bouillante.

Les effets de la chaleur qui n'excède pas la température naturelle des corps, sont le relâchement des solides, l'expansion des fluides, la sueur, la soif, la faiblesse de l'estomac, la diminution de l'urine, etc. Lorsqu'on éprouve les plus grandes chaleurs dont nous parlons, les liqueurs spiritueuses, l'eau-de-vie, le vin sont très-recommandés.

Les expériences de Tillet, Blagden, Fordice et autres, concourent à démontrer que le corps humain a la propriété de conserver sa chaleur naturelle, même au milieu d'un air plus chaud que celui qui a lieu pour les parties le plus en contact avec lui, comme la peau, les poumons ; cependant il est prouvé qu'une pareille chaleur est très-stimulante, par l'accélération des mouvements du cœur, l'irritabilité des nerfs, de la peau, mais sans que la respiration soit moins libre, moins intacte.

Si la lumière est jointe à la chaleur, elle est encore plus tonique et plus stimulante ; elle colore la peau et l'affermit : si elle est trop vive, elle frappe subitement la peau, elle l'enflamme ; c'est ce que font les coups de soleil ; si elle est trop vive et trop longtemps continuée, elle la colore et la noircit, l'endurcit, etc.

Les effets généraux du froid supportable sont de diminuer le volume des corps et leur expansion, d'affaiblir la transpiration, de stimuler les fibres organiques, de donner de la force et du ton à l'économie animale. Un froid très-rigoureux supprime la transpiration, resserre vivement les fibres organiques, empêche la circulation vers la peau, gêne les mouvements, sans affecter aucunement le poumon ; si le froid est excessif, et qu'on ne soit pas bien couvert, le tremblement convulsif survient et est suivi d'une rigidité considérable des membres, qui finis-

sent par se geler. Lorsque le sang s'est arrêté tout à fait, lorsque les membres sont devenus violets et insensibles, lorsque tout le corps est prêt d'être gelé, on tombe dans un sommeil dont on ne se relève pas, à moins de secours prompts.

Ce qu'on appelle froid modéré, relativement à nos sensations, est si variable, qu'il est impossible à déterminer.

A l'égard de l'humidité et de la sécheresse, elles ont pour effet, la première surtout, de diminuer la transpiration, de relâcher, d'amollir les fibres, d'augmenter la force absorbante de la peau. L'air froid paraît plus froid, quand il est humide ; de même l'air chaud est plus chaud quand il est humide.

Quand les lieux humides deviennent chauds, les fièvres putrides, malignes et intermittentes γ ont bientôt pris naissance. Dans les lieux humides et marécageux, le froid fait naître des fièvres d'accès très-opiniâtres. Partout l'humidité tend à décomposer les substances, à altérer les fluides de l'économie. La sécheresse, au contraire, est presque toujours salubre, et l'on peut comparer l'effet de l'air humide et sec sur nos fibres à son effet sur le cheveu, dont Saussure a formé son hygromètre. L'air sec augmente la transpiration. Il est moins accablant quand il est chaud que l'air humide, et moins pénétrant quand il est froid. L'air sec resserre et tend les fibres, diminue la tendance des humeurs à la putridité.

Dans les pays chauds, les lieux élevés, éloignés des marais et des mares, sont les plus sains à habiter. D'après ce qui précède, on conçoit facilement quels doivent être les effets des combinaisons de la chaleur et du froid avec l'humidité et la sécheresse.

Indépendamment des températures extrêmes et excessives, qui blessent toujours, l'air nuit encore fort souvent par ses vicissitudes ; c'est ce qui a fait dire à Hippocrate que c'était principalement les changements de temps qui engendraient les maladies.

De toutes les vicissitudes de l'atmosphère, celle du chaud au froid, surtout au froid humide, est la plus dangereuse ; elle cause des constrictions spasmodiques, irrite les nerfs, répercute la transpiration ; elle coagule la substance albumineuse du sang, gêne la circulation, cause des engorgements, occasionne des fièvres, des rhumatismes, la goutte, des bronchites, etc. La transpiration cutanée paraît absorber des particules propres à donner des épidémies, selon le docteur Hallé, et il croit que dans le travail périodique ou journalier de l'économie animale, il est des temps marqués pour l'absorption, comme il en est pour la véritable transpiration. Les circonstances dans lesquelles les effets des variations atmosphériques se font le plus remarquer sont lorsqu'elles affectent des personnes dont la sensibilité se trouve accidentellement augmentée, lorsqu'on se lève, lorsqu'on digère, lorsque les femmes viennent d'accoucher, lorsqu'on a des rhumatismes, la goutte surtout, lorsque la rapidité du changement est extrême, ou qu'il est fort long. Le passage du froid au chaud a toujours des inconvénients moins grands que celui du chaud au froid. Le passage du froid glacial au chaud fait que, chez les personnes gelées, qu'on cherche à rappeler à la vie, si l'on n'apporte pas les plus grands soins, la surface du corps se réchauffant avant que le centre ait repris ses fonctions, les liquides en se dégelant, rompent leurs enveloppes, s'extravasent et s'altèrent; de là les mortifications, la gangrène. Quand le froid forme une engelure, c'est l'effet d'une dilatation locale de la partie malade, et si l'affection est forte, il y a ulcération; il faut alors traiter avec une très-grande sollicitude, de crainte qu'il ne survienne une dégénérescence dans les humeurs que repompe la circulation. Le passage du froid à une chaleur excessive produit souvent l'extrême dilatation des vaisseaux, cause de suffocation, d'évanouissement, et même d'apoplexie. Dans le passage du chaud au froid médiocre, comme dans le dégel, les effets sont moins sensibles. Alors tous les corps inanimés, comme les métaux, les pierres, le verre, les bois, se couvrent de gouttelettes d'eau, par la raison que tous ces corps s'échauffent plus lentement que l'air, et ne parviennent pas aussi promptement à sa température; aussi, l'eau, dont l'air se charge en prenant une température plus élevée, se dépose-t-elle sur tous les corps qui sont restés froids. Le passage de la température sèche à l'humide est très-sensible, et procure un sentiment de pesanteur qui agit sur tout le corps. L'air est lourd, dit-on, et cependant le baromètre annonce sa légèreté; c'est que nos membres sont ramollis, relâchés par l'humidité, ce qui fait que le poids de l'atmosphère, quoique très-léger, est capable de nous affecter; c'est ce qui arrive dans la constitution du printemps. Enfin le passage de l'humidité à la sécheresse ne produit que de bons effets : il ranime, rend de la force aux fibres musculaires, bien que le poids de l'air soit le plus souvent augmenté.

De ce que nous venons d'exposer on peut déduire les préceptes d'hygiène suivants :

1° Les températures de l'atmosphère ne sont nuisibles qu'autant qu'elles sont excessives;

2° Les qualités de l'air nuisent le plus souvent par leurs vicissitudes;

3° Les qualités extrêmes de l'air sont nuisibles, parce que le corps n'y est pas habitué, ou parce qu'elles sont bientôt remplacées par des qualités contraires;

4° Puisque l'habitude a tant de force sur nous, il faut, pour être sain et vigoureux, s'endurcir de bonne heure aux températures différentes;

5° C'est un mal, dans un pays ou dans une saison froide, de rester toujours dans des appartements très-clos et très-chauffés, et vice versa;

6° La température froide est celle à laquelle il est le plus nécessaire de s'habituer;

7° L'habitude du froid se contracte mieux par degrés que par un passage rapide;

8° Il faut, dans ces cas, prendre garde aux âges, aux constitutions, et à d'autres circonstances;

9° Sur les plus hautes montagnes il y a moins d'eau en dissolution dans l'air;

10° La hauteur habitable et salubre paraît fixée à 3,800 mètres au-dessus du niveau de la mer.

À l'égard de la manière dont l'air peut être vicié par différents miasmes, gaz, etc., il y a des principes délétères dont la nature et les propriétés sont connues; mais il sera toujours fort difficile à l'analyse de saisir une foule de mélanges auxquels ils sont sujets. Comment déterminer les mélanges de substances odorantes, et reconnaître la nature de ces miasmes qui portent le ravage dans certaines contrées, en y répandant des épidémies le plus souvent meurtrières? Comme c'est dans le voisinage des eaux, et dans les saisons humides que se répandent les épidémies, l'analyse rigoureuse de l'air et de l'eau qui y est contenue dans ces circonstances, pourrait peut-être faire éclore certaines vérités sur cet objet important.

Quant aux effets de l'air occasionnés par les divers mouvements qui lui sont propres, etqu'on peut lui imprimer, voyez les mots *Vents*, *Ventilateurs*, etc.

Dʳ. BOURDONNAY.

AIRAIN (métallurgie) [du celtique *iaran*, fer, ou du latin *æs*, *æris*; les anciens employaient plus souvent l'airain que le fer]. — Alliage de quatre-vingt-cinq parties de cuivre jaune avec douze ou quinze parties d'étain et quelques parties d'antimoine. Le cuivre jaune qu'on fait entrer dans cet alliage, est lui-même composé de cuivre jaune et de zinc. L'étain et l'antimoine qu'on y ajoute donnent à cet alliage de la raideur, de l'élasticité, et le rendent éminemment sonore.

L'*airain* est dur, aigre, cassant, et nullement ductile; on peut l'aiguiser. Les anciens en faisaient toutes sortes d'armes et d'outils tranchants, ce qui avait fait croire qu'ils avaient le secret de tremper le cuivre. Cet alliage diffère du bronze en ce que celui-ci ne contient presque point d'étain, et conserve sa ductilité, tandis que celui-là en est totalement privé.

Les Romains paraissent avoir désigné par le mot *airain* le cuivre pur; mais plus fréquemment ils l'ont appliqué aux alliages de ce métal avec l'or, l'argent, le zinc, le plomb, l'étain, etc. Ils s'en servirent pour faire de la monnaie, des statues; on sait que l'airain de Délos et celui d'Égine avaient une grande renommée.

L'*Airain ou métal de cloche* actuel, est ordinairement un alliage de 100 parties de cuivre et 25 d'étain, et quelquefois de 80 de cuivre, 10 d'étain, 6 de zinc et 4 de plomb.

L'*airain de Corinthe*, que l'on prétendrait provenir de l'incendie de cette ville, était réellement un alliage de cuivre, d'or et d'argent, connu avant le siège de cette ville. Ce qui a pu, selon nous, donner lieu à cette dénomination vicieuse, c'est que l'incendie de la ville grecque avait pu effectivement mêler des métaux plus précieux avec des masses d'airain. — Voy. *Bronze*.

LARIVIÈRE.

AIRE [du latin *area*, plan superficiel]. — Ce mot a plusieurs acceptions, dont voici les principales : il se dit 1° en *Géométrie* de la surface d'une figure rectiligne, curviligne ou mixtiligne, comme l'*aire* d'une grange, l'*aire* d'un bâtiment, l'*aire* d'un marais salant, etc. ; 2° en *Astronomie*, des *Aires proportion-nelles*; c'est une des lois de Keppler, qui ont lieu dans les mouvements des planètes, et que cet homme célè-bre découvrait en même temps que la figure elliptique de leurs orbites. Cette loi consiste en ce que le rayon mené du centre du soleil au centre de la planète qui tourne autour de lui, parcourt des secteurs égaux, en temps égaux. Si la planète est deux fois plus éloi-gnée du soleil, elle va deux fois plus lentement ; en sorte que le triangle du secteur parcouru étant deux fois plus étroit, quoique deux fois plus long, la sur-face est toujours la même ; 3° en *Agriculture*, d'une surface plane et circonscrite par les bords, ménagée sur le sol, et sur laquelle on bat les gerbes de blé pour séparer le grain de la paille; 4° en *Histoire na-turelle*, du nid des grands oiseaux de proie; ce nid est rond, aplati, peu concave et fort grand : des bran-ches et de jeunes rameaux forment son tissu, et de la mousse, du poil, de la laine le garnissent.

AIRE DE VENT, ou *air de vent* (marine) [d'*area*, aire, superficie; selon d'autres d'*arare*, sillonner].— Nom donné par les marins à la 32ᵐᵉ partie de l'ho-

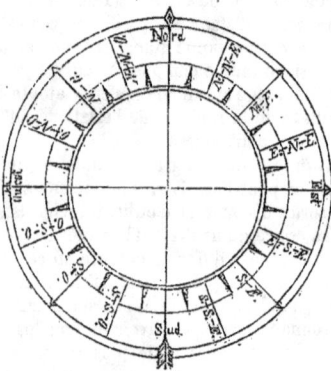

Fig. 55. Aire des vents.

rizon, ce qui, en divisant l'horizon en 360°, donne pour chaque aire de vent 15° 15'. Chaçun de ces 32 vents a un nom particulier, tel que Nord, Nord-quart-nord-est, Nord-nord-est, Nord-est-quart-de-nord, Nord-est, etc. Ces trente-deux rayons sont dis-tants l'un de l'autre d'une quantité angulaire de 11° 16', appelé *rumb*, *rumb de vent, quart* ou *pointe*, et l'on voit par là combien se trompent ceux qui confondent *aire de vent* avec *rumb de vent*.

Les aires de vent écrites sur la *rose des vents*, cercle placé sous l'aiguille aimantée de la boussole, servent à indiquer la direction suivie par cette ai-guille, ainsi que celles des vents. E. DUPARCQ.

AIRELLE (botanique) [en latin *vaccinium*]. — Genre de plante de la famille des éricacées, tribu des vaccinacées dont il forme le type. Les espèces princi-pales sont 1° l'*airelle myrtille*, arbuste à tiges angu-leuses, raineuses, à fleurs rougeâtres et à baies d'un bleu noirâtre. Les baies de la plupart de ces arbustes,

lorsqu'elles sont parvenues à leur maturité, ont une saveur mucilagineuse et aigrelette, qui les rapproche beaucoup des mûres et des groseilles, et qui les fait rechercher comme fruits rafraîchissants. Dans le Nord on en fait des confitures et des gelées qu'on mange avec du lait, ou bien on les fait entrer, comme ingrédients, dans les sauces de venaison. On peut re-cueillir ces fruits pour préparer avec leur suc une boisson réfrigérante, utile dans les phlegmasies des organes de la digestion. On en retire aussi de l'eau-de-vie. Le suc extrait des baies du *vaccinium uligi-nosum*, ou airelle veinée, sert, dit-on, en certains pays, à colorer les vins. Les fruits du myrtille four-nissent également un principe colorant; leur pro-priété astringente les fait encore employer contre la diarrhée et la dyssenterie dans les Hébrides; et c'est en considération de cette dernière propriété qu'on emploie les feuilles et les tiges de cette même plante au tannage des cuirs. » — 2° L'*airelle punctuée*, dont les baies également acides sont employées dans l'éco-nomie domestique, la médecine et la teinture; les marchands de vin colorent quelquefois leur vin avec ces baies; — 3° l'*airelle coussinette*, appelée aussi *can-neberge*, dont les Russes font des fruits une boisson rafraîchissante et antiscorbutique, et que les arts emploient pour blanchir l'argenterie. Cette espèce croît dans les lieux marécageux de l'Europe.

AISSELLE (anatomie) [du latin *axilla*]. — Cavité résultant de la réunion du tronc avec le membre supérieur ; sa forme est celle d'une pyramide, dont le sommet est en haut et en dedans, la base en bas et en dehors. Le bord antérieur est formé par la saillie des muscles grand et petit pectoral, et le bord postérieur par les muscles grand dorsal et grand rond. Une couche épaisse de tissu cellulaire et adi-peux, de nombreux ganglions lymphatiques, l'artère et la veine axillaire et le plexus brachial se trouvent au fond. La peau de l'aisselle est fine, molle, garnie de poils chez l'homme adulte, et pourvue abondam-ment de follicules qui secrètent une matière très-odorante, susceptible de décolorer les vêtements et d'en altérer parfois leur tissu.

Le tissu cellulaire de l'aisselle communique d'une manière immédiate avec celui du cou; et, « par l'in-termédiaire du cou, dit Blandin, il a des relations assez étroites avec le tissu cellulaire du médiastin, tandis que, d'autre part, il se continue avec le tissu sous-pleural par les ouvertures que trouvent les branches brachiales des nerfs intercostaux. » — C'est ce qui explique la propagation de certaines maladies de l'aisselle au cou et réciproquement. Si l'on con-sidère maintenant que les vaisseaux dont dépendent les ganglions lympatiques de l'aisselle sillonnent les parois correspondantes de la poitrine, du dos, des ma-melles, des bras et de l'abdomen, on comprend com-ment les maladies de la région axillaire déterminent si souvent l'engorgement des ganglions de l'aisselle. Les principales affections de la région axillaire sont l'engorgement, les abcès, les bubons (surtout en temps de peste), le phlegmon, l'érysipèle, les fis-tules, les anévrismes, etc. B. LUNEL.

AJONC (botanique) [en latin *ulex*]. — Genre de plantes de la famille des légumineuses, sous-ordre des papilionacées, tribu des lotées. Ce genre ne renferme que des arbustes très-rameux et très-épineux, à feuilles simples et longues, à fleurs jaunes et solitaires. Ils habitent l'Europe occidentale et le nord de l'Afrique. Les principales espèces sont : 1° l'*ajonc d'Europe*, vulgairement appelé *genêt épineux*, jonc marin, petit arbrisseau de 75 à 95 centimètres de hauteur, toujours vert, dont les feuilles, d'abord simples, se changent à la fin de l'automne en épines dures d'un vert sombre.

Dans certains pays, dit Young, on cultive l'ajonc comme plante d'ornement, vraisemblablement parce que cette culture a le mérite de la rareté. Aux environs de Pétersbourg, on l'élève dans les serres tempérées, où il fleurit en hiver. En Angleterre on en a découvert deux variétés d'un aspect plus flatteur, et dont l'une, à fleurs doubles, est maintenant propagée par boutures dans les pépinières. On peut d'ailleurs avoir constamment, pendant les deux tiers de l'année, des ajoncs en fleurs, en associant à la culture de l'espèce commune celle de l'*ulex nanus*, qui fleurit pendant la dernière moitié de l'été et pendant tout l'automne. En France on n'estime dans l'ajonc que son utilité comme combustible pour les fours, et comme aliment pour le bétail; encore ne se donne-t-on pas la peine de le cultiver pour en obtenir les produits. Il possède cependant quelques qualités qui le recommandent à l'attention des cultivateurs : il croît, sans exiger beaucoup de soins, sur les terres les plus sèches et les plus sablonneuses, qu'il améliore; il peut fournir une nourriture riche et substantielle au bétail pendant tout l'hiver, et servir à protéger les propriétés. Il est vrai que les haies d'ajonc sont sujettes à se dégarnir par le bas et à empiéter sur le terrain avoisinant; mais, suivant le docteur Anderson, qui s'est beaucoup occupé de la culture de ce végétal, on peut éviter ces deux inconvénients en semant la graine sur la crête d'une levée de terre située entre deux fossés, et dont on assujétit les talus par un revêtement de pierre; on tond un côté de la haie chaque année, et la graine, en tombant entre les interstices des pierres, donne naissance à de nouveaux individus, qui comblent les lacunes de la clôture. Le docteur Anderson a aussi semé l'ajonc avec l'orge, et en a obtenu, dès la seconde année, des récoltes aussi copieuses que celles du trèfle (dix à quinze tonneaux par acre). Il le faisait faucher, dès le commencement, très-près du sol, pour que les instruments des faucheurs ne vinssent pas se briser contre des souches devenues trop hautes. Comme c'est surtout depuis le milieu de l'été que l'ajonc développe ses rameaux, le temps le plus convenable pour le couper est l'automne, ou mieux encore le milieu de l'hiver, lorsqu'il ne court plus le risque d'être endommagé par la rigueur du froid. Pour le servir aux animaux, il faut l'écraser d'une manière ou d'une autre. Anderson en fait autant de cas que des navets pour l'engraissement du gros bétail. L'ajonc, mis en coupes réglées, donne, à l'âge de trois ans, un produit en combustible égal à celui que fournirait un taillis de chêne de douze ans sur une même étendue : c'est du moins ce qui résulte d'observations faites dans le midi de la France.

L'ajonc pousse naturellement dans les lieux secs et arides de la France; il a la propriété d'utiliser les mauvaises terres, qu'il rend propres à la culture après cinq à six années.   Dubocage.

AJOURNEMENT (droit). — C'est l'assignation notifiée par huissier à une personne, à l'effet de comparaître devant un tribunal de première instance pour voir adjuger les conclusions de la demande (C. procéd. 415 et 459). Il doit être donné à une personne capable de défendre en justice, au domicile ou à la personne de l'assigné. — Sont de même assignés : l'état pour les domaines en la personne du préfet; — le trésor public, en celle de son agent judiciaire; — les communes, en celle de leur maire; — à Paris, en celle du préfet de la Seine; — les établissements publics, en leurs bureaux; — les sociétés de commerce, en leur maison sociale, ou à la personne des associés; — les réunions de créanciers, en la personne de leurs syndics. (C. procéd. 69.) Les délais pour comparaître sont : devant le tribunal civil, de huit jours francs, à moins que le président du tribunal n'ait abrégé ce délai, pour plus de célérité obligée. (C. procéd. 72 et 1033.) Devant les tribunaux de commerce, d'un jour franc (*ibid.* 416), et même de jour à jour et d'heure à heure (*ibid.* 417). — En matière maritime, l'assignation pourra être sans ordonnance, à bord, à la personne assignée (*Ibid.*, 417 à 419). Ces délais sont augmentés d'un jour par trois myriamètres de distance entre le lieu du domicile du défendeur et celui où siége le tribunal; et quand il y aura lieu à voyage ou envoi et retour, l'augmentation sera double (*ibid.*, 1033). Lorsque le débiteur demeure hors du territoire continental de la France, le délai varie de deux mois à un an, selon la distance des lieux, à moins que l'assignation ne lui soit remise en France (*ibid.*, 72 et 74).   J. E.

AKÈNE ou *achené* (botanique) [du grec *a*, privatif, et *chainō*, s'ouvrir]. — Épithète donnée à un genre de fruit *indéhiscent* (voy. ce mot), à une seule semence et dont le péricarde, réduit à une lame mince adhère avec l'enveloppe de la graine et le tube du calice, comme dans la graine de carotte, de chicorée, etc.

AKIS (zoologie) [mot grec qui signifie *pointe*]. — Genre de coléoptères hétéromères, renfermant de petits insectes noirs, lisses, dont le corselet, plus large que la tête, a les bords relevés sur les côtés. Une seule espèce se trouve en France; on en connaît plusieurs variétés qui toutes vivent dans les ruines et les décombres et se nourrissent de matières en décomposition.

ALABANDINE (minéralogie). — Nom que les anciens ont donné à une pierre précieuse d'un rouge foncé, que l'on tirait des mines d'Alabanda, en Carie, et dont la dureté tenait le milieu entre celle du rubis et celle de l'améthyste. On croit que c'était une variété de grenat, bien qu'elle soit plus transparente. On l'appelle aujourd'hui *spinelle rouge pourprée*.

ALACTAGA (zoologie) [mot tartare signifiant *poulain varié*]. — Mammifère de l'ordre des rongeurs claviculés, sous-genre des gerboises, se distinguant comme celles-ci des autres rongeurs claviculés, par la longueur excessive des membres postérieurs comparés à la brièveté de ceux de devant. C'est cette disproportion des membres qui avait fait nommer les alactagas, ainsi que les gerboises, *dipodes* ou rats à

Fig. 56. Alactaga.

deux pieds, fig. 56. C'est qu'en effet ces rongeurs ne se servent en marchant que de leurs pattes de derrière, et un peu de leur queue, pour s'élancer en avant. Deux autres particularités caractérisent encore ces rongeurs : ils n'ont que trois doigts bien développés, le pouce et le petit doigt restant à l'état rudimentaire, et les os du coude ne constituent le plus souvent qu'un seul et même os, comme cela a lieu chez les oiseaux. Les alactagas habitent la Tartarie.

ALAMBIC (arts chimiques) [du grec *ambix*, vase distillatoire, et de la particule arabe *al*]. — Appareil employé dans les arts chimiques pour distiller, c'est-à-dire pour séparer un liquide volatil de substances fixes, ou moins volatiles que lui.

Voici une bonne description de cet appareil, donné par M. Franqueville. « La cucurbite, le chapiteau et le réfrigérant constituent les trois parties essentielles de l'alambic, et exercent par leur forme une influence notable sur le résultat des opérations. La cucurbite, ou partie inférieure dans laquelle sont placées les matières à distiller, doit être construite de manière à présenter à l'action de la chaleur la plus grande surface possible. Il convient donc de lui donner beaucoup de largeur relativement à sa hauteur. Quant à la forme du fond de la cucurbite, on s'accorde assez généralement à la faire convexe, et à regarder cette disposition comme plus avantageuse qu'un fond plat ou concave. Le chapiteau, destiné à conduire les vapeurs de la cucurbite dans le réfrigérant, a subi, depuis son origine, de nombreux changements. On lui donnait dans le principe un développement trop considérable, en sorte qu'il était exposé à un refroidissement rapide. Il résultait de là que les vapeurs s'y trouvaient condensées, et qu'en retombant dans la chaudière, elles ralentissaient l'opération. Pour remédier à cet inconvénient, on pratiqua autour du col du chapiteau une espèce de gouttière qui recevait les vapeurs condensées, et les amenait au tuyau d'écoulement ; mais on

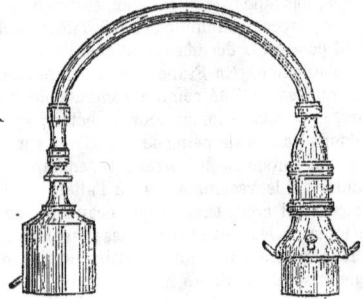

Fig. 57. Alambic.

a reconnu plus récemment qu'il était préférable de faire le chapiteau assez petit. On le forme simplement d'un tuyau en cuivre recourbé, dont l'une des extrémités s'adapte exactement à l'ouverture de la cucurbite, tandis que la plus petite s'ajuste dans le réfrigérant. Toutefois un chapiteau ainsi disposé ne doit pas être trop petit, et l'ouverture inférieure surtout doit être assez large, afin d'opposer moins de résistance aux vapeurs qui y pénètrent. Le réfrigérant est la partie dans laquelle les vapeurs se condensent et prennent l'état liquide. Dans les anciennes chaudières, il consistait simplement en un tuyau droit traversant un vase en bois, plein d'eau et de glace. Le chemin que les vapeurs avaient alors à parcourir était fort court, et il en résultait que la condensation n'était pas parfaite. Aussi on a bientôt senti la nécessité de remplacer ce tuyau droit par un serpentin, ou spirale, plongé dans l'eau froide. D'autres perfectionnements ont été introduits plus récemment dans la forme du réfrigérant pour les distillations en grand ; nous en parlerons à l'article *Distillation*. »

Outre l'alambic dont nous venons de parler, et qui est ordinairement construit en cuivre, on emploie quelquefois, dans les laboratoires, pour la distillation en petit, des alambics en verre. Cet appareil est formé de deux parties, de la cucurbite et du chapiteau, lequel est terminé par une rigole qui se rend dans un bec convenablement ajusté. Le chapiteau et la cucurbite sont quelquefois d'une seule pièce; dans ce cas le chapiteau porte une ouverture par laquelle on introduit la substance à distiller, et que l'on bouche ensuite. Les alambics en verre sont aujourd'hui fort peu employés : on les remplace par les *cornues* en verre, dont la forme est plus simple, et dont on tire un service tout semblable.

On attribue l'invention de l'alambic à un Arabe, ou Maure d'Espagne, que quelques auteurs croient juif, nommé Gebert, Gerbert ou Giabert, et qui s'occupa, dit-on, le premier, de la vaine recherche de la pierre philosophale (960). La construction en a singulièrement été améliorée de nos jours; d'innombrables perfectionnements y ont été apportés chez tous les peuples. Nous citerons particulièrement les distillateurs écossais, qui ont employé tous les moyens pour s'affranchir des droits que le gouvernement met sur les eaux-de-vie écossaises. En 1799, l'un d'eux, Millar, aidé du chimiste Beaumé, est parvenu à construire un alambic dont la charge se renouvelle quatre cent quatre-vingts fois dans vingt-quatre heures. Parmi les inventions les plus importantes en ce genre, nous devons également citer celle de M. Cellier de Plumenthal, dont l'appareil distillatoire produit en vingt-quatre heures trente mille litres de liqueur, et n'exige que la présence de deux hommes pour le diriger.

A. P. C. Le Roi, *ingénieur*.

ALATERNE (botanique) [*rhammus alaternus* de Linnée]. — Arbrisseau du genre nerprun qui atteint jusqu'à cinq mètres de hauteur; ses feuilles luisantes, ovales, légèrement dentées, sont d'une consistance assez ferme; ses fleurs sont verdâtres et sentent le miel. L'alaterne est difficile à élever dans le Nord, et se trouve fréquemment dans les terrains humides de la Provence et du Languedoc, où il sert à former des haies et des buissons agréables à l'œil, garnis de belles petites grappes de fleurs, nombreuses quoique peu apparentes, qui répandent en mai une odeur délicieuse. Les ébénistes se servent du bois de l'alaterne pour la fabrication de petits ouvrages très-jolis. Ce bois ressemble assez à celui du chêne vert.

ALBATRE (minéralogie) [*d'alabastros*, mot grec qui a la même signification]. — Pierre demi-transparente, remarquable quelquefois par sa blancheur, et dont on distingue deux espèces fort différentes. L'une est une variété de chaux carbonatée, et l'autre une variété de chaux sulfatée ou gypse. La première constitue l'*albâtre calcaire*, et la seconde l'*albâtre gypseux*. « Il n'y a pour ainsi dire pas de contrée calcaire de quelque étendue dans laquelle il n'existe des cavernes tapissées de stalactites et de stalagmites d'albâtre calcaire : il suffit de signaler ici, parmi les plus célèbres, la grotte d'Antiparos dans l'Archipel, celle de Balme en Savoie, Baumanns-Hohle dans le Hartz, Pool's-Hole dans le Derbyshire, Kirkdale dans le Flintshire. La France présente également un grand nombre de cavernes dans les formations calcaires des départements de l'Hérault, du

Gard, de l'Aude, et dans ceux qui avoisinent la chaîne du Jura. L'albâtre calcaire se dépose encore à la surface du sol, à la sortie de quelques sources d'eaux chaudes ou gazeuses, comme à Carlsbad, en Bohême; à Saint-Allyre, près Clermont; à Saint-Philippe, en Toscane. On a quelquefois tiré un parti ingénieux de ces eaux incrustantes, en les faisant jaillir sur des moules de bas-reliefs; les formes que l'on obtient ainsi sont aussi nettes que si elles avaient été sculptées sur le marbre. » — On a trouvé récemment à Montmartre quelques masses rares et peu volumineuses d'albâtre calcaire. Les carrières de Lagny, près de Paris, fournissent une belle variété d'albâtre gypseux de couleur grise ou blanc-jaunâtre. — L'albâtre gypseux se distingue aisément de l'albâtre calcaire, en ce qu'il se laisse rayer avec l'ongle, tandis que celui-ci est assez dur pour rayer le marbre. Les Grecs se servaient de ces deux sortes d'albâtre pour fabriquer des vases sans anses. MIROLIN.

ALBATROS (zoologie) [du latin *albatus*, vêtu de blanc]. — Genre d'oiseaux aquatiques, de l'ordre des palmipèdes, famille des longipennes; atteignant jusqu'à 1 mètre de longueur et dépassant une étendue de 3 mètres en volant. Leur bec, fort, tranchant, terminé par un crochet; est d'un blanc jaunâtre; le dessus de leur corps est blanc avec quelques bandes brunes; le dessous est entièrement blanc. Leurs narines sont tubuleuses comme celles des pétrels; mais les tubes, au lieu d'être placés à la partie supérieure du bec, comme chez ces derniers, sont couchés sur ses côtés; d'ailleurs les albatros manquent complétement de pouce, et même de l'ongle qui en tient lieu chez les pétrels. Ce sont des oiseaux des mers australes, fort connus de tous les navigateurs, qui les désignent, à cause de leur taille énorme, sous le nom de *moutons du Cap* ou de *vaisseaux de guerre*[1]. Avec la force de leur corps et la puissance de leurs armes, les albatros sembleraient devoir être des oiseaux redoutables; cependant ils n'attaquent jamais les autres palmipèdes, qui croisent avec eux sur ces vastes mers; il paraît même que les mouettes, qui sont beaucoup plus petites, mais dont le caractère est plus hargneux et les appétits plus voraces, les inquiètent souvent pour saisir leur proie. Leur nourriture consiste en mollusques, en vers, en frai de poissons, etc. On les cite aussi comme de grands ennemis des poissons volants. Ils nichent à terre et pondent un grand nombre d'œufs bons à manger. On dit que leur voix est aussi retentissante que le braiment de l'âne.

C'est un point contesté, dit Doyère, que le voyage des albatros au Kamschatka; cependant plusieurs voyageurs dignes de foi, Pallas, Stécler, les compagnons du capitaine Cook, dans leur relation du troisième voyage durant lequel cet infortuné navigateur perdit la vie, se réunissent pour l'affirmer; et M. de Roquefeuille dit avoir tué des albatros sur la côte nord-ouest de l'Amérique septentrionale. C'est vers le mois de juin, suivant les observations que nous

[1] *Hist. nat.* de Salacroux.

venons de citer, que ces oiseaux se portent sur les rivages de la mer d'Oschotsk, de l'archipel des Kuriles, et du détroit de Behring ; et ils ne précèdent que de peu de jours l'arrivée de nombreuses troupes de poissons voyageurs qu'ils attendent à l'embouchure des rivières. Aussi, maigres et chétifs à leur arrivée, ils repartent chargés de graisse. L'instinct de la reproduction les ramène à terre vers le mois d'octobre, et ils deviennent pour quelque temps plus sédentaires. Le capitaine anglais Dougal Carmichael, qui les a observés durant cette saison à l'île Tristan-da-Cunha, par le 37e degré de latitude sud, assure qu'ils ne pondent qu'un œuf, ce qui est contraire à l'opinion émise par les auteurs ; et de ce peu d'activité dans la reproduction se conclurait l'extrême prolongation de la vie, sans quoi la multiplicité de l'espèce serait un fait inexplicable. La plus grande espèce (l'albatros-mouton) n'a d'autre nid que la terre ou le sable un peu creusé : les autres se construisent, avec de l'argile, des sortes de pyramides élevées de 25 à 30 centimètres, au-dessus desquelles les femelles se tiennent comme assises tant que dure l'incubation. Souvent on rencontre des centaines de ces pyramides sur une surface de quelques arpents, et la présence de l'homme traversant la peuplade n'obtient d'autre signe d'étonnement que quelques claquements de bec. Arrachées de leurs nids, les mères y

Fig. 58. — Albatros commun.

retournent avec une sorte de constance mécanique, et les coups même n'obtiennent d'autre réponse qu'une huile fétide lancée, avec une imperturbable gravité, sur les habits de l'agresseur. Un autre voyageur, qui les a vus aux îles Malouines, cite leurs sociétés comme dignes au plus haut point de toute l'admiration de l'homme de génie, et la description qu'il en donne a au moins le mérite de quelque chose de romanesque. « Leurs roakeries, dit-il, où se réunissent une foule d'espèces entièrement différentes, sont établies sur un terrain uni, purgé avec le plus grand soin de toute herbe, de tout caillou qui pourrait en gâter la symétrique ordonnance ; des rues à angle droit le partagent en carrés qu'admirerait un géomètre, et chaque ménage s'en choisit un qu'il sait protéger contre les empiétements de ses voisins ; car c'est un peuple fort peu recommandable sous le rapport de la probité, et l'on n'y est jamais plus heureux que quand on a pu vider le nid des autres

pour remplir le sien. Autour de la bourgade règne une promenade (ni plus ni moins qu'un autre boulevard de Gand) aussi de niveau, aussi régulière et aussi douce que les trottoirs de nos cités. » Et notre auteur s'extasie de la meilleure foi du monde à voir les rentiers albatros, les dandies pingouins, et autres élégants de la même encolure, s'y promener par couples avec la gravité de bourgmestres flamands ; enfin, si l'on nous eût fait une confidence de plus, nous étions admis dans les secrets de leur politique, dans les intimités de leurs conversations d'amour.

On connaît 5 espèces d'albatros : 1° l'albatros commun (fig. 58), le plus grand de tous : c'est celui dont le cri ressemble au braiement de l'âne ; 2° l'albatros gris ; 3° l'albatros bai-brun ou chocolat ; 4° l'albatros fuligineux ou couleur de suie ; 5° l'albatros ruban jaune ou à sourcils noirs. Toutes ces espèces sont de mêmes parages et sont si peu distinctes entre elles, que plusieurs naturalistes les regardent comme de simples variétés de l'albatros commun.

DUBOCAGE.

ALBINISME ou ALBINIE (pathologie) [du latin albus, blanc]. — Affection qui a pour caractère essentiel la coloration blanche de la peau et des cheveux et l'absence du pigmentum de la choroïde. — Considéré pendant longtemps comme une modification propre seulement à une ou deux races d'hommes, l'albinisme peut se produire chez toutes non-seulement d'une manière accidentelle, mais encore il apparaît souvent chez les animaux d'un ordre inférieur : c'est ainsi qu'on l'a observé, parmi les mammifères, chez le putois, la zibeline, la belette, l'ours, le blaireau, la taupe, le castor, le rat, la souris, l'éléphant, le bœuf, le renne, le chat, etc. ; parmi les oiseaux, chez le faucon commun, la pie-grièche grise, le corbeau commun, la corneille, le choucas, le geai, la pie, l'oie, le paon, la poule, etc. Le docteur Breschet pensait que l'albinisme peut se transmettre par hérédité ; mais il n'y a point de fait avéré qui constate que les albinos soient aptes à se reproduire en s'accouplant entre eux ; il paraîtrait qu'ils doivent leur origine à l'union de deux individus, dont l'un nègre ou mulet, l'autre blanc ou albinos.

Quelle est la nature et quelles sont les causes de l'albinisme ? — Sans aucun doute, a dit le professeur Requin, cet état peut survenir, dans le cours de la vie par une décoloration vraiment maladive qu'on doit généralement attribuer à l'influence de causes débilitantes. M. Isidore Geoffroy-Saint-Hilaire a constaté la production graduelle de l'albinisme imparfait chez des singes tenus en cage, et privés d'exercice pendant de longues années; il a déterminé plus promptement le même phénomène chez de jeunes poissons dorés de la Chine, en les plaçant pendant quelques semaines dans de l'eau de puits. C'est ainsi qu'une plante qui croît dans l'obscurité est toujours peu colorée, et, pour employer le terme propre, s'étiole. C'est ainsi que nos dames, qui mènent une vie sédentaire, et qui fuient les rayons du soleil, acquièrent et conservent une peau blanche. Nul doute non plus que la peau et les cheveux ne puissent blanchir presque tout à coup par suite d'une vive émotion : témoin, entre cent autres exemples, ce seigneur italien qui, condamné à mort par François de Gonzague, duc de Mantoue, obtint sa grâce, parce que ses cheveux blanchirent en peu d'heures, ce qui parut tenir du prodige. Les médecins qui ont écrit sur les maladies de la peau n'ont pas manqué de signaler ces altérations, lentes ou subites, du pigmentum. Mais ce n'est point là le cas des véritables albinos, c'est-à-dire de ceux qui naissent et demeurent tels, non point par maladie, mais par anomalie. Cet albinisme, que la décoloration accidentelle de la peau ne reproduit jamais complètement, doit être rapporté à cette cause générale, à laquelle nos lecteurs nous ont déjà vu attribuer l'existence des acéphales, ou monstres sans tête, et par laquelle ils verront s'expliquer encore beaucoup d'autres monstruosités, je veux dire l'arrêt de développement de l'organisation. En effet, le pigmentum manque chez le fœtus jusqu'à une époque très-avancée de la vie intra-utérine; et l'on sait même que, chez les peuples de couleur, la peau est encore, quelque temps après la naissance, presque aussi blanche que chez les nouveau-nés de notre race. Il est donc facile de concevoir que l'évolution fœtale soit entravée, avant l'époque où le pigmentum doit se former à la peau, dans les bulbes pilifères et dans le globe de l'œil, et

Fig. 59. — Albinos.

qu'ainsi un état d'organisation qui n'aurait dû être que transitoire devienne permanent. Cette hypothèse est d'autant plus admissible, que la plupart des albinos offrent, comme nous l'avons dit, plusieurs signes d'imperfection. Mais à quelle cause occasionnelle faut-il attribuer cet arrêt de développement, que nous reconnaissons comme cause prochaine de l'albinisme? Ici la science doit se taire et garder une sage ignorance, plutôt que de répondre à cette obscure question par de banales hypothèses, en supposant, par exemple, une vive frayeur de la mère pendant sa grossesse, ou en prêtant gratuitement à l'imagination une influence inexplicable. — Voy. Albinos.   Dr ADRIEN.

ALBINOS [mot d'origine portugaise (*albino*), diminutif d'*albus*, blanc]. — Individus qu'on rencontre dans toutes les races humaines qui, loin d'offrir la coloration propre à chacune d'elles, s'en distinguent surtout par la rougeur des pupilles et la coloration blanche de la peau et du système pileux (fig. 59).

Les premières notions exactes recueillies sur les albinos remontent à une époque fort reculée [1]. On lit dans les fragments de Clésias, médecin grec qui vivait cinq siècles avant J. C.: « Les Indiens sont noirs naturellement et non par l'influence du soleil; mais j'ai vu deux femmes et cinq hommes qui étaient entièrement blancs. Au commencement de l'ère chrétienne, Pline écrivait : « On trouve en Allemagne des individus blancs dès leur naissance et dont les yeux glauques voient mieux la nuit que le jour. » Aussi sont-ils plus communs en Afrique et dans les contrées équatoriales habitées par les nègres, par exemple dans la Nouvelle-Guinée. Vient ensuite, sous le rapport de la fréquence, la race américaine. Lors de la conquête du Mexique, les Espagnols en trouvèrent dans le palais de Montezuma, où ils faisaient partie de la collection des animaux rares, ainsi que l'a rapporté Bernard Diaz del Castillo, qui fut un des compagnons de Fernand Cortès. On les a également observés au Brésil, en Colombie, dans les Antilles, et

[1] *Dict. des Dict. de Méd. franç. et étrang.*

principalement à l'isthme de Panama. Ils existent aussi, en petit nombre, dans les Indes orientales, à Ceylan, dans diverses parties de l'Océanie, dans les îles de la Sonde, aux Moluques, aux Philippines, aux îles des Amis et de la Société. Ils ont aussi été signalés dans plusieurs parties de l'Europe, et entre autres en Allemagne, où Blumenbach en a recueilli seize exemples. A Paris, on en rencontre quelquefois. Pour notre part, nous avons connu deux jeunes filles affectées d'albinisme, et certes elles ne manquaient pas d'intelligence. La division des aliénés de Bicêtre en renferme presque toujours. Nous y avons vu, vers 1840, le nommé Roche, qui avait été placé depuis 1795 : il était alors âgé de cinquante-quatre ans.

La singularité des *albinos*, dit M. Achille Comte, consiste en ce que ces individus, nés de parents de couleur cuivrée ou noire, au lieu d'avoir la peau fortement colorée, ne présentent sur toute la surface de leur corps qu'une teinte pâle, d'un blanc mat et fade, comparable au lait, au papier, au linge et à la cire blanchie. Leurs cheveux, leurs sourcils, leurs cils et les poils peu abondants qui composent leur barbe, offrent aussi une teinte blanchâtre, soit qu'ils les aient soyeux et fins, soit que, suivant leur race, ils les aient plats ou crépus. Leurs yeux, larmoyants et très-sensibles à la lumière, ont l'iris ordinairement rose ou rouge; leur prunelle est d'un rouge de feu, ce qui fait ressembler les yeux de ces individus à ceux des perdrix ou des lapins blancs. Les *albinos* ne peuvent supporter une lumière constante; l'iris a une transparence trop grande; le pigmentum noirâtre, matière qui enduit

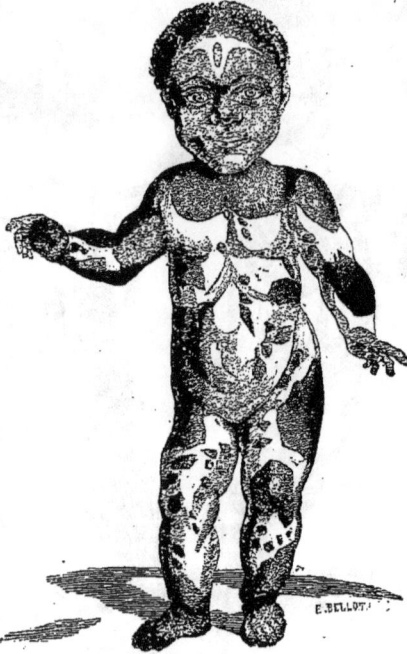

Fig. 60. — Nègre blanc ou nègre pie.

une des membranes de l'œil, lui manque; cette membrane laisse passer les rayons lumineux les plus excentriques; ceux-ci, après avoir frappé la rétine, se réfléchissent sur les parois internes du globe oculaire, dont la choroïde est rosée; et, réfléchis à leur tour, sous mille angles variés, ils jettent une confusion inextricable dans la peinture des images au fond de l'œil. Aussi, voit-on les albinos préférer l'obscurité au grand jour, et ne s'écarter que rarement des cavernes où ils demeurent; circonstance qui leur a valu le nom d'hommes nocturnes. La stature des *albinos* est peu élevée; leur constitution est ordinairement grêle; ils vivent dans un état de misère et de malpropreté déplorable, et sont l'ob-

jet d'une répugnance et même d'une animosité générales. Leur caractère moral et leurs facultés intellectuelles sont extrêmement faibles; ceux qui habitent parmi les nègres sont en butte à leurs mauvais traitements; et attrapés par eux, ils sont vendus comme objet de curiosité. On a vu pourtant des albinos doués d'une assez grande intelligence; tel était l'Allemand Sachs, qui publia un Essai d'Histoire naturelle sur sa propre personne et sur sa sœur, qui était dans le même état que lui.

On donne le nom de *nègres blancs* ou *nègres pies* aux nègres atteints d'albinisme. (Fig. 60.) Ces albinos, tachetés de blanc sur diverses parties de leur corps, ressemblent aux panachures des pétales et des feuilles de certains végétaux cultivés. — En Afrique, les albinos sont nommés *Dondos*; à Ceylan, *Bedas*; à Java, *Kacrelas*; en France, *Blafards*, nègres blancs, etc.

B. LUNEL.

ALBUGINÉ (anatomie) [d'*albus*, blanc]. — Épithète donnée aux membranes, aux humeurs ou aux tissus remarquables à la fois par leur blancheur et leur consistance. C'est ainsi qu'on nomme la *sclérotique*, tunique albuginée de l'œil; l'*humeur aqueuse de l'œil*, humeur albuginée; la fibre qui forme les *aponévroses*, les *tendons*, les *ligaments*, etc., fibre albuginée.

ALBUGO (pathologie) [même étymologie]. — Tache blanche de l'œil, opaque, irrégulière, peu ou point saillante, plus ou moins étendue, qui vient ordinairement à la suite d'une ophthalmie violente, et dépend de l'épanchement d'une lymphe dense et concrescible entre les lames de la cornée transparente. On l'appelle vulgairement *taie*, et elle est d'autant plus difficile à guérir que le malade est plus âgé. On combat l'albugo par les collyres secs, astringents, etc.

ALBUMINE (chimie) [*albumen* des Latins]. — Une des substances les plus répandues dans la nature; c'est elle qui, unie à une plus ou moins grande quantité d'eau et à une très-petite quantité de sels, forme le blanc d'œuf d'où elle tire son nom. Elle existe dans le sérum du sang, dans l'humeur vitrée de l'œil, la synovie, l'eau des hydropiques, la lymphe, etc.

L'albumine liquide ou blanc d'œuf délayée dans de l'eau distillée et filtrée contient, outre l'albumine de l'eau, un peu de gélatine, du carbonate de soude et quelques autres sels ; elle est incolore, transparente, légèrement sapide, inodore et susceptible de verdir le sirop de violette, à raison de la quantité de carbonate de soude qu'elle renferme ; elle mousse quand on l'agite, surtout si elle a été mêlée avec de l'eau. Chauffée, elle se coagule à la température de 74 degrés centigrades.

On a cru pendant longtemps que l'albumine de l'œuf ne différait aucunement de l'albumine du sang (sérum) ; mais les expériences de M. Melsens sont venues détruire cette opinion. En effet, lorsqu'on agite du blanc d'œuf filtré plusieurs fois, il se transforme en une membrane organisée qui présente l'aspect des membranes séreuses et du tissu cellulaire. On n'obtient rien de semblable lorsqu'on fait l'expérience avec du sérum.

L'albumine, en outre des principes communs à toutes les matières animales, renferme encore du phosphore, du soufre, du phosphate et du sulfate de chaux ; c'est dans l'albumine du sang qu'on a trouvé le plus de soufre. L'alcool, la créosote et presque tous les acides la précipitent. Les acides phosphorique et acétique font exception à cette règle.—La présence de l'albumine se reconnaît à l'aide de l'acide azotique, qui a la propriété de coaguler cette substance avec la plus grande facilité.

L'albumine solide ou pure s'obtient en délayant et agitant le blanc d'œuf dans dix ou douze fois son poids d'alcool. Celui-ci s'empare de l'eau qui tient la substance albumineuse en dissolution, et cette substance se précipite sous forme de flocons et de filaments blancs que l'on peut laver à grande eau. L'albumine ainsi obtenue est solide, blanche, insipide, inodore, plus pesante que l'eau, et donne, dans sa décomposition par le feu, beaucoup de sous-carbonate d'ammoniaque.

L'albumine liquide exposée à une température douce perd les $\frac{4}{9}$ de son poids, se dessèche sans se coaguler, et fournit une masse jaunâtre, vitreuse, soluble dans l'eau et dont on peut tirer parti dans les navigations de long cours. Conservée en vase clos, l'albumine liquide éprouve, au bout d'un certain temps, la décomposition putride et répand une odeur analogue à celle de l'hydrogène sulfuré. Lorsqu'elle renferme un certaine quantité d'eau ,elle se coagule plus difficilement, aussi sait-on parfaitement, en économie domestique, que les œufs frais, qui sont toujours pleins, cuisent moins facilement que ceux de quinze à vingt jours, qui offrent un petit vide dû à l'humidité qu'ils ont laissé dégager à travers leur coquille.

Si l'on fait bouillir une liqueur qui contient de l'albumine, celle-ci se coagule bientôt et entraîne tous les corps tenus en suspension, même les plus divisés : de là l'usage qu'on en a fait pour clarifier les sirops. On l'emploie aussi à la température ordinaire pour clarifier les vins, la bière ; elle s'unit alors au tannin, et forme un composé insoluble qui agit comme l'albumine coagulée. Les relieurs se servent aussi de cette substance pour vernir leurs livres. La baryte, la strontiane et la chaux se combinent avec l'albumine et donnent un produit très-solide, très-agglutinatif, qui, après la dessiccation, résiste à l'eau bouillante ; aussi le mastic d'albumine et de chaux est-il employé dans les laboratoires pour luter des appareils. On l'emploie pour raccommoder la porcelaine cassée. Elle entre aussi dans la composition du cirage. On a encore employé l'albumine pour enduire des petites bandelettes de linge dont on se sert avantageusement pour entourer les membres des enfants nouveau-nés dans les cas de fracture ; en se desséchant, cette substance donne à l'appareil la solidité nécessaire pour maintenir les fragments en rapport jusqu'à leur parfaite consolidation. Battue et mêlée avec de l'huile, elle forme un liniment adoucissant que l'on applique sur les brûlures récentes.

La solution d'albumine aiguisée par un peu d'alcool sert aussi à panser les excoriations légères. L'albumine forme des composés insolubles avec plusieurs sels métalliques, tels que ceux de mercure et de cuivres et en particulier avec le sublimé corrosif ; c'est pourquoi on recommande l'emploi du blanc d'œuf dans l'empoisonnement occasionné par cette dernière substance.

Enfin l'albumine doit être considérée comme substance nutritive, puisqu'elle fait partie des œufs, du sang et de la chair musculaire.

Les expériences de Gosse de Genève ont démontré que le blanc d'œuf coagulé se digère moins facilement et avec beaucoup plus de lenteur que les jaunes d'œufs durcis et les omelettes d'œufs ; aussi faut-il éviter de les donner aux personnes chez lesquelles les fonctions digestives se font péniblement, ainsi qu'aux malades en convalescence dont l'estomac a eu à souffrir des troubles imprimés à l'organisme.

ÉDOUARD VALLIN.

ALBUMINE VÉGÉTALE. — C'est une substance qui se rencontre assez abondamment dans l'orge, le froment et beaucoup de crucifères ; elle se trouve aussi dans les pois, les fèves, les lentilles, le café, la pomme de terre. Le suc filtré des haricots, des fèves, etc., donne, par l'ébullition, des flocons blancs qui, traités par l'alcool ou l'éther, fournissent de l'albumine végétale pure. E. V.

ALBUMINERIE (pathologie). — Nephrite albumineuse. — Maladie de Bright. — Affection des reins caractérisée physiologiquement par la présence d'une notable quantité d'albumine dans les urines. Des organes autres que les reins présentent quelquefois, à la suite de cette maladie, des lésions variées.

En 1856, M. le professeur Piorry s'exprimait ainsi en parlant de l'anatomie pathologique de cette affection :

« Examen nécroscopique. — Au moyen de la microscopie, M. Valentin a trouvé :

» 1° Que les canaux de la substance tubuleuse étaient vides ou remplis d'un liquide transparent ;

» 2° Que les tubes de la substance corticale contenaient une substance d'une couleur gris jaunâtre, qui permettait d'y voir de belles ramifications ;

» 3° Cette substance était formée de granulations irrégulières, variables en volume, de petits corps moléculaires et de petites sphères jaunes. (Becquerel, *Séméiotique des urines*, page 462.)

» Le caractère fondamental de l'affection dite maladie de Bright est la présence de l'albumine dans l'urine. Cette présence peut y être constatée de diverses façons. L'inspection fait trouver ce liquide plus visqueux qu'à l'ordinaire. En tombant, il peut devenir légèrement mousseux; en l'insufflant au moyen d'un tube, il est susceptible de former de grosses bulles, à la façon du savon (Tissot). A l'état aigu, l'urine albumineuse est quelquefois sanguinolente. La microscopie y fait découvrir des globules sanguins. Des tractus grisâtres, floconneux, altèrent souvent la transparence du liquide et forment, par la précipitation, des sédiments médiocrement épais et présentant des lamelles d'apparence membraneuse, d'une couleur blanchâtre ou jaunâtre. — La chaleur à 80 degrés fait coaguler l'albumine de l'urine, qui offre un précipité blanc et floconneux, d'autant plus abondant que les quantités de cette matière animale sont plus considérables. L'urine est, en général, moins dense que dans l'état sain, où elle pèse, suivant Grégory, de 1,024 à 1,026, et suivant M. Rayer, à peu près 1,018. Dans l'albuminurrhée, sa densité serait seulement de 1,007 à 1,008 (Rayer). L'odeur de l'urine albumineuse est, dit-on, quelquefois celle du petit-lait ou du bouillon. Il y a diminution dans la quantité d'urée que contient le liquide formé par le rein; mais non pas absence de cette substance, ainsi qu'on l'avait d'abord pensé. Les parties solides du sang sont diminuées; ce fait résulte des recherches de Bostock (1829). Le sérum a perdu une notable proportion de l'albumine qu'il contient normalement (Christison, Martin-Solón, Andral, Gavarret et Becquerel). Dans les premiers temps du mal, on a trouvé une augmentation de fibrine, et le sérum a été lactescent (Christison). C'est sans doute la sérosité opaline contenant de la fibrine en suspension, celle enfin qui caractérise l'hémite (Piorry, *Traité de Méd. prat.*, t. II) dont il s'agit ici. Aussi, à l'état aigu et au début, le sang a souvent contenu de la couenne. »

Les causes de l'albuminerie sont peu connues. Suivant quelques nosologistes, elles seraient dues aux refroidissements, à l'intempérance, aux fièvres éruptives, surtout à la scarlatine.

A l'état aigu, un frisson suivi de fièvre annonce quelquefois la maladie; puis une douleur sourde, obtuse, se manifeste dans la région des reins, douleur exaspérée par la pression. L'urine, rare, rougeâtre ou sanguinolente au début, prend ensuite la teinte citrine (voir plus haut les caractères de l'urine). Bientôt se manifeste un œdème de la face, qui, s'étendant, passe à l'état d'anasarque. Le sang tiré de la veine est couenneux (voir plus haut).

A l'état chronique, qui est la forme la plus fréquente, « presque toujours c'est l'hydropisie qui donne l'éveil sur l'existence de la maladie de Bright; mais nous avons vu que dans quelques cas fort rares ce symptôme manque : la mort même peut survenir avant qu'il se soit manifesté. L'affection est alors latente, elle passe presque toujours inaperçue, car on ne songe pas alors à examiner les urines; les seuls troubles apparents consistent dans une diminution de l'embonpoint et des forces. C'est dans ces conditions qu'on voit des individus être pris tout à coup de symptômes cérébraux ou d'affections aiguës de poitrine, auxquelles ils succombent rapidement; à l'autopsie, on découvre l'altération caractéristique des reins, ce qui explique tous les accidents observés pendant la vie. Ces faits ne sont pas rares, nous en avons nous-même observé plusieurs, et ils doivent porter le médecin, lorsqu'il recherche la cause organique qui entretient un état de malaise et de dépérissement, à interroger la sécrétion urinaire comme toutes les autres fonctions. »

A l'exception de l'albuminerie qui survient à l'état aigu à la suite de la scarlatine, le pronostic de cette affection est des plus graves, surtout quand les urines ne cessent pas d'être albumineuses et quand le sujet est d'une constitution faible, scrofuleuse, etc.

Le traitement, dans l'état aigu, consiste dans l'emploi des antiphlogistiques de toute espèce : saignées, sangsues, ventouses scarifiées sur les lombes, aidé de la diète, des frictions, des laxatifs, etc. Dans l'état chronique : les ventouses, vésicatoires, sudorifiques, diurétiques, purgatifs, ferrugineux, tisane de genêt, de raifort, de fougère (Rayer). Tout échoue le plus souvent, et cette affection, encore peu connue dans ses causes, est une de celles qui font le désespoir du médecin.   Dr HEINRIECH.

ALBUMINIME (chimie). — Matière blanche, solide, membraneuse, non azotée, obtenue en exposant l'albumine au froid; la partie liquide, qui ne se coagule pas, conserve toutes ses propriétés azotées.

ALBUMINO-CAZÉEUX (chimie). — Principe chimique découvert dans les amandes amères, dans les feuilles du laurier-cerise, du prunier, etc. Comme on rencontre particulièrement cette substance dans les amandes amères, on lui donne aujourd'hui le nom d'*amygdaline*. — Voy. ce mot.

ALCADE [de l'arabe *al*, le; *kaïde*, gouverneur; *al cadhy*, cadi des musulmans]. — Mot qui sert à désigner en Espagne certains officiers de justice, qui, lors de l'expulsion des Maures, ont remplacé les cadis musulmans. L'alcade est le juge ordinaire qui administre la justice; ses attributions répondent en partie à celles de nos maires et de nos juges de paix. Dans les grandes villes, il y a des alcades de quartier, des alcades de nuit, etc. L'alcade de la maison du roi remplit une fonction analogue à celle que remplissait autrefois en France le grand prévôt de l'hôtel. L'attribut distinctif des alcades, dans les grandes villes, est une baguette blanche ornée d'une main d'ivoire; ils s'en servent comme les constables anglais.

ALCALIMÈTRE (chimie appliquée) [de l'arabe *al-kali*, et du grec *métron*]. — Instrument propre à déterminer les proportions d'alcali caustique ou carbonaté renfermées dans les soudes et les potasses du commerce. « L'essai rigoureux des alcalis du commerce est la base sur laquelle repose la garantie de leur valeur réelle ; mais, indépendamment de la considération de quantité d'alcali réel contenue dans les potasses, les soudes et les sels de soude du commerce, il importe souvent beaucoup au consommateur de ne pas les acheter trop souillés par des matières étrangères, matières souvent colorées et dont, d'ailleurs, la trop grande proportion est presque toujours nuisible. Un autre genre d'infidélité dont le fabricant doit chercher à se défendre, c'est la substitution de la soude à la potasse. Ce mélange frauduleux n'est que trop commun aujourd'hui, et peut causer la perte d'une fabrique ; l'énorme différence dans les prix respectifs des deux alcalis y invite les commerçants de mauvaise foi. Dans le sous-carbonate de potasse du commerce, on introduit des sels de soude desséchés ; malheureusement, l'*essai alcalimétrique* ne décèle pas cette fraude. Les falsificateurs ont même tenté de caustiquer la soude par la chaux avant de la mêler à la potasse, afin que, comme celle-ci, elle attire l'humidité de l'air et soit plus facilement confondue avec elle. » Plusieurs méthodes sont usitées pour déterminer la quantité réelle d'alcali d'une soude ou d'une potasse. Nous ne citerons que les deux suivantes :

1° « On prend une certaine quantité de l'alcali suspecté ; on la fait fondre dans sept ou huit fois son poids d'eau ; on filtre la dissolution et l'on sature avec de l'acide sulfurique faible. Quand, par l'épreuve du tournesol, on s'est assuré que la liqueur est bien neutre, on fait évaporer jusqu'à ce qu'il se forme une légère pellicule à la surface ; on place ensuite ce vase dans un lieu frais. S'il y a de la soude, il se formera au bout de vingt-quatre heures de gros cristaux bien différents de ceux du sulfate de potasse, car ceux-ci sont courts, en pyramides à six pans, ne s'altérant pas à l'air chaud et sec, tandis que les cristaux de sulfate de soude sont de longs prismes, striés ou canaliculés, presque toujours volumineux, et qui s'effleurissent promptement, et se recouvrent d'une poudre blanche, après avoir été égouttés complétement. »

2° « On équilibre sur le même plateau de la balance l'alcali et l'acide destiné à le saturer, contenus dans deux ballons contigus, et, après les avoir mêlés, on fait une nouvelle pesée ; la différence de poids sur la première pesée indique l'acide carbonique. »

Ces deux méthodes sont dues, la première à M. Descroisilles (1801) ; elle a été modifiée par Fouque (1807), et par Gay-Lussac ; la seconde, à MM. Frésénius et Will. Le *Précis d'analyse* de M. Frésénius décrit les deux méthodes que nous avons présentées avec des développements convenables.

ALCALIMÉTRIE (chimie appliquée). — Opération qui a pour but de déterminer la quantité de potasse ou de soude réelle contenue dans la potasse ou dans la soude brute du commerce. La quantité de potasse évaluée par cette opération s'appelle le *titre* de la potasse. « La potasse et la soude constituent, par leurs nombreux usages, une branche importante du commerce ; mais ces substances, telles que le commerce les fournit, ne sont jamais pures : elles contiennent des quantités notables de chlorure de potassium, de chlorure de sodium, de sulfate de soude et de potasse, sels que l'on considère comme autant de matières étrangères. Il importe donc de connaître le degré de pureté de ces deux substances, et l'alcalimétrie en fournit les moyens. Pour cela, on prend une quantité rigoureusement déterminée d'*acide sulfurique* et une quantité d'*alcali* telle que, si ce dernier était parfaitement pur, il serait complétement neutralisé par l'acide. Or comme l'alcali du commerce est toujours fort impur, il est évident qu'il faudra d'autant moins d'acide pour le neutraliser ou le saturer qu'il contiendra plus de matières étrangères. Si donc, par exemple, pour saturer l'échantillon d'alcali choisi, on n'a employé que le quart de la quantité d'acide sulfurique qu'il eût fallu pour neutraliser ce même poids si l'alcali eût été pur, il est évident qu'en achetant 100 kil. de matière brute, on n'achète véritablement que 25 kil. d'alcali. On dit que le titre de l'alcali est au 20e, au 30e ou au 40e, lorsqu'on a employé pour le saturer 20, 30 ou 40 centièmes de la quantité totale d'acide qui eût neutralisé l'échantillon d'alcali pur. C'est à Gay-Lussac que l'industrie doit ce procédé, aussi facile qu'exact. La capacité de saturation de la soude est plus grande que celle de la potasse. Il ne faut que 3 gr. 185 de soude pour saturer 5 grammes d'acide sulfurique. »

ALCALIN, ALCALINITÉ (chimie). — On se sert de ces mots pour désigner la propriété que possèdent certains corps solubles dans l'eau de ramener au bleu le tournesol rougi par les acides ; c'est ainsi qu'on dit : *réaction alcaline*, par opposition à *réaction acide*. En recherchant attentivement, dit Pelletan, en quoi consistent essentiellement l'*alcalinité* et l'*acidité*, on reconnaît que ces propriétés ne sont qu'une circonstance particulière du grand principe de dualisme qui préside à toutes les combinaisons du règne minéral, et que les chimistes étendent chaque jour de plus en plus à celles qui dérivent du règne organique. On appelle *sels alcalins* les sels à base d'alcali, surtout ceux qui ont cette base en excès ; *sulfures alcalins*, les sulfures formés de soufre et de métaux pouvant produire, avec l'oxygène, les oxydes alcalins (*sodium, potassium*, etc.).

ALCALIS (chimie) [du chaldéen *kalah*, brûler ; selon d'autres, de l'arabe *alkali*, soude. On écrivait en effet jusqu'au commencement de ce siècle : *alkali*]. — Toutes substances qui ont pour caractères distinctifs de verdir le sirop de violette, de rougir la couleur jaune de curcuma, de ramener au bleu les couleurs bleues végétales rougies par les acides, de former avec les acides des combinaisons connues sous le nom de sels. La potasse (alcali minéral), la soude (alcali végétal), et l'ammoniaque (alcali volatil) étaient les seules substances auxquelles les anciens chimistes appliquaient le nom d'alcali ; aujourd'hui on distingue les *alcalis proprement dits*, comprenant la potasse, la soude, l'ammoniaque et la lithine, et les *alcalis terreux*, tels que la chaux, la baryte, la strontiane et la magnésie.

Les alcalis sont regardés comme de véritables

oxydes, dont l'affinité pour les acides est beaucoup plus grande que celle des terres et des anciens oxydes métalliques. Black, médecin d'Édimbourg, jeta la plus vive lumière sur l'histoire des alcalis, en découvrant, vers 1756, la nature du principe gazeux que ces matières laissent dégager, dans certaines circonstances, sous l'action des acides. « On savait déjà depuis longtemps, dit M. le Play, que les alcalis extraits du produit de l'incinération des végétaux ou de la distillation des matières animales éprouvaient des modifications très-importantes quand on traitait leur dissolution aqueuse par la chaux vive : on avait remarqué que cette opération exaltait considérablement les propriétés des alcalis, telles qu'elles ont été définies ci-dessus; qu'ils devenaient *caustiques*, c'est-à-dire *brûlants*, et dans cet état capables de corroder, d'une manière violente, la peau et tous les tissus animaux sur lesquels on les appliquait; de là leur emploi, depuis un temps immémorial, comme pierre à cautère. Lorsque l'on s'occupa de rechercher la cause de la causticité, l'idée la plus naturelle qui se présenta d'abord fut d'attribuer cette qualité à la matière du feu, à cause de la ressemblance que l'on observait entre quelques effets du feu en action et ceux des caustiques; lorsque la doctrine de Stahl eut établi que la matière du feu ou le *phlogistique*, combiné avec certaines substances, constituait la combustibilité, on fut naturellement conduit à attribuer la causticité à la même cause. Lémery s'attacha particulièrement à développer cette idée, et à prouver que les réactions énergiques des alcalis et des acides étaient dues à des particules ignées, logées entre les parties propres de ces substances. Meyer, célèbre chimiste d'Osnabruck, développa à son tour les conjectures de Lémery, qu'il appuya de nombreuses expériences dans lesquelles il examina les propriétés des pierres à chaux, les phénomènes de la calcination, les effets de la causticité de la chaux vive, et de celle qu'elle communique aux alcalis tant fixes que volatils. Il fut conduit à attribuer le phénomène de la causticité à un principe qu'il nomma *acidum pingue* ou *causticum*, et qu'il supposait composé de la matière du feu et d'une matière de nature acide. Meyer rendit un véritable service à la science par ses expériences positives, dans lesquelles il suivit avec sagacité la transmission du prétendu *causticum*, d'une combinaison à une autre; mais sa théorie avait, comme celle de Sthal, dont elle n'était qu'un reflet, l'inconvénient capital de détourner les idées de la véritable solution, en supposant le dégagement ou la séparation d'un principe dans des phénomènes où il y avait, au contraire, absorption et combinaison. » Le savant Black découvrit aussi la véritable solution de la causticité des alcalis; Cavendish prouva, en 1766, l'identité de ce qu'on appelait *air fixée* des alcalis (acide carbonique) avec le gaz méphitique de la combustion du charbon; en 1776, Lavoisier démontrait qu'il était formé de carbone et d'oxygène; enfin, en 1807, les belles découvertes de Davy levèrent tous les doutes qui restaient sur la composition chimique des alcalis.   JOURDAN.

ALCALIS VÉGÉTAUX OU ALCALOÏDES (c'est-à-dire semblables aux alcalis). — Quoique ces alcalis organiques ressemblent aux alcalis minéraux par leurs propriétés basiques, ils en diffèrent par leurs propriétés générales. Ils sont aussi de beaucoup plus nombreux que les alcalis fournis par le règne minéral, et contiennent tous du carbone, de l'hydrogène, de l'azote, et presque tous de l'oxygène. Les uns sont tous formés dans les organes des plantes combinés avec certains acides (quinine, morphine, strychnine); les autres s'obtiennent au moyen de réactions chimiques (quinolerne, toluidine, etc.). La plupart des plantes vénéneuses, dont les alcaloïdes sont si précieux en médecine, doivent leur action aux alcalis qu'elles renferment; telles sont la *comire*, contenue dans la ciguë; l'*atropine*, dans la belladone; la *vératrine*, dans la cévadille ou le colchique d'automne, etc.

Une remarque importante relative aux alcalis organiques, dit Fabre, c'est qu'au dire des chimistes, leur composition est analogue chez tous, c'est-à-dire qu'ils sont formés d'oxygène, d'hydrogène et d'azote. On pourrait croire, d'après cela, qu'ils doivent exercer tous la même action sur l'économie. Cela est vrai pour un grand nombre; mais quelle différence n'y a-t-il pas entre la *morphine* et l'*atropine* ou la *cicutine*, par exemple? La différence est telle que l'effet de la première peut être détruit par celui des deux dernières, et réciproquement, tant il est vrai qu'en matière thérapeutique on ne peut rien établir *à priori* d'après les données fournies par l'analyse chimique. — C'est de l'année 1817, époque de la découverte de la morphine dans l'opium (par Sertuerner, pharmacien de Hanovre) que date la connaissance des alcalis végétaux. Les recherches de Pelletier et Caventou, Robiquet, Brandes, Geuger, Henry, Plisson, etc., en ont considérablement augmenté le nombre; enfin les récents travaux de Wœhler, Hoffmann, Gérhardt, Zuisin, etc., ont prouvé qu'au moyen de réactions chimiques on pouvait obtenir un certain nombre d'alcalis végétaux.

Le tableau suivant indique les noms des principaux alcaloïdes et ceux des principaux végétaux qui les fournissent.

Alcaloïde	Végétal
Aconitine......	Aconitum napellus.
Atropine.......	Atropa belladona.
Conicine	Conium maculatum.
Daturine	Datura stramonium.
Delphine	Delphinium staphisagria.
Digitaline	Digitalis purpurea.
Émétine.......	Cephælis ipecacuanha.
Morphine.....⎫	
Codéine.......⎪	
Narcéine.....⎬	Papaver somniferum.
Narcotine....⎪	
Thébaïne....⎭	
Nicotine.......	Nicotiana tabacum.
Picrotoxine.....	Anamirta cocculus.
Quinine.......⎫	
Cinchonine...⎬	Cinchona (diverses espèces).
Aricine ......⎭	
Sanguinarine...	Sanguinaria canadensis.
Solanine.......	Solanum nigrum et S. dulcamara.

Strychnine... }
Brucine...... } Strychnos (diverses espèces).
Vératrine...... Veratrum (diverses espèces).

Dr HEINRIECH.

ALCALIS (commerce, industrie). — Les alcalis qu'on trouve dans le commerce proviennent de trois sources principales : 1° des manufactures indigènes, qui en font l'extrait du sel ordinaire, soit comme objet primaire ou secondaire, suivant des procédés chimiques; 2° de l'incinération de certaines plantes qui croissent dans des marais salants sur les côtes de la Méditerranée, principalement en Espagne. Ces plantes sont séchées et brûlées dans des fosses, et sont ensuite importées sous le nom de barille en France, en Angleterre, en Allemagne et ailleurs. La meilleure barille vient de Carthagène, d'Alicante et de Malaga; 3° de l'incinération pareillement de certaines plantes qui croissent sur les rochers des côtes occidentales et septentrionales de l'Écosse et sur les côtes de l'Irlande, ainsi que sur celles de France, lesquelles plantes sont séchées et brûlées de la même manière que la barille, et sont vendues sous le nom de kelp; mais cette dernière est d'une qualité inférieure à la barille, qui est la plus estimée. La quantité de pur alcali que fournissent ces plantes, indépendamment de l'alcali minéral qu'on extrait du sel gemme, en détermine la valeur pour les fabricants qui en font usage. Les manufactures du kelp occupent un grand nombre d'ouvriers, attendu que trente quintaux métriques de plantes ne produisent qu'un quintal de cette espèce d'alcali. Comme toute l'opération doit se faire par la main des hommes principalement, il y a peu de branches d'industrie qui donnent plus d'occupation en proportion de son revenu. On porte à 40,000 le nombre d'individus employés à cette fabrication aux Hébrides, et 20,000 aux îles Orcon, sur les côtes d'Irlande, probablement autant en Écosse et pas moins en Irlande. Ce fut en 1745 que cette fabrication devint générale en Écosse; ce qui avait engagé le gouvernement de la Grande-Bretagne à mettre un droit très-fort sur l'importation de la barille d'Espagne; mais ce droit a été successivement réduit. Comme les chimistes sont parvenus à faire de l'alcali ou de la barille artificielle, tant à Marseille qu'ailleurs, pour les savonneries et verreries, le commerce de la barille naturelle, ainsi que du kelp, a beaucoup diminué.   MONTBRION.

ALCALOIDES (chimie). — Synonyme d'*alcali végétal* (voy. ce mot).

ALCARAZAS. — Vases poreux, en forme de bouteilles, dont on se sert dans les climats chauds, surtout en Espagne, pour rafraîchir les liquides. Ces vases étant légèrement perméables à l'eau, la vaporisation qui a lieu à leur surface enlève assez de calorique pour refroidir le liquide qui y est contenu. ils sont formés de cinq parties de terre calcaire, de huit parties d'argile et quelquefois d'un peu de chlorure de sodium. Les Égyptiens connurent les alcarazas, que les Arabes introduisirent en Espagne. Fourmy les a fabriqués avec succès en France.

ALCÉE (botanique) [du grec *altea*, espèce de mauve]. — Genre de plantes de la famille des malvacées, qui ne diffère des althées que par un péricarpe à coques marginées, et qui ne se compose guère que de la plante connue vulgairement sous le nom de *rose-trémière*, *mauve-rose*, *passe-rose*. Sa tige est élevée, droite, velue, couverte de belles fleurs dont la couleur varie du blanc au rouge jaune et cramoisi : les amateurs recherchent une espèce à fleurs blanches et pourpres panachées, venues récemment de la Chine.

ALCÉDIDÉES (zoologie) [du lat. *alcedo*, nom du martin-pêcheur]. — Famille d'oiseaux de l'ordre des passereaux, formée aux dépens de celle des syndactyles de Cuvier, et comprenant, entre autres genres, le martin-pêcheur ou l'alcyon.

ALCHEMILLE (botanique) [*alchimie*]. — Genre de plantes de la famille des rosacées, de la tribu des sanguisorbées, renfermant une vingtaine d'espèces réparties dans toutes les contrées, et dont la plus remarquable est l'*alchemille vulgaire* ou *pied-de-lion*, très-commune dans les prés et les bois montagneux. Au temps où l'on attribuait les plus grandes vertus aux simples, l'alchemille vulgaire était préconisée comme vulnéraire, et les alchimistes employaient dans l'opération du grand œuvre, la rosée recueillie sur ses feuilles.

ALCHIMIE [de *al*, particule arabe indiquant la supériorité, l'excellence, et de *chimia*, chimie]. — Il est à regretter que les savants ne se soient pas encore entendus pour donner une définition exacte de ce mot. Les uns, en accordant à la science même les attributs qui ne convenaient qu'à quelques empiriques, l'ont fait regarder comme une chimère, une extravagance; d'autres, comme un prodige de l'esprit humain. De là deux sortes d'alchimie, l'*alchimie fausse* et l'*alchimie positive*. — La soif des richesses, l'amour de la vie et l'abus que font des mots certaines gens, ont donné naissance à la première qui, erronée dans ses principes et folle dans son objet, rend misérables ceux qui s'en occupent, car le résultat de leurs opérations n'est, le plus souvent, que cendres et fumée. Cette science, ou, pour mieux dire, cette erreur fut fort en vogue dans le moyen âge. Un charlatan se présentait, il possédait, disait-il, le secret de faire de l'or ou des remèdes pour guérir tous les maux et prolonger la vie; il le persuadait par un verbiage inintelligible qu'on prenait pour des paroles mystiques; on lui confiait sa fortune, en tout ou en partie, dans l'espoir de recueillir des trésors, mais comme on ne recueillait ordinairement que des cendres, on enveloppait dans la même proscription l'alchimie et celui qui avait appuyé ses promesses du nom et de l'autorité de cette science. Cependant les lumières du seizième siècle, qui commençaient à éclairer l'esprit humain, surent réparer ce que l'alchimie avait de faux d'avec ce qu'elle a de positif, et on la regarda comme une partie de la philosophie naturelle qui, par ses opérations, métamorphose les objets plus promptement que ne le fait la nature elle-même. C'est ainsi qu'avec du mercure et du soufre on obtient une matière solide et rouge appelée cinabre, en tout semblable au cinabre que la nature ne produit qu'après de longues années. L'alchimie positive s'occupe de perfectionner les métaux, de faire des choses précieuses avec d'autres qui le sont moins, de trouver des remèdes propres à guérir les maladies dont l'humanité est affligée et à entretenir la santé. Elle cherche à découvrir l'art de la nature et à l'imiter dans ses opérations, mais elle agit par principes et parvient souvent, en allant du connu à l'inconnu, à des combinaisons curieuses et utiles. L'alchimie ainsi comprise ne serait donc autre chose que la chimie par excellence.

Le savant J. Reynaud apprécie ainsi, dans son *Encyclopédie pittoresque*, la valeur réelle de l'alchimie. « Le moyen âge arabe et chrétien a été le plus beau temps de l'alchimie. Lorsque l'on a une fois saisi le fil conducteur du labyrinthe, ai-je lu quelque part dans un ancien hermétique, on s'étonne, en voyant de toutes parts sur le sol, l'empreinte des pas de tant de personnages illustres qui s'y sont donné rendez-vous. En effet, on pourrait à peine nommer un philosophe un peu marquant de cette époque qui n'ait quelque peu trempé dans l'alchimie, ou qui ne lui ait du moins, dans ses spéculations, attribué une immense valeur. Bien que cette science ait pu se continuer en Occident par une tradition directe de la civilisation romaine, où elle était fort en usage, puisqu'il y eut une sorte de persécution, sous Dioclétien, contre ceux qui y étaient adonnés, et puisque l'on sait aussi, par le témoignage de Pline, que l'empereur Caligula dépensa des sommes considérables pour en chercher le secret, il est néanmoins probable que les Arabes en ramassèrent beaucoup de choses dans les débris de l'Orient et de la Grèce, et contribuèrent puissamment à la répandre chez nous avec le mouvement d'idées qui suivit leur conquête. Avicenne a laissé trois traités sur la matière chimique; ce fameux raisonnement, dont il est regardé comme l'auteur, est une belle preuve de l'audacieuse fermeté de son esprit : « Si je ne voyais pas l'or et l'argent, » disait-il, je pourrais douter de l'existence du moyen » de les faire; mais je les vois, et je conclus que ce » moyen existe. » Les noms de Geber, d'Alphidius, de Rhazès, et bien d'autres encore qu'il est superflu de citer, figurent au premier rang parmi les alchimistes arabes. Un des plus anciens alchimistes de l'Occident dont on ait gardé la mémoire est Hortulanus, qui, vers le milieu du onzième siècle, alla étudier en Espagne, et qui, à son retour, écrivit un commentaire sur la Table d'émeraude. Il serait chimérique de vouloir compter tous ceux qui le suivirent dans cette voie. L'alchimie fut, pendant un temps, au travers de l'Europe, comme un torrent qui entraînait toutes les espérances; et, durant cette époque, la partie ambitieuse de l'esprit humain se porta avec enthousiasme vers la conquête de l'or, comme, plus tard, vers la conquête du Nouveau-Monde. Un des plus célèbres alchimistes du moyen âge, surtout par les exagérations postérieures de la renommée, fut Albert le Grand, évêque de Ratisbonne, né sur la fin du douzième siècle, et l'un des

plus brillants ornements du treizième. Il a écrit plusieurs livres sur cette science; quelques-uns ont été contrefaits et altérés après sa mort; d'autres lui sont faussement attribués, et il est difficile de bien juger ce qui lui appartient en propre dans l'immense héritage que la postérité lui a fait. Il raconte lui-même qu'après de longues et inutiles études, il était entré dans le désespoir, lorsque, étant tombé par hasard sur le raisonnement d'Avicenne, il y reprit toute sa vigueur et tout son courage. Les traités les plus intéressants, parmi ceux qui figurent sous son nom, sont celui de l'alchimie, celui sur la concordance des alchimistes, et celui sur la composition des composés. Saint Thomas d'Aquin, l'illustre docteur, fut le disciple d'Albert le Grand, et l'on ne saurait mettre en doute qu'il n'ait été plus ou moins pénétré des doctrines professées par son maître sur les lois de la matière. Il est, à la vérité, à peu près impossible, parmi le grand nombre de livres évidemment apocryphes qui lui sont attribués, de démêler avec précision ceux dont il est réellement responsable; néanmoins, si les présomptions tirées de l'école dont il sortit, si la voix unanime de ses contemporains, si le jugement des philosophes qui l'ont suivi, si tant d'indices qui s'accordent ont en eux quelque autorité, on doit regarder comme certain que les considérations théoriques de l'alchimie, sinon les pratiques directes, ne sont point demeurées étrangères à ce théologien fameux. On a objecté que, dans ses ouvrages de philosophie religieuse, il ne se trouvait aucune trace des principes de l'alchimie; mais il est aisé de voir qu'aucune des questions qu'il y traite ne pouvait la conduire à ce sujet. Au surplus, on pourrait dire que plusieurs des traités de philosophie minérale qui lui sont attribués, et particulièrement le traité *De re metallica*, dont Pic de la Mirandole le déclare expressément l'auteur, loin d'être indignes de lui, ne sont au contraire qu'une confirmation de ses titres à la primauté parmi les savants de son temps. S'il est naturel que l'Église ait cherché à revendiquer tous ses travaux pour elle seule, il ne l'est pas moins qu'un esprit si vaste ait tenu dans ses méditations les choses de la terre aussi bien que celles du ciel, et n'ait pas entièrement oublié, dans sa longue carrière, l'étude de la physique, que sa jeunesse avait suivie si longtemps. Raimond Lulle, des îles Baléares, bien plus célèbre encore en alchimie que les précédents, et avec des titres bien plus incontestables, parut à leur suite. Spécialement occupé de la recherche de l'or, il courut l'Espagne, l'Italie, la France, l'Allemagne, visitant partout les adeptes sur son passage, et se fixa enfin en Angleterre, où il écrivit quatre livres dédiés au roi Edouard. Il était zélé pour la religion tout autant que pour la science, et mourut, en 1315, dans un voyage d'Afrique entrepris dans un but de dévotion. Roger Bacon, un des esprits les plus solides et les plus avancés dont le moyen âge se fasse honneur, tint pendant longtemps le sceptre de la philosophie hermétique; plein de foi dans la puissance humaine et dans la grâce de Dieu, il répondait aux sourdes accusations qui étaient alors de mode contre les études naturelles, qu'il était bien absurde de supposer qu'il fût plus facile d'obtenir quelque chose de la bienveillance des démons, que d'y parvenir par le travail et en implorant Dieu. Il a écrit plusieurs ouvrages très-remarquables sur l'alchimie. Il était très-versé dans la connaissance des Arabes, et c'est probablement d'eux qu'il tenait le secret de la poudre à canon, dont on trouve l'indication dans sa lettre *Des œuvres secrètes de l'art et de la nature, et de la nullité de la magie.* Enfin, nous rappellerons pour la France les noms d'Arnauld de Villeneuve et de Pierre de Villeneuve, son frère, de Nicolas Flamel, de Guide de Montanor, de Jean Feruel, etc.; pour l'Italie, ceux de Pierre de Salente, d'Aurelius Augurellus, de Jean de Rupescissa, de Jean Chrysippe; pour l'Allemagne, ceux de Bernhard, comte de Trèves au quinzième siècle, de Jean Isaac de Hollande, de Basile Valentin, l'introducteur de l'antimoine, auteur des douze Clefs, du lever des Planètes, etc. Nous pourrions citer aussi Paracelse; mais ce grand homme, quelque état qu'il ait fait de l'alchimie, appartient déjà à une classe à part, celle des philosophes qui commençaient à comprendre que, dans l'immense carrière ouverte par cette science, la question de l'or, loin d'être le principal, n'était au contraire que le détail. Il s'occupa surtout de faire tourner l'alchimie à l'avantage de la médecine, et de l'employer à la préparation des remèdes utiles, substances bien plus précieuse que l'or pour le bien de l'humanité. Je trouve, en feuilletant mes notes, une citation prise dans un de ses ouvrages dont le titre m'échappe : « Beaucoup se sont » enquis de savoir, dit-il, si l'alchimie était vraiment » capable de faire de l'or; mais cela importe peu. » Elle est le fondement et la colonne de toute la mé- » decine; et, sans elle, il faut bien le savoir, per- » sonne n'a droit à se dire médecin. » En effet, dès cette époque il était facile d'apercevoir les nombreuses applications dont étaient susceptibles les résultats généraux fournis par l'alchimie; à force de s'exercer sur toutes les espèces de corps, on avait fini par acquérir l'expérience de leurs propriétés et de leurs caractères, et par gagner divers moyens d'en tirer bon parti; on avait fini, à la suite de tant de travaux, par se créer, sur la nature des substances, des connaissances plus exactes que celles qui avaient servi de point de départ aux premières spéculations du moyen âge. Il est aisé de se convaincre, en lisant attentivement les ouvrages des anciens alchimistes, que les raisonnements en vertu desquels ils procédaient étaient le plus souvent très-ingénieusement et même très-solidement enchaînés, mais malheureusement basés presque toujours sur des points de fait ou complétement faux ou légèrement observés. L'erreur dans laquelle ils tombaient l'un après l'autre n'était guère plus imputable aux chimères de leur esprit que celle où tomberait aujourd'hui un minéralogiste qui fonderait une dissertation sur la foi d'anciennes analyses. Le soufre et le vif-argent sont les deux principes essentiels que l'on voit éternellement reparaître dans tous leurs livres;

c'est de leur jeu mutuel, aidé de l'action mystérieuse des planètes, que ressortent toutes choses; et c'est eux seuls aussi que l'on fait intervenir en première ligne dans toutes les combinaisons destinées à la génération de l'or. Une des choses les plus claires que j'aie jamais trouvée sur la composition des métaux, et par conséquent sur la possibilité de leur transmutation, est un chapitre de l'ouvrage intitulé *Secreta alchymiæ magnalia*, publié sous le nom de saint Thomas. J'en donnerai ici la traduction, car rien ne me paraît plus propre à bien préciser l'état de la question chimique au moyen âge :

« La matière substantielle de tous les métaux est le vif-argent coagulé par une congélation faible dans quelques-uns, forte dans quelques autres. Le degré des métaux correspond au degré de l'action de leurs planètes et du vif-argent congelé de soufre pur; et ainsi les métaux où celui-ci est terreux et peu congelé ont en eux, et en puissance, par rapport aux autres métaux, la virtualité de la matière (*modum materiæ*); de sorte que le plomb étant du vif-argent terreux et peu congelé par du soufre subtil et peu abondant, et étant soumis à une action planétaire distante et peu énergique, a en lui puissance pour l'étain, le cuivre, le fer, l'argent et l'or. L'étain est du vif-argent faiblement coagulé par du soufre impur et grossier; c'est pourquoi il y a en lui puissance pour le cuivre, le fer, l'argent et l'or. Le fer est du vif-argent grossier et terreux fortement coagulé par du soufre grossier et terreux; c'est pourquoi il a puissance pour le cuivre, l'argent et l'or. Le cuivre est du vif-argent médiocrement pur, coagulé par beaucoup de soufre, sa planète aidant; c'est pourquoi il a puissance pour l'argent et pour l'or. L'argent est du soufre blanc, clair, subtil, incombustible, et du vif-argent coagulé, limpide et clair, soumis à l'action de la lune, sa planète; c'est pourquoi il n'y a en lui de puissance que pour l'or. L'or est le plus parfait des métaux; il est de soufre rouge, clair, subtil, incombustible, et de vif-argent clair et subtil; il est fortement coagulé et soumis à l'action du soleil; c'est pourquoi il ne peut être brulé même par le soufre, qui brûle tous les autres métaux. Il est donc évident que de tous les métaux on peut faire l'or, et que de tous les métaux, à part l'or, on peut faire l'argent. Cela se voit d'ailleurs par les mines d'argent et d'or, desquelles on retire aussi tous les autres métaux. Ils y sont mêlés avec l'essence d'or et d'argent; et il n'est pas douteux qu'avec le temps l'action de la nature les changerait eux-mêmes en or et en argent. » — Ce chapitre est excessivement précieux, non pas que je prétende assurément que ces formules des divers métaux aient été strictement adoptées par tous les alchimistes du moyen âge, mais parce qu'elles représentent admirablement le cercle d'idées dans lequel la science est constamment demeurée au sujet de la composition des substances. »

Le docteur Hœfer résume ainsi, dans son *Dictionnaire de Chimie*, les idées qu'il a exprimées sur l'alchimie dans son *Histoire de la Chimie :*

« En parcourant l'histoire, depuis le neuvième siècle jusqu'au seizième, on est d'abord frappé de la stérilité de la science telle que nous la comprenons aujourd'hui. On dirait une époque de léthargie ou de malédiction. Cependant, en examinant les choses de plus près, on en découvre la raison. Non, l'esprit humain n'a jamais de repos; il ne peut pas en avoir; il observe, il s'instruit en tout lieu et en tout temps. Mais à l'époque dont nous parlons, les chimistes avaient de fort bonnes raisons pour ne pas produire en public le résultat de leurs expériences : il leur en coûtait la liberté, souvent la vie. Aujourd'hui, tout au rebours de l'ancien temps, une découverte vaut des honneurs et des récompenses. S'il y a donc quelque chose qui doive nous étonner, ce n'est pas le peu de progrès de la science au moyen âge, c'est que la science ne fasse pas plus de progrès au temps où nous vivons. Ce qui caractérise au plus haut degré l'alchimiste, c'est la patience. Il ne se laissait jamais rebuter par des insuccès. L'opérateur qu'une mort prématurée enlevait à ses travaux, laissait souvent une expérience commencée en héritage à son fils; et il n'est pas rare de voir celui-ci léguer, dans son testament, les secrets de l'expérience inachevée dont il avait hérité de son père. Les expériences d'alchimie étaient transmises de père en fils comme des biens inaliénables. Qu'on se garde bien de rire : il y a dans cette patience qui approche de l'obstination, quelque chose de profondément vrai. Le temps, c'est là un des grands secrets de la nature, et c'est ce que les alchimistes n'ignoraient pas. Le temps, c'est tout pour nous, ce n'est rien pour la nature. Bien des produits que la chimiste est incapable de faire dans son laboratoire, sont engendrés avec profusion par la nature, à la faveur de ses agents ordinaires, dont l'action se prolonge pendant des siècles qui ne se comptent pas. Si les alchimistes étaient, dans leurs expérimentations, partis de meilleurs principes, ils seraient incontestablement arrivés à des résultats prodigieux, auxquels n'arriveront probablement jamais les chimistes d'aujourd'hui, trop pressés de jouir du présent. Il ne répugne nullement de croire qu'à cette même époque, qui nous paraît si stérile, on connaissait nombre de faits qui sont aujourd'hui considérés comme des découvertes modernes. Ainsi, il me paraît impossible que les alchimistes n'aient pas eu connaissance de l'hydrogène ou du gaz d'éclairage, eux qui manipulaient sans cesse des métaux en contact avec les acides, avec des matières organiques, etc. Mais celui qui aurait eu le courage de montrer devant témoins un corps invisible, tout à fait semblable à l'air, et ayant la propriété de s'enflammer avec bruit à l'approche d'une allumette, le malheureux expérimentateur aurait été infailliblement pendu ou brûlé. Si les physiciens et les chimistes de nos jours eussent vécu au treizième ou au quatorzième siècle, ils auraient tout bonnement gardé leur science pour eux, ou ils se seraient, comme les alchimistes, exprimés symboliquement et par allégorie. Chacune des expériences qu'aujourd'hui un professeur de chimie fait dans son cours aurait fourni amplement matière à un procès en sorcellerie. Vous auriez eu beau vous débattre et démontrer que tout se passe naturellement, personne n'aurait ajouté foi à vos paroles; vous n'en auriez été que plus magicien, et condamné comme tel : témoin Roger Bacon, qui, malgré son éloquente profession de foi sur la nullité de la magie, fut condamné à passer une partie de sa vie en prison. Le moyen âge était, nous le répétons, le règne des idées traditionnelles poussées jusqu'à l'excès. L'expérience devait se taire devant l'autorité spirituelle. La première conséquence de ce principe, si funeste pour la science, était l'interdiction de l'examen des causes matérielles; il était permis aux philosophes scolastiques de discuter sur le nominalisme et le réalisme, sur les universaux et les catégories d'Aristote; mais l'usage de la raison, et son application saine et impartiale à l'observation de la nature, étaient réservés à d'autres temps. Le phénomène physique le plus simple était supposé produit par une cause invisible et fantastique, par un agent mystérieux et surnaturel. Les sciences physiques étaient appelées occultes, et la chimie, *art hermétique, science noire, alchimie.* »

On comprend qu'un tel état de choses devait rendre toute notion de sciences sinon impossible, du moins stationnaire. Disons donc que si le but de l'alchimie a pu être chimérique, cet art reposait sur l'observation de faits réels, précurseurs d'importantes découvertes. On rit presque de voir les alchimistes demander de l'or métallique à la science; mais n'est-ce pas ce que nos chimistes cherchent tous les jours? est-ce que la réduction des alcalis et des terres n'a pas été plus que de l'or? est-ce que les produits qu'on découvre depuis cinquante ans ne sont pas de nature à augmenter les richesses d'un pays? Durant une époque, dit Reynaud, où ni les savants n'avaient le sentiment social, ni la société le sentiment scientifique, il est aisé de comprendre comment, des deux parts, l'attention devait uniquement se porter sur la capacité de faire de l'or. Mais aujourd'hui une conversion fondamentale s'est faite; la société demande à la science bien plus que l'or, lui promettant en retour bien plus que la richesse. Ce que l'homme veut dans son sens actuel de la terre, ce n'est pas un éclat inerte et superficiel, ce n'est pas une planète dorée, c'est une puissance active et sûre, c'est une planète obéissante. Quelle révolution amènerait dans l'humanité le pouvoir de changer la pierre en or? une révolution de boutiques : ce n'est pas sur un pareil idéal que le génie s'épuise; il aime mieux doter l'esprit humain d'une force nouvelle, que notre puéril orgueil d'un galon ou d'un jouet nouveau. Il étudie la nature, non pour se tenir à ce qu'elle produit, mais pour la forcer à le servir et à élever sans cesse le marche-pied où il repose; et il sait que l'invention d'un degré de plus dans la ténacité du fer ferait monter plus haut la qualité de l'homme, que le miracle des rochers changés en or, et du gravier des ruisseaux devenu topazes et diamants.   S. GROSS.

ALCIDE (zoologie). — Genre d'insectes de l'ordre des coléoptères tétramères dont on connaît plus de vingt espèces.

Comme tous les tétramères, ils ont les tarses composées de quatre articles seulement. Ce sont des insectes qui se nourrissent principalement de matières végétales et qui font beaucoup de dégâts dans les greniers. Leurs larves, qui rongent les mêmes substances, sont peu agiles et manquent de pieds.

ALCOOL (chimie) [de l'arabe *al-cahol*, corps très-subtil; dit aussi *hydrate d'oxyde d'éthyle, esprit-de-vin, trois-six*]. — L'alcool *absolu* est un liquide incolore, plus fluide que l'eau, d'une saveur brûlante et d'une odeur agréable. Il ne se solidifie pas à — 90°, il bout à 78° 4, sous la pression de 760 millimètres; comparée à celle de l'air représentée par 1, la densité de sa vapeur est de 1,5890; par rapport à l'eau, la densité de l'alcool est à 15° 0,8024; il est donc approximativement de 1/5 plus léger que ce liquide. Fortement hygrométrique, il se mêle à l'eau en toutes proportions, avec réduction de volume et élévation de température; à l'air libre, il brûle sans résidu, avec une flamme bleuâtre et peu brillante.

100 parties d'alcool sont composées de :

Carbone...................... 52,65
Hydrogène.................... 12,90
Oxygène...................... 34,45

Son équivalent chimique $C^4H^6O^2$, est représenté par 4 volumes de vapeur.

L'alcool est le produit de la *fermentation* des matières sucrées; on l'obtient dans les laboratoires par la réaction du ferment sur les matières amylacées et sucrées; en grand, par la fermentation spontanée des sucs de fruits, de raisin surtout, qui contiennent à la fois et la matière sucrée et le principe *azoté* dont la présence est indispensable à la fermentation. Les liquides fermentés, les vins, le cidre, la bière, contiennent l'alcool à l'état de mélange avec l'eau et beaucoup de matières fixes pour la plupart. On l'en sépare par la distillation.

Dans les pays où les vins de qualité inférieure sont abondants, on les *chauffe* dans de vastes appareils distillatoires; on obtient ainsi ce mélange d'eau, d'alcool et d'un peu d'huile essentielle particulière, qui porte dans le commerce le nom d'*eau-de-vie*. L'alcool étant beaucoup plus volatil que l'eau, en abandonne une grande partie par une seconde distillation qui, arrêtée à temps, doit donner un produit contenant jusqu'à 80 ou 90 pour cent d'alcool; c'est l'esprit de vin, l'alcool du commerce, le 3/6 de Montpellier. Pour priver l'alcool des dernières proportions d'eau qu'il retient, il faut le distiller avec des substances très-avides de ce liquide, telles que la chaux, la potasse caustique, préparées à cet effet.

Toutes les eaux-de-vie, tous les alcools, les esprits du commerce, étant un mélange d'alcool et d'eau, il importe de connaître dans un liquide donné leurs quantités relatives. On est parti de ce principe, l'eau ayant une densité plus grande que celle de l'alcool : le problème consiste donc à en rechercher la pesanteur spécifique et, pour le résoudre, on a inventé plu-

sieurs instruments auxquels on a donné le nom d'aréomètres : le plus usité est celui de Cartier qui marque 0 dans l'eau pure et 44 dans l'alcool absolu, mais qui est généralement remplacé par l'*alcoomètre* centésimal de Gay-Lussac qui, à 15° marque 0 dans l'eau pure, 100 dans l'alcool absolu et indique exactement en centièmes, le poids d'alcool contenu dans le liquide. Les eaux-de-vie du commerce varient de 18 à 21 Cartier qui correspondent à 40 à 60 centésimaux; les esprits de 30 à 36 Cartier (75-90 cent.). L'expression alcool à 85 cent., signifie que le liquide contient 85/00 d'alcool absolu. L'alcoomètre ne peut servir que pour un liquide composé d'eau et d'alcool : pour un mélange contenant des substances étrangères qui en changent la densité, on peut déterminer approximativement la quantité d'alcool qu'il contient, par une observation comparée de son point d'ébullition, de sa dilatation par la chaleur.

« L'existence d'un principe huileux dans l'eau-de-vie de vin a fourni un procédé pour la distinguer de celles qui n'en contiennent que peu ou point; si elle est riche en huile aromatique, et pas trop forte, l'agitation y décèle une légère onctuosité qui permet aux bulles d'air de se former en chapelet, et de crever lentement; elles crèvent vite et sèchement, au contraire, si l'eau-de-vie est forte ou dépourvue d'huile : cette opération porte le nom de *preuve* hollandaise. La supériorité des eaux-de-vie de Cognac vient donc de la bonne qualité du raisin qui croît sur un sol crayeux extrêmement léger, et de la lenteur de la distillation. L'eau-de-vie, en vieillissant, se dépouille de son odeur empyreumatique, qui est assez fugace, et se charge en même temps d'un principe astringent, coloré et résineux, qu'elle prend au bois de châtaignier ou de chêne, dont sont construits les tonneaux; la saveur qu'elle acquiert par là est très-estimée des gourmets, qui lui ont donné le nom de *rancio*. Bien qu'on trouve partout en abondance l'eau-de-vie de Cognac, il n'en sort pourtant, année commune, des deux Charentes que 400,000 hectolitres » (voy. *Eau-de-vie* et *Esprits*.) — L'usage de l'alcool est si universel que son abus constitue une des plaies les plus graves de la société : c'est lui qui, déguisant dans nos vins, dans nos liqueurs, sa saveur brûlante, enflamme le cerveau des ivrognes. Voici comment Mérat et Delens apprécient les effets de l'alcool sur l'économie. « Portée dans l'estomac en quantité modérée, l'eau-de-vie détermine une sensation de chaleur plus ou moins forte et passagère, et provoque quelquefois des contractions subites du diaphragme; assez promptement absorbée, elle communique au sang avec lequel elle circule un stimulant inaccoutumée, d'où résulte une excitation, une sorte de fièvre générale, ordinairement plus agréable que pénible à cause de l'exaltation des fonctions du cerveau qui l'accompagne; enfin elle sort expulsée par l'exhalaison pulmonaire, comme il est facile de s'en apercevoir à l'odeur que répand, peu de temps après, la respiration des personnes qui en ont fait usage. A ces phénomènes on reconnaît bientôt l'action d'un stimulant des plus énergiques, un de ceux qui méritent le nom d'*incendiaires*. Prise en plus grande quantité, elle produit, après ces premiers symptômes, des effets en apparence contraires. Une ivresse plus ou moins profonde se déclare : à l'excitation générale succèdent la faiblesse, l'abattement, l'hébétude, quelquefois même des convulsions, du délire, et enfin un assoupissement, une sorte d'état apoplectique, qui peut se dissiper naturellement au bout de quelques heures, mais qu'on a vu souvent aussi devenir mortel. L'irritation de l'estomac se joint ordinairement, dans ces cas, à celle du cerveau ou plutôt, suivant M. Flourens, du cervelet, et l'alcool agit à la manière des poisons narcotico-acres. » — Un des effets les plus terribles des alcooliques est la *combustion* spontanée. — Voy. ce mot et *Ivresse*. La médecine emploie l'alcool comme un stimulant précieux : c'est le principe essentiel de tous nos *vins* : les agents d'oxygénation peuvent le séparer en acide carbonique et en eau, mais leur action lente le change en acide acétique, principe de tous nos vinaigres. L'action des agents chimiques sur l'alcool donne naissance à une infinité de corps remarquables ou précieux ; les plus importants sont les *éthers*, l'*aldéhyde* et le *chloroforme*.   Du Bocage.

ALCOOLAT (pharmacologie) [d'*alcool*]. — Alcool chargé par la distillation des parties volatiles de certains végétaux, tels que l'*alcoolat vulnéraire*, l'*alcoolat de cochléaria*, etc. Ce sont des stimulants d'autant plus énergiques qu'ils réunissent l'action excitante de l'alcool à la propriété stimulante spéciale à chaque principe dissous. Les médecins les emploient dans les syncopes, les affections nerveuses, typhoïques, dans les contusions, etc., mais ils sont positivement contre-indiqués dans les cas d'inflammation. Les *alcolaats*, *alcoolatures* et *alcoolés* sont des formes médicamenteuses qui ne diffèrent entre elles que par le mode de préparation : l'alcool chargé par *distillation* des principes aromatiques d'une ou de plusieurs substances constitue un *alcoolat* ; si l'on opère par *solution, digestion, macération* des substances fraîches, il produit une *alcoolature* ; enfin, si l'on agit sur des substances sèches, on a des *alcoolés*, des *teintures alcooliques*.   H. Zeler, *pharmacien*.

ALCOOMÈTRE (physique) [d'*alcool* et de *metron* ; mesure]. — Instrument destiné à déterminer par la pesanteur la quantité d'alcool absolu que contient un liquide. Celui de Gay-Lussac, inventé en 1824, est le plus généralement employé (voy. *Alcool*) ; les autres portent le nom générique d'*aréomètre* (voy. ce mot). MM. Lerebours et Secrétan ont construit un *thermomètre alcoolique* (voy. ce mot). Voici un tableau synoptique de la correspondance des degrés centésimaux de l'alcoomètre de Gay-Lussac avec les densités du liquide alcoolique à 15° C.

Deg. de l'al.	Densit.	Deg. de l'al.	Densit.	Deg. de l'al.	Densit.
100...	0.7947	65...	0,9027	30...	0,9656
95...	0,8168	60...	0,9144	25...	0,9711
90...	0,8549	55...	0,9248	20...	0,9761
85...	0,8502	50...	0,9348	15...	0,9812
80...	0,8645	45...	0,9448	10...	0,9867
75...	0,8779	40...	0,9527	5...	0,9928
70...	0.8907	34...	0,9595	0...	1,0000

On comprend que l'alcoomètre ne peut être employé que dans le cas où l'alcool est simplement étendu d'eau, car lorsqu'il contient des matières étrangères, celles-ci modifient la densité du liquide, qui donne alors des résultats inexacts.

ALCORAN [de l'arabe *al*, et *koran*, lecture, livre par excellence]. — Dans ce recueil de préceptes en versets, est renfermée la loi mahométane sous forme de *code religieux, civil, politique et criminel*.

Un des points remarquables et fondamentaux de l'*Alcoran* est celui du *destin* ou de la prédestination absolue ; c'est-à-dire qu'on doit croire que la destinée de chacun est écrite dans le ciel ; que personne ne peut éviter sa bonne ou sa mauvaise fortune, ni par prudence, ni par quelque effort qu'on puisse faire. D'autre part, les mahométans admettent parmi leurs livres divins l'Ancien et le Nouveau Testament, bien qu'ils les considèrent comme ayant été falsifiés par les juifs et les chrétiens. Ces livres divins, au nombre de cent quatre, ont été, ajoutent-ils, dictés ou donnés par Dieu lui-même à ses prophètes, savoir :

A. Adam...........	50
— Seth...........	30
— Enoch..........	10
— Abraham.......	10
— Moïse..........	1 (le Pentateuque)
— Jésus-Christ.....	1 (l'Evangile)
— David..........	1 (les Psaumes)
— Mahomet........	1 (l'Alcoran)

Total...... 104 livres.

Pour qu'un livre soit marqué du sceau de la divinité, il faut, selon Mahomet, que Dieu parle lui-même comme dans l'Alcoran, et non quand ce sont d'autres qui en parlent à la troisième personne, ainsi que cela se rencontre dans l'Ancien et le Nouveau Testament. Néanmoins, quiconque rejette ces cent quatre livres, soit en tout, soit en partie, est regardé comme infidèle.

Les dogmes de l'Alcoran sont reconnus par la Turquie, la Perse, la Tartarie indépendante, les États barbaresques, diverses contrées de l'Hindoustan, de la Notasie, et une grande partie de l'Afrique. — Le mahométisme permet aux hommes la pluralité des femmes, dont l'usage est d'ailleurs immémorial dans tout l'Orient.

Après les lois de Moïse et de Jésus-Christ, la loi de Mahomet est regardée comme la plus raisonnable de toutes les autres religions. Bien que l'Alcoran tende au despotisme et à l'esclavage, et qu'on lui ait attribué une foule d'absurdités dont la plupart n'ont jamais existé, on ne peut se dissimuler qu'il ne renferme des maximes sublimes ; telles sont, par exemple, les lignes suivantes insérées dans l'introduction.

« Louanges à *Dieu*, le souverain de tous les mon-
» des ; au *Dieu* de miséricorde, au Souverain du jour
» de la justice ; c'est toi que nous adorons, c'est de
» toi seul que nous attendons la protection. Conduis-
» nous dans les voies droites, dans les voies de ceux

» que tu as comblés de tes grâces, non dans les
» voies des objets de ta colère, et de ceux qui se sont
» égarés. »

A la suite de cette introduction, on remarque
trois lettres : A. L. M., dont on ne peut donner la signification précise, attendu que chaque commenta-
teur les explique à sa manière ; mais le grand nombre les fait correspondre aux mots : Alla, Latif,
Magid : Dieu, la Grâce, la Gloire. L'Alcoran défend
les jeux de hasard, l'usage du vin et des liqueurs
fortes ; il ordonne la prière cinq fois par jour, l'aumône et la tolérance. Sa morale est contenue dans
ces paroles : « Recherchez qui vous chasse, donnez
» à qui vous ôte, pardonnez à qui vous offense, faites
» du bien à tous, ne contestez point avec les igno-
» rants. » Mais l'opinion la plus accréditée sur l'o-
rigine de l'Alcoran est que Mahomet l'aurait composé avec le secours de Batyras, jacobite, de Sergius,
moine nestorien, de quelques juifs, et à l'aide des
principes tirés d'Arius, de Nestorius, de Subellius et
autres hérésiarques. On y trouve des passages de
l'Écriture sainte, ayant rapport aux patriarches, à
Jésus-Christ et à saint Jean-Baptiste, mais mêlés à
un tissu de fables. Enfin, il est divisé en quatre parties, et chacune d'elles en plusieurs livres distingués
par divers titres, tels que ceux de la Mouche, de
la Vache, de l'Araignée, etc.

Les mahométans sont, comme dans toutes les religions, partagés en plusieurs sectes ; mais tous croient,
comme un article de foi, que leur prophète a reçu
l'Alcoran de Dieu par le ministère de l'ange Gabriel.

Ce livre enseigne qu'il y a sept cieux ou paradis,
construits d'une manière plus ou moins merveilleuse : 1° d'argent fin, 2° d'or, 3° de pierres précieuses, 4° d'émeraudes, 5° de cristal, 6° de couleur
de feu, 7° enfin, le plus délicieux, connu sous la
dénomination de Genete Alcodus, réservé aux musulmans qui auront le mieux accompli la loi de Mahomet. Voici la description de ce paradis :

« L'ange Gabriel tiendra les clefs de cet heureux
asile, et la porte sera gardée par une légion d'anges
qui formeront un concert continuel pour réjouir les
justes. Ces hommes fortunés, de la taille d'Adam,
d'une beauté parfaite, et vêtus d'habits de drap d'or,
à fond vert, et enrichis de pierreries, seront assis
dans des chaires d'un repos éternel, autour d'une
grande table faite d'un seul diamant, où les ché-
rubins et les séraphins leur serviront les mets les
plus délicats, et où des enfants d'honneur leur ver-
seront, dans des coupes d'or, une liqueur délicieuse.
Ils auront des logements splendides et des jardins
enchantés remplis de toutes sortes d'arbres dont le
feuillage vert et jaune formera des berceaux qui
couvriront de leurs ombres les voluptueux exercices
de ces bienheureux : ils reposeront sur de riches
tapis avec des vierges célestes, éclatantes comme le
soleil, blanches comme des perles, et dont les yeux
brillants ne s'ouvriront que pour regarder ceux auxquels elles seront destinées. Les élus de Dieu se pro-
mèneront quelquefois à l'ombre des figuiers agréablement agités par les zéphyrs et arrosés par des

ruisseaux limpides. Des sons flatteurs et mélodieux
animeront sans cesse les amoureux désirs de ces bienheureux, qui jouiront des faveurs des vierges, sans
lassitude, sans ennui, et sans craindre jamais que
leur félicité soit altérée. » Telles sont les vives et
charmantes descriptions que nous présente l'imagination des plus habiles théologiens musulmans, lesquels disent encore, en parlant du jugement dernier, que les hommes passeront sur un pont aigu
dont la longueur, égale à celle de notre monde,
n'excédera pas en largeur un fil d'araignée, et que la
hauteur se trouvera proportionnée à son étendue ;
que les justes le traverseront plus vite qu'un éclair,
tandis que les impies et les méchants, au lieu de le
franchir, seront entraînés dans les feux de l'enfer
par leurs iniquités, d'où ils sortiront un jour par la
bonté de Mahomet. — Voy. *Mahométisme* et *Lois divines*.
                              XAVIER GAILLARD.

Fig. 61. — Alcyon ou Martin-Pêcheur.

ALCYON (zoologie) [en latin *alcedo*], nommé aussi
Martin-Pêcheur. — Genre d'oiseau de la famille des
syndactyles, ayant pour caractère un corps trapu et
écourté, une grosse tête et un bec long, droit et
anguleux ; les pattes comme celle des *guêpiers*, les
tarses courts et les doigts réunis jusqu'à leur ongle.

Les alcyons se nourrissent d'insectes, et surtout de
petits poissons et de larves aquatiques. « Pour prendre ces derniers, ils volent avec agilité à la surface
des rivières et les saisissent en plongeant le bec dans
l'eau, mais toujours en volant. Quelquefois cependant ils se posent sur les branches étendues au-dessus du courant, et là attendent avec une patience
admirable que quelque poisson vienne prendre ses
ébats à la surface de l'eau. Dès qu'ils en aperçoivent
un, ils s'élancent sur lui avec tant de justesse et

d'agilité qu'ils manquent rarement de le saisir. Maîtres de leur proie, ils vont la manger sur un arbre
voisin. Si par hasard leur victime, dans les efforts
qu'elle fait pour se dérober à la mort, s'échappe de
leur bec, ils courent après elle avec tant de rapidité,
qu'ils l'attrapent presque toujours avant qu'elle ait
touché la terre. Ils nichent dans des trous placés sur
le bord des eaux, dont ils ne s'écartent jamais;
mais, au lieu de creuser eux-mêmes leur nid, ils
s'emparent de ceux que les rats ont abandonnés, et y
déposent de six à huit œufs. » On ne possède en France
qu'une espèce de ce genre; c'est le *martin-pécheur
ordinaire* (fig. 61), dont le plumage est verdâtre,
ondé de noir, avec le ventre roussâtre et une belle
bande bleue sur le dos. Il est un peu plus grand que
notre moineau, mais son long bec et la brièveté de
ses tarses et de sa queue lui donnent une physionomie toute particulière.   DUBOCAGE.

ALCYON (zoologie). — Genre de polypes nus, de la
famille des alcyonnaires, couronnés à leur extrémité de tentacules en nombre variable. C'est aux
travaux de Savigny, et à ceux plus récent de Milne-

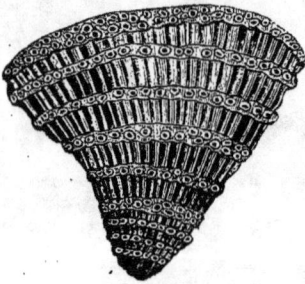

Fig. 62. — Tubipore musique.

Edwards qu'on doit les meilleures notions sur la formation et le développement de ces animaux. Selon
ce dernier savant, les alcyons possèdent un système
de vaisseaux communs, servant à la circulation ou
au transport d'un liquide nourricier; ils ont en outre
des œufs qui prennent naissance dans des cloisons
membraneuses prolongées au delà de l'estomac, s'en
détachent et sortent de la cavité abdominale; à leur
maturité, ils nagent alors librement dans les eaux,
jusqu'à ce qu'ils trouvent à se fixer pour constituer
un nouveau polypier. Les alcyons, dit Duponchel,
varient dans leur forme encore plus que dans leur
grandeur; les auteurs ne mentionnent aucune espèce
au-dessus d'un mètre de hauteur, tandis que la figure de ces êtres singuliers présente mille différences
souvent impossibles à décrire. Quelquefois, dans la
même espèce, les uns couvrent les productions marines d'une couche gélatineuse, épaisse à peine d'un
millimètre, tandis que d'autres s'élèvent et se rami-
fient comme de petits arbres, où s'accroissent en masses polymorphes, pédicellées comme des champignons.
Ils se trouvent rarement dans les lieux que les ma-
rées couvrent et découvrent deux fois en vingt-quatre

heures; on commence à les voir sur les rochers que
les eaux n'abandonnent que pendant quelques instants, à l'époque des syzygies : ils deviennent plus
nombreux dans les grandes profondeurs. C'est sous
les rochers, à l'abri des courants et du choc des vagues, loin d'une lumière trop vive, que ces petits

Fig. 63. — Cornulaire ridée.

animaux se plaisent; ils y établissent leurs nombreuses colonies, s'y multiplient à l'infini, et y éta-
lent leurs couleurs brillantes et transparentes, que
l'air ternit et fait disparaître souvent dans quelques
minutes. Les alcyons sont répandus dans toutes les
mers, croissent dans toutes les profondeurs et sous

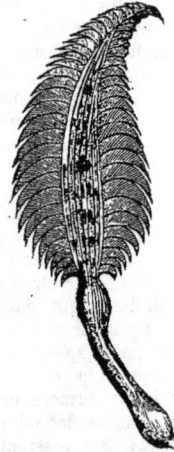

Fig. 64. — Pennatulaire.

toutes les latitudes; il paraît néanmoins qu'ils sont
beaucoup plus nombreux dans les pays chauds que
dans les pays froids. On en trouve des fossiles dans
divers terrains, depuis ceux de transition jusqu'à
ceux d'atterrissement; ils y sont dans tous les états,
et quelquefois en si grande quantité, que certains

auteurs regardent comme des alcyons les couches et les rognons de formation crayeuse.

Les principales espèces de ce genre sont : 1° l'*alcyon orange de mer* (Lamouroux) qui ressemble en effet à une petite orange, et que l'on trouve en Normandie sur les côtes du Calvados, 2° l'*alcyon palme* de la Méditerranée. Les cendres d'alcyons étaient employées autrefois comme dentifrices.

J. N. Leménager.

ALCYONAIRES (zoologie). — Famille d'animaux rayonnés, de l'ordre des alcyoniens, ne paraissant pas différer des coraux et vivants comme eux, fixés sur les corps sous-marins. Les genres principaux sont : les *lobulaires* et les *alcyons*.

ALCYONIENS (zoologie). — Ordre d'animaux rayonnés, comprenant « les polypes, dont les tentacules au nombre de huit seulement, sont larges,

Fig. 65.

foliacés et garnis sur leurs bords de petits prolongements qui les rendent dentelés. Leur bouche communique avec un œsophage qui débouche dans un estomac assez vaste, dont les parois adhèrent aux parties voisines par des espèces de cloisons ou mésentères disposés circulairement, et entre lesquels sont placés les ovaires ; ceux-ci communiquent avec la cavité intestinale : de sorte que c'est par la bouche que les œufs sont rendus. » Les cellules des polypiers des animaux de cet ordre communiquent le plus souvent entre elles, au moyen de canaux intérieurs, ce qui fait que la nourriture que prend chaque animal peut profiter à lui seul ou à toute la communauté. Les alcyoniens sont divisés en cinq familles : les *tubipores* (fig. 62), les *corralloïdes* (fig. 62 et 64), les *pennatulaires* (fig. 63), les *alcyonaires* et les *spongiaires*.

ALDÉHYDE (chimie) [contraction des mots *alcool*

deshydrogéné, dit aussi *éther oxygéné, hydrate d'oxyde d'acétyle*]. — Corps liquide incolore, très-volatil, composé d'hydrogène et d'oxygène, dans les rapports suivants : C^4, H^4, O^2 ; il résulte de l'action de l'oxygène sur l'alcool. Il se forme, dit Hœfer, lorsqu'on fait passer les vapeurs d'éther ou d'alcool à travers un tube chauffé au rouge obscur, ou lorsqu'on traite par le chlore l'alcool étendu. L'aldéhyde est un liquide incolore, d'une odeur éthérée particulière ; il bout à 21° 8. Sa densité est 0,790 à 18°. Il est miscible en toutes proportions à l'eau, à l'alcool et à l'éther. Il brûle avec une flamme blanche très-pâle. Il absorbe l'oxygène, et se convertit en acide acétique. Il dissout le phosphore, le soufre et l'iode. — L'aldéhyde se transforme à la longue en une substance solide appelée *métaldéhyde*, de même composition que l'aldéhyde, et en une substance liquide, connue sous le nom d'*élaldéhyde*. L'aldéhyde forme avec l'ammoniaque un beau produit cristallin, composé de 1 équivalent d'aldéhyde et de 1 équivalent d'ammoniaque. Ce produit a été appelé par Berzélius *sous-acétylite d'ammoniaque* de l'aldéhyde.

ALDÉHYDIQUE (acide) [chimie], dit aussi acide *acéteux, lampique.* — Liquide franchement acide, qui se produit lorsqu'on chauffe de l'oxyde d'argent dans de l'aldéhyde ; on l'en sépare par l'hydrogène sulfuré, qui enlève l'argent à l'état de pureté. Voici sa formule chimique : C^4, H^3, O^2, $+ X$, O^2. Cet acide neutralise parfaitement les alcalis et les oxydes métalliques.

ALE (prononcé *éle*), = Produit de la fermentation de la drêche qu'on fait infuser dans l'eau bouillante, et qui constitue une espèce de bière transparente et sans amertume, puisqu'on la fabrique sans houblon. L'ale fabriquée en Écosse est estimée ; celle de France ne jouit pas de la même réputation. L'*ale légère* est rafraîchissante ; l'*ale de garde* est plus nutritive, et contient une assez grande quantité d'alcool : aussi enivre-t-elle facilement.

ALÉATOIRE (droit) [d'*alea*, de jeu de hasard]. — On appelle, en droit, *contrat aléatoire* une convention réciproque dont les effets, quant aux avantages et aux pertes, soit pour toutes les parties, soit pour l'une ou plusieurs d'entre elles, dépendent d'un événement incertain (C. civ., 1964). « Il ne faut pas confondre le contrat aléatoire avec une obligation conditionnelle. Dans celle-ci, l'effet de l'engagement est suspendu pour n'avoir lieu que dans un cas futur et incertain ; tandis que dans le contrat aléatoire, le contrat est actuellement formé et ne dépend d'aucune condition ; cependant il présente des chances de gain ou de perte, selon tel ou tel événement qui est incertain. Par exemple, j'achète d'un pêcheur son coup de filet ; le contrat est formé à l'instant ; il faut que le pêcheur jette son filet, et que je paie le prix convenu aussitôt que le filet sera retiré, soit qu'il y ait beaucoup ou rien : voilà le contrat aléatoire. Au contraire, j'achète d'un pêcheur un brochet s'il le pêche : il y a bien achat ou vente, mais dans le cas seulement où un brochet sera pêché ; si le pêcheur pêche autre chose qu'un brochet, il n'y a ni achat ni vente. Voilà le contrat conditionnel; distinction également importante en matière de droits d'enregistrement dus. » Les contrats aléatoires sont de deux espèces, dont la première comprend l'assurance, le bail à vie, le prêt à la grosse, la rente viagère constituée à titre onéreux, la vente des droits successifs, celle d'un coup de filet.

Les contrats de la seconde espèce sont les paris, les jeux de hasard, les dons mutuels faits en faveur du survivant.

Le contrat d'assurance maritime et le prêt à la grosse aventure sont régis par les lois maritimes (ibid.). — Voy. Jeu, Pari et Rente viagère.

ALECTOR (zoologie) [mot grec qui signifie coq]. —Famille des gallinacés d'Amérique, intermédiaires aux dindons et aux faisans, et dont le Pénélope est le genre principal. — Voy. Pénélope.

ALÉPOCÉPHALE (zoologie) [c'est-à-dire, tête sans écailles]. — Genre de poissons malacoptérygiens abdominiaux, qui se font remarquer par l'absence complète, sur la tête, de tegments squammeux. La seule espèce connue est l'apocéphale à bec, (fig. 66) dont la forme rappelle à peu près celle du brochet. « De toutes ses nageoires, les pectorales et les ventrales sont celles qui sont le moins développées; les premières s'attachent un peu en arrière de l'opercule, et les secondes vers la moitié du corps environ ; la dorsale et l'anale naissent positivement l'une au-dessus de l'autre, et si près de la queue qu'elles ne laissent entre elles et cette dernière, dont la forme est en croissant, qu'une distance égale au huitième de la longueur totale de l'animal. Les impaires sont seules revêtues de très-petites écailles, sur leur moitié la plus rapprochée du corps. Celui-ci est garni d'écailles fort épaisses, larges, oblongues et rayées concentriquement. Si ce n'était l'étroitesse de son museau, laquelle lui a mérité son nom d'alépocéphale à bec, il ressemblerait encore au brochet par la forme de sa tête, dont le maxillaire inférieur est aussi percé de trous, et l'occiput élargi et déprimé; mais celui-ci porte, en outre, sur sa ligne moyenne et longitudinale, une arête saillante qu'on ne voit point chez le brochet. Chacune des mâchoires se trouve garnie d'une rangée de dents très-fines; mais il n'en existe ni au palais ni sur la langue, qui est complètement libre. C'est tout près et en avant des yeux, qui sont énor-

Fig. 66. — Alépocéphale à bec.

mes, puisque leur diamètre est égal aux trois quarts de la hauteur de la tête, que s'ouvrent les deux orifices inégaux de chaque narine. Les opercules sont minces et rayonnés; ils se prolongent postérieurement en un angle obtus, et portent, aussi bien que le préopercule, sur leur bord inférieur, de faibles dentelures. La ligne latérale se marque par de petites tubulures saillantes; la direction qu'elle suit est parfaitement droite depuis la queue jusqu'à l'opercule; mais, de ce point, elle se rend à l'œil en formant un angle très-ouvert. » Ce poisson ne quitte que rarement la profondeur des mers ; aussi, M. Rissot, qui l'a découvert et décrit, n'indique-t-il pas à quelle taille peut parvenir l'alépocéphale.   J. W.

ALESOIR (technologie) [de lés, bords, côtés]. — Instrument servant à rendre cylindrique, à polir la surface interne d'un tube. « On en fait usage pour polir et calibrer les corps de pompes, les cylindres des presses hydrauliques ou des machines à vapeur, les coussinets des arbres tournants, les canons de fusil, l'âme des bouches à feu, etc. Il ne faut pas confondre les alésoirs avec les outils propres à l'opération du forage, tels que les vrilles, les mèches, les forêts et les équarrissoirs, qu'on emploie simplement pour percer ou pour agrandir le trou d'une pièce. Les alésoirs sont en général des barreaux d'acier ayant des coupes propres à régulariser et à faciliter leur mouvement dans le cylindre qu'on veut aléser. On leur imprime un mouvement de rotation, soit à la main, soit au moyen d'un vilbrequin, ou d'un tourne-à-gauche, soit enfin à l'aide d'une machine, si les efforts pour les faire mouvoir doivent être considérables. On se sert d'alésoirs horizontaux pour les petits cylindres, mais pour les cylindres de grandes dimensions, on emploie l'alésoir vertical. Ces instruments sont de la plus haute importance, puisque de l'alésage dépend la précision et la facilité du jeu des pistons dans toutes les machines à vapeur, et la justesse du tir dans les fusils et dans les bouches à feu. » L'invention de cet instrument ne paraît pas dater d'un siècle; il fut inventé à Strasbourg, mais on en ignore l'époque.   LARIVIÈRE, prud'homme.

ALEXANDRIE (école d'). — Nom donné à une société de savants, de grammairiens, de poëtes, de philosophes, etc., fondée à Alexandrie par Ptolémée Philadelphe (IIIe siècle avant Jésus-Christ). Le but principal que se proposait cette réunion d'hommes illustres était la connaissance de Dieu, de sa nature et de la manière dont il se manifeste à l'homme. Voici les membres les plus remarquables qui sortirent de cette école :

GRAMMAIRIENS. — ZOÏLE, APOLLONIUS, CRATÈS, ZÉNODOTE.

POÈTES. — APOLLONIUS DE RHODES, LYCOPHRON, ARATUS, CALLIMAQUE, THÉOCRITE, PHILÉTAS.

Tous les philosophes et tous les systèmes se donnèrent rendez-vous à cette école. Voici les principales sectes qui y prirent naissance :

1° L'ÉCLECTISME, *Philosophie mixte*, renouvelée de nos jours par M. Cousin ;

2° Le MYSTICISME ou GNOSTICISME, qui prétendait connaître Dieu par une connaissance supérieure et secrète qu'il ne définissait pas ;

3° Le NÉOPLATONISME, essai d'Éclectisme qui abou-

Fig. 67. — Alexanor.

tit à une transformation mystique des doctrines de Pythagore et de Platon ;

4° La PHILOSOPHIE CHRÉTIENNE, fondée par saint Clément.

Proclus essaya de résumer ces écoles et d'en former un vaste éclectisme ; mais la philosophie païenne dut courber la tête devant la voix des pères de l'Église qui s'était fait entendre, et Justinien ferma bientôt les écoles de la philosophie antique.

TESSON de La Rochelle.

ALEXANDRINS (littérature). — Vers composés de douze syllabes, ainsi appelés parce qu'ils furent, dit-on, employés pour la première fois dans un poëme du XIIe siècle, intitulé *Alexandre*. Dubelloy et Ronsard s'en servirent les premiers, et, depuis, notre langue ne songea plus qu'à se revêtir d'éclat et de majesté. L'alexandrin est la forme imposée dans notre poésie à ce qui est noble, élevé, sublime, à ces deux sommités de l'art : la tragédie et l'épopée.

RAVEAUD.

ALEXANOR (zoologie). — Espèce de papillon du genre Chevallier, dont le dessus des ailes est d'un jaune d'ocre pâle, avec une bordure noire et quatre lignes transversales de la même couleur (fig. 67). Quoiqu'on le trouve en France, surtout dans les Hautes-Alpes, cette jolie espèce est fort peu répandue.

ALEXIPHARMAQUE (polypharmacie) [du grec *alexein*, repousser, et *pharmacon*, drogue, poison]. — Les médecins grecs appliquaient ce nom aux médicaments qu'ils croyaient propres à détruire les effets nuisibles des poisons, et même à préserver de leur action. « Lorsque les galénistes et leurs successeurs imaginèrent que toutes les maladies graves étaient dues à une matière morbifique particulière, on appela également *alexipharmaques* les remèdes auxquels on supposait la vertu d'expulser cette matière morbifique. On comprit alors sous cette dénomination commune des agents thérapeutiques de toute nature, des toniques, des antispasmodiques, des absorbants, des narcotiques. Néanmoins, la plupart de ces médicaments devaient agir comme excitants. Quant à leur propriété antivénéneuse, elle est purement hypothétique. » Aussi, la dénomination d'alexipharmaque est-elle complètement abandonnée aujourd'hui.

ALFÉNIDE (technologie). — Nouvelle composition métallique formée de :

Cuivre	591 parties.
Zinc	302
Nickel	97
Fer	10

Cette composition, qui imite parfaitement l'argent, et dont on fait des couverts de tables et autres pièces d'argenterie, a été inventée, en 1850, par MM. Ch. et M. Alphen.

ALGÈBRE (mathématiques) [de l'arabe *al-djaber*, science des restitutions]. — Partie des mathématiques dont la fin est de donner des règles générales pour résoudre les questions relatives aux nombres par le moyen de lettres de l'alphabet. On peut regarder l'algèbre comme étant une arithméthique universelle, aussi simple que facile à saisir. En effet, sept ou huit signes suffisent pour la plupart des opérations algébriques. Ces signes sont : — qui, placé devant une quantité, signifie moins ; + qui veut dire plus ; × multiplié par : — ou : divisé par ; = signifie égalité ; > se lit plus grand que ; < plus petit que ; $\sqrt{}$ — racine on doit encore mettre au nombre des signes les deux suivants, *coefficient* et *exposant*. L'exposant est un petit chiffre qui, placé à la droite d'une lettre et un peu en-dessus, marque le degré de la lettre comme dans c^3, 3 est l'exposant de c et marque que le nombre représenté par cette lettre doit être élevé à la 3e puissance ; de sorte que si $c=3$, nous aurons $c \times c \times c = 3 \times 3 \times 3 = 27$. Le coefficient est un petit chiffre que l'on met devant une lettre pour marquer combien de fois la quantité marquée par cette lettre doit être additionnée avec elle-même comme $4c$, 4 est le coefficient de c et si $c=3$ nous aurons $c+c+c+c = 3+3+3+3 = 12$.

On fait en algèbre les mêmes opérations qu'en

arithmétique, c'est-à-dire l'addition, la soustraction, la multiplication et la division.

ADDITION. — L'*addition* algébrique se fait en joignant les quantités additives par les signes de l'addition, après quoi l'on peut faire les réductions voulues ; exemple : soit à additionner a^3 avec $c-b+a$ et ^2c, a^2 nous aurons $a^3+c-b+a+c^2+a^2$ et en réduisant a^6+c-b. (Voir de La Croix pour les exercices.)

SOUSTRACTION. — Pour faire la *soustraction* algébrique, il suffit de changer le signe $+$ en $-$ et d'écrire les nombres tels quels. Exemple : soit à retrancher $a+c$ de 40^3-c, nous aurons

$$a+c-4a^3+c=-3a^2.$$

Soit encore à retrancher a^2-b de a^3+c, j'écris a^3+c-a^2+b, je fais l'opération en disant :

$$a^3-a^2=a \text{ (je réduis)}$$

comme les autres termes ne sont pas semblables j'écris $a+c+b$; remarquons que nous avons écrit a^2+b au lieu de a^2-b, parce que nous devions retrancher de a^3-c la quantité représentée par a^2 diminuée de la quantité représentée par b, soit, par exemple, que $a=4$, $b=2$, $c=3$, nous aurons $4\times4\times4+3-4\times4-2=67-16+2$ ou $67-16$ diminué de 2, c'est-à-dire $67+2-16=53$; il faut donc que les quantités à soustraire, le plus se change en moins et le moins en plus.

MULTIPLICATION. — Pour la *multiplication* algébrique, il faut d'abord faire la multiplication des signes en observant que $+\times+$ donne $+$, que $-\times-$ donne $+$, que $-\times+$ ou $+\times+$ donne moins ou $-$, puis après, la multiplication des coefficients (comme en arithmétique) et ensuite des lettres ; outre toutes ces règles, il faut encore remarquer les cinq choses suivantes : 1° les coefficients se multiplient suivant les règles arithmétiques pour multiplication ; 2° les produits de toutes les lettres dissemblables s'écrivent tels qu'elles sont ; 3° on écrit au produit le résultat de la multiplication des lettres semblables en additionnant seulement les exposants des deux lettres qu'on multiplie ; 4° s'il se trouve un terme littéral à multiplier par un terme numérique, on suit les règles prescrites plus haut ; 5° la multiplication des fractions suit les mêmes règles.

1er *exemple*. Soit à multiplier $+4x$ par $+3a$, nous aurons $+4x$ $\times+3a$ $=12xa$. ($ax=a\times x$, où $x\times a$.)

2e *ex.* $-6y$ $+-3x$ $=18yx$.

3e *ex.* $+3x^2$ $\times+4x^4$ $=12x^6$.

4e *ex.* $-3x^2$ $+\times4x^4$ $=-12x^6$.

5e *ex.* $\dfrac{3va^2}{4c^2y}\times\dfrac{4xa^3}{5c3y^2}=\dfrac{3v4xa^5}{2ac^5y^3}$.

Quand le multiplicande a plusieurs termes, il faut observer qu'on les multiplie les uns après les autres,

et quand le multiplicande et le multiplicateur ont plusieurs termes, on fait comme en arithmétique, c'est-à-dire qu'on multiplie le multiplicande par chaque terme du multiplicateur. Exemple, on demande le produit de $15a^3+12-x$ par $3x^2$:

OPÉRATION.

$$15a^3+12-x$$
$$\times \ 3x^2$$
$$\overline{45a^3x^2+36-3x^3.}$$

Autre ex. $45a^3x^2+36x^2-3x3\times10a^3+12-x$

OPÉRATION.

$$45a^2x^2+36x^2-3x^3$$
$$10a^3+12-x$$
$$\overline{450a^6x^2+360a^3x^2-30a^3,} \quad 1\text{er produit.}$$
$$+540a^3{12x^3}+432x^2-36x^3, \quad 2^e \ id.$$
$$-45a^3x^3-36x^3+3x^4, \quad 3^e \ id.$$

DIVISION. — La *division* algébrique exige douze considérations : 1° la division des signes ; 2° des coefficients ; 3° on écrit au quotient toutes les lettres du dividende qui ne sont point semblables à celles du diviseur ; 4° on n'écrit point au quotient les lettres qui sont communes au dividende et au diviseur ; 5° lorsque les lettres communes au dividende et au diviseur se trouvant avoir au dividende un exposant plus fort que celles du diviseur, on en fait la soustraction ; 6° si l'on a un terme littéral à diviser par un terme numérique, on fait d'abord le quotient des signes ; on divise ensuite le coefficient du terme littéral par le terme numérique, et à la suite de leur quotient on écrit, tels quels, les lettres et les exposants du terme littéral ; 7° $+$ divisé par $+$ donne $+$, $-$ divisé par $-$ donne $+$, et deux termes qui ont des signes divisés l'un par l'autre donnent $-$ c'est-à-dire :

$$+:+=+, \quad -:-=+, \quad -:+=- \quad \text{et} \quad +:-=-.$$

8° si les termes du dividende ne contiennent pas le diviseur ou ne lui sont pas semblables, on met le tout sous la forme fractionnaire et l'on agit sur les deux termes comme on agit sur une fraction ; 9° quand le dividende est complexe on ordonne ce dividende et le diviseur par rapport à une même lettre qui a partout l'exposant plus fort ou plus faible ; 10° on pose l'exposant (en ordonnant) par voie de progression ou d'ascension, de manière que le plus fort soit dans le premier terme à gauche ; 11° on divise le premier terme à gauche du dividende par le premier terme également à gauche du diviseur ; on multiplie tous les termes du diviseur par le terme trouvé au quotient, et l'on fait la soustraction, ayant soin de se rappeler que dans la soustraction algébrique $+$ devient $-$ et $-$ devient $+$; 12° on réduit les termes semblables avec les termes restants, on fait une division (comme en arithmétique). S'il est besoin d'ordonner, on le fait de nouveau.

1er *ex.* $30axz\dfrac{6az}{5x}$.

2e ex. $-40\,cya^2\begin{cases}\dfrac{-8\,ay}{+5\,ca}\end{cases}\cdot$

3e ex. $+9\,ax^2z^2\begin{cases}\dfrac{-10\,x^2z}{-9\,z}\end{cases}.$

4e ex. $35\,bc : 70\,ba = \dfrac{35\,bc}{70\,ba} = \dfrac{7\,c}{14\,a}\ \text{ou}\ \dfrac{c}{2\,a}.$

5e ex. $\dfrac{65\,a^5b^4c^2b}{5\,a^4bc^2} = 13\,a^2b^3cd.$

6e ex.   Soit à diviser :

$$2x^7 - 4x^6 - x^5 + 6x^4 - 11x^3 + 40x^2 - 35x - 42 \ \text{par}\ 2x^7 + 7x^2$$

OPÉRATION.

$$2x^7-4x^6-x^5+6x^4-11x^3+40x^2-35x-42\ \big)\ 2x^7-7x^2$$
$$2x^7+7x^2\ \big)\ x^3-2x^2+3x-4+5x-1+6x-2$$
$$-4x^6+6x^5+6x^4-11x^3+40x^2-35x-42$$
$$+4x^6\qquad -14x^5$$
$$6x^5-8x^4-11x^3+40x^2-35x-42$$
$$-6x^5\qquad +21x^3$$
$$-8x^4+10x^3+40x^2-35x-42$$
$$+8x^4\qquad -28x^2$$
$$+10x^3+12x^2-35x-42$$
$$-10x^3\qquad +35x$$
$$+12x^2-42$$
$$+12x^2+42$$
$$0.$$

On croit que l'algèbre tire son origine comme son étymologie de Gerber, célèbre philosophe juif, arabe ou espagnol du 8e siècle; d'autres lui donnent une origine plus reculée, et l'attribuent à Diophante d'Alexandrie, vers l'an 380; quelques-uns même en font honneur à Platon. Quoi qu'il en soit, l'algèbre fut cultivée avec succès par les Arabes, qui l'apportèrent en Espagne. Vers l'an 1400, Léonard de Pise, qui avait fait un voyage en Arabie, fit connaître l'algèbre en Italie. Le cordelier Lucas de Burgo ou Luc Paciolo est le premier qui ait publié, en 1494, les règles à suivre pour la solution des problèmes des premier et second degrés; celle des problèmes du troisième degré fut découverte, en 1545, par Scipion Ferreus ou Florido, et perfectionnée depuis par Cardan. Jean Buteo, cordelier français, passe pour le premier qui ait employé, en 1559, les lettres de l'alphabet pour désigner les quantités inconnues. Viète, son contemporain, les fit servir à désigner également les quantités connues et les inconnues. En .France, Descartes est regardé comme l'auteur de l'application de l'algèbre aux hautes sciences; les Anglais en font honneur à Harriot (1631), et prétendent que Descartes n'a fait que copier leur compatriote; mais ce point est au moins douteux. Plus tard, Wallis substitua les exposants fractionnaires aux signes radicaux, et Newton créa la théorie de l'élimination, trouva la méthode d'extraire les racines des quantités en partie incommensurable; enfin il appliqua l'algèbre au calcul des infinis, qui a donné naissance au calcul des fluxions et au calcul différentiel. Après Newton, Daniel Bernouilli, Euler, Fermat, Moivre, Wallis, Stirling, Maupertuis, d'Alembert, Prony, etc., continuèrent à améliorer cette science, qui, entre les mains de nos contemporains, paraît devoir atteindre le plus haut degré de perfection.   F. YVON,

ALGALIE (chirurgie). — Mot d'origine arabe donné à des tubes cylindriques destinés à être introduits dans la vessie par l'urètre. — Voy. *Sonde*.

ALGÉRIE (géographie). — Contrée située sur la côte septentrionale de l'Afrique, et qui s'étend le long de la Méditerranée sur un espace d'environ 800 kilom.; son territoire n'a en largeur que 100 à 120 kilom. L'Algérie a pour limites la Méditerranée au nord, l'empire de Maroc à l'ouest, la régence de Tunis à l'est, et au sud l'immensité du Sahara. Les montagnes de l'Atlas se prolongent sur ses limites méridionales. S'il faut en croire Salluste[1], qui lui-même s'appuyait sur les traditions populaires et sur les livres du roi numide Hiempsal (Sall., *Guerre de Jugurtha*), toute la contrée connue maintenant sous le nom général de Barbarie, et qui renferme par conséquent l'Algérie, eut pour premiers habitants des Gétules et des Libyens, peuples sauvages vivant sans lois, sans gouvernement, se nourrissant de la chair des bêtes fauves et de l'herbe des champs, se reposant là où la nuit les surprenait. Hercule étant mort en Espagne, ses armées, composées de cent nations différentes, se débandèrent, et l'Afrique reçut les Perses, les Arméniens et les Mèdes; ces derniers firent alliance avec les Libyens, se confondirent avec eux, et reçurent, par corruption, le nom de Maures. Les autres se mêlèrent aux Gétules, devinrent pasteurs, et prirent le nom de Numides, qui indiquait leur vie errante. Plus tard, les Phéniciens vinrent fonder sur les côtes d'Afrique de nombreuses colonies, et entre autres Hippone, Leptis, Adrumette, Utique, qui devinrent florissantes; cependant Carthage les éclipsa toutes. Lorsque les émigrés de Tyr élevèrent, non loin des lieux qu'occupe aujourd'hui Tunis, les murs de la ville qui devait balancer la fortune de Rome, toute la contrée qui porte aujourd'hui le nom d'Algérie était occupée par une nation, sinon homogène, au moins réunie en un seul corps sous le nom de Numides. Cette nation avait pour voisins, à l'ouest, des Maures; à l'est, des Libyens;

[1] A. Duponchel.

au sud, des Gétules. Carthage devint riche et puissante ; mais sa domination en Afrique ne fut ni aussi étendue ni aussi incontestée qu'on le croit généralement. Au commencement de la seconde guerre punique, c'est-à-dire au temps de sa plus grande splendeur, elle occupait, il est vrai, toutes les côtes d'Afrique depuis la petite Syrte (golfe de Cabès) jusqu'aux colonnes d'Hercule (détroit de Gibraltar) ; mais comme elle visait à la domination des mers, et non à celle du continent, elle se bornait à la possession des côtes, laissant aux Numides l'intérieur des terres, dont elle n'avait que faire, se bornant à leur imposer des tributs et à recruter chez eux des soldats, qui tournaient souvent contre la métropole les armes qu'ils en avaient reçues.

La domination carthaginoise avait déjà plusieurs siècles de durée, lorsque les Carthaginois et les Romains se rencontrèrent en Sicile (266 av. J. C.). La lutte s'engagea entre les deux peuples, dura cent vingt ans, avec quelques intervalles de trêve, et se termina par la ruine de Carthage (146 av. J. C.). Les Romains, après s'être emparés des domaines de Carthage, conquirent toute la Numidie sur Jugurtha, mais sans la conserver. D'abord ils en donnèrent la plus belle part au roi de Mauritanie, Bocchus, qui les avait aidés à détruire leur ennemi, et ils laissèrent le reste à un prince indigène ; puis ils enlevèrent à Juba cette nouvelle Numidie, fraction de l'ancienne, et l'abandonnèrent à un autre Juba, jusqu'à ce que, les États du roi maure leur étant aussi échus, ils en investirent le second Juba, en lui reprenant la nouvelle Numidie. Enfin, quatre-vingts ans après, la Mauritanie fut reprise à son tour pour former deux nouvelles provinces, dont la plus orientale, appelée Mauritanie Césarienne, était précisément la fraction occidentale naguère démembrée de l'ancienne Numidie. L'Algérie actuelle, alors représentée par la nouvelle Numidie et la Mauritanie Césarienne réunies, se trouvait constituer deux provinces subordonnées à un centre placé au dehors d'elles ; ce centre était Carthage, relevée par les Gracques, embellie par Auguste, et devenue chef-lieu d'une province gouvernée par un proconsul. La Numidie et la Byzacène, toutes deux limitrophes de la province carthaginoise, étaient, aux derniers temps de leur organisation romaine, gouvernées l'une et l'autre par des consulaires ; et, pour compléter la symétrie, les Mauritanies Césarienne et Sitifienne, qui suivaient la Numidie, et la Tripolitaine, qui suivait la Byzacène, avaient chacune un de ces commandants du second ordre qu'on appelait présidents. Les territoires les plus éloignés appartenaient à d'autres centres : la Tingitane était liée aux destinées de l'Espagne, comme la Cyrénaïque aux destinées de l'Égypte. (*Annales des Voyages.*)

« A défaut de l'histoire, les monuments romains qui couvrent encore le nord de l'Afrique de leurs débris attesteraient l'importance et l'étendue de leur conquête. Les Turcs ne soumirent point l'Afrique aussi complètement que les Romains ; leur conquête s'est bornée à l'occupation brutale, à la domination par la force. Les véritables annales de l'Algérie ne commencent guère qu'au seizième siècle. A cette époque, les rapports commerciaux et maritimes de l'Espagne avaient pris un grand développement ; la conquête de l'Amérique faisait entrer dans les ports de Cadix, de Gibraltar et de Malaga, des navires richement chargés qui attiraient les pirates de toutes les mers. L'Espagne, unie au Portugal, se mit en mesure d'occuper plusieurs points du littoral. Tunis, Tenez, Alger, Mostaganem, Arzew, firent leur soumission et devinrent vassales de l'Espagne. C'est vers cette époque que deux corsaires de l'archipel grec vinrent s'établir sur les côtes d'Afrique : c'étaient Aroudj et Khaïr-ed-Din, plus connus en Europe sous le nom des frères Barberousse. Tous deux ne possédaient encore que quatre petits navires lorsqu'ils vinrent demander au bey de Tunis droit de bourgeoisie. Un peu plus tard, les habitants de Bougie vinrent solliciter l'assistance des deux frères pour les aider à se débarrasser des Espagnols. Les Algériens, non moins avides de leur émancipation, en firent autant, et bientôt les deux aventuriers se trouvèrent en possession de la souveraineté de ces deux villes et de leur territoire. C'est alors seulement qu'Alger, sous l'influence de ces deux hommes, devient le siège de cette espèce de république religieuse et militaire qui fut élevée contre la chrétienté, comme Rhodes l'était depuis un siècle contre l'islamisme. C'est alors que s'établit ce terrible gouvernement appelé l'*odjeac* d'Alger, qui en quelques années envahit toutes les principautés qui l'avoisinent. Mostaganem, Medeah, Tenez, Tlemcen, Constantine, reconnaissent sa souveraineté ; Tunis lui-même est un instant soumis, et Alger finit par imposer son nom à tout le territoire qui s'étend depuis Tabarque jusqu'à Milonia. Alger, à son berceau, est tour à tour l'auxiliaire ou la terreur des États les plus puissants de l'Europe. En 1518, le Grand-Seigneur, sultan Sélim, daigne prendre Alger sous sa protection ; en 1534, Soliman, le conquérant de Belgrade, de Rhodes et de la Hongrie, appelle à son aide le chef suprême de l'odjeac, et lui confie le commandement de sa flotte, pour l'opposer au plus grand amiral de la chrétienté, à André Doria. François Ier, dans sa soif de conquêtes, sollicite à son tour l'appui de cet homme prodigieux qui tient en échec les marines de Venise, de Gênes et d'Espagne ; il paye huit cent mille écus d'or le concours de Barberousse. Les galères de France abaissent leur pavillon devant la capitaine de ce corsaire-roi. Toulon, Marseille, l'accueillent dans leurs ports comme un souverain, et le fils du duc de Vendôme, le comte d'Enghien, se fait son lieutenant au siége de Nice. Les Espagnols, ennemis du nouvel État, voient trois fois leurs armes humiliées devant Alger, et Charles-Quint lui-même, vainqueur à Pavie et à Tunis, est obligé de courber le front sous la fatalité qui brise ses vaisseaux et jette l'épouvante parmi son armée. N'est-ce pas plus qu'il n'en faut pour l'illustration de ce nid de pirates, comme on l'a appelé ? Cette période, où se pressent tant d'événements majeurs, est sans contredit la plus brillante et la plus remarquable de l'histoire d'Alger. Toutefois, cette gloire et ces succès, dus à l'audace et à la force brutale, loin de répandre le bien-être et la prospérité dans cette contrée, n'y faisaient qu'entretenir de sauvages instincts et l'entraînaient peu à peu dans une déplorable caducité. Il fallait un peuple nouveau, dominé par des idées généreuses et de grands principes d'humanité, pour faire sortir l'Afrique de l'état d'abrutissement où l'avaient plongée les vingt siècles d'oppression, de guerres, de luttes, d'invasions qui nous séparent de cette période si belle où nous l'avons vue, sous le patronage de Rome, prendre une large part au mouvement de la civilisation. La France se trouva debout pour cette œuvre de régénération. »

Le consul français (M. Deval) avait traité avec le dey d'Alger du rétablissement de nos postes de Bone et de la Calle [1] ; El-Hhosayn avait verbalement stipulé qu'il n'y aurait ni fortifications ni enceinte : le consul, sans invoquer hautement le droit que nous donnaient les traités, parut céder ; mais les fortifications furent relevées et armées. El-Hhosayn était personnellement intéressé dans une fourniture de blés faite par Bacri et Busnach ; la créance ne fut liquidée qu'en 1819, et un crédit de sept millions fut alloué, en 1820, pour l'acquitter ; le paye-ment fut effectué, sauf 2,500,000 francs qui furent déposés à la Caisse des Consignations, au profit des créanciers français des fournisseurs algériens. Le dey éleva à ce sujet de vives réclamations ; et comme la réponse du gouvernement français n'arrivait point assez tôt au gré de son impatience, il s'oublia, dans un moment d'emportement, jusqu'à invectiver et frapper au visage, de son chasse-mouches, le consul français, qui se présentait à lui dans une occasion solennelle, le 30 avril 1827. La France exigea aussitôt une réparation éclatante de cette grossière insulte, et tous les Français qui se trouvaient à Alger quittèrent la ville. El-Hhosayn fit aussitôt détruire de fond en comble nos établissements de Bone et de la Calle, et réduire en esclavage tous les Français qui pouvaient être restés dans la régence. C'était une déclaration de guerre : la France l'accepta et mit devant Alger un blocus rigoureux ; ce furent, pendant trois ans qu'il dura, de grosses dépenses sans résultat. Un parlementaire français ayant été insulté par l'artillerie algérienne, on résolut alors la guerre active : le vice-amiral Duperré conduisit dans la baie de Sydy-Féroudj des troupes de débarquement commandées par le comte de Bourmont. La flotte mouilla le 13 juin ; nos troupes sautèrent sur cette Afrique qu'elles allaient *tenir*, se retranchèrent immédiatement, et gagnèrent, le 19 une bataille importante, qui a reçu le nom de Staouéli ; l'artillerie ne put être mise à terre que du 25 au 29 ; ce jour-là même la tranchée fut ouverte devant le fort de l'Empereur, qui capitula le 4 juillet, et le 5 Alger était à nous. La soumission d'Oran et de Bone suivit de près.

[1] D'Avezac.

M. d'Avezac apprécie ainsi [1] les variétés d'habitants de l'Algérie. « C'est chose généralement répétée et admise, que l'état d'Alger est habité par sept variétés de l'espèce humaine, savoir : des Berbers, des Maures, des Nègres, des Arabes, des Juifs, des Turcs et des Koulouglis ; on pourrait dire avec plus de justesse que la population algérienne est partagée en sept classes, dont la première comprend, sous le nom de *Qobâyl*, c'est-à-dire *les tribus*, ou sous celui de *Beréber*, forme plurielle de *Berber*, non une race spéciale et bien caractérisée, mais la masse de tous les habitants anciens que les dominateurs romains est bysantins appelaient Barbares, agrégation plus ou moins intime de nombreux débris, tant des deux grandes souches réputées autochtones, les Libyens et les Gétules, que des immigrations successives des Mèdes, Arméniens et Perses, mentionnées par Salluste sur l'autorité des livres de Hiemsal ; des Arabes kouschytes, amalêqytes et quahhthânytes, des Tyriens et des Palestins, des Vandales et des Goths, et de bien d'autres éléments effacés ou inaperçus. Quant à la seconde classe, il est à remarquer que la dénomination de Maures, que lui appliquent les Européens, est absolument inconnue aux indigènes, à moins qu'on ne la considère comme la simple traduction du mot *maghrêbyn*, qui désigne indistinctement tous les musulmans d'Occident, et, dans le sens le plus restreint, tous les Arabes d'Afrique ; les Européens cependant assignent à ce mot une autre portée, et l'emploient pour désigner les habitants des villes, se persuadant qu'ils représentent la nation que les Latins et les Grecs appelaient Maures ou Maurusiens, nation constituée, au dire de Salluste, par le mélange des Libyens et des Mèdes, et composée, suivant Procope, des Kana'néens de la Palestine chassés de leur terre natale par la conquête de Josué ; cette dernière généalogie traditionnelle appartient à des tribus berbères, l'autre n'est attribué par Salluste qu'aux peuples de l'ouest du Moulayah ; et quand nous avons demandé nous-même à l'un de ces citadins appelés Maures par les gens d'Europe, quelle était sa race, quelle était sa tribu, il nous a répondu par les mots d'*Arabe* et d'*Andalous*. Il n'est plus douteux aujourd'hui que la dénomination de Maures ne désigne en effet exclusivement les Arabes des villes, parmi lesquels tiennent le premier rang les nobles débris des conquérants de l'Espagne, expulsés d'Europe par les victoires et le fanatisme des dynasties chrétiennes. Les nègres, appelés par les blancs indigènes *Soudan* ou noirs, et *A'byd* ou esclaves, forment une classe à part, on peut dire aussi une race distincte, ou du moins une agrégation de gens appartenant tous à l'une des grandes divisions ethnographiques du genre humain. Le nom d'Arabes, restreint par les Européens aux nomades habitants des tentes, est justement ainsi appliqué aux tribus arabes les moins mélangées, qui constituent en effet une classe, mais non une race distincte, désignée par l'épithète de *Béddouy*, c'est-à-dire Bédouins, nomades, également donnée aux Ber-

[1] *Encyclop. pitt.*

bers. La classe des Juifs, *el-Yehoud*, est composée de tous ceux qui professent le culte mosaïque, et c'est encore un préjugé européen, que de les supposer tous sortis des Palestins déplacés par les expéditions de Vespasien et de Titus; les historiens arabes ne laissent point ignorer qu'aux septième et huitième siècles, la plupart des Berbers et des Arabes d'Afrique professaient le judaïsme, et que la prédication musulmane fut loin d'opérer une conversion universelle : c'est en tenant compte de ce fait historique qu'on peut comprendre comment les Juifs forment aujourd'hui à eux seuls un tiers de la population totale d'Alger, et plus des quatre cinquièmes de celle d'Oran. Quant aux Turks algériens, ce serait une préoccupation singulière que de les croire de race homogène, et tous véritables Osmanlis; car ce n'est qu'un ramas de gens de toute sorte et de toute origine, Turks, Grecs, Circassiens, Albanais, Corses, Maltais, et renégats des autres contrées de l'Europe, réunis pour composer une association de piraterie au-dehors, de brigandage et d'oppression au dedans, reconnaissant la suzeraineté des Turks, et parlant leur langage, se perpétuant par la cohabitation avec des esclaves chrétiennes, et formant une *oudjak* ou milice privilégiée, comme étaient les mamlouks d'Égypte et les janissaires de Constantinople. La postérité issue de l'union de ces Turks avec les femmes de la classe mauresque n'entre point dans la caste turque; elle constitue une division à part, désignée par le nom de Koulouglis ou Coloris, prononciations vulgaires de la dénomination turque de *Qoul-Oughly*, qui signifie littéralement fils de soldat.

« Voilà quelle est la classification communément faite de la population de l'état d'Alger; on ne peut manquer d'être frappé de ce qu'elle a de faux et d'incohérent sous le point de vue ethnographique, puisque des races homogènes s'y trouvent distribuées entre plusieurs divisions séparées, tandis que les éléments les plus divers sont, au contraire, réunis dans une même catégorie. En nous référant à l'esquisse ethnologique générale que nous avons essayée dans l'article *Afrique*, nous indiquerons l'existence des races suivantes dans la régence : d'abord la race berbère, soit pure, soit mélangée d'Arabes qahhthanytes, de Kana'néens, de familles germaniques, et d'autres éléments hétérogènes, dont on peut démontrer tantôt la simple juxtaposition, tantôt l'infiltration intime, mais que réunit aujourd'hui en un seul groupe un langage uniforme; nous ne saurions pourtant nous dispenser de signaler dès à présent l'hétérogénéité des Ayt-Erouâghah de Teqort et de Ouerqelah, qui parlent le berber, mais dont le teint noir, les cheveux lisses, les traits du visage et les habitudes morales révèlent l'origine kouschyte; les géographes d'Europe les confondent trop souvent avec les Mozâbys, leurs voisins, dont le caractère est aussi fort doux, mais dont le teint est blanc; le Biskery, à teint olivâtre et traits heurtés, est rattaché par l'histoire et les généalogies à la race berbère, quoique son langage soit aujourd'hui l'arabe. En second lieu viennent les races arabes des trois

familles successives, les Kouschytes, avec les rameaux kana'néens et amaléqytes, les Qahhthânytes avec leurs frères izraylytes, et les Ismaylytes ou Nabathéens : les premiers se sont en général effacés dans l'agglomération berbère; les seconds, agrégés en partie à la même masse, en partie stigmatisés par le culte hébraïque qu'ils ont conservé, se sont, d'une autre part, réunis à la grande confédération musulmane, où dominent les troisièmes Arabes. Il faut compter ensuite les races européennes, distribuées aussi en diverses familles, dont la première, celle des Vandales, s'est fondue dans les Qobâyls herbères, reconnaissable pourtant encore à son teint blanc, ses yeux bleus et ses cheveux blonds, ayant avec elle peut-être quelques Goths, peut-être aussi quelques Suèves, dont on s'imagine retrouver la postérité dans les Zouâouah (que nous appelons Zouaves), malgré les généalogies qui rattachent cette tribu aux Qahhthânytes de Ketâmah, sans parler des hypothèses au moyen desquelles on croit découvrir même des Huns dans les Aouléd-Houn, dont le cantonnement est plus oriental; une autre famille est celle que composait l'Oudjak turque avec les Qoul-Oughlys qui en sont issus, famille, comme nous l'avons déjà dit, fort peu homogène; une troisième, qui ne l'est pas davantage, est formée de la réunion de tous les colons fournis à la régence par les nations de l'Europe chrétienne. Enfin la race nègre doit son origine aux esclaves noirs successivement amenés par les caravanes des divers pays de l'Afrique intérieure. »

La langue arabe était généralement répandue en Algérie avant la conquête de cette partie de l'Afrique : aujourd'hui, la langue française domine dans la régence d'Alger. La langue berbère, la *lingua franca*, espèce de patois, sont aussi employées sur le littoral. Le mahométisme est la religion dominante; le judaïsme et même le paganisme y existent aussi.

La France payait tous les ans une somme de 230,000 fr. pour le privilége de la pêche du corail sur les côtes de la régence d'Alger, et l'entretien du fort de la Calle lui coûtait 30,000 fr. par an : c'était le port qui servait de rendez-vous aux barques et autres bâtiments employés à cette pêche : le premier fruit de notre conquête a été la suppression de cette dépense. Cette possession pourra être encore fort utile à la France, sous le rapport de l'amélioration de la race de ses chevaux; le gouvernement prend des mesures pour faire venir d'Alger un choix d'étalons et de juments de cette race de berbe si renommée par sa vigueur et sa légèreté; elle conviendra plus que tout autre, pour le croisement des races, dans les provinces de France qui élèvent des chevaux pour la cavalerie légère. La conquête d'Alger, dit Cunin de Gridaine, doit avoir pour notre commerce et notre industrie les plus heureux résultats. Des concessions de terrains faites à des compagnies, fertiliseront la terre qui renferme le plus d'éléments de fécondité; elles introduiront, avec un système d'administration sagement appliqué, la civilisation européenne au milieu de la Barbarie; elles donneront naissance à des établissements commerciaux qui, par succession de temps s'étendront jusqu'en Asie et nous ouvriront des débouchés immenses. La conquête doit déjà porter ses fruits, et favoriser nos relations commerciales avec les régences de Tripoli, de Tunis et de Maroc, en affranchissant notre commerce et celui du monde de la piraterie.

RÉNATO DE ROSSI.

ALGÉRIE (productions de l'). — On trouve en Algérie de riches mines de plomb et de fer, qui ne sont pas exploitées; il y a du sel en abondance, et les bords de la mer offrent de très-beaux coraux. Ce pays, favorisé d'un des plus beaux climats du monde et d'un sol naturellement fertile, serait susceptible par la variété de ses sites de produire toute sorte de céréales, ainsi que les fruits des climats tempérés de l'Europe, joints aux plantes les plus précieuses des tropiques. Malgré une administration tyrannique et l'absence de toute civilisation, il produisait une grande quantité de blé, qui s'exportait en grande partie pour Marseille; l'olivier y est plus beau qu'en Provence, et, malgré une religion qui défend l'usage du vin, les Maures cultivent sept variétés de vigne. Les plantes indigènes les plus rares viennent dans les marais ou les forêts, qui renferment plusieurs espèces de chênes, dont les glands font partie de la nourriture des habitants. On y trouve fréquemment l'arbre à mastic, le pistachier atlantique, le *thuyo articulé*; le grand cyprès fait l'ornement des vallons, et l'olivier sauvage donne sans culture d'excellents fruits : les côtes et les collines voient, dès le mois de janvier, l'oranger, le myrte, les lupins, la vigne-vierge et le narcisse se couvrir de fleurs et de feuilles nouvelles. Parmi les plantes cultivées, on distingue le blé, l'orge, le maïs, le riz dans les terrains inondés ou marécageux; le tabac, le dattier, l'olivier, l'oranger, le figuier, l'amandier, la vigne, l'abricotier, le pistachier, le jujubier, les melons, le safran, le mûrier blanc, la canne à sucre; dans les jardins on cultive presque tous les légumes d'Europe. Le blé est semé en automne et se récolte en avril ou en mai; le maïs et le sorgho se sèment au printemps pour être récoltés en été; l'avoine croît spontanément. Les glands du chêne ont le goût de nos marrons. Quant aux animaux domestiques, on remarque le chameau, qui sert aux Arabes à traverser les plaines brûlantes du désert; le cheval y est d'une moyenne grandeur; mais il est agile et bien proportionné; le gros bétail y est petit et maigre; les chèvres et les brebis y sont en grand nombre : les montagnes et les forêts sont peuplées par le lion, la panthère, le léopard, l'once, le bubale, la gazelle, et plusieurs espèces de singes. L'autruche est l'oiseau le plus remarquable dont le beau plumage forme, ainsi que celui du vautour, un article considérable d'exportation. Les Arabes élèvent beaucoup d'abeilles; il y en a une espèce sauvage qui dépose dans des troncs d'arbres un miel aromatique, et une cire qu'on recueille en abondance.   MONTBRION.

ALGORITHME (mathématiques). — Mot arabe dont plusieurs auteurs, et surtout les Espagnols, se sont servis pour désigner la science des nombres.

L'*algorithme* est l'art de bien supputer. Il s'emploie pour désigner la méthode et la notation de toute espèce de calcul; c'est dans ce sens qu'on dit l'*algorithme* du calcul intégral, l'*algorithme* du calcul exponentiel, l'*algorithme* du calcul des sinus, etc.

ALGUES. — Famille de plantes acotylédones, aquatique, cellulaires, dépourvus d'axes et d'organes appendiculaires, qui apparaissent comme des filaments mous ou cornés, d'une couleur verte, parfois olive ou pourprée, et qui se reproduisent par des divisions mécaniques de leurs filaments. Les organes reproducteurs, très-variables, consistent, soit en corpuscules particuliers, soit en *spores* contenus dans des *sporidies*, réunies dans des *conceptacles*, lesquels conceptacles ne contiennent quelquefois qu'un seul des deux organes reproducteurs; ce qui fait que les algues sont les unes unisexuées, d'autres hermaphrodites. — Les algues se divisent en deux sections :

Fig. 68. — Algues.

les *confersées* ou algues qui vivent dans l'air humide ou dans l'eau douce; les *thalassiophytes* ou algues marines, dont la coralline et la mousse de Corse sont les principaux genres.   Dr BOSSU.

ALIBOUFIER (botanique). — Arbrisseau de la famille des diospyrées, originaire du Levant, naturalisé dans le midi de la France et en Italie, où il forme dans les jardins des buissons charmants : ses fleurs blanches ressemblent à celles des orangers, et ses feuilles d'un beau vert sont agréables à la vue. L'espèce principale est l'*alibouflier officinal*, qui donne, par incision, le *storax*, espèce de résine ou de gomme aromatique, qu'on croyait autrefois fourni par le liquidambar d'Orient. — Voy. *Storax*.

ALIÉNATION (droit). — Action d'aliéner. Sous ce terme on comprend toutes les opérations et manières par lesquelles on transmet à autrui ou aux siens la propriété d'un bien, d'une chose, soit mobilière, soit immobilière, à titre onéreux ou même à titre gratuit. Il y a beaucoup de manières d'aliéner, dont la vente, la *donation*, le *transport*, la *cession*, l'*abandon*, l'*abandonnement*, l'*échange*. — (Voy. ces mots).

ALIÉNATION MENTALE. — Sous le nom générique d'*aliénation mentale*, on désigne les maladies qui consistent uniquement dans une aberration plus ou moins durable des facultés intellectuelles, sensitives et morales.

Il n'est pas de champ plus vaste ni plus difficile à défricher dans la science médicale que celui des maladies mentales. Plus particulières à l'âge viril, on les observe cependant assez souvent dans la jeunesse, et même quelquefois dans la vieillesse. Semblables au Protée de la fable, elles se manifestent sous des formes aussi variées que les caractères des individus qui en sont atteints et que les causes qui les font naître.

Nous allons découvrir les sources principales qui, de nos jours, produisent un si grand nombre de maladies mentales ; mais notre tâche ne serait pas remplie si, après en avoir fait connaître les causes, nous ne parlions pas aussi des moyens de les prévenir. Nous ferons plus : appuyé sur les documents que nous avons puisés dans les écrits des auteurs anciens et modernes qui se sont spécialement occupés de ces maladies, nous indiquerons les bases du traitement moral applicable à une classe nombreuse de maladies mentales. Nous serons heureux, si l'expérience de chaque jour vient sanctionner les principes sur lesquels il repose, de contribuer à rendre à leurs familles des sujets utiles que la maladie en avait séparés.

Pour traiter ce sujet avec toute l'importance qu'il mérite, nous allons faire une courte excursion dans le domaine de l'anatomie et de la physiologie du système nerveux, considéré sous le rapport des impulsions instinctives et des manifestations de la pensée. — Chez l'homme, comme chez les animaux supérieurs, le système nerveux présente deux grandes divisions ayant l'une et l'autre une sphère d'activité qui leur est propre. Chacun de ces deux ordres de nerfs présente un centre d'action, et ces deux centres exercent l'un sur l'autre une influence réciproque. Ces deux systèmes nerveux sont : l'un le *système cérébro-spinal*, qui a pour centre le cerveau ; l'autre le *système ganglionnaire* ou *sympathique*, dont le centre est situé derrière l'estomac. Chacun sait que c'est là aussi que l'on ressent les impressions morales. Au premier, c'est-à-dire au cerveau, sont dévolues les facultés de l'intelligence ; au second sont départis les appétits ou les besoins instinctifs.

Chez l'homme, l'ensemble des opérations de l'intelligence constitue la pensée humaine ; l'ensemble des manifestations instinctives constitue les passions bonnes ou mauvaises.

La pensée humaine, bien coordonnée, est la manifestation de l'âme, dont la faculté supérieure est *la raison* ; la raison n'est elle-même que l'expression du *jugement*, faculté supérieure de l'intelligence. Car le *jugement*, c'est l'homme, et la raison lui a été donnée par le Créateur pour éclairer à la fois l'intelligence et le sens moral.

Les passions ne sont autres que la manifestation des sentiments instinctifs *sympathiques* ou *antipathiques*, lesquels appartiennent à une seconde faculté de l'âme que nous avons désignée sous le nom de SENS MORAL. Le sens moral est lui-même soumis dans ses actes à l'appréciation de la raison, et de cette appréciation résulte une autre faculté de l'âme humaine, *la conscience*.

Pour résumer notre pensée et faire comprendre l'homme moral, nous dirons que « l'âme humaine, sous le rapport de ses deux facultés essentielles, est donc éminemment perfectible[1] ; sa perfection se rapproche de son Auteur. Par l'intelligence, elle s'élève jusqu'à Dieu ; elle le contemple, elle l'adore dans ses infinies perfections ; elle l'admire dans la beauté et dans l'immensité de ses ouvrages ! Par le sens moral, ou par le cœur, elle s'élève jusqu'à lui par un sentiment de reconnaissance et d'amour à cause de son infinie bonté et de la grandeur de ses bienfaits. Ainsi l'harmonie entre les facultés de l'intelligence constitue l'essence de la raison humaine. Elle se rattache au but de la création ; elle rentre dans l'harmonie universelle. Et l'harmonie entre la raison et le sens moral, qui, par la conscience, gouverne les impulsions de l'instinct, constitue l'homme raisonnable. Or, la conscience est au sens moral ce que la raison est à l'intelligence ; c'est elle qui dirige l'homme raisonnable dans toutes ses actions. Et la volonté, chez l'homme, est placée entre la raison et l'instinct comme un point mobile prêt à céder à l'influence de la raison ou aux impulsions de l'instinct, suivant la prépondérance que possèdent l'un sur l'autre ces deux principes moteurs de l'âme humaine. Mais sous l'influence du libre arbitre, que l'homme seul a reçu en partage, l'usage qu'il fait de ses deux facultés antagonistes, la *raison* et l'*instinct*, explique les contradictions qui se rencontrent sans cesse dans sa nature et l'opposition flagrante qui s'observe de toutes parts sous le rapport moral. »

Après cet exposé de l'homme moral à l'état normal, nous pouvons aborder la grande question des maladies mentales ; car elles ne sont autres que la manifestation de l'état anormal des impulsions instinctives et des opérations de l'intelligence.

L'étude des fonctions du système nerveux, considéré dans son ensemble, est donc la seule voie qui puisse conduire à la connaissance des maladies mentales. En effet, si nous analysons l'action des causes qui peuvent produire ces maladies, nous verrons que, le plus souvent, elles portent d'abord leur action sur le centre du système nerveux, ganglionnaire ou sympathique, et que ce centre réagit immédiatement sur le cerveau. C'est de ce mode de réaction plus ou moins vicieux que résultent la plupart des maladies mentales. Ainsi, lorsque l'impression ressentie au centre épigastrique est modérée et dans les conditions ordinaires de la vie, la réaction est également modérée ; l'idée qu'elle fait naître est en rapport avec la sensation perçue. La raison s'en empare, elle la dirige

---

[1] Extrait de notre *Traité d'Hygiène*.

vers un but utile et convenable. Dans ce cas la sensation et la réaction sont naturelles; elles sont en harmonie avec la raison. L'idée est juste, le jugement est droit, c'est l'état *normal*. Lorsque cette impression est très-forte et qu'elle a lieu chez un individu fortement organisé sous le rapport moral, elle produit également une très-forte réaction, qui tend à exalter l'imagination; mais aussitôt la raison la maîtrise et elle s'empare de l'impression, elle la dirige et l'idée qui surgit est juste; les manifestations volontaires qu'elle produit sont en rapport avec la raison, et dans ce cas, l'homme reste encore dans l'état normal. Mais si l'impression ressentie au centre épigastrique est très-forte, et l'individu qui l'éprouve faiblement organisé sous le rapport moral, elle peut porter à l'instant même le désordre dans les facultés de l'intelligence et voici ce qui se passe alors : aussitôt que l'impression est perçue par le centre *pensant*, l'imagination s'en empare; elle lui prête des formes ou des proportions exagérées. Alors l'idée qu'elle fait naître est *fausse*. Dominé par cette idée fausse, l'homme déraisonne seulement dans ce qui a rapport à l'objet ou à la cause qui l'a impressionné, et par conséquent il n'est plus dans l'état normal. Cependant l'effet peut-être momentané, et cela arrive lorsque la raison, d'abord maîtrisée par l'impression, reprend ses droits et, dans ce cas, il rentre dans l'état normal. C'est en effet ce qu'on observe tous les jours à la suite d'un accès de colère. — Lorsqu'au contraire, le désordre des facultés est persistant, et lorsque l'imagination sans cesse exaltée par des impulsions instinctives, maîtrise constamment la raison, alors il y a aberration durable des facultés de l'intelligence, seulement dans ce qui a rapport à l'objet ou à la cause qui l'a déterminée. Dans ce cas le jugement est *faussé*, c'est-à-dire qu'il n'est plus en rapport ni avec la vérité, ni avec la nature même de l'objet, mais bien avec l'idée *fausse* produite par l'imagination. Partant de cette idée fausse, l'homme déraisonne dans l'hypothèse qu'elle est *vraie*, de là une détermination motivée pour lui, et des manifestations exagérées, qui constituent un état anormal persistant qui n'est autre que l'*aliénation mentale*: Quand cet état anormal a été préparé par l'action plus ou moins prolongée de causes morales, l'aliénation qui en résulte présente pour caractère essentiel une idée *fixe, dominante*, mais *fausse, erronée*, se rapportant exclusivement à la cause morale qui l'a produite. Ce genre d'aliénation constitue toute une classe nombreuse de maladies mentales connues et décrites par les médecins aliénistes sous le nom de *monomanies*. (Voy. ce mot.) Dans ce cas le malade a longtemps concentré en lui la cause de sa maladie. La réaction vicieuse du centre épigastrique au cerveau, qui est la cause de l'idée délirante s'est, le plus souvent, opérée d'une manière lente et graduée; ce n'est que lorsqu'elle est arrivée à un certain degré qu'on s'est aperçu d'un désordre mental chez l'individu qui en est atteint. Dans ce cas, avant d'arriver à la monomanie confirmée, il a passé par les divers degrés de la *mélancolie*. — Voy. ce mot.

Mais chez les individus faiblement organisés sous le rapport moral, que cette faiblesse soit héréditaire ou acquise, on voit ordinairement survenir subitement et d'emblée l'aliénation mentale. Dans ce cas, il suffit quelquefois d'une cause *légère* pour produire un grand désordre dans les facultés de l'intelligence. Lorsque cet état de désordre persiste, il constitue un autre genre d'aliénation mentale connue sous le nom de *manie* ou *folie* (voy. ces mots). Ici la maladie est produite par une surexcitation du cerveau, et la cause qu'il a déterminée peut être étrangère aux causes morales comme aussi elle peut s'y rattacher. Lorsque le désordre mental porte seulement sur les facultés sensoriales, il produit un genre particulier de délire connu sous le nom d'*hallucinations*. — Voy. ce mot.

Enfin l'aliénation mentale peut être le résultat d'une lésion organique du cerveau : atrophie, ramollissement, inflammation chronique, épaississement des méninges; épanchements séreux, sanguins ou purulents. Dans ces cas elle prend un caractère particulier et elle présente des nuances très-variées qui toutes se rattachent à deux ordres de maladies mentales : la *démence* et l'*idiotisme*. — Voy. ces mots.

Il existe, dans certaines familles, une prédisposition héréditaire aux maladies mentales et en particulier à la folie. Cette prédisposition est assez commune; elle tient à plusieurs causes qui toutes tendent à produire d'une part une faiblesse originelle de l'organe cérébral, et de l'autre, une très-grande impressionnabilité du système nerveux ganglionnaire. Cette influence de l'hérédité est si bien connue et d'une importance si grande, que les personnes étrangères à la médecine l'opposent presque toujours comme un obstacle insurmontable dans la réalisation des projets de mariage.

En dehors de l'hérédité, les causes les plus ordinaires de l'aliénation mentale ont leur source chez l'individu qui en est atteint. Elle est le plus souvent une triste conséquence des passions humaines.

Dans la jeunesse, nous voyons quelquefois chez les individus des deux sexes faiblement organisés sous le rapport moral, l'aliénation être la conséquence d'un amour malheureux; elle est aussi assez souvent produite par la lecture abusive des romans qui tendent à exalter l'imagination.

Dans l'âge viril, les causes qui peuvent conduire l'homme à l'aliénation mentale sont très-nombreuses et très-variées. Nous plaçons en première ligne les déceptions qui l'attendent, pour ainsi dire, à chaque pas qu'il fait dans la vie, surtout les peines morales, profondes qui en résultent.

En général chez les peuples civilisés, les maladies mentales sont d'autant plus fréquentes que la civilisation et le progrès industriel qui s'y rattache, ont créé des besoins factices plus nombreux et plus difficiles à satisfaire pour les masses; que les passions politiques sont plus orageuses et propres à alimenter l'ambition et à renverser les fortunes. — D'autre part, les idées religieuses fausses et exagérées, ont aussi, dans tous les temps et surtout au moyen âge, produit un grand nombre de maladies mentales. Certains tempéraments et certaines professions exercent aussi une grande influence sur le développement de ces maladies. C'est ainsi que les tempéraments nerveux, unis aux bilieux, et surtout cette forme exagérée de tempérament qu'on a toujours désigné sous le nom de *mélancolique* sont par eux-mêmes une prédisposition à l'aliénation quand ils n'en sont pas le premier degré. Enfin, l'imagination vive et ardente qui est un des attributs du tempérament nerveux, s'il est joint surtout à une sensibilité morale exquise, prédispose fréquemment à l'aliénation mentale. Aussi l'observe-t-on souvent chez les artistes et les littérateurs. D'autre part encore, les individus absorbés par des travaux qui exigent une grande contention d'esprit ou qui se livrent à des spéculations commerciales et financières sont souvent jetés subitement dans le délire maniaque par des déceptions inattendues. Le suicide en est aussi souvent la conséquence. — On a vu aussi la folie succéder immédiatement à un accès de colère violente ou bien être la conséquence de l'ivresse.

Ainsi agissent les froissements moraux souvent réitérés et surtout les revers de fortune lorsqu'ils viennent atteindre l'homme au milieu de la prospérité. En seconde ligne, nous voyons les désordres produits par les passions et par la perversion des sentiments naturels ; telles sont la dissipation de la fortune par là débauche, les habitudes du café, la passion du jeu, etc. En troisième lieu, nous avons l'orgueil démesuré, l'ambition non satisfaite ou déçue, les passions concentrées, telles que la haine, la vengeance, la jalousie. — On voit encore l'aliénation produite par l'abus des plaisirs et des traitements médicaux qui en sont la suite.

Nous ne ferons point la description de l'aliénation mentale : cela nous mènerait trop loin. D'ailleurs on trouvera la description des formes principales qu'elle présente aux mots *folie, monomanie, hypocondrie, suicide,* etc. Nous dirons seulement qu'il n'est rien de plus pénible à voir, et qui porte dans l'âme une douleur morale plus profonde, qu'un établissement où l'on traite les aliénés. Le tableau qu'il présente est à la fois effrayant et instructif. Cependant depuis que le célèbre Pinel fit, au commencement de ce siècle, tomber des pieds et des mains des malheureux aliénés les liens qui les enchaînaient ; depuis que par ses soins le traitement moral a remplacé les moyens violents et coërcitifs ; depuis que les sentiments d'humanité ont pénétré dans ces asiles ouverts à la plus affligeante des misères humaines, ce tableau est beaucoup moins pénible à voir qu'il ne l'était alors. Mais l'homme qui pense et qui réfléchit est toujours frappé douloureusement à la vue de tant d'aberrations et de désordres, fruits amers d'une éducation mal dirigée, et il bénit les médecins et les hommes qui, par dévouement à cette portion de l'humanité souffrante, ont consacré leurs veilles et leur talent à la guérison ou au soulagement de ces malheureuses victimes des passions humaines !

Nous signalerons en particulier à la reconnaissance des amis de l'humanité, Pinel, Esquirol et Leuret, qui

ont fondé en France le traitement moral des aliénés, lequel est généralement suivi de nos jours par les médecins aliénistes, soit dans les grands établissements, comme à Charenton, à Bicêtre et à la Salpêtrière, soit dans les établissements particuliers fondés ou dirigés par MM. les docteurs Brière de Boismond, Blanche, Pinel neveu, Max. Parchappe, Belhomme, Falret, Foville, Voisin, etc.

Le nombre des guérisons obtenues annuellement dans les grands établissements est à peu près évalué à un tiers des maladies. On les obtient principalement sur des sujets jeunes, et dans la première année de leur traitement. — Quant à l'espèce ou au genre d'aliénation, c'est la folie simple et récente qui est la plus facile à guérir. La monomanie est plus rebelle et plus difficile à traiter ; c'est à cette forme surtout qu'il convient d'appliquer le traitement moral. Quant à la démence, à la paralysie générale et à l'idiotisme, on peut dire que ce sont des maladies ordinairement incurables. D'ailleurs, dans la plupart des cas, ces maladies sont la conséquence du délire maniaque ou de la monomanie passée à l'état chronique et déjà arrivée à l'incurabilité ; elles signalent l'existence de lésions organiques profondes du cerveau qui aboutissent fatalement à l'extinction de la vie.

Existe-t-il des moyens de prévenir l'aliénation mentale?

Nous pensons que pour un grand nombre de cas on peut répondre à cette question par l'affirmative. Nous allons à cet égard présenter ici quelques conseils. Il est en médecine un axiome qui a toute la puissance d'une démonstration mathématique : c'est qu'il faut avant tout *rechercher les causes des maladies et les détruire,* si l'on veut les prévenir et même les guérir. Ceci s'applique parfaitement aux maladies mentales, et à leur égard nous dirons qu'il faut avant tout les prévenir, car une fois développées, elles guérissent assez difficilement, et celui qui guérit est toujours exposé à des rechutes.

Le moyen par excellence pour prévenir l'aliénation mentale, c'est de donner aux enfants une éducation forte et bien dirigée, fondée sur les principes d'équité et de justice inspirées par le sentiment religieux du devoir. Nous avons déjà traité ce sujet avec toute l'importance qu'il mérite [1], mais nous allons ici résumer ces conseils. Il faut :

1° Former le jugement, mais un jugement droit et solide, à l'aide duquel l'homme devant figurer sur la scène du monde, saura toujours distinguer la vérité de l'erreur, la justice de la fraude et du mensonge, le bien moral du mal moral.

2° Éloigner et combattre les penchants mauvais dès leur origine par les principes de la morale religieuse, et donner de bonne heure aux impulsions de l'instinct une direction morale qui développe les sentiments affectifs sur lesquels reposent les vertus de la famille et les vertus sociales.

3° Enfin, l'homme placé au milieu du monde et

---

[1] *L'Ami des hommes,* traité d'hygiène du docteur Pétron.

appelé à vivre en société doit étudier le cœur humain et apprendre à connaître les hommes. Par cette connaissance et par cette étude, il se fortifiera contre les agressions des hommes pervers, il évitera leurs piéges et leurs filets ; et s'il est attaqué par eux, il réagira avec la force morale que lui donneront le droit et la justice de sa cause ; et, par ce moyen, il pourra facilement supporter les revers de la fortune et les malheurs des temps sans se laisser vaincre ni abattre par eux. Ces moyens moraux suffiront, dans un grand nombre de cas, pour prévenir le développement des maladies mentales.

Si, par les principes d'une éducation forte et bien dirigée, on peut prévenir le développement des maladies mentales, il n'est pas aussi facile de les guérir. Cependant, depuis que le traitement moral a été appliqué aux différentes formes de la monomanie, on a obtenu des succès assez nombreux pour prouver que c'est seulement par les sentiments affectifs que l'on peut parvenir à rétablir l'harmonie dans les facultés de l'intelligence.

Dans un mémoire que nous avons présenté en 1854[1] à l'Académie impériale de Médecine, nous nous sommes attaché à poser les bases d'un traitement moral largement appliqué. Nous faisons des vœux pour que notre travail soit un jour exhumé des cartons poudreux de la docte Académie, dans l'intérêt de la science et de l'humanité. Les bases sur lesquelles repose le traitement moral, tel que nous l'avons compris, ont existé dès la plus haute antiquité. Longtemps avant la création de la médecine hippocratique, les prêtres égyptiens appliquaient aux aliénés de toutes les classes un traitement moral si bien combiné, qu'ils obtenaient des succès immenses[2]. Ces prêtres, versés dans la connaissance des sciences, n'étaient pas moins avancés dans la connaissance de l'homme moral. Aussi les deux établissements qu'ils dirigeaient renfermaient-ils tous les éléments propres à assurer la guérison des nombreux malades qui s'y rendaient de toutes parts. C'était surtout par cet immense savoir et par le prestige dont ils savaient entourer leurs malades qu'ils parvenaient à les guérir. C'était à la faveur des émotions agréables sans cesse renouvelées ou variées qu'ils parvenaient à effacer jusqu'aux dernières traces de leur maladie. Ainsi, tous les jours ramenaient pour ces malades des fêtes, des spectacles, des promenades et des joutes sur le Nil, des concerts mélodieux, des tableaux agréables, des enchantements qui récréaient l'imagination et opéraient sur leur esprit une puissante diversion morale. Nous ne doutons pas qu'en même temps qu'ils agissaient sur l'imagination de leurs malades, ils savaient aussi ouvrir leur cœur aux douces émotions de l'amitié ; voilà pourquoi ils obtenaient des succès immenses auxquels on ne peut plus parvenir de nos jours.

1 Mémoire sur la Mélancolie.
2 Ces temples, situés aux confins des deux extrémités de l'Égypte, étaient dédiés à Saturne. Le savant Pinel nous a laissé sur ces établissements de précieux documents. (Voy. Traité de la Manie, page 184.)

Nous posons donc en fait qu'un établissement pour le traitement des maladies mentales, fondé sur les principes qui présidaient à la direction des temples de la haute et de la basse Égypte renouvellerait de nos jours les succès qui furent obtenus dans ces temps antiques ; car l'homme est toujours le même sous le rapport moral. Les circonstances qui l'entourent changent, il est vrai, avec les révolutions des siècles ; mais les lois qui régissent son organisation physique et morale ne changent pas : elles sont immuables comme leur Auteur ; il suffit de les comprendre pour poser les bases fondamentales du traitement moral le plus rationnel et pour en faire chaque jour les plus utiles applications.

Nous ne pouvons trop insister sur une vérité fondamentale qui est la base essentielle du traitement du plus grand nombre des maladies mentales : c'est que ces maladies, qui, comme nous l'avons démontré, consistent dans la perversion de la faculté imaginative, ont, pour la plupart, leur point de départ dans la perversion primitive des sentiments affectifs.

Cette vérité a été bien sentie, et surtout bien appréciée par tous les praticiens observateurs qui se sont occupés de ces maladies depuis l'origine de la médecine jusqu'à notre époque. Hippocrate s'exprime formellement sur la nécessité de traiter le moral de ces malades ; et, après lui, nous trouvons Érasistrate et Dioclès ; ensuite Arétée, Ætius, Paul d'Égine ; puis Celse, Galien et Cælius Aurelianus. Ce dernier recommande surtout d'éloigner de leurs sens toutes les impressions trop vives ; il indique une indulgence illimitée et une dureté repoussante comme des écueils qu'il faut surtout éviter. Les préceptes judicieux qu'il a dictés sont encore la base du traitement moral auquel les médecins de nos jours doivent, en grande partie, leurs succès. A partir de ces habiles observateurs, il faut franchir un grand nombre de siècles pour retrouver les bases bien établies du traitement moral ; ce n'est que vers la fin du dernier siècle que nous le retrouvons bien appliqué en Angleterre par plusieurs praticiens distingués : Willis, Hoslam, Fériar ; en Hollande, par le concierge de la maison des fous d'Amsterdam ; et en France, par le célèbre Pinel, puis par Esquirol et Leuret, ses élèves.

Depuis lors, les grands établissements d'aliénés changèrent d'aspect ; les chaînes et les cachots furent proscrits ; aussi l'on ne vit plus de ces manies furieuses dont Pinel nous a laissé la peinture sombre et vraie. Ainsi furent posées les bases du traitement actuel des maladies mentales, et les additions qui y ont été apportées par l'expérience et l'habileté des médecins aliénistes de notre temps n'en sont que les ingénieux corollaires. La base sur laquelle il repose a été fort bien établie par le génie observateur de l'auteur du traité médico-philosophique de l'aliénation mentale. « L'étude des faits, dit Pinel, et une observation constante nous ont prouvé que, dans la monomanie mélancolique, les facultés affectives sont primitivement lésées. »

Appuyé sur des autorités aussi imposantes, et fondé d'ailleurs sur notre observation personnelle, nous posons en principe que pour guérir la monomanie mélancolique, il faut s'appliquer constamment à rétablir l'harmonie dans les sentiments affectifs.

L'homme pense et agit d'après la nature de ses impulsions instinctives : rien n'est plus vrai que cette pensée; elle renferme à elle seule tout le secret de la nature humaine. Dans la plupart des cas, l'aliéné peut être considéré comme un homme dont les facultés morales et intellectuelles sont perverties, c'est-à-dire qu'elles ne sont plus en harmonie avec les lois qui régissent la famille et la société; c'est un homme tombé dans les travers de l'esprit par les travers du cœur. C'est donc un homme qu'il faut, pour ainsi dire, refaire au moral, et pour y parvenir, il faut assurément le travailler par sa base : ce sont les *sentiments affectifs*, car, dans l'ordre de leur développement, ils précèdent l'intelligence, et nous avons vu aussi que ce sont eux qui la gouvernent. L'homme aliéné s'est égaré au sein de la société, dont il a eu plus ou moins à se plaindre; il a pris en haine les hommes, et même ses proches; ses liens de famille et ses liens sociaux sont rompus. Il faut donc, pour le guérir, l'isoler de la société et le séparer de sa famille, afin de parvenir à lui créer un nouveau centre d'affection, et par ce moyen rétablir l'harmonie dans ses facultés affectives et intellectuelles. Mais il faut à cet homme, dont tous les sentiments affectifs sont brisés, un nouveau foyer d'affection qui sera le point de départ d'où rayonnera l'harmonie; on doit rattacher son cœur à quelque chose, et, pour y parvenir, il faut de la part du directeur, ou du surveillant préposé à sa guérison, un tact exquis, une délicatesse extrême dans les procédés, une bonté d'âme et une douceur inaltérables, une patience sans bornes jointe à une grande fermeté de caractère. Voilà pourquoi, dans notre mémoire sur la mélancolie, nous avons particulièrement insisté sur les qualités morales nécessaires au médecin directeur de l'établissement ainsi qu'aux surveillants chargés de le remplacer.

D'après les principes que nous venons d'exposer, il devient facile de poser les bases du traitement moral. Les conditions sur lesquelles il repose sont les suivantes :

1° Inspirer aux malades une confiance illimitée par les soins affectueux et les attentions continuelles dont ils seront l'objet;

2° Opérer chez eux une diversion morale puissante et incessante qui les arrache constamment à leurs idées fixes et délirantes;

3° Savoir à propos les faire réfléchir par une combinaison de moyens appropriés aux circonstances qui se présenteront dans le cours du traitement.

Ne pouvant entrer ici dans les développements nécessaires pour l'application de chacune des conditions qui, par leur ensemble, forment la base du traitement moral, nous dirons, relativement à la première, qu'il faut que le médecin directeur ou la personne préposée à la guérison d'un aliéné s'applique par tous les moyens possibles à gagner d'abord sa confiance, pour arriver ensuite à posséder son ami-

tié; ce n'est que lorsqu'il sera devenu son ami et son confident qu'il pourra efficacement diriger le malade par le sentiment et arriver, par ce moyen, à redresser sa raison, car alors seulement, il pourra substituer sa volonté à celle de son malade sans provoquer de sa part aucune réaction. Le malade arrivé là est à l'égard de son ami comme un enfant docile à l'égard de ses parents : il le consulte en tout, et il ne juge de la valeur des choses que par la volonté de son ami.

On conçoit que le grand mobile qu'on doive faire agir sur l'esprit de ces malades, c'est l'intérêt et l'amitié qu'on leur porte; il faut que ce soit toujours là le seul motif qu'ils puissent concevoir des moyens de traitement qui leur sont applicables, car tous sont profondément égoïstes. Ainsi, lorsqu'ils ont besoin d'une surveillance active, si l'on est obligé de leur ôter les moyens de se nuire ou de nuire aux autres, il faut le faire adroitement, sans qu'ils puissent se douter du motif pour lequel on agit ainsi à leur égard. On doit surtout bien se garder de faire vibrer la corde sensible, c'est-à-dire de lui parler des choses qui l'affectent péniblement, car on perdrait en un instant le fruit d'un traitement moral de plusieurs mois; et lorsque le malade est ramené vers ses idées fixes, comme cela arrive très-souvent, c'est alors qu'il faut, de la part du directeur, un tact, une délicatesse exquise. Ainsi, tantôt il compatira à la souffrance morale de son malade, et il cherchera à verser dans son cœur le baume salutaire qui peut adoucir ses souffrances; tantôt il usera de son influence morale pour éloigner de lui ces idées.

D'autres fois il fera jouer une foule de ressorts pour neutraliser l'action nuisible des causes morales. C'est uniquement dans ce but que les médecins qui dirigent les établissements d'aliénés interdisent aux malades tous les rapports de famille jusqu'à ce qu'ils soient entrés en pleine convalescence. Il faut toujours bien se garder de faire sentir à ces malades qu'ils sont visionnaires ou monomaniaques, et surtout de chercher à les raisonner au sujet de leur idée fixe; on doit, au contraire, leur faire les plus larges concessions et se rendre à leur opinion, quelque ridicule qu'elle soit, car ils y tiennent avec une opiniâtreté invincible, persuadés qu'ils sont dans le vrai et dans la raison. Mais en leur faisant des concessions, on fera en sorte d'imprimer à leurs idées une direction en harmonie avec le bon sens, et cela par le principe de l'amitié et de l'intérêt qu'on leur porte.

Lorsque le médecin directeur sera parvenu à exercer son influence morale sur son malade, c'est alors qu'il pourra avec fruit remplir la seconde indication du traitement moral.

Nous divisons en deux catégories les moyens propres à opérer une diversion morale :

1° *Moyens agréables*; 2° *moyens utiles.*

Nous avons dit que l'emploi des premiers doit précéder l'emploi des seconds; car avant d'occuper l'esprit de ces malades de choses sérieuses, il faut l'occuper agréablement.

L'emploi raisonné des moyens d'agrément repose sur ce principe : L'esprit de l'homme ne peut rester inactif; sans cesse il éprouve le besoin d'activité. Cela est si vrai que dans le sommeil il s'agite dans le vague. De là l'indication d'occuper le plus souvent possible l'esprit de ces malades de choses agréables, afin de les arracher à leurs idées fixes et délirantes. Plus les moyens d'agrément seront nombreux et variés, plus on aura de chances de succès. Pourquoi n'aurait-on point, comme dans les temps antiques, l'avantage de donner aux malades des fêtes, des spectacles capables d'exciter en eux de fortes émotions? Seules, elles sont souvent capables de réveiller leur sensibilité morale, si souvent éteinte ou du moins pervertie. Cependant on ne doit admettre à y participer que ceux qui sont en état d'en recueillir les fruits. Toutefois, ce ne doit être qu'à titre de récompense ou d'encouragement que le directeur doit accorder ces permissions. C'est d'ailleurs un moyen excellent pour lui de gagner leur amitié; car, sous ce rapport, les aliénés ressemblent aux enfants : ce qui les flatte les attache.

Il est reconnu que la musique a dans tous les temps exercé sur ces malades une heureuse influence, et elle a toujours été employée avec fruit comme auxiliaire du traitement moral. « J'avais, dit » Pinel, formé à Bicêtre un corps de musique assez » bien composé, pris parmi les convalescents les plus » avancés; chaque jour ils exécutaient des airs guer- » riers qui ne contribuaient pas peu à réveiller leur » énergie morale et à améliorer leur état. »

Les moyens de diversion du second ordre ont pour but de réveiller dans l'esprit des malades le goût du travail et de les rappeler à leurs habitudes sociales. On ne doit rien négliger pour parvenir à ce but, car il est l'indice le plus certain de la convalescence et la garantie la plus assurée de leur guérison. Mais rien n'est plus difficile que de leur faire comprendre la nécessité d'un travail quelconque, car ils ont pour cela une répugnance invincible; jamais ils ne surmonteront par eux-mêmes cette répugnance, et il faut bien se garder de les y contraindre. Il faut que cette aptitude renaisse d'elle-même; et pour la favoriser, il faut beaucoup de tact et de prudence.

Après les premiers temps du traitement, lorsque l'esprit d'un malade a été convenablement préparé par les récréations qu'on a pu lui procurer; lorsque son moral s'est déjà ouvert aux douces émotions de l'amitié, on place ce malade dans la catégorie des convalescents qui déjà ont repris le goût du travail et on l'envoie avec eux seulement pour le distraire; les voyant s'occuper en compagnie des surveillants, il arrive ordinairement, au bout de quelque temps, que ce malade imite leur exemple. Alors, à l'aide de paroles bienveillantes et de quelques encouragements donnés à propos comme récompense de ses premiers efforts, il est bien rare qu'on ne parvienne pas à développer ce goût renaissant. Il arrivera souvent des jours nébuleux pendant lesquels les malades retomberont dans leur apathie; dans ces cas, il faut revenir aux distractions agréables; bientôt le

nuage de l'esprit se dissipera, et le calme reviendra après l'orage.

Dans le choix des moyens ayant un but d'utilité, on doit rechercher l'aptitude et le goût naturel des malades. Il faut les placer autant que possible dans la sphère qui leur est propre. Cependant on aura soin de les éloigner de ceux qui pourraient exalter leur imagination ou les ramener vers leurs conceptions délirantes. Néanmoins, on fera bien de varier souvent leurs occupations; car, semblables aux enfants, ils aiment le changement. Les principaux moyens de diversion morale ayant un but d'utilité sont les petits travaux de jardinage, l'exercice du cheval, quelques travaux agricoles, etc. La gymnastique est encore un excellent moyen auxiliaire au traitement moral; il faut toujours diriger dans cette voie les sujets jeunes et vigoureux, parce qu'ils ont une exubérance de forces qu'il est à propos de leur faire dépenser. Mais ces exercices doivent être faits en commun, parce que c'est par l'exemple et par l'émulation qu'on peut parvenir à les faire agréer aux malades.

La troisième indication du traitement moral consiste, avons-nous dit, à faire réfléchir les malades. — Tous les moyens que nous venons de passer en revue, quoique très-propres à faire réfléchir les malades, seraient cependant presque toujours insuffisants pour les ramener à la raison. L'individu atteint d'aliénation mentale a perdu son libre arbitre; entraîné irrésistiblement par son idée dominante, il est incapable de s'en affranchir. Pour rétablir cette noble faculté de l'âme, il faut rompre la chaîne de ses idées; il faut l'obliger à réfléchir. On obtient ce résultat en faisant naître dans son esprit une idée opposée qui mette sa volonté en balance et l'oblige à prendre une détermination motivée et raisonnable.

Le moyen par excellence pour atteindre ce but, c'est l'isolement. En effet, c'est souvent l'unique moyen d'obliger le malade à céder devant la nécessité de faire une chose à laquelle il ne veut pas se soumettre; car l'homme, quel qu'il soit, ne peut vivre longtemps seul. Pour être rendu à la liberté, il fait tout ce que l'on veut.

Jamais on ne doit user de violence à l'égard des aliénés, et il faut même bien rarement employer l'autorité; car tout moyen coercitif est mauvais et dangereux : il exaspère le mal au lieu de le guérir. De plus, il aliène la confiance et l'amitié des malades à l'égard de ceux qui sont chargés de les diriger, et dès lors le traitement moral devient absolument impossible.

L'isolement est donc le seul moyen coercitif réellement efficace, parce qu'il s'adresse au sentiment de l'aliéné sans blesser son corps. Il le force à raisonner; c'est le but du traitement moral. Mais pour atteindre le but qu'on se propose, il faut savoir l'employer à propos. Ainsi il faut qu'il émane d'un acte de justice qui puisse être apprécié par le malade; et pour cela, il ne doit lui être infligé que lorsqu'il s'est mis évidemment dans le cas de le mériter. Par exemple, par un acte de violence exercée envers les autres ou envers lui-même, ou par un acte d'insubordination qui le met dans son tort en vertu des règlements; car, dans ces cas, bien que le malade, entraîné par son idée délirante, n'ait pas conscience de la valeur morale de l'action qu'il a faite, cependant, s'il subit la réclusion, après les premiers moments, lorsqu'il vient à réfléchir sur la perte de sa liberté, la conscience renait, elle éclaire sa raison; preuve évidente que chez les individus atteints de monomanie la raison et la conscience ne sont qu'obscurcies, elles ne sont pas éteintes, différence immense qui les sépare des individus atteints de folie ou de manie complète. Mais lorsque les monomoniaques, en proie à leurs idées fixes, s'abandonnent aux divagations de leur imagination en délire, lorsqu'ils prêtent à leurs idées chimériques les couleurs de la réalité, lorsqu'ils se livrent à des spéculations fausses et illusoires, il faut laisser ces pauvres fous s'agiter dans le vague, sans prétendre les raisonner, et moins encore les enfermer. La réclusion serait, dans ce cas, non-seulement inopportune, mais elle serait le moyen de les exaspérer sans les faire réfléchir. En effet, les malades attachent une si grande importance à leurs idées, ils se persuadent tellement qu'ils ont raison, que ce serait tenter l'impossible que de chercher à les faire changer. Au contraire, ils considéreraient alors la réclusion comme un acte d'une injustice révoltante, et même comme une barbarie qu'ils ne pardonneraient pas à ceux qu'ils soupçonneraient en être les auteurs. Cela même rendrait à tout jamais le traitement moral impossible. Cependant, pour le succès de ce traitement il faut toujours que le médecin directeur puisse mettre vis-à-vis des malades indociles, sa responsabilité à couvert à la faveur des règlements émanant d'une autorité supérieure à la sienne, car c'est pour lui le moyen de ne pas encourir la haine de ses malades et de pouvoir continuer près d'eux son ministère de douceur et de conciliation. Mais lorsque le malade est rentré dans le calme et qu'il demande grâce par son repentir, c'est alors que le médecin directeur doit reprendre son rôle et glisser adroitement quelques observations propres à faire réfléchir les malades sur les conséquences de leur indocilité. D'ailleurs, en rendant lui-même la liberté à ses malades, c'est le meilleur moyen de gagner leur confiance et leur amitié. Encore la crainte est-elle un excellent mobile pour agir sur l'esprit des malades et pour les obliger à réfléchir. C'est par elle qu'on parvient le plus souvent à vaincre leur apathie et leur opiniâtreté. En effet, la crainte d'une chose qu'ils appréhendent beaucoup suffit pour entraîner leur volonté; et lorsque cette lutte intérieure se renouvelle souvent, elle favorise singulièrement leur retour à la raison.

Pour terminer cet exposé du traitement moral des maladies mentales, nous dirons que la combinaison des moyens de diversion morale opposés, les émotions agréables d'une part et la crainte de l'autre, employés selon l'occurrence et avec sagacité, sont les conditions de succès dans le traitement des diverses monomanies   Dʳ PÉTRON.

ALIÉNATION MENTALE (médecine légale). —La raison, ce privilège dont nous sommes si fiers, peut éprouver, comme les organes, des maladies de tous les âges. Ces affections privent plus ou moins de la faculté de comparer, de gérer, de se conduire dans la vie; de là l'impuissance d'administrer, d'agir, d'exprimer une volonté éclairée sur les choses qui intéressent la personne même, sa famille et ses concitoyens! de là aussi l'impuissance de juger sainement du mérite ou du démérite des actions; de là donc absence de *libre arbitre*, et par conséquent de *responsabilité*. Voici la législation relative à l'aliénation mentale :

Code civil. Art. 489. Le majeur qui est dans un *état habituel d'imbécillité*, de *démence* ou de *fureur* doit être interdit, même lorsque cet état présente des intervalles lucides.

Art. 490. Tout parent est recevable à provoquer l'interdiction de son parent; il en est de même de l'un des époux à l'égard de l'autre.

Art. 491. Dans le cas de fureur, si l'interdiction n'est provoquée ni par les époux ni par les parents, elle doit l'être par le procureur impérial, qui, dans le cas d'imbécillité ou de démence, peut aussi le provoquer contre un individu qui n'a ni époux, ni épouse, ni parents connus.

Art. 493. Les faits d'imbécillité, de démence ou de fureur seront articulés par écrit. Ceux qui poursuivront l'interdiction présenteront les témoins et les *pièces*.

Art. 499. En rejetant la demande en interdiction, le tribunal pourra néanmoins, si les circonstances l'exigent, ordonner que le défendeur ne pourra désormais plaider, transiger, emprunter, recevoir un capital mobilier ni en donner décharge, aliéner ni grever ses biens d'hypothèques, sans l'assistance d'un conseil qui lui sera nommé par le même jugement.

Art. 513. Cette espèce d'interdiction partielle est applicable aux prodigues.

Art. 503. Les actes antérieurs à l'interdiction pourront être annulés si la cause de l'interdiction existait notoirement à l'époque où ces actes ont été faits.

Art. 509. L'interdit est assimilé au mineur pour sa personne et pour ses biens.

Art. 901. Pour faire une donation entre-vifs ou un testament, il faut être sain d'esprit.

Art. 504. Après la mort d'un individu, les actes par lui faits pourront être attaqués pour cause de démence, si l'interdiction avait été provoquée, ou si la preuve de la démence résulte de l'acte même qui est attaqué.

Loi du 24 août 1790, tit. II, art. 3. Pour prévenir les événements fâcheux qui pourraient être occasionnés par les insensés ou les furieux laissés en liberté, l'autorité municipale est revêtue du droit de faire enfermer ces individus dans une maison de force.

A la position des aliénés se rattachent des questions d'une haute importance pour la société et pour l'aliéné lui-même, une nouvelle loi a été promulguée à cet effet le 30 juin 1838. Voici l'analyse des dispositions de cette loi :

« Chaque département est tenu d'avoir à sa disposition un établissement public ou privé, affecté spécialement, en totalité ou en partie, au traitement des malheureux en état d'aliénation mentale. Cet établissement est placé sous la surveillance de l'autorité ; et des fonctionnaires de l'ordre administratif ou judiciaire, chargés de l'inspecter à des époques déterminées, doivent faire connaître par des rapports circonstanciés le nombre et la position des aliénés qu'ils renferment. Relativement à l'admission des aliénés dans les maisons de traitement, les dispositions de la loi sont également applicables aux directeurs d'établissements publics et privés (ces derniers, d'ailleurs, doivent être autorisés). Ainsi, aucun directeur ne peut recevoir une personne atteinte d'aliénation mentale, si on ne lui remet : 1° une demande d'admission contenant les noms, profession, âge et domicile, tant de la personne qui forme la demande que de celle dont on réclame l'admission ; 2° un certificat de médecin constatant l'état mental de la personne à placer, et indiquant les particularités que présente la maladie, ainsi que la nécessité de faire traiter la personne désignée dans un établissement d'aliénés et de l'y tenir enfermée : en cas d'urgence, ce certificat n'est point nécessaire. 3° Le directeur doit se faire remettre le passeport ou toute autre pièce propre à constater l'individualité de la personne à placer. Toutes les pièces produites sont mentionnées dans un bulletin d'entrée, qui doit être envoyé, dans les vingt-quatre heures, avec un certificat du médecin de l'établissement, au préfet de police à Paris, au préfet ou au sous-préfet dans les chefs-lieux de départements ou d'arrondissements, ou aux maires dans les communes. Quinze jours après l'admission d'un aliéné, le directeur doit adresser à l'autorité un nouveau certificat du médecin de l'établissement, qui confirme ou rectifie, s'il y a lieu, les observations contenues dans le premier, en indiquant le retour plus ou moins fréquent des accès ou des actes de démence de l'individu admis. Enfin, dans chaque établissement il doit y avoir un registre sur lequel on inscrit immédiatement les noms, profession, âge et domicile des personnes placées dans cet établissement. On y inscrit les changements survenus tous les mois dans l'état mental de chaque malade, ainsi que les décès et les sorties. Ce registre est coté et paraphé par le maire. Un aliéné peut être retiré, même avant sa guérison, de l'établissement où il a été renfermé ; toutefois il faut que l'autorité soit informée de sa sortie dans les vingt-quatre heures. L'autorité peut ordonner d'office le placement, dans un établissement d'aliénés, de toute personne dont l'état d'aliénation compromet l'ordre public ou la sûreté des personnes. »

Lorsque l'aliéné est dans une position de fortune suffisante, la loi met à sa charge les dépenses faites pour lui dans les maisons d'aliénés ; dans le cas contraire, le département, ou les personnes aux-quelles les aliénés peuvent demander des aliments, supportent, avec les communes lesdites dépenses. Si une séquestration abusive avait lieu, le prétendu

aliéné a le droit de réclamer devant les tribunaux qui vérifient les faits et ordonnent la mise en liberté immédiatement. Quant aux biens de l'aliéné, on en confie les soins aux ayants droit.

Le médecin peut donc être souvent consulté par les magistrats dans les cas d'*aliénation mentale* ; mais comme cette expression n'est que le terme général de l'*imbécillité*, de l'*idiotie*, de la *démence*, de la *manie*, de la *monomanie*, etc., nous renvoyons à ces divers mots pour les développements médico-légaux que l'on désire connaître.   B. LUNEL.

ALIGNEMENT (droit). — « Action ou acte par lequel on détermine sur quelle ligne doivent être placés le mur, la haie ou le fossé servant à clore un héritage. — On entend aussi par *alignement* la ligne que forme la clôture existante, ou le mur d'une maison, comme l'alignement d'une rue. » Toutes les propriétés situées sur le bord d'une voie publique, par terre ou par eau, sont sujettes aux formalités préalables d'une demande en alignement, lorsqu'il s'agit soit d'édifier, d'enclore, de rétablir d'anciennes clôtures ou même de relever des bâtiments, quel que soit le mode de construction que l'on veuille adopter. Le gouvernement ayant fait des règlements de grande voirie, dans l'intérêt général, cet exemple éveilla l'attention des autorités municipales dans les grandes cités ; de là la distinction entre la grande et la petite voirie. Dans les campagnes, comme dans les villes, les alignements sont donnés par le maire ; mais chaque maire doit se conformer ponctuellement au plan adopté à l'avance, s'il en existe un. (Loi du 16 septembre 1807.) Les arrêtés des maires peuvent être attaqués successivement devant le préfet, le ministre de l'Intérieur et le Conseil d'État. (*Ibid.*, et ordonnance du 5 novembre 1820.) Si l'alignement n'a pas été suivi, le maire doit dresser un procès-verbal de la contravention et l'envoyer au maire ou au commissaire de police du chef-lieu de canton, pour qu'il poursuive le contrevenant devant le tribunal de simple police. (Loi du 22 août 1790, t. II, art. 1 à 3 ; C. pén., 471, 5°.)

L'alignement est donné par le préfet lorsqu'il s'agit de routes départementales ou nationales, quand même elles traverseraient des villages et des villes. (Décr. 6 et 7 octobre 1790 ; L. 9 vendémiaire an VIII.) Quand il s'agit des plantations, l'alignement ne doit être demandé qu'autant qu'elles seraient faites à moins de six mètres de distance de la route. (Loi du 9 vend. an V.) Il y a même raison d'appliquer cette disposition de la loi en fait de constructions. L'arrêté du préfet peut être attaqué devant le ministre de l'Intérieur et devant le Conseil d'État. A Paris, l'alignement pour les constructions de façades est donné par le Préfet de la Seine, conformément au plan général arrêté en Conseil d'État ; mais pour l'obtenir, on doit préalablement déposer à la préfecture un plan de la construction qu'on se propose de faire. (Ordonn. 12 septembre 1847.)

S'il s'agit seulement de réparations ou de ravalements à faire aux façades des maisons, il suffit de l'autorisation du préfet de police. (*Ibid.*)   J. E.

ALIMENT (hygiène) [de *alere*, nourrir]. — L'*aliment* est toute substance qui, introduite dans le canal alimentaire, a la propriété de fournir des matériaux propres au renouvellement ou à l'accroissement du corps.

Les aliments qui servent à la nourriture de l'homme sont tirés des végétaux et des animaux ; mais si l'on réfléchit que la plupart des animaux qui fournissent nos aliments se nourrissent exclusivement de végétaux, on sera porté à considérer le règne végétal comme servant de base à l'alimentation. On sait d'ailleurs aujourd'hui que le pain, produit du gramen, peut suffire à l'entretien d'un animal carnassier et contient les *principes immédiats* de la chair. Haller avait reconnu implicitement ce fait quand il a dit qu'entre le gramen et le lion il n'y a que le bœuf qui mange l'un et qui est mangé par l'autre. Cette pensée du célèbre physiologiste a été développée d'une manière remarquable par MM. Dumas et Boussingault. Ces chimistes ont posé en principe, 1° que l'albumine, la caséine et la fibrine existent dans les plantes ; que, par une sorte de *substitution*, ces matières passent toutes formées dans le corps des herbivores, d'où elles sont transportées dans celui des carnivores ; 2° que les plantes seules ont le privilège de fabriquer ces trois produits, dont les animaux s'emparent, soit pour se les assimiler, soit pour les détruire, selon les besoins de leur existence.

Les corps simples qui entrent dans la composition des aliments sont : l'oxygène, l'hydrogène, le carbone, l'azote, le phosphore, le soufre, le chlore, le calcium, le sodium, le magnésium, le silicium, le fer, le manganèse, etc.

L'aliment le plus simple renferme au moins les trois premiers de ces éléments ; mais des expériences faites sur les animaux ont prouvé que des aliments qui ne renferment que ces trois corps simples ne peuvent entretenir longtemps la vie, et que l'aliment par excellence doit contenir en outre de l'azote. Ces quatre éléments doivent être regardés comme la base de toute matière organisée. Le soufre et le phosphore prennent place immédiatement après eux.

L'association des éléments simples en proportions variables donne naissance à des composés organiques qui existent tout formés dans les végétaux ou les animaux, et qui ont reçu le nom de *principes immédiats*.

Certains corps simples, quoiqu'en moindre quantité dans la composition intime de nos aliments, n'en sont pas moins indispensables à la formation de nos humeurs et de nos parties solides. Qui ne prévoit, en effet, l'atteinte profonde et même mortelle que subirait notre économie si notre sang était dépourvu de fer et nos os de phosphore ?

L'homme, par la conformation de l'articulation de sa mâchoire inférieure, de ses dents, et par celle de son canal alimentaire, tient le milieu entre les herbivores et les carnivores ; ce qui donne à penser que l'Auteur de la nature a voulu qu'il vécût de substances végétales et animales, comme on le voit presque

partout ; d'où la division toute naturelle des aliments en végétaux et animaux. Ce n'est pas toujours impunément, d'ailleurs, que l'homme se nourrirait exclusivement de végétaux ou d'animaux ; car on a remarqué que l'usage seul des premiers diminue les forces du corps et de l'esprit, tandis que celui des seconds fait prédominer l'acide urique, prédispose à la goutte, aux tophus articulaires, à la gravelle, aux calculs vésicaux. *Un régime mixte* est donc ce qui convient le mieux à la nature de l'homme et qui est le plus en harmonie avec la conformation de son appareil digestif.

M. de Gasparin, dans un mémoire intéressant fait en réponse à un travail de Magendie sur le régime alimentaire des mineurs belges, a prouvé par les observations consignées dans ce mémoire, que la valeur nutritive des aliments est en raison directe de l'azote qu'ils contiennent. Des Irlandais, dit cet auteur, nourris exclusivement de pommes de terre, en consommaient 6 kil. 30 par jour, qui contiennent 23 grammes d'azote. On voit quelle énorme charge l'estomac recevait pour pouvoir y trouver la quantité de substances albuminoïdes (azotées) nécessaires à l'existence. Quand la pomme de terre manqua, le gouvernement fit venir du maïs d'Amérique, et les Irlandais adultes consommaient 1 kil. 34 de farine de ce grain, contenant 22 grammes d'azote. Quel était l'effet de ce changement de régime ? On se plaignait d'abord que le maïs laissait une sensation désagréable de vacuité de l'estomac, laquelle provenait de ce que les organes de la digestion n'éprouvaient pas la distension à laquelle les avait habitués la quantité de pommes de terre consommées. Il n'en est plus ainsi aujourd'hui ; le peuple s'est non-seulement habitué à l'usage du maïs, mais il le préfère et il reconnaît qu'il se sent plus fort, plus soutenu que lorsqu'il se nourrissait de pommes de terre.

Dans nos petites villes du Midi, les artisans se nourrissent alternativement de viandes et de légumes. Pour les personnes qui ne connaissent pas la formule exacte de la substitution alimentaire, elles n'apprendront pas sans étonnement que l'on remplace 250 grammes de viande (os compris, comme on la vend à la boucherie) par 150 grammes de haricots secs ; mais leur étonnement cessera lorsqu'elles sauront que les haricots contiennent 3,80 pour 100 d'azote, et la viande seulement 2,42 pour 100. La substitution semblait avoir consulté la théorie pour régler ces doses relatives. Des recherches récentes faites par MM. Liébig, Dumas, Boussingault et Payen, il résulte que la puissance nutritive de toute substance alimentaire se décompose en deux influences essentiellement distinctes : 1° aptitude à être assimilée ; 2° aptitude à subir l'action de l'oxygène introduit dans le sang par la respiration.

D'après ces données, on conçoit que les substances alimentaires azotées, telles que la fibrine, la caséine, l'albumine, administrées seules, et quoique absorbées en quantité par les intestins, sont insuffisantes pour entretenir la vie, parce qu'elles ne fournissent pas à l'économie assez d'éléments combustibles. Pour qu'elles nourrissent complétement, il faut qu'elles soient associées à des substances alimentaires non azotées, essentiellement *combustibles* ou *respiratoires*, telles que l'amidon, le sucre, les acides organiques, et peut-être la gélatine. De même aussi, ces dernières substances ne pourraient nourrir qu'autant qu'elles seraient associées à des aliments azotées.

De toutes les classifications des aliments, celle qui est fondée sur la considération de leurs principes immédiats nous paraît préférable, pour l'étude, en ce qu'elle les partage par groupes dont les caractères sont communs, et qui ont des effets spéciaux sur l'économie.

En considérant les aliments sous ce point de vue, nous les diviserons en huit classes.

1° *Aliments fibrineux.* La chair musculaire et le sang des divers animaux, notamment des mammifères adultes et des oiseaux. La base de ces aliments est constituée par la fibrine. Il n'en est pas qui fournissent au sang des matériaux plus réparateurs.

2° *Aliments gélatineux.* Les tendons, les aponévroses, le chorion, le tissu cellulaire, les animaux très-jeunes, etc., ont pour base la gélatine, et pour effet de ne fournir qu'une alimentation insuffisante. Ils sont adoucissants.

3° *Aliments albumineux.* Le cerveau, les nerfs, les œufs, les huîtres, les moules, les riz-de-veau. Cette classe, comme son nom l'indique, a pour base l'albumine. L'aliment albumineux nourrit beaucoup et laisse peu de résidu; il séjourne d'autant moins dans l'estomac qu'il est moins cuit.

4° *La fibrine, la gélatine et l'albumine,* se trouvant en proportions à peu près égales dans ces trois, nous ferons de ceux-ci une classe à part d'aliments, en y ajoutant quelques crustacés, comme le homard, la langouste, l'écrevisse, la crevette, etc.

L'osmazome, substance d'une saveur et d'une odeur agréables, qui existe dans les mammifères et les oiseaux et qui donne la couleur aux viandes rôties, se rencontre à peine dans les poissons. Sous le rapport de l'alimentation, les poissons tiennent le milieu entre les végétaux et les viandes. C'est un préjugé de leur attribuer des propriétés aphrodisiaques lorsqu'ils sont frais.

5° *Aliments féculents.* Froment, orge, avoine, seigle, épeautre, sarrasin, maïs, pommes de terre, sagou, salep, pois, haricots, lentilles, marrons, châtaignes, arrow-root, etc. Ils ont pour base la *fécule* ou *fécule amylacée,* appelée aussi *amidon.* Ils sont les plus nourrissants des végétaux, mais ne soutiennent pas autant que les fibrineux.

6° *Aliments mucilagineux* ou *gommeux.* Carotte, betterave, navet, salsifis, panais, asperge, épinards, choux, laitue, artichaut, mâche, bette, haricots verts, petits pois verts, courge, concombre, melon, potiron, rave, radis, etc. Les fruits font aussi partie de cette classe d'aliments. Ils ont pour base le mucilage, qui n'est autre chose que la gomme associée à quelque corps amer, sucré, âcre ou acide. Ils ne peuvent servir à la nourriture qu'autant qu'ils sont associés aux aliments féculents.

7° *Oléagino-féculents.* Amandes douces, cacao, olives, noix, noisette, les faines, la noix du cocotier, etc. Ils ont pour base la fécule et l'huile; ils se rapprochent des aliments féculents, mais sont un peu plus difficiles à digérer par rapport à l'huile qu'ils contiennent.

8° *Aliments caséeux.* Ils comprennent le lait et ses préparations.

Dans le but de relever la saveur des aliments et de faciliter leur digestion, on emploie certaines substances connues sous le nom de *condiment.* — Voy. ce mot. Nous indiquerons, au mot *Boisson,* les liquides qu'on introduit dans l'estomac pour étancher la soif ou stimuler les organes.

Le corps ne se soutient dans l'état de santé qu'au moyen d'aliments destinés à réparer les pertes journalières qu'il fait par les selles, les urines, les sueurs, etc. Ils doivent être pris en quantité suffisante, autrement il y a *inanition.* — Voy. ce mot.

Pris habituellement en trop grande quantité, ils disposent à la pléthore, source d'une foule de maladies. Les gourmands devraient toujours avoir présent à l'esprit cet axiome de l'école de Salerne :

Pone gulæ metas, et erit tibi longior ætas.
(Mets des bornes à ta gueule, et tu vivras longtemps.)

Ce conseil, quoique donné en termes peu polis, n'en est pas moins très-salutaire.

La quantité et la nature des aliments sont subordonnés à l'âge, à la saison, au climat, à l'exercice, etc.

On a calculé pour l'homme adulte (régime du cavalier français), qu'il fallait dans nos climats :

	Grammes.	Matière azotée sèche.	Matière non azotée sèche.
Viande fraîche.	125	70	»
Pain blanc de soupe.	516	64	596
Pain de munition.	750		
Légumineux.	200	20	150
		154	746

Les 154 grammes de matières azotées sèches correspondent à 22 grammes 05 d'azote, et les 746 grammes de matières non azotées sèches représentent 328 de carbone.

Les nombres auxquels M. Dumas est arrivé se rapprochent un peu de ceux-ci. Malgré cela, il ne faudrait pas accorder à ces évaluations une importance trop absolue, car la ration doit toujours être relative à la dépense. L'homme sain de corps et d'esprit, dit Moreau de la Sarthe, peut trouver dans ses sensations un guide plus sûr, une mesure plus exacte que la balance de Sanctorius. Dr LOUVET.

ALIMENTS VÉNÉNEUX. — Vers la fin du dernier siècle, l'attention des médecins fut appelée sur les empoisonnements qui eurent lieu, surtout en Allemagne, par l'usage des viandes fumées, de boudins, de saucisses, etc. Ainsi, en 1793, treize personnes du royaume de Wurtemberg furent malades après avoir mangé des boudins, et six succombèrent. En France, un certain nombre d'empoisonnements a eu lieu par l'usage de couennes de lard, de fromage de cochon, de jambons et autres charcuteries. Des pommes de terre, du pain moisi, donnèrent aussi lieu à des accidents très-graves. Des analyses chimiques, faites avec le plus grand soin, ne purent faire découvrir la moindre trace de principes capables de produire l'empoisonnement. Quoi qu'il en soit, les symptômes de l'empoisonnement par l'usage d'aliments vénéneux sont : « Une douleur vive à l'épigastre, l'immobilité des paupières et de l'iris, l'altération de la voix, une dyspnée intense, des syncopes, la perte de la sensibilité; enfin, plus tard, une aphonie complète et des convulsions, sans aucun trouble des facultés intellectuelles. A l'autopsie, on trouve le pharynx et l'œsophage enflammés, des taches gangréneuses dans l'estomac, la trachée-artère, les bronches et les porois internes du cœur plus ou moins rouges. »   Dʳ HEINRIECH.

ALIMENTS (droit). — Sous ce nom, le législateur a compris non-seulement la nourriture, mais aussi toutes les choses nécessaires à la vie, comme le vêtement, le logement, et les soins et frais en cas de maladie. Le mot *aliments* s'entend également des sommes et valeurs données pour se procurer toutes ces choses. — Les époux contractent ensemble, par le seul fait du mariage, l'obligation de nourrir, entretenir et élever leurs enfants. (C. civ. 203.) Ils doivent même, dans certains cas, des aliments à leurs gendres et à leurs brus, ainsi qu'aux descendants de leurs enfants. L'obligation est, du reste, réciproque. (C. civ. 205, 206 et 207 combinés.) Les aliments ne sont accordés que dans la proportion des besoins de celui qui les réclame, et la fortune de celui qui les doit. (C. civ. 208.) Les époux peuvent également se devoir entre eux des aliments, par une conséquence naturelle des obligations du mariage. (*Ibid.* 212 et 214). Et de même au cas de séparation de corps; mais sans que la pension alimentaire à laquelle un époux aurait droit, puisse excéder le tiers des revenus de l'autre époux débiteur; et cette pension est révocable dès qu'elle cesse d'être nécessaire. (Argum. de l'art. 301 du Code civil.) En ce qui est relatif aux époux séparés, deux observations sont à faire, savoir : que le Code civil, en fixant à un tiers des revenus de l'époux débiteur le maximum de la pension à allouer, aurait dû, comme dans tout autre cas, établir un minimum, et que généralement il serait préférable, à différents titres, qu'en matière d'aliments et de pensions, le premier degré de juridiction rentrât dans la compétence du juge de paix du canton du demandeur, ne fût-ce qu'à titre de conciliation et comme saine raison de plus facile appréciation des besoins et des droits relatifs.   J. E.

ALIMENTATION (hygiène privée et publique).— Action de nourrir, de se nourrir; résultat de cette action. En soumettant les aliments à l'action du toucher, de la vue et du goût surtout, on découvre en eux des propriétés toniques, stimulantes, relâchantes ou sucrées, etc., qui ont servi à établir autant de classes distinctes [1]. Mais, en les soumettant à une ana-

[1] Extrait de notre *Anthropologie*, t. I, p. 461 et suiv.

lyse chimique qui sépare leurs éléments et leurs principes immédiats, on trouve que les uns contiennent de l'azote, et que d'autres n'en renferment point. Or, à cette division, la plus simple de toutes, correspondent des propriétés importantes. En effet, les aliments azotés, fournis spécialement par les animaux, sont généralement les plus nutritifs et les plus stimulants; les aliments non azotés, au contraire, provenant des végétaux, sont moins nourrissants, moins excitants, souvent même sont relâchants ou rafraîchissants.

Qualité des aliments. — La qualité de la viande dépend de l'âge, du genre de nourriture, de vie, et, bien entendu, de l'espèce d'animal qui la fournit. Plus celui-ci est jeune, plus sa chair est tendre et gélatineuse; elle devient très-nutritive et savoureuse dans l'âge adulte, mais dure et coriace dans la vieillesse. Lorsque l'animal a été élevé en liberté, à l'abri de la domination de l'homme, sa chair est ferme, colorée, plus sapide; elle est pâle, blafarde dans les cas contraires. Il suffit, pour s'en convaincre, de comparer la chair du lapin de garenne avec celle du lapin privé; la chair du bœuf qui s'est engraissé en liberté dans les pâturages naturels, avec celle du même animal nourri à l'étable et soumis à des travaux pénibles. — La qualité du végétal dépend également de son âge, de sa culture, du climat sous lequel il a été élevé, de l'époque de sa récolte, de la manière dont il a été conservé, etc. Mais nous croyons inutile de nous étendre davantage sur des vérités que chacun connaît. A la qualité des aliments se rapportent les *altérations* qu'ils éprouvent, et les *falsifications* qu'on leur fait subir. Ce sujet exigerait de longs développements, dans lesquels nous ne pouvons entrer. Nous dirons seulement que les viandes trop jeunes ou trop vieilles, trop maigres ou trop grasses; que la chair des animaux malades ou morts d'épizootie; que les poissons et les œufs peu frais; que les végétaux mal cultivés, les fruits peu mûrs; que toutes les substances alimentaires altérées par un mélange avec d'autres substances d'un prix inférieur, ou avariées, etc., etc., sont nuisibles, parce qu'elles nourrissent mal, qu'elles engendrent des maladies, et même qu'elles peuvent compromettre l'existence. Cependant la chair des animaux mal portant n'est point aussi malfaisante qu'on le pense généralement, à moins que ces animaux ne soient malades du charbon, du claveau, de la ladrerie ou d'autres affections épidémiques ayant un certain degré de malignité ou étant dues à un principe septique virulent. Les inflammations franches, le météorisme, le tournis, ne sont pas de nature à communiquer des qualités essentiellement nuisibles à la viande.

Digestibilité des aliments. — La digestibilité d'une substance alimentaire dépend de sa qualité, de sa préparation, de son broiement dans la mastication, du plus ou du moins d'énergie de l'estomac et de l'idiosyncrasie de l'individu. — La qualité de l'aliment influe sur sa digestibilité, on le comprend, puisque l'une est la conséquence, le caractère essentiel de l'autre. Toute substance qui n'est pas soluble dans l'eau, dans la bile ni dans les acides, ne peut être attaquée par l'estomac. Pour pouvoir être bien digérée, il faut en outre qu'elle soit susceptible d'éprouver une fermentation quelconque en traversant le canal intestinal. Or, selon MM. Leuret et Lassaigne, les substances azotées sont seules susceptibles de cette fermentation; et les fécules, la gomme, les graisses et tous les corps privés d'azote ne seraient digestibles que parce qu'ils sont unis à d'autres corps azotés. Mais, suivant une nouvelle théorie de M. Dumas, la digestion serait beaucoup plus simple : « les matières solubles passeraient dans le sang, inaltérées pour la plupart; les matières insolubles arriveraient dans le chyle, étant assez divisées pour être aspirées par les orifices des vaisseaux chylifères; l'animal recevrait et s'assimilerait presque intactes des matières azotées neutres, qu'il trouverait toutes formées dans les animaux ou les plantes dont il se nourrit; il recevrait, provenant des mêmes sources, des matières grasses et des matières amylacées ou sucrées. La matière alimentaire ne ferait que se dissoudre et se diviser sans éprouver aucune de ces transformations chimiques qui n'auraient jamais existé que dans l'imagination des auteurs. » Quoi qu'il en soit, parmi les aliments, les uns sont chymifiés en totalité : ce sont les plus digestibles; d'autres ne le sont qu'en partie; d'autres arrivent au terme de leur voyage dans le canal intestinal sans être altérés, pour ainsi dire. — Des expériences relatives à la qualité et à la digestibilité des aliments ont prouvé : 1° que les aliments tirés du règne animal apaisent pour plus longtemps la faim que les végétaux; 2° qu'ils sont plus propres à être attaqués par les organes digestifs; 3° qu'ils séjournent plus longtemps dans ces organes; 4° que les aliments, animaux et végétaux, séjournent d'autant plus dans le tube digestif qu'ils contiennent davantage de matériaux nutritifs; 5° qu'à quantité égale de matériaux nutritifs, l'aliment qui a le moins de cohésion traverse le plus vite le canal digestif; 6° que l'altération que subissent les aliments est aussi en rapport avec les besoins de l'économie, etc. Les aliments les plus digestibles sont donc les plus nourrissants, puisqu'ils demeurent le plus longtemps soumis à l'action de l'estomac, qui ne saurait garder de même ceux qui offrent peu de matériaux nutritifs. Par conséquent, les aliments azotés, c'est-à-dire les viandes, les poissons, les œufs, sont donc plus facilement digérés que les végétaux ou que les aliments non azotés! Cela est très-vrai, si l'on considère le phénomène sous le rapport de la quantité de chyle fournie par ces aliments dans un temps donné. Mais ce n'est pas ainsi qu'on comprend, dans le monde, la digestibilité: celle-ci est en général la qualité d'une substance alimentaire qui ne provoque de la part de l'estomac qu'une très-faible action. Ainsi, pour le vulgaire, les épinards sont très-digestibles, bien qu'ils traversent le tube intestinal sans subir une complète altération : ce légume est léger, mais non digestible.

La digestibilité est soumise à l'état de division des morceaux par la mastication. Le broiement des ali-

ments a une influence telle en effet, que, d'après les expériences de M. Magendie, les morceaux les plus gros, quelle qu'en soit la nature, restent toujours les derniers dans l'estomac, tandis que les plus petits, appartenant même aux substances les plus indigestes, passent promptement dans les intestins. Ce résultat est facile à pressentir en considérant l'action dissolvante de la salive et du suc gastrique dont s'imprègne plus aisément le bol alimentaire préalablement trituré. Une remarque très-importante, c'est qu'il faut tenir compte surtout de l'état des organes digestifs, de leur idiosyncrasie ou manière de sentir et de réagir dans l'appréciation de la digestibilité des aliments. En effet, rien n'est variable comme la faculté digestive chez les divers individus; rien n'est capricieux comme l'estomac. Tel aliment, réfractaire à l'action de celui-ci, passe facilement dans cet autre. Il n'est pas rare de voir des personnes, soumises par nécessité à un régime doux et léger, digérer certains mets grossiers, lourds, indigestes, que d'autres estomacs généralement plus énergiques ne sauraient chymifier sans difficulté. Ces bizarreries, ces idiosyncrasies de l'organe digestif sont encore plus prononcées dans l'état de maladie que dans l'état physiologique : c'est ce qui fait que le médecin lui-même est souvent embarrassé dans le choix des prescriptions, des boissons et aliments les mieux appropriés au goût des malades et à leur susceptibilité gastrique; aussi, comme nous aurons occasion de le redire, lorsqu'il s'agit des dérangements de la digestion, chacun doit-il être son propre médecin, parce qu'il est plus à même que personne d'étudier les exigences, les sympathies et antipathies de son estomac.

Préparation des aliments. — On entend par là l'association des condiments aux aliments et leur degré et mode de cuisson. La préparation des aliments a pour but de les rendre plus digestibles et plus agréables au goût. Elle constitue l'art précieux célébré par Brillat-Savarin. Nous n'avons pas à nous en occuper : il a ses règles, ses principes, ses influences, sa poésie même, qu'il faut aller chercher dans la *Physiologie du Goût* de l'auteur que nous venons de nommer. Nous voulons seulement dire un mot de la cuisson des aliments considérée en général, et des vases servant à leur conservation et à leur préparation.

La *cuisson* a pour but d'attendrir, d'amollir les substances alimentaires. Elle est nécessaire surtout pour les aliments azotés, pour les chairs d'animaux et les poissons, car leur crudité est un obstacle à leur chymification. Quelques végétaux, tels que les radis, contenant naturellement des principes stimulants; d'autres auxquels on a communiqué des propriétés excitantes, comme la salade et l'artichaut au sel ou à la poivrade, doivent à ces principes de pouvoir être digérés crus. Ceux qui renferment une grande quantité d'albumine, les huîtres, les blancs d'œuf, par exemple, sont moins digestibles cuits que crus. — Quel mode de cuisson faut-il préférer pour les viandes? Vaut-il mieux les faire bouillir que les faire rôtir? Les viandes *bouillies* sont plus digestibles et seraient préférables si elles ne perdaient pas par l'ébullition dans l'eau, qui s'en empare, la plus grande partie de leurs sucs nutritifs. Celles que l'on fait *rôtir* sont les meilleures sous le rapport de leurs propriétés nutritives, supposées celui de leur digestibilité, surtout si l'on a soin de les battre, de les exposer à un premier degré d'altération pour les amollir avant de les soumettre à l'incandescence. Dans tous les cas, la cuisson ne doit pas être poussée trop loin, parce qu'elle ôte à la viande de ses qualités nutritives et savoureuses.

Les vases destinés à la préparation ou à la conservation des aliments méritent une grande attention. D'abord les meilleurs sont en *fonte*, en *argent*, en *faïence* ou en *porcelaine*; ceux en cuivre, en zinc, en plomb et en plaqué ont des inconvénients, à moins qu'ils ne soient entretenus dans la plus grande propreté : 1° Le *cuivre* est dangereux à cause du vert-de-gris qu'il fournit au contact des corps acides ou gras à froid : il doit être bien étamé, car le défaut de soins sous ce rapport a causé des accidents. 2° Le *zinc* est dissous par nombre de corps. M. Chevalier ayant fait faire des capsules en fer zingué et mis dedans du vin, de la bière, du cidre, du lait, de l'eau de rivière, s'est assuré que ces liquides avaient dissous du métal : d'où il conclut que les vases en zinc, que le *fer galvanisé* (fer recouvert de zinc) sont attaqués par tous les liquides. 3° Le *plomb* passe avec une grande facilité à l'état d'oxyde hydraté, puis à l'état de carbonate, sous les influences réunies de l'air et de l'humidité : on ne doit donc rien conserver dans des vases de ce métal, et c'est avec raison qu'on a défendu aux marchands de vin d'avoir des comptoirs revêtus de lames de plomb. 4° Les vases en *plaqué* exigent la même surveillance que ceux étamés. 5° Les *poteries* communes sont enduites d'un vernis tendre, contenant de l'oxyde de plomb qui peut se dissoudre, même à froid, dans les acides que renferment les liquides et aliments qu'on y laisse séjourner.

Alimentation considérée en général. — Il nous reste à parler de la quantité d'aliments qu'il convient de prendre et de leur choix, suivant les âges, les tempéraments et les climats; du nombre et des heures des repas, du régime; enfin de l'influence de l'alimentation sur la population, c'est-à-dire sur le mouvement des décès et des naissances. Pris en quantité modérée et avec appétit, les aliments de bonne qualité et appropriés à la susceptibilité particulière de l'estomac produisent la sensation agréable d'un besoin satisfait. Les forces, qui avaient diminué dans l'abstinence, se réparent promptement, et toutes les fonctions s'exécutent plus librement. Nous avons dit déjà que l'action cérébrale diminue pendant la digestion, et que la circulation et la respiration sont un peu gênées par la réplétion de l'estomac ; nous en avons donné les raisons. Donc, si les repas modérés sont favorables au développement des fonctions, trop copieux, ils produisent des effets contraires : ils peuvent développer outre mesure les forces digestives, et cela non-seulement sans profit pour le reste de l'écono-

mie, mais même au détriment de l'intelligence : car l'on sait qu'en général les gros mangeurs, non les gourmets qui mangent beaucoup, sont paresseux, dormeurs, lourds au moral comme au physique. Comme tous les autres organes, l'estomac trop exercé et surchargé de besogne s'irrite et s'enflamme; alors, au lieu d'être profitables, les digestions sont imparfaites et impropres à une bonne chylification. L'introduction dans l'estomac d'une quantité d'aliments qui dépasse les limites des forces digestives produit l'*indigestion* (voy. ce mot). Le manque d'une alimentation suffisante constitue l'*abstinence* (voy. ce mot). Quoique essentiellement différente de l'habitude de la bonne chère, l'abstinence produit des effets locaux analogues, c'est-à-dire que la faim prolongée et excessive provoque l'irritation et même l'inflammation de la membrane muqueuse de l'estomac. Il est des personnes qui ne peuvent faire abstinence pendant quelques jours sans en éprouver des inconvénients, tandis que d'autres, placées dans les mêmes conditions, se soumettent au jeûne pendant quarante jours sans en être sensiblement incommodées. Cependant le jeûne du carême, qui, du reste, n'est pas difficile à observer et n'est pas très-strict, ne paraît pas influer d'une manière fâcheuse sur l'économie comme le prétendent les amateurs de bonne chère : il est même utile, salutaire, pour délasser l'estomac des fatigues des aliments gras dont on fait un usage excessif en hiver, et pour servir de transition au régime du printemps et de l'été, qui est, comme chacun sait, plus végétal et moins abondant. Néanmoins le jeûne, prescrit dans l'intention spéciale d'imposer des privations et ordonné à tout le monde indistinctement, est une chose qui aurait des inconvénients si l'Église ne se montrait aussi disposée à accorder des dispenses moyennant une aumône légère et proportionnée à la fortune de chacun. L'Église doit comprendre d'ailleurs que priver le corps d'une partie des matériaux nécessaires à la réparation de ses pertes, c'est diminuer les forces physiques, et souvent avec elles l'activité des facultés morales, et que, si ce moyen peut calmer les passions mauvaises, il peut agir de même sur les bonnes, et en particulier sur le sentiment religieux; que par conséquent le jeûne n'est pas le meilleur moyen d'augmenter le zèle des fidèles dans l'accomplissement des pratiques de dévotion prescrites pendant le saint temps. Nous ajouterons cependant que chez les personnes mystiques, à sensibilité très-grande, le jeûne augmente la prédominance du moral sur le physique et dispose l'âme à la contemplation.

Les préceptes généraux qui doivent servir de guide pour l'alimentation dans les divers âges, constitutions et tempéraments, sont les suivants : Aux enfants sevrés (voy. *Allaitement* et *Sevrage*) il ne faut que des aliments doux, non excitants et de digestion facile, tels que le lait, les fécules, les farineux; jamais de vin, de café, ni de liqueurs fermentées à ces jeunes êtres. Plus leur régime alimentaire sera simple, mieux il vaudra. On n'y fera entrer de la viande que lorsque l'enfant aura toutes ses dents,

Sans doute une nourriture plus stimulante ne leur occasionne pas toujours des maladies, mais elle a, pour le moins, l'inconvénient d'accélérer les actes de l'organisme et d'abréger la vie en la faisant, dès le principe, marcher avec trop de rapidité. — Aux adolescents, des aliments plus nourrissants, mais non échauffants, seront donnés; on leur permettra le vin coupé d'eau. — L'adulte qui jouit d'une bonne santé et d'une forte constitution peut user de tous les aliments, pourvu qu'ils soient de bonne qualité et pris avec modération. « Ce serait se tromper gravement, dit M. Londe, de regarder, à l'exemple de quelques auteurs, conforme aux lois de l'hygiène cette tempérance exagérée qui porte à se priver d'une manière absolue de certains excitants, de liquides fermentés, par exemple. D'abord, l'usage d'une boisson fermentée quelconque n'est pas plus contraire aux vues de la nature que celui des préparations culinaires : le premier, sans doute, est la conséquence du second ; et si l'eau fraîche peut suffire à la digestion d'aliments simples et pris en quantité modérée, on nous accordera sans doute qu'il n'en est plus de même, du moins chez la plupart des individus, lorsqu'ils font usage, dans le même repas, d'aliments très-variés, et surtout que l'estomac se trouve chargé à la suite de festins copieux dans lesquels peuvent engager les relations sociales. Ensuite l'usage exclusif de l'eau peut avoir cet inconvénient, que si une nécessité imprévue oblige à user passagèrement d'une boisson fermentée, l'excitation qui suit l'ingestion de cette boisson devient alors d'autant plus nuisible, qu'on a, de longue main, doté les organes d'une plus grande susceptibilité. »

Relativement aux constitutions, les sujets faibles et irritables, les enfants, les femmes, les convalescents, useront d'aliments doux et en même temps nourrissants : fécules, œufs, poissons, viandes blanches. Les individus lymphatiques, froids, scrofuleux, doivent faire usage de substances savoureuses, toniques, très-réparatrices, telles que les viandes azotées, le mouton, le bœuf, le gibier, le vin généreux, etc. : les personnes nerveuses se trouveront mieux d'une alimentation féculente, du laitage, des légumes frais, des viandes blanches. Les gens bilieux peuvent tout digérer, tant sont actives en général leurs forces digestives ; mais, vu la prédominance du foie et sa disposition à l'irritation, ils doivent éviter les stimulants.

L'alimentation varie suivant les climats, et influe non-seulement sur le physique, mais encore sur le moral des peuples. A la vérité, on prend peut-être la cause pour l'effet; et loin que ce soit le régime qui modifie l'homme et lui fasse préférer telle ou telle alimentation, c'est plutôt la température, la nature du sol et le climat. Quoi qu'il en soit, les habitants des pays septentrionaux se nourrissent principalement de chair d'animaux; ils ont besoin, en effet, d'une alimentation substantielle, stimulante, fortement réparatrice, pour résister à la rigueur du froid; aussi ce sont des hommes robustes, doués d'une puissance de calorique très-grande, en général courageux, hardis, parfois même sanguinaires. — Les

populations qui s'alimentent principalement de fruits et de végétaux offrent des dispositions contraires; elles sont plus faibles de constitution et ont le caractère doux, paisible, peu belliqueux. Si certains peuples méridionaux montrent un penchant au meurtre, cela dépend d'autres causes assurément que du genre de nourriture. — Dans nos climats tempérés, le régime participe des deux alimentations : il est tout à la fois animal et frugal. Il est bien qu'il soit tel, car si l'usage de la viande augmente les forces physiques, il prédispose à la pléthore, aux affections bilieuses, aux hémorrhagies, aux inflammations; d'un autre côté, un régime exclusivement végétal appauvrirait le sang et disposerait l'économie aux affections atoniques, telles que la chlorose, les scrofules, le scorbut et la faiblesse génitale. Le régime lacté produit des résultats analogues. Nous y reviendrons en parlant du lait. Le moyen de se préparer une vie calme et longue, c'est de tempérer l'usage des substances animales par celui des végétaux. C'est chez les hommes sobres qui mangent peu de viande et qui préfèrent une alimentation frugale qu'il faut espérer, avec plus de fondement, trouver la bonté, la douceur et le sentiment du beau et du juste.

Quant au nombre et à l'heure des repas, cela est soumis aux conditions d'habitude, de position, de profession, etc. Le repas ne doit jamais être pris lorsque manque l'appétit, c'est-à-dire la sensation du besoin émanant de l'estomac et le sentiment du plaisir que procure l'organe du goût en fonction. C'est cette sensation interne, que ressentent tous les animaux en général, qui doit régler la mesure de l'alimentation, et non le raisonnement fondé sur l'évaluation des pertes que nous avons faites ou que nous devons faire. L'homme qui vient de se livrer à de grands travaux, qui s'est exposé à des pertes excessives de transpiration, s'il n'éprouve pas le désir et le besoin de manger, doit lui-même s'abstenir, car ses forces digestives, alors diminuées par la dépense considérable des propriétés vitales, seraient insuffisantes pour la chymification. Les repas doivent être légers plutôt que copieux, éloignés les uns des autres plutôt que rapprochés. «Cependant, dit M. Londe, il ne faut pas s'imaginer que la mesure des aliments doive être réduite au strict besoin, qu'on ne doive manger que pour faire cesser la souffrance de la faim. Raisonner ainsi, c'est prouver qu'on entend mal la voix de la nature, qui ne nous présente la coupe du plaisir que pour que nous en usions. Il n'y a pas d'inconvénient pour l'homme sain à céder à l'attrait d'un plaisir naturel; car si la sensation de la peine émanée du besoin suffit à la conservation de la vie, la plénitude de la jouissance qui ne va pas jusqu'à la satiété a des effets moins restreints : elle agrandit, elle perfectionne cette vie, en laissant plus d'essor à l'exercice des organes; seulement n'oublions pas qu'il est dangereux de dépasser les limites du plaisir naturel et d'en solliciter d'artificiel : celui-ci est toujours payé par l'irritation ou par l'insensibilité prématurée des organes, par leur destruction ou leur impuissance. » Deux repas, trois au plus suffisent. Les anciens en faisaient quatre ou régnait la somptuosité : c'était trop de deux. Toutefois, les enfants, en raison des pertes occasionnées par leur mouvement continuel et à cause du besoin qu'ils ont de se procurer des matériaux pour l'accroissement de leur corps, doivent manger plus souvent, comme ils doivent dormir plus longtemps. Chaque individu ne doit prendre des aliments, nous le répétons, que d'après ses besoins, et certes on sait quelle différence énorme existe entre les hommes sous ce rapport. La sobriété ne consiste pas à manger peu, mais à ne pas dépasser les bornes du besoin. Bien comprise, elle est une vertu réelle, au lieu que l'abstinence imposée par des principes de religion trop sévères, étant souvent en opposition avec la nature, peut produire des effets fâcheux sur la santé.

Nous terminerons ces considérations générales sur l'alimentation par une question d'hygiène publique *Quelle influence a sur la population l'abondance ou la disette des aliments?* Des statistiques répétées prouvent que : 1° Dans les années où la nourriture est chère, il y a plus de maladies et de morts, moins de mariages et moins de naissances. 2° La pauvreté et la misère primitives, causes de disette perpétuelle, produisent les mêmes effets.

Ainsi, tandis que le premier

Fig. 69. — Bœuf. Les parties noires indiquent la 1re catégorie; les parties un peu plus claires la 2e catégorie; enfin les parties blanches les 3e et 4e catégories.

arrondissement de Paris ne perd qu'un individu sur 52, le douzième en perd un sur 26. Il meurt en France deux pauvres pour un riche. La vie moyenne de ce dernier est, à Paris, de quarante-deux ans, celle du pauvre de vingt-quatre. — L'élément de la richesse et du bien-être général réside dans la fertilité du sol, dans le mode de culture, l'abondance des engrais, etc. : par conséquent, les gouvernements ne sauraient trop s'occuper des progrès de l'agriculture, encourager, protéger et honorer le cultivateur.

Dʳ. A. Bossu, *médecin de l'hospice Marie-Thérèse.*

ALIMENTATION. (De la viande et de son insuffisance dans l'). Il est facile de prouver combien l'alimentation en viande est insuffisante en Europe.

La consommation moyenne de la viande de boucherie est évaluée en Angleterre à 82 kilog. par an ou 224 grammes par jour pour chaque individu. Cette moyenne n'est en France que de 28 kilog. par an.

En Prusse, elle est moindre encore. En Suède, elle est à peu près la même. Dans le Wurtemberg, le duché de Bade, la Bavière, l'Espagne, elle est, au contraire, plus forte.

On peut admettre que la consommation moyenne en Europe ne dépasse pas la moitié de la moyenne anglaise, et en considérant celle-ci comme normale, on voit qu'il manque annuellement à la consommation européenne 40 kilog. au moins par habitant, ce qui produit, pour 250 millions d'habitants, le chiffre énorme de 10 milliards de kilog, exprimant le déficit minimum des approvisionnements pour une alimentation normale en Europe.

Suivant notre savant collègue, le docteur Sacc [1], le rapport du poids net de viande au poids vif du bœuf de boucherie est de 100 à 120 pour la bête migrasse, en sorte que la viande nette calculée pour un bœuf moyen peut être évaluée à 250 kilog.

Le poids net du mouton est de 66 p. 100 de son poids vif; en sorte que la viande nette d'un mouton moyen pesant 35 kil. est d'environ 23 kilog.

Pour le porc le poids net est de 75 p. 100; un porc moyen pèse environ 125 kilog. La viande nette du porc est donc de 84 kilog.

La moyenne des poids nets de viande du bœuf, du porc et du mouton est donc de 119 kilog., que l'on peut élever à 180 kilog., en tenant compte du rôle plus important que joue le bœuf dans la consommation.

On peut conclure de ce calcul que le déficit des approvisionnements en Europe est représenté par un chiffre de plus de 50 millions de têtes de bétail.

Ce chiffre peut paraître excessif, et, sans doute, on objectera qu'il semble représenter une disette réelle dont rien n'annonce l'existence; nous répondrons que nous avons pris pour point de départ les données certaines fournies par la science; qu'il est incontestable que la viande se vend très-cher; qu'au moment actuel, le prix moyen, en Europe, est de 1 fr. 60 c., au moins, le kilogramme; que ce prix en interdit l'usage habituel à la classe ouvrière, et que, s'il pouvait être abaissé au point de permettre à l'ensemble de la population d'en faire la base de l'ali-

[1] *Précis de Chimie agricole*, 1855.

mentation journalière; on ne ferait que réaliser les conditions nécessaires pour soutenir les forces et maintenir la santé des ouvriers qui accomplissent les rudes travaux des industries agricoles et manufacturières.

DE LA TAXE DE LA
VIANDE.

Le monopole dont les bouchers de Paris jouissaient depuis longtemps, semblait avoir donné lieu à quelques abus en ce qui concerne la vente de la viande, une des plus importantes parties de l'alimentation. Une ordonnance de police soumit cette viande à la taxe, en 1830, et établit, à cet effet, des *catégories*, selon l'importance des morceaux, et supprima ce que l'on appelait ironiquement *réjouissance*. Voici les divisions adoptées par la taxe :

BŒUF, VACHE ET TAUREAU (fig. 69).

1re Catégorie.

Tende de tranche.
Culotte.
Gîte à la noix.
Tranche grasse.
Aloyau.
Entre-côte.

2e Catégorie.

Paleron.
Côtes.
Talon de collier.
Bavette d'aloyau.
Plats de côtes découverts.

3e Catégorie.

Collier.
Pis.
Gîtes.
Plats de côtes couverts.

4e Catégorie.

Surlonges.
Plates-joues.
Queue.

VEAU (fig. 70).
1re Catégorie.

Cuissots. | Longes.
Rognons. | Carrés couverts.

2e Catégorie.

Épaules.
Poitrine.
Côtelettes découvertes.

3e Catégorie.

Collet.

MOUTON (fig. 71).

1re Catégorie.

Gigots.
Carrés.

2e Catégorie.

Épaules.

3e Catégorie.

Poitrine.
Collet.
Débris de côtelettes.

Pour la vache et le taureau la division est la même que pour la viande de bœuf; il n'y a de différence que dans la taxe. Ne sont pas soumis à la taxe : le filet, le faux filet détachés, le rognon de chair et les côtelettes de mouton parées.

Fig. 70. — Veau.

Dans la classification des morceaux il y en a qui ne peuvent être apparents que quand l'animal est dépecé; dans le bœuf, par exemple, à la 1re catégorie, il y a l'entre-côte; la dénomination suffira pour indiquer où ce morceau se trouve. A la 2e catégorie, il y a les plats de côtes découverts qui ne sont apparents que lorsque le paleron est détaché. Pour le veau, les rognons sont intérieurement et les côtelettes découvertes se trouvent à l'extrémité du carré et se voient lorsque l'épaule est enlevée. (Voy. *Boucherie* et *Viande*.)

ALIMENTATION (théorie de l'). — Suivant M. Payen, la théorie de l'alimentation des hommes se trouve établie aujourd'hui sur des bases certaines. La composition immédiate des aliments qui doivent former la ration de l'homme, a été déduite de la composition des produits et des résidus de la digestion qui doivent fournir la chaleur, les éléments assimilables, et les excrétions indispensables au jeu des organes comme à leur développement.

Fig. 71. — Mouton.

Si, d'après ces principes, on fait la somme des quantités journellement brûlées ou expulsées, on arrivera aux résultats suivants :

Carbone ou son { Respiration. 250 } 316 gr.
équivalent { Excrétions. 60 }

Substances azotées (contenant 20 d'azote) 130 gr.

Et comme l'alimentation doit remplacer journellement ces quantités, on peut facilement conclure de l'analyse des diverses substances alimentaires, les proportions de chacune d'elles qui doivent entrer dans l'alimentation journalière de l'homme.

Ces considérations, relatives aux *quantités* des aliments, ne s'appliquent pas à leur nature ; mais celle-ci se déduit, jusqu'à un certain point, des formes, de la composition et de la nature de nos organes, d'après leurs fonctions et les résultats d'une digestion normale.

Ces données, étudiées avec un soin infini dans ces derniers temps, ont amené M. Payen à cette remarquable conclusion :

« Au nombre des aliments dont l'usage devrait être habituel chez l'homme ou revenir plusieurs » fois par semaine pour développer et soutenir les » forces à un assez haut degré, il faut compter au » premier rang la chair des animaux *et principale-* » *ment encore la viande dite de boucherie.* »

Cette conclusion est confirmée par les travaux de diverses commissions dont les recherches ont donné lieu, en France, à des modifications du régime des colléges, de la marine et de l'armée, en vertu desquelles les quantités de viande fournies au soldat, au marin, à l'élève, ont été augmentées dans une forte proportion.

Ainsi, *la viande est la base d'une alimentation régulière*, et M. Payen, partant de ces données théoriques pour établir une ration alimentaire normale, compose cette ration de la manière suivante :

		Substance azotée.	Carboné.
Pain.	1000 gr. —	70	300
Viande.	286	60,26	31,46
Total.	1,286	130,26	331,46

Les 286 grammes de viande sont sans os, ce qui représente 357 grammes de viande avec la proportion d'os ordinaire.

Il est à remarquer que la proportion de viande doit être augmentée lorsque l'homme accomplit un travail pénible ou que quelque autre cause exige une alimentation plus fortifiante ; ainsi, la ration des ouvriers anglais employés aux chemins de fer est portée à 600 gr. de viande.

ALIMENTATIVITÉ (phrénologie). — Instinct qui porte l'homme à rechercher les aliments. Il est des individus, dit Delesi, qui naissent gourmands, comme il en est d'autres qui viennent au monde sourds ou aveugles. On a prétendu récemment qu'une partie du cerveau produisait la faim, parce qu'on l'a trou-

vée très-développée chez les personnes affamées et gourmandes, même dans l'enfance ; on en a fait l'organe de l'*alimentativité*. Quelques phrénologistes ont appelé *alimentivité*, cette prédisposition originelle.

ALISIER (botanique) [en latin *cratœgus*]. — Genre de plantes de la famille des pommacées, renfermant une dizaine d'espèces propres au nord de l'ancien continent, lesquelles se cultivent comme arbres d'ornement. Les alisiers ont de grands rapports avec les sorbiers et les néfliers ; leurs feuilles perdent leur éclat de bonne heure, et les fleurs qui viennent par bouquets font un assez bel effet au printemps ; il leur succède une pomme sphérique, contenant deux à cinq graines.

Les alisiers croissent naturellement dans nos forêts ou sur nos montagnes, où ils s'élèvent jusqu'à près de 15 mètres de hauteur. Les principales espèces sont [1] :

1° L'alisier *blanc* ou commun, qui s'appelle aussi *aria, alouchier, allier, drouiller*, arbrisseau dont la hauteur est communément de 4 à 5 mètres, mais qui peut s'élever à 10 ou 12 mètres par la culture. Ses feuilles sont un peu fermes, et garnies en dessous d'un coton blanc très-remarquable ; le même coton recouvre les pétioles des feuilles, les jeunes rameaux, et le calice de la fleur, outre les pédoncules qui sont rameux. Les baies à leur maturité sont d'une rougeur éclatante ; elles sont acerbes, mais elles perdent une partie de leur âpreté et deviennent mangeables quand on les fait *blussir*, c'est-à-dire attendrir par un commencement de fermentation. Il est vraisemblable que par les soins de la culture elles pourraient acquérir une saveur agréable et un volume plus considérable. L'*alouché de Bourgogne* paraît être une variété de l'alisier blanc, et ne s'en distingue que par des feuilles un peu plus longues, et par des baies dont la forme se rapproche de celle de la poire. L'aria aime les terrains calcaires et secs, mais croît plus rapidement sur les sols sablonneux : son bois est le plus estimé pour les vis de pressoir et les fuseaux dans les rouages des moulins.

L'*alisier à larges feuilles* ou de *Fontainebleau* se distingue du précédent par des feuilles plus larges du double, plus fortement lobées, plus profondément dentées, un peu pointues, anguleuses, surtout vers leur base, et par des fruits plus gros, d'un rouge jaunâtre et d'un goût amer. — L'*alisier terminal* ou *antidysentérique* a des rameaux de couleur rougeâtre, des feuilles assez larges, mortes, un peu échancrées en cœur à leur base, et divisées en cinq ou sept angles, dont les inférieurs sont grands, écartés et divergents ; ces feuilles ne sont presque pas cotonneuses. Son fruit astringent était autrefois employé contre la dyssenterie ; il est propre à arrêter les cours de ventre. Toutes ces espèces embellissent le paysage par leur feuillage argenté en dessous, par leurs nombreux bouquets de fleurs, par la couleur éclatante de leurs fruits, et par leur port élégant. Leur bois se laisse facilement polir, teindre et façonner ; aussi

[1] Young.

est-il estimé des tourneurs et des facteurs d'instruments. On les multiplie par le semis de leurs graines si l'on recherche la qualité du bois, et par le moyen des marcottes, des rejetons ou de la greffe, si l'on veut obtenir une croissance plus rapide. Comme la graine se dessèche facilement et ne lève guère qu'au bout de deux ans lorsqu'on la confie simplement à la terre sans précautions, on sème les fruits entiers dans des fosses particulières appelées *jauges* : la germination se fait ainsi plus promptement. On repique, en d'autres termes, on transplante plusieurs fois les jeunes plantes. On ne les taille ni ne les raccourcit. On greffe sur le poirier, le néflier, le coignassier, et surtout l'aubépine. L'alisier convient dans les petites allées des parcs, dans les taillis, où les oiseaux sont attirés par son fruit,

ALISMACÉES (botanique) [d'*alisme*, genre type]. — Famille de plantes monocotylédones, vivaces, herbacées, aquatiques; à tiges sans feuilles, rarement feuillées; à feuilles ordinairement disposées en rosette ou en fascicule radical, pétiolées, engaînantes. Fleurs disposées en épi ou en panicule, régulières, présentant un périanthe à six divisions dont trois externes foliacées et vertes, trois internes pétaloïdes et caduques; de 6 à 12 étamines, ou un nombre indéfini, hypogynes; ovaire libre, à plusieurs carpelles, disposées en cercle ou tête, uniovulaires, plurispermes. Fruit composé de petits carpelles indéhiscents ou s'ouvrant par une suture longitudinale, etc.

Dans cette famille sont réunies les *alismacées*, les *juncaginées* et les *butomées* de Richard, dont les genres types sont le *fluteau*, le *triglochin* et le *butome*.

ALISME (botanique) [du grec, *alisma, plantain d'eau*]. — Genre de plantes herbacées, vivaces, formant le type de la famille des alismacées. « Ces végétaux, qui ne vivent pas loin des eaux, n'ont pu, malgré leur élégance, être introduits dans les jardins; quelquefois cependant ils poussent d'eux-mêmes autour des réservoirs et des bassins; mais la culture n'y entre pour rien; ils naissent, croissent et périssent, sans que l'homme ait aucune influence sur leur existence. Du reste, n'ayant aucune propriété qui puisse les rendre utiles, on aurait peu d'intérêt à les enlever, pour les cultiver, de leur terre natale, où ils servent à améliorer la nature du sol, en le privant de son humidité par l'addition continuelle de leurs débris annuels. »

Parmi les dix espèces d'alismes, une seule croît en France; c'est le *fluteau* ou *plantain d'eau*, à tiges droites et creuses, à fleurs roses, petites, à feuilles ovales et droites. Les racines, les feuilles et les graines de plantain ont été depuis longtemps employées en médecine : on les prescrivait autrefois contre les diarrhées, les dyssenteries, les hémorrhagies, les ulcères; aujourd'hui on ne fait plus guère usage que de l'eau distillée en injection dans certaine inflammation des yeux; cette eau passe pour excellente, mucilagineuse et légèrement astringente. La feuille du plantain d'eau exerce une action rubéfiante sur la peau; elle produit l'effet d'un petit vésicatoire. On l'a préconisée récemment en Russie

contre la rage; mais des expériences réitérées ont prouvé son inefficacité dans cette redoutable affection.   B. L.

ALIZARI (commerce). — Nom de la racine entière de la garance dans le commerce. On en distingue deux espèces principales, selon M. Montbrion : 1° L'*alizari de Chypre*, qui est considéré comme le meilleur et mérite sa réputation; il a des racines longues d'une bonne grosseur, et qui cependant n'excèdent pas celle d'un tuyau de plume, d'une couleur rouge, un peu violette en dehors et recouvertes d'une légère pellicule adhérente; cassure nette, présentant un filament ligneux très-utile, et un cercle rouge assez épais.

2° L'*alizari du Comtat*, qui se trouve en racines souvent maigres, petites, rougeâtres et chevelues. Le filament ligneux qui le parcourt est jaune et clair, et le cercle rougeâtre qui entoure ce filament n'est bien prononcé que dans les racines croisées. L'alizari du Comtat serait d'une qualité supérieure si, au lieu de le récolter à la troisième année, on le laissait comme autrefois quatre ans en terre. (Voy. *Garance*.) On récolte dans la plaine de Thèbes, en Grèce, d'aussi belles garances que celles des rives de l'Hermus, dans la plaine de Sardes. La seule plaine de la Béotie fournit 1,200 sacs d'alizari. Il s'en consomme 700 sacs dans la Grèce. Les autres 500 sacs sont exportés à Livourne, à Trieste et à Marseille. Le sac est de 100 olbes, et l'olbe vaut 20 à 26 paras.

Dans le commerce du Levant, tout l'alizari se vend en branche ou, comme on dit, en sorte. Ce dernier mode est sujet à mille friponneries. Cependant, les courtiers grecs prétendent reconnaître la qualité de la garance à deux signes certains; elle est bonne, disent-ils, quand elle rougit au point de la cassure; et elle est excellente quand, mouillée, elle s'imprègne au papier. Malgré ce qu'on dit de ces deux expériences, si l'on n'a pas des indices plus sûrs, on peut être trompé. On le sera moins, si l'on veut prendre la peine d'envoyer des facteurs acheter des marchandises sur les lieux de production, dans les villages. Et si l'on est obligé d'acheter dans le marché de Livadie, il faut être circonspect, et savoir faire le meilleure choix.

ALIZARINE (chimie) [d'alizari]. — Principe colorant de la racine de garance (*rubia tinctorum*), découvert en 1826 par MM. Robiquet et Collin. On l'obtient par le refroidissement de la décoction alunée de garance. Comme l'alizarine est mêlée dans la garance à une autre matière de couleur jaune, on l'en sépare par la macération. — Voy. *Garance*.

ALIZÉS (vents) [marine] [du vieux français *alis*, uni, régulier; ou peut-être corruption d'*élisien*, ancien nom de certains vents d'est]. — Vents constants et réguliers qui soufflent toute l'année, du N. E. et du S. E., dans les parages des tropiques. Les navigateurs se détournent souvent de leur route directe pour profiter de ces brises favorables. Les vents alizés paraissent être occasionnés par le mouvement de rotation de la terre sur son axe, mouvement plus sensible aux approches de l'équateur, et par l'influence de la chaleur du soleil, qui raréfie l'atmosphère entre les tropiques. L'air glacial et dense des pôles se porte naturellement, en vertu des lois de l'équilibre des fluides, vers l'air plus chaud et plus raréfié de l'équateur, en suivant une direction N. ou S.; mais à mesure que ces courants d'air froid approchent de l'équateur ils sont forcés, par suite de la rapidité croissante de la rotation de la terre à sa surface, de s'écarter de leur direction primitive et de suivre une marche de l'orient vers l'occident. De là les vents constants de N. E. dans l'hémisphère boréal et de S. E. dans l'hémisphère austral. Des observations récentes ont justifié cette hypothèse consignée pour la première fois dans un ouvrage du savant anglais Horsburgh sur la navigation. Les vents alizés dominent, en pleine mer, dans les océans Atlantique et Pacifique à 28° environ au N. et au S. de l'équateur, et dans l'océan Indien depuis Madagascar jusqu'en Australie. — Il y a lieu de remarquer toutefois que leur direction n'est bien réglée qu'à une distance assez considérable des côtes : les grandes îles et les continents les forcent à s'écarter de leur marche naturelle. Ils ont plus d'intensité le jour que la nuit : cet effet est le résultat de la présence du soleil, qui augmente la raréfaction, et par suite la vitesse du courant d'air froid.   E. B.

ALKEKENGE (botanique) [mot arabe]. — Genre de plantes de la famille des solanées, appelé par les botanistes *physade* ou *coqueret*. — Voy. *Physalide*.

ALKERMÈS [de l'arabe *al*, le, et *kermès*, écarlate]. — Liqueur de table, que nous devons aux Italiens, mais qui est aujourd'hui fabriquée en France avec autant de perfection qu'à Florence. Les Italiens exaltent l'alkermès comme le véritable élixir de longue vie et le vendent à un prix exorbitant. Les ingrédients principaux qui entrent dans la composition de l'alkermès sont la cannelle, le girofle, le macis, la muscade ; quant à la belle couleur rouge de cette liqueur, elle est due au kermès et n'a d'autre propriété que de le colorer. On recommande l'usage de l'alkermès avant et après le repas, à la dose d'une cuillerée à café ou même d'un très-petit verre. Elle est agréable au goût, mais peut-être un peu trop excitante. Voici, du reste, sa composition exacte et son mode de préparation : Feuilles de laurier 500 gr.; macis, 35 gr.; muscade et cannelle, 64 gr.; girofle, 8 gr. On fait infuser le tout pendant 40 jours dans 14 litres d'alcool faible ; on filtre ensuite et on distille pour en obtenir 12 litres. On ajoute 750 grammes de sucre, et l'on colore avec une quantité suffisante de kermès.

ALLAITEMENT (physiologie, hygiène) [radical *lait*; en celtique *les*, *lais*, *lait*]. — Pris dans son acception générale, ce mot signifie alimentation propre à l'enfant et aux nouveau-nés de tous les animaux mammifères, quand le lait en forme la base. Dans cette classe, en effet, la plus élevée de l'échelle zoologique, la femme et toutes les femelles animales ont des organes (mamelles) qui sécrètent un liquide (lait) destiné à servir de premier aliment à leur progéniture. Quant aux animaux qui ne possèdent pas un appareil de lactation, guidés par une tendresse instinctive, ils ont la précaution de procurer à leurs nouveau-nés une nourriture plus légère que la leur, et plus ou moins appropriée à la délicatesse de leur tube digestif : tels sont les oiseaux qui donnent à leurs petits des insectes et des vermisseaux très-délicats, ou bien commencent par ingérer eux-mêmes les substances alimentaires, et après les avoir digérées à moitié, les regorgent pour les leur donner par becquées. Si maintenant nous étudions l'allaitement d'une manière particulière, dans l'espèce humaine, nous voyons qu'il se divise en *naturel*, *artificiel* et *mixte*.

I. ALLAITEMENT NATUREL. — Il prend ce nom lorsque l'enfant tire immédiatement sa nourriture des mamelles, au moyen de la succion ; et dans ce cas il est dit *maternel* ou *étranger*, suivant qu'il tète sa mère, une nourrice étrangère ou la femelle d'un animal.

Sécrétion lactée. — L'appareil qui sécrète le lait se compose d'une ou de plusieurs paires de mamelles, mais, en général, en nombre double de celui des petits que la femelle peut mettre au monde; elles sont sous-jacentes à la peau de la poitrine et du ventre. Rudimentaires dans l'enfance, et toujours chez les mâles, elles sont très-développées chez les femelles adultes. Les mamelles présentent à leur centre une éminence cellulo-vasculaire et érectile, sur laquelle viennent s'ouvrir les conduits galactophores ou lactifères pour verser le lait au dehors. Suivant l'espèce animale, ce tubercule cutané se nomme *mamelon*, *pis*, *tétin*, *trayon*, etc. La sécrétion du lait coïncide avec l'état puerpéral, pour ne parler que de l'espèce humaine, c'est-à-dire qu'elle commence pendant la gestation et se complète deux à trois jours après la parturition. Toutefois, notons qu'il y a des cas exceptionnels où cette fonction s'établit par le seul fait de la succion chez la jeune fille qui n'est point enceinte, qui n'a jamais eu d'enfant, voire avant la période de fécondité et longtemps après la cessation ; ainsi : 1° Baudelocque rapporte qu'une petite fille de huit ans s'étant fait téter par un enfant que sa mère allaitait, put elle-même le nourrir pendant un mois, temps que celle-ci employait à guérir des gerçures du mamelon. 2° On lit dans le *Recueil des Causes célèbres* que, sur un vaisseau, une jeune négresse, après deux jours de succion, remplaça une nourrice qui était restée à terre. 3° Qui ne connaît l'histoire de cette vierge romaine, qui allaita son père condamné à mourir de faim dans un cachot? 4° Par contre, on trouve dans les *Transactions philosophiques* l'exemple d'une femme de soixante-cinq ans qui put allaiter son petit-fils. 5° Ajoutons enfin qu'on a vu la sécrétion lactée s'établir chez l'homme. De Humboldt raconte que, dans le village d'Azérieus, un laboureur avait nourri son fils de son propre lait.

II. ALLAITEMENT MATERNEL. — A moins de causes majeures, telles que maladies constitutionnelles, scrofules, scorbut, syphilis, phthisie ou maladies intercurrentes, absence ou mauvaise qualité du lait, maladies ou mauvaise conformation du mamelon, vice moral, etc., la femme ne saurait se dispenser d'allaiter son enfant; c'est un devoir naturel et sacré, sans lequel elle ne peut être complétement mère. L'allaitement maternel est évidemment, sous tous les rapports, le plus avantageux pour la mère et pour l'enfant. En effet, celui-ci y trouve une nourriture appropriée à son âge et à la délicatesse de ses organes digestifs. D'abord séreux, le premier lait, que l'on appelle *colostrum*, titille les intestins, délaye le *méconium*, et favorise ainsi son excrétion. Il devient ensuite plus substantiel au fur et à mesure que le nourrisson grandit et se fortifie ; en un mot, le lait maternel, ainsi que l'a dit Raspail, est une panacée contre les maux de l'enfant ; il le nourrit, il le console, il le soulage, il le guérit, etc.... La mère, de son côté, évite bien plus sûrement l'engorgement, l'inflammation des mamelles, la fièvre de lait, etc., et les accidents qui en sont la conséquence ; elle est aussi moins exposée aux engorgements, aux ulcères, aux cancers de l'utérus[1], et à une foule de maladies chroniques diverses, que le vulgaire attribue à un lait répandu. Ajoutons enfin, qu'à part ces avantages matériels, il existe des considérations de morale autrement importantes. En effet, que la femme sache bien que le spectacle d'une famille naissante attache l'époux à la mère, qu'il réveille et soutient l'amour conjugal (qu'elle sache bien aussi que la mère affectionne davantage l'enfant auquel elle a donné son sein ; et elle en est, en revanche, plus tendrement aimée que si elle l'avait confié à une nourrice étrangère) ; une mère ne doit pas voir son fils aimer une autre femme plus qu'elle-même ; et Rousseau a dit avec justesse, en faisant parler l'enfant qui a tété le lait maternel :

« Là où j'ai trouvé les soins d'une mère, ne dois-je pas aussi trouver l'attachement d'un fils ? » Anathème donc contre les femmes frivoles et mondaines qui, malgré une santé florissante, méconnaissent, dans des vues de coquetterie et de plaisir, la sainte obligation de l'allaitement, pour abandonner son rôle à une étrangère souvent mercenaire et peut-être infectée de quelque mal transmissible.—Toutefois, lorsqu'une femme, quoique bien portante, du moins en apparence, a déjà nourri plusieurs enfants qui sont tous morts pendant l'allaitement, ou bien, sans être morts, qui sont tous stigmatisés par les vices scrofuleux et rachitique, elle doit s'abstenir de nourrir le nouveau-né. Disons enfin que la femme des grandes villes qui se livre au commerce, ne se trouvant pas dans des conditions convenables pour faire une bonne nourrice, doit confier l'allaitement de son enfant à une étrangère.

Combien de temps après la parturition faut-il atten-

[1] Depuis dix-huit ans que nous nous livrons particulièrement au traitement des maladies de l'utérus, nous avons remarqué que la majeure partie des femmes atteintes de ce genre d'affections n'avaient point nourri leurs enfants. Du reste, cela est facile à expliquer. Lorsque la femme n'allaite pas, l'utérus devient de nouveau un centre de fluxion où les humeurs se dirigent, et alors, au lieu de se reposer du travail qu'il a eu à supporter pendant toute la durée de sa grossesse, il est encore surchargée de fluides qui le débilitent.

dre avant de faire téter l'enfant ? — Les auteurs sont loin d'être d'accord sur ce point ; l'époque qu'ils ont fixée varie de cinq à six heures à trois ou quatre jours ; mais l'exemple des animaux qui tètent leur mère en venant de naître n'indique-t-il pas assez clairement le vœu de la nature à cet égard ? Aussi pensons-nous, et c'est la pratique que nous suivons, qu'après avoir laissé passer l'agitation de la femme, produite par les douleurs de la parturition, il vaut mieux présenter l'enfant au sein, que d'attendre trop longtemps. En général, il peut se passer de nourriture pendant les premières heures qui suivent sa naissance. Quelques cuillerées à café d'eau tiède sucrée suffisent pour l'empêcher de crier ; mais nous nous élevons hautement contre l'allaitement tardif, c'est-à-dire l'habitude, suivie par beaucoup d'accoucheurs ou de sages-femmes, d'attendre deux à trois jours avant de faire téter le nouveau-né, l'expérience nous ayant démontré que, quand on suit cette pratique, l'enfant dépérit, s'affaiblit et perd l'aptitude à la succion, qu'il avait en naissant, et partant ne peut ou ne veut plus prendre le sein qu'on lui présente ; d'un autre côté, en supposant qu'il soit bien disposé à téter, si l'on a attendu le développement de la fièvre de lait, le gonflement qui survient aux mamelles et qui efface la saillie du mamelon s'oppose à la succion, et nécessite, sur ce tubercule cutané, de la part du nourrisson, des efforts de traction douloureux et par suite des crevasses.

Avant d'exposer les phénomènes qui caractérisent l'action de téter, nous allons faire connaître la manière dont la mère et l'enfant doivent être placés pour que l'allaitement puisse s'exercer convenablement. La nouvelle accouchée qui veut nourrir, ne pouvant dans les premiers jours, se tenir sur son séant, allaite un peu couchée sur le côté ; dans ce cas, le nourrisson doit être présenté parallèlement à son corps, entre la poitrine et le bras qui soutient la tête de manière à ce que la bouche soit à la hauteur du mamelon. Un peu plus tard, la femme se place sur son séant, et alors elle fléchit sur le bas-ventre la cuisse du côté de la mamelle qu'elle veut présenter à l'enfant. Celui-ci, placé sur l'avant-bras correspondant, la tête reposant sur le pli du coude, et le tronc croisant obliquement l'avant-bras, est appliqué contre la poitrine de la femme par son autre main placée en dehors du bassin. Si l'enfant refuse de prendre le sein, la nourrice doit saisir la mamelle avec les doigts index et médius, et la presser pour faire jaillir quelques gouttes de lait sur ses lèvres ou dans sa bouche, et tout aussitôt lui présenter le mamelon. Dans cette manœuvre elle doit veiller à ce que les narines du nourrisson restent libres, sans quoi, privé de la respiration il lâcherait prise.

L'action de téter comprend deux temps : celui de la *succion* et celui de la *déglutition*.

Premier temps.—Le nouveau-né, convenablement rapproché de la mamelle, saisit le mamelon avec ses lèvres qu'il transforme en une espèce de ventouse, tandis que la langue, creusée en gouttière, s'applique par sa pointe sous la face inférieure de ce tubercule cutané pour continuer le canal charnu formé par les lèvres; en même temps les joues se contractent, se creusent en s'enfonçant entre les mâchoires, et un vide s'opère dans la bouche qui attire le lait dans cette cavité. D'un autre côté, l'influence de la chaleur de la bouche, et la titillation que la langue exerce sur le mamelon qui entre en érection, augmentent la sécrétion lactée et l'action des canaux lactifères, c'est-à-dire préparent si bien la mamelle à verser le lait au dehors, que dans certains cas où l'enfant vient à quitter le sein, ce liquide est lancé au loin.

Deuxième temps. — Bientôt la langue cesse de se contracter à sa pointe, lorsque, après avoir conduit le lait au fond de la bouche, elle le presse par sa base contre le palais, pour le forcer à passer dans le pharynx, et alors on voit les joues se gonfler, de creuses qu'elles étaient auparavant, le larynx monter et descendre, c'est-à-dire qu'on voit s'opérer des mouvements de déglutition, pendant lesquels on entend souvent, lorsque l'enfant a déjà quelques mois, le bruissement du liquide qui passe de la bouche dans l'arrière-bouche. Tels sont les phénomènes inhérents à l'action de téter, mais il en existe d'autres qui ne se montrent que par intervalles; ainsi: 1° Comme le mamelon est en général moins gros à son extrémité libre qu'à sa partie adhérente, il tend à échapper de la bouche du nourrisson, qui pour le retenir est obligé de temps en temps de le reprendre plus haut; cette manœuvre peut en quelque sorte être comparée à celle que la main exécute sur le pis de la vache et de la chèvre quand on les trait; 2° ajoutons qu'après deux à trois mois d'existence, l'enfant, lorsqu'il veut augmenter la sécrétion ou activer la sortie du lait, applique et promène ses mains sur la mamelle, quelquefois même il la saisit et la presse de ses petits doigts.

Dans les premiers temps de l'allaitement, l'enfant ne pouvant consommer tout le lait de sa mère, il arrive souvent que pendant qu'il tète, le lait sort si abondamment qu'il découle de ses lèvres ou remplit tellement sa bouche qu'il ne peut avaler assez rapidement, et que ne pouvant respirer, il est obligé de quitter le mamelon. Quelquefois, quand il est trop glouton, il se presse pour avaler quand même, il lui tombe quelques gouttes de lait dans le larynx (c'est-à-dire qu'il avale de travers pour me servir de l'expression du vulgaire), et alors il est pris d'une quinte de toux avec menace de suffocation. Par contre, quand l'enfant tète à vide, les phénomènes de la succion ne sont pas modifiés, mais ceux de la déglutition manquent, ou sont incomplets. Ceci peut tenir à ce que 1° les mamelles contiennent peu ou point de lait; 2° le mamelon est imperméable ou pas assez saillant pour pouvoir être saisi; 3° enfin, le nourrisson est trop faible.

Lorsque l'enfant a avalé trop de lait, parce que le sein en fournit abondamment, l'estomac se contracte et le fait remonter dans la bouche sans efforts. Cette espèce de régurgitation n'a pas d'inconvénient pour la santé du nourrisson. Elle est plutôt d'un bon au-

gure, et le vulgaire attache beaucoup d'importance à ce phénomène. Quand il se montre, en effet, l'enfant profite ordinairement à vue d'œil.

La femme doit donner alternativement à téter aux deux mamelles, en ayant soin de commencer par celle qui paraît avoir le plus de lait.

Faut-il régler les heures de repas de l'enfant ? — Bien que cette question ait été résolue affirmativement par beaucoup de médecins, qui ont conseillé de ne faire téter le nourrisson que quatre à six fois dans les vingt-quatre heures, nous regardons cette conduite comme essentiellement antiphilosophique et nuisible au plus grand nombre d'enfants. On ne peut rien préciser à cet égard; c'est la voix de la nature qu'il faut écouter. L'enfant qui vient de naître est évidemment destiné à végéter dans le sommeil, d'où il n'est retiré que par le sentiment de la faim (lorsqu'il est réveillé par la douleur, en général il ne tète pas). En conséquence, il est rationnel de le remettre à la mamelle chaque fois qu'il par ses cris il réclame le sein, ce qui varie suivant sa constitution, et suivant aussi la qualité plus ou moins nutritive du lait de la mère. Ce n'est qu'à l'âge de quatre à six mois que les repas de l'enfant peuvent être plus éloignés les uns des autres et en quelque sorte réglés; mais aussi, à partir de cette époque, il est bon de commencer à l'accoutumer à une nourriture un peu plus solide que le lait. Ainsi on peut lui donner deux ou trois fois par jour quelques cuillerées de panade claire ou de crème faites avec de la croûte de pain ou de la biscote, sucrées et même aromatisées avec un peu d'eau de fleurs d'oranger.

Conduite et hygiène de la femme nourrice. — Pour donner à son enfant un lait abondant et bienfaisant, la femme qui allaite doit s'appliquer à apprécier l'influence qu'exercent sur elle les aliments dont elle se nourrit; elle doit aussi surveiller les effets, sur la sécrétion lactée, des circonstances au milieu desquelles elle est placée. Cette étude lui permettra de distinguer ce qui convient de ce qui est nuisible au nourrisson. Les aliments fournis par le règne végétal, surtout quand ils sont variés, donnent plus de lait que ceux qui sont pris dans le règne animal; ce liquide est plus clair et plus léger dans le premier cas que dans le second. Les nourrices, dit Cullen, qui ne vivent que de végétaux, donnent un lait de meilleure qualité que celles qui mangent beaucoup de nourriture animale. L'abondance des boissons, l'eau vineuse surtout, les décoctions d'orge et de gruau blanchies par du lait activent, en général, la sécrétion des mamelles. Les substances crues, salées, épicées et de haut goût, doivent être proscrites du régime d'une nourrice; elles fournissent un lait dont l'ingestion occasionne des coliques et la diarrhée aux enfants, principalement dans le premier temps de leur existence. Il est tellement vrai que les substances ingérées par la nourrice ont une influence sur la nature du lait, que quand on vient à purger celle-ci, ce liquide (le lait) acquiert lui-même des propriétés laxatives, et ainsi de suite pour d'autres substances médicamenteuses; aussi la médecine met-elle à profit ce mode de traitement pour combattre les maladies des enfants à la mamelle.

L'air a une influence réelle sur la sécrétion lactée, mais variable suivant sa température, sa pureté, son état hygrométrique, etc. C'est évidemment à cette cause qu'il faut attribuer, au moins en partie, la suppression momentanée du lait chez les nourrices qui arrivent de la campagne dans les grands centres de population, ou qui de la ville passent à la campagne. Disons enfin que les passions, la frayeur, la colère, le chagrin, etc., ont aussi leur influence fâcheuse sur la sécrétion et sur la qualité du lait. Nous ferons la même observation sur certains devoirs matrimoniaux, au moins dans les premiers mois qui suivent l'accouchement. Les repas de la femme qui nourrit ne sauraient être réglés; elle mangera aussitôt que le besoin s'en fera sentir, afin de réparer les pertes et puiser de nouveaux éléments de nutrition pour son enfant.

Obstacles à l'allaitement survenant pendant le cours de la lactation. — Ils peuvent tenir à la mère et au nourrisson.

A. *Du côté de la mère,* nous trouvons : 1° L'absence de la sécrétion lactée ou le défaut d'une quantité de lait suffisante pour les besoins de l'enfant, comme cela arrive surtout chez les femmes qui se marient trop jeunes ou trop vieilles; 2° la galactie ou supersécrétion de lait qui épuise la femme, et amène ordinairement une consomption rapide, si l'on n'y remédie. Dans ce cas donc on fait cesser l'allaitement maternel lorsque la femme ressent de l'ardeur à l'estomac, de la sécheresse et des tiraillements douloureux à la poitrine, avec des lassitudes dans les membres; il ne faut pas attendre que le dépérissement soit porté trop loin pour prendre une détermination; 3° les altérations que subit le lait, soit par l'apparition des règles, qui, quoique de courte durée, n'en dénaturent pas moins le lait à tel point que souvent l'enfant refuse le sein, soit par la grossesse qui survient pendant la lactation et qui influe aussi d'une manière fâcheuse sur la quantité et sur la nature du lait, soit par déviations des menstrues lorsque le sang, venant à couler par le mamelon, se mêle au lait et rend ce liquide malfaisant. C'est du moins le pronostic que l'on doit porter si l'on se guide sur les faits déjà observés; 4° l'existence d'une collection purulente dans la mamelle, qui, par le mélange de ce liquide anormal au lait, devient une contre-indication à l'allaitement du côté malade. 5° L'engorgement squirrheux d'une mamelle, qui comporte la même contre-indication.

B. *Du côté de l'enfant,* nous citerons : 1° Sa faiblesse trop grande, qui l'empêche de pouvoir saisir le mamelon pour opérer la succion. Ceci n'est pas rare lorsque l'enfant vient au monde après un travail laborieux, notamment dans la présentation de la face. Dans ce cas, il faut pendant un à trois jours, c'est-à-dire jusqu'à ce qu'il soit devenu assez fort pour téter, le nourrir en lui faisant tomber quelques gouttes de lait dans la bouche, ou en lui donnant du lait de vache coupé; 2° le filet de la langue ou

frein de la langue trop court, dont on reconnaît l'existence soit à l'impossibilité où se trouve l'enfant de porter la langue sur le bout des lèvres, de l'appliquer contre le palais, de sucer le doigt et de le presser, comme s'il tétait, quand on le met dans sa bouche, soit à ce que, quand l'enfant crie, la pointe de la langue se recourbe en bas, et semble se bifurquer (voir le mot *Frein de la langue*); 3° le bec de lièvre compliqué de division de la voûte palatine, qui ne permet pas la succion, en s'opposant à la formation du vide dans la bouche. Dans ce cas, il faut nourrir l'enfant artificiellement (voir le mot *Bec de lièvre*); 4° le coryza qui, en s'opposant à l'entrée de l'air dans les fosses nasales, oblige l'enfant à rester la bouche entr'ouverte pour respirer, et le force quand il est au sein de la mère, d'abandonner à chaque instant le mamelon pour livrer passage à l'air. Le nourrisson, dans ce cas, est menacé de périr d'inanition, si on n'y remédie de bonne heure (voir le mot *Coryza*); 5° notons enfin qu'il vient au monde des enfants dont la langue est fortement appliquée contre la voûte du palais, et chez lesquels, suivant Levret, il ne manque que l'aptitude à la succion; mais cette disposition compromet leur existence si on la méconnaît. M. Lapie, maître en chirurgie, en Guienne, cité par Levret, serait le premier qui aurait attiré l'attention des praticiens sur cette espèce de vice de conformation, et aurait sauvé la vie à deux enfants qui ne tétaient pas, pour cause de cette disposition de la langue. Il faut, dans ce cas, abaisser la langue avec une spatule ou le manche d'une cuiller, et présenter le mamelon à l'enfant avant d'abandonner cet organe.

On juge, en général, que l'allaitement est arrivé à son terme lorsque l'enfant marche seul, ce qui arrive ordinairement entre un an et quinze à seize mois, rarement plus tard (voir le mot *Sevrage*).

III. ALLAITEMENT ÉTRANGER. A. *Par une nourrice.* — Lorsqu'une mère, sourde aux cris de la nature, et oubliant ses devoirs, veut se dispenser de nourrir le fruit qu'elle vient de mettre au jour, ou que, par un des motifs puissants déjà mentionnés ailleurs, elle est forcée de renoncer à cette noble fonction, il faut nécessairement qu'elle le confie à une nourrice étrangère. Mais comment trouvera-t-elle une autre soi-même, c'est-à-dire une femme qui ait le même âge, le même tempérament, et dont le lait soit complètement conforme au sien, partant approprié aux besoins de l'enfant? Comment trouvera-t-elle dans une personne mercenaire la douceur, la sensibilité, l'affection, la tendresse, en un mot, toutes les qualités d'une véritable mère? Ces réflexions seraient bien affligeantes et vraiment capables de porter la désolation dans l'âme des parents, si l'expérience de chaque jour n'avait démontré que toutes les nourrices ne sont pas des marâtres; car la majeure partie se dévoue au salut de leurs nourrissons. Nous dirons même que beaucoup d'entre elles sont préférables à certaines mères qu'elles remplacent. Par exemple, la femme de la campagne, robuste et saine, qui ne s'occupe que de son ménage, ne vaut-elle pas mille fois mieux, sous le rapport de l'allaitement, que la femme opulente de nos cités, dont la plus grande occupation est de satisfaire ses goûts et ses caprices, de courir aux bals, aux soirées, aux spectacles, sans compter cent autres vices et passions auxquels elle se livre, toutes choses peu propres à former une bonne nourrice? C'est donc dans la paisible chaumière du laboureur, où règnent, en général, les bonnes mœurs, qu'il faut transplanter, quelque temps, l'enfant après la naissance; c'est là que l'on trouve cette salubrité de l'air, et cette tranquillité de l'âme qui contribuent si bien à la bonne qualité du lait. Il faut que la nourrice soit nouvellement accouchée pour avoir un lait en rapport avec la délicatesse du tube digestif du nouveau-né, et qu'elle fasse abandon de son propre enfant, afin de réserver à son nourrisson toute l'alimentation que préparent ses mamelles. En dehors de ces conditions, les chances de vie diminuent pour l'enfant. (Voir le mot *Nourrice*.) Quoiqu'il en soit, si la nourrice étrangère ne se trouve pas dans les conditions que nous venons d'indiquer, il faut rendre son lait plus fluide et plus léger, en la soumettant, pendant quelques jours, à une alimentation légère, et à l'usage de boissons délayantes; avant de présenter l'enfant au sein, il est bon de provoquer l'excrétion du méconium par du petit-lait, ou par de l'eau sucrée miellée, dont on peut au besoin augmenter la qualité laxative en y mettant du sirop de pêcher ou de chicorée.

Lorsqu'une nourrice quitte un nourrisson pour en prendre un autre, son lait se renouvelle-t-il?—La réponse à cette question est négative pour le médecin; mais affirmative pour les gens du monde. La distension des mamelles et l'écoulement spontané du lait par le mamelon, chez elle comme chez la nouvelle accouchée, sont deux phénomènes communs qui ont fait naître cette croyance dans le vulgaire. Voici l'explication de ce fait, la plus conforme aux données de l'expérience. Le nouveau-né, tétant peu dans les premiers jours de sa naissance, ne consomme pas tout le lait contenu dans les mamelles comme l'enfant qui l'avait précédé, et qui était plus âgé, partant plus développé, car les qualités physiologiques de ce liquide ne changent pas; elles sont les mêmes après qu'avant, et il s'épuise au terme voulu par la nature, comme si la femme avait continué d'allaiter le premier nourrisson.

IV. ALLAITEMENT PAR UN ANIMAL. — L'ânesse, la chèvre, la vache et la brebis sont les animaux que l'on emploie pour cette espèce d'allaitement; mais la chèvre est ordinairement préférée parce qu'elle se familiarise aisément, parce qu'elle est susceptible d'une certaine éducation, et qu'elle se laisse téter sans difficulté. Il est même curieux de voir cet animal, dressé à cet usage, se prendre d'attachement pour son nourrisson, courir à son berceau, sitôt qu'il l'entend crier, et lui présenter avec adresse le pis, que celui-ci saisit facilement pour y rester appliqué jusqu'à ce que ses besoins soient satisfaits. M. Marin, dans une dissertation sur ce sujet, a rapporté que dans les environs de la Loire, rien n'est

plus commun que de voir des chèvres dressées à l'allaitement des enfants, très-remarquables par la manière dont elles se prêtent à cet usage. Dans les pâturages, on les distingue des autres par une petite guirlande qu'elles portent au cou. Lorsqu'on veut faire choix d'une chèvre, il faut la prendre jeune, de deuxième portée, venant de mettre bas, et dont les mamelles sont grosses, avec le pis long, et si c'est possible le poil doux et touffu: on dit que la chèvre à poil blanc et sans cornes est meilleure laitière que les autres.

V. ALLAITEMENT ARTIFICIEL. — Il consiste à donner au nouveau-né des boissons laiteuses à l'aide d'un verre, d'un petit pot, d'une fiole ou d'un biberon, qui est le vase qui imite le mieux l'allaitement naturel. Le biberon, perfectionné par M. Darbeau, madame Lebreton et M. Thier, est une espèce de petite carafe aplatie, dont l'extrémité que doit saisir l'enfant avec la bouche, pour en extraire le lait qu'il contient, offre la conformation et plus ou moins la souplesse du mamelon. Il doit être assez grand pour contenir approximativement autant de lait que les mamelles d'une nourrice peuvent en fournir chaque fois qu'elle donne à téter.

Cet instrument de lactation doit être soigneusement lavé avant chaque repas du nourrisson, afin d'enlever ce qui a pu rester de lait du repas précédent (Voir le mot *Biberon*). Dans l'allaitement artificiel, on donne ordinairement du lait de vache qui doit être nouvellement trait, et tel qu'il est au sortir du pis de l'animal. Dans le cas contraire, il faut le faire tiédir au bain-marie ou par l'addition d'eau chaude; mais il ne faut jamais le faire bouillir, ce qui lui ferait perdre une partie de ses propriétés; il faut, quand on le peut, le prendre toujours à la même vache. Celle-ci devra être jeune, bien portante et ayant mis bas depuis peu. Sa nourriture sera composée de foin et d'herbes fraîches surtout, et on lui donnera à boire de temps en temps de l'eau de son. Dans les deux premiers mois qui suivent la naissance, le lait devra être coupé par moitié avec de l'eau bouillie, ou mieux avec une légère décoction sucrée, d'orge ou de gruau. Dans le troisième et quatrième mois, on diminuera graduellement la proportion d'eau, pour rendre le lait plus substantiel. Dans le cinquième mois, on le donnera pur ou à peu près, tout en commençant à régler les repas de l'enfant, et on le continue ainsi jusqu'au sevrage. A partir de cette époque, on diminue le nombre des repas de lait et on joint à celui-ci, comme dans l'allaitement naturel, quelques crèmes ou panades légères et sucrées. Chaque fois que l'on donne le biberon à l'enfant il faut, pour le placer autant que possible dans les conditions de l'allaitement maternel, le prendre entre les bras et le rapprocher du feu, en hiver, afin de lui communiquer une chaleur qui lui manque dans le berceau, et qu'il reçoit ordinairement de sa mère quand elle le nourrit.

Valeur de l'allaitement artificiel.—Quels que soient les soins que l'on apporte à l'allaitement artificiel pour tâcher d'imiter l'allaitement naturel, les enfants ainsi allaités sont plus sujets aux maladies, notamment aux irritations du tube digestif, que ceux qui tètent, surtout le lait de leur mère. Le muguet est très-fréquent chez eux ; aussi ne faut-il pas s'étonner de la grande mortalité chez ces petits êtres allaités artificiellement ; la vérité de cette assertion a été malheureusement trop bien démontrée, surtout dans nos établissements publics , car ces petites créatures périssent en grand nombre, malgré la vigilance éclairée de l'administration. Toutefois, au dire de quelques auteurs, l'allaitement artificiel ne serait pas aussi funeste que nous venons de le faire entendre, en Normandie, où un grand nombre de femmes font métier d'élever des enfants d'autrui au biberon. Lorsqu'un enfant élevé artificiellement dépérit, la seule chance de salut pour lui est de lui donner de bonne heure une nourrice.

VI. ALLAITEMENT MIXTE. — Lorsque dans l'allaitement naturel, au lieu de se borner à faire téter, on donne à l'enfant du lait d'un animal, ou des bouillies, des panades, des crèmes, etc., l'allaitement prend le nom de mixte. Il conserve aussi ce nom lorsque, dans l'allaitement artificiel que prend le nourrisson, on ajoute au lait des aliments de toute autre nature.

Nous avons déjà dit ailleurs qu'à partir de cinq à six mois de la naissance, il est bon d'ajouter au lait quelques-uns des aliments susmentionnés, et alors l'allaitement devient mixte par le fait ; mais nous ne voulons pas ici évidemment faire allusion à l'allaitement arrivé à cet âge de l'enfant ; nous voulons parler de l'allaitement mixte dans les premiers mois qui suivent la naissance. Car, si cette pratique est avantageuse dans le premier cas , elle est essentiellement nuisible dans le second ; il est pourtant une croyance bien accréditée et difficile à déraciner parmi les gens du peuple, c'est qu'il est indispensable d'ajouter au lait une nourriture étrangère, pour fortifier le nourrisson et favoriser son accroissement rapide ; aussi un grand nombre de mères et de nourrices ont-elles l'habitude, même dans les premiers jours qui suivent la naissance de l'enfant, de joindre à la nourriture que fournissent leurs seins, des aliments indigestes, sous forme de bouillies , comme si les estomacs de ces petits êtres étaient aptes à les élaborer.

Dans les premiers jours de l'existence extra-utérine, l'alimentation étrangère non-seulement n'est pas utile, mais encore elle est nuisible à l'enfant ; elle n'est pas utile, car à cette époque le nourrisson suffit à peine ou ne suffit même pas à consommer tout le lait que sécrètent les mamelles de la nourrice naturelle ou étrangère, et plus tard ce liquide, en devenant plus substantiel, contribue le mieux à l'accroissement et au développement de ses forces.

Elle est nuisible, car l'expérience a démontré que 1° un grand nombre d'enfants élevés ainsi meurent subitement d'indigestion de bouillie, ou lentement par des irritations ou des engorgements des organes abdominaux, et aussi quelquefois par des phlegmasies de l'encéphale ; 2° parmi ceux qui

survivent à cette pratique funeste, la plupart sont sans forces, et ne marchent que fort tard, bien heureux encore quand ils ne sont pas mal conformés.

Les conséquences de ce mode d'allaitement sont les mêmes, à l'intensité près, lorsqu'au lait de la mère et de la nourrice on ajoute du lait d'un animal. Disons pourtant qu'il est des cas impérieux dans lesquels on est forcé de recourir à l'allaitement mixte malgré les dangers que l'on sait devoir faire courir à l'enfant ; savoir : 1° lorsque la mère a peu de lait, ou bien lorsque sa santé ne lui permet pas, sans danger, de faire totalement les frais de l'allaitement ; 2° lorsque la nourrice se trouve avoir peu de lait, et qu'elle ne peut pas être remplacée ; 3° enfin lorsque dans un établissement public il y a moins de nourrices que de nouveau-nés. Dans une telle circonstance, les repas de lait étranger devront être réglés ; mais la femme se bornera à faire téter lorsqu'elle sentira son lait monter et ses mamelles gonfler.

Docteur MERCÉ,
professeur d'accouchement.

ALLANTOÏDE (anatomie) [du grec *allas, allantos,* boyau]. — Espèce de sac membraneux faisant partie de l'*arrière-faix* (voy. ce mot) des animaux mammifères, et dont le siége est entre le *chorion* et l'*amnios* (voy. ces mots). Il paraîtrait que l'allantoïde, dont la cavité communique avec la vessie du fœtus, au moyen d'un canal appelé *ouraque* (voy. ce mot), a pour objet de recevoir l'urine que secrètent les reins pendant la vie intra-utérine.

ALLANTOÏNE (chimie) dit aussi *acide allantoïque.* — Corps découvert par Vauquelin et Buniva, dans le liquide allantoïde des vaches et dans l'urine des veaux. Sa composition est représentée par $C^4H^3N^2O^3$. L'allantoïne s'obtient artificiellement en faisant bouillir 1 partie d'acide urique dans 2 parties d'eau, et en ajoutant à la liqueur de l'oxyde pure de plomb par doses fractionnées, jusqu'à ce que celui-ci cesse de changer de couleur. La liqueur, filtrée bouillante, laisse, après le refroidissement, déposer des cristaux prismatiques d'allantoïne. On purifie ces cristaux par des cristallisations répétées. (Vœhler et Liebig).

ALLÉGE (marine) [formé du verbe *alléger,* rendre léger]. — Sorte de barque presque toujours à fond plat, destinée à recevoir une portion de la cargaison des navires que leur tirant d'eau empêche de remonter les rivières. Outre cet emploi, d'où elle a tiré son nom, l'allége sert encore dans les ports ou rades à transporter à bord des grands bâtiments des objets d'armement ou des cargaisons venues de l'intérieur par les rivières ou les canaux. Dès le treizième siècle, la marine française avait de petits navires connus sous le nom d'alléges.   E. B.

ALLÉGORIE (littérature) [du grec *allos,* autre, et *agoreuô,* parler]. — Ce mot peut se définir, dit M. Dupiney, un mode d'expression de la pensée dans lequel les signes employés se prêtent à une interprétation particulière, indépendamment du sens direct qu'ils peuvent présenter. Ainsi un tableau, un bas-relief, une statue sont allégoriques quand, au moyen des objets sensibles qu'ils offrent à nos yeux, ils réveillent dans notre esprit certaines idées abstraites avec lesquelles ces objets ont des rapports d'analogie. Dans un sens plus restreint, l'allégorie est une figure de discours qui consiste en une série de métaphores ou en une seule métaphore prolongée. On peut citer comme modèles d'allégorie la célèbre ode d'Horace, où il peint, sous l'emblème d'un vaisseau livré aux vents et aux flots, la République prête à se plonger dans les horreurs de la guerre civile ; et l'idylle où Mme Deshoulières, après la mort de son mari, accuse le sort qui l'a privée de celui qui était le soutien de sa famille. Lorsqu'on lit ces allégories, l'esprit abandonne involontairement le sens littéral pour s'attacher au sens figuré des paroles du poëte. C'est la justesse des analogies qui constitue le mérite d'une allégorie. Il faut que l'intelligence puisse saisir sans effort l'intention de l'écrivain. — L'allégorie, en tant qu'elle dérive de la métaphore, a dû nécessairement être employée par tous les peuples, et on la retrouve dans toutes les littératures. Dans nos livres saints, son usage est fréquent : les prophètes surtout en contiennent de nombreux exemples. Dans le Nouveau Testament, l'allégorie revêt ordinairement la forme de parabole. Au reste, il ne faut pas confondre, dans le langage de l'Écriture, ce qui est *type* ou *figure* avec l'allégorie proprement dite ; ainsi, par exemple, le serpent d'airain élevé par Moïse dans le désert pour guérir les Israélites de leurs plaies, l'agneau pascal dont les os ne devaient pas être brisés, et le sacrifice d'Isaac, sont des figures ou des types du sacrifice de J. C., et non des allégories. L'allégorie diffère du *symbole* en ce que c'est uniquement par suite d'une convention que celui-ci représente telle ou telle idée. Elle diffère du *mythe* en ce que ce dernier a toujours une signification religieuse, et en ce qu'il résulte de la personnification d'un phénomène ou d'une idée. Quant à la *parabole*, à l'*apologue* et à la *fable*, ce ne sont que des espèces particulières d'allégories. La parabole est un récit allégorique, court, sentencieux, qui renferme toujours implicitement un enseignement moral. L'apologue ou la fable (car il n'existe pas de différence essentielle dans la signification de ces deux mots) est en général un petit poëme dont la forme est dramatique et dans lequel l'auteur énonce le précepte moral qui découle naturellement de la fiction proposée.

ALLÉGRESSE. — Sentiment de joie vive qui s'empare de nous à la nouvelle d'un événement heureux. L'allégresse nous arrive avec la même rapidité qu'elle met à nous quitter, et elle prend ordinairement sa source dans une circonstance subite, imprévue, qui double en quelque sorte pour nous le plaisir qu'elle nous apporte ; ou bien elle naît après une réussite que nous appelions de tous nos vœux, et nous transporte alors dans un monde où nous ne savons chercher autre chose que le sourire de l'espérance, tant nous sommes persuadés que notre destinée doit être gaie et souriante, en s'inspirant toujours d'insouciance et de bonheur. Quand nous sommes dans l'allégresse, il est rare que nous n'aimions pas à nous y étourdir, pour oublier au sein de ses prestiges tout ce que le monde nous a déjà donné de décep-

tions et de peines, et nous nous sentons si joyeux, que rien ne nous paraît alors plus doux que de vivre le plus longtemps possible dans l'illusion de nous-mêmes, en nous efforçant ainsi de nous débarrasser des amertumes de la vie. L'allégresse est presque toujours profonde et impétueuse, parce qu'elle répond avant tout à la passion ou à l'enthousiasme, et qu'elle résume bien les aspirations les plus ardentes de notre âme vers le bien-être et le bonheur. Seulement, pourquoi l'allégresse dure-t-elle si peu ? Les douceurs attachées à l'existence seraient-elles à peine une compensation à ses tristesses, ou bien nos courts moments d'allégresse ne nous seraient-ils donnés que pour recouvrir de quelques fleurs le champ parfois si aride de nos projets ou de nos succès ?... Nous préférons la dernière hypothèse ; d'ailleurs, l'allégresse la plus durable ne s'inspire-t-elle pas toujours de l'imagination avant d'exister dans la réalité, et nos joies ne sont-elles pas plus douces alors que, mettant un terme entre nos anxiétés et nos désirs, elles semblent défier nos terreurs et récompenser le sacrifice par un avant-goût de jouissances et de félicité ? Réjouissons-nous, mais efforçons-nous en même temps de faire ample moisson de sourires, afin que, plus tard, si les mauvais jours arrivent, nous ne soyons pas réduits à vivre simplement de regrets ; mais afin de mêler aux épines que nous rencontrerons sur notre route ces parfums de souvenirs qui étourdissent le plus souvent, parce qu'on les respire de trop près, et qui ne se conservent qu'en acceptant avec gaieté et contentement, quelles qu'elles soient d'ailleurs, notre position et notre destinée !...

ÉDOUARD BLANC.

ALLEGRO (musique) [du latin *alacer*, vif, gai], mot italien qui signifie *gai, joyeux*, et qui, placé au commencement d'un morceau de musique, indique qu'on doit l'exécuter avec un certain degré de vitesse, peu importe le caractère de ce morceau. Le mouvement de l'allegro est intermédiaire entre le *presto* et l'*andante* ; il est cependant susceptible de diverses modifications qu'on exprime par quelque épithète : *Allegro vivace, Allegro maestoso*, etc. — Allegretto est un diminutif d'allegro, et non un mouvement plus vif, comme quelques musiciens se l'imaginent. Le premier morceau d'une symphonie, d'un quatuor, est presque toujours un allegro.

ALLEMAGNE (géographie). — Grande contrée située au centre de l'Europe, bornée à l'est par la Prusse orientale, le grand-duché de Posen, le territoire de Cracovie, la Gallicie, la Hongrie, et la Croatie ; au sud par la mer Adriatique, le royaume Lombardo-Vénitien et la Suisse ; à l'ouest par la France, la Belgique et la Hollande ; au nord par la mer du Nord, le Danemark et la mer Baltique. Elle s'étend du 23° au 37° de latitude septentrionale ; sa superficie est d'environ 320,000 kilomètres carrés. Elle est traversée par 500 fleuves et rivières, parmi lesquels il y en a 60 de navigables. — Le nord de l'Allemage est un pays plat ; le midi et le centre sont traversés par des chaînes de montagnes et couverts d'immenses forêts. Le sol, fertile, est aussi très-riche en minéraux (argent, plomb, etc.). La confédération germanique est de 39 États de forces inégales, indépendants, mais se réunissant pour la défense des intérêts communs. La population de l'Allemagne est de 41,895,850 habitants, répartie en 2,400 villes, autant de bourgs et 90,000 villages. Les habitants de l'Allemagne appartiennent à deux souches principales : les *Allemands* et les *Slaves*. Les Allemands, qui s'appellent eux-mêmes Deutsch, c'est-à-dire Teutons, forment près des cinq sixièmes de la population; les Slaves, au nombre de près de 6 millions, se subdivisent en Tchèkhes ou Bohèmes, Slowaques, Polonais, Serbes, Croates et Vendes ou Windes. On trouve en Allemagne 300,000 Français ou Wallons, 300,000 Juifs, 200,000 Italiens , 5,000 Grecs et 500 Zigeunes ou Bohémiens vagabonds. La religion catholique, comprenant plus de la moitié de la population, est professée dans le sud; la religion protestante domine dans le nord.

Il y a en Allemagne quatre villes libres : LUBECK, HAMBOURG, BRÈME et FRANCFORT. Tous les autres gouvernements sont monarchiques. Dans certains États, c'est une monarchie représentative; dans d'autres, le pouvoir est limité par des assemblées provinciales.

Outre une partie de l'Autriche et de la Prusse, il y a quatre royaumes dans la Confédération germanique:
1° La *Bavière*, qui forme huit cercles, savoir :

		Chefs-lieux.
LES CERCLES	de l'Iser................	*Munich.*
	du Bas-Danube.........	*Passau.*
	de la Regen...........	*Ratisbonne.*
	du Haut-Mein.........	*Bayreuth:*
	du Bas-Mein..........	*Würtsbourg.*
	de la Rezat...........	*Anspach.*
	du Haut-Danube........	*Augsbourg.*
	du Rhin...............	*Spire.*

2° Le *Wurtemberg*, qui forme quatre cercles, savoir :

		Chefs-lieux.
LES CERCLES	du Necker..............	*Louisbourg.*
	de la Forêt-Noire........	*Reutlingen.*
	de la Jaxt.............	*Elwangen.*
	du Danube.............	*Ulm.*

3° Le *Hanovre*, divisé en six préfectures ou gouvernements, et comprenant en outre le capitanat montueux de Clausthal. Voici les noms des gouvernements :

		Chefs-lieux.
GOUVERNE-MENTS	de Hanovre............	*Hanovre.*
	de Bildesheim.........	*Hildesheim.*
	de Lunebourg.........	*Lunebourg.*
	de Stade.............	*Stade.*
	de Osnabrück.........	*Osnabrück.*
ET LE CAPITA-NAT MONTUEUX	de Aurick.............	*Aurick.*
	de Clausthal..........	*Clausthal.*

4° La *Saxe*, formant cinq cercles, savoir :

		Chefs-lieux.
LES CERCLES	de Misnie.............	*Dresde.*
	de Leipzig............	*Leipzig.*
	d'Erzebirge...........	*Freiberg.*
	du Voigtland..........	*Plauem.*
	de la Lusace..........	*Bautzen.*

Sept grands-duchés : 1° Bade; 2° Hesse-Darmstadt; 3° Oldenbourg; 4° Mecklenbourg ; 5° Mecklembourg-Strélitz; 6° Saxe-Weimar, et 7° Luxembourg.

Cinq principautés : 1° Nassau; 2° Brunswick; 3° Saxe-Cobourg-Gotha; 4° Holstein; 5° Lunenbourg.

Les changements survenus dans les divisions de l'Allemagne en 1848 n'ont eu que peu de durée; mais les deux principautés de Hohenzollern ont été cédées à la Prusse en 1849; Reuss-Greitz et Reuss-Lobenstein sont réunis en un seul État; la petite seigneurerie de Kniphausen est annexée au grand-duché d'Oldenbourg. Le Limbourg hollandais est compté dans la confédération germanique depuis que le Luxembourg belge en a été définitivement détaché.

La culture intellectuelle est à la fois profonde et très-générale en Allemagne; la multiplicité et le développement des établissements d'instruction publique suffiraient pour l'attester. On y compte vingt-quatre grandes universités [1], parmi lesquelles les plus célèbres sont celles de Gœttingue, Berlin, Halle, Bonn, Leipzig, Iéna, Heidelberg. Neuf cents professeurs y enseignent, et treize mille étudiants environ les fréquentent chaque année. On compte en outre trois cent soixante gymnases ou colléges, dont neuf se trouvent dans la Prusse seule, un très-grand nombre d'écoles normales destinées à former des instituteurs (celles de Prusse et de Bavière méritent surtout d'être citées); puis une multitude d'écoles bourgeoises (bürgerschulen) et d'instituts polytechniques de divers degrés. Quant aux écoles primaires gratuites, et à celles d'arts et métiers (industrie-oder gewerbschulen) pour les apprentis ouvriers, elles sont innombrables. Nous ne parlons pas des établissements particuliers, tels que la fameuse institution Schnepfenthal, fondée par Salzmann. — L'éducation spéciale n'est pas moins florissante. La plupart des villes capitales possèdent des écoles militaires, et les grandes villes industrielles de Hambourg, Leipzig, Magdebourg, etc., des écoles de commerce. Un collége normal pour l'étude des sciences naturelles est établi à Bonn ; beaucoup d'écoles forestières propagent des connaissances à peu près nulles encore dans notre pays; enfin l'école des mines de Freiberg jouit d'une renommée européenne. — Toutes les branches de l'enseignement ont fait en Allemagne de si notables progrès que nous devrons lui consacrer une place importante quand nous traiterons ce sujet (voy. *Instruction publique*). Dans un pays où l'instruction primaire est à peu près universelle, on doit s'attendre à trouver de nombreuses bibliothèques publiques. Nous en comptons en effet cent cinquante, contenant près de six millions de volumes. Ce chiffre s'accroît rapidement; on en jugera lorsque nous aurons dit que l'on calcule, année commune, sur une production de cinq mille ouvrages nouveaux. L'Angleterre ni la France ne possèdent aucun établissement de librairie comparable à ceux de Cotta et de Brock-

---

[1] H. Carnot.

haus, et plusieurs autres cependant ne leur cèdent guère en importance.

La *langue allemande* paraît sœur de la langue grecque, et doit être rangée parmi les idiomes qui, « venus des bords du Gange, sont divisés en diverses branches, puis répandus dans les diverses contrées de l'Europe. Les racines allemandes, bien que rudes pour nos oreilles, sont en général imitatives, et expriment des idées difficiles à rendre en français. Néanmoins, la flexibilité et la richesse de l'allemand en font une langue essentiellement poétique, ce qui a fait dire à madame de Staël, qu'il n'y a pas de poésie plus frappante, plus pittoresque et plus variée que celle des Allemands. » La facilité de renverser à son gré la construction de la phrase est aussi très-favorable à la poésie.

La *littérature allemande* ne date guère que du règne de Charlemagne, bien que Tacite parle de quelques chansons dans lesquelles les Germains célébraient *Tuisco*, leur dieu. Cette poésie primitive est d'ailleurs complètement perdue, et nous ne trouvons guère que la traduction des Évangiles comme premiers essais des Allemands dans la langue nationale. Du dixième au seizième siècle, nous trouvons successivement les *minnesinger* ou troubadours, les recueils de lois et de coutumes, les écoles de poëtes artisans, les corporations poétiques, le commencement de la culture de la philosophie, des sciences, l'invention de l'imprimerie, les ouvrages de Luther, des théologiens et des jurisconsultes. Au dix-septième siècle, dit Philarète Chasles, naissent des sociétés pour la culture de la poésie nationale. Au dix-huitième siècle, la langue se purifie et revient à son génie primitif ; Lessing, critique judicieux et spirituel, compose des pièces avec toute la liberté du caractère allemand ; Wieland écrit avec autant de facilité que de grâce ; Schiller, philosophe et grand poëte, dramatise l'histoire moderne ; Gœthe s'élève au premier rang dans la poésie épique et lyrique, dans le roman et au théâtre ; Herder mêle heureusement la philosophie et la poésie ; Ritcher, dit Jean-Paul, compose des romans plaisants et pathétiques ; les Stallberg, Voss, Bürger, Hœlty, Matthisson, les Schleger, multiplient les chefs-d'œuvre ; Kant, Jacobi, Fichte, Schelling, se lancent dans les derniers abîmes de la philosophie ; Jean de Muller, Eichhorn, Heeren, Schlœzer, portent l'érudition et l'intelligence de la critique dans l'historiographie ; Heyne, Wolff, Hermann, Bœckh, Creuzer, sont les ornement de la philologie ; Kotzebue, Ifland, Hoffmann, Tieck, Zschokke, Grimm, Rosenmüller, Raupach, Haunner, Hinroth, Karaus, etc., enrichissent et illustrent en tout genre la littérature de leur pays. La liste des esprits distingués et des grands écrivains que l'Allemagne a produits depuis un siècle, remplirait un volume. La littérature allemande, la dernière née des littératures modernes, s'est posée l'arbitre universel ; elle a fait de la critique un art, un règne, un pouvoir, une religion, une foi ; elle a touché à tous les points du ciel et de la terre ! Il n'y a pas longtemps que nos âmes françaises, agitées par des révolu-

tions dont le terme était incertain, que nos intelligences émues du chaos qui nous environnait, ont commencé à comprendre l'intelligence et l'âme germaniques.

Les institutions politiques et religieuses de l'Ancienne Allemagne sont fort peu connues. Les Germains célébraient leur culte dans des cavernes. Dès le deuxième siècle il y eut des chrétiens en Allemagne, surtout dans la partie conquise par les Romains ; car ce fut seulement vers le septième siècle que notre religion y fut adoptée définitivement. Charlemagne y établit l'empire d'Occident. « La féodalité fut organisée, hiérarchisée et groupée autour du trône par un serment de fidélité prêté, dès lors, exclusivement au monarque, et qui lui attachait directement ses vassaux à tous les degrés. Chaque centre d'administration, la commune, le comté, l'empire, avait ses assemblées pour décider des lois et des affaires générales. Les débats judiciaires étaient publics, et les accusés jugés par leurs pairs, selon les règles établies ou consenties par les hommes libres. De même que le gouvernement temporel était divisé en duchés, comtés, centenies, le gouvernement ecclésiastique était divisé en archevêchés, évêchés et paroisses. Les fonctionnaires de cet ordre étaient, autant que les premiers, soumis au pouvoir séculier, dont ils recevaient comme eux leur investiture. Il n'y avait pas, d'ailleurs, entre les droits et les mœurs des hommes d'église et ceux des hommes de guerre une différence très-marquée. Des seigneurs assistaient aux synodes ecclésiastiques et des évêques siégeaient dans les diètes ; ceux-ci, tenus au service militaire, sinon par eux-mêmes, du moins par leurs gens, les conduisaient souvent en personne au combat. » — L'époque des croisades, celle de la fondation de la ligue anséatique, de l'érection de la Bohême en royaume, du pays de Brunswick en duché, celle de la conquête par les chevaliers teutoniques de la Livonie et de la Courlande ; celle où des colons allemands expulsèrent complétement les Esclavons de la Poméranie, de la Silésie et des marches de Brandebourg, sont de brillantes pages de l'histoire de l'Allemagne. Les divisions territoriales de l'empire germanique, à cette époque, étaient les suivantes[1] : l'ancienne Lorraine, divisée en duchés de haute et basse Lorraine, comprenait, en outre, les deux landgraviats d'Alsace, les archevêchés de Trèves et de Cologne, les comtés de Flandre, Hainaut, Hollande, Luxembourg, etc., et les villes libres de Metz, Toul et Verdun. La Franconie se décomposait en palatinat du Rhin, comté de Hanau, Nassau, etc., l'archevêché de Mayence, les villes libres de Francfort et Nuremberg. La Souabe était le patrimoine des Hohenstauffen ; après leur extinction, elle forma plusieurs principautés et un grand nombre de villes libres, parmi lesquelles Augsbourg. L'ancien duché de Bavière avait compris l'Autriche, la Carinthie, la Styrie et la Carniole, qui formèrent depuis autant de duchés séparés, ainsi que le Tyrol. Salzbourg était un puis-

[1] H. Carnot, *Encycl. pitt.*

sant archevêché. De la Saxe se composèrent les duchés de Saxe-Wittenberg, Saxe-Gotha, Saxe-Weimar, etc.; les archevêchés de Magdebourg et de
Brême, les villes libres de Hambourg et Lubeck, etc.
La Thuringe se divisa en Hesse et Misnie. La Frise
se maintint longtemps en une république fédérative.
L'Helvétie demeura fractionnée en petites seigneuries
féodales. Les provinces esclavonnes conquises formèrent la Bohême, la Lusace, la Moravie, la Silésie,
la Poméranie, le Mecklembourg, et Rugen (île). L'ordre teutonique conquit et germanisa le littoral de la
mer Baltique, et prépara ainsi la création du duché,
puis du royaume de Prusse. Cette conquête lui fut
enlevée plus tard par la Pologne, et le siège de l'ordre, transporté à Mergentheim en Souabe, y demeura
jusqu'à la paix de Presbourg (1805), qui investit
l'empereur d'Autriche du titre de grand maître. Ses
domaines furent enfin dispersés en 1809 par un décret de Napoléon. De nouvelles divisions territoriales
furent tentées par les souverains dont nous allons
parler, et réalisées enfin sous Maximilien Ier. La
confédération fut alors partagée définitivement en
dix cercles, ayant chacun son administrateur, son
chef militaire, ses assemblées d'états, et entretenant
chacun son contingent de troupes pour le maintien
de la paix. Charles-Quint fit plus tard incorporer les
Pays-Bas au corps germanique sous le nom de cercle
de Bourgogne.

Depuis la chute des Hohenstauffen jusqu'à l'explosion de la Réforme, continue M. Carnot, l'histoire
de l'Allemagne offre les signes précurseurs d'une
grande révolution prête à s'opérer : les idées de liberté religieuse, politique et civile s'y font jour de
toutes parts; les provinces helvétiques conquièrent
leur indépendance sur Albert, Léopold et Maximilien
d'Autriche; des villes se forment, tendant à constituer l'Allemagne en une république fédérative; des
insurrections éclatent de toutes parts, tantôt contre
les seigneurs séculiers, tantôt contre le clergé; malgré
les anathèmes de la cour de Rome, des sectes religieuses s'élèvent, que ne parviennent à étouffer ni le concile de Constance, ni les bûchers de Jean Huss et de Jérôme de Prague, ni les croisades contre les Hussites; des
universités sont fondées; un moine allemand invente
la poudre à canon, et tandis que Colomb et Gama
cherchent au loin de nouveaux mondes, un autre
Allemand, Guttenberg, ouvre de son côté un monde
intellectuel aux peuples de l'ancien continent. L'héritage des Hohenstauffen passa dans les mains d'un
simple comte de Habsbourg; mais celui-ci ne fonda
pas de suite une dynastie; la couronne fut transmise
sur plusieurs têtes avant de se fixer pour longtemps
dans sa famille. Le règne de Rodolphe et de ses premiers successeurs fut rempli par des guerres féodales; ils s'occupèrent aussi beaucoup plus d'accroître
leur patrimoine particulier que de rendre l'empire
grand et glorieux. Les événements principaux de
leur temps furent la défaite du roi de Bohême Otto-
kar par Rodolphe, les guerres d'Albert contre la
Suisse, celles de Henri VII en Italie, les démêlés de
Frédéric d'Autriche avec Louis de Bavière, l'adoption

de la *Bulle d'or*, œuvre du jurisconsulte Barthole,
qui réglait l'élection des empereurs; l'élévation à la
dignité d'électeur de Brandebourg d'un simple bur-
grave de Nuremberg, Frédéric de Hohenzollern, fondateur de la maison royale de Prusse, et celle de
Frédéric, margrave de Misnie, au rang d'électeur de
Saxe : ce fut l'origine des familles qui gouvernent
encore ces deux pays. L'Allemagne doit à Maximilien Ier la constitution pour le maintien d'une *paix
publique éternelle*, qui mit un terme à l'existence légale du *droit du poignet* (faustrecht), droit de décider par la force des armes les querelles particulières;
elle lui doit l'établissement des armées permanentes,
celui des postes, la division du pays en dix centres
d'administration, l'abolition du tribunal westphalien
connu sous le nom de *sainte veime*, la création d'un
conseil suprême pour tout l'empire, et celle d'un
collège aulique pour ses États héréditaires, enfin l'a-
doption du droit romain et du droit canonique.

Son petit-fils Charles-Quint se trouva en présence
du grand mouvement de la Réforme (voy. ce mot) : à
la suite de ses longs démêlés avec l'union protestante
de Schmalkalde, il se vit obligé d'accorder, par le traité
de Passau, l'exercice du nouveau culte, et trois ans plus
tard de convoquer à Augsbourg une diète célèbre, où
l'on assura, par une loi organique de l'empire, la
liberté de conscience aux luthériens. Mais les querelles religieuses ne tardèrent point à se rallumer
avec plus de violence que jamais, et du terrain théo-
logique elles passèrent sur le champ de bataille. Le
catholicisme avait trouvé sur le trône un empereur
fanatique, et Ferdinand II trouva à son tour, dans
Wallenstein et Tilly, des instruments énergiques de
ses volontés. L'édit de restitution, qui rendait au
clergé catholique tous les biens sécularisés par les
protestants fut mis à exécution par la force des armes dans une partie de l'empire, ainsi que le droit
de bannir quiconque refusait de rentrer dans le sein
de l'Église romaine. Des pestes et la famine vinrent
se joindre au fléau d'une guerre de trente ans; cette
guerre aurait désolé peut-être la terre d'Allemagne
pendant un siècle, si Turenne et une armée française
n'étaient venus combattre l'empereur. La paix de
Westphalie, qui depuis a servi de base à tant de traités diplomatiques, mit un terme à ces sanglants débats; elle établit l'indépendance de la Suisse et des
Pays-Bas, donna à la France l'Alsace autrichienne,
à la Suède une portion de la Poméranie, et les priviléges de membre de l'empire; elle garantit l'égalité de droits pour les trois cultes rivaux, introduisit
les protestants dans la chambre impériale, et même
dans le conseil aulique de Vienne. La moitié de
l'Europe se trouva enlevée à l'autorité papale par ces
triomphes de la réforme, qui furent chèrement ache-
tés.

L'Allemagne devint alors le foyer où s'élabo-
rèrent des idées nouvelles. Frédéric le Grand se fit
gloire d'installer lui-même en Allemagne la philosophie du dix-huitième siècle. Plus tard les poëtes
allemands cherchèrent à encourager les idées de
quelques Français en faveur des libertés publiques

et ses philosophes voulurent en démontrer la justice. Tels ne furent point, on devait s'y attendre, les sentiments des souverains. Blessés dans leurs intérêts solidaires par la chute des Bourbons, ils se liguèrent pour rétablir en France la monarchie. Mais leur coalition vint échouer devant l'héroïsme des armées républicaines. La Hollande, les provinces rhénanes, l'Italie, furent conquises. La paix de Lunéville (1801) nous donna le Rhin pour limites ; la campagne suivante enleva à l'Autriche Venise et le Tyrol. Le 12 juillet 1806, seize princes rompirent solennellement l'acte de la confédération allemande, et établirent la confédération du Rhin, sous le protectorat de Napoléon. François II déposa le titre de chef de l'empire, dont les membres furent réduits, de trois cents qu'ils étaient encore, à une trentaine. La Prusse voulut s'opposer à la puissance croissante de Napoléon. Quoique forte de l'appui de la Russie, elle fut vaincue et obligée de signer à Tilsitt un traité qui la privait de la moitié de son territoire. Ses dépouilles enrichirent la Saxe et formèrent le nouveau royaume de Westphalie. Un peu plus tard, Napoléon alla dicter à Vienne une paix onéreuse pour la maison d'Autriche, et lui imposer une alliance que la nécessité et l'espérance, autant que l'orgueil, firent accepter et conclure. L'Allemagne eût accepté la liberté des mains de la France, elle repoussa le joug qu'un étranger voulut lui imposer. La France de 1792 avait été victorieuse ; la France de Napoléon fut vaincue. Le progrès des idées libérales en Allemagne, et l'abolition de ses vieilles haines pour la France, se sont manifestés dans certaines classes de la société, surtout en Hongrie, lorsque vinrent à éclater les révolutions de 1830 et de 1848. L'enthousiasme y fut aussi grand et aussi universel qu'il avait été en 1789. »

Aujourd'hui de grandes questions religieuses et politiques s'agitent en Allemagne. Chez les uns, la religion protestante ébranlée devient mystique et puritaine ; chez d'autres, les armes de l'Église romaine sont empruntées pour la défendre. Une lutte parlementaire a lieu depuis assez longtemps sur plusieurs points, et la théorie d'un peuple se gouvernant par ses délégués paraît vouloir fonder son école, et établir les principes les plus sages de la monarchie constitutionnelle.   J. Boeswillwald.

ALLEMAGNE (commerce, productions, industrie). — Plusieurs grandes compagnies ont été successivement créées en Allemagne pour favoriser le commerce, surtout le commerce extérieur et maritime. À l'exemple de l'Angleterre et de la France, l'Allemagne a profité des avantages qui résultent des canaux, des chemins de fer et de l'application des machines à vapeur à l'industrie. Elle possède tous les éléments de prospérité aussi bien qu'aucun État de l'Europe : son vaste territoire, fertile en productions de tous genres, et entrecoupé de plusieurs fleuves des plus considérables de l'Europe, tels que le Rhin, le Danube, l'Elbe, le Weser, l'Oder et leurs affluents, qui servent avantageusement à la navigation et au commerce intérieur ; par les réunions de plusieurs de ces fleuves au moyen des canaux, ou des chemins de fer, elle établit une communication facile et économique du Weser avec le Mein et le Rhin, et de ce dernier fleuve avec le Danube, dont on s'occupe en Bavière ; ce qui ouvre des voies de communications directes entre la mer Noire et l'Océan atlantique, ou l'orient et l'occident de l'Europe, à travers l'Allemagne. Mais ce qui contribuera surtout à la prospérité commerciale de ce pays et à donner le plus grand développement à son commerce intérieur, en le réduisant au commerce maritime ou extérieur, c'est la suppression de ce grand nombre de douanes intérieures qui ont, jusqu'à ce jour, opposé les plus grands obstacles aux relations commerciales des États les uns avec les autres de la confédération germanique ; au moyen du système de la réunion des douanes, les marchandises et les denrées pourront désormais librement circuler d'une extrémité de l'Allemagne à l'autre, à travers tous les États, en n'acquittant qu'un simple droit de transit ; en sorte que les ports de mer deviendront des espèces d'entrepôts, d'où les marchandises pourront être expédiées à peu de frais et plus promptement qu'auparavant dans l'intérieur de l'Allemagne, qui, à son tour, pourra profiter de la même voie pour envoyer dans les ports de mer tous les produits de son sol et de son industrie.

Voici, d'après Mac-Culloch et Montbrion, un aperçu des productions du sol de l'Allemagne, ainsi que de son industrie manufacturière.

Productions du sol. — L'Allemagne appartient aux pays les mieux cultivés de l'Europe, quoique la France la surpasse pour le nombre et la variété de ses productions et de ses vignobles. C'est un véritable pays à blé ; elle produit une plus grande quantité de seigle que de froment : l'orge y est pareillement abondant, ainsi que l'avoine et le blé de sarrasin. En général l'Allemagne récolte plus de grains qu'elle n'en consomme, quoique le pays au-dessous de l'Ens reçoive une partie des grains de la Hongrie, de la Silésie et de la Pologne ; mais le Wurtemberg et le grand duché de Bade approvisionnent l'Helvétie ainsi que les provinces rhénanes, tandis que la Westphalie approvisionne une partie de la Hollande. On expédie aussi un grand nombre de chargements de blé des ports de la Baltique pour l'Angleterre ; de sorte que la balance est en dernier résultat en faveur de l'Allemagne. — Parmi les plantes qui sont l'objet du commerce et de l'industrie, on doit ranger en première ligne le lin, qui forme un des articles les plus considérables des fabriques de l'Allemagne : on en cultive partout une immense quantité. À l'égard du chanvre, on en récolte à peine le tiers de ce que l'Allemagne a besoin pour ses manufactures de toile à voile et de corderie ; ce qui lui manque elle le tire de la Russie, qui est le grand magasin de chanvre de toute l'Europe. C'est dans le grand-duché de Bade qu'on en cultive le plus. On tire de la graine de chanvre, ainsi que de celle de lin, de la Russie, et les graines indigènes servent à faire de l'huile. Comme il n'y a point d'olivier en

Allemagne, on y supplée par des graines oléagi-neuses, telles que le colza, la rabette, et d'autres espèces dont on fait de l'huile à brûler. Malgré la culture de ces plantes, ainsi que celle de pavots qui donnent l'huile d'œillette, l'Allemagne est toujours tributaire de l'étranger pour l'huile d'olive et d'œillette, ainsi que pour les huiles de poisson qui viennent du Dannemark; cependant on exporte encore de l'Allemagne une assez grande quantité de graines de colza et de rabette. Le tabac est une plante dont la culture ne suffit pas aux besoins, et qui n'est pas non plus d'une qualité comparable au tabac américain ou macédonien, dont l'Allemagne ne peut pas entièrement se passer. Celui de l'Allemagne a besoin d'être mêlé avec du tabac étranger, pour être livré à la consommation, qui est très-considérable. Le houblon est une plante indigène que l'on cultive principalement dans la Bohême, dans le cercle du Mein supérieur, ainsi que dans celui de Rezat, du royaume de Bavière, et qui réussit surtout dans le Brunswick. La quantité qu'on en récolte suffit aux besoins, quoique l'Allemagne soit, après la Grande-Bretagne, le pays où l'on boive peut-être le plus de bière dans le monde entier. La garance est une plante précieuse pour la teinture en rouge; sa culture ne réussit que dans quelques contrées, sur le Rhin et dans la Silésie; mais le produit n'étant pas assez considéble pour pouvoir se passer entièrement de l'importation de l'étranger, on en fait venir principalement de la Hollande. Quant au safran, on en cultive une assez grande quantité dans le pays au-dessous de l'Ens, en Autriche, où la qualité en est très-belle; mais la récolte n'en est pas assez abondante pour suffire à la consommation. La guède et le safflor, que l'on cultive dans la Saxe prussienne, la Moravie, etc., se récoltent en une bien petite quantité, en comparaison de ce qu'on cultivait autrefois, lorsque l'indigo n'était pas encore d'un usage aussi général. Il n'y a réellement que le houblon, le lin, le froment, le seigle et l'orge qui se récoltent en Allemagne en surabondance, à l'égard de la consommation qui s'en fait.

Chevaux et bestiaux. — Le nombre des bestiaux qu'on élève en Allemagne est immense; il suffit non-seulement à la consommation, mais ils produisent encore plusieurs articles d'exportation, tels que peaux, cuirs, os, qui font l'objet d'un assez grand commerce. Quoique la race des chevaux ne soit pas la plus belle de l'Europe, néanmoins ceux du Holstein, du Mecklembourg, de Lunébourg, de la Frise orientale, sont justement renommés; l'Allemagne n'est pas en état de remonter sa cavalerie légère entièrement de ses propres chevaux; la Pologne lui en fournit un grand nombre; mais on y élève de fort bons chevaux pour la grosse cavalerie : la grosse cavalerie française et hollandaise ne pourrait pas aisément se remonter sans le secours des chevaux allemands. Il y a, dans les différentes provinces, un grand nombre de haras qui ont contribué à améliorer la race. On peut estimer le nombre total

des chevaux dans toute l'Allemagne à 2,000,000, dont la plus grande partie se trouve dans le Holstein, le Mecklembourg, dans une partie du Hanovre, dans l'Oldenbourg, la Bavière et les provinces transrhénanes de Hesse-Darmstadt, la Wesphalie, le duché de Nassau, la Saxe ducale, etc.

On élève une immense quantité de bêtes à cornes dans toute l'Allemagne, mais en plus grand nombre dans l'Allemagne méridionale, dans le Wurtemberg, le grand-duché de Bade, dans une grande partie de la Bavière, du Tyrol, du Salzbourg, où elles forment une des principales branches de l'économie rurale; cependant il y a aussi des pays dans l'Allemagne septentrionale où l'engrais du gros bétail a beaucoup de succès, comme dans la Frise orientale, le Holstein, l'Oldembourg, et en général dans tous les pays bas et marécageux. Quant au nombre approximatif, on en comptait en Autriche 2,559,000; dans les provinces prussiennes au delà de l'Elbe, 1,328,000; en Saxe, 710,240; en Wesphalie, 508,400; dans le Wurtemberg, 599,490; dans le grand-duché de Bade, 333,700; nombre total des bœufs et vaches, 6,040,185. Il entre en Autriche un grand nombre de bœufs de la Hongrie et de la Silésie, et en Prusse des bœufs de la Pologne; mais il sort de la Bavière, du Wurtemberg, et des pays situés sur le littoral de la mer du Nord et de la Baltique, un grand nombre de bestiaux et de viande salée et fumée pour les provisions de la marine.

Quant aux moutons, ils sont en plus grand nombre dans l'Allemagne centrale et septentrionale, et en moindre quantité dans le midi; mais partout la race a été améliorée par l'introduction des mérinos et des moutons de Padoue, comme aussi par des moutons du Jutland; de sorte que l'Allemagne peut aujourd'hui non-seulement se passer entièrement de la laine d'Espagne pour ses manufactures, mais elle peut en exporter une grande quantité de belle qualité, qui trouve un bon débit en Angleterre et en France. On peut évaluer à 20 millions le nombre des moutons de l'Allemagne, répartis ainsi qu'il suit : 2,669,000 dans les États de l'Allemagne, appartenant à l'Autriche, y compris le Tyrol et Salzbourg; 3,763,000 dans la Prusse au delà de l'Elbe; dans la Saxe royale, 1,564,360 : ce nombre s'est accru d'un tiers; dans la Westphalie, 2,055,657; le Wurtemberg, 488,940; le duché de Bade, 179,986.

Culture de la vigne et production du vin. — La vigne ne réussit en Allemagne que jusqu'au cinquante-unième parallèle, lorsque des circonstances locales ne s'opposent pas à sa culture. La quantité du vin qu'on y récolte ne suffit pas à la consommation intérieure; tout le Nord de l'Allemagne, entre Weser et la Vistule, fait usage de vins de France, principalement des vins de la Garonne. Dans la Silésie, les vins de la Hongrie remplacent les vins de France. On expédie les vins du Rhin dans la Grande-Bretagne, dans les Pays-Bas et jusqu'en Russie; mais ce n'est rien en comparaison des vins que Brême, Hambourg, Lubeck, Stettin et Brunswick tirent de France, indépendamment des vins des autres pays, tels que de Hongrie, d'Espagne, de Champagne, de Bourgogne, de muscat, qui se consomment en Allemagne. Les meilleurs vins d'Allemagne sont ceux du Rhin, et parmi ceux-ci on distingue les crus du Rhingau et du Johannisberg; viennent ensuite les vins du Mein, et après ceux-ci les vins d'Autriche, de Styrie et du Tyrol. Il croit encore des vignobles qui donnent des vins passablement bons sur le Necker, le lac de Constance, la Moselle, l'Ahr, la Save, en Illyrie, Moravie et la Bohême; mais tout ce qui vient sur l'Elbe, l'Oder et le Weser est plus propre à faire du vinaigre qu'à boire. C'est sur le Johannisberg, non loin du Rhin, dans le duché de Nassau, que croit le meilleur vin du Rhin, dont on récolte tous les ans 25 pièces seulement de 1,300 bouteilles chacune, qu'on vend ordinairement de 2,300 à 2,400 florins chacune. Ce vignoble, ainsi que le château, appartenait au prince de Metternich. La quantité de vin qu'on récolte dans toute l'Allemagne n'est pas bien déterminée. Les États autrichiens en récoltent la plus grande masse, qu'on peut évaluer à 4,646,819 eimers (l'eimer contient 56 litres 1/2). Il est assez problématique que la quantité des vignobles qu'on cultive sur le Rhin, la Moselle, l'Ahr, la Save, la Lahn, puisse en produire autant. La quantité qu'en livre le Mein avec ses affluents, peut s'élever à la moitié; en sorte qu'on peut évaluer la quantité totale de vin qu'on récolte en Allemagne à environ 12 millions d'eimers au plus[1], ce qui est environ la moitié de ce que produit la Hongrie, et seulement le sixième de ce qu'on récolte en France. Une partie de ces vins est réduite en eau-de-vie, une plus grande encore en vinaigre, mais très-peu en esprit-de-vin.

Éducation des vers à soie et des abeilles. — Quant à l'éducation des vers à soie, elle n'est pas fort répandue en Allemagne, à cause du climat, qui n'est pas favorable. Ce n'est que sur les confins de l'Italie, où l'on en récolte environ 4,900 quintaux; dans le Frioul 1,500 quintaux seulement. Le climat du reste de l'Allemagne est trop froid pour les mûriers, et les essais qu'on a faits pour les acclimater n'ont pas réussi. On s'applique de nouveau en Prusse à la culture de cette riche partie de l'économie rurale. On ne porte pas tout le soin qu'il faudrait à l'éducation des abeilles, qui ne prospèrent plus dans des provinces qui autrefois étaient renommées pour cette culture. Le bas prix du sucre a rendu le miel presque inutile, comme l'usage de l'huile à quinquet pour l'éclairage a rendu la cire superflue dans beaucoup de villes et de pays. La province où on se livre le plus d'activité à cette éducation est la Lusace prussienne et saxonne, où il s'est formé plusieurs sociétés pour l'encourager. Ce n'est que dans ce pays qu'on trouve des abeilles sauvages dans les forêts.

Bois de construction. — Les montagnes d'Allemagne sont toutes couronnées de bois, soit de construction, soit à brûler, qui couvrent presque un tiers de sa superficie; mais ces vastes forêts qui occupè-

rent presque un tiers de la superficie de l'Allemagne au temps des Romains, n'existent plus; les fabriques, les usines, l'exploitation des mines, le luxe toujours croissant des villes, ainsi que les vices de l'administration forestière, ont été autant de causes qui ont contribué à rendre le bois tellement rare dans plusieurs endroits, qu'il coûte aujourd'hui huit à dix fois plus qu'anciennement, suivant les localités. Néanmoins, le bois forme toujours un article considérable du commerce d'exportation de l'Allemagne. On en exporte annuellement une immense quantité sur le Rhin, dans les Pays-Bas, sur le Weser et l'Oder en Angleterre. On fabrique aussi beaucoup de potasse et de poix dans les forêts. Indépendamment d'une grande quantité de baies, les forêts renferment plusieurs plantes médicinales, entre autres le lichen d'Islande, qu'on trouve sur le Harz; on trouve aussi des truffes en plusieurs endroits.

Produits minéralogiques. — Il y a peu de pays en Europe qui renferment autant de trésors minéralogiques que l'Allemagne. Les contrées les plus riches en ce genre sont surtout l'Erzgebirge, le Harz; les promontoires des Sudettes, en Bohême et en Silésie; les promontoires des Alpes en Autriche, et le Westerwald. Il y a aussi peu de pays où l'on ait porté à un si haut degré l'art minéralogique et l'exploitation des mines. L'Allemagne possède la plupart des métaux, et plusieurs en grande abondance et de qualité excellente: l'argent y existe en plus grande quantité que dans aucun autre état de l'Europe, l'étain, le cuivre, le plomb et le fer, qui contient une plus grande partie d'acier qu'aucun autre, concourent puissamment à la richesse de ce pays. On trouve aussi en Allemagne beaucoup de sel gemme, de charbon de terre, de tourbe, et une des meilleures terres de porcelaine que l'on connaisse en Europe, dont on fabrique la porcelaine de Saxe, jadis si renommée, et qui a brillé de nouveau à l'Exposition universelle de 1855.

Industrie manufacturière. — Quant à l'industrie manufacturière de l'Allemagne, le génie observateur et persévérant des habitants a su mettre en œuvre les riches et nombreux matériaux que lui offrait le sol, ainsi que les entrailles de la terre; les Allemands ne sont pas restés en arrière des autres nations dans les fabriques et les manufactures de tous les genres. On peut maintenant leur assigner le troisième rang parmi les peuples les plus industrieux de l'Europe : on peut les placer immédiatement après les Anglais, les Français et les Belges. Ils peuvent rivaliser avec les Suisses et les Italiens, et surpassent les Russes, les Danois et les Suédois dans la plupart des arts industriels. (*Montbrion.*)

ALLEU (droit) [étymologie incertaine]. — Bien patrimonial héréditaire. Sous l'ancien régime on appelait terre de franc *alleu* une terre qui était exempte de droits féodaux. Cet ancien mot, dit Lafargue, désigne la terre que le possesseur ne tenait de personne, qui ne lui imposait envers personne aucune obligation, par opposition au *fief*, qui était la terre reçue d'un supérieur à titre de récompense, et

---

[1] L'eimer vaut 56 litres 1/2.

qui obligeait envers lui à certaines charges. Les premiers *alleux* paraissent dater de la conquête des Germains, et ce furent sans doute les terres que s'approprièrent les vainqueurs au moment de leur établissement. Les propriétaires d'*alleux* étaient appelés *hommes libres*, par opposition aux *vassaux*, qui possédaient des terres à titre de fief. Au dixième siècle, il n'y avait presque plus d'*alleux* ni en France ni en Allemagne. L'usurpation, le besoin de protection, si pressant dans ces siècles de guerre, et le progrès fatal de l'organisation féodale, avaient converti en bénéfices presque toutes les terres indépendantes. Les propriétaires d'*alleux* allaient eux-mêmes trouver les seigneurs puissants, et leur faisaient don de leurs terres, à la condition de les tenir d'eux à titre de fiefs. Les *alleux* étaient, malgré leur indépendance, soumis à la juridiction du seigneur justicier. Sous ce dernier rapport, il y avait une division des *alleux* en *alleux nobles*, ceux qui avaient justice annexée et censive ou fiefs qui en dépendaient, et *alleux roturiers*, ceux qui n'avaient ni justice annexée, ni fiefs dépendant d'eux, ni censive, mais qui ne devaient rien à aucun seigneur.

C'était une question fort débattue, dit Ariste Boué, que celle de savoir si l'allodialité était de droit commun, c'est-à-dire si, dans le silence des titres, et à défaut de justifications, une terre devait être considérée comme allodiale ou comme soumise au seigneur. Les coutumes, à cet égard, pouvaient être rangées en trois classes : les unes portaient formellement que le franc alleu n'était pas reconnu sans titre, et que c'était à celui qui prétendait posséder ainsi à le prouver. D'autres ne s'expliquaient point à ce sujet : alors on se réglait par la maxime générale admise en pays coutumier, *nulle terre sans seigneur*, et l'on assujettissait ceux qui prétendaient que leurs terres étaient libres à en fournir la preuve. Enfin, dans un petit nombre de coutumes et dans les pays de droit écrit, tout héritage devait être réputé franc, si le seigneur dans la justice duquel il était situé ne démontrait le contraire ; mais postérieurement il s'y était établi une jurisprudence opposée ; et, comme dans les pays précédents, les tribunaux étaient venus à y prendre pour règle de leurs décisions la maxime *nulle terre sans seigneur*. Cette maxime régnait donc à peu près sans distinction sur toute la France. Les droits particuliers aux alleux furent successivement abolis ou étendus à tous les biens par les lois des 15-28 mars et 20-27 septembre 1790. Aujourd'hui, par l'abolition complète du régime féodal, tous les biens situés en France sont devenus alleux ou biens allodiaux. Néanmoins, la connaissance des pays dans lesquels l'allodialité était de droit, et de ceux où il fallait la prouver par titre, conserve encore quelque importance pour la solution de diverses questions de droit. Le mot *alleu*, pris toujours dans le même sens, se trouve écrit, soit dans les coutumes, soit dans les anciens titres ou dans nos vieux praticiens, d'un grand nombre de manières différentes. Ainsi, on lit *alleu*, *allueuf*, *alluez*, *alœuf*, *aleu*, *aiou*, *aloy*, *aleuf*, *aluel*, *aluez*. Une foule d'étymologies ont été assi-

gnées à ces mots, et il n'est pas de langue à laquelle quelque auteur n'en ait voulu faire honneur. Plusieurs de ces étymologies sont assez curieuses pour que nous croyions devoir en donner quelques exemples. Cujas et Ragueau prétendent qu'alleu ou aleu est composé d'*a* privatif, et du mot *lodis*, *leude*, *vassal*, parce que le possesseur d'un alleu n'était le leude, le vassal de personne; Budée, Alciat et plusieurs autres pensent qu'il est composé d'*a* privatif et du verbe *laudare*, parce que l'alleu ne devait aucun droit de lods. Selon Bodin, le mot alleu vient du mot *aldius* ou *aldia*, qui, dans les lois des Lombards, signifie affranchi; selon Jean Aventin et Bignon, dans ses notes sur Marculphe, il vient du mot *alode*, de l'allemand *ald*, qui, disent-ils, signifie ancien, parce que l'alleu était un ancien patrimoine. Vossius est à peu près du même avis. Caseneuve, auteur célèbre parmi ceux qui ont écrit sur les francs alleux, adopte une autre interprétation. « Quand les Barbares, dit-il, eurent conquis les terres de l'empire, on appela *sortes* non-seulement le pays de leurs demeures, parce que sans doute elles leur étaient partagées au sort, mais aussi les terres et les possessions échues en partage aux particuliers. » Caseneuve appuie ces assertions de nombreux passages de lois et de divers auteurs. Puis il ajoute : « Mais comme ces terres ne furent concédées qu'en usufruit, et qu'elles formaient ce qu'on appela depuis des fiefs et des bénéfices, ce fut alors, à mon avis, que, pour distinguer cette nature de biens qui avait été jusque-là inconnue dans l'empire romain, les possessions héréditaires et patrimoniales qui se trouvaient d'une condition différente de ces biens appelés *sortes*, prirent le nom d'*allodium* ou *allodis*, formé de la privative *a* et du nom de *alos*, qui signifie *sort* en langue tudesque ou allemande. » Nous glissons sur beaucoup d'autres étymologies plus ou moins ingénieuses, plus ou moins contestées, pour arriver à celle qui nous paraît la plus probable. Nous pensons qu'on doit regarder le mot *alleu* comme composé des deux mots *al* ou *all*, et *odh*. *Al* ou *all* signifie *tout* en allemand, en anglais, et dans presque toutes les langues du Nord; *old*, dans les mêmes langues, signifie *propriété*. La réunion de ces deux mots semble donc bien exprimer ce qu'était l'alleu, un bien possédé avec toute la plénitude de la propriété. Plusieurs auteurs, du reste, se sont plus ou moins rapprochés de cette opinion, qui est même formellement exprimée par quelques-uns d'eux, et notamment par le jurisconsulte feudaliste Loccenius. (A. Boué.)

ALLIAGE (chimie) [radical celtique *lia*, lien, d'où en latin *ligare*, lier]. — On appelle *alliage* la combinaison de plusieurs métaux. Si le mercure fait partie des corps combinés, le résultat prend le nom d'*amalgame*. Ainsi une pièce de 1 fr. composée 9/10 d'argent avec 1/10 de cuivre est un *alliage*, tandis que le tain (qui sert à l'étamage des glaces), composé de mercure et d'étain, est un *amalgame*. La combinaison d'un métal avec un autre métal en change plus ou moins les propriétés : il donne tantôt plus de résistance, comme le cuivre avec l'argent ou l'or, plus de sonorité et de dureté, comme le zinc avec l'étain, tantôt plus de ductilité comme le cuivre avec le zinc, plus de fusibilité, comme le bismuth avec le plomb et l'étain.

On prépare le plus souvent les alliages en faisant fondre ensemble les métaux que l'on veut combiner; puis on les brasse lorsqu'ils sont en fusion, surtout s'ils sont de densité différente, sans quoi l'alliage ne serait pas homogène. Il est souvent plus dense que les métaux constituants, parce que les molécules sont plus rapprochées; il est aussi souvent plus oxydable. Les alliages, pouvant s'obtenir sous la forme cristallisée, ne doivent pas être regardés comme de simples mélanges, mais bien comme de véritables combinaisons chimiques.

Parmi les principaux alliages, nous citerons le *bronze*, composé de cuivre et d'étain; le *laiton*, le *chrysocale*, le *similor*, composés de cuivre et de zinc; la *soudure des ferblantiers*, formée de plomb et d'étain; les *caractères d'imprimerie*, composés d'antimoine et de plomb; le *métal d'Alger*, alliage d'étain, de plomb et d'antimoine, qui imite l'argent; l'*alfénide*, alliage de cuivre, de zinc, de nickel et de fer; le *métal de la reine*, alliage d'étain, bismuth, plomb et antimoine, dont on fait des théières et des cafetières, etc. (Voy. *Métaux*.) — L'alliage du cuivre avec l'or et l'argent est très-usité dans la fabrication des objets d'orfévrerie. Il y a en France 3 titres légaux pour les objets d'or (0,920, 0,840 et 0,750) et 2 titres pour ceux d'argent (0,950 et 0,800); et comme garantie que ces titres ne sont pas dépassés, la loi veut que toute pièce d'orfévrerie, avant d'être livrée au commerce, soit soumise au contrôle qui en vérifie le titre et la poinçonne.   DUPASQUIER, professeur.

ALLIAGE (monnayage). L'alliage a lieu dans les monnaies ainsi que dans les ouvrages d'orfévrerie d'or et d'argent, par plusieurs raisons : 1° les métaux qu'on extrait des mines n'étant pas dans un état parfait de pureté, sont de titres et de qualités souvent bien différents; 2° les monnaies ainsi que les ouvrages d'or et d'argent devant avoir un titre fixe et certain; le mélange des métaux devient nécessaire pour les réduire à ce titre prescrit par les règlements. Ainsi on ne fabrique point dans les hôtels des monnaies de pièces d'or et d'argent sans un alliage de cuivre avec ces deux métaux, dans les proportions nécessaires pour leur donner le titre suivant les ordonnances.

On pratique deux sortes d'alliage dans les monnaies: l'un quand on fait usage de matières d'or ou d'argent qui n'ont point encore été mises en œuvre, et qu'on appelle pour cette raison *matières neuves*; elles sont toutes alors au même titre; l'autre quand on fond ensemble diverses sortes d'espèces ou de matières pour les convertir en espèces courantes. Dans la première opération, l'évaluation, c'est-à-dire la proportion de l'alliage à y mettre est facile, attendu qu'on connaît par l'essai le titre de ces matières neuves; il n'y a qu'à ajouter la quantité d'alliage ou de cuivre nécessaire pour ramener ces matières au titre prescrit pour les espèces cou-

rantes. Dans la seconde, le travail est plus compliquée, et exige un calcul assez long. Nous ferons observer que l'alliage pour l'or se fait par les trente deuxièmes qui manquent au titre ou qui l'excèdent dans les matières qu'on veut employer, et que pour l'argent on compte par grains de fin pour l'évaluation du titre. Pour déterminer le degré de l'alliage ou de pureté de l'argent, on le suppose divisé en douze deniers; lorsqu'il est allié à un dixième de cuivre, c'est un argent à onze deniers; lorsqu'il contient un sixième, l'argent est à dix deniers. On se sert, comme on l'a vu, du terme *amalgame* lorsqu'on allie le mercure avec les autres métaux. Le mercure amollit les métaux lorsqu'on les mêle ensemble sans les faire fondre; mais lorsqu'on y mêle une grande quantité de cette substance et qu'on les fait fondre ensemble, le terme *alliage* est, dans ce cas, celui dont on fait usage.   LARIVIÈRE, prud'homme.

ALLIAGE (RÈGLE D') (arithmétique).—C'est une opération par laquelle 1° connaissant les quantités qui doivent composer un mélange (ou un alliage) et le prix de l'unité de chacune d'elles, on veut trouver le prix de l'unité du mélange, 2° ou connaissant le prix de l'unité de chaque espèce de chose et le prix moyen du mélange, on veut déterminer la quotité de chaque espèce de choses qui doivent composer le mélange.

1er EXEMPLE.

On mélange ensemble 16 d. d. de blé à 4 fr. l'un, 5 d. d. à 3 fr. 50 et 8 d. d. à 3 fr.; quel est le prix d'un d. d. du mélange?

```
16 d d à 4  »  valent  4  » × 16 =  64  »
 5    à 3 50  —  3 50 ×  5 =  17 50
 8    à 3  »  —  3  » ×  8 =  24  »
29 d d valant................ 105 50   105,50 = 3 63.
 1    vaudra...................        29
```

2e EXEMPLE.

On a du vin à 0 fr. 75 et à 0 fr. 40 le litre; dans quelle proportion doit-on les mélanger pour que le litre du mélange, qui est de 100 l., vaille 0 fr. 50?

```
          0 fr. 75 (perte sur le litre 0 fr. 25) 10 l.
0 fr. 50 {
          0    40 (gain            0    10) 25 l.
                                              35 l.
```

Chaque litre à 0 fr. 75 qui sera vendu 0 fr. 50, donnera une perte de 0 fr. 25 et chaque litre à 0 fr. 40 un gain de 0 fr. 10; par conséquent, en en prenant 10 l. à 0 fr. 75, on a une perte 0 fr. 75 × 10, et en prenant 25 l. à 7 fr. 40, on a un bénéfice de 0 fr. 10 × 25, dont le gain compense la perte pour un mélange de 35 litres.

Puisque sur

un mélange de 35 l. il en faut 10 de 1re qualité,

Sur   1   il en faudra 10.

$$\frac{}{35}$$

Et sur 100 $\frac{10 \times 100}{35} = 28 \frac{1}{7}. \frac{4}{7}$ de la 1re

Et par conséquent 71 litres $\frac{3}{7}$ de la seconde.

3ᵉ EXEMPLE.

On fait fondre ensemble 70 grammes d'or au titre de 0,90, avec 30 gr. d'or au titre de 0,80; quel est le titre de l'alliage qui en résulte?

SOLUTION.

70 grammes d'or au titre de 0, 90 contiennent 63 gr. d'or pur; 30 gr. d'or au titre de 0,80 contiennent 24 gr. d'or pur; 100 gr. d'alliage contiennent donc 63 gr. + 24 gr., ou 87 gr. d'or pur. 1 gr. d'alliage contient 0 gr. 87 c. d'or pur.

Le titre d'alliage est donc de 0,87.

4ᵉ EXEMPLE.

Dans quelle proportion doit-on combiner l'or à 0,90 de fin avec de l'or à 0,80, pour composer un alliage de 0,87.

L'alliage demandé devant être au titre de 0,87, 1 gr. de cet alliage doit contenir 0 gr. 87 c. d'or fin. Ainsi 1 gr. d'or à 0,90 de fin contient de trop 0 gr. 03 d'or fin, et sur 1 gr. d'or à 0,80 de fin, il manque 0 gr. 07 d'or fin.

Il y aura donc compensation en combinant 7 gr. d'or à 0,90 de fin avec 3 gr. d'or à 0,80; car les 10 gr. d'alliage qui résulteront de cette combinaison contiendront de trop 7 fois 0 gr. 03, ou 0 gr. 21 d'or fin, et il manquera 3 fois 0 gr. 07, ou 0 gr. 21 d'or fin.

Chaque gramme de l'alliage demandé contient Donc 0 gr. 07 d'or à 0 gr. 90 de fin, et 0 gr. 03 d'or à 0 gr. 80 de fin.

DUPASQUIER, professeur.

ALLIAIRE (botanique) [ainsi nommée de l'odeur d'ail qu'elle exhale]. — Genre de plantes crucifères dont les fleurs sont blanches, le calice ouvert et la silique très-allongée. On les nomme plus communément *vélars*. — Voy. ce mot.

ALLIANCE — ALLIÉ (droit). — L'alliance est l'affinité que produit le mariage entre un époux et les parents de l'autre époux. — Les alliés sont ceux entre lesquels cette alliance existe. Il est établi par la jurisprudence qu'il y a alliance entre l'un des époux et les parents et enfants naturels de son conjoint, alors même que ces enfants seraient incestueux ou adultérins. Toutefois, il n'y a ni affinité ni alliance entre les parents d'un époux et ceux de l'autre époux. L'alliance peut donner lieu aux mêmes prohibitions et empêchements que la parenté. — Voy. *Parenté*.

Les alliés ne doivent être entendus comme témoins contre leurs alliés. (C. d'inst. crim., 156 et 322.) A certains degrés, l'alliance peut produire empêchement au mariage. (C. civ., 161, 162, 163 et 348.) — Voy. *Mariage*. L'alliance est dissoute avec le mariage dont elle est née; mais, quand la loi ne le défend pas, les effets qui en résultent ne cessent pas d'avoir leur cours. (C. civ., 206.) — Voy. *Aliments*. Le mari devenu veuf, ou même remarié, qu'il ait ou non des enfants de son précédent mariage, peut être appelé comme allié au conseil de famille des enfants de sa première femme. (C. civ., 407.)   J. E.

ALLIANCE (théologie). — Union du Seigneur avec l'homme. « Ce mot répond à celui des Hébreux *berith*, que la Vulgate traduit par *testamentum*, d'où sont venus les noms d'Ancien et de Nouveau Testament, pour désigner les deux grandes alliances que Dieu a faites, l'une avec les anciens Hébreux, l'autre avec son peuple nouveau, par la médiation de Jésus-Christ. Nous voyons dans la Bible que Dieu a contracté alliance avec les hommes en plusieurs rencontres. La première de ces alliances fut celle que le Seigneur fit avec Adam, lorsqu'après l'avoir créé, il lui défendit l'usage du fruit de l'arbre du bien et du mal. La seconde alliance est celle que Dieu fit avec l'homme après sa prévarication, en lui promettant un rédempteur. La troisième alliance est celle que Dieu fit avec Noé, lorsqu'il lui ordonna de construire un grand vaisseau pour y conserver les animaux et pour s'y mettre lui-même, ainsi que sa famille, à l'abri des eaux du déluge. Toutes ces alliances étaient générales; elles embrassaient le genre humain tout entier. Ainsi Adam et Noé traitaient avec Dieu au nom de tous les hommes. Il n'en fut pas de même de l'alliance que Dieu fit dans la suite avec Abraham; elle était beaucoup plus limitée, puisqu'elle ne regardait que ce patriarche et les descendants qu'il devait avoir par Isaac. » L'alliance de Dieu avec Adam a reçu le nom de *loi de la nature*; l'alliance avec Moïse, celui de *loi de rigueur*; l'alliance avec Jésus-Christ, celui de *loi de grâce*.

ALLIGATOR ou CAIMAN (zoologie) [de l'espagnol *lagarto*, lézard; les Anglais ont changé ce mot en celui d'*alligato* ou d'*alligator*]. — Une des trois grandes divisions du genre crocodile, dont les caractères sont : museau large, court et obtus; dents très-inégales et dirigées en dedans à la mâchoire inférieure; pieds à demi-palmés; bord externe des pattes postérieures manquant de dentelures. On en compte six espèces, toutes propres aux grands fleuves de l'Amérique. Le docteur Salacroux [1] décrit ainsi les principales.

L'espèce la plus remarquable est l'*alligator à lunettes*. Il doit cette dénomination bizarre à une crête osseuse qui, se portant transversalement de l'angle antérieur d'un œil à l'autre, imite grossièrement un 8 de chiffre et encore mieux des lunettes. Cette particularité, jointe à celle d'avoir les écailles des deux rangées médianes plus hautes que les autres, et surmontées d'une carène placée plus en dehors qu'en dedans, tandis que dans toutes les autres espèces cette carène est située au milieu de l'écaille, forme le caractère le plus saillant de l'alligator dont nous parlons. De plus, son museau diminue insensiblement de largeur de sa base à son sommet, et il porte sur la nuque une cuirasse formée de quatre rangées de fortes écailles qu'on n'observe pas sur les autres espèces. Cet animal surpasse tous ses congénères en grandeur; il a communément de trois à quatre mètres, et atteint quelquefois jusqu'à cinq mètres de longueur. Il est abondamment répandu dans presque

[1] *Hist. nat.*, t. Iᵉʳ. p. 563 et suiv.

toute l'Amérique-Méridionale, et se trouve dans les rivières, les étangs et les lagunes. Il est surtout très-commun à la Guyane et au Paraguay. Sa timidité est telle, malgré sa taille et sa force, qu'il n'ose jamais s'éloigner de l'eau, afin d'être toujours à portée de s'y jeter à l'approche du danger; il suffit pour l'y faire rentrer de l'approche ou de la seule présence d'un chien ou d'un homme. Cet animal est nocturne, ou du moins sa manière de vivre autorise à le croire; car il reste toute la journée au soleil, dormant sur le sable, et passe toute la nuit dans l'eau, occupé à pêcher. L'été il se tient dans les marais; et quand ceux-ci se dessèchent, ce qui reste d'eau dans le fond est rempli d'une si grande quantité de reptiles qu'on ne voit plus ce liquide. Ces reptiles sont alors très-dangereux, et il est probable que les grands mangent les petits. L'alligator à lunettes se nourrit de poissons et autres animaux aquatiques de toute espèce. Il est surtout très-adroit à prendre les canards qui se rendent à l'eau ou qui nagent à sa surface. Mais quelle que soit sa proie, il ne se donne jamais la peine de le dépecer et l'avale toujours tout entière. Cette espèce dépose ses œufs dans les bois, à peu de distance des eaux où elle fait son séjour, et a

soin de les couvrir de feuilles ou de paille pour les rendre difficiles à apercevoir. Ces œufs sont blancs, rudes au toucher et de la grosseur de ceux de l'oie; il y en a de trente à soixante dans chaque nid. Tout le temps que dure l'incubation, la femelle veille sur eux du bord du lac ou du fleuve qu'elle habite; et si quelque ennemi fait mine de vouloir les lui enlever, elle les défend avec courage, même au dépens de sa vie : elle ne fuit alors ni l'homme ni les chiens, tandis que dans les autres temps elle n'est nullement a craindre pour eux; elle est trop peu agile pour les atteindre à la course, et d'ailleurs sa timidité l'empêcherait de les attaquer.

Le même genre nous offre encore une espèce qui n'est pas moins remarquable que la précédente, c'est l'*alligator à museau de brochet*, ainsi appelé parce que son museau, large, déprimé et à bord peu effilé, ressemble à celui du poisson de ce nom. Cette con-

formation des mâchoires suffit à elle seule pour distinguer ce crocodile, et si l'on ajoute à ce caractère qu'il porte sur le front une arête longitudinale saillante et sur la nuque quatre plaques osseuses, il sera impossible de le confondre avec aucun autre. Sa taille est ordinairement de un mètre trente centimètres à un mètre soixante centimètres; mais elle était autrefois plus considérable, si l'on en croit les anciens historiens, qui la font aller jusqu'à cinq et même six à sept mètres. Il est probable qu'il y a eu un peu d'exagération dans leur récit; mais, d'un autre côté, il est certain que ces reptiles deviennent de plus en plus rares, et il ne serait pas impossible qu'on n'en trouvât plus qui arrivent à l'âge adulte. Cette espèce remonte plus au nord que l'alligator à lunettes; on dirait même qu'elle fuit la trop grande chaleur, car on ne la trouve pas en deçà de l'isthme de Panama; mais elle est abondamment répandue dans toute l'Amérique Septentrionale; elle est surtout très-commune dans le Mississipi, qu'elle remonte jusqu'à la rivière Rouge. Elle vit en grandes troupes dans les endroits où abonde le poisson, qui fait sa principale nourriture, quoi qu'elle attaque aussi les autres animaux; mais elle évite la mer, parce qu'elle craint d'y rencontrer des requins ou des chélonées de grande taille. Elle dort toujours la gueule fermée. L'alligator à museau de brochet a la voix très-forte et analogue à celle d'un taureau; il la fait entendre de temps en temps, pendant qu'il repose sur le bord de l'eau et lorsqu'il se voit poursuivi par quelque ennemi redoutable. Mais ce n'est que pendant l'été; l'hiver il s'enfonce dans la vase des marais et s'y engourdit, sans être gelé. Cependant sa léthargie est telle, lorsque le froid devient intense, qu'on peut le couper en morceaux sans l'en retirer. C'est au printemps que la femelle fait sa ponte; elle dépose ses œufs dans un trou par assises, séparées l'une de l'autre par des couches de terre gâchée. Non-seulement elle les surveille avec soin avant qu'ils soient éclos, mais elle n'abandonne pas même ses petits pendant les premiers mois qui suivent leur naissance, et les défend de la même manière que l'alligator à lunettes. — Voy. *Crocodile*.

ALLOCATION (droit) [en latin *allocatio*, formé de *allocare*, allouer; radical *locus*, lieu; action de placer et mettre en un lieu]. — L'allocation équivaut à l'approbation. Allouer une chose, c'est approuver, tomber d'accord sur l'allocation. On dit qu'on alloue d'un comptable, à un tuteur ou à un mandataire, certaines sommes en dépense, ce qui est une approbation relative (voy. *Compte*). L'allocation se dit aussi de l'attribution faite de droits ou de frais et honoraires à les officier public, à un mandataire ou autre.

ALLOPATHIE [du grec *allos*, autre, et *pathos*, maladie]. — Système médical qui a pour objet de guérir les maladies en employant les médicaments propres à les combattre d'après l'aphorisme : *Contraria contrariis curantur*; on l'appelle aussi *médecine hippocratique*. C'est l'opposé de l'*homœopathie*, qui a pour axiome : *Similia similibus curantur*.

Nous sommes obligé de faire ici un parallèle de ces deux systèmes de médecine. Voici les principaux points de doctrine des homœopathes. Selon eux, 1° *ils peuvent produire chez l'homme sain des symptômes semblables à ceux des maladies spontanées,* c'est-à-dire *produire des maladies médicamenteuses;* 2° *ils ont des spécifiques pour toutes les maladies;* 3° *ils déclarent que toutes les maladies chroniques sont de nature miasmatique.*

1° Disons d'abord qu'il est impossible de produire des maladies médicamenteuses. Si l'on peut, à l'aide de l'aconit, de la bryone, de la pulsatille, etc., produire quelques phénomènes morbides (empoisonnements, fièvres, vomissements, etc.), il n'est pas un seul agent thérapeutique capable de faire naître les symptômes d'une fluxion de poitrine, d'une fièvre typhoïde, d'une rougeole, d'une variole ou d'une scarlatine. On peut donc nier formellement la possibilité de déterminer à volonté telle ou telle maladie, ou les symptômes de telle ou telle affection.

2° L'expérience des siècles a réduit à trois ou quatre le nombre des médicaments spécifiques, c'est-à-dire des médicaments qui exercent une action spéciale sur un organe, sur une maladie particulière, qui en préviennent le développement ou en procurent presque constamment la guérison ; tels sont le *quinquina* dans les fièvres intermittentes ; le *mercure* contre les maladies constitutionnelles; le *soufre* contre les maladies de la peau ; l'*iode* contre les scrofules. Mais de ce petit nombre de spécifiques aux prétentions de l'homœopathie, la distance n'est-elle pas immense ?

3° Quant à la prétention des homœopathes d'assigner aux maladies chroniques une cause *intime*, elle n'est pas soutenable, puisque c'est là un des points les plus vulnérables de la science. Il suffit du reste de réfléchir que l'homœopathie, qui date à peine d'un demi-siècle, n'a pu précisément trouver ce que plusieurs milliers d'années d'observations n'avaient pas encore fait découvrir. Du reste, l'insuccès de cette nouvelle doctrine dans le traitement des maladies chroniques (goutte, rhumatismes, etc.) est là pour prouver la vérité de nos assertions.

Nous rentrons dans la voie de la raison et du sens commun, dit le docteur Racle, si nous nous adressons à l'allopathie ; celle-ci ne s'est jamais heurtée contre le premier écueil où l'homœopathie fait naufrage, car elle n'a jamais eu la prétention de créer des maladies de toutes pièces, et surtout de les faire à l'*image* des maladies naturelles. S'agit-il de traiter une *fièvre*, une *inflammation?* elle conseille l'emploi des moyens qui produisent les effets contraires à ceux de ces maladies, moyens tels que les antiphlogistiques : la saignée, les sangsues, la diète, etc. ; et elle démontre par l'expérience journalière que l'emploi de ces moyens est suivi, dans le premier cas, de la diminution de fréquence du pouls, de l'abaissement de la chaleur, de la cessation de l'agitation et du malaise fébrile; et dans le second cas, de la disparition de la rougeur et de la chaleur, de la tuméfaction et de la douleur inflammatoire. En disant encore que les agents qui produisent le resserrement des petits vaisseaux (astringents) arrêtent les hémorrhagies, elle parle à l'intelligence, et se fait beaucoup mieux comprendre que si elle affirmait le contraire; et la pratique justifie ces assertions.

Nous ne pouvons parler ici des essais officiels où l'on a vu l'homœopathie échouer contre l'allopathie [1], ni réfuter les prétendus effets obtenus à l'aide des médicaments dynamisés; nous renvoyons pour cela à l'article *Homœopathie*.

Nous ajouterons seulement que si la doctrine de Samuel Hannemann fit quelque bruit lors de son apparition (1810) et contribua beaucoup à la fortune des intéressés, nous croyons fermement que le nombre actuel des véritables homœopathes, c'est-à-dire de ceux qui croient sérieusement à l'homœopathie, est en réalité très-minime. La médecine hippocratique, au contraire, basée sur l'observation de la nature, s'enrichit chaque jour de découvertes importantes, et est arrivée à une précision de diagnostic que personne ne saurait méconnaître sans injustice.   B. **LUNEL.**

ALLUMETTES [formé de *allumer*]. — Petit morceau de bois ou de roseau, de chènevotte ou d'autre matière combustible soufré par les deux bouts, quelquefois par un seul. Les allumettes que l'on fournit au commerce sont en général de petits morceaux de bois carré, d'un demi-décimètre à un décimètre. Le procédé pour diviser ce bois en fragments convenables est tellement expéditif, qu'un ouvrier peut en débiter plus de 60,000 par heure. Mais ces allumettes ne peuvent s'enflammer qu'en les approchant d'un corps en ignition. On a donc imaginé les *allumettes oxygénées, phosphoriques* et *chimiques*.

Allumettes oxygénées. « Ce sont celles qui s'obtiennent en soufrant les bûchettes de bois par un de leurs bouts, puis en trempant le bout soufré dans une pâte formée de 60 parties de chlorate de potasse,

---

[1] A Saint-Pétersbourg, à Naples, à Lyon, à la Pitié, à Saint-Louis, à l'Hôtel-Dieu de Paris. — Sur sept cholériques traités homœopathiquement, en 1854, à l'hospice de la Salpêtrière, les homœopathes ont eu sept cas de mort.

14 de soufre et 14 de gomme, avec une quantité d'eau suffisante pour lui donner la consistance voulue. Enfin, on les colore en rouge avec du carmin, ou en bleu avec de l'indigo. Il suffit, pour les allumer, de les plonger dans un petit flacon contenant de l'amiante imbibé d'acide sulfurique concentré. » Leur usage est aujourd'hui peu répandu.

Allumettes phosphoriques. Elles sont dues à la combinaison du soufre et du phosphore, et s'enflamment par le frottement sur un corps rugueux. Elles ont cédé leur place aux allumettes chimiques.

Allumettes chimiques, dites aussi *chimiques allemandes.* Un mélange de 100 parties de chlorate de potasse, de 12 parties de soufre et de 10 parties de charbon s'enflamme au contact d'une baguette préalablement trempée dans de l'acide sulfurique. C'est sur la propriété oxygénante du chlorate de potasse, dit Hoefer, qu'est fondée la théorie de la préparation des allumettes dites chimiques. Pour préparer ces allumettes, on trempe des allumettes soufrées dans une espèce de pâte faite avec 60 parties de chlorate de potasse, 14 parties de soufre et 14 parties de gomme, et une quantité d'eau suffisante pour faire une pâte convenable. Lorsqu'on plonge ces allumettes dans de l'acide sulfurique, il y a production de flamme. L'acide se porte sur la potasse, qui met en liberté l'acide chlorique; et celui-ci, cédant son oxygène au soufre, donne naissance à de l'acide sulfureux et à du chlore. Le simple frottement suffit pour produire de la flamme. Avec un mélange pâteux fait avec du chlorate de potasse, du sulfure d'antimoine, du phosphore, du peroxyde de manganèse et de la gomme en proportions convenables, on prépare des allumettes qui s'enflamment, non plus au contact de l'acide sulfurique, mais par le frottement. En substituant au chlorate de potasse le nitre, on obtient des allumettes qui s'enflamment sans bruit.

Depuis quelques années on se préoccupait, avec raison, du danger d'empoisonnement qu'apportent avec elles les allumettes chimiques, et de la difficulté non-seulement d'y porter remède, mais encore de constater ses ravages après la mort. Au mois de janvier 1854, le docteur Caussé, d'Alby, présentait à l'Académie de médecine un mémoire dans lequel, signalant le mal, il proposait le remède, c'est-à-dire l'addition à la pâte phosphorée des allumettes d'une certaine quantité d'émétique, sorte d'éveil donné à l'empoisonné et au médecin expert. Mais c'était indiquer le danger sans le conjurer d'une manière victorieuse. M. Schrotter a fait plus : il a imaginé une nouvelle espèce de phosphore, le *phosphore rouge* (voy. ce mot), qui remplit, pour l'éclairage, le même office que le phosphore et toxique des allumettes, et qui n'offre nul danger. En 1855, MM. Orfila neveu et Rigout ont administré à des chiens 50 grammes de phosphore rouge sans produire le moindre accident, et MM. Bussy Chevalier, Lassaigne et Reynal ont individuellement fait des expériences concluantes (1856); tellement qu'elles ont désormais l'autorité pratique d'un fait que rien ne saurait démentir.

                                   A. P. C. Le Roi.

ALLURE (marine) [formé de *aller*]. — Disposition des voiles d'un navire par rapport à la direction du vent qu'elles reçoivent. Cette disposition est essentiellement variable. On conçoit, en effet, qu'elle doive être souvent modifiée, à raison de la route à suivre et de la diversité des angles sous lesquels le vent frappe les voiles.

Toutefois, dans la pratique, on ne compte que trois allures dont les autres se rapprochent plus ou moins: l'*allure du plus près du vent, du vent largue et du vent arrière* (fig. 73, page 218).

Cette dernière, représentée par le n° 1 de la figure, semble la plus naturelle et la plus directe : le vent souffle de l'arrière à l'avant, dans le sens de l'axe longitudinal ou de la quille du bâtiment; les voiles sont disposées de manière à recevoir l'impulsion suivant une ligne perpendiculaire à leur surface.

Dans l'allure du largue (n° 3), le vent frappe les voiles plus obliquement et en formant un angle droit avec la quille du navire; c'est celle qui, sur les bâtiments à plusieurs mâts, présente le plus d'avantages; il doit en être ainsi, puisque, contrairement à ce qui a lieu pour l'allure vent arrière, les voiles de derrière n'ont pas pour inconvénient de masquer et de rendre inutiles celles de devant.

Dans l'allure du plus près (n° 2), les voiles sont disposées de manière à recevoir le vent, de l'avant à l'arrière, sous l'angle le plus aigu possible; c'est celle que l'on est obligé d'employer pour lutter contre un vent contraire. Il paraît difficile de comprendre au premier abord comment, sous une pareille impulsion, le navire puisse avancer. Ce résultat s'explique facilement : A étant la direction du vent, l'effet qu'il produit sur les voiles B tend à faire dévier le bâtiment à gauche; sur les voiles C, à le diriger sur la droite, et, en vertu du principe de la décomposition des forces, la résultante de ces deux impulsions contraires se résout en une marche progressive, mais légèrement dérivante, que facilitent la résistance de l'eau contre la quille et les formes fines et évasées de l'avant du navire.

Il convient d'indiquer une autre allure qui est la contre-partie du vent arrière, celle du vent devant; elle ne sert qu'en cas de marche rétrograde et lorsque pour éviter un abordage, un danger, il devient nécessaire de diminuer la vitesse acquise au moyen de l'une des autres dispositions de voilure.

                                   E. Bourgain.

ALLURE.—Ce mot se dit aussi des diverses attitudes qu'affectent les animaux : il s'applique plus particulièrement à celles du cheval. Pour qu'un cheval ait les allures franches et parfaites autant que possible, il faut qu'il ait les épaules libres, les hanches vigoureuses et le ressort du jarret souple. Ce qui distingue le cheval arabe, c'est la vitesse et surtout le moelleux et la douceur de ses allures. (*Napoléon.*)

ALLUVIONS (géologie) [en latin *alluvio*, de *luo*, baigner, et *ad*, auprès]. Dépôts formés par la vase, le sable, le gravier, les débris organiques ou autres, entraînés ou rejetés sur les côtes par les eaux de la mer, et sur les rivages et à l'embouchure des fleuves et des grandes rivières. Ces dépôts enrichissent la terre lorsqu'ils sont principalement composés de limon, comme il arrive pour la Seine, la Saône et surtout pour le Nil ; mais ils l'appauvrissent, au contraire, lorsqu'ils sont trop chargés de sable. Les deltas de la Basse-Égypte et du Danube, le sol des vallées du Pô et de l'Arno, les polders de la Hollande, et généralement les terrains qui bordent les mers du nord sont des exemples d'alluvions reconnaissant pour cause les crues d'eau de l'époque actuelle. — La plùpart des ouvrages de science veulent que l'accumulation successive de fragments de roche, de cailloux, de graviers, de débris de tout genre enfin, donne lieu aux

(Voy. *Attérissement* et *Accroissement*.) Il en est de même des relais que forme l'eau courante qui se retire insensiblement de l'une de ses rives en se portant sur l'autre. Le propriétaire de la rive découverte profite de l'alluvion, sans que le riverain du côté opposé puisse venir réclamer le terrain qu'il a perdu. Toutefois, ce droit n'a pas lieu à l'égard des relais de la mer. (*ibid.* 557.) (Voy. *Relais de la mer*). Ces relais sont considérés comme des dépendances du domaine public (*ibid.* 538). De même l'alluvion n'a pas lieu à l'égard des lacs et étangs, dont le propriétaire conserve toujours le terrain que l'eau couvre quand elle est à la hauteur de la décharge de l'étang, encore que le volume de l'eau vienne à diminuer.

Fig. 72. — 1. Allure du vent arrière.   2. Allure du plus près.   3. Allure du largue.

terrains d'*alluvions* ou terrains *tertiaires* ; cependant, comme on l'a remarqué pour la surface des grandes plaines et le fond des grandes vallées, il s'est formé des alluvions dans des temps bien antérieurs à l'époque actuelle ; aussi ne doit-on pas dire qu'il y a des terrains d'alluvions, mais des formations alluvionnaires. Il y a des alluvions d'eaux douces et des alluvions d'eaux marines. Plusieurs savants désignent ces dernières par le mot *attérissement*. — Voy. ce mot.

En droit, l'alluvion profite au propriétaire riverain, soit qu'il s'agisse d'un fleuve ou d'une rivière navigable, flottable ou non, mais à la charge, dans le premier cas, de laisser le marche-pied ou chemin de halage, conformément aux règlements (C. civ. 556).

Réciproquement, le propriétaire de l'étang n'acquiert aucun droit sur les terres riveraines que son eau vient à couvrir dans des crues extraordinaires. (*ibid.* 558.) (Voy. *Cours d'eau, Propriété*). Dans l'antiquité, la loi n'avait pas érigé comme règle l'acquisition de l'alluvion au profit du riverain sur le fond duquel elle s'était formée. Strabon, historien et géographe contemporain d'Auguste et de Tibère (premier siècle avant J. C.), nous apprend qu'en Égypte, les terrains des particuliers étaient marqués avec une précision tellement exacte, que chacun pouvait, après les débordements du Nil, reconnaître et reprendre ce qui lui appartenait.   JEAN ÉTIENNE.

ALMAGESTE [de l'arabe *al*, le, et du grec *megistos*, très-grand]. Nom d'un célèbre Traité d'Astronomie composé par Cl. Ptolémée, vers l'an 149, et qu'il intitule *Syntaxis*. c'est-à-dire syntaxe, construction. Des éditeurs ajoutèrent plus tard à ce titre l'épithète de *megisti*, (très-grande), et les Arabes qui le traduisirent l'appelèrent *ritab* (livre) *al megisti*, c'est-à-dire le grand livre, le livre par excellence. Les traducteurs occidentaux prirent ce mot *megisti* pour le nom de l'auteur, et, à force d'être répété, l'ouvrage de Ptolémée prit le nom d'*Almageste* et le conserva même après la découverte du manuscrit sur lequel fut faite la première édition grecque de l'Almageste (Bâle, 1538). « L'Almageste est d'autant plus précieuse pour nous, qu'elle contient toutes les notions astronomiques des anciens; mais il est difficile de savoir ce qui appartient en propre à Ptolémée, car les ouvrages antérieurs ne nous sont point parvenus. On paraît porté à croire qu'il n'a été que compilateur, et on est allé jusqu'à l'accuser d'avoir détruit les livres de ses devanciers, afin de mieux déguiser ses plagiats. Il est juste de dire cependant que cette grave accusation ne repose sur aucun fondement réel. Quoi qu'il en soit de cette question, l'Almageste fit loi en astronomie jusqu'à Copernic. Le système du monde, connu sous le nom de système de Ptolémée, et suivant lequel la terre, placée immobile au centre de l'univers, voit les cieux se mouvoir autour d'elle, d'orient en occident, fut non-seulement adopté par les savants, mais fut même regardé comme le seul orthodoxe, puisque Galilée encourut les censures de l'Église, pour s'être rangé aux nouvelles idées qui faisaient du soleil le point central de notre système. L'Almageste contient en outre un traité complet de trigonométrie rectiligne et sphérique; un catalogue de 1,022 étoiles classées en 48 catastérismes; des recherches sur la parallaxe du soleil, ou, pour mieux dire, sur sa distance de la terre, ainsi que sur celle de la lune; une méthode pour calculer les éclipses, qu'on attribue à Hipparque; enfin, un système d'arrangement des corps célestes et de leurs révolutions. On trouve dans le même livre une description des instruments d'astronomie usités à cette époque. » La meilleure édition de l'Almageste est celle publiée par l'abbé Halma en 1813-1815, avec une traduction française. En 1651, le jésuite Riccioli, savant astronome italien, a publié également, sous le titre de *Nouvel almageste*, un recueil d'observations astronomiques que de Lalande et Delambre ont qualifié de *trésor d'érudition*.

ALMANACH [mot arabe qui signifie *le compte, le comput*]. — Tableau indiquant les divisions de l'année, les saisons, les mois, semaines et jours, les phases de la lune, les éclipses, etc. Connus de temps immémorial, leur usage s'est surtout établi en Europe depuis le christianisme. Jusqu'à l'époque de l'invention de l'imprimerie, disent MM. Vorepierre et Marcoux, on les affichait dans les églises, afin qu'ils pussent être consultés plus facilement. Les rédacteurs des premiers almanachs imprimés furent astrologues et médecins. En cette double qualité, ils ajoutèrent aux observations purement astronomiques diverses prédictions relatives aux changements de

température et aux *événements politiques*, ainsi que des conseils ridicules sur les jours fastes ou néfastes pour certaines opérations. Ces livres se répandirent partout; mais les quelques indications utiles qu'ils contenaient se trouvaient ainsi étouffées sous un fatras de rêveries absurdes; car plus les oracles étaient obscurs et les prédictions sinistres, plus l'almanach avait de succès. Au seizième siècle, quelques tentatives furent faites pour améliorer ces publications, qui forment encore la seule lecture d'une foule de personnes. Cependant, en plein dix-septième siècle, on vit paraître l'un des livres les plus déplorables de ce genre, l'almanach de *Matthieu Laensberg*, dont le plus ancien exemplaire connu porte la date de 1636. Ce fut pour combattre l'influence fâcheuse de cet almanach qu'un siècle plus tard on publia le *Bon Messager boiteux de Bâle en Suisse*. Ce dernier ne tarda pas à acquérir une vogue immense, et contribua singulièrement, sans toutefois rompre en visière avec les préjugés populaires, à faire pénétrer chez les habitants des campagnes des idées plus saines et un certain nombre de notions utiles. Néanmoins, il ne put détrôner son antagoniste; et, il y a une vingtaine d'années, le *Matthieu Laensberg* se débitait encore à cent mille exemplaires environ. Comme ce genre d'ouvrage, en s'adressant à tout le monde, exerce une certaine influence sur une partie de la population, plusieurs gouvernements, tels que la Prusse et la Russie, ont cru devoir s'en réserver le monopole. — En Angleterre, le droit de publier les almanachs était encore, il y a quelques années, le privilége exclusif d'une compagnie, qui était du reste sous la dépendance du gouvernement; ces publications étaient en outre assujéties au timbre En France, l'autorité publie un almanach sous le titre d'*Almanach impérial*; ce livre, dont la publication remonte à l'année 1699, a un but d'utilité tout spécial. Il contient la liste de tous les membres des familles souveraines de l'Europe, et présente le tableau officiel des principaux fonctionnaires et employés de l'administration française. Il existe dans plusieurs pays des almanachs de cette nature. Actuellement le nombre des almanachs qui se publient chez nous chaque année est fort considérable; mais ces ouvrages diffèrent complétement des anciens livres de ce genre sous le rapport de l'élégance et de la rédaction. La plupart d'entre eux sont de véritables *annuaires*. — Voy. *Annuaire* et *Calendrier*.

ALOÈS (botanique) [en grec, *aloé*]. — Genre de plantes de la famille des liliacées (hexandrie monogynie L.), tribu des aloïnées, dont les caractères principaux sont : calice à six divisions profondes; six étamines attachées par la base du calice; un stigmate trilobé; les racines sont fibreuses. Ces plantes sont remarquables par leurs feuilles radicales épaisses, charnues, à bords dentés et piquants, mucilagineuses à l'intérieur, et renfermant des vaisseaux propres remplis d'un suc amer qui, desséché, constitue l'aloès officinal.

Les espèces d'aloès connues sont au nombre de plus de cent soixante-dix, qui toutes croissent dans les régions chaudes du globe, particulièrement au cap de Bonne-Espérance et dans l'Inde. Pour les reconnaître plus facilement, dit Young, on les a distribuées en trois groupes principaux, dont le premier comprend les espèces à fleurs petites ; le second, les espèces à fleurs recourbées; et le troisième, celles à fleurs grandes. Les subdivisions de ces groupes sont fondées sur la présence ou l'absence d'une tige, sur la disposition des feuilles, sur les dentelures et les taches dont elles sont munies ou dépourvues, etc. Un assez grand nombre de ces espèces sont cultivées dans nos serres chaudes ou tempérées, à cause de la singularité de leur port et de la beauté de leurs fleurs : tels sont, entre autres, l'aloès vulgaire ou faux succotrin; l'aloès corne de bélier (al. fruticosa), ainsi appelé à cause de ses feuilles renversées en dehors; l'aloès mitré; l'aloès féroce, dont les feuilles sont armées de nombreuses épines; l'aloès à ombelle,

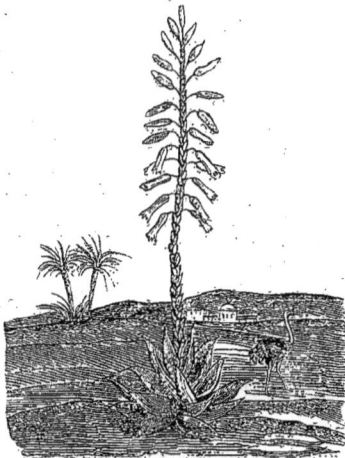

Fig. 74. — Aloès.

qui laisse pendre ses fleurs très-grandes et du plus beau rouge safrané; l'aloès langue de chat (al. linguiformis), dont le nom rappelle la forme de ses feuilles, etc. Les aloès sont d'une culture et d'une conservation faciles; on les met dans une terre légère, reposant sur de gros gravier ou des plâtras, et on leur donne un peu d'eau, parce que leurs feuilles charnues en contiennent déjà beaucoup et en perdent peu par l'évaporation. On les multiplie de graines dans une terre maigre et sur une couche tiède, ou plus souvent de rejetons, dont on laisse sécher la plaie deux ou trois jours, et que l'on confie ensuite à une terre sèche et légère s'ils appartiennent à de petites espèces, plus substantielle s'ils proviennent d'espèces grandes et à tiges arborescentes. Parmi les Mahométans, et particulièrement en Égypte, l'aloès a un caractère symbolique et religieux; les pèlerins, à leur retour de la Mecque, le suspendent à leurs portes pour témoigner qu'ils ont

accompli leur pieux voyage. Les Égyptiens superstitieux s'imaginent qu'il a la vertu de préserver leurs demeures des apparitions et des mauvais esprits. Les anciens paraissent avoir employé l'aloès pour embaumer les corps.

Les espèces du genre aloé qui fournissent l'aloès du commerce sont assez nombreuses. On les attribue principalement aux aloé perforata, elongata, spicata et linguæformis.

Le mode d'extraction de l'aloès n'est pas bien connu et varie selon les pays où on le recueille. On en distingue dans le commerce trois espèces : l'aloès succotrin, l'aloès hépatique et l'aloès caballin. L'aloès succotrin est à peu près le seul employé en médecine. Il est en masses irrégulières, fragiles, d'un brun roucâtre, demi-transparentes; ses fragments sont fort brillants. Son odeur est aromatique. Il se ramollit sous le doigt assez facilement; brisé en petits fragments et séché à l'air, il se pulvérise facilement, et la poudre est d'un jaune doré; sa saveur est extrêmement amère. Il est apporté principalement du cap de Bonne-Espérance. Son nom lui vient de ce que le commerce le tirait jadis de l'île de Socotora; mais cette contrée en fournit actuellement fort peu. La composition chimique de ce suc n'a été bien étudiée que dans ces dernières années (voy. Aloétine.) Ses effets purgatifs sont connus depuis la plus haute antiquité; mais sa saveur extrêmement amère rend son administration difficile; aussi est-ce en pilules qu'on en fait le plus fréquemment usage. Il y a deux préparations d'aloès qui sont devenues populaires, ce sont les grains de santé du docteur Frank, ou grains de vie, et les pilules d'Anderson (pilules écossaises).

L'aloès est aussi employé quelquefois comme fébrifuge et anthelmintique; mais c'est surtout comme purgatif qu'il est administré. Il est contre-indiqué chez les personnes atteintes d'hémorrhoïdes. La pulpe des feuilles de l'aloès succotrin, appliquée sur les brûlures les plus graves, en neutralise promptement la douleur.   Édouard Vallin.

ALOÉTINE (chimie). — Principe immédiat de l'aloès, obtenu pour la première fois en 1846, par M. E. Robiquet, et dont les éléments sont le carbone, l'hydrogène et l'oxygène sans traces d'azote. Depuis quelques années, les nouvelles investigations de ce savant, avaient pour but la cristallisation de ce principe et l'étude de ses propriétés purgatives; aussi le 26 février 1856, M. Robiquet annonçait-il à l'Académie de médecine de Paris, qu'il était parvenu à ce résultat. Voici un résumé de ce que dit à ce sujet la France médicale du 26 avril 1856 :

Les premières expériences de M. Robiquet avaient été faites sur l'aloès succotrin, comme étant celui qui jouissait, dans la matière médicale, de la meilleure réputation, tant pour sa pureté que pour ses propriétés purgatives; mais sachant qu'un chimiste d'Edimbourg, en traitant par l'eau froide et par la méthode de déplacement l'aloès Barbade trituré avec du sable, avait obtenu une substance cristalline qu'il avait appelée aloïn, il reprit ses premiers travaux, mais cette fois sur l'aloès-Barbade, et, comme son collègue, il obtint les cristaux qu'il avait si vainement cherchés dans l'aloès succotrin. Mais à quoi était due cette différence, et pourquoi ne pouvait-il obtenir avec l'aloès succotrin ce qu'il obtenait si facilement avec l'aloès-Barbade, de l'aloétine cristallisée? car il n'y avait pas de différence entre l'aloïn du chimiste d'Edimbourg et l'aloétine qu'il avait isolée depuis dix ans; si ce n'est que, jusque-là, son aloétine était amorphe, tandis que l'aloïn se présentait sous la forme cristalline. Les causes d'une telle dissemblance ne pouvaient échapper longtemps à sa sagacité; aussi, en dissolvant l'aloès-Barbade dans l'eau bouillante et en évaporant la dissolution à siccité au bain-marie, M. Robiquet reconnut que cet aloès avait perdu tous ses caractères physiques pour prendre ceux de l'aloès succotrin, et qu'il lui était impossible d'en obtenir l'aloétine cristallisée, comme il l'avait fait avant de le soumettre à l'action de l'eau bouillante; il devait nécessairement en conclure que l'aloès succotrin, l'aloès du *Cap* et toutes les variétés du suc d'aloès à l'aspect vitreux et transparent, ont subi pour leur dessiccation l'action de la chaleur, qui modifie leur principe cristallisable, le rend amorphe et insoluble dans l'eau; tandis que l'aloès-Barbade, au contraire, ainsi que toutes les espèces de sucs d'aloès opaque et à cassure cireuse ont été obtenues par dessiccation à l'air libre et sans le secours de la chaleur; ce qui permet d'en retirer l'aloétine cristallisable puisqu'elle n'a point éprouvé de modification dans ses propriétés.

Le procédé du chimiste d'Edimbourg, bien que très-simple en théorie, ne paraît pas aussi facile dans son application; il exige un temps fort long pour opérer dans le vide (car on sait que la chaleur modifie le principe cristallisable et le rend amorphe) un grand volume de liquide qui laisse en définitive une très-petite quantité de cristaux d'aloétine. M. Robiquet préfère avec raison le procédé suivant, qui lui a fourni jusqu'à 15 pour 100 d'aloétine cristallisée.

On prive l'eau distillée de l'air qu'elle contient à l'aide d'une ébullition prolongée pendant une heure, et l'on en verse 2 kilogrammes sur un kilogramme d'aloès-Barbade en poudre placé dans une terrine; on agite rapidement; l'aloès se dissout promptement, et quand la dissolution est opérée on recouvre exactement la terrine et on laisse reposer pendant un quart d'heure. On décante ensuite ce liquide dans une conserve en verre de manière à ce qu'elle soit entièrement remplie; on verse à la surface une légère couche d'éther pour éviter la formation des moisissures. On bouche la conserve avec son couvercle, qu'on lute exactement, et on l'abandonne pendant un mois dans un lieu frais. Au bout de ce temps on décante, et l'on trouve l'intérieur tapissé de concrétions qui sont un mélange de matières terreuses, d'aloétine amorphe et d'aloétine cristallisable. La faible solubilité de l'aloétine cristallisable, et sa densité beaucoup plus grande que celle des substances qui l'accompagnent permet de l'en séparer pour ainsi dire mécaniquement par lévigation.

On trouve alors au fond de la capsule où se fait le lavage, des grains cristallins radiés jaunâtres, s'écrasant sous la dent à la manière de la cire, se colorant rapidement en rouge au contact de l'air humide ou de l'acide azotique; c'est l'aloétine brute : pour la purifier on la lave avec de l'alcool à 36° centésimaux jusqu'à ce qu'il se colore en jaune pâle, et on la fait cristalliser plusieurs fois dans l'alcool à 86° centésimaux. L'aloétine pure se présente sous la forme d'aiguilles prismatiques d'un beau jaune de soufre. Elle est peu soluble dans l'eau froide, et un peu plus soluble dans l'éther; mais son véritable dissolvant est l'alcool à 86° centésimaux ou 36° de Baumé. On ne peut faire intervenir la chaleur pour faciliter sa dissolution à cause de la profonde altération qu'elle éprouve sous son influence. Sa saveur d'abord nulle ne tarde pas à se développer avec une amertume caractéristique.—L'aloétine pure communique aux acides une couleur jaune citron, car la coloration rouge que prend l'aloétine brute sous l'influence de l'acide azotique ou de l'air humide est due à une substance étrangère qui se trouve dans le suc d'aloès même à l'état frais, et qui, bien qu'incolore, communique à la partie charnue de la feuille d'aloès la faculté de se colorer rapidement en rouge violacé au contact de l'air, quand on vient de la déchirer. Si l'on soumet l'aloétine pure à l'action prolongée de l'acide azotique bouillant, elle s'y dissout, et si l'on verse dans la solution de l'eau froide, il s'y dépose une poudre jaune verdâtre caractérisée par la magnifique teinte violette qu'elle communique à l'ammoniaque : c'est de l'acide *chrysammique*.

Quant aux propriétés thérapeutiques de l'aloétine, M. Robiquet a reconnu que l'aloès-Barbade seul fournit de l'aloétine cristallisable mais non purgative; tandis que dans l'aloès succotrin l'aloétine a perdu sa faculté de cristalliser, mais a acquis à un haut degré la propriété purgative. Or, si l'on veut préparer de l'aloétine, il faut, sans contredit, employer de l'aloès-Barbade ou hépatique; mais si l'on recherche un bon purgatif, c'est à l'aloès succotrin qu'on doit avoir recours.   Dr C. FAVROT.

ALOINÉES (botanique). — Tribu de la famille des liliacées; plantes généralement grasses et charnues, quelquefois arborescentes, à sépales ordinairement soudés en tube, dont le genre type est l'*aloès*. — Voy. ce mot.

ALOMANCIE (sciences occultes) [du grec *als*, sel, et *manteia*, divination]. — Lorsque chez les anciens on oubliait de mettre le sel sur la table, ou lorsqu'une salière était renversée par accident, on ne manquait pas de trouver là le présage de quelques malheurs. Cette espèce de superstition, qui existe encore dans certaines familles, est un reste de l'alomancie ou divination par le sel, qui doit disparaître devant les sources d'instruction qui coulent aujourd'hui de toutes parts.

ALOPÉCIE (pathologie) [du grec *alopex*, renard, cet animal étant sujet à une espèce de gale annuelle suivie de la chute des poils]. — Maladie qui détermine la chute complète ou partielle des cheveux et des poils. Disons d'abord que l'on confond assez généralement les mots *alopécie* et *calvitie*; cependant, pour le médecin, il y a une grande différence. En effet, « l'alopécie est une maladie, tandis que la calvitie ne doit s'entendre que de la chute des cheveux par les progrès de l'âge [1]. » L'alopécie est générale ou partielle. Dans le premier cas, les cheveux, les sourcils, les cils, les moustaches, la barbe, les poils des aisselles, etc., quittent leurs bulbes et tombent, la totalité de la surface du corps reste donc *entièrement* dégarnie de poils; dans le second, l'alopécie est parcellaire, c'est-à-dire par plaques plus ou moins nombreuses. Lorsque ces plaques tombent, dit le docteur Fabre les tiges pileuses se détachent par masses, par grosses mèches au moindre attouchement du peigne ou par le seul frottement de l'oreiller sur lequel la tête repose; *elles tombent pour nous servir de l'expression de l'auteur d'une monographie récente sur le système pileux, comme les feuilles sèches des arbres alors qu'un léger souffle les agite.* — Si l'on examine les tiges pilaires détachées, on les trouve en grande partie dépourvues de leurs bulbes; ces bulbes persistent donc dans l'épaisseur du derme, et cela devait être, puisque les poils tombés se reproduisent le plus souvent. On manque cependant de recherches anatomiques sur la condition pathologique des bulbes à la suite de l'alopécie; la seule observation que nous connaissions à ce sujet est celle que Bichat a consignée dans son *Anatomie descriptive*. Il s'agit d'un cadavre alopécique dont la dissection a fait constater, non-seulement l'existence des bulbes dans le tissu de la peau, mais aussi des gaînes membraneuses qui paraissaient saines, et des petits troncs de nouvelles tiges capillaires qui n'avaient pas encore franchi le derme. — Dans l'*Histoire de l'Académie des sciences*, Lemery rapporte qu'un homme, à la suite d'une diarrhée, commença à perdre les cheveux, puis les sourcils, les poils de la barbe, et enfin les poils de tout le corps; en repullulant, les cheveux sont devenus plus épais et plus beaux qu'avant leur chute, tandis que les poils de la barbe, au contraire, sont restés plus faibles et plus rares. — Le docteur Gilette a observé, il y a peu d'années, une alopécie partielle épidémique dans un lycée de Paris, dont il a fait la communication suivante à la Société médicale d'émulation. « Il n'est rien de plus commun, dit l'auteur, que d'observer l'alopécie partielle chez les individus qui ont été atteints, soit d'*impetigo*, soit de *favus* (voy. ces mots), soit d'un érysipèle du cuir chevelu, de rougeole, de scarlatine, etc.; mais il est une forme rare, qui survient sans cause connue, et que les médecins anglais ont décrite sous le nom de *porrigo decalvans*, affection dont Alibert n'a point parlé, et que MM. Casenave et Schedel ne distinguent point des autres sortes d'alopécie. M. Rayer, dans son traité des maladies de la peau, n'ajoute rien à ce qu'en ont dit les médecins anglais. — Voici comment s'exprime à ce sujet, après Wilan, le docteur Bateman

[1] B. Lunel, *Dictionn. critique et raisonné des erreurs et préjugés en médecine*.

qui, dans la planche 40 de son ouvrage, en donne une représentation fidèle. Cette maladie est, dit-il, caractérisée par des plaques plus ou moins circulaires dépourvues complétement de cheveux, et autour desquelles la chevelure est aussi touffue qu'à l'ordinaire. La peau de la tête dans ces places est unie et d'une blancheur remarquable. On a rencontré cette maladie dans une grande réunion d'enfants où régnaient les autres formes du porrigo; mais d'autres fois elle a apparu sans qu'aucune cause de communication ait pu être saisie ou même supposée. Le docteur Gilette rapporte ensuite en ces termes les faits qui lui sont propres [1] : « Je viens d'avoir l'occasion d'observer cette affection du cuir chevelu dans un des colléges royaux de Paris, où sont pris les soins les plus minutieux de propreté, et où, certes, une seule pustule de teigne ne pourrait se montrer sans que l'élève fût sur-le-champ séparé des autres. Il y a quatre mois, un élève de douze à treize ans arriva de province. Dans le village où il vivait habituellement, existait-il des teigneux? C'est ce que je n'ai pu savoir. Le lendemain de son arrivée, on reconnut qu'il portait sur un des côtés de la tête, au devant de l'oreille, une place dégarnie de cheveux, ayant à peu près trois centimètres de diamètre. Le médecin de l'établissement l'examina, n'y vit rien de suspect, et pensa qu'il pouvait impunément habiter avec les autres élèves. Au bout de quinze jours, le voisin d'études de celui-ci eut également la tête dépouillée d'une largeur un peu moins grande, sans qu'aucun signe précurseur eût pu avertir. Depuis ce temps et dans la même étude, six autres élèves ont été atteints et toujours brusquement, mais jamais dans une étendue plus grande que celle que je viens d'indiquer. Chez tous il ne s'est montré qu'une seule place qui s'est peu élargie. J'ai plusieurs fois examiné avec soin les places mêmes lorsqu'elles commençaient à se former, et je n'ai rien remarqué que cette *blancheur* indiquée par Bateman. » — De cette observation, on peut conclure : 1° que les auteurs anglais ont eu raison de faire de cette affection une espèce particulière; 2° qu'elle semble être contagieuse et qu'il serait prudent d'isoler des autres enfants les premiers sujets qui en sont atteints.

Les causes de l'alopécie sont très-nombreuses, et les faits que nous venons de rapporter prouvent que quelques-unes sont tout à fait inappréciables. Parmi les causes connues, les unes sont générales et peuvent se rattacher à l'état de faiblesse qui accompagne les grandes maladies (fièvre typhoïde, variole, phthisie au dernier degré, etc.); les autres surviennent à la suite d'affections dartreuses (eczéma, impétigo, pityriasis, favus surtout, etc.), qui altèrent les bulbes pileux, ou résultent encore d'un état général de l'économie, d'un virus particulier, etc.

Le pronostic de l'alopécie se déduit de la nature et de la cause de l'affection: il est favorable lorsque la dépilation est partielle ou lorsqu'elle survient à la suite de maladies aiguës; il est plus grave lors-

[1] *Gazette méd.*, 1839, p. 575.

qu'elle accompagne les maladies chroniques, etc.

Traitement. — La véritable thérapeutique de cette affection est encore à trouver, car malgré les applications émollientes, les lotions d'eau de guimauve, de morelle, d'eau de savon, d'huiles de laurier, de lavande, de genièvre ; les décoctions de feuilles de noyer, de petite centaurée, de marrube, de quinquinna, d'hydrochlorate de soude ; la teinture de cantharides, etc., on a peu de chances de réveiller la vitalité des bulbes pileux. L'usage de raser les cheveux a été utile dans certains cas, attendu que le suc nourricier ne se perdant plus dans la longueur des cheveux a pu servir à la nutrition d'un plus grand nombre ; mais on ne doit pas oublier qu'il faut plutôt agir sur la constitution, quand le principe de la maladie est connu. L'abrasion à l'aide du rasoir à la suite de maladies aiguës peut donner lieu à des accidents[1]. Quant à cette foule de philocomes indiqués comme remèdes contre l'alopécie, telles que les graisses d'ours, de cerf, de lapin, de serpent ; l'eau de la reine de Hongrie, etc., etc., ils ne peuvent qu'enrichir ceux qui les exploitent avec tant de succès. Le seul traitement prophylactique est l'observation rigoureuse des règles de l'hygiène.

B. LUNEL.

ALOSE (zoologie) [en latin *alosa*]. Espèce de poisson du genre hareng et de la famille des clupes, qui habite les côtes de l'Europe et de l'Amérique septentrionale. Bien que ces poissons ressemblent aux harengs par toutes leurs formes, ils en diffèrent par leurs dents, moins fortes et moins nombreuses ; quelquefois même il y a absence totale de dents, et leur mâchoire supérieure, au lieu d'être entière, comme dans les harengs, est échancrée. La taille des aloses est d'ailleurs plus grande ; elle atteint quelquefois jusqu'à un mètre ; et leurs habitudes présentent des différences avec celles des harengs. Ainsi « tandis que ceux-ci n'habitent que le Nord, et que leurs voyages se bornent à aller d'une mer à l'autre, les *aloses* également répandues dans les mers méridionales, tempérées ou glaciales, s'engagent dans les rivières, comme les salmonés, et en suivent le courant dans une étendue plus ou moins considérable. C'est vers le printemps qu'elles commencent leurs voyages, parce qu'elles trouvent alors abondamment dans les eaux les vers et les insectes dont elles se nourrissent, quand les petits poissons leur manquent. Il paraît que ce genre d'aliments convient beaucoup aux *aloses* ; car elles engraissent avec rapidité dès qu'elles sont entrées dans les rivières, tandis qu'elles étaient extrêmement maigres et sèches auparavant. Aussi ces poissons ne sont-ils recherchés que pendant leur séjour dans les eaux douces ; ils sont alors excellents à manger. Dans les autres saisons, leur chair est coriace et désagréable au goût. »

Les principales espèces de ce genre sont 1° l'*alose commune*, qui se fait remarquer par l'absence de dents et par une tache noire derrière les ouïes ; sa chair est délicate, celle de la femelle est plus estimée ; 2° l'*alose finte*, dont la forme est plus allongée, et qui se reconnaît aux petites dents dont sa bouche est garnie. Ce poisson, qui meurt en sortant de l'eau, est pêché ordinairement au tramail. Pris dans l'eau douce, il est bien meilleur que celui qu'on prend dans la mer. Il abonde en si grande quantité dans certains endroits que l'on n'en fait aucun cas. « On le rencontre jusque dans la mer Caspienne ; mais les Russes, qui le regardent comme un poisson malsain, le rejettent de leurs filets. Quoique les anciens habitants des bords du Bétis, en Hispanie, en gravassent la figure sur leurs monnaies en signe de prospérité commerciale, l'alose était peu estimée de ces peuples. Ils ignoraient sans doute qu'elle n'est bonne ni avant son entrée dans les eaux douces, parce qu'elle est alors maigre et sèche, ni immédiatement après le frai, à cause de la maladie que leur occasionne cet accident ; mais lorsqu'on la pêche dans la bonne saison, quand elle a eu le temps de s'engraisser, l'alose offre aux amateurs de poisson un mets délicat.»

J. COROMANDEL.

ALOUATE (zoologie) [en latin *stentor*]. — Espèce de singe de la famille des hurleurs, sous-genres des sapajous, habitant les contrées méridionales de l'Amérique. Ils atteignent à peine 60 centimètres, ont la queue forte et prenante, la poitrine large.

Il est un fait dans l'organisation de ces animaux, dit Bourjeot St-Hilaire, qui suffit pour les distinguer des autres genres voisins, et qui leur a valu le nom de *hurleurs*, auquel répond celui plus significatif de *stentor*, latinisé à leur occasion dans les monographies qui les concernent. La voix de ces singes est-elle donc si terrible ? les éclats en sont-ils si bruyants qu'ils leur aient mérité cette dénomination ? Les voyageurs, et Marc-Grave en particulier, racontent que la voix des alouates est un hurlement rauque et caverneux, qui s'entend d'une demi-lieue à la ronde ; on l'a comparée au craquement d'une quantité de charrettes montées sur des essieux de bois et pesamment chargées. Quelle est la partie de l'appareil vocal qui s'est ainsi changée en un tambour creux où les cors prennent une si lugubre intensité ? Dans les mammifères la production des sons se fait dans une cavité circonscrite par les cartilages thyroïdes et cricoïdes, et par les fosses vocales surmontées et élargies par les pièces articulées arythénoïdiennes : ici ces parties n'ont pas pris un développement exagéré ; l'os hyoïde seul, destiné ailleurs à servir de moyen de suspension au larynx et au pharynx et d'appui à la langue, et qui reste alors mobile comme ces organes eux-mêmes, acquiert chez le hurleur une fixité particulière, avec un élargissement caverneux de son corps ou pièce basilaire. Cette excavation osseuse se trouve en communication au-dessus de la glotte avec

[1] Nous avons vu, en 1854, une jeune fille de dix-sept ans, qui venait d'avoir la fièvre typhoïde, se raser les cheveux, et être prise immédiatement après d'une pleurésie aiguë dont elle faillit mourir. Un accident du même genre est arrivé en avril 1855 à un soldat du 24e de ligne qui était convalescent de la fièvre typhoïde.

B. LUNEL, *Répert. Cliniq.*

l'air qui sort ou qui entre dans la trachée; l'air s'y engouffre pour n'en sortir qu'avec un bruissement analogue à celui que donne un instrument à anche arrangé pour faire entendre plus basses les notes. Cette modification de l'appareil hyoïdien a complétement changé la forme du cou des alouates. Le hurleur, qui porte entre les mâchoires ce moyen musical d'une forme gênante, paraît comme goitré, ou plutôt donne l'idée d'une sorte de ressemblance avec nos chantres de lutrin au village, qui, pour psalmodier les bases les plus graves de notre plainchant, baissent le cou et renflent ainsi, en le raccourcissant, tout l'appareil laryngien. On a dit que ces animaux, réunis ensemble, se donnent le plaisir de prononcer des harangues attentivement écoutées par la troupe: ne pourrait-on pas penser plutôt qu'ils se délectent aux charmes de leur monotone musique? Si l'on vient à troubler leurs concerts, les alouates fuient, et fuient à la légère; car, peut-être par un effet de la peur, ils ont la précaution de déposer un poids inutile. Les femelles, qui ordinairement portent leurs petits sur leur dos, s'en débarrassent à l'heure du péril, et n'imitent pas en cela les singes africains si fidèles à l'amour maternel.

Aussi a-t-on remarqué que les alouates femelles ont les organes de la philogéniture, ou de l'amour des enfants, peu prononcés; leurs bosses cérébelleuses sont plates et peu bombées. Les alouates sont des hôtes moroses, bien que bruyants, des forêts; grimpés sur les arbres, ils y tiennent, sous la présidence d'un chef, une sorte de cour plénière jusqu'au nombre de deux mille sur une lieue carrée; sobres, ces animaux ne mangent que quelques fruits, et même se contentent de feuilles.

Les principales espèces de ce sous-genre sont l'*alouate rousse*, l'*alouate ourson* et l'*alouate quariba*. La chair de ces singes est mangée par les habitants des contrées chaudes de l'Amérique.

Dr DUBOCAGE.

ALOUETTE (zoologie) [en latin *alauda*, du vieux français *aloue*; radical celtique *alaud*]. — Genre d'oiseau de l'ordre des passereaux, tribu des granivores, famille des conirostres (Cuvier), se rappro-

chant un peu des farlouses, avec lesquelles il serait d'autant plus facile de les confondre, qu'elles joignent à ces caractères un plumage terreux et un ongle postérieur très-allongé et entièrement droit. Sans l'échancrure qui termine le bec des farlouses, il serait impossible de ne pas réunir ces deux genres. « La forme allongée du bec, et surtout la rectitude et la longueur de l'ongle postérieur, suffisent pour distinguer les alouettes de tous les autres granivores, et expliquent en même temps le genre de vie de ces animaux. La disposition de l'ongle du pouce les empêchant de saisir les branches, elles ne peuvent pas se percher; aussi se tiennent-elles toujours à terre, où elles courent avec beaucoup d'agilité en cherchant leur nourriture. Souvent elles se roulent dans la poussière, comme les oiseaux de basse-cour, dans le but sans doute de se débarrasser de la vermine qui les tourmente. Ces oiseaux nichent dans les sillons, au milieu d'une touffe d'herbes ou derrière quelque motte; dans tous les cas, leur nid est fait sans art. La femelle y dépose quatre ou cinq œufs, qui éclosent en peu de temps; car elle fait plusieurs pontes par an. Une habitude singulière de ces petits oiseaux, c'est celle de s'élever de temps en temps dans les régions supérieures de l'atmosphère, en chantant avec plus de force à mesure qu'ils s'éloignent de la surface de la terre. On ignore quel peut être le but de ce manége singulier; mais on peut présumer qu'en l'exécutant les alouettes s'appellent mutuellement. »

Le naturaliste Doyère a donné la description suivante des principales espèces que possède la France:

1° L'ALOUETTE COMMUNE OU DES CHAMPS. Son bec est droit et effilé, médiocrement long et pointu, sans échancrure. Une bande de blanc roussâtre passe au-dessus des yeux; les taches du plumage sont plus nombreuses et plus tranchées que dans aucune autre. Les ailes, dans l'état de repos, atteignent aux deux tiers de la queue; celle-ci est légèrement fourchue, et les deux pennes extérieures sont bordées d'un blanc pur qui forme sur la dernière une longue tache angulaire. L'ongle postérieur, qui est presque entièrement droit, est habituellement plus long que le

Fig. 75. — Alouate.

pouce, et atteint souvent un développement excessif. Le plumage prend avec l'âge une teinte plus foncée; quelquefois il devient entièrement blanc dans l'extrême vieillesse. On ne rencontre cette espèce qu'à terre, où elle court bien, ou sur quelque gros tronc d'arbre. Elle aime, comme tous les gallinacés, à se rouler dans la poussière et le sable pour se débarrasser des insectes qui l'incommodent; le chant naturel de l'alouette, bien qu'il soit l'un des agréments de nos campagnes, depuis les derniers froids de l'hiver jusqu'au moment où elle entre en mue, c'est-à-dire aux premiers jours de l'automne, n'offre cependant par lui-même rien d'aussi remarquable que la merveilleuse facilité avec laquelle cet oiseau s'approprie les accents des autres; on en a vu qui reproduisaient jusqu'à sept airs différents. C'est pour tirer parti de ce talent si rare qu'on les réduit en esclavage; et, qu'on les prenne vieilles ou jeunes, elles s'y soumettent avec une égale facilité, et bientôt deviennent familières au point de venir manger dans la main et sur la table. Dans les premiers jours, on doit leur lier les ailes, et leur cage ne doit jamais avoir d'autre plafond qu'un morceau de toile, sans quoi, fidèles à l'instinct qui les porte à s'élever en chantant, elles se seront bientôt brisé la tête. Elles aiment à trouver dans un coin du

Fig. 76. — Alouette des champs.

gazon frais renouvelé souvent, et dans un autre du sable fin, qui les invite à se livrer à leur instinct d'oiseaux pulvérateurs. D'ailleurs toute espèce de nourriture leur convient, comme à nos gallinacés domestiques : des graines, du son, du pain détrempé dans du lait ou simplement humecté avec de l'eau, des vers, des chrysalides ou de petits filets de viande

qui les remplacent; mais le chenevis, nourriture souverainement échauffante, fait, suivant un auteur, noircir leur plumage. C'est dans quelque endroit solitaire que doit se faire leur éducation; elles sont de nature étourdie; tout bruit les distrait, tout son, tout chant étranger les trouble et se confond dans leur mémoire avec les accents qui font l'objet de leur étude; et, loin de voir le succès répondre à ses espérances, celui qui ne les aura pas entourées de précautions n'obtiendra que des résultats manqués, un mélange bizarre et mal assorti de sons sans cohérence. Comme dans presque toutes les espèces d'oiseaux chanteurs, le chant est un privilège accordé au seul mâle, que l'on peut facilement reconnaître à son plumage, d'un brun plus foncé, et à l'espèce de collier noir qui entoure son cou. Il est aussi sensiblement plus gros que la femelle; il a plus de blanc à la queue, moins de taches sur le fond du plumage, l'ongle postérieur plus développé, et souvent il relève les plumes de sa tête.

Ce n'est qu'à l'âge de deux ans qu'il commence à se faire entendre, et sa vie se prolonge, en captivité, une douzaine d'années.—Il est peu d'oiseaux qui travaillent avec autant d'activité que l'alouette à la reproduction de l'espèce; dès les premiers jours de mai la femelle commence son nid. Elle le construit sans art, avec de légers brins d'herbe sèche, de menues racines et du crin; mais elle met à le cacher un instinct admirable par la simplicité même des moyens qu'elle emploie : une motte, une poignée d'herbe lui fournit un abri, et durant l'incubation, elle ne se soustrait au danger qu'au moment où elle va être écrasée sous le pied du chasseur. C'est dans les landes four-

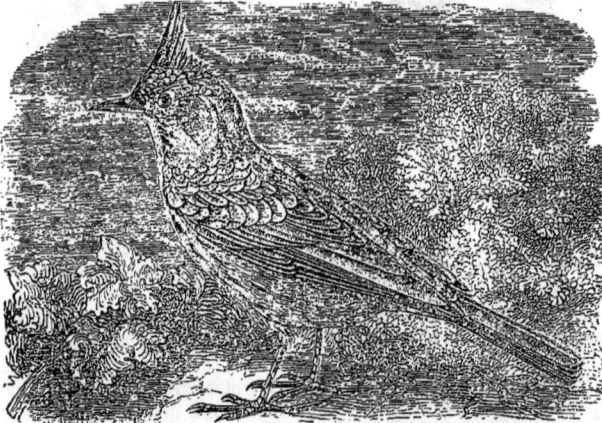

Fig. 77. — Alouette huppée.

rées de genêts et d'ajoncs, remplies de touffes épaisses d'une herbe serrée, dans les champs semés de trèfle ou de sainfoin et dans les jeunes blés qu'elle s'établit de préférence, et l'on en rencontre à grande peine deux ou trois couvées dans les campagnes les plus peuplées. Quatre ou cinq œufs grisâtres, tachés de brun, sont le produit ordinaire d'une ponte; quinze jours suffisent à l'incubation, et il n'est pas un jeune oiseleur qui n'ait maudit, comme Aldrovande, la précipitation avec laquelle la mère brusque l'éducation de la jeune famille, surtout si quelque trace ennemie est venue éveiller sa sollicitude. Une seconde couvée succède bientôt à la première, et à celle-ci une troisième dans les pays chauds; l'on affirme même que les nouveaux préparatifs pour de nouvelles amours n'excluent pas les soins les plus tendres pour les nourrissons déjà grandis. Et pour prouver jusqu'à quel point est porté le sentiment maternel chez ce frêle et intéressant oiseau, et combien il domine les autres, même dès l'âge le plus tendre, Buffon cite un fait qui prendra place dans l'histoire de l'instinct. Une jeune alouette qu'il nourrissait mangeait à peine seule, quand il plaça dans la même cage trois ou quatre petits d'une autre couvée; de ce moment data pour la première une existence nouvelle. Elle s'éprit pour ses compagnons frileux et chétifs d'une affection vive; elle se fit leur mère, les nourrit, les réchauffa sous ses ailes, et, malgré la compassion que lui valut à elle-même son admirable dévouement, se laissa périr d'inanition au milieu des soins affectionnés dont elle les entourait, et auxquels pas un ne survécut, tant ils leur étaient devenus nécessaires.

La saison des couvées, du chant et des amours passée, les alouettes se rassemblent par grandes troupes, et, pendant toute la durée de l'automne, elles se tiennent à terre, où elles engraissent promptement. Leur présence bien constatée sur plusieurs points de la Méditerranée, leur passage régulier à Malte vers le commencement de novembre, les témoignages de voyageurs qui affirment les avoir vues arriver en Égypte et en Syrie, prouvent qu'elles se partagent à cette époque en deux bandes : les sédentaires et les voyageuses. Ce sont ces dernières qui vont se répandre en Syrie, en Arabie, et surtout dans le voisinage de la mer Rouge, dans la Nubie et l'Abyssinie. Quant aux autres, elles nous restent, emploient à s'engraisser le peu de temps qui s'écoule jusqu'aux premiers froids, et, pendant toute la durée de l'hiver, donnent dans tous les filets, se laissent appeler à toutes les pipées, prendre à tous les pièges, et payent à la destruction générale le plus rude tribut. A Lemnos, qu'elles purgeaient de sauterelles et d'insectes destructeurs, l'égoïsme humain les avait en vénération; chez nous, où leurs services sont moins apparents et moins appréciés, il les traque et poursuit leur anéantissement. Comme il ne trouve dans les individus qu'une proie trop chétive, c'est aux masses qu'il s'attaque, et, sur l'étude approfondie de leurs instincts et de leurs affections, base une guerre de destruction qui a son attirail, ses ma-

nœuvres et sa tactique longuement décrite dans de grands ouvrages. Aussi assure-t-on qu'en Lorraine, l'une des provinces où la chasse se fait avec le plus de développement, leur nombre a considérablement diminué depuis quarante ans; et si la nature n'envoyait sur des rivages moins inhospitaliers des réserves qui reviennent au printemps réparer par leur fécondité l'imprévoyance avec laquelle nous avons gaspillé nos propres plaisirs, peut-être les gourmets du vingtième siècle ne connaîtraient-ils que comme des illustrations historiques ces excellentes mauviettes dont les Parisiens font leurs délices, et Pithiviers la réputation colossale de ses pâtés d'alouettes.

La disparition subite des alouettes, lorsque survient un froid vif, a fourni une objection à ceux qui regardent comme une fable les migrations de certains oiseaux. On explique ce fait en supposant qu'elles quittent pour quelques jours leurs campagnes trop découvertes, et vont chercher un refuge dans les cantons plus abrités, au voisinage des montagnes et des sources d'eau vive, où on les prend en grand nombre. Le retour du beau temps les ramène comme par enchantement; mais si le froid se prolonge, elles deviennent bien misérables : on les voit alors se jeter sur les grands chemins, dans les bassescours, et partout où elles peuvent rencontrer un peu de nourriture, faibles et exténuées au point de se laisser tuer avec un bâton ou même prendre à la main. Quelquefois elles vont par bandes chercher des contrées moins désolées, et Buffon rapporte que durant le rigoureux hiver de 1776, elles tombèrent en si grande quantité sur une seule localité dans le voisinage des Alpes, qu'un homme, avec une perche, en pouvait tuer la charge de deux mulets.

Réduite en captivité, l'alouette est sujette à devenir épileptique; aussi sa chair était-elle sévèrement proscrite dans cette terrible maladie par les anciens médecins, qui, en revanche, lui attribuaient de merveilleuses vertus contre la colique, la pierre et la gravelle. «L'alouette, disait Porta, comme quiconque dépense en un salutaire bavardage tout l'air qui pourrait distendre ses entrailles, ne peut être sujette à la colique, et sa chair doit transmettre à celui qui en mange ce précieux privilège.» Malgré la puissance de ce raisonnement, non-seulement on a renoncé de nos jours à guérir la colique avec des alouettes torréfiées, mais on accuse, par contre-coup, l'innocent oiseau de causer précisément ces mêmes maux qu'il guérissait jadis, à quoi la science répond par le conseil d'éplucher avec soin les petits os dont est hérissée la chair de tout menu gibier.

On trouve l'alouette commune dans la plus grande partie de l'ancien continent; on en a rencontré sur quelques points de l'Amérique qui ne paraissaient point appartenir à ce climat, et le collaborateur de Buffon aime mieux croire qu'égarées sur la haute mer, elles ont soutenu leur vol assez longtemps pour aller se reposer, entraînées par les vents, sur les bords opposés de l'Océan. C'est un fait attesté que leur présence fréquente à de grandes distances de la terre.

Les quatre espèces dont il nous reste à parler se rapprochent beaucoup de la précédente ; ce sont :

2° Le COCHEVIS OU ALOUETTE HUPPÉE. — La petite huppe qu'elle porte sur la tête, et qui lui a valu son nom (*fig*. 77, page 225) n'est autre chose qu'une touffe de sept à douze plumes acuminées, noires sur les baguettes, et bordées de fauve, qu'elle peut abaisser ou relever à son gré. Cette espèce est un peu plus petite que la précédente, dont elle se distingue par son bec plus long, ses ailes et sa queue plus courtes, et par

offre deux taches d'un blanc pur, l'une à l'origine, l'autre à l'extrémité des pennes bâtardes, et les couvertures inférieures, ainsi que le dessous des pennes, sont d'un blanc presque pur à leur naissance, se continuant en un cendré noirâtre.

Fig. 78. — Alouette calandrelle.

une couleur cendré-gris-fauve plus uniforme à la partie supérieure. Les pennes du milieu de la queue sont roussâtres, et les deux latérales sont bordées extérieurement et à leur bout d'un roussâtre clair. Des taches longitudinales brunes couvrent la poitrine.

Le chant de cette alouette est des plus doux, et sa mémoire ne le cède pas à celle de l'alouette commune ; mais elle se soumet plus difficilement à l'esclavage et y périt de bonne heure. Elle est beaucoup plus rare et vit plus retirée dans les buissons, d'où elle va chercher sa nourriture sur les grands chemins et sur les fumiers des basses-cours. Elle se plaît plus qu'aucune autre dans le voisinage de l'homme.

3° Le CUJELIER OU LULU (*fig*. 78) porte comme la précédente une petite huppe sur la tête, mais beaucoup moins marquée et à plumes arrondies par le bout. Une bande blanchâtre qui passe au-dessus de chaque œil lui entoure l'occiput, et les joues, qui sont brunes, offrent une petite tache triangulaire de la même couleur. Le dessous du corps est d'un blanc très-légèrement teinté de jaunâtre, varié sur le cou et la poitrine de taches longitudinales. Le bord antérieur de l'aile

Fig. 79. — Alouette lulu.

Les cujeliers se perchent souvent sur de grosses branches ; ils se plaisent de préférence sur les coteaux à demi arides, couverts de petits buissons et de ronces, et surtout dans le voisinage des bois. On les rencontre vers le milieu de l'automne dans les champs pierreux et découverts, par troupes serrées de trente à cinquante qui ne se mêlent à aucune autre espèce ; si on les force, ils se lèvent simultanément comme par une impulsion unique, et volent en tournant rapidement et poussant des cris de rappel autour de la place qu'ils viennent de quitter, et où ils reviennent s'abattre de préférence Cette habitude de la société de leurs semblables est un élément tellement nécessaire de leur existence, qu'il suffit, pour amener sous les filets leurs nombreuses troupes, de les y faire appeler par quelqu'un des leurs, et que, si on veut les réduire en esclavage, la mort, dès le printemps suivant, les soustrait à l'isolement et aux ennuis.

4° La CALANDRELLE, (*fig*. 79) très-commune aux Canaries, se montre en Champagne et dans quelques provinces méridionales de la France vers le mois d'avril ; elle est de même taille que la précédente, et se distingue par l'absence de la huppe, par ses doigts, ses ongles beaucoup plus arqués, et les nuances plus claires de son plumage.

5° Enfin, la CALANDRE OU GROSSE ALOUETTE est en effet la plus grosse, puisqu'elle atteint jusqu'à vingt centimètres de longueur, malgré la brièveté de son bec, et treize à quatorze pouces de vol. Ses ailes, dans le repos, atteignent presque l'extrémité de la queue, tandis que dans les autres elles ne vont qu'à la moitié ou aux deux tiers. Son bec est gros comme celui d'un moineau et comprimé sur les côtés, et la mendibule inférieure, au lieu de s'emboîter dans la supérieure, comme chez les quatre espèces qui précèdent, est de la même longueur et s'applique exactement bord à bord avec elle ; l'ongle postérieur est entièrement droit et deux fois aussi long que le doigt. L'espèce est peu nombreuse ; sa voix est agréable et forte. On la prend surtout avec des filets que l'on tend au bord des ruisseaux et des petites mares où elle a coutume d'aller boire.

Les espèces étrangères sont très-nombreuses, et ce que l'on connaît de leurs mœurs ne mérite pas une mention particulière. Nous en citerons néanmoins une, l'ALOUETTE SIRLI. On la rencontre d'un bout à l'autre de l'Afrique ; mais l'espèce ne traverse pas la Méditerranée, bien que des individus s'égarent parfois jusqu'en Italie, et même jusqu'aux côtes de Provence. Elle doit son nom au cri qu'elle fait entendre du haut des petits monticules où elle se pose, sirrrli. Elle est de la taille de nos plus grosses alouettes, et doit beaucoup moins à la nature ou au ton général de son plumage qu'à la longueur de son bec, d'être placée dans une division tout à fait à part.

ALOUETTES DE MER (zoologie). — En latin pelidna, oiseaux du genre des bécasseaux, de la famille des échassiers, qui ont un pouce petit, le bec plus long que la tête et droit ou à peine arqué. Nous en avons une espèce en France, qui est de la taille de la petite bécassine : son plumage cendré en dessus du corps, blanc en dessous, est sujet à tant de mues, que certains naturalistes lui donnaient nom spécifique l'épithète de variable. Elle habite les marais et le bord des rivières ou des étangs ; ce n'est qu'au printemps qu'elle se rend sur les rivages de la mer. Elle fait sa ponte dans les herbes. Ces oiseaux forment des sociétés nombreuses qu'on trouve sur les rivages des deux continents. Ils atteignent la longueur de 15 centimètres. Leur chair, qui rancit en vieillissant, est assez bonne lorsqu'elle est fraîche.   DUBOCAGE.

Fig. 80. — Alpaca.

ALPACA (zoologie) ou ALPAGA. — Espèce de mammifères ruminants du genre lama, originaire de l'Amérique du sud, et commun au Pérou (fig. 80).

Cet animal est intermédiaire au lama et à la vigogne, avec lesquels il a été longtemps confondu ; mais il en diffère par le défaut absolu de callosités sur les membres et sur le poitrail. La laine de l'alpaca est remarquable par sa longueur, sa finesse et son moelleux. La couleur de ce ruminant est d'un brun fauve, excepté à la tête, qui est grise, et à la queue, qui est brune. Il y a des alpacas noirs, bruns, blanc de neige, etc. Ces animaux sont alertes, doux et s'attachent à l'homme.

Quelques essais ont été tentés dans diverses contrées (Espagne, Angleterre, etc.) pour acclimater l'alpaca ; mais ils sont restés complétement sans succès. En 1856, M. Baudement a fait de cette question le sujet d'une leçon de son cours au Conservatoire des arts-et-métiers, et voici comme il s'est prononcé sur l'impossibilité de substituer l'alpaca à la chèvre[1] : Les alpacas rendront-ils de meilleurs services que les chèvres ? il est permis d'en douter. Mais, dans tous les cas, comment se procurer 25,000 de ces animaux ? Il est impossible de les acheter ; ce n'est qu'avec les plus grandes difficultés qu'on obtient quelques couples au Pérou, grâce au mauvais vouloir des gouvernements du Pérou et de l'Equateur. D'ailleurs, quelle flotte faudrait-il armer pour les transporter ! Il ne faut pas songer non plus à les faire reproduire en France ; tous les troupeaux qui y ont existé ne se sont jamais accrus, bien au contraire. La femelle porte onze mois ; comment lui faire entreprendre un voyage aussi fatigant à l'époque de la gestation ? D'ailleurs, ce bouc déshonoré qui marche en tête serait naturellement remplacé par l'alpaca mâle privé des mêmes organes pour la conservation du bon ordre. Que deviendrait alors la reproduction ? Bref, la question de l'acclimatation en France et même en Europe des animaux du genre lama, non-seulement n'est pas résolue, mais on peut dire que depuis Buffon elle n'a point fait un pas.   AUGUSTE MIRBEL.

[1] Compte rendu de F. Geiger.

ALPHABET (linguistique). — Collection des lettres ou signes destinés à représenter les sons particuliers qui entrent dans la composition des mots d'une langue. Ce mot nous vient du nom des deux premières lettres de l'alphabet grec, *alpha*, *béta*. L'usage s'introduisit de citer ces deux mots pour indiquer la réunion de toutes les lettres, et l'on a fini par dire : L'enfant étudie l'*alpha-béta*, de la même manière que le peuple dit chez nous : L'enfant étudie l'A B C. Il paraît que cet usage était assez répandu dans l'antiquité, puisque les Juifs désignent les ouvrages qui composent la Bible par le premier ou les premiers mots de chacun d'eux. Cependant ce mot a été en butte aux critiques d'un grand nombre de grammairiens modernes, entre autres Voltaire et Nodier. « *Alphabet*, dit Voltaire, ne signifie autre chose que *ab*, et *ab* ne signifie rien, ou tout au plus il indique deux sons, et ces deux sons n'ont aucun rapport l'un avec l'autre. » Nodier ne se contente pas de ces plaintes, il propose le mot *grammataire*, mieux fait, plus savant, mais qui restera à jamais ignoré de la foule, tandis que le mot *alphabet* subsistera autant que notre langue.

Origine. — Pendant longtemps l'homme ne put communiquer ses idées à ses semblables que de vive voix ou par des signes ; dès qu'il était éloigné de ses parents, de ses amis, toute relation était interrompue. Aussi essaya-t-il bientôt de s'entretenir avec les absents, en représentant sur diverses matières les objets dont il voulait parler ; mais il ne tarda pas à renoncer à un moyen aussi long et aussi imparfait, qui ne permettait de peindre que les objets matériels, à peine de recourir à des emblèmes fort souvent obscurs, ainsi qu'on en peut juger par les *hiéroglyphes* (voy. ce mot).

L'écriture idéographique fut une simple application des hiéroglyphes, et un nouveau progrès dans l'art graphique ; mais quelle imagination ne serait pas effrayée par le nombre incalculable de caractères ! On a beau nous dire qu'avec ce système d'écriture, des peuples parlant des langues différentes peuvent correspondre entre eux sans interprètes, nous n'envions pas cet avantage aux Chinois et aux Japonais, car il faudrait l'acheter par des inconvénients de beaucoup supérieurs à ceux que présente notre écriture.

Le dernier perfectionnement à introduire était le moyen de figurer les sons. Plusieurs peuples se disputent cette admirable invention, entre autres les Égyptiens, les Phéniciens, les Chaldéens ; cependant le plus grand nombre de savants l'accordent aux Phéniciens. Quelle sagacité, quel esprit d'analyse n'a-t-il pas fallu pour s'apercevoir qu'au milieu des mots nombreux existant dans toutes les langues, il n'y a cependant qu'une petite quantité de sons qui, en se combinant de toutes sortes de manières, forment les syllabes, les mots si différents, au moyen desquels il est possible d'exprimer toutes les idées !

Quand le génie qui a doté l'humanité de ce puissant moyen de civilisation eut trouvé des caractères pour chaque son, pour chaque articulation, l'ortho-graphe fut aussi parfaite qu'il est possible que le soit un ouvrage sorti de la main des hommes. Il y avait autant de caractères que de sons, et chacun d'eux n'avait jamais qu'un seul usage. Malheureusement, il n'en est plus ainsi aujourd'hui. Nous examinerons aux mots *Néographie* et *Orthographe*, quels sont les vices de notre alphabet, et les divers moyens qu'on a proposés pour les corriger.

Divers alphabets. — La ressemblance étonnante que nous remarquons entre les lettres alphabétiques de tous les peuples indique une origine commune. L'hébreu, le phénicien, le syriaque présentent dans leurs alphabets des altérations trop peu sensibles pour qu'on puisse mettre en doute l'identité de leur origine. Les caractères grecs, regardés à l'inverse, sont les mêmes que les lettres hébraïques. De cet alphabet grec, est dérivé l'alphabet latin, qui a formé tous ceux qui s'emploient maintenant en Europe et chez beaucoup de peuples des autres parties du monde. On s'est beaucoup occupé de la recherche d'un *alphabet universel*, mais cette idée restera longtemps encore à l'état de projet, à cause des nombreuses difficultés qu'en présente la réalisation. — Voy. *Alphabet universel*.

Ordre des lettres de l'alphabet. — La distribution des lettres dont se compose l'alphabet a été à bon droit l'objet de nombreuses critiques. Pourquoi, dit-on, l'A occupe-t-il la première place, le B la seconde, le C la troisième, et ainsi de suite ? L'alphabet se composant de plusieurs sortes de lettres qui forment comme autant de classes, l'analogie demandait qu'elles fussent rangées dans cet ordre, qui était le plus naturel. Qui a pu les ranger au hasard comme elles le sont ? On l'ignore. Quand parviendra-t-on à détruire cet usage ridicule et les autres vices de l'alphabet ? Nul ne le sait ; mais ce que l'on peut affirmer, sans crainte d'erreur, c'est que ces améliorations ne sont pas près de s'introduire, la paresse humaine aimant mieux suivre le torrent de la routine que lutter contre les préjugés.   J. B. PRODHOMME,
Correcteur à l'Imprimerie Impériale.

ALPHABET MUSICAL (musique). — Les sept premières lettres de l'alphabet précédant certaines notes de musique, tel était ce qui composait autrefois l'alphabet musical. Ces lettres et les notes étaient : A *la*, *re*, *mi* (*la*) ; B, *mi* (*si*) ; C, *sol*, *fa*, *ut* (*do*) ; D, *la*, *sol* (*re*) ; E, *la*, *mi* (*mi*) ; F, *la*, *ut* (*fa*) ; G, *sol*, *re*, *ut* (*sol*). Aujourd'hui il n'est plus question de ces dénominations, et le système moderne ne repose plus que sur sept notes qui sont : *ut* (*do*), *re*, *mi*, *fa*, *sol*, *la*, *si*.
CH. SOULLIER.

ALPHABET UNIVERSEL. — Alphabet qui pourrait rendre, par des signes simples, tous les sons également simples qui constituent les différentes langues, sons dont le nombre est, dit-on, de 70. — Leibnitz et le Père Lamy ont conçu le projet d'une langue universelle ; mais ce projet est resté sans exécution, par la difficulté de l'établir en réunissant le consentement de tous les peuples. Le même obstacle s'opposera sans doute à l'établissement d'une manière d'écrire qui soit commune à tous les hommes, et par laquelle ils puissent se communiquer leurs pensées d'un bout du monde à l'autre. — Le *Journal des Savants*, de 1693, fait mention d'un alphabet universel proposé par J. Ludolf, au moyen duquel toutes les nations du monde pourraient écrire chacune dans leur langage. Sturmius, dans son *Collegium experimentale*, fait connaître aussi un moyen pour lire et écrire en quelque langue que ce soit, moyen déjà décrit par Schotus Beker (*Journal des Savants*, 1678).

D'autres tentatives de ce genre ont été faites à plusieurs époques, mais devront rester à l'état de chimère, aussi bien que les langues philosophique et universelle, attendu qu'il faudrait que tous les peuples fussent d'accord sur la nature des choses et l'adoption des idées. M. Rambosson, ancien directeur de l'Institut royal des sourds-muets de Chambéry, aurait, selon nous, résolu ce grand problème par la création de son *langage mimique* (voy. ce mot).

CH. LABBÉ.

ALPHÉE (zoologie). — Genre de crustacé décapodes, que Latreille rapporte à la section des homards, et Cuvier à celle des salicoques. On croyait que ce crustacé habitait exclusivement les Antilles et l'Océan indien, mais on en a trouvé plusieurs espèces dans les eaux de Nice. Les alphées ne s'éloignent guère du lieu qui les a vus naître, à moins qu'ils ne soient poursuivis par des poissons. Les principales espèces sont : 1° L'alphée *caramote*, qui vit dans les fonds vaseux placés entre les rochers qui bordent la Méditerranée ; 2° l'alphée *élégant*, ainsi nommé de la beauté de ses couleurs.

ALPHITOMANCIE (sciences occultes) [du grec *alphiton*, farine et *manteia*, divination]. — Divination qui avait lieu au moyen de la farine. On ignore précisément en quoi elle consistait. Quelques auteurs pensent que ce moyen de décider sur le sort d'un individu, consistait à faire manger à ceux de qui l'on voulait tirer l'aveu de quelque crime incertain un morceau de pain ou de gâteau d'orge. S'ils l'avalaient sans peine, ils étaient déclarés innocents, autrement on les tenait pour coupables et on les condamnait.

ALPISTE (botanique) [en latin *phalaris*].—Genre de plantes de la famille des graminées, à tige frêle, à feuilles longues et minces, à fleurs disposées en épis ovales et allongés, à fruit oblong. On connaît trois espèces utiles de l'alpiste. Celle qui a été appelée *riz bâtard* est l'alpiste aspérelle ; son grain imite bien le riz, et peut jusqu'à un certain point le remplacer pour beaucoup d'usages et comme aliment; elle croît dans les lieux aquatiques du département des Vosges, de la Suisse, de l'Italie. L'alpiste des Canaries est aujourd'hui fort cultivée dans le midi de la France. Avec le millet qui en provient on fait d'excellent gruau, et les fabricants de tissus fins emploient la farine d'alpiste comme la meilleure pour l'encollage de ces tissus. » La troisième espèce d'alpiste ne sert que pour l'ornement des jardins : c'est l'*alpiste-chiendent*; ses fleurs purpurines sont panachées et ses feuilles rayées de vert et de jaune.

ALQUIFOUX (arts et métiers) [mot d'origine

arabe]. — Espèce de mine de plomb sulfureuse qui vient d'Angleterre, des côtes de Barbarie, de Sardaigne et du Languedoc. Elle est écailleuse, cassante, difficile à fondre et souvent couverte d'une couche d'oxyde ou chaux de plomb d'un gris jaunâtre. L'alquifoux sert aux vernis des poteries de terre; celui d'Angleterre est préférable à celui de tous les autres pays; il vient en morceaux de différentes grosseur et pesanteur. Il faut le choisir bien pesant, en écailles brillantes, doux à manier et approchant de l'étain de glace. Celui du Languedoc, quoique inférieur à celui d'Angleterre, est encore recherché. En Orient, les femmes se teignent les cils et les sourcils avec l'alquifoux.

ALSINE (botanique) [en latin *alsina*; en grec *alsiné*, nom d'une plante des bois, dérivé d'*alsos*, bois]. — Genre de plantes de la famille des caryophillées, renfermant un assez grand nombre d'espèces dont la plupart appartiennent à la flore européenne. La principale espèce est l'*alsine media*, connue sous les noms vulgaires de *mouron des oiseaux*, *margeline*, charmante petite plante à tige menue, rameuse, à feuilles ovales, aiguës, d'un vert tendre ; à fleur blanche, petite, portée sur un long pédoncule. Cette plante, regardée comme émolliente, semble aujourd'hui vénéneuse à dose élevée; du reste, les médecins ne l'emploient plus depuis longtemps. J. W.

ALSINÉES (botanique). — Tribu de la famille des caryophyllées, plantes dont le calice est dialysépale et les pétales sans onglet. Le genre type est l'*alsine*.

B. L.

ALSTROEMERIE (botanique) [*alstrœmeria*, d'*Alstrœmer*, savant suédois].—Genre de plantes de la famille des amaryllidées, propres à la partie équinoxiale du nouveau continent, et dont le caractère le plus tranché est celui que fournissent les sépales, qui sont inégaux, et dont deux sont creusés en gouttières vers leur base. Voici la description des principales espèces d'alstrœméries, telles que les a décrites Young. La première est l'*alstrœmeria pelegrina*, qui a plusieurs caractères remarquables : sa racine est formée d'un faisceau de tubercules tendres, allongés en fuseaux à peu près comme des griffes d'asperges; le long de ses tiges se pressent des feuilles linéaires, lancéolées, contournées, repliées en dehors et d'un beau vert; sa fleur, longue de cinq centimètres, et dépassant les feuilles terminales, reflète des couleurs variées; les pétales extérieurs, plus larges que ceux du rang inférieur, sont blancs sur les bords, d'un rouge intense au milieu, et divisés à leur sommet en trois dents, dont une, celle du milieu, est verte, tandis que les deux latérales sont roses; des trois pétales intérieurs, deux sont jaunes dans leur moitié inférieure et pointillés de pourpre. Les étamines, dont trois sont plus longues que les autres, penchent en dehors de la corolle. L'alstrœmérie pélégrine croît sur les collines escarpées et parmi les sables ou les graviers du Pérou et du Chili. Aussi, lorsqu'on la cultive, doit-on la placer dans une terre légère et l'arroser rarement. On la multiplie par les graines qu'on sème au printemps ou en automne, et par la séparation de ses racines, opération qui cependant fait souvent périr la plante, et qu'on ne doit renouveler que tous les trois ans au mois de septembre. Elle fleurit à la deuxième ou à la troisième année de son existence, au milieu de la belle saison.

Une seconde espèce cultivée est l'*alstrœmérie gracieuse*, *alstrœmeria pulchrella*, qui se cultive de même que la précédente, et qui lui ressemble en tout, si ce n'est par ses feuilles plus étroites, par un involucre plus long que la fleur, par les pétales de la corolle, qui tous sont aigus, ouverts et recourbés en arrière, et dont trois sont rouges au sommet, striés ou pointés de rouge à la base, tandis que les autres sont plus petits et blancs.

Enfin l'alstrœmérie à fleurs rayées, *A. ligta*, se distingue, 1° par ses tiges qui n'ont pas plus de 18 à 20 centimètres de hauteur, et qui portent à leur sommet une rosette de feuilles simulant un involucre; 2° par ses fleurs odorantes dont trois pétales sont en partie blancs, en partie rouges, et trois entièrement rouges. Elle souffre mieux la séparation de ses racines; mais il lui faut la serre chaude et non la serre tempérée.

Avec les racines de plusieurs espèces d'alstrœmérie, on prépare une farine fine qui sert d'aliment aux convalescents. Les racines de l'*A. salsilla*, qui ressemblent à de petites pommes de terre, se vendent sur les marchés du Pérou comme comestible. Plusieurs espèces donnent aussi des fruits charnus qu'on mange.

ALTÉRANTS (matière médicale).—Nom donné à tout agent thérapeutique qui, administré à une dose faible et non suivi d'effet immédiat, détermine à la longue une modification vitale dans l'économie. Les véritables altérants sont le mercure, l'iode, l'or, l'arsenic, l'argent, le barium et leurs préparations. Ils peuvent être utiles contre les maladies chroniques, constitutionnelles, les dartres, les scrofules, etc. Nous pensons qu'il serait plus rationnel d'admettre une *médication altérante* que d'établir une classe de médicaments altérants.   ZELLER, pharmacien.

ALTÉRATION (agriculture). —État de dessèchement auquel une terre se trouve réduite faute d'arrosement suffisant. L'altération produite par le défaut d'eau se reconnaît dans les plantes lorsque les feuilles deviennent flasques, et qu'au lieu de se soutenir sur leurs pétioles, elles retombent sur leurs tiges.

ALTÉRATION DES MONNAIES, falsification, détérioration que, dans un but coupable, on fait subir aux monnaies, soit par le mélange d'une trop grande quantité d'alliage, soit en les rognant pour en diminuer le poids, etc.

ALTERNATIVE (droit). — L'alternative est le choix, l'option, le libre arbitre ou la faculté de faire ou de ne pas faire une chose ou une autre.—V. *Choix, Obligation, Option*.

ALTHÉE (botanique) [en latin *althea*; en grec *althaia*, d'*althein*, guérir]. — Nom scientifique du genre de plantes malvacées appelées ordinairement *guimauve*. — Voy. ce mot et *Alcée*.

Les jardiniers donnent aussi ce nom à une plante connue des botanistes sous le nom de ketmie de Syrie. « C'est un arbrisseau de un à deux mètres de haut, qui croît en buisson et qui est remarquable par son beau feuillage et ses jolies fleurs roses, ou quelquefois blanches avec une tache pourpre près de l'onglet de chaque pétale. Ses fleurs s'épanouissent en été et ressemblent à celles de la rose trémière. »

ALTHÉINE (chimie) [d'*althea*, guimauve]. —Mélange de magnésie et d'une substance cristallisable identique à l'asparaginée, découvert en 1827, par un pharmacien de Caen, dans la racine de guimauve: l'auteur de cette découverte avait nommé cette substance *malate acide d'althéine*, parce qu'il l'avait crue formée par l'acide malique.

ALTISE (zoologie) en latin *altica* [du grec *halticos*, sauteur]. — Genre d'insectes coléoptères, de la famille des cycliques, qu'on désigne vulgairement sous le nom de *puces de jardin* ou *sauteurs de terre*; on les rencontre plus communément au printemps dans les lieux frais et humides, et répandues souvent en grande quantité sur les plantes potagères, dont elles rongent et criblent les feuilles. Les principales espèces sont : 1° l'*altise potagère*, longue de cinq millimètres, verte ou bleue, ovale, allongée, avec la couverture des ailes pointillée, les antennes noires; 2° l'*altise rubis*, d'un rouge doré éclatant, avec les ailes vertes ou bleues. Cet insecte est commun aux environs de Paris.

ALTO (musique) [d'*altus*, profond]. — Instrument à quatre cordes et à archet un peu plus grand que le violon, et tenant, dans un orchestre, le milieu entre le violon et le violoncelle. On l'appelle aussi *alto viola* ou *viole*: on le nommait autrefois *quinte* ou *taille*. La musique d'alto s'écrit sur la clef d'*ut* seconde ligne. On donnait autrefois le nom d'*alto basso* à un instrument de percussion à cordes, que le musicien frappait d'une main, tandis que de l'autre main il exécutait sur la flûte un morceau qui s'unissait aux sons de l'alto accordé à l'octave, à la quinte et à la quarte. Enfin, on appelait aussi *alto* le genre le plus grave des voix aiguës, celles dites aujourd'hui *haute contre* pour les hommes, et *contralto* pour les femmes.   J. GIOVI.

ALUCITE (zoologie) [du latin *allucere*, luire, brûler]. — Genre d'insectes lépidoptères de la tribu des tinéites, ayant du rapport avec les teignes, les pyrales, etc.

L'alucite est à peu près de la longueur d'une mouche ordinaire. « Elle est très-commune dans le midi de l'Europe et en Amérique. Cet insecte est pour le cultivateur un véritable fléau; et, malheureusement, fixé, il y a soixante ans, à quelques départements du centre et du midi de la France, il s'est propagé depuis dans des parties plus septentrionales, et l'on peut craindre qu'il ne se répande encore. Les ravages que l'alucite exerce sur les blés sont d'autant plus à redouter que ces insectes, très-petits et très-difficiles à extirper des grains, ne manifestent leur présence que par les dégâts qu'ils ont faits. L'apparition de l'*alucite* en France ne remonte guère au delà de la seconde moitié du dernier siècle ; on ignore à quelle cause l'introduction de cet insecte destructeur doit être attribuée. L'*alucite* des grains fit de grands ravages dans l'Angoumois en 1770. Identiques pour le cultivateur, les *alucites* des grains se distinguent, aux yeux des naturalistes, en deux espèces : l'*alucite des céréales*, qui est grise, avec trois taches plus obscures sur chaque aile ; l'*alucite des grains*, qui est d'un gris luisant, avec des taches plus blanches ou moins foncées, très-peu sensibles dans beaucoup d'individus. Plusieurs autres espèces d'*alucites* nuisent encore aux cultivateurs, ce sont : l'*alucite verdelle*,

qui a les ailes d'un blanc verdâtre; l'*alucite xylostelle*, dont les ailes sont grises; l'*alucite de la julienne*, qui a les ailes levées postérieurement, avec des lignes longitudinales et quelques taches brunes ; l'*alucite du baguenaudier*, qui a les ailes jaunâtres, avec le bord intérieur et extérieur blanc ; l'*alucite flavelle*, qui a les ailes d'un brun doré, etc. » De nombreuses recherches ont été faites pour détruire l'alucite du blé; le meilleur procédé est celui proposé en 1850 par le naturaliste Doyère : il consiste à chauffer le blé jusqu'à 60 degrés ; à cette température l'insecte périt et le grain n'est nullement altéré. Montréal.

ALUMINATE (chimie). — Combinaison de l'alumine avec un autre oxyde. Il constitue un corps solide qui n'est attaquable par les acides qu'après avoir été fondu dans un alcali. On rencontre dans la nature plusieurs aluminates : tels sont le *spinelle* (aluminate de magnésie), le *pléonaste* (aluminate de protoxyde de fer), la *galinite* (aluminate d'oxyde de zinc), la *cymophane* (aluminate de glucine). A. D.

ALUMINE (minéralogie) [radical *alun*, dit aussi *oxyde d'aluminum*, terre d'alun]. — Combinaison de l'aluminium avec l'oxygène (AL^2O^3), poudre blanche insoluble dans l'eau. Elle se rencontre cristallisée dans la nature et forme des minéraux qui sont em

ployés dans la bijouterie comme pierres précieuses. Ces minéraux portent des noms différents suivant leur couleur. Ainsi l'alumine colorée en bleu porte le nom de *saphir*; celle qui est colorée en rouge est appelée *rubis*. On donne le nom de *corindon hyalin* à l'alumine incolore et transparente. L'alumine naturelle a une densité considérable; c'est, après le diamant, la matière la plus dure ; aussi s'en sert-on pour polir les pierres précieuses et les glaces. Le corindon opaque est généralement employé à cet usage, et prend alors le nom d'*émeri*. On le réduit en poudre fine, et par la lévigation on sépare cette poudre en plusieurs espèces plus ou moins fines.

On obtient l'alumine[1] en calcinant, à la température blanche, l'alun à base d'ammoniaque (sulfate double d'alumine et d'ammoniaque). L'acide et l'ammoniaque sont éliminés, et l'alumine reste pure, semblable à de la farine. On prépare l'alumine par la voie humide, en précipitant l'alun à base de potasse par l'ammoniaque. Le précipité est gélatineux, hydraté, et il n'est jamais exempt de sulfate d'ammoniaque. Il faut le laver pendant fort longtemps pour le débarrasser des dernières traces de sulfate d'ammoniaque.

À l'état d'hydrate[2], et mêlée à la silice, c'est elle qui constitue les argiles si variées qui se trouvent à la surface du sol; en l'exposant à une forte chaleur, elle perd son eau et se contracte de plus en plus; elle acquiert alors beaucoup de dureté et quelque ressemblance avec les schistes alumineux (dits pierre à rasoir), où elle existe à l'état anhydre. C'est en profitant de la propriété qu'elle a de durcir ainsi qu'on fabrique la poterie et la faïence; c'est aussi sur la faculté de se contracter indéfiniment par le feu qu'est fondé le pyromètre de Wedgwood. Il y a peu d'années qu'on est parvenu à obtenir en quantité notable le métal de l'alumine, qu'on appelle *aluminium*. Déjà le célèbre Davy l'avait mis à nu en faisant agir la pile sur l'aluminate de potasse, ou la vapeur de potassium sur l'alumine portée au rouge blanc ; mais c'est à M. Wohler (1827) qu'on doit un procédé très-simple qui permet d'en obtenir une quantité indéfinie. Il a été amené, du reste, à cette découverte par les expériences antérieures de M. Œrsted. Pour cela, il prépare, comme ce célèbre physicien, du chlorure d'aluminium, en faisant passer un courant de chlore sec sur un mélange d'alumine et de charbon intimement unis, qu'on obtient en calcinant l'hydrate d'alumine avec de la poudre de charbon et des matières riches en hydrogène carboné, telles que du sucre, de l'huile, de la gomme, etc. Enfin, il a été obtenu en masse compacte par M. Deville en 1854. — Voy. *Aluminium*.

        Edouard Vallin.

ALUMINE (sulfate d'). — Le sulfate neutre d'alumine se prépare en grand depuis quelque temps. Il est employé dans la teinture, où il remplace avantageusement l'alun. On le prépare en traitant les argiles

[1] Hoefer, *Dict. de Chimie.*
[2] Gaudin.

par l'acide sulfurique. Après avoir calciné les argiles qui doivent contenir le moins de fer possible, on les réduit en poudre fine au moyen de meules, puis on les mêle avec la moitié de leur poids d'acide sulfurique. Enfin on chauffe ce mélange jusqu'à ce que l'acide sulfurique se dégage. Abandonnée à elle-même pendant plusieurs jours, la masse traitée par l'eau doit donner une dissolution de sulfate d'alumine pur, si les argiles ne contiennent pas de fer. Les sels de fer se précipitent alors au moyen du prussiate de potasse qu'on ajoute à la liqueur. Ce sulfate d'alumine sert, comme on l'a vu plus haut, dans la teinture. Les préparateurs d'anatomie l'emploient aussi pour conserver leurs pièces.

ÉDOUARD VALLIN.

ALUMINE (acétate). — Ce sel est connu généralement sous le nom de *Mordant de rouge des Indienneurs*. Il est d'une grande importance dans l'impression sur toile. L'acétate d'alumine est incristallisable, et a l'aspect d'une masse gommeuse. Lorsque l'on fait bouillir sa dissolution avec du sulfate de potasse, du sel marin ou de l'alun, elle se trouble d'abord et devient limpide en se refroidissant. C'est pour cette raison que les indienneurs n'emploient jamais ce sel à chaud, car ils ont reconnu que les couleurs sont plus marquées et plus vives que lorsqu'ils l'emploient à froid. EDOUARD VALLIN.

ALUMINITE (chimie). — *Sous-sulfate d'alumine*, minéral blanc et terreux, trouvé d'abord aux environs de Halle, et plus tard dans les terrains d'Auteuil et de Lunel-Vieil, dans le département du Gard.

A. D.

ALUMINIUM (chimie, métallurgie). — Métal extraordinaire et léger comme le verre, blanc et éclatant comme l'argent, inaltérable presque à l'égal de l'or, malléable et ductile au même degré que ces métaux précieux, tenace comme le fer et fusible comme le cuivre; le moulage, le laminoir, la filière, le marteau et la lime peuvent le façonner, par conséquent, sous toutes les formes. (*Rapport du Ministre*.)

Avant la belle découverte du professeur Sainte-Claire Deville, la description de l'aluminium se résumait ainsi : « Corps simple métallique qui est la base de l'alumine. Il se présente sous la forme d'une poudre grise qui prend un aspect métallique par le frottement. Chauffé jusqu'au rouge au contact de l'air, l'aluminium s'oxyde rapidement et se transforme en alumine. Quand on fait chauffer ce métal dans l'oxygène, sa combustion développe une lumière telle que l'œil n'en peut supporter l'éclat; l'alumine qui en résulte entre en fusion et devient aussi dure que le corindon. L'aluminium est sans action sur l'eau froide; il ne commence à la décomposer que lorsqu'elle est bouillante, et cette décomposition n'est que partielle. Il se dégage alors de l'hydrogène, et il se fait un précipité d'alumine. L'aluminium se dissout dans les alcalis caustiques avec dégagement d'hydrogène. » — Depuis 1854, cette définition est devenue insuffisante pour exprimer la transformation de l'argile en un métal mer-

veilleux réunissant à lui seul les propriétés qui nous rendent si précieux l'or, l'argent, le fer et le cuivre. La découverte de l'aluminium est donc un progrès immense. Plus on réfléchit à l'inépuisable abondance de son minerai, plus on pense à sa légèreté, à sa résistance, à son éclat, à son inaltérabilité, à toutes ses propriétés, en un mot, et plus on élève le rang que ce métal occupera dans la suite des années. — Examinons, dit M. B. Ganidel, si, parmi les métaux communément employés, il n'en est point dont les propriétés essentielles ne balancent les qualités merveilleuses de leur nouveau rival. Le cuivre nous servira de terme de comparaison comme le plus généralement utilisé, et comme réunissant d'ailleurs une somme d'attributs qui rendent son application avantageuse et légitiment la préférence qu'on lui accorde dans une foule de circonstances. Quatre propriétés surtout rendent le cuivre précieux pour la confection de vaisseaux employés dans les arts et l'économie domestique, tels que chaudières, chaudrons, batteries de cuisine, vases et récipients de toute sorte; ce sont : sa malléabilité, sa dureté et sa ténacité, son poids spécifique relativement peu considérable, enfin son point de fusion plus élevé que la température développée ordinairement dans l'industrie et dans les fourneaux de nos cuisines. Ces qualités, le cuivre les possède à un degré moyen. C'est là justement son mérite; car, moins malléable que l'or et l'argent, mais beaucoup plus léger, plus tenace et plus dur, il jouit néanmoins d'une malléabilité assez grande pour être réduit à une minceur telle que d'immenses chaudières en cuivre paraissent d'une légèreté extrême relativement à leur capacité. Il est plus lourd que le zinc et l'étain; mais ceux-ci sont malléables, moins durs, et fondent à une température plus basse. Le cuivre est moins dur, moins tenace, moins léger que le fer, et pourtant, grâce à sa malléabilité supérieure, il donnera des vases, pour les mêmes usages, plus légers et d'une plus longue durée que le fer. — Si nous passons à l'aluminium, nous lui trouverons des qualités bien supérieures : malléabilité, ténacité, dureté, légèreté, infusibilité, il les possède à un degré plus grand que le cuivre, et les quatre premières, au même point que les métaux les plus heureusement doués sous chacun de ces rapports. Quant à sa légèreté, elle est au-dessus de toute comparaison; il est huit fois plus léger que l'or, et deux fois et demie que le zinc, le plus léger des métaux employés, avantage incalculable quand on songe au poids si incommode des lourdes machines, à la force perdue pour les mouvoir. L'aluminium peut être étendu, par le laminoir ou le marteau, en lames aussi minces que l'or et l'argent, les plus malléables des métaux; et l'on sait, en effet, que le marteau du batteur d'or les réduit en feuilles si minces, qu'il faudrait en superposer plus de dix mille pour égaler l'épaisseur d'un millimètre. Si à cela nous joignons sa ténacité, comparable à celle du fer, sa couleur blanche, son état inaltérable, n'aurons-nous pas raison de lui prédire un avenir sans bornes?

Le premier aluminium métallique a été vendu 3,000 fr. le kilogramme. Ce prix excessif a déjà baissé considérablement, et nous savons de source certaine que ce métal ne revient à M. le professeur Deville qu'à 9 fr. le kilogramme. Plus de 20 kilogrammes d'aluminium ont déjà été livrés au commerce, et l'Exposition universelle de 1855 en présentait plusieurs échantillons. Des usines s'établissent dans différentes villes pour obtenir l'aluminium en grand, et bientôt la chimie française pourra s'enorgueillir d'avoir découvert l'aluminium, *une des plus glorieuses conquêtes de la science, une de ces victoires éclatantes du génie sur la matière inerte.*

Nouveau mode de préparation de l'aluminium et de quelques corps simples, métalliques et non métalliques, par M. H. Sainte-Claire-Deville. — J'ai entrepris, depuis près de deux ans, une suite d'expériences pour déterminer d'une manière précise l'équivalent de l'aluminium, en opérant sur de petites quantités de métal d'une pureté absolue. Depuis, afin de contrôler mes premiers nombres, j'ai dû essayer différentes méthodes pour me procurer des masses un peu considérables d'une matière irréprochable. J'ai longtemps échoué, à cause de la nature des vases employés habituellement; mais cette première difficulté a été vaincue par des moyens que j'aurai bientôt l'honneur de soumettre à l'Académie. Un second obstacle résulte des matières étrangères qui accompagnent toujours les composés alumineux: heureusement on a trouvé, il y a quelques mois, des masses considérables d'un minéral jusqu'alors fort rare, la cryolite du Groënland, fluorure double d'aluminium et de sodium qui paraît être à peu près pur. Je dois à la complaisance de M. Hoffman et de M. H. Rose quelques kilogrammes de cette substance, sur laquelle j'ai fait un certain nombre de recherches.

Il paraît qu'en Angleterre on a extrait de la cryolite une certaine quantité d'aluminium au moyen de la pile; mais les expériences de M. Rose ont, pour la première fois, démontré la possibilité d'extraire de ce minéral la matière métallique et, pour cela, il a fait usage du sodium. Pour opérer la réduction, il suffit de mettre dans un creuset de porcelaine des couches alternatives de sodium et de cryolite pulvérisée et mélangée avec un peu de sel marin. On introduit le creuset de porcelaine dans un creuset de terre, et l'on chauffe au rouge vif jusqu'à fusion complète. On brasse la matière avec un agitateur en terre cuite, et on laisse refroidir. Tout l'aluminium est rassemblé en un seul culot qu'on trouve au fond de la masse refroidie. Pendant que la matière est liquide, et même lorsqu'elle est solidifiée partiellement à la surface, on voit se dégager un gaz combustible qui soulève la croûte épaisse et vient s'enflammer à l'air. C'est sans doute une vapeur phosphorée, comme l'indique son odeur; et d'ailleurs le molybdate d'ammoniaque permet d'accuser la présence de l'acide phosphorique dans la cryolite. C'est là le procédé que j'ai employé et qui diffère peu de celui de M. H. Rose. Si l'on opère dans un vase de porce-

laine, l'aluminium contient du silicium; il contient du fer si l'on opère dans un creuset de fer, comme le dit M. Rose, qui a pourtant obtenu ainsi de l'aluminium d'une très-grande ductilité[1].

Cette expérience m'en a suggéré d'autres: j'avais souvent et depuis longtemps essayé de réduire par le sodium le chlorure double d'aluminium et de sodium; quoique la réaction s'effectue complétement, je n'obtenais pas de culot métallique (M. Rammelsberg est arrivé au même résultat); mais il a suffi d'ajouter au mélange un peu de fluorure de calcium pour que tout l'aluminium se réunit en culots au fond du creuset. Cette expérience, que MM. Debray et Paul Morin ont bien voulu tenter pour moi, en mon absence, dans le laboratoire de l'École Normale, leur a toujours bien réussi, et ils ont ainsi préparé plusieurs centaines de grammes d'aluminium assez pur. On verra, par ce que je vais rapporter plus loin, que les fluorures alcalins, dissolvant l'alumine, doivent être considérés comme le meilleur fondant de l'aluminium. C'est ainsi qu'il faut expliquer cette expérience, qui me semble fournir un procédé avantageux pour la fabrication du métal.

La composition de la cryolite est représentée par la formule

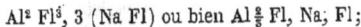

$$Al^2 Fl^3, 3 (Na Fl) \text{ ou bien } Al\tfrac{2}{3} Fl, Na, Fl;$$

si l'on compare cette dernière formule à celle du fluate acide de soude (hydrofluate de fluorure de sodium)

$$H Fl, Na Fl,$$

on voit que, dans le dernier sel, il suffit de remplacer H par $Al\tfrac{2}{3}$ pour avoir de la cryolite. Si donc on prend du fluate acide de soude et de l'alumine calcinée dans les proportions indiquées par ces formules, qu'on les mélange intimement et qu'on chauffe graduellement dans un creuset de platine, il ne s'échappe que des quantités très-faibles d'acide fluorhydrique, et à une température peu élevée, on obtient une matière très-fluide et très-limpide, dont le poids est tel, qu'il correspond, à très-peu près, au poids de cryolite qu'on peut calculer d'après les formules précédentes. Traitée par le sodium, la nouvelle matière donne de l'aluminium, ce qui prouve qu'elle est formée avec du fluorure d'aluminium, et non avec de l'alumine. L'analyse fera voir si c'est bien le même fluorure que le fluorure d'aluminium et de sodium naturel.

On obtient le même résultat en mélangeant de l'alumine et du fluorure de sodium qu'on arrose avec de l'acide fluorhydrique concentré. La masse s'échauffe, on la sèche, on la fond, et l'on peut en extraire de l'aluminium. La même expérience réussit encore avec le fluorure de potassium. De plus, si l'on a soin de tenir celui-ci en excès dans le mélange, on pourra, après la fusion, traiter la matière par l'eau, qui dissout le fluorure de potassium et laisse une substance cristalline très-fusible, et qui, sans

[1] Voyez *Annales de Chimie et de Physique*, cahier de novembre 1855.

doute, est la cryolite à base de potasse ou bien quelque corps analogue; car de ce mélange on peut extraire encore de l'aluminium.

Dans toutes mes expériences, il m'a été difficile d'écarter assez bien la silice pour que mon aluminium ne contint pas souvent des proportions assez considérables de silicium. D'ailleurs, les rendements de la cryolite, comme l'a remarqué M. H. Rose, et surtout de cette sorte de cryolite artificielle, sont toujours très-faibles.

Dans le cours de ces expériences, j'ai pu souvent constater la propriété toute spéciale des fluorures alcalins qui en fait un dissolvant presque général à haute température. On la démontre facilement en prenant un mélange très-fusible de fluorures de potassium et de sodium : on peut y dissoudre à la chaleur rouge beaucoup de silice et d'acide titanique, un peu d'alumine et un grand nombre d'autres matières; et, chose singulière, cette addition de substances étrangères apporte de la fusibilité et communique au bain une fluidité comparable à celle de l'eau.

J'ai pensé qu'une pareille substance, qui se laisse traverser facilement par les courants électriques, serait un excellent excipient pour les matières qui, dans les circonstances ordinaires, résistent à l'action de la pile. En effet, en dissolvant de la silice dans le fluorure double alcalin et en y faisant passer le courant, on produit du silicium, qui, dans le cas où l'on emploierait un électro de platine, s'allierait avec ce métal. Il se dégage au pôle positif des bulles nombreuses d'un gaz qui ne peut être que l'oxygène. Ce n'est pas du fluor : car si l'on ajoute au bain une certaine quantité de sel marin, on ne sent pas de chlore, et l'on sait que les chlorures sont décomposés avant les fluorures. La même expérience donne des résultats analogues avec l'acide titanique.

Mais avec l'alumine, tout est différent : le fluorure double alcalin en dissout peu, et, sous l'influence du courant électrique, c'est du sodium qui vient brûler au pôle négatif et du fluor qui se dégage au pôle positif; on le reconnaît à l'odeur très-forte d'acide fluorhydrique qui se développe dans la flamme de la lampe sur laquelle on fait l'expérience (on s'explique très-bien cet effet quand on se rappelle les belles expériences de M. Frémy sur l'électrolyse des fluorures). Tout ceci prouve : 1° que l'alumine résiste plus que les fluorures alcalins à l'action de la pile ; 2° que l'alumine est irréductible par le sodium, ce qu'on pouvait soupçonner ; 3° que le contraire a lieu pour la silice.

La silice est, en effet, réduite par le sodium, et j'ai réussi à préparer très-facilement du silicium en mettant en contact de la silice ou simplement du verre pilé bien pur et de la vapeur de sodium. Ce silicium est identique à celui que l'on prépare avec le chlorure de silicium.

La seule difficulté qu'on rencontre dans les expériences que je viens de décrire résulte de la nature des vases qu'il faut employer et de l'altérabilité des électrodes; car le charbon des cornues se dissout

très-vite dans les bains de fluorures quand, par exemple, on les fait servir à la préparation du silicium. Je poursuis en ce moment mes recherches dans cette voie, et, dans le mémoire que j'aurai l'honneur de soumettre bientôt à l'Académie, se trouveront les détails de ces expériences, détails qui demandent trop de développements pour que je puisse les donner dans cet extrait.

(SAINTE-CLAIRE DEVILLE.)

ALUN (chimie, matière médicale) [*sulfate d'alumine et de potasse*]. — Sel incolore, inodore, cristallisé en octaèdres réguliers, formé par la combinaison du sulfate d'alumine avec le sulfate de potasse et l'eau; sa formule est $AL^2 O^3 Z^3 SO^3 + KO, SO^3 + 24$ *aq.* — Il rougit la teinture de tournesol. Il a une saveur d'abord sucrée, mais qui devient bientôt très-astringente. Lorsqu'on le chauffe, il commence par fondre dans son eau de cristallisation; mais en se refroidissant, il se solidifie en masses vitreuses appelées *alun de roche*. En chauffant davantage on obtient un alun deshydraté qui est fort employé en médecine sous le nom d'*alun calciné*. Ce sel se trouve tout formé dans la nature, mais en petite quantité, aux environs des volcans. On trouve dans quelques localités, principalement à la Tolfa, près de Rome, une roche appelée *alunite* ou *pierre d'alun*, et de laquelle on retire un alun très-estimé appelé alun de Rome. L'*alun de Rome* a plus de valeur que l'alun ordinaire , parce qu'on est certain qu'il ne renferme pas de fer à l'état soluble; mais on sait maintenant fabriquer cet alun artificiellement. Exposé à l'air, l'alun s'effleurit peu à peu. Vingt parties d'eau froide dissolvent une partie d'alun cristallisé, tandis que le même liquide bouillant peut en dissoudre un peu moins que son poids.

Les procédés employés pour obtenir l'alun sont très-variés. Quelquefois on se borne à traiter par l'eau les terrains qui contiennent ce sel tout formé et à faire évaporer le liquide. Dans certaines circonstances on laisse en contact avec l'air, pendant neuf à dix mois, une mine composée de sulfure de fer , contenant beaucoup d'argile et par conséquent beaucoup d'alumine; peu à peu le fer et le soufre s'oxydent, et l'on obtient un composé de sulfate-acide d'alumine et de sulfate de fer ; on dissout alors ces deux sels dans l'eau , puis on ajoute du sulfate de potasse ou du sulfate d'ammoniaque , qui transforment le sulfate d'alumine en alun. On sépare ensuite le sulfate de fer par l'évaporation.

Dans les laboratoires on emploie en général le procédé suivant pour obtenir l'alun : on attaque des argiles par l'acide sulfurique , puis on ajoute du sulfate de potasse et du chlorure de potassium et on laisse refroidir la liqueur en l'agitant continuellement. L'alun se précipite alors sous forme de petits cristaux grenus que l'on lave avec une petite quantité d'eau froide. Ces cristaux sont alors dissous dans l'eau bouillante, et bientôt la liqueur, abandonnée au refroidissement dans des cristallisoirs, donne de l'alun en masses octaédriques.

L'alun se combine facilement avec les tissus organiques et y détermine la fixation des matières colorantes solubles dans l'eau. Cette propriété sert de base à la teinture; dans beaucoup de cas, une petite quantité de sulfate de fer qui l'accompagne ne peut nuire, mais dans diverses circonstances elle altère la beauté des teintes, et alors on ne peut faire usage que de l'alun complétement pur. L'alun s'emploie encore dans la fabrication de la chandelle pour donner plus de dureté au suif. En médecine ce sel est très-fréquemment employé comme astringent.

ÉDOUARD VALLIN.

ALUN (commerce, industrie). — L'Angleterre, la Belgique, l'Italie et la France sont les principaux pays où l'on fabrique une grande quantité d'alun; en Angleterre, les principales fabriques sont celles de Hurlett ou de Paisley, et celle qui se trouve à Whitby.

Il y a quatre principales sortes d'alun artificiel, suivant les pays où on le fabrique: l'alun de France, l'alun de Liége ou de Mézières, l'alun de Rome, l'alun d'Angleterre, autrement appelé alun de roche, alun blanc ou alun de glace.

1. *Alun de France.* Cette sorte est en grosses masses unies, d'un blanc et d'un éclat vitreux, d'une transparence un peu louche, d'une cassure sèche, présentant un aspect humide, et cependant assez brillant. L'emballage est en barriques de bois blanc, pesant 4 à 600 kil.

Alun de France épuré. Cet alun est en masses irrégulières et en morceaux de toutes dimensions: sa couleur est d'un blanc mat; sa transparence est pure, et sa cassure est franche et brillante. Essayé avec l'hydrocyanate de potasse, il ne doit point contenir de fer.

2. *Alun de Liége* ou *de Mézières.* Cet alun, fabriqué avec des schistes argileux mêlés de sulfure de fer, se présente en masses plus ou moins considérables, d'un blanc gris sale, d'une transparence très-louche et d'une cassure vitreuse. L'emballage est en vrague.

3. *Alun de Rome.* Cette espèce, préparée à Civita-Vecchia avec la pierre alumineuse de Tolfa, n'est point raffinée, et ne contient que du sulfate d'alumine et de potasse sous-ammoniacal. Elle est en morceaux petits et menus, couverts d'une efflorescence farineuse, et offrant dans leur cassure des couches parfaitement incolores et des couches rosées.

4. *L'alun d'Angleterre* est en grosses masses, en morceaux clairs et transparents comme le cristal; il est plus ou moins beau, selon qu'il a été bien ou mal purifié. Pour le bien choisir, il faut qu'il soit blanc, clair, transparent, sec et peu rempli de menu.

L'alun du Levant n'est guère différent de ces trois sortes d'alun, et sert aux mêmes usages; mais il est moins commun en France, à cause de la facilité que l'on a de se procurer les autres.

On tire aussi de l'alun de Constantinople, alun qui est plus gras et meilleur que celui de Smyrne. L'un et l'autre viennent par sacs.

Outre les quatre sortes d'alun dont il vient d'être parlé, les marchands épiciers et droguistes en comptent encore de cinq sortes, qui sont l'*alun brûlé*

ou *calciné*, l'*alun succarin*, *zaccarin* ou *zuccharin*, l'*alun de plume* ou *de Sicile*, l'*alun scakolle*, autrement *pierre spéculaire* ou *miroir d'âne*, et l'*alun catin* ou *de soude*.

L'*alun brûlé* est l'alun de glace mis dans un pot sur un grand feu, qui en fait la calcination, en le rendant plus léger, plus blanc, et facile à mettre en poudre.

L'*alun scakolle* est une pierre blanche, transparente, à peu près semblable au cristal de roche ou talc, qui se trouve dans les carrières de Passy. Par la calcination que l'on fait de cette pierre, elle devient d'un très-beau blanc.

L'*alun catin* est la même chose que le sel de soude.

Depuis quelques années, il s'est élevé en divers endroits de la France des fabriques d'alun, entre autres à Saint-Aubin, à Saint-Georges-de-Leveçon, à Fontanes (dép. de l'Aveyron), à Rollet (dép. de la Somme), à Baurieux, à Urcel, à Chaillevet, à Andelaine (dép. et arrond. de Laon), à la Croix-Saint-Ouen (dép. de l'Oise), à Javelle, près Paris, et à Paris. Il s'en consomme en France plus de 3 millions de kilogrammes chaque année, dont la moitié au moins est fournie par le seul département de l'Aisne.

MONTBRION (*Dict. du Comm.*)

ALUNAGE (technologie). — Opération qui consiste dans l'art du teinturier à tremper dans une dissolution d'alun les tissus de fil, de laine, de coton ou de soie, avant de les plonger dans la couleur qui doit les teindre. La grande affinité de l'alun pour la matière colorante, et en même temps pour les tissus de fil, de laine ou de soie, sert à la fixer d'une manière plus solide. Quand la couleur vient à passer, il suffit d'ailleurs, pour la faire remonter, de plonger de nouveau le tissu dans la dissolution d'alun. — Voyez *Mordançage.* LEBRUN.

ALUNITE (minéralogie). — Substance pierreuse, se présentant accidentellement dans la nature, en masses cristallines, fibreuses, de couleur grise ou rougeâtre, et le plus souvent en masses compactes, blanches ou rosées, dans les cavités ou à la surface desquelles s'observent quelquefois de petits cristaux. Elle est composée d'acide sulfurique, d'alumine, de potasse et d'eau, dans des proportions qu'on n'a pu encore déterminer rigoureusement. Cette substance, très-précieuse pour la fabrication de l'alun, se trouve dans beaucoup de lieux où l'action des volcans a laissé des traces, et particulièrement dans les terrains trachytiques, en Hongrie, au Mont-d'Or en France, en Toscane, à la Tolfa, à la solfatare de Pouzzole, etc. On retire l'alun de l'alunite en grillant celle-ci et en la transportant sur une aire où on l'arrose constamment pour la faire effleurir; puis on la fait cristalliser après l'avoir préalablement réduite en pâte et lessivée à chaud. A.-P.-C. LE ROI.

ALUNOGÈNE (minéralogie) [mot hybride, *alun*; et du grec *genos*, élément]. — Alumine sulfatée naturelle, qui est fréquent dans les solfatares, où il provient de l'action des vapeurs sulfureuses sur les silicates alumineux. Il se présente en petites masses blanches, fibreuses ou écailleuses, solubles, non cristallisables, et d'une saveur acerbe. Dans les mines, on le voit s'effleurir à la surface des roches qui renferment des pyrites. Pour obtenir de l'alun de l'alunogène, il suffit de dissoudre ce dernier et d'y ajouter du sulfate de potasse; malheureusement l'alunogène n'existe pas en assez grande abondance pour pouvoir l'utiliser sous ce rapport.

DUBOCAGE.

ALVÉOLE (histoire naturelle) [du latin *alveolus*, diminution de *alveus*, cavité, loge]. — Cellules ou loges que les abeilles et les guêpes se construisent pour y élever leurs larves et y déposer leur miel. Les alvéoles ont toutes la forme d'un petit godet hexagonal : leur réunion constitue ce qu'on appelle un gâteau. — Voy. *Abeille*.

ALYSSE (botanique) [en latin *alyssum*; du grec *à* privatif, et *lyssa*, rage, les anciens ayant attribué à cette plante la propriété de guérir l'hydrophobie rabique]. — Dite aussi *passe-rage*, genre de la famille des crucifères, dont les principales espèces sont : 1° l'*alysse jaune*, vulgairement *corbeille d'or*, dont les fleurs jaunes, petites et nombreuses, forment des touffes dorées charmantes à voir ; 2° l'*alysse des Pyrénées*, arbrisseau à fleurs blanches, durables, au nombre de 20 à 30 : cette espèce forme de beaux buissons. — Voy. *Passe-rage*.

AMADOU [du latin *ad manum dulce*, doux à la main]. — Nom donné à toute substance qui prend feu instantanément par le contact d'une étincelle, telle que celle qui jaillit du choc de l'acier sur la pierre à fusil.

Le véritable amadou provient d'un champignon qui croît sur les vieux chênes, les ormes, les charmes, les hêtres, et qu'on nomme *agaric amadouvier* (voyez ce mot); sous l'écorce calleuse et blanchâtre dont cet agaric est couvert se trouve une substance spongieuse, molle et douce au toucher, qui sert à faire l'amadou. Pour cela on la coupe en pièces assez minces que l'on soumet ensuite à l'action du marteau, jusqu'à ce qu'elle puisse se déchirer facilement. Dans cet état, elle forme l'amadou jaunâtre et naturel dont *la médecine se sert pour arrêter les hémorrhagies*.

Ce même amadou, bouilli dans une forte dose de nitrate de potasse ou de plomb, séché, battu de nouveau et lessivé une seconde fois, roulé dans la poudre à canon pour le rendre plus inflammable, porte le nom d'*amadou noir*; c'est celui dont on se servait pour obtenir instantanément du feu avant l'invention des allumettes chimiques. Le linge que l'on brûle et que l'on met à l'abri de l'air quand la flamme s'éteint, les vesses de loup (lycoperdon), les tiges moelleuses de certaines plantes, le papier à sucre, etc., peuvent aussi, après avoir subi une préparation appropriée, servir d'amadou.

LARIVIÈRE.

AMADOUVIER (botanique). — Nom donné à l'*agaric* de chêne qui fournit l'amadou et qui croît sur la plupart des grands arbres de nos forêts. — Voyez *Agaric*.

AMAIGRISSEMENT (pathologie). — Diminution de l'embonpoint du corps et de son volume par défaut de graisse dans le tissu cellulaire ; les muscles deviennent plus saillants; le corps est faible; les jambes et les cuisses maigrissent les premières, ensuite les bras, le tronc, et enfin la face. L'amaigrissement est toujours le phénomène qui vient déceler au dehors ou un changement normal (croissance), ou un trouble morbide dans la nutrition.

Les causes de l'amaigrissement morbide sont nombreuses ; les principales sont : défaut d'aliments ou leur mauvaise qualité; évacuations excessives de sang; diarrhée chronique, dysentérie; diabète, fleurs blanches, salivation abondante (scorbut, mercure); travaux excessifs du corps ou de l'esprit; engorgement des glandes du mésentère; virus scorbutique, scrofuleux, etc.; rachitisme; vomissements répétés (squirre de l'estomac, du pylore); abus des plaisirs sexuels; habitudes solitaires, usage immodéré des spiritueux; allaitement trop prolongé chez les enfants; affections tristes de l'âme; passions (amour, jalousie, haine, etc.); maladies longues de toute espèce. Le pronostic de l'amaigrissement se déduit donc de l'importance de la cause. Il est suivi de conséquences quelquefois très-graves, dit Sanson, indépendamment du désagrément qu'il a de faire des rides au visage, surtout lorsqu'il est rapide, ce qui n'est nullement indifférent pour les femmes. — Parmi les accidents sérieux dont il peut être la source, il faut citer les hernies, dont il facilite la production en laissant plus libres les ouvertures par lesquelles les viscères sortent, et peut-être en diminuant la force de résistance des parois qui s'opposent à la formation de ces maladies; dans certaines affections, comme dans les fistules, l'état de maigreur est quelquefois un obstacle insurmontable au rapprochement de leurs parois, conséquemment à leur cure, etc. Ces exemples, assez nombreux, conduisent à la nécessité de combattre l'amaigrissement dans la crainte de ses suites, et indépendamment de l'importance de ces causes, on comprend que les moyens de le combattre doivent être très-variés, et se rapportent à chaque cause particulière.

Après la destruction de la cause, le régime est l'objet le plus important. Il doit surtout se composer d'aliments nourrissants, tels que bouillon de coq, de perdrix, de chapon, légèrement aromatisé avec la cannelle; chocolat, riz, sagou, préparés au jus de bœuf; mouton ou volailles rôtis; vin généreux en petite quantité; bon lait pur ou coupé avec le lichen d'Irlande ou avec un peu de quinquina. Il est inutile de dire que l'habitation à la campagne, l'exercice modéré, la promenade à cheval, un sommeil prolongé et tranquille, font essentiellement partie du régime qui convient dans la convalescence de l'amaigrissement. — Voy. *Atrophie*, *Maigreur*, *Marasme*.

B. LUNEL.

AMALGAMATION (métallurgie) [du grec *hama*, ensemble, et *gamein*, marier, joindre; et du latin *ago*, faire]. — Action par laquelle on combine le mercure avec un autre métal. Cette partie des arts métallurgiques a pour objet d'extraire, à l'aide du mercure et de quelques autres agents accessoires, l'or et l'argent contenus dans certains minerais. C'est par elle que les 9/10 de la quantité totale d'argent livrée au commerce est préparée, et sans l'amalgamation l'homme n'aurait jamais entrepris ces travaux gigantesques de mines qui ont tant coûté et ont entraîné au delà des mers tant de populations. Deux procédés principaux sont en usage : l'*amalgamation américaine* et l'*amalgamation saxonne* ou de Freyberg.

1er PROCÉDÉ. *Méthode américaine.* — Elle consiste à broyer le minerai avec de l'eau, à y incorporer successivement du sel marin, du magistral et du mercure. Quand l'amalgamation s'est opérée, on lave le produit, puis on presse et l'on distille l'amalgame. M. Le Play a décrit complétement, de la manière suivante, l'amalgamation américaine :

Le procédé pratiqué aujourd'hui dans les mines des deux Amériques s'applique à des minerais sur lesquels le mercure n'agit pas directement : il fut découvert au Mexique, en 1557, soixante-cinq ans après la découverte du Nouveau-Monde, par un mineur nommé Bartholomé de Médina. On l'appliqua d'abord dans les mines de Pachuca, comprises dans l'intendance de Mexico. Il est certain que cette découverte a été attribuée à tort au chanoine Henrique Garcès et à Fernandez Velasco ; ce dernier n'eut d'autre mérite que d'introduire au Pérou, en 1571, le procédé d'amalgamation, tel qu'il était pratiqué au Mexique depuis quatorze ans. La méthode mexicaine fut bientôt pratiquée dans toutes les mines des colonies espagnoles, et, chose remarquable, elle s'y est conservée depuis ce temps presque sans modifications dans la partie essentielle, c'est-à-dire dans le procédé chimique. En 1786, le procédé d'amalgamation, avec des modifications et en faisaient un art presque nouveau, fut introduit dans le pays de Freyberg, en Saxe, pour le traitement de certains minerais d'argent ; vers 1820, on appliqua la même méthode au traitement des minerais de cuivre argentifère du pays de Mansfeld, près de Halle en Prusse. Enfin, depuis quelques années, un procédé, qui a beaucoup d'analogie avec l'amalgamation américaine, est employé en France aux mines d'argent de Huelgoat, dans le département du Finistère. L'ancien procédé allemand, pour le traitement des minerais aurifères, s'est d'ailleurs perpétué dans plusieurs parties de l'Europe ; il est pratiqué aujourd'hui, avec des modifications ingénieuses, dans le Tyrol et dans la Hongrie. Le meilleur exemple que l'on puisse donner de l'amalgamation américaine est la description du procédé suivi aujourd'hui au Mexique, où se trouvent les plus abondantes mines d'argent de l'univers. Dans cette contrée, les minerais contiennent principalement, comme minéraux argentifères, l'argent sulfuré, et en moindre proportion l'argent natif, le chlorure d'argent, les combinaisons du même métal avec l'antimoine, l'arsenic, le soufre, etc. Ces divers minéraux sont disséminés en très-petites particules, la plupart du temps invisibles à l'œil nu, dans une grande quantité de matières terreuses, en sorte que la richesse moyenne

n'excède point 125 grammes d'argent par quintal de minerai. Il existe quelquefois en outre une petite quantité d'or qui se sépare en même temps que l'argent. A la sortie de la mine, les minerais sont grossièrement pulvérisés sous des pilons, puis réduits sous des meules en poudre excessivement ténue. Cette dernière opération se fait avec addition d'eau, en sorte que le minerai est retiré de dessous les meules à l'état de boue très-liquide. On soumet ces matières à une dessiccation partielle en plein air ; puis, quand elles sont amenées à une consistance pâteuse, on les transporte dans une enceinte dallée dont le sol est bien uni, et dans laquelle s'effectuent les transformations chimiques dont l'objet est d'amener l'argent à l'état où le mercure peut se combiner avec lui. On traite généralement dans une même enceinte une masse de 800 à 1,200 quintaux, c'est-à-dire, en admettant une richesse moyenne de 125 grammes au quintal, une quantité de minerai contenant 600 marcs ou trois quintaux d'argent. Les réactifs autres que le mercure employés dans l'amalgamation sont toutes matières de peu de valeur, savoir : le sel marin, la chaux et le *magistral*. Cette dernière substance n'est autre chose que de la pyrite cuivreuse, transformée partiellement par le grillage en sulfate de fer et de cuivre : elle agit principalement par le sulfate de cuivre, et un bon magistral en contient généralement 10 pour 100. On introduit d'abord dans la masse une quantité de sel marin qui varie de 1 à 5 parties pour 100 de minerai, suivant la nature de ce dernier et la pureté du sel ; puis on agite la masse pour faire un mélange complet. Cette sorte de trituration est une des conditions les plus indispensables au succès de l'opération, et se renouvelle souvent dans le cours du traitement de la masse de minerai. On opérait autrefois en faisant marcher des hommes, pieds nus, dans la masse boueuse : aujourd'hui, cette opération mécanique se fait presque toujours à l'aide de chevaux ou de mulets. Après plusieurs jours, on ajoute au mélange une proportion de magistral qui varie de 1/2 à 1 partie pour 100 de minerai. On ajoute ensuite une quantité de mercure sextuple de la quantité d'argent à extraire : l'addition de ce métal se fait à trois reprises différentes et par portions égales, dans un intervalle de temps qui comprend en général plus d'un mois. La marche de l'opération est singulièrement accélérée par une température élevée ; mais, bien que le procédé d'amalgamation se pratique en général dans la zone torride, la température, vu la grande élévation des plateaux, ne s'élève guère moyennement au delà de 20°. La durée d'une amalgation est, en général, de deux à trois mois. Les ouvriers sont attentifs à reconnaître si la réaction chimique s'effectue d'une manière convenable : à cet effet, ils font des essais fréquents en lavant dans une sébile une petite portion de la masse : les matières terreuses étant enlevées, il reste au fond de la sébile une petite quantité de mercure, dont l'aspect est pour un ouvrier exercé un indice certain de l'opération qu'il dirige. Si le mercure a perdu son éclat et se réunit cependant aisément en globule, l'amalgamation est en bon train; si le mercure forme une masse pulvérulente d'un gris foncé, c'est une preuve qu'il y a trop de magistral, et l'on diminue l'action de ce corps par une addition de chaux vive; si enfin le mercure, en se rassemblant aisément en globule, a conservé son brillant, c'est un signe que l'action chimique est trop lente, et on l'active par l'addition d'une nouvelle dose de magistral. Tels sont les procédés simples par lesquels on détermine la combinaison de l'argent avec le mercure. L'ouvrier jugeant par les essais que l'opération est terminée, on ajoute deux nouvelles parties de mercure pour rassembler l'amalgame formé, ce qui fait en tout huit parties de mercure pour une d'argent contenu; on s'occupe enfin de séparer de l'amalgame des matières stériles. Cette opération se fait très-simplement en agitant les boues métalliques avec de l'eau dans de grandes cuves; on diminue peu à peu la vitesse du mouvement des palettes qui remuent la masse. L'amalgame doué d'une grande pesanteur spécifique se précipite au fond des cuves, tandis que les matières terreuses restent en suspension dans l'eau : on les fait écouler par des ouvertures pratiquées dans les cuves à diverses hauteurs. Le métal qui tient en suspension, par une forte adhérence, l'amalgame solide d'argent, est filtré au travers de sacs de coutil. Le mercure liquide s'écoule au travers des pores et l'amalgame solide reste dans les sacs; on le porte aux usines de distillation, où l'on chasse le mercure à l'aide de la chaleur; l'argent reste à l'état de pureté sous forme de masses spongieuses nommées *pigna*.

Les réactions chimiques qui déterminent dans cette opération la formation de l'amalgame d'argent ont été pendant longtemps inconnues : bien que toutes les circonstances de cet ingénieux procédé ne soient pas encore éclaircies, la science est parvenue aujourd'hui à expliquer les faits principaux. Les substances en contact qui agissent principalement dans l'œuvre de l'amalgamation sont le sulfure d'argent, l'eau, le chlorure de sodium et le sulfate de cuivre. Par suite d'affinités dont on peut aisément constater l'existence par des expériences de laboratoire, le sulfate de cuivre et le chlorure de sodium, en réagissant l'un sur l'autre, donnent lieu à du sulfate de soude et à du bi-chlorure de cuivre. Celui-ci a la propriété de décomposer instantanément le sulfure d'argent en perdant la moitié de son chlore; il en résulte du sulfure de cuivre, du chlorure simple de cuivre et du chlorure d'argent. Le chlorure de cuivre en dissolution agit de la même manière sur le sulfure d'argent; mais comme il est insoluble dans l'eau, il serait sans action ultérieure sur le sulfure d'argent non décomposé, s'il n'était dissous par l'intermédiaire du sel marin. En définitive, tout le sulfure d'argent se transforme en chlorure et le chlorure de cuivre en sulfure. Le chlorure d'argent formé est lui-même insoluble dans l'eau, et, à cet état, le mercure est sans action sur lui; mais il se dissout très-bien dans l'eau chargée de sel marin. Alors le mercure le décompose, il se forme

du chlorure de mercure, et l'argent mis en état de liberté s'amalgame à l'état naissant avec une autre portion du métal. Le sulfate de fer, qui se trouve dans le magistral, agit sans doute comme le sulfate de cuivre; mais il a une action moins énergique. L'emploi de la chaux s'explique très-bien dans cette théorie : quand la proportion de magistral est trop grande, le bi-chlorure de cuivre qui se forme agit non-seulement sur le sulfure d'argent, mais encore sur le mercure qui se trouve alors consommé en pure perte; la chaux diminue l'action de ce réactif en absorbant une partie du chlore. La perte du mercure dans l'amalgamation américaine est considérable, et varie de 1,3 à 1,7 pour 1 d'argent obtenu. Cette perte est due principalement à la portion de métal transformée en chlorure de mercure : ce corps reste à l'état pulvérulent, disséminé avec les matières terreuses, et ne peut se rassembler avec la partie métallique. On ne peut douter d'ailleurs qu'une portion notable de mercure ne soit perdue par d'autres causes dans le cours d'une aussi longue opération. Le chiffre de la perte du mercure prouve suffisamment que tout l'argent n'est pas transformé en chlorure pendant l'opération, et qu'une partie de ce métal s'amalgame directement. La théorie indique, en effet, que, dans le cas contraire, il faudrait 1,87 de mercure seulement pour enlever le chlore combiné à 1 partie d'argent.

Diverses modifications ont été apportées au procédé qui vient d'être décrit, notamment depuis la découverte des mines de la Californie et de l'Australie; mais en réalité ils n'ont eu tous pour but que de diminuer un peu la perte du mercure. Du reste, la préoccupation des richesses minérales de ces deux pays a dominé jusqu'à ce jour tellement l'esprit des émigrants que l'on n'a guère songé à publier les nouveaux procédés d'amalgamation imaginés par le génie ou par le besoin des chercheurs d'or. — Voyez *Australie* et *Californie*.

2e PROCÉDÉ. *Méthode saxonne.*—La théorie de cette méthode diffère essentiellement de celle qui est suivie en Amérique; quoique simple et rationnelle, elle exige l'emploi de fourneaux, de combustible, et d'une force motrice considérable. Mais l'ensemble du traitement peut être exécuté en 24 heures. Après avoir écrasé le minerai, on le mêle avec un dixième de sel marin et l'on convertit le sulfure d'argent en chlorure, en grillant le minerai mélangé de 10 pour 100 de sel dans un fourneau à réverbère. Par l'action puissante de la chaleur, on obtient en quelques heures un résultat qui demande plusieurs mois par le procédé américain; la masse grillée est réduite en poudre et mise dans des tonneaux traversés par un axe horizontal tournant au moyen d'une roue. Chaque tonne contient 10 quintaux de minerais ainsi préparé : après avoir soumis les tonnes à un mouvement de rotation pendant une heure, on ajoute dans chacune d'elles 5 quintaux de mercure, 35 kilog. de disques de fer forgé, et assez d'eau pour donner au tout une consistance liquide, et l'on remet en mouvement les tonnes pendant 16 à 18 heures. Dans cette opération, le fer décompose le chlorure d'argent qui se trouve dans la masse, et il en résulte du chlorure de fer soluble et de l'argent métallique très-divisé qui s'unit au mercure. On isole ensuite le métal des matières terreuses. L'excès de mercure est séparé de l'amalgame d'argent, et la filtration du mercure se fait par la force d'une presse hydraulique, au travers d'une rondelle de bois de hêtre coupé perpendiculairement aux fibres sur une épaisseur de 8 centimètres. Le mercure traverse en gouttelettes les interstices des fibres, et l'amalgame reste sous forme de masse compacte.

Le procédé de Freyberg fit une grande sensation parmi les métallurgistes, car, malgré le prix élevé du mercure, c'est encore le seul qui convienne pour le traitement des minerais pauvres. Cette méthode possède surtout un grand avantage, c'est la rapidité de l'opération; aussi les ingénieurs allemands, chargés par le gouvernement espagnol de naturaliser cette méthode en Amérique, ont-ils eu le vif regret de ne pouvoir y parvenir par le manque complet de combustible pour le grillage, et de force motrice pour faire tourner les tonnes. Du reste, le procédé américain permet de traiter annuellement une masse de minerai deux cents fois plus considérable que celle qui est amalgamée par la méthode saxonne.

A.-P.-C. Le Roi, ingénieur.

AMALGAME (chimie, métallurgie) [du grec *hama*, ensemble, et de *gamein*, joindre]. — Union d'un métal avec le mercure. Le mercure s'amalgame avec tous les métaux, même avec le fer et le platine, ce qui avait été regardé jusqu'à nos jours comme impossible. — Voy. *Alliage* et *Mercure*.

AMANDES (botanique) [en grec *amygdalé*]. — Fruits de l'amandier *amygdalus communis*. On en distingue deux espèces : les *amandes douces* et les *amandes amères*. Elles sont produites par deux variétés du même arbre. Certains botanistes ont prétendu cependant que, par la culture, l'amandier amer peut produire, au bout d'un certain temps, des amandes douces, et que, réciproquement, l'amandier doux peut produire des amandes amères lorsqu'il est abandonné sans culture.

1° *Amandes douces*.—C'est des côtes de Barbarie et du midi de la France que nous tirons les amandes douces; elles doivent être sèches, pesantes et récentes. A l'analyse, les amandes douces ont donné à M. Boullay :

Eau..................	3,5;
Pellicule...........	5;
Huile...............	54;
Albumine...........	25;
Sucre liquide........	9;
Gomme..............	3;
Tissu végétal........	4;
Perte et acide.......	0,5.

Les amandes douces sont employées comme aliments par les peuples des contrées où on les récolte. Nous en faisons un assez grand usage sur nos tables, soit à l'état frais, vers la fin de l'été, ou dans leur état de dessiccation, pendant l'hiver. Sous le rapport médical, ces fruits doivent être rangés dans la catégorie des *émollients*. L'émulsion d'amandes est une préparation fort employée. On la prépare en pilant dans un mortier une certaine quantité d'amandes privées de leur épiderme; on délaye le tout avec une certaine quantité d'eau, qu'on fait passer ensuite à travers un filtre. On donne à cette eau le nom de lait d'amandes à cause de sa blancheur; cette couleur blanche est due à la suspension dans l'eau de l'huile grasse au moyen du sucre ou du mucilage. Cette émulsion est employée comme véhicule d'autres médicaments, ou comme boisson mucilagineuse et antiphlogistique.

On prépare l'*eau d'amandes* par infusion dans certains pays, après avoir torréfié les amandes comme du café.

On donne quelquefois aux convalescents des amandes torréfiées pour être mangées avec du pain. On fait aussi des potages aux amandes.

Le *sirop d'orgeat* se prépare en faisant une forte émulsion avec deux parties d'amandes douces et une partie d'amandes amères, en y faisant fondre à une douce chaleur trois parties de sucre blanc pulvérisé. Ce sirop, étendu d'eau, forme une boisson très-agréable [1].

L'*huile d'amandes douces* existe en grande quantité dans ces fruits. Elle est douce, claire, transparente et insipide. On l'emploie en médecine à une foule d'usages; d'abord pour dissoudre certains médicaments, comme le camphre par exemple. Elle entre dans différentes préparations, comme les liniments, les embrocations, etc. Dans les phlegmasies, on l'emploie localement comme émolliente; prise intérieurement, à la dose de quatre à soixante grammes, elle agit comme laxatif. On l'administre fréquemment aux très-jeunes enfants atteints de coliques, de vers intestinaux ou même de convulsions. L'huile d'amandes douces entre à la dose de quinze grammes dans le looch blanc.—Les parfumeurs vendent sous le nom de *pâte d'amandes* le parenchyme des amandes qui ont déjà servi à l'expression d'huile. Ce parenchyme est desséché et réduit en farine. En ajoutant une certaine quantité d'amandes amères, on rendrait cette poudre plus détersive, et on pourrait l'employer avec avantage, sous forme de cataplasmes, contre certaines inflammations et taches du visage. Les confiseurs emploient aussi les amandes pour faire les dragées, les nougats, etc.

2° *Amandes amères* [*semina amara* des Latins]. — D'après les analyses de M. Boullay, il est démontré que les amandes amères contiennent les mêmes principes que les amandes douces, et, de plus, une matière jaunâtre appelée *amygdaline*, et une résine jaune âcre.

Les préparations diverses d'amandes amères contiennent de l'acide cyanhydrique ou une huile volatile; mais ces deux derniers principes n'existent pas

---

[1] Certains pharmaciens font entrer une décoction d'orge dans la préparation de leur sirop d'orgeat.

naturellement dans la graine ; ils ne se développent qu'au contact de l'eau. Cette opinion est basée sur ce fait, savoir : que les amandes amères, broyées et exprimées sans eau, fournissent une huile grasse analogue à celle des amandes douces et qui n'est point vénéneuse, et qu'elles ne dégagent aucune odeur lorsqu'on les chauffe sans eau jusqu'à la température de l'eau bouillante. Cependant, il ne faut pas oublier que les amandes amères ont une saveur forte et parfumée d'acide cyanhydrique. Du reste, il y a à ce sujet plusieurs contradictions entre les toxicologistes, et l'on est loin de connaître le dernier mot de cette question.

L'huile volatile d'amandes amères est incolore, d'une saveur amère et brûlante, d'une odeur qui rappelle celle de l'acide cyanhydrique. On la prépare avec des tourteaux d'amandes amères récemment exprimés ; on les pulvérise et l'on en fait une pâte liquide avec de l'eau froide. On laisse macérer pendant 24 heures dans la cucurbite d'un alambic ; puis, pour procéder à la distillation, on fait arriver au fond de la cucurbite un jet de vapeur, et l'on continue tant que le produit de la distillation conserve une odeur très-pénétrante d'acide cyanhydrique.

L'eau distillée d'amandes amères s'obtient en pulvérisant un tourteau d'amandes amères que l'on mêle à l'eau froide ; on laisse macérer pendant 24 heures et l'on distille comme pour obtenir l'huile essentielle, si ce n'est que l'on retire d'eau distillée un poids égal à celui du tourteau employé. Cette eau contient une certaine quantité d'huile essentielle que l'on retire par la filtration.

Il résulte de ce qui précède :

1° Que les amandes amères peuvent être ou non vénéneuses selon la manière de s'en servir, et qu'elles le sont toujours par le contact avec l'eau ou les liquides intestinaux ; 2° que leur poison réside dans l'huile essentielle qu'elles forment par leur contact avec l'humidité ; 3° que le principe vénéneux de cette huile est l'acide cyanhydrique. Ce qui prouve cette dernière assertion, c'est que, si on la dépouille de son acide cyanhydrique, l'huile essentielle cesse d'être un poison. Une petite quantité d'amandes amères peut produire des effets toxiques. Chaque année l'on constate des symptômes d'empoisonnement, chez les enfants surtout, après l'ingestion d'une certaine quantité de dragées, nougats, macarons ou autres pâtisseries faites avec les amandes amères. Ces mêmes effets toxiques se produisent chez les animaux. Ainsi, M. Orfila a fait périr un chien en lui faisant avaler 20 amandes amères (*Toxicol.* t. II, p. 179). Les effets délétères de l'huile essentielle sont beaucoup plus sensibles.

L'eau distillée a aussi une grande activité qu'elle doit à l'huile essentielle qu'elle contient.

Les symptômes de *l'empoisonnement par les amandes amères* (fruits, eau distillée ou huile essentielle) sont les suivants : des convulsions qui prennent quelquefois le caractère tétanique et s'accompagnent de cris. La circulation et la respiration sont accélérées, mais bientôt, suivant la quantité absorbée, une prostration plus ou moins complète remplace les mouvements convulsifs ; les battements du cœur ainsi que la respiration se ralentissent ; un calme profond survient, et la mort arrive sans convulsions.

Souvent aussi on observe des vomissements, de la diarrhée, du météorisme. Les convulsions tétaniques sont relativement assez rares chez l'homme et s'observent plus fréquemment chez les animaux. Dans les cas d'empoisonnement par cette substance, il faut employer les stimulants diffusibles à fortes doses, tels que l'alcool et l'ammoniaque. — Quelques médecins ont prétendu que cinq ou six amandes amères suffisaient pour dissiper l'ivresse. Plutarque raconte que le fils du médecin de Tibère tenait tête aux plus intrépides buveurs, en ayant soin de manger quelques amandes amères. L'action asthénique de cette substance rend son usage utile dans les maladies qui réclament le traitement antiphlogistique. Ces fruits ont été préconisés dans l'hydrophobie rabique, mais malheureusement ils ne produisent aucun effet.

Le lait d'amandes amères se prescrit à la dose de 150 à 500 grammes dans les 24 heures. En voici la formule :

Amandes douces } de chaque.. 4 à 6 grammes.
Amandes amères }
Eau de rivière..............,. 500 grammes.
Sucre...................... 60 grammes.
On fait une émulsion.

L'eau distillée se donne à la dose de 1 à 10 gr. dans 60 grammes de véhicule. Les amandes amères sont aussi très-employées en parfumerie. — Voyez *Acide cyanhydrique.*   ÉDOUARD VALLIN.

AMANDES (commerce, industrie). — Voici les différentes espèces d'amandes qui sont admises dans le commerce :

AMANDES A LA DAME (en coques). — Elles ont la coque grosse et solide, pointue à l'un des bouts, couverte de trous ou sillonnée de lignes vermiculaires, ayant en dedans une et quelquefois deux amandes d'un jaune rougeâtre et d'une saveur douce. Elles se vendent en balles d'une double toile et avec paille.

AMANDES A LA PRINCESSE (en coques). — C'est une bonne sorte en coques d'une grosseur moyenne, aplaties, minces, fragiles, jaunâtres ; l'amande de dedans est ridée, d'un jaune souci en dehors, d'un blanc de cire à l'intérieur, et d'une saveur douce. Elles se vendent en balles d'une double toile et avec paille.

AMANDES DE CHINON (dépouillées de leurs coques). Elles sont d'une moyenne grosseur, allongées, aplaties, ridées, d'un jaune brun ; leur pellicule est chargée d'une poudre très-adhérente qui ne se détache pas sous les doigts, et que le frottement n'enlève qu'avec peine. Elles se vendent en balles d'une simple toile.

AMANDES DURES (en coques). Elles sont plus petites et plus bombées que les amandes à la princesse et à la dame. La coque est d'un jaune pâle, épaisse et solide, difficile à rompre et chargée de petits trous de peu de profondeur; la fève dans l'intérieur est plus petite que dans les espèces précédentes, de couleur jaune-brun et d'une saveur douce. Elles se vendent en balles de double toile et avec paille.

AMANDES D'ESPAGNE, dites de Malaga (dépouillées de leurs coques), couleur jaune pâle et grosseur moyenne; les plus petites sont ridées et arrondies, saveur très-douce et agréable, semblable à celle de la noisette. Elles se vendent en balles de sparterie.

AMANDES DE MILBAUD (dépouillées de leurs coques). Elles ont la fève longue, aplatie, chargée d'une poussière produite par le frottement, recouverte d'une pellicule mince et d'un jaune sale. On les vend en balles d'une simple toile.

AMANDES dites flots de Provence.—Elles ont beaucoup de ressemblance avec les amandes triées à la main; mais elles sont plus larges, plus longues et plus bombées : la pellicule est plus épaisse et plus rougeâtre, la chair très-douce et d'un blanc mat. Elles se vendent en balles de double toile et avec paille.

AMANDES DE PROVENCE DOUCES EN SORTE (dépourvues de leurs coques). — Les fèves sont très-inégales en grosseur; on les distingue à leur forme ordinairement arrondie, et à leurs couleurs blanches quand elles sont nouvelles, quelquefois couvertes de poudre rougeâtre; d'autres sont ridées. Elles se vendent en balles de double toile et avec paille.

AMANDES TRIÉES A LA MAIN (dépouillées de leurs coques).—Elles sont choisies parmi celles de Provence, sont régulières et bien faites, aplaties, recouvertes d'une pellicule mince, couleur jaune pâle. Elles se vendent en balles de double toile et avec paille.

(MONTBRION.)

AMANDIER (botanique) [amygdalus en latin]. — Genre de plantes de la famille des rosacées, renfermant des arbres de 8 à 10 mètres de hauteur, à rameaux dressés, d'un vert clair et très-lisses, à feuilles alternes, lancéolées, dentées en scie, et fleurs très-grandes, extra-axillaires, au nombre de deux ou trois au-dessus de chaque faisceau de feuilles; à calice tubuleux, rougeâtre à l'extérieur, à limbe à cinq divisions étalées, à corolle pentapétale. Les pistils sont au nombre de deux dans chaque fleur; l'ovaire est globuleux, un peu comprimé d'avant en arrière. Le fruit est une drupe verte, ovoïde, allongée, comprimée, terminée en pointe à son sommet. Son noyau est rugueux et crevassé. Tantôt sa coque est mince et se brise facilement, tantôt elle est épaisse, dure et ligneuse. Les fruits sont connus sous le nom d'amandes. Les principales espèces sont l'amandier cultivé, dont on distingue deux sortes : la variété dulcis et amara. L'amandier est originaire du Levant, de l'ancienne Grèce, de la Barbarie et de quelques contrées de l'Asie. Il est acclimaté depuis bien longtemps en Italie et dans le midi de la France. Outre les avantages que l'on retire de son fruit, l'amandier sert encore à orner nos jardins. L'élégance de son port, la légèreté de son feuillage, ainsi que ses belles fleurs blanches, qui apparaissent vers le milieu de mars, lorsque l'hiver n'a pas été trop rigoureux, le font rechercher pour l'ornement des bosquets. Son bois,

sillonné de veines d'un brun verdâtre, le fait choisir par les ébénistes, qui en font de jolis meubles.

Il existe une variété d'amandier qui n'atteint pas plus de 75 centimètres de hauteur. Il porte des fleurs d'un rose tendre qui s'épanouissent vers la fin de mars. Cet arbrisseau est appelé amandier nain. L'amandier est le symbole de l'imprudence, parce que, fleurissant de bonne heure, il est souvent atteint par

Fig. 82. — Amandier.

les derniers froids qui dessèchent ses fleurs et empêchent ainsi l'apparition de son fruit. Il y a encore plusieurs variétés d'amandiers, mais ils n'appartiennent pas à la flore française. Il découle du tronc de l'amandier une gomme entièrement semblable à celle du prunier et de l'abricotier, et confondue avec elle sous le nom de gomme du pays ou gomme Nostras.— Voir Amandes. ÉDOUARD VALLIN.

AMANITE (botanique) [radical grec Amanos, nom d'une montagne de la Cilicie, contrée de l'Asie-Mineure, sur laquelle on trouvait beaucoup de ces champignons].—Genre de champignons démembrés des agarics, et ne s'en distinguant que par une bourse ou volva, qui enveloppe plus ou moins complétement le champignon dans sa jeunesse, mais qui se rompt ensuite et laisse des traces à la base du pédicule. Parmi les espèces que comprend ce genre, dit Young, on doit distinguer l'amanite oronge, ou oronge vraie, dorade, etc., A. aurantiaca, qui est un mets délicieux, et la fausse oronge ou agaric aux mouches, A. muscaria, qui est un poison. L'amanite oronge paraît d'abord sous la forme d'un œuf; une volva blanche et épaisse la recouvre entièrement; puis elle se divise en lobes pour laisser sortir le chapeau. Celui-ci, dont le diamètre est de 8 à 12 centimètres, a une superficie sèche, susceptible d'être pelée, remarquable par autant de raies sur ses bords qu'il y a de feuillets, rarement tachée par les débris de la volva; sa chair est continue avec le pédoncule, lequel est bulbeux, plein, un peu spongieux, très-épais à sa base, large de 8 à 12 centimètres; les feuillets sont un peu frangés, composés de deux lames, très-adhérents avec la chair. Il y a plusieurs variété d'oronge : l'*oronge vraie*, proprement dite, qui a le chapeau d'un rouge orangé, les feuillets et le pédicule jaunâtres; l'*oronge jaune* et l'*oronge blanche*. Les feuillets de toutes trois sont recouverts d'une membrane qui se rabat pour former le collier du pédicule. L'oronge croît dans les forêts de pins, à la fin de l'été. La *fausse oronge*, remarquable par sa beauté et sa grandeur, se distingue de la précédente par sa volva qui ne recouvre pas entièrement le chapeau, ou par les plaques jaunâtres ou blanchâtres qui le tachent, et qui sont les débris de la volva. Il est d'autres sortes d'amanites qui sont vénéneuses, et qui occasionnent de fréquents accidents par leur ressemblance avec le champignon de couche; telles sont, par exemple, l'*amanite vénéneuse de Persoon*, et ses variétés, l'*amanite bulbeuse blanche* ou *oronge ciguë blanche*; l'*amanite sulfurine*, ou *oronge ciguë jaunâtre*, et l'*amanite jaunâtre* ou *oronge ciguë verte* de Paulet. Pour éviter ces accidents, il faut se rappeler que le champignon n'a ni bulbe ni volva à la base de son pédoncule, et que son chapeau n'est jamais taché de verrues.

AMARANTACÉES (botanique) [d'*amarante*, genre type].—Famille de plantes dicotylédones, à pétales, renfermant des végétaux herbacés, connus dès la plus haute antiquité, et dont l'amarante est le genre type. Parmi les caractères assignés à cette famille de plantes par M. Martius, qui l'a le mieux étudiée, on doit distinguer les suivans : Le périanthe est hypogyne, persistant, composé de deux verticilles semblables par leur structure; savoir, en dehors, un calice qui est à deux folioles, mais qui manque quelquefois; au dedans, une corolle à cinq ou très-rarement à trois pétales le plus souvent distincts. Les étamines sont hypogynes; leur nombre, rarement inférieur à cinq, atteint le plus souvent ce chiffre, et quelquefois le dépasse, mais en reproduisant un de ses multiples, et en n'ajoutant des organes stériles au delà de la limite normale; elles sont situées sur un seul rang, tantôt distinctes, tantôt monadelphes, et formant une cuvette ou un tube: les filets fertiles sont opposés aux pétales. Le pistil est unique; l'ovaire est libre, à une seule loge, et ne renferme qu'un seul ovule, ou qu'un petit nombre d'ovules suspendus à un podosperme ou funicule central libre : il n'y a qu'un seul style, ou il n'y en a pas du tout. Le fruit est un utricule membraneux, dépourvu de valves, et s'ouvrant irrégulièrement ou comme par une section transversale; l'embryon est cylindrique, allongé, recourbé autour d'un endosperme farineux. Les amaranlacées sont des plantes herbacées ou sous-frutescentes, restant basses ou s'étalant sur d'autres végétaux; elles portent des fleurs un peu sèches et scarieuses sur des pédoncules très-courts, qui se ramassent en épis ou en ca-

pitules; elles sont surtout répandues dans les pays chauds. M. Martius en a énuméré deux cent cinquante-trois espèces, et les a réparties en vingt-sept genres, dont les principaux sont l'*amarantus*, le *celosia*, l'*achyrantes*, l'*alternanthera*, le *gomphrena*, etc. Ces genres eux-mêmes sont réunis en différents groupes, qui se distinguent les uns des autres, à commencer depuis le plus étendu, suivant qu'il y a un seul stigmate simple ou divisé, ou qu'il y en a plusieurs, suivant que les anthères sont à une loge ou à deux loges.

AMARANTE (botanique) [du grec *a* privatif, et *marainô*, se flétrir, en latin *amarantus*]. — Genre type de la famille des aramantacées, renfermant des plantes herbacées, annuelles dont les fleurs, en épis ou en grappes, fleurissent en automne et conservent, étant cueillies, leur couleur et leur fraîcheur; d'où les poëtes en ont fait le symbole de l'immortalité. Les principales espèces sont :

1° L'*amarante à fleurs en queue*, dite aussi *queue de renard*, à fleurs en longues grappes, pendantes et cramoisies; sa tige atteint près d'un mètre de hauteur; elle est originaire du Pérou; 2° l'*amarante crête de coq*, ou *passe-velours*, à fleurs veloutées, d'une belle couleur rouge, mêlé de violettes, également originaire du Pérou; 3° l'*amarante tricolore*, à fleurs vertes et labrates; les feuilles sont tachées de jaune, de vert et de rouge; elle est originaire de l'Inde; 4° l'*amarante blette*, à tige rameuse, à feuilles ovales; cette dernière espèce est comestible.

AMARINAGE, AMARINER (marine) [radical latin *mare*, mer]. — Après une défense désespérée, souvent même renonçant à engager une lutte inégale, un bâtiment amène son pavillon et se met en panne pour se constituer prisonnier, s'en emparer alors et l'armer pour son propre compte; c'est ce qu'on appelle l'*amariner*. Le navire capteur procède à cette opération en mettant lui-même en panne et en envoyant, à l'aide d'embarcations, à bord de sa prise une partie de son équipage pour en prendre possession. Cependant, il arrive parfois que le mauvais temps empêche de mettre à la mer les embarcations nécessaires; dans ce cas, on prescrit, à l'aide du porte-voix, au bâtiment amené, la route et la voilure qu'il doit faire, en ayant soin de ne pas s'éloigner de lui et de le tenir toujours au moins à une petite portée de canon, afin que s'il voulait prendre chasse, on puisse, au moyen de l'artillerie, le ramener dans ses eaux.

Dès que les circonstances le permettent, on complète d'ailleurs son *amarinage*. Il faut apporter beaucoup de circonspection dans cette opération. En effet, si l'on ne met à bord du navire capturé qu'un nombre d'hommes insuffisant soit pour le manœuvrer, soit pour le garder, il peut se faire, dans le premier cas, que l'on compromette la sûreté de ce bâtiment, et, dans le second, que les prisonniers, enhardis par le petit nombre, tentent de nouveau la fortune, et, reprenant l'avantage, redeviennent non-seulement maîtres à leur bord, mais encore du rôle de vaincus passent à celui de vainqueurs en s'emparant de l'équipage ennemi. Un bâtiment amariné est tantôt dirigé sur un port ami, tantôt armé pour faire voile de conserve avec le capteur; quelquefois aussi on l'arme en guerre et l'on s'en sert comme auxiliaire dans la mission qu'on a à remplir. Dans cette occurrence, on laisse à bord les officiers prisonniers, qui peuvent donner au nouveau capitaine d'utiles renseignements sur les parages qu'ils ont parcourus. Quelquefois, dans la crainte de ne pouvoir conserver sa prise, on la coule ou l'on y met le feu, après en avoir préalablement enlevé les hommes, les papiers, les cartes et les objets de prix les moins encombrants. — On dit encore *amariner*, en parlant d'un équipage que l'on initie au rude métier de la mer.

AMARRAGE (marine) [radical celtique *amarr*, liens]. — Deux objets liés ensemble, réunis étroitement par une corde sont amarrés. Une fois entré dans le port, un bâtiment s'occupe de son amarrage au moyen de câbles, chaînes, grelins fixés à des ancres à terre ou le long des quais, et qui servent à le maintenir immobile. L'amarrage d'une bouche à feu se fait au moyen d'une brague (gros et fort cordage) destinée à limiter le recul de la pièce dans un combat, ou, par un mauvais temps, à prévenir les effets du roulis.

AMARRE (marine). — Les chaînes et câbles qui servent en général à l'amarrage d'un bâtiment s'appellent des amarres. De là, les expressions *fatigué par ses amarres, doubler ses amarres, ou tenir bien sur ses amarres.* Les cordages employés au halage, au tonnage, au changement de position ou à l'évitage d'un navire, portent encore le nom *d'amarres.* Leur situation à bord sert à les qualifier diversement et à les distinguer entre elles. Ainsi, les *amarres* qui partent de l'avant s'intitulent *amarres de bout,* celles de l'arrière *amarres de poupe.* Quand un bâtiment est amarré dans un port, les *amarres* qui viennent du côté de terre sont dites *amarres de terre,* celles *du large* sont les amarres qui viennent du côté opposé. Le bout de corde que l'on jette du bord à un canot pour aider à son acostage, ou simplement pour faciliter l'embarquement d'un homme, est encore une *amarre.*

AMARYLLIDÉES (botanique) [d'*amaryllis,* genre type]. — Famille de plantes monocotylédones formée aux dépens des narcissées de Jussieu, par le botaniste Robert Brown. Les caractères sont : « calice monosépale tubuleux, à six divisions; six étamines, à filets libres ou soudés, ovaire infère, style simple, stigmate à trois lobes. » Cette famille comprend les quatre tribus des *hypoxydées,* des *agavées,* des *amaryllidées vraies* et des *galanthées.* (Voy. ces mots.)

AMARYLLIS (botanique) [du nom de la bergère Amaryllis, chantée par Virgile dans ses *églogues*]. — Belle plante de la famille des amaryllidées, remarquable par la grandeur, la forme et l'éclat de ses fleurs, qui exhalent une odeur délicieuse.

La fleur de l'amaryllis ne paraît qu'au mois de septembre. « Elle a quelque ressemblance avec celle du colchique ou du safran. Elle est solitaire, en forme de cloche, d'un beau jaune; les étamines sont

droites : trois d'entre elles sont plus courtes que les autres. Des feuilles planes, allongées, obtuses, disposées sur deux rangs, sortent d'une bulbe couverte de tuniques brunes. Cette plante croît au milieu des prés dans les contrées méridionales, en Espagne, en Italie. On la place dans les plates-bandes des jardins, en lignes entremêlées de colchiques, de safran d'automne. Elle exige peu de soins, croît en pleine terre, dans un terrain sablonneux, un peu frais, à l'exposition du midi. Elle se multiplie aisément par ses caïeux, que l'on sépare dans le courant de juillet. » — On connaît plus de soixante espèces d'amaryllis, qui sont, en général, originaires de l'Inde, de l'Amérique ou du cap de Bonne-Espérance [1], et dont une trentaine environ sont cultivées dans nos jardins. Telles sont en particulier l'*amaryllis à fleurs en croix,* lis ou croix de Saint-Jacques (*amaryllis formosissima*), dont les lobes calicinaux figurent les épées rouges brodées sur les habits des chevaliers de Saint-Jacques de Calatrava; l'amaryllis ou lis de Guernesey (*A. sarniensis*), originaire du Japon, mais naturalisé dans l'île de Guernesey à la suite du naufrage d'un vaisseau qui en portait des individus, et remarquable par ses ombelles de huit à dix fleurs rouge-cerise, dont les lobes renversés au sommet paraissent au soleil parsemés de points d'or; l'amaryllis à fleurs roses, ou belladonne d'automne (*A. belladona*), dont les feuilles sont en courroie et canaliculées, et dont la hampe, haute de dix-huit à vingt-quatre pouces, se couronne, depuis le mois d'août jusqu'en octobre, de huit à douze grandes fleurs roses, penchées, odorantes, et qui tombent longtemps avant que les feuilles aient poussé; l'amaryllis de la reine ou du Mexique (*A. reginæ*), qui se distingue par la couleur verdâtre de sa bulbe, par ses feuilles lancéolées et carénées, par ses fleurs campanulées, grandes, divergentes, à tube court, à gorge velue et à divisions d'un beau rouge ponceau; l'amaryllis jaune (*A. lutea*), qui croît sur les rochers dans le midi de l'Europe, où on l'appelle aussi *la vendangeuse,* parce qu'elle fleurit dans le temps des vendanges; l'amaryllis dorée ou lis jaune doré (*A. aurea*), dont les anthères tressaillent pendant une minute ou deux, et à plusieurs reprises pendant la journée, lorsque les fleurs sont bien ouvertes; l'amaryllis équestre ou écarlate (*A. equestris*), qui penche ses belles et grandes fleurs d'un rouge de brique, au lieu que la spathe se fend en deux parties qui restent droites et simulent un peu les oreilles d'un cheval; l'amaryllis Joséphine, dont la hampe, grosse et comprimée, s'élève du milieu de feuilles très-grandes, linguiformes, et porte une large couronne d'environ soixante fleurs longues chacune de sept à huit centimètres.

AMAS (géologie). — Gisement de substances minérales de forme irrégulière, enveloppées, en tout ou en partie, par des roches de nature différente. Parmi ces accidents du règne minéral, dit M. Le Play, on distingue surtout ceux dont l'exploitation peut être utile à l'homme. Le gisement en amas est une des

[1] Young.

formes les plus communes qu'affectent les dépôts de minéraux utiles, et en particulier les minerais employés pour la préparation des divers métaux. Quelquefois ces amas sont situés dans des roches non stratifiées, ou affectent une disposition qui n'a aucun rapport avec la direction des strates de la roche environnante. Quelquefois, au contraire, ces masses prennent une forme aplatie, lenticulaire, et sont véritablement intercalées dans les couches de la roche : ces sortes de gîtes sont désignés sous le nom d'amas couchés. Rien de plus variable d'ailleurs que le volume des amas : quelques-unes des mines les plus vastes et les plus célèbres du monde sont ouvertes dans des dépôts de cette nature. Le volume des amas n'a pas de limites dans le sens de la petitesse ; lorsqu'ils sont réduits à de très-petites proportions, on les désigne plus particulièrement sous les noms de *rognons, noyaux, nodules*, etc.

Les mines de cuivre de Falhun, en Suède ; le fer carbonaté du pays de Siégen, non loin de Coblentz ; les mines de plomb de la Sierra de Gador, dans la province de Grenade (Espagne) ; le gypse ou pierre à plâtre, si abondant dans le bassin de Paris ; le sel marin de la contrée de Vieliczka et de Bochnia (Pologne) sont des exemples d'amas célèbres par l'ancienneté de leur exploitation et par les richesses minérales qui en ont été extraites.

AMAUROSE (pathologie) [du grec *amaurosis*, obscurcissement].—Maladie produite par la paralysie de la rétine, du nerf optique ou d'une partie du cerveau chargée de recevoir l'impression de la lumière. Le nom de *goutte sereine*, donné aussi à cette affection, est d'origine arabe ; il a été appliqué à l'amaurose par allégorie, les anciens s'étant imaginé que la cécité amaurotique était envoyée par les dieux au moyen d'une goutte d'eau qu'ils faisaient tomber sur les yeux.

L'amaurose est *complète* ou *incomplète*, suivant que la vision est tout à fait ou en partie détruite. Elle peut être *unioculaire* ou *bioculaire*, suivant qu'elle porte sur un seul œil ou sur les deux simultanément. Elle peut être *essentielle*, *idiopathique* ou *symptomatique*. Enfin elle peut être *permanente* ou *périodique*, comme cela a lieu dans l'*héméralopie* (amblyopie crépusculaire), où le malade cesse d'y voir avec la disparition du soleil de l'horizon, et la *nyctalopie* (amblyopie méridienne), où le malade ne distingue les objets qu'à une faible lumière ou pendant la nuit, tandis qu'il ne peut supporter le grand jour.

Caractères anatomiques.—L'amaurose n'étant pas une maladie mortelle par elle-même, on a rarement eu l'occasion de faire des autopsies, excepté dans les amauroses symptomatiques ; mais alors les lésions anatomiques ne leur appartiennent pas. Tout ce qu'on peut dire à ce sujet, c'est que les causes qui la produisent, quelque variées et nombreuses qu'elles puissent être, agissent toutes soit immédiatement, soit médiatement sur la rétine, sur le nerf optique ou sur le cerveau. Ainsi l'amaurose peut tenir :

1° A un excès d'innervation ; exemple : L'amaurose subite qui se montre à la suite d'un éclair ;

2° A la contusion du globe oculaire (amaurose traumatique) ;

3° A la compression due à une hydropisie, à un abcès de l'œil, ou à une tumeur située dans la cavité orbitaire ou dans le crâne, sur le trajet du nerf optique ;

4° Au ramollissement, à l'induration, à l'atrophie, à l'absence du nerf optique ;

5° A des lésions du cerveau, sur le trajet ou à l'origine du nerf optique et du corps strié.

Parmi les nombreuses divisions établies par les auteurs, voici la plus simple et la plus essentiellement pratique :

1° *Sthénique hypersthénique. irritative, congestive*, etc. ;

2° *Asthénique, hyposthénique, adynamique* ;

3° *Mécanique.*

Parmi les causes de la première, nous trouvons :

1° Les congestions et les inflammations oculaires, surtout chroniques ;

2° L'exposition longtemps continuée à une lumière vive, comme cela a lieu chez les horlogers, émailleurs, bijoutiers, verriers, cordonniers, cuisiniers, forgerons, etc. ;

3° La lecture longtemps prolongée à une lumière vive ;

4° Les éclipses de soleil ; celle de 1837 occasionna beaucoup d'amblyopies ;

5° Les irritations sympathiques du tube digestif.

Parmi les causes de l'amaurose asthénique, nous citerons :

1° Les pertes séminales trop fréquentes ;

2° Les hémorrhagies abondantes ou répétées ;

3° La privation trop prolongée de la lumière ;

4° L'abus des narcotiques (solanées surtout) ;

5° L'ossification de l'artère ophthalmique, ossification qui prive l'œil de sang artériel ;

6° L'alimentation insuffisante ou de mauvaise qualité, et en un mot tout ce qui est susceptible d'affaiblir la constitution ;

7° La syphilis (cause spécifique) ;

8° Le travail de la dentition ;

9° La présence de vers dans les intestins ;

10° Enfin des causes inconnues ou inappréciables.

Quant aux causes de l'amaurose mécanique, ce sont les tumeurs, de quelque nature qu'elles soient, et qui, situées dans la cavité orbitaire ou sur le trajet du nerf optique, compriment l'œil ou la rétine, ou bien une altération organique de ces parties (nerf, rétine).

L'amaurose se présente avec son maximum de fréquence dans l'âge moyen de la vie. Elle semble être plus fréquente chez les femmes que chez les hommes.

Symptômes. — On arrivera à la connaissance de l'amaurose par déduction, c'est-à-dire en examinant si l'œil n'est pas atteint d'autres maladies qui interceptent le passage des rayons lumineux, et en interrogeant la constitution. L'invasion de la maladie est très-lente ; elle peut mettre plusieurs années à parcourir toutes ses périodes, c'est-à-dire à être complète. Dans quelques cas elle se montre très-rapidement. Ainsi on a vu : 1° un individu être aveuglé pendant qu'il portait un lourd fardeau sur la tête ; 2° un autre devenir amaurotique en se débattant pour se débarrasser d'un malencontreux ami qui lui comprimait les deux yeux afin de lui faire deviner qui il était.

Dès le début, l'amaurotique commence par voir les objets couverts d'un nuage, de brouillards, de gaz, de corpuscules ou mouches voltigeantes (myodepsie); plus tard, il ne distingue plus leur contour, leurs saillies, et peu à peu les corps d'un petit volume ne peuvent plus être discernés ; les corps d'un plus gros volume peuvent seuls être aperçus, mais mal; quand les choses en sont arrivées à ce point, la cécité n'est pas éloignée.

Dans l'amaurose partielle, les objets paraissent divisés en deux, ou défigurés ou colorés différemment qu'ils ne le sont en réalité, ou enfin augmentés de volume. Cette maladie est souvent précédée ou accompagnée de douleurs périorbitaires et de céphalalgie.

Quand une fois l'amaurose est complète et exempte de complication, en voici les caractères :

1° L'œil, examiné au grand jour, paraît complètement transparent; 2° le regard, la démarche et le maintien de la tête ont quelque chose de remarquable chez les amaurotiques. Ainsi ils regardent horizontalement ou obliquement, sans fixer aucun objet, la tête levée.

Leur démarche est raide et incertaine.

3° La pupille est dilatée et immobile.

4° Si l'on approche de l'œil la flamme d'une bougie allumée, et si l'on regarde attentivement l'image de cette flamme qui se dessine dans les chambres oculaires, on découvre trois images, dont deux verticales (antérieure et postérieure) et une renversée moyennement, tandis que si la cécité tient à la cataracte, il en manque une s'il n'en manque pas deux.

Dans l'état actuel de la science, on distingue deux espèces de myodepsies : l'une rétinienne et l'autre cristalline, ou plutôt de l'humeur de Morgagni, qui constitue souvent la première période de la cataracte cristalline.

La première se rencontre souvent dans le début de l'amaurose et offre trois variétés quant à la cause :

La première, appelée *mélanique*, est due à des points noirs sanguins déposés dans la substance de la rétine : la myodepsie est fixe dans ce cas.

La seconde, nommée *télangiectasique*, due à la dilatation variqueuse des vaisseaux de la rétine (myodepsie mobile).

La troisième est dite *paralytique*, parce qu'elle est due à des insensibilités partielles de la rétine ; ces deux dernières existent souvent ensemble.

La myodepsie cristalline disparaît ordinairement avec l'opacité complète du cristallin. Dans celle-ci on voit derrière la pupille des molécules noires se mouvant dans les divers déplacements de l'œil.

Diagnostic différentiel. — Une amaurose hyperémique dès le début peut devenir hyposthénique, ou organique ensuite. C'est ce qui arrive après de

longues congestions rétiniennes, qui finissent par la rupture de quelques vaisseaux internes (apoplexie oculaire) ou par la dégénérescence de la substance de la rétine. C'est aussi ce qu'on observe à la suite des choroïdites chroniques.

Caractères. — On l'observe principalement chez les individus pléthoriques, aimant la bonne chère, sujets aux congestions sanguines vers la tête, et quelquefois aussi chez des sujets faibles, mais à la suite de règles ou flux hémorrhoïdal habituel supprimés ; chez les femmes enceintes, ou chez celles qui portent une tumeur au col, dans l'abdomen, ou enfin chez les individus qui ont une hypertrophie du cœur.

Dans l'amaurose hyperémique, le malade présente souvent de la myodepsie étincelante, des battements dans l'œil, des éblouissements au grand jour; tant qu'elle est incomplète, l'amaurotique voit mieux à une faible lumière qu'en plein soleil, l'affection semble augmenter par un repas copieux, le chagrin et l'insomnie. L'œil est quelquefois sensible au toucher, la conjonctive présente des vaisseaux variqueux. L'iris est souvent convexe en avant et foncé en couleur. L'œil est dur, le fond légèrement brouillé. La pupille est resserrée au début de la maladie, et ordinairement régulière; la mobilité n'est pas toujours entièrement anéantie.

L'amaurose hyposthénique présente des caractères tout opposés. Ainsi on l'observe à la suite des hémorrhagies, des plaisirs solitaires ou partagés, de l'empoisonnement par le plomb, le mercure, les solanées vireuses. L'œil est mou, l'iris décoloré, la pupille dilatée et souvent irrégulière, quand la cécité est ancienne. Le fond de l'œil est très-clair, il n'y a pas de myodepsie étincelante, le malade voit mieux au grand jour, après un bon repas, tant que l'amaurose est incomplète.

Quant à l'amaurose mécanique ou compressive, les caractères sont fort obscurs ou inappréciables; les symptômes sont tantôt ceux de l'amaurose hypersthénique et tantôt ceux de l'hyposthénique ou adynamique.

Il n'y a donc que dans les cas, 1° de tumeur orbitaire visible comprimant l'œil; 2° d'hydrophthalmie; 3° de blessure; 4° d'apoplexie, que l'on peut diagnostiquer cette troisième espèce d'amaurose.

Traitement. — Pour bien traiter l'amaurose, il faut commencer par bien préciser à laquelle des trois espèces d'amauroses on a affaire. Ainsi, dans toute amaurose hyperémique, le traitement doit être essentiellement antiphlogistique, basé sur la force et l'état pléthorique du sujet : Saignées générales, locales, aux apophyses mastoïdes, aux narines, aux tempes, à la nuque, etc., et mieux à l'anus; il faut rétablir ou remplacer les règles ou un flux hémorrhoïdal supprimés. Ablutions froides sur les yeux et les parties environnantes (Richter, Beer), régime doux, mais pas de diète rigoureuse; exercice modéré au bon air. Si le malade est photophobe, il devra porter une grande visière verte ou des lunettes rondes, larges et peu colorées. Il faut aussi lui défendre de fatiguer sa vue. Les vésicatoires volants sur le front, les tempes, à la nuque, un séton dans cette dernière partie, les purgatifs drastiques, viennent seconder puissamment les moyens précédents.

La belladone a été employée avec succès par M. Rognetta dans cette espèce d'amaurose.

Pommade de belladone mercurialisée. Extrait de belladone préparée à la vapeur, 8 grammes; onguent napolitain de consistance convenable, 15 grammes.

On frictionne soir et matin les sourcils et les paupières, mais en ayant soin de laver tous les jours avec de l'eau savonneuse.

Dans l'amaurose hyposthénique, il faut, comme moyens généraux, recourir 1° aux toniques; 2° aux excitants cutanés et aux purgatifs, et de plus employer les strichnées et le seigle ergoté (1/2 à 1 gr. par jour). On a conseillé encore la cautérisation de la cornée (Serres d'Uzès).

On a également préconisé l'opium à haute dose; en un mot, envisagé d'une manière générale, le traitement de l'amaurose asthénique doit être opposé à celui de l'amaurose sténique.

Quant à l'amaurose compressive, elle offre deux indications :

La première est d'enlever la cause qui comprime, s'il est possible, et la seconde comprend le traitement des symptômes, qui doit être basé sur leur nature, c'est-à-dire que s'ils ressemblent à ceux de l'amaurose hypersthénique, on a recours à son traitement, et que s'ils ressemblent à ceux de l'hyposthénique, on choisit le traitement propre à cette dernière. Dans l'amaurose intermittente, il faut recourir au quinquina.   Dᵣ Mercé, professeur.

AMAZONES (mythologie et histoire) [du grec *a*, privatif, et *masos*, mamelle; sans mamelles]. — Nom sous lequel les Grecs désignaient des femmes guerrières qui n'admettaient aucun homme dans leurs États. Elles n'avaient de relations avec les peuples voisins qu'une seule fois par an, dans le but de la rénovation de leur race, et s'il arrivait que les Amazones devinssent mères, on laissait périr impitoyablement leurs enfants mâles, et leurs filles étaient élevées par l'État. Lorsqu'elles avaient atteint leur huitième année, les Amazones devaient supporter une opération douloureuse: on les privait de la mamelle droite, afin de les rendre plus aptes au maniement des armes. — Pour armes offensives, les Amazones portaient l'arc, la javeline et la hache; pour armes défensives, un casque orné de plumes flottantes, et la pelte, espèce de bouclier en forme de croissant. Elles combattaient rarement à pied, presque toujours elles s'avançaient à cheval à la rencontre de l'ennemi. « On distingue deux familles d'Amazones : les orientales ou asiatiques, et les occidentales ou africaines. Ces dernières, au rapport de Diodore de Sicile, florissaient avant que l'existence des autres fût connue. Elles subjuguèrent les Atlantes, les Numides, les Éthiopiens et presque toutes les nations de l'Afrique; enfin leurs phalanges conquérantes parcoururent plusieurs parties du monde. On est divisé sur la patrie réelle des Amazones d'Asie; cependant, on suppose qu'elle était située dans le bassin

circonscrit par la mer Noire, la mer d'Azov et la mer Caspienne. Mais tout ce qu'on peut rapporter au sujet de cette tribu singulière est entièrement du domaine de la mythologie. C'est environ quatre ou cinq siècles avant la guerre de Troie, ou plus de 1600 avant notre ère, qu'il faut placer l'histoire problématique des Amazones orientales. En rapprochant toutes les légendes antiques qui ont trait à cette histoire, on arrive aux faits suivants : Deux princes de sang royal, Illine et Scolopite, Scythes d'origine, s'étant établis avec leurs partisans dans la Sarmatie asiatique (au nord du Caucase), donnèrent naissance à la nation sarmate, qui ne vivait que de rapines, en faisant des excursions continuelles sur les territoires environnants. Fatiguées de ces excursions incessantes, les peuplades voisines se coalisèrent contre l'ennemi commun, et exterminèrent toute la population sarmate mâle. Les femmes sarmates coururent aux armes pour venger leurs époux. Dans leur fureur, elles exercèrent les plus terribles représailles; et, victorieuses, elles se constituèrent en société politique et guerrière; ainsi fut fondé le gouvernement des Amazones. Bientôt après, elles firent de rapides conquêtes le long de l'Euxin, et établirent leur résidence principale aux bords du Thermodon, où elles fondèrent la ville de Thémiscyre. Plus tard, elles soumirent à leur puissance de vastes territoires en Mysie, en Lydie, en Carie, et bâtirent ou augmentèrent les célèbres cités de Smyrne et d'Éphèse. Enfin, elles tentèrent des excursions en Syrie, excursions qui leur devinrent funestes, car elles essuyèrent alors plusieurs échecs, qui ébranlèrent fortement leur puissance. Leur empire ne continua pas moins à fleurir longtemps encore à Éphèse et à Thémiscyre. Mais Hercule ayant dirigé contre elles une expédition avec Télémon et Thésée, elles furent vaincues. Vainement, pour se venger, s'efforcèrent-elles d'envahir l'Attique, une nouvelle défaite vint leur prouver que leur puissance allait bientôt cesser. Toutefois, on les voit encore tenter plusieurs expéditions sur le territoire de Troie, tantôt contre Priam, tantôt pour secourir ce même prince contre les Hellènes. C'est dans la dernière de ces expéditions que leur reine périt sous les coups d'Achille. A partir de cette époque, il n'est plus question des Amazones dans l'histoire; et si quelques auteurs en parlent pour les mettre un instant en regard avec Alexandre, et, trois siècles plus tard, avec Pompée, l'absurdité de tels rapprochements est trop évidente pour qu'on s'arrête à la démontrer. »

AMAZONITE (minéralogie). — Espèce de feldspath verte ainsi nommée parce qu'on la trouve sur les bords du fleuve Amazone en Amérique. — Voyez *Jade*.

AMBASSADEUR (politique) [dérivé du celtique *ambacht*, serviteur, ministre]. — Ministre public qu'un souverain envoie à une puissance étrangère pour y représenter sa personne, en vertu d'un pouvoir, de lettres de créance, ou de quelque commission qui fasse connaître son caractère (Wicquefort). « Ce qui constituait donc essentiellement le caractère de l'ambassadeur, c'était que sa mission n'était pas bornée aux affaires et aux droits de son souverain, de son maître; qu'elle s'étendait à le représenter dans sa personne, dans sa dignité, dans sa grandeur, et qu'en conséquence le maître était censé non-seulement traiter et négocier par l'organe de son ministre, mais encore recevoir lui-même tous les honneurs qu'on rendait à celui-ci. La représentation était presque parfaite de la part de l'ambassadeur. Elle l'était à peu près également de la part du légat, du nonce, de l'internonce, tous considérés comme *ministres du premier ordre*. Elle l'était beaucoup moins de la part des envoyés, ordinaires ou extraordinaires, des résidents, des simples ministres, agents, chargés d'affaires, consuls, etc.; considérés comme *ministres du deuxième, troisième ou quatrième ordre*.» Toutes ces attributions sont encore à peu près les mêmes et selon la forme de chaque gouvernement. L'ambassadeur est plus généralement un ministre chargé des affaires d'un gouvernement, d'une puissance auprès d'une autre puissance.

Les *ambassadeurs ordinaires* résident auprès des puissances étrangères pour l'expédition des affaires, pour entretenir réciproquement une bonne intelligence et pour veiller aux intérêts de leur gouvernement. Les ambassadeurs extraordinaires sont appelés à remplir des missions spéciales ou à négocier quelque affaire particulière ou pressante, comme pour conclure une paix, un mariage, un traité d'alliance.

On nomme aussi *ambassadeurs* des députés que s'envoient certains princes ou certains États qui sont restés étrangers aux usages diplomatiques de l'Europe moderne. Le roi de Siam envoya des ambassadeurs à Louis XIV. On parle des ambassadeurs que les Scythes envoyèrent à Darius.

L'ambassadeur du pape, appelé autrefois légat *à latere*, se nomme aujourd'hui nonce. L'ambassadeur d'Autriche, près la Porte-Ottomane, prend le titre d'internonce.

On appela *ambassadeurs du carnaval* ceux qui allèrent à Rome pour s'opposer au règlement par lequel saint Charles Borromée, archevêque de Milan, prescrivait de commencer, dès le mercredi des cendres, le carême, qui ne s'ouvrait auparavant, dans le Milanais, qu'après le dimanche de la quadragésime.

Les Grecs et les Romains voulaient que le rang, l'âge, et les autres qualités personnelles de ceux qui étaient choisis pour ambassadeurs, donnassent un nouveau poids à un titre si respectable [1]. C'est pour cela qu'on n'envoyait que rarement des jeunes gens en ambassade. A Rome, tous les ambassadeurs, presque sans exception, étaient tirés du corps du sénat; ainsi on ne peut douter que la maturité de l'âge ne fût une condition généralement nécessaire pour être revêtu du caractère d'ambassadeur. Outre cela, pour attirer la vénération de la multitude, les Romains donnaient à leurs ambassadeurs divers ornements extérieurs. Ils avaient le privilége de porter un anneau d'or, dans le temps même où les séna-

teurs et les chevaliers n'avaient point encore le droit de le porter. Ils avaient aussi un costume distingué; leur robe était de pourpre dans les ambassades où il s'agissait d'affaires d'État; mais dans celles qui n'avaient pour objet que des devoirs de bienséance et de politesse, Tite-Live nous apprend qu'ils prenaient une robe blanche, car les Romains étaient, comme nous, dans l'usage d'envoyer des ambassadeurs soit pour adresser des compliments de condoléance, soit pour faire des félicitations.

Il y avait encore une espèce d'ambassade dont on ne trouve d'exemple que parmi les Romains; on l'appelait *libera legatio*, parce que ceux à qui on accordait cette prérogative n'avaient aucune affaire à négocier, et qu'ils pouvaient revenir quand ils voulaient. C'était proprement une marque de distinction dont on décorait les personnes d'un certain rang pour leur attirer plus de respect, lorsque leurs affaires particulières les obligeaient de faire quelque séjour dans les pays étrangers. On s'en servait même quelquefois sous prétexte de colorer la retraite d'un homme que quelque disgrâce obligeait de chercher un asile hors de l'Italie.

Quel que fût en général l'objet de l'ambassade, on voit chez les Grecs comme chez les Romains, que pour l'ordinaire, on n'envoyait pas moins de trois ambassadeurs, ni plus de dix; et l'on regardait comme une marque de mépris de n'en envoyer qu'un seul.

Les ordres dont on chargeait les ambassadeurs étaient contenus dans le décret du sénat ou du peuple qui les députait. Ce décret leur tenait lieu de ce qu'on appelle *Lettres de créance*. La coutume des Athéniens était d'ajouter toujours au décret cette clause générale, *qu'au surplus les ambassadeurs fissent tout ce qu'ils croiraient être le meilleur pour le bien de l'Etat*. Quelquefois aussi, on donnait plein pouvoir aux ambassadeurs de traiter aux conditions que leur prudence leur suggérerait. (*Eschin. Or. de falsa legat.*)

A Rome, lorsque l'arrivée des ambassadeurs n'était point annoncée, ou qu'ils n'étaient point attendus, on ne les admettait pas aussitôt dans la ville, mais on s'informait de tout ce qui concernait leur personne et du sujet de leur commission. Ce soin regardait les questeurs appelés *quæstores urbani*. Ces magistrats allaient trouver les ambassadeurs dans un lieu marqué hors des murailles de Rome. Ils enregistraient leurs noms; et lorsque le sénat avait reconnu que les ambassadeurs venaient d'une puissance amie, alors on les logeait dans la ville aux dépens du public, on les défrayait, eux et leur suite, durant leur séjour, on leur faisait des présents considérables d'armes, de chevaux, d'habits, de vases d'argent, etc. Ces présents s'appelaient *Lautia*. En un mot, on les traitait avec magnificence; et quand ils venaient à mourir dans le cours de leur ambassade, on leur faisait des funérailles aux frais de la République. Mais ce qui montre combien les Romains étaient attentifs à conserver leur dignité et celle de la République, c'est qu'ils ne rendaient jamais de réponse aux ambassadeurs qu'en latin, et qu'ils les obligeaient de parler la

[1] *Rec. hist. d'antiq. grecq et rom.*.

même langue par le moyen des interprètes, non-seulement à Rome, mais partout où on leur donnait audience (*Valerius Max.* lib. 11, chap. 2.)

Il paraît que chez les Grecs, les ambassadeurs n'étaient ni logés ni défrayés aux dépens du public, et que c'étaient les particuliers qui exerçaient l'hospitalité envers eux, à peu près comme elle était exercée envers les étrangers. Comme les Athéniens avaient une loi précise qui défendait à leurs ambassadeurs de recevoir aucun présent de la part de ceux auxquels ils étaient envoyés, il est naturel de croire qu'ils se dispensaient aussi d'en faire à ceux des autres nations, à moins que ce ne fussent de ces petits présents d'amitié qu'on faisait aux hôtes, et qu'on appelait *Xenia*.

Les Grecs et les Romains regardaient la personne des ambassadeurs comme inviolable; et, selon l'ancien droit des gens, toute personne qui avait fait violence à un ambassadeur devait être remise entre les mains de la puissance qui l'avait envoyé, pour en tirer telle vengeance qu'il lui plairait. C'est ainsi qu'un certain Leptinés, qui avait tué l'ambassadeur Cnœus Octavius, fut livré aux Romains par les Grecs, et que les Romains firent remettre entre les mains des Carthaginois les jeunes gens qui avaient insulté leurs ambassadeurs. Les Grecs rendaient de grands honneurs à la personne et même à la mémoire des ambassadeurs qui s'étaient dignement acquittés de leurs fonctions. A Sparte et à Athènes, outre les remercîments qu'on leur faisait en public, on leur donnait un repas de cérémonie. Chez les Romains, on les élevait aux premières magistratures; et s'il arrivait qu'ils fussent tués dans leur ministère, on leur élevait une statue. A Athènes on leur consacrait aussi un monument pour honorer leur mémoire.

Le nom d'ambassadeur, dit Cicéron, est sacré et inviolable. C'est par cette considération que les ambassadeurs jouissent de prérogatives et de priviléges importants. Ils ne dépendent ni du souverain près duquel ils sont envoyés, ni de ses tribunaux. On doit suivre à leur égard les raisons tirées du droit des gens, et non celles qui dérivent du droit politique. S'ils abusent de leur être représentatif, on le fait cesser en les renvoyant chez eux. On peut même les accuser devant leur maître, qui devient pour lors leur juge ou leur complice; mais ils ne sont, sous aucun rapport, justiciables des tribunaux criminels ou civils du pays. (Montesquieu, *Esp. des L.* liv. 26, chap. 21.) Chez les anciens, les ambassadeurs n'étaient point à résidence. Ce n'est que dans les derniers siècles que prévalut, chez les puissances policées, la mesure d'entretenir près des diverses cours des surveillants privilégiés, chargés à la fois du patronage des sujets de leur pays établis dans celui de leur résidence, et des intérêts et affaires de leur gouvernement, ainsi que de leur souverain.

En France, un ambassadeur ou tout autre sujet chargé d'une mission diplomatique auprès du gouvernement et les personnes qui lui sont spécialement attachées, ne peuvent, pendant la durée de leur mission, être traduits personnellement devant les tribunaux du pays par suite des obligations contractées comme hommes privés. Ainsi jugé par deux arrêts de la cour de Paris des 29 juin 1811 et 5 avril 1813. Ils ont le droit de disposer de leurs biens par testament ou de toute autre manière; et s'ils viennent à décéder en France, sans avoir disposé de leur succession, leurs héritiers légitimes sont habiles à la recueillir, quoique étrangers. Ce droit avait été modifié par les art. 726 et 912 du Code civil, en y substituant un système de réciprocité qui faisait dépendre leur condition, en France, de celle des Français en pays étranger; mais la capacité générale et absolue de succéder, que la loi du 20 avril 1791 accordait aux étrangers, a été rétablie par la loi du 14 juillet 1819, qui restitue aux étrangers le droit de succéder, de disposer et de recevoir, de la même manière que le Français, dans toute l'étendue de la France.

Il dépend de la compétence de nos ambassadeurs et autres agents diplomatiques de recevoir et de rédiger tous les actes de l'état civil faits en pays étranger et intéressant des Français personnellement. Néanmoins cette compétence est naturellement limitée aux fonctions de leur ministère et aux actes dont la loi les charge d'une manière spéciale. C'est ainsi que le mariage d'un Français avec une femme grecque a été déclaré nul, malgré une possession de vingt années passées, parce que l'acte en avait été reçu par notre agent diplomatique à Constantinople, dont l'incompétence à l'égard de la femme grecque était radicale et absolue (Cass. 10 août 1819). Les droits et priviléges des ambassadeurs sont traités plus amplement dans la collection de jurisprudence par Denisart, le répertoire de Guyot, l'*Esprit des Lois* de Montesquieu, Barbeyrac, *Droit de la guerre et de la paix*, et Lebret, *Traité de la souveraineté*.

L'usage des mots *ambascia* et *ambasciare* est très-ancien, car on le trouve dans la loi salique et dans celle des Bourguignons; et ce qui a constitué essentiellement, dès le principe, le caractère de l'ambassadeur, c'est que sa mission n'était pas bornée aux affaires et aux droits de la puissance représentée, mais quelle s'étendait à la représenter dans sa dignité et dans sa grandeur. L'usage des ambassadeurs paraît être aussi ancien que le sont les relations des différents peuples entre eux.   **Jean Étienne.**

AMBASSE (zoologie). — Genre de poissons de la famille des Percoïdes, qui en sont l'espèce type. L'*ambasse de Commerson* (fig. 83, page 250) ne dépasse guère vingt centimètres de longueur. Il habite surtout les mers de l'Inde et les côtes de l'île Bourbon, où on le prépare comme les anchois pour l'usage domestique. Le genre ambasse a été formé par Cuvier et Valenciennes, et le naturaliste Commerson observa le premier ce poisson.

AMBE (du latin *ambo*, deux). — Combinaison de deux numéros pris ensemble à la loterie, et qui, s'ils venaient à sortir l'un et l'autre, rapporteraient au joueur un certain nombre de fois sa mise. L'*ambe simple* produisait deux cent soixante-dix fois la mise, et l'*ambe déterminé*, c'est-à-dire la sortie de deux numéros dans l'ordre indiqué par le joueur, 5,100 fois la mise. Depuis la suppression de la loterie (1836), de ce gouffre ouvert à la cupidité pour engloutir le gain de l'artisan et dévorer le nécessaire du pauvre, le mot *ambe* n'est plus conservé que pour mémoire dans les vocabulaires français.

AMBIDEXTRE (physiologie) [du latin *ambo*, deux, et *dextera*, main droite]. — Qui se sert indifféremment et avec la même adresse de la main droite et de la main gauche. Une question intéressante, et que nous allons chercher à résoudre, se présente ici: *La prédominance d'habileté du bras droit est-elle naturelle ou est-elle le résultat de l'éducation?*

C'est aux influences de l'éducation que les physiologistes et les philosophes qui ont abordé cette intéressante question ont rapporté la prédominance d'habileté du bras droit sur le bras gauche. Tous, sans exception, ont été séduits par l'examen comparatif des effets de l'habitude et de l'instinct d'imitation, sans réfléchir que les premiers actes de la vie dussent être le résultat nécessaire de notre organisation.

Le célèbre Vicq-d'Azyr est certain que toutes nos actions peuvent être influencées par l'habitude. Galliani, dans une lettre qui fait partie de la *Correspondance littéraire de Grimm*, s'exprime ainsi sur le pouvoir de l'habitude :

« Que Linguet ne vienne pas me dire que l'éducation ne détruit pas à fond la nature, qu'elle ne peut la changer que du plus au moins; il se trompe. J'écris par habitude; j'écris de ma main droite qui, par nature, ne diffère point de ma main gauche. Il n'est point vrai que j'écrive mieux de ma main droite que de ma main gauche; c'est qu'avec ma gauche je n'écris point du tout; mais point, vous dis-je! Ces deux mains diffèrent donc spécifiquement du tout au rien. »

Sans nul doute, on ne peut nier l'influence de l'éducation dans les mouvements et l'habileté des membres, et telle n'est point notre idée. D'ailleurs, s'il fallait le prouver, il nous suffirait de citer Ducornet, peintre né sans bras, et duquel l'habitude et le travail avaient fait un talent si remarquable. Néanmoins, il est facile de ne pas confondre l'habitude avec une faculté native. Franklin, dont nous partageons entièrement les vues relativement au sujet qui nous occupe, a écrit les lignes suivantes sous le titre de *Pétition de la main gauche à ceux qui sont chargés d'élever les enfants.*

« Je m'adresse, dit la Main gauche, à tous les amis de la jeunesse, et je les conjure de jeter un regard de compassion sur ma malheureuse destinée, afin qu'ils daignent écarter les préjugés dont je suis victime.

» Nous sommes deux sœurs jumelles, et les deux yeux d'un homme ne se ressemblent pas plus, ni ne sont pas plus faits pour s'accorder l'un avec l'autre que ma sœur et moi. Cependant la partialité de nos parents met entre nous la distinction la plus injurieuse. Dès mon enfance, on m'a appris à considérer ma sœur comme un être d'un rang au-dessus du mien; on m'a laissé grandir sans me donner la moindre instruction, tandis que rien n'a été épargné pour la bien élever. Elle avait des maîtresses qui lui apprenaient à écrire, à dessiner, à jouer des instruments; mais si, par hasard, on m'y touchais un crayon, une plume, une aiguille de la main gauche, j'étais aussitôt grondée. J'ai même été battue plus d'une fois parce que je manquais d'adresse et de grâce.

» Il est vrai que quelquefois ma sœur m'associe à ses entreprises; mais elle a toujours grand soin de prendre le devant et de ne se servir de moi que par nécessité ou pour figurer auprès d'elle.

» Ne croyez pas que mes plaintes soient excitées par la vanité; non, mon chagrin a un motif bien plus sérieux. D'après un usage établi dans ma famille, nous sommes obligées, ma sœur et moi, de pourvoir à la subsistance de nos parents. Je vous dirai même en confidence, que ma sœur est sujette à la goutte, aux rhumatismes, à la crampe, sans compter beaucoup d'autres accidents. Or, si elle éprouve quelque indisposition, quel sera le sort de notre famille! Nos parents ne se repentiront-ils pas alors amèrement d'avoir mis une si grande différence entre deux sœurs si parfaitement égales? Hélas! nous périrons de misère! Il me sera impossible de griffonner une pétition pour demander des secours, car j'ai été obligée d'emprunter une main étrangère pour transcrire la requête que j'ai l'honneur de vous présenter. Daignez faire sentir l'injustice d'une tendresse exclusive, et la nécessité de partager également leurs soins et leur affection entre tous leurs enfants. « LA MAIN GAUCHE. »

Cette charmante lettre de Franklin n'est point assez connue, et nous sommes heureux de la faire apprécier ici.

Établissons, maintenant, par des faits acquis à la science, que la prédominance des membres droits sur les gauches n'est pas, comme on l'a toujours cru, le résultat de l'éducation. Dans un mémoire de M. Achille Comte, mémoire lu à l'Académie des sciences, et inséré dans le journal de Physiologie de M. Magendie, M. Comte a examiné et discuté, les unes après les autres, les diverses hypothèses présentées pour expliquer la discordance des deux bras et la prédominance native du bras droit sur le bras

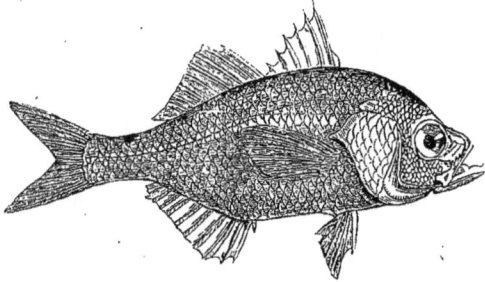

Fig. 83. — Ambasse.

gauche. Il a fait voir que, dans cette question, on avait toujours voulu expliquer une chose par une autre que l'on croyait avoir expliquée elle-même, et que c'était dans un cercle vicieux que l'on cherchait en vain une explication réelle. Nous ne pouvons reproduire ici ce curieux mémoire qui fût devenu classique, si M. de Blainville avait daigné constater son intérêt; mais nous dirons que l'auteur a constaté sur vingt et un mille faits observés à l'hospice de la Maternité de Paris, que *l'activité moindre de l'épaule, du bras et du côté gauches, au moment de la naissance, est l'effet de la compression que ces parties du fœtus éprouvent sur les points résistants de la moitié postérieure de la circonférence interne du bassin, et sur la région lombaire de la colonne vertébrale pendant les cinq premiers mois de la gestation.* Comment un fait aussi simple a-t-il pu ne pas être remarqué par les médecins? Le problème que nous nous sommes proposé est donc résolu, puisqu'il est établi que nous apportons en naissant une disposition organique à contracter telle ou telle aptitude spéciale de l'un ou de l'autre bras.

Les faits que nous venons d'énoncer sont d'autant plus concluants, que M. Achille Comte a pu suivre bon nombre d'enfants dont il avait observé la naissance, et que constamment l'activité la plus grande des mouvements de leurs bras coïncidait parfaitement avec les rapports qu'ils avaient eus dans le sein de la mère. Cette prédisposition congéniale existe 17,226 fois sur 20,339 cas, et cette proportion numérique est justement celle des droitiers sur les gauchers et les ambidextres.

Ajoutons que le sauvage qui erre dans les forêts ou sur les bords glacés des mers du Nord, et qui, obligé de lutter sans cesse contre le froid et la faim, emploie tout son temps et toutes ses ressources pour se procurer sa subsistance par la chasse ou par la pêche, et pour défendre sa vie contre les bêtes féroces qui l'entourent de toutes parts, se sert de ses membres droits dans tout ce qui exige de la force et de l'adresse, et cette remarque des géographes et des naturalistes a non-seulement été faite sur les peuples sauvages, mais encore sur tous les peuples, à quelque degré de civilisation qu'ils soient parvenus.

Disons encore que la première éducation tend à développer ce défaut d'équilibre que nous apportons en naissant. Franklin l'a prouvé, et il nous restera à ajouter que si l'on examine comment les nourrices portent les enfants, on verra que le nourrisson, assis souvent sur l'avant-bras droit de la nourrice, jouit librement de son bras droit, tandis que le gauche, fixé le long de son côté, est maintenu dans une immobilité complète. Les nourrices doivent elles-mêmes cette habitude à cette prédominance du bras droit qui acquiert plus de force que le gauche.

Nous concluons donc que la prédominance d'activité et d'accroissement des membres droits sur les gauches est innée chez l'homme; mais nous croyons qu'on rétablirait facilement l'équilibre du bras et de la jambe gauches par l'éducation, et qu'on rendrait à ces membres toute l'énergie qu'ils sont susceptibles d'acquérir.
B. LUNEL.

AMBITION (psychologie, morale) [*ambire, ambitio*]. — L'ambition, c'est le désir, le plus souvent exagéré, de parvenir soit à un but élevé, soit à une jouissance quelconque, et la concentration vers cet objet de toutes les forces vives de l'intelligence et de la puissance humaines. L'étymologie du mot semblerait même n'impliquer en soi que cette recherche insidieuse, que ces moyens d'ordinaire équivoques et détournés, propres à la réalisation de l'œuvre, à l'accomplissement du souhait. Toutefois, nous attachant au sens moral, nous pourrons nous convaincre que l'ambition se trouve être, non pas le contraire et en quelque sorte le corrélatif, mais simplement l'*excès* d'une qualité; et, de même que la nature ne possède qu'un principe calorique, lequel, variant du plus au moins, produit sur nous les sensations vulgairement appelées chaudes et froides, de même l'ambition, suivant ses divers degrés, suivant l'objet qu'elle se propose et les cordes qu'elle fait vibrer en nous, est un bien ou un mal, un mérite réel ou un vice des plus condamnables... Aussi sa marche au cœur de l'homme d'abord honnête n'est-elle que plus dangereuse: faible, innocente, et comme timide en principe, elle fait d'insensibles progrès, qui dénaturent peu à peu son essence; nous avons donné accès à un désir dont la noblesse et la justice excusaient la hardiesse, et voilà qu'à notre insu la passion grandit, se développe, nous fait oublier le devoir, jusqu'au moment où, l'élan donné entraînant notre résistance, rien ne nous suffit plus; il faut marcher, toujours marcher, ne regardons pas en arrière; le chemin parcouru n'est rien, il en reste bien davantage. Dès lors, ce n'est plus l'esprit ardent qui convoite la grandeur et veut s'en rendre digne, ce n'est plus le cœur qui, se sentant né pour de belles choses, poursuit courageusement un brillant idéal; c'est une passion, aux désirs indécis, qui promet le bonheur sans jamais le donner, qui n'a plus de but parce que précisément elle a soif de tout.

Elle a obtenu un succès, c'est à un autre qu'elle aspire, et, ainsi, elle égrène une à une toutes les faveurs de la fortune bienveillante, n'attendant pour dédaigner chacune d'elles que le temps à peine de s'en faire un hochet. C'est un monstre dont la tête renaît sans cesse plus hautaine et plus puissante, jusqu'à ce que la chute en vienne faire justice devant le monde: et cependant cet homme dangereux, c'eût pu être là une des plus belles gloires, une des intelligences les plus énergiques, une des âmes les mieux trempées pour le bien!

L'ambition peut donc être considérée comme une déviation de ce besoin général de perfectibilité humaine que les philosophes ont signalée avec raison dans toute âme pensante... Voyez tous les actes de la vie, étudiez leur caractère et leurs causes, tous ils portent une empreinte commune, tous ils se rapportent à l'un ou l'autre de ces deux mobiles: l'*ambition* ou l'*amour*. Et qu'on ne dise pas que c'est là un signe particulier à une époque: dès l'origine, ces deux sentiments semblent planer sur la destinée du monde primitif; n'est-ce pas l'ambition et non l'orgueil, comme on l'a dit, qui perdit la race humaine dans son premier représentant? n'est-ce pas l'amour qui vint la tirer de cet abîme de douleurs? Reconnaissons donc là les deux expressions qui résument le plus complétement notre âme: l'une, cause de toute vitalité et force régénératrice de la création; l'autre, tantôt principe d'élévation, de noblesse et de persévérance, tantôt, et plus souvent, hélas! écueil perfide, élément destructeur du sentiment moral!

Admirons ce jeune homme dont le bras indépendant et noble, dont la tête intelligente et fière demande au travail, soit un avenir plus brillant, soit le même bonheur pour d'autres. L'ambition brille dans ses yeux; ne la redoutons pas: celle-là, ses voies sont bénies, l'espérance soutiendra l'homme et le succès l'ennoblira sans orgueil. Mais que tous nos dédains flétrissent cet ambitieux sans cœur, qui ne demande son triomphe qu'à une lâcheté déloyale, et dont le caprice de chaque jour ballottera l'officieuse turpitude. C'est qu'en effet l'ambition semble porter sa punition en elle-même; elle contraint les têtes altières à se courber, et semble escompter leur grandeur future en les forçant à l'acheter par des bassesses. Le trésor qu'elle leur promet est près d'eux, mais, pour y atteindre, il leur faut en quelque sorte passer sous des fourches caudines et laisser derrière eux leur liberté... L'ambition, d'ailleurs, n'est-ce pas la rivalité, la jalousie surtout et son hideux cortége, et ses tragédies sanglantes? ne sont-ce pas les luttes continuelles des peuples et des pouvoirs, la chute et l'établissement des empires, une perpétuelle révolution en un mot? Ne croyons pas, toutefois, que cette passion offre toujours un aspect uniforme: chaque siècle semble lui donner un cachet nouveau et comme le reflet de son originalité. Ainsi nous, dix-neuvième siècle, à l'ambition de la gloire, à celle des honneurs que l'on retrouve partout, nous avons ajouté, pour la faire dominer, l'ambition de l'argent, passion bien autrement terrible et dangereuse, source, il est vrai, de plus de sacrifices et de hardiesses, mais plus destructive et plus délétère pour l'âme. Là, non-seulement le cœur se brise, ce qui est un mal, réparable toutefois, mais ce qui est pis encore, il s'y affadit bientôt, il perd toute énergie, toute aspiration noble, tout sentiment quelque peu généreux; ce n'est plus ce désir fougueux qui respire la vie, c'est le plus souvent une intelligence froide, raisonnée, qui discute son ambition comme on dresse un compte, qui la calcule comme un problème d'algèbre : tendance mauvaise et désastreuse où le cœur n'a plus de part, où l'imagination s'éteint tout entière.

Cependant, chez nous, le désir ne s'arrête pas là; nous embrassons tout de notre cupidité, et comme chaque époque, par une illusion d'optique ou plutôt d'égoïsme, a toujours la prétention d'être la plus riche, soit en vertus, soit même en défauts, la nôtre s'accuse de toutes parts du plus grand dévergondage d'ambition qui ait jamais existé : « Jamais, dit » M. Guizot, l'ambition n'a été plus impatiente et » plus répandue. Jamais tant de cœurs n'ont été en » proie à une telle soif de tous les biens et de tous les » plaisirs. Plaisirs orgueilleux et plaisirs grossiers, » soif de bien-être matériel et de vanité intellectuelle, » goût d'activité et de mollesse, d'aventures et d'oi- » siveté : tout paraît possible, et enviable, et acces- » sible à tous..... Et l'immensité de ses désirs jette » l'homme dans un malaise au sein duquel tout ce » qu'il a déjà gagné est pour lui comme la goutte d'eau » oubliée dès qu'elle est bue, et qu'irrite la soif au lieu » de l'étancher. » C'est bien là cette ardeur et ce besoin universel; mais que lui manque-t-il donc? que lui faut-il? une direction. Que notre cœur détourne ses aspirations près de s'égarer, que notre ambition se purifie en se métamorphosant, que notre âme greffe sur son désir, non plus la vanité et le désordre, mais une tige d'amour, de sainteté et de perfection, qui s'élancera puissante avec nous vers le but éternel, la vertu et sa glorieuse immortalité!

ALEXIS BOUILLET.

AMBLE (de *ambulare*, que les Latins employaient dans le même sens). — Mode de progression, suivant lequel un quadrupède meut d'abord les deux jambes d'un même côté, puis les deux autres, et ainsi de suite alternativement; c'est, dit Requin, une espèce d'allure exceptionnelle et anomale, car la marche naturelle de la majeure partie des quadrupèdes consiste à faire succéder au mouvement du pied de devant le mouvement du pied de derrière du côté opposé. La girafe et l'ours sont peut-être les seules espèces chez laquelle l'amble soit la règle et non l'exception. Les poulains vont l'amble tant qu'ils ne sont pas pas assez forts pour trotter; mais en général ils perdent bien vite cette façon d'aller, si on ne les oblige pas à la conserver par l'usage prolongé d'un système particulier d'entraves. Néanmoins quelques chevaux, en vertu d'une disposition naturelle qui paraît se perpétuer héréditairement dans certaines races, continuent d'aller l'amble, sans y être artificiellement dressés; ils sont dans leur espèce ce que sont les gauchers parmi nous. Voici quel est le mécanisme de l'amble : « Après avoir poussé le poitrail en avant, comme dans le pas proprement dit, par l'extension des membres postérieurs, et surtout de celui qui va marcher, l'animal fléchit aussitôt ce membre et le membre antérieur du même côté, les porte tous deux en avant, puis les pose à terre, et tout cela simultanément, ou peu s'en faut; ensuite il meut de la même manière les deux membres du côté opposé. On conçoit donc qu'à chaque temps de cette allure, les deux pieds d'un même côté se trouvant en l'air, il doive, pour ne pas manquer d'appui, se pencher du côté opposé, c'est-à-dire, dans le langage rigoureux de la statique, faire en sorte que la verticale fictive qui passe par son centre de gravité tombe dans l'étroite base comprise entre les deux pieds en repos. De là résulte un balancement continuel, qui n'a point lieu dans le pas ordinaire ni dans le trot, puisque dans ces deux allures la ligne de gravité ne varie presque pas de position, mais aboutit toujours à l'entrecroisement commun des deux plans qui, menés de chaque pied de devant au pied de derrière du côté opposé, servent tour à tour de base de sustentation. » Au moyen âge, l'amble était fort en bonheur; aujourd'hui, il est fort peu cultivé dans les manèges; cependant, si cette façon d'aller fatigue beaucoup les épaules du coursier, elle est extrêmement douce pour le cavalier.

AMBRE (histoire naturelle) [en arabe *ambar*]. — Nous donné à deux substances, l'*ambre gris* et l'*ambre jaune*, qui n'ont guère de commun que d'être toutes deux aromatiques :

1° AMBRE GRIS (*ambra grisea*), dont on a longtemps ignoré l'origine, est regardé aujourd'hui comme une concrétion qui se forme dans les intestins de certains cachalots, notamment du *Physeter macrocephalus*. On le trouve en masses irrégulières, et quelquefois en assez grande quantité, flottant sur les eaux de la mer, ou jeté sur le rivage des côtes de Coromandel, de Sumatra; à la Chine, au Japon, sur les côtes d'Afrique et du Brésil, à Madagascar, en Sicile, etc., etc. Il est formé de couches concentriques; sa cassure est écailleuse, parsemée de taches grises, mêlées de points noirs, jaunes et blancs; il est opaque, d'une consistance variable; tantôt molle ou tenace, quelquefois dure et cassante, conservant cependant l'impression de l'ongle; sa saveur est graisseuse; son odeur forte, mais assez agréable, se dégage surtout à la chaleur et par le frottement.

L'ambre gris existe quelquefois en morceaux considérables. La compagnie hollandaise des Indes en acheta du roi de Tidor un morceau du poids de 82 kilogrammes, qui la lui vendit 1,000 écus de Hollande (17,000 francs), et qui, plus tard, fut revendue en Europe 110,000 francs. La compagnie française des Indes fit l'acquisition d'une boule pesant 112 kilogrammes pour 52,000 francs. Cette substance était si commune autrefois dans les îles de la Polynésie que les insulaires de Timor en calfataient leurs barques.

Plusieurs chimistes ont trouvé dans l'ambre gris :

Ambréine	52,7
Résine	30,8
Acide benzoïque	1,1
Substance charbonneuse	5,4

L'ambre gris se ramollit à la chaleur, et constitue en fondant une huile épaisse, noirâtre, qui se volatilise complétement; il brûle rapidement et répand une vive clarté; il est insoluble dans l'eau, très-soluble dans l'alcool, les éthers, et quelques huiles fixes. C'est un stimulant du système nerveux, qu'on a quelquefois conseillé dans les névroses, les affections spasmodiques, le trismus, les fièvres ataxiques, adynamiques, etc. Il est peu usité aujourd'hui.

2° AMBRE JAUNE OU SUCCIN. — Substance minérale, dure, cassante, susceptible d'un beau poli, de couleur plus ou moins jaune, plus estimée quand elle tire sur le blanc; sa pesanteur spécifique varie de 1,080 à 1,085, sa saveur est peu agréable; elle est sans odeur, mais en acquiert une légère par le frotte-

ment, et par ce moyen elle a aussi la propriété d'être un peu magnétique (voy. *Electricité*); l'ambre jaune, exposé au feu, se ramollit, se fond, et brûle en répandant une odeur assez agréable.

L'ambre jaune, dit M. Le Play, se trouve, en général, associé aux dépôts de combustibles des terrains les plus récents. Il se rencontre dans les matières arénacées qui accompagnent les lignites, et souvent aussi au contact des lignites eux-mêmes. On remarque que, lorsqu'il est associé à des bois fossiles, il est généralement adhérent aux parties corticales : il résulterait de cette observation que l'ambre jaune ne serait autre chose qu'une transformation d'une substance résineuse produite autrefois par des végétaux qui font aujourd'hui partie du règne minéral. On ne peut douter d'ailleurs que l'ambre jaune, comme les résines ou les gommes, n'ait été originairement à l'état fluide. On voit dans toutes les collections minéralogiques des échantillons de succin dans lesquels se trouvent empâtés des débris de végétaux, et des insectes très-bien conservés, appartenant principalement aux hyménoptères, aux diptères et aux arachnides. Le succin s'est d'ailleurs formé à une période géologique différente de celle dans laquelle nous vivons, puisque ces insectes sont spécifiquement différents des espèces qui habitent aujourd'hui les localités où s'exploite ce minéral. La présence de ces animaux dans cette substance est d'ailleurs une nouvelle preuve qu'elle a été formée dans l'atmosphère, probablement pendant la vie des végétaux, et par suite antérieurement au dépôt des terrains de transport dans lesquels ceux-ci ont été enfouis. On trouve le succin en France, à Auteuil près de Paris, et dans les dépôts de lignites des départements de l'Aisne, des Basses-Alpes, du Gard. On en importe annuellement un ou deux milliers de kilogrammes des bords de la mer Baltique, où se trouvent les gîtes les plus renommés de cette substance. Depuis Dantzig jusqu'à Mémel, l'exploitation de l'ambre jaune est l'objet d'une industrie très-importante, qui n'existe guère que dans cette contrée. Il s'y trouve dans des couches de sables, de cailloux roulés et de bois fossiles. Les eaux des ruisseaux et des lacs dont le lit est creusé dans cette formation, les vagues de la mer sur la côte, en jettent sur les rivages des quantités considérables que l'on recueille avec soin; mais on l'exploite aussi par des fouilles, et surtout en faisant ébouler le terrain dans les escarpements de la côte de la Baltique. Ordinairement l'ambre jaune est en petits rognons; on en rencontre cependant quelquefois des masses considérables. Récemment on en a découvert, entre Mémel et Kœnigsberg, un échantillon du poids de onze kilogrammes.

L'ambre jaune est insoluble dans l'eau; il se dissout dans l'alcool ou dans une solution de sous-carbonate de potasse fondu dans de l'huile de lin siccative; et, incorporé dans de l'essence de térébenthine, il fournit un très-bon vernis. Les beaux morceaux de succin sont très-estimés pour la fabrication de certains objets d'ornement; les échantillons de moindre valeur et les débris trouvent leur emploi en chimie et dans certains arts. Les orientaux font beaucoup plus de cas que nous des objets en succin. Néanmoins, en Europe, on fait avec cette substance des bijoux, tels que colliers, bracelets, etc.; des boîtes, des coffrets, des petits objets d'art, des tuyaux de pipes, etc., etc. En médecine, il a perdu la réputation d'aphrodisiaque dont il jouissait autrefois.

Les anciens connaissaient l'ambre jaune; Homère en parle. Pline dit aussi qu'il était connu plusieurs siècles avant J. C. Chez les Romains, il était un objet de luxe; dans leurs festins ils se servaient de couteaux d'ambre. Sous Néron, le surintendant des jeux publics envoya un chevalier romain chez les barbares de la Baltique pour en acheter de grandes quantités.   LARIVIÈRE.

AMBLIOPIE (pathologie) [du grec *amblus*, émoussé, obtus; et de *ôps*, génitif *ôpos*, œil]. — Affaiblissement de la vue qui empêche de distinguer clairement les objets et les couleurs sombres. Ce mot, employé d'abord par Hippocrate pour désigner l'affaiblissement *sénile* de la vue, a aujourd'hui une autre acception : il désigne spécialement le premier degré de l'*amaurose* (voy. ce mot). Cependant, dit Samson, quelques auteurs pensent qu'on pourrait réserver ce mot pour désigner, soit l'affaiblissement de la vue dû aux progrès de l'âge, ainsi que l'avaient fait les Grecs, soit cette espèce de faiblesse native que l'on remarque chez certains myopes, soit une faiblesse acquise et dépendante d'irritations varioleuses ou autres, de l'habitude des travaux à une vive lumière ou sur des objets très-petits, etc., mais qui présente toujours ce caractère qu'elle reste stationnaire, ne tend point à se transformer en amaurose, et qu'elle est incurable.   B. L.

AMBRÉINE (chimie). — Substance qui s'obtient en traitant l'ambre gris par l'alcool; elle est d'un blanc brillant, sans odeur ni saveur; insoluble dans l'eau, mais soluble dans l'éther et les huiles. Elle fond à 30° et se volatilise au-dessous de 100°. On en doit la connaissance à MM. Pelletier et Caventou, qui l'ont trouvée composée de :

Carbone....................	83,37.
Hydrogène.................	13,62.
Oxygène...................	3,41.

AMBRÉIQUE (acide) [chimie].—Acide qui se prépare en traitant l'ambréine par l'acide nitrique. Il est sans saveur, d'une faible odeur, peu soluble dans l'eau, et très-soluble dans l'alcool et dans l'éther. Il se présente sous forme de tablettes jaunâtres, fusibles à 100°. L'acide ambréique contient, suivant Pelletier, 54,93 de carbone, 7,10 d'hydrogène, 4,71 d'azote, 33,75 d'oxygène. (*Hoefer*).

AMBRETTE (botanique) [d'ambre, en latin *succinea*]. — Espèce de plante du genre *Ketmie*, de la famille des malvacées. C'est un arbrisseau de plus d'un mètre de hauteur, à feuilles palmées, à fleurs jaune soufre, à graines exhalant une odeur d'ambre ou de musc et qui sont employées dans la fabrica-

tion du parfum dit *poudre de Chypre*. L'ambrette est originaire de l'Asie et de l'Amérique. La médecine a fait usage quelquefois des graines d'ambrette en infusion ou en poudre dans quelques névroses : inusitées aujourd'hui.

AMBROISIE (mythologie) [du grec *ambrotos*, immortel]. — Nourriture des dieux ; substance solide qui était neuf fois plus douce que le miel, d'une odeur très-suave, et qui rendait immortels ceux qui en mangeaient; on l'oppose au *nectar* qui était le breuvage des dieux.

AMBROISIE (botanique) [en latin *ambrosia*]. — Genre de plantes de la famille des corymbifères, renfermant des herbes ou des arbustes propres pour la plupart à l'Amérique. Une seule espèce, l'*ambroisie maritime*, herbe aromatique de 50 centimètres de hauteur, croît sur le bord de la mer, dans le midi de l'Europe, et est regardée comme stomachique.

AMBROSINIÉES (botanique). — Tribu de la famille des aroïdées, renfermant les deux genres *Ambrosiniée* et *Cryptocoryne*. — Voy. ces mots.

AMBULACRE (histoire naturelle) [en latin *ambulacrum*, formé de *ambulare*, marcher]. — Dans les animaux rayonnés *échinides* (oursins, galerites, etc.), le corps, de forme globuleuse est revêtu d'un test ou d'une croûte calcaire composé de pièces qui se joignent exactement, et qui sont percées de plusieurs rangées régulières de petits trous par où passent des pieds membraneux et qu'on appelle *ambulacres*. M. Raspail a donné le nom d'*ambulacre* à un petit appareil mobile, souvent articulé, qui se trouve à l'extrémité des pattes des acarus; cet appareil n'est autre, dit Raspail, qu'un organe susceptible de s'appliquer, en faisant le vide et à la manière des ventouses, contre les divers plans horizontaux ou verticaux sur lesquels s'attache l'acarus. Cet organe est l'analogue des pelottes visqueuses qui terminent les pattes de certaines espèces de grenouilles (rainettes); l'analogue des cupules d'appréhension qui bordent les bras tentaculaires des mollusques céphalopodes, de la sèche, du calmar, etc.

AMBULANCE (chirurgie militaire) [dérivé de *ambulare*, marcher]. — On désigne ainsi l'ensemble du personnel et du matériel d'un hôpital mobile attaché à un corps d'armée ou à une division de l'armée. Cette définition d'ensemble est quelquefois restreinte au local où se trouve établi l'ambulance, non-seulement en campagne, mais aussi dans les villes, lors des révolutions sanglantes ou des grandes épidémies. C'est surtout comme question de chirurgie militaire que nous devons faire connaître l'histoire et l'organisation des ambulances.

Apporter de prompts secours aux malades et aux blessés trop éloignés des hôpitaux sédentaires, les préserver ainsi des fatigues et des dangers de la mort, affermir le courage des combattants, enlever du terrain les hommes inutiles à l'action, et y ramener bientôt ceux dont les blessures légères ne réclament que le secours du moment, et dont l'éloignement prolongé peut affaiblir, démoraliser les troupes et les exposer aux chances d'une défaite en tombant eux-mêmes au pouvoir de l'ennemi, telle est la noble mission des ambulances militaires ; et cette mission n'a pu s'accomplir régulièrement qu'après bien des siècles.

La guerre a, dès son origine, perfectionné ses moyens d'attaque et de défense, mais non ses moyens de secours ; et cependant les héros qui, aux temps antiques, se faisaient chirurgiens, Machaon et Podalyre, comme Chiron leur père, et Achille lui-même, et tant d'autres qui savaient extraire les javelots, étancher le sang, panser les plaies, consacraient ensuite leurs chars à transporter les blessés hors du combat. Ne serait-ce pas là l'idée première, la plus belle de la formation des ambulances? Les boucliers des Spartiates, les lances croisées des Athéniens, servaient aussi au transport des blessés ; les Celtes les emportaient sur la croupe de leurs chevaux, les Francs sur leurs pavois, comme un trophée, et les Romains dans leurs bras comme un dépôt précieux. Des soldats choisis plus tard dans les cohortes furent chargés de l'enlèvement des blessés, pour lesquels on avait dressé des tentes sous la surveillance du préfet du camp.

Il faut tout de suite arriver au règne de Louis XIII, pour trouver la première institution des hôpitaux militaires fixes et des *hôpitaux ambulants*, les seuls qui nous intéressent ici. Mais cette institution, faite sans discernement, n'avait aucune utilité, parce que les hôpitaux ambulants étaient toujours relégués très-loin du champ de bataille, et séparés des troupes actives par cet immense attirail du matériel de l'armée, que les Romains désignaient sous le nom de *impedimenta*. Il en fut ainsi jusque vers la fin du siècle dernier, lorsqu'une circonstance malheureuse vint démontrer la nécessité d'une réforme. C'était à l'armée du Rhin, où Percy et Larrey, ces deux hommes qui honorent le plus notre chirurgie militaire, eurent la douleur de voir périr plusieurs blessés, par la lenteur et le retard des moyens de transport. Chacun d'eux conçut, dès lors, le projet d'organiser des ambulances actives.

Percy avait imaginé un chariot léger à quatre roues, étroit et long, à peu près comme le caisson d'artillerie, connu sous le nom de *wurst*. Dans l'intérieur se trouvaient les instruments et les appareils de pansement. Les chirurgiens étaient assis sur le recouvrement de cette voiture d'ambulance, et leur chef les précédait à cheval. C'était sans doute un moyen de transport prompt et léger, mais il exposait les chirurgiens à beaucoup de gêne et de fatigue, et ne pouvait secourir les hommes hors d'état de se soutenir sur leurs jambes. Percy, lui-même, en comprenait si bien les inconvénients, qu'il avait proposé l'adjonction d'un corps de soldats *brancardiers* ou infirmiers de champ de bataille. Le fourniment complet de deux de ces hommes servait à dresser le brancard d'un blessé fantassin ; mais ne faisant point partie des corps de cavalerie, dont ils ne pouvaient suivre les mouvements, ces soldats infirmiers devenaient alors à peu près inutiles.

Bien auparavant, dès 1792, M. Larrey avait conçu un plan d'ambulances légères, qui furent approuvées tout d'abord par le général en chef Custines, accueillies par l'assentiment de l'armée, imitées ensuite par les puissances étrangères et surveillées toujours par Napoléon. Ces ambulances, que M. Larrey nomme *ambulances volantes*, représentaient à l'armée d'Italie une légion de trois cent quarante hommes. Tous les chirurgiens sont à cheval et portent avec l'uniforme une giberne contenant les instruments essentiels pour les opérations ; les principales pièces d'appareil se trouvent dans leurs valises et à l'arçon de la selle. Les voitures d'ambulances, attelées de deux chevaux sont à deux ou quatre roues, et peuvent admettre deux ou quatre hommes couchés dans l'intérieur. Le plancher de la caisse est formé d'un cadre mobile qui peut servir de brancard ou de table, quand la saison ne permet pas de panser les blessés sur le terrain. Les voitures à deux roues servent dans les pays plats, et les voitures à quatre roues dans les pays montueux. Leur forme est à peu près celle des fourgons, et leur nombre est proportionné aux besoins de l'armée. Que l'on se figure maintenant les *ambulances volantes* avec leurs chirurgiens pour officiers, parcourant un champ de bataille sous le feu de l'ennemi, pour enlever les blessés après leur avoir donné les premiers secours, et les transporter ensuite aux ambulances de réserve, rivalisant enfin de vitesse avec l'artillerie volante, pour conserver au lieu de détruire, et l'on appréciera bien la valeur des services qu'elles ont déjà rendus à l'humanité.

L'organisation des ambulances peut se diviser en deux classes : La première comprenant les *ambulances des premiers secours*, ou *ambulances volantes*, *ambulances légères*, *ambulances d'avant-garde*; et pour un siège, *ambulances de tranchées*. La seconde classe s'appliquerait aux *hôpitaux d'ambulances* ou aux *ambulances d'attente ou de réserve*, aux *ambulances du quartier général*. On dit aussi les *ambulances de 1re, de 2e lignes*, ou *de la 1re, de la 2e division*, etc.

Un conseil d'administration préside au service des ambulances, et des règlements ou des ordres du jour en prescrivent la formation immédiate.

Le choix des localités pour l'établissement d'un hôpital d'ambulance est très-essentiel à déterminer. L'emplacement doit être, autant que possible, bien abrité, vaste, et à peu près hors de la portée du boulet. Une maison isolée, une ferme, une grange, une église, un couvent, tout est bien alors. Mais il faut pourvoir ce local de tout le matériel nécessaire : caisses d'instruments, d'appareils et de médicaments, demi-fournitures de lit, approvisionnements de vivres, etc. Il faut utiliser aussi tout ce qui se trouve sous la main, et se débarrasser du superflu. L'entrée de l'ambulance doit être assez large, toujours libre, et la communication facile avec l'armée active et la réserve. La discipline d'ordre, de soins, d'économie et de propreté, assure le service d'un hôpital d'ambulance.

C'est alors que les ambulances légères se mettent en marche ; et pendant que les soldats infirmiers relèvent les blessés transportables, les aident à se soutenir et les placent sur leurs brancards ou dans leurs voitures, pendant qu'ils emportent aussi les morts, pour aider ensuite à les ensevelir, les chirurgiens de l'ambulance aidés, s'il le faut, par des chirurgiens de régiments, sont là, sur le terrain, tout prêts à secourir les blessés.

Que de zèle, d'activité, de dévouement, pour accomplir cette mission! Et il faut encore certaines qualités instinctives : l'adresse qui soulage les souffrances au lieu de les aggraver; le soin de ménager les parties lésées, au lieu de leur imprimer des secousses pénibles; et ce sentiment d'humanité, qui sait inspirer le courage et la confiance, en même temps qu'il peut dominer par ses propres ressources les circonstances les plus difficiles, et suppléer aux privations de toute espèce.

Une fois qu'ils ont reçu les premiers secours sur le terrain, les blessés sont transportés à l'hôpital d'ambulance, avec les précautions qu'exigent leur état, la nature de leurs blessures et les parties lésées, l'embarras de la place et des chemins, la direction du feu de l'ennemi, etc. Aussitôt que l'ambulance volante est arrivée à l'ambulance générale, il faut, avant tout, s'assurer qu'il y a de la place pour les nouveaux blessés, ou en faire par le départ des plus valides; car on sait la funeste influence de l'encombrement.

Le placement s'effectue ensuite selon les conditions particulières et la gravité des blessures. L'évacuation se fait enfin, des hôpitaux d'ambulance sur les hôpitaux sédentaires, et à des distances fort éloignées quelquefois, par les mêmes moyens de transport; lorsqu'il y a un nombre trop considérable de blessés, on réunit aux voitures d'ambulances tout ce qui peut servir à cet effet, et l'on en forme un ou plusieurs convois, accompagnés par des détachements de l'armée. L'Empereur a souvent donné ainsi ses équipages pour transporter les blessés, comme il avait sacrifié ses chevaux pour les nourrir.

Mais en toute circonstance que ce soit, il importe de prévenir les accidents des blessures par une escorte d'officiers de santé dont le nombre est proportionné à celui des blessés.

Quant aux opérations chirurgicales pratiquées aux ambulances, ce serait une question importante à développer, mais dont nous ne donnerons ici qu'un aperçu, parce qu'elle trouvera mieux sa place à l'article *Chirurgie militaire.*

Arrêter les hémorrhagies, débrider certaines plaies, extraire les corps étrangers mobiles; exciser les lambeaux de membres en partie détachés; appliquer enfin des bandages et des appareils provisoires, à cela se borne ordinairement la chirurgie des ambulances de premiers secours.

Les opérations plus graves et définitives, certains cas de trépan, les amputations immédiates des membres, les résections osseuses, les profondes incisions et les contr'ouvertures, les sutures délicates, l'application des appareils inamovibles, pour les fractures et tous les pansements difficiles, telle est la tâche réservée à la chirurgie de l'ambulance générale.

C'est aux chirurgiens des hôpitaux à en surveiller les suites, à maintenir ou à renouveler les appareils de pansement, et à pratiquer aussi certaines opérations devenues nécessaires, telles que des amputations consécutives, etc.

Chaque chirurgien, du reste, selon son grade et son expérience, participe plus ou moins à tous les genres d'opérations; et les blessés, sûrs de trouver tant de secours et de ne pas être abandonnés sur le champ de bataille, ont ainsi les chances les plus favorables de guérison.

Ce que j'ai dit, je l'ai vu aux ambulances du siége d'Anvers, et je l'ai appris surtout de la longue expérience de mon père.

HIPPOLYTE LARREY, *membre de l'Académie de médecine, professeur agrégé à la faculté de médecine de Paris.*

AME (philosophie, morale) [du celtique *anm,* d'où en grec *anémos,* en latin *anima; anéme,* en vieux français; puis, par contraction, *anme* et *âme*[1]]. — *Substance spirituelle qui est le siège de la pensée, le principe du mouvement, des sensations, de l'intelligence et de la volonté chez l'homme.*

L'âme est la *vie intellectuelle de l'homme*[2]; c'est le mobile invisible auquel obéit le corps pour accomplir les desseins de la pensée; c'est ce pouvoir intérieur qui retient, dirige et sollicite les mouvements irréfléchis de l'instinct.

Nous allons traiter successivement de la *spiritualité de l'âme,* de son *immortalité,* puis essayer de résoudre les cinq questions suivantes :

1° *Comment l'âme communique-t-elle avec le corps?* 2° *Où réside-t-elle?* 3° *Quand s'est-elle unie au corps?* 4° *Que devient l'âme après la mort?* 5° *Les animaux ont-ils une âme?* Enfin nous terminerons par un résumé succinct des systèmes des philosophes anciens et modernes sur la nature de l'âme.

I. SPIRITUALITÉ DE L'AME. — En appelant l'âme *spirituelle,* nous entendons qu'elle est *simple, immatérielle, incorporelle.* Il n'y a point de preuves plus solides, selon nous, de la spiritualité de l'âme, que celles qu'on a tirées de son *unité* et de son *identité.* « 1° Sans *unité,* point de conscience; sans conscience, point de pensée, point de facultés intellectuelles et morales; en un mot, point de *moi.* Je ne suis, à mes propres yeux, qu'autant que je sens, que je connais ou que je veux; et, réciproquement, je ne puis sentir, penser ou vouloir qu'autant que je suis, ou que l'unité de ma personne subsiste au milieu de la diversité de mes facultés et de la variété infinie de mes manières d'être. Cette unité est *réelle,* c'est-à-dire *substantielle,* puisqu'elle se sent *vouloir, agir,* et *agir librement.* C'est de plus, une *unité indivisible,* puisqu'en elle se réunissent et subsistent en même temps les *idées,* les *impressions* les plus diverses

---

[1] C'est donc à tort que quelques écrivains suppriment l'accent circonflexe sur l'*a* de *âme,* puisque cet accent indique précisément la suppression d'une lettre.

[2] Aug. Martin.

et souvent les plus opposées. Par exemple, quand je doute, je conçois simultanément l'affirmation et la négation ; quand j'hésite, je suis partagé entre deux sollicitations contraires, et c'est encore moi qui décide. 2° Nous n'avons pas seulement conscience d'un *moi*, d'un *moi* toujours un au milieu de la variété de nos modes et de nos attributs ; nous savons aussi être toujours la même personne, malgré les manifestations si diverses de nos facultés, et la rapide succession des phénomènes de notre existence. Notre *identité* ne peut pas plus être mise en doute que notre *unité* ; elle n'est pas autre chose que notre unité elle-même considérée dans la succession au lieu de l'être dans la variété ; et, si l'on voulait la nier malgré l'évidence, il faudrait nier aussi la *liberté*, qui est impossible sans *intelligence* et les plus nobles sentiments du cœur, dont le souvenir, c'est-à-dire l'identité de notre personne, est la condition indispensable. Nos organes, au contraire, ne demeurent pas les mêmes ni par la forme ni par la substance. Au bout d'un certain nombre d'années, ce sont d'autres molécules, d'autres dimensions, d'autres couleurs, un autre volume, un autre degré de vitalité, d'autres organes enfin qui ont pris la place des premiers. Ainsi, notre *corps* se dissout et se reforme plusieurs fois durant la vie ; tandis que le *moi* se sait toujours le même, et embrasse dans une seule et même pensée toutes les périodes de son existence. Ce fait est le résultat des expériences les plus positives. — Aux deux preuves que nous venons de citer, nous ajouterons une observation générale, qui servira peut-être à les compléter et à séparer plus nettement le *moi* de l'*organisme*. C'est qu'il n'existe pas la moindre analogie entre les actes et les phénomènes produits par le *moi*, et les fonctions purement organiques. Celles-ci, quoi qu'on fasse, ne sauraient être connues sans les organes, et ne sont elles-mêmes que des mouvements matériels. Qui pourrait se faire une idée exacte de la respiration sans songer aux poumons ? Qui pourrait se représenter la circulation du sang sans songer au cœur, aux artères et aux veines ! Tout au contraire, nous pouvons parfaitement distinguer tout ce qui est de l'âme de tout ce qui est du corps ; tout ce qui est de nos facultés intellectuelles et morales d'avec tout ce qui est de notre organisme matériel. Ces simples notions nous rappellent la magnifique définition de l'homme par M. de Bonald : « *L'homme est une intelligence servie par des organes* [1]. »

II. IMMORTALITÉ DE L'ÂME. — La raison, d'accord avec la révélation, prouve cette vérité, qui, avec la foi dans l'Éternel, est la base de toute religion.

Les preuves de l'immortalité de l'âme peuvent être réduites à trois : 1° l'immatérialité de l'âme, 2° le désir inné de l'immortalité, 3° la justice infinie de Dieu.

1° *L'immatérialité de l'âme.* Le corps, qui se compose de parties, doit périr par la dissolution des éléments qui le constituent ; c'est un effet inévitable de l'action constante des forces naturelles sur tout ce qui est matériellement organisé ; mais l'âme étant immatérielle, c'est-à-dire sans aucun mélange de matière, en vertu de sa nature, elle ne peut mourir, puisque la mort n'est qu'une décomposition de parties ; donc elle est *immortelle*, par cela même qu'elle est *spirituelle*.

2° *Le désir inné de l'immortalité.* L'âme désire naturellement un bonheur qui se prolonge au delà de cette vie ; ce désir que nous apportons en naissant, ne vient que de Dieu qui, étant infiniment bon, infiniment juste, ne peut nous tromper : l'âme est donc immortelle.

3° *La justice infinie de Dieu.* Nous savons qu'un être infiniment juste doit rétribuer chacun selon ses œuvres ; or, il arrive fréquemment en ce monde que la vertu ne reçoit pas sa récompense, et que le crime reste quelquefois impuni. Donc cette rétribution n'étant pas équitable ici-bas, il doit y avoir une vie ultérieure qui répare les iniquités de la vie présente et traite chacun selon ses œuvres. Enfin il est impossible d'expliquer le but de l'existence, si l'on retire à la vie actuelle ce complément si nécessaire d'une vie ultérieure.

« Si tout meurt avec le corps, dit Massillon, il faut que l'univers prenne d'autres lois, d'autres mœurs, d'autres usages, et que tout change de face sur la terre. Si tout meurt avec le corps, les maximes de l'équité, de l'amitié, de l'honneur, de la bonne foi, de la reconnaissance, ne sont donc plus que des erreurs populaires, puisque nous ne devons rien à des hommes qui ne nous sont rien, auxquels aucun nœud commun de culte et d'espérance nous lie, qui vont demain retomber dans le néant, et qui ne sont déjà plus. Si tout meurt avec nous, les doux noms d'enfant, de père, d'amis, d'époux, sont donc des noms de théâtre, et de vains titres qui nous abusent, puisque l'amitié, celle même qui vient de la vertu, n'est plus un lien durable ; que nos pères qui nous ont précédés, ne sont plus ; que nos enfants ne seront point nos successeurs, car le néant, tel que nous devons être un jour, n'a point de suite ; que la société sacrée des noces n'est plus qu'une union brutale, d'où, par un assemblage bizarre et fortuit, sortent des êtres qui nous ressemblent, mais qui n'ont de commun avec nous que le néant. Que dirai-je encore ? Si tout meurt avec nous, les annales domestiques et la suite de nos ancêtres n'est donc plus qu'une suite de chimères, puisque nous n'avons point d'aïeux, et que nous n'aurons point de neveux. Les soins du nom et de la postérité sont donc frivoles, l'honneur qu'on rend à la mémoire des hommes illustres, une erreur puérile, puisqu'il est ridicule d'honorer ce qui n'est plus ; la religion du tombeau, une illusion vulgaire ; les cendres de nos pères et de nos amis, une vile poussière qu'il faut jeter au vent et qui n'appartient à personne ; les dernières intentions des mourants, si sacrées parmi les peuples les plus barbares, le dernier son d'une machine qui se dissout : et, pour tout dire en

___

[1] Quoique nous admirions cette définition de M. de Bonald, nous la regardons cependant comme incomplète, car si l'âme est servie, elle est aussi gênée par les organes.

un mot, si tout meurt avec nous, les lois sont donc une servitude insensée; les rois et les souverains, des fantômes que la faiblesse des peuples a élevés; la justice, une usurpation sur la liberté des hommes; la loi des mariages, un vain scrupule; la pudeur, un préjugé; l'honneur et la probité, des chimères; les incestes, les parricides, les perfidies noires, des jeux de la nature et des noms que la politique des législateurs a inventés. »

Oui, l'immortalité de l'âme est la seule sanction possible de toutes les idées religieuses, et sans elle la conscience, le juste et l'injuste sont des mots vides de sens. — On a dit que *l'intelligence était le produit de l'organisation*; « mais l'organisation elle-même[1] ne serait-elle pas le produit de l'intelligence? De ces deux propositions, quelle est la plus probable? Si l'on en croit la géologie, et comment n'y pas croire? la race humaine serait d'assez nouvelle date sur le globe. Or, comment s'expliquer l'apparition du premier homme? Pour le former, il a fallu de deux choses l'une : ou que ses molécules constitutives se fussent concertées, pour se faire, celles-ci *os* ou *muscles*, celles-là *nerfs* ou *vaisseaux*, etc., ou qu'une force intelligente les ait réunies ou coordonnées. De ces deux suppositions, quelle est encore la plus probable? Pour moi, je me déclare sans hésiter pour la seconde; et, bien que ma raison n'y comprenne rien du tout, il est démontré pour moi qu'une force extra-matérielle et souveraine a créé l'homme, comme le dit Moïse, et l'a créé non pas enfant, mais tout développé, et muni de toutes les forces de l'esprit et du corps. Sans cela, comment se serait-il conservé? Ce que je dis de l'homme, je l'entends de tous les animaux et de tous les êtres organisés; de sorte que pour moi c'est une vérité incompréhensible, mais incontestable, qu'originellement c'est l'intelligence qui a ordonné, c'est la matière qui a obéi. Ce premier miracle subsiste encore, et subsistera toujours. Jetez-vous dans mille et mille arguties pour échapper à ce fait, pour le commenter, le diminuer, l'anéantir; vous ne l'anéantirez pas. Il vous enlace, il vous subjugue; il vous apprend qu'au delà de la matière il est des forces qui la mettent en œuvre, et de qui elle tient toutes ses propriétés. »

1ʳᵉ QUESTION. *Comment l'âme s'unit-elle avec le corps?* — Différents systèmes ont été imaginés pour résoudre cette question.

A. La théorie des *causes occasionnelles*, dont Descartes passe pour être l'auteur, consiste à admettre que « le corps et l'âme n'agissent pas l'un sur l'autre, mais qu'à chaque détermination de l'un, Dieu veut produire dans l'autre une détermination correspondante. » Cette assertion, on ne peut plus arbitraire, supprime le fait au lieu de l'expliquer et fait participer Dieu à toutes les actions criminelles de l'homme.

B. L'*harmonie préétablie* de Leibnitz qui admet que « le corps et l'âme, antérieurement à leur union, ont été prédéterminés par Dieu à produire une suite de mouvements et d'actes de manière que les mou-

vements de l'un coïncidassent avec ceux de l'autre, sans que pour cela il y eût réciprocité d'action. » Pour Leibnitz le corps et l'âme sont deux pendules fabriquées avec tant d'art qu'elles marchent toujours ensemble, et n'offrent jamais la plus petite différence entre l'indication des heures. Ce système n'est pas moins arbitraire que celui de Descartes, sans compter qu'il détruit la liberté humaine.

C. L'hypothèse de l'*influx physique* d'Euler, suivant laquelle *les deux natures influent l'une sur l'autre à la manière des objets naturels*, matérialise l'âme et n'explique rien.

D. D'après Cudvorth, l'action réciproque a lieu par l'intermédiaire d'un être participant des deux natures et appelé *médiateur plastique*; être contradictoire, ou bien être semblable à nous, dans lequel nous ne comprenons pas mieux qu'en nous-mêmes l'alliance du matériel et du spirituel.

E. Le *médiateur plastique de Cudworth*, substance intermédiaire, être d'une double nature qui, tenant à la fois de l'âme et du corps, peut servir de médiateur entre ces deux principes opposés. (Cudworth). Ce n'est guère autre chose que les *esprits animaux* des physiologistes et des philosophes du dix-septième siècle, l'*archée* de Van-Helmont, la *flamme vitale* de Willis. Enfin, la plupart des philosophes spiritualistes se sont contentés d'admettre, sans l'expliquer, l'influence naturelle que les deux substances exercent l'une sur l'autre.

2ᵉ QUESTION. *Quel est le siége de l'âme?* — Les philosophes et les physiologistes se sont beaucoup préoccupés de cette question. La majeure partie a cru que c'était dans le cerveau que l'âme devait résider. Descartes avait choisi la glande pinéale, sous prétexte qu'elle est seule dans le cerveau, et qu'elle y est comme suspendue, de manière à se prêter facilement à tous les mouvements exigés par les phénomènes intérieurs. D'autres ont donné la préférence au centre oval, au corps calleux. Mais il résulte des recherches et des expériences du célèbre Lorry que ce n'est ni dans le cerveau ni dans le cervelet, ni dans le corps calleux que réside le principe du sentiment, puisqu'on peut détruire, enlever, affecter diversement ces parties, sans produire des morts subites, sans donner lieu à des convulsions, au désordre complet des fonctions animales. Ainsi il semble plus conforme à l'observation de ne fixer le siége de l'âme dans aucune des parties du cerveau, mais de la croire tout entière dans toutes les parties sensibles du corps, et principalement à l'origine des nerfs, de la moelle allongée, et de l'épine, qui ne peuvent être attaquées sans que la mort ait lieu, soit chez l'homme, soit chez les animaux. Ce qu'il y a de très-certain, c'est que quand le corps est à l'état normal, l'âme est souvent bien portante, mais s'il vient à perdre cet état. le principe des sensations est bientôt affecté : de même lorsque la sensibilité est trop émue, et qu'à la suite de quelque passion violente l'âme est blessée, son enveloppe souffre, et souvent on voit le chagrin et tous les maux qui en sont la suite porter les plus graves atteintes à l'organisme.

---

[1] Pariset, ancien secrétaire de l'Académie de médecine.

3ᵉ QUESTION. *Quelle est l'origine de l'âme?* — Un assez grand nombre de philosophes ont pensé que « notre vie actuelle n'est que la conséquence d'une vie antérieure; que, par conséquent, toutes les âmes ont existé avant d'appartenir à ce monde, et que chacune d'elles, poussée par une force irrésistible, choisit naturellement le corps dont elle est digne par son existence passée. Ce sentiment, très-répandu en Orient, enseigné par Pythagore, éloquemment développé dans les dialogues de Platon, adopté par quelques Pères de l'Eglise, entre autres par Origène, est celui qu'on appelle le dogme de la *préexistence.* » La plupart des théologiens, au contraire, enseignent que Dieu crée une nouvelle âme pour chaque nouveau corps, et que, par conséquent, le nombre des naissances décide absolument du nombre des âmes. Enfin, une dernière hypothèse est celle d'après laquelle « toutes les âmes, après avoir existé en germe dans notre premier père, se propagent comme les corps par la génération physique. » Tertullien soutint d'abord cette doctrine, que Luther reprit au commencement du seizième siècle, la trouvant conforme au dogme du péché originel, et qui fut aussi défendue par Leibnitz, l'un des plus grands philosophes des temps modernes.

4ᵉ QUESTION. *Que devient l'âme après la mort?* — Les disciples de Leucippe, de Démocrite et d'Épicure, chez les anciens; les matérialistes Holbach, Lamettrie Broussais, et quelques autres chez les modernes, ne distinguaient guère l'âme du corps, puisqu'ils croyaient qu'elle mourait avec lui; mais la plupart des philosophes, d'accord d'ailleurs avec les diverses religions, ont admis une vie nouvelle pour l'âme après la mort, vie dans laquelle elle est récompensée ou punie, selon qu'elle a mérité ou démérité dans celle-ci. Dans la religion de Zoroastre, on prétendait que les âmes animaient successivement plusieurs corps, c'est-à-dire que, dans cette hypothèse, l'homme se voyant mourir sans avoir, au gré de ses vœux, goûté la vie, reportait son espérance sur l'essai d'une autre vie, à l'épreuve d'une nouvelle forme. Ce système de la *métempsycose* (voy. ce mot), faussement attribué à Pythagore, est l'ébauche imparfaite du dogme de l'immortalité de l'âme qui s'est présenté le plus naturellement et le premier, peut-être, à l'esprit humain.

« Toutes les religions ont proclamé que le retour de l'âme à Dieu ne s'opère pas immédiatement; que si, lors de son court passage dans le corps, elle s'est mêlée et salie à la chair au point d'entraîner après elle une trace honteuse, il faut qu'en un lieu d'expiation et de repentir elle se lave et redevienne pure, afin qu'à un jour donné elle rejoigne avec amour son principe divin. On a fait ainsi de la croyance à l'immortalité de l'âme une puissante émulation de vertu en la rattachant à la pratique du bien, comme à l'amour du beau. L'existence de l'âme, dit Molé, prouve absolument l'existence du beau et du bien, car elle doit avoir ses plaisirs, et n'en saurait goûter d'autres que leur contemplation ou leur reproduction pendant qu'elle fait agir le corps. »

5ᵉ QUESTION. *Les animaux ont-ils une âme?* — Combien d'ouvrages d'une vaine et futile controverse ont été écrits sur la question de savoir si les animaux ont une âme? Les anciens, d'après Aristote, accordaient aux animaux une *âme sensitive,* et donnaient même aux plantes une *âme végétative,* réservant pour l'homme l'*âme rationnelle,* qui s'unit en lui aux deux autres. Descartes refusa toute âme aux bêtes et en fit de pures machines. Condillac restitue une âme aux bêtes, et leur accorde les facultés analogues aux nôtres, mais inférieures et proportionnées à leur organisation. Croirait-on aujourd'hui que des hommes ont été assez fous pour hésiter à reconnaître une âme chez la femme, cette fleur de la création, qui ne nous charme que par les attributs de son esprit... pour la reconnaître à peine dans la nature intelligente du nègre? Oh! sans doute, ceux-là eussent anathématisé cent fois celui qui fût venu leur dire : l'âme de la brute, à laquelle vous accordez à peine un instinct qui la distingue de la plante ou de la machine, possède les trois grandes facultés de notre âme : la sensibilité, l'intelligence, la volonté, et n'en diffère que par la faculté de juger des effets et des causes, la *raison,* et surtout la faculté d'initiative. C'est là, cependant, ce qui est le plus généralement admis aujourd'hui; l'âme des animaux, douée d'une sensibilité souvent exquise, d'une intelligence remarquable, d'une mémoire sûre et précise, d'une volonté souvent immuable, ne diffère de la nôtre qu'en ce que cette volonté ne semble point réglée par le jugement, par la raison, et que, dépourvus de l'esprit de comparaison et d'induction, ils ne peuvent arriver à un mouvement d'initiative.

SYSTÈMES DES PHILOSOPHES SUR LA NATURE DE L'ÂME. — Les idées des philosophes, touchant la nature de l'âme, aboutissent à deux systèmes : le *spiritualisme* et le *matérialisme.* Le spiritualisme est *exclusif* ou *éclectique,* selon qu'il nie l'existence de la matière pour n'accorder de réalité qu'aux êtres spirituels (voy. *Idéalisme*), ou que, tout en reconnaissant l'existence de la matière, il admette un autre ordre d'êtres, les *esprits,* l'âme et Dieu (voy. *Dualisme*). Le *matérialisme* n'admet d'autre existence que la *matière* (voy. ce mot), et nie, par conséquent, celle des esprits. Combattu par les philosophes du caractère plus élevé, le matérialisme est réfuté d'une manière victorieuse par les preuves qui établissent la distinction de l'âme et du corps et l'existence de Dieu.

La doctrine qui distingue l'âme du corps est aussi ancienne que le monde, puisque les plus grands hommes de tous les siècles et de tous les pays se sont toujours faits les défenseurs du principe de l'immatérialité et de l'immortalité de l'âme : Pythagore, Anaxagore, Socrate, Platon et les néoplatoniciens dans l'antiquité; saint Jean-Chrysostome, saint Basile, saint Augustin, saint Jérôme, etc., Bossuet, Fénelon, Pascal, etc., depuis la naissance du christianisme; Descartes, Leibnitz, dans les temps modernes. L'école philosophique du dix-huitième siècle s'est jetée dans le matérialisme en même temps que l'édifice social tombait en ruine; mais la société et la philosophie, qui ne pouvaient demeurer dans le chaos et dans la matière, ont cherché à se relever par des voies différentes (voy. *Philosophie*).

Heureusement qu'au-dessus des élaborations si pénibles de l'humanité, se trouve *une société invariablement constituée, qui ne va point à tout vent de doctrines, et qui, se préoccupant fort peu de décider si l'âme est ou n'est pas préexistante à la création du corps humain, si elle a son siége dans le sang ou dans le cœur, dans le cerveau en général ou dans le cervelet en particulier, enseigne à l'homme ce qu'il faut croire, et lui dit que son âme est un esprit créé à l'image et à la ressemblance de Dieu; qu'elle est douée de triples facultés, qu'on nomme* VOLONTÉ, INTELLIGENCE *et* MÉMOIRE, *à l'aide desquelles il discerne le bien et le mal, et devient, dès lors, responsable dans cette vie et dans la vie future du mérite ou du démérite de ses actions.*   B. LUNEL.

AMÉIVA

(zoologie). — Genre de reptiles appartenant à l'ordre des sauriens, composé d'espèces qui, bien que très-voisines des lézards, s'en distinguent néanmoins par des caractères importants : l'un des principaux est la conformation de la langue, « qui est parfaitement libre dans toute sa longueur, très-extensible, terminée en avant par deux longs filets cylindriques et aplatie dans le reste de son étendue, et dont la surface supérieure est couverte de petites écailles rhomboïdales disposées en pavé. » La tête de ces reptiles offre une forme pyramidale; elle est recouverte supérieurement de plaques polygonales qui ne s'étendent pas, ainsi qu'on le voit chez les lézards, jusqu'à l'occiput, mais seulement jusque vers le milieu de l'espace compris entre l'œil et l'oreille; de plus, la plaque crânienne (supraorbitaire) n'est nullement osseuse. Leurs mâchoires portent des dents simples, coniques et comprimées latéralement; mais leurs os palatins en sont complétement privés.

Les améivas sont des sauriens à corps élancé, à queue très-longue, arrondie, grosse à sa base et extrêmement grêle à son extrémité. Les membres postérieurs sont plus développés que les antérieurs; mais ils se terminent tous quatre par cinq doigts profondément fendus, inégaux et armés d'ongles recourbés. La peau du dos, aussi bien que celle de la face supérieure, des bras et des cuisses, est garnie de grains écailleux; mais sur les autres parties du corps se trouvent de véritables écailles.

Les améivas ont à peu près le même genre de vie que les lézards. Ils courent à terre avec vitesse, grimpent sur les arbustes, se cachent dans les buissons, se nourrissent d'insectes, de vers, de mollusques terrestres, etc.

Parmi les neuf ou dix espèces que l'on connaît, dit Bibron, et qui sont toutes originaires de l'Amérique, nous citerons :

1° L'améiva *ordinaire* (ameiva vulgaris), le plus commun et le plus anciennement connu. Il est long de près de 65 centim.; sa couleur est en dessus d'un vert bleuâtre; ses flancs sont ornés de belles taches blanches arrondies, cerclées de noir; sa tête, son col et la moitié antérieure de son dos offrent des taches et des raies irrégulières brunes; en dessous, il est teint de blanchâtre, avec des piquetures noires sous la gorge.

LESEETRE

Fig. 84. — Améiva.

2° L'améiva *bleuâtre* (ameiva cyanea), qui ressemble pour la taille au précédent. Son nom spécifique indique quelle est sa principale couleur, de laquelle se détachent sur les côtés du corps et les cuisses de larges ocelles blancs.

3° L'améiva *à quatre raies* (ameiva quadrilineata), qui est le plus grand qu'on connaisse. Sa longueur totale est d'environ un mètre, et sa grosseur égale celle du poignet. Uniformément verdâtre, ses côtés sont parcourus chacun par deux lignes fauves et parallèles. On le trouve, ainsi que les espèces précédentes, au Brésil, où on lui applique indistinctement le nom vulgaire de *téjou*.

4° L'améiva *pavonin* (ameiva pavonina nob.) est une nouvelle espèce que le Muséum d'histoire naturelle a reçue du Chili par les soins de M. Gay. Toute la partie supérieure de son corps est d'une belle couleur verte, semée de jolies taches noires qui sont chacune entourée d'un cercle noir. De petits points de cette dernière couleur sont répandus sous la partie inférieure de son corps, dont le fond est d'un blanc pur.

5° L'*améiva galonné* (*ameiva lemmiscata*), qui est la plus petite espèce connue; sa taille n'excède pas celle de notre lézard des murailles. Sur le noir profond qui colore son dos sont imprimées huit ou neuf lignes blanches fort étroites qui se prolongent jusque sur la queue; les cuisses sont également noires et supportent plusieurs raies en zigzags d'un blanc aussi pur que celui qu'on remarque sous le ventre. La patrie de cette charmante espèce d'améiva est l'île de Saint-Domingue.   DUBOCAGE.

AMÉLIORATIONS (droit). — Dépenses qui ont augmenté la valeur et le prix du fonds sur lequel elles ont été faites (voy. *Impenses*). Les améliorations appréciables ne résultent des dépenses faites qu'autant que la valeur du fonds est réellement augmentée au jour où il est devenu nécessaire d'en tenir compte, car, dans le cas contraire, elles n'auraient profité qu'à la personne qui aurait fait ces dépenses, et qui se trouverait ainsi indemnisée par le fait.   J. E.

AMÉNAGEMENT (droit). — Expression relative aux bois et forêts, et qui indique l'usage suivi par les propriétaires et les administrateurs dans l'ordre et la quotité des coupes qu'ils ont coutume d'en faire, soit des taillis, des baliveaux ou des futaies. — L'ordonnance de 1669 avait prescrit aux particuliers d'observer dans la coupe de leurs bois un certain aménagement; c'est ainsi qu'ils étaient obligés de réserver par arpent une certaine quantité de baliveaux. Mais le nouveau Code forestier n'a pas renouvelé ces prescriptions, et il est libre maintenant à chacun de suivre pour ses coupes l'ordre et les usages qui lui conviennent. Les bois de l'État et ceux des communes et établissements publics sont seuls soumis, d'après ce Code, à la nécessité d'un aménagement, qui est réglé par les ordonnances du pouvoir exécutif. (Code for., art. 15.) Les adjudicataires des coupes, dans les bois de l'État, ne peuvent, sans une ordonnance spéciale, rien changer aux aménagements, à peine de nullité des ventes, et sauf leur recours contre les fonctionnaires ou agents qui auraient autorisé à tort une fausse opération. L'aménagement des bois a été établi pour régulariser les revenus annuels et ménager les ressources. C'est ainsi que le Code civil, art. 590, ordonne à l'usufruitier de se conformer à l'aménagement réglé par le propriétaire; la même injonction est faite au mari pour la coupe des bois de sa femme pendant leur communauté. (C. civ., 1403.) L'inobservation de ces dispositions peut donner lieu à des dommages-intérêts. Ce serait à tort, comme l'ont pensé quelques bons esprits, qu'on n'aurait pas, dans le Code forestier, maintenu la disposition de l'ordonnance de 1669, relative à l'aménagement général de la coupe des bois de tous particuliers. Voilà comment, sous prétexte de liberté individuelle, on tombe dans l'excès contraire, et au préjudice du plus grand nombre des régnicoles et de la production du sol. On sait trop aujourd'hui, par l'expérience fatalement acquise, combien la coupe anticipée des bois et la conversion des futaies en bois taillis ont été désastreuses pour notre pays, sous les différents rapports des besoins généraux, de l'hygiène publique,

de la température, de la production, de l'éboulement des terres jusque vers le lit des rivières, des inondations, etc., etc.   JEAN ÉTIENNE.

AMENDE (droit) [du latin *emendatio*, correction]. — Peine pécuniaire que la loi impose pour contraventions à des devoirs, à des règles ou à des prescriptions légalement établies. L'amende est également prononcée à raison d'un crime ou d'un délit. L'amende peut être prononcée comme peine principale ou comme accessoire d'une peine plus grave. Le produit des amendes appartient au fisc; si ce n'est que les amendes de police reviennent en partie aux communes et aux hospices. L'amende étant une peine, elle ne peut être imposée qu'à l'auteur de la contravention. Elle ne peut être appliquée aux personnes civilement responsables. Les amendes peuvent se cumuler lorsque plusieurs contraventions ont été commises par le même individu. Elles doivent être requises par le ministère public. Néanmoins, dans certains cas prévus par les tribunaux. Elles sont recouvrées par les employés de l'enregistrement et des domaines, avec contrainte par corps, en cas de non payement. Tous les individus condamnés pour un même crime ou délit sont tenus solidairement des amendes, restitutions, dommages-intérêts et frais (C. pén. 55). Les arrêts, jugements et exécutoires portant condamnation à des amendes ne peuvent être exécutés, par la voie de la contrainte par corps, que cinq jours après le commandement fait au condamné (L. 19 avr. 1832, art. 33). Lesdits individus doivent subir l'effet de cette contrainte jusqu'à ce qu'ils aient payé le montant des condamnations ou fourni une caution admise par le receveur des domaines, ou, en cas de contestation de la part de ce dernier, déclarée bonne et valable par le tribunal civil de l'arrondissement. La caution devra s'exécuter dans le mois, à peine de poursuite (*Ibid.* 34). Néanmoins, les condamnés qui justifieront de leur insolvabilité seront mis en liberté après avoir subi quinze jours de contrainte lorsque l'amende et les autres condamnations pécuniaires n'excéderont pas quinze francs; un mois lorsqu'elles s'élèveront de quinze à cinquante francs; deux mois lorsque l'amende et les autres condamnations s'élèvent de cinquante à cent francs, et quatre mois lorsqu'elles excéderont cent francs (*Ibid.* 35). Mais pour justifier l'insolvabilité, on doit fournir : 1° un extrait du rôle des contributions, constatant que l'on paye moins de six francs, ou un certificat du percepteur portant que l'on n'est point imposé; 2° un certificat d'indigence délivré par le maire de la commune du domicile, ou par son adjoint visé par le sous-préfet et approuvé par le préfet. (C. d'inst. cr. 420). En cas d'insuffisance des biens du condamné, les restitutions, les indemnités, les dommages-intérêts dus à la partie lésée sont préférés à l'amende (C. proc. 54 et 458). Les amendes se prescrivent de la même manière que les peines corporelles, c'est-à-dire par 20 ans en matière criminelle, par 5 ans en matière correctionnelle, et par 2 ans en matière de simple police (C. d'inst. cr. 635, 636 et 639). D'après la loi du 22 frimaire, an VII, art. 51, les amendes, en matière d'enregistrement, se prescrivent par deux ans, lorsque les actes donnant lieu à ces amendes ont été enregistrés sans que pendant ce délai, il ait été fait de poursuites pour en obtenir le payement. Les amendes pour contravention aux lois du timbre ne se prescrivent que par trois ans (Décis. du min. des finances, du 12 sept 1825).

La peine de l'amende paraît avoir été en usage dès les temps les plus reculés. Chez les Grecs[1] les amendes étaient nombreuses, fréquentes, souvent excessives. On sait qu'à Athènes le héros de Marathon, condamné plus tard à une amende égale aux frais de la flotte qu'il n'avait pas ramenée victorieuse, mourut en prison faute de pouvoir payer cette somme énorme, que Cimon, son fils, acquitta par le moyen de ses amis, pour rendre à son père les derniers devoirs. Il serait facile d'accumuler ici les citations historiques. Dans les premiers temps de Rome, presque toutes les peines consistèrent dans l'abandon d'une certaine quantité de bestiaux. Les lois de Numa en offrent plus d'un exemple : ainsi, la femme qui se remariait dans l'année de deuil (de dix mois chez les Romains), devait immoler une génisse pleine ; l'homicide involontaire était puni d'une amende d'un bélier, etc. Les troupeaux sont, en effet, les richesses mobiles primitives, et c'est par eux que tout s'évalua d'abord. Les amendes devaient être prononcées en têtes de bétail, rachetables toutefois à prix d'argent. La première loi qui vint ôter à l'arbitraire du juge la fixation des amendes, les borna à deux moutons et à trente bœufs, c'est-à-dire au maximum de deux moutons, si l'amende était prononcée en moutons, et au maximum de trente bœufs, si elle était prononcée en bœufs. Quand la monnaie, qui portait d'abord l'empreinte et le nom des têtes de moutons et de bœufs (de là vint le nom de *pecunia*, du mot primitif *pecu* ou *pecus*), cessa d'être ainsi frappée, il fut permis de racheter les amendes aux prix de dix as pour chaque mouton, et de cent as pour chaque bœuf. Cette loi dura longtemps à Rome ; et, pour s'y conformer, on eut toujours soin de ménager l'accroissement des sommes d'as exigées du prévenu à chaque défaut de comparution, de manière que la somme totale ne fît jamais plus de 3,020 as, valeur légale de deux moutons et trente bœufs. Il était également interdit au magistrat de prononcer l'amende en bœufs avant de la prononcer en moutons (*Ne boves priusquam oves nominaret*, Pline), c'est-à-dire de l'augmenter progressivement par centaines d'as avant de l'avoir augmentée par dizaines. Ces noms et cette manière de compter, vestiges de l'ancienne vie pastorale, existaient encore sous Trajan. Si l'ambition des patriciens et la résistance des tribuns du peuple produisaient beaucoup de lois politiques, elles en produisaient peu de civiles. Quand les Plébéiens réclamaient des lois fixes et connues de tous, les Patriciens répondaient par un sophisme dont on a souvent abusé, qu'il fallait conserver les coutumes héré-

ditaires et se défendre de rien innover. Nos pères les Germains n'admettaient guère que des peines pécuniaires. Selon Montesquieu, ces hommes guerriers et libres estimaient que leur sang ne devait être versé que les armes à la main. Dans toute la Germanie, les crimes et délits se rachetaient par des compositions proportionnées au délit, et à la personne de l'offenseur et de l'offensé. Ces compositions étaient fixées en argent ; mais la rareté de la monnaie avait fait admettre de donner des bestiaux, du blé, des meubles, des armes, des chiens, des oiseaux de chasse, des terres, etc. Souvent même la loi déterminait la valeur de ces divers objets, ce qui explique comment, avec si peu d'argent, il y eut cependant chez ces peuples tant de peines pécuniaires. — Dans notre ancien droit français les amendes étaient abondamment prodiguées. Dans tous les procès, la partie qui succombait était généralement punie par des condamnations d'amende envers le seigneur et ses pairs. Une amende particulière était celle qui était prononcée contre les juges en cas d'appel et de réformation de leur jugement. Lorsqu'un seigneur ou un juge inférieur avait rendu une décision dont on formait appel, le seigneur ou juge devait venir devant le tribunal supérieur défendre la sentence qu'il avait portée, et, si elle n'était pas confirmée, il devait payer au roi, ou au seigneur suzerain, devant lequel on avait appelé, une amende de 60 livres. Cette coutume, qui n'était pas sans antécédents dans l'antiquité, aurait conduit bientôt les seigneurs, quand les appels se multiplièrent, à passer leur vie dans des tribunaux autres que les leurs, et pour des affaires qu'ils n'auraient connues que pour les avoir jugées. Philippe de Valois, en 1332, limita l'abus, et ordonna qu'en appel les baillis seuls seraient ajournés. Mais l'usage ne s'en introduisit pas moins, quand les appels furent universellement reçus, de faire payer l'amende au seigneur lorsqu'on réformait la sentence de son juge. Cet usage subsista longtemps, fut confirmé par l'ordonnance de Roussillon, et ne se perdit que plus tard.

JEAN ETIENNE.

AMENDE (histoire de la médecine). — L'histoire de la médecine chez les Francs est fort peu connue. L'*Histoire des mœurs et de la vie privée des Français*[1] présente le tarif légal des plaies et mutilations qui résultaient des rixes journalières inévitables chez des peuples barbares. Voici ce tarif avec l'indication des sources :

Si une personne a reçu une blessure à la tête ou une autre partie du corps, et qu'il en soit sorti un os d'une grosseur telle que, jeté sur un bouclier, il rende un son appréciable à douze pieds de distance, l'agresseur payera trente-six sous[2] ; s'il est sorti plusieurs os de la blessure, on ajoutera un sou d'or par chaque os rendant un son[3].

---

[1] Aristo Bouë, *Encycl. noun.* t. I, p. 421.

[1] E. de la Bédollière.
[2] Le sou était la vingtième partie de la livre.
[3] Pro unoquoque osse sonante solidus addatur. (*Loi des ripuaires*, tit. LXX.)

Si quelqu'un coupe la main·d'autrui, ou le pied, ou l'oreille, ou le nez, ou qu'il lui crève un œil, qu'on le condamne à payer cent sous[1].

Si la main pend meurtrie et mutilée, le coupable payera, en·outre, quarante-cinq sous.

Si la main est entièrement détachée, soixante-deux sous.

Si l'on a coupé le pouce de la main ou du pied, quarante-cinq sous.

Pour meurtrissures du pouce, trente sous.

Pour avoir arraché le second doigt, celui qui lance Jaflèche, trente-cinq sous.

Pour les trois doigts suivants coupés d'un seul coup, quarante-cinq sous.

Pour le doigt du milieu, quinze sous.

Pour le quatrième doigt, quinze sous.

Pour le petit doigt, quinze sous.

Pour le pied coupé et non détaché, quarante-cinq sous.

Pour le pied détaché, soixante-deux sous.

Pour un œil crevé,·soixante-deux sous.

Pour avoir arraché le nez, quarante-cinq sous.

Pour l'oreille, quinze sous.

Pour avoir coupé la langue d'un homme, de sorte qu'il ne puisse plus parler, cent sous.

Pour une dent arrachée, quinze sous.

Si un homme libre a châtré un homme libre..... ..... il payera cent sous.

Ou........ deux cents sous.

AMENDE HONORABLE. — Aveu pénible qu'un coupable était tenu de faire du crime pour lequel il avait été condamné. C'était une peine infamante qu'on n'infligeait qu'à ceux qui avaient causé un grand scandale, comme les séditieux, sacriléges, faussaires, etc. On distinguait deux sortes d'amendes honorables : l'une *simple* ou *sèche*, l'autre *in figuris*. La première se faisait à l'audience ou à la chambre du conseil, nu-tête et à genoux. Le cérémonial de l'amende honorable *in figuris* était plus dramatique et plus infamant. Le coupable était à genoux, nu en chemise, une corde au cou, la torche à la main, et conduit par l'exécuteur de la haute-justice. On condamnait à l'amende honorable les hommes comme les femmes. Si le coupable refusait de faire amende honorable dans les termes prescrits, il pouvait encourir une peine plus sévère (galères à perpétuité, fouet, peine de mort même). Le président de Harlay eut l'honneur de s'opposer le premier à l'aggravation des peines de ceux qui ne voulaient pas se soumettre à l'amende honorable.

L'article 35 du titre I de la première partie du Code pénal a prononcé l'abolition de l'amende honorable (25 septembre 1791). On ne supposait pas que cette peine dût jamais reparaître dans nos codes; cependant la loi du 20 avril 1825 (loi du sacrilége) la rétablit. L'article 6 de cette loi portait : « La pro-

---

[1] *Loi salique*, tit. XXXI; *de debilitatibus*, tit. XXXII, *de convitiis*. *Loi des ripuaires*, tit. V, *de debilitatibus*. *Loi des Angles, des Wérins et des Thuringiens*, tit. V, *de ranspunctione et membris læsis*.

» fanation des hosties sacrées commise publiquement » sera punie de mort; l'exécution sera précédée de » *l'amende honorable* faite par le condamné devant » la principale église du lieu où le crime aura été » commis, ou du lieu où aura siégé la cour d'assises.» Aucune cour n'a voulu prononcer une telle condamnation. Une loi du 11 octobre 1830 abrogea la loi du sacrilége.   TESSON DE LA ROCHELLE.

AMENDEMENT (agriculture).—Substance propre à corriger, à améliorer le sol.

Avant d'entreprendre l'amendement de sa terre, le propriétaire ou le fermier qui a un long bail doit s'attacher à bien connaître la nature, l'état et la composition du sol, à rechercher les substances les plus propres à l'amendement, et à donner la préférence à celles dont l'extraction ou le transport est moins coûteux; à étudier la nature, la composition, les propriétés et les effets de la substance qu'il veut employer; à se rendre compte des difficultés, des peines, des travaux qu'il aura à faire. En un mot, il ne faut pas qu'il entreprenne au hasard une opération qui peut être inutile, peut-être même nuisible au sol, ou dont les frais dépasseraient les bénéfices de l'amélioration. Les amendements sont d'une grande importance en agriculture; ils augmentent de moitié les produits agricoles. Pourquoi faut-il qu'ils soient encore si peu pratiqués en France ?

Les substances qui servent d'amendements sont :

1° *Substances calcaires :* Chaux, marne, platras, faluns, débris de coquilles fossiles;

2° *Substances stimulantes :* Gypse ou plâtres, cendres, vases au limon de mer ;

3° *Substances salines :* Sel marin, sulfate de soude, salpêtre ;

4° *Substances ou terres mélangées :* Le sol où la chaux domine s'amende avec de l'argile; si l'argile domine, on y mêle des sables, des graviers, des terres calcaires; au sel sableux, on mêle les boues argileuses des mares.

Les substances minérales employées comme amendement concourent, sans aucun doute, à la nutrition des végétaux, en introduisant dans le tissu végétal des substances inorganiques qui exercent cette dernière influence sur le sol. Le nombre de ces substances, dit Young, est assez grand; mais quand il s'agit de les appliquer à un terrain de nature donnée, le choix entre elles se resserre entre d'étroites limites. En les employant, on a surtout en vue d'ajouter à une pièce de terre quelconque un élément qui n'y est pas dans la proportion la plus convenable pour la végétation; on ne peut donc pas y enfouir ceux qui y sont déjà en trop grande abondance : on n'ira pas couvrir de chaux les terres calcaires, d'argile les terres argileuses, de sable les terres siliceuses. Au contraire, si un sol pèche par l'excès d'une de ses parties constituantes, il faudra chercher à le corriger par l'adjonction d'une de celles qui paraissent lui manquer. Cela suppose qu'on connaît bien les proportions soit de ses propres éléments, soit de ceux de la substance qu'on veut employer, et par conséquent qu'on en a fait l'analyse chimique,

ou bien que, par une expérience en petit, on a déjà pu constater les effets de l'amendement sur un coin de la même pièce. Toutefois, à défaut de ces épreuves directes, on peut se guider d'après quelques indications générales. Ainsi, les terres où domine la chaux sont les plus ingrates et les plus difficiles à amender convenablement : l'argile paraît l'amendement qui leur est le plus favorable ; elle produit surtout de très-bons effets quand elle a été brûlée ou exposée pendant plusieurs années aux influences de l'atmosphère ; mais il est souvent difficile de la transporter et de la mélanger. Pour l'amendement des terres sableuses, on préférera la marne argileuse, le limon des fossés et les décombres des bâtiments construits en torchis. Le sable, les marnes sableuses, les démolitions de murailles sont particulièrement propres à corriger les terrains argileux ou glaiseux. Au reste, dans les opérations d'amendement, il faut bien se rappeler que si l'amélioration des qualités physiques d'un sol, par l'addition d'une terre dont la nature soit opposée à celle du terrain qu'il s'agit d'améliorer, est toujours possible, cette amélioration, eu égard aux circonstances locales, est loin d'être toujours profitable. Ainsi on ne peut guère essayer de corriger avec du sable un terrain glaiseux et tenace, où, dans un sens contraire, le terrain sablonneux avec de la glaise argileuse, que lorsqu'on trouve dans la couche inférieure du sol l'espèce de terre même dont on a besoin pour opérer cet amendement.

MOUSNIER,
Ancien professeur au lycée de Nantes.

AMÉNITÉ [du latin *amœnitas*, agrément]. — Se dit d'un lieu, d'une situation agréable où règne un air doux, tempéré. Ex. : Ce site est plein d'aménité. Au figuré, il signifie douceur et affabilité, accompagnées de grâce, de politesse dans les manières, les procédés et dans le langage. La différence de l'*aménité* et de l'*affabilité* consiste en ce que la première se rapporte plutôt au style, et la seconde au caractère (voy. *Affabilité*). L'aménité procède de l'âme ; elle se décèle par des discours obligeants, des égards envers les personnes, sans acception du rang ou de la fortune. C'est encore un vif désir de plaire joint à l'amour du prochain ; enfin, par l'aménité on captive les cœurs, en s'attirant l'estime de tout le monde. Cette précieuse qualité se perfectionne par l'éducation.

D. L. F.

AMENTACÉES (botanique) [du latin *amentum*, chaton]. — Famille de plantes dycotylédones, à laquelle appartiennent la plupart des grands arbres de nos forêts et beaucoup d'arbustes de nos taillis. Les caractères botaniques des *amentacées* sont assez faciles à saisir : fleurs toujours unisexuées, constamment dépourvues de périgone, ne consistant, du moins les mâles, qu'en un nombre très-variable d'étamines disposées en *chaton* comme dans le noyer ; les fleurs femelles ont seules une enveloppe écailleuse pour protéger l'ovaire, qui reste toujours libre. Leurs feuilles alternes sont tantôt entières, tantôt dentées. Ces végétaux, dit Salacroux, semblent craindre les trop grandes chaleurs ; on n'en trouve qu'un

très-petit nombre dans les régions voisines des tropiques, tandis qu'ils forment d'immenses forêts dans toutes les contrées septentrionales ou tempérées des deux continents. C'est que leurs troncs parviennent à des hauteurs où l'œil peut à peine distinguer leur cime, et acquièrent cette grosseur et cette force qui les rendent si utiles dans la construction de nos édifices. Leur âge n'a pas de durée fixe ; il est des individus dont la naissance se perd dans la nuit des temps, et qui peut-être sont aussi anciens que la dernière catastrophe qui a bouleversé notre planète.

On divise les amentacées en sept familles : les *ulmacées*, les *cupulifères*, les *bétulacées*, les *salicinées*, les *myricées*, les *juglandées* et les *platanées*.

J. W.

AMENER (marine). — Dans le langage des marins, ce mot signifie faire descendre, abaisser. On dit *amener* une vergue, *amener* une voile. On *amène* une embarcation quand on la hisse à bord ou qu'on la met à l'eau, au moyen de palans. Les signaux de jour et de nuit sont *amenés* lorsqu'on les a supprimés ou éteints. A bord des bâtiments de guerre, au coucher du soleil, la garde prend les armes et les présente face au pavillon national arboré au bout de la corne d'artimon ; la musique ou les clairons jouent une fanfare militaire, et chacun, officiers et matelots, sur le pont comme dans le gréement, se tourne vers le pavillon, et se découvre avec respect devant les couleurs nationales. Cette noble et touchante cérémonie a lieu chaque soir pour *amener* le pavillon ; elle se renouvelle chaque matin quand il s'agit de l'*arborer*. — Deux bâtiments sont aux prises : l'un d'eux, ne pouvant résister plus longtemps prend le parti de se rendre ; à cet effet, il abaisse son pavillon, autrement dit il l'*amène*. Le feu cesse alors de chaque côté, et le bâtiment vaincu vient se mettre à la disposition du vainqueur. Le verbe *amener* a encore une acception plus technique à laquelle nous ne croyons pas devoir nous arrêter, c'est celle par laquelle il exprime un rapport de position entre un navire et des objets extérieurs.

E. B.

AMÉNORRHÉE (pathologie) [du grec *a*, privatif, *men, menos*, mois, menstrues, *rheo*, je coule.] Suppression des règles chez une femme en âge de les avoir et non enceinte. Voici une analyse de la leçon remarquable que le docteur Aran, médecin de l'hôpital Saint-Antoine, a faite au mois de juin 1856, sur l'aménorrhée et la dysménorrhée. Nous la reproduisons telle que l'a publiée la *Gazette des Hôpitaux* (12 juin 1856).

La menstruation n'est pas une simple hémorrhagie qui se fait régulièrement chez la femme, et qui est provoquée par une congestion pure et simple de l'utérus. Cette congestion est plus générale et plus étendue ; elle se lie à un état particulier de l'ovaire, à l'évolution de l'ovule, travail analogue à celui de la ponte des animaux. L'existence de ce fait n'est plus douteuse aujourd'hui, depuis les travaux de MM. Pouchet, Bischoff, Raciborski, Négrier, Gendrin, etc.

On ne s'explique pas pourquoi la femme présente seule cette excrétion sanguine d'une certaine durée.

Chez les singes, on observe bien un commencement de menstruation; chez les juments on trouve parfois de légères teintes de sang; mais l'espèce humaine est néanmoins la seule qui présente ce phénomène bien marqué, et qui voie des accidents de toute espèce survenir à la suite du trouble de cette fonction. — Dans un travail plein d'intérêt et d'originalité sur la menstruation, M. Raciborski, en s'efforçant de faire ressortir l'importance de l'ovulation, paraît avoir beaucoup trop réduit le rôle de l'hémorrhagie menstruelle. Lors même, en effet, que cette hémorrhagie ne constituerait pour les femmes qu'une habitude, elle pourrait entraîner par sa suppression des troubles nombreux dans l'économie. Mais l'écoulement menstruel est plus qu'une habitude, c'est une nécessité, et c'est ce dont on peut se convaincre en voyant les accidents si variés qui se montrent chez les femmes aménorrhéiques à leur première époque, lorsqu'elles ont, comme on dit, de la peine à se former. Ces accidents indiquent les efforts que fait la nature pour produire cette évacuation. Du reste, il faut bien le reconnaître, la présence des ovaires est d'une importance majeure dans la production des menstrues. Des expériences prouvent que lorsque les ovaires ont été amputés ou qu'ils ne fonctionnent pas, l'hémorrhagie cesse immédiatement; tous les médecins connaissent le fait de Pott, et M. Robertson dit avoir appris dans l'Inde que la menstruation ne s'établit pas chez les femmes qui ont subi la castration. Il suit de là que chez une jeune femme, toutes les fois que les règles ne s'établissent pas à l'époque voulue, s'il ne survient d'accidents d'aucune espèce, il n'y a pas lieu de s'en préoccuper, car il peut se faire qu'il n'y ait pas d'ovaires. S'il survient, au contraire, des troubles à l'époque de la menstruation, le médecin doit intervenir et provoquer les règles autant que la chose est possible.

Il peut, en effet, se présenter des difficultés sérieuses. Sans parler des vices de conformation du vagin, de son imperforation, etc., il peut y avoir une absence complète d'utérus, les ovaires étant parfaitement normaux. Du reste, ces obstacles situés à l'orifice de l'utérus, au vagin, à la vulve, ne constituent pas, à proprement parler, des aménorrhées; ce qui constitue véritablement l'aménorrhée, c'est l'absence de congestion menstruelle et d'excrétion sanguine.

A quelle époque se fait l'établissement de la menstruation? Cette époque varie avec les races humaines et les individus. Robertson, dans ses *Recherches sur la menstruation dans l'Inde*, a prouvé que la menstruation était sous l'influence non du climat, mais bien des races; nouvelle raison pour ne se préoccuper, chez les jeunes filles, de l'aménorrhée ou plutôt du retard de la menstruation, que lorsqu'il survient des accidents. Chez les femmes qui ont été réglées, il peut se faire que les règles se suppriment tout à coup sous l'influence d'une cause morale ou physique, parmi lesquelles le refroidissement joue le rôle principal. Cette aménorrhée par suppression n'entraîne pas toujours d'accidents sérieux; tout peut se borner à des céphalalgies, du malaise pendant quelques jours ou pendant tout le mois jusqu'au rétablissement des menstrues. Chez d'autres femmes, cette suppression devient le point de départ de violentes douleurs dans les lombes, de coliques utérines, véritables accidents inflammatoires, qui s'accompagnent souvent de nausées, de vomissements.

Cette suppression des menstrues peut encore avoir d'autres conséquences relativement à leur apparition ultérieure. Il peut se faire qu'à partir de ce moment elles ne soient plus régulières, ou disparaissent même pendant plusieurs mois, et alors il survient des accidents locaux qui s'aggravent à chaque époque menstruelle, quoique l'écoulement n'ait pas lieu; ou bien ce sont des phénomènes généraux, des étourdissements, des congestions vers la tête dès que la malade se penche, de la rougeur de la face avec alternative de décoloration, des syncopes fréquentes, de la dyspepsie avec gonflement de l'estomac et constipation; d'autres fois encore, des phénomènes de chloro-anémie qui viennent par une bizarrerie étrange assaillir la malade à la suite de la suppression de l'hémorrhagie. Si les congestions persistent, c'est alors que l'on voit survenir les hémorrhagies supplémentaires de l'estomac, de la vessie, du poumon, symptômes alarmants et pourtant naturels.

Il est important de savoir que la première apparition des menstrues n'est pas toujours suivie d'une deuxième apparition le mois suivant. On voit des jeunes filles réglées à neuf, dix ans, qui restent plusieurs mois, plusieurs années sans être réglées de nouveau. D'autres, au contraire, sans avoir d'hémorrhagie, présentent à chaque époque des douleurs dans les reins, dans les cuisses, des congestions céphaliques. Il est probable qu'il se fait dans ce cas une ovulation, qu'il y a congestion de l'utérus, mais que cette congestion est trop peu intense pour produire l'hémorrhagie.

Il faut, en général, chez les jeunes filles, se borner pour combattre ces accidents à des moyens extérieurs, tels que l'application de quelques sangsues aux aines ou aux cuisses, des bains de siége chauds, des ventouses sèches sur les mamelles, moyen employé par Hippocrate et repris dans ces derniers temps en Amérique. Si les règles ne reviennent pas, l'exploration des organes devient indispensable. Il peut se faire, en effet, qu'on ait affaire à une imperforation de la vulve, du vagin, du col même, vice de conformation qu'il est utile de connaître. Le premier moyen à employer dans ce cas est la sonde utérine, qui à elle seule est souvent un traitement. L'électricité appliquée topiquement pendant plusieurs jours pourra rendre des services marqués; de même les injections, dans le vagin, de lait contenant quelques gouttes d'ammoniaque.

Que faire s'il s'agit d'une femme déjà réglée et dont le flux menstruel a été supprimé? Si les règles ne sont supprimées que depuis quelques instants, il suffit souvent à la malade de se placer dans des conditions opposées à celles qui ont arrêté le flux menstruel, ce qui se fera en gardant le repos au lit avec des cataplasmes sur le ventre et en prenant des bains de siége chauds.

Si le flux est déjà supprimé depuis plusieurs heures, c'est en vain le plus ordinairement que l'on cherchera à rappeler les règles. En stimulant l'utérus, on ne fera que hâter le plus souvent les phénomènes inflammatoires vers cet organe. Le meilleur remède dans ce cas est le repos; l'époque suivante réparera le mal. S'il survient des phénomènes inflammatoires, on doit les combattre; mais, alors même qu'on en triomphe, la malade reste fatiguée, mal à son aise pendant tout le mois. Si les règles sont interrompues pendant quelques mois, et si l'aménorrhée se lie à un état dyspeptique, chloro-anémique, c'est cet état général qu'il faudra combattre. Lorsque les moyens locaux indiqués plus haut échoueront, il reste encore une autre ressource: l'introduction dans l'intérieur de l'utérus des tiges à demeure de Simpson. Mais on devra d'abord insister sur le cathétérisme utérin, qui a suffi, comme nous l'avons vu, chez une de nos malades.

L'aménorrhée est quelquefois symptomatique d'une maladie chronique. Dans ce cas, il ne faut pas chercher à rappeler les règles. Cependant, si une malade atteinte d'affection pulmonaire chronique, par exemple, se trouve plus fatiguée de la poitrine à l'époque des règles et que le molimen hémorrhagique soit assez prononcé, on se demande si l'on ne pourrait pas tenter de rappeler ce flux. Je dois dire que j'ai essayé sans succès dans ces cas les injections stimulantes et l'introduction des sondes à demeure.

En regard de l'affection que nous venons de décrire se place naturellement la *dysménorrhée*, dans laquelle l'excrétion menstruelle a lieu, mais accompagnée de douleurs, incomplète, vicieuse, et pouvant être remplacée en partie par des produits d'une nature particulière. Il ne faut pas prendre pour des dysménorrhées ces douleurs qui précèdent les règles quelquefois de vingt-quatre heures et qui disparaissent avec l'établissement de l'hémorrhagie. C'est le fait de la douleur, même pendant les règles, à partir de leur apparition; ce sont les coliques utérines avec déchirements dans les lombes et les cuisses, avec accablement, prostration, quelquefois nausées et vomissements semblables à ceux de la péritonite, qui constituent la dysménorrhée. Tantôt les douleurs, très-vives avant l'hémorrhagie utérine, diminuent à son apparition, sans disparaître néanmoins; tantôt c'est au moment où commencent les règles que commencent les douleurs.

Il y a plusieurs espèces de dysménorrhées. Les unes semblent se lier à une congestion trop vive de l'utérus, *dysménorrhée congestive*: du sang, venant à s'accumuler dans la trame même de l'organe, produit des accidents très-violents, qui cessent dès que l'utérus peut se dégorger.

Une deuxième espèce est la *dysménorrhée mécanique*, tenant à ce que la voie par laquelle doit se faire l'écoulement du sang est peu perméable. Il y a une espèce de spasme de l'orifice interne ou externe de l'utérus, tel que le sang s'accumule au delà et formé, en distendant la cavité, un caillot dont la malade accouche, pour ainsi dire, et qui se reforme

plusieurs fois de suite pendant la durée des règles. Que si, par suite de la persistance des accidents, le sang s'accumule dans la cavité utérine, il peut n'en être pas expulsé et donner lieu à des hématocèles d'une nature particulière, par reflux du sang dans le péritoine, maladie si bien décrite dans ces derniers temps par M. Bernutz.

La troisième espèce de dysménorrhée est due à ce que la membrane muqueuse elle-même de l'utérus se détache, tantôt par une exfoliation insensible, tantôt par vastes lambeaux. Il y a même des cas où la membrane utérine se détache complétement, et est rejetée sous forme d'un sac triangulaire, tomenteux à l'extérieur et coloré par du sang rouge, lisse, blanc à l'intérieur, et contenant des mucosités, percé de trois trous correspondant aux orifices utérins. Cette troisième espèce est la *dysménorrhée membraneuse* ou par exfoliation de la membrane interne de l'utérus.

Dans la dysménorrhée congestive ou du premier genre, les douleurs et la prostration sont surtout marquées dans les jours ou les heures qui précèdent l'apparition des règles.

Dans la dysménorrhée mécanique, les douleurs précèdent moins souvent les règles, mais elles sont atroces pendant tout leur cours.

Dans la troisième espèce, les règles peuvent couler d'abord sans douleur ou sans grandes douleurs; bientôt surviennent des douleurs atroces qui marquent l'expulsion, qu'on me passe le mot, l'accouchement des fausses membranes.

Le traitement est variable suivant les cas. Dans la forme congestive, si fréquente chez les femmes atteintes de métrite chronique, la malade se trouve soulagée par une saignée générale ou des sangsues sur le col de la matrice.

L'examen minutieux des malades et du liquide des règles peut seul apprendre à reconnaître les deux autres formes.

Dans la dysménorrhée mécanique, le cathétérisme doit être pratiqué, et cette opération est souvent difficile à cause de l'étroitesse des orifices; à lui seul il peut ramener le flux menstruel. Mais souvent le médecin n'est appelé qu'au milieu des souffrances; dans ce cas, M. Bennet s'est bien trouvé des inhalations de chloroforme. Je préfère employer ce médicament à l'intérieur à la dose de 30 à 50 gouttes, ou en lavements à la même dose.

Le chloroforme a sur les opiacés cet avantage, que le calme qu'il produit est instantané; mais en revanche, son action dure peu, et l'on doit lui associer l'opium à la dose de 4, 6, 8 grains dans les vingt-quatre heures, suivant l'intensité des accidents, en ayant soin de s'arrêter dès que cessent les douleurs.

Dans certains cas, on introduira dans le vagin des tampons d'extrait de belladone, de la charpie imbibée de laudanum, etc. De même, si les coliques sont trop vives, une compresse sur laquelle on a versé de 30 à 50 gouttes de chloroforme, appliquée sur l'hypogastre, permettra à la malade d'attendre l'effet des autres médicaments. Ce n'est pas tout. Dans l'intervalle des règles, il faut dilater la cavité utérine, appliquer la sonde en la laissant en place quelques minutes, ou même les tiges de Simpson, moyen extrême auquel on est quelquefois obligé de recourir. On doit revenir au cathétérisme à certains intervalles, même après la guérison. Chez une de nos malades, nous avons vu en effet les règles disparaître quelques mois après l'interruption du traitement. Simpson a donné le conseil de débrider l'orifice interne, Oldham l'orifice externe dans les deux dernières espèces de dysménorrhée. Mais est-on sûr de pouvoir toujours arrêter l'hémorrhagie ?

La dysménorrhée mécanique est calmée par le cathétérisme. En est-il de même dans les cas où il y a exfoliation de la muqueuse? Disons que cette dernière affection est très-rebelle, et pour ainsi dire au-dessus des ressources de l'art; au moins n'a-t-on pas de traitement bien arrêté et bien efficace. Ne serait-il pas utile de faire dans la cavité utérine des injections de nature à modifier l'état de la cavité? Ne pourrait-on pas chercher à diminuer la congestion trop intense de l'organe.

Une circonstance signalée par Oldham, et que je crois vraie, c'est la production fréquente de la rétroflexion de l'utérus à la suite de ces dysménorrhées. Ces difficultés de la menstruation entraînent des inflammations chroniques occasionnant elles-mêmes des adhérences et des rétroflexions. Si ces faits sont communs comme cet auteur le dit et comme je le pense, ce serait une nouvelle raison pour la médecine d'intervenir activement dans les cas de ce genre.

Dᵣ RABAUD,
Interne du service du Docteur Aran.

AMÉRIQUE (géographie) [d'*Amérique Vespuce, voyageur portugais*]. — Vaste continent qui se développe sur une largeur de 12,800 kilom. environ du nord au sud, et compris entre les 37° 20' et 170° 38' de longitude ouest, et entre 54° de latitude sud et environ 71° de latitude nord. Il se compose de deux grandes péninsules réunies par l'isthme de Panama, désignées sous le nom d'*Amérique septentrionale* et d'*Amérique méridionale*. Entouré d'eau de tous côtés, il est baigné au nord par l'océan Arctique, au sud par les mers Antarctiques, à l'est par l'Atlantique et par les flots de l'océan Arctique, à l'ouest par l'océan Polaire et le Grand Océan. Ce continent, dans sa totalité, a une superficie de 178,336,000 kilom. carrés. Dans cette évaluation se trouvent comprises les îles que les géographes modernes rattachent à l'Amérique. L'isthme de Panama, dans sa partie la plus resserrée, n'excède pas 52 kilom. Considéré dans ses rapports avec le globe terrestre, le nouveau monde n'est autre chose que la continuation des plateaux de l'Arabie, de la Perse, de la Mongolie, montagnes enchaînées l'une à l'autre comme les versants de l'ancien monde.

POPULATION, LANGUES. — La population ne s'élève guère qu'à 40 millions d'habitants, bien que quelques auteurs la portent à 50 millions. Voici comment sont répartis ces 40 millions d'habitants :

Blancs européens ou descendants....	15,600.000
Nègres........................	7,400.000
Mulâtres et races mélangées........	7,000.000
Indiens ou Américains indigènes.....	10,000.000
Total.......	40,000,000

Plus de 400 langues ou idiomes classés et 2,000 dialectes sont parlés par les Américains indigènes.

Voici, du reste, le tableau de la prépondérance des langues en Amérique :

Langue anglaise, parlée par	13,000,000	d'habit.
Langue espagnole, —	11,500,000	
Langue indienne, —	9,000,000	
Langue portugaise, —	4,700,000	
Langue française, —	1,500,000	
Langues hollandaise, danoise, italienne, etc. —	300,000	
Total.....	40,000,000	d'habit.

La religion catholique est professée dans le bas Canada, le Mexique, le Guatemala, à Haïti, à Porto-Rico, dans les Antilles françaises et dans toute l'Amérique méridionale, à l'exception de la partie anglaise et de la partie hollandaise de la Guyane. La religion protestante domine, sous diverses formes, aux États-Unis, et est professée dans les colonies anglaises, hollandaises, danoises et suédoises. Les tribus sauvages d'Indiens sont livrées pour la plupart au fétichisme.

Les divers États de l'Amérique se sont constitués en républiques; le Brésil seul est une monarchie constitutionnelle, et le Paraguay est gouverné despotiquement par un dictateur.

L'Amérique est traversée du nord au sud par une longue chaîne de montagnes appelées Cordillière dans le nord et Cordillière des Andes dans le sud. C'est dans cette chaîne (les Andes) que se trouve le Chimborazo, la plus haute montagne de l'Amérique (6,330 mètres de hauteur).

Les principaux fleuves de l'Amérique sont : le fleuve Mackensie, qui se jette dans l'océan Glacial; le fleuve Saint-Laurent, le Delaware, le Potomac, qui se jettent dans l'océan Atlantique; le Mississipi et le Rio-Bravo, qui se jettent dans le golfe du Mexique; la Magdelaine, qui se jette dans la mer des Antilles; l'Orénoque, le fleuve des Amazones, le San-Francisco et le Rio-de-la-Plata, qui se jettent dans l'océan Atlantique.

Les principaux lacs de l'Amérique sont : le lac de l'Esclave, dans la Nouvelle-Bretagne, les lacs Supérieur, Huron et Ontario, au nord des États-Unis; le lac Nicaragua, dans le Guatemala; le Maracaïbo, dans la Colombie; le lac Titicaca, dans le Pérou; le lac Temporaire, entre le haut Pérou et le Brésil, et le lac de Los Patos, au sud du Brésil.

Les principales îles de l'Amérique sont : 1° le Groënland, dans l'océan Arctique; 2° l'archipel de Saint-Laurent, où se trouve Terre-Neuve, célèbre par la pêche de la morue; les Lucayes, les Grandes-

Antilles (Cuba, Saint-Domingue, etc.), et les Petites-Antilles; 3° l'archipel de Magellan ou *Terre de feu*, dans l'océan Antarctique; au sud se trouve le cap Horn, limite de l'Amérique.

Les principales mers de l'Amérique sont : l'océan Glacial Arctique au nord; l'Altantique à l'est; le grand Océan et la mer de Béring à l'ouest.

L'Amérique se divise naturellement en deux parties: l'*Amérique septentrionale* et l'*Amérique méridionale*, jointes, avons-nous dit, par l'isthme de Panama.

On compte sept contrées dans l'Amérique septentrionale, savoir : les *Terres Arctiques*, comprenant le Groënland, le Spitzberg et la terre de Baffin ; l'*Amérique russe*, près de la mer de Béring ; la *Nouvelle-Bretagne*, villes principales Québec et Mont-Réal; les *États-Unis*, villes principales Washington, Boston, New-York, Philadelphie et la Nouvelle-Orléans; le *Mexique*, ville principale Mexico; le *Guatemala*, ville principale San-Iago; et les *Antilles*, comprenant les îles Cuba, Haïti, Jamaïque, Porto-Rico, la Guadeloupe, etc.

On compte huit contrées dans l'Amérique méridionale, savoir : la *Colombie* ou *Terre-Ferme*, capitale Santa-Fé; la *Guyane*, villes principales Cayenne, Stabroch; le *Pérou*, capitale Lima; le *Chili*, capitale San-Yago; le *Brésil*, capitale Rio-Janeiro ; le *Paraguay*, capitale l'Assomption; la *Plata*, capitale Buénos-Ayres; la *Patagonie* et la *Terre de Feu*.

L'Amérique, s'étendant presque du pôle nord au cercle polaire du sud, offre la réunion de tous les climats et les productions de toutes les autres parties du monde. Nous en parlerons à chacune des grandes divisions de ce continent. Disons seulement ici que le sol est très-riche : 1° en productions minérales; on y trouve en abondance le fer, l'aimant, le cuivre, l'étain, le plomb, le mercure, le platine, le feldspath, le soufre, le sel, les diamants et autres pierres précieuses. Tout ce qu'on avait dit des mines d'or du Pérou et de la Colombie a été effacé par les mines de la *Californie* (voy. ce mot), qui ont réveillé dans l'univers entier la soif ardente de l'or et jeté de nombreuses populations sur cette contrée. 2° En végétaux, parmi lesquels nous devons mentionner les magnolias, les tulipiers, les arbres à lait, les myrtes à cire, etc. Dans la zone torride croissent les palmiers, acajous, cocotiers, cacaoyers, caféis, la canne à sucre, l'oranger, le citronnier, le tamarinier, les cotonniers, indigotiers, bananiers; cactus, vanilles, piments, quinquinas, gaïacs, ipécacuanhas, jalap; la pomme de terre, le maïs, le blé et les végétaux utiles des autres parties du monde. 3° Parmi les animaux, à l'Amérique appartient la grande famille des singes, celle des castors, celle des loutres, etc.; « la famille des perroquets avec ses innombrables variétés, avazas au cri rauque, avazas aux joues nues, amazones au plumage vert, etc.; l'oiseau-mouche, pygmée aux couleurs célestes, émeraude volante, insecte ailé, si petit, si joyeux, vivant dans le même air que le condor et l'aigle des Andes. Sur les bords des fleuves rampent ces hideux caïmans dont l'estomac engloutit d'un seul coup des animaux

entiers; puis des serpents de toutes les tailles, de toutes les couleurs, de tous les venins. » On ne trouvait guère aucun de nos animaux domestiques dans le nouveau monde; le lama avait pu seul être réduit en domesticité par les indigènes de l'Amérique méridionale, et le renne et le chien par les Esquimaux. Depuis la découverte de ce nouveau continent, les Européens y ont transporté tous nos animaux utiles. Aujourd'hui le cheval et le bœuf s'y trouvent en grand nombre, même à l'état sauvage, et les moutons, les porcs, les chèvres, etc., ne s'y sont pas moins multipliés. Parlons maintenant de l'ethnographie de l'Amérique, dont M. T. Lacordaire a fait le tableau suivant :

Des trois races qui occupent le continent américain, une seule, celle des Indiens, offre d'inextricables difficultés dans son étude. Les deux autres, installées d'hier, se suivent sans peine pas à pas dans leurs progrès, et d'ailleurs, appartenant à l'ancien continent, ne doivent point nous occuper sous le rapport de leur organisation physique. En nous servant de ce mot *race*, nous lui donnons ici le même sens que lui attribuent Cuvier, Blumenbach, et d'autres naturalistes qui n'admettent qu'une espèce unique dans l'homme, sans prétendre toutefois trancher cette question , où de part et d'autre on a émis des arguments assez forts pour permettre de la considérer comme encore complétement indécise; elle sera d'ailleurs traitée au mot *homme*.

Que l'on admette plusieurs espèces, ou simplement plusieurs races ou variétés , dans les indigènes de l'Amérique, la difficulté reste la même. Où commencent et où finissent les divisions entre ces races? faut-il n'en admettre qu'une seule avec Cuvier, ou deux avec M. de Humboldt, ou cinq avec M. Bory de Saint-Vincent , le plus hardi de tous ceux qui ont établi des hypothèses sur l'origine de l'espèce humaine? enfin peut-on asseoir quelques distinctions solides sur les innombrables idiomes et dialectes qui sont en usage depuis la Terre de Feu jusqu'aux bords de la mer Polaire ? Dans l'état actuel de nos connaissances ethnographiques et linguistiques sur l'Amérique, nous ne craignons pas d'affirmer que toute tentative de ce genre est impraticable. En conséquence, nous ne l'essayerons même pas, et nous nous bornerons à mentionner un certain nombre de types les plus saillants, qui embrasseront les nations indiennes les plus connues.

Toutes, sans exception, appartiennent à la division des espèces léiotriques (à cheveux lisses) de Bory de Saint-Vincent, et peuvent se partager en deux grandes classes, dont l'une comprend les Esquimaux, et la seconde toutes les autres variétés.

Les Esquimaux, qui habitent les terres arctiques jusqu'aux 80° lat. N., et les bords de la mer Polaire depuis le Labrador jusqu'à la presqu'île d'Alachska , appartiennent à la même race répandue le long des côtes boréales de l'Asie. Une taille qui ne dépasse guère cinq pieds, un teint blafard qui se rembrunit et devient presque noir dans les latitudes les plus boréales; une tête énorme supportée par un corps généralement maigre; un front bas, des yeux petits avec les paupières gonflées; des pommettes saillantes, une bouche très-fendue à lèvres assez épaisses et garnies de dents superbes; une barbe rude peu fournie; un naturel assez gai, et une habitation constamment fixée sur les bords de la mer; tels sont les principaux caractères de cette race, dont le rameau le plus occidental, les Tchougatches, ne diffère en rien du rameau oriental, ou les Esquimaux proprement dits, malgré un espace de huit cents lieues qui les sépare. Dans la seconde classe, nous citerons : 1° Le type colombique, à la taille en général élevée, au corps musculeux et agile, au teint d'un rouge cuivré plus ou moins sombre, à la tête allongée avec le front élevé, légèrement fuyant en arrière; les yeux plutôt petits que grands, le nez bien fait et saillant, légèrement arqué ou droit, la bouche médiocre et les lèvres minces : nous y rapportons toutes les nations répandues dans le Canada, les Etats-Unis, jus-

grands, et le nez plus mince et plus arqué, enfin par un teint plus clair. Cette race, autrefois puissante et maitresse du delta compris entre l'Orénoque et l'Amazone, d'où elle s'était répandue jusqu'aux Antilles, est aujourd'hui confinée au centre de la Guyane, et plus d'à moitié éteinte : elle était éminemment guerrière, commerçante et adonnée à la navigation, tant sur mer que sur les rivières de l'intérieur du continent; 4° le type péruvien, semblable pour la taille et la couleur au mexicain, mais la tête moins grosse, les yeux plus petits, avec les paupières légèrement bouffies, le nez gros, mais un peu écrasé, au lieu d'être arqué; la bouche grande avec les lèvres assez épaisses et une barbe rare : beaucoup d'individus ont une tendance à l'obésité, qui devient excessive chez quelques-uns ; race agricole, répandue de l'équateur au 40° lat. S., entre les Andes et le grand Océan : sa civilisation égalait presque celle du Mexique ; 5° les innombrables nations répandues

Fig. 85. -- Esquimaux.

Fig. 86. — Patagon.

qu'au nord du Mexique et au golfe du même nom, et entre les montagnes Rocheuses et la Cordillère maritime ; nations essentiellement chasseresses, quelque peu agricoles, ne connaissant que la navigation des rivières; 2° le type mexicain, de taille plus petite que le précédent et plus trapue, au teint d'un brun rougeâtre, à la tête grosse et large, déprimée en dessus, au front fuyant en arrière avec le nez gros et aquilin, la bouche grande et les lèvres épaisses, qui occupe le plateau du Mexique et de l'Amérique centrale, mais probablement originaire de la côte nord-ouest, occupée aujourd'hui par des hommes différents et peu connus: cette race, purement agricole, est celle qui se trouvait au plus haut point de civilisation lors de la découverte ; 3° le type caraïbe, voisin de la race colombique, à laquelle Bory de Saint-Vincent l'a réuni, mais à tort, selon nous : elle s'en distingue par une tête conique, avec le front fuyant en arrière depuis sa base, des yeux plus

dans la Colombie , la Guyane, le Brésil , Bolivia, et les provinces nord de la république Argentine , que nous avouons ne savoir à quel type commun rapporter : ce sont celles dont Bory de Saint-Vincent compose sa race américaine proprement dite; mais les caractères qu'il leur attribue sont loin de convenir à toutes. On observe en effet parmi elles toutes les différences possibles, depuis l'Otomaque sale et abruti des bords de l'Orénoque jusqu'au Guaycuru du Paraguay et du Gran-Chaco , qui constitue une superbe race d'hommes. Entre ces deux extrêmes on trouve tous les intermédiaires. Ces nations sont en général d'une taille moyenne , et se font reconnaître à une certaine rondeur féminine dans les membres, principalement les cuisses , qui est très-reconnaissable dans les divers dessins qui ont été publiés depuis la découverte; leur teint varie du rouge de cuivre au jaune blafard ; la tête est grosse; mais on ne peut rien dire de général sur les traits du visage , qui quelquefois égalent en régularité ceux de la race caucasique, et souvent aussi ont quelques rapports avec ceux de la race mongole. Chez presque toutes, l'usage de se défigurer par des incisions et des ornements passés dans les chairs règne au plus haut degré. La chasse, la pêche et un peu de culture forment les principales occupations des hommes de cette race. Les plus abrutis, tels que les Botocudos du Brésil, errent simplement dans les forêts, sans se construire d'habitations fixes. Quelques nations sont presque entièrement dépourvues de poils sur le corps, tandis que d'autres en ont autant que les Européens, et laissent croître leur barbe à une longueur considérable ; 6° le type pampa : nous comprenons sous ce nom en usage dans le pays toutes les nations qui errent dans les pampas de Buenos-Ayres et de la Patagonie, tels que les Puelches, les Telhuets, les Au-

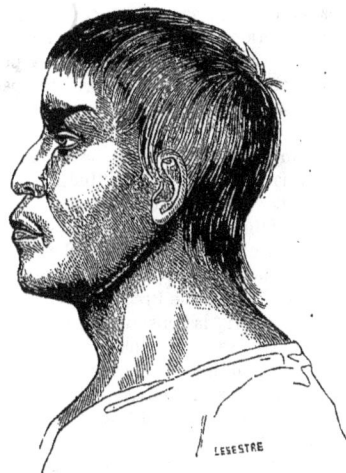

Fig. 87. — Indien du Rio-Xipolo.

cas, etc., ainsi que celles des Andes et de l'Araucanie, c'est-à-dire les Pehuenhes, les Araucanos proprement dits, les Moluches, etc. Ces nations se lient aux races précédentes par les Guaycurus du Paraguay et les Charruas de l'Uruguay ; mais la conformité de leurs *facies* autorise à les réunir dans un cadre à part. Toutes se distinguent par une taille un peu au-dessus de la moyenne ; en général, un teint d'un brun jaunâtre, une grosse tête légèrement carrée, un visage plein, des yeux assez grands et bridés comme ceux de la race mongole, un nez un peu plat à sa base, et des lèvres d'épaisseur ordinaire : la barbe est assez bien fournie dans quelques tribus, et rare chez d'autres : les uns mènent une vie pastorale et agricole, tels que les Araucanos, tandis que les autres sont chasseurs : tous font usage du cheval et possèdent de nombreux troupeaux ; 7° enfin le type patagon, confiné sur les bords du détroit de Magel-

lan, et longtemps regardé comme douteux, mais dont l'existence est aujourd'hui irrévocablement prouvée : il paraît se réduire à quelques faibles hordes confondues avec celles du précédent, et menant comme elles une existence errante. Une taille souvent de plus de deux mètres et de un mètre quatre-vingt-dix centimètres au moins ; la partie supérieure du corps très-robuste et très-développée, tandis que les extrémités inférieures sont grêles ; une tête proportionnellement petite, distinguent au premier coup d'œil les individus de cette race, dont les mœurs sont d'ailleurs presque inconnues. (*Encyc. Nouv.*)

HISTORIQUE. — On peut croire que l'Amérique ne fut point inconnue aux anciens, et que les Carthaginois la découvrirent 604 ans avant J. C. Quelques auteurs rapportent que le gouvernement de Carthage, craignant l'émigration, cacha cette découverte à ses citoyens ; ces précautions et l'ignorance du moyen âge plongèrent dans l'oubli l'entreprise des Carthaginois.

Les pirates du Nord, Danois et Norvégiens, avaient déjà visité le Groënland dès le sixième siècle de notre ère. En 970, les Danois formèrent un établissement sur la côte orientale de cette contrée, dont les communications avec l'Europe furent interrompues par les glaces au commencement du quinzième siècle. Le Vin-Land, regardé aujourd'hui comme l'Écosse et les pays voisins, avait été visité par les pirates du Nord, mais on n'avait pas découvert, en réalité, le continent américain. « Vers la fin du quinzième siècle, dit un auteur moderne, dans la ville de Gênes, sa patrie, un jeune homme était penché sur une carte représentant une mappemonde, ou plutôt sur l'image incomplète du globe, dont un des côtés, comme celui de la lune à son croissant, est plongé dans d'épaisses ténèbres. Ce jeune homme, qui passait son temps à dessiner des cartes marines pour subvenir aux besoins de sa vie, c'est Christophe Colomb, c'est l'immortel génie qui va découvrir un nouveau monde ! Après de courtes études à l'université de Pavie, il s'était fait marin et avait épousé, à Lisbonne, la fille d'un navigateur distingué. Sans cesse tourmenté par le pressentiment de sa haute destinée, il eut de bonne heure la passion des expéditions lointaines. Il entreprit plusieurs voyages aux côtes de la Guinée. Debout sur son navire, son œil inquiet cherchait à lire dans l'espace vide, parcourait déjà des routes inconnues. On ne donnait point alors à la terre la circonférence déterminée depuis. Les Orientaux ne lui supposaient que 12,000 kilomètres. Colomb, partageant en partie cette erreur, se figurait que la région nouvelle qu'il poursuivait de ses rêves n'était éloignée tout au plus que de 12 à 1,600 kilomètres, c'est-à-dire à huit ou dix jours des côtes d'Espagne. Ce fut au Portugal, patrie de sa femme, qu'il s'adressa tout d'abord pour obtenir les moyens d'exécution de son projet. Jean II, mal conseillé, refusa. C'est alors que l'homme qui devait faire présent d'un monde au prince qui lui mettrait un navire sous les pieds, fut réduit à mendier son pain à la porte d'un couvent ! Pendant six mois il attendit en vain à Cordova une audience de la cour, et ce ne fut que le vendredi 3 août 1492 qu'il put mettre à la voile avec les deux bâtiments que Ferdinand d'Espagne lui avait accordés. Bientôt les Canaries sont dépassées, les vents alisés poussent l'explorateur vers les régions du tropique, et après trente-trois jours de navigation entravée à chaque pas par l'inquiétude croissante et le désespoir menaçant d'un équipage abattu, puis révolté après avoir vu dans un nuage trompeur la réalisation et la ruine de ses projets, Colomb découvre une des îles Bahama (12 octobre), appelée par les naturels Guanahani, terre de salut qu'il consacre du nom de San-Salvador. Après plusieurs mois de croisière dans cet archipel dangereux, rempli d'écueils et de courants, Cuba et Hispaniola sont reconnues. A la vue de cette terre dont la découverte l'immortalise. Colomb tombe à genoux et bénit Dieu ! »

En 1497, Améric Vespuce, savant florentin, fit un voyage dans le nouveau continent, et, publiant la première relation qui ait paru sur cette partie du monde, la postérité donna son nom à l'Amérique. Après plusieurs voyages, Colomb, en proie aux chagrins que lui causait l'ingratitude de Ferdinand et d'Isabelle, mourut en 1506, sans se douter d'avoir découvert un nouveau monde[1], et Améric Vespuce, que l'on appela si souvent usurpateur, ne dut qu'au hasard l'honneur de donner son nom au nouveau continent. Une justice bien tardive a été rendue à Christophe Colomb : l'un des nouveaux États libres de l'ancienne Amérique espagnole a pris, en 1819, en déclarant son indépendance, le nom de *Colombie*.

La plupart des peuplades indigènes de l'Amérique étaient encore à l'état sauvage lors de la découverte de leur continent ; mais les peuples du Mexique, du Pérou et de Candinamarca étaient civilisés et avaient fait des progrès dans quelques arts. Les Espagnols explorèrent successivement tous les rivages de l'Amérique. Le Vénitien Jean Cabot arrive aux côtes septentrionales et à Terre-Neuve par le détroit de Belle-île en 1498. Jacques Cartier, envoyé par François Ier, part sur les traces de Vavazani, qui déjà avait arboré la bannière de la France au Canada. Juan Bermudes découvre les îles Bermudes en 1573, et enfin Magellan, Portugais de naissance, fait voile de Séville sous les auspices de Charles-Quint en 1509, passe le détroit de ce nom, arrive aux mers du Sud, et meurt assassiné aux îles des Larrons, après avoir touché aux Philippines.—Mais Fernand Cortez et Pizarro sont les deux noms qui brillent dans la conquête du Nouveau-Monde. Cortez obtint de Vélasquez, gouverneur de Cuba, une flotte pour découvrir de nouvelles terres. Il subjugua tout le Mexique, et força l'empereur Montézuma à se reconnaître vassal de Charles-Quint. Vélasquez, jaloux de la gloire qu'acquérait Cortez, envoya une flotte pour le combattre ; mais Cortez la défit, et rangea les vaincus sous ses drapeaux. Montézuma ayant péri dans une sédition, Guatimozin,

[1] En cherchant une route des Indes, Colomb pensait seulement avoir découvert une dépendance de cette contrée.

son gendre, se révolta contre Cortez, qui le vainquit de même, et rentra dans Mexico. Forcé de revenir en Europe pour défendre ses biens contre le procureur fiscal des Indes, Cortez n'éprouva qu'un froid dédain de la part de Charles-Quint.

Pizarro, d'abord gardeur de pourceaux, s'embarqua aussi pour le nouveau monde. Il parvint, aidé de Diego d'Almagro, homme aussi obscur que lui, à découvrir le Pérou, qu'il inonda de sang. L'Inca Huescar ou Huascar était en guerre avec son frère Atabalipa, qui avait usurpé le trône. Pizarro, profitant des troubles de la guerre civile, s'empara d'Atabalipa, qui, craignant qu'on ne rendît le trône à son frère, le fit assassiner. Ce fut un prétexte pour Pizarro de faire périr Atabalipa, auquel il accorda toutefois la faveur d'être étranglé avant d'être jeté sur le bûcher. Peu après, la discorde éclata parmi les conquérants. Pizarro fut vainqueur ; mais il ne tarda pas à être assassiné par les amis d'Almagro, en 1541.

Cortez et Pizarro, tous deux conquérants pour leurs contemporains, sont regardés comme des tyrans sanguinaires et insatiables aux yeux de la postérité. Plus tard, une politique sage dirigea l'occupation de l'Amérique septentrionale : les Français, les Hollandais et les Anglais y formèrent des établissements. « Vers la fin du seizième siècle, la Hollande avait envoyé ses navires à l'entrée de l'Hudson, New-York était fondé. Les Suédois colonisaient les contrées appelées New-Netherlands, nouveaux Pays-Bas. L'Angleterre envoie des planteurs au Maryland, et bientôt poursuit ses conquêtes jusque dans les pays déjà occupés. En 1667, la paix de Breda lui concède le New-Jersey, le New-York, la Pensylvanie. Trois ans après, William Penn fonde Philadelphie, la ville des frères. En 1713, la paix d'Utrecht lui concède Terre-Neuve, la Nouvelle-Écosse et la Nouvelle-Angleterre. Enfin, son empire s'étend jusqu'à la baie d'Hudson. Le général Wolfe prend Québec, et le traité de 1783, passé entre l'Angleterre, la France, l'Espagne et le Portugal, confirme aux Anglais tout le Canada, les deux Florides, une partie de la Louisiane, Grenade, Saint-Vincent, la Dominique et Tabago. La France ne fut pas la dernière à prendre place sur le continent nouveau. Le Canada, Québec, Montréal, les Trois-Rivières, l'Ohio, le Mississipi, le Missouri, la Louisiane, furent ses premières possessions. De toutes les nations européennes répandues sur le sol de l'Amérique, aucune n'avait trouvé plus de sympathie que la France dans le caractère naturellement loyal de l'indigène. Mais plus préoccupée de son rôle en Europe, la France oublieuse ne sut point donner à ses colonies l'aliment nécessaire ; celles-ci disparurent peu à peu dans les conquêtes anglaises. Napoléon, qui se souciait peu de sujets éloignés, inutiles à ses armées, vendit la Louisiane aux États-Unis. Déjà Saint-Domingue s'était constituée indépendante après un massacre mémorable.—Qu'est-il resté à la France ? Rien sur le continent septentrional : quelques rochers et un droit de pêche à Terre-Neuve, trois petites îles, la Guadeloupe et Marie-Galande dans l'Archipel, et sur le continent méridional la Guyane française. Mais

une heure devait venir où, lasses d'une tutelle onéreuse, les colonies secoueraient le joug. L'Amérique
du Nord se sentit la première mûre pour l'indépendance. La lutte fut longue. Mais le sentiment de liberté et d'union triompha. Les treize provinces unies,
noyau de la grande fédération, représentées au con-
grès de Philadelphie en 1776, signèrent l'indépendance que la Grande-Bretagne, humiliée, se vit obligée de reconnaître en 1783. Ce fut une aurore brillante que celle des républiques de l'Amérique du
Nord. Les noms de Washington, de Franklin reten-
tirent en Europe comme si toutes les vertus de l'ancien monde s'en étaient exilées pour chercher dans
le nouveau une meilleure patrie. L'exemple fut contagieux : les Amériques espagnoles songèrent à leur
tour à conquérir l'indépendance. Buenos-Ayres, Mon-
tevideo, le Chili, la Bolivie, le Pérou, la Colombie,
s'improvisèrent en républiques. Le Mexique fut le
dernier à lever la tête. Le Brésil se détacha sans
bruit ni effort du Portugal par l'émigration de la famille royale en 1807.»—La Russie a occupé le nord-
ouest du nouveau continent, compris entre le 55° et
71° de latitude nord, et entre le 133° et 170° de longitude ouest; les Danois ont colonisé la côte sud-
ouest du Groënland et une partie des îles vierges.

RENATO DE ROSSI.

AMERS (matière médicale).— Nom donné, à cause
de leur saveur, à un grand nombre de substances
médicamenteuses regardées comme toniques, fébrifuges, anthelmintiques, etc.

Entre tous les corps de la nature, dit E. Plisson,
ceux parmi lesquels on rencontre le plus rarement
la saveur amère et en général tous les genres de sa-
veurs, appartiennent sans contredit au règne minéral. Mais on a été plus loin, et l'on a prétendu qu'il
n'existait pas de substances de cet ordre qui fussent
douées d'amertume. On a eu tort, ce nous semble,
et il nous serait facile de le prouver, si c'en était ici
le lieu : qu'il nous suffise de citer les sulfates de potasse et de soude et tous les sels de magnésie. C'est
dans les végétaux surtout, et beaucoup de familles
sont dans ce cas, qu'on voit les principes de cette
espèce de saveur, le plus universellement et le plus
amplement répandus, et cela dans presque toutes
leurs parties : racines, feuilles, fleurs, sucs, etc.;
tandis que dans les animaux, il n y a guère (sauf
assez peu d'exceptions) que quelques fluides sécrétés,
et spécialement la bile et les organes qui la contiennent, qui possèdent une amertume bien caractérisée.
Il est vrai qu'un certain degré de carbonisation peut
aussi développer la saveur amère dans la plupart
des substances animales, de même que le fait la
torréfaction pour beaucoup de plantes. Il résulte de
ces considérations qu'il doit y avoir, et qu'il y a en
effet, de très-grandes variétés dans les matières
qu'on réunit communément sous le titre d'amers;
de même que dans la manière dont elles affectent
l'organe du goût, et également dans leurs différents
modes d'action sur le corps vivant, soit à l'état sain,
soit à l'état morbide. De là la nécessité de les partager en plusieurs groupes : amers purs, amers acerbes,

amers aromatiques, amers nauséeux, amers fétides,
amers vireux, amers salés, amers âcres. L'usage ne
consacre aujourd'hui, sous l'appellation générale
d'amers, qu'une partie seulement de ces substances,
et ce sont celles qui sont inodores ou tout au plus
faiblement aromatiques, qui donnent une saveur
franche ou peu mélangée, et qui sont de nature entièrement extractive. Réunies au nombre de quatre,
cinq ou six dans les pharmacopées et dans les officines, elles prennent le nom d'espèces amères; ces
plantes servent à préparer des tisanes, des apozèmes,
des lotions, etc.

Selon le docteur F. Ratier, les amers exercent en
général une action tonique, c'est-à-dire dont le
résultat est une augmentation réelle ou permanente
des forces : 1° les amers purs produisent moins de
réaction générale que les amers aromatiques, dont
les principes volatils sont absorbés et portés dans
le sang ; 2° ces propriétés peuvent être utilisées dans
des préparations diverses, dont la combinaison et la
direction appartiennent au praticien, et ne sauraient
être fixées à l'avance; ainsi, leur administration
peut produire, suivant le cas, des effets toniques,
fébrifuges, etc.; 3° quand on les administre comme
tonique, ce doit être à doses fractionnées, et de manière à ne pas susciter d'inflammation locale ;
4° l'usage de les donner en infusions vineuses ou alcoolique est propre à induire en erreur sur leurs véritables effets; 5° enfin, dans les cas où leur emploi
paraît le mieux indiqué, les secours de l'hygiène
forment un accessoire très-utile, si ce n'est indispensable. D'après ce qui précède, il est inutile d'ajouter
que c'est dans les convalescences, la faiblesse générale, les scrofules, le scorbut, les fièvres intermittentes légères, que l'emploi des amers peut être indiqué, lorsque toutefois l'état du sujet permet l'usage
d'une médication tonique ou stimulante. Les principaux amers sont le quinquina, la gentiane, le
quassia, la camomille, la petite centaurée, la rhu-
barbe, le café, l'écorce d'orange, le scordium, la fève
de saint Ignace, etc.   Dʳ. HENRIECH.

AMERS (marine). —Marques apparentes et fixes,
à la mer ou sur les côtes (phares, moulins, clochers,
tours, bouées, etc.), dont les positions relatives servent aux marins de points de repère pour entrer
dans un port, donner dans une passe, éviter une
roche sous-marine, un bas-fond ou pour les guider
dans la recherche d'objets coulés. Les amers s'établissent de diverses façons : on peut les relever l'un
par l'autre, ou au moyen de boussole dans la direction d'un air de vent. Un exemple fera aisément
comprendre ces deux manières de procéder :

Supposons qu'un navire, ayant mouillé une ancre
au point S, page 273, soit dans un mauvais temps forcé
de quitter la rade par suite de la rupture de son câble,
et qu'il veuille profiter de l'embellie pour rechercher ces objets; les amers, pris au moment du mouil-
lage, permettront de préciser le point où les recherches devront être faites. Ainsi, étant donnés les
amers N et B, l'entrée du port C et la bouée D, le
pilote chargé de l'opération devra se placer de façon

à avoir devant lui, sur une même ligne, la tour N et la bouée B, le premier de ces points restant caché par l'autre, et suivre cette direction jusqu'à ce qu'il ait par son travers le musoir de la jetée C et la tonne D. C'est à l'intersection des deux lignes que forment ces directions que l'ancre a été mouillée. L'exactitude de l'opération est rigoureusement mathématique si les amers ont été bien déterminés.

Si les amers, au lieu d'être pris l'un par l'autre, ont été relevés au compas, par exemple N au Nord et P au N. E. c'est au sommet de l'angle que forment en se rencontrant ces deux aires de vent que sera l'objet à repêcher, la roche à éviter, etc. Les pilotes doivent, pour connaître les passes, bas-fonds, écueils de leur littoral, se livrer à l'étude de la combinaison des amers de la côte. E. BOURGAIN.

vente, à moins qu'elle ne fût d'une espèce inférieure et très-petite.

L'améthyste occidentale est un cristal ou quartz coloré; lorsqu'elle est parfaite, sa couleur ressemble à celle de la violette ou à celle du raisin de couleur pourpre; mais il arrive souvent que la teinte n'affecte qu'une partie, tandis que l'autre en est privée. Lorsqu'elle possède une riche et brillante couleur uniforme, c'est une pierre d'une grande beauté, et comme elle est d'une belle dimension ordinairement, on peut l'employer pour toutes sortes d'ornements. Elle ne peut être comparée à l'améthyste orientale soit pour la densité, soit pour la gravité spécifique; elle lui est pareillement inférieure pour la beauté et le brillant: on offre souvent l'une pour l'autre à la vente.

Fond de la mer.

AMÉTHYSTE (minéralogie) [du grec améthystos, formé de a, privatif, et méthé, ivresse]. — Quartz transparent, coloré par l'oxyde de manganèse. Cette pierre précieuse, dont il existe deux espèces qui diffèrent beaucoup en qualité et en valeur, l'améthyste orientale, est d'une couleur violette parfaite, d'une beauté et d'un brillant extraordinaires; on prétend qu'elle a la même densité que le saphir ou que le rubis, avec lesquels elle a beaucoup de rapports pour la forme et la gravité spécifique, n'ayant d'autre différence que la couleur. On en trouve dans l'Inde, la Perse, à Siam et en d'autres contrées; mais elle est généralement très-rare. Mawe dit qu'il a vu fort rarement qu'on ait offert une améthyste orientale en

Le Brésil, la Sibérie et Ceylan produisent de très-belles améthystes. On en apporta une si grande quantité du Brésil, que leur valeur a beaucoup diminué; néanmoins, comme elles sont, avec les grenats, les seules pierres précieuses de couleur en usage dans le deuil, elles occupent toujours un rang distingué. Le prix de celles de couleur inférieure à l'état brut n'est, en Angleterre, que de 25 fr. le demi-kilogr.

Les anciens faisaient des coupes d'améthystes, parce qu'ils croyaient que cette pierre bannissait ou prévenait l'ivresse. Ils aimaient à y graver Bacchus et ses suivants. Il existe une améthyste sur laquelle on voit une tête inconnue, qu'on dit être celle de

Mécène, et qui porte le nom du célèbre graveur Dioscoride. Les évêques de l'église chrétienne portent une améthyste en anneau, comme signe caractéristique de leur dignité, ce qui a fait donner à cette pierre le nom de *pierre d'évêque*. Enfin l'*améthyste* était une des douze pierres qui composaient le pectoral du grand prêtre des Juifs. Elle occupait la neuvième place, et l'on avait gravé dessus le nom d'*Issachar*.　　　　　　　　　　　　　　　LARIVIÈRE.

AMÉTHYSTÉE (botanique) [d'*améthyste*]. — Plante annuelle, de la famille des labiées, ainsi nommée de la ressemblance de sa couleur avec celle de l'améthyste. Elle est originaire de la Sibérie, et s'élève à 32 cent. On la cultive quelquefois dans les jardins parce que ses corymbes de fleurs bleues lui donnent un aspect agréable.

AMEUBLISSEMENT (droit) [de *meuble*]. — Lorsque les époux, ou l'un d'eux, font entrer en communauté, par le contrat de mariage, tout ou partie de leurs immeubles présents ou futurs, cette clause se nomme ameublissement (C. civ., 1505). L'ameublissement est *général* ou *particulier* : général s'il comprend dans la communauté tous les immeubles, ce qui le confond avec la communauté à titre universel; mais il ne comprend les biens à venir qu'autant que les parties l'ont bien expliqué dans leur contrat. Ce genre d'ameublissement fait que l'immeuble est considéré comme meuble et que la communauté en est devenue propriétaire. Quant à l'ameublissement *particulier*, c'est celui qui résulte d'une clause par laquelle un des époux, ou tous deux, ont déclaré n'ameublir un immeuble que jusqu'à concurrence d'une somme déterminée. Cet ameublissement, bien que le Code ne le distingue pas par un autre nom que le précédent, a néanmoins des effets entièrement distincts. Dans ce cas, il n'est que limitatif, et son effet est de dégager la personne qui a promis l'apport de la somme, en lui substituant l'immeuble, qui devient le seul gage du payement. L'époux qui a ameubli ainsi ne cesse pas d'être garant de l'éviction, et si l'éviction a lieu, il devient débiteur personnel de l'apport promis; mais si l'immeuble vient à périr en totalité ou en partie, la perte n'est à la charge de la communauté qu'autant qu'elle réduit l'immeuble à une valeur inférieure à celle de l'ameublissement particulier. La perte totale est à la charge de la communauté.

L'ameublissement est *déterminé* ou *indéterminé*. Il est déterminé si l'époux a déclaré ameublir et mettre en communauté un immeuble désigné, soit en totalité ou jusqu'à concurrence d'une somme fixée; et il est indéterminé quand l'époux a déclaré n'apporter ses immeubles en communauté que jusqu'à concurrence d'une certaine somme (C. civ., art. 1506).

L'effet de l'ameublissement déterminé est de rendre l'immeuble ou les immeubles qui en sont frappés biens de la communauté comme les meubles mêmes. Lorsque l'immeuble ou les immeubles de la femme sont ameublis en totalité, le mari peut en disposer comme des autres effets de la communauté et les aliéner en totalité. Si l'immeuble n'est ameu-

bli que pour une certaine somme, le mari ne peut l'aliéner qu'avec le consentement de la femme; mais il peut l'hypothéquer sans son consentement jusqu'à concurrence de la portion ameublie (C. civ., 1507).

L'ameublissement indéterminé ne rend point la communauté propriétaire des immeubles qui en sont frappés : son effet se réduit à obliger l'époux qui l'a consenti à comprendre dans la masse, lors de la dissolution de la communauté, quelques-uns de ses immeubles jusqu'à concurrence de la somme par lui promise. Le mari ne peut, comme en l'article précédent, aliéner en tout ou en partie, sans le consentement de sa femme, les immeubles sur lesquels est établi l'ameublissement indéterminé; mais il peut les hypothéquer jusqu'à concurrence de cet ameublissement (*ibid.*, 1508). L'époux qui a ameubli un héritage a, lors du partage, la faculté de le retenir en le précomptant sur sa part pour le prix qu'il vaut alors, et ses héritiers ont le même droit (*ibid.*, 1509).

　　　　　　　　　　　　　J. ÉTIENNE.

AMEUBLISSEMENT (agriculture). — Opération qui consiste à rendre une terre plus *meuble*, plus légère, au moyen de labours, de fréquents binages, ou par le mélange de matières étrangères, afin de lui donner le degré de porosité nécessaire pour la libre circulation des eaux et des sucs terreux dans les végétaux qui y sont déposés.　　　　　　　J. W.

AMI (philosophie, morale) [du latin *amicus*, dérivé de *amare*, aimer]. — Celui avec qui l'on est uni par une affection réciproque. Le besoin d'aimer est tellement inhérent à la nature de l'homme, que l'on a donné au mot *ami* une foule d'acceptions diverses. Cependant nous ne regardons comme véritablement digne de ce beau nom que celui qui est susceptible de comprendre les devoirs de l'amitié, devoirs que nous ramenons aux quatre chefs suivants : la condescendance, l'égalité de manières et d'humeur, le courage qui ose donner des conseils, le dévouement qui sait se résoudre aux sacrifices.

Il est admis aujourd'hui dans notre société que plus notre fortune est grande, notre rang élevé, plus nous avons d'amis; mais que des revers nous atteignent, que cette position tombe, que le malheur, en un mot, change nos joies en tristesses, nous aurons bientôt la pierre de touche de nos vrais amis. Heureux alors s'il nous en reste un seul qui puisse alléger nos souffrances, relever notre courage abattu, nous donner enfin un peu de ce baume consolateur qui cicatrise les blessures de l'implacable adversité! Entre deux bons amis, dit un auteur, il s'établit avec le temps un engagement tacite en vertu duquel l'un compte sur l'autre et met en lui toute sa confiance; de cet engagement naît une obligation pour chacun d'eux, celle de ne point se jouer de cette confiance, c'est-à-dire, non-seulement de ne point nuire à l'autre, mais de lui être utile de toutes les manières possibles. — On doit aller au-devant de ce qui peut plaire à son ami, chercher les moyens de lui être utile, lui épargner des chagrins, lui faire voir qu'on les partage quand on ne peut les détourner. On peut lui parler de choses qui le regardent, mais ce n'est qu'autant qu'il le permet, et l'on y doit apporter beaucoup de mesure. Il y a de la politesse, et quelquefois même de l'humanité, à ne pas entrer trop avant dans les replis du cœur; car souvent on a de la peine à laisser voir tout ce qu'on en connaît, et l'on en éprouve encore davantage quand on pénètre ce qu'on ne connaît pas bien. Il est facile de voir combien sont grandes les qualités d'un véritable ami.—Quant à l'amitié sincère entre les femmes, elle est sans contredit assez rare, puisque mille intérêts divers peuvent la faire promptement disparaître; disons cependant qu'on voit quelquefois se former entre les jeunes personnes bien élevées des liaisons intéressantes et même une véritable amitié, qui ne s'évanouit pas toujours avec la simplicité de l'âge.— Voy. *Amitié.*

Mlle Delecourt.

AMIABLE COMPOSITEUR (droit). — On donne ce nom à des arbitres qui sont dispensés de juger selon les règles du droit. — Voy. *Arbitre, Arbitrage.*

J. E.

AMIANTE (minéralogie) [du grec *amiantos,* incorruptible]. — Substance minérale, incombustible, verte, grisâtre ou blanche, à l'aspect ordinairement soyeux et brillant, et qui a la souplesse du plus beau lin. On la trouve particulièrement dans les fissures des dépôts de serpentine. On en faisait autrefois des toiles, des mèches incombustibles, ce qui lui avait valu le nom de *lin minéral.*

L'amiante a ordinairement pour principes dominants de sa composition chimique les silicates de magnésie et de chaux : l'une des variétés les plus estimées, qui provient de la Tarentaise (Savoie), est formée de :

Silice......................	0,582
Magnésie..................	0,220
Chaux....................	0,156
Protoxyde de fer............	0,031
Protoxyde de manganèse, etc.	0,011
	1,000

L'amiante étant composé de silicates difficilement fusibles, dit M. Le Play, présente le phénomène singulier d'une substance analogue pour l'aspect au lin et à la soie, jouissant de la propriété d'être incombustible et de résister parfaitement à l'action du feu. C'est sous ce rapport que l'amiante a toujours excité la curiosité depuis une haute antiquité; aussi n'est-il pas étonnant qu'on ait cherché à en tirer parti à diverses époques pour fabriquer des étoffes et du papier incombustibles. Il est certain que les anciens ont connu la manière de travailler l'amiante. Pline rapporte avoir vu des nappes qu'on nettoyait beaucoup mieux en les jetant dans le feu qu'en les lavant avec de l'eau : il ajoute à ce sujet que l'on enveloppait avec des toiles de même nature les cadavres des rois, dans les funérailles, afin de séparer les cendres de leur corps de celles des parfums et des bois odorants dans lesquels on les brûlait. — L'art de tisser l'amiante s'est perpétué de nos jours dans quelques localités; il a même été poussé dernièrement à un

degré de perfection probablement supérieur à celui auquel étaient arrivés les anciens; mais le défaut d'un emploi utile pour les produits est nécessairement un obstacle au perfectionnement de cette singulière industrie. On avait d'abord imaginé, pour donner au fil d'amiante la force nécessaire au tissage, de le mêler avec un peu de lin ou de coton : la toile étant fabriquée, on la jetait au feu qui consumait l'alliage végétal, et il restait un tissu entièrement de nature minérale. Plus récemment, la découverte en Italie d'une variété particulière d'amiante a permis de fabriquer directement ces tissus : lorsqu'on tire en même temps, dans des sens opposés, les extrémités des fibres d'un échantillon de ce minéral, il se développe des fils très-déliés, d'une grande blancheur, et incomparablement plus longs que la masse d'amiante dont ils proviennent. Il semblerait, d'après ce résultat étonnant, que les fils se trouvent contournés dans la masse naturelle, à la manière des fils de soie dans les cocons. Au moyen de ces fils très-flexibles et d'une grande longueur, on est parvenu, il y a 40 ans environ, à fabriquer en Italie des tissus d'une assez grande finesse, et même de la dentelle. Les déchets de la préparation du fil d'amiante peuvent être employés pour la fabrication d'un papier qui se fait par les procédés employés pour le papier de chiffon. Cette espèce de papier est propre à tous les usages ordinaires : lorsqu'il est enduit d'une encre minérale, telle, par exemple, que celle que l'on obtient avec un mélange d'oxyde de manganèse et de sulfure de fer, l'écriture peut subir sans danger l'épreuve d'une flamme très-ardente. Ce papier pourrait donc être employé pour mettre à l'abri du feu des écrits précieux.

M. Aldini a fait avec l'amiante des vêtements[1] servant à préserver les pompiers des premières atteintes du feu; enfin l'on employait cette substance pour

---

[1] L'appareil préservateur du feu, imaginé par le chevalier Aldini, physicien italien, se compose de deux vêtements : l'un en tissu épais d'amiante ou de laine rendue incombustible au moyen d'une dissolution saline; l'autre en toile métallique de fil de fer, recouvrant le premier. Le pompier revêtu de ces deux tissus peut supporter pendant un certain temps l'action des flammes sans en ressentir les funestes effets, puisque le tissu métallique extérieur refroidit ces flammes, et que l'amiante ou la laine ne transmet que très-faiblement la chaleur, en raison de sa faible conductibilité. Le tissu métallique, en refroidissant la flamme, s'échauffe progressivement et proportionnellement à la durée de son contact avec elle. Pour éviter cet inconvénient, Aldini a imaginé de placer immédiatement au-dessous de ce tissu métallique un autre tissu épais et faiblement conducteur, afin d'empêcher l'arrivée de la chaleur jusqu'à la surface du corps. Il a songé à utiliser, dans ce cas, l'incombustibilité de l'amiante, qu'il est parvenu à réduire en fils très-fins, dont il a pu ensuite faire des tissus de toutes formes et de toutes grandeurs. Mais comme les vêtements préparés avec cette matière sont lourds et reviennent à un prix assez élevé, il a cherché à les remplacer par des tissus de laine imprégnés de substances salines. Dans cet état, ces tissus ne prennent plus feu, se calcinent sans propager la combustion, et ne se laissent

retenir l'acide sulfurique dans les briquets oxygénés avant l'invention des allumettes chimiques. — Le minéralogiste Hauy appelait l'amiante *asbeste flexible*, par opposition à l'*asbeste* proprement dite (voy. ce mot), dont les fibres sont raides. On l'a encore appelée *papier fossile*, *liége fossile*, *cuir fossile*, *bois* et *carton de montagne*, etc. — L'amiante, autrefois chère et rare, est aujourd'hui assez commune dans les Pyrénées, les Hautes-Alpes, en Écosse, dans la Corse, la Tarentaise, en Savoie, etc. Celle dont les filaments sont les plus longs et les plus soyeux se tire de ce dernier pays.   B. LUNEL.

AMIDES (chimie) [formé d'*am*, première syllabe d'ammoniaque, et de la terminaison *ide*]. — M. Dumas a donné ce nom à une classe de produits organiques dont la composition élémentaire représente un sel ammoniacal moins 1 atome d'eau ou de ses éléments ; de telle sorte que, sous certaines influences, ces matières sont capables de se convertir en sels ammoniacaux, en s'assimilant les éléments de l'eau. Ainsi, l'urée égale 2 atomes de carbonate d'ammoniaque, moins 1 atome d'eau; savoir : $C^2O^2AZ^2H^6$ — H^2O. L'oxamide égale 1 atome d'oxalate d'ammoniaque, moins 1 atome d'eau, ou $C^4O^3AZ^2H^6$ — H^2O — $C^4O^2AZ^2H^4$, etc. A chaque amide correspond un acide; aussi désigne-t-on les amides par les noms de leurs acides : *amide phosphorique* ou *phosphamide*, *amide oxalique* ou *oxamide*, etc. Depuis la découverte de la première amide par M. Dumas (en 1830), MM. Laurent et Gerhardt ont fait connaître les lois de la composition de ces produits organiques.

                                      B. L.

AMIDINE (chimie). Substance opaque ou demi-transparente qui s'obtient en abandonnant à lui-même l'empois d'amidon à la température ordinaire. L'amidine est blanche ou jaunâtre, très-friable, sans odeur ni saveur, soluble dans l'eau bouillante et insoluble dans l'alcool.   B. L.

AMIDON ou FÉCULE, FÉCULE AMYLACÉE (chimie). — Poudre blanche et insipide formée de granules sphéroïdes, ovoïdes ou plus ou moins allongées, qu'on extrait d'un grand nombre de végétaux, tels que cé-

pénétrer que lentement par la chaleur, comme Gay-Lussac l'a fait le premier. Ainsi, le vêtement en fil de fer, qui seul serait inefficace pour garantir de l'action de la chaleur, complète, avec le vêtement d'amiante ou de laine préparée, un abri impénétrable pendant un temps qui doit suffire aux manœuvres du pompier. Armé de ces deux enveloppes, Aldini s'est exposé le premier au contact des flammes les plus ardentes; et, encouragées par son exemple, beaucoup de personnes ont répété ses curieuses expériences, toujours avec un égal succès. Les essais faits par ce vénérable physicien, plus que septuagénaire, à Milan, à Florence, à Genève, avaient déjà prouvé l'efficacité de ses appareils, lorsqu'à la fin de 1829, il est venu lui-même à Paris les soumettre au jugement de l'Institut et du conseil de salubrité. Dans sa séance publique du 26 juillet 1830, l'Institut a donné à Aldini une somme de 8,000 fr. à titre de récompense. La société d'encouragement de Paris lui a décerné une médaille d'or de première classe, et, plus récemment, la société royale de Londres l'a honoré de la grande médaille de Neptune.

réales, graminées, semences de légumineuses, racines de la pomme de terre, du topinambourg, bulbes de lis, fruits du chêne, etc., etc. L'amidon renferme du carbone, de l'hydrogène et de l'oxygène dans le rapport suivant $C^{12}H^{10}O^{10}$.

On a cru pendant longtemps que l'amidon était une substance cristalline; mais un examen plus attentif, et surtout les recherches microscopiques de Raspail ont démontré que c'est une matière organisée, consistant principalement en poches ovoïdes, avec des cellules remplies d'une matière analogue la gomme. En mêlant l'amidon à l'eau bouillante[1], il s'enfle considérablement, et donne lieu à une matière demi-transparente appelée *empois*, qui est composée de cette substance gommeuse qui se dissout, et au milieu de laquelle nagent les débris tégumentaires; en se desséchant, elle adhère fortement aux objets qui en sont imprégnés; de là son emploi pour coller et affermir le papier et les tissus. Lorsque, par tout autre moyen, on détruit les téguments, le produit est parfaitement transparent, et n'est formé que de la substance gommeuse déjà signalée, et du composé qui résulte de l'union du principe dissolvant avec les enveloppes: l'action des alcalis et des acides donne des résultats de ce genre; mais les derniers transforment rapidement la substance gommeuse en sucre de raisin; c'est ce qu'ont montré principalement les recherches de M. Couverchel sur la maturation des fruits : l'auteur a fait voir que la partie sucrée des fruits était le produit de la réaction entre la fécule et les acides végétaux qui se trouvent réunis dans les fruits verts. Depuis, MM. Biot et Persoz ont jeté un grand jour sur la composition du principe gommeux de l'amidon, en lui assignant un caractère d'un nouveau genre et d'une extrême précision. Ils ont en effet constaté que sa dissolution a le pouvoir de faire tourner à droite le plan de polarisation d'un rayon de lumière qui la traverse; et par cette raison, ils l'ont nommée *dextrine* (voy. ce mot). Dès lors, à l'aide de ce puissant moyen d'investigation, ils se sont vus en état de signaler les moindres changements qu'éprouve la dextrine de la part d'un agent quelconque. MM. Payen et Persoz, en généralisant les découvertes de MM. Raspail et Couverchel, ont trouvé dans la partie pulpeuse de la pomme de terre et de plusieurs autres légumineuses, la matière la plus propre à mettre la dextrine à nu.

On donne particulièrement le nom d'*amidon* à celui qui est extrait des céréales (froment, épeautre, seigle, orge, etc.), et l'on réserve le nom de *fécule* à l'amidon extrait de la pomme de terre (voy. *Fécule*). Voici comme on procédait anciennement pour extraire l'amidon : on laissait altérer profondément les farines par la fermentation; le gluten devenait alors soluble, et l'on en séparait l'amidon sans difficulté. Le nouveau procédé de M. E. Martin, de Vervins, est de beaucoup préférable. « La matière dont on veut extraire l'amidon est réduite en une pâte que l'on soumet à un lavage continu sur un tamis en toile

[1] Gaudin.

L'extraction de la fécule de pommes de terre se fait par le même procédé, après avoir réduit les tubercules en pulpe très-fine. » — L'amidon se colore en bleu par une solution d'iode, et sa sensibilité, comme réactif de l'iode, est telle, qu'on peut reconnaître dans un liquide, au moyen d'une solution aqueuse d'amidon, jusqu'à $\frac{1}{500000}$ d'iode libre. L'amidon, sous ses différentes formes (fécule de pomme de terre, arrow-root, sagou, tapioka, etc.), est usité à la fois comme aliment et comme médicament. Les fécules servent à faire des potages ou des gelées plus ou moins nourrissantes, dont on prescrit l'usage aux convalescents. L'amidon de blé est plus spécialement employé en lavement contre la diarrhée, la dyssenterie, étant délayé dans une décoction de racine de guimauve et de têtes de pavot. Les pharmaciens l'utilisent aussi pour l'opposer à l'adhérence des pâtes, au moyen d'une couche très-fine que l'on interpose entre leurs surfaces, ou pour modérer l'énergie de certains médicaments.

La fermentation putride qui se développe lors de la fabrication de l'amidon donne lieu à des émanations insalubres; aussi a-t-on rangé les fabriques d'amidon, *en raison de l'odeur qu'elles répandent,* dans la première classe des établissements insalubres et incommodes, *établissements qui ne peuvent être formés dans le voisinage des maisons particulières, et pour lesquels il est nécessaire de se pourvoir d'une autorisation du gouvernement, accordée en Conseil d'État.*

Les amidonniers sont aussi très-souvent atteints d'inflammation des paupières. Le séjour au milieu de la poussière des farines et de vapeurs aigres, piquantes et volatiles, joint à l'odeur de la fermentation de la pâte, leur cause de fréquents accidents du côté des organes digestifs. De nombreux insectes s'attachent à la peau des amidonniers, et presque tous ces travailleurs sont affectés de catarrhes pulmonaires chroniques.   B. LUNEL.

AMIDONS (commerce). — Les deux espèces d'amidon qui se rencontrent le plus fréquemment dans le commerce sont :

1° *L'amidon de Flandre,* qui est d'une blancheur moins éclatante que celle de l'amidon de Paris; il semble être moins pur; les aiguilles en sont moins belles, plus dures et résistant à la dent. On le tire principalement de Lille. Il vient en barils de 125 à 200 kilog., en pains carrés, enveloppés de papier bleu, de même poids que ceux de Paris, et quelquefois sans être mis en pains;

2° *L'amidon de Paris,* qui se fabrique à Paris, est le plus renommé. Il est en belles aiguilles, d'un blanc très-pur, très-éclatant, facile à casser et à briser sous la dent ou entre les doigts. On le livre au commerce en pains triangulaires, droits sur deux côtés et arrondis sur l'autre. Ces pains, enveloppés de papier mince, bleu pâle, qui se pèse avec la marchandise, sont du poids de 2 kilog., 5 hect. à 4 kilog. L'amidon se vend en barils qui sont tarés, et l'on accorde en outre 1 pour 100 de bon poids. On fabrique de l'amidon dans un grand nombre de villes de France, à Paris, Orléans, Lille, le Havre, Rouen, Arras, Sens, Strasbourg, Bordeaux, Toulouse, etc. L'édit du mois de février 1771 défend aux amidonniers d'acheter de bon blé pour en faire de l'amidon.

                      MONTBRION.

AMIRAL (marine) [de l'arabe *émir al ma,* chef de l'eau, commandant de mer]. — Général en chef de la flotte. — Cette dignité a été longtemps considérée en France comme un apanage de la couronne; elle revenait de droit à un prince du sang que l'on désignait alors sous le nom de *grand amiral* [1]. Chef absolu de la marine entière, dont la justice et la police lui appartenaient, il nommait les capitaines de la marine marchande, délivrait les sauf-conduits, les passe-ports, les congés, et apposait sa signature sur toutes les ordonnances royales relatives à ce service; attributions maintenant en grande partie dévolues au ministre lui-même. L'Assemblée nationale, en 1791, abolit cette dignité, que déjà Louis XIII avait supprimée en 1627, et qui n'avait été rétablie par Louis XIV qu'en 1669. Le vice-amiral qui, sous la République, commandait au moins quinze vaisseaux de ligne, prenait, durant le temps de son commandement, le titre d'*amiral.* L'empereur Napoléon Ier et Louis XVIII remirent les choses en l'état où elles se trouvaient en 1669. Ce fut seulement après la révolution de 1830 que disparut complétement la dignité de *grand amiral.* Trois places d'*amiraux,* assimilés aux maréchaux de France, furent alors créées par Louis-Philippe. Ce nombre fut conservé en temps de guerre, mais une loi du 17 juin 1841 le réduisit à deux en temps de paix. Dès lors, cet honneur ne fut plus exclusivement réservé aux princes de la famille royale, et tout vice-amiral ayant commandé en chef une armée navale en temps de guerre, ou même n'ayant commandé, dans son grade, qu'une force navale en se signalant dans une expédition maritime par un éminent fait de guerre, put, aux termes de cette loi, se voir conférer la dignité d'*amiral.* Les insignes des maréchaux de France, épaulettes en or, à grosses torsades, ornées d'étoiles en argent et de bâtons de maréchal, sont aussi les marques distinctives des amiraux.

On appelle amiral, dans les ports militaires, un bâtiment désarmé où est établi un corps de garde principal, et à bord duquel les officiers aux arrêts se rendent pour subir leur punition. Il porte le pavillon du préfet maritime.

Autrefois, les armateurs pour la pêche de la morue sur le banc de Terre-Neuve, donnaient à celui de leurs capitaines qui leur en paraissait le plus digne le nom d'*Amiral de Terre-Neuve.* Le premier des bâtiments pêcheurs qui arrivait sur les lieux de pêche s'appelait *Amiral de la Pêche.*

On dit aussi le *vaisseau-amiral* en parlant du bâtiment qui est monté par cet officier général.   E. B.

AMIRAL (zoologie). — Mollusque du genre cône, de la tribu des buccinoïdes enroulées, qui se trouve sur les

---

[1] La dignité d'*amiral* fut introduite pour la première fois en France par saint Louis. Ce prince investit de cette charge, en 1270, Florent de Varennes.

côtes de la mer des Indes. Sa coquille est belle et rare. L'animal qui habite le cône amiral est, comme tous ceux de la famille des buccinoïdes, assez analogue au colimaçon par sa conformation générale ; mais, outre qu'il a la bouche et les branchies toutes différentes, on trouve aussi dans la forme du pied un caractère qui suffit pour le distinguer des gastéropodes pulmonés. Cet organe est extrêmement mince, disposition rendue nécessaire par l'étroitesse de l'ouverture par laquelle il doit passer pour entrer et pour sortir. La spire de ce coquillage, tout à fait plane ou à peine saillante, constitue la base du cône amiral dont le dernier tour forme les côtés, disposition remarquable en ce qu'elle est opposée à celle qu'on observe dans les autres coquilles univalves, dans lesquelles les côtés du cône sont formés par la spire, et sa base par le dernier tour ou l'ouverture. Ajoutons à cela que l'ouverture est longitudinale, qu'elle règne sur presque toute leur longueur, et qu'elle est également lisse sur ses deux bords, dont le droit est mince et tranchant, au lieu d'être roulé comme dans les ovules et les porcelaines.

AMIRAUTÉ.—L'amirauté, autrefois tribunal spécial de la marine, qui rendait la justice sous l'autorité et au nom du grand amiral, connaissait de tous les délits civils et criminels relatifs à la marine marchande. Elle avait des siéges et des bureaux dans les ports pour tenir et percevoir les droits du grand amiral.— Institué le 3 novembre 1715, et réorganisé par le règlement du 19 mars 1788, *le conseil de marine* disparut en 1791 au milieu de la tourmente révolutionnaire. Dans ces temps de désordres civils et politiques, on aurait été en effet mal venu de parler de règle et de contrôle. Ce ne fut qu'environ vingt ans après, le 24 juillet 1810, qu'il fût organisé de nouveau par les soins de l'Empereur, qui en régla en même temps les attributions. La Restauration survint, et le *conseil de marine* fut supprimé pour être bientôt rétabli, le 4 août 1824, sous le nom de *conseil de l'amirauté.*

Conservant les anciennes traditions des ordonnances, et conformément au décret de l'empire, le conseil d'amirauté fut appelé à donner son avis sur toutes les mesures concernant la législation maritime et coloniale, l'administration des colonies, l'organisation des armées navales, le mode d'approvisionnement, les travaux et constructions maritimes, la direction et l'emploi de toutes les forces navales en temps de paix et de guerre. Cet avis ne pouvait, en aucun cas, entraver la marche des choses, car l'opinion du conseil eût-elle été contraire au projet présenté à son examen, qu'elle n'aurait pu arrêter la mise à exécution de ce projet, si le ministre avait déclaré vouloir passer outre. Aucun acte de l'autorité supérieure ne se trouvait donc subordonné aux décisions du conseil.

Le principe d'autorité fut sauvegardé au milieu des modifications introduites en 1827, 1830 et 1839 dans l'organisation du conseil, ces changements portant sur le nombre, la qualité et le grade des membres composant le conseil. Aucune intervention soit directe, soit indirecte, ne lui fut accordé dans la direction du département de la marine.

C'est afin de consacrer le rôle purement consultatif de ce comité, que la commission du budget de la marine demande, en 1836, que les attributions du conseil soient fixées par une ordonnance royale, en ayant soin toutefois, ajoute-t-elle, de n'entraver en rien l'autorité du ministre, qui doit seul rester responsable. Bien plus, en 1837, afin qu'il n'y eût plus de prétexte à discussion, on voulut supprimer dans toutes les ordonnances la mention : *le conseil d'amirauté entendu*. La révolution de février, au risque de détruire toute hiérarchie, adjoignit aux officiers généraux et supérieurs de l'armée navale, éminents par leurs grades ou leurs services, et qui avaient été seuls appelés jusqu'alors à donner des conseils au ministre et à jeter sur la haute direction de son département les lumières de leur expérience, la révolution de février leur adjoignit pour collègues des hommes des grades les plus inférieurs. En outre, le conseil, abdiquant le *droit d'examen* auquel il s'était borné depuis près d'un siècle et demi, se vit revêtu d'attributions et de *droits administratifs*. Le ministre, sauf le dixième des nominations et des récompenses réservé à son choix, ne put faire aucune nomination, accorder aucune décoration, confier aucun commandement en dehors des tableaux préparés une fois l'an par le conseil. Un décret du 16 janvier 1850, modificatif des arrêtés des 3 mai et 30 septembre 1848, vint encore sanctionner cet empiètement des prérogatives et des droits du pouvoir exécutif.

Enfin, un décret du 9 juin 1852, portant réorganisation du conseil d'amirauté, a fait rentrer cette institution dans l'attitude qui lui convenait, en restreignant les pouvoirs excessifs dont il jouissait alors. Ce décret actuellement encore en vigueur détermine ainsi la composition du conseil :

PRÉSIDENT.

Le ministre de la marine et des colonies.

MEMBRES TITULAIRES.

Quatre officiers généraux de la marine ;
Un inspecteur du génie maritime où un directeur des constructions navales ;
Un commissaire général ou un contrôleur en chef ;
Un capitaine de vaisseau ayant au moins deux ans de commandement.

SECRÉTAIRE.

Un capitaine de vaisseau ou un officier, du rang de capitaine de vaisseau, pris dans l'un des corps qui concourent à la formation du conseil.

MEMBRES ADJOINTS.

Un capitaine de vaisseau ;
Un ingénieur de première classe des constructions navales, ou un commissaire, ou un contrôleur de la marine.

Le conseil d'amirauté donne son avis sur les mesures générales qui ont rapport :

1° A l'administration de la marine et des colonies;

2° A l'organisation de l'armée navale;

3° Au mode d'approvisionnement;

4° Aux constructions navales et maritimes;

5° A l'emploi des forces navales en temps de paix et de guerre.

Le ministre, seul responsable, n'est plus lié par les avis du conseil d'amirauté.

Les nominations des officiers généraux demeurent, comme par le passé, dans les attributions du chef de l'État.

Le conseil d'amirauté continue de dresser chaque année le tableau d'avancement pour les grades de capitaines de vaisseau, capitaines de frégate, lieutenants et enseignes de vaisseau; mais ce droit n'est plus exclusif des prérogatives ministérielles.

A. DESCOING.

AMITIÉ (morale) [dérivé de *amare*, aimer]. — L'amitié est la vraie compagne des gens vertueux, qui se trouvent, quel que soit le climat qu'ils habitent, attirés les uns vers les autres par un rapport de caractère, la conformité des goûts, une certaine sympathie dont on ignore la cause sans en ignorer l'existence, et qui les portent à méditer sur leur propre nature. Par ce retour sur eux-mêmes, ils restent persuadés que le dispensateur de tous les biens a doué l'espèce humaine du sentiment de l'amitié pour l'inviter à se chérir, s'entr'aider, s'instruire et s'éclairer mutuellement; se pardonner les défauts auxquels notre faiblesse nous expose, et, en un mot, de la patrie terrestre partager les joies et les peines. D'ailleurs, le monde étant uni par l'amour, les hommes le sont par l'amitié, puisqu'il n'en est aucun qui puisse se passer de son semblable. Cette simple réflexion, entre mille autres, nous fait concevoir et admirer la sagesse divine, qui a voulu que l'amitié eût pour résultat le bonheur des êtres vivants. Aussi sommes-nous d'autant plus heureux que nous nous obligeons les uns les autres. D'où il suit que sans la vertu l'amitié ne saurait être sincère ni durable. Mais comme personne ne naît vertueux, et qu'il faut apprendre à le devenir, nous avons tous besoin, pour atteindre ce but, de descendre souvent dans notre cœur et d'y raisonner les conséquences de nos actions. Cet examen nous paraissant le seul qui puisse démontrer rigoureusement les caractères de la fausse et de la vraie amitié, nous allons essayer, à l'aide de l'esprit des maximes anciennes et modernes, de résoudre ce problème.

D'abord on ne saurait se dissimuler qu'il n'y a point de terme qu'on emploie si souvent et si mal à propos, point de chose plus respectable et moins respectée que l'amitié. Il n'est pas donné à tout le monde de connaître le véritable amour; on peut en dire autant de l'amitié. Qui connaît l'un peut connaître l'autre; car le parfait amant doit être un ami fidèle, et l'ami fidèle a en lui la première qualité qu'on demande dans un parfait amant. Cependant, peu de gens sont de vrais amants, et tout le monde croit pouvoir être ami. — Si manger tous les jours à la table d'un homme, s'associer à tous ses plaisirs, le tromper par des conseils artificieux, le combler de politesses frivoles, lui serrer la main avec une chaleur apparente, l'aborder d'un air ouvert, vanter sa générosité, l'éclat de sa maison, son bon goût dans tout ce qu'il fait, sa richesse dans ses ameublements, chercher à séduire sa femme ou sa fille, l'aider à dissiper son bien, et s'éclipser lorsqu'il sera ruiné tout à fait, sont des actes d'amitié, il faut en convenir, nous avons un peu trop d'amis. — Si, au contraire, la seule preuve d'un sincère attachement est d'éloigner du discours la basse adulation, d'oser montrer la vérité toute nue à son ami, de ne partager ses loisirs que pour les faire tourner au profit de la vertu, de lui donner des avis sages, de faire régner la paix sur tout ce qui l'environne, de défendre avec chaleur sa réputation si elle était attaquée, de désapprouver les folles dépenses, d'avoir sa bourse ouverte pour réparer ses étourderies, de le combler de bienfaits, sans jamais le lui faire sentir, de le chérir et de le respecter davantage, lors même qu'il sera plus malheureux, nous ne pouvons nous empêcher de nous comparer à ces tourterelles qui gémissent sourdement et qui ne parlent de leur douleur qu'aux arbres et aux rochers, et de dire que nous ne risquons rien de nous bâtir des maisons plus petites encore que celle de Socrate.

Il ne faut pas croire cependant que la vraie amitié soit un fantôme qu'on ne trouve nulle part. Un homme qui cherche de bonne foi la vérité se garde bien de conclure du particulier au général; car en supposant tous les hommes méchants, ce serait l'être soi-même, et pour notre compte nous serions très-fâché qu'on pût nous accuser tout à la fois d'erreur et d'injustice. Aussi croyons-nous qu'il est encore des cœurs qui savent aimer; et comme l'amitié est une source inépuisable de voluptés pures, elle ne saurait être bannie du monde, et plus d'un mortel goûte en secret ses ineffables délices.

Or, si l'étude de soi-même, qui est celle de notre conscience, peut seule nous dessiller les yeux, et en véritable amie ose nous reprocher nos défauts sans en exiger de retour, on peut dire aussi qu'elle rend notre esprit souple et docile, et qu'en nous empêchant de choquer les autres, elle nous porte à nous accommoder à leur humeur, autant que notre devoir le permet. La complaisance et les égards qu'elle nous fait avoir pour ceux avec qui nous vivons nous concilient leur bienveillance, et la sincérité qui la suit, lorsqu'elle est accompagnée de prudence et de discrétion, cimente l'amitié et la confiance dans nos rapports mutuels. En effet, du moment qu'un homme passe pour officieux, obligeant et discret, on se sent disposé à l'aimer, même avant de le connaître, et sa présence achève ce que sa réputation avait commencé. A ces divers moyens ajoutons-en un qui les renferme tous en quelque sorte : *Voulez-vous vous faire aimer des autres? aimez-les vous-même le premier, témoignez-leur de l'attachement et de l'estime.* Le plaisir d'être aimé est si doux qu'on ne peut s'empêcher d'aimer à son tour la personne qui vous le cause. Voilà quelques moyens généraux qui sont de grand usage pour s'insinuer dans les cœurs. Peu de gens les mettent en pratique, peu de gens aussi en sentent les heureux effets. Quant aux moyens particuliers qui peuvent contribuer à se faire aimer des hommes, ils sont relatifs à leur âge, à leur humeur, à l'état de leurs affaires et aux différents caractères de leur esprit. Nous ajouterons seulement que les hommes ont presque tous un faible ou une passion dominante par où il est facile de les gagner. Mais comme cette passion est ordinairement déréglée, on ne doit point être assez bas pour obtenir par la flatterie ce que l'on souhaite; car ce serait violer cette loi de l'honneur appuyée sur les principes de la morale chrétienne : *qu'il n'est jamais permis d'employer des moyens illicites, quand même ce serait pour réussir dans les entreprises les plus justes.*

L'honnête homme ne doit jamais rien faire qui soit contraire au bien public, à son serment, à sa conscience; car si nos amis n'avaient qu'à vouloir pour obtenir, ce ne serait plus amitié mais complicité. La première loi de l'amitié est de ne point accorder de demande contraire à l'honnêteté. Demandons à nos amis tout ce qui peut se faire légitimement; allons même au-devant de leurs désirs, et prévenons leurs prières; toujours de l'empressement, jamais de délais. — Périclès d'Athènes, ce génie supérieur qui réunissait toutes les connaissances utiles, nous a appris jusqu'où l'on peut aller pour obliger un ami. Un de ses amis le priant de prêter un faux serment pour lui faire gagner son procès : *Je sais*, lui dit-il, *que je dois être bon ami, mais ami jusqu'à l'autel.* — Pub. Rutilius Rufus résistait aux injustes sollicitations d'un ami : *A quoi bon votre amitié*, lui dit cet homme, piqué de son refus, *si vous ne faites pas ce que je vous demande?* — *Et à quoi bon*, répéta Rutilius, *si vous voulez que je fasse pour vous ce que l'honneur me défend de faire?* Cet homme irréprochable savait qu'il est aussi contraire au devoir de rendre à son ami un service illégitime que de lui refuser ce qu'on peut faire avec justice; et que si par malheur nos amis nous font des demandes illicites, il faut écouter la voix de la religion et de la conscience préférablement à celle de l'amitié.

Dans un ami il ne faut jamais regarder le bien qu'il nous fait, mais le désir qu'il a de nous en faire, et ne pas oublier que si l'on est heureux d'être secouru dans le besoin, on l'est encore plus lorsqu'on peut s'en passer. — Nous nous persuadons souvent d'aimer des gens plus puissants que nous, et néanmoins c'est l'intérêt seul qui produit notre amitié. Nous ne nous donnons pas à eux pour le bien que nous voulons leur faire, mais pour celui que nous voulons en recevoir. De là résulte que nous n'avons de véritables amis que parmi les personnes de notre état. L'inégalité de condition, de fortune même, détruit la franchise, la liberté, la confiance qui font le caractère de l'amitié. — Un commerce continuel avec des supérieurs avilit à la longue, lorsque l'autorité, la dépendance, l'air de protection, ou plus encore l'air dédaigneux de tout ce qui nous

environne concourent à nous abaisser : on devient poli, souple, agréable, mais faible, rampant, flatteur et ambitieux. — L'amour-propre nous augmente ou nous diminue les bonnes qualités de nos amis à proportion de la satisfaction que nous avons d'eux, et nous jugeons de leur mérite par la manière dont ils vivent avec nous. — La plus tendre amitié n'a pas toujours le don de s'exprimer heureusement par des manières ouvertes et caressantes; ce sont même des agréments qu'elle néglige quelquefois, parce qu'ils partent ordinairement moins du cœur que de l'esprit et d'un grand usage du monde; mais ce qui ne lui manque jamais, c'est d'être essentielle quand il le faut. — Ce qui nous rend si changeants dans nos amitiés, c'est qu'il est difficile de connaître les qualités de l'âme et facile de juger celles de l'esprit.

Ne confondons pas nos parents avec nos amis, car les liens de parenté sont des liens d'amour; celui qui ne les respecte pas peut-il jamais faire croire qu'il est capable d'aimer quelqu'un ? Oserez-vous compter sur une amitié étrangère si vous êtes l'ennemi de vos parents ? Ceux-ci tiennent à nous par des liens nécessaires, aussi leur devons-nous plus de secours qu'à nos amis. La nature et les lois nous lient aux premiers, le choix et la raison nous attachent aux seconds. Heureux qui peut unir les deux!

Une des premières règles sur le choix d'un ami, c'est de l'éprouver sur les affections et les secrets du cœur. Suivez la même règle s'il s'agit d'unir votre sort à celui d'une personne d'un autre sexe, surtout si la première inclination se manifeste par une impression très-vive; car l'amour le plus solide est celui qui se glisse insensiblement dans notre cœur. C'est ce qui arrive par une liaison intime que le temps a pu seul faire naître et développer; tandis que l'amitié ou l'amour que l'on contracte avec précipitation ressemble à ces plantes qui poussent avant leur saison, mais dont la durée est toujours fort courte. Chez l'homme et la femme qui s'unissent par les liens du mariage, l'amitié est le support de l'amour; mais l'amitié doit être naturelle pour que l'amour puisse se maintenir : sans cela, dès que la passion sera satisfaite, bien loin de trouver dans cette union le repos et le bonheur qu'on s'était promis, les petites querelles en prendront bientôt la place, et finiront peut-être par ouvrir les portes d'un enfer perpétuel.

Une autre règle non moins importante, c'est de ne jamais perdre de vue que dans ses meilleurs amis, on découvre nécessairement une foule de petits défauts sur lesquels on doit jeter le voile de l'indulgence, en se rappelant les siens propres. C'est en supportant qu'on acquiert le droit d'être supporté. Passez à votre ami toutes les fautes où le cœur n'a point de part, toutes celles qui ne vous démontrent pas que l'affection qu'il vous portait soit éteinte. Une négligence, un oubli, une méprise, une vivacité, ne doivent être comptés pour rien. — Évitez surtout de faire jamais votre ami d'un poltron ou d'un ivrogne; le premier vous abandonnerait dans le danger, et l'autre découvrirait dans l'ivresse tout ce que vous lui auriez confié. L'un et l'autre sont dangereux dans la société civile : ce qui est dans le cœur d'un homme sobre est sur la langue d'un ivrogne.

Rompre avec son ami, le trahir ou l'outrager; ce sont les seuls crimes en amitié qui ne soient pas rémissibles. Gardez-vous cependant de haïr un ami perfide. Otez-lui votre amitié : c'est là toute la vengeance qu'il vous soit permis de tirer. Continuer de vivre avec lui sur le pied d'ami, ce serait une imprudence ; mais le haïr serait un crime. Il ne cesse pas d'être homme pour vous avoir offensé, et il n'est point d'homme qu'il vous soit permis de haïr; car vous ne savez pas ce que demain, ou plus tard, vous serez vous-même.

Quand vous aurez fait choix d'un ami digne de votre confiance, si des malheurs venaient un jour à l'assaillir, gardez-vous de tourner contre lui les confidences qu'il aurait pu vous faire, ou de ressembler à ces amis qui n'en ont que le nom, et que Pythagore compare aux hirondelles qui nous quittent dès que l'hiver approche; mais ayez toujours à sa disposition trois choses : la *main*, le *visage*, et le *cœur*. La jouissance d'un bon ami est donc une satisfaction inexprimable, et l'on n'en connaît véritablement le prix que par l'étude de soi-même. L'amitié, en effet, prenant sa source dans notre âme ne saurait être pleine et entière chez les personnes qui ne se connaissent pas et qui se possèdent encore moins. Si ces personnes occupent un certain rang dans le monde, l'amitié dégénère en faiblesse, elle favorise l'intime aux dépens de l'étranger mieux méritant, et cette préférence devient un crime lorsqu'elle concerne de grands intérêts comme ceux du bien public. Qu'on me nomme, disait Necker, un parent, un ami auquel j'aie donné une place? — Il est cependant un moyen d'allier ce qu'on doit à l'amitié avec ce que prescrit le premier des devoirs : c'est de choisir si bien ses liaisons, que de l'intérêt de leur fortune ressorte toujours celui de la patrie. En pareille circonstance, un ami vertueux nous communique quelque chose de sa vertu ; nous puisons en lui des sentiments que nous n'aurions pas de nous-mêmes, et notre âme se purifie, pour ainsi dire, en s'approchant de la sienne. Cet ascendant n'est pas le seul que cet ami exerce sur nous; il peut, par de salutaires conseils, nous sauver bien des erreurs. Est-il un cœur assez dur pour tenir contre les exhortations de l'amitié? Que de conquérants et d'ambitieux, qui couvrirent de deuil l'univers, auraient été peut-être, avec le secours d'un ami, des modèles d'admiration et d'humanité! Au contraire, combien de gouverneurs d'empires, qui furent l'objet de la vénération des peuples, n'eussent mérité que la haine et le mépris s'ils n'avaient trouvé un ami sincère qui les eût arrachés à leurs funestes penchants! D'où il suit que le plus digne du titre d'ami est celui qui étudie nos défauts pour nous les représenter en secret.

En résumé, l'amitié est un présent délicieux que Dieu a fait à l'homme en le créant; c'est par elle que nous goûtons ces joies douces et pures qui embellissent la vie; elle est le baume le plus salutaire de nos maux, car sur nos adversités elle fait germer des fleurs; elle est de tous les âges : de l'enfance, la compagne ; de la jeunesse, l'espoir ; de l'âge mûr, le conseil; de la vieillesse, le plus solide appui. Enfin, elle charme les mortels et les rend meilleurs ; elle ne les quitte point sur le bord de la tombe, mais elle les encourage dans les derniers adieux par le reflet des espérances à venir, et le mourant, en fermant les paupières, lui tend encore sa défaillante main!　　　　　　　　XAVIER GAILLARD.

AMMI (botanique). — Genre de plantes herbacées, de la famille des ombellifères, originaires du Levant, dont les principales espèces sont : 1° l'*ammi visnagu*, vulgairement herbe aux cure-dents, (fig. 89), parce que

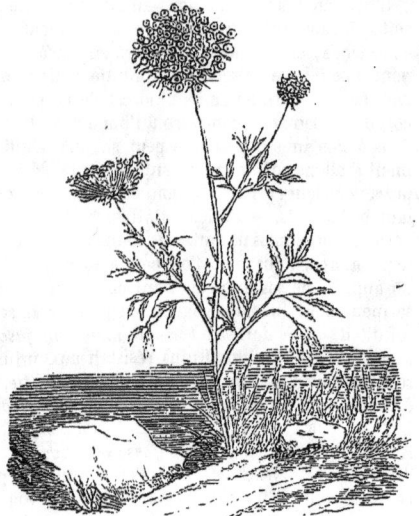

Fig. 89.—Ammi-visnaga.

les Turcs font des rayons de ses ombelles les brosses à dents qu'on expédie pour Marseille; 2° l'*ammi majus*, dont les semences aromatiques sont analogues au cumin, employé comme espèce par les anciens.

AMMINÉES (botanique).—Tribu de la famille des ombellifères, dont l'*ammi* est le genre type.

AMMOCOÈTE (zoologie) [du grec *ammos*, sable, et *koité*, gîte]. — Genre de poissons de la famille des cyclostômes, ressemblant assez aux anguilles et aux lamproies. Les principales espèces de ce genre, créé par le professeur Duméril, sont : 1° l'*ammocoète lamproyon*, dont le dos est vert et le dessous du corps blanc : sa longueur est d'environ 20 centimètres; il s'enfonce dans le sable et se nourrit de très-petits poissons; 2° l'*ammocoète rouge*, d'un rouge sang, plus foncé sur le dos que sous le ventre. Ces poissons se trouvent à l'embouchure de la Seine. L'*ammocoète lamproyon* se mange à Rouen.

AMMODYTE (zoologie) [du grec *ammodutès*, qui se tient dans le sable]. — Nom d'un poisson qui a beaucoup de ressemblance avec les murènes, soit par la forme de son corps, soit par ses mœurs. « Il s'enfonce à deux décimètres environ dans le sable de la mer pour y chercher des vers dont il est très-avide, et pour se mettre à l'abri de la voracité de plusieurs poissons, entre autres des maquereaux et des autres scombres. Les pêcheurs, sur les côtes de France, s'en servent comme d'un appât excellent ; ils en prennent en grande abondance dans le sable que le reflux de la mer a laissé à découvert. A Dieppe, on a trouvé des ammodytes presque entièrement argentés. »

AMMON (corne d') (zoologie). — Nom vulgaire de l'*ammonite.* — Voy. ce mot.

AMMONÉES (botanique). — Synonyme d'*ammonidées.* — Voy. ce mot.

AMMONIAC (sel), dit aussi *chlorhydrate* ou *hydrochlorate d'ammoniaque, chlorure d'ammonium.* — Sel composé d'acide chlorhydrique et d'ammoniaque, qu'on prépare en France dans les grandes fabriques à l'aide de toute espèce de matières animales azotées. — Voy. *Sels ammoniacaux.*

AMMONIAQUE (*alcali volatil des anciens, hydrogène azoté des modernes*). — Corps gazeux formant la base du sel ammoniac. Son nom est tiré, selon les uns, d'*Ammonie*, province de la Libye, où l'on préparait autrefois le sel ammoniac ; selon d'autres, d'*Ammon*, nom du temple de Jupiter près duquel était une fabrique de sel ammoniac. — Ce corps n'existe jamais pur dans la nature ; on le trouve souvent combiné avec des acides, dans l'urine de l'homme, dans les excréments des chameaux, dans la putréfaction d'un très-grand nombre de substances végétales, etc. Séparée des composés qui la renferment, l'ammoniaque se présente à l'état gazeux.

L'ammoniaque pure ou gaz ammoniac est incolore, douée d'une odeur pénétrante, caractéristique et d'une saveur assez caustique. Il est beaucoup plus léger que l'air, son poids spécifique est de 0,5905 ; il verdit le sirop de violettes avec beaucoup d'énergie et ramène au bleu le papier de tournesol rougi par un acide. Il jouit d'une très-grande solubilité dans l'eau et éteint les corps enflammés. Lorsqu'il est très-sec, ce gaz se condense en un liquide incolore par un simple refroidissement à 40 degrés au-dessous de zéro. Il est composé de trois volumes de gaz hydrogène et d'un volume d'azote, condensés de manière à ne produire que deux volumes, ou, ce qui revient au même, de 100 parties d'azote et de 22,66 d'hydrogène en poids. Sa formule est donc AzH^3. A la température ordinaire, le gaz oxygène n'agit point sur lui ; mais si l'on chauffe le mélange, il est décomposé ; l'oxygène s'empare de son hydrogène pour former de l'eau ; une petite partie de l'azote s'unit aussi avec l'oxygène et forme de l'acide azotique ; enfin la majeure partie de l'azote est mise à nu. Le charbon rouge décompose ce gaz et donne naissance à du gaz hydrogène carboné, à du gaz azote et enfin à du gaz acide cyanhydrique. Mis en contact avec de l'iode, on obtient sur-le-champ, pourvu que ces deux corps soient bien secs, un liquide visqueux d'un aspect métallique qui est de l'iodure d'ammoniaque. Versé dans l'eau, ce composé devient fulminant au moindre contact. L'hydrogène est sans action sur le gaz ammoniac. L'eau, à la température et à la pression ordinaires peut en dissoudre 430 fois son volume ou environ le tiers de son poids. Tous les acides peuvent se combiner avec le gaz ammoniac ; ceux qui sont gazeux transforment sur-le-champ, ou au bout d'un certain temps, en un sel pulvérulent ou cristallisé.

Ce gaz se prépare en décomposant à une douce chaleur, dans une fiole à médecine à laquelle on a adapté un tube recourbé, un mélange pulvérulent et à parties égales de chaux vive et de chlorhydrate d'ammoniaque. La chaux s'empare de l'acide avec lequel elle a le plus d'affinité et le gaz se dégage ; on le recueille dans une cloche placée sur la cuve à mercure.

Dans les pharmacies, ce corps ne se conserve qu'à l'état liquide. Il est connu sous le nom d'*alcali volatil*, d'*esprit de sel ammoniac*, d'*alcali fluor*, enfin d'*ammoniaque liquide*. La dissolution de ce gaz est incolore. Ses autres caractères sont les mêmes que ceux du gaz. Chauffée, elle laisse échapper peu à peu presque tout le gaz qu'elle contient, et finit par s'affaiblir extrêmement. Aussi, lorsqu'on emploie l'ammoniaque liquide, surtout en médecine, il est bon de s'assurer de sa force au moyen de l'aréomètre. Sa pesanteur spécifique est de 0,9054 lorsqu'elle est formée de 25,37 de gaz et de 74,63 d'eau. Soumise à un froid de 56° 0, on peut l'obtenir cristallisée en aiguilles. Elle jouit de la propriété de décomposer en totalité ou en partie tous les sels métalliques, excepté ceux de potasse, de soude, de lithine, de baryte, de strontiane et de chaux ; quelques-uns des oxydes précipités se dissolvent dans un excès d'ammoniaque : tels sont les oxydes d'argent, de cuivre, de nickel, de cobalt, de zinc, d'alumine, etc. Les acides hydratés peuvent tous se combiner avec l'ammoniaque et donner naissance à des produits qui, par leur analogie avec ceux qui sont formés d'un acide et d'un oxyde métallique, portent le nom de *sels*.

L'ammoniaque liquide se prépare en décomposant, dans une cornue de grès lutée et placée sur la grille d'un fourneau à réverbère, le mélange propre à fournir le gaz ammoniac. On reçoit celui-ci dans plusieurs flacons à demi remplis d'eau distillée et communiquant entre eux au moyen de tubes recourbés. La dissolution du premier flacon ne doit pas être mêlée à celle des autres, car elle contient une matière huileuse qui fait partie du sel ammoniac décomposé.

— Il existe dans la science plusieurs cas d'empoisonnement par l'ammoniaque et ses composés. Les premiers effets produits sont ceux d'une irritation locale, auxquels succèdent des troubles nerveux graves, tels que l'affaiblissement musculaire ; la lenteur de la respiration, de violents battements de cœur, des convulsions tétaniques, phénomènes qui, comme l'a remarqué Orfila, ne peuvent pas dépendre de la lésion de l'estomac.

L'eau vinaigrée est, suivant le même toxicologiste, le meilleur moyen à opposer aux empoisonnements par l'ammoniaque et par les sels ammoniacaux. Mais il faut l'avouer, ce médicament ne peut réussir que sur l'ammoniaque encore présent dans l'estomac; aussi faut-il agir promptement.—L'ammoniaque s'emploie comme réactif dans les laboratoires. En médecine on en fait usage comme remède interne et externe. Appliquée sur la peau, l'ammoniaque produit, lorsqu'elle est concentrée, un sentiment de cuisson qui est suivi de rougeur, de vésication et enfin d'escharre superficielle. On emploie vulgairement l'ammoniaque pure cu étendue d'eau pour cautériser ou laver les plaies faites par des animaux enragés ou venimeux; mais cette médication est regardée comme complétement inutile et souvent même comme nuisible par l'irritation qu'elle provoque autour de la plaie. L'inspiration du gaz ammoniac est préconisée dans certains cas de sécheresse des muqueuses.

Il y a en médecine deux liniments ammoniacaux très-employés : ce sont ceux qu'on fait avec l'union de l'alcali et du laudanum, ou de l'alcali et de l'huile d'olives.

Première formule :

Ammoniaque	4 grammes.
Huile d'olives	60 —

Deuxième formule :

Ammoniaque	4 grammes.
Laudanum sydenham	8 —

Journellement on fait respirer les vapeurs de ce gaz dans les cas de syncope; toutefois, il faut avoir soin de ne jamais maintenir longtemps le flacon à l'ouverture des fosses nasales, car on pourrait irriter fortement la muqueuse et y développer une inflammation qui pourrait avoir des suites fort graves. On l'emploie encore communément à l'extérieur dans les brûlures récentes et dans les cas de piqûres par des insectes, pour empêcher l'inflammation et les phlyctènes de se développer. Employée à l'intérieur, l'ammoniaque fait éprouver un sentiment d'excitation générale ; la circulation s'accélère, la peau s'échauffe et se couvre de sueur. La sécrétion des membranes muqueuses devient plus abondante, ainsi que celle des reins; mais cet état dure peu, et bientôt tout rentre dans l'ordre. On a conseillé l'ammoniaque dans la migraine à la dose de 5 ou 6 gouttes dans une infusion de tilleul ou de feuilles d'oranger.

L'action neutralisante de l'ammoniaque en présence des acides contenus dans les canaux aérifères l'a fait employer avec succès dans les cas de distension gazeuse de la panse chez les animaux ruminants. On administre à l'animal une grande quantité d'ammoniaque, qui, en se combinant avec le gaz acide carbonique, fait disparaître le *météorisme* (voy. ce mot) et suspend la fermentation dans la masse alimentaire.

L'ammoniaque agit de la même manière dans les cas d'acidités de l'estomac. Voici une formule employée avec assez de succès dans ce dernier cas :

Eau distillée	160 grammes.
Eau distillée de menthe	16 —
Ammoniaque	3 gouttes.

A prendre en une ou deux fois.

Dans l'ivresse légère, on retire d'assez bons effets de l'ammoniaque employée à la dose de 15 à 20 gouttes dans un verre d'eau sucrée. La potion contre l'ivresse est la même que celle ci-dessus ; seulement on ajoute 12 gouttes d'ammoniaque (voy. *Ivresse*).

L'ammoniaque liquide entre dans deux préparations pharmaceutiques devenues populaires : l'*eau de Luce* et le *baume Opodeldoch*. Les propriétés stimulantes de ce médicament l'ont fait employer avec succès dans les empoisonnements par le gaz acide carbonique, par l'acide cyanhydrique, par la morsure des vipères, par l'arsenic, par les champignons, par la strychnine, par le plomb, par le seigle ergoté, etc.; aussi est-il bon d'en avoir toujours un flacon à sa disposition.

L'ammoniaque et ses composés s'emploient fréquemment dans les arts, particulièrement pour la teinture et la préparation des aluns.

On se sert aussi de l'ammoniaque pour mettre en émulsion la matière nacrée et brillante des écailles d'ablette, dont on se sert pour enduire l'intérieur des globules de verre avec lesquels on fait les perles fausses. Les usages de ce corps sont encore très-nombreux ; nous en parlerons surtout à l'article *Sels ammoniacaux* (voy. ce mot). ÉDOUARD VALLIN.

AMMONIAQUE (gomme). — Espèce de gomme résine fournie par une ombellifère (*dorema armeniacum*) qui croît en Perse. Cette substance contient près de quatre fois autant de matière résineuse que de substance gommeuse [1]; d'où l'on voit combien est impropre la première qualification qu'on lui avait donnée. Elle entre dans la composition de plusieurs emplâtres et dans un assez grand nombre de préparations pharmaceutiques, pour la plupart abandonnées. Employée dès la plus haute antiquité au soulagement des maux de l'humanité, cette gomme-résine est douée d'une propriété stimulante assez puissante, et dont l'activité mal appliquée a dû être funeste dans une foule de circonstances pour lesquelles on l'avait recommandée. Mais les médecins de notre siècle savent fort bien (ce que les anciens semblent avoir ignoré) que c'est à cette faculté primitive et immédiate, à cette faculté mère, si je puis m'exprimer ainsi, qu'il faut rapporter les qualités incisives, expectorantes, emménagogues, résolutives, fondantes, etc., que les auteurs accordent généralement à cette substance, et dont ils se sont plu à faire tant de récits. Quant à sa vertu anti-hystérique, qu'ils ont pareillement vantée, elle est due, selon toute apparence, à l'odeur légèrement fétide qu'exhale ce corps.

La gomme ammoniaque est fort peu soluble dans l'eau; elle l'est plus dans l'alcool rectifié, ainsi que dans le vinaigre bouillant; mais son meilleur dissol-

[1] E. Plisson.

vant est l'alcool à 22 degrés. Braconnot a trouvé la gomme ammoniaque composée de

Résine..................	70
Gomme..................	18
Matière glutiniforme.......	4,5
Eau....................	6

Dans le commerce, on trouve cette substance sous deux formes : 1° en masses considérables, jaunâtres, parsemées d'un grand nombre de larmes blanches ; 2° en larmes détachées, opaques à l'intérieur, blanches à l'extérieur, d'une odeur *sui generis*, d'une saveur amère, âcre et nauséeuse. C'est cette dernière sorte dont la médecine fait usage.   E. V.

AMMONIDÉES ou **AMMONÉES** (paléontologie) [du grec *ammos*, sable]. — Famille de coquilles fossiles dont les principaux genres sont les *ammonites* et les *baculites*.

AMMONITES (paléontologie). — Genre de coquilles fossiles de la famille des ammonidées, découpées dans leurs contours, à tours contigus et apparents, et percées dans leur intérieur d'une espèce de tube.

Les ammonites n'ayant pas d'analogue vivant, et ne se trouvant que dans des terrains d'ancienne formation, sont considérées, avec raison, comme antédiluviennes. Ces coquilles ont, de tout temps, frappé l'attention des hommes,

Fig. 90.—Ammonites.

soit à raison de leur grosseur, car on en rencontre de deux mètres de diamètres, soit à raison de leur abondance, soit à raison des lieux où elles se trouvent. Dans l'Inde, elles sont, sous le nom de *salagraman*, l'objet de la vénération des peuples, qui croient qu'un de leurs dieux s'est caché dedans. Le savant Bosc dit avoir vu un de ces fossiles rapporté par le voyageur Sonnerat, et qui avait longtemps servi au culte du dieu Brama ; il était dans un schiste.

Le nombre des espèces d'ammonites est très-considérable ; il en est parmi elles[1] qui sont si communes, qu'elles sont employées à entretenir les routes. Ces animaux sont les premiers qu'on trouve au-dessus des terrains primitifs. Dans les terrains intermédiaires ou de transition, on rencontre beaucoup d'ammonites et divers autres genres, mais toujours en très-mauvais état et peu déterminables ; dans le

[1] Rousseau.

calcaire intermédiaire ou de transition, qui est rempli d'une grande quantité de madrépores et de coquilles de différents genres, on trouve ordinairement l'*ammonites annulatus*, l'*ammonites bifrons*, et plusieurs autres espèces. Dans les terrains secondaires proprement dits, les ammonites se trouvent aussi en très-grande quantité ; elles caractérisent, avec les nummulites, le calcaire alpin. Les espèces sont nombreuses ; les plus communes sont l'*ammonites colubratus*, l'*ammonites bisulcatus*, l'*ammonites bifidus*, et beaucoup d'autres. On trouve aussi avec ces coquilles des bélemnites, des nautiles et des térébratules. Le calcaire du Jura contient aussi des ammonites ; on y trouve l'*ammonites granulatus*, l'*ammonites macrocephalus*, l'*ammonites coronatus*, etc. Le muschelkalk, ou calcaire coquillier de Werner, peut être caractérisé par l'*ammonites nodosus*, l'*ammonites francolinus*, l'*ammonites cortatus*, etc. La connaissance des ammonites date seulement de ces derniers temps ; le premier travail un peu complet pour la distinction des espèces a d'abord été inséré dans l'*Encyclopédie méthodique*, volume des *Vers*, tome I, page 28 ; ensuite dans Buffon, édition de Sonini, *Mollusques*, tome V, page 16 ; ensuite les travaux géologiques sur ces genres sont dus à Schlotheim, ensuite à de Hann, de Buck, Sowerbi, Defrance, Alcide d'Orbigny, etc.

AMMONIUM (chimie). — Nom donné à un radical composé, considéré comme formant la base de l'ammoniaque. « Le chlorhydrate d'ammoniaque, par exemple, s'obtient par la combinaison directe de l'acide chlorhydrique (HCl) et de l'ammoniaque (N. H³). La théorie de l'ammonium fait de ce produit un chlorure d'ammonium, et suppose que l'hydrogène se serait détaché du chlore de l'acide chlorhydrique pour se porter sur l'ammoniaque, et produire ainsi le métal composé ammonium, lequel se serait ensuite combiné avec le chlore. » Les combinaisons de l'ammoniaque, dans cette hypothèse, due à Ampère, rentrent ainsi dans la théorie générale des sels.

AMMONIURES (chimie). — Nom donné aux composés d'ammoniaque et d'un oxyde métallique (or, argent, mercure, platine). Ces composés détonent avec une telle violence par la percussion, la chaleur ou le frottement, qu'un décigramme d'ammoniure de bioxyde d'or, par exemple, produit une explosion semblable à celle d'un coup de fusil. La préparation de ces composés est donc fort dangereuse, et exige par conséquent les plus grandes précautions et une grande habitude des manipulations chimiques.

AMNÉSIE (pathologie ou symptomatologie) [du grec *a* privatif, et *mnésis*, mémoire]. — Perte de la mémoire, considérée par quelques auteurs comme une affection particulière, regardée par le plus grand nombre comme symptôme de quelque affection cachée. Les blessures, épanchements de sang ou de sérosité, les inflammations, etc., peuvent en être la cause. Elle présente une grande variété dans sa nature et dans son développement. Elle peut être purement partielle : c'est ainsi « qu'on voit des personnes perdre la mémoire des dates, des nombres; on cite des musiciens qui, affectés d'amnésie, avaient perdu la faculté de reproduire une certaine espèce de son ; des peintres qui, dans leurs tableaux, ne pouvaient plus trouver certains tons de couleur, quoiqu'ils eussent sur leur palette toutes les nuances propres à les former. Souvent cette perte de la mémoire s'applique aux formes des objets. Ainsi, Thucydide dit que pendant la peste d'Athènes, ceux qui avaient été affectés de la maladie ne reconnaissaient plus leurs parents et leurs amis; le même phénomène s'est reproduit, de 1812 à 1814, sur ceux de nos soldats qui avaient été affectés du typhus à Wilna et à Mayence. » Rien de plus bizarre d'ailleurs que la manifestation des phénomènes de l'amnésie. Cuvier citait toujours dans ses cours un homme qui avait perdu la mémoire de tous les substantifs, et pour lequel le langage parlé était presque réduit au langage d'action. Pinel[1] fait aussi connaître le fait suivant : Un notaire, pour lequel je fus consulté, avait oublié, à la suite d'une attaque d'apoplexie, son propre nom, celui de sa femme, de ses enfants, de ses amis, quoique sa langue jouît de toute sa mobilité. Il ne savait plus lire ni écrire, et cependant, il paraissait se ressouvenir des objets qui avaient autrefois fait impression sur ses sens, et qui étaient relatifs à sa profession de notaire. On l'a vu désigner avec les doigts les dossiers qui renfermaient les actes ou contrats qu'on ne pouvait retrouver, et indiquer, par d'autres signes, qu'il conservait l'ancienne chaîne de ses idées.

Il serait aussi curieux qu'intéressant de déterminer quelle est la région du cerveau dont la lésion coïncide avec cette aberration fonctionnelle. M. Bouillaud s'est occupé de la solution de cet important problème, et ses recherches l'ont conduit à penser que la perte de la parole et de la mémoire des mots correspondait à une *altération des lobules antérieurs du cerveau*. Cette opinion, qui confirmerait celle de Gall sur le siège de l'organe du langage articulé, repose sur d'assez nombreuses observations; néanmoins, elle a été combattue par plusieurs physiologistes distingués, et de nouveaux faits sont nécessaires pour décider au juste de sa valeur.

Les lésions pathologiques que l'on trouve chez les individus qui ont succombé dans un état d'amnésie permanente sont des épanchements de sang, des ramollissements, des productions anormales diverses dans la substance cérébrale; dans quelques cas, aucune altération organique n'est appréciable.

Nous allons, du reste, emprunter au docteur Fabre[1] quelques faits sur la nature, sur l'anatomie pathologique et sur l'étiologie de l'amnésie.

NATURE. Sous le rapport de sa nature, l'amnésie offre, selon nous, quatre variétés bien distinctes, qui sont basées sur l'étude de l'anatomie pathologique et de ses symptômes.

Première variété. L'AMNÉSIE AGÉNÉSIQUE, qui résulte d'une insuffisance cérébrale, d'un défaut de développement du cerveau, ou d'une aberration dans le rapport de ses molécules : c'est celle des idiots et des crétins.

L'amnésie étant à l'intelligence ce que la paralysie est au mouvement, on peut admettre les trois variétés qui sont propres à cette dernière.

Deuxième variété. L'AMNÉSIE MÉCANIQUE, qui résulte de la compression concentrique ou excentrique du cerveau déterminée par une cause quelconque.

Troisième variété. L'AMNÉSIE HYPÉRÉMIQUE, c'est-à-dire par inflammation ou par congestion du cerveau ou de ses enveloppes; elle peut devenir mécanique à la longue, par suite des altérations organiques que subissent les parois crâniennes ou les méninges.

Quatrième variété. L'AMNÉSIE ASTHÉNIQUE, c'est-à-dire par faiblesse directe, par véritable langueur de la vitalité du cerveau; cette variété s'observe à la suite des grandes hémorrhagies, de la diète très-prolongée, de certains empoisonnements, etc.

Ces quatre variétés basées sur des états anormaux du cerveau, tantôt appréciables, tantôt inappréciables par nos sens, embrassent toutes les variétés admises par les auteurs, voire même l'amnésie essentielle, qui vient se ranger dans la quatrième variété, et qu'il est inutile de placer à part. Telle est, par exemple, celle des vieillards, dont les fonctions cérébrales, ainsi que celles du reste de l'organisme, vont progressivement en diminuant, sans que pour cela il y ait maladie des organes, à moins que l'on ne considère comme une maladie la vieillesse.

Ce n'est pas sans intention que nous distinguons quatre variétés dans la nature de l'amnésie; elles reposent sur des faits bien constatés, car chacune d'elles exige des applications thérapeutiques spéciales.

ANATOMIE PATHOLOGIQUE. *Premier groupe de faits.* *Amnésie agénésique.* A cet égard, nous devons renvoyer aux articles ALIÉNATION MENTALE (*idiotie*), CRÉTINISME, où l'on trouvera tous les renseignements nécessaires sur les conditions que présente le cerveau de ces individus.

Deuxième groupe de faits. Amnésie mécanique.

Premier fait. Ossification dans l'épaisseur de la grande faux du cerveau. (*Mémoires de l'Académie des sciences.*)

Deuxième fait. Vaste pseudo-membrane ossifiée

---

[1] *Traité médico-philosophique sur l'aliénation mentale.*

[1] *Dict. des Dict. de Méd.*

entre les lames de l'arachnoïde. (Calmeil, *loco cit.*)

Troisième fait. Foyer apoplectique. (Notaire cité par Pinel.)

Quatrième fait. Masse cancéreuse développée sur l'épine de l'ethmoïde. (Dame citée par Calmeil, *loco cit.*)

Cinquième fait. Tumeur stéatomateuse dans la partie antérieure de l'hémisphère gauche. (Homme cité par Bouillaud.)

Troisième groupe de faits. Amnésie hyperémique.

Quatre fois, à la suite de violentes contusions du cuir chevelu, nous avons observé sur des aliénés l'absence momentanée, mais presque jamais complète, de la mémoire. (Calmeil, *loco cit.*)

Cinquième fait. Chute, fracture du pariétal, amnésie, mort ; ramollissement et affaissement de la pulpe cérébrale. (Morgagni.)

Sixième fait. A la suite d'une forte application, un savant allemand fut pris brusquement d'amnésie, qui ne persista pas longtemps. (Moreau de la Sarthe.)

Septième fait. Dans un cas l'amnésie fut occasionnée par un violent accès de colère. (Borrichius.)

Huitième fait. Une dame, après s'être échauffée par une longue promenade, commet l'imprudence de boire de l'eau froide et de rester assise sur un terrain humide ; les règles se suppriment... Le lendemain, douleur de la tête et du dos ; bientôt après, perte de la mémoire, faiblesse, lassitude, enfin délire... Le retour de la menstruation fit disparaître ces accidents. (Pinel.)

Quatrième groupe de faits. Amnésie asthénique.

Premier fait. Un médecin, doué de beaucoup d'instruction et de la constitution la plus forte, a de fréquentes altercations avec ses confrères au sujet de la nouvelle doctrine physiologique dont il a embrassé la cause avec ardeur. Plus tard il éprouve de fréquentes impatiences, il a des accès de colère poussés jusqu'à la fureur, et des hallucinations de presque tous les sens. Plusieurs émissions sanguines locales sont d'abord pratiquées sans aucun succès. Un jour qu'on a pratiqué une nouvelle saignée, le malade, qui trouve qu'on a retiré une trop petite quantité de sang, enlève l'appareil et évacue de nouveau 1,500 grammes de ce liquide. Le lendemain, la vue est perdue sans retour, et bientôt la mémoire éprouve un affaiblissement considérable. (Calmeil, *loco cit.*)

Deuxième fait. Nous avons observé des phénomènes analogues sur des monomaniaques qui avaient passé quinze à vingt jours sans prendre, pour ainsi dire, de nourriture. (Calmeil, *loco cit.*)

Troisième fait. Dans la peste qui ravagea Athènes, les malades qui échappaient aux rigueurs de ce fléau avaient perdu le souvenir des choses passées, et ils ne se reconnaissaient plus eux-mêmes. (Lucrèce.)

Quatrième fait. Un homme d'un âge mûr, ayant eu une fièvre maligne, devint sujet à de longues absences, etc., etc. (Savary.)

Cinquième fait. Plus de cent cinquante soldats s'empoisonnent avec des baies de belladone... ils se rétablissent... aucun d'eux ne conserve le souvenir de ce qu'il a éprouvé. (Gauthier de Claubry.)

Sixième fait. Un jeune homme perdait la mémoire

pendant les chaleurs de la canicule ; il la recouvrait aussitôt que le temps était devenu plus frais. (*Histoire de l'Académie des Sciences.*)

Septième fait. Rien n'est plus commun que de voir l'amnésie survenir avec le progrès de l'âge ; c'est là une conséquence inévitable de l'affaiblissement universel de toutes les forces de l'organisme, à laquelle il est difficile d'échapper. Les vieillards sont presque tous oublieux, dit M. Calmeil ; c'est la nécessité attachée à l'organisation du cerveau à cette époque de la vie. L'amnésie des vieillards ne peut donc être considérée absolument comme un état pathologique.

ÉTIOLOGIE. Les causes de l'amnésie sont *directes,* c'est-à-dire ayant leur siége dans l'intérieur du crâne, et *réactionnelles,* ou siégeant loin du cerveau.

1° L'amnésie agénésique, qui est propre aux idiots, admet comme cause tout ce qui tend à troubler l'arrangement moléculaire du cerveau ou à arrêter son développement pendant la formation du fœtus. Quelquefois elle paraît être héréditaire.

2° L'amnésie mécanique ne reconnaît que des causes directes ; à cet ordre appartiennent celles qui sont capables de produire des exostoses du crâne, des ossifications de la dure-mère, la formation et l'ossification de fausses membranes, les épanchements sanguins et séreux dans la pulpe cérébrale, la formation de tumeurs cancéreuses, tuberculeuses, fongueuses, stéatomateuses, etc., etc., dans l'intérieur du crâne, les fractures des os du crâne avec enfoncement des fragments.

3° Pour l'amnésie hyperémique, les causes directes sont : les inflammations aiguës et chroniques de l'encéphale, certaines épilepsies, les coups sur la tête, l'application excessive des facultés intellectuelles, la colère ; les causes réactionnelles sont : l'ivresse habituelle, la suppression brusque des règles, celle du flux hémorrhoïdal, d'une suppuration ancienne, d'une hémorrhagie habituelle. L'usage répandu dans une partie de l'Orient des boissons opiacées altère, après un certain temps, l'énergie de la mémoire. Les chaleurs de la canicule, ainsi que l'électricité, peuvent enfin occasionner l'amnésie hyperémique ou indirectement asthénique.

4° Pour l'amnésie asthénique, les causes directes sont principalement le ramollissement atonique du cerveau, l'inaction des facultés intellectuelles, les passions tristes, l'abstinence ; les réactionnelles sont : l'onanisme, les excès commis avec les femmes, surtout lorsqu'on s'y abandonne prématurément. Les enfants très-jeunes qui perdent l'ouïe ont coutume d'oublier très-vite les signes du langage articulé, et à peine s'ils retiennent quelques mots propres à indiquer leurs besoins. Les saignées copieuses, les hémorrhagies traumatiques, le défaut d'alimentation, les fièvres typhoïdes, les fièvres pestilentielles, ont été plusieurs fois suivies d'amnésie. Certains poisons y donnent également lieu quelquefois ; telles sont la belladone, la jusquiame, la ciguë, la pomme épineuse, les préparations mercurielles ; la vieillesse est enfin une cause très-fréquente d'amnésie.

Le *traitement* de l'amnésie varie suivant la nature

de la cause qui la produit : épilepsie, lésion organique du cerveau, attaque d'apoplexie, fracture du crâne. L'amnésie que l'on observe à la suite des maladies aiguës ou des affections nerveuses, disparaît assez facilement après la convalescence; il en est souvent de même de celles qui s'observent à la suite de l'abus des plaisirs de l'amour, ou des plaisirs solitaires; cependant, il peut arriver que cette maladie, dans ces derniers cas, laisse une grave altération dans l'intelligence. L'amnésie qui se manifeste à la suite de l'aliénation mentale présente aussi des chances de guérison; mais généralement ces chances sont toujours en raison de la jeunesse et de la force de l'individu. Lorsque l'affection qui a causé la perte de la mémoire est guérie, on voit quelquefois, dit Beaude, cette dernière persister; alors *on essaye par des procédés mnémotechniques de rappeler la faculté perdue*, et l'on a vu des individus être obligés d'étudier les premiers éléments d'une langue qu'ils parlaient depuis leur enfance, ou d'une science qu'ils avaient possédée à un degré éminent; souvent ces moyens ont été couronnés de succès, et les malades, après de premiers et pénibles efforts, ont recouvré l'intégrité des connaissances qu'ils avaient avant leur affection.   B. LUNEL.

AMNIOS (anatomie) [en grec *amnion*, même signification]. — La plus interne des membranes qui enveloppent le fœtus. Cette membrane est mince, diaphane, unie au chorion par sa face externe; sa face interne, lisse et p olie, n'est séparée du fœtu que par un liquide albumineux qu'elle exhale (*eaux de l'amnios*), et au milieu duquel nage le fœtus pendant la vie intra-utérine. Ce liquide a pour usage: 1° de garantir le fœtus d'une compression douloureuse; 2° d'amortir, de modérer les chocs extérieurs; 3° de faciliter la sortie de l'enfant lors de la parturition.   B. L.

AMNISTIE (droit) [du grec *amnestia*, oubli]. — L'amnistie, dit M. Dupin, est un acte du pouvoir souverain, dont l'objet est d'effacer et de faire oublier un crime ou un délit. D'après ce jurisconsulte, l'amnistie ne peut être accordée que par une loi; mais cette opinion est vivement controversée, et des auteurs fort recommandables estiment que le chef de l'État peut accorder lui-même l'amnistie, notamment en France, sous la responsabilité de ses ministres. Il y a une différence notable entre la *grâce* et l'*amnistie*. L'amnistie diffère de la grâce en ce qu'elle a un caractère plus étendu et plus général. La grâce s'applique à un individu pris en particulier et lui remet sa peine, après condamnation : l'amnistie s'applique, au contraire, à toute une classe de délinquants, et ses effets peuvent s'étendre même à ceux qui ne sont encore qu'en état de prévention. Dans ce cas, celui qui, fort de sa conscience, a un intérêt réel à paraître devant ses juges, afin d'y faire proclamer son innocence, a le droit de s'y présenter pour se faire juger, en refusant ainsi de profiter de l'amnistie : c'est ce qu'a jugé la Cour de cassation dans un arrêt du 25 nov. 1826. — Voy. *Grâce*.

L'amnistie n'est pas seulement réservée aux crimes et aux délits politiques, on en use assez fréquemment en matière soit de délits forestiers, soit de désertions des militaires.

L'amnistie est plus particulièrement aujourd'hui la grâce du souverain par laquelle il remet la peine encourue pour les crimes et délits, notamment pour ceux contre la sûreté de l'État, la rébellion, la désertion, les délits de la presse, les délits forestiers, etc. On applique aussi cette expression à la remise des amendes, résultant de contraventions aux lois fiscales.

L'amnistie est *générale* ou *particulière*, suivant qu'elle comprend ou ne comprend pas tous les auteurs ou complices de certains crimes ou délits; *absolue* ou *conditionnelle*, selon qu'elle est ou n'est pas soumise à des conditions de la part de ceux qui peuvent en profiter.

Les amnisties sont le plus souvent accordées à l'occasion d'un changement de règne, du mariage du souverain, de la naissance d'un héritier de la couronne, de l'établissement d'une nouvelle législation.

L'amnistie pleine et entière a pour effet l'abolition du délit qui en forme l'objet, des poursuites faites ou à faire et des condamnations prononcées; ces délits sont alors considérés comme s'ils n'avaient jamais été commis (CARNOT, *Comment. du Code pénal*, t. 1, p. 7. — LEGRAVEREND, p. 695 et 700; col., 11 juin 1825, *Nouveau Denizart*.) — Voy. *Amnistie*.

Néanmoins, l'amnistie ne prive pas les tiers de l'action en réparation du dommage qui leur est causé par le délit, (même arrêt du 11 juin 1825.)

Les amnisties les plus célèbres sont : 1° celle de Thrasybule. Cet illustre citoyen d'Athènes se réfugia à Thèbes avec les autres bannis, pour se soustraire à la cruauté des trente tyrans établis par les Lacédémoniens. Il se mit à la tête de cinq cents soldats levés aux dépens de l'orateur Lysias, et, fermant l'oreille aux propositions des tyrans, qui lui offraient de s'associer à eux, il les défit auprès du Pinde, et mit le sceau à la tranquillité publique en faisant porter une loi sur l'oubli du passé, excepté les trente tyrans et les décemvirs. C'est le premier exemple d'amnistie qu'offre l'histoire grecque; 2° celle qui fut accordée par Charles IX aux protestants (1570); 3° celle de Charles II, roi d'Angleterre, qui accorda la grâce aux juges de son père; 4° celle qui rouvrit la France aux émigrés en 1802; 5° celle de 1816, par laquelle Louis XVIII accorda le pardon à un grand nombre de ceux qui avaient pris part au retour de Napoléon; 6° enfin l'amnistie générale que Louis-Philippe accorda à tous les condamnés politiques à l'occasion du mariage du duc d'Orléans, son fils, en 1837.   J. ÉTIENNE.

AMODIATEUR, AMODIATION (droit) [du latin *ad medium*, au boisseau]. — Sous l'ancien droit, et encore aujourd'hui dans plusieurs provinces de France, on nomme *amodiateur* celui qui prend une terre à ferme, et *amodiation* le bail fait d'une ferme, d'une terre. — Voy. *Bail*.

L'amodiation désignait plus spécialement, dans quelques contrées régies par le droit écrit, et dans d'autres régies par des coutumes, les baux à ferme dont le prix consistait en une quotité ou une part des fruits des biens affermés. **J. É.**

AMOME (botanique) [du grec *amomon*, plante odoriférante de l'Inde ; en latin *amomum*]. — Genre de plantes de la famille des amomées, qui se compose d'un petit nombre d'espèces, toutes originaires des contrées chaudes de l'ancien continent, plus rarement d'Amérique. Leurs racines sont épaisses, leurs feuilles entières, leurs fleurs en épis ou en petites grappes. Les principales espèces de ce genre sont le *gingembre*, le *cardamone* et la *maniguette* ou *graine de paradis*.

AMOMÉES (botanique) [du genre type]. — Famille de plantes herbacées, monocotylédones, créée par le botaniste Richard, et répondant aux *balisiers* de Jussieu. Les *amomées* sont, en général, des plantes d'une très-grande beauté; aussi se sert-on de quelques espèces comme plantes d'ornement; elles sont recherchées surtout à cause de leur arome. L'*amome*, le *balisier*, le *gingembre*, le *curcuma*, sont les principaux genres de cette famille, qu'on divise en deux tribus, les *gingibéracées* et les *cannées*.

AMONT (marine) [du latin *ad montem*, du côté de la montagne, d'en haut]. — L'amont d'un fleuve ou d'une rivière est la partie la plus élevée de ce cours d'eau, par conséquent la plus rapprochée de sa source. Par extension, ce terme s'emploie même quand il s'agit d'un espace de rivière fort éloigné de la source; ainsi l'on dit : Telle partie de rivière est en amont de telle autre, parce qu'elle se trouve placée au-dessus de celle-ci. De même un navire est en amont d'un autre qui se trouve placé plus bas. Dans l'Océan, les vents d'amont sont ceux d'E. et de N-E. qui viennent de terre, c'est-à-dire de la partie la plus élevée par rapport au niveau de la mer.

A. DESCOING.

AMOORA (botanique). — Genre de plantes de la famille des méliacées, renfermant de grands arbres à feuilles alternes et à fleurs disposées en panicules. On en compte cinq espèces, croissant dans les Indes orientales ou dans les grandes îles qui font suite à l'Asie, à Java, à Timor.

AMORPHE [du grec *a*, privat.; *morphos*, forme]. — Épithète donnée à tout corps, à toute substance organique ou inorganique qui ne se présente pas avec une forme régulière et déterminée. Le mot *amorphes*, substantif pluriel, est aussi le nom spécifique par lequel on désigne les minéraux qui se présentent en masses irrégulières. « Quand les cristaux n'ont pas le temps de se grouper dans l'ordre déterminé pour la cristallisation, le changement d'état se fait brusquement, le corps solide se présente à l'état *amorphe*, c'est-à-dire sans forme régulière. Les *ossifications amorphes*, c'est-à-dire sans formes bien déterminée, ne sont, à vrai dire, que des espèces de pierres ou calculs. » Enfin sous la dénomination d'amorphes, quelques entomologistes réunissent les larves d'une grande partie des insectes hexapodes et tétraptères.

AMORPHE (botanique) [du grec *amorphos*, dif-

forme, à cause de l'irrégularité de la corolle]. — Arbuste de la Caroline (Amérique septentrionale), de la famille des légumineuses, qu'on plante fréquemment aujourd'hui dans les jardins d'agrément, où il produit un bel effet pendant l'été et une partie de l'automne, par la couleur de ses feuilles et l'abondance de ses fleurs. Celles-ci sont très-irrégulières, la corolle manquant d'ailes et de carène. L'amorphe est connu des jardiniers sous le nom d'*indigo bâtard*, bien qu'il ressemble peu à l'indigotier et qu'il n'ait pas sa vertu colorante.

AMORTISSEMENT (finances) [d'*amortir*, annuler]. — Extinction graduelle de la dette publique au moyen de fonds consacrés au rachat des rentes. La théorie de l'amortissement repose sur une théorie bien simple. « Lorsque l'État contracte un emprunt, dit la Châtre, il applique en même temps une partie de l'impôt au service des intérêts de l'emprunt et une autre partie à l'amortissement. C'est cette dernière portion d'impôt qui forme ce qu'on appelle la Dotation de l'amortissement. Le plus ordinairement, c'est une somme annuelle de 1 p. 100 du capital constitué. Au taux de 5 p. 100, cette quotité suffirait pour éteindre la dette en trente-six ans environ. Ce fut Pitt qui le premier fixa cette proportion de 1 p. 100 entre la dotation et le capital à amortir. Depuis lors, on a suivi cet exemple. Peut-être eût-il fallu avoir égard à la différence des temps, des lieux et des circonstances. Cependant, si l'on eût constamment appliqué les fonds de l'amortissement à leur véritable destination, de manière à éteindre la dette dans cette période de trente-six ans, il y aurait eu au moins cet avantage, que la génération qui aurait profité de l'emprunt en aurait seule supporté les charges; car une des plus graves objections qu'on puisse opposer aux dettes publiques, c'est qu'elles grèvent l'avenir au profit du présent. Malheureusement, si en théorie le système de l'amortissement est bien simple, dans l'application il s'est rencontré des obstacles qui en ont toujours contrarié la marche et souvent annulé les effets. L'amortissement peut être simple ou composé. L'*amortissement simple* consisterait à racheter, à la fin de chaque année, avec le fonds d'amortissement, une portion du capital que l'on annulerait aussitôt. Ce ne serait autre chose qu'un remboursement partiel. L'*amortissement composé* consiste à racheter une certaine portion du capital, mais en conservant ce capital et en touchant les intérêts, qui sont à leur tour appliqués à de nouveaux rachats; de sorte que le fonds d'amortissement s'augmente tous les ans de la somme des rentes rachetées. De cette manière, l'État, qui était d'abord débiteur de la somme totale de l'emprunt, devient à son tour créancier de la portion du capital racheté et des intérêts de ce capital. Il est vrai que, dans ce cas, l'impôt destiné à servir les intérêts de l'emprunt ne diminue pas immédiatement; mais aussi l'accroissement progressif du fonds d'amortissement, augmenté tous les ans de ses intérêts et du capital de la dotation annuelle, productif d'intérêts, permettra à l'État de se libérer beaucoup plus tôt. » La première idée de cette institution appartient aux

Hollandais (1655). Le pape Innocent VI en adopta d'analogues, qui furent admises aussi plus tard en Angleterre.

AMORTISSEMENT (caisse d'). — Caisse chargée de toutes les opérations relatives à l'extinction de la dette publique. Ce fut M. de Machault qui eut l'idée, en France (1749), de créer une caisse d'amortissement. Ce projet ne fut mis à exécution qu'en 1784, et n'eut pas de succès. Réorganisée plusieurs fois, cette caisse fut définitivement suspendue en 1848. Les banquiers anglais, peu d'accord aussi sur l'efficacité des caisses d'amortissement, les ont fait supprimer de fait, en Angleterre, en 1827.   P. DURAND.

AMOUR (philosophie, morale) [en latin *amor*; de *amare*, aimer]. — L'amour est le lien le plus universel qui rattache au Créateur la création et la créature ; à lui appartiennent toutes les inspirations de l'esprit, tous les instincts de l'âme, tous les sentiments du cœur. Il anime et vivifie toutes choses en faisant passer sur elles les souffles de l'illusion, de la passion, de l'enthousiasme et de la volupté ; il revêt des couleurs les plus fraîches tout ce que l'humanité apporte au monde de sourires et d'espérances, et choisissant autour de lui les plus gracieux symboles, il en tresse une couronne qu'il dépose avec mystère sur un front bien-aimé ! Ne lui demandez pas d'être constant, pur et désintéressé, il ne vous comprendrait pas ; il ne sait être que spontané, vif, impétueux et brûlant, voilà tout. Au point de vue philosophique, l'amour n'est peut-être que l'union de l'harmonie individuelle avec les types de la perfection et de la beauté universelles, ou bien encore l'attraction de la pensée vers ce que l'idéal a de plus suave au sein du mystère et de l'infini. On l'appelle aussi *amour platonique*, parce qu'il se nourrit alors d'illusions et de rêves, et mêle aux considérations métaphysiques une sorte d'adoration pour le sentiment et le beau idéal ; c'est enfin de l'*amour divin*, lorsqu'il naît de l'admiration des œuvres du Créateur et qu'il se plonge avec ravissement dans les profondeurs de la foi et du culte religieux.—Au point de vue moral, l'amour devient l'expression la plus ardente de cet instinct du beau développé et transfiguré par le bien et la vertu ; au point de vue physique, c'est l'union intime de ce que le corps et les sens ont de plus voluptueux avec ce que la créature a de séductions et d'attraits; partout, soit au moral, soit au physique, c'est un mélange de foi et d'incertitudes, d'angoisses et de tendresse, de concentration et de fureur, d'expansion et de craintes, qui met tantôt le raisonnement aux prises avec le désir, la nature en présence de la Divinité, et la Divinité elle-même avec ce que l'humanité a de plus fragile, de plus terrible et de plus tumultueux !

L'*amour platonique*, que nous avons essayé de définir plus haut, n'a pas cet enthousiasme de passion qui caractérise l'amour en général ; il est, au contraire, calme, doux et respectueux. Avec lui la créature se change en idole, l'admiration en culte, l'emportement en adoration ; on pare des perfections les plus aimables l'être que le cœur a choisi, puis on réunit en lui tout ce qui charme et captive, puis on se prend à rêver du bonheur en caressant de beaux songes cette destinée que l'illusion unit à la nôtre ; et si la réalité nous réveille, on la repousse en la grondant d'interrompre sitôt entre deux âmes ce dialogue si bon et si mystérieux ! On reste enfant, bien enfant même, pour croire qu'il n'existe rien au-dessus de cette beauté idéale que l'on a rencontrée, et l'on confond ainsi dans l'extase du sentiment les perfections du cœur, de l'esprit et du corps ! Dans le monde on a coutume de nier l'amour platonique ou de le ranger parmi les chimères, et pourtant, qu'est-ce qu'un premier amour ? Jeunes ou vieux, nous avons tous peut-être eu le nôtre ; quand nous nous le rappelons, pouvons-nous avoir oublié tout ce qu'il mit de ravissements et de poésie dans notre existence ?... Aujourd'hui comme de tout temps, le positivisme et les exigences de la vie ont depuis longtemps succédé à ces riants tableaux ; mais, malgré nous, et surtout si nous sommes sensibles et bons, il est un souvenir que nous invoquons lorsque, arrivés plus avant dans la vie, nous nous sentons malheureux dans nos affections devenues plus nécessaires et plus sérieuses, et ce souvenir, quoi qu'on dise, c'est celui de notre amour platonique ou de notre premier amour !

A côté de l'amour platonique se place l'*amour divin*. Il faut avoir lu les œuvres de saint Augustin ou de sainte Thérèse pour se faire une idée des délices qu'il procure et s'identifier avec ce que le mysticisme a de profondeurs et de secrets ! On se met en face de la Divinité, on lui ouvre son cœur, son âme, tout ce qu'on a de plus caché ; on entre en relation avec cette puissance immortelle dont on est à ce moment le plus pur reflet : on prie, on supplie, on admire, on adore ; tout dans la nature est une immense louange qui convie la nôtre à un concert d'éternelle harmonie ; toutes les puissances de l'imagination se concentrent sur cette image de la félicité céleste qui nous attend un jour ; on se purifie jusque dans ses sentiments les moins coupables pour s'élever jusqu'à cette idée de la perfection divine, s'approcher de cette sainteté qui est alors tout notre idéal, et l'on s'écrie avec enthousiasme : « Que sont » toutes les félicités de la terre en comparaison des » délices de l'amour divin ? » L'amour divin ne peut exister que dans quelques natures d'élite que les épreuves ou les déceptions de l'existence ont depuis longtemps détachées des vanités du monde ; il est grand, ardent et généreux ; seulement, pour bien le pratiquer, il faut avoir ou cette supériorité d'intelligence qui sait ne pas le confondre avec le mysticisme, ou cette ferveur intérieure qui n'est plus l'exaltation du sentiment, mais la vocation du cœur pour la vie cachée en Dieu.

L'amour proprement dit résume si bien toutes les passions humaines qu'il serait difficile de lui assigner un caractère spécial. Tour à tour tendre, mystérieux, expansif, sourd, concentré, enthousiaste, il remue l'organisation humaine dans ce qu'elle a de plus violent ou de plus calme, et transforme l'homme en une foule de modifications qui toutes ont le désir pour impulsion et la possession pour but. L'exaltation est son domaine, le plaisir son empire, le bonheur son rêve, la réalité son ennemie ou son réveil, l'illusion toute sa poésie! Naître d'un sourire, d'un regard, d'une parole, s'attacher à une figure qui l'a captivé par le charme de ses traits, s'éprendre avec ardeur d'une créature jolie qui a résumé pour lui ce que la nature avait de plus parfait, grandir en s'attachant toujours davantage à cet être chéri, concentrer sur lui toutes les aspirations de son existence, ne vivre, en un mot, que pour posséder l'être qu'il aime et s'éteindre peu à peu après la possession... telle est sa théorie. Et encore, quand nous disons *théorie*, nous convenons bien d'avance que l'amour ne réfléchit ni ne raisonne, il arrive comme un éclair; mais de théorie, il n'en a pas et n'en posséda jamais.— On peut avoir l'amour du beau par l'admiration des merveilles de l'art; on s'élève jusqu'à l'amour divin en adorant les œuvres du Créateur, et l'on parvient ainsi, il est vrai, à l'amour par la réflexion ou l'étude; mais l'amour pris en général, c'est-à-dire cette étreinte du désir et de l'espérance, cette lutte entre la passion et la pudeur, cette réunion des plus nobles sentiments de l'âme, des instincts les plus irrésistibles du corps, en un mot des attractions les plus pures et les plus voluptueuses, cet amour-là se fait sentir, mais ne s'apprend jamais. Et ici, pour expliquer mieux la nature de l'amour, imaginez la réunion de tous les plus violents contrastes s'arrachant l'un à l'autre une existence trempée dans le sentiment et la souffrance; surprenez-la souvent sous le charme des impressions rustiques, et vous comprendrez tout ce qu'il y aura de candeur naïve et d'expressions brûlantes sur ce front qui d'hier à peine a ressenti l'amour! Sympathie immense, langage gai, rêveur ou sombre, volupté ardente, désirs insatiables, angoisses d'espérances, indifférence ou enthousiasme, tout se concentrera dans cette âme qui tantôt, pour exprimer ce qu'elle éprouve, se mouillera de larmes, se parfumera de fleurs, ou se perdra dans les nuages d'un rêve bien-aimé!... Vous voudrez l'arrêter et lui dire que son organisation l'entraîne au delà du but, mais elle vous répondra qu'elle est dominée par un sentiment qui, d'abord doux et inoffensif, est devenu si vif que peu à peu il a absorbé tous les autres, qu'elle ne se reconnaît plus elle-même au milieu des transformations qu'elle subit, qu'elle ne sait pas si elle est sous l'influence d'une passion bonne ou mauvaise, mais qu'elle sent qu'elle aime!... En voudrez-vous plus long pour lui pardonner et reconnaître l'amour?... .

Dans tous les temps, l'amour a été le principe et le mobile des actions humaines; seulement il a varié selon les mœurs et la civilisation des peuples. Dans l'antiquité, on est plus amoureux des jouissances matérielles que des plaisirs de l'âme; tous les écrivains, qu'ils soient philosophes ou poëtes, écrivent ou versifient pour célébrer les voluptés et les charmes de la beauté. Depuis Homère jusqu'à Tibulle, Horace, Ovide et Properce, tout se résume dans la jouissance de la possession, la mythologie se met au service de la passion, et les figures les plus voluptueuses se mêlent sans cesse à ce désir impétueux. Platon

semble s'isoler de cette tendance vers le matérialisme pour substituer une sorte d'amour plus pur; seulement il ne comprend l'amour qu'entre hommes, et il commet l'erreur bien plus grande d'en exclure les femmes, comme si ce n'était pas surtout pour elles que se déclarait l'amour. Bien rarement dans ses œuvres, qui expriment pourtant les sentiments les plus chaleureux, il parle de l'attraction d'un sexe pour l'autre, ce qui ne l'empêche pas de chercher ailleurs un aliment à ses jouissances, en restant comme l'éclaireur d'un amour plus mystique entrevu et pressenti au sein du paganisme; c'est même lui qui, à notre avis, marque la transition la plus exacte entre l'amour héroïque, l'amour antique et l'amour moderne. Vient le Christianisme; ici, tout change, l'amour s'unit tellement à l'idée religieuse qu'il semble ne s'en détacher que pour donner partout naissance à un sentiment plus délicat et plus élevé. L'antiquité et le paganisme n'avaient vu dans l'amour que l'union générale de tous les êtres organisés; le Christianisme épure cette idée matérielle, et inscrit en tête de ses maximes : « Aimez-vous les uns les autres ! » Tout l'Évangile n'est-il pas le commentaire de cet amour? Puis il émancipe la femme, et celle-ci n'est plus, comme dans l'antiquité, un instrument, une maîtresse ou une esclave, mais elle inspire des sentimens plus nobles, et devient la compagne de l'homme dans ses fatigues, dans ses joies et dans ses dangers! Une des influences les plus bienfaisantes de la religion chrétienne a été d'ouvrir pour la femme ces vastes horizons du dévouement et du sacrifice, et de développer en elle ces germes de grâce et de sensibilité qui, jusqu'alors, ne s'étaient épanouis que pour assouvir les instincts matériels de l'homme. Les premiers siècles de l'Église nous offrent de nombreux exemples de portraits féminins où le courage et la vertu l'emportent presque toujours sur la douceur et la beauté. Le moyen âge est le règne de la femme; on combat pour son Dieu, son roi et sa dame, on est armé chevalier par une dame, on institue des cours d'amour dont les juges sont des dames, on fait la guerre bien moins à l'ennemi qu'aux dames, et de ce continuel exercice de galanterie naît une sympathie morale qui ennoblit l'amour et excuse la barbarie de certaines coutumes en raison des causes qui les inspirent.—Nous ne parlerons pas de l'amour dans les temps modernes, nous serions obligés d'aller fouiller dans les chroniques scandaleuses des dix-septième et dix-huitième siècles, mais nous indiquerons seulement qu'à cette époque l'amour tomba dans l'avilissement des plus honteuses débauches. Aujourd'hui l'amour est plutôt de la galanterie ou du caprice qu'une émotion profonde et durable; on daigne bien comprendre que de temps en temps il a existé certains êtres qui, tels que Socrate, Platon, saint Augustin, Abailard, Fénelon, n'ont dû qu'à leur réputation et leur génie, mais on s'en amuse, et l'on fait de lui une rose dont on détache chaque jour une nouvelle feuille; la rose se fane, on en cueille une autre; puis il arrive un moment où l'on se fatigue d'effeuiller ainsi des fleurs de toute sorte, et pour changer, on prend la passion de la Bourse ou de la campagne, et l'on se pose en homme d'argent ou de morale, selon les circonstances et les individus. Cependant notre dix-neuvième siècle réunit si bien tous les éléments de perfection et de progrès que, plus que tout autre, il connaît et pratique l'amour à la fois comme un idéaliste, un platonicien, un philosophe, un matérialiste et un homme sérieux. D'ailleurs l'amour est un sentiment qui se prête si bien à toutes les inspirations de l'âme, qu'avec lui on arrive à une métamorphose presque complète, tellement il a le don, surtout aidé du cœur et de l'intelligence, de s'approprier les perfections d'autrui et de se rendre digne, par la lutte sur ses mauvais instincts, de la sympathie ou de la possession de l'être qu'il s'est choisi. On a dit bien des fois que le véritable amour était une excuse à nos chutes et à nos folies, et le Christ lui-même semble avoir sanctionné cette excuse par les paroles sublimes qu'il prononça sur Madeleine; on a eu raison : autant l'amour abaisse lorsqu'il n'a pour but que la jouissance matérielle, autant il ennoblit l'homme en le forçant à devenir meilleur, et à comprendre ainsi que l'amour n'est pas une passion vulgaire, mais qu'au contraire, bien inspiré et bien dirigé, il devient pour lui la consolation, le soutien, et nous dirions même le bonheur le plus vrai dans la vie !...

ÉDOUARD BLANC.

AMOUR MATERNEL. — Il est un être que nous nous plaisons à voir doucement penché sur un berceau, et dont le regard fixé avec amour sur un enfant semble résumer toutes les joies et tous les bonheurs de la vie! Cet être, c'est la mère. L'amour d'une mère ne ressemble ni à l'amitié ni à l'amour ; c'est le sublime du sentiment et du sacrifice, il attendrit et il charme, et, pour bien le définir, il faudrait faire appel aux sentiments les plus tendres et les plus aimants de l'âme, et se demander s'il y a au monde quelque chose de plus constant et de plus fidèle que cette sollicitude maternelle qui nous suit et nous accompagne partout sans s'endormir jamais. L'amour d'une mère ne se nourrit pas d'illusion comme tous les autres ; il caresse, au contraire, la réalité de ses effusions les plus brûlantes, et s'oublie lui-même pour vivre dans ce qu'il a de plus cher, son enfant !... Quand cet enfant grandit, qu'il prend des forces, qu'il lit et parle seul, que son esprit et son cœur se développent son corps, comme cette mère est heureuse! Et surtout quand cet esprit est délicat et fin, et ce cœur sensible et bon, cette âme noble et généreuse, que cette mère a de fierté !... L'amour maternel, loin d'être égoïste, se réjouit toujours du bonheur d'un autre lui-même, et s'oublie constamment pour se sentir revivre dans l'être auquel il a donné le jour. Une femme peut aimer par coquetterie ou par caprice, une jeune fille s'attache par instinct ou par passion, mais une mère aime de toutes les forces de son âme, et donne à son amour je ne sais quel caractère céleste qui réunit en elle et les grâces de la jeune fille, et les charmes de la femme, et cette bonté angélique qui n'appartient qu'à la mère!

Aussi, si l'existence d'une femme se résume tout entière dans l'amour, cette existence n'est vraiment complète que lorsque la femme a connu les douleurs et les joies de la maternité. Jeune fille, son amour a été le plus souvent timide et caché ; mère, il se traduit en caresses brûlantes sur son enfant : jusque-là elle avait cru peut-être qu'aimer à deux c'était le plus beau des rêves de la vie ; puis elle s'est aperçue que l'amour de son époux était d'autant plus ardent qu'il était resserré par l'amour de son enfant ; et, heureuse de sa maternité, elle a concentré sur son fils ses prières et ses rêves, en appelant sur lui tous les dons de l'intelligence et du cœur. Sa vie à elle s'efface devant celle de son fils : le voir heureux, souriant, admiré, c'est son idéal ; partager plus tard ses caresses et recevoir en échange des siennes cette reconnaissance filiale, qui jusque dans ses expressions les plus ardentes ne lui rendra jamais ce qu'elle a fait pour lui, voilà ce qui la fait vivre, ce qui la fait aimer, ce qui la rend confiante, courageuse et héroïque au seul nom de son enfant! L'amour d'une mère se compose d'impressions à la fois si joyeuses et si tristes, il a tant de sourires pour ses plaisirs et tant de larmes pour ses peines qu'il échappe à toute analyse : on peut le sentir et le comprendre ; mais le définir.... jamais! Nous ne ferons pas ici l'histoire de l'amour maternel ; la Grèce, Rome, les premiers siècles du Christianisme nous offriraient trop de types de ce sentiment inscrit pour toujours au cœur de la mère ; nous ferons seulement observer qu'à l'origine de certaines sociétés, et particulièrement dans l'antiquité, à Athènes, lorsqu'une femme donnait le jour à un fils, elle devenait inviolable, et revêtait en quelque sorte aux yeux de ses concitoyens un caractère sacré. A tous les âges de l'humanité, un cri de respect et d'enthousiasme s'est élevé autour de la mère, et l'amour maternel s'est toujours si bien inspiré des sentiments les plus vifs d'abnégation et de fidélité, que, lorsqu'on a vu s'évanouir ses plus douces croyances, on a rattaché son espoir au souvenir de sa mère, et c'est ainsi que ce titre s'est entouré d'une auréole d'admiration et de gloire, qui a rayonné sur les générations naissantes, pour redire sans cesse à l'homme que sa mère doit être ici-bas, pour lui, l'image de son Dieu!..

ÉDOUARD BLANC.

AMOUR-PROPRE. — L'amour-propre consiste dans l'idée exagérée que nous nous faisons de nos sentiments et de nos pensées, et dans le désir que nous avons d'inspirer cette idée à ceux qui nous entourent ; ou encore, c'est l'opinion trop excellente que nous avons de notre personne, et la persuasion, vraie ou fausse, de notre supériorité. C'est l'amour réfléchi sur soi-même, la sensibilité intérieure s'exerçant sur le *moi* et dirigeant vers lui toutes les forces de son activité. La présomption est son principal mobile ; et continuellement en contemplation devant lui-même, il ne juge bien que ce qu'il fait, et s'imagine ne jamais rencontrer d'obstacles pour n'importe quel but il se propose d'atteindre. On s'estime toujours au-dessus de sa valeur réelle, et, infatué de son mérite, on se croit destiné à de grandes choses, lorsqu'on ne commence pas par se ranger parmi les grands hommes. L'amour-propre se distingue de l'amour en général en ce sens qu'au lieu d'être naïf et spontané, il est presque toujours étudié, et qu'il met au service de son orgueil toutes les facultés dont il peut disposer. On cherche partout l'honneur, la distinction, la considération, le crédit; on s'entoure des dehors les plus empruntés pour avoir d'abord l'illusion de sa personne et se faire valoir dans la société; on se persuade que, parce que l'on possède un peu d'esprit, on doit nécessairement primer sur ses semblables et acquérir une réputation de talent, voire même de génie, et l'on se grandit ainsi de toute la hauteur de sa vanité, sans s'apercevoir qu'on excite autour de soi les rires et les sarcasmes, lorsqu'on n'a pas tout d'abord fait naître le mépris. Pourtant, en lui-même, l'amour-propre est peut-être plutôt une qualité qu'un vice; seulement en raison des objets vers lesquels il se porte, il exagère nos sentiments et change insensiblement en mal ce qui, dans le principe, eût été moral et bien. Comme la sensibilité s'exerce alors sur des fictions, et qu'elle tend à s'approprier les avantages des objets extérieurs qui la sollicitent, elle se laisse aller avec complaisance à ce rêve qui lui promet ou la gloire ou la richesse, et développe en définitive ses sensations et ses facultés; mais, arrivée à l'appréciation des choses extérieures, elle dévie de sa ligne naturelle, et s'attache, non plus au réel et au solide, mais à la frivolité, au luxe et à cet ensemble de jouissances factices qui séduisent avant même d'avoir été goûtées. L'amour-propre dépend alors d'une fausse direction de la conscience, et amène une sorte d'aveuglement moral qui nous empêche de saisir les véritables tendances de notre être, et qui, prenant notre organisation par ce qu'elle a de plus fragile, amène en nous comme une propension naturelle vers le brillant et l'artificiel. Une fois lancé dans cette voie de mensonge, on s'égare à la poursuite d'un objet qui a paru mériter la sympathie; puis on est tellement absorbé par le désir d'arriver à son but, qu'on ne regarde pas s'il faut s'aider de l'hypocrisie ou de la bassesse; et l'on outre ainsi d'une manière ridicule les relations les plus naturelles de la société. Essentiellement distinct de l'*amour de soi*, l'amour-propre ne s'admire que pour savourer le plaisir de s'admirer toujours davantage, tandis que l'amour de soi produit des inspirations nobles et n'agrandit le cercle de ses aptitudes que pour développer intérieurement les plus purs instincts de l'humanité. Avec l'amour de soi, on s'estime, on s'étudie, on s'efface; avec l'amour-propre, on rapporte tout exclusivement à son égoïsme et l'on se fait centre unique de toutes les sensations agréables ou pénibles pour se détacher de tous les objets qui nous environnent, non plus par désintéressement ou par modestie, mais par ostentation ou calcul, attendant toujours qu'une occasion favorable mette en relief votre vanité. L'amour de soi produit le plus ordinairement le dévouement et le sacrifice, et toujours en présence

d'un type de perfectibilité morale ou intellectuelle, il s'étudie à approcher du modèle par la bonne impulsion qu'il sait donner à ses pensées et à ses actes; l'amour-propre, au contraire, s'agite dans le vide, retient tout pour lui et se garde bien de faire le moindre effort pour se grandir à ses propres yeux; il est vain et rempli de suffisance. Tous deux s'inspirent de l'idée de la dignité humaine et ont pour but l'épanouissement de toutes les facultés vers le beau et la perfection; seulement, ils diffèrent dans leurs résultats et se manifestent par des effets qui ne sont que l'exaltation de la sensibilité sur l'organisation et de la perception incomplète et exagérée des rapports de notre individu avec les objets extérieurs. L'amour de soi se range parmi les bons sentiments; l'amour-propre ne peut, en général, qu'en inspirer de mauvais. A eux deux, ces amours comprennent toutes les bonnes ou mauvaises passions; selon leurs tendances, on les appelle valeur, gloire, dévouement, justice, envie, ambition, vanité. L'un est une vertu, l'autre un défaut, quelquefois même un vice; et, pour tout dire, l'amour-propre n'est peut-être qu'un instrument de passion ou de caprice mis entre les mains de l'homme pour lui donner le pourquoi de ses faiblesses et de ses chutes; et l'amour de soi, le respect de sa valeur réelle, est comme un levier moral avec lequel on soulève les obstacles les plus invincibles, pour être soi-même le frappant exemple de l'excellence de l'homme mis en face de la vertu et de la vérité. ÉDOUARD BLANC.

AMOUR DE LA PATRIE. — La patrie est une terre dont les habitants ne veulent pas s'éloigner; c'est le lieu où nous avons reçu le jour, celui où nous vivons entourés de nos parents, de nos amis; en un mot, de tout ce qui nous est cher. L'amour qu'on lui porte conduit à la bonté des mœurs, et les mœurs font qu'on s'y attache davantage. Comment n'aimerait-on pas un pays où tout est préparé pour nous recevoir, où le travail de chacun nous procure le bonheur qu'on peut espérer en cette vie? car la patrie est une mère qui chérit tous ses enfants, qui ne les veut ni trop riches ni trop pauvres, ni opprimés ni oppresseurs, qui ne souffre dans la famille que les maux qu'elle ne peut empêcher, tels que les maladies et la mort. C'est une divinité qui n'accepte des offrandes que pour les répandre, qui demande plus d'attachement que de crainte, qui sourit en faisant du bien et soupire en réprimant le mal. Eh bien! pour prix de tant de prévenance, la patrie attend en échange notre amour et l'engagement de vivre et de mourir pour elle. La patrie, du reste, n'exige pas de tous ses enfants les mêmes sacrifices: le soldat verse son sang dans les combats; le laboureur agrandit la terre en la rendant fertile; le magistrat est chargé de rendre la justice; l'avocat défend ses concitoyens devant les tribunaux; le médecin, par ses talents, rend au malade le plus précieux des biens, la santé du corps; le ministre de Dieu, en élevant des mains pures vers le Père de toutes choses, prie pour notre prospérité; enfin, le savant et l'artiste épuisent leur génie pour réjouir les facultés de notre âme. Au seul mot de *patrie* les hommes sensibles peuvent s'enthousiasmer et devenir invincibles. L'histoire nous offre mille exemples de l'amour de la patrie. A Sparte, lorsqu'on annonçait à une mère que son fils était mort en combattant, elle répondait par ces mots sublimes : *Je ne l'avais élevé que pour cela !* Codrus, dernier roi d'Athènes, apprenant par l'oracle que le peuple dont le chef serait tué demeurerait vainqueur, prend les armes et les habits d'un simple soldat, se jette dans la mêlée et trouve la mort parmi les ennemis, qui ne le reconnaissent point. Léonidas, roi des Lacédémoniens, s'acquit une gloire immortelle en défendant, avec trois cents hommes d'élite, le détroit des Thermopyles contre l'armée de Xercès dix mille fois plus nombreuse. Périclès, l'un des plus grands hommes d'Athènes, usurpe l'autorité, et, guidé par l'amour de la patrie, encourage les lettres et les sciences, et donne son nom à un siècle qui présente l'esprit humain dans son apogée de grandeur et d'éclat. Alcibiade, forcé par ses concitoyens de se retirer chez ses ennemis, sert les Lacédémoniens contre sa patrie; mais, s'apercevant qu'il n'avait agi que dans un premier moment de ressentiment, il accourt au-devant d'elle lorsqu'il la voit en danger. Trasybule, indigné de la cruauté des trente tyrans qui opprimaient sa patrie, se réfugie à Thèbes avec plusieurs proscrits, et, levant quelques troupes, entre dans Athènes, qu'il délivre de l'oppression. Thémistocle, qui avait donné à Athènes l'empire de la mer, voyant que sa patrie ne pouvait opposer aucune résistance à ses ennemis, persuade à l'oracle d'ordonner aux Athéniens de se réfugier sur leurs vaisseaux et d'abandonner leur ville; il sauve ainsi la vie et la liberté à ses compatriotes !

Si de l'histoire des Grecs nous passons à celle des Romains, les exploits des Scipion, des Sylla, des César, sont plus présents à notre mémoire que les premiers événements de nos propres monarchies, et l'empire romain, tout détruit qu'il est, attirera toujours les regards de vingt royaumes élevés sur ses débris, dont chacun se vante d'avoir été province romaine, et l'une des pièces de ce vaste édifice !

Mais pourquoi chercher dans les siècles éloignés des preuves de l'amour de la patrie? jetons les yeux sur notre beau pays, et chaque page de notre histoire nous en fournira des exemples. Attila, le fléau de Dieu, après avoir désolé la Thrace et l'Orient, s'avance du côté du Danube et du Rhin, entre dans les Gaules, menaçant d'exterminer les peuples qui s'opposeraient à son passage. Les Parisiens, effrayés, veulent quitter leur ville, lorsqu'une sainte fille, nommée Geneviève, les en empêche, leur assurant que Paris serait respecté du Barbare. En effet, elle prie ardemment le Très-Haut de venir au secours des Parisiens; ses vœux sont exaucés, et Attila, vaincu à Orléans, tourne ses armes contre l'Italie, qui essuie toute sa rage. Au huitième siècle, les Sarrasins, après avoir envahi l'Afrique et une partie de l'Europe méridionale, pénètrent en France avec une armée innombrable, sous les ordres du fameux Abdérame. A

cette nouvelle, Charles Martel, qui voit le danger que court son pays, rassemble les troupes de Neustrie et d'Austrasie, passe la Loire, atteint les Arabes dans les champs de Poitiers, tue de sa main Abdérame, chef des mahométans, après lui avoir fait perdre sept cent mille hommes, et par là sauve la chrétienté avec toute la France ! En 887, les Normands, amas de pirates danois, suédois et norvégiens, qui, depuis le sixième siècle, ravageaient les côtes de l'Angleterre et de la France, vinrent mettre le siége devant Paris. Vainement le peuple indigné appelle le monarque; c'est Eudes et Gosselin qui défendent la ville avec toute l'énergie du désespoir et l'ardent amour de la patrie. Sous Charles V, Du Guesclin s'immortalise par une valeur héroïque consommée, et meurt, au milieu de ses triomphes, avec la gloire d'être enterré dans les tombeaux des rois ! Le règne de Charles VII voit apparaître l'héroïne Jeanne d'Arc, l'éternel honneur de la France : fille d'un laboureur de Domrémy, elle s'était fait remarquer par la simplicité de ses goûts, la pureté de ses mœurs et la candeur de sa foi. Ce caractère si calme couvrait cependant une rare énergie et un ardent amour de la patrie. Elle avait vu l'ennemi dévaster nos provinces, fouler d'un pied étranger le lieu où elle jouissait de la tendresse d'un père, d'une mère, d'une famille ! Témoin de tant de malheurs, elle priait Dieu d'y mettre un terme, et, dominée par les inspirations de l'extase, elle crut dans sa foi qu'elle était le vengeur appelé à délivrer la France du joug des Anglais. Elle se présente à Charles VII, qui, rougissant de sa mollesse, lève de nouvelles troupes, les confie à Jeanne, dont le courage triomphe partout des ennemis de la France. Quelques années après, l'héroïsme de Jeanne trouvait de l'écho à la défense de Beauvais, assiégé par le duc de Bourgogne. Partout, enfin, nous trouvons la preuve que toutes les âmes vertueuses aiment leur patrie. Honte donc à l'homme corrompu qui déchire son pays en excitant des troubles et des factions ! Dans tous les temps et chez tous les peuples, les hommes assez vicieux pour avoir méconnu leur patrie ont été l'exécration des siècles et l'opprobre des nations. Honneur à l'homme, au contraire, qui se dévoue pour son pays ! Son nom devient la gloire des nations, et son souvenir honore à jamais le lieu qui l'a vu naître.

En résumé, on doit aimer, honorer le pays qui nous a vu naître et où se trouvent en même temps la justice, la liberté et les garanties de progrès. On doit chérir surtout le pays où l'on vit en frères sous la protection de lois équitables, et n'oublier jamais que Rome, Athènes et Lacédémone ne durent leur gloire qu'au patriotisme, et leur anéantissement qu'à l'oubli de la patrie, des lois et de la morale.

ADOLPHE DE SAINT-CERNAN.

AMOVIBILITÉ (droit) [du latin *amovere*, mouvoir].—La position d'*amovibilité* est celle d'un fonctionnaire, d'un employé ou d'un préposé qui est révocable au gré de l'administration ou du ministre qui l'a nommé. Il n'en est pas de même de certains officiers publics, tels que les notaires, les avoués, les commissaires priseurs, les greffiers et les huissiers, qui ne peuvent être révoqués légalement qu'au moyen de destitution prononcée par les tribunaux compétents. Pour obtenir leur nomination, ils ont d'ailleurs été soumis à faire preuve de capacité, de moralité, et même de solvabilité. — Voyez *Inamovibilité*.					J. E.

AMPÉLIDÉES (botanique) [du grec *ampélos*, vigne]. —Famille de plantes dicotylédones, polypétales hypogynes, dont le genre le plus important à connaître est la *vigne*. — Voy. ce mot.

C'est au botaniste Kunth qu'on doit le nom d'*ampélidées* donné à cette famille de plantes, nommées successivement *vinifères*, *vitacées*, *sarmantacées*.

AMPHIBIES (zoologie) [du grec *amphibios*, à double vie]. — Nom donné aux animaux qui ont à la fois des poumons pour respirer l'air atmosphérique, et des *branchies* pour respirer l'air de l'eau, et qui, par conséquent, peuvent vivre sur la terre et sous l'eau; tels sont les *sirènes*, les *protées*, etc.

Dans l'enfance de l'histoire naturelle, on distribuait le règne animal en trois grandes divisions : les *animaux terrestres*, les *animaux aquatiques* et les *animaux amphibies* : certes, une telle classification méconnaissait les premiers principes de l'anatomie comparée, et l'établissement du dernier groupe surtout violait tous les rapports naturels. En effet, pour que des animaux fussent réellement amphibies, il aurait fallu qu'ils présentassent un type d'organisation propre à eux seuls, ce qui n'existe pas dans la nature: tout animal organisé pour respirer l'air atmosphérique est par cela même incapable de respirer l'air mêlé à l'eau, et réciproquement; les prétendus amphibies des anciens naturalistes meurent par asphyxie, lorsque par une cause quelconque ils sont forcés de prolonger leur séjour dans l'eau. Il y a chez eux, néanmoins, une exagération de la condition générale des amphibies à respiration pulmonaire, puisqu'ils peuvent rester un peu plus longtemps sans respirer que leurs congénères, et partant se noient moins vite; mais il faut chercher l'explication de ce phénomène dans l'influence de circonstances particulières, qui ont contraint ces animaux à chercher un refuge ou à poursuivre leur proie dans les eaux, et qui ont ainsi modifié accidentellement leur espèce pour ce genre de vie, par l'effet d'une longue habitude, transmise et accrue de générations en générations. Ce qui prouve, d'ailleurs, la vérité de cette assertion, c'est que de deux espèces d'animaux immédiatement voisines, la *loutre* et la *martre*, par exemple, la première est amphibie, l'autre ne l'est pas; au contraire, des espèces placées très-loin dans l'échelle animale, telles que la *loutre*, le *rat*, l'*hippopotame*, le *phoque*, etc., se trouveraient placées dans ce groupe polymorphe des amphibies. Ce bizarre et monstrueux assemblage d'espèces si disparates, dit Requin, dut se dissoudre à tout jamais devant la critique sévère d'une zoologie appuyée sur l'étude approfondie des véritables rapport des animaux. La loutre fut bien et dûment placée à côté de la martre et de la fouine; le castor et le rat d'eau à côté du rat commun, du loir, de la marmotte, et autres rongeurs; l'hippopotame à côté de l'éléphant, du rhinocéros, du tapir et autres pachydermes; enfin, chaque amphibie fut rapproché de ses légitimes congénères. C'est surtout à Linné que l'on dut cette heureuse et importante réforme. Néanmoins, ce grand naturaliste continua de désigner sous la dénomination d'*amphibia* toute une classe d'animaux; c'est sa troisième classe, c'est-à-dire celle qu'il forma par le rapprochement si naturel des serpents et des quadrupèdes ovipares, amphibies ou non. La dénomination n'était pas exacte quant à la totalité des espèces de la classe; mais, en revanche, ce qui est d'une bien plus haute valeur, le groupe ainsi dénommé était établi sur la considération des rapports les plus positifs et les plus essentiels.

Les animaux de cette classe (crocodiles, tortues, lézards, serpents, grenouilles, etc.), ayant, en raison de leur organisation (voy. *Reptile*), une respiration moins active et moins impérieuse que les mammifères et les oiseaux, peuvent, en général, plonger plus longtemps que ceux-ci. Si les crocodiles, dont les plus parfaits d'entre eux ne peuvent, pas plus que le castor ou l'hippopotame, ni avaler dans l'eau, ni demeurer entre deux eaux au delà de quelques minutes, beaucoup de ces espèces, plus inférieurement placées, chez lesquelles le poumon ne reçoit et ne revivifie, à chaque tour circulatoire, qu'une fraction plus ou moins minime du sang ramené au cœur et distribué de nouveau aux organes, sont par conséquent capables de suspendre fort longtemps leur respiration sans arrêter la circulation, et, partant, sans crainte d'asphyxie. De plus, dans l'ordre des batraciens (grenouilles, crapauds, salamandres), la respiration se montre réellement *amphibie*, c'est-à-dire *aquatique* et *aérienne*, sinon simultanément, du moins dans la succession des âges : tant que le jeune animal est à l'état de têtard, il respire, comme un poisson, l'air mêlé à l'eau, à l'aide de branchies; à l'état parfait, il respire l'air en nature, à l'aide d'un poumon. C'est donc par catachrèse que le naturaliste suédois embrassa la classe tout entière sous la dénomination d'*amphibies*, qui n'est exactement applicable qu'à une partie, il est vrai, fort considérable des espèces. La dénomination de reptiles n'est pas moins abusive, puisque, dans sa véritable acception, elle ne convient non plus qu'à une partie de la classe (l'ordre des ophidiens ou serpents); mais elle a prévalu sur la première, et y a été universellement substituée dans les nomenclatures actuelles pour la désignation de la classe, qui, si légitimement instituée par Linné, sera désormais, quelque nom qu'on lui impose et quelques subdivisions qu'on y trace, aussi stable et invariable, quant à l'ensemble, que celle des oiseaux et des poissons.

Le célèbre Cuvier a aussi employé le terme d'*amphibies* dans sa nomenclature pour désigner la troisième tribu de sa famille des mammifères carnivores. Quoique appartenant à l'ordre des carnassiers par les principaux détails de leur organisation intérieure, les *amphibies* se rapprochent des *cétacés* (voy. ce mot) sous plusieurs rapports. Leur forme allongée, leur bassin étroit, leur épine flexible, leurs poils ras, et surtout la conformation de leurs membres, leur donnent une analogie frappante avec ces derniers. Leurs pattes sont si courtes, qu'elles ne peuvent servir ni à la préhension des aliments ni à la marche : mais aussi cette disposition les transforme en rames excellentes, qui secondées par la mobilité de l'épine dorsale et par la force des muscles qui meuvent cette colonne, font de ces carnassiers des animaux nageurs par excellence. D'autres particularités de leur organisation intérieure s'accordent parfaitement avec cette destination. C'est ainsi « que l'ouverture de leurs narines est garnie d'un muscle circulaire qui les ferme complétement, pour s'opposer, lorsque l'animal nage ou plonge, à l'introduction de l'eau dans le larynx; de même, pour que le sang ne s'accumule pas en trop grande quantité dans le cœur ou le poumon, pendant que le séjour dans l'eau les empêche de respirer, ils ont au milieu de leur foie une veine énorme, qui peut se remplir de ce fluide sans inconvénient pour l'animal. On peut donc regarder l'eau comme le véritable élément des *amphibies*; c'est là seulement qu'ils se plaisent, parce que ce n'est que là qu'ils jouissent de toutes leurs facultés et de leur liberté. Au contraire, le séjour sur la terre leur est aussi désagréable que dangereux; ils ne peuvent s'y mouvoir qu'en se traînant sur le ventre à l'aide des membres antérieurs, armés à cet effet d'ongles forts et tranchants pour s'enfoncer dans le sol. Aussi ne s'y montrent-ils que le plus rarement possible, et seulement pour se livrer au sommeil, pour allaiter leurs petits et pour recevoir l'influence des rayons du soleil ou pour se soustraire aux dangers d'un orage. »

Les habitudes des amphibies sont douces et sociables, excepté dans le temps de leurs amours. Quelques-uns (les *phoques*) s'apprivoisent avec beaucoup de facilité, et tout Paris a pu voir, il y a peu de temps, deux phoques qui reconnaissaient parfaitement leur maître, à la voix duquel ils s'empressaient d'accourir pour le baiser et lui lécher les pieds. La tribu des amphibies de Cuvier ne comprend que deux genres : les *phoques* et les *morses*. — Voy. ces mots.

On a encore donné la qualification d'*amphibies* aux animaux qui ne peuvent se passer ni d'air ni d'eau, dont les organes respiratoires sont *essentiellement aériens et ceux de la locomotion essentiellement disposés pour la natation*. Enfin, quelques naturalistes ne regardent comme amphibies que les animaux qui naissent avec des branchies ou d'autres organes analogues, remplacés, à une époque plus ou moins éloignée de leur naissance, par des poumons ou des trachées, et qui passent la première partie de leur existence entièrement dans l'eau, et la seconde soit dans l'air, soit dans l'eau; telles sont les grenouilles, les salamandres et un grand nombre d'insectes.

B. LUNEL.

AMPHIBOLE (minéralogie) [du grec *amphibolos*, ambigu, à cause de sa ressemblance avec d'autres substances minérales]. — *Schorl noir* des anciens minéralogistes. Genre de minéraux comprenant des sub-

stances blanches, vertes ou noires, fort analogues aux pyroxènes.

L'amphibole, dit M. Le Play, tel qu'il a été défini par Haüy, est un minéral d'une structure lamelleuse, accompagné d'un éclat assez vif; il est plus dur que le verre; sa pesanteur spécifique varie de 3,0 à 3,3. Les variétés de couleurs claires sont sans influence sur l'aiguille aimantée; mais les variétés noires ou d'un vert foncé ont une action magnétique très-sensible. Le chalumeau indique, entre ces diverses variétés, des différences de même ordre : les amphiboles de couleurs claires fondent en émail bulleux, blanc ou grisâtre, tandis que les autres donnent, dans les mêmes circonstances, des verres plus fusibles, de couleur obscure, et souvent tout à fait noire. C'est surtout la considération des formes cristallines qui a guidé Haüy dans la circonscription de l'espèce amphibole. Tous les cristaux de ce minéral dérivent d'un prisme rhomboïdal à base oblique, reposant sur l'arête obtuse du prisme (fig. 1) : l'angle

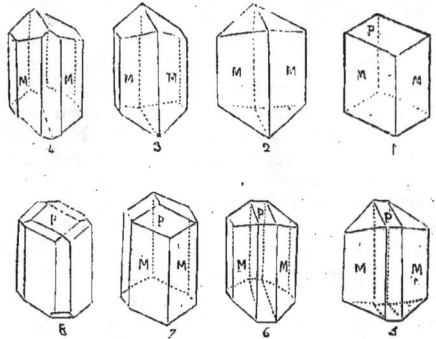

Fig. 91. — Formes cristallines de l'amphibole.

dièdre obtus de ce prisme, c'est-à-dire celui qui est compris entre les deux faces M, est de 124° 34'; l'angle que forme le plan de la base P avec l'arête d'intersection de ces deux faces est de 104° 37'. L'amphibole ne se présente jamais dans la nature sous cette forme primitive; mais les différentes formes qu'il affecte communément en dérivent toutes par des modifications très-simples, ainsi qu'on peut s'en assurer aisément par les figures 2, 3, 4, 5 et 6, qui représentent les cristaux les plus ordinaires de cette substance. Ces cristaux sont souvent mêlés intimement avec d'autres minéraux cristallisés, ou empâtés dans des roches compactes; mais souvent aussi ils se présentent bien isolés et avec les formes les plus nettes.

Malgré l'identité des formes cristallines, Haüy avait été conduit à distinguer dans l'espèce amphibole des variétés qui avaient été remarquées de tout temps, savoir : l'amphibole noir, l'amphibole d'un vert foncé ou d'un blanc verdâtre, et enfin l'amphibole blanc, jaunâtre ou gris. Ces trois sous-divisions de l'espèce étaient désignées par les minéralogistes allemands sous les noms respectifs de hornblend, strahlstein et tremolit. Ces variétés de couleur correspondent d'ailleurs, comme on l'a vu ci-dessus, à des différences dans les propriétés physiques et chimiques.

Les principales variétés d'amphiboles sont :

1° L'*amphibole blanche* ou *trémolite*, composée de

Silice......................... 0,613
Chaux......................... 0,121
Magnésie...................... 0,266

2° L'*amphibole verte* ou *actinote*, formée de

Silice..................... 0,516
Chaux..................... 0,105
Protoxyde de fer.......... 0,381

3° L'*amphibole noire* ou *hornblende*, qui se trouve exclusivement dans les terrains d'origine volcanique ;

4° L'*amphibole aciculaire* ou *strahlstein* des Allemands ;

5° L'*amphibole granuliforme* (*tigerez* des Allemands) ;

6° L'*amphibole compacte* ou *cornéenne*.

Depuis Haüy, les progrès de la science ont prouvé que l'identité entre les diverses variétés d'amphiboles n'était pas aussi complète qu'il l'avait supposé. On sait aujourd'hui que l'angle du prisme oblique d'où dérivent les diverses formes cristallines de l'amphibole, au lieu d'être constamment égal à 124° 34', varie entre 124° 30' et 127°. On a remarqué en outre que cette variation dans les formes cristallines était généralement en rapport avec celle de la composition chimique.

Les amphiboles appartiennent ordinairement aux dépôts de cristallisation où ils se trouvent en couches plus ou moins considérables. Ils sont communs au Saint-Gothard, en Saxe, en Bohême, dans le Tyrol, etc. Leur usage direct dans les arts est à peu près nul, bien qu'en Allemagne on les ait quelquefois employés pour obtenir par la fusion des verres de diverses nuances.   DUBOCAGE.

AMPHIBOLOGIE (grammaire) [du grec *amphibolos*, ambigu, douteux, et *logos*, discours]. — Vice de construction des phrases qui les rend susceptibles de deux interprétations différentes. Le double sens que présente l'amphibologie résulte, non de ce que les termes employés sont ambigus, mais de ce que la construction de la phrase est vicieuse. Le système de construction propre à certaines langues, telles que la grecque et la latine, donne facilement lieu à des amphibologies. « Quoique notre langue s'énonce communément dans un ordre qui semble prévenir toute amphibologie, cependant nous n'en avons que trop d'exemples. Celui qui compose une phrase amphibologique s'entend, et par cela seul il croit qu'il sera entendu ; mais celui qui lit n'est pas dans la même disposition d'esprit. Il faut que l'arrangement des mots le force à ne pouvoir donner à la phrase que le sens que celui qui a écrit a voulu lui faire entendre. On ne saurait donc trop le répéter, on ne doit parler et écrire que pour être entendu, et la clarté est la première et la plus essentielle qualité du discours. Les

amphibologies sont principalement occasionnées par les pronoms *il, elle, lui, eux, leur*, etc., et par les adjectifs possessifs *son, sa, ses*, etc. Ainsi dans cette phrase : *Samuel offrit son holocauste à Dieu, et il lui fut si agréable, qu'il lança au même moment de grands tonnerres contre les Philistins*, il y a amphibologie, parce que *lui* peut se rapporter également à Samuel ou à Dieu. On aurait pu dire : *Samuel offrit son holocauste, et Dieu le trouva si agréable qu'il, etc.* Dans cette autre phrase : *Il a toujours aimé cette personne au milieu de son adversité*, l'adjectif *son* produit également une amphibologie, car on ne sait si le possessif *son* se rapporte à *il* ou à *cette personne*. »

AMPHICOME (zoologie) [du grec *amphi*, autour, et *komê*, chevelure]. — Genre d'insectes coléoptères pentamères de la famille des lamellicornes, vivant sur les fleurs et propres aux pays méridionaux et

Fig. 92. — Amphicome.

orientaux de l'Europe. On les trouve aussi en Égypte, en Perse et en Barbarie.

Ces insectes se distinguent au premier coup d'œil des hannetons et des autres genres voisins, par les poils plus ou moins longs dont leur prothorax et leur abdomen sont hérissés et par l'écartement de leurs élytres, comme on peut le voir par la figure.

AMPHIDASE [du grec *amphidasus*, velu des deux côtés]. — Genre d'insectes lépidoptères de la famille des nocturnes, tribu des phalénites.

Ce genre, dit d'Orbigny, renferme huit espèces, dont quelques-unes ont la plus grande ressemblance avec les bombyx, et se montrent à l'état parfait, depuis le commencement de mars jusqu'à la fin d'avril. Leurs chenilles ne vivent que sur les arbres, au pied desquels elles s'enterrent pour se chrysalider sans former de coques.

AMPHICTYON (antiquités grecques) [du grec *amphiktiones*, voisins]. — Représentant de l'une des villes confédérées de la Grèce qui avait droit de suffrage dans une réunion nommée *conseil des amphictyons.*

Les amphictyons jugeaient souverainement et en dernier ressort toutes les affaires qui concernaient la religion, le bien commun de la patrie, la sûreté et la tranquillité publiques. Ils décidaient aussi toutes celles de chaque ville et de chaque bourgade. Ils condamnaient à de grosses amendes celles qu'ils trouvaient coupables. Ils avaient plein pouvoir d'employer non-seulement la rigueur des lois pour l'exécution de leurs arrêts, mais même de lever des troupes pour forcer les rebelles à obéir.

Dans ces assemblées, tout se décidait à la pluralité des voix; et comme tous les amphictyons étaient vocaux, le suffrage d'un député de la moindre ville avait autant de poids que celui de l'une des plus puissantes. Chaque ville, sans distinction, avait seulement deux suffrages sans que les plus grandes eussent aucune prééminence sur les plus petites.

Lorsque l'assemblée était finie, les députés qui composaient le corps des amphictyons retournaient dans leurs villes pour y rendre à leurs concitoyens un compte exact de tout ce qu'ils avaient fait pendant la tenue des états généraux en Grèce. Ils leur remettaient des mémoires de toutes les affaires sur lesquelles on avait délibéré, et représentaient les arrêts qui avaient été rendus. Après quoi les magistrats et les citoyens de chaque ville approuvaient et ratifiaient d'un commun accord tout ce qu'avaient fait leurs députés, car les jugements émanés du tribunal des amphictyons étaient des lois auxquelles toutes les villes de la Grèce étaient obligées de se soumettre.

Les amphictyons étaient une institution religieuse, et non point une diète politique, constituant la Grèce en une confédération régulière. Lorsqu'un péril imminent menaçait les Hellènes, dit J. Mongin, ce n'est point dans le conseil amphictyonique, mais dans des assemblées temporaires convoquées soit à l'isthme de Corinthe, soit ailleurs, par les Spartiates ou les Athéniens, que se prenaient les mesures pour la défense commune. Ce n'est point sur ce conseil, mais sur des coalitions formées en dehors, que s'appuyèrent Sparte et Athènes dans leur longue lutte pour la suprématie. Thucydide a pu écrire l'histoire de la guerre du Péloponèse sans nommer une seule fois les amphictyons. Ce n'est pas dans leur sein, mais dans des assemblées spéciales, que Philippe et Alexandre se sont fait élire généralissimes des Grecs pour la guerre d'Asie. Sans doute l'établissement des amphictyons est l'un des plus remarquables élans vers l'unité que présente l'histoire des Hellènes; mais c'est un élan irréfléchi et sans suite. Bientôt le travail de l'association hellénique se poursuit sur d'autres points et sous d'autres formes; il se poursuit dans ces alliances momentanées pour le salut commun qu'amène l'invasion persane; il se poursuit par les conquêtes et la domination des Athéniens, des Spartiates, des Thébains; il s'accomplit enfin, imparfaitement il est vrai, par la domination de Philippe, et ensuite par la ligue achéenne. Pourtant l'établissement des amphictyons

ne fut point stérile : sans lui peut-être tout sentiment de la nationalité hellénique se serait perdu. Les priviléges du lieu dont la défense appartenait aux amphictyons étant mal définis, et de leur nature fort élastiques, les amphictyons pouvaient, dans plusieurs cas, intervenir comme ministres de paix ou vengeurs des crimes. Tout ce qui avait rapport aux temples, aux fêtes, aux asiles; la franchise et la sûreté des voyageurs qui, de toutes parts, allaient consulter les oracles; les relations mercantiles qui s'établissaient à l'ombre du temple; les infractions à la paix durant les solennités amphictyoniques, tout cela ressortait naturellement du tribunal des amphictyons. Ainsi, ils furent amenés à intervenir dans les relations de peuple à peuple, et, sous leur influence, il s'établit, d'Hellène à Hellène, un droit des gens plus fraternel. Ainsi les *hiéromnémons* ou gardiens des coutumes sacrées, les députée des villes amphictyoniques ou pylagores, les synèdres ou conseillers, en un mot tous les membres de l'ecclésie s'engageaient par serment à ne renverser aucune ville amphictyonique, à ne détourner ses eaux ni en paix ni en guerre. Si quelqu'un venait à commettre l'un de ces crimes, ils juraient de marcher contre lui et de détruire ses villes. Mais ces lois furent bien souvent violées; c'était seulement une maxime religieuse dont la sanction pénale sur la terre dépendait de la puissance et des dispositions des peuples amphictyoniques. Du reste, les amphictyons mêmes n'en tinrent pas compte dans les guerres sacrées qu'ils suscitèrent pour la défense des priviléges de leur temple.   H JUDE.

AMPHIGÈNE (minéralogie) [du grec *amphi*, des deux côtés, et *génos*, origine, parce qu'on peut en diviser les cristaux dans deux sens différents].—Silicate d'alumine et de potasse; substance minérale, vitreuse, translucide, le plus souvent incolore, qui ne se trouve qu'en cristaux ou en grains disséminés dans les laves anciennes, savoir à la Somma et à Pompéi, près de Naples, dans la plupart des volcans éteints, ainsi que dans les roches balsamiques des bords du Rhin.

AMPHIPODES (zoologie) [du grec *amphi*, des deux côtés; *pous, podos*, pied].—Nom donné par Latreille à des crustacés à yeux sessiles formant son 14ᵉ ordre. La plupart des *amphipodes* sautent et nagent avec facilité, et toujours de côté. Quelques-uns se trouvent dans les ruisseaux et les fontaines; mais le plus grand nombre habite les eaux salées. Tous sont de petit taille et d'une couleur uniforme, tirant sur le rougeâtre ou le verdâtre. Les amphipodes de Latreille constituent le 3ᵉ ordre de la section des malacostracés de Cuvier.

AMPHIPOLES (histoire grecque) [du grec *omphipoleuo*, je veille sur].—Magistrats souverains de Syracuse (Sicile), assez semblables, sous le rapport des fonctions et de l'autorité, aux archontes d'Athènes. Ils furent institués par Timoléon, l'an 343 avant J. C., après qu'il eut chassé Denys le Tyran. Les Syracusains distinguèrent leurs années par les noms de ces magistrats, coutume qui subsista plus de trois cents ans, jusqu'au temps où les Romains s'emparèrent de

Syracuse, et changèrent complétement le mode d'administration de la Sicile. Les amphipoles étaient remplacés tous les ans.

AMPHISBÈNE (zoologie) [du grec *amphibaino*, marchant dans les deux sens].—Genre de reptiles ophidiens, apodes de Cuvier, de la tribu des doubles-marcheurs, ayant le corps cylindrique, la tête obtuse, arrondie, couverte d'écailles, les yeux à peine visibles. Les amphisbènes sont propres aux contrées chaudes de l'Amérique du Sud et à quelques parties de l'Afrique; elles habitent des trous qu'elles se creusent dans des terrains sablonneux. Ces animaux sont ovipares, se nourrissent d'insectes et ne sont pas venimeux.

AMPHITHÉÂTRE (histoire) [du grce *amphi*, autour; *théatron*, théâtre].—Nom des édifices où se rassemblait le peuple pour assister aux fêtes publiques dans certaines villes de l'antiquité, et principalement à Rome. C'étaient des monuments immenses, destinés à recevoir, aux jours solennels, un peuple entier: tels que l'amphithéâtre *Castrense*, bâti sur la colline des Esquilies; le *Colisée*, ou amphithéâtre de Flavien, encore existant; enfin, l'amphithéâtre bâti par Trajan, dans le Champ-de-Mars, et détruit par Adrien. 80,000 spectateurs pouvaient tenir dans l'intérieur de ces édifices. Leur forme était ovale, et ressemblait à deux théâtres réunis. La partie inférieure s'appelait l'arène, *arena*, parce qu'on y répandait du sable pour absorber le sang des animaux et des hommes et aussi pour affermir le sol sous les pieds des combattants. Le nom de *cavea*, que l'on donnait quelquefois aux amphithéâtres, ne signifie que le dedans de l'édifice. Tout autour de l'arène, dans l'endroit le plus bas, étaient des loges voûtées où l'on renfermait les animaux qui devaient combattre. L'arène, dans toute sa circonférence, était ceinte d'une muraille sur laquelle était ce que l'on nommait *podium*; c'était une avance en forme de quai où étaient placés les premiers magistrats et les sénateurs. Celui qui donnait le spectacle des jeux y avait aussi son tribunal, auprès duquel étaient les vestales. Quoique ce *podium* ou plateforme fût élevé de quatre à cinq mètres, les magistrats et les sénateurs n'auraient pas été en sûreté contre les insultes des éléphants, des lions des léopards, des panthères, des tigres et d'autres bêtes féroces qui se battaient dans l'arène, si l'on n'y eût mis à l'entour des filets ou treillis qui garantissaient les spectateurs sans les empêcher de voir. Outre ces précautions, on fit un canal qui régnait tout autour pour empêcher les animaux d'en approcher.

Au-dessus du *podium* étaient les degrés destinés pour s'asseoir; ils régnaient autour de l'amphithéâtre. Il y avait deux sortes de degrés, les uns hauts et larges, les autres bas et étroits. Les premiers étaient les siéges des spectateurs, et les seconds des escaliers pour monter et descendre du haut en bas de l'amphithéâtre. La hauteur des degrés destinés à s'asseoir était de 40 cent. et la largeur de 50. On donnait cette largeur aux degrés pour s'asseoir afin que l'on pût entrer et sortir sans gêner personne, et surtout afin que les pieds de ceux qui étaient assis ne touchassent point les spectateurs qui étaient au-dessous.

Ces degrés hauts et larges étaient coupés de distance [en distance par ces escaliers qui allaient du haut en bas, dont les marches étaient basses et étroites, par où montaient et descendaient ceux qui allaient se placer; outre cela, il y avait encore d'espace en espace des ceintures de pierres nommées *præcinctiones*, c'est-à-dire des degrés plus élevés et plus larges que tous les autres, mais qui leur étaient parallèles et qui divisaient les siéges plus hauts des plus bas, afin de faciliter le passage à la foule des spectateurs qui arrivaient pour prendre des places. L'espace qui se trouvait renfermé entre les *præcinctions* et les escaliers divisait les places en certaines classes ou barties qu'on appelait *cunei*, parce que, selon la forme de l'amphithéâtre, ces parties ainsi coupées étaient plus larges en haut qu'en bas.

Il y avait encore aux deux extrémités de chaque escalier de larges ouvertures ou portes appelées *vomitoria*, parce que ces portes semblaient vomir la foule qui entrait au spectacle. On arrivait à ces portes par des galeries couvertes qui régnaient sous les degrés tout autour de l'amphithéâtre. Quelquefois, pendant le spectacle, on tendait une banne sur l'amphithéâtre pour garantir les spectateurs des ardeurs du soleil et des injures du temps. Mais ordinairement on y était exposé au soleil; alors les spectateurs se couvraient la tête ou d'un pan de leur robe, ou ils portaient des bonnets ou espèce de chapeaux en parasols que les anciens appelaient *umbellæ*.

Il y avait deux sortes de combats dans les amphithéâtres: «1° les combats d'animaux entre eux, ou les combats d'hommes et d'animaux; 2° les combats d'hommes ou de gladiateurs à cheval ou à pied. Les combattants entraient dans l'arène en procession solennelle, par les extrémités de l'ellipse; ils étaient divisés par paires, ayant des armes différentes ou semblables, et ayant déjà fait preuve de force ou d'adresse à peu près égales. Ils passaient devant la loge de l'empereur et le saluaient en disant : *Morituri te salutant!* (Ceux qui vont mourir te saluent.)» Les combattants préludaient avec le bâton et des armes de bois ou de fer émoussé; mais bientôt la trompette sonnait, et ils saisissaient les armes meurtrières, qui avaient été auparavant visitées avec soin, afin que les pointes et le tranchant en fussent parfaitement acérés et aiguisés. Dès qu'un gladiateur était blessé, s'il ne tombait pas, le peuple s'écriait: «*Hoc habet!* (Il en tient!)» Alors le malheureux était forcé de baisser ses armes; il levait le doigt pour prier le peuple de lui faire grâce. S'il s'était vaillamment battu, s'il avait été traîtreusement frappé, s'il conservait une brave contenance, s'il avait excité un intérêt puissant, les spectateurs baissaient le pouce, et il était ou sauvé pour toujours, suivant sa condition, ou réservé pour un autre combat. Si les spectateurs étaient à son égard dans une disposition d'esprit différente, si leur amour du sang était plus fortement excité, ils fermaient la main et levaient le pouce en le tournant vers les combattants; aussitôt le gladiateur vainqueur égorgeait le vaincu, qui souvent s'étudiait comme un tragédien, à mourir avec grâce, pour entendre du moins à son dernier soupir quelques applaudissements de la multitude. L'entrée inopinée de l'empereur dans l'amphithéâtre, au milieu des combats, valait de droit grâce de vie aux gladiateurs qui en ce moment étaient blessés. Quelquefois aussi le droit de faire grâce appartenait aux vestales ou à celui qui donnait la représentation à ses frais. Dès qu'un gladiateur était mis à mort, des esclaves accouraient et entraînaient son cadavre avec un crochet de fer par la *porte de la mort* (*libitinensis*) pour le conduire au *spoliarium*, lieu où il était dépouillé de ses armes. Le vainqueur recevait une récompense : c'était soit une somme d'argent, soit une branche ou une guirlande de laurier ornée de rubans de couleur, soit le ruban nommé *rudis*, qui rendait la liberté au gladiateur, s'il n'était pas esclave, et qui, dans le cas contraire, le dégageait seulement de combattre à l'avenir dans l'arène. Hercule était le dieu particulier des gladiateurs : les *rudiaires*, ceux qui étaient rendus à la liberté, suspendaient leurs armes dans son temple. »

Le premier amphithéâtre en pierre qu'il y ait eu à Rome, dit L. Reynaud, fut construit dans le Champ-de-Mars par Statius Taurus, vers l'an 725 de la fondation de la ville. Il n'en reste plus aucune trace ; le palais de Monte-Citorio a été bâti sur ses ruines. Auguste avait manifesté l'intention d'en élever un autre dans une partie plus centrale de la ville, mais ce projet ne fut mis à exécution que longtemps après lui par Vespasien. Cet empereur commença, près du Forum, dans l'emplacement occupé par le fameux étang du palais doré de Néron, un amphithéâtre qui devait surpasser par sa grandeur tous ceux qu'on avait vus jusqu'alors. La mort le surprit au milieu de ses travaux. Mais son successeur Titus les continua avec activité ; il y employa une grande partie des prisonniers faits en Judée, et, l'an 80 de notre ère, il en célébra la dédicace. Le monument fut nommé amphithéâtre Flavien, du nom de la famille qui l'avait fait construire. Mais, par la suite des temps, le peuple, plutôt frappé des dimensions colossales de l'édifice que du souvenir de ses fondateurs, lui donna le nom de *colosseum*, en italien *colosseo* (colosse), mot si maladroitement traduit en français par celui de colisée. Des fêtes publiques furent célébrées dans cet amphithéâtre jusque vers la fin du cinquième siècle, époque à laquelle les jeux disparurent devant la civilisation chrétienne. Le Colisée vit cependant encore bien des scènes sanglantes ; il servit de forteresse pendant une partie du moyen âge, et soutint de nombreux assauts. On en fit après cela un hôpital. Plus tard, enfin, dans le cours des quinzième et seizième siècles, alors qu'on commençait cependant à apprécier la valeur des monuments de l'antiquité, on le prit pour carrière, et une partie de ces palais dont s'enorgueillit Rome moderne fut construite à ses dépens. Par suite de tous ces changements de destination, et surtout de ces déprédations, il n'en reste plus que des ruines ; ruines imposantes, il est vrai, qui suffisent pour donner une idée de la grandeur de l'édifice, de la disposition de son ensemble, et même de la merveilleuse habileté de sa construction, mais à la simple inspection desquelles on chercherait en vain à le reconstituer dans son état primitif. L'imagination, même la plus exercée en de semblables matières, n'y saurait retrouver cette décoration et ces distributions de détail qui jouent un si grand rôle dans toutes les œuvres d'architecture. Des fouilles faites avec soin, il y a quelques années, ont cependant permis à M. Duc, alors pensionnaire de l'Académie de France à Rome, d'exécuter les dessins d'une restauration de ce monument, dessins qu'on peut voir à l'École des Beaux-arts ou à la Bibliothèque impériale.

Dans le reste de l'Italie, en Espagne et en Gaule, il existait aussi de nombreux amphithéâtres ; on voit encore à Saintes (*Mediolanum*) les ruines d'un amphithéâtre et d'un cirque ; à Autun (*Bibracte*), à Arles (*Arelate*) les vestiges de pareils édifices. L'amphithéâtre de Nîmes mérite une description particulière. Ce monument, appelé vulgairement les arènes, est un des plus beaux monuments de l'antiquité et des mieux conservés. C'est une ellipse, dont le grand axe est de 135 mètres, et le petit de 106 mètres, le tout construit de grands blocs de pierres, assemblés à sec, c'est-à-dire, sans chaux ni ciment, et dont un grand nombre a jusqu'à 6 mètres. Extérieurement il est formé de deux rangs d'arches, l'un sur l'autre, de 60 arcades chacun, et qui forment deux galeries. Un double rang de pilastres toscans, avec leur entablement, décore cette construction et l'enveloppe dans un pourtour de 360 mètres. Dans le grand ordre, ses entre-colonnements sont ouverts en arcades ; à l'intérieur, 32 rangs de gradins disposés en amphithéâtre recevaient 20,000 spectateurs, et étaient desservis par 24 portes. Au-dessous étaient les loges des animaux et des bêtes féroces. Ce cirque était destiné aux combats des gladiateurs, à ceux des captifs pris en guerre, ou des malfaiteurs condamnés aux bêtes, ou enfin aux combats des bêtes féroces. Le rang d'en bas, un peu plus large et ceint d'une balustrade de fer, était la place d'honneur réservée aux césars, à leurs favoris, aux sénateurs, aux chevaliers et aux Vestales. Une grande toile tendue au-dessus couvrait et les sièges et l'arène, qui était aussi employée à des spectacles moins sanglants, comme aux chasses, aux naumachies, aux jeux de Flore et à ceux de Junon, dans lesquels régnait une extrême licence. Au moyen d'un aqueduc, elle pouvait se remplir d'eau pour les batailles navales, et quelquefois les pontifes y étaient appelés pour immoler des victimes. Cet amphithéâtre, élevé par Antonin, fut fort endommagé par les Goths, et résista depuis comme forteresse à la fureur de Charles Martel. Jusqu'au commencement de ce siècle, tout le sol des arènes était rempli de maisons, et, à l'extérieur, les portiques du pourtour étaient plus ou moins encombrés ; mais en 1811, on a totalement déblayé et désobstrué ce beau monument de la magnificence romaine, qui se présente aujourd'hui dans son premier état.

DE MAILLY.

AMPHITRITE (zoologie).—Nom donné par Cuvier à un genre d'annelidès de la famille des tubicoles dont les espèces habitent des tuyaux légers qu'ils se composent eux-mêmes. Les amphitrites sont des vers marins. L'espèce type est l'*amphitrite dorée*, très-commune sur les côtes de la mer du Nord et jusqu'à l'entrée de la Manche.

AMPHORE (antiquités) [du grec *amphoreus*, d'*amphi*, des deux côtés, et *phérô*, porter].—Vase à deux anses dans lequel on conservait le vin. Chez les Romains l'amphore était l'unité des mesures de capacité pour les liquides. On conservait au Capitole un étalon de cette mesure, qui contenait 2 urnes 8 congés 48 setiers, c'est-à-dire 25 litres 89 centilitres de nos mesures modernes. L'amphore attique, plus connue sous le nom de *metrétés*, était plus forte que celle de Rome ; elle valait 38 litres 83 centilitres de nos mesures.

AMPLEXICAULE (botanique) [du latin *umplector*, embrasser ; *caulis*, tige]. =Épithète donnée au pétiole et au pédoncule quand ils embrassent la tige par leur base élargie. Ce mot s'emploie aussi pour désigner les feuilles et les stipules quand elles sont sessiles, et qu'elles s'élargissent à leur insertion, de manière à se prolonger latéralement pour entourer en partie la tige ou le rameau, sans que leurs lobes se soudent ensemble ou devant.

AMPLIATION (droit) [de *ampliare*, étendre].—Une ampliation est, en général, la copie d'une expédition, une espèce de duplicata. Dans le notariat, ce nom est spécialement donné à la grosse en forme que délivre un notaire sur la grosse originale, délivrée par un autre notaire, et qui lui est déposée ; de même à la copie en forme, qui est délivrée, d'une expédition d'acte ou d'un acte en brevet, émané d'un autre notaire. L'ampliation doit être inscrite au répertoire du notaire qui la délivre. On recourt à la voie de l'ampliation notariée alors qu'une grosse est devenue commune à plusieurs personnes, ayant un droit distinct, surtout quand, dans les titres et papiers d'une succession ouverte, il se trouve une ou plusieurs grosses de contrats de constitution, d'obligation ou d'actes des créances et redevances, et alors que les créances, les rentes ou les capitaux sont divisés entre plusieurs héritiers ou légataires, suivant le partage de la succession ou par l'effet de testaments ; puis, lorsque la créance résultant d'une obligation ou d'un contrat quelconque devient la propriété de plusieurs individus, par l'effet d'un transport ou d'une cession ; et enfin, quand les biens affermés par un même bail sont échus ou attribués à plusieurs personnes. Plusieurs praticiens estiment que, d'après l'art. 844 du C. de proc., une ampliation de la grosse représentée, pas plus qu'une seconde grosse de la minute d'un acte, ne devait être délivrée que sur une ordonnance du juge : mais plusieurs auteurs estimés ne partagent pas cet avis, qui n'est pas généralement adopté dans le notariat, où l'usage ancien est encore suivi, dans plusieurs localités, de délivrer des ampliations particulières de grosses déposées, ce qui ne peut, d'ailleurs, avoir de conséquences fâcheuses. Il n'en est pas du tout de même des secondes grosses. —Voir *Grosse*.   J. E.

AMPLIFICATION (rhétorique).—Extension, développement d'un discours ou d'une partie d'un discours. Les orateurs et les poëtes de l'antiquité nous ont laissé d'admirables exemples d'amplifications : le désespoir de Didon dans Virgile ; Homère nous peignant la terre ébranlée par le trident de Neptune, etc. L'amplification est aussi l'âme de toutes les oraisons de Cicéron. Tous les sujets ne sont pas dignes de l'amplification, et tous ne la supportent pas ; il faut aussi que le sujet soit vrai ou au moins vraisemblable ; car, comme on n'amplifie que pour éclairer et convaincre, pour donner plus de poids à la preuve d'un fait, pour développer plus amplement une idée, une pensée, enfin pour peindre, orner les choses, leur donner une grandeur réelle, on doit toujours se renfermer dans les bornes de la vérité, autrement l'amplification deviendrait illusoire et ridicule. (*Encycl.*) Le mot *amplification* se prend souvent en mauvaise part : il signifie alors un amas confus de phrases qui ne représentent pas d'idées ; c'est ainsi qu'on dit amplification de collége.

AMPLIFICATION (optique).— Propriété qu'ont les lunettes et les télescopes d'amplifier les images des objets, de faire voir les images plus grandes qu'on ne pourrait voir les objets à la simple vue.

AMPLITUDE (astronomie).—On appelle amplitude d'un astre l'arc de l'horizon compris entre l'équateur et cet astre quand il se trouve à l'horizon. « Si l'on mesure cet arc lorsque cet astre se lève, on lui donne le nom d'*amplitude orientale* ou *ortive* ; si on le mesure lorsque l'astre se couche, on l'appelle alors *amplitude occidentale* ou *occase*. Les étoiles qui sont dans l'équateur n'ont aucune amplitude soit ortive, soit occase : toutes les autres en ont une plus ou moins grande, suivant qu'elles sont plus ou moins éloignées de l'équateur. »

AMPOULE (du latin *ampulla*, ancien nom d'une fiole à ventre).—En médecine, le mot *ampoule* synonyme de cloche ou phlyctène, désigne une petite tumeur de forme arrondie comme un demi-globe, produite par un épanchement ou accumulation de sérosité qui, se plaçant entre le derme et l'épiderme, force le dernier à se soulever. On donne cependant plus particulièrement ce nom aux petites tumeurs de cette nature qui viennent aux pieds à l'occasion de marches forcées ou de l'usage de chaussures neuves ou trop étroites, et à celles qui surviennent aux mains par suite de travaux rudes ou de froissements réitérés. Quelquefois l'ampoule est le résultat d'une pression violente et subite, d'un coup, par exemple ; alors la sérosité épanchée est mêlée de sang, l'ampoule est violacée ou noirâtre ; et est vulgairement appelée *pinçon*. Il faut avoir soin de piquer les ampoules à leur partie la plus déclive pour donner issue à la sérosité, et les recouvrir ensuite de compresses trempées dans une liqueur résolutive ; mais il faut se garder d'enlever l'é iderme, à moins que la sérosité, trop longtemps retenue, ne soit devenue ichoreuse et fétide. (NYSTEN.)

AMPOULE (LA SAINTE). — On raconte qu'une colombe descendue du ciel apporta une fiole pleine de l'huile dont Clovis fut sacré ou confirmé. C'est ce qu'on appelle la *sainte ampoule*: on la gardait précieusement à Reims, et l'huile qu'elle renfermait servait pour l'onction de nos rois dans la cérémonie de leur sacre. Cependant aucun auteur contemporain ne parle de ce miracle. On dit aussi que ce prince reçut des mains d'un ange un écu d'azur, semé de fleurs de lis; mais il paraît constant que l'usage des armoiries est de beaucoup postérieur au siècle où il régnait.

AMPOULE (zoologie) [*bulla ampula*]. — Mollusque gastéropodes, de la famille des tectibranches, qui se distingue des aplysies par le défaut de tentacules ou par la petitesse de ces organes, si l'on veut regarder comme tels l'espèce de bouclier charnu au-dessous duquel sont placés les yeux de ces animaux. La plupart des ampoules, comme toutes les espèces du genre *bulles*, ont d'ailleurs ordinairement une coquille qui, bien que trop petite pour protéger entièrement le corps de l'animal, n'en est pas moins entière et visible extérieurement. « On reconnaît cette coquille au peu de saillie de sa spire et à la grandeur de son ouverture, qui est en forme de croissant. Du reste, la multiplicité et l'armure des estomacs et la liqueur que répandent plusieurs espèces, les rapprochent beaucoup des aplysies. Il en est de même des habitudes. Toutes les ampoules sont marines et littorales; elles rampent dans le voisinage des côtes et se nourrissent de petits coquillages, que leur estomac digère en partie, en les triturant au moyen des osselets dont il est armé. »

AMPULEX (zoologie) [en latin *ampulex*]. — Genre d'insectes de l'ordre des hyménoptères, de la famille des porte-aiguillons, établi par Jurine dans sa classification des hyménoptères, et auquel il assigne les caractères suivants : « Une cellule radiale allongée, appendicée; quatre cellules cubitales : la première assez grande, recevant la première nervure récurrente; la deuxième plus petite et carrée; la troisième plus grande, recevant la seconde nervure; la quatrième atteignant le bout de l'aile; mandibules allongées, striées, sans dentelures; antennes filiformes, composées de douze anneaux dans les femelles et de treize dans les mâles. » L'espèce qui sert de type à ce genre est le *chlorion compressum* de Fabricius, (*ampulex compressa*, Jurine), très-commun à l'île de France, où il fait la guerre aux kakerlacs, espèce d'insecte orthoptère du genre des blattes, dont il approvisionne ses petits; il est de couleur verte, avec les quatre cuisses postérieures rouges.

AMPULLACÈRE (zoologie) [en latin *ampullacera*]. — Genre de mollusques voisin des ampullaires, créé par MM. Quoy et Gaymard (*Voyage de l'Astrolabe*, vol. 2), présentant pour caractères génériques : « animal spiral, globuleux, renflé, à pied court, quadrilatère, avec un sillon marginal antérieur; tête large, aplatie, échancrée en deux lobes arrondis portant deux yeux sessiles, sans apparence de tentacules; cavité pulmonaire limitée en avant par un collier ayant son ouverture au bord droit; bouche membraneuse; les deux sexes réunis; coquille assez épaisse, globuleuse, ventrue, profondément ombiliquée, à ouverture ronde ou oblique, à bords réunis; spire courte, mais saillante; opercule membraneux, mince, à stries obliques, paucispiré, portant quelquefois un talon. »

Le genre ampullacère, qui ne comprend encore que peu d'espèces, a pour type les *ampullacères aveline* et *fragile* que Lamarck cite et décrit aux nᵒˢ 9 et 11 de ses ampullaires.

AMPULLAIRE (zoologie) [en latin *ampullaria*]. — Genre de mollusques trachélipodes que Lamarck a créé sous le nom de *Peristomicus*. Il ne comprend que les valvées, les paludines et les ampullaires. Toutes ces coquilles ont entre elles les plus grands rapports.

Les ampullaires présentent pour caractères génériques : « une coquille globuleuse, ventrue, ombiliquée à sa base, sans callosité au bord gauche comme dans les natices; ouverture entière plus longue que large, à bords réunis; le droit, non réfléchi et tranchant, est généralement assez mince, épidermé; un opercule calcaire ou corné. » Les animaux qui habitent et produisent ces coquilles, dit M. Duclos, ont été jusqu'ici fort mal étudiés et par conséquent mal décrits. M. de Blainville, dans le mémoire qu'il a consigné au *Journal de Physique* de décembre 1822, vol. 95, sur leur organisation, ne leur assigne qu'une paire de tentacules, tandis qu'ils en ont deux et d'une dimension considérable, mais effectivement rétractiles comme beaucoup d'autres organes. On supposait ces mollusques essentiellement fluviatiles, et on pouvait le croire, puisqu'on en trouve une fort grande quantité dans les lacs, les fleuves et les rivières. Mais de nouvelles recherches faites avec plus de soin et dans l'intérêt de la science, ont prouvé qu'ils vivaient également sur terre, et pouvaient se passer d'eau, du moins pour un laps de temps assez grand. Nous ne ferons pas connaître ici tous les phénomènes curieux que nous avons pu recueillir sur ces mollusques, toutes les anomalies qu'ils présentent et que nous avons indiquées dans un mémoire destiné à l'Académie des sciences; nous nous bornerons à faire savoir que nous possédons une ampullaire vivante venant de l'intérieur du Mexique, qui a été privée d'aliments pendant une traversée de six mois, et qui a été prise avec beaucoup d'autres sur la cime fort élevée et dans le trou d'un vieil arbre, à une distance fort éloignée des eaux. L'anatomie que nous avons faite d'un de ces animaux nous a démontré qu'ils étaient pourvus de deux organes distincts pour la respiration. Ainsi ils sont donc fluviatiles et terrestres, et de plus carnivores, herbivores et frugivores.

De toutes les espèces dont ce genre est composé, voici les plus remarquables : l'*ampullaire idole* (*amp. rugosa*). Cette espèce, qui habite le Mississipi, est une des plus grosses connues; elle est toujours assez rare et fort recherchée. C'est à ses stries d'accroissement très-prononcées que, sans doute, elle doit son nom. L'*ampullaire cordon bleu* (*amp. fasciata*). Celle-ci est entièrement reconnaissable par les zones bleues qui teignent son dernier tour; on la trouve dans toutes les collections. Enfin, l'*ampullaire des Célèbes*, espèce nouvelle, figurée par MM. Quoy et Gaymard, pl. 57 du *Voyage de l'Astrolabe*. Elle présente pour caractère spécial une multitude de petites zones enveloppant en entier son dernier tour. Ces naturalistes ont donné sur la même planche un dessin de l'animal de cette coquille et des détails anatomiques fort curieux. On en connaît une autre espèce rapportée d'Égypte et publiée par M. Caillaud, sous le nom d'*ampullaria carinata*. Toutes les espèces fossiles attribuées à ce genre n'en présentant pas bien les caractères, nous paraissent appartenir au genre natice, ainsi que le pense et l'a publié M. de Férussac dans son article du *Dictionnaire classique d'Histoire naturelle*. (Duclos.)

AMPULLINE (zoologie) [en latin *ampullina*]. — Genre de coquille créé par Lamarck, composé d'espèces univalves fossiles, réunies aujourd'hui au genre *ampullaire*. Ce sont pour la plupart des *natices*, mollusques gastéropodes pectinibranches, qui vivaient dans les eaux marines, près du rivage, au milieu des algues.

FIN DU TOME PREMIER.

ABRÉVIATIONS EMPLOYÉES

DANS LA TABLE ANALYTIQUE DE L'ENCYCLOPÉDIE

A

abrév.	abréviation.
Acoust.	Acoustique.
Admin.	Administration.
Agric.	Agriculture.
Agron.	Agronomie.
Alchim.	Alchimie.
Algèb.	Algèbre.
Anal.	Analogie.
Anat.	Anatomie.
Anc.	Ancien.
— cout.	Ancienne coutume.
— mar.	Ancienne marine.
— prat.	Ancienne prat que.
— Test.	Ancien Testament.
Annél.	Annélides.
Ant. rom.	Antiquité romaine.
— gr.	—— grecque.
Anthol.	Anthologie.
Antiq.	Antiquité.
Apicult.	Apiculture.
apostol.	apostolique.
Arachn.	Arachnides.
Arboric.	Arboriculture.
Archéol.	Archéologie.
Archit.	Architecture.
Arithm.	Arithmétique.
Arp.	Arpentage.
Art. vét.	Art vétérinaire.
Artif.	Artificier.
Artill.	Artillerie.
Ascét.	Ascétique.
Astrol.	Astrologie.
— jud.	—— judiciaire.
Astron.	Astronomie.

B

Banq.	Banque.
B.-arts.	Beaux-arts.
Bibliog.	Bibliographie.
Bijout.	Bijouterie.
Blanc.	Blanchisserie.
Blas.	Blason.
Bot.	Botanique.
Bouc.	Boucherie.
Brass.	Brasserie.

C

Calend.	Calendrier.
Can.	Canonique.
Carross.	Carrosserie.
cathol.	catholique.
Catopt.	Catoptrique.
celt.	celte ou celtique.
Cent.	Centime.
Cérém. rel.	Cérémonie religieuse.
Chamois.	Chamoiserie.
Chanc. apost.	Chancellerie apostolique.
Chand.	Chandellerie.
Chap.	Chapellerie.
Charp.	Charpenterie.
Charr.	Charronnerie.
Cheval.	Chevalerie.
Chim.	Chimie.
Chir.	Chirurgie.
Chron.	Chronologie.
Comm.	Commerce.
— mar.	—— maritime.
Comm. rel.	Communauté religieuse.
Comp.	Comparé.
Comp.	Composé.
Compt.	Comptabilité.
Conchyl.	Conchyliologie.
Const.	Construction.
Coust. mar.	Construction maritime.
Cord.	Corderie.
Cosm.	Cosmologie.
Cost.	Costume.
— mil.	—— militaire.
Cout.	Coutellerie.
Cout.	Coutume ou Coutumier.
crim.	criminel.
Cristall.	Cristallographie.
Crust.	Crustacées.
Cuis.	Cuisine.
cul.	culinaire.

D

Démonog.	Démonographie.
Démonol.	Démonologie.
Dép. ou départ.	Département.
Dess.	Dessin.
Dévot.	Dévotion.
Dial.	Dialecte.
Dict.	Dictionnaire.
Didact.	Didactique.
Diop.	Dioptrique.
Diplom.	Diplomatie.
Distill.	Distillation.
Divin.	Divination ou divinatoire.
Docim.	Docimasie.
Dogm.	Dogmatique.
Dor.	Dorure.
Dr.	Droit.
Dram.	Dramatique.
Dynam.	Dynamique.

E

Ebén.	Ebénisterie.
ecclés.	ecclésiastique.
Echin.	Echinodermes.
Econ.	Economie.
— dom.	—— domestique.
Econ. polit.	Economie politique.
— rur.	—— rurale.
— rust.	—— rustique.
Ecrit.	Ecriture.
égypt.	égyptien.
Electr.	Electricité.
Electr chim.	Electro-chimie.
Electr. dynam.	Electro-dynamie.
Electr. magnét.	Electro-magnétisme.
Electrotyp.	Electrotypie.
Electr. thér.	Electrothérapie.
Emaill.	Emailleur.
Encycl.	Encyclopédie, encyclopédique
Entom.	Entomologie.
épist.	épistolaire.
Epith.	Epithète.
Equit.	Equitation.
Erpét.	Erpétologie.
Err. et préj.	Erreurs et préjugés.
Escr.	Escrime.
Esthét.	Esthétique.
esp. ou espagn.	espagnol.
Ethnog.	Ethnographie.

F

Fabr.	Fabrique.
Faïenc.	Faïencerie.
Fauconn.	Fauconnerie.
féod.	féodal ou féodalité.
Ferbl.	Ferblanterie.
Financ.	Finances.
Fleur.	Fleuriste.
Fond.	Fonderie.
Font.	Fontainier.
For.	Forêt.
Forest.	Forestier.
Fortif.	Fortification.
franç.	français.

G

Galv.	Galvanisme.
Galv. plast.	Galvanoplastie.
Gaz.	Gazier.
Généal.	Généalogie.
Géod.	Géodésie.
Géogn.	Géognosie.
Géogr.	Géographie.
Géol.	Géologie.
Géom.	Géométrie.
germ.	germanique.
Gloss.	Glossaire.
Gnom.	Gnomonique.
gr.	grec.
gr.	grand.
Gramm.	Grammaire.
Grav.	Gravure.
Gymn.	Gymnastique.

H

hébr.	hébreu.
Helminth.	Helminthologie.
Hermét.	Hermétique.
Hippiatr.	Hippiatrique.
Hist.	Histoire.
— anc.	— ancienne.
— contemp.	— contemporaine.
— ecclés.	— ecclésiastique.
— mod.	— moderne.
— nat.	— naturelle.
— ott.	— ottomane.
— relig.	— religieuse
Horl.	Horlogerie.
Hort.	Horticulture.
Hydraul.	Hydraulique.
Hydrog.	Hydrographie.
Hydrost.	Hydrostatique.
Hyg.	Hygiène.
Hyg. pub.	Hygiène publique.

I

Ichthyol.	Ichthyologie.
Icon.	Iconologie.
Imprim.	Imprimerie.
Ind. sér.	Industrie séricicole.
ind.	indien.
Industr.	Industrie, industriel.
Infus.	Infusoires.
ital.	italien.

J

Jap.	japonais.
Jard.	Jardinage.
Joaill.	Joaillerie.
Jurisp.	Jurisprudence.

L

Lapid.	Lapidaire.
lat.	latin.
Layott.	Layetterie.
Législ.	Législation.
Libr.	Librairie.
Ling.	Lingerie.
Linguist.	Linguistique.
Lithol.	Lithologie.
Litt. ou littér.	Littérature.
— anc.	— ancienne.
— mod.	— moderne.

M

Maçonn.	Maçonnerie.
Magnét.	Magnétisme.
Mahom.	Mahométan.
Mamm.	Mammifères.
Manég.	Manége.
Manuf.	Manufacture.
Mar.	Marine.
Marbr.	Marbrerie.
Maréch.	Maréchallerie.
Mathém.	Mathématiques.
Mat. méd.	Matière médicale.
Mécan.	Mécanique.
Médec.	Médecine.
Méd. vétér.	Médecine vétérinaire.
méd.	médicale.
Mégiss.	Mégisserie.
Menuis.	Menuiserie.
m. signif.	même signification.
Métall.	Métallurgie.
Métaphys.	Métaphysique.
Mét.	Métiers.
Météorol.	Météorologie.
Métrol.	Métrologie.
mex.	mexicain.
Milit.	Militaire.

Minér.	Minéralogie.
mod.	moderne.
Moll.	Mollusques.
monast.	monastique.
Monn.	Monnayage.
Mor.	Morale.
Musiq.	Musique.
musulm.	musulman.
Myst.	Mystique.
Myth. Mythol.	Mythologie.

N

Navig.	Navigation.
Nég.	Négoce.
Néol.	Néologisme.
Numism.	Numismatique.

O

occ.	occulte.
Œnol.	Œnologie.
Oisel.	Oiseleur.
Opt.	Optique.
or.	oriental.
Ordonn.	Ordonnance.
Orfévr.	Orfévrerie.
Organ.	Organiste.
Organ. vég.	Organographie végétale.
orient.	oriental.
Ornith.	Ornithologie.
ott.	ottoman.
Ourdiss.	Ourdissage.

P

Pagan.	Paganisme.
Pal.	Palais.
Paléogr.	Paléographie.
Paléo.	Paléontologie.
Papet.	Papeterie.
Parch.	Parcheminerie.
Parf.	Parfumerie.
Passem.	Passementerie.
Pathol.	Pathologie.
Pâtiss.	Pâtisserie.
Pêch.	Pêche.
Pédag.	Pédagogie.
Peint.	Peinture.
Pellet.	Pelleterie.
pén.	pénal ou pénalité.
Périph.	Périphrase.
pers.	persan.
Perspect.	Perspective.
P. et ch.	Ponts et chaussées.
P. et m.	Poids et mesures.
Pharm.	Pharmacie.
Pharmacol.	Pharmacologie.
phén.	phénicien.
Philol.	Philologie.
Philos.	Philosophie.
Photogr.	Photographie.
Piscic.	Pisciculture.
Phrén.	Phrénologie.
Physiol.	Physiologie.
Phys.	Physique.
Plomb.	Plombier.
Plumass.	Plumassier.
Pneum.	Pneumatique.
Poés.	Poésie.
Poét.	Poétique.
Polém.	Polémique.
Polit.	Politique.
Pop.	Populaire.
Pot.	Poterie.
Prat.	Pratique.
Proc.	Procédure.
— crim.	— criminelle.
Pros.	Prosodie.
Prov.	Proverbe, proverbial ou proverbialement.
Psychol.	Psychologie.
Pyrotech.	Pyrotechnie.

R

rabb.	rabbinique.
Raffin.	Raffinerie.
Rel.	Reliure.
Relig.	Religion.
— chrét.	— chrétienne.
Rhét.	Rhétorique.
rom.	romain, romaine.
roy.	royaume.
Rub.	Rubanier.
rur.	rural.
rust.	rustique.

S

sacr.	sacré.
sanscr.	sanscrit.
Savonn.	Savonnerie.
Sc.	Science.
— occ.	— occultes.
scand.	scandinave.
Scén.	Scénique.
Scol.	Scolastique.
Sculp.	Sculpture.
Sell.	Sellerie.
Séméiol.	Séméiologie.
Séric.	Séricicole.
Séricult.	Sériciculture.
Sérig.	Sérigène.
Serr.	Serrurerie.
sib.	sibérien.
Silvic.	Silviculture.
slav.	slavon.
Stat.	Statistique.
Syn. ou Synon.	Synonyme.
syr.	syrien.

T

t.	terme.
Tablett.	Tabletterie.
Tact.	Tactique.
— nav.	— navale.
Tann.	Tanneur.
Tap.	Tapissier.
Techn.	Technologie.
Teint.	Teinturier.
Térat.	Tératologie.
Test.	Testament.
Théol.	Théologie.
Thérap.	Thérapeutique.
T. hér.	Temps héroïques.
Tiss.	Tisserand.
Topogr.	Topographie.
Tonnell.	Tonnellerie.
Tourn.	Tourneur.
Toxicol.	Toxicologie.
Trict.	Trictrac.
Trigon.	Trigonométrie.
Tuil.	Tuilerie.
Typogr.	Typographie.

V

V.	Voyez.
Vann.	Vannier.
V. l.	Vieux langage.
vég.	végétale.
Vén. ou Véner.	Venerie.
Verr.	Verrerie.
Vers.	Versification.
Vétér.	Vétérinaire.
Viticult.	Viticulture.
Vitr.	Vitrerie.
Vulg.	Vulgaire.

Z

Zool.	Zoologie.
Zooph.	Zoophyte.
Zootech.	Zootechnie.

TABLE ANALYTIQUE DES MATIÈRES

Les chiffres romains indiquent le Tome; les chiffres arabes, la pagination. Ainsi au mot **ABEILLE** on trouve : **I, 5**, c'est-à-dire que la description du mot *Abeille* se trouve tome 1er, page 5. Le signe * indique les planches gravées.

A

FIN DE LA TABLE DU TOME 1er.

Paris. — Typ. Morris et Cie, rue Amelot, 64.

DICTIONNAIRE

UNIVERSEL

DES CONNAISSANCES HUMAINES

avec la collaboration ou d'après les ouvrages de

MM. Adde-Margras, de Nancy, Azémard, Barbot (C.), Bécherand, Becquerel, Biot, Blanc, Boitard, Bossu,
Bouillet, Bourgain (E.), Bourdonnay, Brierre de Boismont, Brongniart, Castaing, Cazeaux,
Champollion, Charma, Chasles (Ph), Chomel, Conte, Cruveilher, Delecour, Delahaye, Descoings (A.),
Dubocage, Desparquets, Dupasquier, Edwards (Milne), Elwart, Esquirol, Étienne (A.), Favre,
Flourens, Gaillard (X.), Garnier (Ch.), Geoffroy-Saint-Hilaire, Gossart, Heinriech, Jemonville,
Joisel, Jomard, Kramer, Larivière, Lagarrigue, Le Roi, Lesson, Lévy Alvarez, Louyet, Lunel mère (Mme),
Menorval, Mercé, Montémont (A.), Nodier (Ch.), Rédarez, Saint-Remy, Orbigny (D'),
Pariset, Payen, Pelouze, Pétron, Piorry, Prodhomme, Richard (du Cantal), Rambosson,
Thénot, Valenciennes, Vallin, Yvon, etc.

SOUS LA DIRECTION DE

B. LUNEL

MEMBRE DE L'ACADÉMIE IMPÉRIALE DES SCIENCES DE CAEN,

Ancien Médecin commissionné par le Gouvernement pour l'épidémie cholérique de 1854 ; ex-vice-Président de la classe des Sciences
à l'Académie des Arts et Métiers, Industrie, Sciences et Belles-Lettres de Paris, ancien Secrétaire général de l'Athénée des Arts ;
Membre honoraire et Secrétaire perpétuel de la Société des Sciences industrielles, de la Société des Sciences
et des Arts, etc.; Membre de la Société des Archivistes de France ; de la Société universelle des Sciences, des Lettres,
des Beaux-Arts de Paris ; Membre correspondant de l'Académie royale de Chambéry ;
de la Société universelle de Londres pour l'encouragement des Arts
et de l'Industrie ; de la Société d'Emulation littéraire de Joigny ; de la Société de l'Union des Arts de Nancy, etc.
LAURÉAT DE PLUSIEURS ACADÉMIES ET SOCIÉTÉS SAVANTES.

Ouvrage honoré de 2 Médailles d'Or.

TOME PREMIER

PARIS

MAGIATY ET Cie, LIBRAIRES-ÉDITEURS,
RUE NEUVE SAINT-AUGUSTIN, 22

1857

PARIS. — TYPOGRAPHIE MORRIS ET COMPAGNIE

64, rue Amelot.

PRÉFACE

————

Le mot ENCYCLOPÉDIE est une expression consacrée depuis les temps anciens pour désigner *l'éducation qui embrasse le cercle des connaissances humaines* (1). Une Encyclopédie est en effet un *Répertoire* des connaissances humaines ou *Notionnaire universel*, qu'on présente sous la forme *systématique* ou sous la forme *alphabétique*. Cette dernière, qui est la plus répandue de nos jours, se désigne même spécialement sous le titre d'Encyclopédie : telle est la forme que nous avons adoptée et dont les avantages sont incontestables. Veut-on étudier, par exemple, une question de littérature ou de science, connaître les détails d'un procédé artistique ou industriel, d'une production de la nature ou de tout autre objet qu'amènent les lectures ou les caprices de la conversation? la place où l'on peut trouver les détails sur l'objet dont la connaissance intéresse est indiquée par le nom même de l'objet, et à son ordre alphabétique. C'est ce qui a donné lieu depuis longtemps à la publication de tant de dictionnaires, et c'est là aussi ce qui explique les succès légitimes qu'ils ont obtenus et qu'ils obtiendront toujours.

Mais la facilité seule des recherches dans une Encyclopédie ne remplirait qu'une partie du but si elle n'offrait au lecteur qu'un recueil de détails et de documents épars. Une véritable Encyclopédie doit être un *Répertoire des Connaissances humaines*, et, pour que ce titre soit justifié, elle doit être conçue de telle sorte qu'au milieu de l'immense variété de matières qu'elle contient, le lecteur puisse reconnaître et suivre l'ordre des idées. — Voici comment nous sommes parvenus à ce résultat : La table générale des articles a été rédigée tout d'abord, et, quelque long, quelque pénible que dût être un semblable travail, nous n'avons point hésité à l'entreprendre, persuadés de son utilité. Nous avons ensuite établi la *division encyclopédique*, qui permettra de concilier l'ordre méthodique avec l'ordre alphabétique. C'est ainsi que, dans la rédaction des articles, on a pu suivre partout une marche uniforme. Immédiatement après le nom de l'objet, on trouve la désignation de la science à laquelle il se rapporte; puis son étymologie, surtout lorsqu'elle doit éclaircir le sens ou aider la mémoire. A quelque langue qu'appartienne cette étymologie, nous l'avons transcrite en *caractères français*, usage encore trop peu répandu dans les ouvrages qui doivent être lus par tout le monde. Nous avons ensuite présenté la définition de l'objet, sa description, ses divisions et classifications : enfin, une notice historique sur tous les sujets dont l'origine et les progrès sont de nature à offrir quelque intérêt.

Pour accomplir cet immense travail, nous nous sommes entourés de nombreux collaborateurs et d'artistes éminents, qui nous apportent le concours de leurs connaissances et de leur talent; et pour mieux assurer l'unité et l'harmonie de l'ouvrage, pour éviter les contradictions, les répétitions, les faux renvois, etc., nous avons confié la direction de l'Encyclopédie à M. B. Lunel, qui s'est chargé

(1) *Egkyklios paideia*, en grec.

non-seulement de distribuer les articles aux divers collaborateurs, mais encore de les coordonner, afin d'imprimer à l'ouvrage une homogénéité précieuse pour l'étude.

Comme double garantie de la bonne exécution du travail, tous les articles importants sont signés par les auteurs qui les ont rédigés.

La partie scientifique de cette Encyclopédie sera surtout le Panorama fidèle de l'impulsion extraordinaire donnée aux sciences depuis quelques années et des applications qu'elles ont reçues, applications qui ont attiré sur elles l'attention et la faveur universelles; aussi aurons-nous le soin, lorsque nous décrirons un objet se rapportant aux sciences, aux arts et métiers, à l'industrie ou à l'agriculture, de faire connaître ses usages et ses applications. Aujourd'hui, en effet, que les sciences et les arts se perfectionnent si rapidement, l'homme d'études ne doit plus chercher la folle gloire d'ajouter quelques théories brillantes à tant de théories nées pompeusement et le plus souvent restées inertes ou reconnues inapplicables : sa mission devient de jour en jour plus impérieuse et mieux déterminée, car le public ne la tient pour accomplie qu'autant que ses découvertes se placent dans les conditions d'une pratique constante et facile.

L'accueil bienveillant fait aux publications françaises et étrangères du genre de la nôtre nous laisse espérer le même succès, surtout lorsqu'on verra que l'esprit qui règne dans cet ouvrage est un respect scrupuleux pour tout ce qui doit être respecté, une stricte impartialité pour les doctrines controversées; enfin l'exposition fidèle de l'état actuel des Sciences, des Lettres, des Arts.

Cette Encyclopédie sera terminée par une table méthodique, qui permettra d'étudier d'une manière complète l'une des branches des connaissances humaines.

Les Éditeurs.

JOURNAL ENCYCLOPÉDIQUE

RÉPERTOIRE UNIVERSEL

DES CONNAISSANCES HUMAINES

A première lettre de l'alphabet et première voyelle chez tous les peuples, à l'exception des Éthiopiens. Chez les Grecs et chez les Romains, A était une lettre numérique. L'A des Grecs (*alpha*) avec l'accent dessus valait *un*; il valait *mille* avec l'accent dessous. Chez les Romains, l'A valait *cinq cents*, et *cinq mille* s'il était surmonté d'un trait horizontal. Enfin la lettre A était une figure symbolique consacrée à la religion des Égyptiens, qui pensaient que la forme triangulaire de l'A imitait la marche triangulaire de l'*ibis*, auquel ils rendaient les honneurs divins. — Voy. *Alphabet*, *Lettres*.

KRAMER.

AAL (botanique). — Nom donné par les Indiens à deux arbres que les botanistes supposent appartenir à la famille des térébinthacées, et dont l'écorce sert principalement à donner une odeur aromatique au vin de sagou.

AAM, mesure pour les liquides, employée surtout dans les provinces rhénanes, et qui équivaut environ à 148 litres. L'*aam* d'Amsterdam contient à peu près 155 litres; celui d'Anvers, 142 litres.

AB, onzième mois de l'année civile des Hébreux, et le cinquième de leur année ecclésiastique. Ce mois, qui est de trente jours, correspond à la fin de notre mois de juillet et se termine dans le mois d'août.

ABACO ou **ABAQUE**. — Les anciens donnaient ce nom à une petite table couverte de poussière, sur laquelle les mathématiciens opéraient leurs calculs ou

traçaient des figures. C'est de lui qu'est venu le nom d'*Abaque*, donné à la table de multiplication de Pythagore, inventée par ce célèbre philosophe grec 540 avant Jésus-Christ.

ABAISSEURS, muscles dont la fonction est d'abaisser les parties auxquelles ils sont attachés. — Voy. *Muscles*.

ABAJOUES [de *bas* et de *joue*]. — Poches qu'un assez grand nombre d'animaux mammifères portent sur les côtés de la bouche, et qui leur servent à mettre en réserve les aliments qu'ils ne peuvent ou ne veulent consommer sur-le-champ; presque tous les singes de l'ancien continent et quelques rongeurs en sont pourvus. Les abajoues sont formées par la distension des muscles de la joue.

ABANDON (droit) [étymologie celtique, *a* privatif et *band*, bien]. — Action d'abandonner une chose, de s'en dessaisir, ou de renoncer à la réclamer. Ce mot peut servir à qualifier toutes les conventions qui emportent transmission expresse ou tacite, ou même renonciation, soit au profit de quelqu'un, soit sans désignation de personne. Ces conventions prennent en général la dénomination de la transmission qui en résulte. Dans le notariat, les actes qualifiés *abandon* s'entendent surtout des transmissions à titre gratuit, comme de l'usufruit d'une chose, d'un droit déterminé. Ainsi, on dit : un abandon d'usufruit, un abandon d'un droit de servitude.

ABANDONNEMENT, CONTRAT D'ABANDONNEMENT. — On nomme ainsi la cession de biens qu'un débiteur fait volontairement à ses créanciers. En général, cette cession est l'acte par lequel un débiteur, pour éviter les poursuites de ses créanciers, ou pour avoir la liberté de sa personne, leur abandonne ses biens, afin qu'ils puissent se payer par leurs mains, d'accord entre eux, soit sur les fruits seulement, soit même sur le prix des biens abandonnés. (Toullier, t. vii, n° 236.)

L'abandonnement, ou la cession de biens, est un moyen de parvenir à l'extinction des obligations : elle a pour but de procurer au créancier son payement : c'est pour cela que le Code civ., au titre des *Obligations*, en a rangé les dispositions dans la section du *Paiement*. (*Ibid.*)

Le débiteur non commerçant tombé en déconfiture a le droit, comme le débiteur commerçant tombé en faillite, de faire la cession de biens. La loi ne fait aucune distinction, Code civ., 1265. Cette cession doit être réitérée par le débiteur en personne, et non par procureur, ses créanciers appelés, soit à l'audience du tribunal de commerce, soit à la maison commune. Code proc., 901 et 902.

Il y a deux espèces d'abandonnements ou de cessions : la cession volontaire et la cession judiciaire ou forcée. Code civ., 1266 et Code com. 566.

J. É.

ABATARDISSEMENT, dégénération, altération du naturel d'une race, d'un peuple. « Par quel mystère » funeste s'abâtardissent les races? Nul élément de » l'univers, abandonné à sa propre impulsion, ne » tombe dans l'*abâtardissement*; mais entre les mains » de l'homme, à chaque instant se brise et disparaît » un rouage de la machine de l'univers. Lorsque les » races sont arrivées au point où nous les désirons, » lorsqu'elles sont bien établies, lorsque l'*abâtardis*- » *sement* est tel que le type de la nature est complé- » tement effacé, nous prétendons avoir atteint le » comble de l'amélioration; et c'est lorsque les êtres » factices sortis de nos mains tendent à retourner à » leur nature, ou à ce que nous regardons comme » tel, que nous les considérons comme en état de dé- » génération. Étrange aberration! »

ABATTEMENT, état de faiblesse et de découragement de l'âme, causé par les peines qu'elle éprouve. Le sage ne doit point se laisser abattre par les malheurs; il doit s'efforcer de les surmonter, attendu qu'il est peu de maux auxquels il n'y ait de remède.

En médecine, on donne le nom d'abattement à cette diminution considérable des forces, qui s'observe presque toujours au début des maladies. Il prend différents noms, suivant son degré d'intensité : lorsqu'il est le résultat de pertes sanguines considérables, de sueurs excessives, d'une abondante diarrhée, il prend le nom d'*épuisement*. — L'*affaissement* est un degré plus avancé : on l'observe surtout après la période d'excitation des maladies aiguës. — L'*accablement* est caractérisé par un sentiment de pesanteur qui se joint à l'abattement qu'éprouve le malade : il s'observe surtout au début des maladies graves. L'*abattement* moral est aussi un symptôme dont le médecin doit tenir compte dans les maladies; il accompagne ordinairement l'extrême abattement phy-

sique; il le provoque même lorsqu'il n'en est pas le résultat. Indépendamment des affections morales qui peuvent produire cet état, on le voit souvent se manifester dans les maladies chroniques; c'est alors qu'il conduit quelquefois au désespoir.

ABATTOIRS, établissements dans lesquels on abat, on dépouille et l'on dépèce les animaux destinés à l'alimentation des villes.

« Avant la création des abattoirs (1), les bestiaux étaient tués dans l'intérieur des villes où les bouchers possédaient des *tueries* ou *écorcheries* particulières, et l'on comprend les inconvénients graves que devaient offrir de tels usages, surtout dans une ville comme Paris. Outre le danger de voir les animaux s'échapper, ce qui arrivait fréquemment, des troupeaux de bœufs encombraient la voie publique, des ruisseaux de sang traversaient les rues, et les environs de ces tueries, placées pour la plupart dans des quartiers populeux, étaient rendus inhabitables par l'odeur infecte qui s'en exhalait. En vain et depuis des siècles on avait cherché à détruire ces établissements et à les reléguer hors de la ville; l'habitude et les préjugés opposaient à la sagesse des règlements des obstacles insurmontables, et ce ne fut qu'après l'examen de nombreux projets, où l'on avait discuté avec soin les intérêts du commerce et ceux de l'administration, où l'on s'était occupé de la facilité de l'exploitation et de l'approvisionnement de la ville, que le décret du 10 novembre 1807 ordonna la construction des abattoirs généraux pour le service de la ville de Paris. Mais on ne commença les constructions des abattoirs que longtemps après la promulgation de ce décret, et les abattoirs ne furent ouverts qu'en 1818. Ces établissements, les premiers qui furent construits en France, servirent de modèle à la plupart des abattoirs qui s'élevèrent dans les autres villes. »

On trouve réunis dans les abattoirs de Paris, outre les cases destinées à l'abattage, un abreuvoir, une cour dallée, dite *voirie*, où l'on jette les matières tirées de l'estomac et des intestins des animaux tués, des fonderies de suif, des échaudoirs, où sont lavées à l'eau chaude les parties des bestiaux destinées aux tripiers. La ville de Paris possède cinq abattoirs; ce sont ceux du Roule, de Montmartre, de Ménilmontant, d'Ivry et de Grenelle.

Les abattoirs, dit M. Trébuchet, offrent des avantages immenses pour la sûreté et la salubrité des villes et pour la bonne qualité des viandes mises en vente, car la surveillance continuelle qu'y exerce l'administration ne permet pas d'y abattre et de livrer à la consommation des bestiaux morts ou atteints de maladies. A Paris, ces bestiaux servent tous à la nourriture des animaux du Jardin des Plantes. Malheureusement les abattoirs n'existent encore que dans un petit nombre de localités. C'est cependant un des objets de haute administration qui ne saurait trop fixer l'attention des magistrats chargés de maintenir la salubrité des villes et de veiller à la sûreté

(1) A. TRÉBUCHET, ancien chef du bureau de la salubrité publique.

des citoyens. — Depuis peu d'années, on a établi à Aubervilliers, dans la plaine des Vertus, un *abattoir de chevaux* qui remplace avantageusement les *équarrissages* infects et utilise des débris précieux, qui, jusque-là, étaient perdus pour l'industrie.

ABBAYE, monastère d'un ordre particulier, dirigé par un abbé ou une abbesse. Ces maisons religieuses étaient distinguées en *abbayes en règle* et en *abbayes en commende*. Les premières étaient électives comme Cluny, Cîteaux, Prémontré, etc., et ne relevaient que du pape. Les secondes étaient à la nomination du roi, et placées plus directement sous l'autorité civile. Fondées, dans l'origine, pour servir de retraite à des hommes pieux qui fuyaient le monde et cherchaient la paix dans la solitude et les travaux du cloître, les abbayes devinrent, au quatrième siècle, des séminaires d'où sortirent d'illustres docteurs. Aux cinquième et sixième siècles, elles envoyèrent au loin de hardis missionnaires qui prêchèrent la foi chrétienne aux païens. Mais, du huitième au dixième, la grossièreté des mœurs, les ravages des Sarrasins et des Normands en diminuèrent considérablement le nombre, jusqu'à ce que la foi renaissante, aux dixième et onzième siècles, les multiplia plus que jamais. La plupart des grandes abbayes étaient de fondation royale; telles étaient celles de Saint-Denis, de Saint-Germain-des-Prés, de Corbies, de Chelles. Un assez grand nombre furent sécularisées et devinrent des chapitres ou des collégiales; parmi celles-ci, se firent remarquer les abbayes de Vézelay, d'Aurillac, de Saint-Victor, de Saint-Sernin de Toulouse. D'autres furent érigées en évêchés, comme celles de la Rochelle, de Luçon, d'Aleth, de Vabres, de Castries, de Tulle, de Condom et de Pamiers. Les abbayes de filles étaient toutes électives, et, quoique dans le siècle dernier les abbesses fussent presque toutes nommées par le roi, néanmoins les bulles qu'elles obtenaient de Rome portaient toujours qu'elles avaient été élues par leur communauté. Cette différence entre les abbayes d'hommes et celles de filles, venait de ce que ces dernières n'avaient point été comprises dans le concordat entre le pape Léon X et François Iᵉʳ. La plus ancienne abbaye de femmes fut celle de Sainte-Radegonde, à Poitiers; elle avait été fondée en 567. Avant la révolution de 1789, la France possédait 225 abbayes d'hommes en commende, et abbayes chefs d'ordre ou de congrégation, dont une de filles, celle de Fontevrault; 115 abbayes régulières d'hommes et 253 abbayes régulières de filles, sans y comprendre les abbayes et chapitres nobles de filles, ainsi que les abbayes réunies à des collèges, à des hôpitaux et à d'autres pieux établissements. Les abbayes avaient souvent une étendue considérable. Possédant des écuries, des fermes, des moulins, des églises, etc., elles offraient l'aspect d'une petite ville. Elles comptaient ordinairement plus de cent moines, sans leurs nombreux serviteurs. Aujourd'hui les 1,000 abbayes de la France ont disparu ou à peu près.

DE JÉMONVILLE.

ABCÈS (chirurgie) [du latin *abscessus*, séparation]. — Collection de pus dans une cavité naturelle ou accidentelle, résultant toujours de l'inflammation des tissus. On distingue les abcès 1° en *abcès chauds* ou *aigus*, résultant d'une inflammation qui parcourt rapidement ses périodes; 2° en *abcès froids* ou *chroniques*, si la marche de l'inflammation a été lente et peu apparente; 3° en *abcès par congestion* ou *symptomatiques*, si la collection de pus, dans une partie, résulte d'une inflammation qui a son siége dans une région éloignée.

Le diagnostic d'un abcès, dit le docteur Caffe, n'est pas toujours facile à établir; voici quelques-uns des signes qui peuvent aider à cette connaissance : quand une inflammation affecte des parties très-celluleuses, qu'elle est très-intense, que ses progrès sont rapides, qu'elle s'accompagne de douleurs pulsatives, il est à craindre qu'une suppuration abondante ne se forme. Cette terminaison est rendue probable par la diminution de la douleur locale, qui est remplacée par un sentiment de pesanteur, de tension incommode; par l'augmentation de volume de la partie affectée, qui donne des pulsations isochrones aux battements du pouls; par des frissons qui parcourent le dos, les lombes, les membres inférieurs; enfin, en palpant méthodiquement la région affectée, on imprime au liquide un mouvement remarquable connu sous le nom de *fluctuation*, véritables ondulations qui vont frapper et soulever la main ou les doigts restés immobiles. Ce dernier signe est le plus concluant, mais pour l'obtenir, il faut une main bien exercée; c'est même un des points de diagnostic chirurgical des plus difficiles. Il existe en effet un très-grand nombre de causes d'obscurité, lorsque la poche purulente est très-distendue : sa dureté, sa résistance, ne permettent aucun ballottement. Il en est de même lorsque le foyer de pus est profondément situé au-dessous de parties nombreuses. Le pus disséminé entre les mailles celluleuses, non réuni en foyer, se déplace, fuit sous les doigts, et donne la sensation d'un œdème, d'un empâtement.

Quoi qu'il en soit, et dans un grand nombre de cas, une sorte de *fluctuation* se manifeste à la pression, quand l'abcès est mûr, et c'est alors que s'il ne s'ouvre pas naturellement, l'art doit intervenir. — Le pronostic des abcès est d'autant plus grave qu'ils sont moins superficiels, ou qu'ils siégent dans des organes importants à la vie, tels que dans les poumons, les plèvres, le foie, etc. Toutes choses égales d'ailleurs, le danger sera d'autant moins grand, qu'on aura pu donner issue plus tôt à l'amas de pus. — Voici le traitement des abcès en général. Lorsque l'*abcès chaud* est bien formé, il faut l'ouvrir à l'aide du bistouri et le couvrir ensuite de cataplasmes émollients, jusqu'à sa détersion complète. — L'*abcès froid*, tel que celui qui vient au cou des personnes scrofuleuses, réclame l'emploi des cataplasmes émollients ou maturatifs. Un fragment de potasse caustique ou le bistouri doit donner issue au pus de bonne heure, afin d'éviter le décollement de la peau ou de larges et hideuses cicatrices; — l'*abcès par congestion* doit être ouvert, au contraire, le plus tard possible, à cause du danger de l'introduction de l'air dans la tumeur. Cette ouverture doit se faire en plusieurs fois, au moyen d'une ponction étroite et oblique. Enfin, on vide encore cet abcès au moyen du trocart, par la canule duquel on injecte dans le foyer purulent un mélange de sept parties d'eau et d'une de teinture d'iode. — Quant aux abcès profonds et indolents, qu'on ne doit pas ouvrir, on favorise la résorption du pus par les astringents, les fondants et les purgatifs.   Dr HEINRIECH.

ABDICATION (politique) [de *ab*, de, et *dicatio*, renonciation]. — Acte par lequel un empereur, un roi, un prince ou un dictateur renonce à la dignité souveraine dont il est revêtu. Les plus célèbres abdications que l'histoire nous présente sont celles de *Sylla*, consul et dictateur romain ; de *Dioclétien*, empereur romain ; de *Charles-Quint*, empereur d'Allemagne ; de *Christine*, reine de Suède ; de *Philippe V*, roi d'Espagne ; de *Frédéric-Auguste*, de *Stanislas I*er, rois de Pologne ; de *Pierre III*, empereur de Russie ; de *Napoléon*, de *Charles X* ; enfin, de *Louis-Philippe*.

Le droit d'abdication, de la part d'un souverain, ne peut être mis en question ; mais si celui en faveur duquel cette abdication a été faite vient à mourir ou n'accepte pas le pouvoir, les droits de l'abdiquant restent entiers. L'histoire offre peu d'exemples de véritables abdications ; elles sont presque toutes dues à la faiblesse ou à la nécessité.

Les anciens appelaient *abdication* l'action d'un citoyen qui renonçait à ses droits de bourgeoisie et de cité, ou d'un homme libre qui se faisait volontairement esclave ; ce qui fit conclure à quelques publicistes que si un particulier aliénait ou pouvait aliéner sa liberté, tout un peuple pouvait aussi abdiquer la sienne et se rendre sujet d'un roi. C'est un bizarre raisonnement dont J. J. Rousseau a fait justice dans le dernier siècle.   TESSON DE LA ROCHELLE.

ABDOMEN (anatomie) [du latin *abdo*, cacher, envelopper]. — Dénomination donnée au bas-ventre, appelé par les anciens *ventre inférieur*. C'est une vaste cavité, limitée supérieurement par la poitrine, en bas par le bassin, postérieurement par la colonne vertébrale, latéralement et antérieurement par un grand nombre de muscles superposés. Cette cavité, plus large en bas qu'en haut, chez l'adulte et surtout chez la femme, présente une disposition inverse dans l'enfance.

Afin de mieux préciser la situation et les rapports des organes qu'elle renferme, les anatomistes la partagent en trois régions principales : 1° l'*épigastrique* ou *supérieure*, qui s'étend depuis l'extrémité inférieure du sternum jusqu'à 5 centimètres au-dessus de l'ombilic ; 2° l'*ombilicale* ou *moyenne*, qui commence à l'endroit où finit la région épigastrique, et se termine à 5 centimètres au-dessous de l'ombilic ; 3° l'*hypogastrique* ou *inférieure*, qui comprend le reste du bas-ventre. Enfin, chacune de ces régions est subdivisée en trois autres : le milieu de la première s'appelle *épigastre*, ou *creux de l'estomac* (fig. 1), E, et les côtes, les *hypocondres*, H H ; le milieu de la deuxième s'appelle *ombilic* O, et les parties latérales, les côtes, les flancs F F ; et plus en arrière sont les lombes ; enfin le milieu de la troisième se nomme *hypogastre*,

H G, et les côtes, régions iliaques, I I. Les lettres A A indiquent les *aines*.

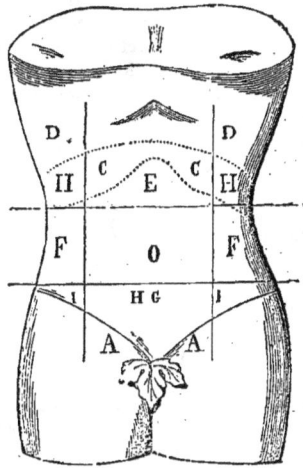

Fig. 1. — Régions de l'abdomen.

Dans cette figure, la ligne ponctuée D D, marque la limite entre la poitrine et l'abdomen, dans le point correspondant au diaphragme, et les lignes C C le point de rencontre des cartilages de prolongement des côtes inférieures.

L'abdomen renferme : 1° les organes qui servent à la nutrition ; 2° ceux qui président à la sécrétion et à l'excrétion de l'urine ; 3° les organes internes de la génération, tant chez l'homme que chez la femme.
                    LOUVET, *docteur-médecin*.

ABDOMEN (anatomie comparée). — Chez les mammifères, l'abdomen présente la plus grande analogie avec celui de l'homme : c'est également une cavité d'étendue très-variable destinée à loger une portion du canal intestinal, et le plus souvent d'autres organes importants. « Chez les oiseaux, la séparation entre l'abdomen et la poitrine n'est pas aussi complète que chez les mammifères. Chez les reptiles, qui n'ont point de diaphragme, elle n'existe pas et se confond avec le thorax. Les poissons, n'ayant pas de poumons, n'ont pas non plus de cavité pectorale proprement dite ; néanmoins le cœur est séparé de l'abdomen par une forte membrane à laquelle on pourrait donner le nom de diaphragme. Dans les insectes, le corps est divisé ordinairement en trois parties par des étranglements ; c'est la partie postérieure qui constitue l'abdomen ; sa forme varie singulièrement suivant les espèces. Dans les crustacés, la même cavité contient le cerveau, le cœur, les organes de la digestion et de la respiration ; la queue, qui vient après, a été aussi désignée sous le nom d'abdomen, parce qu'elle contient une partie du canal intestinal. Chez les arachnides, l'abdomen est la partie du corps qui fait suite au thorax ; il est, dans les aranéides, suspendu au thorax par un pédoncule très-court. Dans les mollusques, on peut nommer abdomen la cavité qui renferme les principaux organes digestifs; mais sa position n'est pas plus constante. Les annélides et la plupart des larves d'insectes à métamorphose complete, comme les chenilles, ne sauraient être divisés en cavités analogues à la poitrine et à l'abdomen, attendu que leurs organes sont les différents segments qui constituent l'animal. Enfin, les rayonnés n'ont pas d'abdomen proprement dit : les organes digestifs occupent, le plus souvent, la partie centrale du corps. »

ABDOMINAUX (zoologie).—Ordre de poissons *malacoptérygiens*, qui ont les nageoires ventrales suspendues sous l'abdomen, en arrière des pectorales. Cuvier divise en cinq familles tous les poissons de cet ordre ; ce sont les *cyprinoïdes*, les *ésoces*, les *séluroïdes*, les *salmones* et les *clupes*. — Voy. ces mots.

ABDUCTEURS (anatomie) [de *ab*, particule disjonctive, et de *ducere*, conduire.] — Muscles qui ont pour fonction d'écarter un membre ou un organe de l'axe du corps. — Voy. *Muscles*.

ABDUCTION (physiologie).—Mouvement qui écarte un organe de l'axe du corps, ou une partie d'un membre de l'axe propre de ce membre lui-même.

ABEILLE (zoologie) [*apis*]. — Genre d'insectes hyménoptères, de la famille des mellifères, section des apiaires. Presque tous ces insectes sont armés d'un aiguillon caché, mobile, très-acéré, terminé par de petites dents en forme de scie, visibles au microscope; cet aiguillon est creusé d'une rainure qui facilite l'écoulement d'une substance âcre, acide, renfermée dans une poche située à la base de l'aiguillon et à la partie inférieure de l'abdomen de l'insecte. Lorsque l'abeille pique, la poche est pressée par les muscles qui servent d'attache au dard; alors le venin s'écoule par le canal de l'aiguillon jusque dans la plaie produite par cette arme.

On distingue dans les abeilles trois sortes d'individus : des *mâles*, des *femelles*, et des *neutres*, ou *ouvrières* ; ces dernières ne sont, du reste, que des femelles dont les organes reproducteurs sont demeurés à l'état rudi-

Fig. 2.—Abeille mâle.

mentaire; elles sont donc impropres à la reproduction, et ont pour mission spéciale de donner des soins à la postérité des reines ou femelles fécondes. Les abeilles *mâles* (fig. 2), que l'on nomme aussi *bourdons*, ou improprement *frelons*, sont plus grosses et un peu plus velues que les travailleu-

Fig. 3. — Abeille reine.

ses; leurs yeux, très-gros, qui font presque le tour de la tête, les font remarquer et reconnaître au pre-

mier aspect. Les *femelles* ou *reines* (fig. 3), sont plus grosses que les mâles; leur abdomen est beaucoup plus allongé, surtout lorsqu'elles commencent à pondre. Les *travailleuses*, *neutres* ou *mulets* (fig. 4), qui ne sont réellement ni mâles ni femelles, sont les plus petites.

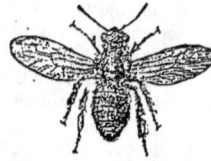

Fig. 4. —Abeille neutre.

Les abeilles vivent en société dans des *ruches*, sous un gouvernement qui présente l'image d'une monarchie : ces réunions, dites *essaims,* se composent des trois sortes d'individus dont nous avons parlé. Les abeilles ouvrières récoltent dans le calice des fleurs les matériaux dont elles forment la cire et le miel, construisent avec la cire les cellules (*alvéoles*) destinées à recevoir le miel et à loger les œufs, tandis que d'autres ouvrières nourrissent le *couvain* ou larves issues de ces œufs (fig. 5). Les mâles, au nombre d'un millier par essaim, sont destinés à féconder la *reine*, et meurent ensuite ou sont tués par les abeilles travailleuses.

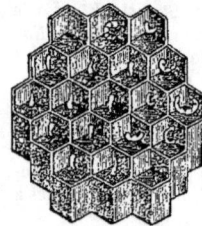

Fig. 5.— Cellules contenant le couvain.

« Après les époques d'éclosions, le nombre des individus devient tellement considérable qu'ils ne peuvent plus habiter tous la même ruche; et cela est facile à concevoir puisqu'une seule reine peut pondre 30,000 œufs et davantage. C'est alors qu'ont lieu les émigrations; mais elles ne peuvent s'effectuer que lorsqu'une nouvelle reine remplacera celle qui va partir en tête de la colonie, et le départ est toujours retardé jusqu'à ce moment. A peine la nouvelle reine a-t-elle vu le jour, qu'un grand nombre d'abeilles quittent la ruche ayant à leur tête la vieille reine. On donne le nom d'*essaims* à ces colonies errantes. Bientôt les abeilles s'arrêtent dans un endroit quelconque, le plus souvent sur une branche d'arbre, et forment une espèce de grappe en s'accrochant les unes aux autres. C'est le moment que doit choisir le cultivateur pour s'emparer de l'essaim et le placer dans la ruche. Le nombre de femelles n'est pas toujours proportionné à celui des colonies, il se trouve quelquefois deux et même trois reines dans le même essaim; mais alors il y a entre ces rivales un combat à outrance dont les ouvrières demeurent toujours simples spectatrices, et qui finit par la mort de l'une des combattantes; celle qui parvient à se placer au-dessus de l'autre lui perce l'abdomen avec son aiguillon ! »

Parmi les nombreuses espèces d'abeilles que l'on connaît, les unes vivent en société, les autres sont solitaires. Parmi les abeilles qui vivent réunies, on appelle *villageoises* celles qui ne sont pas sous la dépendance de l'homme, et *domestiques* celles qu'on élève pour en recueillir le miel et la cire.

Si l'on en croit les Grecs, ce serait *Aristée*, roi d'Ar-

cadie, qui aurait inventé l'art d'élever les abeilles et d'utiliser leur miel. Selon d'autres auteurs, il faudrait rapporter à *Gorgoris*, roi d'un peuple d'Espagne (les Cynètes), l'usage du miel comme aliment et comme médicament (1520 ans avant J. C.). — Voy. *Cire.* B. LUNEL.

ABEILLES (piqûre d'). — Voy. *Piqûre.*

ABEILLES (droit). — Les abeilles qui habitent les bois ou s'attachent aux arbres, haies ou buissons, dans les champs, sans avoir été recueillies par personne, sont au nombre des choses publiques ou communes qui appartiennent au premier occupant. Étant recueillies et placées dans des ruches, elles sont la propriété légitime de celui qui les a en son pouvoir. Le propriétaire d'un essaim a le droit de le réclamer et de s'en ressaisir, tant qu'il n'a pas cessé de le suivre; autrement l'essaim appartient au propriétaire du fonds sur lequel il s'est fixé (L. 6. oct. 1791, S. 3. T. I, art. 3), et celui qui s'en serait emparé devrait être condamné à le lui rendre. (Toullier, t. IV, n° 50.) L'autorité administrative permet ou défend le placement des ruches, notamment dans les villes.

ABERRATION DES ÉTOILES FIXES (astronomie). — On appelle *aberration* le mouvement apparent des corps célestes, produit par la combinaison du mouvement de la lumière avec celui de la terre autour du soleil. C'est un savant Bradley, astronome anglais, qu'on doit la connaissance de l'aberration des étoiles. Après trois années d'observations (1725-1728), il rendit compte de sa découverte dans les *Transactions politiques* (décembre 1728).

Avant Braldley, l'aberration des étoiles avait été remarquée par Picard dans l'étoile polaire, en 1672, et Horrebow, astronome danois, l'avait constatée dans les autres étoiles fixes, au commencement du dix-huitième siècle; mais ni l'un ni l'autre de ces savants n'avait pu assigner la véritable cause de ce phénomène.

ABERRATION (optique). — Dispersion des rayons lumineux qui traversent des corps diaphanes, comme le verre, l'eau. On l'appelle *aberration de sphéricité* si, étant due à la sphéricité même de la lentille, l'image est confuse, et *aberration de réfrangibilité* si la réfrangibilité inégale des rayons lumineux donne lieu aux teintes irisées que l'on observe sur les bords de l'image. On obvie à l'aberration de sphéricité en interceptant par un diaphragme les rayons venant des bords, et à celle de réfrangibilité en se servant de verres achromatiques, qui ont la propriété de dévier les rayons, tout en donnant à leur foyer des images incolores. — Voy. *Achromatisme.* Dr HEINRIECH.

ABIÉTINÉES (botanique) [du latin *abies*, sapin]. — Tribut de la famille des conifères établie par le botaniste L. Richard, comprenant les *pins, sapins, cèdres, mélèzes*, etc. — Voy. ces mots.

ABIME [d'*abyssus*, même signification]. — Gouffre d'une profondeur immense. Dans les saintes Écritures ce mot signifie: 1° le chaos ou la confusion primitive, avant que Dieu eût créé le monde; 2° les cavernes immenses de la terre où l'Éternel rassembla les eaux le troisième jour, et que Moïse appelle le *grand*

abîme; 3° l'enfer ou puits éternel dans lequel les mauvais anges furent précipités par Dieu.

ABIME (géologie). — Caverne généralement verticale, dont l'ouverture est à la surface du sol, et dont le fond n'est pas connu. Un lac tranquille, un gouffre profond où vont se perdre les eaux qui coulent à la surface du sol, une bouche de laquelle sortent parfois des torrents d'eau froide ou bouillante, chargées ou non de substances métalliques, constituent un abîme pour les naturalistes et les géologues. Les savants n'ont point encore établi une distinction rigoureuse entre ce qu'ils appellent *abîme* et les autres anfractuosités du globe. Dr HEINRIECH.

AB INTESTAT (droit) [de *ab*, de, et *intesto*, qui n'a pas testé]. — L'héritier *ab intestat* est celui qui recueille la succession d'un individu décédé sans avoir testé, et qui, en conséquence, vient à cette succession en vertu de la loi, à la différence de l'héritier testamentaire ou institué, qui ne succède qu'en vertu de la disposition écrite. On entend de même par succession *ab intestat* celle qui est ouverte sans que le défunt ait laissé d'héritier contractuel ou testamentaire.

AB IRATO (jurisprudence). — Expression latine qui répond à celle-ci: *homme en colère*. On l'applique aux testaments qui sont faits par haine ou par colère, et l'on dit *testament ab irato.*

ABJURATION [du latin *ab*, loin, hors, contre, et de *jurare*, jurer]. — Acte public et solennel par lequel on renonce à une religion, à des croyances. Ce mot se dit, du reste, de toute espèce de renonciation. Les exemples les plus célèbres qu'en offre l'histoire sont celles d'Henri IV, en 1593, en montant sur le trône; de la reine Christine de Suède, en 1655; de Turenne, en 1668; d'Auguste II, électeur de Saxe, et ensuite du roi de Pologne, en 1706; de Bernadotte, en 1810; de Zacharie Werner, du comte de Stolberg, de Frédéric Schlegel, de Louis Haller, tous quatre littérateurs allemands célèbres; enfin, du duc et de la duchesse d'Anhalt-Cœten.

ABJURATION (religion). — Acte de renonciation à une religion fausse, à une hérésie, pour entrer dans le sein de l'Église. « Il ne peut donc y avoir d'abjuration que dans le christianisme. Quitter celui-ci pour embrasser l'islamisme ou l'idolâtrie, c'est commettre une *apostasie*; passer de l'incrédulité païenne au culte du vrai Dieu, c'est opérer sa conversion. On fait abjuration du manichéisme, de l'arianisme, du nestorianisme, du pélagianisme, du protestantisme, du socinisme; on fait abjuration des dogmes de l'Église orientale, en faveur du dogme universel de l'Église latine. »

ABLE (zoologie) [d'*albus*, blanc]. — Nom donné par Cuvier à un genre de poissons de la famille des cyprins, comprenant des poissons blancs d'eau douce dont l'organisation se rapproche du genre carpe. L'able, nommé aussi *ablette* ou *ablet*, ne dépasse guère 22 centimètres de longueur. Ce poisson est très-commun dans la Seine, où on le pêche pour en retirer l'essence d'Orient, ingrédient indispensable dans la fabrication des fausses perles, et qui provient de la matière nacrée qui entoure la base des écailles.

Parmi les espèces de ce genre, nous citerons, outre l'ablette commune, celles que les pêcheurs appellent *meunier*, *gardon*, *vaudoise*, etc. La chair de l'able est molle, peu savoureuse. La pêche de ce poisson se fait toute l'année, mais principalement au printemps, lorsqu'il fraye. **B. L.**

ABLETTE (zoologie). — Voy. *Able*.

ABLÉGAT [du latin *legatus*, envoyé, et de *ab*, hors de].—Commissaire spécial chargé par la cour de Rome de porter à un cardinal la barrette et le petit bonnet rouge carré. A peine un cardinal a-t-il reçu les insignes de sa dignité, que les fonctions de l'ablégat sont terminées.

ABLÉGATION (droit romain).—Bannissement que le père de famille pouvait prononcer contre celui de ses enfants dont il était mécontent.

ABLUTION [de *ab*, hors, et *luere*, purifier].—Cérémonies religieuses, fort sages, qui consistent à nettoyer ou laver une partie du corps, ou le corps entier, dans certaines circonstances et avec certaines formalités, et dont les législateurs des pays situés dans les climats chauds ont fait une loi aux peuples qui leur étaient soumis. Cette loi, par une suite nécessaire de l'ignorance, de la paresse ou de la négligence, eût été bientôt abandonnée, si la religion n'en avait fait un devoir.

Chez les juifs, les Arabes, les mahométans, l'excrétion de la sueur étant très-abondante et se portant plus aisément à l'altération, les maladies typhoïdes et contagieuses s'y renouvellent souvent : on sent qu'il était essentiel d'entretenir chez eux une excessive propreté, surtout lorsqu'on avait touché les cadavres des malades; et après l'exercice de toutes les fonctions corporelles. Dans nos climats, les ablutions fréquentes sont moins nécessaires que dans l'Orient; mais on comprend combien les bains qui les remplacent sont précieux pour la conservation de la santé.

ABLUTION (religion catholique).—On entend par ce mot : 1° le vin qu'on verse immédiatement dans le calice pour le purifier; 2° le vin et l'eau qui servent à laver les doigts du prêtre après la communion; 3° l'action même de se laver ainsi les doigts.

ABLUTION (pharmacie).—Opération qui consiste à séparer, au moyen de lavages réitérés, les matières étrangères d'un médicament. Par exemple, lorsqu'on veut débarrasser le mercure doux (calomel) du sublimé corrosif qu'il peut contenir, on le lave à plusieurs reprises avec de l'eau; c'est ainsi qu'on en fait l'ablution.

ABNÉGATION [de *ab*, hors, et *negare*, refuser].— On rencontre quelquefois autour de soi des hommes qui, dans certaines circonstances de la vie, font le sacrifice de leur volonté ou renoncent à caresser un sentiment, une idée, un projet qui les eussent peut-être rendus heureux, et on les appelle des hommes d'abnégation. — On s'est sans doute trouvé soi-même dans une de ces situations où le cœur aimerait à s'épancher et où il est forcé de se taire pour protéger le devoir, l'avenir et l'honneur d'un autre lui-même, et l'on a fait aussi de l'abnégation.— Partout où l'on

a trouvé le doute aux prises avec l'espérance, le bonheur en lutte avec les exigences de la société, le rêve, en un mot, abîmé sous la réalité, on a songé encore à ce quelque chose qu'on n'a su appeler d'un autre nom que de celui d'abnégation. — Cette abnégation serait-elle donc un long et douloureux défi jeté au désespoir et aux vanités de ce bas monde, ou une sorte de creuset moral où il faudrait que l'homme passât pour épurer ses faiblesses et purifier en quelque sorte sa noble et immortelle destinée? L'abnégation voudrait-elle être encore une immolation perpétuelle de tous ses sentiments les plus aimés et les plus intimes, et conduirait-elle insensiblement à l'oubli de soi-même et à l'abandon sincère de toutes ses pensées, afin de revivre dans une autre pensée qui nous captive et nous domine, en nous donnant en échange de ce que nous lui laissons, ce dévouement inaltérable que l'amour et la vertu n'abandonnent jamais? On a bien des fois parlé de la perfection humaine ; le chemin le plus court pour y arriver commence toujours par l'abnégation.—Il est beau, sans doute, lorsqu'un danger menace un être qui nous est cher, d'oublier que notre vie n'est pas à nous, et que pour le sauver nous irons, s'il le faut, jusqu'à l'héroïsme ! il est touchant, en présence d'une affection profonde que l'on a devinée dans un cœur, que l'on aimait et dont l'amour ne vous appartient pas, il est touchant de renoncer à cette idée qui faisait éclore en votre âme les fleurs jolies de l'espoir et de la félicité ! il est sublime peut-être, alors que de grandes haines ont passé sur vous, et que, loin du monde, vous avez voulu chercher, avec un être chéri, le baume à vos blessures, il est sublime, disons-nous, d'éteindre ces haines et de les remplacer par l'amitié, ou par l'oubli, et pourtant tout cela n'est encore que de l'abnégation ! Vertu rare de nos jours, parce que chacun vit trop pour soi, au lieu de vivre pour tous; vertu que les natures d'élite seules ont peut-être le privilége d'acquérir par de longues et cruelles épreuves, mais vertu qui résume admirablement toute la religion catholique et commente à elle seule l'enseignement du Christ et les prédications de ses disciples, qui de tout temps ont dit avec leur éloquence : Ce qui ennoblit et élève l'homme, ce n'est point seulement la pratique de ses devoirs, mais bien plutôt le sacrifice, et surtout la lutte douloureuse qu'il doit soutenir entre ce qu'il redoute ou ce qu'il déteste et ce qu'il aurait toujours le plus aimé. Quand on veut croire à l'abnégation, on n'a besoin que d'entrer dans un hôpital, de suivre, auprès du lit de tous ces pauvres malades, ces êtres bénis qui prennent le nom de *sœurs de charité!* Dans le monde, quelques-unes auraient eu pour elles fortune, talents, joies, bonheur et succès! d'autres, idoles de leur famille, n'auraient jamais connu ces préoccupations de l'existence, que la sollicitude maternelle ou conjugale leur aurait sans cesse écartée! et pourtant elles ont renoncé à cette existence qui continuait si bien leurs rêves! elles ont dit adieu à tous leurs plaisirs de jeune fille! elles se sont faites volontairement pauvres au milieu même de leurs richesses, en se vouant pour toujours au soutien du malheur et à la consolation de la souffrance ! elles ne se sont pas demandé si leur organisation, plus frêle et plus impressionnable que celle des hommes, surmonterait les obstacles de leur vocation ! elles ont généreusement accepté leur sacrifice, et, le sourire dans le cœur et sur les lèvres, elles se sont agenouillées au pied de l'autel en prononçant, avec la conviction de l'enthousiasme, leurs éternels vœux ! Tournons encore les yeux du côté de ces peuplades sauvages de la Chine ou de l'Océanie : suivons tous ces bons missionnaires abandonnant leur patrie, leur foyer, leur mère qu'ils aiment tant, pour aller convertir à notre religion de nouveaux fidèles ! ils avaient près de nous les consolations de leurs parents et de leurs amis, au sein de leurs fatigues et de leurs déchirements intimes ! un regard bien-aimé se levait toujours sur eux, et leur apportait la résignation et le courage, et ils ont fui ces consolations et ce regard qui était tout leur appui, et ils se sont élancés vers ces régions lointaines sans se demander non plus si pour eux jamais aurait lieu le retour ! Arrivés au but de leur mission, ils n'ont reculé devant aucune peine, devant aucune privation, devant aucun sacrifice, et, lorsqu'en échange d'une âme rendue à Dieu, les Barbares ont fait d'eux des martyrs, ils se sont éteints en murmurant encore le pardon pour leur bourreau !!! On le voit donc, l'abnégation ne saurait être une vertu ordinaire ; pour bien la pratiquer il faut d'abord avoir l'amour, non pas cet amour matériel qui ne demande que des satisfactions terrestres, mais cet amour pur et infini qui nous fait grands, et nous apporte avec lui la passion du sacrifice et comme un pressentiment d'espérance en une douce et heureuse éternité ! D'ailleurs, l'abnégation est pour l'homme une des nécessités de son existence ; tôt ou tard il lui faudra se souvenir qu'il n'est pas seul ici-bas, et que s'il a doublé son affection pour la rendre plus profonde, ce n'est en quelque sorte qu'à titre de privilége, pour faire, comme tous ceux qui l'entourent, et qui, le plus souvent n'ont que la solitude pour leur répondre, le dur apprentissage de cet inflexible métier que l'on appelle abnégation !   Edouard Blanc.

ABOIEMENT [d'*aboi*, mot imitatif, cri du chien].
—C'est l'expression de sa joie, de sa méfiance ou de sa colère. C'est moins un cri naturel qu'une sorte de langage particulier au chien, et plus ou moins parfait, selon l'intelligence des races. La preuve de cette assertion, c'est que les chiens des nations sauvages n'aboient point : leurs cris ne sont que des hurlements.
—Il existe une différence notable entre les mots *aboi* et *aboiement* : l'*aboi* est la voix de l'animal ; c'est en ce sens qu'on dit : Il a l'aboi rude, aigu, perçant ; — l'*aboiement* est le cri même ; c'est en ce sens que Buffon a dit : « Le chien sent de loin les étrangers, et pour peu qu'ils s'arrêtent et tentent de franchir les barrières, il s'élance, s'oppose, et par les *aboiements* réitérés, des efforts et des cris de colère, il donne l'alarme, avertit et combat. »   B. L.

ABOLITION (lettres d').—Lettres par lesquelles un souverain absolvait un coupable d'un crime irré-

missible, selon les règles de la législation ordinaire. Ces lettres, qui laissaient toujours quelques notes infamantes, et différaient en cela des lettres de grâce, accordaient le pardon au coupable, mais sans préjudicier jamais à l'intérêt civil des parties offensées.

Abolition générale (lettres d').— Lettres que le souverain accordait quelquefois à une ville, à une province, pour crime contre l'autorité royale. C'est ainsi que des lettres d'abolition générale furent accordées à la ville d'Aix (1649) pour tout ce qui s'y était passé depuis le lundi gras de l'année 1648 jusqu'au 20 janvier suivant ; au prince de Condé, Louis de Bourbon (1660), et à ceux qui avaient suivi son parti, etc.

Avant 1789, on a désigné sous le nom d'*abolition* l'acte par lequel le roi annulait une procédure et même une condamnation. C'est en vertu de ce droit qu'en 1814 Louis XVIII déclara sans effet les jugements rendus contre des Français qui s'étaient mis au service de l'Autriche et de la Russie, et abolit les listes d'émigrés.

Abolition (droit romain). — Annulation d'une procédure déjà commencée. Elle différait de l'amnistie en ce sens que, malgré une précédente abolition, une accusation légale pouvait toujours être reprise, tandis qu'une amnistie détruisait à jamais le corps même de l'accusation, et par suite rendait toute procédure impossible.

ABOLITIONISTE, partisan de l'abolition de l'esclavage. Ce mot n'a plus guère d'application qu'aux États-Unis, où l'esclavage se lie d'une manière intime et fatale à l'organisation sociale et politique de l'Union. Née en Angleterre dans le dix-septième siècle, la doctrine de l'abolitionisme a triomphé presque partout, grâce aux efforts de W. Penn et de Wilberforce. En Amérique seule, au sein de l'Union, se trouvent les anti-abolitionistes, qui s'appuient, pour maintenir l'esclavage, sur ce qu'il y a de plus odieux au fond de l'intérêt individuel.

ABORDAGE (marine). — Action de deux vaisseaux qui, après avoir combattu vaillamment à distance par l'auxiliaire de l'artillerie, manœuvrent pour s'accoster, s'accrocher, s'emporter d'assaut. A l'*abordage* ! voilà le cri de manœuvre impatiemment attendu par les marins français, et auquel chacun s'élance, dans une affreuse mêlée, sur le pont ennemi, jusqu'à ce qu'on parvienne à l'arrière du bâtiment abordé, où flotte le pavillon dont la chute est le signal de la victoire. C'est, du reste, à ce genre de combat que les anciens Romains durent leurs victoires sur les Carthaginois, et la marine française une grande partie de ses succès. Les abordages deviennent rares de nos jours, et l'on s'en tient le plus ordinairement au genre de combat qu'indique la science navale.

ABORIGÈNES [du latin *ab*, de, et d'*origo*, origine].
—Habitants originaires et primitifs d'une région, par opposition aux colonies qui s'y sont établies plus tard. Les Indiens de l'Amérique sont pour nous des *aborigènes* parce qu'ils habitaient le nouveau continent à l'époque de sa découverte, et que nous ignorons com-

plétement leur véritable origine. —On donne encore le nom d'aborigènes aux hommes, aux animaux, et quelquefois aussi aux végétaux qu'on suppose originaires du pays même qu'ils habitent, soit qu'ils y aient réellement existé de toute antiquité, soit que l'époque de leur transplantation se perde dans la nuit des temps.

ABORTIFS (matière médicale) [de *ab*, avant, et *ortus*, levé]. —Médicaments employés dans le but de faire avorter une inflammation, une maladie spécifique; ce sont le plus ordinairement des caustiques. — On donne aussi ce nom : 1° au fœtus qui naît avant d'avoir acquis le développement nécessaire pour vivre; 2° à certaines substances auxquelles on attribue la propriété de provoquer l'avortement.   B. L.

ABOYEUR (zoologie).—Oiseau de l'ordre des échassiers, dont le cri a quelque rapport avec l'aboiement du chien. Il est à peu près de la grosseur du pigeon, et habite les lieux marécageux des côtes de l'Europe; cette espèce est le *chevalier aux pieds verts* de plusieurs naturalistes. — Voy. *Chevalier* (zoologie).

ABRACADABRA (sciences occultes). — Mot magique auquel la superstition attribue le pouvoir de guérir la fièvre, surtout les fièvres quarte et hémitritée (demi-tierce). — D'après *Seranus Sammonicus*, ce mot, pour avoir le pouvoir précité, devait être écrit ainsi, en triangle :

```
A B R A C A D A B R A
  A B R A C A D A B R
    A B R A C A D A B
      A B R A C A D A
        A B R A C A D
          A B R A C A
            A B R A C
              A B R A
                A B R
                  A B
                    A
```

De quelque manière qu'on lût ce mystérieux triangle, on trouvait le mot *abracadabra*, pourvu que l'on commençât toujours par la lettre A, et qu'on lût ensuite la dernière lettre de chacune des lignes qui précèdent. Il fallait, de plus, que ce mot fût écrit sur un papier carré, plié de manière à cacher l'écriture et attaché un ruban qui devait suspendre cette amulette du cou au creux de la poitrine. On la portait ainsi pendant neuf jours, puis l'on se rendait, avant le lever du soleil, sur le bord d'un fleuve coulant vers l'orient, après quoi l'on détachait du cou le mot *abracadabra*, qu'on jetait derrière soi, sans oser le lire. Ce préjugé est sans contredit la formule de ce genre qui eut le plus de réputation, quoique, bien entendu, elle ne guérissait nullement les espèces dangereuses de fièvres intermittentes dont nous avons parlé.   B. L.

ABRAXAS (pierres d') [des mots égyptiens *abrak* et *sax*, c'est-à-dire, selon Bellermann, le *mot béni*, *saintement vénéré*].—Classe très-nombreuse de pierres gravées, qui contenaient le symbole du culte de certaines sectes gnostiques. Elles sont ainsi nommées du mot *abraxas* ou *abrasax*, écrit en lettres grecques sur la plupart d'entre elles. Bellermann ne reconnaît comme véritables que celles qui ont cette inscription. Beaucoup de ces pierres portent un tronc humain et des bras d'homme, avec une tête de coq et des pieds de reptiles; il y existe aussi un mélange de maximes chrétiennes ou juives, soit pures, soit entées sur le paganisme. Ces pierres n'étaient que de simples amulettes ou talismans, et leur dénomination de *pierres basilidiennes* est tout à fait impropre, puisqu'elles sont bien loin d'appartenir toutes à la secte de Basilide.   DE JÉMONVILLE.

ABRÉVIATION [de *brevis*, court]. — Retranchement de quelques lettres ou syllabes d'un mot, dans l'écriture, ou même d'un ou de plusieurs mots dans une phrase. Les Égyptiens furent les premiers qui se servirent des signes abréviatifs; les Grecs les adoptèrent, et plus tard les Latins en composèrent tout un système d'écriture. Ces derniers, avant l'invention des lettres minuscules, n'employaient que des onciales de 27 millim. 5 de hauteur. Aussi les *abréviations* étaient-elles devenues nécessaires chez eux et d'un usage habituel. Tantôt ils ne laissaient subsister que la première lettre des mots, tantôt ils supprimaient seulement les dernières lettres ou celles du milieu. On se servait d'abréviations dans les inscriptions, les manuscrits, les lettres et même dans les lois et les décrets; mais comme les signes abréviatifs pouvaient être interprétés de différentes manières, leur emploi donna lieu à tant d'abus, que Justinien se vit obligé de les proscrire et de punir comme faussaires ceux qui oseraient les employer. Assez rares dans les diplômes des rois des deux premières races, les abréviations se multiplièrent tellement sous les Capétiens, que Philippe le Bel essaya d'y remédier dans une ordonnance relative aux tabellions et aux notaires, en 1304; mais l'abus n'en persista pas moins dans les deux siècles suivants. Des manuscrits, cet abus passa même dans l'imprimerie, et les premiers livres imprimés offrent un très-grand nombre d'*abréviations* fort difficiles à déchiffrer. Notre législation actuelle réprouve généralement les *abréviations*. (Maurice La Châtre, *Dict. Univ.*)

Par extension, le mot *abréviations* se dit de certains signes destinés à représenter des mots entiers. — Voy. *Algèbre*, *Astronomie*, *Botanique*, *Chimie*, *Cosmographie*, *Musique*, etc. L'étude des abréviations employées dans les anciens manuscrits est devenue une partie importante de la *Paléographie*.—Voyez ce mot.

ABRANCHES (zoologie).—C'est la troisième division établie par Cuvier dans la classe des *annélides*. Ce mot, qui semble indiquer que les animaux de cet ordre n'ont pas de *branchies* (organes respiratoires), serait mieux remplacé par celui d'*endobranches*, donné par M. Duméril, puisqu'il signifie *branchies intérieures*. Deux familles composent cet ordre peu nombreux : la première (les *lombricinés*) a pour genre principal le *lombric* ou vers de terre; la seconde (les *hirudinés*) renferme la *sangsue*. — Voyez ces mots.

ABREUVOIR [du vieux langage celtique, *abeuvraig*]. — Lieu où l'on mène boire et se baigner les animaux, particulièrement les chevaux. Depuis le seizième siècle diverses ordonnances ont été rendues sur les abreuvoirs, mais aucune d'elles n'a eu pour but, comme une loi de Valentinien II, l'hygiène des animaux. Cependant les règles à suivre pour la pureté de l'eau des abreuvoirs sont de la plus haute importance. Voici comment le professeur Chevallier les a résumées. Elles consistent pour les eaux courantes à défendre : 1° de salir les eaux en amenant sur les bords des matières végétales ou animales en putréfaction; 2° d'y laisser couler des eaux provenant des manufactures, des fabriques de gaz, des teintureries, des buanderies, etc.; 3° d'y conduire les eaux sales, provenant des ruisseaux des fermes ou des communes.

Pour les eaux dormantes :

1° De ne laisser entrer dans les abreuvoirs aucun animal, et particulièrement les canards, les oies et les cochons; ces animaux y laissent leurs excréments et salissent l'eau, qui lors des chaleurs devient putride;

2° De ne pas planter les abords des abreuvoirs de frênes; ces arbres étant recherchés par les cantharides, quelques-uns de ces insectes tombent dans l'eau, et sont avalés par les bestiaux, auxquels ils causent des inflammations graves des organes digestifs et urinaires;

3° De ne pas y laisser couler les immondices liquides des maisons environnantes, les eaux de fumier, etc.;

4° De détourner les ruisseaux qui pourraient y conduire les eaux sales;

5° De ne pas permettre aux animaux de remuer les eaux en se promenant ou en se débattant dans les abreuvoirs; leurs pieds mettent alors en mouvements les substances terreuses qui, prises par les bestiaux avec leur breuvage, deviennent la cause, dit-on, de maladies calculeuses;

6° De ne pas, sous quelque prétexte que ce soit, laisser rouir ou tremper dans les eaux des abreuvoirs le chanvre, le lin, etc.; de n'y pas laisser savonner;

7° De nettoyer les abreuvoirs toutes les fois qu'il en est besoin.

La meilleure eau pour les abreuvoirs est celle fournie par les ruisseaux et les rivières qui reposent sur un fond de sable.

ABRICOTIER (botanique) [*prunus armeniaca* de Linné]. — Espèce d'arbre fruitier du genre prunier, famille des rosacées, tribu des amygdalées, paraissant originaire de l'Arménie, d'où il a tiré son nom botanique. Cet arbre fut apporté d'Arménie en Grèce, où il s'acclimata parfaitement; de là il passa en Italie, puis en France. Il réussit dans les terres qui ne sont ni trop fortes ni trop légères, et vient en espalier en plein vent. Sa fleur, d'un blanc d'albâtre, s'ouvre au commencement du printemps; son fruit, qui est des plus parfumés et des plus agréables, se sert sur les tables, s'emploie en confitures, compotes, pâtes, etc.

On a accusé à tort l'abricot de donner la fièvre, ce qui ne pourrait d'ailleurs avoir lieu que si l'on en mangeait en trop grande quantité, et surtout avant sa parfaite maturité. L'amande du noyau de ce fruit est amère et contient un peu d'acide cyanhydrique. On multiplie l'abricotier en semant les noyaux ou en le greffant sur prunier et amandier. Son bois laisse exsuder une gomme analogue à la gomme du Sénégal.

Les variétés les plus connues du genre abricotier sont l'*abricot-pêche*, ou *de Nancy*; l'*abricot aveline*, ou *de Hollande*; l'*abricot Angoumois*, et l'*abricot Alberge*.

B. L.

ABROGATION, ABROGER (droit) [de *ab*, contre, *rogatio*, demande]. — L'abrogation d'une loi est l'acte par lequel elle est détruite et anéantie. On peut abroger une loi ou seulement y déroger. On l'abroge lorsqu'elle est anéantie en totalité; on y déroge quand une partie seulement est détruite ou changée. L'abrogation est *expresse* ou tacite : elle est expresse lorsque la loi nouvelle porte que l'ancienne est abolie, ou se sert d'expressions équivalentes. L'abrogation tacite est de deux sortes : la première, lorsque la loi nouvelle, sans porter ouvertement atteinte aux anciennes, contient néanmoins des dispositions incompatibles avec celles de ces dernières; mais, dans ce cas, il faut qu'il y ait contrariété formelle entre les deux lois pour que la nouvelle soit censée abroger implicitement l'ancienne, car l'abrogation des lois, des coutumes et des usages ne se présume pas. La deuxième espèce d'abrogation tacite résulte de la désuétude ou non-usage dans lequel la loi est tombée, et, dans ce cas, le non-usage doit être général, cette espèce d'abrogation étant fondée sur un consentement tacite et universel (l. 28 et 32, *D. de Lég.*).

JEAN ÉTIENNE.

ABROME (botanique) [de *a* privatif, et *broma*, nourriture]. — Arbrisseau élégant de la famille des malvacées, originaire de l'Inde et réussissant bien dans nos jardins, surtout à l'abri du vent. Les feuilles de cette plante sont larges et anguleuses; les fleurs pourpres, réunies en bouquets; le fruit sec, insipide, impropre à l'alimentation, d'où son nom botanique d'abrome. Ce genre renferme plusieurs espèces dont l'écorce filandreuse sert à faire des cordages dans l'Inde.

ABRUS (botanique) [du grec *abros*, élégant]. — Plante légumineuse de la famille des papilionacées, originaire de l'Inde, d'où on l'a transportée en Amérique, puis en Afrique. Tout est utile dans cette plante, dont on connaît cinq espèces; les racines ont les mêmes propriétés que les racines de la réglisse (*voy.* ce mot); les feuilles donnent par infusion une liqueur très-sucrée, et son fruit renferme des graines d'un rouge de corail, avec une tache noire, qui servent aux Américains à faire des colliers et des chapelets : ces graines sont mangées comme des haricots en Égypte et dans l'Inde.

ABSENCE, ABSENT (droit). — On entend par absent l'individu qui a disparu de son domicile ou de sa résidence, si elle est distincte du domicile, et dont on n'a pas de nouvelles, de telle sorte qu'il règne la plus grande incertitude sur son existence : mais il ne faut pas confondre avec l'absent 1° celui qui n'est pas là où sa présence est nécessaire ou désirée, et dont on connaît la résidence, quelque éloignée qu'elle soit; 2° celui qui n'a aucune résidence connue, mais dont on a des nouvelles même indirectes. Ces individus sont qualifiés par la loi de non présents. (C. civ. 840; C. pr. 911 et 942.)

On nomme aussi *défaillant*, et non absent, celui qui été condamné par un jugement rendu en son absence. (C. pr. 152.)

Comme l'incertitude sur la vie et la mort s'augmente en raison du temps qui s'est écoulé depuis la disparition ou les dernières nouvelles de l'individu, le Code a divisé l'absence en trois périodes :

La première est celle qui s'écoule depuis la disparition ou les dernières nouvelles de l'absent jusqu'à l'époque où son absence est déclarée; et elle ne peut l'être qu'au bout de cinq ans s'il n'a pas laissé de procuration, et au bout de onze ans s'il en a laissé une : pendant cette première période, il ne peut y avoir que *présomption d'absence*.

La seconde commence à la déclaration de l'absence et dure trente années, à moins que l'absent n'ait atteint plus tôt sa centième année.

La troisième a son point de départ à l'expiration des trente ou cent années dont il est parlé ci-dessus : elle dure indéfiniment si l'absent ne reparaît pas; mais dans cette troisième période, les héritiers peuvent obtenir l'envoi légal en possession définitive et sans caution.

Une législation particulière avait réglé le sort des militaires absents : ce sont les lois des 11 ventôse et 16 fructidor an II, et 6 brumaire an V. Toutefois, cette dernière loi a cessé d'être appliquée par l'effet d'une ordonnance du roi, du 21 décembre 1814, qui n'a prorogé son exécution que jusqu'au 1er avril 1815, attendu que son exécution avait été limitée à la paix générale. Quant aux deux autres lois, il n'est point encore établi par la jurisprudence qu'elles aient été abrogées, même implicitement, par le C. civ. (art. 135 et 136), et c'est surtout aux juges de paix qu'il appartient d'en faire l'application, suivant les circonstances.   JEAN ÉTIENNE.

ABSENTÉISME, anglicisme qui signifie *manie de voyager*, et qui désigne spécialement l'habitude que prennent de plus en plus les Anglais opulents de quitter leur pays pour voyager en Italie, en France, et même pour s'y fixer. « L'*absentéisme* est une plaie qui s'étend de peuple à peuple, et que l'on cache parfois sous le nom de *tourisme*. Norton attribue toutes les souffrances de l'Irlande à l'absentéisme. Selon lui, l'absentéisme est l'unique source des mille lèpres qui l'assiègent. On conçoit, il est vrai, que l'absence des riches propriétaires, qui dépensent sur une terre étrangère les revenus que la pénible industrie du cultivateur indigène a recueillis, doit nécessairement exercer une influence funeste sur le bien-être du pays. » Lady Morgan regarde le citoyen qui va vivre, de gaieté de cœur, à mille ou deux mille kilomètres du sol natal comme un homme qui n'a guère de charité ni d'esprit national. En effet, tandis que les manufactures regorgent de produits et que le peuple des campagnes est malheureux, les riches

propriétaires vont s'établir à Rome, à Naples, à Paris, à Londres, laissant les prolétaires, instruments de leur fortune, réduits à la misère !

ABSIDE (architecture) [du grec *apsis*, cercle, voûte, arche, courbure].—Demi-voûte en hémicycle, appelée vulgairement *cul de four*, qui termine les anciennes basiliques chrétiennes, et où se trouvent l'autel et le chœur. La forme de l'*abside* est tantôt semi-circulaire, tantôt polygonale. Au milieu de l'hémicycle se trouve le trône de l'évêque, et l'autel s'élève au centre du diamètre, vis-à-vis la nef, dont il est séparé par une balustrade ouverte ou par une grille. Le trône de l'évêque étant lui-même appelé *absis*, quelques auteurs prétendent que c'est de là que cette partie des ancienne basiliques a tiré son nom. Du neuvième au dixième siècle, l'allongement du chœur étant devenu une règle constante, l'*abside*, qui jusqu'alors avait renfermé le maître-autel, se transforma en chapelle et prit le nom de *chevet*. La basilique de Saint-Pierre, à Rome, contient deux absides, placées sur des axes parallèles. Les cathédrales de Pise et de Bonn présentent des absides secondaires, situées aux extrémités du transept. La cathédrale de Nevers est, en France, la seule église qui présente cette disposition.

ABSINTHE (botanique) [du grec *apsinthion*, espèce d'herbe amère, dans Dioscoride].—Nom donné à deux espèces du genre *armoise* (voy. ce mot), de la famille des composées, tribu des corymbifères : 1° la *grande absinthe* (*artemisia absinthium*), plante vivace de près d'un mètre de hauteur, qui se plaît dans les lieux arides et montagneux de nos climats, et dont les usages sont nombreux. On en fait le *vin d'absinthe*, connu des anciens, la teinture alcoolique ou *absinthe suisse* des tables; le *wermouth* (voy. ce mot). Toutes les propriétés des genres *artemisia* semblent se concentrer dans cette espèce, qui est indigène. Elle contient deux principes amers et une huile éthérée fort aromatique, d'où découlent ses propriétés toniques et stimulantes; aussi favorise-t-elle singulièrement la digestion, soit qu'on la prenne sous forme d'infusion, de vin ou de liqueur; cette dernière préparation est la plus agréable et la plus usitée; mais c'est uniquement après le repas qu'on doit en faire usage, c'est-à-dire lorsque l'estomac, chargé d'aliments, éprouve quelque peine à les digérer. L'absinthe a été employée aussi contre les fièvres intermittentes, à cause de ses propriétés amères, et contre les vers intestinaux, à cause de son huile éthérée; et l'on comprend très-bien qu'elle ait pu avoir quelque efficacité dans ces maladies; mais la médecine possède dans le quinquina un amer préférable à l'absinthe, et dans d'autres espèces d'armoises des vermifuges plus sûrs qui la font abandonner dans le traitement de ces affections. 2° La *petite absinthe* (*artemisia pontica*), particulière au midi de l'Europe, et qui a les propriétés de la grande absinthe, mais à un degré moins puissant. Comme elle se plaît sur le bord de la mer, quelques auteurs l'ont désignée sous le nom d'*absinthe marine*. Les anciens attribuaient des propriétés merveilleuses aux différentes espèces d'absinthe. Selon Pline, les brebis qui mangeaient de l'*artemisia santonica* n'avaient point de fiel; c'est une erreur. Aux courses de char, les vainqueurs buvaient de la liqueur d'absinthe, sans doute pour se rappeler que la gloire a ses amertumes.   B. L.

ABSOLUTION (droit) [d'*absolvere*, délier].—Renvoi d'un accusé, à raison de ce que le fait dont il est déclaré coupable n'est pas défendu par une loi pénale. Il y a cette différence entre l'*absolution* et l'*acquittement*, qu'un accusé ne peut être *acquitté* que lorsqu'il a été déclaré non coupable, tandis qu'au contraire, l'accusé est *absous* lorsque le fait dont il a été déclaré convaincu n'a pas été qualifié délit par la loi. Cette distinction résulte des articles 354, 364 et 366 du Code d'instruction criminelle.

ABSOLUTION (théologie). — Rémission des péchés après confession publique ou particulière. C'est au nom de J. C. que dans le sacrement de pénitence le prêtre remet les péchés; il est donc seulement l'intermédiaire entre Dieu et le coupable. Dans les siècles où la barbarie luttait contre le christianisme, il y avait à Rome un tarif où chaque péché était porté à telle somme, et ce prix une fois fixé, il était impossible d'en obtenir la moindre diminution. De là, dit un auteur, il résulte bien clairement que l'homme opulent, à ces époques néfastes, croyait pouvoir commettre impunément tous les crimes lorsqu'il était assez riche pour payer l'*absolution*, et que le pauvre, sans argent et sans ressources, n'espérant aucun pardon, cherchait à s'étourdir par de nouvelles fautes et tenait son cœur fermé aux remords, au repentir. Au moyen âge, l'absolution fut souvent une arme politique entre les mains des papes.

ABSOLUTISME (politique).—Système gouvernemental au moyen duquel un monarque peut exprimer sa volonté sans rencontrer le moindre obstacle constitutionnel. Un monarque *absolu* peut faire ou défaire, à son gré, les lois du peuple qu'il gouverne. Il ne rend nul compte des causes qui ont motivé ses décisions : il se borne à faire figurer au bas de ses ordonnances cette gracieuse formule : *car tel est notre bon plaisir.*

Croit-on que cette formule soit en effet la véritable expression de son intime pensée? Nullement, car si un monarque *absolu* n'est arrêté dans ses orgueilleux caprices par aucun lien légal, il voit souvent se dresser, devant ses pas, des barrières qu'il n'ose franchir. Il existe un pouvoir au-dessus du sien : c'est celui des coutumes, des mœurs, des intérêts rivaux et de l'opinion, de l'*opinion* que l'on a souvent appelée la *Reine du monde*. Ainsi le tzar de Russie jouit, dans son empire, d'une puissance à laquelle aucune loi ne vient mettre de bornes; cependant il est tel *ukase* qu'il n'oserait mettre au jour, dans la crainte d'exciter le mécontentement des *boyards*. —L'absolutisme, ce pouvoir illimité et sans contrôle dont s'empare un souverain, existe encore en beaucoup de lieux : c'est le gouvernement de la plupart des monarchies asiatiques, et celui de quelques contrées de l'Europe. Du reste, il n'y a jamais eu, quoi qu'on en dise, de pouvoir sans limites, et s'il y a pou-

voir absolu quelque part, ce n'est que dans un certain cercle tracé par les lois fondamentales et les croyances du pays.   PAILLET, de Plombières.

ABSORBANTS (VAISSEAUX) (anatomie) [de *ab*, de, et *sorbens*, buvant]. — Les anatomistes ont donné ce nom à cette foule de petits pores de la peau, qui passent pour être les vaisseaux lymphatiques, chylifères et les veines, et qui ont la faculté de se charger de l'humidité extérieure et de la porter dans le torrent de la circulation. C'est par les vaisseaux absorbants de la peau que les bains produisent leurs bons effets. C'est aussi par eux que l'humidité qui nous environne pénètre en nous, et produit la plus grande partie des maux auxquels les hommes sont sujets, surtout dans les pays et dans les saisons où règne l'humidité. L'ensemble des vaisseaux lymphatiques et chylifères n'a qu'un même but, l'absorption des liquides blancs. Ajoutons que les veines sanguines partagent avec les vaisseaux lymphatiques la faculté absorbante : les nombreuses expériences de M. Magendie ont mis hors de doute ce fait, nié par les anatomistes à la fin du dernier siècle.—Voy. *Absorption.*   Dr HEINRIECH.

ABSORBANTS (matière médicale). — Nom donné aux médicaments que l'on croit propres à absorber les acides développés dans les voies digestives; c'est dans ce but qu'on administre la magnésie, le charbon végétal, etc., contre les aigreurs d'estomac, les gastralgies, etc. On donne encore le nom d'absorbants à des substances qui absorbent, par imbibition, des liquides épanchés, et qu'on emploie en topiques pour arrêter l'écoulement de sang des plaies, des piqûres de sangsues, l'humeur des excoriations, etc.; tels sont l'amadou, les poudres d'amidon, de charbon, de lycopode, etc.   B. L.

ABSORPTION (physiologie) [d'*absorbere*, s'imbiber].—Fonction au moyen de laquelle le chyle, tous les fluides et tous les solides très-divisés, étant soumis à l'influence aspirante de certains vaisseaux, sont saisis par eux et importés dans le torrent de la circulation. Cette action physiologique, essentiellement nutritive, s'exerce dans tous les êtres vivants. Elle se rapproche sans doute beaucoup de la simple imbibition dans les végétaux les plus simples et les animaux inférieurs, mais elle devient plus compliquée à mesure qu'on s'élève dans la série des organismes. Chez l'homme, en particulier, elle s'exerce à l'aide d'un système de vaisseaux qui puisent les éléments réparateur, soit dans les intestins, où ils sont fournis par le chyle et les boissons, soit dans tous les organes où la graisse en fait les frais. Car nous ne nourrissons pas seulement des aliments, mais bien encore de notre propre substance, ce que prouve, au reste, d'une manière incontestable la perte de l'embonpoint dans l'abstinence et dans les maladies. L'absorption s'exerce en outre sur toutes les molécules étrangères à l'économie, mises en contact accidentellement avec les bouches absorbantes à la surface des muqueuses ou de la peau dénudée.—Voici le mécanisme de l'absorption considéré en général : Avant que les radicules lymphatiques ne s'emparent des matériaux que ces

DIX CENTIMES

(15 centimes dans les Départements et dans les Gares de Chemins de fer.)

JOURNAL ENCYCLOPÉDIQUE

RÉPERTOIRE UNIVERSEL
DES CONNAISSANCES HUMAINES
Illustré d'un grand nombre de planches
PAR UNE SOCIÉTÉ DE SAVANTS, D'ARTISTES, D'HOMMES DE LETTRES, ETC.
Paraissant tous les Jeudis
SOUS LA DIRECTION DE B. LUNEL
Membre de l'Académie Impériale des Sciences de Caen, etc.

| PARIS, 6 fr. par an. | ON S'ABONNE A Paris, 22, rue Neuve-Saint-Augustin ; Dans les départements, chez tous les Libraires. | DÉPARTEMENTS, 8 fr. 50 c. par an. |

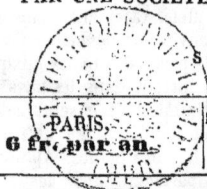

Le mot ENCYCLOPÉDIE est une expression consacrée depuis les temps anciens pour désigner *l'éducation qui embrasse le cercle des connaissances humaines* (1). Une Encyclopédie est en effet un *Répertoire* des connaissances humaines ou *Notionnaire universel*, qu'on présente sous la forme *systématique* ou sous la forme *alphabétique*. Cette dernière, qui est la plus répandue de nos jours, se désigne même spécialement sous le titre d'Encyclopédie : telle est la forme que nous avons adoptée et dont les avantages sont incontestables. Veut-on étudier, par exemple, une question de littérature ou de science, connaître les détails d'un procédé artistique ou industriel, d'une production de la nature ou de tout autre objet qu'amènent les lectures ou les caprices de la conversation ? La place où l'on peut trouver les détails sur l'objet dont la connaissance intéresse est indiquée par le nom même de l'objet, et à son ordre alphabétique. C'est ce qui a donné lieu depuis longtemps à la publication de tant de dictionnaires, et c'est là aussi ce qui explique les succès légitimes qu'ils ont obtenus et qu'ils obtiendront toujours.

Mais la facilité seule des recherches dans une Encyclopédie ne remplirait qu'une partie du but si elle n'offrait au lecteur qu'un recueil de détails et de documents épars. Une véritable Encyclopédie doit être un *Répertoire des Connaissances humaines*, et, pour que ce titre soit justifié, elle doit être conçue de telle sorte qu'au milieu de l'immense variété de matières qu'elle contient, le lecteur puisse reconnaître et suivre l'ordre des idées. — Voici comment nous sommes parvenus à ce résultat : La table générale des articles a été rédigée tout d'abord, et quelque long, quelque pénible que dût être un semblable travail, nous n'avons point hésité à l'entreprendre, persuadés de son utilité. Nous avons ensuite établi la *division encyclopédique*, qui permettra de concilier l'ordre méthodique avec l'ordre alphabétique. C'est ainsi que, dans la rédaction des articles, on a pu suivre partout une marche uniforme. Immédiatement après le nom de l'objet, on trouve la désignation de la science à laquelle il se rapporte ; puis son étymologie, surtout lorsqu'elle doit éclaircir le sens ou aider la mémoire. A quelque langue qu'appartienne cette étymologie, nous l'avons transcrite en *caractères français*, usage encore trop peu répandu dans les ouvrages qui doivent être lus par tout le monde. Nous avons ensuite présenté la définition de l'objet, sa description, ses divisions et ses classifications ; enfin une notice historique sur tous les sujets dont l'origine et les progrès sont de nature à offrir quelque intérêt.

Pour accomplir cet immense travail, nous nous sommes entourés de nombreux collaborateurs et d'artistes éminents qui nous apportent le concours de leurs connaissances et de leur talent ; et pour mieux assurer l'unité et l'harmonie de l'ouvrage, pour éviter les contradictions, les répétitions, les faux renvois, etc., nous avons confié la direction de l'Encyclopédie à M. B. Lunel, qui s'est chargé non-seulement de distribuer les articles aux divers collaborateurs, mais encore de les coordonner, afin d'imprimer à l'ouvrage une homogénéité précieuse pour l'étude.

Comme double garantie de la bonne exécution du travail, tous les articles importants sont signés par les auteurs qui les ont rédigés.

La partie scientifique de cette Encyclopédie sera surtout le Panorama fidèle de l'impulsion extraordinaire donnée aux sciences depuis quelques années et des applications qu'elles ont reçues, applications qui ont attiré sur elles l'attention et la faveur universelles ; aussi aurons-nous le soin, lorsque nous décrirons un objet se rapportant aux sciences, aux arts et métiers, à l'industrie ou à l'agriculture, de faire connaître ses usages et ses applications. Aujourd'hui, en effet, que les sciences et les arts se perfectionnent si rapidement, l'homme d'étude ne doit plus chercher la folle gloire d'ajouter quelques théories brillantes à tant de théories nées pompeusement et le plus souvent restées inertes ou reconnues inapplicables. Sa mission devient de jour en jour plus impérieuse et mieux déterminée, car le public ne la tient pour accomplie qu'autant que ses découvertes se placent dans les conditions d'une pratique constante et facile.

L'accueil bienveillant fait aux publications françaises et étrangères du genre de la nôtre nous laisse espérer le même succès, surtout lorsqu'on verra que l'esprit qui règne dans cet ouvrage est un respect scrupuleux pour tout ce qui doit être respecté, une stricte impartialité pour les doctrines controversées ; enfin l'exposition fidèle de l'état actuel des sciences, des lettres et des arts.

Cette Encyclopédie sera terminée par une table méthodique, qui permettra d'étudier d'une manière complète l'une des branches des connaissances humaines.

LES ÉDITEURS.

(1) *Egkyklios paideia*, en grec.

Paris. — Typ. Morris et comp., rue Amelot, 64.

ferme les principaux organes digestifs; mais sa position n'est pas plus constante. Les annélides et la plupart des larves d'insectes à métamorphose complète, comme les chenilles, ne sauraient être divisés en cavités analogues à la poitrine et à l'abdomen, attendu que leurs organes sont les différents segments qui constituent l'animal. Enfin, les rayonnés n'ont pas d'abdomen proprement dit : les organes digestifs occupent, le plus souvent, la partie centrale du corps. »

ABDOMINAUX (zoologie).—Ordre de poissons *malacoptérygiens*, qui ont les nageoires ventrales suspendues sous l'abdomen, en arrière des pectorales. Cuvier divise en cinq familles tous les poissons de cet ordre; ce sont les *cyprinoïdes*, les *ésoces*, les *séluroïdes*, les *salmones* et les *clupes*. — Voy. ces mots.

ABDUCTEURS (anatomie) [de *ab*, particule disjonctive, et de *ducere*, conduire.] — Muscles qui ont pour fonction d'écarter un membre ou un organe de l'axe du corps. — Voy. *Muscles*.

ABDUCTION (physiologie).—Mouvement qui écarte un organe de l'axe du corps, ou une partie d'un membre de l'axe propre de ce membre lui-même.

ABEILLE (zoologie) [*apis*]. — Genre d'insectes hyménoptères, de la famille des mellifères, section des apiaires. Presque tous ces insectes sont armés d'un aiguillon caché, mobile, très-acéré, terminé par de petites dents en forme de scie, visibles au microscope; cet aiguillon est creusé d'une rainure qui facilite l'écoulement d'une substance âcre, acide, renfermée dans une poche située à la base de l'aiguillon et à la partie inférieure de l'abdomen de l'insecte. Lorsque l'abeille pique, la poche est pressée par les muscles qui servent d'attache au dard; alors le venin s'écoule par le canal de l'aiguillon jusque dans la plaie produite par cette arme.

On distingue dans les abeilles trois sortes d'individus : des *mâles*, des *femelles*, et des *neutres*, ou *ouvrières*; ces dernières ne sont, au reste, que des femelles dont les organes reproducteurs sont demeurés à l'état rudimentaire; elles sont donc impropres à la reproduction,

Fig. 2. — Abeille mâle.

et ont pour mission spéciale de donner des soins à la postérité des reines ou femelles fécondes. Les abeilles *mâles* (fig. 2), que l'on nomme aussi *bourdons*, ou improprement *frelons*, sont plus grosses et un peu plus velues que les travailleuses; leurs yeux, très-gros, qui font presque le tour de la tête, les font remarquer et reconnaître au pre-

Fig. 3. — Abeille reine.

mier aspect. Les *femelles* ou *reines* (fig. 3), sont plus grosses que les mâles; leur abdomen est beaucoup plus allongé, surtout lorsqu'elles commencent à pondre. Les *travailleuses*, *neutres* ou *mulets* (fig. 4), qui ne sont réellement ni mâles ni femelles, sont les plus petites.

Fig. 4. — Abeille neutre.

Les abeilles vivent en société dans des *ruches*, sous un gouvernement qui présente l'image d'une monarchie : ces réunions, dites *essaims*, se composent des trois sortes d'individus dont nous avons parlé. Les abeilles ouvrières récoltent dans le calice des fleurs les matériaux dont elles forment la cire et le miel, construisent avec la cire les cellules (*alvéoles*) destinées à recevoir le miel et à loger les œufs, tandis que d'autres ouvrières nourrissent le *couvain* ou larves issues de ces œufs (fig. 5). Les *mâles*, au nombre d'un millier par essaim, sont destinés à féconder la *reine*, et meurent ensuite ou sont tués par les abeilles travailleuses.

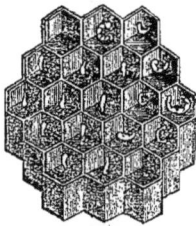

Fig. 5. — Cellules contenant le couvain.

« Après les époques d'éclosions, le nombre des individus devient tellement considérable qu'ils ne peuvent plus habiter tous la même ruche; et cela est facile à concevoir, puisqu'une seule reine peut pondre 30,000 œufs et davantage. C'est alors qu'ont lieu les émigrations; mais elles ne peuvent s'effectuer que lorsqu'une nouvelle reine remplacera celle qui va partir en tête de la colonie, et le départ est toujours retardé jusqu'à ce moment. A peine la nouvelle reine a-t-elle vu le jour, qu'un grand nombre d'abeilles quittent la ruche ayant à leur tête la vieille reine. On donne le nom d'*essaims* à ces colonies errantes. Bientôt les abeilles s'arrêtent dans un endroit quelconque, le plus souvent sur une branche d'arbre, et forment une espèce de grappe en s'accrochant les unes aux autres. C'est le moment que doit choisir le cultivateur pour s'emparer de l'essaim et le placer dans la ruche. Le nombre de femelles n'est pas toujours proportionné à celui des colonies, il se trouve quelquefois deux et même trois reines dans le même essaim; mais alors il y a entre ces rivales un combat à outrance dont les ouvrières demeurent toujours simples spectatrices, et qui finit par la mort de l'une des combattantes; celle qui parvient à se placer au-dessus de l'autre lui perce l'abdomen avec son aiguillon ! »

Parmi les nombreuses espèces d'abeilles que l'on connaît, les unes vivent en société, les autres sont solitaires. Parmi les abeilles qui vivent réunies, on appelle *villageoises* celles qui ne sont pas sous la dépendance de l'homme, et *domestiques* celles qu'on élève pour en recueillir le miel et la cire.

Si l'on en croit les Grecs, ce serait *Aristée*, roi d'Ar-

www.ingramcontent.com/pod-product-compliance
Lightning Source LLC
Chambersburg PA
CBHW050455270326
41927CB00009B/1757